中国年鉴资源全文数据核心年鉴
中国特色年鉴

2009

云南经济年鉴

（第18卷）

YUNNAN ECONOMY YEARBOOK

云南省人民政府研究室
云南经济年鉴编辑委员会 编

云南出版集团公司
云南美术出版社

图书在版编（CIP）数据

云南经济年鉴. 2009 / 云南省人民政府研究室，《云南经济年鉴》编辑部编. —昆明：云南美术出版社，2009.12

ISBN 978-7-80695-984-8

Ⅰ. 云… Ⅱ. ①云…②云… Ⅲ. 地区经济—云南省—2009-年鉴 Ⅳ. F127.74-54

中国版本图书馆CIP数据核字（2009）第234591号

责任编辑：蒋翼坤
特约编辑：赵海涵
责任校对：陈春梅
装帧设计：昆明雅昌图文信息技术有限公司

云南经济年鉴（2009）

云南省人民政府研究室
云南经济年鉴编辑委员会 编

出版发行：云南出版集团公司
云南美术出版社
（昆明市环城西路609号）
印　刷：云南国浩印刷有限公司
开　本：889×1194mm　1/16
印　张：47
字　数：1600千
版　次：2009年12月第1版
2009年12月第1次印刷
印　数：1～3000
书　号：ISBN 978-7-80695-984-8
定　价：480.00元

编 辑 说 明

1.《云南经济年鉴》是由云南省人民政府研究室主管，云南经济年鉴编辑委员会主办，云南省各有关部门共同参与编纂的一部全面反映云南经济和社会发展面貌的大型资料性工具书，创办于1992年，每年出版一卷，国内外公开发行。全面、系统、准确、翔实地反映云南省经济和社会各项事业的基本情况，至2009年已连续出版18卷。

2.《云南经济年鉴》采用分类编辑法。内容按篇目—类目—分目—条目四级结构层次编辑，分设18个篇目。篇目由辑封导入，下设若干类目、分目，以条目为表现内容的基本形式。在少数分目中，增加了子分目的层次。全书条目标题统一用黑体加【】表示，内容较多的条目另加楷体字插题，便于进一步细分资料。与条目有关的图表直接插于文中；为减少某些部类所占篇幅的比重，一些大型图表集中放置在附录中，有利于读者专门查阅相关资料。

3.《云南经济年鉴》以出版年号为卷次名称，2009年卷主要载录云南省2008年经济社会发展的基本资料，全书设18个篇目：（1）特载；（2）云南概况；（3）经济大事记；（4）国民经济和社会发展；（5）各行业发展概况；（6）地区经济；（7）市县区经济选介；（8）改革开放三十年专题；（9）规划·行动计划；（10）经济研究；（11）文件·法规；（12）公报；（13）国民经济统计资料；（14）表彰·奖励；（15）人物；（16）机构；（17）大中型企业选介；（18）附录。

4.《云南经济年鉴》2009卷在保持基本框架相对稳定的前提下，对部分内容进行调整，充实。增加了“改革开放三十年专题”、“规划·行动计划”、“表彰·奖励”、“机构”篇目，撤销了部分篇目。主要目的是记录云南2008年的大事、要事，反映云南的历史发展风貌。

5.《云南经济年鉴》2009卷收录内容以2008年12月末为限。部分篇目如“改革开放三十年专题”部分数据截止到2007年12月末；“机构”部分数据截止到2009年8月；不一致的地方在书中已标注。

6. 全书所载录的内容和数据，分别由云南省各有关行政管理机构和业务单位的工作人员撰写，部分内容组织专家编辑、整理，并经领导和有关方面审核。由于行业和地区统计口径的原因，个别数据不一致的地方，以云南省统计局提供的资料数据为准。

7. 为方便读者检索，本年鉴配备双重检索系统，书前刊有总目、目录，书后配有主题分析索引。编制了主题词首字的《笔画检字表》。

8. 本年鉴的编辑出版工作得到全省各级党委、政府的大力支持和各有关单位的通力合作，谨此致谢。由于时间仓促，加之水平有限，不足之处在所难免，本书疏漏之处，敬请广大读者提出宝贵意见。

云南经济年鉴编辑委员会

云南经济年鉴编辑部

地　　址：昆明市五华山省政府大楼 7 楼

邮　　编：650021

电　　话：（0871）3628948　3648425

传　　真：（0871）3648425

电子邮箱（E－mail）：ynjjnj@163. com

《云南经济年鉴》各编写组主要撰稿人

国民经济和社会发展

杨　仪　省发展改革委
李鸿雁　省民委
赖晓榕　省政府研究室
张　鹏　省政府研究室
毕书明　省工业和信息化委
张云江　省工业和信息化委
谭　文　省财政厅
耿　霁　省发展改革委
金　铃　省发展改革委
张懋功　省政府研究室
张亚辉　省政府研究室

各行业发展概况

刘余武　省农业厅
史　梅　省林业厅
徐　斌　省林业厅
陈　葵　云南农垦集团
闵　磊　省水利厅
许雯莉　省扶贫办
黄清祥　省政府发展生物产业办公室
杨　漾　省烟草公司
付　晖　省工业和信息化委
周建新　省工业和信息化委
赵　红　省工业和信息化委
李　莉　省工业和信息化委
徐莉萍　省国防科技工业局
熊吉安　省机械工业行业协会
吴立群　昆明铁路局
陈乃文　省交通运输厅
刘云建　省交通运输厅
黎　艺　省工业和信息化委
郑　直　省工业和信息化委
黄　增　省住房城乡建设厅
王洪军　省建材工业行业协会
康新云　省安全监管局
高长华　省邮政公司
李向林　省旅游局
杨　明　省商务厅
连　桦　省统计局
江　峰　省供销社
齐　欢　省社科院
王士录　省社科院
吉　永　昆明海关
薛荣昆　云南出入境检验检疫局
田灿钧　中国人民银行昆明中心支行
龚晓兰　中国人民银行昆明中心支行
冉玉兰　省国土资源厅
陈　丽　省环境保护厅
邱　林　省教育厅
张　伟　省科技厅
冯　颖　省气象局
郑延麟　省测绘局
蔡　玲　省人口计生委
朱远昆　省人力资源社会保障厅
李培华　省民政厅

李钰潇　省质监局

彭颖睿　省国税局

罗松全　省地税局

杜立基　省工商局

鲁有林　省工商局

张　凤　省工业和信息化委

郝万平　昆明滇池国家旅游度假区管委会

地区经济

赵丕德　昆明市地方志办公室

沈璐娟　曲靖市委政策研究室

邓默燃　玉溪市政府研究室

王文蓉　保山市政府研究室

邹　蓉　昭通市统计局

桑列华　丽江市政府研究室

张以徽　普洱市政府研究室

左映莲　临沧市发展研究中心

王文书　楚雄州发展改革委

张云徽　楚雄州发展改革委

李　雁　红河州政府研究室

胡廷汉　文山州政府研究室

颜建华　西双版纳州政策研究室

赵秀元　大理州地方志办公室

黄艳芳　德宏州政府办公室

吴建涛　怒江州政府经济研究中心

李燕兰　迪庆州发展研究中心

市县区经济选介

李晓燕　五华区地方志办公室

吴焰红　盘龙区地方志办公室

加三益　官渡区史志办公室

罗桂莲　西山区地方志办公室

杜选明　东川区史志办公室

张丽华　安宁市史志办公室

耿文江　宣威市地方志办公室

奎中凌　思茅区地方志办公室

何少华　个旧市政府办公室

李学慧　文山县委政策研究室

王娅敏　潞西市史志办公室

李俊成　香格里拉县地方志办公室

经济研究

金丽霞　省社科院

罗荣淮　省社科院

王德堂　省政府研究室

杨桂敏　省政府研究室

文件·法规

陈晓光　省法制办

国民经济统计资料

黎　晶　省统计局

大中型企业选介

张劲锋　云铜集团

黄绕生　云铜集团

应　霞　云南冶金集团公司

王　昕　云南商业集团公司

周少方　云南物流产业集团公司

彭　怡　太平洋人寿保险公司云南分公司

冷少萍　太平洋财产保险公司云南分公司

总　目

目　　录
Contents

特　载
Special Editing

云南概况
Overview of Yunnan Province

经济大事记
Important Events of Economy

国民经济和社会发展
National Economy and Social Development

各行业发展概况

The Development of the Industry Overview

·第一产业·

The First Industry

·第二产业·
The Second Industry

·第三产业·
The Third Industry

交通运输和邮政业
Transportation and Postal Service

旅游业和批发零售业

Tourism Industry and Wholesale & Retail

对外经济贸易

Foreign Economy and Trade

地区经济
Regional Economy

8 个省辖市
8 Cities Administered by Province

8个民族自治州
8 Nationality Autonomous Prefectures

市县区经济选介

Introduction of Economy in Selective Cities Districts and Counties

昆明市县区经济选介

Economic Situation of Selective Districts and Counties of Kunming City

曲靖市县区经济选介

Economic Situation of Selective County of Qu Jing City

普洱市县区经济选介

Economic Situation of Selective County of Pu Er City

红河州县区经济选介

Economic Situation of Selective County of Hong He Prefecture

文山州县区经济选介

Economic Situation of Selective County of Wen Shan Prefecture

德宏州县区经济选介
Economic Situation of Selective County of De Hong Prefecture

迪庆州县区经济选介
Economic Situation of Selective County of Di Qing Prefecture

改革开放三十年专题
Special Topics on 30 Years of Reform & Opening Policy

规划·行动计划
Planning & Action Plan

经济研究
Economic Research

专　文
Special Articles

重要学术活动
Important Academic Activities

研究机构选介
Introduction of Selective Research Institutions

文件·法规
Documents Laws and Regulations

公　报
Bulletin

国民经济和社会发展统计公报
Bulletin of National Economy and social Development Statistics

云南省环境状况公报
Bulletin of Yunnan Provincial Environmental Situation

国民经济统计资料
National Economy Statistics

表彰·奖励
Honor & Rewards

人 物
Figures

机 构
Organizations

云南省人民政府机构设置
Institutional Arrangement of Yunnan Provincial People’s Government

云南省人民政府办公厅

云南省人民政府组成部门

机构选介

云南省人民政府直属机构

机构选介

云南省人民政府部门管理机构

机构选介

行政审批事项
Items on Administrative Check and Approval

部分机构行政审批事项选介

大中型企业选介
Brief Introduction of Selective Large and Medium－sized Enterprises

附　录
Attachment

主题索引
Subiect Index

彩 页 目 录
Picture Contents

协办单位

云南省军区

中国农业银行云南省分行

云南机场集团有限责任公司

昭通市人民政府

德宏州人民政府

丽江市人民政府

潞西市人民政府

广南县人民政府

云南年末总人口（万人）

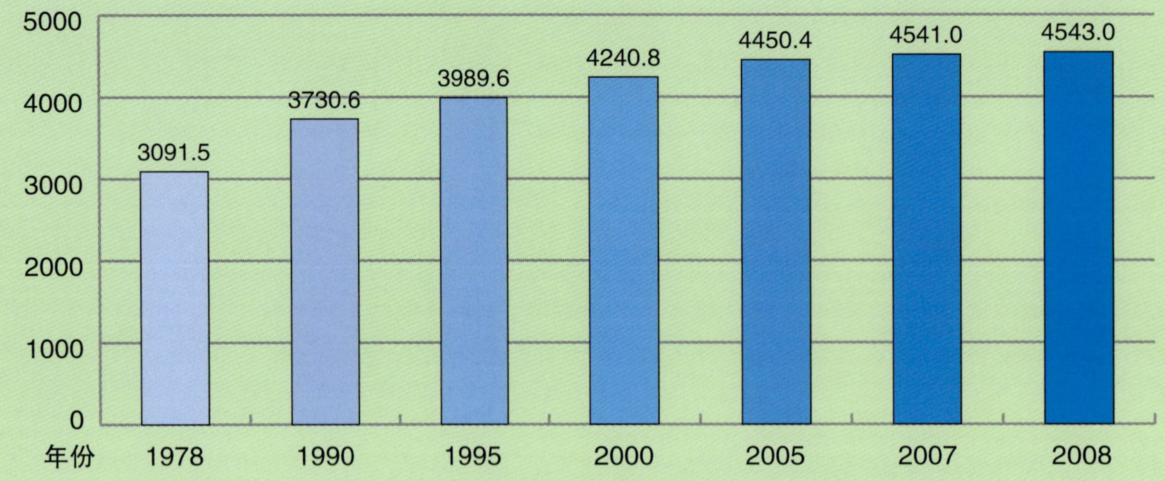

云南年末人口自然增长率（‰）

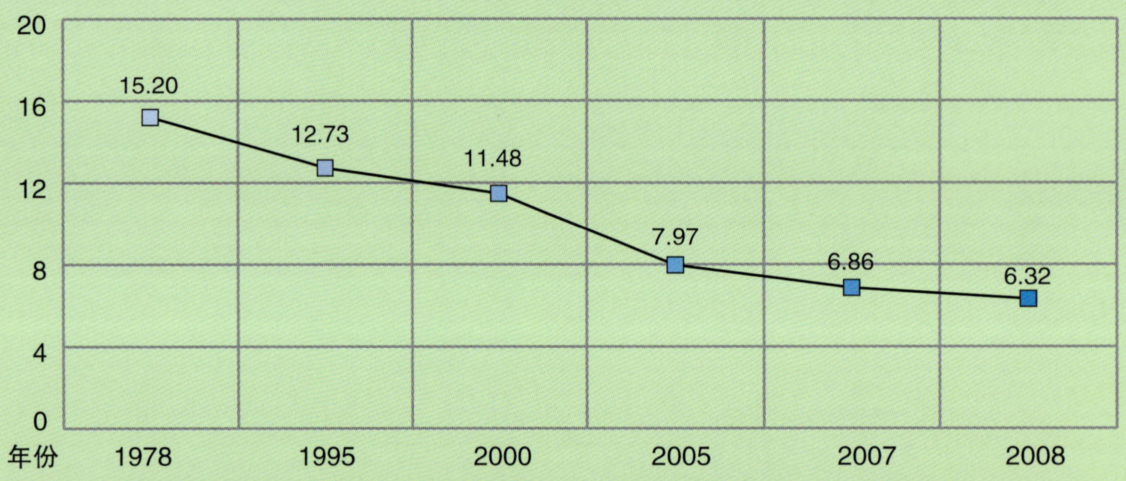

云南从业人员年末人数（万人）

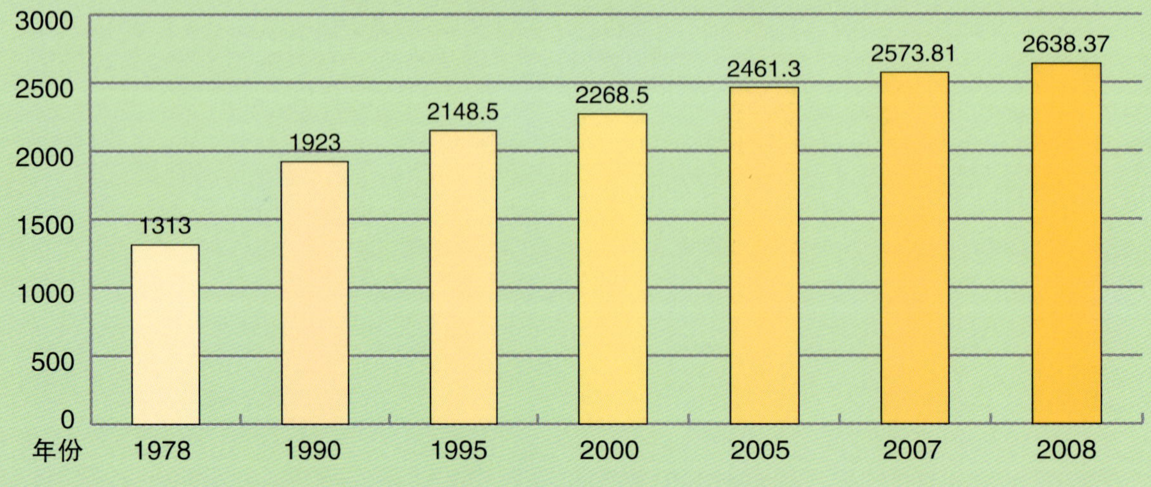

云南地区生产总值（亿元）

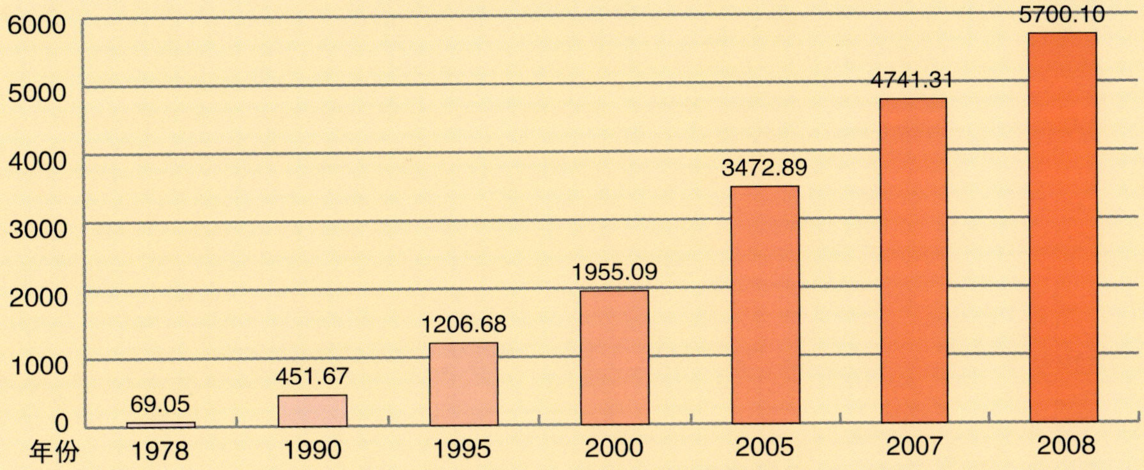

2008年云南地区生产总值比各年增长（倍）

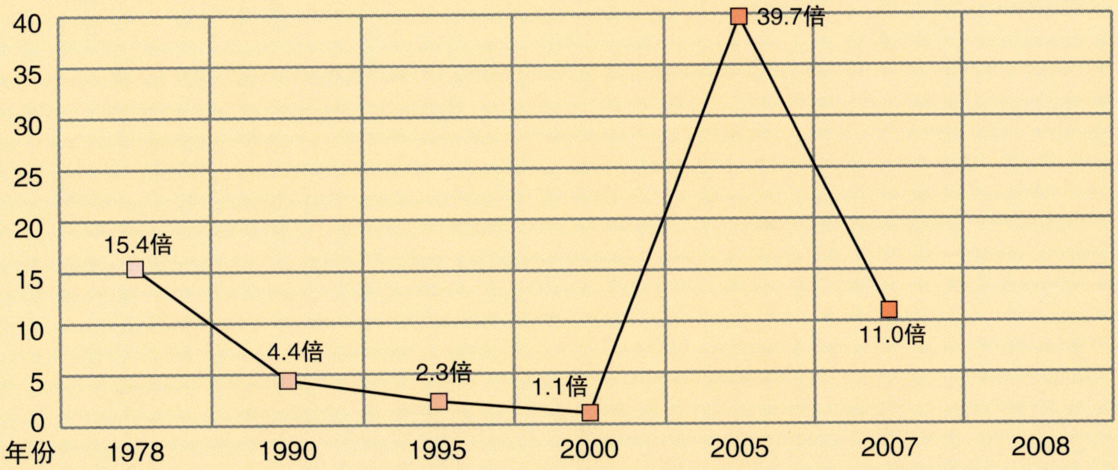

云南地区生产总值构成（%）

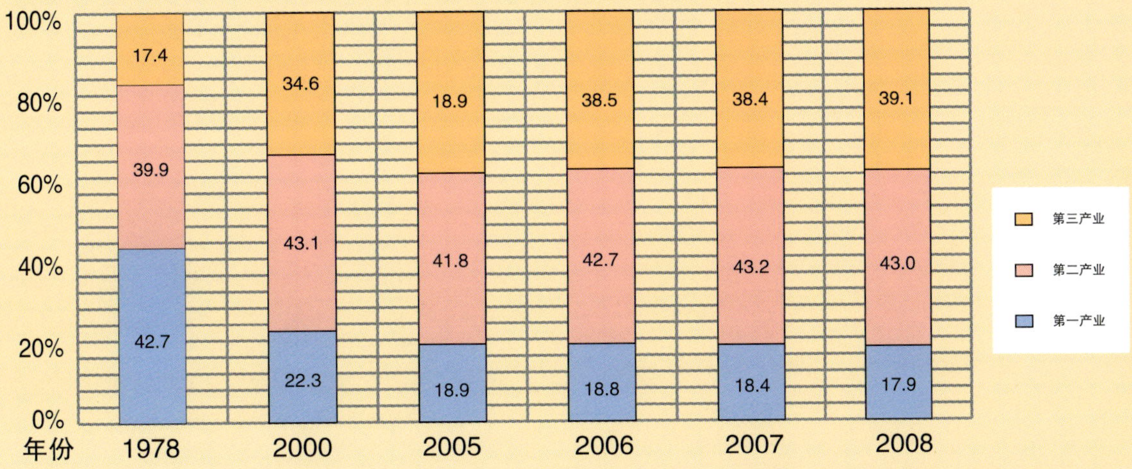

云南主要农业产品产量（万吨）

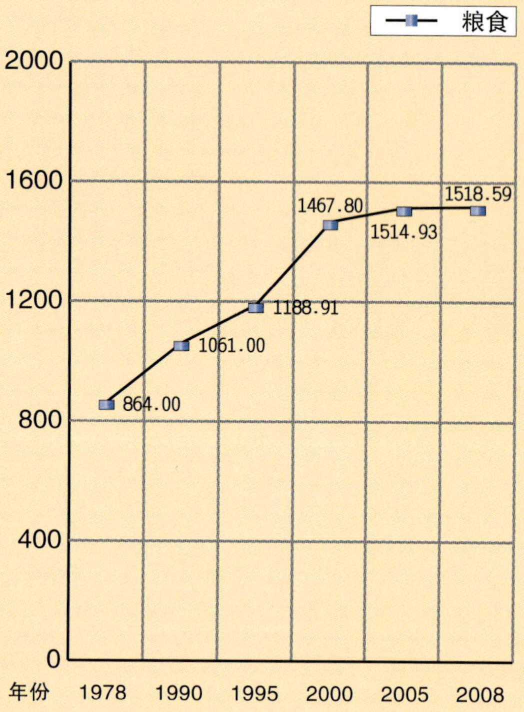

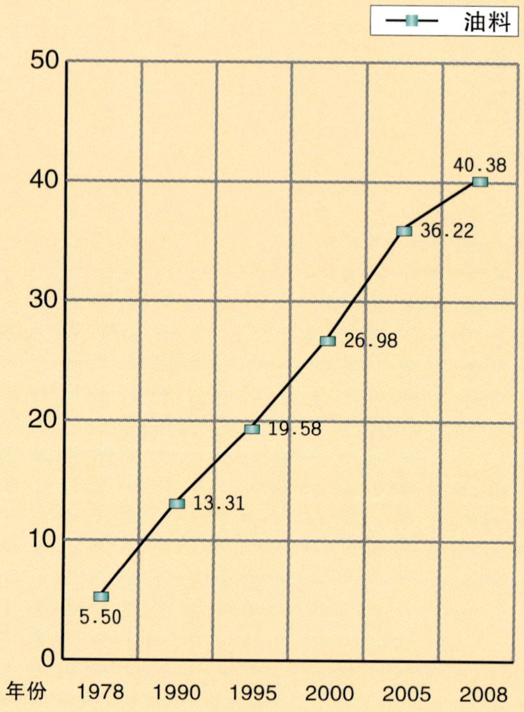

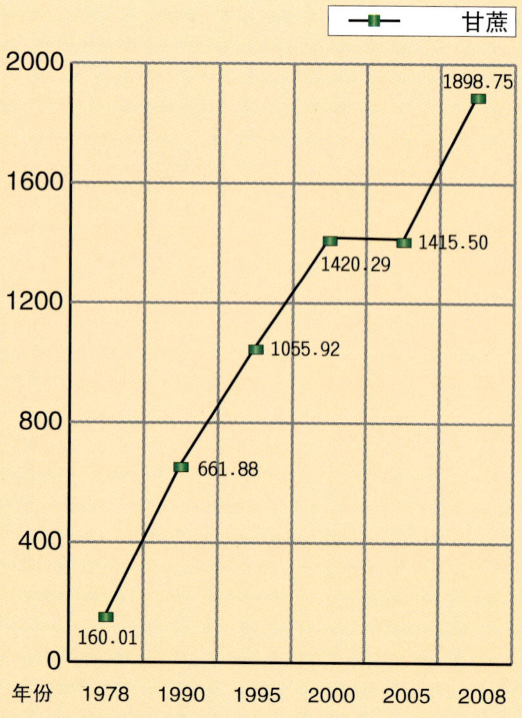

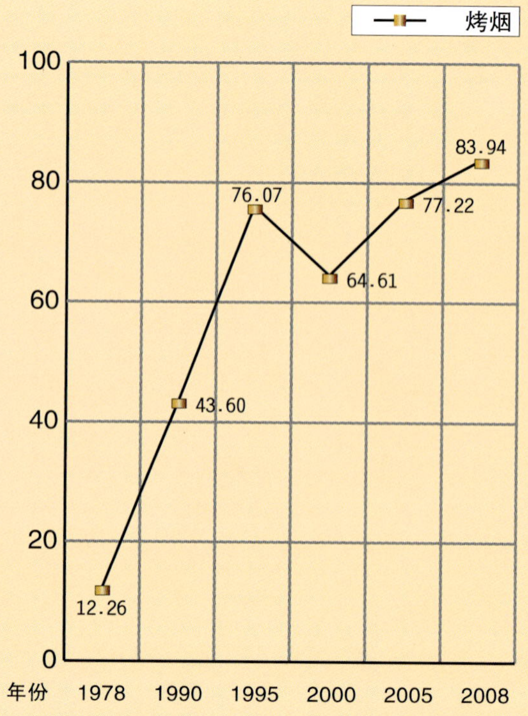

云南主要农业产品产量（万吨）

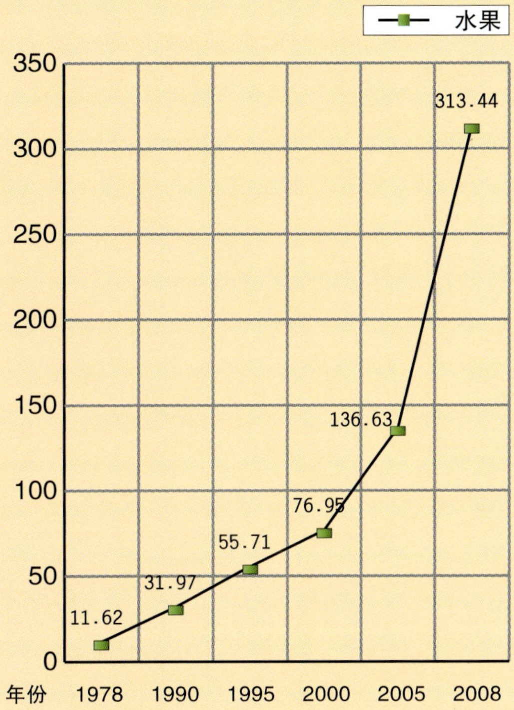

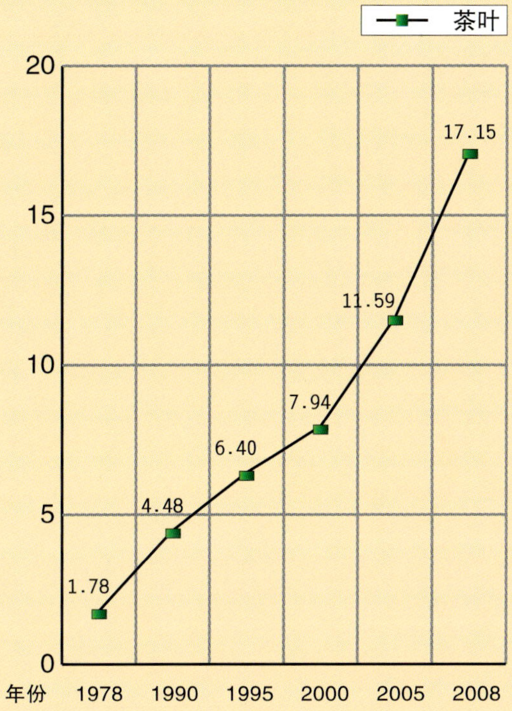

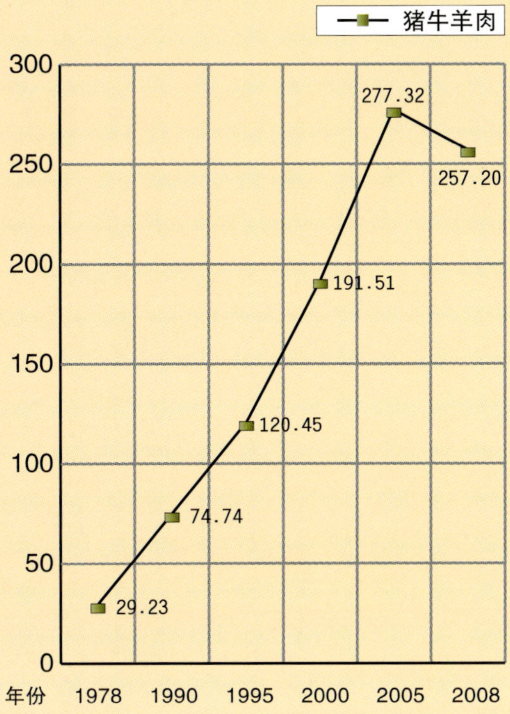

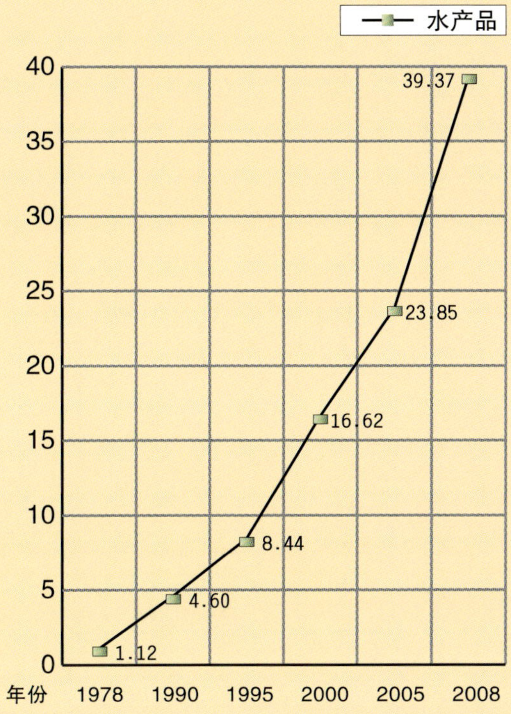

云南主要工业产品产量

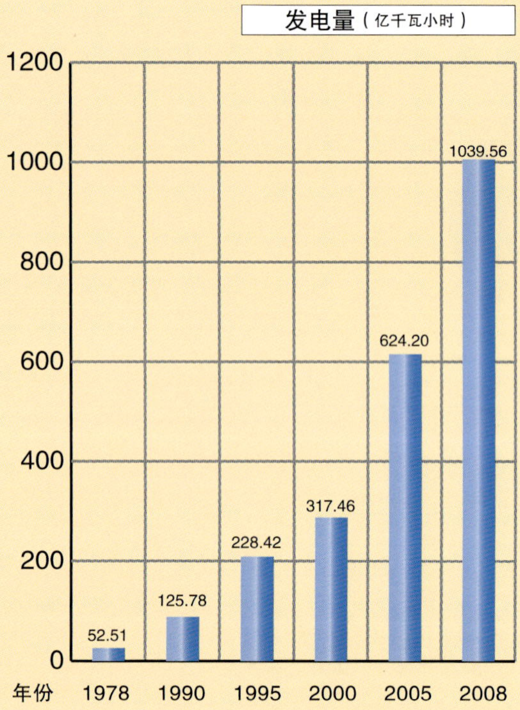
发电量（亿千瓦小时）
1200
1000
800
600
400
200
0
52.51
125.78
228.42
317.46
624.20
1039.56
年份
1978
1990
1995
2000
2005
2008

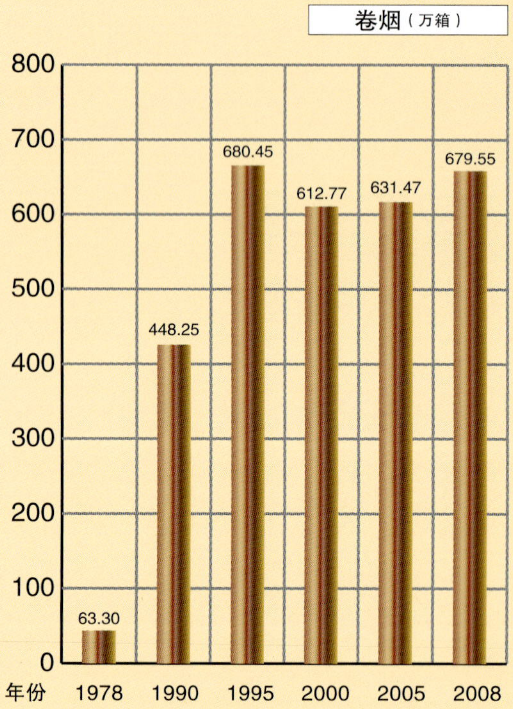
卷烟（万箱）
800
700
600
500
400
300
200
100
0
63.30
448.25
680.45
612.77
631.47
679.55
年份
1978
1990
1995
2000
2005
2008

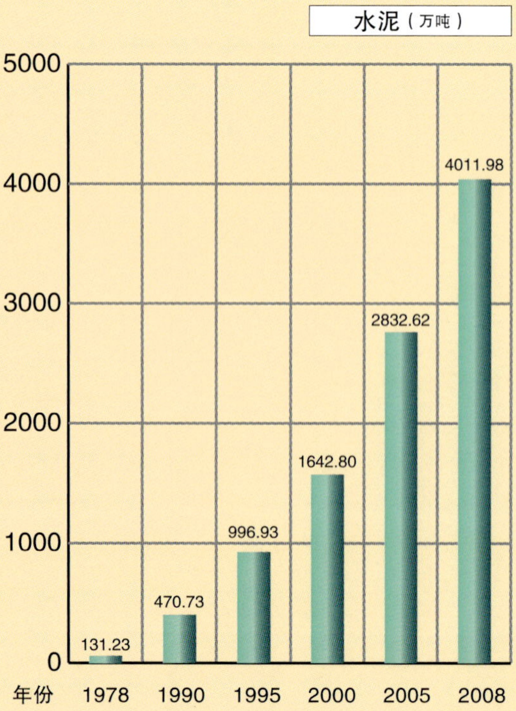
水泥（万吨）
5000
4000
3000
2000
1000
0
131.23
470.73
996.93
1642.80
2832.62
4011.98
年份
1978
1990
1995
2000
2005
2008

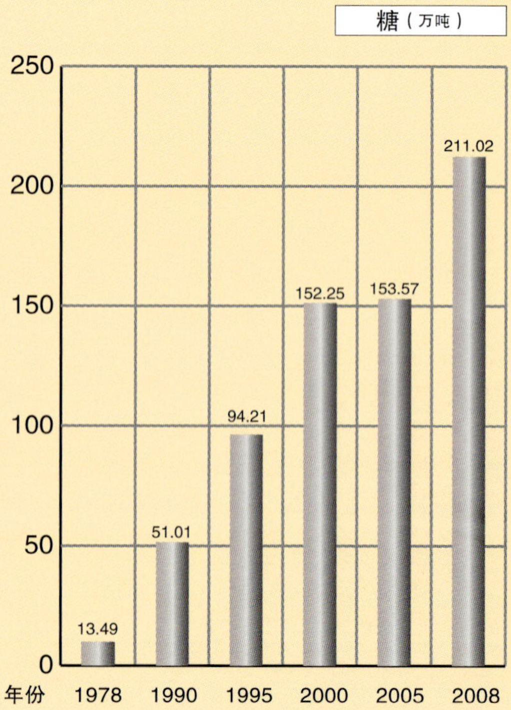
糖（万吨）
250
200
150
100
50
0
13.49
51.01
94.21
152.25
153.57
211.02
年份
1978
1990
1995
2000
2005
2008

云南主要工业产品产量

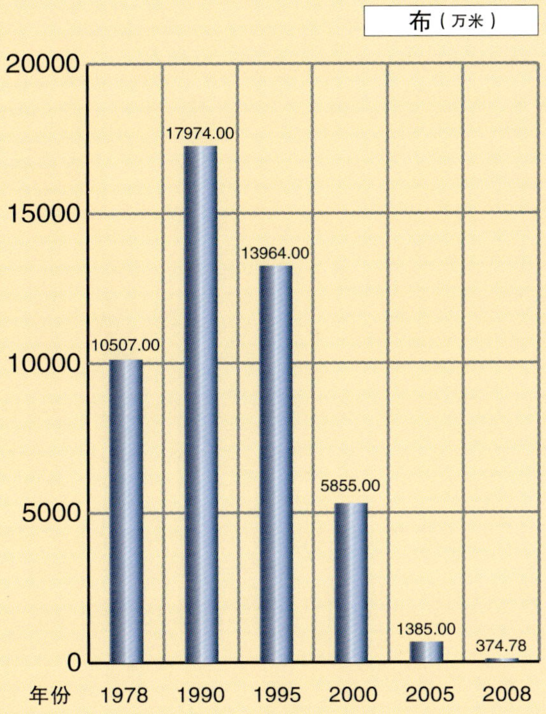
布（万米）
20000
15000
10000
5000
0
年份
1978
1990
1995
2000
2005
2008
10507.00
17974.00
13964.00
5855.00
1385.00
374.78

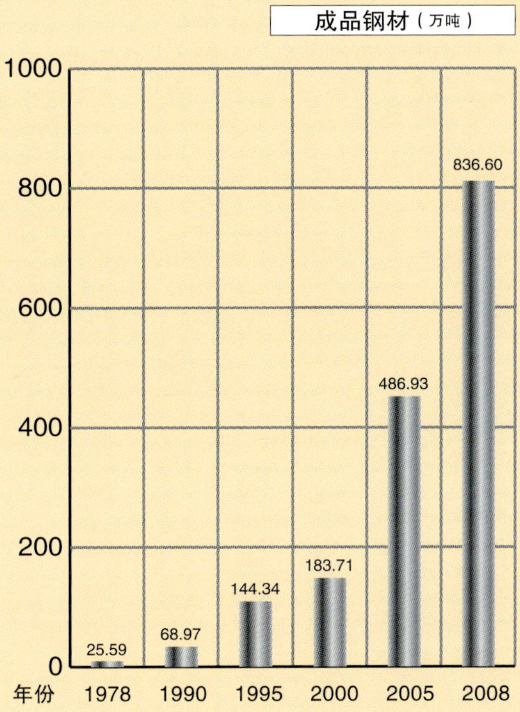
成品钢材（万吨）
1000
800
600
400
200
0
年份
1978
1990
1995
2000
2005
2008
25.59
68.97
144.34
183.71
486.93
836.60

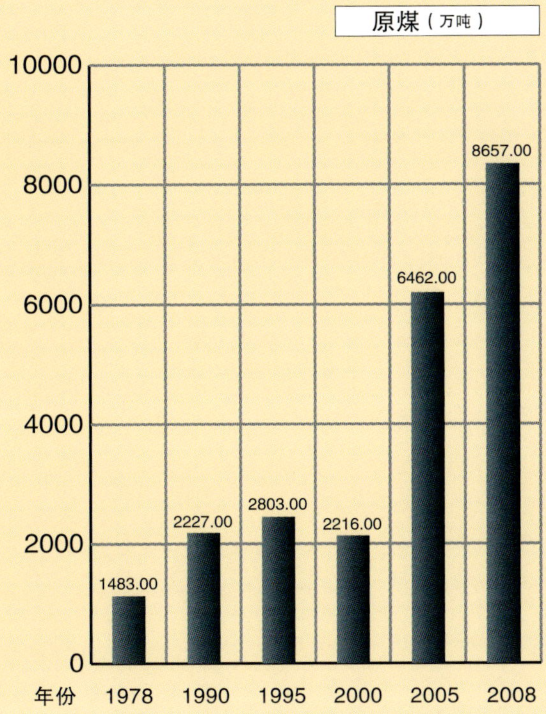
原煤（万吨）
10000
8000
6000
4000
2000
0
年份
1978
1990
1995
2000
2005
2008
1483.00
2227.00
2803.00
2216.00
6462.00
8657.00

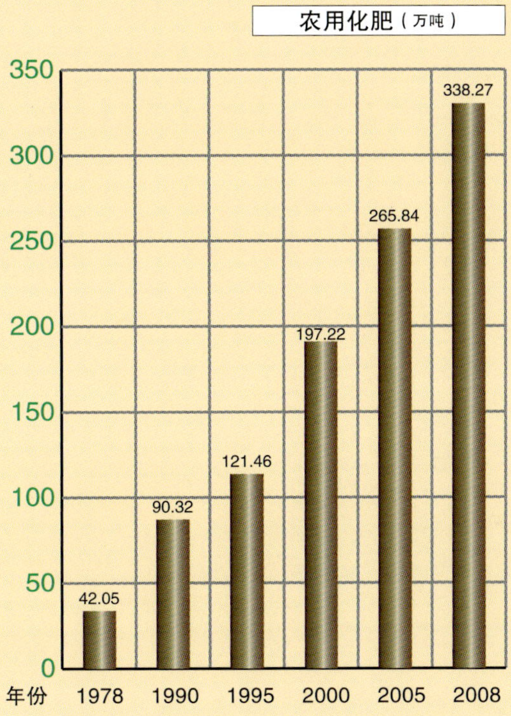
农用化肥（万吨）
350
300
250
200
150
100
50
0
年份
1978
1990
1995
2000
2005
2008
42.05
90.32
121.46
197.22
265.84
338.27

云南全社会货物周转量

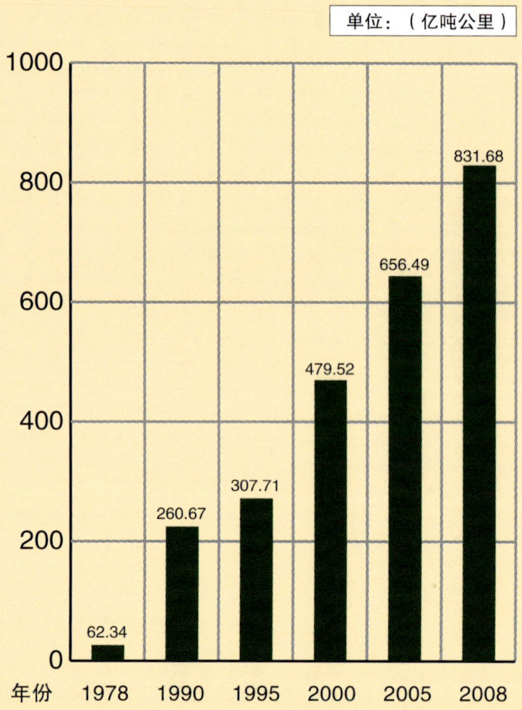

云南全社会旅客周转量

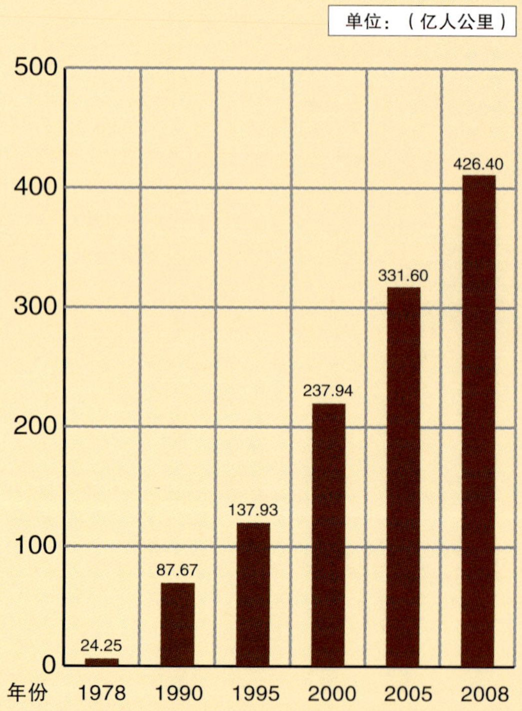

云南邮电业务总量

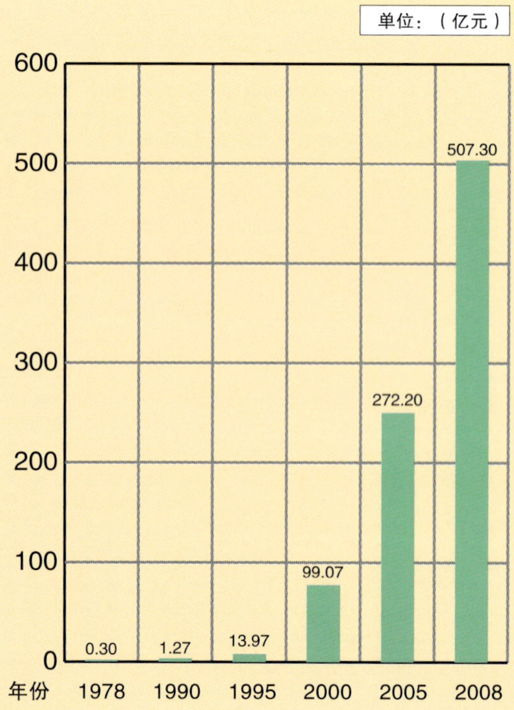

云南海关进出口总额

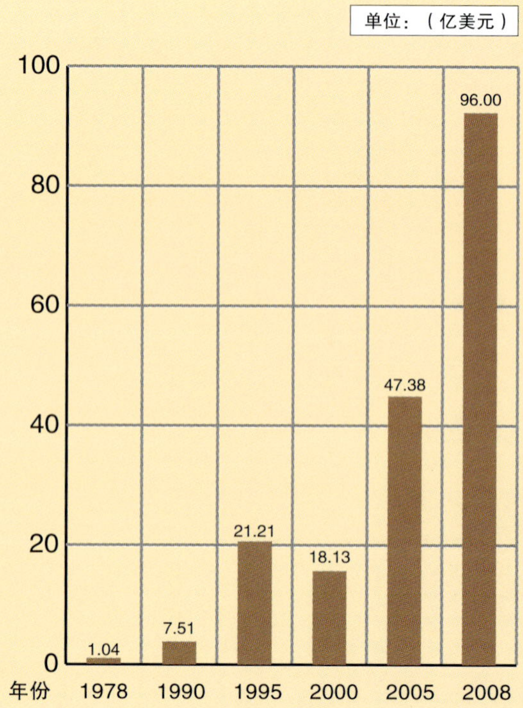

云南全社会固定资产投资

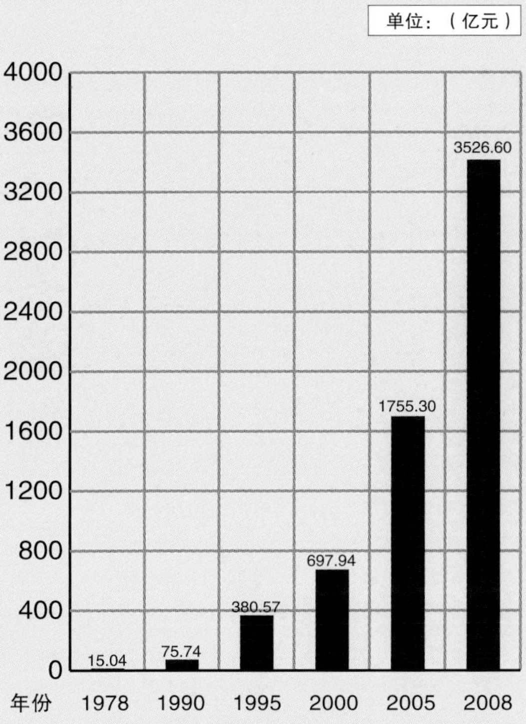

云南社会消费品零售总额

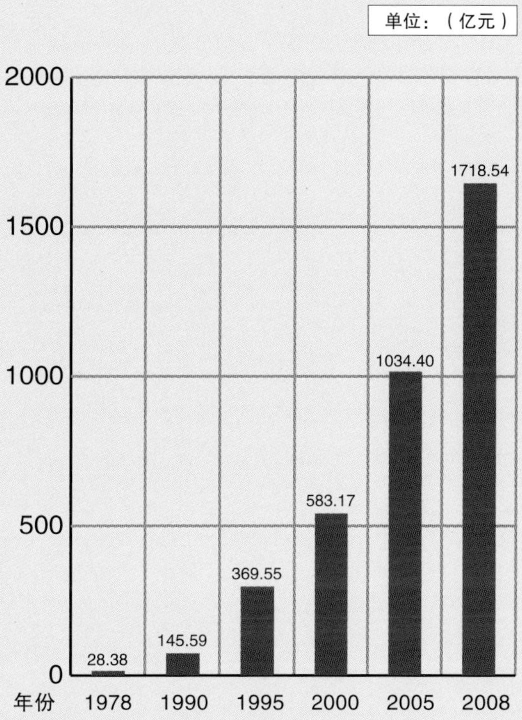

地方财政收入

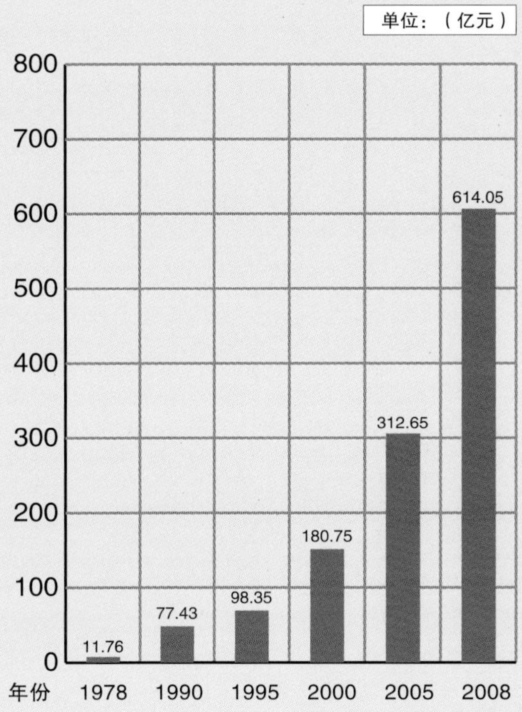

地方财政支出

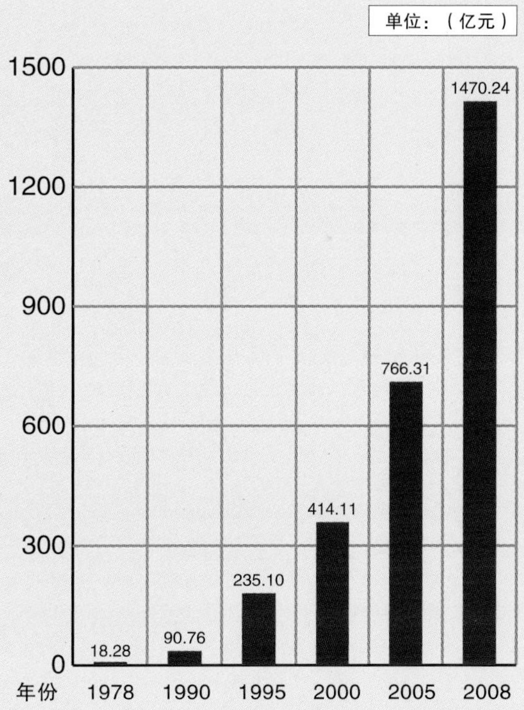

民兵预备役人员参建参治作用发挥明显

云南省军区

2007年9月22日，省军区郎友良政委在文山视察中越边境情况

11月4日云南省民兵预备役应急救援分队成立时，云南省军区邱型柏司令员亲自为分队授旗

各级军事部门在地方党委、政府的领导下，充分发挥民兵、预备役部队的作用，在守护重要目标、维护边境秩序、应对突发事件、参加抢险救灾、重点工程建设、维护社会稳定等方面发挥了积极作用，为促进云南社会经济发展作出了重要贡献。

抢险救灾当先锋。在1986年安宁县特大森林火灾、1988年澜沧、耿马大地震、1991年昭通地区特大洪灾、1996年丽江大地震、1998年云南省大范围洪灾、2006年西山区特大森林火灾等自然灾害中，相关军分区和人武部共组织10余万名民兵预备役人员投入抢险救灾，抢救运送伤员2万余人，转移群众5.6万余人，抢出粮食2000余吨，抢出生活物资40余万件，搭建帐篷1.2万顶，保护森林数万亩，受到了各级党委、政府和人民群众的高度赞扬。特别是2008年，在抗击雨雪冰冻灾害中，全省11个州（市）共组织3万余名民兵预备役人员，抢修线路、疏通道路、运送物资、抢修民房、疏散人员，降低了灾害造成的损失；藏区维稳时，迪庆、丽江、大理、怒江军分区共出动2200名应急分队民兵和信息员，担负搜集情报信息、巡逻设卡守点、保障支援部队、稳定群众思想等任务，在维护藏区稳定中作出了特殊贡献；“5·12”地震及楚雄“11·2”特大自然灾害发生

2008年8月25日，云南省军区副司令员沙正华到盈江地震灾区看望受灾群众

后，相关军分区组织民兵预备役人员，第一时间到达现场、第一时间掌握灾情、第一时间展开救援，在抢救人民生命财产安全中发挥了重要作用；丽江、迪庆军分区组织1200余名民兵预备役人员，圆满完成了奥运火炬传递安保任务。参加重点工程建设打头阵。1989年，罗平县人民武装部组织1个民兵团14个连，苦战6个月，挖出宽1米、深0.5米的环形种植水平带300多公里，造林2万亩，种植的杉松成活率在80%以上，受到国家农业部和世界银行官员的高度称赞。1990年，玉溪地区投资1200万元治理州大河，组织1万名民兵参加会战，仅用8个月时间就完成了长1.38公里、宽10米的综合性水利排涝工程。1991年至1992年，昭通地区和武定县共组织民兵41万人次投入长江防护林工程建设，共造林57万多亩。1994年至1995年，全省成建制组织12个民兵团、10多万名民兵参加南昆铁路、广大铁路和省内5个地（州）机场、10多条国道、高等级公路的新建、改造以及乡村公路建设，新修公路达1600多公里。为响应党中央关于西部大开发的号召，从2000年开始，云南省积极组织民兵实施了“1113”工程，即：

德宏州陇川县章凤镇召开民兵禁毒防艾启动大会

2008年楚雄“11·2”特大自然灾害发生后组织民兵挺进重灾区抢险.

2008年5月13日，云南省昭通军分区积极组织部队官兵、民兵预备役人员参与抗震救灾

2008年初富源县人武部组织民兵抗击雨雪冰冻灾害现场

2008年初威信县人武部组织民兵抗击雨雪冰冻灾害现场

云南省军区援建麻栗坡县帐篷小学暨新农村建设竣工揭牌仪式

思茅军分区援建苦聪人"八一新村"总结大会

丽江军分区组织部民兵预备役人员参与社会维稳

曲靖军分区组织民兵预备役人员森林灭火

"培训1万名民兵科技骨干，建立1万亩科技示范田，培育1万个民兵科技示范户，使每个民兵学会3门以上致富实用技术"。临沧军分区实施"双万"工程，积极参加临沧地区"漫临绿色经济长廊"和澜沧江、南汀河生态防护林建设，连续4年组织4万多名民兵植树造林5万余亩。以劳养武、促进经济发展贡献大。全省各级军事机关结合当地实际，开展以劳养武，为带领群众脱贫致富、振兴云南经济做出了积极贡献。1985年，陆良县创办了第一个以民兵为主体的劳武企业"大西'双扶'水泥厂"，当年创产值35万元，到1992年，创产值596万元，创利

通海县人武部参与抚仙湖综合治理工程

云南省军区边防官兵在中缅边境执勤现场

云南省军区援建麻栗坡县芭蕉坪村竣工揭牌仪式

税104万元。1991年开始，新平县人民武装部组织漠沙乡3600名民兵，以创办万亩“绿色企业”为主、以发展热区经济作物为突破口，仅用了2年时间，人均收入就从几十元发展到994元，部分家庭年收入达到万元。1992年至今，会泽县民兵采矿营为国家实现税收达3000多万元。为维护边境稳定发挥重要作用。1987年至今，边境县（市）人武部共组织民兵83万余人次，配合边防部队、边防武警部队执勤、巡逻、堵卡3万余次，协助破案1.2万余起，抓获各种犯罪分子1.7万余人。1991年至1992年，全省共组织民兵4.21万人次，独立或配合武警、公安部门堵截查获贩毒团伙885起，抓获贩毒分子2617人，缴获海洛因775.76公斤、鸦片801.32公斤，收缴武器63件，凶器300多件，铲除鸦片苗64.86万株，为构建和谐云南发挥了重要作用。

2008年丽江军分区民兵担任奥运火炬传递安保工作现场

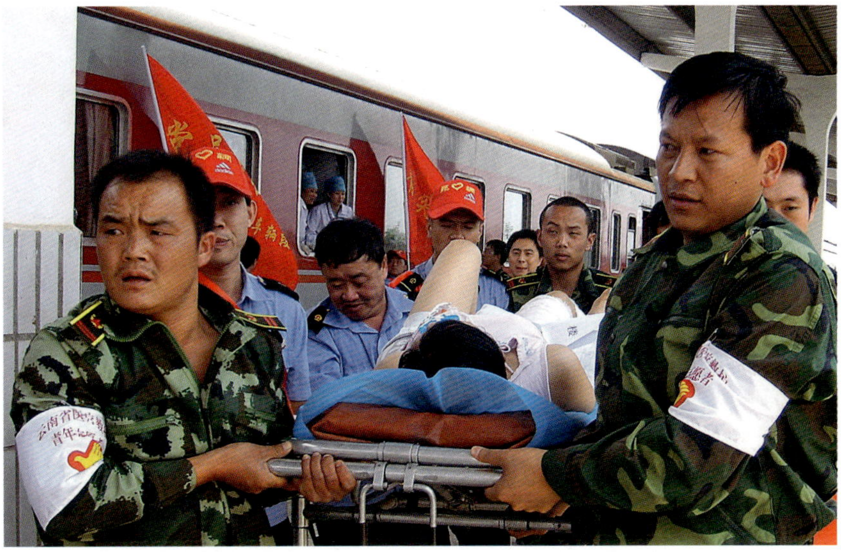

2008年5月23日，云南省石林县人武部组织民兵搬运汶川地震伤员

携优异成绩共同推进云南经济快速发展

农行云南省分行存款、贷款总量稳居同业第一

2008年中国农业银行云南省分行的改革发展取得了新的成效：人民币各项存款、贷款余额分别达到1603亿元和1080亿元，较年初增加138亿元和144亿元，存、贷款总量在云南省金融同业排名第一位。

2008云南分行春天行动启动

2008年是农行推进股份制改革的关键之年，也是农行实施“3510”发展战略的开局之年。面对机遇和挑战，云南农行明确将“改革、发展、控险”作为全行当前及今后一段时期的三大工作主题，要求全行在按时、按质做好股改各项基础工作的同时，绝不放松有效发展，绝不放松风险控制。风险的防范与控制，更加注重内部经营机制改革，更加注重队伍素质的提升，努力形成全面、协调、可持续发展的新格局。

出资160万元建设“农行林”为昆明增添靓丽风景

为确保工作目标的顺利实现，云南分行党委从做好股改各项基础工作，加快业务有效发展，推进内部经营机制改革，强化内控管理，加强领导班子建设、员工队伍建设和企业文化建设等5个方面提出了具体要求。制定了工作措施，真抓实干，奋力拼搏，各项业务经营实现了高质、持续、快速发展。

在夯实基础，推进“三农”试点上，云南分行积极拓展“三农”和县域蓝海市场。2009年4月，云南分行积极促成总行与云南省政府签署了战略合作协议，进一步深化了银政合作，有力推动了金融服务“三农”工作向纵深迈进。全省农行涉农和县域信贷业务均呈上升态势，初步探索出了适合云南实际的服务“三农”和县域的有效发展模式。

在积极推进经营战略转型上，云南农行牢固树立“存款立行、存款强行”理念，狠抓存款组织工作，进一步增强了负债业务市场竞争力；合理把握信贷投放的力度、节奏和结构，大力拓展优质资产业务；把加快中间业务发展放到加快经营战略转型的高度，大

支持云南花卉产业

支持云南生态茶园

支持万亩连片优质水稻获丰收

云南分行发行金穗惠农卡

与省政府签订合作协议

云南农行举办的答谢客户活动

力拓展银行卡、保险代理、国际业务、电子银行等重点业务，力促业务经营和收入结构多元化发展；深入推进了不良贷款专项治理货币清收竞赛活动，充分运用各种手段，不断挖掘不良资产经营潜力，促进资产质量进一步提高。

在强化内控管理，防范风险上，加强了对重点业务、重点部位和重点环节内控管理和风险控制。并针对“两高一剩”行业，建立了信贷分散、减持、退出机制，有效控制了信贷风险；进一步规范贷前调查行为，强化调查责任，前移风险控制关口；着力强化贷后管理，进一步加强了对贷后管理责任、限制性条款执行、贷款担保抵押落实等情况的监督和检查；继续做好信贷档案管理、资金监控、风险预警等工作，准确把握客户的重大变动事项和风险状况。

在深化内部经营机制改革，提高可持续发展能力上，云南分行进一步完善了综合绩效考评机制。对省会城市行和其他二级分行实施差异化的考核模式，促进各行因地制宜加快发展，引入平衡计分卡战略管理工具，实现长期与短期、外部与内部、过程与结果、财务与非财务的多维平衡，不断提高全行可持续发展能力。在信贷资源配置上，适度拉开了行际间差距，确保信贷规模向优势区域和行业及低风险业务倾斜，并合理满足县域经济及涉农贷款投放需要。在费用资源配置上，强化效益意识和全面成本观念，进一步提高营运费用配置标准，设置服务“三农”费用，增加重点业务拓展费用，有效促进业务增长方式的转变。在固定资产资源配置上，优先保证股改对固定资产资源的需求，大力支持以“三农”业务发展为重点的固定资产投入，着力加强营业网点建设、安防设施和电子化建设投入，进一步优化固定资产配置。

农行云南分行营业部捐资助学50万元

展望2009年，云南农行将按照中央和省委、省政府加快经济社会发展的各项战略部署，充分发挥连接城乡的网络网点优势，不断提高金融服务的质量和效率，不断加大对“三农”和地方经济建设的信贷支持力度。

云南农行支持的旅游项目

云南农行支持的公路建设项目

云南农行支持的电力项目

云南机场集团有限责任公司

云南机场业始创于1922年，具有厚重的历史，在第二次世界大战中发挥了十分重要的作用，为世界反法西斯战争作出了积极贡献。

2004年云南机场完成属地化改革，成立云南机场集团公司；2007年完成股份制改造，成立云南机场集团有限责任公司。云南机场逐渐迈入了集约化经营、专业化管理、产业化发展的现代企业之路。

云南机场集团有限责任公司是经云南省人民政府批准组建的具有公益性特种行业的产业实体，为省政府直属的国有大型航空运输保障服务企业和省级开发性经营合作融资平台，是昆明新机场建设项目的业主。

云南机场集团对省内民用机场实行统一的经营、管理和监督；为国内外航空运输企业、旅客及货物提供地面保障服务、代理服务和其他服务；经营与民用机场相关的辅助业务；作为云南省省级开发性经营合作融资平台，依法从事国内外投资、速效融资业务；依法从事经批准的其他经营活动。

多年来，云南机场集团解放思想、创新经营、抢抓机遇、锐意改革，不断加快云南机场业的改革发展，在安全、服务、效益、改革等方面工作取得了突出成绩，荣获各类奖项和荣誉称号100多项，150多名员工荣获省部级表彰和荣誉称号。2000年民航总局授予昆明机场“保障航空安全标兵”称号并荣记一等功；2000年，集团荣获全国“安康杯”一等奖；2001年，被民航总局、团中央命名为2000年度“全国青年文明号”；2002年，荣获云南省政府第三届中国昆明国际旅游节“贡献奖”；2003年，被云南省人民政府授予“安全生产先进单位”荣誉称号；2005年，荣获中国国际旅游交易会突出

贡献奖；2005年和2006年连续被云南省国资委评为“党风建设和领导人员廉洁从业优秀企业”。2006年，集团公司受云南省政府表彰，并经社会各界评选荣获“云南十大诚信企业”称号；2007年，集团公司被中华全国总工会授予“五一劳动奖状”。2008年，集团公司荣获“全国企业文化建设50强”和云南省国资委“管理创新、科技创新先进企业”称号。

目前，云南机场集团下属12个机场。昆明新机场建设项目已获国务院、中央军委批复，昆明巫家坝机场增容改造，大理机场、迪庆香格里拉机场、德宏芒市机场改扩建工程已全部竣工并投入试运行，丽江机场、西双版纳机场改扩建工程也在稳步推进。2008年，云南机场集团克服了自然灾害和人为因素造成的影响，全省12个机场旅客吞吐量达2064万人次，保持了平稳的发展态势。

云南民航现已开辟航线209条，通航城市88个，进入云南航空市场营运的国内外航空公司有29家。云南已初步形成了以昆明为中心，连接省内与周边省际支线网络、辐射国内大中城市的干线网络、面向东南亚、南亚的国际及地区航线网络的3个轮辐式为主及城市对式结构互补的航线网络。

昆明巫家坝国际机场

云南机场集团将继续以展示航空旅游第一形象、打造航空强省第一平台为使命，以构建面向东南亚、南亚、连接欧亚的国家门户枢纽，实现机场集群效应，成为国内先进、国际知名的机场集团为目标，为全面建设富裕、文明、开放、和谐云南，实现航空强省目标和构建新一代民航运输系统目标做出更大的贡献。

2008年6月奥运圣火抵达香格里拉机场

昆明机场全力做好奥运圣火传递保障工作

7月12日南京—丽江航线开通

8月5日深航开通丽江—版纳、重庆航线

12月10日腾冲机场建设工程顺利通过竣工验收

2008年12月5日云南省召开全面加快昆明新机场建设动员大会

扩建后的芒市机场新航站楼外景

刘平副省长、集团公司刘明总裁出席西双版纳机场扩建工程奠基典礼

2008年12月23日昆明机场成为两岸直航包机通航点

云南北大门——昭通

昭通位于云南省东北部、金沙江下游右岸，与四川、贵州接壤。2001年8月撤地设市，辖10县1区、143个乡镇（办事处）。面积2.3万平方公里，2008年末总人口549.5万人。

历史悠久，人杰地灵。昭通古称“朱提”、“乌蒙”，自秦开“五尺道”、汉筑“南夷道”后，便是中原文化传入云南的重要通道，是我国“南丝绸之路”的要冲，也是早期云南文化的三大发祥地之一。1935年2月，中国工农红军长征途经昭通，中共中央在这里召开了著名的“扎西会议”。曾诞生和哺育了一大批雄才俊杰，抗日名将罗炳辉，中共早期革命先驱刘平楷，云南共产主义运动先驱李国柱，辛亥革命元老、护国名将张开儒，爱国将领龙云、卢汉、曾泽生，国学大师姜亮夫，当代英雄徐洪刚等一大批杰出人才。在当代，涌现了一批活跃在中国文坛的作家、作者，形成了备受关注的“昭通作家群”和“昭通文

溪洛渡水电站大坝鸟瞰图

溪洛渡电站建设工地

学现象”。

地处要冲，区位优越。昭通位于昆明、成都、贵阳、重庆四大区域中心城市发展辐射的交汇地带，素有“云南北大门”、“咽喉西蜀、锁钥南滇”之称。随着内昆铁路、昆水高等级公路的通车和长江第一港——昭通水富港的扩建，由铁路、公路、航空、水运组成的立体交通网络初具规模，成为云南连接长江经济带、成渝经济区和内地入滇南下东南亚、南亚的便捷通道。

钟灵毓秀，资源富饶。昭通地形复杂，山高谷深，最高海拔4040米，最低海拔267米。年平均气温12.6℃，年平均日照1900小时，年平均降雨量1110毫米，属亚热带、暖温带共存的高原季风立体气候区域。独特的地形和复杂的气候形成了大山包、黄连河、铜锣坝、小草坝等迷人的自然景观，孕育了丰富的水电、煤矿和生物资源，素有“资源金三角”和“聚宝盆”之美誉。已知矿产资源33种，探明储量22种，煤、硫储量居云南首位，其中褐煤探明储量80.45亿吨，是我国南方最大的褐煤田，硫铁矿为全国5大矿区之一，有色金属为云南3大基地之一。水能资源富集，其中溪洛渡、白鹤滩、向家坝3座水电站总装机3300万千瓦，是“西电东送”的重要能源基地。生物资源种类繁多，苹果、天麻、魔芋等特色产品驰名省内外，是全国山嵛菜、马铃薯、白魔芋最宜生长和种植面积最大的区域，中国南方最大的优质苹果基地，全国品质最优的野生天麻核心区域。

立体交通

2008年12月28日向家坝截流

积极应对严重的冰凌雪灾、“5·12”特大地震和全球性金融危机影响，经济社会持续健康发展。地方生产总值增长11.1%，高于全国和全省水平，其中第一、二、三产业增幅分别是7.8%、11.3%和13.1%。单位生产总值能耗下降4.13%；全社会固定资产投资增长22.5%；社会消费品零售总额增长21.3%；地方财政一般预算收入增长32.9%；城镇居民人均可支配收入和农民人均纯收入分别增长24.2%和10.1%；居民消费价格总水平按可比口径上涨4.4%；城镇登记失业率控制在4.5%。各项社会事业全面进步，城乡居民生活不断改善。

侨通公司

红塔集团昭通烟厂包装车间

昭通是全国品质最优的野生天麻的核心区域

昭通是中国南方最大的优质苹果基地

随着金沙江水电资源开发以及云南国际大通道建设的不断推进，昭通充分发挥优势，重点做好以交通基础设施为重点的社会间接资本、以培育产业集群为重点的产业资本、以人力资源转化为重点的人力资本、以拓宽投融资渠道为重点的资本运作4篇文章。深入实施四项制度，着力打造“今日昭通效率”，坚持以科学和谐发展为主题，抓住转变发展方式、转换体制机制两个关键，打牢交通通讯、水利设施、城镇建设三个基础，实施工业强市、科教兴市、依法治市、可持续发展四大战略，着力发展烟草、能源、煤化工、矿冶建材加工、生物资源开发、文化旅游六大产业。力争通过十几年的努力，彻底改变昭通贫弱落后、发展滞后的状况，实现昭通的赶超式发展。力争在2020年把昭通建成云南重要的能源、重化工、农特产品加工基地和长江上游生态屏障。

华新水泥厂

威信扎西会议旧址

盐津县豆沙关

盐津县豆沙古镇

大山包黑颈鹤(国家自然保护区国际湿地)

大山包黑颈鹤国家自然保护区

有一个美丽的地方——德宏傣族景颇族自治州

州委书记赵金调研珠宝产业

德宏州地处祖国西南边陲，云南省西部，位于东经97°31′～98°43′，北纬23°50′～25°20′之间，是云南省8个少数民族自治州之一。东和东北与保山市的龙陵、腾冲两县相邻，南、西和西北与缅甸联邦接壤，国境线长达503.8公里，全州东西最大横距122公里，南北最大纵距170公里，总面积1.15万平方公里。德宏州首府驻潞西市芒市镇，陆地距省会昆明785公里，空距427公里。

2008年全州国民经济平稳较快发展，综合实力进一步增强，实现地区生产总值99.7亿元，比上年增长11.5%。其中，第一产业实现增加值29.5亿元，增长8.0%；第二产业实现增加值28.1亿元，增长11.3%；第三产业实现增加值42.1亿元，增长14.2%。三次产业的增速排序由上年的"二、三、一"变为"三、二、一"，产业结构进一步优化，综合实力进一步增强。农业农村经济全面发展，实现了增产增收，全年完成农林牧渔业总产值45.6亿元，比上年增长8.9%。工业经济速度与效益同步提高，全年完成工业总产值57.6亿元，比上年增长11.0%；完成工业增加值21.3亿元，增长9.0%。全年完成固定资产投资总额76.8亿元，比上年增长28.7%。对外贸易发展势头良好，全年完成进出口总额7.6亿美元，比上年增长36.2%。其中出口4.6亿美元，增长5.7%，进口3.0亿美元，增长1.4倍， 接待国内外游客361.97万人次，比上

泼水节

年增长8.2%，其中：海外游客7.03万人次，增长12.7%；国内游客354.94万人次，增长8.2%。旅游业总收入34.04亿元，增长10.4%。财政金融平稳运行，城乡居民收入显著提高，财政总收入完成14.70亿元，比上年增长12.8%；地方一般预算收入完成8.87亿元，增长12.3%。全州财政地方一般预算支出完成36.59亿元，比上年增长30.7%。年末金融机构存款余额161.83亿元，比年初增长14.5%。金融机构贷款余额102.22亿元，比年初增长15.1%。 完成社会消费品零售总额38.2亿元，比上年增长24.1%。全

州长孟必光现场了解德宏州参展情况

珠宝产业

年居民消费价格上涨6.6%，农业生产资料价格上涨17.5%。城镇居民人均可支配收入实现1.15万元，比上年增长9.1%；农村居民人均纯收入实现2439元，比上年增长19.2%。改革开放取得新进展，对外开放取得新突破。中缅瑞丽－木姐跨境经济合作区申报工作取得初步进展，列入了省政府工作计划；成功举办了“边境经济合作区发展研讨会”、首届瑞丽国际珠宝文化节和第八届缅中边境交易会，进一步提高了德宏的对外影响力和知名度。各项社会事业取得新成绩。全州人口出生率13.5‰，人口自然增长率控制在7.6‰以内。各项社会保险稳步发展，基本养老保险参保4.08万人；基本医疗保险参保9.81万人；城镇居民基本医疗保险顺利启动，参保6.87万人；工伤保险5.27万人，

榕树王

生育保险参保5.06万人；失业保险参保4.71万人；农村养老保险参保8130人。重点实施229个自然村的整村推进和村容村貌整治，基本解决3.5万个贫困人口的脱贫问题。在2008年北京残奥会上，残疾人运动员余世然荣获1枚金牌和1枚铜牌，为国家、省、州赢得了荣誉。

盈江“8·20”“8·21”和瑞丽“12·26”地震灾区恢复重建工作进展顺利，各项社会事业都取得了全面进步。

中国优秀旅游城市——潞西

潞西市第四届人民代表大会第一次会议召开第一次全体会议

潞西市第四届人民代表大会第一次会议召开第三次全体会议

优秀旅游城市

潞西地处云南西都，德宏州东南部，总面积2987平方公里，其中山区占74%，南与缅甸交界，国境线长68.23公里。州政府、市政府所在地芒市是全州政治、经济、文化中心和交通通信枢纽。改革开放30年，潞西政治、经济、文化、社会各项事业取得了令人瞩目的辉煌成就。

改革开放30年，潞西经过家庭联产承包、边境贸易大繁荣、非公经济快速发展等阶段，从2003年起，潞西步入全面建设小康社会的关键时期，全市经济总量连续5年保持全州第一，财政总收入年均增长、外贸进出口总额、全社会固定资产投资均保持两位数以上增长。农业产业结构调整取得明显成效，特色经济发展格局初步形成。粮食连年丰产，确保了粮食安全，2005年被国家农业业部授予“全国粮食生产先进县”荣誉称号。橡胶、咖啡、柠檬、澳洲坚果等新兴产业发展步伐加快。森林资源培育和保护工作进一步加强，连续5年无重大森林火灾事故发生，森林覆盖率达61.2%，扶贫开发力度加大，5年实现脱贫2.5万人。工业经济发展加快。工业总产值连续2年超过农林牧渔业总产值。秦瑞电力、220千伏输变电、亦可电站、永利发木业、越盛硅厂、奥环水泥厂、CTC红碎茶等一批项目相继建成投产，基本形成了以制糖、制茶、建材、

芒市花园

勐焕大金塔

矿冶、水电为主的工业体系。各项改革全面推进，深化农村税费改革，认真贯彻落实农业税免征、粮食直补和农资增支、农机购机补贴等各项支农惠农政策，5年兑付各种补贴1.02亿元，农民人均减负64.91元。进行了畜牧兽医体制改革、乡镇机构改革、财政改革、教育综合改革、粮食流通体制改革、集体林权制度改革、农村信用社改革。旅游产业发展步伐加快，成功创建为“中国优秀旅游城市”，芒市宾馆、遮放旅游休息站建成营业，勐巴娜西珍奇园被评定为国家4A级景区，成功举办六届勐巴娜西风情节和“撤县设市”10周年等节庆活动，积极配合省、州政府办好“建州50周年”、“中缅两国边民联欢大会50周年”纪念活动和“中国·德宏首届葫芦丝文化节”。招商引资工作取得重大突破。5年签约招商引资项目50项，实施项目41项，到位资金20.35亿元，实际利用外资2600万美元， 2007年签约项目20个，签约资金56.8亿元，对外合作交流进一步扩大，咖啡、茶叶、胶合板等自营产品出口不断增加，境外替代种植取得新进展。城市化进程加快，城镇功能不断完善。完成了《潞西城市总体规划调整》编制工作，5年累计投资6.21亿元，重点实施了芒市大街、团结大街等城区20多条道路改造及“三线入地”工程，城市交通网络化水平明显提高；建成芒市广场、中缅友谊馆、芒市体育运动中心、芒市会堂、德宏民族影剧院等一批市政工程；实施了华丰国际商城、芒市花园、三棵树民族风情街、德瑞花园、秦瑞百年、阳光经典等一批房地产建设项目。创建和巩固省“甲级卫生城市”，进入了“中国特色魅力城市二百强”之列。公路建设取得了可喜成绩、农田水利基础设施建设得到进一步加强。全面落实“以县为主”的教育管理体制，义务教育经费保障水平得到提高，“两免一补”范围进一步扩大。基础教育成果得到巩固和发展，初中入学率比2002学年提高31.06%，普通高中办学规模不断

芒市体育运动中心

扩大，职业教育快速发展，高中阶段教育“瓶颈”问题等到缓解。新型农村合作医疗稳步推进，参合率达92.5%。社会保障体系进一步完善，养老、失业、医疗、工伤和生育保险覆盖面不断扩大，农村养老保险试点全面铺开。以市场为导向的主业机制基本形成。严厉打击各种刑事犯罪活动，2005年成功创建为“云南省平安市”。

贡米生产基地

小粒咖啡

魅力城市——丽江

改革开放30年来，丽江市经济体制、政治体制、文化体制等方面的改革取得重要进展。依托得天独厚的旅游资源优势，把旅游业作为第三产业的“龙头”来大力发展，走出了一条自然资源开发与文化资源开发相结合、旅游产业建设与民族文化产业建设相结合、民族文化建设与社会主义市场经济建设相结合的发展道路，打造出纳西古乐、丽水金沙、《印象·丽江》等民族文化精品，为旅游业持续快速发展注入了强大活力。《千里走单骑》、《一米阳光》、《茶马古道》等一大批影视作品在丽江市拍摄，极大地提高了丽江的知名度，促进了全市文化产业的蓬勃发展，在全国、全省产生了积极而重要的影响。丽江成为全国主要的旅游热区和世界上最令人向往的旅游目的地之一，先后摘取了自然、文化、记忆3项世界遗产桂冠，被列为“中国最令人向往的十个小城市之首”、“地球上最值得去的100个小城市之一”，并荣获“全国优秀旅游城市”、“欧洲人最喜爱的旅游城市”和“全球最佳人居环境优秀城市”、“全国文明风景旅游区”、“中国魅力城市”、“新周刊”最新锐城市、“中国青年人首选的旅游目的地”、“中国旅游竞争力百强城市”、“中国十大休闲城市”、“中国品牌城市”等殊荣。被中央政策研究室、中央财经领导小组办公室联合组成的中国特色发展之路课题调研组列入全国改革开放18个典型地区之一。

丽江市委书记和自兴

丽江市委副书记、市长王君正

丽江“震生”与四川女孩共擎首棒奥运火炬

2008年全市生产总值达到101.15亿元，比上年增长13.1%；全社会固定资产投资总额达到115.4亿元，增长30.1%；地方财政一般预算收入9.5亿元，增长30.8%；城镇居民人均可支配收入1.33万元，实际增长13.8%；农民人均纯收入2374元，实际增长16%；社会消费品零售总额完成29.09亿元，增长29.3%；单位生产总值能耗下降4.18%；城镇登记失业率3.4%；人口自然增长率4.4‰；居民消费价格总水平涨幅4.9%。丽江市年末共有文化馆6个、博物馆2个、公共图书馆6个。文化体育与传媒支出5733万元，增长51.6%。实施了20个乡（镇）综合文化站建设，积极推进广播电视“村村通”工程，广播覆盖率达80%，电视覆盖率达88.2%。举办了改革开放30周年系列文化活动。大力发展文化产业，文化经营户达3100多家，从业人员1.6万人，实现文化产业增加值10.6亿元，增长12.6%亿元。体育事业健康发展。

《丽水金沙》

《印象·丽江》

纳西古乐

雾坪水库大坝

玉龙新县城城区公路

筹建中的阿海水电站供电工程总降变电站

祥宁线永胜至片角二级公路

世外桃源——广南

广南县委书记任安

广南县长张如黎

广南县充分挖掘民族民间文化，打造“世外桃源”文化旅游品牌，经济社会实现了又好又快发展。2008年，全县完成生产总值31.94亿元，比上年增长12.2%，其中：第一产业增加值14.36亿元，增长8.4%；第二产业增加值6.43亿元，增长9.9%；第三产业增加值11.15亿元，增长18.6%。三次产业构成比为46:21:33。地方财政一般预算收入1.2亿元，增长27.7%。社会消费品零售总额13.5亿元，增长42.8%。城镇居民人均可支配收入1.1万元，增长11.1%；农民人均纯收入1921元，增长26.8%。

世外桃源——坝美景区入口

精心打造“世外桃源”品牌。先后组织中国记者“世外桃源”采访行，知名画家“画说广南”等活动，CCTV《走遍中国》摄制组等在广南摄制专题片20余个。先后投资5000万元，抢修了文庙、忠烈祠、土司衙署、北街古街道、皇姑庙（坟）、旧莫王氏宅院等一大批文物古迹。目前，有省级文物保护单位5处，州级文物保护单位5处，县级文物保护单位23处，馆藏文物1000余件。出版发行了《句町与广南》、《句町神韵》等书籍，《广南古韵　壮乡礼乐》在云南省第四届民族民间歌舞乐展演中荣获金奖。连续5年成功举办中国昆明国际文化旅游节广南分会场暨广南壮族三月花街节，向外界展示了广南壮族以“竜”为标志的生态文化，以“那”为标志的稻作文化，以“糇糯”和“岜夯”为特色的饮食文化，名为“欢景”的人神共娱为特征的节日文化等，独具特色的民族文化吸引着人们到“世外桃源”广南，领略这里迷人的风光、悠久的历史和浓郁的民族风情。“十一五”以来，广南县累计接待游客90.52万人次，实现旅游综合收入2.98亿元，旅游业已逐渐成为文化产业发展的重要平台。

壮族花街节大型手巾舞展演

县城一角

特　　载

Special Editing

政府工作报告

——2009年2月7日在云南省第十一届人民代表大会第二次会议上

省长　秦光荣

各位代表，各位同志：

现在，我代表省人民政府，向大会报告政府工作，请省人大代表予以审议，并请省政协委员提出意见。

一、攻坚克难、真抓实干，经济社会发展取得新成绩

2008年是进入新世纪以来我国经济社会发展中极不平凡的一年，也是云南省各种困难叠加、多重矛盾交织的一年。面对复杂形势，在党中央、国务院和省委的正确领导下，省政府团结带领和依靠全省各族人民，坚持以科学发展观统领经济社会发展全局，解放思想、实事求是，积极应对各种困难和挑战，取得了新的发展业绩。

过去的一年，国内外经济形势急剧变化，国家宏观调控政策出现重大调整，政府工作经历了前所未有的严峻考验。我们始终坚持发展是硬道理的战略思想，始终坚持抓机遇求发展，不断调整、完善工作思路，出台一些新的经济政策和措施，有效防止了经济的大起大落。

过去的一年，面对煤电油运紧张状况，面对雨雪冰冻对农业生产的严重影响，面对地震、泥石流等自然灾害的频繁发生，面对投资增长缓慢、工业增长乏力和世界金融危机影响等一系列难以预料的困难，我们坚持沉着应对，及时破解，加强了经济运行调节，保证了全年发展目标的顺利实现。

过去的一年，我们坚持既着眼于当前，又谋划关系云南长远发展的问题。在加快山区综合开发与木本油料基地建设、启动百亿斤粮食增产和农民收入翻番计划、推进优势生物产业发展、建设“创新型云南”、实施工业“双万亿工程”、推动烟草产业再创新优势、开展旅游产业改革和发展综合试验、启动滇西北生物多样性保护、调整完善滇池治理思路、推进滇池截污和牛栏江—滇池补水工程、实施新三年“兴边富民工程”、调整铁路建设规划、加强防震减灾、建设县城污水和垃圾处理设施、促进高等教育改革发展、支持现代新昆明建设等方面，作出了一系列重大决策，为云南今后5年乃至更长时间的持续发展奠定了基础。

过去的一年，我们坚持以人为本，加强了薄弱环节的工作，在推进制度创新、保护生态环境、扩大开放领域、改善民生保障等方面，采取了一系列有效措施，协调推进各项工作，实现了新一届政府的良好开局。

通过全省人民的共同努力，2007年，全省生产总值完成5700.1亿元，增加近1000亿元，增长11%；财政总收入1360.2亿元，增加249亿元，增长22.4%，其中，地方财政一般预算收入613.6亿元，增加127亿元，增长26.1%，地方财政一般预算支出1470.7亿元，增加336亿元，增长29.6%；全社会固定资产投资3527亿元，增加728亿元，增长26%；社会消费品零售总额1718.5亿元，增加324亿元，增长23.2%；外贸进出口总额96亿美元，增加8亿多美元，增长9.3%；城镇居民人均可支配收入1.33万元，增加1754元，实际增长9.4%；农民人均纯收入3103元，增加469元，实际增长9.1%；城镇登记失业率控制在4.5%以内；人口自然增长率6.32‰；居民消费价格总水平上涨5.7%，低于上年涨幅；单位生产总值能耗降低4.4%以上。较好地完成了省十一届人大一次会议确定的目标。

（一）农业农村经济发展成效明显

坚持把“三农”工作放在首位，农村经济取得较快发展，全年农业增加值达到1021亿元，增长7.6%。认真落实强农惠农政策，进一步加大投入，全省财政支农资金177亿元，增长38.7%，对农民的直接补贴资金106.4亿元，比上年增加55亿元，增长107%，全省农民人均获得补贴295元。粮食生产在大灾之年再获丰收，总产量达1588万吨，增长2.7%；肉类总产量411.8万吨，增长15%。特色优势产业发展较快，全省经济作物种植面积完成3900万亩，增加300万亩；新增核桃等木本油料作物种植面积550万亩。农业产业化、乡镇企业和农民专业合作组织发展加快，农产品直接出口达8亿美元。农村生产生活条件进一步改善，新增高稳产农田和基本农田各100万亩，解决了172万人的饮水安全，新建沼气池25万个、农村改灶16万户。农村流通体系建设和供销社改革发展成效明显。清理涉农收费项目754项，减轻农民负担2726万元。农村金融体系建设有新的加强，组建了3家村镇银行，发放惠农卡40多万张。

（二）新型工业化进程稳步推进

继续实施工业强省战略，全省工业增加值完成2057亿元，增长12.5%。进一步完善工业发展思路，转变发展方式，启动了工业发展“双万亿工程”和重点项目建设“双百工程”。建设40个省级工业园区和培育40个工业强县取得新成效。重点推进20项工业建设项目，持续加大工业投资力度，全省工业固定资产投资（含电力投资）1232亿元，增长25.9%。针对金融危机对工业发展的不利影响，及时推出收储重要商品、对钢铁等10个行业实行阶段性特殊电价政策和扶持中小企业发展的14条措施，帮助企业克服困难。全省现代烟草农业示范建设取得明显成效，烟草企业“三变二”重组工作顺利完成，卷烟产品结构进一步优化，全年实现工商利税717亿元，烟草制品业完成增加值659亿元，为保持全省经济平稳较快增长发挥了突出作用。进一步整顿规范矿产资源开发秩序，推进矿业管理制度改革，促进矿业经济有序发展。安全生产形势稳定好转。

启动了创新型云南行动计划，决定用5年时间多渠道筹集资金500亿元，实施重点产业、重大技术、节能减排、农业科技、企业培育、平台建设、人才培养引进和公民科学素质提升八大科技创新工程。建成了全球最大、技术领先的锡化工加工中心等一批科技创新基地。实施专利技术1300余项。30项产业发展关键核心技术取得突破，重点产业竞争力得到提升。

（三）固定资产投资持续较快增长

针对2007年上半年固定资产投资增长缓慢的情况，采取有力措施，扭转了投资下滑的局面。全省公路建设完成投资291亿元，在建的12段国道主干线和西部开发省际通道主体工程全部完成，改建和新建农村公路2.5万公里。铁路建设完成投资40亿元，大瑞、大丽、玉蒙、蒙河等7项在建工程有新进展，云桂、丽香、昆明枢纽站及广大铁路扩能改造项目前期工作积极推进。机场建设完成投资24亿元，昆明新机场全面开工建设，腾冲机场顺利通航，丽江、香格里拉等6个机场改扩建工程全面推进。电力建设完成投资606亿元，向家坝电站实现截流，景洪电站3台机组并网发电，全省新增电力装机394万千瓦，年发电量首次超过1000亿千瓦时。水利建设完成投资74亿元，建成中小型水库30座，完成中小型病险水库除险加固工程53件，兴建山区“五小水利”工程25万件，农田有效灌溉率达到39%，比上年提高1个百分点。积极推进金沙江龙头水库比选工作。房地产投资完成558亿元，出台了稳定房地产发展、建设保障性住房体系的具体措施。城镇建设完成投资97亿元，提出了“做强大城市、做优中小城市、做特乡镇、做美农村”的新思路，全省城镇化率提高1.4个百分点，达到33%。

落实中央扩大内需重大决策取得明显成效。我们积极主动做好项目衔接汇报等工作，争取到中央扩大内需资金56亿元，2007年共争取到中央预算内基本建设资金130亿元，为历年最多。为确保中央宏观调控政策的全面落实，我们提出了增投资、稳工业、促消费、保民生的20条措施，省财政新增10亿元投资用于基础设施建设、项目前期工作、中小企业发展和保障性住房建设。金融为云南经济社会发展作出了重要贡献，全年新增贷款1094亿元，直接融资突破百亿元。

（四）涉及群众切身利益的突出问题逐步解决

各项社会事业进一步推进。高度重视义务教育，新增5个“普九”县。继续扫除青壮年文盲。进一步完善农村义务教育经费保障机制，扩大“两免一补”覆盖范围，提高补助标准，投入2489万元，全面免除城乡义务教育阶段学生学杂费；投入6.6亿元，使638万名农村中小学学生享受到免费教科书及练习册；投入6.4亿元，提高寄宿制贫困学生生活费补助标准，小学、初中生补助标准分别达到每人500元和750元。改造中小学D级危房109万平方米。加强以农村教师为重点的中小学教师培训。启动了农村教师周转房建设。扩大中等职业教育在校生规模，组建了8个省级职教集团，全省第一所技师学院开工建设，中等职业学校学生全部享受生活补助，高中阶段毛入学率提高到52%。推进高等教育改革发展，2007年省财政用于支持呈贡高校新区建设的投入达20亿元，改革了高校投入机制，提高了生均经费标准，全省高等教育毛入学率提高到16.2%。医疗卫生基础设施持续改善，132个乡镇卫生院改扩建和116个村卫生室建设项目顺利开工，启动了100个社区卫生服务中心、100个社区卫生服务站建设项目，各级重点医疗机构建设项目进展顺利。全面推广新型农村合作医疗，参合率达到90%，年人均筹资标准提高到90元，省财政为218万多困难群众代交了个人参合资金。在全省129个县（市、区）全面推行“药品统一竞价采购、统一配送”，有效降低了药品价格。中医药、民族医药事业较快发展。更加关注食品药品安全，及时处置了“婴幼儿问题奶粉”等突发公共卫生事件。调整完善“奖优免补”政策，实施“少生快富”工程，全面启动出生缺陷一级预防工作，全省总体进入稳定低生育水平的新阶段。促进文化惠民，省博物馆新馆等一批重大标志性文化设施启动建设，广播电视覆盖率进一步提高，一批文学艺术作品和演员在全国获大奖。奥运火炬在省内成功传递，云南省运动员在残奥会上取得优异成绩，全民健身活动广泛开展。

就业和社会保障措施进一步落实。城镇新增就业23万多人，实现“零就业”家庭至少有1人就业，农村劳动力转移就业155万人。稳步扩大社会保险覆盖范围，参保人数达到1422万人，新增180万人。在10个州（市）开展城镇居民基本医疗保险试点，参保人数达到261万人。提高社会保险待遇，企业退休人员基本养老金标准达到月人均1036元，失业保险、工伤保险待遇水平同步提高，老工伤人员纳入工伤保险统筹。投入28亿元资金，解决了300万农村贫困人口和87万城镇低收入者的最低生活保障。全省所有县（市、区）开展了城乡医疗救助。农村“五保”供养水平提高，敬老院建设得到加强。建成廉租房80万平方米，全面启动了租赁补贴发放工作。

边疆民族地区发展进一步加快。启动了“兴边富民工程”新三年行动计划，决定投入108亿元，实施基础设施建设、温饱安居、产业培育、素质提高、社会保障和社会稳定、生态保护与建设等六大工程，再办30件惠民实事。以增加农民收入、帮助山区群众脱贫致富为核心，突出基础设施、产业发展、公共服务、生态保护4个重点，强化政策和资金投入2个保障，全面加快山区综合开发建设。扶贫开发全面推进，开展了1万个自然村的整村推进和村容村貌整治，培训转移贫困地区劳动力40万人，解决和巩固60万贫困人口的温饱，改造茅草房、杈杈房5.6万户，完成易地搬迁贫困人口3万人。水电移民“16118”措施开始在全省推行。加大对人口较少民族的扶持力度，实施了对克木人、莽人等特殊人群的专项扶贫。

及时有效组织抗灾救灾。第一时间启动应急预案，协调救灾资金和物资调运，一年来省政府召开救灾专题会议35次，全省共投入救灾资金26亿多元。紧急转移安置受灾群众70万人次，开展了14.6万户因灾损毁民房的恢复重建，完成农村民居地震安全工程建设24万户，灾区群众基本生活得到有效保障，灾区社会保持稳定。组织开展了“汶川大救援、云南大行动”。

（五）“七彩云南”保护取得新成绩

九大高原湖泊水污染防治措施得到落实。滇池治理的六大措施取得重大突破，洱海保护治理经验得到国家环保部高度肯定，抚仙湖—星云湖综合治理有新的进展，及时有效处置了阳宗海水体砷污染事件。实施滇西北生物多样性保护行动，力争“十一五”期间，多方筹资70亿元用于滇西北环境保护和生态建设。加强土地资源管理，土地利用总体规划修编和第二次土地调查工作有序开展。天然林及野生动植物保护、水土保持、农村能源、石漠化治理等重点生态建设工程稳步推进，完成营造林674万亩，新增水土流失治理面积2522平方公里，森林防火取得5年来最好成绩。国家公园建设继续推进，并被确定为全国试点省。加快循环经济发展，节能减排统计、监测、考核三大体系进一步完善，淘汰了一批小火电、小炼铁、小水泥等落后产能，化学需氧量和二氧化硫排放量分别削减2.5%和3%。重视城镇环境建设，决定5年时间多渠道筹集200多亿元资金，在全省县以上城镇建设污水和生活垃圾处理设施，使县城污水处理率平均达到80%以上，生活垃圾无害化处理率达到100%。

（六）改革开放迈出新步伐

加大力度推进各项改革。集体林权制度主体改革任务基本完成，确权率、发证率分别达到90%和60%，配套改革稳步推进。开展了乡镇机构改革试点和村级公益事业建设“一事一议”财政奖补试点。农村流通体制、农垦、华侨农（林）场和基层农业技术推广机构改革顺利开展，以水务体制改革为重点的水利改革取得突破。深化国企改革的总体目标任务基本实现，州市企业改制面和省属企业改制面均达99%。非公有制经济发展较快，活力增强，占全省经济的比重达到38.5%。财税、金融和社会事业领域的改革步伐加快，昆明、红河综合改革试点继续推进。

着力推进开放云南建设。继续扩大对东南亚的开放，突出推动对南亚的开放，进一步完善了云南对外开放的格局。开展了“七彩云南香港行”活动，与香港工商界在旅游、文化、商贸、物流等服务贸易领域签订了一批项目合作协议，总投资超过800亿港元。省政府代表团出访印度开展

"亲邻之旅"，掀开了滇印合作交流的新篇章。加快开放平台建设，成功举办了首届大湄公河次区域经济走廊论坛、南亚商务论坛和华商论坛，提高了"昆交会"办会层次。深化了第三亚欧大陆桥的研究和论证。招商引资工作力度进一步加大，实际利用外资7.8亿美元，引进省外到位资金773亿元。旅游二次创业稳步推进，全年接待海内外旅游者超过1亿人次，其中海外旅游者250万人次，周边入境旅游者260万人次，旅游总收入达到663亿元。

（七）民主法制和精神文明建设得到进一步加强

积极推进民主法制建设。坚持向省人大及其常委会报告工作、向省政协通报协商，认真执行省人大及其常委会的决议，自觉接受省人大和省政协的监督。认真办复人大代表议案、批评、建议和政协提案。深入推进依法治省，向省人大常委会提请审议通过地方性法规草案3件，发布省政府规章8件。加强基层民主政治建设。法制宣传教育、法律服务、法律援助等司法工作进一步加强。全面推进监察、审计工作。

全力维护社会稳定。高度重视群众来信来访工作，开展大接访、大下访活动，积极调解矛盾纠纷，稳妥处置群体性事件，有效化解了人民内部矛盾。高度重视并确保了云南省藏区的稳定。深入开展以"打黑除恶"、命案侦破以及打击"两抢一盗"等多发性犯罪为重点的严打整治斗争，着力解决影响社会治安的突出问题。监狱、劳教等工作得到加强。建立和完善反恐工作机制。启动实施新一轮禁毒防艾人民战争。

不断加强社会主义精神文明建设。深入开展中国特色社会主义理论体系宣传普及和群众性精神文明创建活动。在全社会弘扬以爱国主义为核心的民族精神和以改革创新为核心的时代精神，努力构建社会主义核心价值体系。加强社会公德、职业道德、家庭美德和个人品德教育，城乡文明程度和公民思想道德素质、科学文化素质有了新的提高。新闻出版、广播影视、文学艺术、文史档案、地方史志、哲学社会科学更加繁荣。自觉接受媒体和群众监督。工会、妇女、儿童、青少年、老龄、红十字、慈善、残疾人等事业取得新进步。切实落实双拥优抚安置政策，有力地支持了国防和军队建设。紧紧围绕各民族"共同团结奋斗、共同繁荣发展"的主题，全面贯彻落实党的民族政策，努力解决少数民族和民族地区的困难和问题，促进各民族和睦相处、和衷共济、和谐发展。全面贯彻党的宗教政策，依法管理宗教事务，积极引导宗教与社会主义社会相适应，促进了宗教和谐。

（八）政府职能和机关作风进一步转变

在行政机关开展了解放思想大讨论和深入学习实践科学发展观活动，全面推行行政负责人问责办法和首问责任制、服务承诺制、限时办结制，重点建设责任政府。对行政机关不作为、乱作为，以及责任心不强、服务质量不高、办事效率低等事项进行问责，全省共问责1417人。机关工作人员责任心明显增强，素质得到提升，工作效率和服务质量有新的提高。进一步加强督查工作，重点督查20个重大建设项目和20项重要工作，促进了工作的落实。继续深化行政审批制度改革，清理、取消和调整了392项行政审批事项。认真清查"小金库"，规范了非税收入管理。

各位代表，云南发展的每一点进步，都是党中央、国务院和中共云南省委正确领导的结果，凝聚着全省各族人民的勤劳和智慧，凝聚着各级人大代表、政协委员和社会各界人士的心血和汗水。在此，我代表省人民政府，向全省人民致以崇高的敬意和衷心的感谢！向人大代表、政协委员，向各民主党派、工商联、无党派人士、各人民团体和各界朋友，向驻滇人民解放军、武警部队官兵和公安政法干警，向中央各部门各单位、兄弟省区市，向关心支持云南建设的港澳同胞、台湾同胞、海外侨胞和国际友人，致以崇高的敬意和衷心的感谢！

在各项工作取得成绩的同时，我们也清醒地认识到，云南的发展现状与科学发展观的要求和全省人民的期望还有差距，一些深层次矛盾和涉及人民群众切身利益的问题还没有得到很好解决，科学发展的体制机制还不完善，加快结构调整、转变发展方式的任务还很艰巨，政府职能转变还没有完全到位，少数干部作风不实等问题还不同程度地存在。我们要在成绩面前保持警醒，在困难面前更加振奋，不畏艰难，奋发图强，不断开创云南工作的新局面。

二、应对挑战、化危为机，努力保持经济社会平稳较快发展的良好势头

2007年以来，由美国次贷危机引发的金融危机迅速向全球蔓延扩散，国际经济环境急转直下，经济增速明显减缓，对我国的经济运行造成明显冲击，也对云南的发展产生了严重影响，而且，危机影响还在继续加深。2008年云南省的发展将面临更加严峻的挑战，经济增长下滑的压力不断增大，市场需求减弱、工业品价格大幅波动、经济发展支撑条件不足等问题可能进一步凸显；部分产能结构性过剩、库存高价原材料积压等问题，将进一步加重企业生产经营困难，微观经济运行形势不容乐观；经济发展遇到的困难，还使一些企业职工特别是农民工失去工作，全省就业压力前所未有；财政收入增速下降，减收增支因素增多，财政收支平衡异常困难。

尽管面临极其严重的困难和严峻的挑战，但我们仍然具备保持经济平稳较快发展的有利条件。经过改革开放30年来的快速发展，全省经济总量不断壮大，经济结构明显改善，经济实力不断提高，抵御风险的能力显著增强，这是我们攻坚克难、奋发有为的坚实基础；云南省正处于工业化和城镇化加速发展的重要时期，资源丰富，劳动力充裕，市场需求和经济发展潜力巨大，这是我们促进经济持续增长的有力支撑；2007年下半年以来，云南省已对化解危机、加快发展作出一系列重要部署，形成了一些切实可行的思路和办法，这是我们继续破解难题、推动发展的重要保证；全省人民求变、思富、图强的愿望非常强烈，这是我们应对挑战、战胜困难的强大动力。更重要的是，党中央、国务院果断作出扩大内需的一系列重大部署，不仅给我们带来了新的发展机遇，而且为我们战胜困难增添了百倍的信心和力量。只要我们坚持发展不动摇，咬定青山不放松，坚定信心不畏难，扎实工作不松劲，审时度势，科学决策，积极应对，共克时艰，完全有条件在化解危机中抓住机遇，在克服困难中加快发展，在着力保增长中提高科学发展的水平。

综合考虑国内外形势和云南省实际情况，2008年全省经济社会发展的主要预期目标建议为：生产总值增长9%，全社会固定资产投资增长20%以上，地方财政一般预算收入增长8%，地方财政支出增长10%，社会消费品零售总额增长15%，外贸进出口总额增长9%，居民消费价格总水平涨幅控制在5%以内，城镇居民人均可支配收入和农民人均纯收入实际分别增长6%和7%，城镇登记失业率控制在4.6%以内，人口自然增长率控制在7‰以内，单位生产总值能耗下降4.3%。

为全面完成2008年的各项目标任务，我们将深入贯彻党的十七大和十七届三中全会精神，认真落实中央经济工作会议和省委八届六次全会的各项部署，始终坚持以科学发展观统领经济社会发展全局，牢固树立抢机遇、促投资、强产业、扩消费、增动力、重民生、抓生态、保稳定的思想，千方百计采取措施，坚定不移地保持云南经济社会平稳较快发展的良好势头。

第一，抢机遇。这是主动应对危机、破解发展难题的基本要求，也是对政府工作能力的重大考验。我们要着力增强抓机遇促发展的意识，着力增强在复杂形势下做好经济工作的能力，着力增强积极应对挑战的主动性，紧紧抓住国家扩大内需带来的重大机遇，争取在推进项目建设、加快结构调整、转变发展方式、促进开放合作、加强薄弱环节等方面取得更大成效，实实在在地谋大事、办实事，以更加卓有成效的工作，把机遇转化为加快发展的新优势。

第二，促投资。保持投资较快增长对云南的发展至关重要，这既是云南省扩大内需的重要途径，也是抢机遇促发展的具体体现。要以抓项目为核心，加强衔接汇报，突出基础设施、产业建设、社会民生、生态环保等重点，抓紧谋划和实施一批重大项目。要把解决资金制约、加强项目前期工作放在突出位置，进一步创新工作方式，加大协调力度，拓宽融资渠道，千方百计保持固定资产投资持续较快增长。要优化投资结构，把促进当前经济增长与解决长期发展问题更好地结合起来，多办打基础、谋长远、强根本的事，坚决避免低水平重复建设，坚决防止“两高”产业和产能过剩行业盲目扩张。

第三，强产业。加快产业发展、壮大产业规模、提升产业核心竞争力，是云南经济工作的重中之重。我们要以产业结构调整为主线，着力发展优势特色产业，大力推动农业和生物资源开发产业化，加快发展物流、商贸、金融等现代服务业。要全力推进新型工业化，巩固提高烟草、电力、冶金3个主导产业，改造提升化工、煤炭、建材、轻工等传统产业，发展壮大石油炼化、光电子、新材料和新能源等新兴产业，做精做优机械装备制造业，加快构建具有云南特色、比较优势明显、产业附加值高、创新能力强、节能环保、可持续发展的现代产业体系。

第四，扩消费。扩大消费是2008年促进经济增长的战略重点。我们要认真落实国家增加群众收入、扩大消费需求的政策措施，积极拓宽消费领域，大力培育消费热点，增强群众消费能力，着力改善消费预期，切实提高消费对经济增长的拉动作用。要加强市场诚信体系建设和产品质量监管，努力营造良好的消费环境。要积极帮助云南企业和产品开拓市场。

第五，增动力。改革开放是推动云南各项事业发展的强大动力。在当前形势下，更要深化改革、扩大开放，努力消除体制机制障碍，破解发展难题，激发发展活力。我们要坚持深化改革不争论、不折腾、不懈怠，协调推进各项改革，加快构建有利于科学发展的体制机制。要坚持扩大开放不动摇、不偏颇、不停步，着力构筑内外联动、互利共赢、安全高效的开放型经济体系，争取更大的发展空间，在扩大利用国际国内两种资源和两个市场、提高承接东部产业转移的规模和质量方面取得更大成效。

第六，重民生。越是困难时刻，越要重视民意、体察民情、关注民生，努力解决人民群众在就业、社保、教育、住房、医疗、环保、安全、出行、饮水等方面的困难和问题，让各族群众得到更多看得见、摸得着的实惠。2008 年要格外重视就业工作，努力创造更多就业机会，采取财政、信贷以及行政措施，帮助企业特别是中小企业稳定工作岗位、吸纳更多人员就业。要高度关心和切实帮助中低收入家庭增加收入，保障其基本生活。要更加重视边疆民族地区的发展，大力改善边疆、民族、贫困地区和革命老区的生产生活条件，提高群众生活水平。

第七，抓生态。良好的生态、优美的环境是云南最大的特色和优势、最重要的资源和资本、最珍贵的品牌和形象。我们要把生态立省、环境优先的战略思想贯穿到每一项工作、每一个具体项目的实施中，大力发展循环经济和低碳经济，全面推行清洁生产，加快形成有利于节约能源资源和保护生态环境的产业结构、增长方式和消费模式。更加深入扎实地推进“七彩云南保护行动”的实施，努力争当全国建设生态文明的排头兵。

第八，保稳定。我们要以高度的政治责任感和扎实的工作作风，始终把维护稳定摆在重要位置，不断推进和谐云南建设。要重视社会建设，畅通民意诉求渠道，积极稳妥地做好基层基础工作，健全矛盾纠纷调处机制，更加科学有效地处理新形势下的人民内部矛盾，着力解决影响稳定的突出问题，努力营造祥和、稳定、和谐的社会环境，为改革发展提供坚强保障。

三、突出重点、锐意进取，扎实做好 2008 年各项工作

2009 年政府工作的首要任务是保持经济平稳较快发展。这是深入贯彻落实科学发展观的具体体现，也是化挑战为机遇，实现全年各项目标任务的关键。为此，要集中精力抓好以下 10 项重点工作：

（一）突出需求拉动，确保固定资产投资较快增长

确保投资较快增长是扩大内需的主要着力点。要加快在建项目工程进度。大力推进综合交通网络建设，切实抓紧干线公路、通乡油路、通村公路、农村客运站建设和航运渡口改造。加快实施续建铁路工程和水富港、富宁港水运工程建设。全面推进以昆明新机场为重点的航空网络建设。加快以大型水电、火电项目以及大型煤矿为重点的能源建设，继续推进骨干电网及城乡电网改造，抓好新能源开发利用。重点推进在建水源工程和病险水库除险加固水利工程，以及牛栏江—滇池补水工程。加强投资项目监督管理和重大项目跟踪审计，确保项目建设进度，确保工程质量和资金安全。

完善重大项目建设推进机制。建立重大项目联系制度、督导制度、并联审批和限时办结制度，以及全过程服务制度，确保一批基础设施项目按期开工。力争年内开工建设大理—丽江、宣威—普立，以及昆明绕城线西北段等高速公路项目。力争开工建设云桂、广大线扩能改造等铁路项目，启动昆明城市轨道交通建设项目。争取开工建设泸沽湖机场。争取核准和开工建设糯扎渡、金安桥等水电站以及一批火电项目。新开工建设一批大中型水库。

认真做好项目储备。省财政投入 2 亿元前期工作经费，继续推进滇中调水，玉溪—磨憨铁路，红河、怒江机场等一批重大项目前期工作。加强部门间的配合沟通，力争在项目储备方面取得重大突破。

高度重视金融信贷和项目融资工作。加大争取中央资金支持的力度，确保省级财政预算内基本建设投入不低于 60 亿元。加强银政、银企合作，用好用足国家货币政策，增加信贷投放，优化信贷结构，力争全年新增贷款 1600 亿元。鼓励企业上市融资和发行企业债券，积极争取发行地方政府债券，扩大直接融资规模。进一步开放投资市场，鼓励和引导民间投资，探索建立产业基金和投资基金，努力形成多元投资格局。

（二）狠抓政策落实，促进农村经济持续发展

全面贯彻党的十七届三中全会精神，不折不扣地落实中央强农惠农政策，扎实推进社会主义新农村建设，促进农业增产、农民增收、农村繁荣。要继续加大“三农”投入，以保障主要农产品有效供给和农民增收为重点，确保农业稳定发展。

确保粮食增产。要突出抓好水稻、玉米、马铃薯等主要粮食作物生产，大力发展优质杂粮，强化科技支撑。组织实施好 200 个粮食高产示范区建设，推广 2000 万亩粮食作物间套种，确保粮

食种植面积不低于6500万亩，力争粮食总产量增加50万吨。

努力增加农民收入。整合各项涉农资金，增加财政补助，加快产业培育，提高粮食最低收购价格，加大力度组织农村劳务输出，优化返乡农民工创业环境，使农民的家庭经营收入、工资性收入、财产性收入、转移性收入稳步提高，力争农民人均纯收入达到3500元。

推进优势生物产业发展。按照基地标准化、企业集群化、产业现代化的要求，以引进战略投资者、推进产品深加工、增强科技支撑力、扩大市场占有率、提高品牌竞争力为重点，着力加快畜产品、果蔬、茶叶等12类优势生物产品产业化，全力推进木本油料示范区建设，力争完成木本油料种植面积450万亩以上。大力发展现代烟草农业。

加强农业基础设施建设。改造中低产田（地）200万亩，建设1000公里干支渠防渗工程和20万件以上山区“五小水利”工程，新增有效灌溉面积40万亩和节水灌溉面积50万亩，解决150万农村人口的饮水安全问题，新建和改造农村公路2.5万公里，建设沼气池20万个，节柴改灶10万户。积极建设一批新农村建设试点示范村和重点推进村。

加大扶贫开发力度。以稳定解决贫困人口脱贫致富作为首要任务，把提高贫困群众的自身素质和增强贫困地区产业发展能力相结合，创新扶贫开发机制。实施9000个自然村整村推进和500个自然村村容村貌整治、3万贫困人口易地搬迁，巩固解决60万贫困人口温饱问题。抓好整乡推进试点。继续加大对少数民族地区和革命老区的扶贫力度，继续帮扶莽人、克木人等特殊人群。积极推广贫困村村级互助资金模式。

深入实施“兴边富民工程”新三年行动计划。努力改善边境地区基础设施、群众就学就医和生产生活条件。坚持分批分期对农村民居进行加固改造和拆除重建，省财政继续安排5亿元，实施20万户农村民居地震安全工程建设。

继续深化农村改革。进一步加强农村发展的制度保障，着力加强农村基本经营、农村土地管理、农业支持保护、现代农村金融、城乡协调统筹和农村民主管理等制度建设。加快推进集体林权制度配套改革，开展国有林场和国有林权改革试点。完善农垦体制改革，做好华侨农（林）场改革。加快水务管理体制和农村小型水利工程产权制度改革。推进县域经济发展。探索建立农村公益事业建设新机制，继续开展村级公益事业建设“一事一议”财政奖补试点。全面推行村级会计委托代理服务工作。

（三）突出工业主导，切实推进发展方式转变

工业是保持经济平稳较快发展的关键。要把保持工业平稳运行、推动工业进一步优化结构、提高质量和效益放到更加突出的位置。加强工业运行调节，做好煤电油运的保障工作，采取更加有力的措施，帮助企业降低成本、扩大销售，保持企业的正常经营。引导企业以成本管理和财务管理为重点，强化内部考核，提高企业素质。

加大工业投入力度。全力推进“双万亿工程”和工业重点项目建设。抓好中缅油气管道和炼化基地建设、昆钢技改、烟叶薄片等100项新开工项目，以及褐煤洁净化利用试验示范、氧化铝开发、白药集团搬迁技改等100项续建项目，省财政将筹集4亿元贴息资金支持企业技术改造。认真落实增值税转型的各项措施，鼓励企业投资，解决好企业投资中遇到的资金、土地、环评等问题。促进工业结构调整和产业升级。认真实施国家振兴重点工业产业的规划，实施100项企业技术改造项目和100项产业结构调整升级示范项目，加快应用高新技术和先进适用技术改造提升传统产业，加强企业技术创新能力建设。大力推进有色、钢铁、装备制造等产业化优化升级。提高精深加工产业和高附加值产品比重，延长产业链。大力推进工业化与信息化融合。继续完善和提高现有工业园区的功能，创新园区开发模式，促进工业园区健康快速发展。积极推动矿电结合，鼓励企业兼并重组。

大力促进中小企业和非公有制经济发展。省财政2008年继续安排2亿元资金支持中小企业发展，增加对中小企业的信贷投入，确保全年新增中小企业贷款不低于500亿元，着力解决中小企业在融资担保、人才引进等方面碰到的问题。引导中小企业依托大企业发展配套加工，形成专业化配套企业集群。力争以中小企业为主体的非公有制经济增加值占全省GDP的比重达到40%。

继续深化国有企业改革。认真贯彻执行《企业国有资产法》，改革完善国有资产监管体制，推进国有资本经营预算管理，鼓励国有企业联合重组。大力推进国有企业管理创新，巩固改革成果。认真解决好社会保险接续、退休人员社会化管理等遗留问题。

（四）抓实重点环节，争取服务业发展取得新突破

加快推进旅游二次创业。积极引进国际知名企业建设一批具有国际品牌的休闲度假酒店和旅

游景区，有序推进国家公园、旅游小镇、民族文化旅游示范县和会展商务旅游基地建设。大力推动腾冲、抚仙湖—星云湖片区、苍洱片区和世博新区旅游改革发展综合试点。继续实施大项目带动战略，加快保山、版纳、昆明、玉溪等地的一批重大旅游建设项目。力争全年接待海内外旅游者1.1亿人次，旅游总收入达到730亿元。

加快发展现代服务业。重点发展面向东南亚、南亚的物流业，着力打造国际综合型、都市配送型、市场流通型和产业基地型物流园区，继续推进30个省级物流中心建设。加快发展运输业，落实成品油价格和税费改革措施，逐步取消二级公路收费。鼓励和支持现代通信、电子商务、中介服务等现代服务业。引导和培育文化市场，着力打造文化产业。推进社区服务业发展，完善城市社区商品、劳务、卫生、餐饮等便民服务设施，积极探索服务新模式，拓展服务新领域，提高服务水平，满足不同人群的消费需求。

积极发展农村服务业。建立健全适应农业农村发展需要的流通体系和市场网络。建设和改造一批乡镇集贸市场和农产品批发市场。继续推进“万村千乡”市场工程，建设3500个农家店和一批农村商品配送中心。加快培育农村新型经济合作组织。深入实施针对农业产前、产中、产后服务的科技入户工程。积极推动家电下乡，努力扩大农村消费。

充分发挥金融作用。鼓励和支持金融机构优化信贷结构，完善金融体系，创新产品服务。稳步发展新型农村金融机构，鼓励和支持金融机构把新增存款重点用于支持“三农”。继续推广农村小额信贷，鼓励金融机构2008年发行100万张惠农卡。

加强产品质量安全和价格监管。着力建设长效监管机制，确保食品安全。完善应急预案，全面实施产品质量安全市场退出制度。做好农用物资、主要生活用品等价格监测分析工作，增强价格调控的预见性。

（五）注重统筹兼顾，全面推进城镇化进程

努力完善城镇体系。按照循序渐进、节约土地、集约发展、合理布局的原则，加快滇中城市群建设，带动全省区域经济发展。认真落实支持现代新昆明建设的若干政策。支持滇西北、滇东北、滇西南、滇南等次中心城市和州市所在地城市建设。积极发展县城和特色小镇。支持旅游城市和边境口岸城市进一步优化环境，展示良好形象。鼓励和支持城市之间开展分工协作，努力形成大中小城市和小城镇协调发展、空间分布合理、功能完善、特色鲜明的城镇发展体系。加快市政基础设施和公共设施项目建设，完善供排水、供电等设施。积极做好城市规划修编工作。

推进房地产业持续健康发展。加大保障性住房建设力度，切实解决低收入群众住房困难。认真落实廉租房配套资金，开工建设11万套保障性住房。加快推进棚户区、煤炭采空区和一些矿山、华侨农（林）场、垦区危旧房改造工程，建设农村教师周转房。重视解决农民工的居住需求，逐步把农民工纳入住房保障范围。保持全省普通商品房市场稳定发展，增加普通消费者需要的中、小面积商品住房供应。认真落实促进住房交易的优惠政策，鼓励二手房交易。

大力拓展建筑市场。进一步规范建筑市场秩序，提升装备水平，推动建筑产业升级，充分发挥建筑业在经济社会发展中的作用。

（六）加强科技基础建设，提高自主创新能力

自主创新是转变发展方式的关键环节。要全面实施“创新型云南”行动计划，继续加大科技投入力度，力争全省财政对科技的投入达到20亿元以上。

加强以企业为主体的技术创新能力建设。推进企业工程实验室、工程技术（研究）中心和重点实验室建设，年内认定和新增省级重点实验室30个，新增省级企业技术中心20个以上、国家级企业技术中心2个。推进重大装备及关键部件研发20项，推广应用突破产业技术瓶颈的关键共性技术20项，以提高创新能力带动提升重点产业核心竞争力。加快建设创新产业基地，推进昆明国家生物产业基地、光电子基地、冶金和有色金属新材料、磷化工、煤化工、装备制造业、新能源和中药现代化等产业化创新基地建设，努力形成具有云南特色的科技创新体系。

构建公共科技创新平台。推进科研院所、企业和高等院校的联合与合作，促进知识流动、人才培养和科技资源共享。建设云南科技创新园，组建云南应用技术研究院，开工建设云南生物多样性实验室。认真落实支持自主创新的配套政策，深入实施企业知识产权、标准化和品牌战略，鼓励、引导企业增加研发投入。继续推进社会公益类科研院所改革。加大力度引进高端科技人才，积极选拔培养中青年学术技术带头人和创新团队。办好“科学大讲坛”和各类科技成果、科技发明展会，为科技创新创造良好环境。加强科普工作。

（七）围绕重点领域，拓展对外开放深度和广度

保持外贸稳定增长。全面落实国家鼓励出口

的各项政策，采取有力措施加大对企业扩大出口的支持力度。帮助企业调整优化出口产品结构，积极开拓多元化国际市场，提高出口经济效益。鼓励进口一批云南省发展急需的先进技术、关键设备、零部件和重要资源、原材料产品。

努力拓展开放空间。全面深化云南与东盟国家的合作，务实推动云南与印度以及南亚地区合作，加快推进中越、中缅、中老跨境经济合作区规划建设。实施云南“跨国公司培育计划”和“走出去企业培育计划”，遴选一批企业给予重点扶持。大力发展技术、劳务输出，扩大海外工程承包。积极推动境外替代种植向替代产业发展。积极推进货物贸易人民币结算试点工作。

促进口岸通关便利化。加大力度推进实施大湄公河次区域便利客货跨境运输。加强口岸基础设施和信息化建设。探索建立事权集中、统一协调的新型口岸管理制度，促进人员、货物通关便捷。

主动承接东部产业转移。深化泛珠三角区域经济合作，加强与长三角、京津冀经济圈的经贸联系。落实好滇港合作项目，争取外商和港、澳、台、侨商扩大在滇投资规模。依托国家级、省级产业园区和出口加工区，搭建好产业承接平台，加快建设面向东南亚、南亚的出口加工基地。

（八）重视社会事业，着力保障和改善民生

坚持教育优先发展。继续抓好“普九”成果的巩固和提高，推进城乡义务教育均衡发展，努力改善农村和贫困地区基础教育办学条件。抓好镇雄、鲁甸、澜沧3县的“普九”攻坚，按规划全面完成“普九”任务。排除中小学D级危房150万平方米，加强以农村教师为重点的中小学骨干教师培训。继续发展高中阶段教育，推进职业教育和高技能人才培训基地建设，扩大职业教育办学规模。推进高等教育改革发展，优化学科专业结构，加强高水平大学和重点学科建设，促进高校开展国际合作；加快高校基础设施建设，力争呈贡新校区入住新生5万人。鼓励和支持社会力量投资办学，加快民办教育发展。搞好云南大学211工程三期建设。

推进医药卫生事业改革发展。按照国家深化医药卫生体制改革的精神，抓紧出台云南省具体实施方案。加快推进基本医疗保障制度建设，提高城镇职工基本医疗保险覆盖面；巩固农村新型合作医疗成果，对全省低保对象、五保对象、重度残疾人、计划生育家庭个人缴纳的参合资金给予全额补助，全省人均参合标准达到100元。健全基层医疗卫生服务体系，重点加强未达标的县级医院、中心乡镇卫生院、边境地区村卫生室以及城市社区卫生服务机构建设，提高基层卫生人员素质。促进基本公共卫生服务逐步均等化。建立和完善药品供应保障体系。推进中医（民族）药事业发展。探索艾滋病等重大传染病防治的长效机制。推进公立医院改革试点，鼓励社会资本进入医疗卫生行业。完善和落实计划生育家庭奖励扶助政策及保障措施，稳定低生育水平。

进一步加强文化建设。加快新博物馆、科技馆、云南文化艺术中心、云南文苑、艺术家园区、亚广传媒中心等标志性文化工程建设，加强社区文化工作，建设一批乡镇文化综合设施。继续抓好广播电视“村村通”，提高边境地区广播电视覆盖率。加强民族文化遗产和古籍抢救保护，继续对优秀民间文化传承人给予生活补助。进一步繁荣新闻出版、文学艺术、文史档案等事业，加强哲学社会科学和决策咨询工作。推动各级博物馆、文化馆免费向社会开放。积极促进体育事业与体育产业协调发展，加快建设一批社区体育中心和大众健身活动中心。推进农民体育健身工程。

切实做好就业工作。认真落实鼓励创业、促进就业的政策，力争新增城镇就业22万人，新增农村劳动力转移就业50万人。省财政筹集资金2亿元以上，对困难企业给予岗位补贴，稳定10万人就业；安排2亿元公益性岗位补贴，帮助3万名失业人员实现就业；安排1亿元专项资金，引导和鼓励大学生、复转军人、留学回国人员和其他有创业能力的个人自主创业。加强对大中专毕业生的就业指导和服务，鼓励到基层和农村、到中小企业就业。做好返乡农民工的就业工作。发挥失业保险基金和就业专项资金作用，落实税收优惠政策，降低准入门槛，千方百计开发就业岗位。建立健全就业援助制度，帮助“零就业”家庭解决就业困难。

继续完善社会保障制度。全面推进城镇居民基本医疗保险，启动参保人员异地持卡就医试点工作。将关闭破产企业退休人员和困难企业职工全部纳入城镇职工医保或城镇居民医保，提高养老、失业、工伤保障标准和生育保险医疗待遇，降低城镇职工基本医疗和工伤保险缴费费率。做好社会保险扩面和基金征缴工作，力争使全省1550万人享有各类社会保险。抓好敬老院等福利设施建设，对特困老人和五保对象逐步实施集中供养。不断完善城乡居民最低生活保障制度。提高防灾减灾意识，加快推进防震减灾能力建设，加强气象预报、灾害预防等工作，尽力减少人民生命财产损失。

认真落实国务院《关于义务教育学校实施绩效工资的指导意见》，确保义务教育教师平均工资水平不低于当地公务员平均工资水平，同时对义务教育学校离退休人员发放生活补贴。抓紧研究和制定非义务教育学校教师绩效工资规范和改革方案。搞好非教育类事业单位绩效工资规范和改革前期工作。

（九）认真落实责任，切实抓好生态建设和环境保护

抓紧城镇污水和生活垃圾处理设施建设。2008年再启动建设一批污水和垃圾处理设施项目，力争县以上城镇污水处理率达到53%，生活垃圾无害化处理率达到50%。以农村污染综合整治为重点，推进农村环境保护，努力为农村居民创造洁净、优美的生活环境。

确保完成节能减排目标。加大节能减排技术开发和推广力度，坚决淘汰落后产能，切实遏制高污染行业盲目发展。继续深入实施节能减排全民行动，强化企业节能降耗措施，加强重点用能单位管理。在重点行业组织实施一批节能示范项目，大力发展循环经济和环保产业。抓好城镇集中式饮用水源地保护。

加大九大高原湖泊水污染综合治理力度。突出抓好滇池环湖截污、外流域调水等重点工程，巩固洱海污染治理成果，加大星云湖、杞麓湖等湖泊水污染治理，全面开展高原湖泊径流区农村面源污染整治。抓紧实施阳宗海砷污染综合治理措施，确保完成年度治理目标。

大力推进生态建设。以滇西北为重点，深入开展生物多样性保护。注重湿地生态建设和保护，建立省级公益林生态效益补偿机制。继续整顿和规范土地、矿业市场，推进资源性产品价格改革，规范矿业开发秩序。全面完成全国第一次污染源普查和土壤污染调查，完成二次土地调查和土地利用总体规划修编任务。逐步建立生态环境补偿机制，加强环境执法，形成公众参与的环保监督机制。抓紧研究制定生态省规划和实施方案。

（十）坚持与时俱进，大力加强精神文明和民主法制建设

继续加强精神文明建设。大力弘扬爱国主义、集体主义、社会主义思想，在全社会树立正确的道德观和价值观，不断提高全民思想道德水平。深入开展现代公民教育活动和群众性精神文明创建活动，做好青少年思想道德教育工作。重视互联网文化建设，发挥网络的积极作用。大力推进妇女、儿童、青少年、老龄、红十字、慈善、残疾人等事业发展。

努力推进民主法制建设。各级政府要更加自觉地接受人大的法律监督和工作监督，更加自觉地接受政协和社会各界的民主监督，认真办理人大代表建议和政协提案。重视发挥舆论监督的作用，广泛吸纳人民群众的意见。充分发挥各民主党派、工商联、工会、共青团、妇联组织、其他社会团体以及无党派人士的参与、监督作用。加强基层民主政治建设，进一步完善城乡基层自治制度。深入推进政务公开、村务公开、厂务公开和民主管理，保障人民群众享有更多民主权利。坚持和完善民族区域自治制度，保障少数民族合法权益，巩固和发展民族团结进步事业。深入贯彻党的宗教政策，发挥好宗教界人士和信教群众在促进经济社会发展中的积极作用。创新社会管理体制，加强社会组织建设。

切实维护社会稳定。进一步改进和加强信访工作，建立领导干部接访、下访长效机制和矛盾纠纷排查调处制度，正确处理人民内部矛盾，及时化解社会纠纷。注意处理好土地征用、房屋拆迁、企业改制、拖欠农民工工资、移民安置等问题。进一步重视和谐社区建设，提升社区服务水平。加强社会治安综合治理，严厉打击危害国家安全和社会秩序的各类犯罪行为。强化安全生产监管，深入开展“安全生产年”活动，努力促进安全生产形势稳定好转。进一步落实维稳责任制，加强禁毒防艾和隐蔽战线工作，维护社会稳定和边境安宁。继续搞好法制宣传教育。深入开展平安创建活动，保障人民群众安居乐业。

为切实做好2008年的工作，省政府继续选择调整20个重大建设项目和20项重要工作进行重点督查，严格执行责任制度，进一步强化考核奖惩机制，全力推进工作落实。

四、推进改革、转变职能，不断提高政府工作的能力和水平

复杂严峻的形势，对做好政府工作提出了更高的要求。我们将按照“为民、务实、清廉”的要求，努力建设人民满意政府。

（一）积极稳妥推进政府机构改革

按照中央的统一部署，云南省省级政府机构改革的实施工作正在有序开展。通过改革，将逐步形成权责一致、分工合理、决策科学、执行顺畅、监督有力的行政管理体制。要进一步转变政府职能，充分发挥市场配置资源的基础性作用，引导和发展社会中介组织，努力实现政府宏观调控与市场调节的有机协调。加强社会管理和公共服务职能，强化执法监管职责，增强处置突发公

共事件和社会治安综合治理的能力。理顺部门职责关系，健全部门间协调配合机制，着力解决机构重叠、职能交叉、权责脱节等问题，不断优化政府组织结构。加强机构编制管理。启动省直管县财政管理体制改革试点。

（二）加强制度建设，打造阳光政府

深入推进依法行政。积极配合省人大及其常委会做好地方立法工作，深化行政审批制度改革，进一步取消、调整行政审批事项。理顺行政执法体制，强化行政执法监督，不断提高执法效率。继续清理行政事业性收费。做好行政复议工作，健全行政争议解决机制。

着力打造阳光政府。为加强政府自身建设，2007 年我们出台了省属企业国有资产处置审批制度等八项制度，努力规范政府行为，打造法制政府；2008 年出台了行政负责人问责办法等四项制度，努力提高服务水平和行政效率，打造责任政府；2008 年，我们在认真执行现行制度的基础上，要在全省县以上政府全面推行“阳光政府”四项制度，促使行政权力公开透明运行。一是推行重大决策听证制度，加快决策民主化、科学化进程。二是推行重要事项公示制度，使政府工作更加广泛地接受人民群众的监督。三是推行重点工作通报制度，推动工作落实，提高各级政府执行力。四是推行政务信息查询制度，及时、高效满足社会公众对政务信息的多样化要求。

建立制度落实长效机制。进一步强化各项制度的建设和落实。把问责制的实施范围向学校、医院等与人民群众生产生活密切相关的基层单位延伸。把不作为、乱作为和严重损害群众利益等行为作为问责重点，严肃追究给国家利益、公共利益和公民合法权益造成严重损害的行为。开展政府工作绩效评估，完善领导干部综合考核评价体系、政府绩效考核评价体系。建立公众评议机制，加强群众监督和舆论监督。强化政府系统内部监督，支持监察、审计等部门依法履行监督职责，用强有力的行政监督确保制度及时落实、发挥实效。

（三）进一步重视基层基础工作

坚持工作前置、重心下移，加强调查研究，做到问政于民、问需于民、问计于民，主动为基层服务、为企业解难、为群众办事。完善便民服务中心、行政审批服务中心等平台建设。进一步深化乡镇机构改革，不断增强基层政府服务能力和水平。加强公务员队伍建设，重视对少数民族公务员的培养。加大从基层招录、选调公务员力度，继续选派新农村建设工作队和指导员，选聘优秀高校毕业生到村任职。

（四）切实改进政府作风

各级政府特别是领导干部要时刻牢记为人民服务的宗旨，树立和坚持正确的事业观、政绩观，力戒形式主义和官僚主义，以优良作风带领广大干部群众迎接挑战、攻坚克难。各级政府机构要厉行节约，勤俭办一切事业。2008 年要对公务购车用车、会议经费、公务接待费用、出国出境经费等实行“零增长”管理，严格规范政府采购。认真落实党风廉政建设“一岗双责”要求，更加注重治本，更加注重预防，更加注重制度建设，坚决惩治腐败。

各位代表！加强军政、军民团结，是推进科学发展、构建和谐社会的重要保障。我们要深入进行国防教育，搞好国防动员、民兵、预备役和人防工作，广泛开展拥军优属和军民共建活动，全面落实双拥优抚安置政策，积极为驻滇部队和国防后备力量建设提供良好保障，更好地发挥驻滇解放军、武警官兵和民兵预备役部队在全省经济社会发展中的重要作用。

各位代表！历史的机遇需要我们把握，我们坚信，人民是创造历史的主体，任何危机都动摇不了云南人民创造幸福生活的美好愿望，任何干扰也影响不了云南人民推进改革开放的坚强信心，任何困难也都阻挠不了云南人民实现跨越发展的坚定步伐！让我们更加紧密地团结在以胡锦涛同志为总书记的党中央周围，深入贯彻落实科学发展观，在中共云南省委的坚强领导下，紧紧依靠和团结全省各族人民，奋力推进全面建设小康社会的进程，以更加优异的成绩迎接新中国成立 60 周年！

关于云南省2008年国民经济和社会发展计划执行情况与2009年国民经济和社会发展计划草案的报告

——2009年2月7日在云南省第十一届人民代表大会第二次会议上

云南省发展和改革委员会

一、2008年国民经济和社会发展计划执行情况

2008年是全省经济社会发展中遇到困难矛盾较多、面临形势十分复杂的一年。省委、省政府以科学发展观统领全局，认真贯彻落实国家各项方针政策，始终坚持发展是硬道理的战略思想，采取积极有效措施，保持了全省经济社会发展的良好势头。全年全省生产总值增长11%，全社会固定资产投资增长26%，社会消费品零售总额增长23.2%，居民消费价格指数上涨控制在5.7%，城镇居民人均可支配收入实际增长9.4%，农民人均纯收入实际增长9.1%，城镇登记失业率控制在4.5%以内，人口自然增长率控制在6.32‰。单位生产总值能耗下降4.4%以上，外贸进出口总额增长9.3%，较好地完成省十一届人大一次会议确定的主要预期目标。

（一）经济继续保持平稳较快发展

发展的协调性和可持续性进一步增强，农业稳步发展，工业平稳增长，第三产业发展势头良好。全年实现生产总值5700.1亿元，增长11%，高于全国2个百分点。其中，三次产业分别增长7.6%、11.4%和12.1%。三次产业比重为17.9:43:39.1。

（二）农业生产再获丰收

始终把“三农”工作放在首位，全省财政支农资金达177亿元，对农民的直接补贴资金达106.4亿元。全年粮食总产量1588万吨，新增核桃等木本油料种植面积550万亩。新增高稳产农田和基本农田各100万亩，解决了172万人饮水安全问题。除烟草外的农产品加工产值超过700亿元，农产品直接出口完成8亿美元。

（三）工业经济平稳增长

克服工业增长乏力的困难，全省全部工业增加值完成2056.95亿元，增长12.5%，规模以上工业完成增加值1803.62亿元，增长12.6%，其中，重工业增长11.3%，轻工业增长14.2%。烟草工业制品业实现增加值659.4亿元，增长15.3%。

（四）固定资产投资稳步回升

及时召开了全省重大项目建设现场办公会，坚持实施大项目带动战略，加大工作力度，加强推进落实工作。大丽铁路全线铺轨，仁丽、蒙河、广大铁路开工建设；在建的12条国道主干线和西部开发省际通道公路项目主体工程全部完成，改建和新建农村公路2.5万公里；昆明新机场全面开工建设，腾冲机场竣工通航。全省新增电力装机394万千瓦。建成中小型水库30座，完成中小型病险水库除险加固工程53件。全省城镇化率达到33%。四季度中央新增1000亿元投资中，云南省争取到56亿元，全年共争取到中央预算内基本建设资金近130亿元，是历年来最多的一年。全年全社会固定资产投资完成3526.6亿元，增长26%，三次产业投资分别增长141.1%、26.2%和21.1%。

（五）消费需求持续增长

建立和实施省级粮食、化肥、食糖、食用油、成品油、猪肉等重要商品储备制度。加快全省物流规划实施，颁布实施了《云南省人民政府关于促进服务业发展的意见》。全年全省实现社会消费品零售总额1718.54亿元，增长23.2%。旅游业较快增长，实现旅游业总收入663.3亿元，增长18.6%。

（六）生态环保和节能减排取得新成绩

深入开展“七彩云南保护行动”，启动实施滇西北生物多样性保护工作，完成营造林674万亩，新增水土流失治理面积2522平方公里，全省绿化面积达50%以上。启动了云锡集团、云铜股份、云天化集团第二批国家循环经济试点工作，开展了“全民节能·云南在行动”活动。全省淘汰落后产能各项目标任务顺利落实，共关停火电机组80万千瓦。全年单位生产总值能耗下降4.4%以上，全省化学需氧量、二氧化硫排放量同比分别削减2.5%、3%。

（七）城乡居民生活进一步改善

重视民生，认真解决涉及群众切身利益的突出问题。教育方面：新增“普九”县5个。“两免一补”覆盖范围由201万人增加到602万人。改造中小学D级危房面积109万平方米。全省高中阶段毛入学率达52%，高等教育毛入学率达16.17%。医疗卫生方面：新建100个社区卫生服务中心，改造100个社区卫生服务站，改扩建132个乡镇卫生院和116个村卫生室。新农合人口覆盖率接近90%。就业和社会保障方面：城镇居民医疗保险试点范围扩至10个州市89个县，参保人数261万人。社会保险参保人数达到1422万人。转移农村富余劳动力155万人，全省城镇新增就业人数23万人。扶贫方面：开展了1万个自然村整村推进和村容村貌整治，解决和巩固60万贫困人口的温饱问题。新三年“兴边富民工程”扎实推进。此外，投入救灾资金26亿元，努力使灾害损失减小到最低程度。文化、体育、民政、计生和残疾人事业也取得了较大进步。城乡居民收入较大提高，城镇居民人均可支配收入达1.33万元，实际增长9.4%，农民人均纯收入达3102.6元，实际增长9.1%。启动实施了新一轮禁毒防艾人民战争。

（八）创新型云南建设不断推进

启动了创新型云南行动计划，制定出台了云南省中长期科学和技术发展规划。完成一批重大科技项目，建成一批科技创新基地，30项产业发展的关键核心技术取得突破，实施专利技术1300余项，重点产业竞争力进一步提升。

（九）改革开放稳步推进

集体林权制度改革基本完成主体任务，确权率、发证率分别达90%和60%。开展了乡镇机构改革试点和村级公益事业建设“一事一议”财政奖补试点。州市国有企业改革面达99%，省属国有企业改革面达98.6%。新组建了云南省工业投资控股集团公司和云南省城乡建设投资公司。烟草工业企业实现新一轮重组整合。昆明、红河省级综合改革试点全面推进。纪念改革开放30周年系列活动进展顺利。制定出台了《关于进一步扩大开放的实施意见》。全年全省实现外贸进出口总额95.99亿美元，其中出口完成49.87亿美元，增长4.6%，进口完成46.12亿美元，增长14.3%。全省实际利用外资7.8亿美元。

（十）物价涨幅得到较好控制

加强价格监测预警，严格控制出台政府调价项目，及时启动重要商品临时价格干预措施，相继开展了涉农收费、化肥农资价格、成品油价格、药品和医疗服务价格等专项检查，依法加大监督检查力度。全省居民消费价格总水平逐月回落，全年全省居民消费价格指数上涨控制在5.7%。

二、2009年经济社会发展的宏观预期目标和主要任务

国民经济和社会发展主要宏观预期目标建议为：

——云南省生产总值增长9%；

——全社会固定资产投资增长20%以上；

——社会消费品零售总额增长15%；

——外贸进出口总额增长9%；

——居民消费价格总水平涨幅控制在5%以内；

——城镇居民人均可支配收入和农民人均纯收入实际分别增长6%和7%；

——城镇登记失业率控制在4.6%以内；

——人口自然增长率控制在7‰以内；

——单位生产总值能耗降低4.3%。

为实现上述宏观预期目标，按照《政府工作报告》中提出的要求，力求做好以下十个方面的工作：

（一）抢抓机遇，科学发展的水平要有新提高

一是着眼于坚定发展决心，把“保增长”作为落实科学发展观能否取得成效的重要尺度，下大力气争取国家的支持和倾斜。二是着眼于理论武装，坚持以思想建设和制度建设为保障，不断完善确保科学发展的体制机制。三是着眼于营造良好的政务环境，创造性地开展工作，多干打基础、利长远的事，促进经济发展、边疆稳定、社会和谐。

（二）夯实基础，“三农”工作要有新进展

一是扎实稳步推进社会主义新农村建设。完成200万亩中低产田（地）改造任务，新开工10座中型水库，建成20万件“五小水利”工程，解决150万农村人口饮水安全问题，新建农村沼气

池20万个。二是提高粮食生产能力。启动实施好"百亿斤粮食增产计划"，确保粮食播种面积不低于6500万亩。三是推进农业产业化。选择10个左右优势产业，组织实施100个现代农业示范区建设。四是加快山区综合开发。大力发展用材林，全力打造以木本油料为重点的特色经济林，新增木本油料种植面积450万亩以上。五是切实增加农民收入。启动实施农民收入翻番计划，稳步提高农民家庭经营收入、工资性收入、财产性收入和转移性收入。

（三）做强产业，工业发展要上新水平

一是抓好重大工业项目建设。争取武钢昆钢产业结构调整、云天化集团50万吨/年MDCP（835）等重大项目尽快开工，加快重点在建项目早日竣工投产，推进中石油油气管道和炼化基地、煤化集团昭通煤化工基地等项目前期工作。二是促进工业结构调整。贯彻落实好国家产业振兴规划，制定好云南省实施方案，着力打造产业集群。促进烟草产业再上新水平。三是推进自主创新。推进重大装备及关键部件研发20项，推广应用突破产业技术瓶颈的关键共性技术20项，筛选和组织实施100项产业结构优化升级示范项目。四是加强煤电油运调度保障。五是高度重视中小企业和民营经济的发展。突出抓好中小企业融资担保机制的建立。

（四）重抓投资，基础设施建设要掀起新高潮

一是认真做好项目规划准备工作，做好2008年至2012年项目支撑规划和2009年至2010年项目实施计划编制工作。二是高度重视项目前期工作，每个重点项目的前期工作要确定专门人员、确定时间和目标任务、确定必要的工作经费、确定责任奖惩，力争重点项目储备率达1:2以上。三是抓好重大基础设施项目建设。四是切实做好项目融资工作。通过争取中央资金支持、各级财政直接注入、政策性贷款等方式，切实解决项目资本金问题。拓宽融资渠道，鼓励企业上市直接融资，加快推进企业债券发行，积极探索建立股权投资基金和创业投资引导基金，吸引更多的民间资金支持云南省经济社会发展。五是完善促进投资增长的体制机制。加强对政府投资项目的全过程监督检查，增强投资计划和项目下达的公开性和透明度，确保资金正确使用，确保项目工程质量。

（五）增强信心，扩大消费需求要有新举措

一是增强消费能力。高度重视就业工作，继续增加城市和农村低保，提高城乡居民收入。继续加强市场供求及价格情况监测，正确引导社会消费。二是促进消费升级。启动滇中城市经济圈区域协调发展规划编制工作，构筑滇中城市集群，带动全省区域经济发展。着力提高城镇化水平，提升全省消费水平。三是拓宽消费领域。颁布实施《云南省服务业发展规划》，争取设立服务业发展引导资金，提高服务业发展整体水平。进一步推进全省旅游业"二次创业"，力争旅游业总收入达730亿元。四是积极开拓农村市场。

（六）保障民生，社会事业发展要有新成果

一是加大对社会事业的投入力度。完成农村中小学D级危房改造150万平方米，推行中等职业教育发展行动计划。加强疾病预防控制，加快省级医疗机构建设，健全城乡基层医疗服务设施。建立完善就业援助制度，加快技能人才培养基地建设。进一步加强和完善社会保障体系建设。进一步繁荣发展文化体育等社会事业。二是继续做好物价管理工作。健全价格监测预警机制，实施和完善重要商品储备制度。积极稳妥推进资源性产品价格和环保收费政策改革，继续做好清费治乱减负工作，加大价格监督检查力度。三是高度重视解决贫困问题。研究建立农村最低生活保障制度和农村扶贫开发政策有效衔接的长效机制。创新扶贫开发机制。积极开展新三年"兴边富民"工程。

（七）突出重点，生态环保工作要有新成就

一是继续深入推进"七彩云南保护行动"。制定和完善资源开发、生态环保的长效机制，研究和出台生态恢复及补偿等方面的政策措施。切实抓好以滇西北为重点的生物多样性保护。加大对木本油料作物等经济林木的支持力度，全面实施省级公益林生态效益补偿。二是加大污染防治工作力度。加大九大高原湖泊水污染综合治理力度。全面实施阳宗海砷污染综合治理措施。加快城镇污水处理和垃圾处理设施建设。三是切实改善生态环境。继续实施天然林资源保护、退耕还林还草、石漠化综合治理等重点生态工程。推进农村环境保护工作。加强矿产资源开发管理。加大环境法制监督检查力度。

（八）落实责任，节能减排目标任务要有新成绩

一是抓好节能减排和淘汰落后产能工作。安排1亿元专项资金，用于淘汰落后产能和节能减排项目。继续推进企业节能行动。二是加快推进循环经济发展。重点抓好大宗工业废弃物的资源综合利用，再生资源高效加工利用以及农林废弃物综合利用。积极推进云锡集团、云铜集团、云天化集团等第二批国家循环经济试点工作。三是

分解细化年度目标。加强节能减排监督检查和行政执法，全面开展能效对标管理和能源审计。

（九）促进合作，扩大开放要有新局面

一是促进区域合作。加快建设中国连接东南亚、南亚国际大通道。加强口岸建设，探索建立泛南亚经济合作区。主动承接东部沿海地区产业转移。二是优化贸易结构。全面落实国家出口退税政策，扩大高附加值商品出口。重视大型化工、冶金企业技改项目设备进口。积极稳妥开展货物贸易人民币结算试点工作。三是继续实施“走出去”战略。全面、务实地推进与东盟国家的合作，实施云南“跨国公司培育计划”和“走出去企业培育计划”。四是继续重视和加强利用外资工作。五是加快引进战略合作伙伴。进一步落实好昆钢、云铜、美铝、法国拉法基、香港玖龙纸业等合作项目。抓紧推进云南冶金集团、煤化工集团、工业投资控股集团等省属企业引进战略投资者的工作。

（十）深化改革，建立科学发展体制机制要有新突破

一是进一步抓好行政管理体制改革和政府机构改革，实施重大决策听证制度、政务公示制度等阳光政务工程。二是加强农村制度建设，加快推进乡镇机构、县乡财政管理体制和集体林权制度配套改革。三是继续深化社会事业体制改革。四是继续深化国企改革和投融资体制改革。五是全面实施增值税转型改革，实施好燃油价格和税费改革。六是建立经济社会发展科学评价体系，实施领导干部正确政绩观考核评价办法。七是推进规划体制改革，建立起科学的规划编制、实施、评估和管理体系。

关于云南省2008年地方财政预算执行情况和2009年地方财政预算草案的报告

——2009年2月7日在云南省第十一届人民代表大会第二次会议上

云南省财政厅

一、2008年地方财政预算执行情况

2008年，在省委、省政府的正确领导和省人大及其常委会的依法监督下，全省各级财税部门深入学习实践科学发展观，坚持依法理财治税、克服困难、扎实工作，在全省经济平稳较快增长的基础上，全省财政收支平稳运行，预算执行情况较好，圆满完成了全年财政收支任务。

（一）全省财政收支预算执行情况

2008年，全省地方财政一般预算收入完成613.6亿元，比2007年决算数增加126.9亿元，增长26.1%。其中：税收收入完成482.3亿元，比2007年决算数增长27.4%；非税收入完成131.3亿元，比2007年决算数增长21.5%。全省地方财政一般预算支出完成1470.7亿元，比2007年决算数增支335.5亿元，增长29.6%，财政支出年度增加额首次突破300亿元，支出增幅再创分税制改革以来最好水平。财政收支均超额完成省十一届人大一次会议确定的目标任务。

（二）省本级财政收支预算执行情况

2008年，省本级财政一般预算收入完成135.9亿元，比2007年决算数增加28.6亿元，增长26.7%；一般预算支出完成341亿元，比2007年决算数增支80.8亿元，增长31.1%。以上均为快报数，财政部批复云南省2008年财政决算后，部分数据还会有所变化，届时再向省人大常委会报告变化情况。

二、2008年全省财税工作情况

2008年，全省各级财税部门深入学习实践科学发展观，密切关注财政运行中出现的新情况、新问题，坚决贯彻落实中央和省委、省政府的决策部署，积极采取措施，不断加强和改善财政运行质量，促进了全省经济平稳较快增长和社会事业不断进步。一是努力克服困难，千方百计增强

财政保障能力。2008年，面对雨雪冰冻、地震、洪涝、泥石流等严重自然灾害的不利影响，各级财税部门紧密配合，扎实工作，积极应对世界金融危机的影响，依法加强税收征管，确保各项税收收入及时足额收缴入库；规范非税收入管理，稳步提高非税收入对财政增收的贡献；努力巩固培植财源，不断夯实财政增收基础；积极争取中央对云南省的支持，有力提高了全省财政的保障能力。二是突出重点建设，促进经济平稳较快发展。全省经济建设支出完成257.5亿元，比上年增长27%，有力地支持了全省交通、能源、农林水利、教科文卫、生态环保、城镇发展等领域的重大基础设施建设。省财政安排资金24.61亿元，积极支持创新型云南行动计划，实施了滇池水污染治理、城镇污水垃圾处理设施、节能减排等一批重大生态环保项目建设。省财政安排资金16.4亿元，全力支持云南省企业改革与发展。对地方金融企业实行一系列财政优惠扶持政策，积极促进地方金融体系构建和资本市场发展。加强财政与金融的合作，引导金融资金更好地服务于农村经济。省财政千方百计筹措10亿元资金，确保扩大内需政策的落实。三是加大“三农”投入，扎实推进云南省新农村建设。继续优化财政支出结构，财政资金重点向“三农”倾斜，全省投入财政支农资金177亿元，比上年增长38.7%，着力解决了一批农业最关键、农村最薄弱、农民最急需的问题。省财政筹集安排资金96亿元，重点加强农村高稳产农田和基本农田建设，改善农村生产生活环境，农村基础设施建设得到加强。积极支持现代农业稳步发展，农业效益和竞争力得到提升。对农业、农民和农村低收入人群的直接补贴资金达106.4亿元，比上年增加55亿元，增长107%，充分调动了农民发展生产的积极性。多渠道筹集资金10亿元实施农业综合开发，农业综合开发成效明显。筹集安排中央和省级财政扶贫资金19.3亿元，解决和巩固60万贫困人口的温饱。积极支持实施农村综合改革，农村各项配套改革顺利推进。四是大力改善民生，支持各项社会事业全面进步。省财政进一步加大投入，确保一系列解决民生问题的方针政策得到落实。全省教育支出完成241.3亿元，比上年增长26.7%，重点支持全省农村义务教育发展，改革高校投入机制，进一步完善大中专家庭经济困难学生资助体系，积极支持呈贡高校新区建设。全省社会保障和就业支出完成226.5亿元，比上年增长32.9%，积极支持就业再就业，足额落实企业退休人员基本养老金，做好企业职工基本养老保险扩面工作，完善城乡最低生活保障制度，实施农村民居地震安全工程，大力支持全省抗灾救灾和灾后恢复重建，积极支持廉租住房和农村敬老院等社会福利事业项目建设。全省医疗卫生支出完成104.4亿元，比上年增长35.4%，进一步提高新型农村合作医疗筹资标准，扩大城镇居民基本医疗保险试点范围，积极支持城市社区和农村改善医疗卫生条件，在全省开展城乡医疗救助，积极支持开展新一轮禁毒和防治艾滋病人民战争。全省科技、文化、体育、传媒和计划生育支出完成57.1亿元，比上年增长37.8%，有力地支持了全省科技、文化、体育、传媒和计划生育等社会事业的发展，进一步丰富了广大群众的生活。五是积极推进改革，不断提高财政管理水平。财政管理体制进一步完善，财政预算和国库管理得到加强，预算管理更加科学化、精细化。省对下转移支付制度更加完善，基层政府保工资、保运转和提供公共服务的能力逐步提高。财政监管水平进一步提升，财政资金使用管理更加安全、合规、高效。

2008年，云南省财政工作取得了一些成绩，但云南省财政改革与发展中还存在一些困难和问题，主要是：搞建设与保民生的矛盾日益突出；预算决策机制有待进一步科学化、民主化；政府债务负担较重；转移支付制度需进一步健全完善；一些基层政府提供基本公共服务的能力较弱；财政管理还不够科学精细，绩效有待提高；一些干部科学发展的意识和能力需要进一步增强等。针对这些问题，我们将认真学习实践科学发展观，着力在加强学习、提高素质上下功夫，在解决问题、破解难题上下功夫，在完善制度、创新机制上下功夫，在改进工作、促进发展上下功夫，力求用新理念谋求新发展，用新思路破解新难题，用新机制营造新环境，用新举措开创新局面。

三、2009年地方财政预算草案

当前，世界金融危机继续扩散和蔓延，对全国的经济运行造成明显冲击，对云南省的发展产生了严重影响。2009年宏观经济环境的重大变化，使得经济运行中的不确定和不稳定因素增多，各种减收增支因素相互交织，全省及省本级财政形势十分严峻。

2009年云南省财政预算编制工作的总体思路是：全面贯彻党的十七大和十七届三中全会精神，认真落实中央经济工作会议和省委八届六次全会的各项部署，深入学习实践科学发展观，实施积极的财政政策，调整优化财政支出结构，千方百计筹措资金，确保扩大内需的政策落实到位，加大对“三农”、民生等重点领域和重点建设的投入，为防止经济下滑发挥更直接、更有力、更有效的作用。支持加快经济结构调整和发展方式转变，着力解决涉及群众利益的热点、难点问题，促进社会和谐稳定。坚持增收节支、统筹兼顾、留有余地的方针，继续深化财政改革，加强财政科学管理，着力提高财政资金绩效，促进经济平稳较快增长。

（一）全省地方财政收支预算草案

2009年，全省地方财政一般预算收入安排662.7亿元，比2008年快报数增长8%；地方财政一般预算支出安排1617.8亿元，比2008年快报数增长10%。

（二）省本级财政收支预算草案

2009年，省本级财政一般预算收入安排135.2亿元，比2008年年初预算增长22.7%；一般预算支出安排300亿元，比2008年年初预算增长29.4%。

2009年，全省财政地方一般预算收入和支出增幅分别按8%和10%安排，已充分考虑了影响财政收入的各种因素，是按照全面完整、量入为出、确保平衡的原则来安排的，充分体现了有保有压、统筹兼顾、确保民生、力保重点、支持改革与发展、扩大内需的工作方针。

四、2009年主要财政工作及措施

2009年，各级财税部门将在省委、省政府的正确领导下，进一步增强贯彻落实科学发展观的自觉性和坚定性，牢固树立抢机遇、增投资、强产业、扩消费、添活力、重民生、抓生态、保稳定的思想，千方百计采取有力措施，扎实工作，继续保持云南省经济社会平稳较快发展的良好势头，服务云南省改革发展稳定的大局。一是以扩大内需为抓手，支持经济平稳较快发展。省财政将安排各类基本建设资金60亿元，重点支持推进公路、铁路、机场、城市轨道交通和城镇供水、地下管网、污水垃圾处理设施、保障性安居工程等一批关系全局和长远发展的重大基础设施、公共服务设施项目建设，打牢经济发展基础。着力支持调整产业结构，加快构筑现代产业体系，不断提高产业对全省经济社会发展的支撑能力。着力支持科技创新和节能减排，建立有利于企业减负、节能减排、技术创新的财税环境，继续支持好滇池水污染治理、滇西北生物多样性保护等一批重大生态建设项目，促进人与自然和谐发展。支持重点领域和关键环节改革，促进全省经济平稳较快发展。二是抓好增收节支工作，保持财政收入稳定增长。加强对经济形势发展变化的跟踪、分析和预测，认真分析解决影响云南省财政增收的因素。积极研究支持产业发展的财税扶持政策，巩固财政增收基础。配合税务部门抓好收入征管，确保税收收入稳定增长。改进和完善非税收入管理模式，提高非税收入对财政增收的贡献。牢固树立过紧日子的思想，坚持勤俭办一切事业，对公务购车用车、会议经费、公务接待费、出国（境）经费等实行零增长。三是巩固农业基础地位，促进农村改革与发展。继续把支持“三农”作为财政工作的重中之重，着力促进农业增效、农民增收、农村繁荣。省财政将安排农林水事务支出28.5亿元，比上年年初预算增长35.8%，并加大支农资金整合力度，加强银政合作，完善农村信用担保制度，引导更多金融和社会资金投向“三农”，形成多元化支农投入格局。加强农业农村基础设施建设，加大农业综合开发力度，进一步扩大涉农补贴范围和规模，坚决贯彻落实各项强农惠农政策。支持实施农民收入翻番计划，加大农村劳务输出培训，着力优化农民工返乡创业环境，加大扶贫开发工作力度，继续支持实施“兴边富民工程”新三年行动计划，稳步提高农村群众收入水平。支持实施好退耕还林、天然林保护工程，深入推进集体林权制度改革和农垦及国有农（林）场等改革，继续开展村级公益事业建设“一事一议”财政奖补试点，积极支持做好动物疫病防治工作，支持农村现代流通体系建设。四是坚持以人为本，促进各项社会事业全面进步。省财政将安排教育支出40.7亿元，比上年年初预算增长40.7%，着力完善农村义务教育经费保障机制，落实义务教育学校教师绩效工资，支持农村中小学排危工程和教师周转房建设，支持发展职业教育特别是农村中等职业教育，进一步完善困难家庭学生资助体系。省财政将筹措9亿多元资金并给予税费减免等优惠政策，认真落实省政府鼓励创业促进就业的20项政策措施。省财政将安排社会保障支出47.7亿元，比上年年初预算增长33.5%，全面推行城镇居民基本医疗保险制度，继续完善社会保险和城乡救助制度，做好企业职工基本养老保险省级统筹和企业退休人员待遇调整工作，建立新型农村社会养老保险制度，进一步增加财政对低收入群体的生活补助，将城乡困难群体纳入最低生活保障范围，对未纳入城乡低保范围的边缘群体和其他临时困难群众给予临时救助。省财政将安排医疗卫生支出27亿元，比上年年初预算增长14%，调整新型农村合作医疗报销标准和起付、封顶线，加大对困难群众看病就医的救助，支持基层公共卫生、医疗保障和药品流通体系建设，进一步缓解看病贵、看病难问题。支持卫生和食品药品监督体系建设，确保食品、药品安全。进一步支持好科技、文化、体育、传媒等社会事业建设，落实好各项计划生育政策，大力支持做好社会稳定工作。五是不断深化财政改革，努力提高财政管理水平。继续深化财政管理体制改革，完善现行政府间财政分配关系，提高基层政府在资金安排、使用方面的自主权。进一步提高一般性转移支付规模和比例，省财政2009年将安排省对下一般性转移支付和缓解县乡财政困难奖补资金77.2亿元，比上年增长17.2%，着力增强基层政府提供基本公共服务能力。继续推进专款切块到县改革试点，逐步建立县级基本财力保障机制，进一步缓解县乡财政困难。继续深入推进预算管理制度、国库集中支付改革，启动财政“省管县”试点工作，加强政府性债务管理，加大财政资金整合力度，强化财政资金监管，全面提升财政管理水平。

2009年是推进“十一五”规划顺利实施的关键一年，我们将全面贯彻落实党中央、国务院和省委的决策部署，按照省十一届人大二次会议确定的目标任务，振奋精神，坚定信心，迎难而上，扎实工作，奋力推进全面建设小康社会的进程，为建设富裕民主文明开放和谐云南作出新的贡献。

·责任编辑·赵　怡

云 南 概 况

Overview of Yunnan Province

地　理

云南地处中国西南边陲，地理位置特殊，自古以来就是中国通向东南亚、南亚的门户，战略地位十分重要；地形地貌复杂，气候多样，资源丰富，风光壮丽。

【位置面积】　云南省位于北纬21°8′32″~29°15′8″和东经97°31′39″~106°11′47″，北回归线横贯本省南部。全境东西最大横距864.9公里，南北最大纵距990公里，总面积39.4万平方公里，占全国陆地总面积的4.1%，居全国第8位。东部与贵州省、广西壮族自治区为邻，北部同四川省相连，西北隅紧倚西藏自治区，西部同缅甸接壤，南部和老挝、越南毗连。从整个位置看，北依广袤的亚洲大陆，南邻辽阔的印度洋及太平洋，正好处在东南季风和西南季风控制之下，又受西藏高原区的影响，从而形成了复杂多样的自然地理环境。

【区位优势及国际大通道】　云南省与邻国的边界线总长为4060余公里；共有8个边境州（市）、25个边境县（市），13个国家一类口岸、7个国家二类口岸，20多条出境公路。2000多年前的“南方丝绸之路”曾从四川经云南，通达缅甸、印度、中亚和阿拉伯地区以及西方国家，1世纪初的“马援故道”则从滇南入越南，通达南海，在我国古代对外交往中起过重要作用。

云南是中国通往东南亚、南亚的门户，地处中国与东南亚、南亚的结合部。与东盟的缅甸、越南、老挝3国接壤，与泰国和柬埔寨通过澜沧江—湄公河相连，并与马来西亚、新加坡、印度、孟加拉等国邻近，是中国毗邻周边国家最多的省份之一。历史上著名的“史迪威公路”和“驼峰航线”经过云南境内。近年来，云南公路、铁路、航空和水运网络日趋完善，初步形成通往东南亚、南亚国家的3条便捷的国际大通道：一是西路通道，沿滇缅（昆畹）公路、中印（史迪威）公路和昆明至大理的铁路西进，有多个口岸境，可分别到达缅甸密支那、八莫、腊戍等地，并直达仰光；还可经密支那到印度雷多，与印度铁路网连接后通往孟加拉国达卡港、吉大港和印度加尔各答港。二是中路通道，由澜沧江—湄公河航运、昆明至打洛公路、昆明至曼谷公路和西双版纳机场构成，通往缅甸、老挝、泰国并延伸至马来西亚和新加坡。2008年3月21日，昆明至曼谷国际大通道中国路段全线贯通。三是东路通道，以现有滇越铁路、昆明至河口公路及待开发的红河水运为基础，通往越南河内、海防及其南部各地。

【地形地貌】　云南是一个多山的省份，属青藏高原南延部分，整个地势从西北向东南倾斜，江河顺着地势，成扇形分别向东、向东南、向南流去。但由于盆地、河谷、丘陵、低山、中山、高山，山原、高原相间分布，各类地貌之间条件差异很大，类型多而复杂。全省土地面积，按地形看，山地占84%，高原、丘陵约占10%，坝子（盆地、河谷）仅占6%。海拔相差很大，最高点为滇藏交界的德钦县怒山山脉梅里雪山主峰卡格博峰，海拔6740米；最低点在与越南交界的河口县境内南溪河与元江汇合处，海拔仅76.4米。两地直线距离约900公里，高低相差达6000多米。

【主要山脉】　东部有轿子山、五莲峰、乌蒙山、梁王山、拱王山、牛首山、六韶山等，均为高原面上的山脉，大致向东北、西南方面展布。

西部有高黎贡山、怒山、云岭等高大而狭长的山脉，其北段山高林密，南段为横断山余脉，主要有云岭余脉哀牢山和无量山，怒山的余脉大雪山和邦马山、老别山、高黎贡山的西部分支和槟榔山等。

【河　流】　云南南北走向的山脉地形孕育了6大水系长江、珠江、红河、澜沧江、怒江、伊洛瓦底江。按入海的位置可分为太平洋和印度洋2大水系。除长江和珠江外，其余4条均属国际河流，是我国国际河流最多的省份。境内集水面积在100平方公里以上的河流有908条（含金沙江、南盘江、红河、澜沧江、怒江、独龙江6条干流），其中有47条省际河流和37条国际河流。

金沙江—长江：金沙江为长江上游，从青海省玉树县巴塘河口至四川省宜宾岷江口，全长2308公里。因盛产金沙故名金沙江，古代又称丽水。金沙江发源于青藏高原唐古拉山中段，经德钦县进入云南流于横断山区，而后进入滇中高原、滇东北与四川西南山地之间，最后从水富县流入四川境内，自宜宾以下称长江。金沙江在云南境内长1560公里，集水面积10.56万平方公里，是云南流域面积最大的河流。沿江形成众多的以江河景观为主体的风景区，其中最著名的有3个。一是“三江并流”即金沙江与澜沧江、怒江共同在滇西横断山区内相互逼近、并行南下的极为壮丽的景观。“三江并流”被列为国家级风景名胜区。二是“金沙劈流”。江水切穿玉龙雪山和哈巴雪山，形成坡陡谷深的大峡谷——“虎跳峡”。峡谷长16公里，从江面至两岸雪山峰顶高差达3000多米，是世界上最深的大峡谷之一。三是长江第一湾。它位于玉龙县石鼓乡，在这里北来江水受岩石阻挡，掉头急转向东北，形成V形大湾，江面宽阔，适于渡江，相传诸葛亮“五月渡泸”、忽必烈“革囊以济”都是以此为渡口。1936年5月，贺龙率红二方面军长征也是从这里渡江北上。

澜沧江—湄公河：发源于青藏高原唐古拉山北麓，流至西藏的昌都之后称澜沧江。由西藏从德钦县流入云南，经迪庆、怒江、大理、保山、临沧、普洱、西双版纳等州（市），从勐腊县出境，境外称湄公河，经老挝、缅甸、泰国、柬埔寨和越南等5国，最后注入太平洋，有“东方多瑙河”之称。澜沧江全长4500公里，云南境内干流长1227公里，集水面积8.86万平方公里。沿途景观主要有：与金沙江、怒江组成的“三江并流”，西双版纳澜沧江两岸的奇异风光等。

怒江—萨尔温江：怒江又名潞江，发源于青藏高原唐古拉山南麓，流经西藏后称怒江。它由贡山县进入云南，流经怒江、保山、临沧、德宏等4个州（市），从潞西市出境。怒江入缅甸后称萨尔温江，由莫塔马湾归入印度洋。怒江全长2820公里，在中国境内长1540公里，云南段长618公里，省内集水面积3.34万平方公里。由于江水流经云南时，多在怒山与高黎贡山之间深谷中，水急流飞，声如怒吼，故名“怒江”。怒江峡谷全长310公里，有“东方大峡谷”之称，是世界著名大峡谷之一。沿江著名景观除“三江并流”外，还有许多罕见的优美风景和生态景观，奇峰异石、珍稀动物植物极为丰富，是旅游和科学考察的重要场所和基地。

南盘江—珠江：珠江上游为北盘江和南盘江。北盘江在贵州境内，南盘江在云南境内。南盘江源出曲靖马雄山南麓，山顶海拔2433米，流经曲靖、玉溪、红河、文山4州（市），在罗平县的三江口出省，是云贵两省区的界河。它与北盘江汇合后称红水河，最后注入南海。南盘江在云南境内长677公里，集水面积4.33万平方公里。南盘江著名景观有“珠江源”，位于马雄山。马雄山是长江、珠江红河的分水岭。著名景观还有广南县八宝盆地岩溶景区，有“小桂林”之称。

元江—红河：发源于滇中高原西部，元江和李仙江为其在云南境内两大支流。元江的东西两个源头分别发源于祥云、巍山2县，两源汇合后称礼社江，流入元江县后始称元江。流域多红色沙页地层，水呈红色，故称红河。它流经大理、楚雄、玉溪、红河等州（市），从河口县入越南。元江在云南境内全长680公里。李仙江长488公里，发源于南涧县，经景东、镇沅、墨江、宁洱等县，从江城县入越南。元江和李仙江在越南境内汇合称红河，是越南北方的第一大河流，最后由北部湾入南海。该水系在云南境内集水面积3.75万平方公里，是6大水系中对云南地理条件影响最大的一条河流。它是滇东和滇西两大地理单元的分界线，它的两侧，地貌形态、气候类型、生物分布均有明显差异。

独龙江、大盈江、瑞丽江—伊洛瓦底江：伊洛瓦底江是纵贯缅甸南北的著名大河，流经云南省的主要是该水系的3条较大支流：独龙江、大盈江、瑞丽江。其中独龙江发源于西藏，流经怒江州贡山县，在云南境内长80公里，出境后汇入缅甸恩梅开江。大盈江、瑞丽江在德宏、保山境内，分别流入缅甸。大盈江在云南境内长186.1公里，瑞丽江在云南境内长332公里。是全省产水量最多的地区。独龙江流经地区，峡谷深切，气候湿润，森林资源丰富，沿江峡谷绝壁有“自然壁画”之美。大盈江、瑞丽江流域高温多雨，地势开阔，森林资源丰富。

【湖　泊】　云南受断层作用，多断层陷落湖，是西南4省区中淡水湖泊最多的地方。大小湖泊共计30余个，总面积约1066平方公里，占全省总面积的0.28%，集水面积9000多平方公里，总蓄水量约300亿立方米。较大的湖泊有滇池、抚仙湖、阳宗海、杞麓湖、洱海、程海、泸沽湖。其中，抚仙湖总容水量最多，为185亿立方米，平均水深87米，最深处151.5米，是我国第二深水湖泊；而滇池湖面与集水面积为各湖之冠。

【气　候】　云南位于青藏高原东南侧，临近孟加拉湾和中国南海2个热带海洋，属于典型的低纬高原气候，具有我国从海南岛到黑龙江的各种气候类型。地处云南最南端的西双版纳，属热带北部边缘气候类型，气候温暖、湿润，雨量充沛，热量充足；地处滇中的昆明，则是全国著名的春城，有“天气常如二三月，花枝不断四时春”的美誉；地处云南最北端的迪庆州香格里拉一带，属北温带山地季风气候，气温垂直差异明显。

丰富多样的气候类型，使云南的生物种类繁多，种质资源丰富，素有“植物王国”、“动物王国”之称。由于海拔高度和坡向坡度的不同，气温和降水随海拔高度的分布差异很大。山麓或河谷地带气候炎热，降水少；山腰气候温和，降水增多；山顶气候寒冷，降水最多。从山麓到山顶往往出现几种不同的气候类型，有不同的植被和自然景观。一般海拔每上升 100 米，温度即降低 0.6℃左右。“一山分四季，十里不同天”，“立体气候”的特点突出。无霜期长，南部边境地区全年无霜；偏南的文山、红河、普洱，以及临沧、德宏等地无霜期为 300 天～330 天；中部昆明、玉溪、楚雄等地约 250 天；较寒冷的昭通和迪庆达 210 天～220 天。云南光照条件较好，太阳总辐射量每年每平方米为 3366 兆焦耳～6570 兆焦耳，仅次于西藏、青海、内蒙古等省区。这种气候特点，有利方面是适宜多种农作物和经济作物生长，同时也为旅游业的发展提供了良好条件；不利方面是干季和雨季过于集中，雨量分布不均，常伴随有洪涝、低温冷冻、冰雹等灾害，给农业生产带来危害。

【自然灾害】

气象灾害

云南地处低纬高原，气候地域差异显著，垂直变化剧烈，干湿季分明，多种气象灾害交替发生，灾害种类多、频率高、易成灾。主要气象灾害有干旱、暴雨洪涝、低温、霜冻、冰雹、大风、雷电、雪灾、冰冻、高温，以及滑坡、泥石流、森林火灾、病虫害等气象衍生灾害。

生物灾害

云南是我国农业生物灾害发生最严重的省份之一。植物病害、有害昆虫、螨类、农田杂草和农田鼠类等农作物病虫害发生频繁，危害严重，农作物受害损失较大。据全省普查记载，云南农业有害生物共 8183 种，其中，对农业生产构成威胁并且造成损失的约 300 余种。

年发生面积超过 100 万亩的虫害有：斑潜蝇、稻飞虱、稻螟虫、稻蝗、黏虫、小麦蚜虫、蚕豆蚜虫、玉米螟、地下害虫（小地老虎、蛴螬）、烟蚜、烟青虫、油菜蚜虫、甘蔗棉蚜等 13 种；发生面积超过 100 万亩的病害有：稻瘟病、稻白叶枯病、稻曲病、小麦锈病、小麦白粉病、玉米锈病、玉米大小叶斑病、马铃薯晚疫病、烟草炭疽病、烟草野火病等 20 余种。

地质灾害

云南雨量充沛，但时空分布不均，极易形成单点暴雨、风雹等强对流天气，导致严重的泥石流、滑坡、崩塌等地质灾害。同时，云南地处印度洋板块和欧亚板块碰撞带东侧，新构造与现代构造运动强烈，导致地震灾害频繁发生。极其复杂的地形、气候和特殊的地质构造，使云南成为一个以地震、崩塌、滑坡、泥石流为主的典型多灾省份。

森林火灾

由于云南许多地方历史上一直沿袭有“刀耕火种”的生产方式和烧山放牧、驱兽的习惯，全省森林火灾一直比较突出。

历 史

云南省简称为“滇”或“云”，是人类重要的发祥地之一，生活在距今约 170 万年前的云南元谋猿人，是迄今为止发现的我国和亚洲最早人类。夏商时期，云南属中国 9 州之一的梁州。秦朝以前，曾出现过古滇王国。秦汉之际，中央王朝在云南推行过郡县制。西晋时期，云南改设为宁州，是全国 19 州之一。唐宋时期，曾建立过南诏国、大理国等地方政权。公元 1276 年，元朝在云南设立行中书省，“云南”正式成为全国省级行政区划名称。公元 1382 年，明朝在云南设承宣布政使司、提刑按察使司、都指挥使司，管辖全省府、州、县。清朝沿袭明制，设承宣布政使司，下设道、府、州、县。1911 年，全省共设置 15 个府、18 个厅、32 个州、41 个县、18 个土司区。1949 年，全省分设 1 个省辖市、12 个行政督察区、112 个县、17 个设治局、2 个对汛督办区。1950 年 2 月 24 日，云南完全获得解放，云南从此翻开崭新的历史篇章。2008 年，全省共设 16 个州（市），其中有昆明市、曲靖市、玉溪市、保山市、昭通市、丽江市、普洱市、临沧市 8 个省辖市；楚雄彝族自治州、红河哈尼族彝族自治州、文山壮族苗族自治州、西双版纳傣族自治州、大理白族自治州、德宏傣族景颇族自治州、怒江傈僳族自治州、迪庆藏族自治州 8 个民族自治州；129 个县（市、区），其中有 12 个市辖区、9 个州（市）辖市、79 个县、29 个民族自治县。

自然资源

云南是中国自然地理条件极其复杂、自然资源十分丰富的省份。矿产资源富聚，生物资源种类繁多，能源资源丰富，林地可开发潜力大。

【土地资源】据2007年土地更新调查数据统计，全省耕地总资源为607.24万公顷，其中常用耕地为419.69万公顷，临时性耕地为187.55万公顷（其中25°以上的陡坡耕地79.94万公顷）；林地2424.8万公顷。由于山地高且多，坝子小而少，坡度大，高差悬殊，直接影响到水、热因素的再分配和土壤的形成发育。云南土地资源类型按地貌可划分为坝区、半山区、山区和高寒山区4类。坝区：为种植业主要分布区，地形坡度小于8°，全省1平方公里以上的坝子有1442个，面积约2.4万平方公里，主要大坝子多集中分布在中部和东部高原区，约占总数的2/3。半山区：是种植、养殖业和经济林木主要分布区，坡度多大于8°，区内相对高差在50米～200米之间。山区：一般指海拔2500米以下的山区，在云南山区面积最广，相对高差在200米～1500米之间。高寒山区：一般指海拔2500米以上的山区，属山地较高部分，由于气温低，轮歇地比重大。常用耕地面积420.02万公顷，森林1501.50万公顷，疏林地、灌木林660万公顷，荒山草坡地565.11万公顷，水面面积28万公顷，其他953万公顷。云南省土壤类型从高山地区的寒漠土、亚高山草甸土、棕色针叶林土、暗棕壤、棕壤，到一般山区的黄棕壤、红壤（包括黄壤），到南亚热带砖红壤性红壤和热带的砖红壤都有分布。金沙江、红河、怒江河谷分布有燥红土，滇中紫色砂页岩地区分布有石灰岩土，耕地中的水田土壤主要有鸡粪土、胶泥土，旱地土壤中主要有红土、黄土、羊肝土。全省土壤分布自南而北分为4个阶梯4个大的土区。

【矿产资源】云南省成矿地质条件优越，矿产资源丰富，是我国矿产种类较为齐全的省份之一。全省共发现各类矿产142种，占全国已发现矿种（171种）的83.04%。在已发现的矿产中，有查明资源储量的矿产有86种，其中能源矿产2种，金属矿产39种，非金属矿产45种；矿产地共1214个，其中大型矿区112个，中型矿区270个，小型矿区832个。云南有62种固体矿产保有资源储量排在全国前10位。

能源矿产

云南的能源矿产为煤炭和较少量油页岩，基本没有油气。煤炭资源具有区位优势，是云南开发利用的主要矿产之一。截至2007年底，全省有上表矿区357处，保有资源储量271.07亿吨，居全国第7位，具有成煤期多、煤类齐全、煤质好、分布不均衡的特点。主要分布于曲靖市、昭通市和红河州。昆明市、楚雄州、玉溪市、保山市、丽江市也有少量分布。

黑色金属矿产

云南已查明的黑色金属矿产有铁、锰、钛、铬、钒5种，具有矿床类型比较简单、矿产地分布集中的特点。

1. *铁矿*。全省有上表矿区112处，保有资源储量35.69亿吨，居全国第5位。主要分布于澜沧、安宁、峨山、新平、禄丰、武定、石屏、腾冲、景洪、彝良、维西等县（市）。

2. *锰矿*。全省有上表矿区24处，保有资源储量9215.71万吨，居全国第3位。主要分布于砚山、建水、石屏、鹤庆、勐海等县。

有色金属矿产

云南有色金属资源丰富，具有面广点多、矿种齐全、品位较富、共伴生有益组分多、综合利用经济效益高等特点。已查明的矿产有铜、铅、锌、锡、钨、镍、钴、铋、锑、钼、铝等13种。

1. *铜矿*。铜矿是云南的优势矿种，全省有上表矿区174处，保有资源储量1043.13万吨，居全国第3位。主要分布于昆明、玉溪、红河、楚雄、普洱、迪庆、大理等州（市）。

2. *铅锌矿*。铅锌矿是云南优势矿种，具有资源储量大、资源富集集中、矿石品位较富、分布面广、可供综合利用的有益元素较多的特点。全省有铅矿上表矿区112处，保有资源储量708.53万吨，居全国第1位；锌矿上表矿区数106处，保有资源储量1969.84万吨，居全国第1位。铅锌矿在全省都有不同程度分布，主要分布于曲靖、楚雄、红河、怒江、昭通、文山、保山、普洱等州（市）。

3. *锡矿*。锡矿是云南的优势矿种，资源丰富，综合利用程度高，“个旧锡都”在国内外享有盛名，其规模和产量在国际、国内都具有举足轻重的地位。全省有锡矿上表矿区69处，保有资源储量104.86万吨，居全国第1位。主要分布于个旧、马关、腾冲、梁河等县（市）。

4. *铝土矿*。铝土矿是云南的又一优势矿种，全省有上表矿区29处，保有资源储量9735.10万吨，居全国第5位。具有储量规模大、品位高、品级好、易开采的特点。主要分布于文山州的丘北、麻栗坡、西畴、砚山和文山等县。

贵金属矿产

云南贵金属矿产矿种齐全，资源潜力大，已查明的贵金属矿产有金、银和铂族的铂、钯、锇、铱、钌、铑等8种。

1. *金矿*。金矿分布较广，分为独立金矿、砂金、伴生金矿。全省有金矿上表矿区69处，保有资源储量363.40吨，居全国第4位。其中独立金矿42处、砂金矿9处、伴生金矿18处，保有资源储量分别为220.72吨、4.97吨、137.71吨。独立金矿主要分布于普洱、大理、红河、文山等州（市）。

2. *银矿*。银矿主要分布于红河、文山、普洱、怒江、迪庆、大理等州（市）。全省有银矿上表矿区99处，保有资源储量1.41万吨，居全国第3位。多与铅、锌、铜、锡等有色金属矿产共伴生，一般为综合回收利用。

稀有、稀土、分散元素金属矿产

已查明的稀有、稀土、分散元素矿产有铌、钽、独居石、锆、锶、锗、镓、铟、铊、镉、硒、碲等13种，除铌、钽、锶、锆英石、独居石矿外，其余均为有色金属矿产中的共伴生组分。铟、铊、镉居全国第1位，锗、锶居全国第3位，锆居全国第4位。铟、锗已成为云南的又一优势矿种。

冶金辅助原料非金属矿产

冶金辅助原料非金属矿产有普通萤石、熔剂用灰岩、冶金用白云岩、冶金用石英岩、耐火粘土5种，主要分布于昆明市、昭通市、玉溪市。

化工原料非金属矿产

化工原料非金属矿产是云南的又一类优势矿产，具有分布集中、规模大、矿石质量好、勘查程度高、开采条件好等特点，已查明资源储量的矿种有磷、硫铁、芒硝、重晶石、电石用灰岩、化肥用蛇纹岩、盐、钾盐、砷9种。

1. *磷矿*。磷矿具有资源储量大，矿石质量好、品级高、易开采等特点。全省有磷矿上表矿区61处，保有资源储量40.28亿吨，居全国第1位。集中分布于昆明市、玉溪市、曲靖市。昆明市和玉溪市开发程度较高。经过多年的开采，一级品的富矿资源已趋于枯竭，开采中低品位的资源，浮选后利用已经开始实施。近年来，进入磷资源勘探、开发的企业较多，保有量有所增加，开发也较快，特别是昆明市北部和曲靖市的磷资源开发将形成规模。

2. *盐矿*。全省有岩盐上表矿区15处，保有资源储量143.33亿吨，居全国第3位。主要分布于昆明市、普洱市、西双版纳州。

3. *钾盐矿*。云南有钾盐上表矿区1处，保有资源储量1649.20万吨，居全国第4位，为大型矿区，目前已开发利用。

4. *硫铁矿*。全省有上表矿区24处，保有资源储量4.76亿吨，居全国第5位。分独立硫铁矿和伴生硫，独立硫铁矿主要集中分布于威信、镇雄、会泽、罗平、禄劝、宾川等县，伴生硫分布于香格里拉县、会泽县、个旧市等。

建筑材料非金属矿产

云南建筑材料非金属矿产资源十分丰富，矿种齐全，已查明资源储量的矿种有31种，有20种矿产居全国前10位，有5种矿产居全国前3位，遍布全省各地，目前均已开采利用。

【生物资源】

野生植物

云南素以“植物王国”著称。主要特点：

1. 植物种类之丰富为全国之冠。据不完全统计，云南有12个植物类型，34个植被亚型，169个植物群系，209个群丛。热带、亚热带、温带、寒温带和寒带植物类型都有分布，植物种类丰富，植被类型复杂多样。全省有高等植物426科，2592属，近1.7万种，其科、属、种的数量分别占全国的88.4%、68.7%和62.9%。低等植物种类繁多。几乎世界上发现的任何野生植物类型和群系，都可以在云南找到踪迹。列入《国家重点保护野生植物名录》的有64科158种。其中，树龄在百年以上的古树和具有历史价值或重要纪念意义的名木4016株。

2. 起源古老，多古植物后裔。

3. 地区特有属和特有种多。如云南种子植物，有特有属108个，占全国的52.9%；有特有种1000个以上，占全国的10%强。尤其是滇西北横断山区、干热河谷地区、滇东南岩溶地区及迎东南季风的热带山地，特有属和特有种相对集中。

4. 地理成分复杂，联系面广。云南植物区系正横跨在泛北极植物区和古热带植物区之间。

野生动物

云南地理气候复杂多样，为各种动物的生存、繁衍提供了得天独厚的环境条件，显现出动物资源方面的极大优势，素有“动物王国”之美誉。

1. 种类繁多。由于云南生境类型多，从而形成动物种类繁多，动物种类在全国居首位。全省有纪录的兽类共309种、鸟类849种、两栖类121种和爬行类163种。脊椎动物各类群约占全国总数的39%～64%。

2. 特有种类多。中国的许多动物，其自然分布区仅限于云南或主要分布于云南，如兽类中的亚洲象、亚洲野牛、白颊长臂猿、滇金丝猴、灰叶猴、鼷鹿、熊狸等；中国有记录的1257种鸟类中，有114种只能在云南见到，如黑颈鸬鹚、黄嘴河燕鸥、双角犀鸟、棕颈犀鸟、绿孔雀、剑嘴鹛等。

3. 珍稀濒危种类多。在《国家重点保护野生动物名录》中，云南有58科228种。其中：国家Ⅰ级重点保护物种兽类29种、鸟类24种、爬行类5种、鱼类2种，计60种；Ⅱ级重点保护物种兽类26种、鸟类128种、爬行类4种、两栖类4种、鱼类3种、昆虫类3种，计168种。

森林

云南的森林主要分为针叶林、阔叶林、竹林、灌木林等4个植被型，17个植被亚型，105个森林类型。全省森林种类繁多，木材蓄积量大，属全国3大林区之一。各类型分布特点：

1. 水平分布。云南全境从南到北跨越8个纬度带，发育着热带和亚热带的森林；因山脉河流多呈南北走向，地表切割剧烈，形成了各种气候条件，致使有些热带森林沿河谷向北延伸，亚热带森林顺山脊向南扩展，加之个别地区的特殊气候，形成全省森林分布上出现交错、镶嵌等现象。在一定海拔范围内，因纬度而异的地带性森林类型仍较稳定。

2. 垂直分布。云南森林分布的最显著特色是它的垂直带性。随着山地海拔的升高，气候、土壤和森林植被都有明显的不同。在一定的高度范围内，气候条件相对稳定，形成一定类型的森林，从而构成山地森林的垂直系列。全省森林面积1501.50万公顷，活立木总蓄积量15.48亿立方米，森林覆盖率近50%。森林面积占全国近1/10，活立木总蓄积量占全国近1/8。1997年、2002年2次森林资源连清复查成果表明：1992年~1997年间，林业用地面积略有减少；1997年后则略有增加。森林面积、蓄积量、森林覆盖率呈稳步上升趋势；森林资源保持持续增长态势。全省天然林面积125万公顷，蓄积量13亿立方米；天然疏林面积74万公顷，蓄积量214万立方米。在天然林中，经济林面积1.9万公顷，竹林面积4.8万公顷。全省人工林面积25.15万公顷，蓄积量520万立方米。从资源总量上看，天然林占绝对优势。据1997年和2002年全省森林资源2次连清复查结果，全省林业用地单位面积蓄积量平均为65.12立方米/公顷。

全省共有自然保护区152个，其中国家级自然保护区16个，省级自然保护区45个。自然保护区面积285.02万公顷，其中，国家级自然保护区面积143.59万公顷，省级自然保护区面积84.24万公顷。云南树种繁多，类型多样，优良、速生、珍贵树种多，药用植物、香料植物、观赏植物等在全省范围内均有分布，故云南还有“药物宝库”“香料之乡”“天然花园”之称。

【水和水能资源】

水资源

（一）降水　云南省临近热带海洋，又位于青藏高原的东南部，处于西南暖湿气流和东南暖湿气流的共同影响之下，由于地形和气候的影响，具有水汽充足、降水量丰富的特点。全省年均降水量为1278.8毫米，折合水量4900亿立方米。降水量地区分布十分复杂，西部、西南部和东南部年降水量较大；中部和北部的干热河谷（坝子）地区的降水量较少。从全省范围看，降水量分布规律为：山区降水量多，河谷、坝区降水量少；迎风坡降水量大，背风坡降水量小。年降水量的垂直变化主要是受复杂地形的影响，在高山区的局部范围内，年降水量随海拔增高而增大。云南省降水量季节变化十分明显，降水季节分配不均是冬春、夏初极易出现干旱和夏秋易出现洪涝的主要原因。全省大部分地区降水量主要集中在汛期（5月~10月），一般占全年的85%以上。各地降水量的集中程度不一，集中度最小的是滇西、滇南等丰水地区，最大的是宾川坝区等干旱地区。

（二）地表水　云南省地表径流主要由降水产生，西部少数地区初春有融雪补给，全省年均地表水资源量为2210亿立方米，约占全国的1/13，全省多年平均径流深为576.7毫米，多年平均产水模数为每年每平方公里57.7万立方米，约为全国平均水平的2倍。云南省自然地理和气候复杂多样，地表水资源地区分布差异极大，资源量除具有地带性分布规律外，垂直变化也十分明显。全省径流深的分布规律：西多东少、南多北少，中部是径流深较小的地带，同时由于几条近似南北走向的大山脉对气流的阻隔，使径流深地带分布呈现出明显的高低相间的特点，主要表现为河谷小、山区大。

（三）出入境水量

1. 出入国境水量。从国外流入云南省的水量来自缅甸和老挝，多年平均入境水量为24.63亿立方米，其中流入澜沧江的水量12.26亿立方米，怒江1.57亿立方米，伊洛瓦底江10.8亿立方米。云南省流到国外的多年平均水量为2204亿立方米，主要流入越南、缅甸和老挝，在4条国际河流中以澜沧江出国境水量最多，达738.1亿立方米，其次是怒江710亿立方米、红河440.3亿立方米，最少的是伊洛瓦底江，出国境水量为316亿立方米。

2. 出入省境水量。从外省流入云南的水量主要来自西藏、四川、贵州、广西，多年平均入境水量1625亿立方米。其中流入省内长江流域的水量961.1亿立方米，珠江27.54亿立方米，澜沧江

212.2亿立方米，怒江386.4亿立方米，伊洛瓦底江37.7亿立方米。由云南流到外省的多年平均水量为1630亿立方米。其中长江流域流出水量1376亿立方米，珠江250.2亿立方米，红河3.72亿立方米。

（四）地下水　云南省年均地下水资源量为771.5亿立方米，地下水资源量约为全国地下水资源总量的9.54%；全省多年平均地下水产水模数为每年每平方公里20万立方米。地下水资源的地区分布极不均匀，变化趋势与地表水资源量的地区分布基本一致，呈西多东少，南多北少的分布态势。

水能资源

云南水能资源82.5%蕴藏在金沙江、澜沧江、怒江3大水系，尤以金沙江蕴藏的水能资源最大，占全省水能资源总量的38.9%。水能资源理论蕴藏量为1.04亿千瓦，占全国总蕴藏量的15.3%，仅次于西藏、四川，居全国第3位。全省经济可开发装机容量为9795万千瓦，年发电量为3944.5亿度，占全国可开发装机容量的20.5%，居全国第2位。

云南的江河水能资源在开发上具有许多优越条件：1. 干流开发价值大于支流。2. 可开发的大型和特大型水电站比例高。据调查，全省可建设25万千瓦以上水电站的地点有30多处，可供装机6190万千瓦。3. 水能资源分布比较集中，开发目标单一，开发方式选择性强。4. 可开发的水能资源工程量相对较小，水库淹没损失少，技术经济指标优越。但水能资源大都集中在高山深谷，交通不便，运输困难，建设电站和架设输电线路需要巨额资金投入。

【其他资源】

风能

云南是一个以水力发电为主的内陆省份，但83%的水电站都是径流式电站，枯水期发电量少，而冬春季枯水期风能资源又较丰富，与水能恰好可以构成有机供电互补体系。这对促进云南工农业生产发展及满足生活用电需要，具有重要价值。全省风能资源总储量为1.23亿千瓦，风能资源可利用区（年平均风能密度大于50瓦/平方米）面积为4.52万平方公里，占全省总土地面积的11.48%，风能资源储量为2832万千瓦，约占全省风能资源储量的23.04%；欠缺区（年平均风能密度小于50瓦/平方米）面积为34.88万平方公里，占全省总土地面积的88.52%，风能资源储量为9459万千瓦，占全省风能资源储量的76.96%。全省风能资源丰富的地区在曲靖市东部、红河州中南部、大理州中部等地，坝区年平均风能密度可达100瓦/平方米，有效时数在2500小时以上；坝区周围的山上，年平均风能密度可达180瓦/平方米，有效时数在3500小时以上。云南风能开发最佳区域有3个：（1）玉溪南部至红河州中南部的泸西—通海—开远—蒙自—个旧—建水—红河—元江一带。（2）位于曲靖市东部的会泽—宣威—富源—沾益—马龙一带。（3）大理州与楚雄州相交处的下关—祥云—姚安—大姚一带。

地热

云南省地热资源非常丰富。从地质构造上看，滇西地区具有温热泉数量多、单泉流量小、温度高、天然热流量大等特征。自西向东分布有腾冲—高黎贡山高温地热带、保山—孟连中低温地热带、临沧—景洪高温带、兰坪—普洱低温带及剑川—下关—金平高温带。有高于25℃的水热活动区559处，其中温度高于95℃的沸泉群有17处，泉水总流量为0.84×108立方米/年，天然热流量达0.016EJ/a。滇东地区水热活动密度小，强度低，全区有263个温泉，水温均低于90℃，其中水温在25℃～40℃的186处，占总数的71%，40℃～60℃的63处，占总数的24%，60℃～90℃的14处，占总数的5%。地热资源分布特点：昆明、昭通、会泽等盆地以层状热储为主，深埋在200米以下，储热性能及富水性较均；自西向东沿香格里拉、程海、元谋、普渡河、小江、弥勒等主要活动断裂带呈带状分布，即以带状热储为主，储热性能及富水性受断裂构造控制，呈非均一性。云南地热资源开发潜力巨大，但总体研究、利用程度不高。滇西地区的地热资源主要用于洗浴、医疗、旅游、养鱼、纺织、孵化、制取化工原料、农用灌溉、饮用等，其规模大小不一。滇东地区地下热水开采量大，被利用泉水占总数的60%以上，以钻孔开采为主，仅昆明地热田就有200多眼，集中于地热田及地热异常区域中，多用于沐浴、旅游、灌溉和水产养殖。总体上看云南地热勘查投入力度小、开发研究程度低、综合利用和高技术利用滞后，开发潜力大。

光能

云南平均海拔高，空气洁净，光质好，日照时间长。年日照时数在1000小时～2800小时，多数地区日照时数在2100小时～2300小时，日照时数大于6小时的日数全年约200天；大部分地区年太阳总辐射量达5000兆焦耳/平方米。地区分布总的趋势是西多东少。滇东北与四川、贵州接壤的地区全年日照时数仅1000小时上下，年太阳总辐射量每平方厘米仅90千卡左右，是全省最少的地区。楚雄州北部永仁一带，全年日照时数达2800小时以上，年太阳总辐射量达每平方厘米150千卡以上，为全省最多的地区。南部地区的某些热作光能利用率最高可达3%。时间分布情况是冬春季较多，夏秋季稍少，春季太阳总辐射在一年中最大，占35%。

热量

云南气温冬无严寒，夏无酷暑。全省大部分地区年平均气温在13℃～21℃。气温年温差小，一般为10℃～15℃；日温差大，一般在15℃左右，最大可达20℃。年极端最高气温，多数地区在30℃～35℃，较我国东部各省区低5℃～10℃，少数河谷地区（如元江、元谋、河口等地）年极端最高气温亦能超过40℃。全省积温有效性高。西双版纳、元江和金沙江、怒江河谷区等积温高值区，终年气温在10℃以上，积温达7500℃以上，其中元江达8700℃，接近海南岛水平；滇西北迪庆高原和滇东北山区积温较少，一般在2000℃以下，其中德钦最少仅1000℃。其余多数地区积温在4000℃～7000℃。

旅游资源

【民族风情】 历史上，由于云南独特的地理位置，形成了各民族迁徙往来的大走廊。青藏高原、黄土高原和东南亚地区各民族在南来北往中交流、融汇、定居，形成了云南多种民族、多种文化并存的地方特色。在全省25个少数民族中，涵盖了氐羌、百濮和百越三大民族系统，其中有15个少数民族为云南所独有。多姿多彩的民族风情、民俗文化组成了云南旅游业独特而丰富的人文景观群落。

在云南由不同地域、不同民族组成的不同文化，处处闪现出独特的人文风采：以滇池为中心的古滇文明，出土青铜器——“牛虎铜案”及大型王侯墓葬；彝族首领皮罗阁统一六诏，创建了南诏国，成为第一代“云南王”，太阳柱和十月历的诞生标志着智慧与文明的进程；白族先民缔造了人与自然相互和谐的本主文化；滇西丽江孕育出了被誉为“活着的象形文字”的东巴文，它与东巴乐、东巴舞和东巴教一起组成了东巴文化；滇南西双版纳傣族独有的贝叶文化，贝叶经上传承着千年的文明；15世纪前，古代曲靖先民在魏晋南北朝时期创造了爨氏文化，《爨宝子碑》和《爨龙颜碑》自1778年出土以来为历代书法家所推崇，被康有为称为“正书古石第一”、“书坛神品”；迪庆衍生出了康巴文化及“世外桃源”——香格里拉。

云南的民俗风情：高山上，独龙族用尖刀与牛共舞；丛林间，撒尼人奏响了欢快的大三弦；坝子里，傣家姑娘泼水；峡谷中，怒江边的“澡堂会”，妇女们在温泉中尽情的裸浴；雪山下，泸沽湖畔，摩梭人保存至今的走婚传统，处处流露出原始母系氏族社会的痕迹。

云南的节庆活动：正月十五——景颇族“目脑纵歌”，二月初七——傈僳族“刀杆节”，阳春三月——白族“三月街”、壮族“三月三”，仲春四月——傣族“泼水节”，暮春五月——瑶族“盘王节”、普米族的“转山会”，六月——彝族“火把节”、“跳宫节”，七月——藏族“雪顿节”、纳西族的“干木古”（女神会）。此外，还有弥勒的祭火、双柏的祭豹、建水的祭孔等等。

在游览锦秀山川的同时，可以品尝白族的三道茶，傣族的竹筒饭，哈尼族的长街宴，傈僳族的同心酒，壮族的邑夯鸡等风味美食。

【自然风光】 云南有着世界上最宁静高远的蓝天，圣洁清丽的白云，一望无垠的星空，源远流长的大川，奇幽险秀的风光，立体多样的气候。国际旅游专家一致公认：云南是旅游王冠上的一颗明珠。

据《山海经》记载，古神州北有雪山，西南有“炎火之山”，南面则“正立无影”。按此记载云南地理地貌和古神州极为相似，北有丽江的玉龙十八峰，西南有腾冲火山群，北回归线则横贯南部的西双版纳热带雨林。惊人的巧合似乎表明云南很有可能就是远古传说中的神州——华夏文明的发祥地：包罗万象的山川地貌、多姿多彩的少数民族、复杂难解的语言文字、神秘灿烂的古风民俗、类型丰富的社会形态。

自古以来，云南就有“动物王国”、“古生物王国”、“有色金属王国”的美誉。在地理位置上，云南位于三大地貌单元的结合部位，地质构造极为复杂，从而形成了许多罕见的地质奇观和层状立体地貌。在840公里的直线距离内，最高点梅里雪山主峰卡瓦格博峰与最低点红河谷地南溪河与元江汇合处竟有6663.6米的海拔落差。在一个飞行小时内，可以从海拔6740米的极高地到接近海平面的76.4米。从西北到东南，可以依次领略到雪山、草原、峡谷、丘陵、平原及喀斯特地貌等几乎浓缩了全国乃至全世界的地貌景观，以及在此基础上发育的寒带、温带、亚热带、热带类型等几乎全球所有的气侯类型和生态景观；可以感受到一年四季、春夏秋冬的气候；可以几乎领略到大江南北、世界各地众多的自然奇观。复杂多样的地理环境、垂直立体的自然气候、悠久灿烂的历史文化、多姿多彩的民风民俗，造就出一个七彩的云南，形成了现在以“东部喀斯特地貌、南部热带雨林、中部高原湖泊”为主要特色的多重自然旅游资源。云南旅游资源的多样性是世界罕见的。

云南有全世界最美的石林；有全世界最大的自然生态保护区——三江并流区域；有美国作家希尔顿·詹姆斯《在消失的地平线》中描述的天人合一、世外桃源的香格里拉；有全世界独一无二的母系氏族“活化石”——摩梭人；有世界级的文化遗产——丽江古城；有东方神韵的“玉壁金川”、“玉洱银苍”；有虎跳峡的奇险；沧源的崖画；龙门的绝壁石窟；元阳的云海梯田等等。自然景观与人文景观的完美结合，使云南成为世界上旅游资源最密集的地区之一。

云南可观、可赏、可品、可游的风景名胜、民族风情数不胜数。

经典旅游线路：

1. 昆明之旅：游览石林、民族村和昆明世界园艺博览园，享受四季如春的气候；

2. 滇西北·香格里拉之旅：游大理古国，西部江南——丽江古城和迪庆高原，体验白族、纳西族、藏族的风情。

3. 热带雨林之旅：可探寻西双版纳热带雨林，感受傣族、基诺族等少数民族的淳朴和热情好客。

4. 越南、老挝、缅甸3国边境之旅：可探寻中国南方丝绸之路、茶马古道的遗迹，观赏火山群奇观，领略异国风情。

5. 喀斯特地貌景观之旅：可欣赏石林、九乡、燕子洞、阿庐古洞的奇峰异石、溶洞、瀑布，领略彝族、壮族、瑶族风情。

独特的自然风光和绚丽的民族风情使云南成为“亚州最激动人心”的生态旅游目的地和探险旅游爱好者的乐园。

人口·民族

2008年末，全省总人口为4543万人，位居全国第12位；与2007年相比，全省净增人口29万人；全省人口出生率为12.63‰，死亡率为6.31‰，人口自然增长率为6.32‰。云南是民族种类最多的省份，除汉族以外，人口在5000人以上的世居少数民族有彝族、白族、哈尼族、傣族、苗族、傈僳族、回族等25个。其中，白族、哈尼族、傣族、傈僳族、佤族、拉祜族、纳西族、景颇族、布朗族、阿吕族、普米族、德昂族、怒族、基诺族、独龙族15个民族主要分布在云南省。全省少数民族人口占全省总人口的34.1%，达1549.2万人，是全国少数民族人口超过千万的3个省区（广西、云南、贵州）之一。民族自治地方的土地面积为27.67万平方公里，占全省总面积的70.2%。全省少数民族人口超过100万的有彝族、白族、哈尼族、傣族、壮族、苗族6个；超过10万不到100万的有傈僳族、回族、拉祜族、佤族、纳西族、瑶族、景颇族、藏族、布朗族9个；超过1万（含1万）不到10万的有布依族、普米族、阿昌族、怒族、基诺族、蒙古族、德昂族、满族、水族9个：超过1000不到1万的有独龙族、仡佬族、土家族、侗族等。云南少数民族交错分布，表现为大杂居、小聚居，彝族、回族在全省大多数县均有分布。

云南省是一个多民族的省份，语言文字丰富多彩。云南的汉族语言属北方语系，日益接近普通话。其他各民族的语言分别属于汉藏语系和南亚语系，语言使用主要有母语型、双语型、多语型和母语转用型4种类型。云南各少数民族除回族、满族、水族通用汉语外，其余都有自己的语言。在党和政府的帮助下，改进和创制彝族、哈尼族、傣族、苗族、壮族、傈僳族、佤族、拉祜族、纳西族、景颇族、白族、瑶族、独龙族13种民族文字，加上藏文，现在使用的民族文字共22种。其中，傣族文字和语言与泰国有一定的历史渊源。纳西族的东巴文化历史悠久，东巴文字是迄今还在传承的象形文字，别具特色。

（何　英）

·责任编辑·白丽华

经济大事记

Important Events of Economy

1月

1日

●《云南日报》报道，经劳动和社会保障部和财政部批准，云南省从2008年1月起，为2007年12月31日前已按规定办理退休手续的86万企业退休人员提高基本养老金，月均增幅100元，此项调整是云南连续第4年调高基本养老金。

●从1月1日至3月31日，云南省对省直预算单位“小金库”进行全面清查，从源头上防范腐败，彻底解决“小金库”问题。

●大理市政府决定从2008年1月1日至7月1日对洱海实行全湖半年休渔。同时，对双廊镇红山至鳌山面积为2.14平方公里的洱海水生生物保护区实行长年封禁。

●《云南省住宅小区及商住楼通信设施建设规范》1月1日起实施。

2日

●省政府召开滇池补水—牛栏江恩格引水方案汇报会，听取中国水电顾问集团昆明勘测设计研究院汇报滇池补水—牛栏江恩格引水方案初步研究情况以及专家、省级相关部门、昆明市、迪庆州、丽江市的意见和建议。

3日

●省政府在东川召开环境保护与可持续发展工作调研会，总结东川再就业特区建设成绩，重点研究东川环境保护与可持续发展问题。

4日

●省政府召开第五十七次常务会议。

●全国双拥模范城（县）命名暨双拥模范单位和个人表彰大会在北京召开，昆明市、建水县、开远市、大理市、楚雄市、蒙自县、玉溪市、曲靖市、临沧市荣获全国双拥模范城（县）称号。

●纪念徐霞客诞辰420周年暨考察昆明370周年活动在昆明举行。

6日

●由中科院昆明植物研究所研制的，专用于治疗艾滋病感染者、患者的天然药物制剂——“复方SH（司艾特散）”，在玉溪高新区云南司艾特药业有限公司封闭生产线投入批量生产。该产品已在泰国完成临床试验并已通过泰国政府批准，在泰国合法上市销售，还与越南、利日尼亚、南非等国家签订了合作协议

●景洪沧江新区投资10亿元的西双版纳茶文化博览园举行奠基仪式。

●在由北京大学主办，北京大学文化产业研究院、中外名人文化产业集团承办的“2008中国文化产业新年国际论坛”活动中，巍山县获得了“2007中国创意城市（中小城市）年度奖·原生态文化保护奖”。

8日

●国家科学技术奖励大会在北京举行，中国科学院院士、中国科学院昆明植物研究所名誉所长吴征镒荣获2007年度国家最高科学技术奖，这是国家最高科技奖首次落户云南。

●昆明人民胜利堂维修加固工程竣工。经国务院批准，人民胜利堂更名为抗战胜利纪念堂。

9日

●全省食品药品安全监管工作会议在昆明召开。

●马关县发生重大交通事故，造成14人死亡，5人重伤。

11日

●由国家审计署驻广州、重庆、武汉特派员办事处联合组成的审计调查组进驻昆明，对滇池水污染防治工作正式开展专项审计调查。

●由中国环境科学研究院等国内生态环境保护专家担纲的《抚仙湖流域水环境与水污染防治规划》编制工作正式签约启动。

12日

●位于昆明经济技术开发区的昆明出口加工区正式封关运行。总投资额约465亿元人民币的27个项目在深圳签约，正式进入昆明深圳工业园。

●全省人事编制工作会议在昆明召开。

●弥勒县朋普镇朋普河林场路段1辆中型自卸货车发生侧翻车祸，导致9人死亡、7人受伤。

13日

●省委常委会议决定，在全省实行领导干部问责制，健全质询、问责、经济责任审计、引咎辞职、罢免等制度，促进各级领导干部认真、全面、正确履行职责，推动富裕民主文明开放和谐云南建设进程。

●省委书记白恩培在昆明会见菲律宾众议长德贝内西亚率领的菲律宾众议院代表团一行。

●由全国青联主办、云南省青联承办的GMS（大湄公河次区域）中国青年协商会议在昆明召开。

●凌晨3时50分，位于昆明市西山区海口镇的云天化国防化工股份有限公司三环分公司硫酸厂硫磺仓库发生爆炸，造成5人死亡，32人受伤，2人失踪。

14日

●省政府召开全省保障市场供应加强价格监

管电视电话会议。

●省政府在昆明召开"两会"和春节期间市场物资供应、物价监管、低收入群众生活保障专题会议。

●云南省审计厅召开新闻发布会，公布"云南省12个县（市）2006年农村义务教育经费中免学杂费和补助公用经费的审计调查结果"、"国道主干线（GZ65）安宁至楚雄高速公路建设项目竣工决算审计结果"、"云南省中英性病艾滋病防治合作项目审计结果"3个审计结果公告。

15日

●昭通市举行系列活动隆重纪念罗炳辉将军诞辰110周年。占地10亩，建筑面积约1200多平方米，总投资1100万元的罗炳辉将军纪念馆改扩建工程在将军故里——彝良县竣工。

●大理市因国土绿化建设取得突出成绩，森林覆盖率超过53%，被全国绿化委员会授予"全国绿化模范市"荣誉称号。

●国家投资500万元在西双版纳州建立的我国第一个亚洲象繁育基地建成投入使用。

●云南省首座生活垃圾焚烧发电厂1号机组并网发电试运行成功，2号机组17日并网发电，已进入试生产阶段。"三炉二机"计划3月底前全部建成投产，达到日处理垃圾1000吨，日发电量74万千瓦时的设计能力。

16日

●中国人民政治协商会议云南省第十届委员会第一次会议在昆明隆重开幕。

17日

●昆明市政府与云南省投资控股集团有限公司签署《合作成立云南燃气股份有限公司框架协议》和《昆明市城投公司发行15亿元企业债券担保和反担保协议》。

18日

●云南省第十一届人民代表大会第一次会议在昆明隆重开幕。省长秦光荣代表省人民政府向大会作政府工作报告。

●省纪委书记李汉柏在昆明会见以老挝国家主席办公厅副主任泽英·汪为团长的第五批老挝高级干部考察团一行。

●全省价格监督检查工作会议在大理开幕。

●云南省与中铝公司共同召开大会，宣布重组后的云铜集团领导班子调整任职的决定。

19日

●省政府批准《云南省临时价格干预措施实施办法》，明确要求：成品粮加工、食用植物油、乳制品和饲料加工等4大行业11家企业，在实施价格干预措施期间，若要提价，需向云南省有关部门申报。这是云南省有史以来范围最广、力度最大的一次价格临时干预。

20日

●省委书记白恩培、省长秦光荣在昆明会见武钢集团总经理邓崎琳、党委书记王炯一行。

21日

●在全国土地执法百日行动中，云南省基本查清自2005年以来的3类违法案件457件。除自行纠正和已被批准用地的案件以外，对发现的违法行为全部立案，共406件，结案236件，收缴罚款7334万元，拆除建筑物5.5万平方米，给予党纪政纪处分48人，通报批评6人，移送司法纪检机关追究刑事行政责任14人。

22日

●中国人民政治协商会议云南省第十届委员会第一次会议举行第三次全体会议，选举产生新一届省政协领导机构。王学仁当选为政协云南省第十届委员会主席，管国忠、马开贤、陈勋儒、曾华、罗黎辉、王学智、白成亮、顾伯平、倪慧芳当选为副主席。选举车志敏为秘书长，并选出第十届委员会常务委员109名。

●首届云南自然与文化遗产保护论坛在昆明举行，论坛旨在共同评估云南自然与文化遗产资源的价值、地位和作用，推动公众、企业和政府在保护方面的合作。

23日

●云南省高度重视麻风病防治工作，到2007年底，全省累计发现麻风病患者5.44万例，累计治愈4.06万例，目前尚有现症患者1639例，比1980年的1.74万例减少了90.6%，全省已有48.84%的县达到国家基本消灭麻风病的标准。

24日

●省第十一届人大一次会议举行全体会议，白恩培当选为云南省第十一届人民代表大会常务委员会主任，晏友琼、江巴吉才、程映萱、李春林、杨建甲、杨保建当选为副主任，白保兴当选为秘书长；秦光荣当选为云南省第十一届人民政府省长，罗正富、李江、孔垂柱、刘平、高峰、曹建方、顾朝曦、和段琪当选为副省长；许前飞当选为云南省高级人民法院院长；王田海当选为云南省人民检察院检察长。

●2007年云南公安工作在抓基础建设、禁毒、化解社会矛盾等方面取得了10大突破；全省刑事案件发案率首次出现下降，同比下降6.2%。

25日

●省十一届人大常委会第一次会议在昆明举

行。会议审议并分项表决通过了任免名单，任免的人员共34人，其中，省人大常委会主任会议提请任免的9人，省长提请决定任命的25人。白恩培为本次会议任命的省人大常委会工作机构人员和省人民政府组成人员颁发任命书。

●省人大常委会副主任晏友琼在昆明会见法国埃罗省议会主席、法国国民议会议员、议会法中友好小组成员安德雷·德韦兹内一行。

26日

●云南省着力制度创新，以实行行政问责制和推行首问责任制、限时办结制、服务承诺制等"四项制度"为突破口，制定了《云南省人民政府关于省政府部门及州市行政负责人问责办法》和《云南省人民政府关于在全省行政机关推行服务承诺制、首问责任制和限时办结制的决定》，自2008年3月1日起实行。

●经省政府同意，从2008年1月起云南省全面提高失业保险金标准，符合领取失业保险金的失业人员，人均失业保险金增幅达35%。

27日

●全省政法工作会议在昆明举行。

28日

●省长秦光荣在墨江县调研、检查工作，强调要妥善安排好春节期间各族群众的生活，推进边疆民族贫困地区又好又快发展。

●云南机场集团有限责任公司召开工作会议。按照省政府的部署，云南航空强省建设将全面提速，已将11个机场建设项目列为2008年重点推进的20个重大建设项目之一。主要任务是：全面推进昆明新机场建设；加快腾冲驼峰机场建设进度，确保2009年春节前试航；大力推进昆明巫家坝、丽江、香格里拉、西双版纳、大理、芒市机场改扩建工程，确保年内大部分工程竣工；抓紧做好泸沽湖、红河、怒江3个机场选址、可研、立项、报批等前期工作。

●昆明市把滇池治理作为可持续发展的头等大事，实行最严格的管理措施，全力实施主城区和滇池环湖及29条入湖河道的截污收集处理3年达标工程，实行入湖河道"河长负责制"，分段监控、分段管理、分段考核、分段问责，确保2009年环湖公路、环湖截污、环湖生态全部建成，2010年实现滇池流域城市、乡镇政府所在地污水收集处置率达90%以上，滇池一级保护区范围内散居居民污水收集处置率达到70%以上。

●云南"科学大讲坛"在昆明开讲，物理学家、香港科技大学校长朱经武是首讲嘉宾。

29日

●昆明市首次通过昆明电视台一套综合频道、昆明电台综合频率FM100.8，向全市现场直播中共昆明市委九届四次全体（扩大）会议。

●昆明医学院第一附属医院呈贡新区医院开工奠基，这是省委、省政府确定的全省20个重点建设项目之一。医院选址在呈贡新城吴家营中心片区，总用地794亩，一期用地418亩，二期用地126亩，配套住宅用地250亩。

●副省长顾朝曦在昆明会见瑞安集团主席、拉法基瑞安水泥有限公司董事长罗康瑞，拉法基集团执行副总裁、水泥分支联合总裁米安达一行。

●全省档案工作暨表彰大会在昆明举行。

●由省公安厅与省电子政务网络中心共同建成的云南公安电子政务网（www.ynga.gov.cn）正式开通。

30日

●省长秦光荣在检查春运和煤电油运工作时强调，春运和煤电油运工作事关全省发展大局和人民群众生活，各级各部门要进一步增强责任意识，努力做好各项工作，切实保障全省煤电油运和春运工作。

31日

●国家旅游局局长邵琪伟一行到省旅游局调研，听取工作汇报，并对云南旅游发展提出了要求和建议。

●1月中旬以来，由于持续降温天气影响，滇东北、滇西、滇西北等地发生严重雪灾，给怒江、迪庆、昭通、丽江、大理等地区的群众生产、生活造成较大影响。据省民政厅统计，截至1月30日，全省共造成257万余人受灾、2人失踪，农作物受灾6.51万公顷，绝收1.22万公顷；民房倒塌2498间、损坏9.27万间；死亡大牲畜3.91头（只）；灾区交通、水利、电力、通讯等基础设施严重受损，灾害共造成直接经济损失4.5亿元，其中农业经济损失2.9亿余元。灾情发生后，省委、省政府高度重视，省委书记白恩培、省长秦光荣、省委副书记李纪恒、副省长曹建方等领导迅速作出批示和指示，要求全力以赴应对雪灾，迅速启动应急预案，各级领导干部要立即到第一线指挥群众抗寒抢险救灾。

2月

1日

●省委、省政府在昆明召开全省企业负责人新春座谈会。

●省委、省政府在昆明召开情况通报会，向

在昆中直、省直单位副厅级以上离退休老干部通报省十一届人大一次会议和省政协十届一次会议精神，以及全省经济社会发展情况。

●省政府在昆明召开雨雪冰冻灾害抗灾救灾专题会议，听取全省及怒江、昭通、迪庆等地雨雪冰冻灾害情况汇报，强调要切实把灾害损失降到最低程度，确保灾区群众正常生产生活秩序。

●全省审计工作会议在昆明召开。2008 年拟对 12～14 名省管领导干部的任期经济责任进行审计，同时对省城市建设投资公司、云南煤化工集团公司等开展审计。

●云南省异地商会座谈会在昆明举行。云南省湖南商会、上海商会、浙江商会、福建商会、江苏商会的会长作经验交流，全省 15 个异地商会负责人参加会议。

2 日

●《云南日报》报道：红云烟草集团 2008 年 1 月份产销卷烟近 40 万箱，实现税利 40 亿元，相当于过去 3 个月的税利总和，创当月实现税利的最好水平。

3 日

●省长秦光荣主持召开第十一届省政府第一次常务会议，审议《云南省人民政府工作规则（送审稿）》，研究省政府工作报告及 2008 年 20 项重点工作和 20 个重大项目任务分解落实工作等事项。

4 日

●经省政府批准，云南省工业投资控股集团有限责任公司在昆明成立。公司以云南省国有资产经营公司为基础，由省国资委联合云天化集团、昆钢集团、云铜集团、云南冶金集团、云锡集团等企业共同发起组建。为云南省工业领域资源优化配置和战略性调整的龙头企业，注册资本 46 亿元，资产 130 亿元。

●凌晨 6 时 22 分，沪昆铁路线宣威小鸡街站发生 1 列货运车溜逸安全事故，造成多节车厢脱线、撞毁 2 户民房，致 2 死 2 伤 2 人失踪。省长秦光荣立即率领副省长和段琪和省级有关部门负责人赶赴现场指导和组织救援工作，看望伤员慰问群众，要求进一步强化安全管理措施，确保全省春运安全。

●12 日

●元磨高速公路墨江县境内上行线 K289 + 600 米处发生特大交通事故，1 辆大货车侧翻后，致 13 辆车追尾相撞。事故造成 5 人死亡，26 人受伤，其中 8 人重伤。

13 日

●玉溪市红塔区大营街镇入选 2007 年国家园林城镇。

●武定县插甸乡至大响水电站公路 1 辆农用车违章载客 19 人翻下山沟，造成 8 人死亡，11 人受伤。

14 日

●全省 2007 年度党风廉政建设责任制工作考核动员会在昆明召开。

●昆明市召开经济社会发展软环境建设动员大会。

15 日

●省长秦光荣主持召开省政府第二次常务会议，研究部署云南抗灾救灾和灾后重建工作。

●省科教领导小组第一次会议强调，建设创新型云南是面向未来的重大战略。省长秦光荣主持会议并讲话。

16 日

●昆明市通过媒体向社会公布了从市委书记、市长到 5 区、1 市、8 县及市直各部门党政领导班子成员的联系电话，同时详细刊登了各领导的职务分工情况。

17 日

●省委、省政府召开全省下派新农村建设工作队总结表彰暨欢送新农村建设指导员视频会议，总结成绩，表彰先进，部署第二批新农村建设工作队及指导员工作。

●全省林业局长会议在昆明召开。

18 日

●省长秦光荣在普洱市调研时强调，努力加快社会主义新农村建设，推动边疆民族地区经济社会又好又快发展。

●全省财税工作会议在昆明召开。

●由省政府出台的《云南省事业单位岗位设置管理实施意见》从即日起施行。

19 日

●省政府在昆明召开莽人和克木人帮扶工作情况汇报会，向国务院联合调研组汇报云南贯彻落实胡锦涛总书记和温家宝总理重要指示精神，帮助解决莽人、克木人生产生活困难和发展问题等相关情况。

●全省交通工作会议在昆明召开。

●日本政府无偿援助 150.75 万元人民币的利民工程项目——“双江县大文乡清平完小建设工程”及“漾濞县瓦厂乡饮水工程”赠款合同签字仪式在昆明举行。

20 日

●全省国土资源管理工作会议在昆明召开。

20 日～21 日

●省政府邀请国际国内非政府民间环保组织、

专家学者、基层环保工作者代表和保山、大理、丽江、怒江、迪庆等5州（市）政府领导，在丽江召开滇西北生物多样性保护工作座谈会。

21日

●省政府在丽江召开滇西北抗灾救灾及灾后重建现场会，要求受灾地区发扬艰苦奋斗、连续作战的精神，努力实现大灾之年经济社会大发展。省长秦光荣出席会议并讲话。

●"魅力三江·七彩云南"滇西北生物多样性保护大型主题活动在丽江举行，参加活动的社会各界人士共同发表《滇西北生物多样性保护丽江宣言》。

●云南破获特大制售假发票案，票面共计103万余份、97个票种，票面金额达1.05余万亿元，其中，涉及地方税务票面可开金额1.04余万亿元，涉及国家税务票面可开金额85亿余元。这是2个家族印制销售的假发票，是新中国成立以来云南最大的非法制造假发票案件，在各级公安、税务部门密切协作下成功告破。5名主要犯罪嫌疑人全部落网，并移送司法机关依法起诉，22日罗平县法院开庭审理此案。

22日

●省政府召开全省农业抗灾减灾和春耕生产工作电视电话会议，要求各地全力打好农业抗灾减灾和春耕生产攻坚战，努力实现2008年农业、农村经济发展的目标和任务，夺取农业丰收。

●云南网络虚拟警察正式上岗，从22日起，群众遇到网络违法犯罪可点击虚拟警察或报警岗亭进行举报。网络警察负责处理网络违法犯罪问题，比如传播淫秽信息、利用互联网进行盗窃或诈骗、利用互联网赌博等等。

23日

●省委、省政府向国家支持云南省边境地区发展调研组汇报会在昆明举行，汇报云南"兴边富民工程"实施情况。云南边境地区情况特殊，党中央、国务院高度重视和深切关怀边疆少数民族群众的生产生活和民族地区的发展，胡锦涛总书记、温家宝总理先后专门对促进云南边境地区发展作出重要批示。

●全省宣传思想文化工作会议在昆明召开。

24日

●全省广播电视先进表彰暨局长工作会议在昆明召开。

25日

●省政府在昆明召开省政府部门及州市行政问责办法和全省行政机关推行服务承诺制、首问责任制、限时办结制实施工作电视电话会，提出要确保行政问责办法等层层落实。全省行政问责办法、服务承诺制、首问责任制、限时办结制3月1日正式施行。

●全省财政工作会议在昆明召开。

●全省卫生工作会议在昆明召开。

●全省文化建设工作会议在昆明召开。

●从即日起，云南省政府决定取消和调整229项行政审批项目，取消行政许可项目165项；取消非行政许可项目42项；调整17项行政许可项目；调整非行政许可审批项目5项。

26日

●临沧市公安局刑侦支队经过3个多月的连续奋战，破获了"10·28"贩毒案，缴获冰毒16.87公斤、制毒配料1000克、自制手枪1支，摧毁云南、武汉、重庆的贩毒网络2个，打掉贩毒团伙3个，抓获犯罪嫌疑人12名，查获运毒车4辆。该案的成功告破，开创了全国刑侦缉毒的3个第一：第一起公安部督办的刑侦部门毒品案件、第一起刑侦部门捣毁境外毒品加工厂的案件、第一起刑侦部门与缅甸掸邦第一特区禁毒委员会联合缉毒行动案件。

●全省安全生产工作会议在昆明召开

●全省有色地质局工作会议在昆明召开。

●省政府滇池补水—牛栏江引水方案现场调研会在曲靖召开。

●云南中国西部研究发展促进会第三届会员大会在昆明召开。

●新街至河口高速公路建成通车，成为云南对接东盟的首条高速公路。新街至河口高速公路是二（连浩特）河（口）国道主干线云南境内最后一段，路线起于河口新街，止于与越南老街隔河相望的边城——河口，全长56公里。

27日

●全省新闻出版工作会议在昆明召开。

●位于昆明大板桥的浑水塘油库、加油站拆迁工程正式启动，这是一个储量3.4万立方米的大型油库，是西南地区最大的拆迁油库工程。拆迁后，油库原址将成为昆明新机场的指挥塔所在地。

28日

●全省旅游工作会议在昆明召开。

●昆玉高速公路玉溪往昆明方向36公里处，1辆依维柯客车与1辆东风大货车相撞，造成3名乘客当场死亡，14人不同程度受伤。

29日

●全省公安监管工作会议在大理市召开。

●祥云至临沧公路二期工程——国道214线

祥云至澜沧江段建成通车，全长252.68公里的祥临路全线建成，昆明至临沧公路实现高等级化。

●在最高人民法院举行的表彰大会上，昆明市中级人民法院院长杨玉兰和呈贡县人民法院分别荣获“全国模范法官”、“全国模范法院”称号。

3月

3日

●全省建设工作会议在昆明召开。

●昆明市决定对不涉及国家安全和国家限制的投资领域，全部向社会资本放开。市政府公布了2008年基础设施项目投融资指南，欢迎各类投资主体采取BOT、BOO、BT和TOT等方式，参与昆明市城市供水、污水处理、道路交通、卫生、教育等33个公共基础设施和公益性社会项目的投资建设。

6日

●云南机场集团和东航云南分公司联合举办云南民航和谐发展论坛。

7日

●省统计局公布全省单位GDP能耗情况：2007年云南省单位GDP能耗1.64吨标准煤/万元，比上年下降3.98%，全省实现节能296.76万吨标准煤。

●“七彩云南·魅力昆明”澳大利亚—中国云南文化周在澳大利亚悉尼、墨尔本举办。

8日

●全国妇联在北京表彰优秀女性，云南省有26名妇女被授予“全国三八红旗手”荣誉称号、29个集体被授予“全国三八红旗集体”荣誉称号、19个家庭被授予“平安家庭”荣誉称号、张桂梅等3人被授予“全国百名优秀母亲”荣誉称号。

●云南省启动妇女维权周活动，继续推动社会各界为妇女办好事、做实事、解难事。2008年妇女维权周以“千万妇女学法律、家庭平安促和谐”为主题，以农村妇女和进城务工妇女为重点，大力宣传妇女权益保障法及劳动、就业、社会保障、婚姻家庭等方面的法律法规。

●《云南日报》报道：云南建工安装股份有限公司在上海梅山钢铁公司、江西新余钢铁公司等3座新型干式煤气柜的建筑安装工程中一举夺标，中标工程分别为30万立方米干式高炉煤气柜、15万立方米干式焦炉煤气柜、20万立方米干式高炉煤气柜工程，中标总金额9000多万元。

9日

●昆明市委书记仇和会见北大常务副校长林建华及北大环境科学与工程学院院长唐孝炎一行。为确保国家重大水利专项滇池项目的顺利开展，昆明市邀请了北京大学等国家级科研院所参与国家重大水利专项滇池项目研究工作。

●鲁甸县龙树乡塘房村发生一起山坡垮塌事故，导致5人死亡，2人受伤。

10日

●中国全国经济综合竞争力研究中心发布全国31个省级行政区的最新经济综合竞争力评价结果，根据该中心评价，2006年，云南排名第28位。云南经济综合竞争力处于全国下游区，排名仅高于甘肃、贵州、西藏。

●云南电力监管工作会议在昆明召开。

●我国第一条穿越国家级自然保护区热带雨林的生态高速公路思小高速（西双版纳段），被评定为国家AA级旅游景区。

11日

●省委办公厅和省政府办公厅联合印发的《云南省社区工作准入暂行规定》从即日起开始执行。

12日

●副省长刘平在楚雄州调研旅游产业。

12日~14日

●副省长孔垂柱在发生低温雨雪冰冻灾情较重的曲靖市调研，要求掀起灾后农业生产和春耕备耕高潮，努力把灾害造成的损失减少到最低程度。

13日

●云南省对列入国家千家重点耗能企业的25家企业开展2007年度节能目标责任进行考核。

14日

●全省移民工作会议在昆明召开。

●20时40分，昭通市威信县三桃乡菜坝村水洞坪煤矿发生一起煤气瓦斯突出事故，造成14人死亡、4人受伤。事故发生后，白恩培、秦光荣等省领导作出重要批示，要求全力抢救伤员，做好死者家属工作，维护社会稳定。

●以“多彩的缅甸民族文化”为主题的首届澜沧江—湄公河次区域民族学人类学国际学术研讨会暨“缅甸文化展”在昆明开幕。

●省纪委书记李汉柏在昆明会见以蒙古人民革命党书记策·苏赫巴特尔为团长的蒙古人民革命党干部考察团一行。

●国家广电总局批准“东方影城”落户昆明，选址于云南“旅游改革发展综合实验区”试点之一的世博新区内。项目由陈凯歌、陈红与云南世博集团有限公司共同发起建设，陈凯歌担纲总策划人，陈红出任形象代言人。

●云南电网公司2008年度计划基建工作会议在昆明召开，云南电网2008年确保实现53个项目的按期投产和80个新项目顺利开工。

15日

●云南省组织大规模的宣传咨询活动。全省已建成以计算机网络系统为技术支撑的12315行政执法监管平台，实现了从国家工商总局到工商所的五级信息化网络。

●省食品药品监督管理局在昆明销毁48吨的假劣、过期失效药品，价值高达593万元。

16日

●省委、省政府召开昆明新机场建设协调会，提出进一步加强领导，统一思想，落实责任，千方百计加快昆明新机场建设，推动云南经济社会又好又快发展。

18日

●国家发改委公布《可再生能源发展“十一五”规划》。《规划》明确提出，到2010年，云南水电装机容量将达到1700万千瓦，金沙江的向家坝、白鹤滩、观音岩、鲁地拉、龙盘、梨园、阿海，澜沧江的景洪、糯扎渡、功果桥，怒江的六库、赛格等大型和特大型水电站被列入“十一五”重点项目。

●国家大型煤炭基地建设项目——小龙潭矿务局第五期扩建工程正式开工。该工程总投资15亿多元，将现有的设计年生产能力670万吨扩大到1490万吨，新增设计年生产能力达820万吨。

●第二十四届（2007年度）云南新闻奖的评选揭晓，共有165件新闻作品获奖，获特别奖作品7件，一等奖20件，二等奖40件，三等奖75件，专项奖23件。其中9件作品被推荐参加第十八届中国新闻奖的评选。

●云南冶金集团获商务部和外汇管理局批准以1800万美元收购加拿大爱维尼亚公司10%股权，从而获得该公司澳洲矿山铅精矿12年采购权，该项目是云南省境外投资首次突破以跨国并购方式获取权益矿。

●中国热带农业科学院、云南省农业科学院在昆明签订科技合作框架协议，双方共建西南热带农业研究中心，构建热带作物科技创新平台。

●国内第一家提供大批量高纯度活性天然产物的企业——云南西力生物技术有限公司在昆明开业。公司由中国科学院昆明植物研究所依托该所技术优势和全球学术研究网络，结合民间资本共同组建而成。

19日

●全省首届新农村文艺汇演正式启动。活动由省委宣传部、省文化厅、省农业厅、省广电局共同主办，省文化馆等承办。

●云南省法律援助工作管理局正式挂牌成立。这是我国成立的第一家法律援助管理局。

20日

●全省启动机关、事业单位编外人员使用情况清理工作，而属再就业扶持政策安置的公益性岗位不在此清理范围内。

●云南铝业股份有限公司年产12万吨铝深加工项目开工建设。项目主要由8万吨中高强度、宽幅铝合金板带工艺创新与产品开发项目和年产4万吨耐热、高强度铝合金圆杆项目2个子项目组成，项目预计总投资12亿元，建成后可实现年销售收入30亿元。

●省政府召开全省戒严期森林防火工作电视电话会议。2008年以来，全省发生森林火情火灾36起，受害森林面积56.8公顷，与上年同期相比，火灾发生率下降85%，受害面积下降94%，当日扑灭率达到98%。

21日

●昆曼国际大通道中国路段全线贯通仪式在昆明举行。这是云南省在国际大通道建设上的一个里程碑，也是亚洲公路网建设中一件引人瞩目的大事。马来西亚驻昆明总领事馆总领事阿约夫、缅甸驻昆明总领事馆总领事吴苗丁、柬埔寨驻昆明总领事馆总领事占维拉、越南驻昆明总领事馆总领事阮洪海、泰国驻昆明总领事馆副总领事蒙塔等出席仪式。昆曼大通道起自云南昆明，经玉溪、普洱、景洪到达中（国）老（挝）边境的磨憨口岸，出境后经老挝会晒，直达泰国首都曼谷，全长1807公里。其中，中国境内688公里、老挝境内229公里、泰国境内约890公里。从昆明前往中老边境磨憨仅需10小时左右，从昆明前往曼谷的行程也将从40多个小时缩短到约20个小时。

●省政府召开专题会议，就如何切实解决当前茶叶面临的新情况、新问题，进行认真分析研究。要求各相关部门和茶区采取有效措施，推进全省茶叶产业持续健康发展。

●20时36分，盈江县境内发生5.0级地震，15个乡镇56个村委会3474户1.59万人受灾。灾情发生后，省委、省政府高度重视，省长秦光荣、常务副省长罗正富、副省长曹建方先后作出批示，要求当地政府和省有关部门进一步核实灾情，做好监测预报工作，帮助指导抗震救灾工作。

22 日

●昆曲高速公路36公里+400米处，1辆客车撞倒护栏后侧翻，并继续滑向距路面近10米落差的斜坡，造成5人死亡、20多人受伤。

●第六届中国杜鹃花展在昆明黑龙潭公园开展。

23 日

●《丽江老君山国家公园总体规划》通过评审，总体规划实施期限为2008年~2020年。

●临沧市凤庆县三岔河镇1辆农用拖拉机在雅琅河至雪山线K1+950米处翻下12米的深沟，造成13人死亡，其中8人为学生，4人重伤。

24 日

●全省组织工作会议在昆明召开。

●10时52分，在安楚高速公路楚雄程家坝收费站昆明方向2公里加油站处3车相撞燃起大火，危及加油站，消防人员经过3个多小时的奋战，凌晨2时险情排除，中断2个小时的安楚高速公路恢复通车。

25 日

●省政府召开廉政工作电视电话会议，重申要严防假借领导同志名义进行招摇撞骗活动。

●丽江市永胜县涛源乡西安村1辆乘坐有26人的轻型载货汽车发生交通事故，导致4人当场死亡，22人受伤。

26 日

●省政府召开行政问责办法等四项制度实施情况汇报会。省长秦光荣在汇报会上强调，要把“四项制度”的贯彻落实作为推进2008年全省各级政府自身建设的重要工作，对落实不到位、执行不力或严重违反制度的事件要公开曝光，严肃查处，确保“四项制度”真正发挥应有作用。

●云南重大考古发现，商周文明惊现剑川县海门口，遗址距离剑川县城8公里。考古出土的16件铜器为研究云南金属史以及金属的使用、制作提供了详实的实物资料。出土的炭化稻、粟、麦等农作物，为研究云南农耕文化以及云南与北方黄河流域的文化交流提供了可靠的佐证。

●省人大常委会副主任江巴吉才在昆明会见了来访的美国国会众议院“美中工作小组”议员助手代表团一行。

●省总工会下拨救灾专款130万元，用于帮助在年初自然灾害中遭受重创的7个州（市）的7355户职工恢复重建倒损民房。

●云南电网公司召开抗险救灾抢修复电总结表彰大会，对电网系统在抗险救灾抢修中表现突出的98个先进集体、878名先进个人进行表彰奖励。

●云南省高级人民法院对以我国台湾大毒枭钟万亿为首的特大国际贩毒集团进行公开开庭审理。结合相关证据，最终认定钟万亿的行为已构成走私、贩卖、运输毒品罪，“一审判决认定事实清楚、证据确实充分，钟万亿的上诉理由不成立”，据此作出了“驳回上诉，维持原判”的终审判决。

●我国规模最大的高等级生物安全灵长类动物实验中心——“国家昆明高等级生物安全灵长类动物实验中心”在昆明奠基开建。该中心总投资近2亿元，代表了我国高等级生物安全实验室的最高水平，建成后将成为我国重大及新发传染性疾病的发现、控制、预防研究的重要基础平台，为各种传染性病原体的相关研究提供安全的环境。

27 日

●昆明市最大的民心工程、幸福工程——城中村7个片区改造工程正式启动，其中官渡区3个、五华区1个、盘龙区1个、西山区1个、呈贡县1个。

27 日 ~28 日

●省委、省政府在会泽召开全省扶贫开发现场会暨社会扶贫表彰会议，提出要认清形势，完善举措，创新机制，努力开创新阶段扶贫开发工作新局面。

28 日

●省第十一届人民代表大会常务委员会第二次会议在昆明召开。

●为期2天的“2008（昆明）中国民族文化产业发展国际高峰论坛”在昆明落幕。论坛通过了《中国民族文化产业发展·昆明宣言》。

29 日

●云南与广西在昆明举行深化合作座谈会，并签署关于加强滇桂深化合作会议纪要。省长秦光荣，广西壮族自治区主席马飚出席会议并讲话。副省长和段琪在会上介绍了云南省情及滇桂合作情况，广西壮族自治区副主席陈武介绍了《广西北部湾经济区发展规划》及两省区经济合作建议。

●省政府西双版纳机场改扩建现场办公会在景洪市召开。确定将西双版纳机场改扩建工程建设目标年由2015年调整至2020年，飞行等级达到4D，机位数达到15个以上。工程总投资8.8亿元，规划2010年底前全面竣工投入使用。通过改扩建，使西双版纳机场成为省内重要干线机场之一。

●云南省首届“云南十大女杰”评选表彰揭晓：何黎、李美瑛、陈晋、王秀珍、包德英、尼玛拉木、张桂梅、尹亚菊、王春、邬小凤当选。

●省教育厅与国家留学基金管理委员会合作，计划以云南省西部地区人才培养特别项目资助方式在全省范围内选拔100名各类公派出国留学人员。

30日

●大湄公河次区域经济合作第三次领导人会议在老挝首都万象召开。会议对升华GMS各成员国的经济合作意义重大。近年来，在国家的大力支持下，云南与GMS各成员国的交流合作取得了长足进步。

●由中国老龄事业发展基金会、昆明高深集团有限公司共同发起建立的“孝心关爱基金”在北京人民大会堂正式启动，昆明高深集团捐赠了1000万元。启动仪式上所得善款将用于在云南建立养老院以及在北京和云南建立2个养老护理员培训中心。

31日

●昆曼公路老挝段贯通，出席大湄公河次区域领导人会议的中、老、泰3国总理和亚行行长出席了通车仪式。此前，昆曼公路中国段和泰国段均全线建成高等级公路。待连接老挝会晒与泰国清孔的湄公河大桥建成后，全长1807公里的昆曼公路将真正全线贯通。昆曼公路老挝段全长229公里，连接中国磨憨口岸与老挝会晒，项目的总投资达9700万美元。

●东航云南分公司18个航班中途集体非正常返航，影响后续航班安排，造成千余名旅客滞留机场。中国民用航空局得知东航云南分公司航班不正常造成旅客滞留机场的情况后，高度重视，局领导亲自部署，并责成民航西南管理局具体协调处理，要求相关单位采取有力措施，确保航空公司正常运营。

3月31日~4月1日

●国务院总理温家宝在省委书记白恩培、省长秦光荣等陪同下，到德宏州考察。

4月

1日

●云南各级行政机关将四月定为“公开承诺月”。从4月1日开始，直接面向人民群众的所有“窗口”业务和“窗口”单位，必须把机关职能、服务内容、办事程序、办事要求、办理时限等通过媒体向社会和公众公开承诺，接受群众监督并承担违诺责任。

●从4月1日起，云南省高级人民法院裁判文书上网工作全面实施。

●2008年“劳动者风采”宣传月活动从4月1日开始，为期2个月。全省12家省级新闻媒体将同时宣传一批劳动模范、先进人物和优秀技术技能人才的先进事迹

●从4月1日起，东航云南分公司每周增加3班云南昆明至老挝万象的航班。

●云南省首家助老服务呼叫中心在盘龙区正式启动。这是一个服务老年人的项目，已经安装了200部电话，投资近40万元。

2日

省长秦光荣主持召开省政府第三次常务会议，研究加强农业基础建设进一步促进农业发展农民增收等工作，审议《云南省政府投资建设项目审计办法（草案）》等。

●对于3月31日中国东方航空云南分公司发生大面积航班延误事件，省委、省政府予以高度关注。省委书记白恩培、省长秦光荣多方了解情况，希望东航云南分公司能够尽快妥善处置，确保航空安全，确保旅客安全，促进云南经济社会又好又快发展。要求云南机场集团公司配合做好滞留旅客的疏导安排。

●全省固定资产投资暨物价工作会议在昆明召开。会议提出要采取有力措施确保投资增长、物价稳定。

●省政府召开全省道路交通安全工作电视电话会议，要求各地各部门有效预防和减少道路交通事故的发生。

●省委副书记李纪恒在昆明会见瑞士外交部发展与合作司司长瓦尔特·福斯特一行。

●副省长顾朝曦在昆明会见联合国开发计划署驻华代表马和励一行。

●省政协在昆明召开新闻宣传工作会议。

●昆明市五华区法院对云南省最大地下烟厂制假案作出一审判决，以非法经营罪判处地下烟厂老板有期徒刑13年，并处罚金100万元。地下烟草加工厂集加工、运输、销售为一体，分工明确，组织严密，最多的时候有100多名工人。2个月加工销售烟叶、烟片、烟丝1196.7吨，价值2090.5万余元。

4日

●在英国康沃尔法尔茂斯举行的世界茶花大会理事会议上，经过激烈的角逐和竞争，大理州赢得2016年世界茶花大会的举办权。

5日

●省劳动和社会保障厅开始《云南省农民工

服务手册》发放工作。《手册》是云南省农民工外出就业或就地转移就业享受国家和省有关优惠、扶持政策的主要凭证。

●傣历1370年新年泼水节庆祝活动在昆明官渡古镇拉开序幕。

7日

●云南省奥运火炬手人选确定，将有624名火炬手参加云南省内为期3天的传递活动。

8日

●西双版纳州公安局在勐腊召开新闻发布会，通报中老两国警方摧毁了一条国际贩毒大通道，缴获毒品6497克，毒资23万余元。

9日

●“云南·香港深化服务贸易合作洽谈会”在香港会展中心举行。由省长秦光荣和副省长顾朝曦率团前往，有政府代表团、经贸代表团和文化旅游代表团共500余人。会上共同启动“七彩云南香港行”活动。签约仪式上签署了深化合作的3个文件；达成合作协议45个；签订投资项目23个，总投资额超过了800亿港元。滇港双方政府签署《云南·香港深化服务贸易合作备忘录》。

●中国云南交通代表团和越南老街省交通联合代表团举行年度例行会，双方新开通昆明至莱州、昆明至宣光和文山至河江3条国际道路客货运输线路。

●省委宣传部部长张田欣在北京看望参加第十三届CCTV青年歌手大赛的云南代表队全体人员。云南队在本届大赛团体赛中从全国45个参赛队脱颖而出，在全国省区市代表队中名列第二，取得了团体总分第五、荣获铜奖的好成绩，美声、民族、流行、原生态组别的全部选手都进入了个人单项决赛。选手王红星为云南队摘取了第十三届青歌赛的第一枚金牌。

10日

●省政府在香港举行云南中小企业投融资推介会，向香港工商界介绍云南中小企业、非公经济发展情况，为云南中小企业寻求合作伙伴，促进滇港企业在投融资领域的交流与合作。

●省长秦光荣在香港会见华润集团董事长陈新华、总经理宋林等负责人。

●国务院参事室副主任蒋明麟率领的国务院参事考察团一行到滇考察。

●副省长孔垂柱对全省森林防火工作进行全面部署。4月6日~10日，全省发现卫星热点280个，发生森林火灾33起，其中易门县、香格里拉县森林火灾还在持续。

●省气象局消息：3月中旬以来，全省持续出现高温少雨天气，导致旱情严重，60%以上地区有中度以上旱情，昆明、红河、玉溪、楚雄、大理等地区已成为特、重旱区。

●云南电网消息：受煤炭产能减少和煤价上涨等因素影响，火电日发电量较2007年同期减少20%；由于3至4月份是枯水季节，云南电网日缺电量达到5000万千瓦时，全省将大面积拉闸限电。

11日

●云南省政府和深圳市政府在深圳举行“云南（昆明）深圳工业园合作框架协议”暨项目签约仪式，省长秦光荣、深圳市委书记刘玉浦出席，签约21个投资项目，总投资300多亿元。工业园规划占地面积52平方公里，由昆明信息产业园、黄土坡装备制造产业园、王家营现代物流产业园和清水生物科技产业园共4个园区组成。

●副省长李江在昆明会见中国联合国协会会长陈健率领的扶贫考察团一行。

●2007年度云南省劳动关系和谐企业工业园区命名表彰大会在昆明举行。

12日

●省长秦光荣在深圳考察文化旅游和电子信息产业时强调，要进一步加强云南与深圳在文化旅游、服务贸易和高新技术产业等方面的合作，促进云南产业结构优化升级，实现滇深双方互利共赢。

●全省住房保障工作会议在昆明召开。

●潞西市在芒市广场举行第九届“勐巴娜西风情节”暨泼水节开幕式。

13日

●“2008中国国内旅游交易会”在河南省郑州闭幕，云南代表团在此次交易会上获得“最佳组织奖”和“最佳展台奖”2项大奖。

14日

●云南省铁路建设领导小组召开第五次全体会议，提出要千方百计完成2008年铁路建设的各项目标任务。常务副省长罗正富出席会议并讲话。

●昆明市深化事业单位人事制度改革实施方案出台，涉及用人制度、收入分配制度、社会保险制度等方面内容。

●民族文化大游演在西双版纳州府景洪市举行，4500人欢庆泼水狂欢节。

15日

●省政府召开滇池环湖截污工程现场办公会。

●楚雄州喜庆50华诞，全国政协副主席阿不来提·阿不都热西提出席庆典活动。

16日

●省科协第七次代表大会在昆明召开，省委书记白恩培、中国科协常务副主席邓楠出席大会。

●中国民用航空局就东方航空公司云南分公司3月31日和4月1日航班返航事件做出调查结论，同时对东航做出处罚决定。

●针对目前越南北部发生的霍乱疫情，云南检验检疫部门严密关注疫情动向，采取紧急措施，以防止越南霍乱疫情传入我国，并确保我国前往越南的人员健康安全。

17日

●省政府召开一季度工业经济运行分析会，分析一季度工业经济运行特点及存在的困难，对下阶段工作尤其是二季度全省工业经济发展作出了安排。

●在滇“两院”院士及专家到保山市隆阳区、腾冲县进行调研。

17日~18日

●省长秦光荣到云南大学、云南师范大学、昆明理工大学进行高等教育改革与发展专题调研。

18日

●省政府在昆明召开金沙江澜沧江在建项目、2008年拟开工项目协调推进会。

●云南省领导干部时代前沿知识讲座第十六讲在昆明举行。教育部部长周济应邀作“坚持教育优先发展，建设人力资源强国”专题讲座。

●省委副书记李纪恒在昆明会见老挝人民革命青年团中央委员会书记坎潘·斯蒂当帕率领的老挝人民革命青年团代表团一行。

●第五届世界云南同乡联谊大会在曲靖市举行。来自20个国家和地区的近300位云南同乡和海外特邀嘉宾互叙乡情，共谋发展。香港侨界社团联会通过中联办向曲靖雪灾捐赠了80万元港币。

●位于禄丰县的“世界恐龙谷”旅游景区开园迎客。景区由“恐龙遗址科考观光区”和“侏罗纪世界旅游区”组成，规划面积4平方公里，汇集了60具恐龙骨骼化石。

18日~19日

●省政府在丽江召开丽江机场改扩建暨泸沽湖机场建设前期工作现场办公会。

19日

●省委、省政府在陆良召开全省春耕生产工作现场会。

●由云南省珠宝协会、云南省观赏石协会、云南省石材商会发起的云南省石产业促进会在昆明成立。

20日

●云南省集中销毁非法出版物，21车侵权盗版及非法出版物分为音像制品和图书，分别送塑料厂和造纸厂进行销毁。

22日

●中国烟草公司在楚雄州召开全国烟草砂培漂浮育苗技术观摩会，来自全国烟草产区的100多名技术人员和专家参加了观摩会。

23日

●省政府信息公开工作会议在昆明召开，安排部署《中华人民共和国政府信息公开条例》在云南的实施工作，正式开通全省政府信息公开门户网站。

●来自泰国的25家高校首次来云南招生，在昆明设置展台推荐泰国高校。

24日

●省政府在昆明召开第一批省级行政机关向社会进行公开服务承诺新闻发布会，通报省级行政机关向社会实施服务承诺的有关情况。

25日

●省政府打击走私综合治理领导小组工作会议在昆明召开。

●瑞典布莱金厄省驻昆明投资贸易促进办事处在昆明高新技术产业开发区成立。

●云南省民营医院协会在昆明成立。

25日~26日

●省委、省政府召开牛栏江—滇池补水工程现场调研会，进一步研究论证滇池补水工程方案。

26日

●我国首个“全国疟疾日”宣传活动启动仪式在德宏州瑞丽市举行。与此同时，在全省范围内开展为期1个月的宣传活动。

27日

●省政府与中国农业银行在昆明举行工作座谈会，并签署《服务“三农”、促进县域经济发展战略合作协议》。省长秦光荣、中国农业银行行长项俊波出席座谈会暨签字仪式。

●云南省首条采用引资合作方式建设的富宁—广南—砚山高速公路建成通车。云南有了第一条全线高等级化的出海大通道。

●昆明市召开“四创两争”工作推进暨“创卫”攻坚动员会。

28日

●省长秦光荣主持召开省政府第四次常务会议，听取举办第16届昆交会、GMS经济走廊论坛、第三届中国—南亚商务论坛、第六届东盟华商投资西南项目推介会暨亚太华商论坛，参加第五届泛珠三角区域合作与发展论坛暨经贸洽谈会的组织筹备情况汇报，讨论《云南省农民工权益保障办法（草案）》等。

●省委、省政府在昆明召开云南省第十九届劳动模范和先进工作者表彰大会，表彰全省各条战线的劳动模范和先进工作者，为荣获全国“五一劳动奖状”单位、“五一劳动奖章”个人、全国“工人先锋号”集体颁奖。

●云南代表团圆满完成第十三届CCTV青年歌手电视大奖赛的各项比赛载誉回到昆明，在全国45个代表队取得了团体铜奖。王红星获得了美声唱法金奖；“香格里拉”和“纳西姐妹”组合分别获得流行唱法和原生态唱法银奖；阿鹏、左脚调组合同时获得原生态唱法优秀奖，最终取得“一金、二银、一铜、二个优秀奖”的优异成绩，居全国地方代表队第一位。

●云南省湖南商会成立1周年庆典暨昆明市招商引资推介会在昆明举行。庆典仪式上，商会向湖南受灾地区及云南贫困地区捐赠善款140万元，与昆明市签署了20.5亿元的投资意向合同。

●省政府召开汇报会，向国务院安全生产百日督查专项行动督查组汇报全省安全生产情况。

29日

●省政府召开电视电话会，全面动员和部署云南省村级公益事业一事一议财政奖补试点工作。

30日

●省政府在昆明召开2007年度净言奖总结表彰大会。

●省政府召开加快资本市场发展专题座谈会。

5月

1日

●“2008中国昆明国际文化旅游节”在昆明开幕。

2日

●“2008中国佤族摸你黑狂欢节”在沧源开幕，10多万人参与活动。

4日

●省政府召开专题协调会，重点研究解决煤电油运、“米袋子”和“菜篮子”行政首长问责制、物价监管及资金调拨等问题。

5日

●省委书记白恩培在昆明会见了新任越南驻昆明总领事阮洪海。

●云南省文学艺术界联合会第六次代表大会在昆明召开。

6日

●省长秦光荣到云南农业大学、云南财经大学、昆明医学院、云南民族大学作高等教育改革与发展专题调研。

●全省信用担保体系建设暨中小企业融资推介工作会议在昆明召开。

7日

●全省检察机关开展深入查办危害能源资源和生态环境渎职犯罪专项工作会在昆明举行。

●全省纠风工作电视电话会议在昆明召开。

8日

●由中国大唐集团公司控股的云南东南亚经济技术投资实业有限公司投资3.69亿美元建设的斯登沃代水电项目在柬埔寨的菩萨省开工，该工程由斯登沃代水电站和金边—菩萨—马德望输变电线路项目组成，是目前中柬两国合作的最大投资项目，也是云南省企业境外投资已开工的最大项目。

●云南省残疾人联合会第五次代表大会在昆明开幕。

●中央组织部副部长李智勇率领调研组到云南进行调研。

●省政协主席王学仁率省政协有关部门负责人赴临沧市开展调研。

●昆明—成都—康定航线验飞成功。

9日

●全国第一家省级地质调查局——云南省地质调查局成立。

10日

●常务副省长罗正富到永善县就溪洛渡水电站建设和移民安置工作进行调研。

●云南省杂文学会在昆明召开学术研讨暨换届会议。

11日

●省长秦光荣、副省长孔垂柱慰问水富—麻柳湾高速公路建设者和视察豆沙古镇恢复重建情况。

●艾思奇哲学思想与马克思主义中国化最新理论成果研讨会在腾冲闭幕。

●以老挝人民革命青年团少年部代部长坎卡·布达拉为团长的老挝青年代表团一行到昆明进行访问。

●由中国民族摄影出版社出版的《云南人物100》专辑在昆明发行。

●祥云县祥城镇发生一起放火案，造成7人

死亡，5人受伤。

12日

●省委、省政府向发生地震的四川省发出慰问电。要求全省各地认真扎实做好应急工作，确保人民群众的生命财产安全，积极配合四川灾区搞好抗震救灾工作。

●省政府在昭通召开全省农村民居地震安全工程建设现场会议。

●全省安全生产电视电话会议在昆明召开。

13日

●省政府召开专题会议，分析研判地震形势、部署云南省抗震救灾和支援四川地震灾区有关工作。

14日

●省政府召开推进农业、旅游及社会事业等重大项目办公会议，集中研究2008年计划开工的21个重大项目。

●云南黄金公司普洱市镇沅金矿一个斜井发生生产安全事故，造成4人死亡、1人受伤。

15日

●印度阿萨姆邦代表团一行前来云南访问考察。

16日

●省政府召开推进工业、能源重大建设项目办公会议，集中研究、逐一落实33个工业、能源重大建设项目。

17日

●云南省60名建设专家赴四川投入抗震救灾工作。

17日~19日

●副省长曹建方代表省委、省政府到昭通检查指导抗震救灾工作，提出要力争8月底前让受灾群众搬进新居。

18日

●从2008年5月18日世界博物馆日开始，云南省博物馆永久性免费开放。

19日

●14时28分，随着防空警报的响起，无数车辆发出了笛鸣，笛声响彻云岭大地，云南各族人民与全国人民一起肃立默哀，沉痛哀悼汶川大地震中遇难同胞。

20日

●省计量院组织开展“5·20世界计量日”现场免费检测活动。

21日

●省发改委、省委宣传部和省文明办联合举办2007年度“价格诚信单位”授牌仪式，54家单位被授予“价格诚信单位”荣誉称号。

●省环保局公布2007年云南省各城市“城考”排名。地级市排名：昆明市、曲靖市、保山市、玉溪市、普洱市、昭通市、丽江市、临沧市；县级市排名：安宁市、个旧市、景洪市、大理市、潞西市、楚雄市、瑞丽市、开远市、宣威市。

22日

●省政府在江川召开九大高原湖泊水污染综合防治工作会议。

●全长23.45公里的星云湖—抚仙湖出流改道工程全线贯通。

●省人大常委会常务副主任晏友琼率调研组到玉溪市进行专题调研。

●云南省采取多种形式开展纪念“5·22”国际生物多样性日宣传活动。

23日

●省委、省政府召开推进农垦改革发展汇报会，提出加快推动云南农垦“二次创业”步伐。

●省长秦光荣主持召开省政府第五次常务会议，讨论研究开展村级公益事业建设一事一议财政奖补试点和做好城镇污水生活垃圾处理设施规划建设等工作，重点研究了加强云南防震减灾能力建设有关问题，决定采取10项重大措施，全面增强云南预防和处置地震灾害能力。

25日

●云南蓝天艾滋病防治中心正式成立。

26日

●由全国人大常委会副委员长周铁农带领的调研组在昆明就“水资源司法保护”与有关部门领导、专家和学者进行座谈。

●中国矿业联合会天然矿泉水专业委员会2008年年会暨“健康饮水论坛”在昆明举行。

27日

●省委、省政府召开动员大会，全面启动云南省新三年“兴边富民工程”行动。

●省政府召开第三次昆明新机场建设办公会，全面推进新机场建设各项工程进度。

●云南省首家村镇银行——玉溪市红塔区兴和村镇银行正式诞生。

28日

●截至28日，全省共接收社会各界支援四川灾区捐款及捐物价值总额6.16亿元，其中捐款5.68亿元。

29日

●从29日起，云南在省级财政预算单位全面推行公务卡结算制度，按照先省市、后县区，先试点、后扩大，条件成熟后全面推开的步骤，力争到2010年底，省市两级全面实行公务卡结算制度。

●省政府与中国人民大学在昆明签订省校合作协议。

●团省委在昆明举行第五届“云南省十佳少先队员”颁奖仪式。

30日

●省长秦光荣在大理州检查调研阳光政府“四项制度”实施情况。

●省委组织部等有关部门在昆明召开全省选聘高校毕业生到村任职工作会议，2008年选聘2000名高校毕业生到村任职工作启动。

●泸西县旧城镇耀进煤矿井下发生安全事故，5人遇难。

6月

1日

●《云南省农作物种子条例》正式实施。

●从6月1日起，云南省高院开始推行院庭长判后释疑制度，这是继院长预约接访制度后制定的多项制度之一，保障与当事人沟通。

●从6月1日起，云南省旅游局在国内率先推出《云南旅游护照》，并承诺持该护照来滇93个景区旅游的游客可享受门票至少8折优惠、集景区纪念戳有大奖等多重吸引游客的激励政策。

2日

●全省铁路建设（滇西片区）现场办公会在保山市召开。

3日

●云电送粤第四条高速通道——500千伏砚崇甲线建成投运。

●亚洲旅游论坛永久性会址暨国际旅游主题商务休闲区在香格里拉奠基建设。该项目规划建设总投资2.37亿元，2010年底完工。

●昆明铁路公安局历经93天，成功摧毁一个制、贩、运一条龙的特大跨国贩毒集团，抓获犯罪嫌疑人30名，缴获冰毒24.92公斤。

4日

●省政府对2008年以来的10起违反国家环境保护法律、法规和产业政策的企业、建设项目进行公开曝光。

5日

●第六届东盟华商投资西南项目推介会暨亚太华商论坛在昆明拉开帷幕。

●“第三届中国—南亚商务论坛”在昆明举行。

●省政府在昆明召开全省继续深化行政审批制度改革和行政事业性收费清理工作动员大会。

●商务部部长陈德铭、省长秦光荣在昆明会见了前来出席第16届中国昆明进出口商品交易会及首届GMS经济走廊论坛的外国政要和GMS经济走廊沿线的地方省市长。

●省长秦光荣在昆明会见应邀前来出席第16届中国昆明进出口商品交易会及首届GMS经济走廊论坛的越南计划投资部副部长高曰升一行。

6日

●第16届中国昆明进出口商品交易会隆重开幕。本届昆交会由商务部参与主办，云南省政府及西南6省（区）、市共同主办，云南省商务厅承办，国内外有关各方参与协办。

●GMS经济走廊论坛的核心部分——省长论坛圆桌会在昆明国际会展中心举行。省长秦光荣代表云南方就加快项目合作提出6点建议。

●省委书记白恩培在昆明会见了菲律宾众议长普洛斯彼罗·诺格拉礼斯一行。

●省委书记白恩培在昆明会见了“东方影城”项目发起人、著名电影导演陈凯歌和制片人陈红。

●省政协主席王学仁在昆明会见前来参加第六届东盟华商投资西南项目推介会暨亚太华商论坛的泰国中华总商会主席吴宏丰等泰老缅华商。

●省国资委与海航集团战略合作协议签字仪式在昆明举行，正式启动筹建云南航空股份有限公司。

●截至6日，云南省87万多名党员交纳抗震救灾“特殊党费”1.89亿元。

7日

●由印度驻广州总领事馆、省贸促会、印度工业联合会共同主办的“中国云南—印度贸易投资合作推介会”在昆明召开。

●中国（云南）—澳大利亚劳务合作专题会在昆明举行，这是云南省首次举行的外派劳务专题会。

●中国侨商会常务副会长、世纪金源董事局主席黄如论再次向云南捐赠1.82亿元支持教育、济贫助老等公益事业和新农村建设。

●省长秦光荣在昆明会见前来参加第16届中国昆明进出口商品交易会及首届GMS经济走廊论坛的缅甸商务部部长丁乃登一行。

●国家开发银行与云南省、昆明市两级政府在昆明签订了滇池污染治理项目合作协议。确定昆明滇池投资有限责任公司为滇池污染治理项目借款人，负责滇池污染治理项目的实施、资金筹集、资本运作、还贷账户管理以及筹资参股建设项目等。

8 日

●省委书记白恩培在昆明会见前来参加第16届中国昆明进出口商品交易会及首届GMS经济走廊论坛的老挝常务副总理宋沙瓦·凌沙瓦一行。

●中央宣传部副部长欧阳坚率调研组到云南进行调研。

●全省高考顺利结束，高考报名人数22.05万人，比2007年增加2万多人。

9 日

●奥运圣火在昆明传递。

●宾川县鲁地拉水电站工地遇泥石流灾害，造成8人遇难，1人失踪。

10 日

●奥运圣火在丽江传递。

11 日

●奥运圣火在香格里拉传递。

●由省政府研究室和美国大自然保护协会中国部联合主办的云南省国家公园建设研讨会在昆明召开。

●云南省卡拉OK版权交易工作会议在昆明召开，云南全面开收KTV版权费，每个终端每天收费4元。

●云南省确定老旧汽车报废更新补贴资金的车辆补贴范围及补贴标准，4类报废汽车可拿到补贴，农村客运汽车也被纳入补贴范围。

●“云南省艾滋病病毒感染者/艾滋病病人综合管理项目”正式启动。作为9个试点之一，五华区探索以社区医疗机构为防治主体的综合管理模式，落实国家“四免一关怀政策”，减少二代传播。

11 日~12 日

●全省深化集体林权制度改革现场汇报会在楚雄召开。

12 日

●由联合国粮农组织和国家农业部组织实施的“中国农业生物多样性创新及系统管理的模型开发和能力建设项目”云南项目启动。

●省监察厅举行全省实施行政问责办法等四项制度情况介绍会，自3月1日~5月22日，全省共问责干部224人，其中涉及厅级干部13人（正厅级4人、副厅级9人）。

●省妇联在楚雄召开“建设新农村·美化新家园·村容整洁大行动”现场推进会。

●全省首批退役士兵教育培训定点学校与省政府复员退伍军人安置办公室签订教育培训承办协议，秋天开始招收退役士兵。愿意接受1年以上职业技能培训和学历教育的退役士兵，即日起可到安置地民政部门报名。

●昆明市安宁齐天化肥有限公司在脱砷精制磷酸试生产过程中发生硫化氢中毒事故，造成6人死亡、29人中毒。

13 日

●省政府红河机场建设现场办公会议在蒙自召开，初步选定蒙自县雨过铺镇大郭西村为红河机场选址。

●省政府召集省安监局、省环保局、云天化集团等有关部门领导召开紧急会议，专题研究部署全省危险化学品安全生产工作。

14 日

●为确保全省危险化学品生产安全，省政府要求有关部门从14日开始在全省范围内开展危化品生产督查工作。

●第三届中国文化遗产日国务院公布了第二批国家级非物质文化遗产名录和第一批国家级非物质文化遗产扩展项目名录，云南省共有37项珍贵的非物质文化遗产进入这2个名录。

●省文化厅、省文物局公布云南新发现文物点1200余处，以古建筑、古墓葬和摩崖石刻居多。其中，位于迪庆州等地的金沙江岩画和旧石器时代洞穴遗址为云南首次发现。

15 日

●全国政协农村卫生工作专题调研组到云南调研。

●主题为“依法节能，全民行动”的2008年全国节能宣传周在昆明举办。本次活动由省政府节能办、省经委、发改委、科技厅、环保局等15家单位主办，省节能技术服务中心承办。

16 日

●由中宣部、中组部、解放军总政治部、四川省委联合组织的抗震救灾英模事迹报告团在云南举行报告会。

●省长秦光荣在昆明会见德国法兰克福机场股份公司董事长魏尔海姆·班德一行。省国资委与法兰克福机场股份公司共同签署了《昆明新机场战略合作备忘录》。

●省人大常委会视察组在大理、临沧、保山等地视察。

●省劳动和社会保障厅发布云南省2008年部分职位（工种）劳动力市场工资指导价位的通知，共涉及全省284个职位（工种）的劳动力市场工资指导价位。

17 日

●全省文化体制改革和文化产业发展工作会议在曲靖召开。

●省建设厅即日起在全省范围内开展建筑工程抗震设防质量检查，重点对2002年以来建设好的项目以及在建砖混和钢筋混凝土建筑工程等进行检查，对存在安全隐患的工程，提出整改措施报当地政府统筹解决。

●经有关专家在剑川海门口遗址现场实地考察和论证，海门口遗址为目前中国发现的最大水滨“干栏式”建筑聚落遗址，为研究中国史前聚落类型提供了宝贵的实例。

●2008年全省各级机关考试录用公务员网络报名工作正式开始。

18 日

●省委召开常委会传达中央召开的“省区市和中央部门主要负责同志会议”精神，强调确保全年经济社会发展目标顺利实现。

●云南省电子废弃物资源开发利用项目正式启动，首家电子废弃物资源化开发公司成立。

19 日

●中国华能集团公司景洪电站首台机组投产发电。云南省目前总装机容量最大的水电站正式并网发电并投入商业运营。水电站位于西双版纳州景洪市，总装机容量175万千瓦，最大坝高108米，坝顶总长704.5米，单机容量35万千瓦，是国家实施“西部大开发”战略和“西电东送”的骨干项目，也是云南省“十一五”期间投产的第一台机组，全部机组将在2009年建成投产。

●云南大学禁毒防艾研究与援助中心挂牌成立。

20 日

●全省电子政务工作会议召开，自2007年8月开展网上信访试点工作以来，全省网上信访量以15%的比例逐月上升。

●云南省2007年/2008年榨季食糖生产工作基本结束，全省食糖产量216万吨，创历史新高。但在全国都增产的情况下，云糖外运无力，出现滞销现象。

●云南电网公司在昆明节能展示中心举行省政府节能工作领导小组办公室节能教育基地的挂牌仪式。这是全省第一个挂牌的“节能教育基地”。

21 日

●第二届中国生物产业大会在湖南省长沙市举行。16家生物企业的40个生物技术项目和产品参展。

●经过云南医护人员1个月的精心治疗，97名四川地震灾区伤愈人员和78名家属从昆明踏上了返乡的旅程。

22 日

●省政府与铁道部在昆明举行工作会谈，进一步协商研究云南铁路建设有关重大问题。

●省政府向香港特区政府赠送恐龙化石仪式在楚雄州禄丰世界恐龙谷举行，赠送1具长7.5米高2.2米距今1.8亿年完整率达70%的巨型禄丰恐龙化石。

23 日

●省委书记白恩培在保山调研时强调，扩大开放很大程度取决于政府职能的转变和提高办事效率，创造一个良好的投资发展环境比引进几个项目更重要。

●全省州（市）、县（市、区）人大常委会主任培训班在昆明开学。

●省老龄事业发展基金会成立20周年庆祝大会在昆明召开。

●副省长高峰在安宁市专题调研昆明市职教基地的建设进展情况。

●个旧市29人砷中毒。因停电造成工地上停水，送水师傅将云锡公司的工业循环水拉来做饭，导致红河水电安装公司的31名工人中29人中毒。

●丽江市住房公积金管理中心原主任王琼英滥用职权，造成近亿元住房公积金难以收回。丽江市中级法院作出终审判决，王琼英因滥用职权罪被判处有期徒刑6年。

24 日

●云南省招办公布云南省普通高考录取控制分数线，第一批本科为：文史类550分，理工类530分；第二批本科为：文史类510分，理工类475分。

●省政府召开云南省铁路建设（滇东、滇南片区）现场办公会，研究解决建设项目存在的困难和问题，部署推进云南铁路建设工作。

25 日

●云南省新一轮禁毒和防治艾滋病人民战争电视电话会议在昆明召开。

●昆明市党政代表团在杭州举行招商引资推介会，签订的3个旅游开发投资项目，协议总额9000万元、外资100万美元、港资1000万元。

●国际禁毒日，昆明市中级人民法院对号称“毒枭之王”的韩永万等4名毒品罪犯进行死刑终审宣判并执行枪决。

27 日

●由昆明医学院附属第二医院腹部微创外科

主任孙敏主刀，首例腹腔镜肝癌切除术获得成功，填补了云南该技术项目的空白。

28 日

●省委表彰云南省“云岭先锋”工程暨抗震救灾先进基层党组织和优秀共产党员、优秀党务工作者。

29 日

●国家安监总局在其官方网站上通报了云南省昆明市安宁齐天化肥有限公司“6.12”硫化氢中毒事故。

30 日

●省委、省政府召开牛栏江—滇池补水工程现场调研会。

●省政府在昆明召开征求群众意见座谈会，广泛听取社会各界群众对实施行政问责等四项制度的意见和建议，努力建设人民满意政府。

●2008 年云南多种自然灾害频频发生，全省先后遭受地震、低温雨雪冰冻、风雹、洪涝、泥石流滑坡等自然灾害袭击。截至 6 月 30 日，全省受灾总人口 1666.7 万人，因灾死亡 99 人，交通、水利、电力、教育、卫生、通信等基础设施不同程度受损，因灾造成直接经济损失 113.94 亿元。

●从 6 月 30 日起，在昆明市辖区内的滇池沿岸及入湖河道沿岸等区域内禁止新建扩建畜禽养殖场。2009 年 6 月 30 日前，滇池流域内存栏牲畜 20 头以上，家禽 200 羽以上的畜禽养殖场（户）、养殖小区必须搬迁或关闭。

7 月

1 日

●省委召开第 43 次常委会议，听取省高级人民法院、省人民检察院工作情况汇报；讨论研究《中共云南省委省人民政府关于进一步加强人口和计划生育工作统筹解决人口问题的决定》、《中共云南省委省人民政府关于加快推进云南特色新型工业化的决定》、《中共云南省委省人民政府关于深化改革大力发展云南高等教育的决定》。

●省政府在昆明召开推进商标战略工作会议，提出以优势产业、优势产品和大型企业集团为重点，争创中国驰名商标，促进经济发展方式转变，提高全省经济综合实力。

●云南省新一轮禁毒和防治艾滋病人民战争电视电话会议在昆明召开。

●昆明市第十二届人大常委会第十八次会议闭幕，会议任命陈勇、李喜为昆明市人民政府副市长；任命马幼宁为昆明市中级人民法院副院长，代理院长职务。

●《云南省中小企业促进条例》自 7 月 1 日起施行。

●《云南省政府投资建设项目审计办法》自 7 月1 日起施行。

●《云南省道路交通安全条例》自 7 月 1 日起施行。

●全长 135 公里的水麻高速公路建成通车。水富至麻柳湾的高速公路是连接川滇的交通大动脉，5 月 12 日四川汶川大地震后，云南省提前开通了水麻高速绿色通道，供运输救灾物资的车辆通行。这是云南省第一个采用最低评标价法进行施工招标的公路内资工程项目。

●国家发展改革委决定从 7 月 1 日起适当提高南方电网电价水平。其中云南电网销售电价平均提价标准每千瓦时为 2.8 分钱。本次调价对居民生活用电、农业和化肥生产用电价格不作调整。

●从 7 月 1 日起，云南再次提高城乡低保补助水平，城镇低保对象补助每人每月提高 15 元，农村低保对象每人每月提高 10 元，所需资金由中央财政给予全额补助。

●由云南省旅游局和大理州政府主办的洱海开海节在大理市举行。

2 日

●在加拿大魁北克举行的第 32 届世界遗产大会上，丽江古城世界文化遗产保护状况报告和三江并流世界自然遗产保护状况报告顺利通过大会审议。

●云南省治理公路“三乱”厅际联席会议在昆明召开。

2 日 ~4 日

●省政府在大理召开洱海保护治理现场调研会。

3 日

●全国工商行政管理局长座谈会在昆明召开。

●全省开展党政领导干部全面下访工作正式启动，采取调研、走访、约访、回访等形式，定期深入基层，了解群众反映的问题，诉求合理的问题当场解决。

●全省空管工作军地联席会议第二次会议在昆明召开。

●省国土资源厅召开部分重点工程建设项目用地报批协调会。

4 日

●省委、省政府新命名了 3 个省级文明行业

——省国家税务局、省邮政公司和昆明公交集团有限责任公司。

7 日

●云南省旅游产业发展大会在楚雄召开。举行中国彝族文化大观园、彝人古镇文化旅游核心区奠基仪式；中国彝族文化大观园北片区（康体娱乐区和中华彝寨）项目签字仪式和中国元谋东方人类祭祖坛文化旅游区揭牌仪式。

●楚雄州与澳大利亚岳丰投资银行有限公司合作开发建设的中国西南国际葡萄酒城项目举行签字仪式。

●从 7 日开始，持《中华人民共和国出入境通行证》的 3 种人，可以在规定的口岸、通道任意进出。普洱市将新增 3 个替代种植通道。

8 日

●省委书记白恩培在楚雄州考察工作时强调全省正在建立完善体现科学发展观的干部考核评价体系，将不再唯 GDP 作为评价干部政绩的主要指标。

●在北京举办的中荷 MPS 花卉认证合作项目颁证仪式上，云南省 13 家花卉企业获得 MPS 认证证书，成为中国首批 MPS 证书的拥有者。

9 日

●省委、省政府在昆明召开 2007 年度科学技术奖颁奖大会，表彰奖励为云南省科技事业进步、经济社会发展作出贡献的科技工作者。

●省政府在丽江市玉龙县召开仁和—丽江铁路建设动员大会。

10 日

●全省整治违法排污企业保障群众健康环保专项行动电视电话会议在昆明召开。

●省农业厅通报上半年全省主要农产品价格情况：据抽样调查，全省 9 大类 21 种主要农产品价格比 2007 年同期上涨 36.54%。

10 日～11 日

●省政府党组召开扩大会议，认真研究分析云南经济社会发展中存在的突出矛盾和问题，进一步推进全省重点项目和重点工作的落实，积极主动做好当前各项工作，把深化改革、扩大开放的任务落到实处，确保全年各项目标任务的顺利完成。

11 日

●省长秦光荣主持召开省政府第七次常务会议，审议《云南省人民政府关于废止部分规章的规定（草案）》，讨论《云南省人民政府关于促进服务业发展的若干意见（送审稿）》、《云南省人民政府关于进一步加强保护与合理开发磷矿资源的若干意见（送审稿）》等。

14 日

●省委书记白恩培在文山州调研时强调以创新理念实施好兴边富民工程。

15 日

●云南省第六届城市运动会在保山开幕。副省长高峰宣布运动会开幕。

●首届盐龙女文化旅游节在禄丰县黑井镇开幕。

16 日

●荷兰方德波尔格公司 PSOM 项目在宜良县启动，这是云南省首家采用环保方式种植鲜花的种植基地，由此获得荷兰政府“新兴市场上的合作投资计划（PSOM）”70 多万欧元资金支持。

●云南妇女儿童医院“新型农村合作医疗定点机构”正式挂牌。

17 日

●全省州（市）司法局长会议在昆明召开，上半年全省司法系统调解矛盾纠纷 20 万余件，调解成功率超过 95%。

●云南省在节能减排中实施爆破国电小龙潭发电厂 4 座机力冷却塔，6 台 10 万千瓦机组正式关停，每年将减少二氧化硫排放量数万吨，每年可节约标煤 167.8 万多吨。

18 日

●教育部启动迄今为止在云南最大规模的教师培训，受训的中小学教师 1500 人，培训经费 200 万元由教育部承担，负责云南对口帮扶的上海市派出了 100 名骨干教师完成此项任务。

●省旅游业协会 SPA 与温泉分会负责起草的《旅游温泉标识使用规范》、《温泉旅游服务规范》、《温泉旅游服务场所等级划分与评定》和《SPA 经营场所等级划分与评定》4 项地方标准由省质量技术监督局批准发布，这是国内首套完整的温泉行业标准。

19 日

●普洱市孟连县发生一起暴力冲突事件，执行任务的公安民警被数百名群众围攻、殴打。事件发生后，省委、省政府高度重视，省委书记白恩培、省长秦光荣要求尽快查明事件原因，及时公布事实真相，认真听取群众诉求，做好善后工作，防止进一步激化矛盾。

20 日

●省政府召开推进名牌战略电视电话会议，提出要进一步创新思路，培育壮大一批名牌产品，全面提升云南经济综合实力和市场竞争力。

21 日

●云南省第十一届人民代表大会常务委员会第四次会议第一次全体会议在昆明召开，会议对云南省人民代表大会常务委员会2008 年～2012 年立法规划（草案修改稿）、云南省昭通大山包黑颈鹤国家级自然保护区条例（草案）等进行审议，听取了省人大常委会视察组关于视察重点建设项目小湾电站和保龙、保腾高速公路建设情况的报告。

●全省检察长座谈会在昆明召开。省委书记白恩培要求全省检察机关狠抓办案质量，提高执法水平。

●07 时 05 分，昆明市 1 辆 54 路公交车行驶至人民西路与西昌路交叉口公交车站台停车时突然发生爆炸，造成 1 人死亡，10 人受伤。时隔1 小时，另 1 辆 54 路公交车行驶至人民西路与昌源中路交叉口时发生爆炸，导致 1 人现场死亡，4 人受伤。爆炸案发生后，省委、省政府高度重视，省委书记白恩培及时作出批示全力抢救伤员，尽快查清案情，并对防恐、维稳工作进行一次全面检查，注意维护公共场所的安全。

22 日

●省委召开常委会议听取省政府党组汇报上半年全省经济社会发展和财政预算执行情况汇报。

●国务院安全生产百日督查专项行动督查组向省政府反馈在云南开展督查工作的情况，并对下一步做好安全生产工作交换意见。

23 日

●省十一届人大常委会第四次会议举行经济形势报告会，省长秦光荣通报全省上半年经济运行情况和下半年工作重点。

●云南首家律师集团“云南八谦律师集团”在昆明正式成立。

25 日

●从 25 日起，为期 1 个月的 2008 年云南·普者黑“花脸节”在国家级风景名胜区普者黑举办。

27 日

●拥有世界自然遗产和世界地质公园 2 项桂冠的石林举行“2008 中国石林国际火把狂欢节”。

29 日

●从 29 日起全省闲置土地清理工作正式启动，按规定闲置土地满 2 年将依法无偿收回并另行安排使用。

●省政府发出贯彻《国务院关于促进节约集约用地的通知》的意见，实施最严格的措施节约、集约用地。

●昆明技术转移中心举行揭牌仪式。

31 日

●省委、省政府在昆明召开全省加快推进新型工业化大会。会议印发了《中共云南省委、云南省人民政府关于进一步加快推进新型工业化的决定》、《云南省人民政府关于云南省工业发展万亿工程的实施意见》、《云南省人民政府关于云南省大企业发展万亿工程的实施意见》等重要文件。

●由环境保护部和中科院共同编制完成的《全国生态功能区划》发布。全国被划分为 216 个生态功能区，其中具有生态调节功能的生态功能区 148 个，云南会泽、曲靖、寻甸和宣威等县（市）被列为珠江源水源涵养重要区，曲靖被列为西南喀斯特地区土壤保持重要区，丽江、大理、楚雄、昆明和昭通等州（市）被列为川滇干热河谷土壤保持重要区，最南端的 8 个县（市）则被列为西双版纳热带雨林季雨林生物多样性保护重要区，位于青藏高原东缘的西藏、云南、四川3 省交界的横断山脉分布区作为横断山生物多样性保护重要区，涉及云南 17 个县（市）。

8 月

1 日

●云南省深入推进“四项制度”工作电视电话会议在昆明召开。从 8 月 1 日起“四项制度”在全省 129 个县、市、区全面推行。

1 日～3 日

●常务副省长罗正富率有关部门和州（市）负责人对金沙江、澜沧江的鲁地拉、功果桥、小湾和龙开口 4 个水电项目进行实地调研。指出要突出重点，攻破难点，加快水电开发。

3 日

●省政府在丽江召开金沙江、澜沧江水电建设办公会，研究解决建设中存在的主要困难和问题，全面推进金沙江中游和澜沧江水电建设，以确保完成 2008 年电力工业投资 600 亿元的目标任务。

4 日

●昭通市绥江县中城镇突发一起安全事故，一送葬队伍踩垮 1 座危桥，35 村民坠入急流，造成 1 人死亡，34 人受伤。

5 日

●省长秦光荣主持召开省政府第八次常务会议。

●省卫生厅在昆明召开云南省民营医疗机构

改革发展座谈会。

6 日

●省长秦光荣率有关部门负责人到昆明实地察看企业发展情况、园区基础设施建设进展，并听取昆明市工业园区建设及产业发展情况汇报。

●云南省高新技术企业发展促进会成立大会暨第一届会员大会在昆明召开。

7 日

●省政府召开第四次昆明新机场建设办公会。

●省长秦光荣在全省深化国企改革领导小组会议上强调，要在新一轮国企改革的基础上，创新工作思路，以更大力度深化国有企业和国有资产管理体制改革。

●英安航空公司的首架国产支线机新舟 60 飞机飞抵英安航空基地机场——普洱思茅机场。

9 日

●文山州马关县和麻栗坡县发生泥石流山体滑坡，造成 6 人死亡、8 人受伤、9 人失踪。

11 日

●省长秦光荣在省信息化领导小组第五次会议上强调，要把信息化建设放在全局和战略的高度来认识，采取更加有力的举措，提高全省信息化整体水平。

●《云南商品花卉图册》（2008）出版发行，首次收录 30 余个云南已获“自主知识产权”的花卉园艺新品种。

13 日

●云南省扶持特困民族发展试点工作研讨会议召开，从 2008 年开始进一步加大对景颇族、佤族、拉祜族、傈僳族 4 个特困民族的特殊扶持力度。

14 日

●省政府在弥勒召开烟草产业调研座谈会，专题研究新形势下云南烟草支柱产业发展工作。

14 日 ~ 15 日

●省政府在蒙自召开全省城乡建设工作现场会，研究部署当前及今后一个时期全省城乡建设工作任务，着力推进全省城乡建设的大发展和新跨越。

15 日

●全省立法工作电视电话会议在昆明召开。

19 日

●迄今云南省一次性投资最大的工业项目——中铝铜加工项目落户昆明呈贡工业园七甸片区，总投资暂定不少于 20 亿元，建设周期 2 年，建成投产后年产值可达 100 亿元。

20 日

●按照国家发改委通知，云南火电上网电价从 20 日起每千瓦时上涨 0.01 元。这次涨价暂时由供电部门消化，不会转嫁到广大用户。

21 日

●20 时 20 分、20 时 24 分，德宏州盈江县先后发生 4.9 级和 5.9 级地震。震中位于盈江县苏典乡拉马河村（东经 97.8 度，北纬 24.9 度），全州各县（市）普遍有震感，部分民房倒塌。地震发生后，党中央、国务院高度重视，国务院副总理回良玉亲自打电话询问了解灾情，对受灾群众表示亲切慰问，要求民政部、中国地震局等中央部委迅速启动应急预案，并尽快组成工作组赶赴云南盈江地震灾区指导抗震救灾工作。副省长曹建方率省级有关部门组成的省政府抗震救灾工作组，连夜抵达灾区帮助指导抗震救灾工作。

●省政府召开第九次常务会议，研究讨论《云南省人民政府关于加快水运事业发展的若干意见（送审稿）》，审议并原则通过《云南省军人抚恤优待规定（草案）》，讨论并原则通过《云南省职业病防治条例（草案）》和《云南省建设工程勘察设计管理条例（草案）》等。

22 日 ~ 24 日

●省长秦光荣赶赴盈江地震灾区察看灾情，指导抗震救灾工作，强调要全力以赴做好抗震救灾工作，确保灾区群众生命财产安全。为帮助盈江地震灾区做好抗震应急工作，省政府决定从省财政拨付地震应急救援资金 1000 万元、受灾群众生活补助资金 2000 万元、学校危房应急补助资金 1000 万元，再追加 4000 万元专项用于受灾群众的生活安置。

25 日

●科学技术部、云南省政府 2008 年部省工作会商会议在昆明召开。双方围绕云南中药现代化科技产业基地建设、云南有色金属新材料产业化基地建设、兴边富民强县科技支撑等议题进行了首次会商。

●全省领导班子思想政治建设暨干部教育培训工作会议在昆明召开。

26 日

●全省高等教育改革与发展工作会议在昆明召开。

●玉溪市举行第四届“8·26”抚仙湖保护日活动。

27 日

●云南省人民政府与湖南省人民政府在昆明举行工作座谈，共商加强和深化两省交流与合作事宜。

28 日

省政府在昆明召开云南省首次决策咨询工作会议。

●云南省组织100名来自全省各行业的优秀农民工到省工人疗养院疗养。

29 日

●公安部、云南省委、省政府在昆明召开授勋暨表彰大会，隆重表彰载誉归来的中国第六支海地维和警察防暴队。

●省政府召开全省粮食安全和主要农产品有效供给专家座谈会。

●云南省公开选拔10所院校党委书记和院（校）长，其中党委书记职位10个，院（校）长职位8个。此次公选的党委书记、院（校）长分别实行任用和聘任制。

30 日

●16时30分，四川省攀枝花市仁和区、凉山州会理县交界发生6·1级地震。昆明、曲靖、楚雄、昭通、迪庆、丽江、保山等地均有明显震感。地震发生后，省委、省政府高度重视，派出工作组直赴灾区帮助指导抗震救灾工作。

●四川攀枝花6·1级地震发生后，云南电视台第一时间紧急组织了一个20多人的报道组，赶赴灾区进行报道，并在20:12分进行了8·30地震直播报道。

●全省2008年公务员录用考试在16个州（市）同步展开。13万多人参加考试，是历年报考人数之最，将竞争全省各级机关6710个公务员岗位，计划录用数与报考人数比例为1:19.4。

31 日

●省政府抗震救灾现场办公会在楚雄州永仁县召开。决定安排3000万元应急资金，用于楚雄等受灾州（市）救灾。

9月

1 日

●国家工商总局等部门发出通知，从9月1日起，停征“个体工商户管理费和集贸市场管理费”。2项费用至今已征收25年，停征将惠及全省85万个体工商户。

●省公安厅、财政厅发出关于加强对云南省重要网络与信息系统安全措施方案及其安全专用产品监督管理的通知。

2 日

●国家地震局震灾应急救援司副司长苗崇刚率地震专家，深入楚雄州元谋县姜驿地震灾区视察灾情，指导救灾。

2日~4日

●国家烟草专卖局局长姜成康在云南调研，提出加快推进现代烟草农业建设，全面提升“两烟”发展水平，为云南烟草产业可持续发展打下坚实基础。

3 日

●由省农业厅、商务厅、省花卉产业办、贸促会云南分会和昆明市政府共同主办的第四届农博会在昆明召开。

4 日

●省委召开常委会，听取省委、省政府孟连“7·19”事件调查组的汇报。对相关责任人作出处理决定。

●云南省社会福利事业促进会在昆明正式成立。

5 日

●国家烟草专卖局与省委、省政府在昆明举行工作座谈会，共商进一步支持云南烟草产业实现新发展、再创新辉煌大计。

6日~7日

●省委、省政府在临沧召开全省山区综合开发现场会，强调云南要因地制宜加快山区综合开发，以人为本推进统筹协调发展，努力开创山区经济社会发展的新局面。

8 日

●省政府滇池水污染防治专家督导组成立大会在昆明举行。

●省委新办公区全面竣工。省委办公厅、省委组织部、省委宣传部（省委对外宣传办公室）、省委政法委、省委统战部、省委政策研究室、省国家保密局等部门和省纪委（省监察厅）迁入昆明市广福路8号新址办公。

9 日

●云南省与水利部举行工作座谈会，就推进云南水利建设与发展进行交流磋商。

10 日

●省政府在昆明召开盈江、楚雄地震灾区抗震救灾工作指导组会议，提出要全力以赴，力争2009年春节前让受灾群众全部搬进新居，上半年完成地震灾区恢复重建任务。

●云南省促进工业化与信息化融合论坛在昆明举行。

12 日

●省长秦光荣主持召开省政府第十次常务会议，研究云南中长期粮食增产计划，讨论《云南省人民政府关于加强煤矿瓦斯治理的实施意见（送审稿）》等事项。

●省质量技术监督局发出紧急通知，在全省范围内对婴幼儿配方奶粉生产销售企业展开拉网式专项执法检查。

16 日

●省政府批准昆玉、玉元、元磨高速公路车辆通行费进行规范和调整。16 日 0 时起，客车基本费率统一为 0.4 元/车公里；货车实行计重收费，基本费率为 0.08 元/吨公里。

16 日～17 日

●常务副省长罗正富率省级有关部门负责人到盈江县“8·21”地震灾区察看受灾情况，看望灾区群众，指导抗震救灾工作。

●副省长孔垂柱率有关部门到曲靖市实地考察粮食高产创建活动。

17 日

●云南南磷集团寻甸磷电有限公司发生氯气泄漏事故，导致 71 名工人中毒。

19 日

●省政府召开专题会议，研究部署婴幼儿奶粉事件医疗救治有关工作，强调切实做好因食用含三聚氰胺奶粉患病幼儿的医疗救治工作，确保患儿得到及时有效诊治。

21 日

省政府召开电视电话会议，对 2008 年“十一”、2009 年春节黄金周假日旅游工作进行安排部署，确保实现“安全、秩序、质量、效益”四统一的目标。

●铁道部和省政府在北京签署《铁道部云南省政府关于加快云南铁路建设有关问题会议纪要》，这是云南铁路建设中的一件大事。

22 日

●省委、省政府在昆明召开大会，隆重表彰云南参加第十三届北京残奥会的全体运动员、教练员和工作人员。

●云南正式向各类经营场所征收背景音乐版权使用费。

23 日

●省政府在北京举行“第三届亚欧大陆桥西南通道建设国际学术研讨会”专家联谊会。

24 日

●省政府召开处置婴幼儿奶粉事件工作会议。

25 日

●2008 中国硅业国际论坛在昆明开幕。

●省第十一届人大常委会第五次会议审议通过《云南省实施〈中华人民共和国妇女权益保障法〉办法（修订）》。

●昆明道路交通安全网（www. km122. cn）开通，市民可以在网上查询驾驶员和车辆违章记录、驾驶证记分、检审等情况。

●昆明中央商业区的“昆明老街 2008 项目推介会”在上海举行，这是云南大型商业地产项目首次赴上海招商。

26 日

●中国殡葬协会五届四次理事会在昆明召开，云南省火化率名列全国倒数第二。

●昆明玉器城项目启动，总投资 28 亿元、占地 1000 多亩。

27 日

●全省深入学习实践科学发展观活动动员大会在昆明召开。

●云南省出国留学预备学院在云南师范大学成立。

28 日

●中国·昆明螺蛳湾国际商贸城项目正式开工，预计总投资 320 亿的昆明开工项目史上最大项目——昆明螺蛳湾市场升级改造工程正式启动。

10 月

1 日

●省委、省政府在昆明抗战胜利纪念堂举行向人民英雄纪念碑敬献花篮仪式，深切缅怀革命先烈。

●经省政府同意，《云南省省级国家机关和事业单位差旅费管理办法》10 月 1 日起正式实施。

2 日

●省发展改革委、省教育厅、省纠风办、省监察厅等 7 部门联合发出通知，决定从即日起至 11 月底在全省范围内开展一次教育收费专项检查。

5 日

●云南白糖批发价跌至 2560 元/吨，创下了云糖 44 个月来的最低行情，与 5300 元/吨的云糖历史最高价相比，降幅为 51.7%。

6 日

●省长秦光荣主持召开农业农村工作座谈会，共商农业农村改革发展大计。

7 日

●从即日起，《云南省各级机关领导职数管理暂行办法》在全省范围内施行。

●省级猪肉地方储备制度建立工作正式启动，

将在全省范围内设立省级、州（市）、企业3级猪肉储备，以稳定生猪生产和市场供应。

8日

●水利部与云南省政府在北京签署《共建山区水利发展与改革示范区合作备忘录》。

●从10月起，为期3个月的全省尾矿库安全大检查和隐患治理专项行动启动。

●为鼓励自主创业和自谋职业，促进失业人员再就业，从即日起，云南省对登记失业人员等从事个体经营的有关人员实行一系列收费优惠政策。

●云南蔬菜进曼谷超市，泰国成品油直运昆明，滇泰国际贸易物流合作正式启动。

●昆明滇池旅游度假区管理委员会和云南民族村召开了新闻发布会，阐述转让民族村的动机是引进战略伙伴。

●云南抚仙湖与世界文明研究会澄江工作站在澄江挂牌成立。

9日

●云南省首个婴幼儿奶粉品牌——蝶泉婴幼儿配方奶粉问世。

10日

●云南省首届新农村文艺汇演省级汇演开幕式在曲靖市举行。

●云南省医疗保险基金管理中心及时清查医疗保险药品目录系统，对系统内黑龙江省完达山制药厂生产的3种规格的刺五加注射液信息予以封闭，停止医保支付。并要求各定点医疗机构、药店停止使用该药品。

12日

●一票游“昆明—西双版纳—老挝琅勃拉邦”跨境旅游专线首发仪式在景洪举行。

13日

●自8月底至10月13日，云南各州（市）累计报告“登革热”病例55例，其中48例为境外输入，主要集中在中缅边境的德宏、临沧和西双版纳，目前无病例死亡。

14日

●全省工业经济运行分析会议在昆明召开。

●中央出台新医改方案征求意见，与此同时，云南也出台新医改方案《关于深化云南省医药卫生体制改革的意见（征求意见稿）》。

●根据云南实际情况，目前有11种疫苗被列入儿童免疫规划疫苗，要求所有适龄儿童都要接种。严禁医疗机构收取任何费用，且不得向接种者推荐同类别的二类疫苗。

●阳宗海湖泊水体砷污染治理及水质恢复科技项目面向全球招标。

15日

●云南普洱茶地理标志产品保护启动暨《地理标志产品普洱茶》国家标准发布会议召开。除11个州（市）生产的茶叶能使用“普洱茶”名外，其他地方使用该名都属于侵权。

16日

●省长秦光荣主持召开省政府第十二次常务会议，研究继续整顿和规范矿产资源开发秩序、继续推进矿业开发管理制度改革工作，讨论《云南省被征地农民基本养老保障试行办法（送审稿）》。

●省劳动和社会保障厅向全省发出通知：从即日起，全省企业职工将享受带薪年休假。企业职工连续工作满12个月以上的，就可享受带薪年休假。不安排年休假或者安排职工休假天数少于应休年假天数的，应按照其日工资的300%支付工资。

●第11届西双版纳边境贸易旅游交易会在景洪市闭幕，期货、现货交易额9350万元，比上届增长10%，促成项目签约金额86亿元，较上届激增61亿元，增幅224%。

●云南省2008年公务员招考最低分数线确定，录用工作将在12月底前全面完成。

●云南卫视媒体推介会在北京举行。

17日

●省政府在昆明召开盈江和楚雄地区地震灾区恢复重建工作会议。

●省政府在昆明举行海外华侨华人、港澳台同胞捐赠云南省公益事业表彰大会。

●全省地方关闭、破产国有企业退休人员参加城镇职工基本医疗保险工作会议召开，要求做好云南省关闭、破产国有企业退休人员参加城镇职工基本医疗保险工作，确保2万余人在2年内全部纳入医保。

20日

●据新华网报道：中国地质调查局成都地质调查中心在曲靖市罗平县发现了丰富的古脊椎动物化石群落。该生物群产出时代距今约2.38亿年至2.39亿年，化石保存的完整性举世罕见，堪称中国珍稀的海洋生物化石库。

21日

●玉溪市政府举行省市媒体通报会，就阳宗海水体出现砷污染事件向社会各界公开道歉。

●省老龄委授予省老年病医院“云南省老年人服务机构定点单位”，这是云南首家获得这一称号的医院。

22 日

●第五届中国—东盟博览会在广西南宁开幕。云南省代表团近 50 人参展参会。

●省政府制定出台《关于加快水运事业发展的若干意见》，加快构建综合水运国际大通道。

●昆明警方破获云南第一起利用网络监管漏洞国内客户通过网络到境外进行非法网络外汇现金交易案件。

●中央电视台著名记者、主持人王志到丽江市挂职担任副市长。

23 日

●省政府赠送香港恐龙化石开展仪式暨“七彩云南·魅力楚雄香港行”活动在香港科技馆开幕。

●省长秦光荣在昆明会见斯里兰卡总理拉特纳西里·维克拉马纳亚克一行。

●“中国人寿杯·纪念改革开放 30 周年云南民营企业家论坛”在昆明召开。

24 日

●省政府召开阳宗海水体砷污染治理现场办公会。

26 日

●东航云南分公司因“返航事件”停飞近半年的昆明至大理、西双版纳 2 条航线正式复飞，遭调减的 6 条航线也将全面恢复。

●《阳宗海砷污染综合治理方案》通过专家组评审。

28 日

●石林—锁龙寺、锁龙寺—蒙自 2 条高速公路建设进场道路开工仪式在弥勒举行。2 条高速公路建成后，将打破云南通往广西出海口和昆明经河口通往越南的交通瓶颈。石林—蒙自公路全长 182 公里，估算投资 84.26 亿元，其中锁龙寺—蒙自路段全长 78.94 公里，项目投资约 41.7 亿元。

●截至 28 日，2008 年云电送粤电量 146 亿度，比 2007 年全年送电量增加 8 亿度，提前 2 个月刷新云电外送的历史纪录。

28 日～29 日

●全省矿产资源开发管理工作现场会在普洱市召开。

29 日

●省卫生厅疾控局与各州（市）卫生局局长签订了目标责任书，确保安全接种疫苗，接种率达 90% 以上。对全省 8 月龄至 14 岁儿童开展麻疹疫苗初始强化免疫。如此规模的强化免疫活动在云南预防接种史上尚属首次。

30 日

●云南省大规模的旅游市场综合整治正式启动，对困扰多年的旅游业零负团费、购物回扣等行为进行重点治理。

●为促进服务业发展，云南省放宽市场准入条件和范围。一般性服务业企业，只须 3 万元，便可办理注册登记。

31 日

●卫生部“走进西部”万名医师培训项目在昆明医学院启动，该项目计划在 5 年内为云南培养 1000 名县级医院骨干医生。

31 日～11 月 1 日

●副省长孔垂柱到曲靖调研农业农村工作。

11 月

1 日

●省政府出台《关于云南省房地产市场健康稳定发展的意见》，从 11 月 1 日开始执行，6 大措施稳定楼市，及时兑现国家支持居民购房利好政策。各州（市）将制定具体实施细则。

●从 10 月 25 日～11 月 1 日，大理市受偏南暖湿气流和冷空气影响，出现了 50 年一遇的连续降雨天气，其中 27 日至 30 日出现区域性大雨，造成洱海水位急骤上涨近 3.9 米，大理市 11 个乡（镇）和开发区 4.8 万余亩农田被淹，717 户房屋进水，房屋受损倒塌 107 户。

2 日

●从 10 月 24 日～11 月 2 日，楚雄、昆明出现历史罕见的秋季持续强降雨天气过程，楚雄、昆明、临沧、红河、大理、玉溪、保山、昭通、德宏、普洱、西双版纳等 11 个州（市）遭遇暴雨袭击，部分地区发生滑坡泥石流灾害。

3 日

●国家安全生产监督管理总局公布了 1 月～10 月以来 42 起重特大生产安全事故责任企业名单，云南 3 家单位榜上有名：文山州交通集团公司（车号：云 H12448）1 月 9 日，发生道路交通事故，死亡 14 人；昭通市威信县水洞坪煤矿，3 月14 日发生煤与瓦斯突出事故，死亡 14 人；西双版纳尚岗宏源煤业公司，8 月 18 日发生火灾，死亡 7 人，下落不明 3 人。

●国土资源厅公布《云南省探矿权采矿权管理办法（修订草案）》、《云南省矿产资源有偿使用费征收和使用办法（修订草案）》、《云南省矿业权交易办法（修订草案）》，向社会公开征求意见，进一步修改完善后发布实施。

4日~13日

●省长秦光荣率云南省政府代表团访问印度，开始“亲邻之旅”。在印度加尔各答、新德里举办云南省旅游文化推介会、云南省经贸推介会、“七彩云南之夜”文艺晚会等重要活动，并参加在新德里举行的印度国际贸易博览会开幕式及相关活动。

5日

●截至11月5日11时统计，云南省滑坡泥石流灾害已造成40人死亡，43人失踪，10人受伤。全省受灾人口127.6万人，紧急转移安置6.08万人；倒塌房屋6187间，损坏房屋1.84万间；电力、交通、水利、通信、教育、卫生等基础设施不同程度受损，因灾直接经济损失5.92亿元。针对灾情，民政部、财政部向云南省安排中央救灾资金1300万元，专项用于灾区转移安置受灾群众和倒塌房屋恢复重建工作。

6日

●省委书记白恩培在红河州调研因地制宜推进城乡统筹发展工作。

6日~8日

●国家环境保护部部长周生贤率领调研组到云南考察阳宗海、滇池及洱海污染防治工作情况，提出要正确处理经济发展与环境保护的关系，推进生态文明建设。

7日

●《云南日报》报道：云南省投资控股集团有限公司和云南煤化工集团有限公司总额30亿元的企业债券已获国家发展改革委核准发行，这是迄今为止云南省获准发行的年度规模最大的企业债券。

8日

●云南卷烟工业重组整合大会在昆明召开，国家烟草专卖局正式发布云南卷烟工业重组整合的批复，同时公布红云红河集团、红塔集团董事会、监事会、党委、总裁班子成员。原红云烟草集团、红河烟草集团红河卷烟厂、新疆卷烟厂重组为红云红河烟草集团；原红塔烟草集团、红河烟草集团昭通卷烟厂重组为新的红塔集团（名称不变）。重组后的云南两大烟草集团（含联营）卷烟产销规模都将突破400万箱，居中国烟草界前列。新成立的“红云红河集团”成为继奥驰亚集团、英美烟草、日本烟草、帝国烟草公司后的世界第五大烟草集团。

●“地道云南杯”云南新闻摄影季赛（第三季）获奖作品颁奖仪式在昆明举行。

8日~9日

●中国云南省与印度西孟加拉邦经济合作（K2K合作）第四次国际研讨会在大理举行，最终达成《大理倡议》。

9日

●“云南大发展·消防伴我行”的119消防日宣传活动在昆明举行，云南首创橙丝带为消防自愿者标志。

●云南电视台直播公开选拔部分院校党委书记、院校长人选面试活动。

10日

●省委、省政府出台《关于进一步加强人口和计划生育工作统筹解决人口问题的决定》，确定到2015年，全省人口总量要控制在4600万人左右，人口自然增长率控制在6‰。将探索建立违法生育不良记录档案制度，依法将居民违法生育情况纳入银行诚信系统进行监督。

●《歌唱云南》歌曲播出正式启动，这是云南电视台在常规节目中增设的一档新节目，每周推出1首主打歌曲，第一批MTV有29首作品。

10日~13日

●全国政协将实施滇中调水作为重要调研课题，调研组赴云南省就“推进金沙江龙头水库比选，实施滇中调水工程”开展实地调研。

10日~16日

●全国人大常委会副委员长、农工党中央主席桑国卫率农工党中央调研组到云南就加快中国连接东南亚、南亚国际大通道及第三欧亚大陆桥建设情况进行调研。

11日

●云南电视网获得由国务院新闻办颁发的《互联网新闻信息服务许可证》，成为了国家一类重点新闻网站。云南电视网评论频道“大观楼”正式上线开通。

12日

●《云南日报》报道：中国农业发展银行向云南省发放50亿元专项信用贷款用于加快农村重点公路建设，贷款期限为15年，贷款利率按人民银行规定的基准利率下浮8%，承贷主体为省公路局。

●省卫生厅紧急发布食用添加乌头碱类药物中毒的预警。

14日

●省政府在昆明召开全省扩大内需、促进增长工作会议，云南省在包括“滇池治污”等10个领域，按照出手快、出拳重、措施准、工作实的要求，拿出实际项目和具体措施扩大内需。

●第28届印度国际贸易博览会在德里开幕，云南省经贸代表团组织的云南展区备受关注，参展云南产品大受欢迎。

●由陈显辉带队的中央综治检查验收组完成在云南为期5天的2008年社会治安综合治理工作检查验收，百姓满意率超九成。

●省科技厅对2008年引进的9名高端科技人才情况进行公示，公示期结束后将正式上岗。省政府资助经费2701万元，用人单位配套经费4808.7万元。

16日

●孙冶方经济科学基金会等机构在昆明举办冶方公共政策论坛。

16日~17日

●云南省委工会共青团妇联工作会议在昆明召开。

17日

●《云南日报》报道：为贯彻落实中央关于扩大内需、促进经济平稳较快增长决策部署，省经委推出10条措施，力保全省工业经济健康持续发展。

●云南省城市综合防护能力逐步增强。迄今为止，全省人防工程总量已达150万平方米，其中昆明市人均防护面积为0.29平方米。

17日~19日

●大理州客运司机集体罢运事件基本平息，客运车驾驶员情绪趋于稳定，并已逐步恢复营运。

17日~20日

●中共中央政治局常委、中央书记处书记、国家副主席习近平来滇调研。在省委书记白恩培、省长秦光荣、省委副书记李纪恒等的陪同下，深入西双版纳、普洱、昆明3州（市），走村寨、访农户、进社区、看企业、问冷暖。主持召开了云南领导干部座谈会。听取有关云南学习实践科学发展观活动、经济社会发展、民族团结等方面的汇报后，他对云南近年来取得的成就给予高度评价。随行人员有中央组织部副部长张纪南，中央政策研究室副主任何毅亭，国家发展改革委副主任彭森等。

18日

●吸取阳宗海砷污染教训，19家省属企业代表作出环保承诺，签署并现场宣读《省属企业环境保护承诺书》。

19日

●财政部为支持云南盈江、楚雄等少数民族聚居的贫困地区灾后尽快恢复正常生产生活秩序，新增安排1.2亿元资金用于灾后恢复重建。

20日

●《七彩颂歌》——云南改革开放30年辉煌晚会在昆明拉开帷幕。整台晚会用“金、木、水、火、土”5个篇章来讲述云南改革开放30年来的艰辛与辉煌。晚会还公布了改革开放30年十大感动人物、改革开放30年十大风云事件、改革开放30年最具影响力十大企业、改革开放30年十大关键词、改革开放30年最具魅力十大文化品牌。

21日

●省新闻工作者协会、省新闻学会会员代表大会在昆明召开，会议听取省新闻工作者协会第四届理事会和省新闻学会第四届理事会工作报告，并选举产生新一届理事会。

●中国建筑业协会2008年度中国建筑工程鲁班奖（国家优质工程）评选结果揭晓，水电十四局成为水电施工企业中唯一7次问鼎鲁班奖的企业。

●云南建成首家数字化法庭，昆明市呈贡法院5个法庭开始运行数字化庭审系统，庭审全程录音录像、网络直播远程观摩、DVD光盘实时刻录、电子签章使法庭的审理更加简便、快捷，庭审活动更加公开、透明。

23日

●省政府新闻办在昆明召开新闻发布会，公布云南省决定采取进一步扩大内需促进经济平稳较快增长的20项措施。成立扩大内需领导小组，全面加强对全省扩大内需各项工作的领导和协调。

●新华网报道：沪滇对口帮扶上海计划2007年~2008年在云南安排的无偿帮扶资金2.7亿元，到10月底已完成投资2.62亿元，上海在云南重点帮扶地区援建整村推进项目393项，配套建设希望小学104所、建白玉兰卫生室100个，实施了五通、三配套等各类公共项目工程；注重一县一业、一乡一品、一村一特的产业扶持和培育，共实施帮扶项目681个。

24日

●由中国社会科学院、云南省政府共同主办的“第三亚欧大陆桥西南通道建设”国际学术研讨会在北京开幕。

●上海—云南对口帮扶协作领导小组第十次联席会议在上海召开。

24日~12月1日

●省委、省政府联合督查组到楚雄州检查指导“8·30”地震恢复重建和“11·2”特大自然灾害抗灾救灾工作。

25 日

●省审计厅厅长尹建业向省人大常委会第六次会议报告“2007 年度省级预算执行和其他财政收支审计查出问题的整改情况”。

●云南省便利运输领导小组第一次会议在昆明召开，如何实现与邻国便利运输的议题引起热议。

●新华网报道：云南民族大学经过近 10 年的努力，目前已建立了彝族、哈尼族、傣族、傈僳族、佤族、拉祜族、景颇族、布朗族等民族的 20 种语言数据库。

25 日～29 日

●云南省政府与韩国驻华大使馆共同主办的“中国云南·韩国友好周”投资情况说明会暨经贸洽谈会在昆明举行。

26 日

●云南省政府代表团与越南代表团经过商谈双方同意由云南省和越南老街省各推出 20 家企业，就双边大宗商品开展易货贸易。

●云南省防治艾滋病局发布最新全省艾滋病动态。截至 9 月底，云南累计报告艾滋病病毒感染者和病人 6.33 万例，其中艾滋病病人 9752 例，累计死亡 7015 例。专家估计，全省艾滋病病毒感染者达 8.5 万～10 万人，每年检出感染者近万例。

26 日～29 日

●云南省首届政府采购展览会在昆明举办。这是云南首次以政府采购为内容的展览会，有 100 多家企业及单位报名参展，展位 230 多个。

27 日

●《云南省小额贷款公司管理办法（试行）》出台。同时试点招标正在启动中，第一次试点在全省范围设立 10 个试点公司并力争年底开业。

●云南省地震灾害应急救援专业训练基地建设启动，预计投入 3500 万元，计划 3 年内全部完工。

28 日

●全长 91.69 公里的元谋至武定高速公路建成通车，昆明至攀枝花 4 小时内到达。这将是继从昆明经昭通、水富进四川和从昆明经东川、巧家进四川之后建成的第三条出滇入川便捷通道。

●由国务院防治艾滋病工作委员会办公室、云南省防治艾滋病工作委员会主办的“遏制艾滋履行承诺—禁毒防艾宣传活动云南行”活动在昆明启动。

●省政府在昆明举行水污染防治重点提案办理面商会，来自 16 个州（市）政府的相关领导与提案提出及办理单位负责人共商水污染防治大计。该提案被省政协列为第一号重点提案，由省政协主席王学仁督办，省环保局主办。

29 日

●省政府金融发展专家咨询委员会成立。13 位国内知名经济学家受聘为首批委员。

30 日

●2008 年国家公务员考试在全国举行，报考人数首次突破百万大关，参加考试的 70 余万人。其中云南考生首次突破万人，为历年来国家公务员考试报名人数最多的一次。

●云南省—天津市旅游商贸合作发展座谈会在昆明举行，会上签订旅游合作协议。

●为期 5 天的 2008 年中越（河口）边境经济贸易交易会在河口县落幕，成交总额达 1.13 亿美元，其中现货交易 596 万美元，合同金额为 1.07 亿美元。

●“21 世纪中国文化产业论坛第五届年会—云南·玉溪论坛”在玉溪落幕。

12 月

1 日

●全省农业综合开发工作会议在昆明召开，未来 3 年，农业综合开发总投入规模力争达到 45 亿元。

●经省政府同意，云南建立有色金属及化肥储备联席会议制度，投入资金收储 100 万吨铜、铝、铅、锌、锡等有色金属原材料（矿产品）和 50 万吨化肥，旨在支持生产企业或流通企业应对当前有色金属产品价格下滑的不利局面。

●1 日是世界艾滋病日，副省长高峰代表省委、省政府看望和慰问部分艾滋病病毒感染者、患者及一线艾滋病防治人员。

●昆明市 30 余家单位联合在昆明南屏街广场举行了“遏制艾滋履行承诺”大型宣传活动。

●从 1 日起，根据《云南省道路安全条例》规定，省高速公路交巡警支队对 228 种高速路易出现的交通违法行为处罚标准分为警告教育、“首违不罚”、中下限处罚、严重违法上限处罚 4 个等级进行处罚。昆曲、昆玉、昆楚、昆石 4 条出昆高速上 25 个固定测速点、89 个流动测速点将规范设置，1000 米外设提醒标志。

2 日

●全省村级公益事业一事一议财政奖补试点工作会议在石屏县召开，计划 2009 年安排 3.67 亿元资金大力推进村级一事一议财政奖补工作。

2008年云南被中央列为首批在全省范围内开展村级公益事业建设一事一议财政奖补试点省。

●中国·昆明"法治城市·制度创新"论坛在昆明举行，全国普法办副主任、司法部副部长张苏军在论坛上就区域法治建设作了专题演讲。

●中国银行云南省分行与云天化集团在昆明签署协议，向云天化集团授信165亿元，双方达成战略合作关系。

3日

●省政府在文山召开省农田水利基本建设现场会。

●省委决定在全省范围公开选拔一批40岁以下的副厅级党政领导干部和省属国有企业经营管理人员。

●全省法院集中清理执行积案活动电视电话会议在昆明召开，全省法院进行有史以来最大规模的一次清理积案活动，对清查出的8.44万件执行积案进行集中执行，首先拿"涉困"、"涉特"的1万余件"硬骨头案"开刀。

●云南首家反家庭暴力妇女庇护所在昆明挂牌成立，并能为妇女提供最长10天的临时庇护。

5日

●省委、省政府在昆明召开加快昆明新机场建设动员大会。

●新建云桂铁路（新南昆铁路）项目获国家发改委审批立项，项目投资805亿元，全长727公里，云南境内长462公里，设计行车速度每小时200公里，建设总工期6年，是目前省内投资最大的铁路建设项目，建成后昆明至广州6小时可达。

●云南安楚高速公路转让项目在上海联和产权交易所挂牌，拟向社会公开转让安宁至楚雄高速公路的85%（省级出资部分）的收费经营权，迈出探索公路建设新融资渠道的第一步。

●省政府在昆明举行汇报会，向全国政协考察团汇报生态建设和环境保护工作情况。

●省政府召开全省森林防火工作电视电话会议。

6日

●中国水协排水委2008年年会暨全国城镇污水处理厂绩效评比表彰大会在深圳召开，昆明市第一污水处理厂荣获"2008年度全国城镇污水处理厂十佳运营单位"称号，第二、三、四、五污水处理厂荣获"全国城镇污水处理厂优秀运营单位"称号，第五污水处理厂获得"全国城镇污水处理厂技改（单项）先进单位"称号。

7日

●第十九届中国10大杰出青年评选活动揭晓，为藏区百姓传递真情的德钦县云岭乡邮政所女邮递员尼玛拉木当选。

8日

●全省创建文明城市工作现场会在曲靖市召开。

●"红河杯·云南省首届百姓最喜爱的十大人民警察"电视颁奖晚会在昆明召开，任秀虹、余钰、谭红锋、张艺钟、王志坚、张华建、次里丁主、朱绍平、骆文龙、段松10位民警当选。

●中央电视台10套开播5集专题片《怒江故事》，该片以丰富的画面、真实的声音、权威的诠释，围绕要不要在云南怒江开建水电工程的焦点问题，反映了各方所持的观点，揭示了保护"三江并流"世界遗产地与开发水电、促进当地经济建设并不矛盾的关系。

9日

●中国民生银行与省政府在昆明签订《战略合作协议》，未来5年内，民生银行将以专项贷款的方式，在保证符合国家法律法规和有关信贷管理规章制度的前提下，向云南提供不低于200亿元的政府合作贷款。

10日

●农业部、云南省政府在北京签署共建特色现代农业示范区合作备忘录。示范区的发展目标是到2012年粮食平均单产比2007年提高15%以上，农民人均收入达到西部平均水平，到2020年，粮食产量达到2000万吨，农民人均收入缩小与全国平均水平的差距，基本实现农业现代化。

●省政府在昭通市召开金沙江下游水电移民工作座谈会。

●云南省救灾和恢复重建资金物资管理使用和监督检查工作座谈会在昆明召开。

●云南省旅游投资有限公司在大理举行大理旅游集团有限责任公司增资扩股协议签字仪式，以现金1亿元出资，持股比例增至59%。

11日

●国家林业局、云南省政府在北京签署《建设木本油料产业示范合作备忘录》，我国首个木本油料产业示范区正式落户云南。

●省委、省政府在阳宗海召开全省文化产业与旅游业互动发展工作会。

●《云南省劳动和社会保障系统应对当前经济形势拉动内需促进经济发展的措施》发布实施，18项具体措施中除了新增岗位差额补贴等6项补贴，养老金、失业工伤待遇等4项标准被提高，医疗、工伤等2项保险费率被降低以外，还对公益性岗位、小额担保贷款等方面给予补充优惠。

12 日

●省委召开常委会研究通过《云南省深入整治用人上不正之风进一步提高选人用人公信度的实施意见》。

●省政府出台 14 项措施助推中小企业发展。

13 日

●中药全球化联盟（昆明）研讨会召开，会议围绕“中草药资源、品种质量，中草药在治疗、预防、保健、美学的进展和应用”等主题进行了学术交流。

●由云南省民族学会景颇族研究委员会主办的景颇族地区科学发展研讨会在昆明举行。

15 日

●省农业厅在昆明举办全省提前返乡农民工工作座谈会。截至 12 月 10 日，云南在外务工提前返乡的农民工约有 51.2 万人。

15 日～17 日

●云南省赴韩国旅游促销团在韩国首尔、大邱举办云南旅游说明会。

15 日～2009 年 1 月 16 日

●“首届中国知青文化旅游节”在昆明、红河等地举办。

16 日

●主题为“滇港携手，共抗危机；加强合作，谋求共赢”的第二届滇港合作高级论坛在昆明召开。

●云南省第二届社会科学学术年会、省社科联主场专家咨询会在昆明举行。

●《云南日报》报道：中美合作考古有惊人发现，晋宁县晋城镇可能就是古滇国王城城址。

●省商务厅在玉溪新平县授予 2 县 1 公司 2 学校外派劳务基地的资格，自此云南已建成 6 个外派劳务基地县和 9 个行业基地。

17 日

●省委、省政府在昆明召开副省及以上党员离退休同志座谈会，通报 2008 年经济社会发展情况及 2009 年工作的初步安排意见。

●省长秦光荣主持召开省政府第十五次常务会议，贯彻落实中央经济工作会议精神，研究讨论 2009 年工作安排。会议决定在今冬明春启动建设 55 项重大项目，总投资近 1400 亿元。

●全国农村社区建设实验工作经验交流会在昆明召开。

18 日

●昆明绕城高速公路北段连接线、昆明—武定高速公路进场道路、元谋—双柏、普者黑—炭房、思茅—江城、宁洱—景谷、镇雄—威信等 7 条高等级公路举行开工仪式，这次开工建设的线路里程 582 公里，估算总投资 128 亿元。

19 日

●省政府在昆明向农业部进行工作汇报。

●铁道部、云南省在蒙自召开云南国际铁路通道——新建蒙自至河口铁路建设动员大会，铁路长 141 公里，工程总投资 83.4 亿元，建设工期 4 年。

●从 19 日起，铁道部将能买半价票的儿童限高调整为 1.1 米～1.5 米，以儿童实际身高（脱鞋）为准，而原来的标准为 1.1 米～1.4 米。

20 日

●云南省纪念改革开放 30 周年大会在昆明召开，1200 多人参加了纪念大会。

21 日～24 日

●首届云南服装服饰文化节在怒江州六库开幕并表演大型少数民族风情舞《梦幻怒江》。

22 日

●《云南省人民政府关于第四轮取消和调整行政审批项目的决定》正式公布施行。第四轮取消和调整的行政审批项目是在对 58 个省级部门现有的 1107 项行政审批项目清理后，经严格审核和论证后得出的。此次共取消和调整 392 项行政审批项目。其中，取消行政许可项目 35 项，取消非行政许可审批项目 39 项；调整行政许可项目 211 项，调整非行政许可审批项目 107 项。调整的行政审批项目审批时限压缩 1/3 以上（均按工作日计算）。

24 日

●省委、省政府在昆明召开全省清查“小金库”和规范非税收入管理工作总结表彰大会。

25 日

●新中国成立后第一架民用飞机降落在腾冲的大地，刚通过竣工验收的腾冲机场首次校飞成功。

25 日～26 日

●云南省委八届六次全委会在昆明召开，省委书记白恩培向全委会作工作报告，省长秦光荣结合中央经济工作会议精神对全省经济社会发展的具体工作提出要求，省委副书记李纪恒就《中共云南省委关于贯彻〈中共中央关于推进农村改革发展若干重大问题的决定〉的实施意见（讨论稿）》的有关问题向全委会作书面说明。

26 日

●省政府在昆明与中国农业银行签署战略合作协议，携手积极应对金融危机的挑战，共克时艰，共谋发展。

●2 时 19 分，昆明市发生 4.3 级地震，震中位于宜良县汤池镇阳宗海北岸（东经 103.01 度，北纬 24.58 度），震源深度 9 公里，造成汤池镇的 8 个村委会受灾；4 时 20 分、5 时 25 分，德宏州瑞丽市境内连续发生 4.9 级、4.0 级地震，震中位于瑞丽市勐秀乡（东经 97.46 度，北纬 24.03 度），地震波及陇川、盈江、梁河、潞西、畹町等县（市、区）。

●云南省电动自行车商会在昆明成立，100 余个电动车及相关产品的行业精英成为商会的首批会员。

27 日

●东航云南分公司开通昆明直航台北航线，空中飞行时间 2 小时 50 分钟，每逢周六执行一班。

28 日

●云南省政府对 10 名杰出农民工、90 名优秀农民工和 100 个农民工工作先进集体进行表彰，并对 10 名杰出农民工授予“云南省杰出农民工”荣誉称号。

●云南省湛江商会成立 10 周年庆典大会暨项目签约仪式在昆明举行，确定在昆明出口加工区投资开发建设国际商贸中心区项目。

●由云南大港旺宝集团投资建设的叠水河休闲度假区开工奠基典礼暨龙光台广场项目开工仪式在腾冲县举行，该公司在腾冲县 8 个项目 29 亿元的旅游文化产业投资建设拉开序幕。

29 日

●省委召开常委会研究人大、政协工作，强调人大、政协工作要围绕中心服务大局推动经济社会发展。

●云南省滇池水污染防治工作联席会议在昆明召开，省政府滇池水污染防治专家督导组对 2009 年滇池治理提出新要求。

●常务副省长罗正富发表电视讲话，号召全省各级政府、各部门和广大普查对象，圆满完成第二次全国经济普查任务。

●全省切实减轻学生负担听证会在昆明召开。

●全省公路春运方案出台，春运期间汽车票价上涨 20%。

30 日

●省委、省政府听取省级各民主党派、省工商联重点调研课题汇报。

●昆明市中级法院对云南铜业集团公司前高管邹韶禄等人职务犯罪案分别进行一审公开宣判，该集团原董事长邹韶禄被判无期徒刑、云铜集团原副总经理余卫平被判死刑、原云铜房地产公司总经理汪建伟被判有期徒刑 20 年。

31 日

●2008 年全省金融工作座谈会在昆明召开，提出抓住扩大内需重大机遇，争取 2009 年各项金融工作再上新台阶，为全省经济又好又快发展提供有力支撑。

●云南电视台与昆明滇池国家旅游度假区共同在云南民族村推出大型迎新晚会《心动彩云南》，云南卫视进行 4 个小时的连续直播，云南电视网（www. yntv. cn）也同步进行网络直播。

· 责任编辑 · 白丽华

国民经济和社会发展

National Economy and Social Development

经济社会发展综述

【经济继续保持平稳较快发展】 2008年是全省经济社会发展中遇到困难矛盾较多、面临形势十分复杂的一年。省委、省政府切实采取积极有效措施，攻坚克难、真抓实干，保持了全省经济平稳较快增长的势头。2008年，全省实现生产总值5700.1亿元，增加近1000亿元，增长11%，高于全国2个百分点。其中，第一产业完成1020.94亿元，增长7.6%；第二产业完成2451.09亿元，增长11.4%；第三产业完成2228.07亿元，增长12.1%。三次产业比重为17.9∶43∶39.1。全省经济发展的协调性和可持续性进一步增强，呈现出农业稳步发展，工业平稳增长，第三产业发展势头良好的局面。

【农业农村经济发展成效明显】 2008年，省委、省政府坚持把“三农”工作放在首位，各级各部门认真落实强农惠农政策，全省农村经济取得较快发展。全年农业总产值达1641.5亿元，增长7.9%，完成增加值1020.94亿元，增长7.6%。努力克服农业生产特别是年初雨雪冰冻灾害对春耕生产的影响，实现粮食增产和农民增收，全年粮食总产量达1588万吨，增长2.7%；肉类总产量达411.8万吨，增长15%。全省经济作物种植完成3900万亩，新增核桃等木本油料种植面积550万亩。农业产业化、乡镇企业和农民专业合作组织发展加快，除烟草外的农产品加工产值超过700亿元，农产品直接出口完成8亿美元。农业投入进一步加大，全省财政支农资金177亿元，增长38.7%，对农民直接补贴106.4亿元，增长107%。农村生产生活条件进一步改善，完成一批中小型水库建设和中小型病险水库除险加固工程，兴建山区“五小水利”工程25万件，农田有效灌溉率达到39%，同比提高1个百分点；新增高稳产农田和基本农田各100万亩，解决了172万人饮水安全问题，新建沼气池25万个、农村改灶16万户。

【新型工业化稳步推进】 2008年，全省克服工业增长乏力的困难，稳步推进新型工业化进程，加大运行调节力度，增加工业投入，帮助企业度过难关，工业经济保持平稳发展势头。全省全部工业增加值完成2056.95亿元，增长12.5%，规模以上工业完成增加值1803.62亿元，增长12.6%，其中，重工业增长11.3%，轻工业增长14.2%。发展方式有了转变，工业发展思路进一步完善，启动了工业发展“双万亿工程”和重点项目建设“双百工程”。建设40个省级工业园区和培育40个工业强县取得新成效。持续加大工业投资力度，重点推进的20项工业建设项目进展顺利，全省工业固定资产投资（含电力投资）1232亿元，增长25.9%。及时出台收储重要商品、实行阶段性特殊电价政策和扶持中小企业发展等措施，积极帮助企业克服困难。全省现代烟草农业示范建设取得明显成效，烟草企业“三变二”重组工作顺利完成，烟草工业制品业实现增加值659.4亿元，增长15.3%。抓住机遇促进结构调整和发展方式转变，更加积极主动地推进自主创新。启动了创新型云南行动计划，实施一批科技创新工程，建成了锡化工加工中心、稀贵金属冶金新技术研发试验基地等一批创新基地，完成了两米级光学望远镜、灵长类实验动物与动物实验基地等一批重大科技工程项目，30项产业发展关键核心技术取得突破，实施专利技术1300多项，重点产业竞争力进一步提升。

【固定资产投资持续较快增长】 2008年，针对年初全省投资增长缓慢的严峻形势，省委、省政府果断决策，采取有力措施，千方百计协调解决重大建设项目审批、资金、环评和用地等难题，扭转了投资下滑的局面。全年全社会固定资产投资完成3526.6亿元，增长26%，三次产业投资分别增长141.1%、26.2%和21.1%。水利、工业（不含电力）、房地产业、电力、通信等重点行业投资分别增长97.7%、34.1%、31.9%、18.3%、14.6%。公路建设完成投资291亿元，铁路40亿元，机场24亿元，电力606亿元，水利74亿元，房地产558亿元，城镇建设97亿元。坚持实施大项目带动战略，紧紧围绕“三个一百”工程、20个重大建设项目和70项新开工重大项目，加大工作力度，加强推进落实工作。全年“三个一百”重点建设项目完成投资703.7亿元。其中，100项在建重点建设项目完成投资493.6亿元；100项新开工重点建设项目已有67个大项，16个子项动工建设，完成投资210.1亿元；100项重点前期工作项目进展顺利。大丽铁路全线铺轨，仁丽、蒙河、广大铁路开工建设；在建的12条国道主干线和西部开发省际通道公路项目主体工程全部完成，改建和新建农村公路2.5万公里；昆明新机场全面开工建设，腾冲机场竣工通航。全省新增电力装机394万千瓦。建成中小型水库30座，完成中小型病险水库除险加固工程53件。全省城镇化率达到33%。全面贯彻落实中央扩大内需重大决策，积极主动做好项目衔接汇报等工作，争取到中央扩大内需资金56亿元，全年共争取到中央预算内基本建设资金130亿元，是历年来最多的一年。

【消费需求持续增长】 2008年，全省城乡居民收入持续较快增长，消费能力进一步提高，消费环境进一步改善，消费潜力逐步释放，全省消费需求保持平稳较快的增长势头。全年全省实现社会消费品零售总额1718.54亿元，增长23.2%，增幅同比提高5.9个百分点。城乡消费同步较快增长。全省城市、农村分别实现消费品零售总额1350.7亿元、367.84亿元，分别增长24%、20.5%。消费结构进一步优化。公有经济实现零售额297.92亿元，增长2.1%；非公有制经济实现零售额1420.62亿元，增长23.5%。全省批发业、零售业、住宿业、餐饮业分别实现消费品零售额191.24亿元、1122.88亿元、77.57亿元、220.65亿元，分别增长23.3%、22.6%、24.8%、30%。消费结构继续升级，五金电料类、电子出版物及音像制品类、石油及制品类、洗涤用品类、机电产品及设备类、金银珠宝类零售额分别增长25.1%、23.3%、51.5%、48.8%、10.9%、43.3%。旅游二次创业稳步推进，旅游业较快增长，全年接待海内外旅游者超过1亿人次，其中海外旅游者250万人次，周边入境旅游者260万人次，实现旅游业总收入663.3亿元，增长18.6%。

【生态环保和节能减排取得新成绩】 九大高原湖泊水污染防治措施得到落实。滇池治理的六大措施取得重大突破，洱海保护治理经验得到国家环保部高度肯定，星云湖—抚仙湖出流改道工程顺利完成，杞麓湖调蓄水隧道工程全线贯通。阳宗海水体砷污染事件得到及时有效处置。启动实施滇西北生物多样性保护工作。退耕还林、天然林及野生动植物保护、水土保持、农村能源、石漠化治理等重点生态建设工程稳步推进，完成营造林674万亩，全省绿化面积达50%以上，新增水土流失治理面积2522平方公里。国家公园建设继续推进，云南省被确定为全国试点省。加快循环经济发展，继续推进全省循环经济试点，启动了云锡集团、云铜股份、云天化集团第二批国家循环经济试点工作。开展了“全民节能·云南在行动”活动，节能减排统计、监测、考核三大体系进一步完善，淘汰了一批小火电、小炼铁、小水泥等落后产能，共关停火电机组80万千瓦。启动了227个污染减排省级重点项目。重视城镇环境建设，进一步加强全省县以上城镇建设污水和生活垃圾处理设施建设。全省节能减排指标继续保持下降势头，单位生产总值能耗下降4.4%以上，化学需氧量和二氧化硫排放量分别削减2.5%和3%。

【社会更加和谐稳定】 2008年，全省更加重视民生，切实解决涉及群众切身利益的突出问题，着力加快推动各项社会事业全面发展，城乡居民生活进一步改善。

教育方面 新增“普九”县5个，全省达到126个。继续扫除青壮年文盲。“两免一补”覆盖范围由201万人增加到602万人，所有城市义务教育公办学生享受免杂费补助。638万名农村中小学学生享受到免费教科书及练习册；改造中小学D级危房面积109万平方米，启动了农村教师周转房建设。组建了8个省级职业教育集团，全省第一所技师学院开工建设，中等职业学校学生全部享受生活补助，呈贡高校新校区建设进展顺利。全省高中阶段毛入学率达52%，高等教育毛入学率达16.17%。

医疗卫生方面 县乡村三级和社区医疗卫生基础设施条件持续改善，完成了新建100个社区卫生服务中心，改造100个社区卫生服务站，改扩建132个乡镇卫生院和116个村卫生室。全面推广新型农村合作医疗，新农合人口覆盖率接近90%，参合农民每人每年报销上限达到2万元。全面推行“药品统一竞价采购、统一配送”，药品价格有效降低。实施“少生快富”工程，全面启动了出生缺陷一级预防工作，全省人口自然增长率控制在6.32‰。

就业和社会保障方面 社会保险覆盖范围扩大、待遇提高，参保人数达到1422万人。城镇居民医疗保险试点范围从2007年的3个州市扩至10个州市89个县，参保人数261万人。全省城镇新增就业人数23万人，实现“零就业”家庭至少有1人就业，农村劳动力转移就业155万人。企业退休人员基本养老金标准和失业保险、工伤保险待遇水平同步提高，老工伤人员纳入工伤保险统筹。解决了300万农村贫困人口和87万城镇低收入者的最低生活保障。在全省开展了城乡医疗救助。农村“五保”供养水平提高，敬老院建设得到加强。建成廉租房80万平方米，全面启动了租赁补贴发放工作。

文化体育方面 启动建设省博物馆新馆等一批重大标志性文化设施，广播电视覆盖率进一步提高，一批文学艺术作品和演员在全国获大奖。奥运火炬在省内成功传递，云南省运动员在残奥会上取得优异成绩。

城乡居民收入方面　全省城镇居民人均可支配收入达1.33万元，实际增长9.4%，农民人均纯收入达3102.6元，实际增长9.1%，是近年来收入增长较快的一年。

扶贫方面　开展了1万个自然村整村推进和村容村貌整治，培训转移贫困地区劳动力40万人，解决和巩固60万贫困人口的温饱问题。改造茅草房、杈杈房5.6万户，完成易地搬迁贫困人口3万人。加大对人口较少民族的扶持力度，实施了对克木人、莽人等特殊人群的专项扶贫。启动了“兴边富民工程”新三年行动计划，6大工程和30件惠民实事扎实推进。

此外，及时有效组织抗灾救灾，努力使灾害损失减小到最低程度。组织开展了“汶川大救援、云南大行动”。投入救灾资金26亿元，转移安置受灾群众70万人次，开展了14.6万户因灾损毁民房的恢复重建，完成农村民居地震安全工程建设24万户，灾区群众基本生活得到有效保障，灾区社会保持稳定。

【各项改革取得新成效】　2008年，省委、省政府出台《中共云南省委云南省人民政府关于进一步深化改革的决定》（云发［2008］6号），进一步加强体制改革的宏观指导，进一步明确改革任务，加大力度推进各项改革，努力推动体制机制创新，重点领域和关键环节改革取得重要进展。建设责任政府工作取得明显成效，全面推行行政负责人问责办法和首问责任制、服务承诺制、限时办结制。继续深化行政审批制度改革，清理、取消和调整了392项行政审批事项。农村综合改革有序推进，集体林权制度改革基本完成主体任务，确权率、发证率分别达90%和60%，配套改革稳步推进；农村义务教育保障机制、县乡最低财政支出保障机制进一步完善；乡镇机构改革试点和村级公益事业建设一事一议财政奖补试点工作取得初步成效。新组建了云南省工业投资控股集团公司和云南省城乡建设投资公司。国有企业改革不断深化，昆钢与武钢重组、云铜与中铝实现战略合作，深化国企改革的总体目标任务基本实现，州市企业改制面和省属企业改制面均达99%；农村流通体制、农垦、华侨农（林）场和基层农业技术推广机构改革顺利开展，以水务体制改革为重点的水利改革取得突破。非公有制经济发展较快、活力增强，占全省经济的比重达38.5%，比上年提高1.1个百分点。腾冲、玉溪抚仙湖—星云湖旅游发展改革试点工作取得实质性进展，昆明、红河省级综合改革试点全面推进。纪念改革开放30周年系列活动进展顺利。

【开放云南建设取得新进展】　2008年，省政府制定出台《关于进一步扩大开放的实施意见》，着力推进开放云南建设。赴香港举办“云南·香港深化服务贸易合作洽谈会”和各类招商活动，与香港工商界在旅游、文化、商贸、物流等服务贸易领域签订了一批项目合作协议，总投资超过800亿港元。出访印度开展“亲邻之旅”，成功举办了首届大湄公河次区域经济走廊论坛、南亚商务论坛和华商论坛，提高了“昆交会”办会层次。深化了第三亚欧大陆桥的研究和论证，与东盟自由贸易区、大湄公河次区域及孟中印缅地区等东南亚、南亚地区的合作不断深化。积极融入“泛珠三角”、“长三角”等区域合作，进一步加强滇沪对口帮扶与合作。受国际金融危机影响，全省进出口平稳增长。全年全省实现外贸进出口总额95.99亿美元，增长9.3%，其中出口完成49.87亿美元，增长4.6%，进口完成46.12亿美元，增长14.3%。磷化工产品、农产品和机电产品出口快速增长，分别完成15.61亿美元、7.99亿美元和9.78亿美元，增长65.8%、20.2%、48.1%；高新技术产品完成出口8.2亿元，增长19.1%。金属矿产资源产品受国际市场低迷影响较重，大宗商品原材料进口20.52亿元，下降15.2%。非金属原材料和机电产品进口额分别增长2倍和43.7%。招商引资工作力度进一步加大，实际利用外资7.8亿美元，引进省外到位资金773亿元。

【物价涨幅得到较好控制】　2008年，针对年初全省居民消费价格高开高走的态势，省政府与各州（市）政府签订了《保障物价稳定及市场供应责任书》，研究出台支持农业生产、加大商品调运、完善储备制度、强化市场管理、发放临时生活补贴等措施。全省进一步加强价格监测预警，依法加大监督检查力度。严格控制出台政府调价项目，及时启动重要商品临时价格干预措施，严格提价申报和调价备案程序，清理行政事业性收费，积极开展价格和收费专项检查。全省居民消费价格总水平逐月回落，全年全省居民消费价格指数上涨控制在5.7%，同比降低0.2个百分点，其中城市上涨5.4%，农村上涨6%。

【宏观经济运行中的主要问题】　2008年，金融危机对我国的经济运行造成明显冲击，也对云南的发展产生了严重影响，保持全省经济平稳较快增长压力不断增大，经济运行和发展形势不容乐观。1. 全省工业经济面临着减效、减产、减价、减销的严峻形势。全年全省工业完成增加值增速同比下降4.5个百分点。粗钢、钢材、10种有色金属、生铁、铁合金和合成氨等主要工业品产量下降；原材料、燃料和动力购进价格上涨11.6%，工业品出厂价上涨5.8%，企业受成本上升和价格下降的挤压。能源需求萎缩，铁路运力出现了20多年来从未有过的“暂时富余”。工业实现利润出现了自2006年4月以来首次下降。2. 保持投资持续增长难度较大。全省坚持实施大项目带动战略，投资规模逐年增大，基数较大，保持投资持续较快增长难度较大。投资结构不合理，投资自主增长能力较弱，项目前期工作滞后，项目资本金筹措困难等问题仍然存在。3. 对外贸易增速下降。金融危机尚未见底，影响还在延续加深，国际需求减弱抑制全省出口增长，外贸进出口额增幅大幅回落，全年进出口总额增长9.3%，出口增长5.3%，同比分别回落31.7、34.3个百分点。此外，全省科学发展的体制机制还不完善，一些深层次矛盾和涉及人民群众切身利益的问题还没有得到很好解决。经济发展困难加大，形势不容乐观，一些企业职工特别是农民工失去工作，全省就业压力前所未有。

（杨　仪）

民族自治地方经济

2008年，面对宏观环境变化，云南民族自治地方在省委、省政府的领导下，坚定不移地贯彻落实科学发展观，积极应对并努力化解经济运行中的突出矛盾和问题，大力推进经济建设，大力推进和谐社会建设，抢抓国家和省进一步扩大内需、促进经济增长的政策机遇，经济社会继续保持良好发展势头，呈现出经济增长、结构优化、民生改善、社会和谐、民族团结、边疆安宁的良好局面。

【综　述】　2008年云南民族自治地方地区生产总值2139.1亿元，与上年同期相比增长11.3%，高于全省0.3个百分点，连续6年保持两位数增长。其中，第一产业536.2亿元，比上年同期增长7.2%；第二产业857.9亿元，比上年同期增长12.4%；第三产业744.9亿元，比上年同期增长13.2%。产业结构进一步调整，三次产业结构从上年的25.48∶40.24∶34.28调整为25.07∶40.10∶34.82。人均GDP 9534元，比上年增加1382元，为全省平均水平的75.7%。

【农业经济】　通过加快农业产业结构调整，以及一系列支农、惠农政策的实施，云南民族自治地方农业向规模化、产业化、协调化发展。优势特色农产品生产形成新格局，林业产业迈出新步伐，畜牧业、渔业生产进入新阶段，农业基础设施建设取得新成效，农民增收实现新跨越，新农村建设呈现新景象。2008年，实现农林牧渔业总产值855.3亿元，比上年增长8.2%，高于全省0.3个百分点。其中，农业、林业、牧业、渔业、农林牧渔服务业产值分别占农业总产值的48.1%、12.1%、34.5%、2%、3.3%，与上年相比，农业、林业所占比重分别下降2.3、0.7个百分点，牧业、渔业、农林牧渔业所占比重分别上升2.7、0.1、0.2个百分点，结构调整成效明显，畜牧业继续保持了加快发展的势头。

2008年，民族自治地方有791个乡镇，7374个村委会，其中自来水受益村6781个，通公路村数7249个，通电话村数7097个，通电村数7336个，分别占村委会总个数的92.0%、98.3%、96.2%、99.5%，与上年相比，分别上升了1.6、0.7、1.3、0.1个百分点。农业机械总动力为1161万千瓦，与上年相比增长22.7%，农村用电量31.25亿千瓦小时，与上年相比增长22.3%。农村固定资产投资217.5亿元，比上年增长62.5%，高于全社会固定资产投资总额39.6个百分点，农村生产生活条件明显改善，新农村建设成效显著。

【工业经济】　2008年，面对国际金融危机的不利影响，采取有效措施，积极推进经济结构调整和发展方式转变，工业经济保持了平稳较快的发展态势。民族自治地方国有及非国有规模以上工业企业发展到925个，比上年新增63个，实现全部工业增加值698.72亿元，增长12.9%，高于全省0.4个百分点；规模以上工业总产值1526.3亿元，增长14.4%；工业销售产值1353.95亿元，增长8.6%，产销状况良好，工业增加值525.85亿元，占总产值的34.5%，实现利税总额271.9亿元，与上年相比基本持平。

近年来，云南省相继制定和出台了一系列鼓励、扶持和促进非公有经济发展的政策和措施，云南民族自治地方非公有制经济得到较快发展，非公有制企业的发展潜力得到挖掘和释放，企业盈利能力不断增强，带动了工业生产效益快速增长，非公有制经济已成为工业经济增长的主要推动力。2008 年，规模以上非国有工业总产值 1264.6 亿元，占规模以上工业总产值的 81.7%，同比增长 17.3%，增幅高出工业增长平均水平 2.9 个百分点，高出国有企业工业总产值 4.9 个百分点，其中股份制工业企业增长最快，对工业增长的贡献率居各种经济类型首位。

【固定资产投资】 固定资产投资延续了 2003 年以来的高位平稳运行态势，投资规模适度扩大，投资结构继续向好。按照中央扩内需、保增长、调结构的总体要求，在争取资金、项目建设、结构调整、投资发展等方面均实现了新的突破。从投资特点看，凸显“保增长、保民生、保稳定”特征，投资自主性有所增强。2008 年，全社会固定资产投资总额 1281.4 亿元，同比增长 22.9%，其中，城镇固定资产投资 1063.9 亿元，增长 16.8%，农村固定资产投资 217.5 亿元，比上年增长 62.5%，农村增长率快于城镇 45.7 个百分点，农村基础设施建设得到加强，农民生产生活条件得到较大改善。从投资的资金来源来看，自筹资金 641.4 亿元，占全社会固定资产投资总额的 50%，投资自主性不断增强。

【财政金融】 2008 年，随着国际金融危机以及政策性减收因素影响加大，经济发展速度逐步放缓，财政收入增速呈现快速回落态势。在促进扩大内需的财税政策措施得到较好贯彻落实的基础上，云南民族自治地方各级财税部门克服宏观经济复杂多变、财税政策性减收等诸多不利因素的影响，积极拓展财源，狠抓收入征管，财政收入保持了较快增长。2008 年，民族自治地方实现地方财政一般预算收入 159.2 亿元，增长 22%，其中各项税收 123.6 亿元，比上年增长 29.6%，占地方财政一般预算收入比重为 77.6%，较上年提高了 4.5 个百分点。财政支出结构进一步优化，支农力度继续加大，促进了农业和农村经济发展。2008 年地方财政支出 530.3 亿元，增长 25.1%，其中农林水事务支出 74 亿元，占地方财政支出的 14%。

2008 年，金融运行平稳，信贷保持合理增长，结构不断优化，切实发挥了在扩内需、保增长、调结构中的支持和服务作用。云南民族自治地方年末全部金融机构各项存款余额 2327.3 亿元，比上年增长 17%，全部金融机构各项贷款 1482.3 亿元，比上年增长 12%。其中城乡居民储蓄存款余额 1322.4 亿元，比上年增长 19.6%。金融存贷款加快增长，对促进民族自治地方经济继续较快增长发挥了积极作用。

【第三产业】 建筑业快速增长。2008 年民族自治地方建筑业总产值 388.4 亿元，同比增长 42.9%，建筑业增加值 150.8 亿元，同比增长 27.4%，利润总额 113 亿元，同比增长 20.5%。

运输条件不断改善。年末公路线路里程总计 13.64 万公里，比上年增加 3064 公里，其中新增高速公路 451 公里。

邮电业发展迅猛。2008 年，邮电业务总量 97 亿元，同比增长 39.1%，新增移动电话年末用户 153 万人，新增固定电话年末用户 13 万户，新增国际互联网络用户 8.39 万户。

贸易呈现良好发展态势。2008 年，社会消费品零售总额 592.3 亿元，同比增长 20.1%；进出口总额 26.6 亿美元，同比增长 9%，其中进口总额 9.5 亿美元，同比减少 31.4%，出口总额 17.1 亿美元，同比增长 62.9%。

旅游业进入快速发展时期。2008 年，旅游人数 5787.5 万人次，同比增长 21.4%，其中国际旅游人数 188.7 万人次，同比增长 8.7%，国内旅游人数 5598.8 万人次，同比增长 21.9%，国际旅游收入 3.04 亿美元，同比增长 21.6%，国内旅游收入 284.4 亿元，同比增长 16.9%。

【社会事业】 2008 年，云南民族自治地方经济社会统筹发展，在经济增长的同时，社会事业长足进步。

民生持续改善，社会更加和谐 通过实施农村卫生服务体系建设、新型农村合作医疗、广播电视“村村通”工程、农村中小学危房改造、中小学生“三免费”、农村安全饮用水、农村低保等民生工程，以及新农村建设的蓬勃开展，云南民族自治地方民生得到较大改善。2008 年，城镇居民人均可支配收入 1.13 万元，同比增长 6.5%，农民人均纯收入 2695 元，同比增长 11.8%，农民人均纯收入增幅连续 2 年超过城镇居民人均可支配收入。“兴边富民工程”、扶持人口较少民族发展等民心工程的实施，使边疆少数民族感受到党的关怀和温暖，倍加珍惜和维护这来之不易的团结、稳定、发展的大好局面。

教育事业全面发展 2008 年，云南民族自治地方拥有普通高等学校 9 所，在校生 4.41 万人；有普通中等专业学校 37 所，在校生 4.5 万人；有普通中学1190所，在校生121.2万人；有小学校9909所，在校生200.5万人。教育经费支出103亿元，同比增长15.7%。

卫生医疗事业有力推进 2008年，拥有卫生机构数3937个，其中医院、卫生院数1200个，村卫生室7098个，医疗机构床位数5.7万张，385人拥有一张病床，卫生机构人员数6.51万人，337人拥有一位卫生人员，医疗卫生条件有所改善，农村公共卫生和基本医疗服务能力得到提高。

人口、资源、环境协调发展 人口保持适度增长，2008年民族自治地方年末总人口2192.3万人，同比增长5.5‰，低于全省平均水平0.9个百分点，其中城镇人口540.2万人，占总人口的24.6%，城镇化率有所提高。环境保护进一步加强，节能减排和环境保护力度加大，生态建设取得积极进展，循环经济建设步伐进一步加快，资源综合利用能力得到加强，工业废水排放总量比上年减少789万吨，工业固体废物综合利用量增加570万吨，“三废”综合利用产品产值27.2亿元，同比增长23.6%，工业污染治理项目当年完成投资额5.9亿元，同比增长43.9%。

社会保障体系继续完善 继续完善失业保障和社会救济制度，提供基本社会保障，按照广覆盖、保基本、多层次、可持续的原则，着力保障和改善民生、加快建立覆盖城乡居民的社会保障体系。2008年，城镇职工医疗保险参保人数发展到70.3万人，农村居民最低生活保障人数发展到257.5万人，农村居民最低生活保障支出8.4亿元，同比增长82.6%，新型农村合作医疗参加人数1599.7万人，新型农村合作医疗费用支出8.9亿元，同比增长74.5%，新型农村合作医疗参合率达到85%。

【存在的困难和问题】 2008年云南民族自治地方经济社会协调发展，所取得的成绩来之不易。经济社会发展中仍存在一些新情况和新问题，主要是：受国际国内急剧变化的经济形势影响，部分行业生产经营困难；外出务工难度加大，农民持续增收面临压力；节能减排形势严峻，生态建设和环境保护任务繁重；对外开放水平不高，产品市场竞争能力整体不强；部分群众生活比较困难，影响社会稳定的因素仍然较多等。

（李鸿雁）

县域经济

【县域经济发展的成效】

全省县域经济试点工作有了新成效 2008年，在认真做好县域经济试点县督察调研工作的基础上，对3年试点工作进行了全面评估和认真总结。2007年47个试点县共完成生产总值2984.8亿元、占全省的63.2%，比试点前的2004年提高了4.4个百分点；人均地区生产总值达到1.39万元，相当于全省平均水平的1.3倍；2005年至2007年试点县地区生产总值、地方一般预算收入年均递增12.6%和22.6%，分别比试点前3年平均增速高4.5和14.1个百分点，均比同期全省平均水平高1个百分点，全省试点工作取得了“试点先行、示范带动、积累经验、促进发展”的预期效果。3年试点工作充分说明，省委、省政府关于加快县域经济发展的决策十分正确，3年试点工作为进一步加快全省县域经济发展奠定了坚实基础。

全省县域经济发展思路有了新突破 在认真总结试点工作经验的基础上，为使全省县域经济发展既符合云南发展实际，又符合国家划分主体功能区的政策思路，研究提出了新阶段全省分类指导县域经济发展新思路。以经济社会发展水平为基本依据，综合考虑3年县域经济综合评价及考核结果、边境县、人口大县以及州市府所在地等因素，将全省129个县（市、区）分为3类，初步确定35个县为一类县，58个县为二类县，36个县作三类县。力争通过分类谋划，以类定标，因类施策，促强扶弱推中间，使各类县都有思路引领、项目支撑、资金支持、政策推动，最终形成一类县率先发展、二类县加快发展、三类县跨越式发展的良好局面，积极推动全省县域经济工作由集中力量抓“点”向统筹兼顾扩“面”转变。

推动全省县域经济发展有了新部署 年末在昆明召开了2008年全省县域经济发展工作会议，白恩培书记、秦光荣省长分别对全省县域经济工作作了书面批示，对全省开展县域经济发展试点工作以来，取得的经验和成绩给予了高度评价。省县域经济发展协调小组组长罗正富常务副省长到会作了重要讲话，省县域经济发展协调小组副组长孔垂柱副省长作了总结讲话，对新阶段全省县域经济发展各项工作进行了全面部署。会议表彰奖励了2007年“十强县”和“先进县”、“财政包干考核”受奖县，交流了典型经验，讨论了4个拟出台文件，研究了新阶段加快县域经济发展的思路、目标、重点、政策和措施，取得了统一思想认识、明确目标任务、动员加油鼓劲的良好效果，社会各界反响热烈。

促进全省县域经济发展有了新举措 年内组织召开了省县域经济协调小组会议和2次省县域办工作会议，县域经济发展协调小组24家成员单位对新一轮分类指导县域经济发展的总体思路、财政金融支持县域经济发展、县域经济综合评价考核、财政激励扶持措施等问题进行了专题研究，提出了一系列符合全省发展实际，适应新阶段发展要求的思路目标、工作重点和政策措施。其中，结合中央十七届三中全会精神和要求，由省政府研究室牵头起草的《云南省人民政府关于开展扩权强县试点的实施意见》、省财政厅牵头起草的《云南省县域经济发展财政扶持措施和考核奖励办法》、省统计局牵头起草的《云南省县域经济综合评价考核办法》、省银监局牵头起草的《云南省银行业金融机构支持县域经济发展的意见》，提交2008年全省县域经济发展工作会议进行了讨论，参会的全省16个州（市）主要领导、县域办主任、财政局局长，129个县（市、区）主要领导，以及省级有关部门领导，对文件提出了进一步的修改意见，为云南省出台支持新一轮县域经济发展的相关政策措施，奠定了良好基础。

【存在的主要问题】 2008年全省县域经济取得了长足发展，但县域经济发展滞后于全国其他省区市的局面尚未改变，县域经济发展还存在许多困难和问题。1. 县域经济发展总体实力仍然较弱。云南省县域经济平均规模为地区生产总值37亿元、地方财政一般预算收入为1.9亿元、人均地区生产总值为1.06万元，仅分别相当于全国平均水平的70%、90%、99%左右。2. 县域经济发展不平衡。生产总值前10位的县（市、区）是末10位的35倍；财政总收入居前10位的县（市、区）是末10位的51倍。各州（市）之间县域经济发展的不平衡也较为普遍。3. 县域经济发展的体制和机制制约严重。体制上事权与财权不对等，权利与义务不统一，严重影响了县级积极性、创造性的发挥。4. 一些地区和部门对发展县域经济的重要性认识不足、办法不多。突出表现为工作中思路不活、创新不多、措施乏力，县域金融机构萎缩，融资十分困难。

【2009年县域经济发展工作思路及重点】 全面贯彻党的十七大和十七届三中全会精神，深入实践科学发展观，把建设社会主义新农村作为战略任务，把走特色农业现代化道路作为基本方向，把加快形成城乡经济社会发展一体化新格局作为根本要求，以“富民强省、睦邻兴边”为发展目标，大力发展非公经济，加快推进农业产业化、工业化、城镇化、市场化和信息化进程，实行分类指导、整体推进，形成一类县率先发展、二类县加快发展、三类县跨越式发展的良好局面，为全面建设小康社会奠定坚实基础。

推进省直管县的财政管理体制改革 党的十七届三中全会通过的《决定》明确要求，“扩大县域发展自主权，增加对县的一般性转移支付、促进财力与事权匹配，增强县域经济发展的实力和活力。推进省直管县（市）财政体制改革，优先将农业大县纳入改革范围。有条件的地方可依法探索省直接管理县（市）的体制。”2009年中央一号文件进一步提出，“推进省直接管理县（市）财政体制改革，将粮食、油料、棉花和生猪生产大县全部纳入改革范围。”云南省从实际出发，通过研究选择昭通市镇雄县、曲靖市宣威市、保山市腾冲县开展省直接管理县（市）财政体制改革试点。

推动开展扩权强县试点工作 中央一号文件提出，“稳步推进扩权强县改革试点，鼓励有条件的省份率先减少行政层次，依法探索省直接管理县（市）的体制。”云南省在完善“云南省人民政府关于开展扩权强县试点的实施意见”的基础上，按照“试点范围适当、放权主体明确、扩权事项清晰”的要求，依据“具备试点基础、具有示范效应、便于顺利推进”的标准，拟选择昆明市石林县、东川区，曲靖市马龙县，玉溪市新平县、易门县，普洱市宁洱县，丽江市永胜县，临沧市云县等8个县市区，启动实施扩权强县试点工作。试点期限暂定到2012年，等试点取得成效后再逐步扩大范围，最终在全省范围内推开。

制定出台县域经济发展专项资金使用管理办法 3年试点工作，省级财政累计安排县域经济发展专项资3亿多元，充分发挥了“四两拨千斤”的引导作用，在支持县域经济发展，特别是优势农产品推进工程项目上取得了良好的经济和社会效益。2009年县域经济发展工作将由集中力量抓“点”，向统筹兼顾扩“面”转变，通过省级预算确保，盘活、收回财政有偿资金、财政周转金等方式，县域经济发展专项资金将进一步增加。省县域办牵头，财政、发改、农业等部门将认真总结以往工作经验，分析运行中存在的问题，尽快研究制定县域经济发展专项资金使用管理办法，进一步提高资金的使用效率。

建立健全县域经济发展奖励激励机制 按照科学发展观、正确政绩观和马克思主义群众观的要求，完善和实施好县域经济发展综合评价考核办法和财政扶持措施和考核奖励办法，充分体现鼓励先进、鞭策落后的思想，充分发挥考核评价和扶持奖励的激励和导向作用，充分调动各县及其领导干部的积极性、主动性和创造性，力求形成全省县域经济“比、学、赶、超”的竞争发展氛围。

开展县域经济发展规划编制工作 当前，云南省已经进入“十一五”规划实施的中后期，2009年要着手研究“十二五”规划的编制工作，重点开展全省县域经济发展规划编制前期工作，帮助指导州、县地方政府制定县域经济发展规划。在规划编制的研究工作中，将深刻把握全球经济发展的变化趋势，准确把握我国经济发展的基本面，把云南省县域经济放在世界市场和区域经济格局中，科学合理地确定发展思路、目标任务和重大原则；将牢牢把握党中央、国务院和省委、省政府扩大内需、促进经济增长重大决策带来的发展机遇，及早谋划当前和今后一个时期云南省县域经济发展的总体蓝图。

（赖晓榕　张　鹏）

工业经济综述

【概　述】 2008年，在省委、省政府的正确领导下，全省工业经济系统坚持以科学发展观为指导，以解放思想为动力，坚定不移地推进新型工业化，努力克服煤电油运制约、自然灾害频发、国际金融危机严重冲击实体经济、国内经济增速下滑等多重不利因素影响，坚决贯彻落实中央和云南省扩大内需、促进经济增长的重大战略决策，及时研究出台并认真落实一系列保工业增长的政策措施，确保了工业经济平稳较快增长，全省工业经济发展经受住了多方面严峻挑战，取得了重大成绩。

2008年，全省全部工业完成增加值2050亿元，增长12%左右，对全省生产总值的贡献率达到42.6%。其中，规模以上工业完成增加值1803.6亿元，增长12.6%；完成主营业务收入4760亿元，实现利税1000亿元，分别增长10.5%和0.4%；实现利润300亿元；工业经济效益综合指数位居全国前列。全年全省工业发展超额完成预定目标。

上半年，面对严重的自然灾害和煤电油运制约，强化生产要素组织协调，努力提高需求保障水平。2008年，煤炭产量达到8657万吨，增长8.2%；发电量突破1000亿千瓦时；购进成品油590万吨；完成铁路出省物资运输3052万吨。下半年，针对金融危机对实体经济冲击不断加剧，停产、限产企业增多，工业增速下滑的严峻形势，及时研究出台了应对金融危机、保工业增长的政策措施，主要包括：实施重要工业产品储备制度，在全国率先建立有色金属及化肥商业和企业储备制度，收储100万吨有色金属产品和50万吨化肥；推出重点产业阶段性特殊电价扶持政策，从2008年12月1日起，对全省铝、铜、锡、铅锌、钢铁、铁合金、黄磷、电石、烧碱、水泥等10大重点行业的企业实行阶段性电价优惠；加大对中小企业的支持力度，在较短时间内出台了扶持中小企业发展的14条政策意见，省财政追加预算安排2亿元中小企业扶持资金，重点解决中小企业融资担保、贷款贴息等问题，帮助部分停产、减产企业恢复正常生产。这些政策措施收到了明显的效果：11月，云南省规模以上工业增速为10.1%，高于全国平均水平4.7个百分点，居全国第12位、西部第5位，为近几年少有的情况。全年全省规模以上工业增速居全国第23位，比2007年上升了1位。

【发展思路和目标任务】 2008年7月，省委、省政府准确把握新形势，在全面总结过去5年云南“走新型工业化道路、实施工业强省战略”成效的基础上，召开了全省加快推进新型工业化大会，出台了《中共云南省委云南省人民政府关于进一步加快推进新型工业化的决定》，明确提出加快形成以高新技术产业为先导、先进制造业为主体、现代能源产业为基础、生产服务业为保障、绿色制造为方向的现代产业体系，组织实施全部工业发展和大企业发展“双万亿工程”、重点工业项目建设“双百工程”，确定了到2012年工业发展、主要产品产量和五大重点产业发展三大目标体系，为今后一段时期全省加快推进新型工业化，继续实施“工业强省”战略，促进工业经济大发展、大跨越绘制了宏伟蓝图，统一了思想，坚定了信心，鼓舞了斗志。

【重点工业项目建设和投入】 全年，把抓好工业重点项目建设作为工作的重中之重，切实解决工业投入不足的问题，增强全省工业发展后劲。筛选200个投资额5000万元以上项目，总投资2956亿元，予以重点支持。安排省级扶持资金5.2亿元，支持585项重点项目，带动项目总投资472亿元。其中，新开工项目171项，投资106.3亿元；在建项目275项，投资156.4亿元；竣工项目108项，投资33.7亿元。通过强化政府投资引导，拉动全省工业投资完成1200亿元，增长23%。其中，非电力工业投资超过600亿元，增长30%左右，圆满完成省政府下达的年度投资目标。

【工业结构调整】 2008年，全省高新技术企业总产值完成830亿元，增长15%；大中型工业企业新产品产值达到321亿元，新产品产值率达11%。软件产业主营业务收入完成15亿元。烟草企业重组进一步实现强强联合，产品结构优化，品牌效应不断显现。石化、光电子材料项目建设取得明显进展。钢铁调整改造、氧化铝基地建设、铜铝板带材深加工等20项重大工业项目稳步推进，机械装备、电子信息、生物医药、农特产品深加工等产业成为重要的经济增长点。一批落后生产能力退出市场，全年淘汰炼铁产能108万吨、炼钢33万吨、铁合金19万吨、电石6.7万吨、水泥熟料238万吨、焦炭140万吨、黄磷10万吨、造纸3.2万吨、火电装机80万千瓦。

【企业技术创新】 2008年，全省扶持重点技术改造项目144项。组织实施20项重大装备研发生产，推广20项关键共性技术。新增企业专利申请量1000余项，增长30%，专利授权数557件，增长13.7%。新认定省级企业技术中心25个、国家级企业技术中心1个，全省国家级和省级企业技术中心分别达到10个和107个。

【绿色制造】 2008年，建立了节能目标责任制、考核评价机制和节能任务问责制；对7个州（市）和27家重点企业进行节能减排专项督查；组织实施工业锅炉改造、电机系统节电、余热余压利用等重点节能示范项目100余项；推广使用节能灯420万只，超计划120万只；新增风电装机4.8万千瓦，垃圾发电装机3万千瓦；13项节能技改项目列入国家奖励补助计划，112个节能工程项目获省级资金支持；启动470户重点耗能企业能效对标管理；培训节能减排管理技术人员2900余人次；制定能源审计实施细则，组织中介机构对260余户企业开展能源审计；积极开展节能国际合作。完善“云南省清洁生产合格单位评价指标体系”，审核验收7个州（市）的清洁生产，对5个州（市）清洁生产进行执法检查，认定资源综合利用企业261户，煤矸石、粉煤灰等9种主要废渣综合利用率达30%以上。通过努力，全省节能降耗成效突出。2008年，全省单位生产总值能耗下降4.4%以上，单位生产总值电耗下降1.6%左右；规模以上工业单位增加值能耗下降11.3%左右。分别超额完成省政府年初确定目标0.2和5.7个百分点。建筑、交通、商业、农业、政府机构等重点行业节能目标全面完成。

【工业园区建设】 2008年，40个省级工业园区完成基础设施投资28.13亿元，实现工业总产值1966.9亿元，增长20.7%。工业增加值增幅超过20%的有20个园区、超过40%的有7个园区。园区吸纳就业32.2万人，增长29%。新入园企业502户，完成投资85.2亿元。

【非公经济和乡镇企业】 2008年，全省非公经济实现增加值2100亿元，增长19%，占全省生产总值的38.5%，比上年提高1.1百分点。全省非公经济户数达到97.3万户，增长3.6%；从业人员348万人，增长10.5%；上缴税金完成265亿元，增长32.5%；完成社会消费品零售总额1420.6亿元，增长23.5%。乡镇企业完成增加值1025亿元、营业收入5081.2亿元，分别增长17%和18%。

【主要困难和问题】 1. 市场需求放缓。受金融危机冲击，国际国内市场需求严重下滑，一些企业产品订单减少，产销量大幅下降。2. 停产和限产企业增多。据不完全统计，2008年12月末，全省停产限产工业企业632户。其中，停产企业327户、限产企业305户，分别占全省规模以上工业企业的11.4%和10.7%。停产、减产及限产企业主要集中在钢铁、有色、化工等行业。3. 企业效益大幅下滑。2008年1月~11月，全省规模以上工业实现利税仅增长0.4%，利润同比下降20.4%，企业亏损总额、应收账款、产成品资金同比增长1.7倍、31.3%和32.4%。4. 重工业增速继续回落。2008年11月，规模以上重工业增速比上年同月下降8.2%；1月~11月增速比1月~10月回落1.5个百分点；1月~12月增速比上年回落5.2个百分点，低于轻工业2.9个百分点；10种有色金属产品、钢铁、煤炭和化工产品产量严重下滑。5. 运输和用电需求明显下降。2008年三季度以来，由于云南省重化工业增速减缓，电运供应紧张的状况出现暂时缓解，1月~11月铁路货物发送量同比下降5.1%，火电发电量同比下降7.1%。

（毕书明）

非公有制经济

【运行态势及特点】 2008年，在省委、省政府的正确领导下，全省非公经济发展工作坚持以科学发展观为指导，围绕又好又快发展的目标，积极应对国内外宏观经济环境变化，努力克服自然灾害、原材料价格上涨及生产要素供应紧张等不利因素的影响，特别是在中央和省委、省政府应对金融危机，扩大内需、促进中小企业发展政策措施的有力支持下，全省非公经济继续保持了平稳、较快发展的良好态势。

主要指标完成情况

除非公经济户数及民间投资指标外，其余主要指标均保持了两位数增长。

名　　称	2008年	2007年	同比%
非公经济户数（万户）	97.6	93.9	3.9
其中：私营企业（万户）	11.6	8.7	33.3
注册资金（亿元）	3111	2502	24.3
非公经济增加值（亿元）	2191.7	1764	24.2
其中：第一产业	236.9	193.6	22.4
第二产业	1015.4	807	25.8
#非公工业增加值	806.1	603	33.7
第三产业	939.5	763.4	23.1
上缴税金（亿元）	247.8	200.1	23.8
民间投资（亿元）	1463.6	1407	4
社会消费品零售额（亿元）	1420.6	1150.5	23.5
外贸进出口总额（亿美元）	37.4	32.4	15.5
个私从业人员（万人）	356.5	315	13.2

经济运行主要特点

1. 非公经济总量继续扩大。2008年，全省非公经济户数达97.6万户，比上年同期增长3.9%；注册资金3111亿元，比上年同期增长24.3%；全年非公经济预计完成增加值2191.7亿元，同比增长24.2%，占全省GDP的38.5%，所占比重比2007年提高1.1个百分点。非公经济实现增加值对全省GDP的贡献率达到49.7%。

2. 消费需求保持平稳增长。在城乡居民收入增加、居民消费价格水平逐步回落的作用下，全省市场消费额保持较快增长。2008年全省非公经济消费品零售额1420.6亿元，比上年同期增长23.5%，占全省社会消费品零售额的82.7%。

3. 民间投资有较大回落。2008年，在国家宏观调控政策效果显现及国际金融危机影响下，全省完成民间投资1463.6亿元，比上年同期增长4%，增幅比2007年下降15.8个百分点，占全省固定资产投资的41.5%，同比下降8.8个百分点。

4. 进出口增速逐月下滑。截止年底累计，全省非公企业共完成进出口总额37.4亿美元，比上年同期增长15.5%，占全省进出口总额的38.9%。从2008年1月至12月的情况来看，全省非公企业进出口增速逐月下滑，由1月的69.6%下滑到12月的－6.4%，其中出口由1月的44.5%下滑到12月的－11.9%，进口由1月的138.6%下滑到12月的5.6%。

5. 社会贡献不断加大。2008年，全省非公经济上缴税金完成247.8亿元，同比增长23.8%，占全省地方财政收入的40.4%；个私经济从业人员达到356.5万人，比上年同期增长13.2%。

与此同时，受国际金融危机和世界经济萎缩的多重影响，非公企业融资难的矛盾依然突出，出口型经济发展遭受重创，社会民间投资的信心受到很大的打击，在一定程度上制约了全省非公经济发展的速度、质量和效益。

【非公有制办公室主要工作】

1. 研究提出了《云南省2008年中小企业暨非公有制经济发展工作指导意见》，在2月份召开的全省工业经济工作会议上，组织签订了2008年非公经济发展目标责任书。

2. 积极筹备召开本届政府第一次非公经济领导小组会议，根据会议的决定，重点组织开展了2项工作：开展了对全省非公经济发展及政策落实情况的调研检查活动；组织做好全省非公经济发展大会的相关筹备工作。

3. 积极推进《云南省中小企业促进条例》的立法工作。在2007年省政府第53次常务会审议通过该条例并上报省人大的基础上，2008年上半年又积极促成并配合省人大财经委完成了《云南省中小企业促进条例》的立法审议和出台实施工作。

4. 召开了部分重点非公企业解放思想大讨论座谈会。为切实把开展解放思想大讨论活动与促进云南省非公经济又好又快发展结合起来，于5月14日组织召开了的部分重点非公企业解放思想大讨论座谈会。

5. 积极组织中小企业参与对外交流与合作。参加了5月底在青岛召开的“第五届APEC中小企业技术交流暨展览会”及于9月中旬在广州举办的“第五届中国国际中小企业博览会暨中韩中小企业博览会”。

6. 抓好中小企业和非公经济发展项目的审核、推荐与扶持工作。使云南省申报国家中小企业发展专项资金扶持的项目，共获得1023.2万元的资金支持。全省的88个重点项目给予非公经济发展专项资金给予3140万元资金扶持。

7. 组织召开了“云南省中小企业发展协会”成立大会。在经过一年多筹备工作的基础上，于8月28日牵头组织召开了“云南省中小企业发展协会”成立大会。

8. 会同有关部门举办了“纪念改革开放30周年、云南民营企业家论坛”。

9. 积极向新成立的国家工信部和中小企业司汇报工作、争取支持。

10. 组织召开部分中小企业工作座谈会。为应对当前国际金融危机，及时了解掌握当前中小企业发展中存在的困难和问题，研究对策，采取措施，推进全省中小企业又好又快发展，会同有关处室抓紧对扶持中小企业发展的14个方面的政策措施，在充分征求有关部门意见的基础上，认真修改完善后上报省政府，并以云政发［2008］253号文件下发贯彻执行。同时，抓紧研究起草省经委的具体贯彻实施意见。

11. 起草完成《云南省关于支持中小企业技术创新的若干政策》。为贯彻落实《中共云南省委、云南省人民政府关于实施建设创新型云南行动计划的决定》，积极营造中小企业资助创新的政策环境，全面提升中小企业的资助创新能力，充分发挥其在建设创新型云南中的作用，起草完成了《云南省关于支持中小企业技术创新的若干政策》，并上报省政府。

12. 认真贯彻落实2亿元资金。按照省政府第14次常务会精神，为加大对中小企业的财政扶持力度，省政府决定从新增10亿元扩大内需的资金中安排2亿元扶持中小企业发展，重点解决中小企业的融资担保、贷款贴息等问题。重点抓好中小企业固定资产贷款贴息项目的组织和审核，提出了资金安排计划。

（张云江）

财　政

2008年，全省各级财政部门不断解放思想，深入学习实践科学发展观，积极应对和克服特大雨雪冰冻、地震、洪涝、泥石流等严重自然灾害的影响和国际金融危机的冲击，努力组织财政收入，着力优化支出结构，深入推进财政改革，不断强化财政监管，圆满完成了省十一届人大一次会议确定的各项财政收支目标和重点工作任务，有力促进了全省经济社会事业平稳较快发展。

【完成财政收支目标任务】 据快报统计，2008年全省财政总收入完成1360.2亿元，比上年增加248.9亿元，增长22.3%；全省地方财政一般预算收入完成613.6亿元，比上年增加126.9亿元，增长26.1%；全省地方财政一般预算支出完成1470.7亿元，比上年增支335.5亿元，增长29.6%，财政支出年度增加额首次突破300亿元，支出增幅再创分税制改革以来最好水平；财政收支均超额完成年初确定的目标任务。全年财政预算执行主要特点：1. 税收收入增长较快。全省税收收入完成482.3亿元，比上年增长27.4%。其中：增值税、营业税、企业所得税和个人所得税等主要税种完成375.9亿元，比上年增长19.4%，占全部增收额的48.2%，是财政增收的主要力量。2. 非税收入稳定增加。稳步推进政府非税收入管理改革，严格“收支两条线”管理，强化探矿权采矿权使用费和价款收入、资源有偿使用、保证金和国有企业国有资本收益收缴管理，清理行政事业性收费，继续建立完善强化非税收入管理的政策措施，稳步提高非税收入对财政增收的贡献。全省非税收入完成131.3亿元，比上年增长21.5%。3. 州（市）财政收入实现较快增长。全省共有15个州（市）的财政收入实现两位数增长，其中迪庆、昭通、昆明、丽江4个州（市）收入增幅超过30%。4. 中央财政的支持力度进一步加大。扎实做好项目储备和前期论证工作，积极争取中央支持。特别是2008年10月以来，紧紧抓住中央实施积极财政政策和扩大内需的重大机遇，全年共争取到中央财政补助资金840.9亿元，比上年增长22%。地方财政收入及中央补助的大幅增长，使全省财政保障能力进一步增强。5. 预算支出进度明显加快。建立和完善预算执行指标动态监管机制，切实加强对预算执行的分析和监控，财政支出均衡性明显增强，较好地保障了重点支出需要。

【促进经济发展】 牢牢把握中央实施积极财政政策和适度宽松货币政策的重大机遇，充分发挥财政政策和财政资金的支持引导作用，以抓好省政府年初确定的20个重大建设项目和20项重点工作的贯彻落实为切入点，着力支持以大项目带动经济大发展战略目标的顺利实施，着力促进产业结构优化升级，着力完善资本市场和金融服务体系，全力促进经济实现平稳较快发展。1. 大力支持基础设施建设。全省财政经济建设支出完成257.5亿元，比上年增长27%，并安排重大项目贷款贴息资金5.5亿元，带动200多亿元银行和社会资金投入，有力地支持了全省交通、能源、农林水利、教科文卫、生态环保、城镇发展等领域的重大基础设施建设，以及铁路、公路、机场、病险水库除险加固、高校呈贡新区、新博物馆、云南文化艺术中心、亚广传媒中心、省级医疗机构等重大项目的顺利实施。2. 积极促进产业结构优化升级。省财政筹集安排资金17.53亿元，重点支持41个工业园区软环境、基础设施建设和企业实施技术改造，鼓励支持企业实施“走出去”发展战略，妥善处理关闭破产企业职工安置及后续遗留问题，对下岗失业人员小额担保贷款给予财政贴息，支持保证电煤生产供应，落实大中型水库移民后期扶持政策，帮助企业减轻包袱、加快发展。做好工商“两费”停征工作，促进个体、私营等非公经济持续健康发展。针对全省工业经济增幅逐月回落的不利局势，支持建立重要商品储备制度，对重点行业实行特殊电价政策，安排资金对企业流动资金贷款予以贴息，争取到财政部给予云南省延期3年归还亚行2.11亿元贷款的优惠政策，帮助企业减轻筹资压力。研究制定了省本级国有资本经营预算编报办法和省属国有企业国有资本收益收取管理办法，全面启动国有资本经营预算工作。妥善处理地区间的利益分配关系，支持烟草企业“三变二”重组。及时兑现落实2007年县域经济发展试点县财政考核奖励资金5.16亿元，充分调动了各级各部门发展县域经济的积极性。3. 有效运用财政政策支持地方金融改革和资本市场发展。对地方金融企业实行增提呆账准备金消化不良资产、减免企业所得税等一系列优惠扶持政策，增强企业抵御风险能力和竞争实力。加速产业资本与金融资本融合，引导地方金融完善服务体系支持全省经济社会发展。省财政积极筹措安排资金1.84亿元，帮助农村信用社在2008年内全面消化历年亏损挂账，增强其抵抗风险的能力，加快组建农村合作银行。列支返还富滇银行营业税超基数补助资金4714万元，积极支持富滇银行资产重组、增资扩股，加快上市步伐。加强财政与金融的合作，安排专项资金，积极采取贴息、担保、减免企业所得税等方式，引导金融机构加大信贷资金投入。大力扶持村镇银行等新型农村金融机构增强竞争实力，更好地服务于农村改革发展。

【推进新农村建设】　进一步加大财政对“三农”的投入，全省投入财政支农资金176.9亿元，比上年增长38.7%。1. 加强农村基础设施建设。省财政筹集安排资金96亿元，修建农村公路2.5万公里，兴建山区“五小水利”工程23万件，完成24.7万户沼气池建设，实施农村改灶15.6万户，解决了农村140万人饮水安全问题，对500个村开展村容村貌整治，完成53件病险水库除险加固等重点工作任务。安排资金8700万元，实施“万村千乡市场工程”，加快农村现代流通服务网络体系建设。2. 大幅增加涉农补贴。安排涉农补贴资金106.4亿元，比上年增加54.98亿元，增长107%。其中，安排48.8亿元，继续实施粮食直补、良种、农机具购置、测土配方施肥、农资综合、奶牛良种、生猪良种、能繁母猪及农业保险等13项促进农业生产发展的补贴政策，并采取有力措施及时足额兑现资金，充分调动了农民发展生产的积极性，增加了农民收入。3. 推动现代农业稳步发展。筹集安排资金11.7亿元，积极支持发展优势特色产业，重点扶持有规模、效益好的种植、养殖基地建设，支持龙头企业提质增效，发展农民专业合作组织，推广农业科技，加快发展农业产业化经营，努力转变农业增长方式，提高农业效益和竞争力。同时，统筹安排资金26.8亿元，加强林业生态环境保护与产业开发，继续实施“天保”工程，认真落实巩固退耕还林成果政策，加大对特色经济林产业的扶持，促进了山区群众增收致富。4. 加大农业综合开发力度。多渠道筹集资金10亿元实施农业综合开发，支持建设高稳产农田30万亩、基本农田35万亩、优势农产品基地35万亩，重点扶持了50个农业产业化经营项目，完成了勐海县勐遮镇农业综合开发土地治理项目示范点建设，并争取中央新增云南省农业综合开发县3个，进一步扩大农业综合开发区域。5. 扶贫开发工作成效显著。筹集安排中央和省级财政扶贫资金19.3亿元，实施了9237个自然村整村推进，完成了3万贫困人口易地搬迁，实施了40万名贫困地区劳动力转移培训，完成了1.32万户茅草房改造，开展了“村民互助”扶贫试点，并重点加大对人口较少民族、革命老区和边境地区的扶持力度，解决了近60万农村贫困人口的温饱问题。

【落实中央扩大内需政策】　为了积极应对国际金融危机的影响和冲击，中央决定实施扩大内需、促进经济平稳较快增长的重大战略决策，省委、省政府积极响应，及时推出了20项重大政策措施。省财政牢牢把握机遇，经过不懈努力，积极争取中央下达云南省扩大内需资金56.1亿元；通过采取“省财政安排一点、部门调整一点、企业融资一点和州市配套一点”的筹资方式，多渠道筹集下达省级配套资金6.5亿元，全力支持重大项目前期工作、开展重大基础设施项目建设、扶持中小企业发展、支持保障性住房建设。为了确保扩大内需资金尽快安排下达，及早发挥效益，省财政及时启动指标下达应急机制，按照“特事特办、急事急办，当天办结”的原则，当天办结资金下达文件并拨付资金。同时，建立了扩大内需资金下达日报制度和周报制度，及时掌握资金下达和拨付情况，确保在第一时间将中央和省级扩大内需资金全部拨付到位，有效促进扩大内需政策的落实。

【推进生态文明建设】 按照省政府提出的“2012年前将城镇污水、生活垃圾处理设施建设覆盖到全省129个县（市、区）”的目标任务，2008年省财政累计安排下达节能减排资金12.5亿元，其中：城镇垃圾及污水管网处理建设资金8.3亿元、滇池水环境综合治理资金3.2亿元、安排省级节能减排专项资金1亿元。积极配合环境保护等有关部门，共同编制了《云南省城镇污水、生活垃圾处理设施建设项目规划（2008年～2012年）》，出台了《云南省城镇生活垃圾处理厂设施建设项目前期资金以奖代补办法》和《云南省城镇污水处理厂及配套管网设施建设项目前期资金以奖代补办法》，按照城镇垃圾处理规模每100吨/日处理能力补助20万元～60万元，城镇污水处理规模1万吨/日处理能力补助20万元～60万元的标准，2008年省财政安排专项资金1亿元，通过采取“先建后补、以奖代补”的方式，积极支持鼓励各州市特别是“九湖”所在的州（市）政府加快水污染防治基础设施建设前期工作。同时，积极采取多种有效措施，充分调动各地节能减排的积极性，让节能减排成为企业、政府、社会的自觉行为，变“要我节能减排”为“我要节能减排”。

【发展各项社会事业】

1. 财政教育投入大幅增加。全省财政教育支出完成241.3亿元，比上年增长26.7%。安排全省农村义务教育经费保障机制改革经费46.11亿元，逐步完善农村义务教育“两免一补”政策，免除全省城市义务教育36.4万名学生学杂费，将免费教科书范围扩大到城市公办义务教育阶段学生，进一步提高农村中小学公用经费补助标准，扩大寄宿制贫困生生活费补助范围，排除中小学D级危房120万平方米，实施了中小学远程教育“班班通”工程，全省新增5个县“普九”。省财政安排资金3.3亿元，推进各地化解农村义务教育债务5.8亿元；完善高校投入体制，当年新增2亿元高校专项资金，用于支持高校科研平台和重点实验室建设，实施绩效考评机制，对省属高校实行“综合生均定额＋专项经费”并逐年增长的投入新机制，2008年生均经费比上年平均增加800元；安排资金6.62亿元，进一步完善大中专家庭经济困难学生资助体系；针对物价上涨，安排1.03亿元，对普通高校、高职和中职学校发放临时生活补贴和春节慰问金；积极做好选聘高校毕业生到村任职资金保障工作。

2. 进一步完善社会保障体系。全省财政社会保障和就业支出完成334.1亿元，比上年增长33.7%，其中，省财政筹措安排资金4.7亿元，用于统筹城乡就业再就业，做好零就业家庭和就业困难人员就业再就业工作；省财政安排资金4082万元，对全省失业人员就业和创业小额担保贷款予以贴息；筹措安排资金33.7亿元，确保提高标准后企业退休人员基本养老金按时足额落实，继续做好以非公有制企业、城镇个体工商户和灵活就业人员为重点的企业职工基本养老保险扩面工作，推进企业职工基本养老保险省级统筹；着力解决国有企业“老工伤”人员纳入工伤保险统筹费用问题；安排资金22.95亿元，将全省307万农村贫困人口和87万城镇低收入者全部纳入最低生活保障，确保城市低保补助标准提高后的经费按时足额发放，进一步完善城乡社会救助制度；安排资金31.5亿元，实施20万户农村民居地震安全工程建设，支持抗灾救灾、防灾减灾和盈江、楚雄地震等灾后恢复重建工作，全面加强预防和处置地震灾害能力建设；省财政筹措资金8亿元，支持建设廉租住房80万平方米和发放租赁租金补贴；安排福利彩票公益金3.2亿元，重点支持农村敬老院等社会福利事业项目建设；安排石油价格改革财政补贴资金5.9亿元，确保此项改革平稳顺利推进。

3. 医疗卫生投入稳步增长。全省医疗卫生支出完成104.4亿元，比上年增长35.4%。其中，省财政筹集资金22.69亿元，将新型农村合作医疗财政补助标准提高至80元；省财政筹措安排资金1.7亿元，城镇居民基本医疗保险试点范围扩大到全省的10个州市；省财政筹集安排资金2亿多元，新建100个社区卫生服务中心，改造100个社区卫生服务站，为全省1.32万个村卫生室配齐基本设备；并通过购买服务的方式，对社区卫生服务机构完成的公共卫生服务予以补偿；筹集资金1.41亿元，支持做好儿童计划免疫工作。省财政安排资金2.73亿元，在全省开展城乡医疗救助；筹措艾滋病防治经费1.09亿元、禁毒经费2.35亿元，积极支持开展新一轮禁毒和防治艾滋病人民战争。

4. 积极支持其他各项社会事业协调发展。全省财政科技、文化、体育和计划生育支出完成57.1亿元，比上年增长37.8%，重点支持了自主创新能力建设和重大科研项目，开展"科技富民强县"、"科技进村入户"和"科普惠农兴村"等工作，实施了农村中央广播电视节目无线覆盖、文化信息资源共享、农村电影放映、农家书屋、备战奥运及基层文化阵地建设等工程，安排体育彩票公益金2.1亿元支持全民健身及全省体育场馆建设。认真落实计划生育"少生快富"、奖励扶助、特别扶助和农业人口独生子女家庭"奖优免补"等政策。加大维稳经费投入，积极支持构建平安和谐云南。

【实施新三年"兴边富民工程"】 2008年，省财政向财政部上报了《云南省实施"兴边富民工程"重点项目的基本思路》和《云南省兴边富民政策措施和实施情况报告》，并多次向财政部汇报反映云南省边境地区的特殊性和复杂性，得到了财政部的理解和大力支持。财政部决定从2008年~2010年，在边境地区专项转移支付资金中每年增加云南省兴边富民工程资金5亿元，重点解决边境县基层政权建设、教育、文化、卫生以及边民安居等较为突出的民生问题。为确保"兴边富民工程"资金落到实处，省财政推出"4种管理模式"：1. 推行政府领导挂帅的领导小组模式，要求边境州（市）、县（市、区）专门成立领导小组，负责该项转移支付资金支持项目的规划、组织工作，统一组织协调项目安排；2. 推行项目申报、实施管理考核制度，要求州（市）、县人民政府和财政部门严格按管理办法编制和上报项目，并组织好、实施好和监督好项目实施工作，以实现项目投资效益的最大化；3. 推行中介机构参与项目管理模式，要求各地委托中介机构，全过程参与项目管理，与项目管理职能部门形成优势互补；4. 推行规范的宣传制度，要求采取新闻、专题报道、张贴标语、进村入户宣传等形式进行宣传，把党和政府对边境地区人民的关怀传递给广大边民。通过采取一系列扎实有效的政策措施，有力地促进了边境地区经济社会和谐发展，为新三年"兴边富民工程"的顺利实施开了个好头。

【推进财政管理改革】

1. 推动预算编制改革。继续深化政府收支分类改革，启动了经济支出科目预算编制工作。出台了省级部门预算编审制度，引入了绩效评价、事前评审和综合监督检查机制，促进了预算管理的科学化、精细化。制定了《云南省省级预算单位财政结余资金管理暂行办法》及相应的会计处理办法，规范和加强了省级预算单位财政结余资金管理，优化了财政资源配置。

2. 国库管理制度改革取得新进展。2008年，省级137个部门及其所属的在昆561个基层预算单位全部纳入改革范围，16个州（市）本级和118个县区也实行了国库集中收付制度改革试点，初步形成了省、州（市）、县三级联动、整体推进的良好态势，全省实施国库集中收付制度改革的部门达6065个，比上年增长42.3%，纳入改革的基层预算单位为1.08万个，比上年增长34.2%，纳入改革的财政性资金总量为615.8亿元，比上年增长32.9%。同时，对农村义务教育经费、农村义务教育债务化解资金、新型农村合作医疗补助资金实行直接支付，财政国库集中支付制度在财政和财务管理中的基础地位不断得到巩固。

3. 政府采购管理不断加强。进一步完善了政府采购配套制度措施，强化采购预算约束，政府采购规模不断扩大，政府采购效益不断提高。开展了政府采购专项检查。成功举办了云南省首届政府采购博览会。

4. 农村综合改革深入推进。村级公益事业建设"一事一议"财政奖补试点工作在全省范围展开，省财政安排下达1.5亿元奖补资金，全省3万多个自然村实施了村民直接受益的村内户外公益事业项目，初步建立了筹补结合、多方投入的村级公益事业建设一事一议奖补机制。清理化解乡村债务工作扎实有效，国有农场税费改革工作深入实施，华侨农（林）场体制改革顺利进行。

【调整完善省对下财政体制】

1. 深入推进县乡财政管理改革。在景洪市改革试点成功的基础上，先后印发了《关于深化乡镇财政预算管理方式改革的意见》和《乡镇财政预算管理方式改革实施细则》，对乡镇财政实行"预算县编、账户统设、集中收付、采购统办、票据统管"的预算管理方式，在资金所有权和使用权不变的前提下，由县级财政部门直接管理乡镇财政收支，深入推进县乡财政管理体制改革。

2. 进一步完善转移支付制度。继续完善一般性转移支付办法，初步建立了标准收支测算体系和绩效指标考评办法，促进了财政转移支付资金分配和使用的公平、高效。继续加大省对下财政转移支付力度，2008 年共安排省对下一般性转移支付资金 51.2 亿元，比上年增长 46.1%，缓解县乡财政困难奖补资金 14.7 亿元，比上年增长 49.7%，民族地区转移支付资金 15 亿元，比上年增长 48.7%，着力提高基层政府保工资、保运转和提供公共服务的能力，稳步推进基本公共服务均等化。

3. 大力规范政府间的利益分配关系。贯彻执行新的企业所得税法及其实施条例，不断调整完善企业所得税分配、开发区税收返还以及烟草企业的利税分配等政策措施，着力调整规范政府间的利益分配关系。积极调整完善出口退税负担机制，从 2008 年起，出口退税地方负担部分超 2007 年基数部分由各州（市）负担，基数内地方负担部分由省级财政全额承担，促进了政府间财力与事权相匹配。

【提升财政监管水平】

1. 清查“小金库”工作取得明显成效。清查省直预算部门及下属单位 2228 个、州（市）预算单位 1.89 万个、国有企业 1665 个，共清查出“小金库”资金 1.6 亿元，取消小金库账户 227 个、其他银行账户 6251 个。

2. 开展地方政府性债务清理核查。制定了加强政府性债务管理、防范和化解基层政府性债务风险的一系列办法措施，为全省实施政府性债务归口管理，把政府性债务纳入规范化管理轨道奠定了制度基础。

3. 加强行政性支出的管理。从严控制一般性支出，厉行节约，全面清理了政府部门的工作经费和奖励资金，进一步盘活存量资金，提高了财政资金使用效益。

4. 进一步理顺行政事业单位资产管理职能。制定出台了《云南省行政事业单位国有资产管理办法》，提出了行政事业单位国有资产管理工作的目标、任务和原则，对各部门、各单位资产管理职责以及有关事项的审批、权限、程序等作了明确规定，并完成了 91 家单位资产清查结果的核实批复工作，为进一步加强管理奠定了基础。

5. 财政监督和会计管理工作得到加强。着力推进预算管理的公开、透明，省本级已经形成了人大监督、审计跟进、财政部专员办参与的“三位一体”的预算监管体系。对财政扶贫资金开展了专项检查，在全省开展了财政项目支出绩效评价，促进了财政资金使用管理的安全、规范、高效。在省级国有及国有控股企业全面实施新企业会计准则体系。加强了会计人员管理，全省评选表彰了 10 大高级会计师、10 大注册会计师，30 名杰出会计工作者，140 名优秀会计工作者，通过考评结合，107 人获得高级会计师资格。

（谭　文）

实施西部大开发

【综　述】　2008 年，云南省西部大开发工作全面贯彻科学发展观，按照《西部大开发“十一五”规划》的具体部署，继续推进基础设施建设、生态环境保护、新农村建设、科教发展和人才开发，努力促进全省经济又好又快发展，切实推进全省经济社会发展转入科学发展、和谐发展的轨道。2008 年全省生产总值完成 5700.1 亿元，增加近 1000 亿元，增长 11%；财政总收入 1360.2 亿元，增加 249 亿元，增长 22.4%，其中，地方财政一般预算收入 613.6 亿元，增加 127 亿元，增长 26.1%，地方财政一般预算支出 1470.7 亿元，增加 336 亿元，增长 29.6%；全社会固定资产投资 3527 亿元，增加 728 亿元，增长 26%；社会消费品零售总额 1718.5 亿元，增加 324 亿元，增长 23.2%；城镇居民人均可支配收入 1.33 万元，增加 1754 元，实际增长 9.4%；农民人均纯收入 3103 元，增加 469 元，实际增长 9.1%。

【基础设施建设】　2008 年全省交通基础设施建设完成固定资产投资 405.74 亿元，其中：铁路 55 亿元、公路水运 290.47 亿元、民航 60.27 亿元。铁路方面：认真贯彻落实部省会谈纪要、铁路建设领导小组会议及省政府滇西、滇东滇南片区现场办公会议精神，努力解决建设中的难点和困难，玉蒙铁路、大丽铁路、六沾二线、昆广复线及大瑞铁路大保段等在建工程总体推进顺利，云桂铁路、蒙河铁路、昆明枢纽改造、广大铁路扩能改造、丽香铁路等重点项目前期工作全面推进。公路水运方面：国道主干线高等级化建设任务基本完成，省级干线路网项目稳步推进，“通乡油路”等农村公路建设全面展开，水运建设加快。民航方面：昆明新机场获国家正式批复可研报告。

2008 年，全省水利建设完成投资 73 亿元，与 2007 年同期完成投资 48.6 亿元相比增长 50%。其中水利基本建设完成投资36.9亿元，小型农田水利项目完成投资36.1亿元。水利基建完成投资与2007年同期完成25.6亿元相比，完成投资增加11.3亿元，增长44.2%。完成投资来源分为：中央投资完成15.6亿元，地方投资完成21.3亿元，其中：省级投资完成9.8亿元，地、县自筹投资完成11.5亿元（含其他投资及贷款）。完成投资按工程类型分为：枢纽工程建设完成14.2亿元，防洪项目完成投资9.8亿元（其中：水库除险加固工程完成投资8.1亿元），灌溉项目3.1亿元，供水项目6.1亿元，水保及生态项目1.6亿元，其他工程2.1亿元。“润滇工程”进展顺利。2007年以前开工建设的22件“润滇工程”大中型水库，陇川麻栗坝大㈡型水库累计完成投资4.21亿元，占总投资的77%（其中本年完成2800万元），主体工程基本完工，防洪效益开始发挥。全省在建中型水库除险加固工程31件，其中18件工程完工收尾，正在进行各项验收准备工作。

【贫困农村基础建设】 2008年国家安排国债以工代赈示范项目补助资金700万元，以工代赈救灾资金400万元。安排预算内以工代赈中央资金2.7亿元，省级配套资金3500万元，实施了1100个村的整村推进项目和贫困县农村基础设施项目建设。安排易地扶贫国家补助资金1.05亿元，搬迁安置2.12万人。

启动兴边富民新三年行动计划，进一步明确了新三年“兴边富民工程”的指导思想、奋斗目标、主要任务和政策措施，印发了《中共云南省委、云南省人民政府实施新三年“兴边富民工程”的决定》和《云南省新三年“兴边富民工程”行动计划》。在总结前3年“3+1”对口帮扶工作经验和不足的基础上，提出了完善和做好新三年“3+1”对口帮扶工作的意见，强调进一步理顺帮扶机制、明确帮扶责任、加强监督检查。督促兴边富民工程责任部门抓紧落实各项任务，认真组织实施，帮扶单位尽快启动帮扶行动，切实推动新三年兴边富民工程的深入实施。

【生态环境建设】 大力发展循环经济，总结首批国家级循环经济试点云南驰宏锌锗股份公司的经验，积极开展了云锡集团、云铜股份、云天化集团3个第二批国家循环经济试点的启动工作。2008年争取到的国家资金3120万元支持云南省循环经济发展。

积极推进滇池治理和生态环保工作。争取中央资金5.7亿元，安排了省预算内资金1.3亿元，用于滇池治理和九湖水环境防治项目。

退耕还林工程稳步推进，至目前营造林任务已完成85万亩造林计划的88%。种苗补助资金到位4250万元，到位率100%。

【工业经济】 2008年，全省全部工业完成增加值2056.95亿元，增长12.5%；全省全部年主营业务收入500万元及以上独立核算工业企业（简称规模以上工业，下同）完成增加值1803.62亿元，同比增长12.6%，较上年同期增幅回落4.9个百分点，增速较全国低0.3个百分点。全省16个州（市）工业增加值保持稳定增长，昆明市、玉溪市等10个州（市）累计增幅高于全省平均水平。

2008年，轻工业累计完成增加值818.61亿元，同比增长14.2%，增速比上年回落3.7个百分点。主要轻工行业保持了较快发展，推动轻工业平稳增长。烟草制品业、制糖业、医药制造业分别增长15.3%、16%、18.9%。卷烟工业在国家大力支持下，省委、省政府加快推动改革重组，实施了红云和红河两大集团重组整合，组建了国内规模最大的烟草企业，推动了烟草制品业结构调整、产量增加、效益提升，有力支撑了全省工业增长。生产卷烟679.55万箱，比上年同期增长1.4%；烟草制品业完成增加值659.4亿元，比上年同期增长15.3%。受金融危机向实体经济扩散的影响，重点重工行业增幅回落。全年规模以上重工业完成增加值985.02亿元，同比增长11.3%，增幅较2007年同期回落了5.2个百分点。

【社会事业】 2008年云南省继续落实义务教育经费保障机制改革，“两免一补”的覆盖范围和补助标准进一步提高，城市义务教育阶段学生全免杂费；新增5个“普九”县，全省“普九”县达到126个，人口覆盖率达94.7%；中等职业学校招生数20.32万人，较2007年增加2.31万人，高中阶段毛入学率52%，同比增加6.29个百分点；普通高等学校招生数11.71万人，高等教育毛入学率达到16.17%。中央和省预算共安排资金8.44亿元，继续实施危房改造、农村初中、中等职业教育基础能力建设等工程，新开特殊学校建设工程专项，基础教育和职业教育办学条件进一步改善；省委、省政府出台深化改革大力发展高等教育的决定，加大投入，加快高等教育发展，呈贡高校搬迁建设项目进展顺利，全年完成投资30.3亿元，累计开工面积达204万平方米，累计完成投资52.5亿元，入住学生规模达1.7万人。

新型农村合作医疗得到巩固和发展，筹资标准由每人50元提高到90元，全省参合农民群众3222万人，参合率达89.77%，新农合基金筹资总额达到29亿元，参合农民门诊报销比例达40%，在乡镇卫生院住院报销比例达70%，在县级住院报销比例达60%，每人每年报销封顶线提高到1.5万~2万元。实施国家免疫规划，免费疫苗由5种增加至14种，可预防的传染病由7种扩大至15种。启动实施了新一轮防治艾滋病人民战争。中央和省级安排资金5.99亿元，继续加强基层卫生服务体系建设、加快省级医疗机构建设、启动城市社区卫生服务机构建设和重点中医院建设项目。

调整完善了农村计划生育家庭“奖优免补”政策，实现了人口的平稳有序、健康发展，呈现出低生育水平持续稳定、人口总量低速增长的态势。2008年全省人口出生率12.63‰，比上年下降0.45个千分点，人口自然增长率6.32‰，比上年下降0.54个千分点，年末全省总人口4543万人，净增人口29万人，30多年来人口净增首次下降至30万人以下。国家和省加大投入力度，安排资金1.11亿元，继续加强农村基层计划生育设施建设，改善和提高了云南省农村基层计划生育设施的服务能力和水平。

大力推动文化大发展大繁荣，加快推进民族文化强省建设，全省文化事业和产业进一步发展繁荣，一批文艺作品获奖，文化产业加快发展。国家和省加大投入力度，安排资金2.11亿元，加强广电村村通、西新工程和乡镇综合文化站等公共文化设施建设工作，基层广电、文化设施条件进一步改善，文化重大设施项目建设进一步推进，省博物馆新馆奠基。全年广播电视人口综合覆盖率分别达到93.12%、94.34%。

以贯彻实施《就业促进法》为主线，明确各级政府就业工作的目标和责任，加强就业公共服务。全年预计城镇新增就业人数达到23.1万人，领取《再就业优惠证》人员就业和再就业8.4万人，年末城镇登记失业率4.21%，实现农村劳动力转移155万人。

推进城镇居民医疗保险、被征地农民基本养老保障制度的建立，以及城镇基本养老、失业、工伤等社会保险制度的健全、改革和完善。全省开展城镇居民医疗保险试点的州（市）由3个扩大到10个，参保人数预计将超过215万人，全省六类保险参保人数达到1475.3万人。

全面落实旅游二次创业战略部署，抓好旅游产业改革发展试点工作，推进大项目、新产品的开发建设，促进旅游产业的转型升级，做好节庆促销工作，加大市场开发力度，加强旅游市场秩序治理，全年接待海外旅游者250万人次，实现旅游外汇收入10.08亿美元，接待国内旅游者1.03亿人次，国内旅游收入594.76亿元，旅游总收入达到663.28亿元，比上年增长18.6%。

【招商引资】 2008年全省进出口总额96亿美元，同比增长9%，其中进口46.1亿美元，同比增长14.3%，出口49.9亿美元，同比增长4.6%。2008年全省新批外商投资项目228个，合同利用外资16.85亿美元，实际利用外资7.77亿美元，3项主要指标分别比上年同期增长33.3%、29.3%和54.5%，实际利用外资完成全年目标任务的129.5%。全省共有13个州（市）超额完成了全年利用外资目标任务。昆明市对全省利用外资的带动作用继续凸显，全年实际利用外资突破6亿美元，占全省实际利用外资总额的78%。曲靖、德宏、大理、玉溪、普洱、红河和楚雄7个州（市）实际利用外资均达到了1000万美元以上，利用外资成效明显。

【体制改革】 云南省编制并下发了《云南省2008年深化改革意见及任务分解的通知》。积极推进云南旅游产业综合改革发展试点。发布《关于进一步推进云南省改革试点工作意见》，促进云南省改革试点的规范有序推进。积极跟踪昆明、红河两地省级综合改革试点。积极推进投资体制改革。1.严格按照《云南省重大投资项目审批和核准制度》，进一步加强全省重大投资项目审批环节、办理时限和办理程序等方面的管理。2.加快专业投资公司的组建步伐。2008年2月成立了云南省工业投资控股集团公司，6月成立了云南省城乡建设投资公司。进一步建立健全国资监管体系，着力产业整合重组，打造云南省工业投资平台，继续推进前3年深化国有企业改革的扫尾工作。制定出台了关于深化乡镇机构改革的指导意见，切实抓好农村义务教育保障机制政策的落实，建立县乡最低财政支出保障机制。积极探索建立确保农村税费改革后村级组织正常运转的长效保障机制，开展村级公益事业建设一事一议财政奖补试点工作。

（耿　霁　金　铃）

国民经济运行特点

2008年是进入新世纪以来我国经济社会发展

中极不平凡的一年，也是云南省各种困难叠加、多重矛盾交织的一年。这一年，云南省面临国内外经济形势急剧变化，国家宏观调控政策重大调整，经受了国内经济增长放缓的新压力，遭遇了雨雪冰冻、地震、洪涝、泥石流等自然灾害。面对诸多挑战和严峻考验，省委、省政府和全省各级各部门坚决贯彻党中央、国务院的部署，坚持以科学发展观为指导，坚持解放思想、实事求是，坚持好字优先、好中求快，坚持统筹兼顾、突出重点，坚持与时俱进、奋力拼搏，努力克服各种困难，保持了经济社会持续快速发展。

【保持经济平稳较快发展】 2008年，云南省积极主动应对发展中出现的新情况、新问题，经过艰苦努力，全省经济继续保持了平稳较快增长，质量和效益有新的提高，发展的协调性逐步增强，发展活力和可持续性进一步增强，发展方式进一步转变，社会更加和谐稳定。全省生产总值完成5700.1亿元，增加近1000亿元，增长11%；财政总收入1360.2亿元，增加249亿元，增长22.4%，其中，地方财政一般预算收入613.6亿元，增加127亿元，增长26.1%，地方财政一般预算支出1470.7亿元，增加336亿元，增长29.6%；全社会固定资产投资3527亿元，增加728亿元，增长26%；社会消费品零售总额1718.5亿元，增加324亿元，增长23.2%；外贸进出口总额96亿美元，增加8亿多美元，增长9.3%；城镇居民人均可支配收入1.33万元，增加1754元，实际增长9.4%；农民人均纯收入3103元，增加469元，实际增长9.1%；城镇登记失业率控制在4.5%以内；人口自然增长率6.32‰；居民消费价格总水平上涨5.7%，低于上年涨幅；单位生产总值能耗降低4.4%以上。较好地完成了省十一届人大一次会议确定的目标。

【突出重点化解难题】 2008年，云南省在经济社会发展中接连经历了一些罕见的重大挑战和考验，省委、省政府带领全省人民迎难而上，有效化解不利影响，推动了各项工作的顺利开展。

克服农业发展中的困难，实现了粮食增产和农民增收 1. 抗灾害。全省农业一开春就遇到冰冻雨雪灾害带来的严重困难，对小春作物和春耕生产产生了很大影响。针对这样的局势，云南省及时召开春耕生产工作现场会议，采取了增投入、抢节令、扩面积、强科技、抓责任等措施，全面加强春耕备耕工作，减少了小春损失。2. 增投入。认真落实强农惠农政策，进一步加大投入，全省财政支农资金177亿元，比上年增长38.7%，对农民的直接补贴资金106.4亿元，增加55亿元，增长107%，全省农民人均获得补贴295元。3. 强基础。加强农业基础设施建设，加快推进高稳产农田和基本农田、山区“五小水利”工程、节水改造、滇中调水的前期工作和“润滇工程”重点项目建设等工作，新增不同标准的高稳产农田和基本农田各100万亩，解决了172万人的饮水安全，新建沼气池25万户、农村改灶16万户，新建和改造农村公路3万公里。4. 保农资。积极做好平抑农资价格工作，通过促进化肥企业正常生产、搞好农资储备、实施临时价格干预等措施，有效抑制了农资价格过快上涨的势头，保障了农资产品供应。通过努力，全省农业农村经济保持了良好的发展势头，全年农业增加值达到1021亿元，增长7.6%。粮食生产在大灾之年再获丰收，总产量达1588万吨，增长2.7%；肉类总产量411.8万吨，增长15%。特色优势产业发展较快，全省经济作物种植面积完成3900万亩，增加300万亩；新增核桃等木本油料作物种植面积550万亩。农业产业化、乡镇企业和农民专业合作组织发展加快，农产品直接出口达8亿美元。农村流通体系建设和供销社改革发展成效明显。清理涉农收费项目754项，减轻农民负担2726万元。农村金融体系建设有新的加强，组建了3家村镇银行，发放惠农卡40多万张。

克服投资增长缓慢的困难，进一步发挥投资对云南发展的促进作用 针对2008年上半年固定资产投资增长缓慢的情况，采取增加投入、加强向上级汇报衔接、加强金融协调等措施，扭转投资下滑的局面。2008年全省公路建设完成投资291亿元，在建的12段国道主干线和西部开发省际通道主体工程全部完成，改建和新建农村公路2.5万公里。铁路建设完成投资40亿元，大瑞、大丽、玉蒙、蒙河等7项在建工程有序推进，云桂、丽香、昆明枢纽站及广大铁路扩能改造项目前期工作积极推进。机场建设完成投资24亿元，昆明新机场全面开工建设，腾冲机场顺利通航，丽江、香格里拉等6个机场改扩建工程全面推进。电力建设完成投资606亿元，向家坝电站实现截流，景洪电站3台机组并网发电，全省新增电力装机394万千瓦，年发电量首次超过1000亿千瓦时。水利建设完成投资74亿元，建成中小型水库30座，完成中小型病险水库除险加固工程53件，兴建山区“五小水利”工程25万件，农田有效灌溉率达到39%，比上年提高1个百分点。积极推进金沙江龙头水库比选工作。房地产投资完成558

亿元，出台稳定房地产发展、建设保障性住房体系的具体措施。城镇建设完成投资97亿元，提出了“做强大城市、做优中小城市、做特乡镇、做美农村”的新思路，全省城镇化率提高1.4个百分点，达到33%。

克服生产要素制约，努力保持经济平稳运行

云南持续多年都受到煤电油运及土地、资金等生产要素的制约，对经济平稳运行产生了严重影响。云南省坚持早部署、早安排，在2007年11月就召开了煤电油运专题协调会议，对2008年保障供应的问题提前作了部署。为保电煤，下达了10条指令性计划，并给予企业4000万元补贴；为缓解成品油供应紧张状况，加大了与两大石油公司协调和争取国家支持的工作力度，通过这些工作，全省上半年煤电油运紧张局面得到有效缓解，即使在冰雪灾害和汶川地震期间也保障了供应。进入下半年以后，经济形势发生重大转变，煤电油运供求关系也发生了逆转。云南省及时转变工作思路，制定电价优惠政策，促进煤电销售，加大力度组织出省货物调运，降低空驶率，为减轻企业困难发挥了重要作用。为满足经济社会发展的用土需求，云南省认真贯彻落实国家土地宏观调控政策，在不突破基本农田这根“红线”的同时，充分发挥云南的优势和潜力，积极利用荒山荒地搞开发建设，积极探索规划管理与征用管理相结合、占用管理与租用管理相结合的建设项目用地模式。金融工作不断创新，努力增加资金供应，金融为云南经济社会发展作出了重要贡献，全年新增贷款1094亿元，直接融资突破百亿元。

克服工业增长乏力的困难，切实推进工业发展 针对云南省工业经济运行受金融危机影响，增幅增速下滑的实际，采取了一系列化解困难的办法，保持了全省工业经济的平稳运行，没有出现大起大落的情况，全省工业增加值完成2057亿元，增长12.5%。1. 继续实施工业强省战略。进一步完善工业发展思路，转变发展方式，启动了工业发展“双万亿工程”和重点项目建设“双百工程”。建设40个省级工业园区和培育40个工业强县取得新成效。重点推进20项工业建设项目，持续加大工业投资力度，全省工业固定资产投资（含电力投资）1232亿元，增长25.9%。2. 召开全省工业发展大会，对今后5年工业发展进行部署，提出了新的目标要求。3. 在经济下行压力加大的情况下，采取积极措施帮助企业渡过难关。针对工业企业面临的困难和全球原材料价格大幅跌落的情况，及时推出收储重要商品、对钢铁等10个行业实行阶段性特殊电价政策和扶持中小企业发展的14条措施，帮助企业克服困难。4. 对进一步整顿规范矿产资源开发秩序、推进矿业管理制度改革、促进矿业经济有序发展的工作进行专题研究，出台了政策文件并作了工作部署。5. 争取烟草多作贡献，烟草企业“三变二”重组工作顺利完成，卷烟产品结构进一步优化，全年实现工商利税717亿元，烟草制品业完成增加值659亿元，为保持全省经济平稳较快增长发挥了突出作用。6. 启动了创新型云南行动计划，促进科技创新与企业发展、技术改造紧密结合，决定用5年时间多渠道筹集资金500亿元，实施重点产业、重大技术、节能减排等科技创新工程。

克服自然灾害带来的困难，全力开展抗灾救灾和灾后恢复重建 2008年云南省大灾不断，灾害种类之多、受灾面之广、受灾程度之重历史罕见。据统计，2008年全省16个州（市）不同程度受灾，受灾人口2900万人次，因灾死亡、失踪400人，紧急转移安置70.67万人；因灾倒损民房近144万间；农作物受灾面积约173万公顷，绝收38万公顷；直接经济损失194.5亿元。面对频繁发生的灾害，云南省迅速启动应急预案，加大抗灾救灾减灾力度，努力使灾害造成的损失减小到最低程度。1. 全力抓好应急抢险工作，有力、有序地组织开展抗灾救灾，妥善安置灾民生产生活，保障了灾区群众的居住和生活，维护了灾区社会稳定。2. 加强救灾资金、物资和工作协调，全省投入救灾资金已超过26亿元，确保了抗灾救灾和恢复重建工作及时有序进行。3. 认真搞好恢复重建，在加强宁洱灾区、大关灾区恢复重建的扫尾工作的同时，及时制定并实施昭通、盈江、楚雄等灾区恢复重建计划，保障了各项工作顺利进行。4. 积极主动开展了“汶川大救援、云南大行动”，从救援、医疗救助、组织志愿者等方面开展支援工作，优质高效完成了中央下达的各项援助任务。通过努力，云南省紧急转移安置受灾群众70万人次，开展了14.6万户因灾损毁民房的恢复重建，完成农村民居地震安全工程建设24万户，灾区群众基本生活得到有效保障，灾区社会保持稳定。

克服世界金融危机带来的不利影响，积极主动采取应对措施 面对金融危机对云南发展的不利影响和国家宏观政策的调整，云南省坚决贯彻落实中央扩大内需、促进经济平稳较快发展的决策部署，坚定信心，抢抓机遇，认真研究和努力破解金融危机对云南省的影响，由省财政新增筹集10亿元投入推动扩大内需，并采取了增投资、稳工业、促消费、保民生等4个方面的重大措施。增投资就是抓一批重大项目的开工建设，把中央新增1000亿元投资中云南省争取到的56亿资金全面落实到位，省财政新增安排2亿元经费推进前期工作，安排5亿元用于重大基础设施项目；稳工业就是采取措施帮助工业企业渡难关；促消费要促进房地产健康发展，省财政新增安排1亿元用于支持教师周转房和煤矿、农垦、华侨农场的棚户区改造，计划推进“家电下乡”；保民生的措施也出台了许多，如提高城乡低保标准，对各类困难人群给予补助，调整职工社保缴费政策等。这些措施对保持今后的经济社会发展产生了重要作用。同时，云南省积极主动做好项目衔接汇报等工作，争取到中央扩大内需资金56亿元，2008年共争取到中央资金近130亿元。

【认真调研科学决策】 在抓好当前工作的同时，省委、省政府还对一些关系云南长远发展的重大问题，在充分调查研究的基础上，作出了重要部署。主要是在加快山区综合开发与木本油料基地建设、启动百亿斤粮食增产和农民收入翻番计划、推进优势生物产业发展、建设“创新型云南”、实施工业“双万亿工程”、推动烟草产业再创新优势、开展旅游产业改革和发展综合试验、启动滇西北生物多样性保护、调整完善滇池治理思路、推进滇池截污和牛栏江—滇池补水工程、实施新三年“兴边富民工程”、调整铁路建设规划、加强防震减灾、建设县城污水和垃圾处理设施、促进高等教育改革发展、支持现代新昆明建设等方面，作出了一系列重大决策，为云南今后5年乃至更长时间的持续发展奠定了基础。

【抓住关键狠抓落实】 2008年，我们加大投入和工作力度，着力推进重点领域和重要环节的工作，并取得了明显成绩。

重视民生，认真解决涉及群众切身利益的突出问题 教育发展方面。高度重视义务教育，又完成了5个县的“普九”攻坚任务，全省“普九”县达到126个；进一步完善农村义务教育经费保障机制，“两免一补”政策覆盖面由201万人增加到602万人，提高补助标准，投入2489万元，全面免除城乡义务教育阶段学生学杂费；创新机制推进中小学危房改造，改造中小学D级危房109万平方米；启动了农村教师周转房建设。扩大中等职业教育在校生规模，组建了8个省级职教集团，全省第一所技师学院开工建设，中等职业学校学生全部享受生活补助，高中阶段毛入学率提高到52%；推进高等教育改革发展，2008年省财政用于支持呈贡高校新区建设的投入达20亿元，改革了高校投入机制，提高了生均经费标准，全省高等教育毛入学率提高到16.2%。

医疗卫生方面。县、乡、村三级医疗卫生基础设施条件持续改善，132个乡镇卫生院改扩建和116个村卫生室建设项目顺利开工，新建社区卫生服务中心100个，改造社区卫生服务站100个，；城镇居民基本医疗保险试点工作扩大到10个州（市），参保人数215万人；新农合人口覆盖面接近90%、参合标准由2007年的50元提高到了2008年的90元，省财政为218万困难群众代交了参合资金，其中财政补助从40元提高到了80元，每人每年报销上限达到2万元，并为150万困难人群代交10元钱。及时有力地处置了婴幼儿问题奶粉事件、刺五加注射液事件，最大限度地保障了人民的健康和安全。

就业和社会保障方面。城镇新增就业23万多人，实现“零就业”家庭至少有1人就业，农村劳动力转移就业155万人。社会保险参保人数达到1422万人次。企业退休人员基本养老金标准达到月人均1036元，解决了300万农村贫困人口和87万城镇低收入者的最低生活保障。建成廉租房80万平方米。

科技方面。建成了全球最大、技术领先的锡化工加工中心、稀贵金属冶金新技术研发试验基地等一批科技创新基地，完成了全国最大的2米级光学望远镜、全球最大的国际标注化灵长类实验动物与动物实验基地等一批重大科技工程项目。重点产业竞争力进一步提升。

扶贫开发方面。重点实施自然村整村推进、产业信贷扶贫、贫困地区劳动力培训转移、贫困人口易地搬迁和贫困农户茅草房改造工程，开展了1万个自然村的整村推进和村容村貌整治，培训转移贫困地区劳动力40万人，解决和巩固60万贫困人口的温饱，改造茅草房、杈杈房5.6万户，完成易地搬迁贫困人口3万人。加大对人口较少民族的扶持力度，实施了克木人、莽人等特殊人群的专项扶贫工作。

加大生态环境保护力度，狠抓节能减排 深入开展七彩云南保护行动，推进“环境法治、环境治理、环境阳光、生态保护、绿色创建、绿色传播和节能降耗”七大行动。天然林及野生动植物保护、水土保持、农村能源、石漠化治理等重点生态建设工程稳步推进，完成营造林674万亩，新增水土流失治理面积2522平方公里，森林防火取得5年来最好成绩。九大高原湖泊水污染防治措施得到落实。滇池治理的六大措施取得重大突破，洱海保护治理经验得到国家环保部高度肯定，抚仙湖—星云湖综合治理有新的进展，及时有效处置了阳宗海水体砷污染事件。实施滇西北生物多样性保护行动，力争“十一五”期间，多方筹资70亿元用于滇西北环境保护和生态建设。加快循环经济发展，节能减排统计、监测、考核三大体系进一步完善，淘汰了一批小火电、小炼铁、小水泥等落后产能，化学需氧量和二氧化硫排放量分别削减2.5%和3%。重视城镇环境建设，决定5年时间多渠道筹集200多亿元资金，在全省县以上城镇建设污水和生活垃圾处理设施，使县城污水处理率平均达到80%以上，生活垃圾无害化处理率达到100%。

努力深化改革扩大开放，推动体制机制创新 加大力度推进各项改革。农村综合改革有序推进，基本完成了集体林权制度改革主体改革任务，确权率、发证率分别达到90%和60%，配套改革稳步推进。开展了乡镇机构改革试点和村级公益事业建设“一事一议”财政奖补试点。农村流通体制、农垦、华侨农（林）场和基层农业技术推广机构改革顺利开展，以水务体制改革为重点的水利改革取得突破。深化国企改革的总体目标任务基本实现，州（市）企业改制面和省属企业改制面均达99%。非公有制经济发展较快，活力增强，占全省经济的比重达到38.5%。财税、金融和社会事业领域的改革步伐加快，昆明、红河综合改革试点继续推进。

着力推进开放云南建设。继续扩大对东南亚的开放，突出推动对南亚的开放，进一步完善了云南对外开放的格局。开展了“七彩云南香港行”活动，与香港工商界在旅游、文化、商贸、物流等服务贸易领域签订了一批项目合作协议，总投资超过800亿港元。省政府代表团出访印度开展“亲邻之旅”，掀开了滇印合作交流的新篇章。加快开放平台建设，成功举办了首届大湄公河次区域经济走廊论坛、南亚商务论坛和华商论坛，提高了“昆交会”办会层次。深化了第三亚欧大陆桥的研究和论证。招商引资工作力度进一步加大，实际利用外资7.8亿美元，引进省外到位资金773亿元。旅游二次创业稳步推进，全年接待海内外旅游者超过1亿人次，其中海外旅游者250万人次，周边入境旅游者260万人次，旅游总收入达到663亿元。

全力维护社会稳定，努力构建和谐云南 高度重视和正确处理新形势下人民内部矛盾，加强了矛盾纠纷调处工作，依法化解人民内部矛盾，积极稳妥处理好群体性事件。加强了和谐社区建设。开展“领导干部大接访”活动，畅通人民群众向政府反映意见和要求的渠道。严密防范和严厉打击境内外敌对势力渗透、颠覆、破坏活动，特别是拉萨“3·14”事件发生后，采取有力措施，确保了云南省藏区的安全稳定。圆满完成奥运安保任务，顺利完成奥运火炬在云南境内的传递活动。深入开展以“打黑除恶”、命案侦破以及打击“两抢一盗”等多发性犯罪为重点的严打整治斗争，解决影响社会治安的突出问题。深化安全生产领域专项整治，安全生产工作取得了显著成效。启动实施了新一轮禁毒防艾人民战争。

狠抓政府自身建设，努力转变政府职能和机关作风 在行政机关开展了解放思想大讨论和深入学习实践科学发展观活动，全面推行行政负责人问责办法和首问责任制、服务承诺制、限时办结制，重点建设责任政府。对行政机关不作为、乱作为，以及责任心不强、服务质量不高、办事效率低等事项进行问责，全省共问责1417人。机关工作人员责任心明显增强，素质得到提升，工作效率和服务质量有新的提高。进一步加强督查工作，重点督查20个重大建设项目和20项重要工作，促进了工作的落实。继续深化行政审批制度改革，清理、取消和调整了392项行政审批事项。认真清查“小金库”，规范了非税收入管理。

（张懋功　张亚辉）

·责任编辑·何　英

各行业发展概况

The Development of the Industry Overview

·第一产业·

农业和农村经济

2008年，全省农业系统认真贯彻落实中央和省委、省政府关于“三农”工作的决策部署，以科学发展观为统领，努力探索用工业的理念谋划农业发展，紧紧围绕农民持续增收和农产品有效供给，以实施农业优势产业提升、粮食生产提升和农村劳动力转移就业提升等“三大提升计划”为重点，采取了一系列措施，使全省农业和农村经济在多种严重自然灾害交织发生、农资价格大幅攀升以及国际金融危机影响不断加深的困难局面下，在许多重要方面实现了新的突破和进展，取得来之不易的好成绩。农业农村经济发展克服了频繁发生的干旱、洪涝、低温等严重的自然灾害交替发生和农资价格持续上涨的不利影响，保持了快速健康发展的良好势头。

【综　述】　2008年，全年农林牧渔业总产值(现价)1641.46亿元，比上年增长7.9%，其中：种植业产值790.87亿元，增长6.6%；畜牧业产值570.01亿元，增长9.0%；渔业产值38.12亿元，增长6.7%；服务业58.86亿元，增长3.7%。农业增加值1020.94亿元，增长7.6%，占全国比重的3%，在全国居16位，增速比全国平均水平高2.1个百分点。农民人均纯收入3102.60元，年增加额468.51元，为历史最高，扣除价格上涨因素，比上年实际增长9.1%，增幅高于全国1.1个百分点，增速为近12年来的最高。农民人均生活消费支出2990.61元，增长13.4%，农村居民家庭恩格尔系数为49.6%。

【种植业】　2008年，全省粮食生产再上新台阶，总面积433.33万公顷，增长2%；粮食总产量1588.1万吨，增长2.7%，再创历史新高，实现1993年以来的第15年增产。其中：谷物311.45万公顷，增长2.4%，产量1298.10万吨，增长1.2%；豆类产量60.3万吨，增长14.2%；薯类产量（折粮）229.7万吨，增长8.8%。全年粮食综合平均单产244.32公斤/亩，增长1%。粮食产量占全国总产量3%，在全国均排名第14位。全省的粮食和经济作物比例由上年的68.67∶31.33调整到66.70∶33.30。油料产量40.38万吨，增长10.2%；烤烟产量83.94万吨，增长9.5%；甘蔗产量1898.75万吨，减少2.1%；蔬菜产量1166.64万吨，增长4.8%；水果产量313.44万吨，增长24.4%；茶叶产量17.15万吨，增长0.9%；鲜切花产量52.9亿枝，增长6.1%；橡胶产量25.72万吨，减少8.9%；咖啡豆产量3.29万吨，增长11.1%。全省冬季农业开发1867万亩，增长4.3%。

【畜牧业】　全省肉类总产量411.8万吨，增长15%；禽蛋产量29万吨，增长12%；牛奶产量50.2万吨，增长18.7%。大牲畜年末存栏1097.7万头，增长12.7%；生猪年末存栏3187.6万头，增长17.2%；羊存栏1036.8万头，增长54.7%。肉猪出栏3754.2万头，增长26.4%。饲料工业产品产量281.3万吨，增长12.4%。肉类总产量占全国比重的5.7%，在全国居5位，成为全国的畜产品主产省份之一。全省水产养殖面积156万亩，水产品总产量39.37万吨，增长17.9%，其中养殖产量35.9万吨，增长18%；捕捞产量3.5万吨，增长20%。

【支农惠农政策】　2008年，中央和省委、省政府继续加大对农业生产的投入，全省落实惠农补助资金32.09亿元，其中获得中央支农惠农政策补助资金29.76亿元，比上年增加20多亿元，省级配套2.33亿元。具体惠农政策是种粮农民综合直补22.78亿元，水稻良种补贴2.31亿元，玉米良种补贴1.82亿元，油菜良种补贴3048万元，能繁母猪补贴2.36亿元，能繁母猪保险保费补贴1.31亿元，奶牛保险保费补贴1908万元，农机购置补贴1亿元。省级追加1亿元农业生产发展资金，其中4500万元用于地膜玉米推广补贴、1500万元用于新增种植粮食的种子补贴、2000万元用于边远贫困地区农民购肥补助。中央财政首次将云南省水稻、玉米和油菜纳入良种补贴范围，水稻、玉米良种补贴实现了全覆盖，能繁母猪补贴每头100元，能繁母猪保险保费补贴投保321.3万头能繁母猪，奶牛保险保费补贴投保12.3万头奶牛，农机购置补贴覆盖全省119个县，41个农垦农场，受益农户3万多户。油菜良种补贴、橡胶良种补贴、生猪良种补贴、奶牛良种补贴等惠农政策继续实施。各地党委、政府和农业及财政等部门，按照省委、省政府的统一部署，认真做好各项支农惠农政策的落实工作，充分调动了广大农民务农的积极性。

【农业基础设施建设】 省级围绕特色产业优势区域布局重点扶持建设了67个马铃薯基地县、19个蔬菜基地县、19个甘蔗基地县、22个茶叶基地县、15个橡胶基地县、21个生猪基地县、18个肉牛基地县、11个肉羊基地县、12个奶源基地县、10个家禽基地县和20个优势水产品基地县，进一步提升了基地农产品生产能力。组织新建农村户用沼气池24.7万户，占年计划任务的123.7%，沼气用户累计保有量217.8万户；完成农村改灶15.67户，占年计划任务的156.67%，农村累计改灶619万户。实施了省级500个村的村容村貌整治，投入建设资金1.65亿元，新建村庄道路272.06公里，道路修缮硬化447公里，支砌排灌沟渠7.82万立方米，新建人畜饮水管道180.82公里，修建垃圾收集点501个6216立方米，修建公厕299座，建设沼气池1780个1.25万立方米，危房改造10.82万平方米，村庄绿化植树9.38万株和种植花草5.35万立方米，安装村庄公共照明灯具686盏，建文化室8443平方米，运动场3.68万平方米。全省农业机械总动力2013.92万千瓦，增长8.2%。拥有拖拉机47.08万台，增长34.2%。联合收割机2537台，增长17%。农用排灌机械动力135.77万千瓦，增长13%。农用运输机械445.44万千瓦，增长171.4%。农副产品加工机械动力337.96万千瓦，增长8.8%。全省有农机化作业服务组织555个。全省机械耕耙播收作业面积126.4万公顷，增长5.3%。

【农业科技】 农业科技入户，建立1.08万户科技示范农户，辐射带动21.6万户，示范推广40个主推品种，落实到位41项主推技术。对8.7万名农民开展了新型农民科技培训。全省推广水稻良种1250万亩，增加130万亩；玉米良种1560万亩，增加60万亩；推广各类粮食作物间作套种1720.2万亩。脱毒马铃薯面积375万亩，增加25万亩。全省蔬菜主栽品种良种利用率90%以上，蔬菜工厂化育苗占80%；水果主栽品种的良种利用率75%以上；香蕉组培苗在全省蕉区推广普及率90%以上。甘蔗全省良种平均覆盖率80%。全省主要农作物病虫害综合防治2.1亿亩次。推广测土配方施肥2421.05万亩，配方肥推广面积1118万亩，施用配方肥53.5万吨。57个粮食高产创建示范区辐射带动383万亩，亩均增产50公斤左右。建设了3.8万亩高产示范胶园。全省完成猪杂交改良配种480万窝，增长34.5%，生猪良种覆盖率85%。完成牛冻精改良配种68万头，增长13.3%，牛的良种覆盖率27.8%。良种禽推广2.2亿只，增长9.1%，规模化养禽基本实现了良种化。养蜂新技术改良推广29.1万箱。青贮饲料450万吨，增长12.5%；氨化饲料100万吨，推广农田种草50万亩。配合饲料入户率约20%左右，农作物秸秆处理利用率20%、饲用率近30%。池塘高产高效健康养殖技术推广49.2万亩，稻田养鱼156万亩。滇池金线鱼、巨魾、丝尾鳠等部分本地土著经济鱼类人工驯养繁殖研究取得突破性进展。试验鉴定了6家企业的拖拉机、旋耕机等12种机型，举办各类农机技术现场演示、培训2500多场次，观摩农户10万多人。开发研制的烤烟移栽机械2ZY－1型烤烟移栽机，联合作业机具1GPX－200型刨旋深耕机投入试验。获2007年度省科技进步奖9项，其中一等奖1项、二等奖2项、三等奖6项。申报2008年度省科学技术奖7项。

【农业产业化经营】 2008年，全省农业产业化经营组织4070家，产业化经营组织全年销售收入448亿元，促进农民增收121亿元。除烟草外农产品加工产值超过700亿元，增加120亿元左右。全省156家省级以上重点龙头企业实现销售收入198.5亿元、带动农户362.3万户次，分别增长9.1%和5.9%，上缴税收5.72亿元，减少1.4%。全省规模以上农产品加工龙头企业实现产值399亿元，增加值101亿元；156家省级以上重点龙头企业中的143家农产品加工企业实现销售收入161亿元，产值166亿元，增加值52亿元，上缴税金5.67亿元。2008年全省安排700万元专项资金，对100个农民专业合作组织进行了扶持，截止年底，全省农民专业合作组4040个，专业合作社1699个，已按《农民专业合作社法》规范登记注册的农民专业合作社831个，专业协会2300个，专业联合社11个，专业联合会30个，成员76.1万户，其中农民成员72.6万户，带动非成员农户139万户。通过合作社统一组织销售农产品总值

23.16亿元，统一组织购买农业生产投入品总值4.06亿元；培训成员和农民71.32万人；执行农产品生产质量标准的合作社162个，建立农产品质量安全追溯制度的合作社78个，拥有注册商标的合作社140个，通过农产品质量认证的合作社178个；合作社实现总收入14.3亿元，盈余1.66亿元，盈余返还总额8363.3万元，红利总额1697.64万元。农民专业合作组织数量比上年增加了543个，增长了16%。

【农村劳动力转移及劳务输出】 2008年，省政府继续将"培训农村劳动力100万名，新增转移50万人"列为全省督察的20项重要工作之一。中央和省级财政加大了对农村劳动力转移培训投入的力度，在省农业厅的大力争取下，中央财政投入云南省农村劳动力转移培训阳光工程专项资金3330万元，人均补贴标准由2007年的300元增加到370元。省级农村劳动力转移培训资金7200万元。各地各有关部门都将培育壮大劳务经济作为增加农民收入和推进新农村建设的重大举措，加强组织领导，认真贯彻"农村劳动力转移就业提升计划"、《2008年农村劳动力转移培训阳光工程实施意见》和《关于规范和加强农村劳动力转移培训基地工作的通知》等文件精神，通过认真组织实施"农村劳动力转移培训阳光工程"和"百万民工培训工程"，进一步加强了农村劳动力转移培训力度；通过实施"走出去，请进来"战略，组织举行大型农民工专场招聘会、云南省提前返乡农民工现场招聘会等系列活动，进一步提高了农村劳务输出的组织化程度。2008年，开展农村劳动力转移培训107万人，完成年初确定的工作任务的107%，其中全省阳光工程培训农村劳动力10.16万人。全省农村劳动力新增转移就业60万人，累计转移就业695万人。农民人均工资性收入617.47元，增长18.4%，占农民纯收入的19.9%，创历史最高水平。劳务经济在农民增收和推进城乡统筹发展中的作用日益明显，工资性收入成为增加农民现金收入的一大亮点。

【动植物疫病防控】 全省全面实施了春秋两季集中免疫和平时补免相结合的免疫工作制度，禽流感免疫家禽2.04亿羽，免疫密度96.51%；鸡新城疫免疫1.77亿只，免疫密度95.38%；猪瘟免疫4696.42万头，免疫密度96.19%。边境沿线建立了30多公里纵深免疫带，常年保持免疫密度100%，严禁国外疫病畜禽及其产品输入。全省实施畜禽产地检疫3796.2万头（匹、只），检疫的屠宰场点1700个，检疫屠宰动物3965.8万头（只），出栏和调运畜禽的产地检疫率和屠宰检疫率达100%。监督检查动物及动物产品经营、仓储、加工等交易市场3966个，监督检查动物5432万头（只）。2008年有效地防堵了境外重大动物疫病传入和有效控制了高致病性禽流感等重大动物疫病发生，省内未出现重大动物疫情。

全省农作物病虫害总发生面积1.6亿亩次，防治面积2.1亿亩次，其中：小麦病虫害发生805.6万亩，防治1026.9万亩次；稻飞虱发生729.6万亩，防治974.3万亩次。稻瘟病发生183.6万亩，防治面积478.7万亩次；稻纵卷叶螟发生92.1万亩，防治214.7万亩；玉米灰斑病发生320万亩；马铃薯晚疫病发生25万亩。全省下发《小麦条锈病发生警报》等病虫发生情报和防治建议30余期。开展调运检疫15.01万批次，苗木近2000万株，种子及其他农产品200多万吨。检查农药经营门市2228个，抽查农药标签2344个，抽检农药样品160个。

【农产品安全】 2008年，全省进一步加强标准化生产基地建设，加大标准化技术推广和农业投入品、农产品执法监管，大力开展"助奥行动"、农产品质量安全专项整治行动、无公害农产品产地认定整体推进等活动。有93个产地获得无公害农产品产地认定，认证面积912.13万亩，畜禽养殖规模2009.77万头（只）。有55家企业、120个产品，获得无公害农产品认证，认证面积123.47万亩，畜禽养殖规模81.45万头（只），产量达57.5万吨，产值达18.8亿元；有79家企业、119个产品获得绿色食品认证，认证面积103.66万亩，畜禽养殖规模12.37万头（只），产量54.46万吨，产值21.8亿元；有18家企业29个产品获得有机食品认证，认证面积7.07万亩，产量0.98万吨，产值6.6亿元。全省累计有"三品"认证企业604家，1290个产品，面积1683.39万亩，产量540.23万吨，畜禽养殖规模1016.29万头（只），产值162.94亿元。12个无公害农产品产地认定整体推进县完成认定无公害农产品产地831万亩，全省已有9个县（市）14个基地126.2万亩农田被列入全省第一批创建全国绿色食品原料标准化生产基地。除昆明市以外的15个州（市）政府所在地和16个蔬菜生产重点县蔬菜质量安全例行监测合格率为92.5%。阳宗海水域发生砷污染后，省农业厅全力协助配合省级有关部门积极应对阳宗海水污染事件，制定了农业环境和农产品质量安全抽检工作方案，提出了禁止捕捞阳宗海水产品的工作建议，配合省环保部门制定了综合治理方案。“三鹿奶粉”事件发生后，全省开展了奶站专项整治，确保云南省生产的奶粉、液态奶没有出现掺入“三聚氰胺”的问题，维护了广大消费者的利益。

【农业对内对外开放】 通过进一步加强以东南亚地区为重点的农业国际合作，举办和参加“2008中国农业（泰国）展览会”、西双版纳湄公河次区域农产品交易会、第六届中国国际农产品交易会、第四届昆明国际农产品交易会、云南优质生态农产品上海推介展、中国绿色食品博览会等各类展会，加大农业对内对外招商引资力度，有力地促进了农产品出口。据昆明海关统计，2008年云南省农产品进出口贸易10.81亿美元，农产品对外贸易突破10亿美元，较2007年增长36.4%。农产品出口7.99亿美元，增长20.2%，占全省商品出口总额的16%，增幅较全省出口商品平均水平约高15.6个百分点，年出口额和增幅均创历史新高。出口农产品中烟草、蔬菜、咖啡、香料油、水果及其产品和马铃薯及其产品出口额达2.78亿美元、1.57亿美元、4769万美元、2797万美元、3940万美元和706万美元，分别增长12.9%、89.5%、31.1%、44.3%、22.4%和6.5%%；茶叶出口1343万美元，减少22.3%；食用菌4591万美元、松茸3494万美元，分别减少6.9%和4.3%；动物及其产品出口3701万美元，增长5.7%。出口额超过100万美元的单项农产品达到74个，比2007年增加2个，其中，出口额超过1000万美元的单项农产品达到19个，增加7个。出口市场中，对东盟、欧盟、日本、香港和北美等重点市场出口7.04亿美元，增长23.8%，占2008年全省农产品出口总额的88.1%，上升约3.2个百分点。其中对东盟出口3.11亿美元，增长25.4%；欧盟2.07亿美元，增长33%；香港5817万美元，增长26.8%；北美4779万美元，增长20.4%；日本8059万美元，微增1.1%，自2006年以来首次出现增长势头。出口市场已遍及东盟、欧盟、日本和香港等85个国家和地区。

【农业信息化建设】 2008年，省发改委下发了《云南省发展和改革委员会关于下达金农工程一期项目（云南省建设部分）2008年中央预算内投资计划的通知》，下达了中央预算内投资计划1095万元，成立了新的“金农工程”领导小组及领导小组办公室，编写“金农”工程项目实施办法，正式启动了“金农”工程项目建设。“三电合一”项目在继完成昆明市、临沧市、普洱市项目后，又继续在昭通市实施。“数字乡村”工程在2007年初步建成了覆盖全省16个州（市）、129个县、1348个乡镇的网站集群，1494个网站和上百个村级网页，2008年又进一步完善了网络应用功能，制订了网站维护管理办法，建立信息采集、分析和发布管理机制，完成了省级网站升级改版，进一步加强了全省“数字乡村”网站文字、图片、视频、统计数据的更新，开发应用了“数字乡村”统计查询系统和农业项目管理系统。2008年完成了全省农业系统门户网站群系统建设，对省、州（市）和县级三农网也进行了改版升级，建立了全省农业信息网站联播系统。省、州、县三级农业部门都建立了门户网，网站数量达到146个。2008年省级网站发布信息9236条，同比增长10.3%，全年点击达到127.05万人次，同比增长96%。中国农业信息网全国信息联播云南频道页面点击率名列全国第六。全省三级农业信息网访问量达5435万人次，发布各类农资、农产品及种养殖技术等农业信息10.08万条。在2008年由国家工业与信息化部和农业部等组织的“中国数字化创新奖”评选活动中，“数字乡村”工程获得3项大奖，省委书记白恩培荣获“推动中国数字化进程杰出贡献奖”，省农业厅厅长段兴祥荣获“中国数字化创新人物奖”，省数字乡村办公室荣获“中国数字化创新管理奖”。

【农村改革和发展】 全省有86个县（市、区）全面完成农村土地承包经营权证补换发工作，发放土地承包经营权证790万份，占全省应发放总数的85%左右；全省积极探索建立农村土地承包纠纷调处机制，14个仲裁试点县仲裁庭受理农村土地承包纠纷案件350件，调解处理342件，进一步稳定和完善了农村土地承包关系，保障了农民土地承包的合法权益。全省逐步建立了涉及农民负担收费文件“审核制”、涉农价格和收费“公示制”、农村公费订阅报刊“限额制”、农民负担“监督卡制”、涉及农民负担案（事）件“责任追究制”等5项制度，健全和完善减轻农民负担的各项制度，查处涉农负担案（事）件274件，查处涉农的乱收费、乱罚款和集资摊派等，进一步减轻农民负担74万元。全省804乡镇，8905个村集体经济组织实行了村级会计委托代理制，分别占58.8%，66.4%，代管集体资金总额达69.6亿元，占资金总额的75.1%，1.33万个村民委员会、14.84万个村民小组实行了财务公开，分别占99.5%、89.1%；以村干部任期和离任经济责任为重点的专项审计进一步强化，农村集体财务管理和监督进一步加强。省级财政安排5000万元专项资金重点对农村集体经济“薄弱村”、“空壳村”的500个农村集体经济发展项目进行了扶持，促进了农村集体经济的发展和集体经济组织作用的发挥。“一事一议筹资筹劳”议事范围、程序和标准等得到进一步规范，全省开展一事一议的村7930个，约占总数的60%，筹资约2.6亿元，筹劳3217万个；作为全国村级公益事业建设一事一议财政奖补3个试点省份之一，云南省政府出台了《云南省村级公益事业建设一事一议财政奖补试点实施意见》，各地按照省政府要求积极开展工作，全省2.14万个自然村投资41亿元建成一事一议财政奖补项目2.23万个，还带动3.57万个自然村在其他进村入户财政资金扶持下投资89.58亿元建成一事一议项目10.62万个。基层农技推广体系等改革稳步推进，截止2008年末，全省16个州（市）都出台了改革实施方案，113个县（区、市）改革实施方案拟定上报州市审批，已批复75个，其中58个县（区、市）正在进行清产核资和人员编制核定工作，有17个县改革主体任务基本完成。加大了农业政策性保险工作力度。

【农业法制建设和农资监管】 根据省人大立法规划和省政府立法进度要求，草拟了《云南省渔业条例》（送审稿），启动了《云南省农机管理条例》和《云南省农民专业合作社条例》的起草工作。开展了《云南省农村集体资产和财务管理条例》立法调研，调查了《中华人民共和国农民专业合作社法》、《中华人民共和国农产品质量安全法》等法律法规的贯彻落实情况，完成了《云南名牌农产品认定管理办法（试行）》的制定、登记、备案、刊登。清理了与《中华人民共和国突发事件应对法》有关的规范性文件46件，废止16件、修改4件。按照法制宣传教育“五五”规划，举办农业法律法规专题宣传讲座30次，《物权法》知识专题讲座，开展法律咨询服务50多次，发放宣传资料1万多份，组织法律知识竞赛10余次，近1500人参加了有关活动。结合《云南省种子条例》的颁布实施，培训了种子执法人员600多人次，根据各地执法现状，有针对性培训各类农业执法人员800多人次。对全省50余名农业（畜牧）部门内设法制机构负责人（执法队长）进行了业务培训。全省12个州（市）成立51家综合执法机构，其中市级4家，县级47家，配备综合执法人员400多名。全省通过开展放心农资下乡进村工作宣传周活动，放心农资下乡进村行动，农村农资义务监管信息员试点，在重点农资供应季节开展“夏季百日行动”等集中专项整治行动，开展中量元素肥查处，完善“12316”投诉举报功能。出动农资打假执法人员10.58万人次，印发资料459万多份，检查企业6.03万个/次，整顿市场2.03万个/次，受理投诉举报案件726件；查处案件4408起，查获假冒伪劣农资2035吨、681台件，货值金额511万余元，捣毁制假窝点12个，挽回经济损失1995万余元；立案查处制售假劣农资案件906件，查处结案611件，涉案人数765人。通过农资打假工作确保了2008年全省粮食丰收、农民增收和农业增效。

（刘余武）

林　业

【概　述】 2008年，云南省努力克服严重低温雨雪冰冻等灾害的不利影响，沉着应对国际金融危机的冲击，推动了全省林业实现新的发展。天然林保护、退耕还林、防护林、农村能源等重点生态工程建设稳步推进，森林生态体系不断完备；生物多样性保护工作走在全国前列，云南省被列为全国首批野生动物肇事补偿工作的试点省，国家公园建设试点得到国家林业局批准；下达2008年核桃产业省级专项资金1.2亿元，在全省适宜发展核桃产业的15个州（市）建设20.67万公顷核桃基地。全力推进林改工作，累计投入林改经费9.95亿元；排查山林纠纷16.35万起，调处15.74万起，调处率96.3%；集体林地确权率占全省集体林面积的91.04%，发证率63.26%；林业总产值400.6亿元，同比增长13.81%；扎实开展森林防火工作，实现了森林无大火、无重大伤亡的目标；通过开展解放思想大讨论和学习实践科学发展观活动，完善了工作思路，明确了工作重点；通过“责任政府”行政问责等四项制度的落实，增强了机关的凝聚力、执行力和公信力，提升了林业部门的社会形象；全省林业科技工作稳步推进，实用技术推广和科技支撑能力增强；林业院校办学质量进一步提高，云南林业职业技术学院顺利通过评估，林业职业教育集团筹建有序推进；林业国际合作更加紧密，相关项目推进扎实有效。

【林业生态建设】 天然林保护、退耕还林、防护林等重点生态工程建设稳步推进，森林生态体系不断完备。2008年全省营造林50.56万公顷，为年计划的 122.1%。其中人工造林 39.5 万公顷，为年计划的 129.2%；封山育林完成 11.1 万公顷，为年计划的 162.85%。全民义务植树 1.06 亿株，为年计划的 117.6%；育苗面积 2957 公顷，育苗 12.95 亿株；造林整地 23.98 万公顷；中幼林抚育 8.76 万公顷；迹地更新 1.01 万公顷；低效林改造 1400 公顷；种子准备量 5383.91 吨；林下种植植物 4300 万公顷。

人工造林中退耕还林 39.50 万公顷，天然林保护工程 2.44 万公顷，防护林工程 8000 公顷，血防林 1200 公顷，特色经济基地林 13.61 万公顷，生物质能源林 2.83 万公顷，珍贵用材林 800 公顷，竹子基地 7200 公顷，林产业开发 7.93 万公顷，其他造林项目 4.42 万公顷。公益林建设 10.27 万公顷，粮食折现、现金补助、种苗造林补助和粮食调运费综合兑现率达到 98% 以上，完成退耕还林巩固成果规划并获得批准，实施重点防护林 4700 公顷，启动了 12 个县市区石漠化治理试点，完成农村沼气池 24.75 万户，节能改灶 15.67 万户。

（史　梅）

【集体林权制度改革】　云南省集体林权制度改革发展健康、进展顺利，昆明、楚雄、玉溪、红河、文山、普洱、大理、保山、德宏、丽江、怒江等 11 个州（市）林地确权率超过 90%。基本实现云南省委、省政府提出的“确权率达 90%、发证率达 60%”工作任务和目标。林改使山区、林区发生了巨大变化，焕发了新的生机与活力，得到老百姓真心实意的拥护。1. 激活了机制。林改使广大农民群众造林、护林的积极性得到充分激发，2008 年全省新增造林面积 50.56 万公顷，林业资金投入 8.19 亿元。2. 发展了产业。林改以来，林业产业呈现出新的生机和活力。云南省以核桃为主的经济林产业不断壮大，以野生菌为主的林下资源开发产业得到发展，林业产值不断提升。3. 增加了收入。林改后，林农从植树造林、采割松脂、林业劳务、出售林木、流转林地林木、开发林下资源和发展经济林等方面获得了较大收益，拓宽了农民增收就业的渠道。4. 保护了资源。林改以来，乱砍盗伐林木现象逐步减少，超强度违规采脂现象得到控制，各地群众爱护林木、改善环境的意识明显增强。全省森林火灾同比下降 18.5%，乱砍滥伐案件同比下降 11.8%。5. 锻炼了干部。林改培养造就了一支掌握民情、善解民意、熟悉政策法律和农村工作的干部队伍。6. 促进了和谐。林改化解了大量历史积怨，促进了农村社会和谐发展。

【林业产业】　各地坚持“生态建设产业化，产业发展生态化”的发展思路，大力发展木本油料、生物质能源、速生丰产林、珍贵用材林，积极推广林业循环经济，发展林下种养业，有效开发野生食用菌，巩固提升了特色经济林在山区经济发展中的地位。全省种植木本油料林 40 万公顷，超计划 13.33 万公顷；以松香、松节油、桉叶油、紫杉醇等为主的林化产业稳步增长；以野生食用菌、林药为主的非木材产业比重逐步加大；森林生态旅游、木材加工、野生动物驯养繁殖蓬勃发展。龙头企业规模不断壮大，林业总产值达到历史最好水平，产值 400.6 亿元，同比增长 13.81%。

【木本油料产业】　坚持“生态建设产业化，产业发展生态化”的发展思路，省政府与国家林业局签署了建设云南木本油料产业示范区合作备忘录。省政府先后制定出台了《关于加快核桃产业发展的意见》和《关于加快木本油料产业发展的意见》，对木本油料产业发展思路、目标、资金筹措、扶持方式、工作机制等方面作了明确的规定。木本油料产业的发展作为推进山区综合开发的重要内容。

2008 年全省木本油料产业投资超过 3.11 亿元，其中核桃产业投资 2.6 亿元、油茶产业投资 3640 万元、膏桐原料林基地建设投资 1479 万元。全年核桃产量为 25 万吨、综合产值 57 亿元。2008 年云南油料种植基地面积超过 133.33 万公顷，其中核桃 122 万公顷，油茶 4 万公顷、膏桐 10.67 万公顷。省林业厅实行厅领导对 16 个州（市）分片联系挂钩和督查制度。在国家林业局的大力支持下，先后在楚雄、大理举办了首届中国核桃大会和核桃产业科技论坛，宣传和展示了云南核桃产业发展取得的成就，为打造核桃品牌建立了平台、营造了环境，有力地促进了木本油料产业又好又快发展。

在 2008 年 11 月开展的核桃种苗质量专项检查中，发现核桃种植存在规模盲目扩大、种苗生产经营混乱、品种混杂、穗条来源不稳定、盲目引种等问题。在植树造林即将开始的关键时刻，12 月省林业厅及时召开电视电话会议，切实加强对核桃种苗的质量管理，采取强化良种意识、严把种苗出圃和调入质量关、严格种苗生产管理、加快母树选优和采穗圃建设、加大技术培训力度、加强种苗质量监管、合理安排种苗生产、争取党委政府支持等 8 项措施。

【国家公园建设试点省】 国家林业局批准云南省成为我国首个国家公园建设试点省，率先开展国家公园试点工作，要求云南省林业厅积极发挥生物多样性保护的实施主体作用，结合我国实际情况，以科学发展观为指导，遵循“保护优先、合理利用”的原则，在保护好生物多样性和自然景观的基础上，更全面地发挥自然保护区的生态保护、经济发展和社会服务功能，探索具有中国特色的国家公园建设和发展道路。省编办同意在省野生动植物保护管理办公室加挂省国家公园管理办公室的牌子。正式开展了“云南省国家公园发展战略研究”，积极推进国家公园的立法工作和国家公园科学管理工作。组织起草了《云南省国家公园建设试点工作意见》，老君山、梅里雪山、西双版纳3个国家公园的总体规划已经进入审批程序。

【生物多样性保护工程】 省林业厅按照省委、省政府和国家林业局的统一部署，加大了生物多样性保护的工作力度，编制了《滇西北生物多样性保护规划》，《云南生物多样性保护工程规划》，《云南湿地保护工程总体规划》和《云南野生动物疫源疫病监测体系建设规划》并报经云南省政府批准实施；加强了对湿地的管理保护，国家高原湿地研究中心挂牌运行；云南林业生态功能不断增强，生态体系进一步完备。

（徐 斌）

【野生动植物保护管理工作】

立法工作 完成《云南省天然湿地条例》和《云南省野生植物保护条例》初稿撰写工作；协助省人大环资委开展大山包保护区管理条例的立法调研、文稿起草工作，推进《云南省大山包黑颈鹤国家级自然保护区管理条例》的实施工作，云南省首个非民族自治地区自然保护区条例开始实施。

保护区和湿地工作 完成乌蒙山省级自然保护区晋升国家级自然保护区前期工作；指导昆明市林业局开展轿子山保护区晋升国家级保护区相关工作；协调北海湿地省级自然保护区从环保部门纳入林业部门管理；开展了会泽黑颈鹤国家级自然保护区按程序纳入林业部门管理的相关协调工作；大围山、永德大雪山国家级自然保护区总体规划获国家林业局批准；小黑山、金光寺、剑湖、沾益海峰省级自然保护区总体规划获省政府批准；完成南滚河、哀牢山国家级自然保护区、腾冲北海湿地、拉市海、纳帕海省级自然保护区总体规划；完成白马雪山国家级自然保护区总体规划修编工作；启动玉龙雪山、哈巴雪山省级自然保护区总规修编工作；景东黑长臂猿监测和研究取得初步成果，引起社会广泛关注；白马雪山保护区滇金丝猴食性研究项目基本完成，高黎贡山白眉长臂猿监测获得重大突破；组织完成剑湖、沾益海峰两个湿地类型省级自然保护区的综合科学考察和总体规划编制工作；大山包、碧塔海、纳帕海、拉市海4个国际重要湿地保护工程建设项目和泸沽湖、海峰湿地2个湿地保护工程建设项目顺利实施，共投资3199万元。

野生动植物保护管理 出台了《云南省陆生野生动物驯养繁殖和经营利用管理办法》，进一步规范了养殖、经营利用的行为，为产业发展创造了宽松的政策环境。启动了灵长类实验动物活体标记管理工作。筹措野生动物补偿经费972万元。组织开展云南省黑熊肇事情况调查和防灾减灾技术研究。已落实4个国家级动物疫病监测站建设的中央经费200万元。

生态旅游发展工作 召开生态旅游座谈会，西双版纳国家级自然保护区生态旅游总体规划获国家批准，组织了《大围山国家级自然保护区生态旅游总体规划》专家评审并获得通过，启动高黎贡山国家级自然保护区生态旅游规划编制工作。完成高黎贡山、白马雪山和大围山3个保护区生态旅游试点建设工程。

国际合作项目 全球环境基金（GEF）项目工作得到世界银行检查组高度评价。与湿地国际合作，启动大山包社区共管和培训项目，开展保护区的沼气建设试点和监测活动；与ICF、FFI、CI等国际组织沟通开展相关活动；与TNC合作，开展国家公园试点建设技术工作。

（省保护办）

【开展调查研究】 通过开展山区综合开发调研，为省委、省政府召开全省山区综合开发现场会、出台《关于加快山区综合开发促进区域协调发展的决定》奠定了基础；通过开展木本油料产业调研，为省政府制定《关于加快核桃产业发展的意见》和《加快木本油料产业发展的意见》以及与国家林业局签署《建设木本油料产业示范区合作备忘录》提供了依据；通过开展生态效益补偿调研，争取云南省政府作出了全面实施省级地方公益林生态效益补偿的重大决策；通过开展林改工作调研，规范了集体林地林木的流转，为实施低产林改造和森林采伐管理改革试点作了准备。

（徐 斌）

农 垦

【综 述】 2008年是云南农垦深入贯彻落实省委、省政府《中共云南省委云南省人民政府关于深化改革加快农垦发展的若干意见》（云发〔2007〕12号）及省委、省政府办公厅《关于贯彻<中共云南省委云南省人民政府深化改革加快农垦发展的若干意见>的实施方案的通知》（云厅字〔2008〕4号），继续全面推进“二次创业”的关键年，也是农垦近年来遇到困难和矛盾较多，很不寻常的一年。在遭受历史罕见的严重自然灾害，受金融危机影响主产品价格、市场需求大幅下降的情况下，全垦区干部职工坚定信心，迎难而上，不畏艰辛，苦干实干，采取各项有效措施，努力把灾害和危机造成的损失降到最低限度，努力保持经济社会稳健发展，取得了来之不易的成绩。与2007年相比，2008年生产干胶10.65万吨，减少1.85万吨，降低14.8%；收购民营橡胶（折干胶）5.17万吨，增长19.3%；生产干毛茶1万吨，降低9.02%；生产食糖6.5万吨，降低3.05%；生产各种水果9.6万吨，增长2.09%；生产咖啡798吨，增长83.31%。

2008年，完成生产总值25.83亿元，同比降低4.31%。其中：第一产业19.8亿元，降低4.44%；第二产业2.58亿元，降低8.24%；第三产业3.45亿元，降低0.34%。实现工农业总产值43亿元，同比降低6.75%。其中：工业产值10.5亿元，降低10.62%；农业产值32.5亿元，降低5.43%。实现销售收入37.24亿元，减少10.55亿元。实现利润9700万元，减少3.2亿元。资产总额75.84亿元，增加3.9亿元。负债总额40.59亿元，减少1亿元。所有者权益26.7亿元，增加9700万元。职工收入1.46万元，减少667.65元。

【抗灾及应对市场】 2008年，云南农垦先后遭遇了历史上罕见的持续低温雨雪冰冻天气，橡胶树白粉病特重流行，大风冰雹袭击、地震、洪涝等多种严重自然灾害。年初东部垦区遭受罕见的连续低温阴雨灾害及冷雨低温霜冻天气，致使8个农场（橡胶分公司）30.9万亩橡胶树受害。部分地区2月～4月先后6次发生了大风冰雹灾害。据不完全统计，橡胶林受害面积约18.04万亩、茶叶1万多亩。尤其是遭受了植胶历史以来最严重的橡胶树白粉病大面积流行，感病橡胶林地面积近200万亩，至少推迟割胶期2个～2.5个月，经济损失达8.45亿元。农垦全力抓好生产经营。年初，把抗灾保产作为生产经营的首要任务，实施有效措施，包括保障恢复生产所需人、财、物的落实到位；进一步抓好白粉病防治和寒害林地处理的后续工作；落实增肥措施；分类指导，适时开割投产；保障职工基本生活；抓好产品销售工作等。初步统计，集团投入抗灾救灾资金1.16亿元，其中白粉病防治费用6154万元。这些措施对克服自然灾害影响，恢复生产取得了积极成效，最大限度降低减产幅度。到9月份，共销售橡胶10.81万吨，平均每吨售价2.4万元。

10月以来，国际金融形势急剧变化，对实体经济形成巨大冲击。垦区主产品天然橡胶、茶叶等价格一路下跌，严重滞销。集团年末天然橡胶库存10万吨，扣除正常库存，滞销8万吨。为应对严峻的经济形势，农垦及时做好产品促销，加强财务管理和资金运作，确保现金流和资金链不断，抓住机遇、争取政策支持，尽快落实和实施扩大内需投资项目，完善考核分配制度，确保企业和谐稳定。

【橡胶公司上市准备】 农垦集团积极推进云南天然橡胶产业股份有限公司上市工作，研究拟定了《云南天然橡胶产业股份有限公司上市框架方案》，成立了领导小组，完成了中介机构选择，公司进入上市辅导期。

【部署农垦改革发展工作】 2008年8月6～7日，省委李纪恒副书记再次到西双版纳调研农垦生产和改革发展情况，8日到省农垦总局召开深化改革加快农垦发展专题调研座谈会，进一步研究加快农垦发展的思路措施。李纪恒指出，农垦“二次创业”的坚冰已经打破，航道已经开通，改革任务十分明确，条件基本具备，正处于全力推进、加速发展的重要时刻，农垦系统和有关部门一定要增强危机感和紧迫感，把握发展规律，创新发展理念，转变发展方式，破解发展难题，以新的精神风貌、新的改革措施、新的内部运行机制、新的发展项目和产业格局，全力推进“二次创业”，促进云南农垦经济社会又好又快发展。李纪恒在会上提出，农垦的希望在加快发展，动力在改革创新，出路在真抓实干，要认真贯彻落实省委、省政府扶持农垦发展的各项政策措施，全面推进农垦“二次创业”，让30万农垦人过上更好的生活。当前农垦改革发展要突出重点，通过抓思想解放、抓项目建设、抓体制机制创新、抓攻坚克难、抓作风建设、抓各项工作的落实，全面加快农垦“二次创业”。农垦系统要以解放思想大讨论活动为契机，立足实际、面向未来、直面矛盾、破解难题，进一步强化机遇意识、忧患意识、自主发展意识、创新意识、群众意识，创新思路，创新举措，激发活力，以思想大解放推动“二次创业”全面加快；要集中精力、集中人力抓好产业培育，盯住大市场、关注大企业、跟住大项目，以大项目支持大产业，以大产业来推动大发展；要想方设法把资源变为资产和资本，大力创办工业园区，加快垦区城镇化进程，招商引资发展有农垦特色的新型工业；要动真格、自加压、敢碰硬，进一步完善内部管理体制，坚持走市场化、国际化、多元化的发展道路，建立和完善人才引进、培养和使用机制，充分调动基层的积极性，使体制机制的创新真正成为发展的强劲动力；要攻坚克难，着力解决好垦区群众的民生问题，大力推进场（厂）务公开，妥善处理好与地方的关系，努力做好新时期的群众工作；各级农垦班子要进一步建立和完善各项工作责任制，确保每项工作、每项举措都有人管、有人盯、有人落实，以务实的作风，树立形象，推动工作。各有关州（市）和部门要继续加大对农垦改革发展的支持力度，多为农垦改革发展创造有利条件。

2008年7月31日，省委、省政府办公厅联合出台《关于贯彻〈中共云南省委云南省人民政府关于深化改革加快农垦发展的若干意见〉的实施方案》（云厅字〔2008〕4号），要求有关委办厅局及相关州市落实扶持农垦发展的各项政策措施，推动云南农垦“二次创业”。通知指出，对于授予省农垦总局相当于州（市）级政府的部分管理权限，涉及的省纪检、组织、发改、经委、教育、科技、民政、财政、劳动和社会保障、国土资源、建设、交通、水利、农业、林业、商务、文化、卫生、计生、国资、地税、环保、体育、旅游、侨办、扶贫、编办、农垦等部门和有关州（市），一定要把认识统一到省委、省政府的决策部署上来，切实加强领导、明确职责分工、加大工作力度，确保省委、省政府决策部署尽快落实到位。通知明确了对农垦管区内国民经济和社会发展实行计划单列、对农垦财政实施预算单列管理、对农垦管区内企业税收专项征管和实行增量分成、加强农垦管区内国土资源管理、加强农垦建设规划管理等5项授权，以及成立中共云南省农垦工作委员会的责任单位，同时明确了具体的牵头单位和配合单位。对于理顺农垦内部管理体制，通知进一步明确了对省农垦总局实行省人民政府授权、系统垂直管理、企业自主经营的管理体制，明确了总局、分局、农场的权责利，明确了省相关厅局与农垦共同做好理顺农垦集团公司与下属各企业、农场的关系，深化农垦内部“三项制度改革”，以及加强农垦国有资产监督管理等工作。通知要求农垦负责，相关厅局配合，从巩固壮大特色农业、积极发展农产品加工业和现代制造业、加快发展现代服务业、加大整合资源力度等方面做强做大优势产业。对于农垦与地方的关系，通知要求有关州（市）配合省农垦总局，本着互惠互利的原则，正确处理好农垦与垦区所在州（市）、县（市、区）的关系，加强协调配合，确保通过改革，实现互利双赢、共同发展的目标。发挥农垦对当地经济发展的带动作用、继续加强场地共建、协调好农垦与地方利益。通知要求在相关厅局的配合下，农垦要按照省委、省政府提出“建设小康、文明、生态、和谐的社会主义新农村”的战略部署，通过努力增加农工收入、积极推进垦区社会事业建设、不断完善垦区社会保障体系、积极发展农垦小城镇、大力加强垦区土地资源管理和环境保护、推进和谐垦区建设等方面的工作，着力改善垦区民生，构建和谐垦区。通知要求农垦系统高度重视人才队伍建设，紧紧抓住培养、引进和用好人才3个环节，加强领导者队伍、企业家队伍、专业技术队伍和职工队伍建设。在有关委办厅局的配合下，通过加大人才培养和引进力度、实施“素质提升工程”、开展创建“四好”班子、“五好”党支部和“三强”党支部书记活动、切实加强党风廉政建设等加强农垦队伍建设。通知指出，今后3年是农垦深化改革、加快发展开好局、起好步的关键时期。要围绕省委、省政府确定的目标，按照打基础、调结构、快发展的3年3个阶段的要求，抓好今后3年的工作重点：2008年以改革管理体制，理顺内部关系为重点；2009年以调整产业结构，整合优势资源为重点；2010年以提高质量和效益，提升农垦集团公司竞争力为重点，积极稳妥地推进农垦各项改革，切实打牢农垦跨越式发展的基础。通知强调指出，各级各部门必须提高认识，加强领导，明确责任，落实措施，严肃纪律，积极稳妥推进，确保此项工作进展顺利，取得实效。

【管理体制改革】 农垦制定相关方案，深化管理体制改革。制订了《关于贯彻〈中共云南省委云南省人民政府关于深化改革加快农垦发展的若干意见〉的实施意见》、《关于贯彻落实〈中共云南省委云南省人民政府关于深化改革加快农垦发展若干意见〉工作分解意见的通知》；挂牌成立省国土资源厅农垦国土资源管理局，并设置32个土地管理所；研究提出中共云南农垦工委、纪工委设置方案和省农垦总局、农垦集团公司、州（市）农垦分局“三定方案”。省委下发了《中共云南省委关于中共云南省农垦工作委员会职责及有关问题的通知》，省编委下发了《云南省农垦总局主要职责、机构设置和人员编制方案的通知》。

【项目建设】 编制计划、成立公司、启动项目，加快发展。编制上报农垦2008年～2010年经济社会发展行动计划、2008年农垦财政预算方案和农垦管区500公里通达公路建设项目、农垦管区民居地震安全工程建设项目；建成投产勐捧、景洪等3个橡胶厂；开展茶叶产业集团公司的筹备组建工作；成立澳洲坚果股份有限公司，整合种植加工企业；成立红山农业科技开发公司，启动10万吨木薯淀粉、10万头生猪养殖项目建设；抓紧实施弥勒东风农场万头奶牛养殖项目；启动德宏、临沧蔬菜基地项目；组建成立农垦工业公司；启动农垦工业“一园四区”规划、设计和筹建工作；组建成立云南农垦物流有限公司，启动了“云南暨东南亚天然橡胶、化工物资批发市场及物流储运中心”项目；对原农垦房地产公司进行重组，新组建了西双版纳盛泰房地产开发公司和思茅兴盛房地产开发公司。

【战略合作】 打破封闭，扩大开放。参与云南富滇银行的整合与升级，出资4600万元，持有富滇银行2000万股的股权。与云南煤化集团等合作组建普洱大为垦业化肥有限公司；与省质量技术监督局合作建设国家热带农副产品质量监督检验中心。与广西农垦、曲靖市政府及加拿大天辰国际集团、北京中农种业有限公司、弥勒县政府、云南有色地质局等单位建立了战略合作或项目合作关系。

【境外发展】 实施“走出去”发展战略取得新进展。云橡投资公司在老挝开发种植橡胶基地4万亩，与缅甸第二特区（佤邦）勐波县政府签订了合作替代种植开发10万亩天然橡胶协议，着手在缅甸、老挝各建设1个橡胶加工厂，在境外替代种植甘蔗3099亩。

【关注民生】 2008年，是农垦实施职工安居工程力度最大的一年，一方面继续实施“三个一千万”工程和农业税费改革财政转移支付资金项目；另一方面，积极争取各级政府、各方面政策及资金解决职工住房难的问题，在自身资金有限的情况下，千方百计采取贷款建房、以地换房、垫资建房、内部按揭等各项有效措施，加快职工“安居工程”建设。2008年，通过“三个一工程”和农业税费改革财政转移支付资金和争取廉租房建设、地震民居安全工程建设、归、难侨危房改造、新增中央预算内危房改造等项目，共安排资金及配套资金1.36亿元，完成后可解决1.1万户职工家庭安居房。继续改善林间和生产队道路、生产队公共设施及居住环境建设，解决好饮水安全问题，推广沼气、太阳能等可再生能源技术。全年完成固定资产投资4.7亿元。

【企业文化建设】 继续推进以“天骄计划”为主题的企业文化建设。2008年，在深入调研完成《员工问卷调研报告》、《企业文化调研诊断评估报告》的基础上，完成了企业文化的核心《理念识别系统》和《行为礼仪识别系统》、《五年发展规划》。成功举办农垦迎奥运职工运动会和农垦万名复退转军人“庆八一迎奥运”活动。四川汶川地震发生后，农垦共捐款748万元，其中个人捐款409万元、特殊党费220.25万元，向四川地震灾区人民献上一份爱心。

【存在的主要问题】 1. 一些深层次矛盾还没有得到根本解决，体制机制还不完善，职能转变也还没有完全到位。2. 产业结构较为单一，形成垦区各项建设主要靠橡胶的艰难局面。3. 农垦长期以来自成体系，12号文件还未落实到位，企业和职工难享受到地方的各项政策和待遇。4. 农垦履行着30多项社会管理和服务职能，医疗卫生未能移交地方，企业办社会负担沉重。5. 社会保障体系不够健全，医疗保险基本上实行内部封闭运行，失业、工伤、生育保险尚未建立，涉及职工切身利益的一些实际问题还没有得到很好解决。特别是当前国内外经济形势十分复杂严峻，农垦主产业受到重大影响，给实现“二次创业”的目标带来不小的阻力和障碍。经济下滑压力较大，部分企业发展困难，职工增收难度较大，农垦发展面临新的矛盾与困难。

（陈　葵）

水　利

【概　述】 2008年，全省完成水利水电投资146亿元，比年度计划120亿元增加21.7%，其中完成水利建设投资74亿元，比省政府要求完成60亿元的目标任务增加23%，争取中央投资近27亿元，创历史新高。

自省委、省政府明确牛栏江—滇池补水工程由省水利厅牵头组织实施以来，项目前期工作打破常规快速推进。德泽大㈡型水库增列入全国大型水库建设规划。2008年6月底完成了项目建议书报告，10月底完成了可行性研究报告，12月30日省委、省政府隆重召开牛栏江—滇池补水控制性工程实验场地建设动员会议，牛栏江—滇池补水工程建设正式启动，如期实现了控制性工程部分标段2008年底开工建设的目标。

10月8日，水利部与省政府在北京举行《共建山区水利发展与改革示范区合作备忘录》签字仪式。陈雷部长、秦光荣省长分别代表水利部、云南省人民政府在合作备忘录上签字，共同建设云南省山区水利发展与改革示范区。目前，曲靖市和楚雄州示范区建设各项工作正在积极、有序的推进。

为确保2008年第四季度国家安排云南省扩大内需10.58亿元水利建设资金任务的按时完成，省水利厅及时召开会议安排部署，并与各州市水利（水务）局签订了责任书，建立了加快水利基础设施建设工作厅领导分片联系制度，成立了扩大内需加快水利基础设施建设工作领导小组和监督检查工作领导小组，切实加强了督促、检查和指导工作。

【“润滇工程”】 2008年，陇川麻栗坝大㈡型水库枢纽主体工程基本完工，楚雄青山嘴大㈡型水库实现大坝封顶。2003年以前开工的巍山五茂林等20件“润滇工程”中型水库主体工程基本完工，双江南等水库实现大坝封顶，10件中型水库工程竣工验收。2007年开工的镇沅五一水库、禄丰沙龙水库实现安全度汛。水富铜锣坝、富源洞上、景洪勐宋、洱源三岔河、隆阳红岩、盈江回龙河、永德大雪山等中型水库和宣威小干河、维西犁地坪、永平大碱塘3件中型降等为小㈠型水库工程全部截流。2008年开工的宣威红石岩、马关达号、开远大庄、澜沧小坝子、龙陵三岔河、瑞丽芒林、绥江罗汉坪、剑川老君山、永仁尼白租、石林团结等10件中型水库工程施工全面展开。2007年以来省级一次性安排补助资金的重点小㈠型水库已有5件完成主体工程建设。清水海引水工程全面开工建设；星云湖—抚仙湖出流改道工程收尾工作有序进行；通海杞麓湖全线贯通，具备试通水条件。

【病险水库除险加固】 2008年初安排实施的宁洱东洱河、砚山丰收、隆阳区小海坝、隆阳区大海坝、禄劝封过、姚安红梅、呈贡松茂、呈贡果林、祥云浑水海、晋宁柴河、晋宁大河等11件中型病险水库除险加固工程全面进入主体工程施工，2008年底新开工的曲靖独木、玉溪东风、宣威东屯、澄江梁王河、个旧北坡、石林月湖、峨山化念、元江章巴、富源石坝等9件大中型病险水库除险加固工程主体工程施工已全面展开。2008年新开工143座小㈠型病险水库除险加固项目，超额完成新开工100座的年度目标。列入国家专项规划的415件重点小㈠型病险水库中已下达投资计划的268件全面开工。组织开展全省小型水库安全状况普查，经普查，全省小㈡型病险水库共有2904件，病险率达67%；规划外的小㈠型病险水库尚有285件。已及时及早地向水利部报送了普查成果，争取中央补助。同时，结合震损水库应急抢险修复工作，积极开展小㈡型病险水库除险加固，共安排下达了2256万元专项资金用于32件震损小㈡型水库应急修复及除险加固工程建设，为下一步全省小㈡型病险水库除险加固工程建设探索模式、积累经验。

【防汛抗旱救灾】 年内，全面落实行政首长负责制为核心的防汛抗旱责任制，牢固树立防大汛、抗大旱的思想，从预案、水毁工程修复、物资等方面进行了充分的防汛抗旱准备工作。2008年6月26日在《云南日报》上对社会公布了全省重要江河、水库、城市防汛行政首长责任人名单，接受社会各界监督。年初全省部分地区出现的长时间严重低温雨雪冰冻灾害，各级水利和防汛部门加强值班和调查统计，迅速下拨救灾应急资金和救灾物资，及时修复了灾区受损水利水电设施，保障了灾区应急供水、供电和水利工程安全运行。汶川“5·12”等地震发生后，各级水利和防汛部门迅速组织开展水利工程安全大检查，采取有效措施确保水库大坝安全，51座震损水库险情及时得到解除，震损水库、水电站无一垮坝，震损堤防无一决口。局部地区发生的严重洪涝灾情，省水利厅先后派出47批次工作组赶赴昭通、楚雄、德宏、红河、文山、西双版纳等洪涝灾情严重地区帮助指导抢险救灾工作。在做好雨情、水情日报的基础上，发布大雨消息57期、水情快报126期，为各级党政领导科学决策指挥抗洪抢险提供了技术依据，为防汛抗洪救灾赢得了时间。全省各级干部40万人次、群众360多万人次投入防汛抗洪抢险救灾，有效地保障了人民群众生命财产安全。同时，全省各级投入抗旱人数442万人次，抗旱浇灌面积445.5万亩，临时解决157万人、91万头大牲畜饮水困难。全省新建各类堤防长度118.05公里，护岸41.24公里，加固堤防26.2公里。

【农村饮水安全】 2008年，积极争取中央支持，完成172.4万农村人口的饮水安全工程建设，超额完成解决120万农村人口饮水安全问题的目标任务。同时，加大对楚雄市、弥勒县、麒麟区3个饮水安全示范县投入力度，进一步加快3个示范县建设步伐，已累计解决17.30万人饮水安全问题，占3个县规划内人口总数的48%。水利厅以《云南省水利厅关于抓紧2008年新增中央预算内投资农村饮水安全项目和大型灌区续建配套项目实施工作的通知》（云水农［2008］61号）对农村饮水安全建设项目各项管理进一步细化，明确各级责任，确保工程建设质量。人饮工程管理体制和运行机制改革进一步深化，全年组建用水户协会2417个，人饮工程建后管理得到了明显增强，农村饮水安全管理信息系统已初步建成试运行。

【农村水利】 2008年全省农田水利建设投工超过4亿工日，完成103万亩高稳产农田和135万亩基本农田水利建设任务，超额完成100万亩高稳产农田和100万亩基本农田的建设目标任务。建成山区“五小水利”工程24.6万件，超额完成全年兴建20万件山区“五小水利”工程任务。国家加大了对云南大中型灌区节水改造工程建设的扶持力度。下达云南省曲靖、蒙开个等9个灌区2批节水改造项目投资计划1.97亿元，其中中央资金1.47亿元。中央补助资金是2006年、2007年3200万元、3400万元的近5倍，创历史最高水平。腾冲县腾北固东中型灌区立项建设，总投资1998.58万元，其中中央补助980万元。灌区用水户协会管理积极推进，截止2008年灌区组建478个用水户协会，其中挂牌334处。实行按方收费面积132万亩。建立了灌区管理信息化系统基础数据库，灌区信息化管理系统开始运行，灌区管理各项工作得到加强。云南省向中央申请6个节水项目，国家下达云南省3个节水项目，总投资450万元，其中中央资金300万元。39个社会主义新农村水利示范点建设稳步推进，全面改善了农村群众的生产生活条件，农民群众收入大幅增加。

【水土保持】 2008年全省共完成水土流失综合治理面积2522平方公里，占计划2400平方公里的105%，超额完成水土流失综合治理面积122平方公里。实施保护面积5000平方公里，占计划5000平方公里的100%。2008年度“长治”工程、“珠治”工程、西南诸河流域小流域综合治理项目建设任务全面完成。各项目县紧紧解决围绕区域生态环境问题和突出的人地矛盾，采取农耕、生物、工程等综合措施，提高水的涵养能力和拦蓄能力，解决人畜饮水困难，缓减土地石漠化进程，从根本上扭转生态环境恶化的趋势，促进水土资源的可持续利用。蒙自、洱源、腾冲、福贡、临翔等5县（区）生态修复试点取得一定成效，松华坝水库面源污染试点工程全面竣工，盘龙、西山、嵩明等3县（区）生态清洁型小流域正抓紧实施。根据水利部《水土保持工程建设管理办法》（办水保［2007］210号）及“长治”、工程“珠治”工程等项目建设相关管理规定，水利厅下发了《关于进一步加强水土保持工程建设管理的通知》（云水保［2008］369号），由厅水土保持处、资产财务处、项目所在州（市）、县水利局、发展和改革委等部门的专家和领导组成检查组，对全省“长治”工程、“珠治”工程和西南诸河重点治理小流域进行了检查。世界银行贷款水土保持项目全面启动，省政府召开了项目工作会议。

【农村水电】 2008年继续开展34个水电农村电气化县建设，34个县已建成项目60个，在建项目58个，投资约26亿元，占《实施方案》计划投资的51.5%。其中：电源投产26处22.18万千瓦，在建34处共25.66万千瓦，完成投资约21.5亿元，已投产和在建电站数占计划的72%；35千伏及以上变电站投产17处53.33万千伏安，在建6处4.75万千伏安，完成投资约2亿元；完成输电线路17处，在建输电线路18处，完成投资约2.45亿元；其他在建投资约500万元。全省“十一五”水电农村电气化的实施已解决了13万户、55万无电人口的用电。7月初，水利厅会同省发改委组织召开了全省小水电代燃料扩大试点工作会议，部署了任务，提出了具体要求和措施，会上水利厅水电局分别与各县政府签订了小水电代燃料扩大试点建设目标任务书。年底，红河、镇康、宁洱、香格里拉等4县的小水电代燃料生态保护扩大试点工程，在电源点建设方面共完成投资2930万元，占总投资的41%。同时，采取电量置换的办法对项目区农户供电，使红河、镇康、宁洱3县的第一批代燃料用户于2008年10月用上了代燃料电。通过分期分批供电的方式，逐步使4县的全部代燃料户用上代燃料电，使项目区老百姓早日受益于小水电代燃料工程。按照国家及省政府的要求，继续做好“兴边富民”工程中的农网及通电工程和无电地区电力建设工程。按照水利部的要求，积极做好水能资源开发利用管理工作。借鉴省外中小水电管理的经验和方法，结合云南的实际，编写完成了《关于进一步加强全省中小水电开发管理的意见（讨论稿）》。按照水利部的要求编写上报了《云南省农村水力资源调查评价报告》和《云南省农村水力资源“十一五”和2020年开发规划报告》，该成果于2008年11月通过了由水利水电规划设计总院组织的评审。根据水利部第31号部长令，组织起草了《云南省水能资源开发利用项目执行〈水工程建设规划同意书制度管理办法（试行）〉暂行规定》。在深入调研和广泛征求水利系统意见的基础上，经与省财政厅多次沟通，于2008年7月底出台了《云南省水利厅云南省财政厅关于印发〈云南省农村水电国有行政性资产管理暂行办法〉的通知》。根据省政府《云南省电力管理体制改革实施方案》，农网改造从“一省两贷”改为“一省一贷”，现云南水利电力有限公司正与云南电网公司协商重组及项目移交。

【水利改革】 深化以水务改革为重点的水利各项改革。召开全省深化水务改革工作现场会，对全省水务改革作出了“三步两个层次”的总体部署和安排，全省已有4个州（市）和63个县（市、区）组建了水务局或由水利局承担水务统一管理职能。全省30%的小型水利工程设施完成了产权制度改革，组建农民用水户协会达到9011个。以重点小㈠型病险水库除险加固为契机，全面推进了小㈠型水库管理体制改革，对已建小㈠型水库采取统一收归县级水行政主管部门管理、明确“三定”、落实“两费”等改革措施，进一步理顺了管理体制，明确了管理责任，落实了管理人员，建立了管理制度。通过实行项目设计建设与改革方案制定审查挂钩、改革方案批复与项目计划安排“一票否决”捆绑等有力措施，2008年有468件小㈠型水库新增出台了改革方案，全省出台了改革方案的小㈠型水库达913座。完成了定性、定编、定岗，落实水库管理人员920人，落实公益性管理人员经费1656万元，落实维修养护资金530万元，

开展了32座大中型水库管理达标考核工作。积极推进水利投融资改革，充分发挥省水投公司和各级水利投融资平台作用。继续深化水价改革和完善水价机制，以便建立科学合理的水价体系。稳步推进水价综合改革示范区建设，在水价改革示范区通过贯彻执行《云南省水利工程供水价格实施办法》，树立市场经济观念，增强水商品意识，实现水利工程非农供水价格达到盈利水平，非农业供水价格达到微利水平。

【依法行政】 配合省政府做好《云南省取水许可和水资源费征收使用管理办法》的审议工作，召开了省级部门座谈会和专家论证会征求各方面意见，经再次修改后形成草案，于2008年12月5日报请省政府常务会议审议。进一步做好《云南省地下水管理规定》、《云南省水文条例》的调研起草工作，《云南省地下水管理规定》已于2007年12月上报省政府，现正积极配合省法制办开展调研论证工作，并形成调研报告。水利厅多次组织召开《云南省水文条例》专题研讨会，起草形成《云南省水文条例》征求意见稿，征求全省水利系统和省有关委、办、厅、局的意见及建议，先后进行了12次修改和调整，形成了《云南省水文条例》（送审稿）。经省水利厅党组研究同意，《云南省水文条例》（送审稿）已于2008年11月27日报送省人民政府审议。制定了“五五”普法2008年度普法和依法治理工作要点，安排布置了厅直单位2008年度普法依法治理工作中期检查和年终检查工作。继续组织开展对昆明、红河、大理、丽江、怒江、迪庆、临沧、版纳8州（市）、15个县（市、区）共50个建设项目取水许可和16个供水水源地进行执法情况检查，全省范围的取水许可和供水水源地保护专项执法行动抽查检查工作已全部结束。专项执法行动中全省共查处取水许可各类水事违法案件238件，查处在县级（含县级）以上城市集中供水水源地设置排污口76个。配合省人大、省政府完成《云南省滇池保护条例》修订工作。有效开展对抚仙湖、星云湖、程海、洱海、异龙湖、杞麓湖的湖泊保护（管理）条例等地方性法规的后评估工作。《云南省水利厅水文监测资料使用审批办法》，经厅党组审议通过，并报送省法制办登记，于2008年12月29日由厅长签署公告，向社会发布。按照水利部关于开展开发建设项目水土保持监督执法专项行动的总体要求和统一部署，水利厅及时启动了全省开发建设项目水土保持执法监督专项行动。完成了第二阶段登记调查、第三阶段分级处理、第四阶段总结上报工作。据调查统计，全省共有开发建设项目7491件，其中编报水保方案的5622件（水

利部审批项目 80 件，省水利厅审批项目 841 件）；有 369 个项目开展了监测工作，250 个项目开展了监理工作；验收水土保持设施的项目有 408 个。无水保方案的主要为小型矿山冶金工程、采石（砂）厂、砖瓦厂和房地产等集中在县级立项的项目。由厅领导带队分 2 组对昆明、曲靖、保山、德宏等州（市）县的煤矿、房地产、公路、电站等 13 个在建项目开展了水土保持专项执法检查，对情节严重的富源书桌煤矿、潞西市遮放至陇川二级公路下达了限期整改通知书。逐步加强与规范水土保持设施补偿费的征收与管理，拓宽思路，抓典型、抓示范，由点带面，在水土保持“两费”征收上取得了突破性进展。全年省级征收水土保持设施补偿费 1791.6 万元。

【水利工程建设管理】 水利工程建设管理严格执行国家和云南省相关规定，保障了工程质量，全年没有发生重大质量事故和重特大安全事故。建立了大中型水利建设资金使用和工程完成情况月报制度，加强了对水利建设资金使用的监督检查。进一步完善了施工、设计、监理、招标代理单位信誉考核。完成了 2007 年度全省在建大中型水利工程质量大检查及市场主体考核工作，发布了考核结果。积极配合水利部，认真开展在建水库工程安全隐患及度汛安全检查。全年开展了 6 次全省性的以项目法人自查、州（市）、县水行政主管部门检查、省级抽查为主的在建水库工程安全隐患排查和度汛检查。布置了全省水利工程安全生产专项治理工作，强化建设市场安全生产意识。组织了 50 余家企业近 1200 人的安全生产培训。完成水利部监理单位换证、新申请、资质升级及监理人员重新注册的初审工作。认真组织了 2008 年在建和新开工项目法人、财务管理人员、安全管理人员培训，学习了水利工程建设管理的法律法规知识和基本建设程序。

【水利规划和前期工作】 按水利部的部署和要求，全面完成了三级区《云南省水资源综合利用规划》编制；配合两委开展了长江流域规划修编、珠江流域综合规划修编工作和金沙江流域综合规划、澜沧江、怒江、伊洛瓦底江和红河流域综合规划的编制工作。完成了《中国国境跨界河流（云南省部分）治理应急规划报告》、《云南省“兴边富民工程”水利发展专项规划》并报水利部审查；积极推进《云南省地下水利用与保护规划》、《云南省重点地区中小河流近期治理建议规划》编制。加强河流水资源开发规划管理，按照水利部第 31 号令，积极推行水工程建设项目规划同意书制度。项目前期工作，编制完成《曲靖市阿岗水库项目建议书》上报水利部水规总院，厅领导带队多次上北京协调，目前待审查；积极配合省发改委等有关部门共同努力，《香格里拉小中甸水库项目建议书》已通过国家发改委审批；协调国家有关部门明确了中型水库审批程序，加快规划内项目前期工作，完成了 2008 年拟开工“润滇工程”中型水库项目的前期工作；积极与省发改委协调，完成了水利血防规划内项目的审查审批。协调长江委和珠江委对云南省 2009 年拟建的 12 件中型水库的项目建议书进行了复核，超额完成了 2009 年拟建中型水库 10 件储备项目前期工作；完成规划内 1 件大型、19 件中型和规划内小㈠型病险水库除险加固工程前期工作，全部列入 2008 年中央投资计划开工建设；组织开展了规划内 11 件中型病险水库的前期工作。

【科技与教育】 2008 年水利厅审批下达了 5 个水利科技项目和专项经费 120 万元。推荐“云南山区小康水利建设”研究成果推广应用上报水利部“948”项目，获立项支持资金 30 万元，并与水利部签了合同。筛选了 5 个水利科技重点项目上报科技厅，其中设计院承担的“牛栏江流域水资源优化配置及滇池补水研究”被初步列为 2008 年云南省科技重大项目。编制下发了《云南省水利科技项目管理办法（试行）》、《云南省水利科技项目申请书》、《云南省水利科技项目合同书》、《云南省水利科技项目验收（评审）申请表》和《云南省水利科技项目验收证书》，水利厅科技项目管理工作进一步规范化、科学化、制度化。按水利部和省科技厅的要求，对审批立项的水利科技项目实施跟踪管理。按制度规定做好水利科技项目的验收和成果登记、报奖等工作，2008 年，“云南省水资源开发利用评价方法及指标体系研究”荣获省政府科技进步三等奖，10 个工程设计项目获得省建设厅省级“四优”奖。12 月 5 日，召开了新中国成立以来的第一次全省水利科技工作会议，会议传达了全国科学技术大会和全省科技工作会议精神要求，总结 5 年来水利科技创新工作成就和经验，明确提出了以科技为先导，以教育为基础，以人才为根本，以投入为保证，以提高自主创新能力为目标，加强科技攻关、成果推广运用和人才建设，以水利信息化带动水利现代化，到 2012 年，科技对水利的贡献率要达到 45% 的指导思想和目标任务。表彰了全省 10 个水利科技先进集体和 50 个水利科技先进个人。组织水利干部岗位业务培训和水利专业技术人才培训。2008 年 11 月，举办全省第九期水利（水务）局局长岗位业务培训班。共培训全省州、市、县水利（水务）局长 41 人。跟踪管理州市“653”工程实施情况，培训内容涉及（“653 工程”）9 大水利领域，主要是水资源管理、建设管理、农村水利等。2008 年全省水利系统共有 3333 人参加“653”工程培训。2008 年 6 月，组织水利厅所属企事业单位 1028 人开展专业技术人员突发事件应对法培训；2008 年 12 月组织全省水利系统 1104 人参加突发事件应对法考试。加强对水利水电学校发展与改革的协调和服务。

（闵　磊）

扶贫开发工作

2008 年云南省扶贫系统在国务院扶贫办的指导下，在省委、省政府的正确领导下，通过全省贫困地区的共同努力，全面完成了年初确定的各项目标任务。2008 年云南省扶贫开发共投入省级以上财政扶贫资金 18.59 亿元，比上年增加 2.08 亿元，增长 12.6%。争取到中央财政转移支付资金 2 亿元，用于边境地区实施整村推进，资金投入创历史新高。解决和巩固贫困人口温饱 60 万人。

【扶贫开发项目成效显著】

1. 整村推进取得新成绩。全省实施贫困自然村整村推进 9237 个，占计划 9000 个的 102.6%，其中省扶贫办安排中央和省级财政扶贫资金 7.74 亿元，实施 5120 个村；省发改委安排以工代赈资金 1.65 亿元，实施 1100 个村；省民委安排少数民族发展资金 8000 万元，实施 367 个村；上海对口帮扶投入 1 亿元，援建 200 个村；各州（市）自筹资金实施 2450 个村。项目覆盖了 16 个州（市）123 个县，涉及行政村 3094 个，受益贫困农户 38.37 万户，人口 157.38 万人。整合部门资金达 11.95 亿元，比上年增加 5.49 亿元，增长 85%；各类扶贫项目结合到整村推进中的资金 6.81 亿元，比上年增加 9100 万元，增长 15.4%。

2. 产业扶贫取得新突破。投入财政产业扶贫资金近 1 亿元，其中安排 2100 万元推进村级互助资金模式发展产业，覆盖 20 个县 200 余个贫困自然村；投入 1000 万元，扶持部分低温雨雪冰冻受灾严重地区发展生产。共安排到户小额扶贫贴息贷款 14.3 亿元，拉动州（市）、县贴息贷款近 6 亿元，实际发放贷款达到 19.17 亿元，全省向银行推荐扶贫信贷项目 212 个，金额 16.32 亿元，实际贷款 15.29 亿元，有力地支持了龙头企业和贫困地区产业发展。

3. 易地扶贫取得新进展。安排易地扶贫财政资金 1.5 亿元，转移安置贫困人口 3 万人，实施了水、电、路、农田地、农村能源等综合开发项目，到 11 月底，完成安居房建设 6617 户，占计划的 95%，转移安置贫困人口 2.71 万人，占计划的 90.3%，春节前全部迁入新居。

4. 劳动力培训转移取得新成果。全省结合“阳光工程”等，整合有关资源，培训农村劳动力 105 万人，新增转移 59 万人，占计划的 105% 和 118%。其中，省扶贫办投入财政扶贫资金 5200 万元，新认定了 9 个省级贫困地区劳动力培训示范基地，累计达到 90 个，完成贫困地区劳动力转移培训 28.69 万人，占计划的 104%；在转移就业中，签订半年以上合同的占 84%，季度工资收入达 7.82 亿元，人均月工资收入 908 元。

5. 连片开发试点工作取得新实效。在临沧市的云县等 4 个县开展了“县为单位、整合资金、整村推进、连片开发”试点工作，探索扶贫开发与县域经济发展相结合的新途径。在 609 个村委会 4938 个自然村开展了“统筹政策、整合资金、整村推进”的行政村连片开发试点工作，提高整合项目资金效果。开展了会泽县五星乡“整乡推进”试点工作，并取得了显著成效，为贫困地区整乡规划、整乡建设、整乡脱贫起到示范引路的作用。

【扶持特殊贫困群体】

1. 特殊贫困区域和贫困群体的扶贫开发迈出新步伐。在人口较少民族聚居地区实施 467 个贫困自然村整村推进，其中省民委实施 367 个村，省扶贫办实施 100 个村。进一步加大特殊贫困群体扶持力度，统筹整合资金 1.66 亿元分 3 年加强对莽人、克木人聚居区的扶持；进行了藏区扶贫调研，加大扶贫力度；会同省民委对僰人贫困村寨进行调研，提出了具体扶持措施。加大了扶贫安居工程建设力度，投入资金 2.76 亿元，完成特困农户危房、茅草房改造 5.59 万户，其中安排财政扶贫资金 5000 万元，改造 1.31 万户。

2. 革命老区开发建设迈上新台阶。编制了《云南省革命老区开发建设规划》；投入革命老区开发建设试点专项资金 1000 万元，占计划的 100%，整合各项资金 7000 万元，加大老区建设力度。在 47 个革命老区县中实施贫困自然村整村推进 2441 个村，占计划 1900 个村的 128.47%；搬迁贫困人口 1.9 万人，占计划 1 万人的 190%；贫困劳动力转移培训 11.3 万人，占计划 7 万人的 161.43%。

3. 兴边富民扶贫开发与边疆党建长廊建设采取新举措。2008 年投入 3.5 亿元，在边境地区实施了 1438 个贫困自然村的整村推进，其中中央“兴边富民工程”专项资金投入 1.92 亿元，实施 384 个村，扶贫项目实施 1054 个村。省扶贫办和省委组织部联合在德宏州召开了兴边富民扶贫开发与边疆党建长廊建设工作调研座谈会，对边境沿线和迪庆藏区抓党建、促扶贫进行专题研究，并部署创建“带领致富党支部”和培养“脱贫致富带头人”活动，推动边疆党建长廊建设和扶贫开发工作上新台阶。

【社会扶贫】 2008 年省委、省政府在北京召开了中央国家机关企事业单位定点扶贫云南座谈会，各单位对帮扶工作重要性的认识空前统一，27 个单位帮扶 46 个重点县，投入资金1 亿多元，比上年明显增加。加强了与上海的沟通协调，投入资金 1.45 亿元；召开了上海云南对口帮扶协作领导小组第十次联席会议，商议确定了 2009 年帮扶合作工作重点。232 家省级机关企事业单位定点挂钩扶贫，投入和引进帮扶资金 4 亿多元；6000 多个州市县级机关企事业单位定点挂钩扶贫，投入和引进资金 2 亿多元；乡镇企业和非公企业直接投入 1 亿多元，部队参与扶贫直接投入 5000 万元，社会扶贫工作呈现高位强势推进的态势。同时，外资扶贫力度加大，世行四期项目累计投入资金 1.6 亿元，亚行、全球基金、乐施会等近年来持续投入近 1000 万元，外资扶贫受益贫困群众达 38 万人。

【注重调研强化监管】 结合学习实践科学发展观活动，开展了山区综合开发、藏区扶贫、特殊贫困群体等十大调研活动。编辑出版了《希望之路——云南小额信贷扶贫 10 年》、收集整理了《扶贫开发政策法规汇编（1984～2007）》、制定了《云南省扶贫开发工作绩效考核办法》、开展了《云南省“三江沿线”扶贫开发战略研究》、完成了《云南省马铃薯产业发展报告》等多项调研工作。强化扶贫开发项目资金监管，加大督促检查和绩效考核力度，云南省 2007 年度扶贫资金管理使用绩效考核获财政部和国务院扶贫办 A 级奖，奖励项目资金 500 万元；严格项目资金监管，筑牢了上级监督、部门监督、监察审计监督、群众监督和社会舆论监督“五道防线”。加强扶贫干部队伍建设，调动了各级扶贫办用心、用情、用力为贫困群众办好事实事的积极性和主动性，形成了团结干事的良好工作氛围。举办了干部培训班 7 期，培训县级分管领导和各级扶贫干部 1482 人次。实行一岗双责，严格执行行政问责等“四项”制度，签订责任状，加强机关党风廉政建设，加大各项工作的落实力度。

【主要做法和经验】 一是坚持把扶贫开发作为“三农”工作的重中之重。省委、省政府高度重视扶贫开发工作，始终把扶贫开发作为“三农”工作的重中之重，决定每年召开一次全省扶贫开发工作现场会和定点挂钩扶贫表彰会，省委、省人大、省政府、省政协副省级以上领导都确定自己的扶贫联系点，经常深入基层调查研究，指导扶贫开发工作，加强领导，强化措施，高位强势推进扶贫开发工作。二是坚持统筹城乡发展。按照“以工促农、以城带乡”和“多予少取放活”的方针，推动各种资源、要素向贫困地区倾斜，加大对贫困地区的投入。三是坚持瞄准贫困群体。把减少贫困、缩小差距、促进和谐作为扶贫开发的战略任务，把革命老区、边疆地区、“三江一线”地区、民族地区和特殊类型贫困区域作为扶贫开发的“主战场”。四是坚持开发式扶贫。大力推进产业扶贫、科技扶贫和集中连片开发，推广村级互助资金模式，用发展的办法解决贫困地区问题，不断增强贫困地区的造血功能。五是坚持发挥群众主体作用。倡导不等不靠思想，动员引导群众发扬自力更生、艰苦奋斗的精神，扎实苦干，用自己的双手改变贫穷落后面貌。六是坚持“大扶贫”理念。广泛动员社会力量参与扶贫开发，强化部门扶贫责任，形成加快贫困地区发展的合力。如曲靖市实施“866”工程，每个村委会投入达到 400 多万元，取得了显著的整村推进效果，创造了“关键是领导、核心是整合”的经验。

【外资扶贫工作】 2008 年是云南省外资扶贫工作取得重大进展的一年，云南省外资扶贫管理中心不断加大外资扶贫力度，一方面对世行第四期扶贫项目（PRCDP）的实施情况进行了检查评估，解决了项目实施过程中存在的一些困难和问题，为确保各子项目活动的顺利推进奠定了基础；另一方面积极争取新的外援项目和资金，提高外资在云南贫困地区的投入力度；同时加大对外资扶贫工作的宣传，进一步提高中心知名度，强化各项外资扶贫政策措施在全省范围内的贯彻和执行力度。全年云南省世行四期扶贫项目累计投入资金 1.6 亿元，亚行、全球基金、乐施会等近年来持续投入近1000万元，外资扶贫受益贫困群众达38万人。

1. 认真做好世行四期扶贫项目管理工作。

世行四期扶贫项目（PRCDP）是云南利用世界银行和英国国际发展部混合贷款在云南省开展的扶贫项目，是云南外资扶贫工作的重点项目，对全省扶贫开发进程起着明显的促进作用。2008年该项目的实施进入第4年头，云南省外资扶贫项目管理中心围绕世行和英国国际发展部对项目的要求，完成了对“PRCDP”项目进行的中期检查工作。世界银行和英国国际发展部的专家充分肯定了云南的工作，认为云南省的世行四期扶贫项目（PRCDP）实施，得到各级政府极为高度的重视，各部门抓紧筹集项目配套资金，加强机构和人员的培训力度。截止到2008年12月31日，云南省累计完成投资219.9万元，占项目中期调整后总投资的61.3%。其中：基础教育累计完成投资22.4万元，占项目中期调整后目标的58.1%；农村卫生累计完成投资10.4万元，占项目中期调整后目标的59.8%；农村基础设施累计完成投资70.7万元，占项目中期调整后目标的58.4%；可持续山地农业累计完成投资94.7万元，占项目中期调整后目标的71.1%；社区能力建设累计完成投资8.6万元，占项目中期调整后目标的43.2%；机构能力建设与项目监测累计完成投资12.6万元，占项目中期调整后目标的45.3%。项目实施管理规范，已经步入良性循环轨道，并使广大的贫困农户受益。

2. 积极开展其他外援合作项目。

除了实施好世行四期扶贫项目（PRCDP）外，云南省外资扶贫项目管理中心还积极与互满爱人与人组织、香港乐施会、爱德基金会等多个国际NGO援助组织开展扶贫合作，针对贫困地区的教育、环保、救灾、医疗卫生、传统文化保护等多个方面进行项目合作。2008年，省外资中心继续实施的项目：（1）互满爱人与人组织临沧市临翔区TCE艾滋病预防控制项目；（2）全球基金疟疾防治宣传项目；（3）香港乐施会综合社区发展项目和云南省贫困受灾地区（大理、楚雄、保山地区）的灾后生计恢复项目；（4）爱德基金会社区综合发展项目。

这些合作项目的实施，极大地改善了项目区的农业生产生活条件，为项目区农业、经济的进一步发展创造了良好的可持续发展空间，达到了项目的设计目标，较好地解决了项目区存在的实际问题，群众亦从项目中充分受益。

（许雯莉）

生物资源开发产业
（云南五大支柱产业之一）

【综　述】　云南是中国乃至世界生物多样性最丰富、最集中的地区之一，素有“植物王国”、“动物王国”、“天然花园”、“药物宝库”、“香料之乡”等美誉，生物资源开发历史悠久。新中国建立以后，云南省就大规模地开发了橡胶、茶叶等产品，以后又以烤烟、甘蔗为重点，逐步培育形成了烟、糖、茶、胶等传统支柱产业，初步奠定了生物产业在全省经济发展格局中的重要地位和作用。1995年省委、省政府决定并组织实施“18生物资源开发工程”以来，进一步加快了生物产业发展的步伐。特别是最近几年，各地各有关部门按照省委、省政府“扎扎实实打基础，突出重点抓特色”的思路和“巩固提高烟、糖、茶、胶等传统产业，大力发展畜牧、果蔬、马铃薯、花卉、食用菌、咖啡、中药材、特色经济林等优势产业”的要求，在税收、人才、项目、资金等方面不断加大扶持力度，致力推进生物资源开发创新和生物资源开发产业化进程，生物产业呈现出增长速度快、发展势头好的良好局面。

2008年，全省生物产业完成总产值3200亿元，比上年增长15%，增加值1940亿元，比上年增长14.8%；其中，烟草、畜牧、蔬菜、茶叶、薯类、生物药、蔗糖、花卉、木本油料、橡胶、水果、木竹加工及浆纸等12类优势生物产业总产值达2956亿元，占全省生物产业总产值的92.4%。

目前，云南的优势特色生物产业在国内外已享有一定的知名度和影响力，规模、质量和市场占有率日益提升。烟草面积、产量名列全国第一；鲜切花生产已经连续14年保持全国第一，产品覆盖国内所有的大中城市，出口35个国家和地区；茶叶面积全国第一、产量全国第三，产品远销欧美、东南亚等30多个国家和地区；咖啡面积、产量均占全国的95%以上，居全国第一位，原料豆及深加工产品远销西欧、美国、日本、韩国、新加坡、越南及香港、台湾等20多个国家和地区；核桃面积、产量、产值均居全国第一，产品远销中东、日本、韩国、东南亚及港澳地区；蔬菜年外销300万吨，是全国重要的“南菜北运”基地和出口基地，销往重庆、香港的蔬菜已占当地市场的1/3；马铃薯种植面积和产量位列全国第三位；肉类产量排全国第七位，西部省区第二位，生猪出栏列全国第六位、年外销生猪800万头；橡胶产量约占全国近一半，膏桐种植面积为全国之最，甘蔗、水果、中药材、食用菌、桑蚕、丝麻等也在全国享有盛誉。生物产品已获得“中国驰名商标”8个，“地理标志证明商标”10个，“云南省著名商标”314个，占全省著名商标的50%。

【产业政策】

1. 组织完成《云南省人民政府关于加快推进生物产业发展的意见》起草工作。按省政府的统一部署，省政府发展生物产业办公室牵头起草了《云南省人民政府关于加快推进生物产业发展的意见》（代拟稿）报送省政府常务会审定，2007年10月省政府第54次常务会审定通过，于2008年1月以云政发〔2008〕27号文正式印发实施，《意见》明确提出云南生物产业“以市场为导向、以优势资源为依托、以高新技术为支撑、以经济社会效益为中心，走‘特色化、规模化、集约化、标准化、产业化、国际化’的发展道路，着力实施基地建设、精深加工、市场开拓、品牌培育、科技创新、招商引资六大工程，做强做大烟草、绿色食品、现代医药、特色林业、生物质能源及生物化工、畜牧、天然橡胶和丝麻、花卉园艺等八大产业，努力实现从生物资源大省向绿色经济强省的跨越”的产业发展思路和目标任务。作为“十一五”及今后推进全省生物产业发展的重要指导性文件的出台，有力地促进了云南生物产业全面、协调、可持续发展。

2. 协同完成《云南省加快推进优势生物产业发展计划》的起草工作。按照省政府领导的指示和要求，省政府发展生物产业办牵头研究起草了《云南生物产业“舞龙”计划方案》，并在此基础上会同省政府研究室起草了《云南省加快推进优势生物产业发展计划》，《推进计划》提出了加快推进优势生物产业发展的总体要求，重点培育烟草、畜牧、蔬菜、茶叶、薯类、生物药、蔗糖、花卉、木本油料、橡胶、水果、木竹加工及浆纸等12类优势生物产业的目标任务和政策措施。《推进计划》的实施将极大地促进全省优势生物产业的发展。

3. 2007年，省政府发展生物产业办承担了省政府研究室《进一步推进生物资源开发创新支柱产业建设研究》课题，成立了8个子课题组，开展了大量的调查研究工作：（1）分赴全省16个州（市）进行调研，听取各地行政主管部门和企业代表的意见建议；（2）召开座谈会听取省级相关部门、科研院（所）和企业代表的意见建议；（3）学习和借鉴省外生物产业基地（园区）的建设经验。（4）认真研究和学习近年来国内外生物产业的相关文献资料、数据以及国家部委、省级职能部门的规范性文件，收集整理省级职能部门和全省各州市提供的业务资料、数据。通过开展前期基础工作，8个子课题组完成了专项研究报告，在综合各子课题报告的基础上形成了《推进生物资源开发创新支柱产业建设研究》项目的研究报告和咨询报告（初稿），于2008年10月提请省政府研究室组织召开了专家咨询会，充分听取专家的意见对报告进行了修改和完善，研究成果为政府提供决策咨询和参考发挥了重要作用。

【龙头培植】

1. 开展省级生物产业基地建设前期调研和规划工作。为进一步推动全省生物产业集聚发展，促进生物企业、资金、技术、人才等要素向优势地区集中，相关产业向优势地区汇集，培育生物产业区域增长极，形成若干个各具特色、以大企业集团为核心、专业化中小企业协作配套的相对集中的产业基地，逐步走上专业化集聚发展道路，2008年5月，省政府发展生物产业办委托中国农业大学举办了生物产业基地（园区）建设管理培训活动，组织全省生物产业管理系统的负责人及专业干部40余人到北京、辽宁、湖南等地考察学习，通过专家授课和实地考察学习相结合的方式，增进了生物产业管理系统相关人员对产业集聚有关理论实践及相关政策的了解。在学习研究和考察培训的基础上，省政府发展生物产业办研究起草了《省级生物产业基地建设总体规划（初稿）》、《省级生物产业基地认定及扶持管理办法（初稿）》和《省级生物产业重点企业认定及扶持管理办法（初稿）》3个文件，为推进生物产业集聚发展奠定了良好的基础。

2. 开展建立“云南生物产业发展基金”的前期基础工作。根据《云南省人民政府关于加快推进生物产业发展的意见》（云政发［2008］27号）文件精神及省政府领导指示，省政府发展生物产业办公室积极开展建立“云南生物产业发展基金”的前期基础工作。（1）就建立“基金”的相关问题，先后与省政府金融办公室、中国人民银行云南省分行、中国银监会云南监管局、中国证监会云南监管局、省工业投资控股集团有限责任公司等相关单位共同研究。在征求省财政厅意见的基础上，起草了《关于建立“云南省生物产业发展基金”的建议》上报省政府。（2）组织专家编制了《云南省生物产业发展基金筹建方案》。(3) 按照国家关于产业发展基金申报的要求，组织编写了《云南生物产业调研报告》，为尽快设立生物产业股权投资基金，促进生物企业重组上市、产业结构优化升级提供直接融资的高效平台，做强做大生物产业。

【普洱茶科技攻关】 针对制约云南普洱茶产业发展的技术瓶颈，省政府发展生物产业办组织开展了普洱茶关键技术研究。研究项目由中国茶学唯一的中国工程院院士、中国茶科所陈宗懋研究员担任首席专家，整合了国内在茶学方面最为权威的中国茶科所、湖南农业大学、西南农业大学、云南农业大学，在食品安全性研究方面国内领先的中国农业大学，在植物生化研究方面全国领先的中科院昆明植物所，在食品功能性研究方面全国知名的北京大学中医药现代研究中心等7家科研院（所）的科技资源进行联合攻关。重点开展普洱茶品质特征指标、普洱茶保健功能及作用机理、普洱茶安全性评价3个方面的研究。

【产业服务】

1. 成立云南省人民政府发展生物产业办公室。为加强对生物产业发展工作的领导，切实促进生物产业发展，根据《云南省人民政府关于加快推进生物产业发展的意见》（云政发〔2008〕27号）和《云南省机构编制委员会关于印发云南省人民政府发展生物产业办公室职能配置、内设机构和人员编制方案的通知》（云编〔2008〕27号）文件精神，2008年1月，"云南省人民政府生物资源开发创新办公室"更名为"云南省人民政府发展生物产业办公室"，升格为省政府办公厅管理的副厅级事业单位，作为省政府发展生物产业领导小组的办事机构，负责综合、协调、服务全省生物产业发展工作。主要职责：（1）负责研究拟定云南省贯彻落实国家发展生物产业法律法规和方针政策的具体意见和实施办法；组织研究生物资源开发与保护中的重大政策、重大项目，提出决策参考意见。（2）负责协调全省生物产业发展规划的编制工作，统筹协调省级生物资源开发各产业主管部门制定和实施产业发展的年度计划；组织年度目标任务完成情况的普促检查和考核工作；管理省级发展生物产业专项资金。（3）负责指导全省生物产业基地建设、精深加工、市场开拓和产品质量安全、科技创新等工作；协调生物产业招商引资和新品种、新技术引进，与国内外交流与合作；负责提供生物产业发展市场信息、产业统计等服务。（4）完成省委、省政府交办的其他事项，负责省政府发展生物产业领导小组日常工作。

2. 充分发挥专项资金的引导和扶持作用。2008年，省政府发展生物产业办按照《云南省省级财政扶持生物资源开发创新专项资金管理办法》的各项规定开展工作。编制《2008年生物资源开发创新项目申报指南》下发各州（市）生物资源开发创新办，明确2008年生物产业专项资金项目的重点扶持产业、项目布局重点、重点支持环节和重点支持对象，指导各州（市）创新办做好项目评审工作，对各州（市）上报的项目进行初选，符合初选条件的项目组织专家进行评审及报批，经批准立项扶持涉及生物农业、生物医药、生物化工3个方面的精深加工项目35个，贷款贴息项目50个，重点支持龙头企业发展精深加工、科技成果转化应用、知名品牌培育、市场开拓。通过严格评审和筛选，进一步规范了省级财政扶持生物资源开发创新专项资金的管理，提高了专项资金使用效率。确保了有限的财政资金发挥最大的使用效益，切实推进全省生物产业的发展。

3. 开展云南省生物产业发展大会筹备工作。为贯彻落实党的十七大、十七届三中全会和全国"两会"精神，总结云南省生物产业发展取得的成绩和经验，分析面临的形势和任务，进一步统一认识，理清思路，明确任务，强化措施，全面推进优势生物产业发展。同时，围绕山区生物资源综合开发利用，邀请国内外生物产业领域的知名企业参加，通过开展对口考察、洽谈，宣传云南生物资源开发潜力、优势和合作前景，推介重大招商引资项目，争取引进国内外资金、技术、人才参与优势生物产业开发，加快云南省生物产业发展步伐。省政府决定于2009年6月上旬召开云南省生物产业发展大会。为做好会议的前期筹备工作，省政府发展生物产业办公室重点开展了3个方面的工作。（1）积极开展2007年、2008年全省生物产业发展情况的统计和分析工作，研究梳理了17个省级产业主管部门和全省16个州（市）上报的产业发展情况，系统掌握了全省生物产业发展的总体情况；（2）研究提出《云南省生物产业发展大会筹备方案（送审稿）》报省政府审批；（3）组织招商引资项目及研究提出拟邀请参会的国内外专业客商及知名专家名单。

【招商引资】

1. 组团参加第二届中国生物产业大会。根据办公厅（办2008－3918号）办文批示精神，省政府发展生物产业办牵头组织省发改委、省农业厅、省科技厅、昆明市高新区管委会、部分重点州市生物资源开发创新办公室，以及18家生物企业的代表参加了2008年6月在湖南长沙举办的第二届中国生物产业大会。通过认真筹备和组织，会议期间，云南省代表团参加了生物产业发展战略高层论坛和专业论坛，展示了云南省生物产业发展的最新成果，达到了宣传推介云南省生物产业和促进交流合作的目的，圆满完成了参展参会任务。

2. 协同筹办2008年云南优质生态农产品推介展。2005年～2007年云南省在上海连续3届成功举办“云南优质生态农产品推介展”，2008年省政府发展生物产业办作为协办单位，积极配合省农业厅做好2008年云南优质生态农产品推介展的筹备工作。（1）充分利用省政府发展生物产业办过去3年承办推介展的经验和资源，积极协助省农业厅做好展会的前期宣传工作。（2）积极组织全省生物产业开发创新办系统上下联动，配合做好参展企业的组织和招商工作。（3）派出熟悉业务的工作人员，协助省农业厅做好推介展布展、特装等方面的筹备工作，力保2008年推介展取得更大成绩。

（黄清祥）

·第二产业·

烟　草
（云南五大支柱产业之一）

【烟叶工作】　烟叶工作整体水平明显提升。2008年云南省烟叶工作形势复杂多变，前期遭受50年不遇的雨雪冰冻灾害，加上烟用物资价格大幅上涨，给烟叶生产带来了严峻的挑战。一年来，全系统认真贯彻落实国家局和省委、省政府关于烟叶工作的重大部署，坚持走“规模、质量、效益”协调统一的发展路子，切实把烟叶生产的重点转移到“提高质量、改善结构、突出特色”上来，采取有效措施，加大工作力度，烟叶工作水平明显提升。全省烟叶收购总量达到1709.8万担，其中收购烤烟1673.6万担，香料烟29.3万担，白肋烟6.9万担；收购总值125亿元，同比增加34亿元，增长37.5%；实现烟叶税27亿元，同比增长37.4%。2008年烟叶生产工作力度大，亮点多，成效显。国家局、省委、省政府和产区各级地方党委政府高度重视烟叶生产。省公司进一步加强了对全省烟叶工作的领导和指导，省局党组多次专题研究，实行班子成员挂钩联系制度，推行督办制和问责制，促进了烟叶工作的扎实开展。各烟叶产区全面落实各项惠农支农政策，进一步加强基础设施建设，规范产前投入，严格执行国家烟叶价格政策。各地加大技术措施推广力度。全省漂浮育苗比例达96.8%，商品化育苗比例达93.6%；轮作面积504万亩，占种烟面积的89.4%，同比提高4.4个百分点；机械深耕288万亩，占移栽面积的51%，同比提高12.6个百分点；测土配方施肥面积442万亩，有效提高了肥料利用率。各地积极推动土地流转，提高规模化种植水平。采取政策扶持、规划引导、示范带动等综合措施，按照依法、自愿、有偿的原则，鼓励、引导农民进行土地流转，10亩以上适度规模种植面积比重达20%以上，连片种植面积比例达88.8%，户均种烟规模达到5.6亩，同比增加2亩。各产区重视特色优质烟叶开发。围绕卷烟工业企业重点骨干品牌原料需求，突出风格特色，落实特色优质烟叶生产开发点29个，面积35万亩，收购烟叶104万担，同比增加47.5%，占全国的50.3%。烟叶出口工作取得新进展。启动了全等级出口优质烟叶开发项目，实现了云南省全等级烟叶出口零的突破。

现代烟草农业建设稳步推进。云南省现代烟草农业建设试点工作目标明确，措施具体，开局良好。全省从落实中央“以工促农，以城带乡”，推进现代农业发展的高度出发，着眼于打牢烟草行业发展基础，立足于烟草协调可持续发展，结合云南实际，下发了现代烟草农业建设试点实施方案，明确了现代烟草农业建设的目标任务，按照“以点带面、试点先行”的基本原则组织实施。全省共确定以村为单位的10个现代烟草农业试点，规划基本烟田面积10.3万亩，种烟4.3万亩。成立了云南省现代烟草农业建设试点领导小组，统筹指导全省试点工作，建立领导联系点制度，有力推动了云南省现代烟草农业试点工作的开展。切实加强基础设施建设。继续加大投入力度，完善基本烟田设施，重点建设烟水、烤房、机耕路等基础设施，烟叶生产条件得到较大改善，烟叶生产综合能力和抗御自然灾害的能力进一步提高。2008年，全省共建设烟叶生产基础设施建设项目21万个，总投资23亿元，其中烟草行业投入资金19亿元，受益面积达146.5万亩，受益农户38.7万户。10个试点村的基础设施建设做到了用规划统领建设、项目系统安排、资源要素合理配置、部门力量集中使用，真正体现打基础、利长远。积极推进生产组织形式创新。各试点区域大胆探索实践新的烟叶生产组织形式，普遍推行大户种植模式，引导组建专业合作社，探索农场式经营，试行股份合作制等。试点区域内，共成立专业合作社8个，发展家庭农场1个，种植专业户（大户）1375个，互助合作组织1481个。高度重视专业化服务体系建设。各试点区域把基础设施、公共资源统一起来，实行专业化管理、社会化服务；把烟叶生产过程统一起来，对种植农户实行统一种植规划、统一机耕、统一供苗、统一技术措施、统一植保、统一工场化烘烤；把烟农能自理的环节分户操作，充分发挥烟农自有劳力。各试点区域实现100%工场化育苗、100%专业队机耕、100%专业化植保，烟叶生产组织化程度有较大提高。

10个现代烟草农业试点，亩均产量达到3.12担，比大面生产提高0.15担；亩均劳动用工20个，比大面生产减少15个工；亩均产值2323元，比大面生产增加143元。现代烟草农业试点，降低了当地的烟叶生产成本、有效减轻了烟农的劳动强度，较好地解决了种植分散、管理粗放、效益低下的问题，为全省现代烟草农业建设做出了示范，积累了经验，让农民群众得到了真正的实惠。

新烟区建设步伐加快，按照国家局和省委省政府的要求，正式启动了新烟区建设与发展工作，并把新烟区布局在自然条件好、烟叶有特色、发展有潜力的文山、保山、普洱、临沧等4个州（市）。1. 坚持统一思想先行，先后召开了全省新烟区建设与发展工作座谈会和现场会，积极主动与地方党委、政府沟通协调，就新烟区建设与发展同当地党委、政府及有关部门充分交换意见，省政府专门建立了新烟区建设与发展工作联席会议制度，由省政府办公厅、烟草、发改委、财政、农业、水利、国土等相关厅局和4个州（市）人民政府参与，统筹协调新烟区建设与发展工作，形成发展新烟区强大合力。2. 坚持规划先行，全省新烟区建设始终坚持现代烟草农业理念，按照高标准、高起点、一步到位、综合配套的要求进行规划建设。目前，已编制完成了云南省烤烟新区建设与发展规划，4个州（市）共规划基本烟田400万亩，在原有基本烟田的基础上新增251万亩，计划收购烟叶年均增长50万担以上。3. 坚持政策引导先行，制订了加快新烟区建设与发展的实施意见，指导全省新烟区的建设与发展。按新烟区发展的目标要求，省局和各产区在政策、资金上都给予了较大的倾斜和支持，各级地方党委、政府也对新烟区发展给予了多方的支持和帮助。省局及各新烟区开展了多层次的教育培训。新烟区各级单位部门还调整充实了部分熟悉烟叶工作的管理干部和技术人员。进一步加大了新烟区烟叶生产基础设施建设力度和生产扶持投入力度。目前，新烟区发展呈现出良好的发展态势和潜力优势。4. 坚持试点先行，对新烟区建设与发展模式进行了积极探索，在文山州小舍姑建设示范区，科学规划，多渠道整合资金、大规模整合土地资源、高规格进行烟田建设、全方位转变生产方式、高标准组织烤烟生产，取得了较大的突破和明显成效。

【卷烟营销工作】 紧紧围绕建设现代流通企业的目标，全面提升卷烟销售网络建设水平，大力开展营销创新，服务水平进一步提高，市场进一步规范，销量和效益持续稳定增长。全年销售卷烟151万箱，同比增长3.9%，实现税利40.7亿元，同比增长21.8%。网建"全面提升"试点工作进展顺利。在昆明、玉溪、曲靖、大理4个州（市）开展了网建"全面提升"试点工作，各试点单位扎实推进网络建设的规范化管理、标准化运作、信息化集成，在品牌培育、服务客户、科学管理等方面，取得了明显的成绩，市场控制水平和客户盈利能力明显提高，顺利通过了国家局的阶段性考核评价工作，为全省全面提升网建工作水平积累了宝贵经验。"按客户订单组织货源"推广工作有序开展。精心制定推广实施方案，建立健全了推广工作的组织机构。在提高完善信息采集工作的基础上，不断提高营销人员分析市场、服务客户的能力，积极探索建立卷烟市场的预测方式和预测体系，市场细分、组织客户、分类投放等以市场为导向的现代营销工作水平逐步提升。各州市公司充分发挥经营主体作用，按照"市场需求基本满足，零售客户有所选择"的工作目标，积极加强与省内外工业企业的衔接，努力组织适销对路的货源，市场需求得到较好满足，客户满意率有较大提升。内部规范经营工作抓出新成效。在网建水平不断提升的基础上，全省基本取消了搭配销售行为，以市场需求为引导的货源投放方式取得突破性进展，尊重市场、尊重客户的市场意识得到加强；客户经理服务客户、培育品牌、研究市场的工作职能进一步明确，规范了客户经理的营销行为；零售户布局更加合理，卷烟经营大户的数量和规模得到有效控制，市场经营环境进一步改善。农村网络服务延伸工作取得突破。曲靖市公司把卷烟销售网络建设与烟叶站点建设相结合，摸索出一条烟叶主产区加强农村卷烟网络建设的新路子，并逐步推广到了其他烟叶产区，有效解决了农村市场“购买难、取货难、存款难、调查难、拜访难、管理难”等问题，更加有效地服务于农村卷烟市场，极大地提升了卷烟销售网络建设的整体水平。对卷烟物流工作进行了积极探索。部分州（市）开展了烟邮卷烟物流合作试点，提高了服务质量和信息化水平，取得了较好的效果。工商协同营销取得有益经验。在信息开放、培育品牌、工商物流一体化等方面进行了积极探索。

【“两烟”打假打私】 各级专卖管理部门与公安、工商、法院、检察院、海关等相关部门紧密配合，充分发挥联合打假打私长效机制的作用，始终保持高压态势，打击力度明显加大，办案水平显著提高，协作机制更加完善，“两烟”打假打私工作取得显著成效。始终把卷烟打假打私作为专卖管理工作的重点，深入开展打击制售假烟网络工作，严厉打击非法经营烟叶活动，继续开展边境地区涉烟的缉私打假。全省共出动卷烟打假打私人员26万人次，查办生产销售假冒卷烟案件3390起，捣毁制、藏假烟窝点58个，查获假冒卷烟近2万件，查获制假烟机72台；侦办网络案件19起，查办走私烟案件344起，查获走私烟1654件，查获非法烟叶、烟丝3744吨。公安机关刑拘1266名涉烟违法犯罪分子，检察机关批准逮捕涉烟违法犯罪分子536人，法院追究436名涉烟违法犯罪分子刑事责任。云南省还首次查办了公安部、国家局督办的“3·25”非法经营烟叶网络案件，共查获烟叶300余吨，价值700多万元，抓捕犯罪嫌疑人25名，是云南省近年来破获的在全国有重大影响的非法经营原料案。

（杨　漾）

电力产业
（云南五大支柱产业之一）

【综　述】 2008年，云南电力工业经受了多重困难的严峻考验，取得了较好的成绩。全省电力生产安全平稳，电力供应高效有序，电网发展迅速，电力建设与投资结构调整加快，电力节能减排成效显著，为全省经济社会又好又快发展作出了突出贡献。

抗击特大自然灾害 2008年，冰灾、地震、泥石流等自然灾害频发，年初昭通、曲靖地区特大冰灾，5月汶川大地震，8月德宏盈江地震、攀枝花地震，11月楚雄特大泥石流等，电力电网设施受损严重，电力供应中断，电煤供应紧张。面对历史罕见的自然灾害，全省电力行业职工在省委、省政府的领导下，众志成城、顽强拼搏，抢修电网设施，组织电煤生产，保障电力供应，圆满完成了各项抗灾抢险工作。年初抗击冰雪凝冻灾害，电网职工奋战在条件艰苦、环境恶劣的第一线，比正常抢修时间提前2个月恢复了受损电网供电，同时支援贵州抗险救灾，为抢险救灾作出了突出贡献。

电源结构调整 2008年，随着景洪电站3台机组（105万千瓦）的投产，全省电源结构调整力度进一步加大。全年累计新投产装机437万千瓦，其中新投水电426万千瓦，新投风电7.9万千瓦，新投垃圾发电3万千瓦，关停小火电80万千瓦。新投产机组中，水电机组占97.5%，水电装机占全省装机容量的比例比上年提高9个百分点，火电装机比例下降10个百分点，风电等新能源实现零的突破。截止2008年底，全省装机容量达2578万千瓦，同比增长15.9%，其中水电装机容量1577万千瓦，同比增长36%，占全省装机容量的61.2%，火电993万千瓦，同比下降7%，占全省装机容量的38.5%。

电力生产和供应 2008年，全省规模以上电力工业完成增加值203.3亿元，同比增长12.1%，占全省规模以上工业增加值的11.3%，占全省生产总值的3.6%。全省发电量突破千亿千瓦时，累计完成1039.6亿千瓦时，同比增长14.9%，高于全国平均增长水平9.7个百分点，电力生产弹性系数1.35。其中，水电发电量621亿千瓦时，占全省发电量的59.7%，同比增长34%，水电装机容量、发电量均居全国第三位，火电发电量418亿千瓦时，占全省发电量的40.2%，同比下降10.2%。

2008年，全省全社会用电量830.2亿千瓦时，同比增长11.4%（全国平均5.2%），电力消费弹性系数1.03。西电东送广东177.9亿千瓦时，同比增长28.7%，送越南31.5亿千瓦时，同比增长23.1%。

2008年，云南省电力供应前紧后松，先后呈现出枯期严重缺电、汛期明显缓和、年底相对富余的特点。上半年，受冰雪灾害、地震影响，电网受损，电煤价格大幅上涨，电煤供应紧张，电力供应形势严峻，1月~4月累计缺电量46.7亿千瓦时，最大电力缺口217万千瓦。年中各方加大协调力度，电力供应明显好转，于5月7日放开用电限制，比上年提前1个月。下半年，受国际金融危机影响，外部需求萎缩，省内部分工业行业增长放缓，停产限产企业增多，工业用电负荷大幅下降，发电量、用电量增幅大幅回落。10月下旬后，省内售电量同比负增长，出现电力相对过剩的情况，火电发电设备利用小时数大幅回落。2008年，全省发电设备平均利用小时数为4032小时，同比降低34小时，水电平均利用小时数为3938小时；同比增长219小时，火电平均利用小时数4209小时，同比下降237小时。

电源电网建设 2008年，全省电力投资完成605.7亿元，同比增长18.3%，占全省工业固定资产投资的49.2%，占全省城镇固定资产投资的19.5%，电力投资对经济增长的贡献明显增强。

2008年6月，云南省“十一五”期间投产的第一个百万千瓦级以上的大型水电站——景洪水电站首台机组正式投产发电，全年投产3台机组105万千瓦，拉开了云南省大型水电发电机组投产发电的序幕。10月，我国在缅甸投资最大的水电BOT项目——瑞丽江一级水电站首台机组正式投产发电，接入缅甸电网，满足缅甸境内用电需求，12月2号机组正式并网发电，电量回送国内，首次实现在境外投资水电并送回国内。12月中国第三大水电工程总装机容量640万千瓦的金沙江向家坝水电站成功实现截流，装机容量420万千瓦的澜沧江小湾水电站实现下闸蓄水，全省水电建设取得了辉煌成就。

电网发展迅速，全省“一张网全覆盖”初步实现。2008年，西电东送重要项目、世界首条特高压直流输电工程——云广±800千伏特高压直流电输电工程正式开工建设，将汇集云南省小湾、金安桥等水电站的电力输送广东，满足“十一五”云电送粤的需要。完成了云电送粤南通道上的三大500千伏砚山、德宏、博尚输变电工程，进一步加强了主干网架，使西电东送能力达到400万千瓦。启动115千伏向老挝北部送电工程建设，实现了35千伏向老挝送电。全年投产110千伏及以上电网项目56项，新增变电容量836万千伏安，线路长度3360公里。加强城市电网和农村电网建设，完成27条主网线路和418条农网线路的加固工作，促进主网与配网、农网协调发展，解决了8.04万户农村无电人口通电问题，实现城市供电可靠率99.87%，农村供电可靠率99.46%。

电力工业节能减排 在保障电网安全稳定运行的前提下，以节能为目标，坚持按照《云南省电网节能经济调度实施意见》（云政发〔2007〕145号）节能经济调度原则，加强电力资源优化配置，实施节能发电调度，充分利用水能资源，积极消纳水电，降低能耗和减少排放，降低输电损耗。提前关停小火电机组80万千瓦，截至2008年底，全省共关停小火电机组91.53万千瓦，占“十一五”关停容量的87.1%。关停小火电机组电量转移到水电机组，节约标煤87.23万吨。2008年统调电网平均火电发电煤耗为325克/千瓦时，比2007年降低4.92克/千瓦时，少耗标煤18.68万吨；统调电网线损率为5.69%，比2007年下降0.42个百分点，节约电量10.52亿千瓦时，节约标煤33.66万吨，充分体现了节能减排，电力先行，为全省完成节能目标作出了突出贡献。

（付　晖）

【发　电】 截至年底，云南省共有发电厂1721个，装机容量2.59万兆瓦，全年发电量1039.56亿千瓦时，平均利用小时数为4324.61小时；其中水电厂1588个，装机容量1.57万兆瓦，全年发电量621.65亿千瓦时，平均利用小时数为4564.17小时；火电厂131个，装机容量1万兆瓦，全年发电量417.60亿千瓦时，平均利用小时数为4014.94小时；风电厂2个，装机容量78.75兆瓦，全年发电量3100万千瓦时，平均利用小时数为1937小时。2008年，在1721个发电厂中，省调直调发电厂73个，装机容量1863.36兆瓦，全年发电量737.99亿千瓦时，平均利用小时数为4330小时；其中水电厂61个，装机容量9619.90兆瓦，全年发电量357.70亿千瓦时，平均利用小时数为4654小时；火电厂10个，装机容量893.50兆瓦，全年发电量379.98亿千瓦时，平均利用小时数为4067小时；风电厂2个，装机容量78.75兆瓦，全年发电量3100万千瓦时，平均利用小时数为1937小时。2008年省调、地调直调累计投产装机342.59万千瓦，其中水电331.71万千瓦，火电3万千瓦，风电7.88万千瓦。2008年省调、地调直调关停装机81.58万千瓦，其中水电1.58万千瓦，火电80万千瓦。

截至2008年底，云南1721个发电厂中，2.59万兆瓦的装机中，中国国电集团公司、中国华能集团公司、中国大唐集团公司、中国华电集团公司、中国电力投资集团公司等5大发电集团共有发电厂29个，装机容量1.27万兆瓦。

中国国电集团公司 下辖10个发电站（厂），分别是国电宣威发电有限责任公司、国电阳宗海发电有限公司、国电阳宗海发电有限公司三期、国电开远发电有限公司小龙潭发电厂三期、国电大寨水力发电厂、国电六郎洞水力发电厂、国电迪庆香格里拉发电有限责任公司螺丝湾水电厂、国电迪庆香格里拉发电有限责任公司冲江河电厂（一、二期）、国电迪庆香格里拉发电有限责任公司吉沙电站；总装机容量为3739.8兆瓦，年利用小时数为3927小时，2008年发电量为155.35亿千瓦时。

中国华能集团公司 下辖5个发电站（厂），分别是云南华能澜沧江水电有限公司景洪电站、华能漫湾发电厂、华能大理徐村电厂、云南田坝水电站、华能港灯大理风力发电有限公司大风坝电场；总装机容量为2853.8兆瓦，年利用小时数为4619小时，2008年发电量为99.41亿千瓦时。

中国大唐集团公司 下辖7个发电站（厂），分别是云南大唐国际红河发电有限责任公司、云南大唐国际李仙江水电公司居甫渡电站、云南大唐国际李仙江水电公司戈兰滩电站、云南大唐那兰水电开发有限公司、云南大唐国际李仙江水电公司龙马电站、云南大唐国际李仙江水电公司土卡河电站、云南大唐国际李仙江水电公司崖羊山电站；总装机容量为1965兆瓦，年利用小时数为4505小时，2008年发电量为57.83亿千瓦时。

中国华电集团公司 下辖5个发电站（厂），分别是中国华电石龙坝发电厂、中国华电集团公司云南昆明二电厂、中国华电云南巡检司发电厂二期、中国华电云南以礼河发电厂、中国华电绿水河发电厂；总装机容量为1608兆瓦，年利用小时数为3978小时，2008年发电量为67.27亿千瓦时。

中国电力投资集团公司 下辖2个发电站（厂），分别是国投曲靖发电有限公司、国投云南大朝山水电有限公司；总装机容量为2550兆瓦，年利用小时数为4530小时，2008年发电量为115.5亿千瓦时。

【供　电】

云南省16州（市）129个市（县、区）由103家县级供电企业供电。截至2008年底，在103家县级供电企业中，云南电网公司辖有93家县级供电企业，其中89家县级供电企业（全资、控股、代管）由云南电网公司管理，1家供电企业为云南电网公司控股的上市公司文山电力股份有限公司，3家由文山电力股份有限公司代管。此外，德宏州、迪庆州、怒江州、丽江市、临沧市将有6家县级供电企业重组为云南电网公司子公司（全资4家、参股2家），目前正根据重组协议开展产权划转工作，待产权划转完成后，云南电网公司参、控股县级供电企业将达到99家。在云南省16州（市）中，除保山市的15个州（市）云南电网公司供电，保山市由保山电网供电。

【云南电网公司】

概述

云南电网公司是中国南方电网公司的全资子公司，是云南省域电网运营和交易的主体，是云南省实施“西电东送”、“云电外送”和培育电力支柱产业的重要企业。公司总部设13个职能部门，下设昆明供电局等16个州（市）供电局、调度中心等29个分公司，另有送变电工程公司等48个全资子公司，电力试验研究院（集团）公司等38个控股公司。截至2008年底，公司职工5.47万人。

2008年，公司完成售电量737.31亿千瓦时，同比增长11.25%。其中省内售电量527.9亿千瓦时，同比增长5.79%；西电东送电量177.85亿千瓦时，同比增长28.68%；对越南送电电量31.56亿千瓦时，同比增长23.49%。完成固定资产投资78.45亿元，截至2008年底，公司资产总额达到492.41亿元，同比增长22.42%。实现主营业务收入320.16亿元，同比增长19.12%，其中售电收入286.89亿元，同比增长21.55%。实现利税37.9亿元。公司拥有500千伏变电站13座，变电容量1575万千伏安，线路5227.4公里；220千伏变电站73座，变电容量2016万千伏安，线路9704公里；110千伏变电站203座，变电容量1294万千伏安，线路1.07万公里。

目前云南电网已经构建了500千伏不完全“田”字形环网，并向西部大理、德宏、临沧等地区延伸；220千伏及以上电网覆盖了全省16个州（市），并向越南北部送电，形成了省内、省外、国外3个电力市场齐头并进的良好发展格局。

抗击自然灾害

2008年，云南电网公司成功抗击了雨雪凝冻灾害、地震、泥石流等自然灾害。特别是年初抗击冰雪凝冻灾害，公司比正常抢修时间提前2个月恢复了受损电网供电，保障了灾区人民生产生活用电和灾区经济社会的发展，得到了云南省委、省政府和上级单位的高度评价和社会各界的充分认可。灾后，公司全面开展电网加固工作，投入1.67亿元，对主网和农网线路进行加固；建设应急通信网，改造15条220千伏线路保护通道；研发了交、直流融冰装置和输电线路覆冰在线监测预警系统并投入试运行。在年初的雨雪凝冻灾害中，公司还积极参与其他省公司抗灾救灾工作，共派出6批1435人、142辆车参与贵州电网抢修复电工作。

安全生产

安全生产保持平稳：公司积极开展安全风险管理体系建设试点，加强应急管理体系建设，组建专业应急队伍；推进安全监察体系建设；加强安全生产责任传递机制建设；深入开展“隐患治理年”和安全生产百日督查活动；开展标准化变电站建设；建立故障、缺陷定期分析和重大设备缺陷督办制度；加强电网稳定管理；加强线损“四分”管理，实现综合线损率5.69%。强化警企、政企联动长效机制建设。投入大修、技改资金15.55亿元，大力提高电网的技术水平和设备装备水平。通过一系列的措施，2008年云南电网运行总体平稳，全年未发特大电网、设备事故；未发生本企业有责任的重大电网、设备事故；未发生重大施工机械设备损坏事故；未发生重大火灾事故；未发生负同等及以上责任的生产性重大交通事故；未发生因违反调度纪律造成的事故。

电网运行主要指标：电网频率合格率100%，较综合计划指标99.999%高0.001个百分点；综合电压合格率99.11%，较综合计划指标99.05%高0.06个百分点；城市居民端电压合格率99.12%，较综合计划指标98.81%高0.31个百分点；农村居民端电压合格率95.11%，较综合计划指标91%高4.11个百分点；城市供电可靠率（RS1）99.873%，较综合计划指标99.855%高0.018个百分点；农村供电可靠率（RS1）99.456%，较综合计划指标99.270%高0.186个百分点；220千伏继电保护正确动作率99.96%，较综合计划指标99.62%高0.34个百分点；500千伏交流输电线路可用系数99.42%，较综合计划指标99.19%高0.23个百分点；500千伏继电保护正确动作率100%，较综合计划指标99.4%高0.6个百分点。

电力科技：全年投入3.06亿元，开展了203个项目的研发，11项成果获国家专利授权，10个项目获南方电网公司和云南省科技进步奖。

电力供应

奥运保供电：公司及早谋划、周密部署，成立了领导小组和8个专项工作组，严格制定和落实奥运保供电方案和各项预案，强部署、抓检查、促落实、保闭环，整体联动，落实责任，确保了各项工作环环相扣，保障了电网安全稳定和电力正常供应，圆满完成了奥运保供电的各项任务。

省内电力供应有序有效：2008年云南电网累计缺电量46.7亿千瓦时，最大电力缺口217万千瓦。在年初电力供应的严峻形势面前，公司加强需求管理，积极配合政府实施“来煤加工”政策，落实好计划用电措施，未发生拉闸限电情况。10月下旬后，受全球金融危机影响，省内售电量同比负增长，出现了电力过剩的情况。公司实时跟踪市场变化，及时调整营销策略，不断优化调度，积极消纳水电，充分发挥南方电网大平台的作用，多送广东电量20.85亿千瓦时。

西电东送：2008年公司西电东送电量177.85亿千瓦时，同比增长28.68%。

优质服务：在南方电网范围内率先启动“金牌服务迎奥运”活动，开展了“金点子”征集和“回头看”自查整改等系列活动。制定了客户停复电管理规定，统筹安排各类停电，减少对客户停电次数。优化客户服务流程，清理客户用电申请受理审批规定，提高了用电办理速度。制定了电力供应应急预案，快速响应客户故障报修，提高应对电力供应突发事件的能力。积极开展客户节电服务工作，促进客户节能降耗，提高用电效率。开展了差异化服务、营销稽查和电能计量标准化试点，建立了由423个标准组成的营销标准体系。实施营销信息化和自动化工程，建成了公司营销监控中心和首个数字化营业厅，客户服务系统覆盖了70个县级供电企业。公司系统客户满意率达到97.71%。

电网规划建设

电网建设：创新电网建设管理模式，调整110千伏及以下输变电工程管理权限，提高了建设管理效率。推行“四个一”管理方法，保障了重点工程有序推进。规范采购管理，完成了集中规模招标和定期协议采购32项。强化电网建设目标责任制，逐级签订责任状，严格考核奖惩。完成了500千伏“四变十七线”工程建设；其中500千伏“南通道”工程横跨云南8个州（市）；启动了

500千伏“三变两站十四线”和115千伏向老挝北部送电工程建设。全年完成电网基建投资68.32亿元，同比增长6.47%；累计投产110千伏及以上输变电工程项目56项（500千伏工程3项，220千伏工程17项，110千伏工程36项），投产输电线路3359.93公里，变电容量835.6万千伏安。

电网规划和前期工作：修改完善了云南省“十一五”电网规划，编制了云南电网“十二五”发展规划，配合省政府出台了《关于加快云南电网规划建设的实施意见》。

配网建设管理：修编完善了10个州（市）政府所在城市配网规划，并纳入城市及经济发展规划分年度实施。突出主网与配网、农网的协调发展，提出了“10项卡脖子工程”和“10项提高供电可靠率工程”，着力解决配网“卡脖子”问题。加强配网标准化管理。

次区域电力合作

对越南送电电量31.56亿千瓦时，同比增长23.49%；创汇1.42亿美元；至2008年底，累计对越南送电68.49亿千瓦时，累计创汇3.06亿美元。稳步推进对老挝送电工程，签订了115kV对老挝北部联网供电项目EPC合同，实现了35千伏向老挝送电。从缅甸进口电量4700万千瓦时，公司成为国内首个电力进出口贸易并举的电网。

电力管理体制改革与县级供电企业管理

农电体制改革：按照《云南省电力管理体制改革实施方案》的要求，大力推进电力管理体制改革，与34个县级供电企业建立了资本纽带关系。先后与德宏、临沧、丽江、迪庆、怒江等州（市）政府签订了地方电网公司重组协议，全省“一张网全覆盖”初步实现，为做优做强云南电网奠定了坚实的基础。

县级供电企业管理：狠抓县级供电企业规范化管理，深化5项基础管理达标工作，79家企业达省标、50家企业达网标。

两大工程

大力推进战略实施工程：在昆明、曲靖、红河、玉溪供电局开展创建国内先进水平供电局工作试点，以创先工作为切入点大力推进战略实施工程。开展4个体系建设，全年共修编了553个制度和标准，制定了战略绩效方案，完成了内控风险体系规划，推广应用营销、生产、财务和调度信息化系统。公司荣获中国电力信息化标杆企业称号。

员工素质工程稳步推进：加大干部交流力度，盘活干部资源，强化对新供电局的人才帮扶。开展了技能人员胜任力模型及行为评价标准研究，启动了持证上岗工作。建立了公司博士后工作站和研究生工作站。总结推广“班组建设年”经验，公司6个班组被评为南方电网公司“红旗班组”。系统开展全员大教育大培训，举办公司层面的培训班307个，公司系统共培训5.69万人次，全员培训率达95.9%。

依法经营

经营管理：制定了深入贯彻落实南方电网公司依法经营2号令实施细则。完成了相关人员持有发电企业股份的清退或转让。开展396项内部审计，狠抓审计整改，促进增收节支6081万元。加强降本增效工作，全年可控成本费用支出比预算下降5%。强化资金管理，资金归集率达到87%，对外担保余额从上年末的2.09亿元降低为2839万元。

电价管理：积极疏导电价矛盾，销售电价平均提高2.8分/千瓦时；西电东送评价电价提高到34分/千瓦时。

资产经营：全年实现主营业务收入320.16亿元，同比增长20.93%。资产总额492.41亿元，同比增长22.42%。实现利润总额6.59亿元，同比增长1.46%，完成年度计划6.2亿元的106.28%。净资产收益率3.2%。流动资产周转率5.15次，比年度计划5.05次增加0.1次。

节能减排：认真执行《云南省电网节能经济调度实施意见》，配合政府提前关停了80万千瓦火电小机组。加强节能发电调度，节约标煤359.9万吨。

无电人口通电：公司进一步加大无电人口通电力度，解决了8.04万户无电人口通电问题。

社会责任报告：公司构建了社会责任报告长效机制，并于5月23日，公司在云南省首家发布了社会责任报告，得到了社会各界好评。

获得荣誉　公司荣获全国精神文明创建工作先进单位、云南省改革开放30周年最具影响力十大企业、中央企业先进集体等荣誉称号；公司4个集体荣获全国及云南省“五一劳动奖状”，22个班组荣获全国、云南省和南方电网公司“工人先锋号”，5个青年集体荣获团省委“五四特别贡献奖”。

献爱心　在年初的雨雪凝冻灾害、“5·12”汶川特大地震灾害等历次自然灾害中，公司广大干部员工充分发扬“一方有难，八方支援”的优良传统，累计向灾区捐款1398万元。

（云南电网公司）

食品工业

【食品工业经济运行状况】 2008年，受自然灾害，国际金融动荡、全球经济放缓的因素影响，企业经营难度加大，盈利空间下降，工业经济增幅有所放缓。而食品工业更是因“三聚氰胺婴幼儿奶粉”事件的影响，受到了前所未有的质量安全质疑的考验。在省委、省政府正确领导和企业的共同努力下，全省食品工业运行状况良好，保持了增长势头。主要体现在以下几个方面。

食品工业经济效益稳步提高 2008年，全省食品工业（农副食品加工业、食品制造业、饮料制造业、烟草制品业）规模以上工业增加值为729.04亿元，同期增长12.3%。其中农副产品加工业工业增加值为37.75亿元，同期增长7.8%；食品制造业工业增加值为7.80亿元，同期增长28.0%；饮料制造业工业增加值为24.1亿元，同期增长-10.0%；烟草制品业工业增加值为659.39亿元，同期增长13.5%。1月~11月，食品制造业利润同比增长较快，达63.2%。

食品价格上涨得到有效控制 2008年，为积极应对复杂的经济环境，国家宏观调控政策经历了迅速而大幅度的调整，国家宏观政策效应对食品价格走势影响明显，全年居民食品价格涨幅前高后低，但食品价格上涨依然是拉动居民消费价格的总水平上涨的首要因素。从2008上、下半年食品价格对云南省CPI的影响度可以看出，上半年云南居民消费价格中，涨幅最大的食品类上涨22.6%，影响CPI上涨7.7个百分点，下半年，宏观政策效应显现，食品价格逐步回落，但全年食品类价格还是比2007年上涨了15.4%，最终使云南的CPI回落到5.7%，比上年回落0.2个百分点，低于同期全国平均涨幅0.2个百分点，列全国第18位。

主要食品产量保持增长，部分食品产量下降 2008年，云南省食品工业主要产品的产量分别达到：小麦粉32.16万吨、食用植物油17.31万吨、乳制品25.77万吨、软饮料144.04万吨、糖果6300吨，分别比2007年增长了9.9%、17.3%、2.1%、22.5%和24.3%。同时，食品工业的产品结构趋于优化，有效满足了消费者日益增长的多层次需求。

2008年，受全球金融危机和市场行情的影响，云南部分食品产量出现下降：大米116.72万吨、罐头2.5万吨、精制茶叶9.79万吨、发酵酒精20.5万千升，分别比2007年增长了-3.0%、-14.6%、-7.9%和-0.7%。

【食品工业发展状况】 随着2008年下半年国家宏观调控政策转向，保增长成为经济发展的主要目标。云南省也把促投资保增长作为经济工作的重中之重。围绕这一目标，出台了一系列刺激经济增长的举措。

加大对企业的投入和扶持力度 2008年，为降低全球经济危机对云南省工业企业的影响，省经委继续加大了对食品工业企业的投入和扶持力度。一方面在特殊条件下，采取了鼓励用电、保证运力、产品收储等有效措施来促进企业生产经营。另一方面选择有市场潜力、工艺技术先进、具有一定规模的食品工业企业给予项目资金扶持。据统计，2008年省经委的扶持资金中安排食品工业项目302个，扶持资金达到1.50亿元，拉动投资108.29亿元，预计新增产值126.21亿元，新增利税25.47亿元。其中，食品工业企业技术改造项目43个，安排扶持资金4770万元，拉动投资30.14亿元，预计新增产值56.26亿元，新增利税12.12亿元；非公（中小）企业食品加工项目51个，安排扶持资金1820万元，拉动投资20.85亿元，预计新增产值48.37亿元，新增利税7.34亿元；乡镇企业食品加工项目70个，安排扶持资金2760万元，拉动投资18.43亿元，预计新增产值21.58亿元，新增利税6.18亿元。扩大内需专项资金扶持食品加工项目106个，安排扶持资金4782万元，拉动投资23.57亿元。流动资金贷款贴息项目32个，拉动投资15.32亿元。通过以上项目的实施，不仅缓解了金融危机对云南食品工业的影响还提高了食品工业的技术含量，提升了食品工业的整体水平和综合竞争力，有力地促进了云南食品工业经济的平稳增长。

木本食用油料企业的发展，成为食品工业新的增长点 2007年国际市场以大豆为主的食品大幅涨价，对我国食用油造成巨大冲击，甚至严重危及到我国的粮油安全。因此，党的十七届三中全会《决定》专门提到要采取有力措施支持发展油料生产，提高食用植物油自给水平，扶持壮大龙头企业，重点在精深加工等环节取得新进展。2008年公布的《国家粮食安全中长期规划纲要（2008年~2020年）》中也提出了大力发展木本粮油产业。省委、省政府为充分发挥云南山区木本油料资源丰富且不占耕地的优势，果断提出大力发展木本油料产业的重大举措。并抢抓机遇，积极行动，于2008年12月11日与国家林业局签订合作备忘录，将于2012年在云南建成中国首个面积达1000万亩的木本油料产业示范区。为云南发展木本油料加工业奠定了良好的基础。同时，省政府出台了加快木本油料以及核桃产业发展的意见，进一步明确了走精深加工的产业化路子。省经委积极贯彻落实省政府的这一举措，着手制定发展木本食用油料加工业的实施方案，并选择食用为主的木本油料产业龙头企业进行培育。2008年，省经委各口径资金扶持木本食用油料加工企业10户，扶持资金890万元，带动4.92亿元投资，这些木本食用油料企业的发展，成为食品工业新的增长点，有力地促进云南食品工业经济的增长。

烟草产业勇攀高峰再创奇迹战略的实施，扩张了全省食品工业总量　烟草产业是云南最重要的支柱产业，长期以来为云南经济社会又好又快发展发挥了重要的支撑作用。在新的起点上，2008年，省委、省政府强调了烟草在云南国民经济中的地位，要求把烟草产业作为推进新型工业化的一面旗帜，提出了“永攀高峰，再创奇迹”的新目标。即力争到2012年，云南卷烟品牌产量达到1000万箱，实现产值1000亿元。新的战略目标提出后，省里成立了云南烟草产业发展规划领导小组，省经委作为规划领导小组的成员单位，对云南烟草配套工业作出了科学的发展规划。同时，进一步落实目标，制定了云南烟草工业行动计划。发展规划和行动计划的启动，极大地调动了烟草及配套工业企业的积极性，云南烟草工业各项经济指标取得较快增长，经济效益进一步提高。全年卷烟产量稳步增加，省内产量快报数达到680万箱，同比增长1.4%，全面完成了规划目标。同时，有效整合配置了资源，卷烟品牌高度集中，高档卷烟比例增加。11月8日，红云集团和红河集团重组整合为“红云红河集团”，成为国内第一、世界第五的烟草集团。标志着云南卷烟工业“三变二”成功，正式形成“两红”并列发展又适度竞争的格局。6个重点品牌“玉溪”、“云烟”、“红塔山”、“红梅”、“红河”、“红山茶”的产量占总产量的90%以上。云南烟草工业2008年的巨变，成为了云南食品工业发展史中的一个重大事件。

云南农业产业化的运作，为推动食品工业的发展带来契机　轻工业80%的行业、50%的产值来源于农副食品深加工，为积极应对金融危机，促进经济增长，2008年省政府14次常务委员会提出了大力推进农业产业化，启动实施“舞龙”计划。即围绕烟草、蔗糖、茶叶、橡胶、畜产品、木本油料、生物药、蔬菜、果品、薯类、花卉、蚕丝等一批优势生物龙头农产品和相关龙头企业，通过招商引资、建设优质专用原料基地、培育精深加工龙头企业、强化龙头产品科技创新、构建市场营销体系、实施名牌带动战略等六大工程，促进20类主导生物产品实现跨越式发展以加快农业产业化经营步伐。

三聚氰胺乳制品事件，引发了对食品安全生产的整治　前几年的吊白块、苏丹红、福尔马林等事件已引起社会对食品安全的广泛关注。2008年9月，三鹿奶粉的三聚氰胺事件，对整个食品工业产业造成严重冲击，国家先是整治乳制品行业，而后又延伸到了对整个食品添加剂和食品工业的整治。国家工信部成立后抓的一件大事就是三鹿奶粉事件生产环节的整治工作。这项工作落实到云南后，云南省对食品工业的整治力度也是历史上少见的。2008年，对110家饲料加工企业、568个饲料销售点，1100个规模养殖场（户），全部奶站（272个）进行了检查、整顿和清理。抽取100批次生鲜牛奶和100批次饲料，未发现添加三聚氰胺现象。但云南乳制品企业“小、散、弱”状况较为突出，规模化、标准化程度低，全省机械化挤奶率仅占21.4%。大量的只有靠散户进行人工挤奶，给生鲜牛奶生产和质量安全管理带来了较为严重的影响。此外，鲜奶收购点布局不合理，条件简陋，收购鲜奶的卫生质量难以保证。

通过对乳制品工业的整顿，监管部门加强了生产、流通、销售的每一个环节严格检测和监管，食品企业认真吸取“三鹿”事件的深刻教训，牢固了质量第一的理念，加强了机械化挤奶站的建设，合理布局鲜乳收购站，提高了云南生鲜乳质量安全水平，促进了云南乳业健康发展。

【食品工业存在的问题】　虽然2008年云南省食品工业保持了较快发展，但面对通胀压力、自然灾害、金融危机等诸多因素给食品工业带来巨大的挑战，云南食品工业本身还存在许多薄弱环节，亟待克服。

精细加工的程度比较低，食品工业整体发展水平不高　目前，云南食品工业还是以农副食品原料为主的初加工，品种结构不合理。初加工产品居多，精深加工产品较少，使得产品转化增值程度偏低。金融危机爆发以来，这一问题更为突出。东盟方面，云南啤酒受南亚国家的金融危机影响、乳制品受“三聚氰胺事件”影响，出口量下降。欧美方面，云南部分初级农副产品出口受到影响，如核桃果仁、块菌、干菜、茶叶等产品库存压力大。这些现象进一步表明云南食品企业深加工产品开发水平有限，市场开拓能力弱，不能及时树立品牌和打开国内消费市场。

食品加工业缺乏科学有序发展 食品工业企业在市场价格好的时候往往忽略供求平衡，缺乏科学发展，盲目扩展生产，给农户带来巨大打击和企业遭受生存危机的同时，也使整个产业的健康发展受到严重影响。2008年云南茶产量及茶叶产值大幅缩减。云南茶叶产量居全国第二，2007年上半年前普洱茶被大肆炒作，厂家盲目生产，供过于求导致价格剧烈波动，价格迅速跌入低谷，市场从此一蹶不振。从2007年下半年至今，大量普洱茶加工企业停产，无力收购毛茶，普洱茶毛茶价格从每吨6万多元，跌到2008年每吨1万多元，一些茶园出现弃采茶叶。云南蔗糖产量也居全国第二，在盲目扩种导致产能过剩、供过于求的情况下，云南07/08榨季食糖价格跌破成本价，大部分制糖企业亏损，在酒精销售价格较好的前提下才保持了全行业盈亏持平，利润仅695万元，同比减少6.05亿元。

食品加工业企业规模偏小 目前云南食品加工企业规模偏小，布局分散，严重制约了食品行业生产集中度的提高。云南食品工业均为中小企业，技术水平低，同质化严重，价格竞争激烈，利润空间狭小。

食品工业布局尚不尽合理 云南食品工业布局尚不尽合理，区域优势没有充分发挥。食品工业布局与农业生产布局衔接不够紧密，农业生产与食品加工互为促进的机制尚未建立起来，造成了原料供应与食品工业发展的要求不相适应，增加了农产品长途运输的成本和物流过程的损失，导致资源浪费。

（周建新）

制糖业

云南制糖业是云南省仅次于“两烟”的第二大生物资源产业，是我国第二大食糖生产基地省，也是全省绿色经济的重要组成部分。2008年的自然灾害、全球金融危机、三聚氰胺事件，给整个行业带来了不可避免的影响。在三重不利因素的制约下，云南制糖行业克服重重困难，仍然保持了较高的增长。2007/2008年榨季全省年植蔗面积达400余万亩，食糖年产量首次突破200万吨，全行业实现销售收入68余亿元。

【糖业产销情况】 2007/2008年榨季从2007年11月8日开始，至2008年6月25日结束，历时230天。本榨季全省甘蔗种植面积466.67万亩，甘蔗农业总产1927.2万吨，农业单产4.13吨/亩，与2006/2007年榨季相比，分别增加38.23万亩、270.96万吨、0.26吨/亩。

整个榨季全省制糖工业甘蔗收榨面积447.06万亩，甘蔗入榨量1780.89万吨，工业单产3.98吨/亩。与2006/2007年榨季相比，分别增加54.72万亩、289.45万吨、0.18吨/亩。全省有79条生产线投入生产，比上个榨季增加了2条生产线；日加工甘蔗能力15.96万吨，比上个榨季增加9550吨；按100天开工计算，设备利用率102.78%，比上个榨季设备利用率提高了8.05%。全省共生产食糖216.25万吨（其中：白砂糖207.87万吨，绵白糖7.43万吨，精糖4400吨，赤砂糖2600吨，红糖2400吨）。混合出糖率12.14%，生产酒精15.77万吨。与上个榨季相比，食糖产量增加33.11万吨，混合出糖率降低0.14%，酒精产量增加1.47万吨。

2007/2008年榨季全省11个产糖州（市）食糖产量排序：临沧58.70万吨，德宏53.80万吨，保山29.98万吨，普洱22.62万吨，红河15.23万吨，玉溪14.39万吨，西双版纳13.01万吨，文山4.07万吨，大理1.84万吨，丽江1.68万吨，昭通6400吨。其中，临沧、德宏、保山、普洱、红河、玉溪、西双版纳7个主产糖州（市）产糖207.73万吨，占全省食糖总产量的96.06%，比上个榨季降低了0.69%。

2007/2008年榨季由于2007年8、9、10月雨水偏多，日照不足，积温偏低，致使2007/2008年榨季甘蔗含糖分、白砂糖与蔗比、吨糖耗蔗指标低于2006/2007年榨季，又由于企业加强了综合管理，提高了设备利用率，平均日榨甘蔗量比上榨季提高12.79%；煮炼回收率、总收回率、白砂糖合格率、吨糖耗蔗等技术指标也均优于上年。等折标煤与蔗比指标降至6%以下，大部分企业锅炉基本实现不烧煤，企业节能降耗、清洁生产工作上了新台阶。

2007/2008年榨季全省制糖工业全行业产品销售收入68.17亿元，同比增加12.10%，其中糖产品销售收入59.82亿元，同比增加9.02%；综合利用产品销售收入8.35亿元，同比增加30.06%；利润总额695万元，税金总额5.92亿元，同比减少6%。甘蔗收购价213.49元/吨，蔗农收入38.02亿元；白砂糖吨糖完全成本（含税）3222.72元；白砂糖吨糖平均含税销售价3188.38

元；白砂糖吨糖利润比上个榨季每吨减少226.7元。

2008/2009年榨季开始之前全省库存的食糖、酒精基本销售完毕。

【制糖工业运行特点】 本榨季全省食糖生产营销的运行情况可以概括为："三增""三升""两降""两提高"。"三增"：甘蔗种植面积增加，比上个榨季增加38.23万亩、甘蔗增产，同比增270.96万吨、甘蔗亩产增产，同比增加0.26吨；甘蔗收榨面积增加，同比增54.72万亩、甘蔗入榨量增加，同比增289.45万吨、工业单产增加，同比增加0.18吨；食糖产量增加，同比增加33.11万吨，并且首次突破了200万吨，达到216余万吨，创出历史最高水平。"三升"：甘蔗收购价上升，每吨甘蔗收购价比上个榨季上升近13元；蔗农收入上升，同比上升8.04亿元，升幅达26.82%；全行业销售收入上升，同比上升7.36亿元，升幅12.10%。"两降"：由于全球金融危机，以及"三聚氰胺"事件并波及国内食糖需求不旺，国内糖价持续低迷，糖价创下了2005年1月份以来的近4年新低。本榨季在制糖企业努力降低了吨糖成本的情况下，全年平均吨糖销售价仍低于成本价34.34元，致使全省仅有部分大企业略有盈利，大部分制糖企业亏损。吨糖平均销售价格比上个榨季下降了296元；吨糖利润比上个榨季下降226.7元，为每吨-34.34元，全行业利税比上个榨季下降，降幅达57.25%。"两提高"：由于企业综合管理，资源整合、节能降耗意识增强，企业在工艺创新与技术进步等方面均取得不错的成绩，平均日榨量、煮炼回收率、总回收率、食糖合格率、吨糖耗蔗等技术指标均高于往年；企业管理效能提高，综合利用效益高于往年。

2008年原辅材料价格上涨糖价持续低迷，全行业食糖产品出现亏损。但综合利用产品销售后实现的利润弥补了糖产品的亏损，全行业盈亏持平。食糖产量增加，设备利用率提高了8.5%，糖固定费用分摊下降，吨糖完全成本与06/07年榨季相比仍然下降了69.28元/吨，降幅2.1%。规模较大的糖业公司由于集约化经营管理，吨糖成本较全行业平均水平低，同时在食糖的销售上，信息及时超前，节奏把握得好，除传统现货市场交易外，还充分利用批发市场和期货市场电子交易平台套期保值，保住了企业盈利。

全省11个产糖州（市）中盈利的有德宏、临沧、保山、文山。亏损的有普洱、红河、玉溪、西双版纳、大理、丽江、昭通。

【2008/2009年榨季糖业预期】 近年来我国制糖产业在广大糖业工作者的不懈努力下，全行业在甘蔗单产、产品合格率、出糖率、总产量、节能降耗、循环经济、综合利用等方面均取得了不错的经济成效，但由于市场供过于求以及全球金融危机的影响，整个行业的利润情况仍然没能达到前几年的水平，还有下降。2008年国家加大了宏观调控力度，2008/2009榨季国家决定收储国产食糖80万吨，比上年同期增加收储30万吨。2008年11月，中国糖业协会在广东省东莞市召开了《2008/2009年制糖期全国食糖产销工作会议暨全国食糖、糖蜜酒精订货会》。各产糖省（区）政府主管部门、各省（区）糖业协会通报了2007/2008年制糖期产销情况及2008/2009年制糖期产量预测，并对国家、地方、行业宏观调控提出了意见和建议。国家有关主管部门的领导也对2007/2008榨季以及后续榨季的糖业形势进行了分析，对行业发展提出了降低甘蔗种植面积等意见和国家宏观调控思路。

食糖生产在云南省蔗区经济发展中占有重要的地位。改革开放以来，云南制糖业通过调整、巩固和提高，有了很大发展，工农业产值年均以两位数增长，但经济效益不太理想。全球金融危机，国内经济下滑，促使制糖企业努力增强自身综合市场竞争力的积极性。企业对市场经济信息、行业信息、电子交易的关注度大幅度提高，面对日愈激烈的市场竞争，企业也在积极研究对策，云南糖网已成为国内糖业信息传递、交流的主要渠道之一。企业技术创新的积极性大大增强，糖蜜酒精、蔗渣造纸等行业多元经济、循环经济进程大大加快。糖—酒联产试生产成功，为过量甘蔗转化为糖蜜酒精带来希望，为解决糖业供求矛盾开辟了一条新路。其他如蔗渣造纸等循环经济方面的技术改造项目的步伐也在加快，临沧南华纸业有限公司年产9.5万吨蔗渣浆纸建设项目预计2008年完工，临沧晶莹糖业有限公司年产5万吨非木浆建设项目预计2009年完工。4000吨蔗渣活性炭改扩建项目正在建设中，废醪液提取钾肥开发项目已通过中试。

2008年全球金融危机以及国内经济下滑的大环境，对与食糖相关的食品业、餐饮业、零售业、旅游业等行业均产生了显著的影响并波及到糖业，2009春季食糖销售旺季不旺，糖价持续低迷，全行业面临严峻的挑战与考验。国储糖80万吨计划已经完成，市场糖价略有回升，但全年糖价能涨多少还要看2008/2009年榨季最终产量，据报道广西可能减产 180 万吨。从目前的情况看，市场糖价确实在逐步回升。相关数字要到 2009 年 5 月初榨季结束后才能知道。2007/2008 榨季我国食糖再创高产，国内食糖供应充足且有较大的剩余，国际糖进口到岸价远高于我国内糖价，预计 2009 年我国食糖进口量不会高于 2008 年。而国内糖业界也在积极寻求食糖出口的可行性，广西行业协会以及制糖企业已经有所尝试，也有业内人士提出国家出钱补贴食糖出口，换取国内糖业全行业发展的建设性意见。目前云南糖厂收购的甘蔗价格已趋稳，受金融危机影响，而煤、油、水等生产辅料价格也有所回落，企业的成本实际在降。如果国家和地方政府收储了一部分糖之后，国内主要产区的产量能减少一些，市场食糖价格会有一个恢复性上升。

（赵　红）

黑色金属工业

【概　况】　2008 年上半年，钢铁行业原燃材料延续了 2007 年紧张状态，生产成本增加，但市场价格一度攀升到历史高度；下半年来，受国际金融危机影响，市场低迷，部分企业生产处于停产或半停产状态，省内钢材市场价格大幅下跌，库存上升。全年钢铁产品产量有增有减，行业效益明显不如 2007 年。

主要产品产量　2008 年，生产铁矿石原矿 2103.04 万吨，较上年增长 15.25%，锰矿石成品矿 59.55 万吨，下降 9.09%；生产生铁 1180.52 万吨、钢 901.31 万吨、成品钢材 836.62 万吨、铁合金 63.1 万吨、焦炭 1391.60 万吨，分别增长 -2.1%、0.7%、5.4%、-2.4%、8.57%。

主要经济指标　2008 年，规模以上黑色金属工业企业完成增加值 142.29 亿元，其中：采选业完成 31.31 亿元，增长 33.6%，冶炼及压延加工业完成 110.98 亿元，增长 8%。1 月～11 月规模以上黑色金属工业企业完成主营业务收入 677.08 亿元，实现利税总额 51.73 亿元、利润 25.5 亿元，其中：主营业务收入采选业完成 68.91 亿元，增长 70.76%，冶炼及压延加工业完成 608.17 亿元，增长 38.27%；采选业完成利税总额 20.03 亿元，增长 129.61%，冶炼及压延加工业完成利税总额 31.7 亿元，下降 16.48%；全年采选业实现利润 14.02 亿元，增长 179.11%，冶炼及压延加工业实现利润 11.48 亿元，下降 37.84%。

【重点企业生产经营情况】　昆钢控股公司全年实现销售收入 369 亿元，利税 21.08 亿元，利润 7.61 亿元，完成工业增加值 43.5 亿元，同比增长 62.06%、-8.07%、12.57%、20.07%。其中，股份公司产铁 479.41 万吨、钢 502.83 万吨、成品钢材 525.39 万吨，实现销售收入 241 亿元、利税 6.39 亿元、利润 1000 万元（未提存货减值准备）；控股、集团公司自产成品铁矿石 340 万吨；煤焦化产业实现销售收入 49.09 亿元、利润 4600 万元；水泥产业实现销售收入 8.06 亿元、利润 24 万元；房地产（按形象进度）实现销售收入 6.08 亿元、利润 1.1 亿元；其他相关产业均基本实现预期目标。

昆钢集团公司　主要生产经营指标稳步提高。公司全年自产铁成品矿 340 万吨、钢 502.83 万吨、铁 479.41 万吨、成品钢材 525.39 万吨，比上年增长分别为 23.34%、-7.54%、-7.01%、-5.7%，其中：红钢：钢 83.58 万吨，铁 84.56 万吨，玉钢：钢 97.29 万吨，铁 80.62 万吨；控股公司实现销售收入 369 亿元，利税 21.08 亿元，利润 7.61 亿元，完成工业增加值 43.5 亿元，分别增长 62.06%、下降 8.07%、增长 12.57%、增长 20.07%，其中：股份公司实现销售收入 23.93 亿元、利润 7.58 亿元。铁合金实现销售收入 9.04 亿元、利润 80 万元；全年无重大工亡事故、重大设备事故、重大火灾事故。

云南德胜钢铁公司：全年实现工业增加值 8.96 亿元，增长 5.21%；完成产量：铁 134.50 万吨、钢 143.92 万吨、钢材 139.04 万吨，较上年分别增长 17.03%、17.53%、25.15%；实现销售收入 57.86 亿元，下降 42.09%，利税 5.04 亿元，下降 22.2%，利润 2.61 亿元，下降 42.47%。

云南文山斗南锰业公司　主要产品产量和经营绩效创历史新高，全年生产原矿 44.3 万吨、比上年增长 10.56%，生产铁合金 10.11 万吨、比上年增长 21.51%，生产锰粉 8121 吨，高锰酸钾 3565 吨；预计全年完成销售收入 11.5 亿元、比上年增长 31.88%，实现利润 1.2 亿元、比上年增长 28.16%，实现税费 1.05 亿元、比上年增长 46.38%。

【云南省钢铁工业与全国的比较】　按照中国钢铁工业协会的统计，2008 年我国共生产生铁 4.71 亿吨、粗钢 5 亿吨、成品钢材 4.72 亿吨、铁合金 1824.99 万吨、焦炭 2.25 亿吨、铁矿石 6.82 亿吨，分别较上年增长 -0.16%、1.13%、2.02%、3.90%、-0.39%、20.74%。云南省生铁、粗钢、钢材、铁矿石、铁合金、焦炭分别占全国产量的2.51%、1.80%、1.44%、15.25%、3.46%、0.59%，分别排在全国的第13位、第16位、第17位、第10位、第12位、第7位。

云南钢铁工业主要产品在全国的情况

单位：万吨

产　　品	云南	全国	比上年同期增长（%）		云南占全国的比重（%）	在全国排位
			云南	全国		
铁矿石原矿量	2103.04	82401.11	15.25	20.74	2.55	10
焦　炭	1391.60	32359.26	8.57	-0.39	0.59	7
生　铁	1180.52	47067.41	-2.08	-0.16	2.51	13
粗　钢	901.31	50048.80	0.65	1.13	1.80	16
钢　材	836.62	58177.30	5.37	3.56	1.44	17
其中：中小型型材	9.53	2953.81	-63.97	6.4	0.32	
棒　材	95.77	4670.49	126.29	2.2	2.05	
钢　筋	322.49	9708.97	0.86	-3.9	3.33	
盘条（线材）	249.85	8024.03	19.96	1.2	3.11	
中　板	20.15	3526.92	-35.95	14.1	0.57	
热轧薄板	1.89	559.10	-14.78	-15.4	0.33	
铁合金	63.1	1824.99	2.4	3.90	3.46	12

【钢铁价格变动情况】 2008年，国际国内原材料行业生产运行大幅波动，钢材市场价格先涨后跌，在原燃材料价格不断上升的推动下，钢材价格从年初一路攀升，到年中市场呈现非常旺盛、价格迅速上涨，并创历史新高。从10月份，受全球金融危机影响而引发的市场严重下挫、价格急剧下滑、成本压力加大、钢铁企业大幅亏损的不利局面。12月的钢材Φ6.5价格4070元/吨，比2007年同期下降595元，螺纹钢筋Φ12～14价格4250元/吨，比2007年同期下降692元，与11月价格持平，1.0毫米冷板价格6230元/吨左右，与上月价格持平。

【重点项目】 昆钢积极推进草铺项目，完成了项目林地的报批，通过了项目用地、环评专家评审，正待国土资源部、环保部审批，现场搬迁基本完成，各项工艺设计正在抓紧推进。昆焦4#焦炉及苯加氢、金平氧化球团、红钢1350立方米高炉、2万m^3/h制氧工程及2×25MW余热余能发电项目、本部6号高炉吸附制氧工程、120万吨球团和300平方米烧结机项目等相继建成投产；老挝矿业和钢铁项目、越南老街100万吨钢铁厂项目继续推进，“走出去”战略稳步实施；提钒炼钢大规模工业性试验取得重大突破，五氧化二钒工程、隧道窑直接还原铁项目开工建设。全年累计完成固定资产投资35.18亿元。

【资源开发】 云南德胜钢铁公司以持续发展为指导，积极开展资源开发工作，资源开发小组机构已基本完善，目标已明确。迄今，武定鱼子甸矿山已全面开始生产，武定矿业公司已正式成立并投入运营；牟定矿正处在政府协调状态；景洪曼养矿山已完成开发方案的论证工作；其他小矿点按照公司《小矿点管理办法》展开开发工作。

煤炭资源开发取得进展。目前，楚雄州探矿区已完成3个矿点探矿权的延续手续，曲靖市富源县中安耀兴煤矿已开始合作；在集团的领导下，公司已着手昭通资源的开发。

【实现战略重组】 2007年8月18日武钢集团昆钢股份正式挂牌，随着昆钢与武钢集团的成功重组，战略合作效应已初步显现。一大批武钢技术专家将长期在昆钢现场指导推进产品结构优化与新产品开发工作，武钢研究院昆钢分院正式挂牌，为昆钢学习武钢“国家级技术中心”的技术管理方法，引进先进生产工艺技术，提升产品科技含量和市场竞争力提供了有利条件。发挥集团优势扩大直销、拓展市场的营销协同工作开始起步。

以“走质量效益型道路”为特征的武钢的管理经验与昆钢的管理逐步交融，昆钢的管理进一步向制度化、规范化、精细化迈进。

【节能减排】 2008年，昆钢组织开展了风机、水泵节能，红钢、玉钢烧结机低温蒸汽发电，红钢3#高炉TRT发电、转炉煤气回收，完成了炼铁厂2#～5#高炉生产水系统节水等改造，用能效率得到改善，能耗指标进一步好转，吨钢综合能耗641公斤标煤，同比降低2.73%。生产环境有效改善，本部外排废气中的二氧化硫、烟粉尘泥和外排废水中化学需氧量分别为6591吨、3016吨和1451吨，同比分别减少0.43%、4.0%、12.85%；公司本部130平方米烧结机烟气脱硫工程顺利竣工；水环境综合治理工作全面启动，环比节约新水43.94万立方米。水资源重复利用率达到96.1%。全面开展“绿色照明进万家”活动。开展二次资源综合利用，含铁尘泥利用率达99.13%，高炉渣利用率99.72%。公司经济效益、环保效益和社会效益同步提高。

云南文山斗南锰业股份有限公司10万吨铁合金矿热炉低温余热发电项目。铁合金矿热炉低温余热发电尚属空白，公司与有关技术研发机构合作，共同开发矿热炉低温余热发电技术，计划建设装机6000KW的热电联产项目，充分利用10万吨铁合金矿热炉总容量5万KVA产生的低温余热。可研报告已编制完成，并被云南省节能办确定为第一批电炉烟气低温余热发电示范项目。

（李　莉）

有色金属工业

【概　况】 2008年，全球经济形势多变，国际金融危机向实体经济蔓延和扩散。前8个月，有色金属工业生产总体保持平稳较快增长态势，9月份后受国际金融危机快速蔓延等因素影响，增速开始大幅回落。由于受市场需求萎缩等多重因素叠加影响，有色金属行业遭受重创，企业利润增幅回落，亏损额大幅上升，企业面临着减产、停产、库存的压力，存货跌价，资金链受到影响，潜亏严重。一季度，国内外市场主要有色金属价格保持升势，4月份开始逐步回落，9月份以后大幅下跌，部分产品价格已跌破成本价。

主要产品产量 2008年，全省10种有色金属产量216.75万吨，较上年下降7.66%。其中铜31.35万吨、铝53.11万吨、铅40.07万吨、锌80.76万吨、锡7.39万吨，分别下降22.88%、2.11%、11.95%、1.70%、8.93%。

主要经济效益指标 2008年，规模以上有色金属工业共完成增加值233.96亿元，较上年下降30.77%，占全省重工业增加值的24%，占全省工业增加值的13%，其中：采选业完成增加值56.42亿元，下降13.45%，冶炼及压延加工业完成增加值177.54亿元，下降11.02%。2008年1月～11月份规模以上有色金属工业共完成主营业务收入891.51亿元，下降13.05%，其中：采选业完成139.18亿元，下降6.31%，冶炼及压延加工业完成752.32亿元，下降14.02%；有色工业实现利税56.49亿元，下降26.07%，采选业完成34.16亿元，下降36.83%，冶炼及压延加工业完成22.33亿元，下降78.88%；其中利润19.67亿元，下降80.98%，采选业完成22.82亿元，下降44.33%，冶炼及压延加工业完成－3.15亿元，下降105.04%。

主要有色金属价格 2008年，国际、国内有色金属价格波动较大。上半年有色金属价格延续了2007年的上涨势头，2008年3月份达到了全年最高价位，9月份开始下滑，11月、12月份达到全年最低价位。2008年上海金属现货市场最高价与最低价情况：铜最高达6.89万元/吨，最低2.51万元/吨；铝最高达2.05万元/吨，最低1.01万元/吨；铅最高达2.31万元/吨，最低8100元/吨；1#锌最高达2.22万元/吨，最低9050元/吨；0#锌最高达2.23元/吨，最低8600元/吨；锡最高达16万元/吨，最低9.4万元/吨；镍最高达27.1万元/吨，最低7.95万元/吨。

有色金属产量在全国的位置 2008年，全国共生产10种有色金属2520.3万吨，较上年增长8.2%，其中铜370.9万吨，增长10%；铝1317.63万吨。云南省10种有色金属产量占全国的8.6%，排在河南、山东之后，列全国第三位。

产品	单位	云南排位	全国	较上年增长%		云南占全国的比重（%）
				云南	全国	
10有色金属	万吨	3	2520.3	－7.66	8.2	8.6
铜	万吨		370.9	－22.88	10	8.45

续 表

产品	单位	云南排位	全国	较上年增长%		云南占全国的比重（%）
				云南	全国	
铝	万吨	9	1317.63	-2.113		3.04
铅	万吨		325.8	-11.95	19.29	1.23
锌	万吨		391.3	-1.70	4.3	20.64
锡	万吨	4	12.95	-8.93		57.07
铜材	万吨		784.9		17.2	
铝材	万吨		1477.31		21.3	

【重点项目建设】

云铜集团：2008年完成固定资产及重点项目投资31.89亿元。凉山矿业“含铜废石6000吨/日选厂项目”投产，金沙公司3座尾矿库主体工程基本完成，玉溪矿业“大红山铜矿低品位铜铁资源综合利用项目”、星焰公司“郝家河铜矿深部资源开发项目”、楚雄矿冶“刀把四期持续接替工程”、羊拉铜矿井下填平补齐项目等按计划有序推进。河北保定冶炼项目停建，柬埔寨万谷湖项目、泰国“锦绣中华”房地产开发项目有序退出。凉山矿业10万吨/年阳极铜冶炼项目、广东清远10万吨/年铜冶炼项目、云铜锌业50万吨/年硫铁矿尾矿资源综合利用工程、文山10万吨电锌冶炼项目建设步伐放缓。

云锡公司：2008年完成总投资16亿元，其中，完成固定资产投资12亿元。10万吨铅项目开工后施工建设进展顺利。10万吨铜项目正积极推进。在昆明经开区建成了中国最大的锡材加工中心，锡材加工技术装备水平得到新的提升。昆明进出口加工区项目正逐步推进。6000吨/年硫醇甲基锡项目按期竣工并已达标达产。锡冶炼系统技改扩能工程将于近期竣工。贵研铂业公司产业化项目2期工程基本完工，在易门县工业区投资建设的产业化项目工程已点火试车。湖南郴州屋场坪采选工程项目建设郴州屋场坪采选工程开始单体试车，2009年3月将竣工投产。重化机械大型工件铆焊加工和铸造生产工艺流程改造项目已形成新的生产能力。杠杆式易拉瓶盖项目已投入批量生产。圣比和公司镍基正极材料项目施工建设将于2009年3月投产试车。新型墙材项目产品已投放市场。

云南冶金集团：2008年完成投资约33.5亿元。争取到重大项目扶持资金和项目前期工作经费2050万元。

铝产业：云铝公司4万吨/年铝合金圆杆项目已基本具备试生产条件，8万吨/年铝板带项目进入主厂房建设和设备采购阶段；文山铝业公司80万吨/年氧化铝项目土建工程进展顺利，已签订主体设备合同；润鑫公司10万吨/年电解铝项目1期5万吨/年已具备投产条件。源鑫公司60万吨/年炭素项目、涌鑫公司铝加工资源项目建设工作已启动。

铅锌产业：驰宏公司会泽16万吨/年铅锌及渣综合利用工程正在开展环评和项目设计、三通一平等工作；呼伦贝尔驰宏公司20万吨/年铅锌冶炼项目基本完成总图布置，正在开展场地平整工作；30吨/年锗项目被国家发改委列为“循环经济和资源节约重大示范项目”，获经费资助2300万元，并已启动建设；昭通铅锌矿2000吨/日选厂进入设备安装调试阶段。大兴安岭云冶公司2万吨/年电锌工程进展良好，采选系统土建工程基本完成。澜沧公司铅系统技改工程已获省科技厅立项，初步设计基本完成。

钛产业：新立公司8万吨/年高钛渣项目基本具备试生产条件，配套的选厂和4个矿山项目建设同步推进，其中1个矿山已投入试生产；6万吨/年钛白粉项目已完成用地报批手续；1万吨/年海绵钛项目开展了基本设计审查、用地报批、安全预评价等工作，场地平整已完成。

【科技创新和管理创新】 云铜集团以国家级技术中心为科技创新平台，探索了科技项目管理，集团列支1500万元，引导各企业围绕13项重点科技项目，集中投入人力物力，实施科技攻关，取得了较好的效果。争取各级政府重点科技项目3项，获得政府科技经费资助1541万元。共申请专利5件，授权专利4件。“铁峰”电解铜获“云南十大最具影响力品牌”称号。云铜集团博士后科研工作站获国家人力资源和社会保障部批准设立。“难处理高钙镁氧化铜矿高效选冶新技术”成果获得云南省技术发明一等奖，“综合提高羊拉铜矿选矿工艺技术指标试验研究”获中国有色金属工业协会科技进步一等奖。凉山矿业提高炭质脉石铜矿选矿指标项目获四川省科技进步奖，西科公司综合回收利用项目具有独创性，经济效益明显。云铜矿山研究分院、冶炼加工研究分院、地质勘察研究分院筹建工作有序推进。云铜集团获2007～2008年度中国有色金属工业质量管理小组活动优秀企业；云铜股份获云南省2008年度质量管理小组活动优秀企业。

企业信息化建设进一步深入。管理网络化、办公自动化进入新阶段是云铜集团2008年信息化建设的特点。集团内外网站建设成效明显，信息量和更新时间大有进步，集团与主要生产单位的内网基本实现互联互通。OA系统全面推广应用，云铜股份ERP建设项目启动，报表数据报送系统开发、实施短信系统与邮件、OA、RTX等系统的一体化应用集成在积极推进。通过领导带头推广、组织知识竞赛、层层培训等方式，云铜信息化建设及运用成效初显。

云锡公司进一步加强科技创新工作，全年共投入近7000万元组织技术攻关和技术平台建设。投资1370多万元，在贵金属研究所建成了红土镍矿小试平台；加快易门红土镍矿中试基地建设，为推进红土镍矿产业化技术开发奠定基础。“甲基磺酸亚锡”“氨基磺酸镍”等工程项目，硫酸亚锡提质提级研究、选冶联合锡精矿产品结构调整生产技术研究等重大项目实施取得了阶段性成效。进一步加强与中国地质大学等大专院校和科研院所的合作与技术攻关，在成矿理论、找矿实践上取得了新突破，个旧锡铜多金属矿床找矿预测研究项目通过验收，对个旧矿区未来和深部找矿将起到重要的指导作用。与中南大学、昆明理工大学合作开展的区域性矿山9大课题的研究取得了重大成果，对构建云锡新型矿山的模式将产生深远影响。贵研铂业公司3项产品获得“国家重点新产品”称号。微电子公司开发出第六代焊锡球产品。圣比和公司完成了制备锂离子电池负极材料关键设备科技攻关工作。云锡公司共申请33项发明专利，10项获得国家专利授权；6项科技成果获得省级以上奖励。云锡公司被云南省国资委授予科技创新先进企业。

冶金集团进一步加强创新体系建设，制定完善了《科技项目管理办法》、《自主创新综合试点方案》、《科学技术成果奖励办法》和《专利申请、专利获奖和实施奖励办法》等制度，集团技术中心试验研究基地项目正在开展前期工作。驰宏公司铅锌锗技术研发基地建设进展顺利。产业项目重大技术研发工作进展良好，曲面节能型电解槽新技术通过了专家鉴定；漩涡柱粗铅闪速熔炼研发项目正在申报美国专利和国家发改委2009年重大节能专项计划；低成本太阳能用多晶硅生产新技术开发中试生产线已建成，进入全流程工艺研究，已申请发明专利1项；高锰酸钾制备新工艺研究项目建成了日处理锰粉500公斤～1000公斤全流程半工业实验装置。全年申报各级科技计划项目15项，有6项获准立项，共获科技经费840万元。申报国家科技进步奖1项；获省科技成果一等奖2项（铸轧坯料双零铝箔生产关键技术研究、大极板铅电解精炼新工艺及装备集成创新技术）、二等奖1项、三等奖4项；获国家咨询设计一、二等奖各1项。申请专利52项，获授权专利21项；1项发明专利获“第十届中国专利奖”优秀奖；1项技术被列入国家重点节能技术推广目录。技术中心全年签订对外工程设计和技术开发合同40项；昆明有色设计院签订咨询设计合同128项，其中总承包2项。

【节能减排】 节能减排工作不断推进，主要企业都制定了“十一五”节能减排目标，成立了相应工作机构，分解落实了责任目标和工作措施。

云锡公司围绕地质找矿—开采—选矿—冶炼—深加工—二次原料回收六个环节的大循环，以及采、选、冶、深加工各工艺环节、产品的小循环，推进发展循环经济。制定实施了《循环经济试点工作实施方案》，成为了国家第二批循环经济试点企业。认真组织参加全国循环经济知识竞赛，荣获全国优秀组织奖。推进硫精矿综合回收利用、选冶工艺联合。锡尾矿、矿井水综合开发利用，锡精炼系统节能改造，新型墙材项目等一批循环经济项目取得了显著效果，争取并获得了政府资金支持。大力推进清洁生产审核，组织了清洁生产培训，圆满完成了国务院组织开展的首次污染源普查任务。2008年完成云锡与省政府签订的目标节能量1.4万吨标准煤的203%，二氧化硫、烟尘、废水排放量不断降低。云锡公司被确定为有色金属行业的节能标杆企业和云南省的节能标杆企业，荣获“云南省节能优秀奖”。

冶金集团修订完善了集团节能减排指标体系和考核办法，并开展对标管理工作，全年纳入考核的10项资源利用指标稳定提高9项，12项消耗指标稳定下降10项。驰宏公司会泽矿山膏体充填技术被授予“国家重点环境保护实用技术示范工程”，“深井矿山清洁生产成套技术及装备研究”

获中国有色金属工业协会科技进步一等奖。云铝公司荣获“云南省清洁生产先进企业”和“云南省职业卫生示范企业”称号。澜沧公司进一步加大对老厂尾矿库治理力度，积极开展了尾矿的回收利用工作。永昌公司2项成果获“全国节能减排活动月”优秀合理化建议奖。集团荣获“云南省节能工作优秀奖”，1人被评为“云南省节能先进个人”；驰宏公司、云铝公司、永昌公司被评为“全国绿化模范单位”，1人被授予“全国绿化奖章”。

（李　莉）

国防科技工业

【军工经济】　全行业累计完成工业总产值76.72亿元，比上年增加18.2%；完成销售收入93.55亿元，比上年增加23.2%；完成工业增加值23.9亿元，比上年增加24.3%，实现利润7.35亿元，比上年增加19.8%。其中，地方军工企业完成工业总产值30.63亿元，比上年增加19.0%；完成销售收入46.92亿元，比上年增加30.7%；完成工业增加值10.87亿元，比上年增加16.8%；实现利润总额4.41亿元，比上年增加27.9%。职工群众收入稳步增长。

【自主创新】民爆新产品新技术的研发成效显著（刚性药头雷管技术、炸药自动包装技术），得到国防科工委民爆局的高度评价。云南民爆新技术处于全国民爆技术水平的前沿，并产生很大的经济效益，刚性药头雷管技术实现技术转让收入5000万元以上；加强自主知识产权保护，注重实施名牌战略。云南军工主业突出，核心竞争力强的企业不断涌现。昆船公司、红外科技集团公司、云南民爆集团公司自主创新体系建设成效显著。昆船公司列入国家创新型试点企业。云南开关厂、安宁化工厂、云南机器三厂被列入云南省创新型试点企业。云南开关厂、云南燃料一厂、云南机器三厂、西仪公司等4户企业通过省级技术中心认定。

【军民结合】　大力推进军工与地方经济的融合发展。坚持军民结合是贯彻落实科学发展观的最根本体现，军民结合产业得到快速发展。

1. 利用军工技术，发展民用产业。昆船公司的烟草制丝成套设备、打叶复烤成套设备、自动化物流系统等民品技术含量高，核心竞争力强，已经形成规模效益。

2. 加大资产整合重组力度，民爆集团效益显著。云南民爆产品在国内无论是技术水平还是规模都是领先的。云南民爆认真贯彻国防科工委有关民爆发展和管理的各项政策，在2006年4月组建云南民爆集团之后，又成功实现与四川宜宾威力公司、贵州乐呵化工公司、西昌永盛实业有限公司、凉山州民爆器材有限公司和海南全省民爆生产企业的整合重组。同时，集团下属云南燃一公司成功参股了山东武莲民爆公司。通过整合重组，云南民爆集团已成为全国区域性的民爆生产企业，规模化经营优势凸显，工业炸药生产能力达33.5万吨，雷管生产能力达5.5亿发。

3. 抓住云南水电建设机遇，加快实施技术改造。云南开关厂目前已形成220KV初端和110KV高端产品为代表的高中低压系列产品，规模和技术水平在省内和西南地区开关行业处于领先地位。2008年工厂220KV高端高压开关的开发已列入云南省20项重大装备研制计划。

4. 加强军工与地方经济融合，促进双赢共同发展。以红外技术为依托，中国兵器集团公司与云南省政府开展合作，建设了昆明光电子基地，实现了军工经济与地方经济的融合，一期已完成投资8.7亿元。二期预计投入10亿元。光电子技术产业已成为云南省重点扶持发展的高新技术产业之一。

【安全生产】　科工局和各单位对安全生产高度重视，已形成制度和责任明确、方案可行、措施完善、奖惩到位的安全管理体制。奥运会和残运会前及期间，在全系统多次开会布置安全与防恐工作，组织多次民爆和地方军工行业开展安全生产百日督察专项行动、安全生产隐患专项排查治理、安全生产专项整顿、交叉大检查等多种形式的安全检查。经过多年的安全生产教育培训工作，职工安全生产意识进一步提高，各单位安全投入力度不断加大，科研生产条件逐步改善，安全生产管理得到规范，安全生产基础进一步夯实。全系统安全生产形势平稳，全年重特大事故为零。

【改革脱困】　在国家政策的引导支持下，云南国防科技工业加快了破产重组的步伐。核工业765矿、298厂、航天电冰箱厂等6户企业的关闭破产，妥善安置了关闭破产企业的职工。目前，地方军工列入政策性破产名单的4户企业全部进入法律程序，处于重组安置的关键时期。云南开关厂积极推进股份制改造工作，目前实施方案正在评审报批阶段。各单位从科学发展的角度解决军工发展的难点问题，切实处理好改革和职工利益问题，职工思想稳定，科研生产正常，确保了行业的总体稳定。2008 年 8 月，西仪股份（原 356 厂）在深交所中小企业板挂牌上市。

（徐莉萍）

机械工业

【概　况】　2008 年云南省机械行业完成工业总产值 330.8 亿元，同比增长 33.8%；主营收入 301.3 亿元，同比增长 21.3%，实现利润 16.2 亿元，同比增长 38.5%。从业人员 7.15 万人，企业数 361 户。全行业呈现出前高后低的走势，总体上保持了平稳较快的增长。重点监测的 70 户重点企业工业总产值增幅、工业销售产值增幅 2 月份即分别达到了全年的最高 35.23% 和 42.36%，随后在国内外市场需求逐步降温的影响下，从 2 月份开始一路走低至 12 月末的 19.73% 和 21.86%，分别较上年同期低 3.05 和 2.74 个百分点。在交通运输设备、电器机械、通用设备、专用设备、金属制品、仪器仪表及文化办公机械中，受国内经济增长减速影响最大的是通用设备行业，工业总产值增幅从 2 月份的增长 64.95%，下降到 12 月份的 16.12%，较上年下降 42.45 个百分点；工业销售产值增幅也从 3 月份增长 81.61%，下降到 12 月份的 15.26%，较上年下降 34.57 个百分点。全年产品销售率达到了 96.22%，较 2007 年提高 1.68%。工业总产值在 10 亿元以上企业达到了 8 户，云南力帆骏马车辆有限公司、昆明船舶设备集团有限公司、一汽红塔云南汽车制造有限公司、昆明云内动力股份有限公司、昆明电缆股份有限公司、昆明中铁大型养护机械集团有限公司、沈阳集团昆明机床股份有限公司、云南 CY 集团有限公司，其中云南力帆骏马车辆有限公司实现工业总产值 43.47 亿元，成为云南省机械行业工业总产值第一家突破 40 亿元的企业，8 户企业完成工业总产值产业集中度有所提升。

【主要机械产品】　2008 年，在 9 种主要产品中，7 种生产量实现增长，6 种销售量实现增长，其中大型铁路养护机械、变压器产销增长都在 30% 以上。生产金属切削机床整机 2.9 万台，同比增长 0.36%；销售金属切削机床整机 1.72 万台，同比下降 21.13%。生产金属切削机床光机 1.51 万台，同比下降 32.47%；销售金属切削机床光机 1.51 万台，同比下降 32.47%。生产汽车 7.33 万辆，同比增长 1.95%；销售汽车 7.35 万辆，同比增长 4.70%。生产内燃机 15.36 万台，同比下降 8.76%；销售内燃机 15.23 台，同比下降 9.01%。生产发电设备 86.59 万千瓦，同比增长 1.03%；销售 86.54 万千瓦，同比增长 6.16%。生产大型铁路养护机械 167 台，同比增长 36.89%；销售大型铁路养护机械 167 台，同比增长 36.89%。生产变压器 1419.36 万千伏安，同比增长 30.05%；销售变压器 1473.53 万千伏安，同比增长 45.15%。生产钢芯铝绞线 2.95 万吨，同比增长 17.85%；销售钢芯铝绞线 4.13 万吨，同比增长 63.29%。生产电力电缆 7540 公里，同比增长 20.68%；销售电力电缆 7181 公里，同比增长 16.80%。

【固定资产投资】　2008 年云南省机械工业完成固定资产 45.9 亿元，比 2007 年增长 169.39%。固定资产投资占全国的比例由 2007 年的 0.22% 提高到 2008 年的 0.43%。云内动力轿车用柴油机建设项目、国家大型铁路养护设备昆明产业基地建设项目列为全省 20 项重点项目。国家大型铁路养护设备昆明产业基地建设项目，总投资 12 亿元，项目建成后，将进一步提高我国铁路大型养路机械装备制造业的自主创新能力和核心竞争能力，2008 年项目已累计完成投资 4.09 亿元，项目整体进展良好。云内动力轿车用柴油机建设项目，批准总投资 17.89 亿元，已完成投资 6.65 亿元，项目完成后将开发达到欧Ⅳ和欧Ⅴ排放标准的轿车用柴油机。

【科技进步及名牌培育】　2008 年昆明力神重工有限公司、昆明嘉和科技开发有限公司、云内动力股份公司、云南大为化工装备制造有限公司等 5 家申报了中国机械工业科学技术奖，其中昆明力神重工四辊可逆液压 AGC 轧机获中国机械工业科学技术二等奖，昆明嘉和科技开发有限公司大型高温浓硫酸液下泵研发设计及关键技术攻关、云南大为化工装备制造有限公司 50 万吨/年合成氨装置关键设备甲醇洗涤塔的研制、昆明云内动力股份有限公司 D19TCI 柴油轿车发动机机体的铸造生产和柔性机加工生产线 4 个项目获三等奖。云南大为化工装备制造有限公司高效煤气化关键设备大型气化炉制造工艺技术攻关项目、昆明力神重工有限公司四辊可逆液压 AGC 轧机项目获云南省科技进步二等奖；昆明电机有限责任公司 YR2 系列（IP54）绕线转子三相异步电动机、昆明云内动力股份有限公司电控柴油机自动化动态试验台的集成开发与研究项目获云南省科技进步三等奖。

为增强企业竞争力，针对企业面临的技术、人才等问题，全省机械行业内开展了大量的科技、质量、标准、技术培训、技能大赛等行业服务工作。充分利用云南装备制造业技术创新公共平台和高原电工产品环境技术平台为中小企业技术创新和产品开发提供了大量服务，产学研结合取得一定成效，科研院所与企业联合申报项目成果明显。推进了高原型高压变频调速节能系统产业化、生物质能源高效利用技术及设备研究等一批节能项目的实施。

2008 年经云南省机械工业行业协会推荐，云南省质量技术监督局组织评审，中（高）水头水力发电机组（昆电机）、精密轧机（昆明力神重工）、漆包铜圆线（云南通变电磁线公司）汽车制动鼓（云南云川工贸有限公司）、手动背负式喷雾器（云南金马机械总厂）、数控卧式车床（云南 CY 集团）、QXZ、HGX 型系列甘蔗压榨机（昆明克林轻工）、干式变压器（昆明赛格迈）8 个产品被授予“云南名牌产品”称号，其中前 3 个产品为复评产品，后 5 个产品为新参评产品。

【表彰先进】 2008 年，为大力学习和弘扬劳模精神，由国家人力资源和社会保障部、中国机械工业联合会联合组织了“全国机械工业先进集体、劳动模范和先进工作者”评选和表彰活动。昆明云内动力股份有限公司获得“全国机械工业先进集体”荣誉称号，云南力帆骏马车辆有限公司董事长马伟亮、沈机集团昆明机床股份公司数控装配车间总装组长杨文东、昆明电机厂有限公司水电设备分厂技师杨世荣、云南 CY 集团有限公司普装车间生产现场主管张锦丰、昆明长力春鹰板簧有限公司二车间机修组长李传增 5 人获得“全国机械工业劳动模范”荣誉称号。

根据人力资源和社会保障部、中国机械工业联合会《关于评选全国机械工业先进集体劳动模范和先进工作者的通知》有关精神，云南省人事厅、云南省机械工业行业协会组织了评选云南省机械工业先进集体和先进工作者，云南力帆骏马车辆有限公司、沈机集团昆明机床股份有限公司、云南 CY 集团有限公司、云南大为化工装备制造有限公司、昆明克林轻工机械有限责任公司 5 个单位获“云南省机械工业先进集体”称号，沈机集团昆明机床股份有限公司装配工陈子熙、云南丽江机床有限公司董事长和忠、昆明开关厂董事长李路、云南大为化工装备制造有限公司总经理李亚民、昆明克林轻工机械有限责任公司董事长刘长战、云南开关厂厂长杨晓明、文山通用机械制造有限责任公司总经理张兴舜、一汽红塔云南汽车制造有限公司班长郑勤帮 8 人获“云南省机械工业先进工作者”称号。

【经贸合作】 2008 年省机械工业行业协会对曲靖市与华泰集团合作项目，提供大量的背景资料，提出了意见建议，积极参与。为引进西电集团建设中国西电西南输配电设备制造及技术研发基地进行做了大量的沟通协调工作。并积极推进机床整合项目，促进行业发展。

国家有关部门在钢铁工业淘汰落后、控制总量、加快结构调整的工作中，出台了铸造行业专用优质生铁企业过渡性政策，筛选一批企业以保证装备制造业对铸造生铁的供应。省机械工业行业协会组织调研组，对省内 15 家铸造生铁企业进行了实地考察、调研，为保留部分小型高炉和稳定铸造用生铁进行了沟通协调，赢得了相关企业的好评。

以昆交会为平台加强经贸合作。组织了第 16 届昆交会机电馆招展、参展工作。2008 年参展企业达到 178 家，实际展位达到了历史最好水平 298 个，比上届净增 50 个，增长 20%；室外 720 平方米，比上届净增 100 平方米。组织 30 家企业参展商，邀请了 100 多人参加了在昆交会参展商采购商贸易对口洽谈会。

【应对金融危机】 针对全球金融危机，经济发展趋缓的形势，云南机械装备制造企业采取相应措施应对。一些企业加强了新技术研发，加快新产品开发，做好技术储备，昆明机床公司从 2008 年下半年开始加强了技术梳理，启动过去因为生产任务忙没有时间开展的产品和技术开发项目。昆明力神重工有限公司经过市场调研和论证分析后，提出了围绕公司主导产品轧机、拉丝机、矿山化工设备及起重运输设备的研发等 9 项新产品开发项目。一些企业针对市场需求下降，重点企业产品销售率持续下降，产品销售滑坡的形势，及时采取限产压库和促销工作，12 月份在扩大内需促进经济增长的 10 项重大政策措施的作用下，产品销售率还高于 2007 年。一些企业不失时机地储备人才。云内动力公司加大了招收大学毕业生力度，2008 年共接收大学毕业生 166 名。力帆骏马公司引进 15 名汽车行业的高级人才。省机械行协针对金融危机的形势召开了座谈会，及时发布相关信息，帮助企业分析形势，出谋划策积极寻找应对措施，向省政府提出了应对金融危机的意见和建议。到年底全省装备制造业有近50家企业停工停产，但整体上没有出现大量固定工人下岗的情况，全行业维持了稳定。

（熊吉安）

铁路建设

【综　述】　2008年，沾六复线、昆广复线、大丽铁路、大瑞铁路大保段、仁丽铁路、玉蒙铁路6个在建项目共完成投资45.5亿元，完成年计划的100%。年末新增大瑞线5亿元国债资金。年内，昆明枢纽东南环线、昆玉双线电气化改造、昆枢扩能改造已通过部可研审查并已批复立项，丽香铁路、广大铁路扩能、云桂铁路、沪昆客专前期工作取得实质性进展。

会谈纪要　9月20日，铁道部和云南省政府在北京签署《铁道部云南省人民政府关于加快云南铁路建设有关问题会谈纪要》。铁道部部长刘志军，云南省委书记白恩培，省长秦光荣，铁道部副部长陆东福，副省长罗正富，省政府秘书长丁绍祥等有关领导出席签字仪式。纪要明确“十一五”期间云南铁路建设投资规模将超过1600亿元，到2010年，云南将增加铁路新线305公里、复线211公里，昆明铁路局管内营业里程将达到2229公里。未来，营业里程还将再增加3900公里，达6000公里以上，即每万平方公里拥有铁路160公里以上，高于全国平均水平，云南将从原来全国路网末梢转变为东南亚国际大通道的前沿，形成布局合理、功能完善、运力强大的铁路运输网络。

《中长期铁路网规划（2008年调整）》新增云南省建设项目　2008年10月31日，国家发改委重新颁布《中长期铁路网规划》（2008年调整），本着扩大铁路网规模、完善路网结构、快速扩充运输能力的原则，描绘了铁路网至2020年的发展蓝图，至2020年，全国铁路营业里程达到12万公里以上，主要繁忙干线实现客货分线，满足国民经济和社会发展需要。该次调整，突出客运专线、区际干线和煤运系统的建设，建立省会城市及大中城市间的快速客运通道。杭州—南昌—长沙—贵阳—昆明客运专线作为连接西南、华中和华东地区的“四横”专线之一，郑州—重庆—昆明作为完善区际干线布局、昆明—百色作为扩大西部地区路网覆盖面的规划线路，被纳入新规划之中。沪昆客运专线、昆明—重庆客运专线、云桂铁路被纳入重点项目。设计时速350公里的沪昆客运专线昆明—长沙段预计于2009年开工，云南铁路建设已经全面进入快速发展的黄金时期。

仁和至丽江铁路建设　7月9日，仁和至丽江铁路建设动员大会在大丽铁路丽江站站址旁举行。仁和至丽江铁路自仁和站引出，经新关坡隧道，跨大丽公路、漾弓江，经磨岩山脚至上吉，设丽江站，线路长16公里，线路等级Ⅰ级，设计速度目标值为120公里/小时，桥隧比为40%。投资估算6.32亿元，计划工期1年半。仁和至丽江铁路是滇藏通道的重要组成部分，北接即将开工建设的丽江至香格里拉铁路，南连在建的大理至丽江铁路，对于完善西部地区铁路网、优化区域间资源配置、促进国土资源开发、促进地方经济社会发展具有重要意义。

蒙自至河口铁路建设　12月19日，泛亚铁路东线的重要组成部分——新建蒙自至河口铁路（以下简称蒙河铁路）建设动员大会在蒙自举行。蒙河铁路从在建玉溪至蒙自铁路的蒙自北站引出，经屏边至国家级口岸河口，正线全长144.5公里，线路等级为国铁Ⅰ级，速度目标值120公里/小时；同步建设蒙自北至开远支线29.4公里，线路等级为国铁Ⅱ级。项目总投资83.4亿元，由铁道部和云南省合资建设，工期4年。蒙河铁路建成后，与既有的昆明至玉溪铁路、在建的玉溪至蒙自铁路共同构成昆明至河口大能力铁路通道，并将通过套轨铁路与越南铁路网相连，形成云南省出境的国际铁路通道。

丽江至香格里拉铁路建设　6月13日，国家发改委批准新建云南丽江至香格里拉铁路项目建议书，同意新建丽江至香格里拉铁路。该线自大理至丽江铁路丽江站引出，经拉市海下至金沙江右岸，在下莫古西附近（虎跳峡上游4公里处）跨金沙江，沿冲江河、214国道经小中甸至香格里拉，正线全长161公里，线路等级为国铁Ⅰ级，全线采用电力牵引，速度目标值120公里/小时。项目总投资80多亿元，工期3年半。

（吴立群）

交通建设与管理

【综　述】　2008年，全省完成交通投资292.6亿元，其中，公路建设完成投资291亿元；水运完成投资1.6亿元，同比增长106%。农村公路建设首次迈上100亿元台阶，全年完成投资106.43亿元，同比增长89.92%。完成交通规费收入38.32

亿元，同比增长 11.2%；完成通行费收入 47.78 亿元，同比增长 35.8%；高速公路网和国省干线公路网建设顺利推进。新街至河口等 8 条高速和高等级公路先后建成通车，石林至锁龙寺等 10 多个重点项目开工建设；95 个县通二级公路，全省有高等级公路达 8004 公里，高等级公路在全省路网中的比例达 3.93%；全省提前 2 年完成了“十一五”期间昆明至州市通高等级公路（除怒江州外）和建设 5 万公里农村公路的目标任务，农村交通运输水平提高。1. 通达通畅水平提高。新改建农村公路 2.5 万公里，乡镇通油路比率达 64.2%，同比上升 4 个百分点；乡镇路面硬化率达 85.3%，同比上升 3 个百分点；建制村通达率达 70.5%，同比上升近 10 个百分点。2. 农村客运发展加快。新建农村客运站 171 个；乡镇通班车率达 92.8%，行政村通班车率达 61.3%；全省共开通农村客运班线 3263 条，日发班次 3.34 万班，投入农村客运车辆 2.49 万辆；全面完成“兴边富民工程”沿边公路网建设。凤习、思江、宁景等 3 条高等级公路开工建设；文都、腾陇、蛮金、永临、小澜、文麻、勐惠等沿边干线项目获得立项，完成了省政府下达的新三年“兴边富民工程”行动计划年度任务；公路管理养护成效显著。干线公路好路率为 84.86%，同比提高 1.41 个百分点；重点县道的好路率达 67.3%，同比上升了 1.3 个百分点；运输服务水平稳步提高。

抗震救灾 积极参与“汶川大救援，云南大行动”，紧急组织突击队、机械和 560 辆货车入川参加应急救灾抢险、运送救灾物资。刘晋安荣获“全国抗震救灾模范”称号；省公路局、省运管局荣获“全国交通运输行业抗震救灾先进集体”称号，杨光成等 7 人荣获“全国交通运输行业抗震救灾先进个人”称号；省公路局、曲靖总段、大理总段赴川抗震救灾公路抢通保通突击队荣获全国“工人先锋号”称号；省公路局、昆明总段赴川抗震救灾架桥突击队获“云南省五一劳动奖状”，吴燕京荣获“云南省五一劳动奖章”。

11 项交通运输科技成果获省政府科技进步奖 小间距隧道设计施工技术研究获一等奖；混凝土预制整齐块体弹石路面技术研究与开发等 2 个项目获二等奖；污水生态处理及景观水体处置技术研究与示范等 7 个项目获三等奖；云南高等级公路三维虚拟实景数学模型的研究及应用获技术发明类三等奖。

【公路建设】

习近平视察思小高速公路 2008 年 11 月 18 日，国家副主席习近平在云南调研期间，在云南省委书记白恩培、省长秦光荣、省委副书记李纪恒等陪同下，全程视察了思茅至小勐养高速公路。在思小高速公路野象谷服务区，云南省交通厅厅长杨光成向习近平副主席汇报了云南交通建设情况。习近平副主席询问了云南农村公路“通达”“通畅”工程实施、高速公路造价、运营、国高网规划和“兴边富民工程”等情况，并鼓励云南要主动抓住扩大内需的机遇，以抓好学习实践科学发展观活动的实际成效促进经济平稳较快发展。

8 条高速公路和高等级公路建成通车 2008 年 2 月 26 日，新街至河口高速公路建成通车。新河高速公路是国高 G8011 开远至河口公路重要路段。全长 56 公里，全线按双向 4 车道高速公路设计，有特大桥、大桥 130 座，桥隧总长占路线总长 40%。该路是省内第一个实行审查、审计“双院制”的项目。

祥临高等级公路全线贯通。2008 年 2 月 29 日，祥云至澜沧江高等级公路建成通车，至此，全长 252 公里的祥云—临沧高等级公路全线贯通。昆明前往临沧的行程从 10 个小时缩短到 6 个小时。祥云—临沧高等级公路分 2 期建设。祥云至澜沧江路段为二期工程，全长 110.3 公里。其中，祥云至弥渡段的 14.45 公里和南涧过境段的 5.94 公里为一级公路标准，弥渡至苴力段长 19.13 公里为二级公路标准；其余 70.79 公里为二级公路标准。

永元高速公路建成通车。2008 年 4 月 15 日，永仁至元谋高速公路建成通车。该路是国高 G5 北京至昆明公路和国家西部开发项目兰州至磨憨公路云南境内的重要路段，全长 56.66 公里，全线按双向 4 车道高速公路标准建设。

富砚高速公路建成通车。2008 年 4 月 27 日，富宁至砚山高速公路建成通车。至此，云南经两广的出海高速公路全线贯通。从昆明经南宁前往北部湾北海、防城港等地均可实现朝发夕至。富砚高速公路是国高 G80 广州至昆明公路重要路段，全长 141.19 公里，分富宁至广南、广南至砚山 2 段建设，其中富宁至广南高速公路长 67.29 公里，广南至砚山高速公路长 73.9 公里。

2008 年 7 月 1 日，水富至麻柳湾高速公路建成通车。水麻高速公路是国高 G85 重庆至昆明公路云南境内重要路段。路线全长 135.16 公里，有特大、大、中、小桥 398 座，隧道 23 座，通道、涵洞 264 道，全线桥隧比例高达 47.9%。

2008 年 7 月 20 日，小勐养至磨憨高速公路建成通车。小磨高速公路是国高 G8511 昆明至磨憨公路最后路段，也是昆曼国际公路中国境内最后一段。路线全长约200公里。其中，高速公路17.2公里，一级公路17.4公里，二级公路149公里，其他等级公路11.2公里。全线桥隧总长72.63公里，占路线总长的36%。

2008年10月8日，保（山）龙（陵）高速公路建成通车。保龙高速公路是国道G56杭瑞高速杭州至瑞丽公路云南境内的一段，主线施工里程为76.27公里，全线按山岭区双向4车道高速公路标准建设，有特大、大、中、小桥237座，涵洞、通道203道，分离式隧道4座，连拱隧道9座，桥隧比例达49.3%。

2008年11月28日，全长91.69公里的元（谋）武（定）高速公路建成通车。元武高速公路是国家高速公路网G5北京—昆明公路和国家西部开发项目兰州至磨憨公路云南境内的重要路段。全线按双向4车道高速公路设计。

昆曼国际大通道中国境内路段全线贯通 2008年3月21日，昆明至曼谷国际公路中国境内全线贯通并全程实现高等级化。昆曼国际大通道是中国连接东南亚、南亚国家的4条陆路通道之一。起于中国昆明，出磨憨口岸，经老挝北部，经泰国清莱、清迈，止于曼谷，全长1818公里，中国境内段共688公里。在中国境内段加快建设的同时，境外段也加快了建设。老挝境内路段已建成通车，泰国境内已全部建成高等级公路。

省委、省政府召开专题会议破解公路建设难题 2008年8月4日，省委、省政府在震庄宾馆召开交通工作专题会议，省委书记白恩培，省长秦光荣、省委副书记李纪恒、常务副省长罗正富、省委秘书长杨应楠、副省长刘平、省政府副秘书长丁绍祥出席会议。会议针对交通运输工作的突出问题，提出了“突出重点、有保有压，分级管理、分级负责，尽力而为、量力而行，少花钱、多修路”的“四项原则”，以及“争、提、招、让、分、借”“六字措施”，采取向省财政借款、向金融机构贷款、调整通行费标准等措施，多方筹资，保证重点项目工程的常态支付，及时启动农村公路建设项目。

石锁、锁蒙高速公路进场 2008年10月28日，石林至锁龙寺、锁龙寺至蒙自高速公路进场开工。石锁、锁蒙高速公路是国家“五纵七横”公路交通网络中的一段，属于国道主干线40号线内蒙古二连浩特至云南省河口的路段之一。道路全长185公里，起于石林，与昆石高速公路相接、止于蒙自，与即将建成的蒙自至河口高速公路相连，途中在锁龙寺与通往广西的平锁高速公路交汇，建成后，将成为昆明通往广西、越南的重要通道。石林至蒙自高速公路投资近90亿元，设计为双向四车道，设计时速为每小时100公里。

昆武等7条高等级公路同一天开工 2008年12月18日，昆明至武定、昆明绕城高速公路西北段连接线、元谋至双柏、普者黑至炭房、思茅至江城、宁洱至景谷、镇雄至威信等7条高等级公路同时进场开工，创造了云南公路建设史上1天开工7条高等级公路的新纪录。7条公路线路里程共计582.23公里，估算总投资128.12亿元。从融资方式看，有亚洲开发银行贷款建设项目、财政资金建设项目、省和州（市）合作投资建设项目、多方投资建设项目。从路网所属性质看，有国高网、西开通道项目，也有国省干线公路网、“兴边富民工程”沿边干线公路网项目。

全省推行高速公路计重收费和联网收费 全省有24条高速公路调整了收费标准并实施计重收费，昆安、安楚、楚大、大保、保龙和昆玉、玉元、元磨及罗富、富砚、砚平、平锁12条高速公路实现联网收费，全省养路费征收连续6年实现两位数增长。

农村科技示范路建设 打造各具特色的农村科技示范路，与省科技厅联合，选择昆明市西山区、腾冲县、澄江县的3条公路为“云南省农村公路科技示范路”；在昆明市西山区、澄江县、屏边县、临沧市临翔区、泸水县、景谷县、勐腊县、会泽县、腾冲县等9个县分别选择条件成熟的9条路，作为交通运输厅“第一批农村公路科技示范路”。

（陈乃文　刘云建）

水运建设

【概　述】

澜沧江跨境运输优选货船建成投入营运 2008年8月24日，澜沧江跨境运输优选货船“嘉荣”、“嘉誉”、“嘉智”号在景洪关累港码头下水，正式投入澜沧江—湄公河营运。3艘船为同型姊妹船，总长50.2米，型深2.5米，型宽7.9米，满载吃水1.85米，载货量349吨，主机总功率440千瓦。3艘船选用优良船型，降低了燃油消耗量，提高了航速，增加了船舶的经济效益。

云南省政府出台《关于加快水运事业发展的若干意见》 2008年9月10日，云南省政府出台了《关于加快水运事业发展的若干意见》，分析了云南水运建设与发展的重要性和所面临的形势，提出了加快水运发展的指导思想、目标任务和指导性意见。加大对水运建设的扶持力度，为水运发展创造条件。加强水运工作的组织领导，创新机制，进一步强化水运行业监督管理。

富宁港一期工程进场 2008年10月26日，文山州政府在富宁港举行一期工程进场动员大会，标志着云南水运东部出省出海水运大通道建设正式启动。富宁港一期工程将建设500吨级客运泊位1个、1000吨级多功能泊位1个，总投资1.8亿元。

澜沧江—湄公河船舶监管系统建设正式启动 2008年10月27日，澜沧江—湄公河船舶监管系统建设正式启动，该项目于2008年12月8日开工建设，项目包括船舶定位港区CCTV监控以及单边带通信系统等，总投资1036万。

我国内河第一艘环保电力推进船在昆明开建 2008年11月19日，我国内河第一艘自主研发的环保电力推进船在昆明滇池北岸开工建造。

（陈乃文　刘云建）

信息产业

【电子信息产业】

概　述 2008年，云南省规模以上电子信息企业共实现销售收入64.1亿元，比2007年增长3.31%；完成工业增加值12.8亿元（其中软件业增加值3.5亿元），同比下降13.9%；利润总额2.6亿元，同比下降27.6%；上缴税金1.4亿元，同比增长19.97%。其中，制造业企业15家，实现销售收入46.7亿元，同比增长10.3%；工业增加值9.3亿元，同比下降8.1%；利润总额2.2亿元，同比下降0.88%；上缴税金8800万元，同比增长12.4%。统计内软件企业62家，软件业务收入17.4亿元，同比下降1.16%。其中：软件产品收入3.7亿元，同比下降1.1%；系统集成收入12.2亿元，同比下降12.5%；软件服务收入1.6亿元，同比下降24.9%；上缴税金0.51亿元，同比增长64.53%，利润4400万元，同比下降69.1%。

软件业 2008年，通过登记的软件产品有27个，通过认定的软件企业有17户，通过年审的软件企业有72户；截至该年底，全省获得"软件企业"有效认定的企业为89户，其中国家规划布局内重点软件企业1家，通过登记的软件产品235个。全年通过省级主管部门初审并获得工业和信息化部颁发的系统集成资质的企业有23户，累计获得信息系统集成资质企业65家（其中一级资质单位1家，二级资质6家，三级资质单位21家），获得项目监理资质95名，获得系统工程监理资质认证企业1户。同时，积极组织全国计算机技术与软件专业技术资格（水平）考试，全年共有8163人参考，首次进入全国前10位，为全省软件产业提供了人才保障。

主要产品产销情况 2008年，全省微机产量3.33万台，同比下降7.5%，销量3.4万台，同比下降5.1%；存折打印机产量9.9万台，同比增长3.27%，销量9.1万台，同比下降6.2%；银行自助服务终端产量1.25万台，同比增长112.7%，销量1.18万台，同比增长127.6%；硅太阳电池组件产量17.25MW，同比增长148.56%，销量14.8MW，同比增长91.2%。

应用信息技术开展节能减排 在电子信息行业开展征集工业领域节能减排电子信息应用技术的活动，共征集到4个企业节能减排电子信息技术7项，开展节能减排科技创新工程，积极推动信息技术在节能减排中的应用。

推动信息技术改造传统产业 积极营造有利于信息化与工业化融合的良好氛围，于2008年9月10日，由省政府信息产业办和IBM中国有限公司在昆明共同举办"云南省促进信息化与工业化融合论坛"。继续组织实施全国信息技术推广应用"倍增计划"，一汽红塔云南汽车制造有限公司的"现代集成制造系统应用示范工程"获部资助；开展应用信息技术对工业企业进行技术改造的调查，全省共有8户电子信息企业自身应用信息技术进行技术改造，4户企业应用信息技术对11个传统产业进行改造。其中昆明昆船物流信息产业有限公司先后在国内烟草、军队、现代服务业等领域成功实施了200多项大型综合自动化物流系统和信息系统工程，在应用信息技术改造传统产业中取得显著成绩。

企业自主创新能力增强 云南南天电子信息产业有限公司募集资金4.8亿元，用于投资信息产品产能扩建项目、IT服务及软件外包等项目，该公司PR系列存折打印机仍保持较好增长，销量超过1万台；云南天达光伏科技有限公司第二条25MW生产线建设完成投产后，使太阳能电池总产能达到90MW，同时该企业以欧洲的光伏电池组件和国内光伏电池片为主力市场，产品70%出口。

加快发展现代信息服务业 摸清现状，在全省范围内开展了现代信息服务业的统计工作，探索建立全省现代信息服务业统计体系。推动省政府办公厅印发了《关于加快发展现代信息服务业的实施意见》，扶持、指导全省现代信息服务业加快发展步伐。

云南省纪念电子信息产业改革开发30周年 30年来，历届云南省委、省政府十分重视电子信息产业的发展，不仅制定了产业扶持政策，而且加大了信息技术的应用推广力度，2007年全行业实现的销售收入是1990年电子工业总产值的近65倍。2008年11月10日，组织全省电子信息企业参加了工业和信息化部主办的改革开放30年电子信息产业成就展，被评为最佳精神风貌奖。2008年12月29日，云南省又以“畅谈成就、总结经验、展望未来”为主题，召开了纪念云南电子信息产业改革开放30周年座谈会，共话改革开放30年来云南电子信息产业取得的可喜成绩，展望今后信息技术产业发展的美好前景。

【信息化建设】

云南省信息化领导小组第五次会议 2008年8月11日，云南省信息化领导小组召开第五次全体会议，省长、省信息化领导小组组长秦光荣出席会议并作重要讲话，省委宣传部部长、省信息化领导小组副组长张田欣，副省长、省信息化领导小组副组长顾朝曦，省政府秘书长丁绍祥以及省信息化领导小组成员及成员单位代表出席会议。会议观看了信息化建设和应用典型案例多媒体演示，传达学习了国家关于信息化发展战略的有关部署精神，听取省政府信息产业办公室关于省信息化领导小组四次会议以来的工作情况和下步工作意见的汇报，审议《2008年～2010年云南省电子政务规划》，讨论《加快发展云南省现代信息服业的实施意见》和《加强云南省政府信息系统安全和保密管理工作的意见》，部署GMS信息高速公路信息化应用平台及电子口岸建设。

电子政务建设 组织编制《云南省电子政务2008年～2010年发展规划》并由省政府信息产业办公室、省发展和改革委印发执行。开展省级部门电子政务项目专项技术审查，分4批完成对49个项目可行性研究报告的技术审查，共安排财政经费1.47亿元。围绕服务型、责任型政府建设，大力推进电子政务建设和应用，积极做好云南省电子政务外网、专网、国家电子政务外网及应用系统等建设。截止2008年底，已建及在建全省性专网49个，接入6344个政务部门和2.04万台计算机，产生了明显的管理效益和服务效益；省电子政务网站群集成了508项电子化政府服务，95%的省级政府部门通过网站对领导信息、部门信息、法规公文、通知公告、政务动态等信息进行了公开。省级部门共建设完成业务系统233项，州市部门共建成业务系统209项。其中，全省开通电子政务邮箱9696个，2008年承担视频会议140余次，全省已建设公文交换系统共22个域，累计收文117.05万件，发文5.57万件；全省已建立200多个政务信息资源库，应用情况良好。

推进全省政府信息公开 按照《中华人民共和国政府信息公开条例》和有关文件要求，云南省建立健全政府信息公开工作机制和制度，开展宣传和培训工作，依托统一搭建的全省政府信息公开平台，建立了1万多个政府信息公开网站，每日均发布政府公开信息0.5万～1万条，网页浏览量每日超过15万次，累计公开了约50多万条政府信息，进行了日常监测和监督考核，政府信息公开助推电子政务应用取得显著成效。同时，结合行政问责办法等四项制度的实施，24个省政府部门率先公开了服务承诺，并将履行承诺的情况进行网上通报，行政审批项目、行政事业性收费项目也与服务承诺书一并在网上集中展示。大大提高了政府工作的透明度。

信息化促进条例公布施行 《云南省信息化促进条例》于2008年3月28日由省十一届人大常务委员会第二次会议审议通过，自2008年6月1日起施行。该条例是云南省第一部信息化地方性法规，对云南省信息化发展规划与项目建设、信息产业发展与信息技术推广应用、信息资源开发利用、信息安全保障等方面的内容进行了具体规定，为云南省加快信息化建设，规范信息化管理，全面提升云南省信息化水平，促进经济发展和社会进步奠定了坚实基础。

重点领域信息化建设 协助省农业厅继续开展“数字乡村”工程的建设，完善网络基础设施建设，推动数字乡村网站与省政府信息公开网站的信息系统与信息资源的交换共享。同时，积极推动GMS投资贸易便利化信息平台建设，协助省旅游局开展云南旅游及文化产业信息化项目建设，做好云南省数字证书认证中心项目前期工作。

国防信息动员 云南省国防动员委员会信息动员办公室挂牌成立，拟制了2008年国防信息动员建设规划和国防信息动员“应急”预案，完成了省国防信息动员内网、外网建设，基本实现了省、州、市三级互连互通，资源共享，为全省国防动员信息化建设奠定了坚实基础。

网络与信息安全保障 2008年，制定下发了《加强政府信息安全及保密管理工作的意见》，调整充实云南省网络与信息安全协调小组成员，与相关部门配合处理了部分政府门户网站被黑客攻击的事件，积极开展全省党政机关信息系统监控平台建设，切实做好北京奥运会期间的信息安全保障工作，制定信息安全应急预案，确保了全省奥运会期间的网络安全运行。2008年，电子政务数字证书认证中心累计签发CA证书5426个，制作电子印章4913；发现和处理云南省电子政务专网2000多条入侵行为，门户网站2万多条入侵行为。

【无线电管理】

颁布实施《云南省无线电电磁环境保护条例》 2008年3月28日，云南省人大常委会表决通过了《云南省无线电电磁环境保护条例》，并于6月1日正式颁布实行，该《条例》是全国第一部无线电电磁环境保护方面的专门法规。《条例》规定了电磁环境主管部门和相关部门的职责，提出建立电磁环境监测评估制度，并从预防和治理环节入手，按照普遍保护和重点保护相结合的原则，通过制定电磁环境保护规划和划定保护区等措施，对电磁环境进行保护和综合治理。该《条例》的颁布实施，是云南省构建无线电管理体系取得的又一成果。

全面开展无线电管理规划和技术标准的制定 完成了《云南省无线电事业中长期发展规划》的起草、修改和专家评审工作，并按评审意见着手组织修订。同时，指导各州（市）做好当地无线电事业发展规划的编制工作。完成了《云南省150MHz频段无线电频率规划》的编制工作，并通过了专家评审下发执行，指导各州（市）进一步完善《无线电台站址规划》并纳入城乡发展总体规划，健全规划管理机制。启动《云南省室内无线电信号覆盖系统建设规范》的起草工作，并协调有关部门作为强制标准颁布执行。

规范无线电行政许可行为 按照省政府清理行政许可项目的要求，对无线电管理行政许可项目进行认真清理的基础上，严格执行《云南省无线电频率和台站行政许可实施办法》，完善受理、审查、决定、监督检查等环节，规范许可工作内容和程序。2008年10月，国家无线电台站检查组对云南省无线电台站清理工作进行了全面检查，对工作给予了较高评价。

加大行政执法及监督检查力度 2008年，在规范审批程序的基础上，健全对行政许可事项的监督检查机制，深入开展无线电频率台站行政许可监督检查，对省电视台、民航云南空管分局、省联通公司、省移动公司等重要设台单位进行监督检查，督促重点设台单位建立健全奥运期间的无线电业务保障机制和无线电干扰应急处置机制。全省各级无线电管理机构加大了执法力度，全年共查处各种违法案件50多起，对违法使用大功率无绳电话和对讲机的情况进行了清理整顿，清查非法使用的对讲机1000多台。在全省开展历时3个月的广播电视台站专项检查，出动执法人员近2000人次，出动车辆500余台次，共检查已建各类广播和电视台站1.5万多座，检测50W～10KW无线电广播电视设备332台，进一步规范了对广播电视台站的管理，消除了无线电干扰隐患。

圆满完成北京奥运会和残奥会无线电安全保障工作 组织人员和无线电监测设备，组建了昆明、丽江、迪庆火炬接力保障活动专项无线电监测网，实行24小时值班制度，在火炬传递前和传递过程中，成功解决了重大干扰隐患20多起，圆满完成了奥运火炬接力云南省传递期间的无线电安全保障任务，省无委办受到省委、省政府表彰，荣获突出贡献奖，昆明、丽江、迪庆等州（市）无线电管理部门也受到了当地政府的表彰。

重点区域电磁环境保护 开展“嫦娥奔月”工程电磁环境保护工作，按照国家要求对天文台周围的电磁环境进行调查，编制天文台站电磁环境保护情况调研报告，制定电磁环境保护措施，保障“嫦娥奔月”卫星地球接收站的正常工作。组织编制全省民航机场电磁环境保护规划，根据规划采取了相应的保护措施，保障了航空导航无线电通信安全。

边境地区无线电频率调查和军地无线电管理协调 组织边境州（市）无线电管理机构和广电、电信、移动、联通等部门，对边境地区无线电频率台站进行调查，完成对越南无线电频率测试工作，筹备开展中缅无线电频率调查工作，对澜沧江—湄公河无线电频率进行了测试。认真贯彻执行《军地无线电管理协调办法》，完成昆明新机场及迪庆、腾冲机场雷达站建设等协调工作，促进无线电管理工作协调发展。

无线电技术监管体系建设得到加强 无线电管理技术监管的软硬件设施初具规模，到2008年底，全省无线电管理系统固定资产达3亿元，其中无线电监测用房等固定设施1.1亿元、监测检测等专用技术设施1.9亿元。建立了无线电监测月报制度，技术监管工作逐步走上制度化和规范化轨道。对频谱资源信息、电磁环境状况、不明信号情况及已设台站工作状况进行日常监测，全省的电磁环境状况明显改善。

严厉打击利用无线电设备进行考试作弊的行为，无线电管理系统充分发挥技术、人员、装备等方面的优势，与有关部门密切配合，在高考、研究生考试、司法资格考试、医师资格考试、国家公务员考试中，开展了防范和打击利用无线电设备进行考试作弊的专项行动。据统计，全省共发现涉嫌利用无线电设备进行考试作弊63起，通过监测查获考场外作弊窝点21个，查获用于作弊的通信设备41台（套），对涉嫌作弊信号施放干扰61起，对保证考试的公平和顺利进行起到了重要作用。

（黎艺　郑直）

建筑业

【概　述】　2008年底，全省共有施工企业2859家，其中特级总承包2家、壹级总承包46家，壹级专业承包49家，劳务分包企业126家；监理企业173家，其中甲级14家；工程质量检测机构205家。建筑业从业人员100余万，其中，技术人员20万，持证的技术工人25万，短期从业人员50余万。云南省建筑业完成产值900亿元，创历史新高。建筑业增加值394亿元，比2007年（现价）增长16.2%，占GDP的比重达7.6%，建筑业增加值总量列全国第21位，居西部第4位。云南建筑业连续4年快速发展，建筑业产值年增长率均超过10%，已成为促进云南国民经济发展的重要产业。建筑业的蓬勃发展在推动全省国民经济持续稳步增长，提高城乡各族人民物质文化生活，促进农村产业结构调整，吸纳富余劳动力，以及加速城镇化进程和增加地方财政收入各个方面起到了积极的带动和辐射作用。

【建造师执业资格管理】　为加强建设工程项目管理，提高建设工程施工管理专业技术人员素质，规范施工管理行为，保证工程质量和施工安全，云南省根据人事部和建设部联合下发的《关于印发〈建造师执业资格制度暂行规定〉的通知》（人发［2002］111号）要求，云南从2003年启动项目经理向建造师过渡工作，在5年的过渡期内，截至2008年底，全省共有3.1万人取得注册建造师执业资格，其中，一级注册建造师3293人，二级注册建造师2.77万人，基本满足云南建筑业发展的需要。

【工程建设标准化】　发布了《太阳能热水系统与建筑一体化设计施工技术规程》等7部地方标准。加强工程建设标准定额管理，依法监管工程造价计价行为。

【勘察设计行业】　2008年，省建设厅对呈贡县大学园区、昆明新机场航站区、云南白药集团整体搬迁、楚雄烟厂技改、云南亚广传媒中心等省重点工程建设74个单体项目的初步设计审查，建筑面积约134万平方米，概算投资约40亿元。按照现行《工程设计资质标准》开展了569家工程设计企业换发新版资质证书工作。完成了628人次一、二级注册建筑师，一、二级注册结构工程师，注册土木工程师（岩土）各种注册管理工作。完成了全省2862名注册建筑师及各类注册工程师执业资格考试工作，共7777考次。完成了85人注册土木工程师（道路）工程执业资格的考核认定初审和上报工作。至2008年底，全省共有勘察设计企业618家，其中，具备工程设计资质企业457家，具备工程勘察资质企业166家，具备专项工程设计资质企业112家。全年云南勘察设计行业营业总收入为58.6亿元，较2007年的49.2亿元增加了9.4亿元，增幅达19.1%；全行业人均营业收入为22.06万元，比2007年的18.62万元增加了3.44万元，增幅达18.5%。

【规范招投标市场】　2008年，省建设厅围绕“备案管理、过程监督、依法查处”的12字监管方针，认真抓好工程建设招标投标监管工作。全面推行“云南省房屋建筑和市政基础设施工程招标评委专家管理及抽取系统”，统一了专家的专业划分标准和门类，完善了专家的专业配置，增加了专家的数量，特别是增加了特殊专业和资深专家的数量，至年底，全省建设工程评标专家库入库专家有2386名。实际工作中，严格抽取程序，严防泄露专家名单情况发生，招标评委专家管理及抽取系统，通过评标现场监督、评标文档抽检和综合能力评估等方式严格考核专家评标的能力和质量，建立违规违纪及时清出机制。按云南省建筑市场管理条例要求，共办理省管工程项目报建101件，投资总额285.93亿元。共办理施工许可证95件，合同价款28.9亿元，建筑面积215.53万平方米。办理招标人自行招标备案审查3项。招标备案登记506项，其中公开招标413项，邀请招标93项。应公开招标率达到100%。全年累计中标额107.38亿元。全省共有125家招标代理机构，其中甲级23家，乙级83家，暂定级19家。依法受理并查处或回复招投标举报投诉11件，其中有效投诉3件。组织开展建设工程交易中心招标投标和建设工程招标代理机构情况2项工作普查调研；为配合工程量清单计价招投标的推行，省招标办开发了电子辅助评标管理系统，正逐步推行使用。

【工程质量监督管理】 2008年，省建设厅为确保全省工程质量水平，在加强日常管理的同时，积极创新管理模式，开展了百日督查活动，对10个州（市）147个项目进行了督查。编制完成并颁布实施了《云南省建筑工程施工质量验收统一规程》和《云南省建筑工程质量优良等级评定标准》2个地方标准规范。编制了《云南省建筑工程施工质量验收用表及范例》并开发了配套的软件。评选和表彰了全省工程质量监督系统的先进单位和优秀个人。全省工程质量监督机构认真做好工程质量监督管理工作，严格监督执法检查，及时查处违规行为，保障了工程质量安全，杜绝了重大质量事故发生，较好完成了监督工作任务。全年共监督单位工程7840个，建筑面积5906.7万平方米，其中：竣工工程3563个，建筑面积2373.6万平方米。

【建筑安全生产管理工作】 2008年，省建设厅牢固树立“安全发展”理念，始终坚持“安全第一、预防为主、综合治理”的方针，紧紧围绕“治大隐患、防大事故”的目标，认真组织指导全省建筑行业认真开展了建筑施工安全隐患排查治理、百日督查、学校及周边建筑工程安全专项检查、施工起重机械及模板支撑系统安全专项整治等工作。据不完全统计，全省共排查5325个在建工程项目，排查一般安全隐患1.85万项，重大安全隐患280项，列入治理计划的重大隐患8项，落实整改资金54万元，打击非法施工项目25个。指导全省开展了建筑施工安全质量标准化达标检查，共检查建筑施工企业2768家，对33家未达标企业作出了处罚。加大了监督检查力度，先后派出7个督查组对16个州（市）及20个县（区）和48个在建工程项目开展安全隐患排查治理、百日督查等工作的情况进行了督查，并针对督查发现的问题下发了督查情况通报。对建筑安全生产形势严峻、事故多发的部分州（市）发出警示告诫书，督促加强监督管理工作。狠抓建筑意外伤害保险制度落实，监督指导承保公司对54起死亡、24起伤残及727起医疗事故及时进行了赔付，赔付金额达1100.92万元；开通了全省至县（区）的建筑意外伤害绿色救助通道。组织建筑安全专家组到8个州（市）及25个县（区）的28个在建项目进行了安全质量标准化工地创建评价指导，树立典型以点带面，宣传建筑安全法规标准。为全省2000家施工企业及州市和县区建筑安监机构免费赠阅建筑安全杂志。

【建筑行业创优评奖】 2008年，云南建筑业协会认真组织开展创优争先活动，激励建筑业企业创精品、树品牌，促进全行业健康发展。云南省公安厅科技楼建筑工程荣获“中国工程建筑工程鲁班奖”；昆明延安医院门诊综合楼、昆明第二长途电信枢纽工程，临沧市临翔区五机关综合办公楼、德宏州医疗集团人民医院外科住院楼、500V云南墨江变电站、昆明铁路集装箱中心站6项建筑工程荣获“国家优质工程银奖”；5家企业荣获“全国工程建设优秀施工企业”；6人荣获“优秀施工企业家”；13人荣获“全国优秀项目经理”；67项建筑工程荣获“云南省优质工程奖”。

（黄 增）

建材工业

【综 述】 2008年云南建材行业经历了不同寻常的挑战和考验。在困难和压力面前，坚持走新型工业化发展道路，以优化产业结构为中心，节能减排为重点，积极采取各项措施应对生产经营中出现的各种矛盾和问题，强管理、挖潜力、降成本、增效益，有效保证了经济运行质量，全行业保持了持续健康发展的良好态势。

2008年，全省纳入全社会统计口径的19种主要建材工业产品中，有13种产品产量保持一定幅度的增长，6种产品产量出现不同程度下降。增幅超过两位数的产品有水泥、水泥压力管、水泥预制管桩、商品混凝土、砖、石膏板等。主要产品生产：水泥4011.98万吨，产量同比增长13.30%，增幅同比提高5.36个百分点；商品混凝土294.42万立方米，产量同比增长27.79%；平板玻璃335.38万重量箱，产量同比增长1.70%，增幅同比回落7.86个百分点；水泥预制管桩251.42万米，同比增长15.51%；砖（折标准砖）111.34亿块，同比增长10.23%；石膏板1277.64万平方米，同比增长11.35%；大理石板材458.94万平方米，同比增长0.61%；建筑陶瓷2746.61万平方米，同比下降28.44%。

全省主营业务收入500万元以上独立核算建材工业企业主要经济指标：工业总产值（现价）128.48亿元，同比增长18.96%。总产值上亿元的有水泥、水泥制品、平板玻璃、建筑陶瓷、化学建材、建筑涂料、建材机械等行业。其中水泥

106.53亿元，同比增长20.16%，占全省建材行业工业总产值的82.92%。工业增加值38.66亿元，同比增长17.12%，增加值上亿元的有水泥、水泥制品等行业。其中水泥33.35亿元，同比增长19.02%，占全省建材行业工业增加值的86.26%。产品销售产值124.02亿元，同比增长18.80%。销售产值上亿元的有水泥、水泥制品、平板玻璃、建筑陶瓷、化学建材、建筑涂料、建材机械等行业。其中水泥行业103.18亿元，同比增长18.61%，占全省建材行业产品销售产值的83.20%。主营业务收入1月～11月102.76亿元，同比增长16.92%。主营业务收入上亿元的有水泥、水泥制品、平板玻璃、建筑陶瓷、化学建材、建筑涂料、建材机械等行业。其中水泥行业86.36亿元，同比增长17.18%，占全省建材行业主营业务收入的84.04%。

【固定资产投资】 在2007年云南建材工业固定资产投资突破50亿元大关的基础上，2008年增势不减，全年固定资产投资77.77亿元，同比增长42.91%，在全国建材工业行业中排名第17位，在西部排名第5位。其中投资额上亿元的行业有水泥、水泥制品、新型墙体材料、技术玻璃、轻质建材和石棉制品。

【结构调整】 2008年全省在建的新型干法水泥生产线20余条，建成投产10条，规模最大的为日产3000吨，新增熟料生产能力660万吨。在大力发展先进生产力的同时，淘汰落后产能工作稳步推进。全省14个州（市）32户企业的42条落后生产线，在规定期限内全部关停并拆除，年度淘汰411万吨落后熟料产能的目标任务顺利完成。新增产能扣除已淘汰的落后产能，实际新增249万吨。年底全省新型干法水泥熟料生产能力占比达到60.81%，比上年提高2.83个百分点，产业结构进一步得到优化。

【经济效益明显下滑】 由于受多方面因素的影响，建材工业主要行业赢利水平大幅下滑，亏损企业增加。截至11月底，规模以上建材工业企业亏损150户，占企业总户数的53.96%，同比增长12.78%。其中水泥行业120户，新增15户；平板玻璃行业2户，新增1户；水泥制品行业14户、建筑陶瓷行业7户，与上年同期持平。全行业实现利税6.66亿元，同比减少1.4亿元。其中，水泥行业减少1.49亿元；平板玻璃行业亏损900万元；建筑陶瓷行业亏损300万元。利润盈亏相抵后，全行业亏损8500万元，其中，水泥行业亏损7000万元；平板玻璃行业亏损3600万元；建筑陶瓷行业亏损800万元。主要原因：1. 能源及原材料价格高位运行，自2007年3月以来，全省建材企业煤炭平均购进价格持续19个月上涨，每吨平均上涨174元。2008年第三季度全省建材企业煤炭购进价格平均每吨625元，同比上涨216元。德宏等地的购进价格每吨约850元。虽然11月以后煤价有所回落，但高位运行的态势没有改变。其他原材料如石灰石、工业废渣等的价格一路上扬。建筑、房地产等行业建材产品的价格越来越低，建材产品的出厂价格难与生产成本的增长同步提高。2. 生产成本和各项费用不断升高，生产经营困难增多。能源资源价格上涨，运输、环保、土地、劳动力等成本也不同程度提高，油价不断上涨使得运输费用增长过快，增大了建材产品的销售费用，各项制造成本的提升增加了企业流动资金的占用，企业普遍反映资金紧张，贷款困难。建筑陶瓷行业生产经营难度增加，产品滞销，库存增大，已有超过30%的生产线自第四季度开始陆续停窑停产。3. 新增生产能力过快加剧供求矛盾。近年全省各地建成投产的新型干法水泥生产线20余条，部分地区供大于求现象较为突出，生产能力相对过剩。加之受能源供应紧张、市场容量有限等多重因素影响，企业间竞争加剧。一些企业为扩大市场份额，不惜降价销售，进一步缩减了赢利空间。在新型干法水泥生产线相对集中的地区，企业生产能力的发挥已明显受到限制，不少企业的实际产量仅占设计产能的54%左右。

（王洪军）

煤炭工业

【概　况】 2008年是是国务院安委会确定的“隐患治理年”，是省煤炭工业局与云南煤矿安全监察局（简称“两局”）合署办公后全面履行职能职责的一年。一年来，全省各地及两局认真贯彻落实党中央、国务院和省委、省政府领导关于加强安全生产工作的一系列重要指示精神，用科学发展观和安全发展指导原则统领煤炭工作，按照全国安全生产工作会议和全省煤炭工业发展工作会议的安排部署，坚持四个“两手抓”：一手抓煤炭产业发展、一手抓煤矿安全生产；一手抓隐患排查治理、一手抓安全基础管理；一手抓企业破产，一手抓深化改革；一手抓监察执法，一手抓队伍建设，工作目标明确，工作措施落实到位，工作成效显著。

全省煤炭产品产量持续增加。全省各类煤矿共生产原煤8657.43万吨，同比增加902.24万吨，增长11.63%，完成计划目标的100.7%；生产洗精煤1028.40万吨，同比增加126.1万吨，增长14.02%，完成计划目标的114.3%；生产焦炭1391.60万吨，同比增加109.88万吨，增长8.57%，完成计划目标的116.0%。

全省煤炭行业经济效益大幅提高。全省煤炭行业实现现价工业总产值329.74亿元，同比增加91.91亿元，增长38.64%；实现现价销售产值309.96亿元，同比增加71.74亿元，增长30.12%；完成工业增加值152.35亿元，同比增加26亿元，增长20.58%。

全省煤矿安全形势稳定好转。全省煤矿共发生死亡事故103起，死亡171人，其中：发生一次死亡3人~9人较大事故11起，死亡49人；发生一次死亡10人~29人重大事故2起，死亡24人；百万吨死亡率为1.975人，历史上首次下降到2以下。与2007年同期相比，事故总起数减少35起，死亡总人数减少29人，百万吨死亡率减少0.604，分别下降了25.4%、14.5%和23.4%；与国务院安委办和省政府下达的控制指标（死亡人数220人、百万吨死亡率2.558）相比，死亡人数减少49人，百万吨死亡率减少0.583，分别下降22.3%和22.8%。

云南省煤炭工业局直属企事业单位改革发展工作取得新成效。云南煤炭基本建设公司、云南省明良煤矿破产工作进展顺利，企业职工安置、社区移交、资产处置、稳定等各项工作有序推进；省煤田地质局全年累计完成钻探进尺19.39万米，提交各类地质勘查报告15件，提交各类资源储量23.69亿吨，新增各类资源储量14.76亿吨。

全省煤炭产业结构得到不断调整优化。编制完成了保山市、文山州等7个区域煤炭生产开发规划。组织开展了煤炭资源整合方案的上报、审查、批复工作。截至年底，全省46个煤炭资源整合方案已全部批复完毕。五大煤炭基地建设进展顺利。经省政府同意，印发了《云南省五大煤炭基地建设项目实施工作方案》，明确了目标任务、工作责任制度、工作情况报告制度、督查制度等，为项目的稳步推进奠定了基础。截至年底，恩洪矿区、老厂矿区、昭通褐煤矿区总体规划方案已经编制完成；先锋矿区总体规划方案修编正在实施；小龙潭矿区已启动了第二批搬迁征地工作。全省规模骨干矿井建设不断加快，年底已有36个骨干矿井形成了15万吨/年及以上规模，全省规模骨干矿井的比例有了进一步提高。

节后复产和电煤供应工作顺利完成。为抵御2008年春节前后雨雪冰冻灾害的影响，缓解全省电煤供应非常紧张的局面，各地及时编制工作方案，加强督查检查，促使春节期间停产放假、检修的煤矿，在确保安全的条件下，尽快恢复生产，增加煤炭有效供给。两局组成了5个督查组，分别挂钩联系5个电厂，定期督促检查各地电煤生产任务落实情况，较好地保证了电煤生产及供应。2008年云南省主要产煤州（市）共供应电煤2842.82万吨，截至12月31日，全省各统调火电厂存煤达到322万吨。

【煤矿安全生产】 两局对“隐患治理年”的各项工作进行了认真安排部署，制定下发了煤矿企业安全生产隐患排查治理工作方案，督促煤矿企业深入排查各类隐患，在治理上狠下功夫。全省各类煤矿排查出一般隐患12.59万项，已整改12.4万项，整改率为98.52%；排查治理重大隐患84项，已整改销号78项，整改率为92.9%；列入治理计划的重大隐患9项，全部落实了治理的目标任务、经费物资、机构人员、时间要求、安全措施应急预案，累计落实治理资金3145.8万元。同时，两局一方面配合国务院煤矿安全生产百日督查专项行动第六督查组对云南省煤矿进行了为期3个月的安全生产督查，共检查了曲靖等4州（市）8个县（市、区）的20个乡镇以及省属煤矿的41个矿井，查出各类隐患529条。年底已整改完成483条，整改完成率为91.3%。另一方面按照督查面不少于3个1/3的规定和要求，认真组织开展了省级煤矿安全百日督查专项行动，共督查曲靖等5个州（市）10个产煤县（市、区）的20个乡镇煤矿和3个省属煤矿，共查出各类安全隐患334条，下达行政执法文书76份，对4个存在严重安全隐患的矿井责令立即停止生产或作业，对3个存在重大安全隐患的矿井实施了经济处罚。2008年省政府煤矿安全隐患治理配套资金4225万元，安排了113个项目，带动煤矿企业的安全投入达1.3亿元。

煤矿瓦斯治理工作进一步得到加强。认真贯彻落实全国煤矿瓦斯治理现场会精神，及时召开了全省煤矿瓦斯治理现场会，研究制定了瓦斯治理政策，加大了瓦斯治理投入力度。全省所有生产矿井全部安装了瓦斯监测监控系统，安装率为100%。全省已有宣威、富源等8个县（市、区）以及云南煤化工集团东源煤业公司实现了区域联网，同时，煤矿瓦斯监测监控系统省级中心建设也在紧锣密鼓进行。组织开展了全省煤矿瓦斯治理现状普查，制定下发了《云南省煤矿矿井瓦斯等级鉴定技术要求》、《云南省煤矿矿井瓦斯等级鉴定工作纪律规定》等文件，推荐了26个瓦斯等级鉴定资格单位，进一步规范了全省煤矿瓦斯等级鉴定工作。2008年共完成了1230对煤矿矿井的瓦斯等级鉴定工作（煤与瓦斯突出矿井28对，高瓦斯矿井148对，低瓦斯矿井1054对）。组织完成了《云南省“十一五”煤层气（煤矿瓦斯）开发利用实施方案》的专家论证、征求意见和修改上报工作。麒麟区小窑沟煤矿、威信县花家坝煤矿瓦斯发电机组已投入运行，全省煤矿瓦斯利用工作开始起步。

煤矿安全基础管理工作持续推进。认真贯彻国家7部委下发的关于加强国有重点煤矿和小煤矿安全基础管理工作的2个指导意见，继续细化煤矿8项安全基础条件和标准，指导督促地方煤矿安全监管部门和煤矿企业在人员结构及配置、生产技术、通风管理、瓦斯治理、水害防治、防灭火、现场管理等方面加强安全基础管理工作，全省煤矿企业安全生产条件有较大转变。煤矿矿井安全质量标准化建设步伐不断加快，制定了《云南省煤矿矿井安全质量标准化建设标准》、《云南省煤矿矿井安全质量标准化建设考核评级办法》，年底全省已有29个矿井通过了县级验收。从业人员素质有了进一步提高。全省已设置1个二级、29个三级、12个四级煤矿安全培训机构，2008年，共培训复训煤矿企业主要负责人898人次，煤矿各类安全生产管理人员7945人次，特种作业人员4.48万人次，一般从业人员13.03万人次。同时，举办了煤矿安全监管人员培训班5期，累计培训377人；培训瓦斯监控系统操作人员教师培训班1期147人；培训群众安全监督员1165人。此外，根据全国煤炭行业“653”工程实施方案的要求，计划培养3万名煤炭高级专业技术人才，目前已有714人完成了专业技术培训。

煤矿安全监察工作力度大大加强。云南煤矿安全监察局机关全年计划监察督查煤矿矿井114矿次，实际开展全省性的煤矿安全督查检查7次，督查检查15个州（市）、51个县（市、区）的乡镇煤矿及省属煤矿矿井180矿次。全省有合法矿井（坑）1475个（其中：正常生产1289个，新建108个，改扩建78个），各煤矿安全监察分局实际监察矿井（坑）910个，监察覆盖率达61.7%。各分局计划监察861矿次，实际监察矿井1298矿次，其中：重点监察617矿次，专项监察453矿次，定期监察228矿次。累计制作下达各类执法文书7780份；责令停产整顿矿井108处，提请关闭矿井2处；共实施经济处罚446次，罚款4567.33万元，实际收缴4457.13万元，罚款收缴率为97.6%。2008年全省发生的煤矿事故，应按期结案103起，实际结案103起，事故按期结案率100%；建议给予行政处分63人，建议给予党纪处分11人，移送追究刑事责任31人。

严格市场准入，不断强化源头管理。两局共组织煤矿建设项目初步设计审查36部，已批复50部（含上年度审查接转批复项目）；组织安全专篇审查24部，已批复21部；组织安全设施竣工验收3处；组织审查矿井防突专项设计2部，已批复2部；办理项目备案17个，开工备案63个；办理安全生产许可证延期1120个；颁发新版煤炭生产许可证1313个；完成了607户企业煤炭经营资格条件变化和依法经营状况的检查工作；妥善处理了煤矿生产能力复核遗留问题，重新确认新增核定生产能力807万吨/年。加强和规范了对安全评价、设备检测检验等中介机构的监督管理工作，完成了1219对煤矿生产矿井（坑）的安全现状综合评价（其中：A类44对，B类1128对，C类26对，D类21对）；完成了1239处矿井矿用产品检测。

此外，矿山应急救援、节能减排、煤矿企业职业病危害监督管理等工作都取得了新的进展。与此同时，积极应对突发事件，认真做好抗震救灾工作。四川汶川“5·12”大地震发生后，两局立即召开紧急会议，认真研究部署抗震救灾有关工作，及时组织了雨靴、棉被等共644件救灾物资送往灾区。两局及直属单位共向灾区捐款110.7万元，缴纳特殊党费61.2万元，献血4200毫升，为灾区群众献上了一份爱心。

【2008年煤炭工作会议】 3月6日，全省煤炭工业发展工作会议召开。会上，和段琪副省长强调，要针对“十一五”煤炭工业发展规划和全省经济社会发展对煤炭的需求，着重抓好6项工作。一是要认真抓好矿区开发规划和煤炭资源开发利用规划，以规划指导煤炭工业又好又快发展。二是要切实抓好节后恢复生产验收工作。要严把复产验收关，督促放假和停产检修煤矿、遭受雨雪冻灾的煤矿按规定做好排放瓦斯、排放水、供电抢修恢复等工作，严格有序恢复生产，确保煤矿安全生产，确保煤炭供应。三是要扎实做好安全隐患治理工作。要围绕“隐患治理年”的总体要求，结合实际，制订具体的工作方案，明确隐患治理的重点区域、重点企业，进一步做好各项安全生

产工作。四是要切实加强对煤炭资源整合工作的领导，加快工作进度。要落实各部门的职责，制定煤炭资源整合方案，确保煤炭资源整合工作规范有序进行。五是要切实加强煤矿基础管理，提高安全保障能力。要建立和健全煤矿技术开发创新机制，大力推进技术进步，加强煤矿现场基础管理、顶板管理、“一通三防”管理、防治水管理等基础管理工作，保证正常的采掘生产，提升煤矿的安全生产基础条件，创造安全稳定的煤炭生产环境。六是要切实做好全国“两会”期间的安全生产工作。要以高度的政治责任感抓好煤矿安全生产工作，认真落实各级安全生产责任，狠抓安全措施的落实，严防会议期间疏忽大意，严防放松管理而引发事故。

【《云南煤炭工业发展行动计划（2008 年～2012 年）》】 12 月 22 日，《云南省人民政府办公厅关于印发云南省煤炭工业发展行动计划（2008 年～2012 年）的通知》（云政办发〔2008〕224 号）出台。行动计划的内容主要包括云南省煤炭工业发展现状、发展规划、发展重点任务、发展重点建设项目及保障措施等。行动计划提出，全省煤炭工业继续保持稳步发展，到 2012 年，全省煤炭企业数量控制在 300 户左右，煤矿矿井数量控制在 1200 个以内。全省初步形成“三块一片”格局，即：以云南煤化工集团公司下属矿井构成的 1 块；以省监狱管理局所属的煤矿构成的 1 块；以云南滇东能源有限公司白龙山、雨汪等煤矿为基础的煤电一体化项目构成的 1 块；以地县及乡镇煤矿为主构成的 1 片。2012 年全省原煤产量力争达到 1.3 亿吨，洗精煤产量力争达到 1300 万吨，焦炭产量控制在 1200 万吨以内；全行业现价工业产值突破 700 亿元，销售收入突破 690 亿元，工业增加值突破 400 亿元，利税总量突破 100 亿元；煤矿事故死亡人数控制在 200 人以内，百万吨死亡率控制在 2 人/百万吨以下。

【加强煤矿瓦斯治理的实施意见出台】 11 月 20 日，《云南省人民政府关于加强煤矿瓦斯治理的实施意见》（云政发〔2008〕230 号）出台。《实施意见》明确了云南省煤矿瓦斯治理的工作原则及目标，就加强瓦斯治理基础工作、建立合理完善的通风系统、强化技术措施、建立健全安全监控系统、强化管理制度、加强领导和强化监管等提出了具体要求。《实施意见》规定，地方各级政府要健全煤矿瓦斯治理协调机制，要强化地方政府和煤矿企业两个主体责任的落实，把瓦斯治理和安全生产纳入政绩业绩考核内容。同时，建立煤矿瓦斯治理专项资金，加大瓦斯治理投入力度。煤矿企业要按照煤与瓦斯突出矿井 40 元/吨、高瓦斯矿井 30 元/吨、低瓦斯矿井 20 元/吨的标准按原煤产量从成本中提取煤矿瓦斯治理专项资金。煤矿瓦斯治理专项资金实行专户存储，专款专用，统一管理，资金使用计划报县（市、区）级煤矿安全监管部门审批实施，州（市）煤矿安全监管部门监督检查。

【地方煤矿安全技术服务中心成立】 12 月 4 日，云南地方煤矿安全技术服务中心正式挂牌成立。其主要职能是为地方煤矿提供作业规程及安全技术措施编制、安全隐患排查治理、生产系统安全系统建设及维护等方面的技术支持和现场指导；为煤矿技术改造、标准化建设等提供解决方案。地方煤矿安全技术服务中心将在全省主要产煤县（市、区）设立 8 至 10 个分中心。服务中心的设立是云南地方煤矿安全技术服务体系建设中的重要一环，通过中心正规化、规范化和专业化的日常安全技术服务和专业安全技术服务，将有利于促进煤炭企业系统升级、水平升级、规模升级，促进全省煤炭产业安全发展。

【煤矿群众安全监督员培训基地挂牌】 4 月 27 日，云南省煤矿群众安全监督员培训基地在云南省安全技术中心正式挂牌成立。实行煤矿群众安全监督员制度是认真贯彻落实党和国家“安全第一，预防为主”的安全生产方针，充分发挥煤矿安全生产中群众参与监督的作用，加强煤矿现场管理，消除事故隐患，保障和维护煤矿职工的安全与健康的重要举措。培训基地的成立标志着云南省煤矿群众安全监督员培训工作全面启动，全省各类煤矿共计 4000 余名群监员有望全部持证上岗。

（康新云）

·第三产业·

交通运输和邮政业

铁路运输

【概 况】 昆明铁路局属国家铁路运输企业，管辖线路跨越云南、四川、贵州3省，主要负责管辖区域内的旅客和货物运输组织工作。开行昆明直通北京、上海、广州、郑州、武昌、西安、成都、重庆、厦门、南宁、桂林、南京西、贵阳、六盘水、攀枝花、大理、楚雄等旅客列车48对（其中，米轨昆明北至王家营、石咀3对），负责货运五定班列、行包快运专列、集装箱专列、鲜活冷藏班列、大宗货物直达列车等的货物运输组织工作。

昆明铁路局管内铁路有3种轨距，即：准轨（轨距1435毫米）、米轨（1000毫米）、寸轨（600毫米，1990年停止运营），是全路18个铁路局中唯一准米轨并存的铁路局。管辖沪昆、成昆、南昆3条准轨电气化铁路干线，昆河、蒙宝2条米轨铁路干线；昆玉、广大、水红3条地方、合资铁路；羊场、东川、盘西Ⅰ线、昆阳、安宁、东王6条准轨支线；昆石、昆小、草官3条米轨支线。

管内线路总延长3071.5公里，其中正线2170.6公里；营业里程1923.7公里，其中电气化铁路1065.8公里。有桥梁1229座，隧道611座，道口370个（有人看守89个）。设置196个车站，其中：特等站1个，一等站1个，二等站10个，三等站9个，编组站1个。各型机车381台，其中内燃机车164台，电力机车217台；配属客车1023辆。

固定资产原值376.29亿元，在2008中国企业500强中排名第358名，中国服务企业500强中排名第108名，云南省企业100强中排名第10名。

昆明站连续4次荣获“全路用户满意单位”称号 11月24日，中国铁道企业管理协会授予昆明站“2008年全路客货运输窗口用户满意单位”称号，并颁发奖牌。这是昆明站自2005年以来连续4次获此殊荣。新昆明站2005年1月1日建成投入使用后，紧紧围绕提升服务质量狠下工夫，坚持“用一流设备、一流服务打造云南之门、春城之窗，用服务树立铁路客运良好形象”的服务理念服务旅客，几年来路风投诉核查率始终保持100%。

昆明铁路局获“云南省劳动关系和谐企业”称号 4月11日，由云南省总工会、省劳动和社会保障厅、省国有资产监督管理委员会、省安全生产监督管理局、省工商业联合会和企业联合会共同举办的2007年度云南省劳动关系和谐企业、工业园区命名表彰大会上，昆明铁路局获“云南省劳动关系和谐企业”殊荣。

【铁路运输】 2008年，受雨雪冰冻、地震等自然灾害和全球经济危机给运输带来的不利因素影响，铁路运输需求急剧下滑，货源严重缺乏，日请求车下降到1700车左右（正常情况3000车），运输形势异常严峻。昆明铁路局通过开展运输生产大会战，加大运输组织力度，强化客货营销，深入挖潜提效，开展货运站、专用线优化整合，推进战略装车点建设和路企直通运输，提高铁路集约化、规模化运输水平，全面提升运输效率，全面实现了运输经营各项目标。全年，旅客发送量完成2432.9万人，同比增加326.9万人，增长15.5%；货物发送量完成6104.1万吨，同比增加82.9万吨，增长1.4%；换算周转量完成401.8亿吨公里，同比增加34.9亿吨公里，增长9.5%。2月16日，全局售票和旅客上车人数双双突破10万人大关，其中售票10.24万人、上车10.03万人。

重点物资运输 建立健全确保重点物资运输

的长效机制，强化重点物资运输的集中统一指挥。以月度计划为源头，对重点物资运输给予运力倾斜，严肃运输纪律，确保计划、装车、挂运、放行“四优先”。进一步完善“大客户”管理办法，通过编制装车预期方案管理“大客户”装车作业组织，为重点物资运输提供规范、有序、可靠的运力保障。

加强运输组织协调，深入了解地区经济发展动向和企业库存、产销情况，积极协调大企业充分利用当前运力，开辟存储场地，增加异地仓储能力，加大请求车提报。

全年出省物资运输完成3051.9万吨，同比增加31.6万吨，重点企业运输需求满足率保持在97%以上，对云南经济发展起到重要的支撑作用。

涉农物资运输 昆明铁路局把涉农物资运输摆在重中之重的突出位置，深入农村和企业开展实地调查，准确掌握食糖、果蔬、化肥等涉农物资运输信息，对救急涉农物资全力组织突击抢运、多渠道运输，做到有请必批、随到随运，确保涉农物资有多少运多少。全年，运输化肥617.94吨，同比增运35.61万吨，增长6.12%；果蔬运输做到“菜不烂地、货不压车、车不压站”，运输需求满足率、货主满意率、杜绝路风事件均达100%。

粮食运输 2007年，东北地区大米和玉米等粮食产量大幅增长，由于集中上市，铁路运力紧张，难以进入南方销区，而南方销区粮食因供应紧张，价格大幅上涨。为解决东北粮食外运问题，铁道部发布调度命令，决定自5月1日起，采取超常措施，集中抢运东北地区粮食，要求从卸车组织、排空车、通过能力的分配方面予以全力保障。昆明铁路局是此次突击抢运重点到卸局之一，到达计划200车1000万吨。昆明铁路局加强粮食装卸车组织工作，加强与当地粮食部门的沟通联系，提前通报并组织好货区货位、卸车劳动机械，做到快装快卸，不堵塞、不积压，全面完成粮食运输任务。

电煤突击抢运 2月1日至10日，因电厂存煤告急，昆明铁路局集中运力，做好电煤货源组织、请求车提报和装车兑现工作，对电煤运输做到有请必保，紧急情况下停装其他物资，优先保证电煤运输。在10天时间，抢运电煤4438车，超额完成铁道部下达的日均350车的电煤突击抢运任务，最大限度地缓解云南、贵州电煤供应紧张状况。

重载运输能力 自1月15日起，沪昆线昆明东至六盘水南间机车牵引重量由4000吨提升至4500吨，相当于每天为沪昆线增加1.24万吨输送能力。该线使用SS_{3B}型或双SS_3型电力机车牵引，牵引重量普超4500吨，列车换长不变，在13‰的下坡道上，列车限速调整为75公里/小时，以保证制动距离满足《技规》要求。除沪昆线外，水红线于1月1日起实现重载运输，每对列车牵引重量增加200吨，每天增加1200吨运输能力。

暴雪冻雨滞留旅客运输 1月下旬至2月初，受大范围雨雪冰冻灾害影响，京广南段、沪昆、愉怀等线路因供电接触网多处断电或欠压致线路中断，造成旅客列车大面积晚点，影响昆明站部分到达列车严重晚点，影响多次列车正点始发。自1月26日起，面对每天超过5000人的滞留旅客，昆明铁路局积极采取应急措施，加强客运组织，采取提前预剪、分段放行、重点引导的乘降组织方式，组织旅客有序上、下车，努力减少晚点造成的影响。同时，对始发晚点的列车及时通告，认真落实客车晚点道歉制度，做好晚点列车旅客安抚解释工作，及时为旅客办理退票及改签服务，并按规定对晚点列车旅客给予全额退票；安排滞留旅客在专用候车区休息，保证全天开水供应，并免费提供方便面和矿泉水。1月26日至2月5日，昆明铁路局到达晚点客车88列，始发晚点42列，停运16列，滞留旅客3万余人次，未发生任何投诉和责任旅客安全事故，保持良好的运输秩序。

【应对国际金融危机举措】 受国际金融危机引发的全球性经济衰退影响，主要行业运输需求萎缩严重，重点企业运输需求明显下滑，铁路运输生产经营面临严峻形势。面对较2007年有大幅增长的运输任务指标，昆明铁路局组织开展运输生产大会战，将目标任务层层分解到站段、车站、车间和班组，要求单位党政主要领导亲自上手，细化挖潜提效措施，完善激励考核机制，重点分析未完成生产任务的原因，做到“当日任务当日清”，全力抓好运输生产，努力确保运量水平。

加强与地方政府及重点企业的沟通与协调，加大货源组织力度，积极拓展运输市场，努力确保日均装车、货物发送、运输收入等指标的完成。会同云南省经委召开云南省重点企业铁路运输座谈会，联合下达24家重点企业力争完成的装车指导性计划。利用云南省工业经济运行分析会，通报铁路局运输生产任务、出省物资运输、当前面临的运输形势，取得云南省政府和相关企业的支持。

强化市场营销，根据市场需求采取灵活多样的营销策略。6次组织召开管内24家重点企业座谈会，先后24次深入重点厂矿企业、专用线走访调查，详细掌握各企业生产、销售、库存、运输需求，动员企业抓住当前铁路运力相对充裕的时机，加大买方市场异地存储力度。实时掌握和跟踪既有客户的动向和需求，对老客户连续多日未提报货运计划或请求车时，尽快与客户取得联系，防止老客户流失。采取走出去的方式，了解公路运输情况，对于由于铁路运力紧张流失到公路的货源，及时开展营销工作，重新拉回到铁路运输，对有效货源做到随时受理、有请必装，努力挖潜货源潜力，提高铁路运输份额。

加大对中小企业的宣传力度，稳定现有货源，积极争取新货源。走访中小客户200余家，联系企业加大铁路运量，减少汽车转运量。

加强运输组织，将管内运输需求全部纳入计算机审批系统，全面掌握阶段运力资源和运输需求，制定科学的运输计划，放开装车去向限制，对落实的有效货源做到有多少安排多少，充分保证运力供给。立足管内抓好煤炭运输，跟踪掌握管内电厂、钢厂、煤气厂生产、库存、用煤情况，积极协助企业开辟存储场地，增加企业仓储能力。

【战略装车点】

制定战略装车点建设规划　根据铁道部《关于全路建设战略装车点的指导性意见》，昆明铁路局制定战略装车点建设规划，提出“建设27个战略装车点，战略装车点货运量占全局货运量的比例达55%以上”的目标。战略装车点建设分4个阶段推进。第一阶段为2008年上半年前，已建成羊尾哨、宣威、马龙、昆明南4个战略装车点，货运量占全局货运量比重的6%。第二阶段于2008年年底，建成平关等8个战略装车点，12个战略装车点货运量占全局货运量比重达到25%。第三阶段于2009年年底前，建成上西铺、月亮田、威舍等7个战略装车点，19个战略装车点货运量占全局货运量比重将达到35%。第四阶段于2013年建成根据枢纽改造和新线建设同步规划建设的蒙自、王家营（后备）、河口、大理东、保山东、瑞丽东、丽江东、丘北等8个战略装车点，届时，全局27个战略装车点货运量占全局货运量比重将达到55%以上。

陆良、安宁战略装车点投入使用　8月18日举行南昆线陆良战略装车点一期工程竣工暨列车首发仪式。陆良战略装车点是曲靖地区第4个战略装车点，年物流量可达150万吨以上，远期规划占地面积达185亩，将形成一次装卸车作业80辆至100辆车的现代化物流基地和区域物流中心，具备良好的运输、仓储条件和成列成组装卸条件。12月26日，昆铁磷化工安宁战略装车点首趟列车开往江西省贵溪北站。昆铁磷化工战略装车点一期工程由昆铁磷业工贸有限公司投资463万元兴建，占地15亩，股道有效长650米，1次装卸车作业可达35辆，1天可装车60辆以上，年物流量可达100万吨。

马龙战略装车点三期工程开工　10月18日，马龙战略装车点三期工程开工建设。该工程建设完成后，1次装卸作业可由47辆车增至97辆，年货物发送能力也将由150万吨增至212万吨。

（吴立群）

道路运输和水路运输

【概　况】　至2008年底，全省有营运线路5384条，其中跨省区客运线路256条，国际客货运线路16条；全年道路运输完成客运量4.52亿人、货运量6.99亿吨，完成旅客周转量287.59亿人公里，货运周转量489.59亿吨公里。

春运期间，全省日均投放客车3.56万辆，共完成公路客运量2908.3万人次，同比增长1.2%。针对出现的雨雪冰冻恶劣天气情况，全省通过绕道等方式，及时疏运、转运旅客约8.8万人次。春运期间共运送农民工451.3万人次，累计开行民工包车7412辆次，开设流动售票点136个，上门为民工售票7.76万张。

全年水路运输完成客运量639万人，客运周转量1.54亿人公里；完成货运量339万吨，货运周转量5.16亿吨公里。同比分别增长12.9%、27.3%和29.4%、12.2%。

（陈乃文　刘云建）

民用航空

【概　况】　2008年，云南机场集团公司累计完成运输起降19.97万架次，同比下降1.2%；旅客吞吐量2064.72万人次，同比下降2%；货邮吞吐量24.65万吨，同比增长0.3%。2008年集团公司预计完成营业收入11.32亿元，营业成本7.73亿元，利润总额4500万元。其中，母公司预计完成营业收入8亿元，营业成本6.4亿元，利润总额1100万元；参控股企业预计完成营业收入5亿元，实现利润4800万元。受内外因素影响，从2008年4月份开始，集团7个机场出现负增长，除昆明、芒市、保山、普洱思茅机场外，省内其他机场的运输起降架次和旅客吞吐量都呈明显下降趋势。2008年下半年虽然航班量有所增加，运输指标和营业收入实现了一定的增长，但均未达到计划目标，成本费用仍然维持较高水平，利润总额有所减少。

【航空安全体系建设】 2008年集团公司发布实施《安全管理手册》，实现了安全管理体系运行与各项中心工作同步；贯彻执行航空保安措施和要求，制定并执行多项高于局方标准和要求的反恐安保措施，圆满完成6月9日至11日奥运火炬在昆明、丽江和迪庆香格里拉传递，以及8月奥运会、9月残奥会航空安全保障工作；切实保证冰冻、雪灾、地震、抗洪抢险救灾和部分机场改扩建不停航施工等工作顺利进行；加强应急演练，提高处置和应变能力。其中，昆明机场于4月28日开展爆炸物威胁紧急突发事件应急救援桌面演练，丽江和普洱思茅机场于4月29日开展爆炸物处置演练和处突应急救援演练，迪庆香格里拉机场于5月1日开展机场发现“可疑爆炸装置”演练，临沧机场于5月30日进行了反劫机应急救援综合演练，保山机场于6月17日完成了航站楼遇炸弹威胁紧急事件应急救援单项演练，西双版纳机场于6月19日举行了反恐怖反劫机强救助保安全综合演练，昭通机场、文山机场、芒市机场于7月18日同时开展反恐应急演练，大理机场于7月25日开展反劫机演练；建立健全隐患排查治理和危险源监控制度，加强与政府及其他关联单位的应急联动机制建设，营造安全生产文化氛围；做好安全审计和航空保安审计工作，2008年11月，昆明、西双版纳机场分别以符合率97.96%和96.89%的优异成绩通过了国家民航局的安全审计，保山、临沧机场通过了航空保安初次审计。此外，集团公司组织香格里拉、丽江机场进行了安全审计的内部自我审计和交流。

【重点项目】 8月26日，国家发展和改革委员会正式批复了昆明新机场可行性研究报告，昆明新机场总体规划也获中国民航局、云南省政府正式批复。截至2008年12月底，昆明新机场累计完成土石方工程量2432万立方米，完成基本建设投资31.84亿元；12月10日，腾冲机场建设工程顺利通过了工程的竣工验收，完成校飞，投入试运行阶段，为2009年春节前试航奠定了坚实基础；2008年集团公司“5+1”机场改扩建工程完成投资约9.53亿元，完成年计划约79.4%，累计完成项目概算10.72亿元。1. 昆明机场增容改造工程于2008年1月正式开工建设，2008年11月30日前全部完工，2008年12月投入试运行，2008年完成投资约1.1亿元，累计完成项目概算1.96亿元。2. 大理机场改扩建工程于2007年5月正式开工建设。2008年11月30日前全部工程完工，2008年完成投资约9200万元，累计完成项目概算1.39亿元。3. 芒市机场改扩建工程于2007年9月开工建设，2008年11月30日前全部工程基本完工，2008年完成投资约1亿元，累计完成项目概算1.37亿元。4. 香格里拉机场飞行区改扩建工程于2007年11月5日正式开工，航站楼基础工程于2007年10月开工，2008年12月31日前飞行区工程全部完工，投入试运行，航站楼主体装修工程、附属工程完工，2008年完成投资约3亿元，累计完成项目概算3.12亿元。5. 丽江机场改扩建工程于2007年11月19日以跑道灌浆工程开工为标志，截至2008年底，已完成三通一平、农灌沟渠、跑道延长段地基处理和航站楼桩基础工程，土方填筑工程完成约120万立方米；航站土建工程已于2008年11月上旬开工，跑道盖被工程及附属工程已于2008年11月开工，航站楼前高架桥工程于2008年12月开工，年底前争取完成扩建工程所有的招标工作，2008年完成工程投资约2.5亿元，累计完成项目概算2.73亿元。6. 西双版纳机场跑道灌浆工程于2008年10月开工，于11月中旬完工，完成投资约700万元，地质勘探工作于11月7日开工，完成投资100万元；跑道盖被工程于2008年11月完成施工招标，12月开工。改扩建工程可研报告已经云南省改革和发展委员会批复，航站楼设计方案已确定并已开展初步设计工作。集团认真落实省人民政府关于新建机场的各项工作要求，积极配合省、州（市）有关部门新建泸沽湖、怒江、红河机场的前期工作，泸沽湖和红河机场的场址已经确定；5月10日，按照省委、省政府的统一部署和省国有资产监督管理委员会的安排，文山州政府正式将文山普者黑机场资产移交省国资委，由省国资委授权云南机场集团对文山普者黑机场实行统一管理。文山机场成为云南省第11个移交云南机场集团的机场。

【开拓航空市场提升服务质量】 2008年，云南机场集团全力做好了东航云南分公司“3·31”返航事件及我国“5·12”四川省汶川县强烈地震及暴雨、雪天气下的应急处置和服务保障工作；克服了一系列自然灾害、“返航”事件、奥运限制措施及全球金融危机对航空市场造成的影响，多方协调航空公司及行业主管部门，寻求支持，对东航停飞航线航班采取积极对策，协调航空公司及行业主管部门增开省内其他机场的航线航班，利用多种途径恢复处于低谷的云南航空市场；扩大航线网络覆盖，2008年新增台北、老挝琅勃拉邦、泸州、运城、达州5个通航城市，新开复开航线20余条，开通了昆明—台湾的直航航班；加强各方沟通合作，筹办了西双版纳、普洱区域航班暨旅游发展研讨会，组织了“腾冲航空市场推介会”，举办了“滇西两方三地区域航空旅游发展研讨会”，加强与政府、旅游部门联合进行旅游宣传促销的力度，促进云南航空市场持续、快速、协调发展；加强服务质量管理，妥善处置了因雪灾、地震、“返航”期间造成的大面积航班延误，广泛开展“奥运安全、正常、优质服务年”活动，各机场整体服务保障水平得到有效提升，2008年旅客满意度为90.5%，有效投诉率0.097%，全年顾客满意度评价呈上升趋势。

【资源整合】 尽管受宏观经济不景气和机场主业收入大幅滑坡的影响，集团非航空业务发展依然保持健康、良性态势。集团公司对外投资项目27个，其中直接和间接控股的企业19个，直接和间接参股企业8个。资产总额21.7亿元，净资产总额11.18亿。其中，控股企业资产总额18.4亿，净资产总额8.75亿。2008年集团完成空港投资公司的改革重组、吸收合并工作，大部分州（市）机场非航空业务资源及职工持股经营项目的清理工作已经完成，国有资产运营效率进一步提高；向国内外发布了《云南机场集团有限责任公司征集战略投资人公告》，目前已与8家申请人签署合作备忘录和保密协议；香港怡中航空服务公司将以增资扩股方式入股地服公司；发布了《云南机场集团征集昆明新机场航空物流战略合作伙伴公告》，提出整合重组与腾冲旅游产业紧密相关的腾冲机场、火山热海景区和空港观光酒店3个公司。

【企业改革】 建立完善公司治理结构、董事会和监事会运行机制。持续开展战略研究，及时调整机构设置和职能配置，不断优化完善现行薪酬福利制度、职业通道规定和绩效管理体系，建立了适应市场和竞争需要的员工激励与约束机制；顺利实施新《企业会计准则》，实现对分公司子公司、参控股企业的分类预算管理，重点做好财务收支预算和专项经费预算工作，深化全面预算管理；严格资金管理，建立资金使用预测制度，积极创新融资举措，开辟新的融资渠道，努力降低融资成本和企业运营风险；各参控股企业法人治理结构逐步建立健全，集团公司对各参控股企业的监督和控制通过股东会、董事会、监事会逐步得到落实和履行，控股企业高级经营管理人员纳入集团公司统一管理，并完成了对控股企业高级经营管理人员的考核；继续推进ISO9001－2008质量管理体系、ISO14001－2004环境管理体系、GB/T28001－2001职业健康安全管理体系的培训、认证、审核及贯标，德宏芒市机场、迪庆香格里拉机场、大理机场、昭通机场和腾冲火山热海公司通过“三标一体”管理体系认证；管理创新和科技创新能力不断提高，人力资源管理系统、资产管理系统正式运行，集团公司荣获省国资委“云南省省属企业管理创新先进企业”称号。

【文化建设】 2008年，集团公司着手推进软实力工程建设，着手构建具有核心竞争能力的集团软实力体系，广大员工积极参与软实力项目研究申报；修订完善了CIS手册，以文化培育为重点，深入实施企业文化战略；举办了“云南民航和谐发展论坛”，组建了“小蜜蜂”艺术团，举办纪念改革开放30周年文艺汇演，丰富文化生活，展示员工风采，满足广大员工的精神文化需求；制定实施集团公司突发事件新闻发布应急预案，立足《空港商旅》杂志、《云南空港》报和内部网络，加强与人民网机场频道的合作，有力宣传了集团；积极承担社会责任，向地震灾区捐款210万元，全体党员共缴纳“特殊党费”85.65万元，全体团员共缴纳“特殊团费”4.64万元；集团公司被中国企业文化促进会授予“企业文化建设50强单位”、“企业文化品牌建设先进单位”、“企业文化创新建设先进单位”荣誉称号。

深入开展学习实践科学发展观及解放思想大讨论活动，把科学发展的要求转化为做好各项工作的强大动力，转化为推动各项工作的实际行动，得到省国资委高度评价；认真开展民主评议党员和“创先争优”活动，进一步深化拓展“云岭先锋”工程，继续深入开展“四好”班子建设和“执行力、创新力、凝聚力”建设；各级纪检监察部门认真履行监督职能，认真开展清查“小金库”“回头看”工作，加强对工程建设、物资采购等重大经济活动的监督，全面推行“双责任”、“双承诺”和“双合同”制度，保证集团健康有序运行；创新党建工作机制，昆明机场成为中国民航系统第一家建立ISO9001党建质量管理体系并通过认证获得证书的单位，实现了党建工作有章可循、有质可控、有责可究；切实加强民主管理，积极维护职工的合法权益，坚持以人为本，注重人文关怀和心理疏导，实施扶贫济困送温暖、献爱心、员工医疗互助、困难职工救助金等活动；集团公司荣获“2007年度云南省劳动关系和谐企业”，进一步巩固了和谐发展的良好局面。

2008年，云南机场集团公司荣获“全国企业文化建设50强单位”、“全国企业文化品牌建设先进单位”、“全国企业文化创新建设先进单位”、云南省2008年度接收安置退役士兵“先进单位”、“2006～2007年度云南省地方志系统先进集体”称号；昆明机场荣获“全国奥运承诺践诺先进单位”、“昆明市第五届双拥先进单位”称号；昭通机场、大理机场、普洱思茅机场、迪庆香格里拉机场荣获“云南省卫生机场”称号；丽江机场荣获云南省“云岭先锋”先进基层党组织、国家民航局“行李运输服务质量优胜奖”、民航西南管理局“保障奥运火炬传递先进单位”、民航西南管理局“抗震救灾先进集体”称号；昆明机场安全检查站荣获“民航西南地区空防安全先进集体”；昆明机场航空安全护卫部荣获云南省“云岭先锋”先进基层党组织、共青团云南省委“五四红旗团支部”；集团公司战略发展部荣获“交通运输统计工作先进单位”称号。此外，刘明、李盈霖、邹玉惠、苏开华、邹晓伟、温彦明等16名同志受到国家和云南省相关部门的表彰。

2008年云南民用机场业务量统计表

旅客吞吐量：人次　　货邮吞吐量：吨

统计单位	统计指标	2008年	2007年	累计同比增长	所占份额
集团公司	运输起降架次	199730	202091	-1.2%	100.0%
	起降架次	200770	202935	-1.1%	-
	旅客吞吐量	20647181	21060962	-2.0%	100.0%
	货邮吞吐量	246464.3	245683.0	0.3%	100.0%
昆明机场	运输起降架次	149361	147902	1.0%	74.8%
	起降架次	149729	148185	1.0%	-
	旅客吞吐量	15823325	15729171	0.6%	76.6%
	货邮吞吐量	235241.3	232646.5	1.1%	95.4%
丽江机场	运输起降架次	19430	18717	3.8%	9.7%
	旅客吞吐量	1882227	1906317	-1.3%	9.1%
	货邮吞吐量	1277.4	1282.5	-0.4%	0.5%
版纳机场	运输起降架次	15779	17486	-9.8%	7.9%
	旅客吞吐量	1637570	1807633	-9.4%	7.9%
	货邮吞吐量	5196.7	6148.0	-15.5%	2.1%
芒市机场	运输起降架次	4346	4032	7.8%	2.2%
	旅客吞吐量	412707	399338	3.3%	2.0%
	货邮吞吐量	3057.0	3157.2	-3.2%	1.2%
大理机场	运输起降架次	2927	4001	-26.8%	1.5%
	旅客吞吐量	249638	369591	-32.5%	1.2%
	货邮吞吐量	431.6	529.3	-18.5%	0.2%
迪庆机场	运输起降架次	2096	3945	-46.9%	1.0%
	旅客吞吐量	161710	345658	-53.2%	0.8%
	货邮吞吐量	540.9	706.8	-23.5%	0.2%
保山机场	运输起降架次	1618	1564	3.5%	0.8%
	旅客吞吐量	149792	137719	8.8%	0.7%
	货邮吞吐量	186.3	184.2	1.1%	0.1%

续 表

统计单位	统计指标	2008 年	2007 年	累计同比增长	所占份额
思茅机场	运输起降架次	1432	1311	9.2%	0.7%
	旅客吞吐量	136184	97914	39.1%	0.7%
	货邮吞吐量	44.0	70.4	-37.5%	0.0%
临沧机场	运输起降架次	1415	1481	-4.5%	0.7%
	旅客吞吐量	114997	142589	-19.4%	0.6%
	货邮吞吐量	329.1	579.2	-43.2%	0.1%
文山机场	运输起降架次	758	816	-7.1%	0.4%
	旅客吞吐量	43915	47786	-8.1%	0.2%
	货邮吞吐量	4.4	8.3	-47.0%	0.0%
昭通机场	运输起降架次	568	836	-32.1%	0.3%
	旅客吞吐量	35116	77246	-54.5%	0.2%
	货邮吞吐量	155.6	370.5	-58.0%	0.1%

（云南机场集团公司）

邮　政

【综　述】　2008 年是云南邮政独立运营的 10 周年，各级邮政企业按照省邮政公司年初确定的发展目标，一手抓改革，一手抓发展，坚持通过深化改革破解发展中的深层次问题，坚持通过加快发展来解决前进中的主要困难和矛盾，企业运行呈现发展速度与发展质量并重、结构调整与经济效益并进、规模发展与规范经营并举的良好局面。全省邮政业务总收入达到 12.86 亿元，比上年增长 12.93%，增幅排列全国邮政行业第 5 位，连续 3 年超过全国邮政行业平均增幅。围绕经济效益中心进行的专业内部结构调整成效已逐步显现，在邮政的三大板块业务中，邮务类业务和速递物流类业务同比增幅均超过 20%，在邮政业务总收入中所占比重分别达到 39.86% 和 23.2%，均高于全国邮政行业平均水平。尤其是函件、集邮、电子商务、速递、物流 5 个主要专业收入同比增幅都超过了 20%。

【函件业务】　根据本省市场需求情况，重点发展市场需求量大的民用信函、商业信函、数据库商函、账单、邮政贺卡、DM 邮送广告、个性化明信片等函件业务，实现业务收入 1.19 亿元，比上年增长 27.03%；函件业务收入占邮政业务总收入的比重为 9.6%，比上年提高 1.8%。尤其是商业信函和邮政贺卡的发展势头十分喜人，商业信函的量收已占整个函件业务的 81.32%，邮政贺卡的增幅达到 102%。在函件业务的拓展中，由于加大了公益型、服务型等重点行业、重点领域的开发力度，使账单业务呈现规模化发展态势。各级邮政企业在推进数据库商函业务中，围绕服务中小企业这一主题，帮助不少中小企业解决了有效营销渠道和营销模式的问题。函件业务还为发展旅游业和提升旅游景区景点的知明度发挥了明显的促进作用，2008 年省内又有 4 个景区景点设置了邮资明信片门票门禁系统，至此全省使用邮资明信片门票门禁系统的景区景点增至 19 个，另有 37 个景区景点长期使用邮资明信片门票，占到全省景区景点总数的 30%，全年为景区景点制作邮资明信片门票 537 万余枚。

【书报刊发行业务】　发行各类报刊 1 万余种，实现业务收入 1.44 亿元，比上年增长 14.14%。各级邮政企业根据市场要求，创新发行模式，搭建了以《特别文摘》、《读者》、《中国剪报》等 16 种期刊为主的报刊广告平台；同时大力开发学校学生教辅类书报刊市场，以《小学生阅读世界》等为主要教育类报刊产品，整合《课堂内外》等教育类报刊资源，在全省提前启动了学生报刊订阅市场。通过早计划、早安排，全面完成了 2009 年度的报刊大收订工作。云南邮政的教材发行业务通过几年时间的运作，已逐渐走向成熟，在服务范围、服务水平等方面有了明显提升，在发行标段、发行品种、服务学生的人数等方面不断取得突破，全年完成春秋两季 6191 万册教材的发行和配送。

【集邮业务】 集邮在云南有较好的基础，随着云南题材邮票的频频亮相，邮票已成为宣传云南、营销云南的一个独特文化载体。2008年，各级邮政企业紧扣社会政治、生活中的热点活动进行邮品的开发及经营工作，共实现业务收入7634万元，比上年增长25.68%。定向邮品开发规模效益进一步提升，全年策划邮品开发立项项目97个，通过成功地启动县（区）邮政局市场，对全省集邮业务创收起到重要的支撑作用，州（市）邮政局定向邮品开发占到全省开发总收入的38.94%，县（区）邮政局的占比达41.13%。新邮预订工作由于宣传广泛，措施到位，全省146个预订网点业务开展井然有序，预订量比上年增长45%。个性化邮票在近年的发展中呈现旺盛的势头，2008年相继推出“我的父母亲”、“金色童年”等专题的个性化邮票，深受广大集邮爱好者欢迎。

【电子商务和代理业务】 邮政电子商务和代理业务的发展前景广阔，通过加强与第三方单位的合作，不断创新业务模式，现已开办了短信业务、票务业务、代收话费、水费、电费、养路费、交通规费、国税款、烟草款等一系列公用事业收费业务。2008年，电子商务和代理业务实现收入3564万元，比上年增长171.85%。其中邮储短信业务通过挖掘市场，已逐步形成规模与规范并重、效益与发展双赢的良好局面，截至年末，在网用户已突破75万户，全年实现收入1724.02万元，同比增长7.21倍，增幅排列全国邮政行业第1位。

【速递业务】 速递业务是云南邮政的高效业务，通过实施承诺服务等一系列提升核心竞争力的有效措施，已形成邮政特快专递的品牌效应，得到了社会的广泛认可。2008年，全省速递业务实现收入2.17亿元，同比增长25.38%。其中异地业务实现收入1.18亿元，同比增长30.42%；国际业务实现收入1175.4万元，同比增长51.4%；同城业务实现收入7320.2万元，同比增长8.56%。速递业务以“次日递”为主的“限时递”业务的推出，通过4月1日和9月16日的2次软启动工作，使省内的“次日递”城市从30个扩张到37个，全年经济快递业务量达34.3万件，累计业务收入1426.9万元；二代身份证同城寄递业务的稳定增长，全年邮寄量达到500万件；全年国际特快业务量5万件；电视购物、代收货款等新业务的快速增长，全年代收货款3.8亿元，同比增长371.2%。

【物流业务】 全年完成物流业务收入8120万元，同比增长25.29%。全省有10个州（市）邮政局、65个县（区）邮政局开展了烟草配送业务，市场开发率达50.39%，培植了“1个千万元级、3个500万元级、1个300万元级、5个百万元级”的烟草配送业务的市场收入格局，使烟草项目发展成为拉动全省邮政物流业务快速增长的核心业务。昆明、大理、保山、曲靖、玉溪、丽江等州（市）邮政企业的烟草物流业务收入在邮政业务总收入中的占比不断攀升，有的高达65%以上。雅芳、安利、戴尔等全国一体化项目同比增长27.13%。抓住昆曼公路开通的契机，以中泰两国国际物流市场为切入点，加速推进国际货代及边贸物流的发展。在农资分销配送业务的发展中，各级邮政企业立足服务“三农”，以“订单+配送”为业务模式，全力推进“万村千乡市场工程”建设，至年末，已在文山、曲靖、玉溪等州（市）建成140个邮政“农家店”，使全省“万村千乡邮政农家店”规模达200个。

【金融业务】 全年邮储余额210.31亿元，实现收入5.05亿元，同比增长3.31%，其中活期比重43.09%。中间业务及代理业务发展稳定，各类代收付中间业务量84.56亿元；信贷类业务快速发展，全省有37个网点开办小额贷款业务，累计发放小额贷款4878笔共3.36亿元；公司业务拓展初见成效，已有16个州（市）邮政金融部门的61个网点开办此项业务，企业网银也正式上线。积极开展银团贷款、协议存款、票据转贴现业务，资金运用业务总成交额216.16亿元。2008年代理保险业务创新开发了“幸运新福卡”总部营销项目，扩大了“邮保通”批量代收付保险金规模，实现代理保费1.96亿元，同比增长99.17%，其中批量代收付业务6100万元，同比增长236.53%。

【服务水平】 推动营业网点标准化、规范化、制度化、精品化，完善营业网点规章制度和办法，完成了昆明火车站邮政营业窗口旗舰店的建设并通过中国邮政集团公司验收，树立了全省邮政营业网点服务标准和典范；积极启动全省“建精品窗口创优质服务”活动，通过在每个州（市）建设1个邮政精品窗口，形成省级旗舰店、州（市）级精品窗口、县级标准店的不同层次的系列示范门店，以点带面，全面提升邮政营业服务水平。

同时加强营业技能培训，提高员工的业务素质。在此基础上，进一步加强邮件查询管理，严格按照邮件查询时限和要求督促相关责任局查询回复，较好地解决了查询难、久查不复等服务热点和难点问题。2008 年，全省邮政服务质量客户评价综合满意度为 88.96 分。

【实物传递网络建设】　在邮政实物传递网络的建设与管理上，主要以满足邮政业务发展为目标，着手提升网络的运行效率和效益。完成了省际、西南区域和省内“次日递”业务的网路优化调整，加快了省内 12 个州（市）、县局进出口特快邮件的传递速度；启动昆明至玉溪大同城网的建设，使玉溪 7 县标准特快实现“当日递”；启动曲靖速递网达标建设，使宣威、罗平城区的党报党刊实现当日见报、特快专递实现当日递。通过大胆尝试邮路外包，将昆明至昭通、文山、保山、大理、个旧 5 条快速夜班汽车邮路对外包给社会运力，提升了网运双效。通过烟草配送和通信物资项目的运作，初步搭建了区域物流平台。通过优化调整普邮网，在 2007 年新增 2 条铁路一级干线邮路基础上，2008 年又开通了昆明至厦门双向行包邮路和昆明至南京单向行包邮路，使昆明发往华南和华东地区的邮件运输时限缩短 3 天～5 天；通过调整昆明、临沧、昭通邮区内普通邮路，使昆明、昭通邮区内邮路的运行时间缩短，临沧地区的出口邮件提速 1 天。

【信息网功能】　主要抓了信息网综合服务平台功能的优化，从而有力地支撑了全省各邮政企业代收烟草款、代收货款等新业务的开发和拓展，推进了邮资明信片门票门禁系统的建设，提升了旅游景区景点的知名度和管理水平，促进了邮政函件业务的快速发展；完成了公司业务系统、速递综合信息处理平台等通信设施的建设，使不少竞争性业务的服务能力得到有效提高；通过不断完善量收、两网互通、报刊、集邮等信息系统的功能，进一步增强了业务的监控管理能力。至年末，全省邮政部门在线运行的应用系统达到了 35 个，涉及生产、经营、服务、管理、决策等领域。

【营业和投递网络建设】　全省新建邮政营业网点 10 个，安排改造了 262 个营业网点，至年末全省新增了 229 个电子化支局，电子化支局总数达到 1097 个，网点用邮环境和服务能力得到全面提升。经过合理调整优化邮政营业网点布局，全省共撤并低效营业网点 12 个。昆明局通过深入推进投递网的建设和改造，强化了投递基础管理，优化了网络组织。曲靖、大理、玉溪、红河等局也对投递网的建设和改造进行积极探索。通过报刊、商函等投递信息系统的升级改造，进一步提高了投递的信息化水平，提升了投递服务能力。

【成本控制】　各级邮政企业加大成本控制的力度，对人工成本、运输成本等项目实行集中管理，集中管理的成本占企业总成本的比重达 80%，继续推进收支两条线工作，加强资金集中管理。在全省邮政企业全面实施了成本账户“零余额”管理，进一步提高了资金集中管理的力度，加快了资金周转，提高了资金使用效率，归还了中国邮政集团公司、银行贷款。同时积极推进干线运费结算，一级干线运费、国际终端费以及省内干线运费实现按月清分。

【人力资源开发】　1. 继续实行企业动态分类定级管理，工资总额的分配坚持向发展快、创收好、对全网贡献大的企业倾斜，使企业工资总额、人均工资的增长与经济效益增长保持合理关系。继续发挥总经理奖励基金的激励作用，鼓励各企业发展高质、高效业务、有市场潜力的业务。2. 深化用工制度改革，以盘活存量解决烟草配送等新开办业务的新增用工需求，以大力发展委代办、社区委托经营外包和虚拟经营等模式解决用工需求，有效地控制了用工总量，确保全员劳动生产率稳步提高。通过规范各种用工费用列支渠道，妥善地解决了各类用工特别是劳务用工的社会保险问题，同时还较好地解决了企业发展长远利益与职工切身利益的关系。以岗位管理为核心，以满足企业业务发展和提高人员使用效能为前提，积极开展员工招聘。3. 大力开展教育培训，举办各类培训班 86 期，培训员工 5217 人次，约占全省邮政员工总数的 32%。

【体制改革】　全省各级邮政企业继续推进机制和体制等方面的改革，相继完成了邮储银行省分行和 13 个二级分行、33 个一级支行及 284 个二级支行的组建工作，并正式实施分账核算。同时还完成了省内邮政企业与邮储银行的分账核算、第一次成本费用追溯结算以及二期注资资产的清理划分。至 4 月末，全省邮政金融体制的改革工作基本完成。11 月，又在全省邮政企业启动了速递、物流的专业化改革工作，对速递、物流业务板块进行整合，推行省市县一体化专业经营。首批纳入整合进行速递、物流专业化经营的有昆明、曲靖、文山、大理、保山、普洱、昭通、红河等8个州（市）的邮政企业，另有44县（市、区）邮政企业将以代理方式经营速递、物流业务。12月26日，云南省邮政速递物流公司正式挂牌成立，全省邮政速递物流的专业化改革已全面实施。11月份在全省邮政企业还实施了薪酬制度改革工作。

【企业建设】 全省16个州（市）邮政企业中有13个建成州（市）级文明行业，建成率为81.25%；在全省135个邮政单位中，建成文明单位130个，建成率为96.3%；获全国青年文明号集体10个、省级青年文明号集体31个；2人荣获全国五一劳动奖章，5人荣获云南省劳动模范称号。更可喜的是云南邮政全行业荣获了“云南省文明行业”称号，成为全省近年来3个获此殊荣的行业之一。

（高长华）

旅游业和批发零售业

旅游业
（云南五大支柱产业之一）

【旅游业总收入】 2008年，全省旅游业总收入663.3亿元，比上年同期增长18.6%。旅游业总收入前5位的州、市：昆明市197.12亿元，增长16.95%；大理州73.18亿元，增长5.36%；丽江市69.54亿元，增长21.53%；红河州47.24亿元，增长35.83%；迪庆州44.50亿元，增长5.36%。

【国际旅游】 2008年，全省接待海外入境游客510.7万人次（含边境入境一日游游客250.2万人次），增长11.4%。海外入境游客的构成是：外国人169.18万人次，增长16.89%；香港同胞35.86万人次，增长6.05%；澳门同胞9.91万人次，增长6.24%；台湾同胞35.27万人次，增长3.66%。

来滇外国人前10位客源国：泰国18.54万人次，增长94.64%；日本13.90万人次，下降5.73%；韩国13.66万人次，增长18.68%；马来西亚12.35万人次，下降19.23%；美国10.70万人次，增长22.00%；新加坡10.40万人次，增长17.11%；法国8.42万人次，增长12.38%；英国4.25万人次，增长34.14%；瑞士3.72万人次，增长40.97%。旅游外汇收入合计10.08亿美元，增长15.6%。

接待海外入境游客人数前5位的州、市：昆明市70.07万人次，下降1.79%；迪庆州52万人次，增长6.15%；丽江市46.58万人次，增长16.88%；大理州31.67万人次，增长19.76%；西双版纳州11.31万人次，增长65.83%。

旅游外汇收入前5位的州、市：迪庆州2.69亿美元，增长10.85%；昆明市2.04亿美元，下降1.77%；丽江市1.48亿美元，增长27.22%；大理州8700万美元，增长9.72%；红河州4800万美元，增长70.95%。

【国内旅游】 2008年，全省接待国内游客1.03亿人次，增长14.1%。其中过夜游客6264.6万人次，增长16%；一日游游客3985.5万人次，增长11.2%。国内旅游收入594.8亿元，增长20.2%。其中国内过夜游客收入483.80亿元，增长22.26%；国内一日游收入110.97亿元，增长12.07%。

接待国内游客人数前5位的州、市：昆明市2663.57万人次，增长9.26%；红河州950.13万人次，增长26.41%；大理州921.64万人次，增长6.06%；玉溪市796.89万人次，增长11.80%；楚雄州618.62万人次，增长65%。

国内旅游收入前5位的州、市：昆明市183.23亿元，增长18.67%；大理州67.25亿元，增长4.99%；丽江市59.45亿元，增长20.61%；红河州40.69亿元，增长35.06%；西双版纳州37.93亿元，增长21.67%。

【边境地区口岸入境一日游游客及外汇收入】 2008年，全省8个边境州、市共接待口岸入境一日游游客260.48万人次，增长10.16%；创汇1.43亿美元，增长17.68%。边境地区口岸入境一日游游客及外汇收入前5位的州、市：德宏州100.9万人次，增长25.7%，外汇收入5527.46万美元，增长35.13%；红河州89.11万人次，增长11.69%，外汇收入4881.19万美元，增长

20.06%；西双版纳州 22.85 万人次，增长 31.7%，外汇收入 1251.72 万美元，增长 41.57%；临沧市 20.19 万人次，下降 9.12%，外汇收入 1106.00 万美元，下降 2.31%；文山州 11.30 万人次，下降 44.23%，外汇收入 619.01 万美元，下降 40.05%。

【旅游产业规模】 随着云南省旅游“二次创业”的纵深推进，大项目带动大发展取得明显成效，旅游改革专项试点取得成功经验，文化与旅游有机结合，城乡与旅游统筹发展，在全省范围内形成了完善的产业体系，截止 2008 年底，全省拥有世界文化遗产 1 处，世界自然遗产 2 处，中国历史文化名城 4 座，中国优秀旅游城市 5 座，旅游名镇 10 处，旅游特色村 50 处，旅游重大项目 136 个；旅游景区（点）425 处，其中国家级旅游度假区 1 处，省级旅游度假区 9 处，国家 5A 级旅游区 2 处，国家 4A 级旅游区 42 处，国家 3A 级旅游区 19 处，国家 2A 级旅游区 62 处，国家 1A 级旅游区 9 处；星级宾馆酒店 834 家，其中五星级酒店 11 家，四星级酒店 54 家，三星级酒店 181 家，二星级酒店 489 家，一星级酒店 99 家；旅行社 460 家，其中国际社 60 家，国内社 400 家，拥有导游资格证的导游员 2.6 万多人，持有导游 IC 卡的导游员 1.7 万多人；旅游汽车公司 17 家，旅游汽车 1860 辆；旅游购物店 121 家；高尔夫球场 7 处，26 处温泉 SPA；旅游从业人员 180 多万人，其中直接旅游从业人员 30 多万人，间接旅游从业人员 150 多万人；民用航空机场 11 个，其中国际口岸机场 2 个。

【2008 年云南旅游产业发展大会】 2008 年 7 月 7 日，全省旅游产业发展大会在楚雄州召开，明确了 2008 年云南旅游产业发展的任务和重点，建立了云南省旅游重大项目目标责任制度和领导挂钩联系制度。会上省委书记白恩培对旅游工作提出 5 点要求。1. 各级干部群众要认清形势，切实增强旅游工作的紧迫感和责任感。2. 明确目标，加快推进旅游产业“二次创业”。3. 深化改革，大力营造良好的发展环境。4. 突出重点，着力抓好具有全局意义的重大项目。5. 加强领导，切实把各项工作任务落到实处。省长秦光荣在会上作了重要讲话，强调要重点抓好 4 个方面的工作。1. 全力推进旅游“二次创业”，做好旅游业发展综合改革试验区规划。2. 切实抓好旅游大项目建设，依靠大项目带动大发展。3. 加强行业管理和服务，为旅游发展创造优良环境。4. 克服困难，努力做好 2008 年的旅游工作。会上云南省政府与各州（市）人民政府签订了《2008 年云南省旅游“二次创业”目标考核责任书》。

【旅游重大重点项目建设】 2008 年，按照省委、省政府的部署和安排，全面推进保山腾冲、玉溪抚仙湖—星云湖旅游综合专项改革试点建设；加快建设 136 个旅游重大项目和 60 个省政府当年重点推进的旅游重大项目，完成投资达 84.1 亿元，同比增长 112.4%，累计完成投资 168 亿元；引进了香港骏豪集团、瑞安集团、世纪金源、深圳华侨城等一批旅游战略投资者，积极促成大连万达等大集团联合投资云南旅游；保山市先后引进了大港旺宝、世纪金源、红塔集团、云南机场集团等投资开发旅游业，意向协议资金 200 多亿元，实际到位资金 50 多亿元。中国禄丰世界恐龙谷旅游区一期工程、西双版纳五星级金地大酒店等5 个项目已建成，腾冲县世纪金源旅游体育休闲中心、曲靖麒麟温泉生态旅游小镇、景洪市大渡岗茶园旅游小镇等 59 个项目正在加快建设。2008 年争取国家旅游发展资金 2200 万元、扩大内需资金 3900 万元、红色旅游资金 550 万元，省级财政投入超过 1 亿元投入旅游重大项目建设，以此推进旅游“二次创业”再上新台阶。

【乡村旅游开发建设】 按照省政府“创建 10 个旅游特色县、60 个旅游小镇、200 个特色鲜明、功能配套、服务规范的旅游特色村”的要求，云南省政府下发了《关于加快全省乡村旅游发展的指导意见》，出台了旅游特色村建设的配套政策措施。2008 年 10 月 28 日在玉溪召开了全省乡村旅游工作会议，启动了全省首批 50 个旅游特色村的改造提升和开发建设，安排了每村 15 万元的专项扶持资金，全面加快了全省乡村旅游发展的步伐。

【编制《旅游产业发展和改革规划纲要》】 2008 年 10 月 28 日，云南省旅游局与省发改委在国家发改委经济体制与管理研究所的配合下，共同完成了《云南省旅游产业发展和改革规划纲要》编制工作，提出了进一步推进全省旅游产业发展和改革的指导思想、总体目标，任务措施以及实施步骤。纲要以通过建设 6 大旅游区、培育 5 条精品旅游线路、开发 8 大产品、抓好“5 个 1 批”项目、延伸旅游产业链条、推进基础设施建设、加快民族文化建设、强化旅游市场开拓、加强旅游人才培养、优化旅游空间布局、完善旅游产品体系等全方位的开发建设，推动云南旅游产业全面转型升级和提质增效，实现旅游“二次创业”又好又快发展。

【旅游产业发展改革试点建设】 2008年5月以来，省政府相继批复同意保山腾冲、玉溪抚仙湖—星云湖开展旅游产业改革发展综合试点并取得了较快的工作进展，旅游管理机制体制方面有了新的突破；旅游投融资方面取得了新的进展；旅游重大项目推进取得了可喜的成绩；旅游业在统筹城乡发展和促进开发与保护等方面有了明显的成效。大理“沧洱片区”、昆明“世博新区”等也成立了改革发展领导机构和工作机制，大理苍洱片区编制了工作方案并得到了省政府批准，昆明世博新区正积极向省政府报批列为改革试点，2个地区都已开始着手推进规划编制、项目建设和体制机制创新等各项工作。

【旅游行业管理】 2008年，云南省围绕省委、省政府“要规范旅游市场秩序，依法抓好行业管理，规范旅游从业人员行为，减少和杜绝欺诈和坑害消费者等行为的发生，树立云南旅游行业的良好形象”的重要指示和要求，开展了以下工作。1. 完善机制，加大旅游市场整治力度。制定并经省政府批准下发了《关于加强全省旅游市场综合整治工作的意见》，进一步统一了全省旅游行业和相关部门加强旅游市场综合整治的思想认识，成立了全省旅游市场综合整治领导小组，制定出台了各有关部门具体的贯彻落实意见，以建立“公对公”佣金机制、省内重点州（市）无障碍旅游建设等重点、难点问题为突破口，重点整治低成本的虚假宣传、不规范的承包挂靠，零负团费、欺客宰客、区域封锁等影响云南旅游形象的行为，对进一步规范旅游市场竞争秩序，有效保护旅游企业的正当利益，维护游客的根本权益，更好地树立云南旅游的整体形象发挥了重要作用。2. 积极推进全省无障碍旅游建设。联合省交通厅、省公安厅交警总队在丽江召开了昆明、大理、丽江、迪庆、西双版纳5个重点旅游州（市）的旅游、交通运政、交警部门及旅行社协会、导游协会、旅游车协会负责人参加的无障碍旅游工作座谈会，形成了推进无障碍旅游建设的10点共识，取得了推进全省无障碍旅游在认识上的突破。3. 不断强化旅游行风建设。深入推进云南旅游诚信建设，塑造了云南省旅游行业诚信优质服务的新形象，进一步营造了“和谐云南，诚信旅游”的良好旅游环境。

【区域旅游合作】 2008年，云南省充分利用区位优势，积极推进了与澜沧江—湄公河次区域旅游合作，加快了澜沧江—湄公河次区域等国际旅游合作及黄金线路开发，开展了“金四角旅游区”和“香格里拉—腾冲—密支那旅游区”跨国旅游线路规划工作，成功举办了“第三期老挝高级旅游管理人员培训班”，利用上海国际旅游交易会的机会，设专门展位宣传GMS 6国旅游资源和线路，在推介大湄公河次区域统一旅游目的地方面取得明显实效；积极推动了“孟中印缅”旅游大通道建设，在国家旅游局指导下，加强与印度等南亚国家的旅游交往与合作，为互送客源，加快旅游业发展创造条件；强化了区域旅游合作协议的可操作性，提高区域旅游合作的实效，与老北、越北、泰北、缅北和印度的旅游合作得到进一步加强，从而促进了云南省边境旅游和跨国旅游的发展；与香港旅游协会签订了《云南省与香港特别行政区深化旅游合作备忘录》，就加强旅游合作、推广诚信旅游、打击不良旅游经营手段等达成了共识。

【旅游宣传促销】 2008年，云南省在积极应对灾害和危机的同时，不断加大客源市场开拓力度，注重旅游宣传促销工作，紧紧围绕旅游“二次创业”和“十一五”旅游发展既定的目标，抓住奥运会在中国举办的宣传契机，不断加强“请进来”与“走出去”相结合的促销模式，创新营销方式和机制，大力实施联合宣传促销，努力推进旅游与文化互动发展，共同开展宣传促销，着力推进与“周边”国家的旅游促销合作，认真策划和组织实施了系列旅游形象宣传活动和丰富多彩的节庆会展活动，切实推进国际联络和海外促销，积极应对突发事件的冲击，想办法、出对策，解决新出现的问题和困难，开展了一系列卓有成效的旅游宣传促销活动。

1. 2008年4月27日～5月5日，云南省旅游文化促销团赴马来西亚、新加坡开展旅游促销活动，先后在吉隆坡、沙老越、新加坡等地举行了广场文化演出、现场旅游促销以及“云南之夜”产品说明会和客源地旅行商拜会活动。

2. 2008年4月28日，云南省旅游局在北京长富宫饭店举行了“奥运北京、旅游云南”新闻发布会，云南省推出了“奥运北京、旅游云南”活动，并开始实施“云南省奥运旅游服务计划”。

3. 2008年5月1日～3日中国昆明国际文化旅游节在昆明举行。节日期间全省16个州（市）和部分国际友好城市举行了花车巡游狂欢活动、春城梦幻之夜花车巡游、国际民族风情歌舞展演、民族歌舞主题广场演出、七彩云南民族风情歌舞展演、西寺塔广场泼水狂欢活动、云南（名特）民族风味小吃长街宴、民族大联欢活动、“奥运北京、旅游云南”高尔夫球邀请赛等参与性、休验性、互动性较强的民族节庆活动，较好地向国内外游客宣传了云南旅游资源和旅游产品。

4. 2008 年 5 月 10 日 ~20 日期间应台湾旅游界的邀请，云南省旅游业协会组织 6 州（市）旅游企业的负责人，赴台湾进行旅游业务交流考察。期间在台北召开了云南旅游产品说明会，邀请台湾的主流媒体及各大旅行商 100 多人参会。

5. 2008 年 5 月 16 日省旅游局、省商务厅、云南报业集团联合举办“2007 盘点云南旅游”大型活动。

6. 2008 年 5 月 30 日，云南省旅游局在昆明举办了《云南旅游护照》发行新闻发布会暨馈赠仪式，《云南旅游护照》整合了全省近百家旅游景区（点）进行联合推介，护照中介绍了每个加盟旅游景区（点）的游览指南信息和消费指南信息，每个景区（点）占护照 1 个页码，护照为中英文对照，每本护照均有唯一的编码。

7. 2008 年 6 月 22 日 ~28 日，云南省组织丽江等州（市）旅游代表团参加了中、日、韩旅游部长会议，开展了赴日本、韩国的大型旅游促销活动，举办了“云南旅游说明会”及“云南旅游之夜”活动。

8. 2008 年 6 月 28 日 ~29 日，云南省派出参加“2008 中国北方旅游交易会”。交易会期间，云南展台以统一规划和综合布展方式从 8 个方面突出展示了集民族、民风、文化多样性于一体的“七彩云南”主题形象。

9. 2008 年 7 月 10 日 ~10 月 30 日，云南开展了“重返心灵家园——七彩云南”主题宣传活动，通过在网易、旅评网等网站上开展“我的云南情缘”故事征文和“云南情真言”活动，评选和抽出 10 名云南情缘故事主人公和 5 名幸运者，并组织了南方卫视、旅游卫视、云南卫视等媒体一同前往了楚雄、大理、丽江，香格里拉等地进行拍摄、宣传、采访，并制作成《重返心灵家园——七彩云南》纪录片在南方卫视及多家网络媒体上播放。

10. 2008 年 9 月 6 日 ~11 日，参加了在福建厦门举行的 2008 年海峡旅游博览会。

11. 2008 年 9 月 13 日玉溪市峨山县“花腰彝”歌舞表演队代表云南省参加 2008 年上海旅游节。表演队在旅游节开幕式大巡游和在东方明珠广场、南京路广场的演出。

12. 2008 年 10 月 15 日 ~19 日，云南省大型旅游促销交流团赴老挝琅勃拉邦开展旅游宣传促销活动。签署了《旅游促销合作协议书》，出台了面向拉挝琅勃拉邦旅游企业的旅游宣传促销奖励政策，启动了第一个在国外的云南旅游信息宣传点。

13. 2008 年 10 月 16 日 ~11 月 2 日，云南省旅游局联合楚雄州政府赴上海豫园商城举行为期 19 天的云南民俗风情歌舞展演活动。

14. 2008 年 10 月 29 日 ~11 月 5 日云南省旅游协会组织云南旅游企业赴台湾参加“第三届海峡两岸台北旅展会”。

15. 2008 年 11 月 20 日省旅游协会在上海新锦江酒店举行云南 SPA 与温泉旅游产品推荐促销会。

16. 2008 年 11 月 20 日由云南省旅游信息中心和云南旅游信息网络有限公司合作建设的云南首家专业旅游视频点播网站“云南旅游视频网”（http：//vod. travel）正式上线。该网站的建设为云南旅游提供了一个低成本、全天候的“网络电视频道”宣传营销的崭新平台，是云南旅游促销的新亮点。

17. 2008 年 11 月 19 日 ~23 日云南省代表团赴上海参加中国国际旅游交易会，利用精美的展台和展场宣传、文艺表演活动等，较好地展示和宣传了云南的旅游形象，首次设立了 GMS 宣传展位，专门举办了云南省与泰国北部旅游线路及产品推介会，积极向海内外旅游者推介大湄公河次区域统一旅游目的地。

18. 2008 年 1 月 1 日起，以全国首批 5A 级旅游景区丽江玉龙雪山为核心品牌，整合玉水寨、东巴谷、玉柱擎天、玉峰寺、东巴万神园、东巴王国等 6 个景区门票经营权，7 个景区门票由原来 255 元/人的基础上优惠 65 元/人，执行了 190 元/人的联票，实行联票与单点门票共同销售的“大玉龙”市场营销模式，中外游客在 2 日内游览具有丽江自然和人文特色的国家 2A 级到 5A 级的旅游景区，为云南省景区（点）的经营整合探索出一条国家、集体、个体三者利益和谐发展的路子。

【黄金周假日旅游】 “春节”黄金周全省共接待游客 365.27 万人次，同比下降 19.3%。其中，接待过夜游游客 92.64 万人次，同比下降 17.2%；接待一日游游客 272.63 万人次，同比下降 20.0%。实现旅游收入 16.1 亿元，同比下降 2.9%。全省主要旅游景区（点）7 天内共接待游客 49.67 万人次，同比下降 41.0%。昆明石林接待游客达5.8万人次，云南民族村、勐仑植物园、丽江玉龙雪山、泸西阿庐古洞接待游客均超过3万人次。全省各地与上年同期相比，除红河、普洱、临沧增加外，其他地区受恶劣气候的影响，均出现不同程度的下降。其中昆明、丽江、迪庆、版纳、保山、德宏等传统旅游目的地，分别比上年下降了19.3%、16.53%、36.72%、7.19%、3.58%和24.09%。其他温冷地区不同程度的也有所下降，其中曲靖下降幅度达53.5%。黄金周期间，民航共投入航班4536个架次，同比增加了3个架次；运送旅客44.57万人次，同比减送旅客3.08万人次。铁路共投入运力564个车次，同比增加了136个车次；运送旅客80.95万人次，同比减送旅客1.33万人次。

“十一”黄金周全省共接待游客447.33万人次，同比增长24.88%。其中，接待过夜游游客140.82万人次，增长5.73%；接待一日游游客306.51万人次，增长36.21%；共实现旅游收入17.89亿元，增长15.79%。全省22个主要旅游景区（点）7天内共接待游客68.59万人次，同比下降16.03%，其中昆明石林接待游客达7.11万人次，昆明世博园、云南民族村、丽江玉龙雪山、世界恐龙谷接待游客均超过4.4万人次。昆明、红河、曲靖、版纳、丽江、迪庆等旅游目的地，游客接待量同比均保持了持续增长的发展态势，其中昆明、红河、迪庆接待游客同比分别净增47.41万人次、16.65万人次、10.28万人次，同比增幅达52.2%、41.7%、62.1%。其他温冷地区，也呈现良好的增长势头，曲靖同比增幅高达52.3%，楚雄同比增长36.5%，红河州游客接待量达56.59万人次，位居全省第2位。黄金周期间，民航共投入航班5091个架次，同比增加了275个架次，其中新增航班22个架次；运送旅客54.49万人次，同比增送旅客4.77万人次，增长9.6%。铁路共投入运力560个车次，运送旅客116.54万人次，同比增送旅客10.79万人次，增长10.2%。公路共投入客车25.02万辆，运输旅客499.2万人次，同比增送旅客5.6%。

（李向林）

国内贸易

2008年，受国际金融危机和国内产能过剩的影响，使消费保持平稳增长十分困难，经过努力，全年社会消费品零售总额完成1718.5亿元，同比增长了23.2%。在市场管理方面，商务厅应对突发事件和管理重大商品的能力进一步提高，有效地应对了冰冻雪灾、“5·12”四川抗震救灾、问题奶粉事件、成品油供应紧张等一系列关系经济、社会安定的重大问题，还建立了省级的猪肉储备。实事求是地处理好了关系全省经济和政治安全的成品油问题，在全省成品油供应紧张的危急关头，果断推动了成品油价格的适当放开。从2007年底开始，尤其是4月、5月间，由于国际油价飚升，价格倒挂，加之在“5·12”汶川大地震后，西部供油渠道中断，致使油资源紧张的问题更加严重。而成品油供应问题如果得不到很好解决，将出现大面积限供、停供现象，会直接影响生产、生活，引起社会恐慌，引发社会治安出现问题，造成社会的不稳定。价格限制是油源得不到保障的重要因素。解决办法就是在保证中石油、中石化二大集团资源配置和零售市场价格稳定的前提下，允许成品油经营企业加大自采力度，适当放开价格，多渠道增加油源。但是，当时对于成品油的价格问题，国家价格主管部门三令五申不准提价，而省内成品油供应紧张的情况又迫在眉睫，能否下决心，冒点承担责任的风险，适当放开成品油价格是一个关键点。因此，2008年5月16日，商务厅向省政府报送了《解放思想，破解难题，适当放开价格，确保云南省成品油资源》的简报，提出了建议。促使省政府5月20日决定适当放开成品油价格，当月云南省就多进了近10万吨油，从此缓解了成品油供应紧张的状况。提前1个月在国家价格主管部门也决定放开成品油价格之时，使云南省成品油资源紧张的问题得到完全解决。

2008年在“万村千乡市场工程”建设中改造了3500个农家店和50个配送中心。使农家店的县覆盖率达到98%，乡镇覆盖率达到85%，高于全国33%的平均水平，行政村覆盖率达到50%左右。乡镇农贸（集贸）市场建设改造试点工作在5个州（市）的30个乡镇展开，建设改造了31个农贸（集贸）市场，使这项工作初见成效。“新农村商网”网上购物对接累计成交16.5亿元，占全国总成交量的8%。

（杨　明）

商品市场流通

【综　述】　2008年，在国家宏观政策引导下，云南国民经济继续保持平稳健康、又好又快发展。云南商贸流通部门顺应新的形势，认真贯彻落实中央关于扩大内需的方针，积极推进现代流通方式转变，大力拓展城乡市场，改善消费环境，培育和扩大消费热点，全省消费品市场保持了平稳较快的增长势头。2008年，云南省消费品市场繁荣活跃，保持了稳步增长的态势，实现社会消费品零售总额1718.54亿元，同比增长23.2%。增速比上年提高5.9个百分点。

【消费品市场运行特点】

1. 全省消费品市场延续较快发展势头。2008年以来，零售物价高位运行，城乡居民消费需求提升和消费结构的改善，全省消费品市场发展进一步提速，全省社会消费品零售总额增幅出现逐月加快态势，其中，一季度同比增长19.7%，二季度增长23.3%，三季度增长25.0%，四季度增长24.2%。从3月开始，单月同比增幅连续保持在20%以上，分别增长20.9%、22.7%、23%、24%、26.0%、24.8%、24.5%、24.2%、23.6%、24.8%，其中，7月创下近年单月增幅新高。

2. 批发和零售业较快增长。2008年，全省批发业零售额完成191.24亿元，增长23.3%。其中，限额以上企业完成73.96亿元，增长6.7%；限额以下企业及个体户完成117.28亿元，增长36.7%。零售业零售额实现1122.88亿元，增长22.6%，其中，限额以上企业完成387.34亿元，增长23.1%；限额以下企业及个体户完成735.54亿元，增长22.3%。批发和零售业占全省社会消费品零售总额的76.5%。

3. 住宿和餐饮业继续攀升。2008年，全省住宿和餐饮行业快速发展，企业经营水平稳步提高。随着假日游、会展等商务活动日益增加，也带动全省住宿餐饮业零售额持续较快增长。2008年，全省住宿和餐饮业实现零售额298.22亿元，增长28.6%，增幅同比提高6.2个百分点，成为增长最快的行业，增长速度比社会消费品零售总额高5.4个百分点，其规模占全省消费品市场份额为17.4%。

4. 城乡市场同步发展。2008年，全省城乡消费实现同步快速发展，其中，城镇市场实现消费品零售额1350.70亿元，同比增长24.0%，农村市场实现消费品零售额367.84亿元，同比增长20.5%。城镇快于农村3.5个百分点，城乡市场呈现出城镇、农村市场同步发展的态势。

5. 从经济成分看：2008年，全省公有经济实现零售额297.92亿元，同比增长22.1%；非公有经济实现零售额1420.62亿元，增长23.5%，占全省消费品零售总额的比重达到82.7%，其中私有经济发展迅速，实现零售额1175.63亿元，增长21.5%，占全省消费品零售总额的比重达到68.4%。

【拉动全省消费品市场增长的因素】

1. 国家宏观调控政策是推动云南消费品市场发展的根本保证。党的十七大指出“要坚持扩大国内需求特别是消费需求的方针，促进经济增长由主要依靠投资、出口拉动向依靠消费、投资、出口协调拉动转变。”并强调要稳步提高居民消费率，形成消费、投资、出口协调拉动的增长格局。这一发展方针的确定，无疑为消费的稳定增长提供了强大动力。社会主义新农村建设以及各项支农惠农政策的落实，对进一步启动农村市场、扩大农民消费起到积极的促进作用。

2. 城乡居民收入继续保持较快增长，消费预期有了较大改善。2008年，云南继续完善和建立社会就业制度，加大社会保障体系的建设力度，关心低收入群体的生活。进一步加强收入分配制度改革，规范了收入分配秩序，扩大了中等收入者比重，较大幅度地提高了企业离退休人员基本养老金标准、优抚对象等人员抚恤和生活补助标准，提高了城市低保对象的补助水平，增强了中低收入居民的消费能力和消费信心。2008年，云南城镇居民收入继续保持较快增长态势，全年人均可支配收入达1.33万元，同比增长15.3%，扣除物价因素实际增长9.4%。随着社会主义新农村建设逐步深入，财政对农村建设的扶持力度持续加大，农民收入稳步提高，2008年，云南农民人均纯收入3102.60元，同比增长17.8%，扣除物价因素实际增长9.1%。农民收入连续多年保持较快的增长，对于调整消费格局和扩大消费支出起到了重要作用。

3. 市场规模不断扩大。随着大型商场的扩张特别是大型连锁商贸企业网点的增加，城乡居民特别是城镇居民对消费环境要求提高，信誉好、服务功能优的大中型百货商场、专业卖场、连锁超市仍是百姓消费首选之地。

4. 中央和省出台多项政策措施，关注民生的力度得到进一步加大，有效促进消费的增长。(1) 千方百计减免税赋，惠农、扶农、富农力度持续加大，努力增加农民收入；(2) 合理调节收入分配，着力提高低收入水平，逐步扩大中等收入比重；(3) 财政支出更多地投向社会保障、社会公益事业、转移支付等，改善居民消费预期。政策引导日益朝着更加有利于消费增长的方向发展，扩大消费的宏观环境日益趋好。政府关注民生力度和深度进一步深化，在提高退休人员的工资、提高低保补助金和解决社会就业、医疗教育问题等方面出台了一系列措施，如社会保险参保人群持续扩大；承诺连续3年提高企业退休人员退休金标准；医疗保险制度改革方案的完善等。财政支出更多地投向社会保障、社会公益事业、转移支付等民生改善方面。

5. 消费结构继续升级，升级类消费品快速增长。伴随居民由温饱型消费向享受型消费的逐步转变，消费升级类商品销售呈快速增长态势。2008年，据全省限额以上批发零售企业商品销售统计，五金电料类和电子出版物及音像制品类零售额分别增长25.1%和23.3%；石油及制品类和洗涤用品类零售分别增长51.5%和48.8%，机电产品及设备类零售额增长10.9%，金银珠宝类增长43.3%。

6. 物价上涨是零售额增长创出新高的重要原因。2008年以来，受2007年涨价因素滞后、国际大环境因素导致部分商品价格走高的影响，物价水平高位运行，而全省商品零售价格指数增长势头更甚，增速始终保持在7%以上，尽管8月以来有所回落，但食品类价格的持续高位，促使居民的被动消费增多。食品类价格上涨的拉动作用明显。1月中旬以来云南出现了多次全省性的降温和强降雪天气过程，部分地区灾情严重，对本地种植业以及交通运输业造成了很大影响，部分食品的价格一路走高，导致物价总水平出现攀高的势头，在一定程度上拉动了食品类商品零售额的显著增长。2008年，全省居民消费价格累计上涨5.7%，涨幅比2007年回落0.2个百分点。各月同比涨幅分别为7.3%、8.3%、9.9%、9.8%、8.8%、6.5%、5.8%、3.2%、2.7%、2.6%、2.4%和1.8%。近期昆明市场上的粮、油、肉、蛋、菜等产品价格稳定，部分产品还出现小幅回落，市场各类产品供应量充裕，价格不会出现大幅波动。2008年，全省工业品出厂价格累计上涨5.8%，涨幅比2007年回落0.1个百分点，工业品价格的上涨，逐步传递到消费领域，带动消费品零售额增幅加快。物价高位运行成为拉动消费品市场快速增长的重要原因。

7. 假日经济、会展经济的拉动作用，仍是消费品市场增长的重要动力。2008年以来，国家调整长假时间，并增加1天假期，春节黄金周、五一小黄金周、清明节、端午节、中秋节、奥运会召开、国庆长假期间，全省各大中型百货商场、购物中心、超市及家电卖场，购物人群增多，各种节令商品销售猛涨，有力地刺激了消费，促进了销售，凝聚了人气，繁荣了市场。

【消费品市场发展面临的问题】

1. 消费需求仍显不足，消费对经济增长的贡献率仍然偏低。尽管近年来全省社会消费品零售总额连续保持两位数增长，但城乡居民的消费率仍然偏低。

2. 价格上涨压力不断加大，直接影响居民消费。当前消费品价格居高不下，主要由食品类价格上涨而引发的结构性上涨，食品类价格高位运行，会引发消费市场其他类商品的上涨。目前国际经济形势不确定性因素增多，国际粮价创出20年新高，涨幅超过30%，前不久国家批复同意国内最大的食用油金龙鱼价格上涨，虽然目前云南粮食价格呈现价格小幅上涨、供应有序的平稳态势，2008年食品类价格上涨15.4%，粮油等基本生活必需品的高位运行对消费品市场带来的直接影响和心理压力是不言而喻的。

3. 城乡消费水平存在差距，农村市场仍有待充分释放。从收入水平看，农村居民收入远远低于城镇居民。从市场环境看，虽然近年来农村消费环境得到改善，但市场规模小、销售网点少、适合农村居民消费的产品少、售后服务较差、基础设施比较落后，消费市场散、乱、差等问题制约了农村消费的持续健康增长。

4. 市场管理难度加大。随着市场价格的上涨，市场上出现了不少价格违法违规现象，如相互串通操纵市场价格、捏造散布涨价信息、囤积居奇、哄抬物价、牟取暴利、价格欺诈以及采取短斤少两、以次充好、掺杂使假等手段变相涨价等行为时有发生，扰乱了市场价格秩序，尤其是在2008年受物价上涨和冰雪、地震灾害的影响，部分与城乡居民生活密切相关的商品出现了较大幅度的上涨，全省物价、工商等部门进行了临时价格干预措施，但仍对居民正常生活和消费造成不利影响。

【对2009年云南消费品市场展望】 2009年云南经济可望继续保持较好的发展态势，支撑消费品市场发展的诸多有利因素仍将延续。增投资、扩内需、保增长的宏观经济政策将有利于居民消费需求的释放；政府关注民生措施的进一步落实，城乡居民收入稳定增长等政策效应将继续显现。从全年全省经济运行情况来看，随着国家积极的宏观经济政策效应的进一步显现，全省经济仍将保持平稳增长势头，支农惠农政策持续推进，关注民生的社会保障政策逐步完善，居民收入预期增强等因素对消费市场带来利好，消费品市场又好又快的发展态势将不会改变。

面对新的形势，2009年云南消费品市场发展主要还需从以下几个方面努力。

1. 着力提高中低收入者收入水平，促进消费需求持续增长。在当前的经济形势下，扩大消费需求是保持国民经济持续快速稳定增长的重点。(1) 要保持就业的稳定增长，继续增加中低收入家庭的收入水平，着力提高居民的购买力。(2) 要继续改善消费环境，促进服务消费的稳定快速增长。当前，通信、旅游、休闲、文化、健身等服务性消费已成为消费结构升级和扩大消费的新增长点，但消费环境仍有待改善，特别是要加强软环境方面的建设。(3) 要继续加快完善社会保障体系，抓紧解决教育、医疗、住房等领域存在的突出问题，减轻居民增加消费的后顾之忧，提高居民的消费预期。

2. 不断提高城乡居民收入水平，缩小收入差距。收入是消费的基础，只有收入水平提高了，才能扩大消费需求，优化消费结构。一方面要缩小城乡收入差距，农村消费市场是国内消费市场的重要组成部分，要加大向农村的倾斜力度，努力增加农民收入，才能激活农村市场，有效促进消费需求的扩大。另一方面要逐步调整分配制度，增加城镇居民中低收入者的收入。要开拓各类就业渠道，创造就业岗位，尤其要充分发挥社区、街道的作用，促使城镇居民就业和再就业；进一步建立健全与经济增长相适应的工资增长机制和最低工资标准调整机制，完善按劳动和其他生产要素进行分配的激励机制，逐步扩大中等收入阶层。

3. 继续加大促进农民增收措施的落实，推动农村市场的繁荣。近年来，农民对享受型消费品和生产资料的需求逐步增大，对中高档耐用消费品的需求进入了快速增长阶段。要扩大消费，首要的是扩大农民的消费，而增加农民收入又是扩大农民消费的前提条件。因此，要认真贯彻落实中央经济工作会议精神，着力抓好“惠农、富农”措施的落实，利用财政大幅增收的有利时机，增加对农业、农村的投入。要加大对农民的直接补贴力度，在当前农业生产资料价格持续上涨和居民消费价格指数走高的情况下，要适当提高对农民的生产补贴。另外，政府在增加城镇低收入群体生活补助的同时，也应注意研究解决如何对农民生活补贴的问题。

4. 加强市场体系建设，改善消费市场环境。一方面，要积极推进市场体系建设，尤其是农村商品市场体系建设。要积极推动农村流通主体创新，主要是加快培育一批面向农村的商业龙头企业，建立新型农村商品市场体系。要加强农村现代物流体系建设，降低农村物流成本。另一方面，要持续营造放心消费环境。要充分调动消费者协会、质量技术监督、工商管理、卫生执法等市场管理机构的积极性，持续开展放心消费环境建设，维护消费者权益。

（连　桦）

供销合作

【概　述】　2008年，云南省供销合作社系统有州（市）供销合作社16个，县（市、区）供销合作社127个，基层社812个，购销店1439个，农资代销网点2968个，有各级各类企业1370户（其中农资经营企业146户）。省直属企业6个，科研所1个，国家级重点中专学校1个。在职干部职工2.6万人，离退休人员3.13万人。县以上供销合作社机关已完成机构改革，定编人数2077人，基本纳入财政预算，进入参照公务员管理序列。全系统资产总额81.07亿元，负债总额52.86亿元，资产负债率65.21%，所有者权益28.20亿元。

云南省供销合作社，认真学习贯彻云南省委、省政府《关于深化改革推进供销合作社“二次创业”的意见》（云发〔2008〕14号）精神，结合全国总社建设“新网工程”的要求，以服务“三农”为切入点，以改革发展为突破口，大力发展“两社一会”（综合服务社、专业合作社、行业协会），全力实施“四进村、五个有”（便民超市进村、信息服务进村、市场知识培训进村、行业管理服务进村，有一个综合服务社、有一个农民专业合作社、有一个农民专业协会、有一个集贸市场、有一批农产品经纪人队伍）工程，云南省农村现代流通服务网络初步形成，各项工作成效显著。全系统经营总额237亿元，同比增长21.7%；盈利1.91亿元，同比增长146.05%；化肥销售656.26万标吨，同比增长1%；推销农产品82.8亿元，同比增长21.1%。州（市）供销合作社全面盈利，全行业上缴税费总额1.22亿万元。

经过不懈努力，云南省供销社再次荣获全国供销社系统综合业绩考核特等奖，西部地区排名第一，全国名列第七位；信息宣传工作荣获全国供销合作社系统信息工作先进单位特等奖、云南省政府信息宣传工作三等奖；教育培训工作以全国第一名的成绩荣获全国职业资格认证和农产品经纪人星火科技培训工作突出贡献奖；定点挂钩扶贫工作被评为“云南省定点挂钩扶贫工作先进单位”；农业综合开发工作被省农业综合开发办公室授予协作奖。

【“两社一会”发展】 2008年发展“两社一会”4617个，累计完成1.73万个。其中综合服务社1.44万个，专业合作社2313个，协会559个。帮助农民实现收入41.46亿元，比上年增长23.4%。保山市供销社发展“两社一会”673个，涉及生猪养殖、禽蛋、奶牛养殖加工、酿酒、茶叶、草果、山葵、淮山药、苦荞种植加工、竹编、刺绣、土陶制品、核桃、蔬菜、水果、石材加工、玉雕、林业、农资购销、农产品购销等。专业合作社社员6119户，带动农户9.7万户；协会会员2814个，带动农户4.84万户；综合服务社辐射带动农户17.87万户，帮助农民实现经济收入3.94亿元。马龙县供销合作社大力发展食用菌产业，引导马过河镇等地的食用菌专业合作社建立反季节食用菌生产大棚619个，白蘑菇种植4万平方米，鸡腿菇、大球盖菇1.2万平方米，年产鲜菇3800余吨，实现产值3000多万元。

【农业产业化经营】 云南省供销合作社以专业合作社、行业协会为依托，在种植业、养殖业及加工销售等方面形成了自己的经营优势和规模。腾冲县腾越镇田心禽蛋专业合作社是由养殖大户郭正镜牵头成立的保山市第一个禽蛋专业合作社。合作社成立后，统一品种、统一规划养殖、统一采购生产资料、统一技术服务与管理、统一产品收购和销售，并注册了“正强”商标，在每一个鸡蛋上打码“商标和日期”，使每公斤鲜蛋同比增收0.8元至1元，日增收1000元~1200元，产品进入了当地各大超市，且供不应求。该合作社经与饲料生产厂家协商使每吨饲料价格降低了300元，每天节约成本800多元，为农民增收54.2万元。合作社不断发展壮大，现在社员已发展到了腾越、北海、固东、曲石、中和等乡镇和梁河县，入社社员120户，饲养鸡3万多只，其中蛋鸡2.1万只，日产红心鸡蛋1.2吨。全年生产禽蛋400多吨，供应饲料1000吨。合作社还举办培训班，为社员和养禽户讲解饲养等技术。在合作社的带领下，实现总销售1400万元，实现利润80多万元。建水县订单农业协会铁所洋芋专业分会拥有入会农户745户2649人。协会充分发挥自身联系广和信息灵的优势，积极引导当地农户引种新品种，采用新技术，确保农民实现增产增收。全乡的洋芋种植面积达到4500多亩，总产量达到6000多吨，帮助当地农民增收500多万元，人均增收380多元；协会还组织供应各种化肥3000多吨，优质洋芋种100多吨，组织收购并推销鱼腥草300多吨价值70多万元，小米辣3600多吨价值1800多万元，脱毒洋芋3000多吨价值330多万元，生姜20多吨，大米800多吨价值近200万元，小麦100多吨价值10多万元，玉米300多吨价值40万元，帮助农民增产增收。省食用菌协会充分发挥协会职能作用，推进全省食用菌产业的发展，引导销售总产值达18.27亿元，食用菌产业已成为云南省优势农产品重点扶持项目。

【农村现代流通网络建设】 各级供销合作社以农产品和生产、生活资料为重点，着力畅通农产品进城，工业品下乡的双向流通渠道，积极推进以连锁配送为主要形式的网络改造和建设。建成农副产品交易市场274个，其中县级32个、乡村级242个，年交易额为170多亿元，初步实现了市场信息资源共享和龙头企业的对接；组建各级龙头企业151家、各级配送中心149个，发展村级综合服务社1.4万个、农村超市4783个，综合服务社覆盖全省80%以上的建制村。再生资源回收市场19个，回收网点208个。红河州供销合作社建立了“红农网”，为农民提供农产品供求信息，切实解决农民的买难卖难问题。截止年底，“红农网”发布信息总数41多万条，信息点击总数5000多万次，访问数90多万人次。全省基本形成以连锁企业为龙头，乡镇店为骨干，村级店为基础，电子信息为桥梁的农村流通服务网络。

【农业生产资料供应】 化肥供应因受年初冰冻灾害及煤、电、气、运费用提高等因素的影响导致化肥价格大幅上升。云南省供销合作社及时组织7个工作组，分赴灾区指导抗灾救灾工作，对农资调运作了周密安排，充分发挥农资流通主渠道作用，积极筹措资金，千方百计加大储备，平抑市场价格。2007年冬季淡储的214万吨化肥，在2008年春耕用肥高峰时期，对全省化肥零售价格进行了平抑，保护了农民的利益。全年供应各类化肥656.26万标准吨，较上年同期增长1%，占全省市场的80%。其中赊销金额7241万多元，赊销化肥11万多吨。供应农药2.59万吨、农膜6452吨，比上年分别增长7%和7.5%。大力加强农资连锁网络建设，实行连锁经营，提供配方施肥、病虫害防治等系列化服务，满足了农业生产需要。完成省级10万吨化肥储备任务。

【基层社改革发展】 2008 年全省供销社共有 812 个基层供销社，通过深化改革，强化服务功能，积极创办农村综合服务社和农民专业合作社，发展农村超市和参与农业产业化，使基层供销社走出了困境。如宣威市榕城供销社创办了“宣威农特产品展示中心”，选择了 200 余个农特产品进入中心交易，月销售额超过 20 余万元。宜良县供销社引导乡镇供销社创办覆盖全县的乡镇购物超市和村级便民超市，盘活了闲置资产，拓展了经营业务，提升了服务功能。

【教育培训】 云南省供销社坚持以人为本，大力实施人才兴农、人才兴社战略，并依托全省各地职业技能鉴定点，扩大培训范围，加大培训力度，把农民、农产品经纪人、农村妇女、乡村干部纳入培训范畴，培训农民、农产品经纪人、乡村干部 10 万人次，累计培训超过 25 万人次。

【农资和农产品物流服务】 以省农资储运公司全省 7 个铁路转运站和省级各公司仓储设施为依托，打破传统的仓储、中转分立经营模式，开展集铁路中转、公路运输、仓储、分包和信息收集运用、中介、采供于一体的系列化现代物流服务，加快农资商品和农副产品的双向流通。全年货物吞吐量 128 万吨。省果蔬集团加强与厂家、商家之间的交流合作，春节前后及时调运冬早蔬菜、甘蔗、西瓜、香蕉等 7.3 万吨，保障了春节期间农产品的供应；省储运公司利用化肥淡储期降低运价，送化肥下乡 9.2 万吨，保障了农耕用肥的供应。

【国际交流】 云南省供销合作社在发展中充分利用区位优势，不断加强与越南、泰国、澳大利亚等国合作组织的交流与联系。2008 年 1 月，省供销社组团赴日本大阪参加了由中民国际经济合作公司举办的“2008 中国少数民族商品展览及招商引资洽谈会”。2008 年 10 月，在全国供销总社的组织下，省供销社参加了由国际合作社联盟（ICA）在葡萄牙里斯本举办的 2008 世界合作社贸展会。

（江　峰）

对外经济贸易

进出口贸易

2008 年，云南的对外贸易克服了国际金融危机造成的困难，克服了国际原材料市场价格的暴涨、暴跌对国际、国内经济环境成长形成的抑制，全省的外贸业绩连续跨过 90 亿、95 亿美元达到 96 亿美元，比上年的 88.23 亿美元，增加 7.97 亿美元，增长 9%，实现了对外贸易的持续增长，其中：出口 49.87 亿美元，比上年的 47.68 亿美元增加 2.19 亿美元，增长 4.58%，进口 46.12 亿美元，比上年的 40.34 亿美元，增加 5.78 亿美元，增长 14.33%。一般贸易进出口 77.47 亿美元，比上年的 64.74 亿美元增加 12.72 亿美元，增长 19.65%，其中出口 39.96 亿美元，比上年的 34.78 亿美元增加 5.18 亿美元，增长 14.9%，进口 37.51 亿美元，比上年的 29.97 亿美元增加 7.5 亿美元，增长 2.52%。边境小额贸易 12.01 亿美元，比上年的 10.27 亿美元增加 1.74 亿美元，增长 16.95%，出口 5.72 亿美元，比上年的 5.75 亿美元减少 256 万美元，减少 0.45%，进口 6.27 亿美元，比上年的 4.52 亿美元增加 17.62 亿美元，增长 39.1%。

2008 年云南的对外开放水平进一步提高，与 150 多个国家开展了贸易。

2008 年云南省的主要出口商品

金额单位：万美元

名　称	单位	2008 年		2007 年		增减	
		数量	金额	数量	金额	数量	金额
磷化工产品	吨	2080078	156098	9406388	94126	－77.9	65.8

续　表

名　称	单位	2008 年		2007 年		增减	
		数量	金额	数量	金额	数量	金额
机电产品			97804		66045		48.1
金属制品			30774		18729		64.3
机械及设备			25787		20001		28.9
电器及电子产品			23359		12863		81.6
运输工具			10524		8210		28.2
仪器仪表			6519		5899		10.5
望远镜	万个	74	2082	110	2744	-32.7	-24.1
农产品	吨	577114	79913	563547	66492	2.4	20.2
烟草及制品	吨	85112	27828	77166	24646	10.3	12.9
烤烟	吨	75780	18774	68769	16085	10.2	16.7
卷烟	吨	5329	6890	7336	8044	-27.4	-14.3
蔬菜	吨	253934	21914	200594	15165	26.6	44.5
咖啡	吨	16851	4708	15199	3603	10.9	30.7
香料油	吨	3396	2829	2772	1977	22.5	43.1
果仁	吨	2811	2049	3518	2238	-20.1	-8.4
鲜切花	吨	5990	1871	5249	1617	14.1	15.7
茶叶	吨	4897	1343	3583	1728	36.7	-22.3
果蔬原汁	吨	4427	475	5665	796	-21.9	-40.3
有色金属	吨	31824	43130	115534	84806	-72.5	-49.1
其他纺织品	吨	206778	15420	232976	15105	-11.2	2.1
电力	万千瓦	324645	14958	250769	11519	29.5	29.9
石蜡	吨	45735	5681	46043	4111	-0.7	38.2
硅	吨	18650	4476	14629	2116	27.5	111.5
药品	吨	8299	3553	9094	2989	-8.7	18.9
服装	吨	6363	3178	8702	4335	-26.9	-26.7
木及制品	吨	13599	2167	22372	3677	-39.2	-41.1
松香	吨	19388	1857	16214	1327	19.6	39.9
非工业用钻石	克拉	17310	894	26174	940	-33.9	-4.9

2008 年云南省的主要进口商品

金额单位：万美元

名　　称	单位	2008 年		2007 年		增　减	
		数量	金额	数量	金额	数量	金额
金属矿砂	吨	4985292	193842	5879981	217549	-15.2	-10.9
硫磺	吨	1695822	102673	2048052	28221	-17.2	263.8
机电产品			66921		46563		43.7
机械及设备			26952		20432		31.9
农产品			28236		12792		120.7
龙眼干	吨	12346	885	34599	2093	-64.3	-57.7
木材	立方米	416897	16289	858029	13180	-51.4	23.6
氧化铝	吨	243785	10677	594784	24870	-59	-57.1
初级形态塑料	吨	12602	1949	25049	5361	-49.7	-63.6
硫化橡胶制品	吨	4880	914	11989	1665	-59.3	-45.1
铜	吨	881	654	510	314	72.7	108.3

2008 年是云南省外贸发展面临变数最多、困难最大的一年，在出口方面，由于云南外贸产业的总量少、高附加值的产品不多，产业的整体配套能力弱，支柱产业的外向度有限，加之部分出口产品受国家宏观调控政策限制及国际金融危机影响也加大了企业开展外贸业务的风险，由于国外进口方或境外业主融资困难，甚至资金链出现断裂，使国内出口企业货款无法收回的情况突显，这些因素使外贸出口的大幅度增长十分困难，商务厅及时向省政府报送了《全省外贸走势出现 4 个不寻常"，出口形势严峻，拐点初现》的专报和《全省外贸走势呈现 5 个负增长，进出口难以突破 100 亿美元大关》的专报，提请省政府采取措施应对外贸发展中的不利形势。同时，商务厅鼓励企业加大优化进出口商品的结构，自主创新、延伸产业链、开展深加工、提高产品附加值，改进贸易状况。

（杨　明）

对外经济技术合作

2008 年云南对外经济技术合作工作的环境很艰难，不少发展中国家压缩基础设施投资，政府和私人部门暂停上新项目，国际金融机构和发达国家也降低了对第三世界国家的援助贷款，由于发包额减少，国际工程承包市场竞争十分激烈。云南省对外经济合作迎难而上，克服困难，取得了历史上的最好成绩，全年实际对境外投资达 2.4 亿美元，同比增长 75.6%，排全国第 10 位，实现了稳步发展，对外工程承包、劳务合作、设计咨询业务完成营业额 6.2 亿美元，同比增长 24%。外派劳务人数突破 5000 人，较 2007 年增长 31%。新增了境外罂粟替代种植 118 万亩，并继续跟踪推进了 2007 年初省长出访次区域 5 国时签约重大项目。

经商务厅登记备案的外派劳务基地已有 15 个，其中基地县 6 个，专业基地 9 个，基本涵盖了国际劳动市场和各外经企业对劳务的需求种类，进入了俄罗斯和马尔代夫等新兴市场，大理国际经济技术合作公司与俄罗斯签订劳务输出计划，首批 20 人已经出境，云南国际公司也首次向马尔代夫派出 20 名建筑工人。同时，云南省经过外派劳务基地与上海外经、重庆建工等国内大型外经公司建立了合作关系。

2008 年云南省对外工程承包统计表

金额单位：万美元

	新签项目数	新签合同额	上年同期数	完成营业额	上年同期数
合计	100	79481	70098	62033	50028
一、分国别					
（一）亚洲	98	78581	64836	47745	24356
缅甸	32	32928	9291	22248	8083
老挝	13	14097	1370	9329	901
越南	26	10946	6950	4702	5126
柬埔寨	2	11885	25573	5476	1594
泰国	1	255	13986	1321	1005
其他	24	8470	7666	4669	7647
边境经合业务		19927			923
（二）非洲	1	849	4840	13783	23772
（三）其他	1	51	422	505	1900
二、分行业					
交通建设	14	9501	11981	12500	
房屋建筑	11	6177	3291	5606	
电　力	7	29658	29725	21261	
石油化工	2	270			
冶　金	2	1399	9000		
机械制造	35	15198	11626	13842	
其　他	25	17225	4538	6561	

2008 年云南省经过援外资质年审的企业有 12 家，以投标、议标方式获得并执行的对外援助项目 7 个，合同金额 7026 万人民币；援外培训项目 2 个。通过近几年企业积极参与援外项目的投标和执行，积累了一些援外经验，培育了建工、物产、机械、机设、云天化、云南国际等一批援外的骨干企业，有效地提升了云南援外项目的执行力。另外，还采取了“抓大不放小”“点与面”相结合的方式培育外经主体。一是鼓励省内企业优强联合，做强做大，力争培育 2 家综合性对外承包工程能力的企业；二是吸引中央企业或省外大型企业落户云南，培育大型国际工程商；三是采取加大宣传力度，帮助“零”外经州市找准切入点，充分发挥专业学校、中小企业的作用，鼓励其参与到“走出去”产业链中，当年帮助楚雄、大理、丽江等州（市）突破了“零”外经；有 5 家边境经合企业为中电投、大唐等中央企业在周边国家的重大项目提供物流服务。

2008 年云南省境外投资统计表

单位：万美元

	新批境外投资企业	协议投资额	上年同期数	同比增长%	实际投资额	上年同期数	同比增长%
合计	101	41285	20101.19	105.39%	23915.21	13621.2239	75.57%
一、分国别							
（一）亚洲	93	31568	13860	127.77	16451	11887	38.39
缅甸	7	11630	2696	331.35	7378	6781	8.80
老挝	45	7756	6859	13.08	2672	1405	90.15
越南	20	5881	1500	292.09	649	646	0.54
其他	21	6300	2803	124.68	5750	3053	88.31
（二）非洲	1	5034	3010	67.25	4645	1100	322.27
（三）其他	7	4682	3231	44.92	2818	633	344.73
二、行业							
农业	32	8250	8037	2.65	2511	1774	41.57
林业	4	388					
矿产	31	16631	7712	115.63	10682	4018	165.81
油气							
电力	5	12850	2500	414	9015	7017	28.46
冶金加工	1	2					
机械制造	2	362				300	
交通运输	1	1000					
房屋建设	1	1000			1000		
轻纺加工	4	156				60	

市场多元化也得到了深入的发展。云南省对外承包工程从周边 3 国市场起步，目前已经拓展到次区域国家、非洲、南美等 30 多个国家和地区，昆明邦驰科技有限公司分别与印度 CSPL 公司和 SPEL 公司签订的 2 个生物发电和火力发电项目，合同额 1041 万美元，首次打开了南亚的工程承包市场。在着重推进次区域国家的重大项目中，随着柬埔寨施登沃代水电站、金边—马德望电网项目、老挝东南亚运动会场、泰国伟成发钢铁厂项目、缅甸邦朗二期、瑞丽江电站等项目的开工建设，以及泰国巴挑综合钢铁厂项目、越南船泊项目、越南中央第二制药厂、缅甸太平江电站、缅甸密松、其培电站等项目的签约，云南省对次区域 5 国的合同额、营业额较往年有大幅提高，分别占全省合同额、营业额的 88.2%、65.86%；非洲市场合同额、营业额分别占 4.8%、22%。

（杨　明）

利用外资

【招商引资】　2008 年，国际金融危机造成了国外企业资产的严重缩水、资金紧张，国际投资愿望和能力快速下降，世界各国为应对这种状况、促进本国经济增长，纷纷放开对外来投资的限制以加大吸引外资的力度，正是在这种矛盾交错的背景下，云南全年实际利用外资 7.77 亿美元，同比增长 54.5%，创出了历史最好水平。其中，昆明市对全省利用外资的带动作用继续凸显，全年实际利用外资突破 6 亿美元，占全省总额的 78%。

2008年云南利用外资分国别（地区）统计表

金额单位：万美元

国别（地区）	合计			国别（地区）	合计		
	项目个数	合同外资	实际投资		项目个数	合同外资	实际投资
总计	228	168576	77688	丹麦			20
亚洲	135	118084	35774	英国	6	295	1387
港澳地区	73	107283	31960	德意志联邦共和国	1	11	474
其中：香港地区	72	107270	30688	法国	7	90	294
澳门地区	1	13	1272	爱尔兰	1		
台湾地区	4	4759	848	意大利	2	6	8
文莱			117	卢森堡			46
缅甸	2	45		荷兰	5	-951	158
印度尼西亚	1	35		西班牙			226
老挝	1	13		奥地利		-129	19
马来西亚	3	411	154	挪威	1	19	57
菲律宾	1			瑞士	1	-53	2
新加坡	15	2915	169	俄罗斯		3	35
泰国	4	1529	53	南美洲	23	25046	22324
孟加拉国	1	7		其中：巴巴多斯	1	3110	1790
印度	2	203	2	开曼群岛	5	4	2470
以色列	1	15	12	英属维尔京群岛	17	21932	18064
日本	3	315	881	北美洲	38	10059	3633
韩国	24	554	1578	其中：加拿大	5	3797	262
非洲	4	2034	10294	美国	33	6057	3371
其中：埃及	2	11	1	百慕大		205	
毛里求斯	1	1758	10240	大洋洲	10	8543	489
塞舌尔	1	265	53	其中：澳大利亚	7	311	26
欧洲	24	-709	2726	新西兰			3
其中：萨摩亚	3	8232	460	投资性公司投资	4	5519	2448

2008 年云南省利用外资分州（市）统计表

金额单位：万美元

地区	项目（企业）个数			合同外资金额			实际使用外资金额本年数		
	本年数	上年期	同比±%	本年数	上年期	同比±%	本年数	上年期	同比±%
总计	228	171	33.33	168576	130400	29.28	77688	50300	54.45
昆明市	142	89	59.6	92078	46617	97.5	43874	30920	41.9
省级	37	20	85	39053	50675	-22.93	19466	7500	159.55
曲靖市	3	4	-25	3816	1495	155.25	3504	427	720.61
德宏州	3	5	-40	3825	3769	1.49	2456	1363	80.19
大理州	9	6	50	8638	589	1366.55	2455	1868	31.42
普洱市	2	8	-75	289	2649	-89.09	1656	1504	10.11
玉溪市	3	11	-72.73	577	1188	-51.43	1598	772	106.99
红河州	4	4		744	1223	-39.17	947	154	514.94
临沧市		3	-100	2202	2134	3.19	614	1386	-55.7
迪庆州	7	2	250	626	905	-30.83	390	382	2.09
西双版纳州	4	4		491	5035	-90.25	380	164	131.71
保山市	3	1	200	4662	10	46520	314	1268	-75.24
怒江州	2	1	100	2071	269	669.89	34	45	-24.44
丽江市	4	8	-50	860	15628	-94.5		1241	-100
昭通市					300	-100			
楚雄州	3	2	50	8487	1154	635.44		77	-100
文山州	2	3	-33.33	157	-3240			1229	-100

2008 年云南利用外资分行业统计表

金额单位：万美元

行　业	项目	合同外资金额	实际外资金额	行　业	项目	合同外资金额	实际外资金额
总　计	228	168576	77688	批发和零售业	34	3254	5404
农、林、牧、渔业	29	11314	7226	住宿和餐饮业	17	591	524
采矿业	3	4337	3023	金融业		278	2050
制造业	51	71560	18089	房地产业	5	44249	19666
电力、燃气及水的生产和供应业	7	10984	5829	租赁和商务服务业	52	1674	661
建筑业	4	4780	643	科学研究、技术服务和地质勘查业	5	4285	1590
交通运输、仓储和邮政业	2	574	356	水利、环境和公共设施管理业	3	793	483
信息传输、计算机服务和软件业	8	5317	440	居民服务和其他服务业	2	326	9588
				教　育	2	1800	854

云南省历年利用外资情况统计表

单位：万美元

年份	批准户数	协议外资	实际利用外资	年份	批准户数	协议外资	实际利用外资
1984－1991	73	5238	2364	2000	106	29700	12800
1992	202	16800	2313	2001	140	29400	6459
1993	509	51174	16500	2002	150	33298	11166
1994	262	28482	20300	2003	167	54351	16752
1995	269	37399	23500	2004	167	31818	14152
1996	153	20172	10500	2005	152	43623	17352
1997	127	26700	16600	2006	204	79771	30234
1998	119	33000	14600	2007	170	96608	39453
1999	138	33200	15400	2008	228	168576	77688

在引进外省资金方面，引进到位资金772.5亿元，同比增长44.86%，泛珠三角、长三角、西南5省区市仍然是云南省引进省外资金的主要来源地，到位资金分别为238.01亿元、126.56亿元、89.95亿元，分别占总数的30.8%、16.4%、11.6%。全年的招商引资工作实现了历史性的突破。

（杨　明）

澜沧江—湄公河次区域经济合作

【GMS有关会议及合作机制建设】

·2008年3月，大湄公河次区域经济合作（GMS）第三次领导人会议在老挝万象举行，中国国务院总理温家宝、柬埔寨首相洪森、老挝总理波松、缅甸总理登盛、泰国总理沙马、越南总理阮晋勇出席了会议，波松主持会议。温家宝在会上发表了题为《合作的纽带，共同的家园》的讲话。

与会各国领导人还签署了《领导人宣言》，宣言提出了GMS今后5年9大重要合作领域，把GMS推向新的合作与发展的新时期。6国领导人通过了“2008年～2012年大湄公河次区域综合行动计划”。

·6月，联合国开发计划署中越跨境经济合作项目指导委员会第一次会议在云南省昆明市举行。

·8月，东盟—湄公河流域开发合作（AMBDC）第十次高官会在文莱召开，中国代表团由国家发展改革委、财政部、铁道部、云南省发展改革委以及广西发展改革委组成。

·3月，云南大学主办了“大湄公河次区域经济走廊：合作与发展”国际学术研讨会，GMS 6国近百位专家学者参会。

·6月，首届大湄公河次区域（GMS）经济走廊论坛在云南昆明召开。论坛由中国商务部、云南省政府主办，亚洲开发银行协办。参加本次论坛的代表有来自大湄公河次区域6国的10位部长、17位省长、17位市长和123位官员，国际组织、学术界和工商界的代表共500余人。

首届GMS经济走廊论坛包括经济走廊主论坛，并下设省长论坛和边境城市发展论坛。

·10月，“经济全球化与东南亚区域经济合作”论坛在昆明云南师范大学举行。来自中国社会科学院、南开大学等单位的50余名专家学者共同研讨东南亚区域经济合作。

·11月，由越南广宁省主办的中国云南省和越南河内、老街、海防和广宁5省（市）第四次经济走廊合作会议在广宁省下龙市举行。

·11月，由商务部外资司和云南省商务厅主办，云南省德宏州委、州政府承办的边境经济合作区发展研讨会在德宏州瑞丽市举行，这是继黑龙江漠河“提升沿边开放”专题研讨会后，商务部参与主办的又一次全国性专业研讨会。

【贸易与投资合作】

·4月，首届“2008昆明·泰国商品展示会”在昆明举办。

·6月，实现了在边境地区从事边境贸易、替代种植活动人员持《中华人民共和国出入境通行证》可从云南省边境地区国家开放的一、二类陆地口岸出入境，替代种植人员还可以持证从公安边防部门建立查验设施的边民通道出入境。

·10月，中泰企业在景洪市签订协议，云南的蔬菜和泰国的石油将经澜沧江—湄公河水路及昆曼国际大通道进行易货交易，到2010年，将有1000万吨蔬菜换回50万吨石油，贸易额约5亿美元。

·10月，第11届“澜沧江—湄公河次区域经济合作西双版纳边境贸易交易会”暨第14届中、老、缅、泰四国边境地区文化艺术节和第12届滇中南民族艺术节在景洪市举行。本届边交会共设国际标准室内展位394个。共完成期货、现货交易额9350万元，比上届增长10%，项目签约金额8.6亿，较上届激增6.1亿元，增幅达22.4%。

·云南磨憨口岸通关大提速。昆曼大通道于2008年3月贯通后，磨憨口岸人流、物流通关增速迅猛，各项数据增长幅度在云南全省口岸中高居首位，出入境人数跃居全省陆地口岸第四位，第三国出入境人员跃居全省陆地口岸第一位。

·10月，老挝—万象安居国际建材城在老挝万象正式奠基，云南首个境外建材城落户老挝。

·11月，由云南纺织（集团）股份有限公司投资1.7亿元建设，“云纺东南亚商城”开门迎客。商城总规模近10万平方米。

“2008年第八届中越（河口）边境贸易交易会”在河口举行，边交会设展位360个。

·12月，2008中越（麻栗坡）国际商贸旅游交易会在麻栗坡县开幕。

·12月，国务院常务会议研究确定了缓解出口企业困难，保持对外贸易稳定增长的政策措施。决定对广东和长江三角洲地区与港澳地区、广西和云南与东盟的货物贸易进行人民币结算试点。

·12月，2008第八届缅中边境经济贸易交易会在木姐105码边境经济贸易区举行，有224个展位。

·12月，“拓展企业家能力，促进大湄公河次区域贸易发展研讨会”在昆明举行，研讨会由印度企业家能力发展学院、湄公河学院和云南省商会共同举办。

·2008年，云南与东盟贸易总额为27.6亿美元，较上年同期减少2.8亿美元，降幅9.3%。这是近5年来云南对东盟贸易的首度下降。云南对缅甸贸易增长迅速，贸易额11.9亿美元，增长34.6%，超过越南再次成为云南最大的贸易伙伴国。而对越南、印尼、新加坡贸易额分别为6.5亿美元、2.1亿美元、1.8亿美元，分别下降33.6%、36.2%、56.5%。

·5月，由中国大唐集团公司控股的云南东南亚经济技术投资实业有限公司，投资3.69亿美元建设的斯登沃代水电项目在在柬埔寨的菩萨省开工，该工程由斯登沃代水电站和金边—菩萨—马德望输变电线路项目组成，是目前中柬两国合作的最大投资项目，也是云南省企业境外投资已开工的最大项目。

·6月，第六届东盟华商投资西南项目推介会在昆明举行，该项目推介会由国务院侨务办公室和云南省政府主办，350名海外侨领和华商出席开幕式。是历届推介会参会侨领和华商规模最大的一次。

·9月，一项招商引资320亿，主要面向东南亚、南亚等地市场的大型国际商贸城“中国·昆明螺蛳湾国际商贸城”在昆明奠基开建。属于昆明传统商业区“螺蛳湾商贸城”的升级改造工程，成为继义乌中国小商品城后又一大国际性专业批发市场，规划占地面积5705亩。

·10月，昆明市呈贡新区管理委员会和香港豪都国际有限公司就联合开发建设“东盟华商城”签署了项目投资合作框架协议。

·12月，老挝总理府批准了云南联美公司在老挝的氧化铝投资项目。项目计划投资12亿元，主要对老挝塞贡省储量4300万吨的红土型铝土矿进行开采，建设年产120万吨氧化铝厂和40万吨电解铝厂。

·12月，中国在缅甸投资最大的水电BOT（建设—营运—移交）项目——瑞丽江一级水电站二号机组并网发电，首次实现境外投资水电能源回送国内。瑞丽江一级水电站位于缅甸瑞丽江上，安装6台10万千瓦机组，装机总规模60万千瓦，年平均发电量40亿千瓦时，年利用6722小时，保证出力可达17.4万千瓦。

·12月，中国云南元江永发水泥有限公司和老挝农工发展进出口公司合资扩建老挝万荣水泥一厂项目同老挝政府签订投资批准协议，该项目从现有规模8万吨/年扩建至75万吨/年，总投资7700万美元，中方占60%，老方占40%。

·12月，中老签署6个合作协议。

·截止12月中旬，云南经国家商务部批准在东盟国家设立投资企业173家，投资金额达12.76亿美元。占云南省海外投资总额的比例高达90%，东盟已成为云南省海外最大投资地。

【能源及电力合作】

·6月，云南电网公司在越南220千伏太原变升级改造暨SVC（静态无功补偿器）安装项目的招标中，本次中标是迄今为止云南电网公司与次区域国家电力设备出口贸易中标额最大的项目。

·6月，中石油集团与缅甸联邦政府、大宇联合体签署了《缅甸海上A1、A3区块天然气销售和运输谅解备忘录》。缅甸联邦政府同意从A—1区块通过跨境管道向昆明输送天然气，每年65亿立方英尺规模，实施30年。

·6月，在老挝万象举行了由亚行赞助的大湄公河次区域能源会议，讨论如何促进该区域建立统一的电力市场。

·自2004年9月云电送越第一条通道开通以来，云南电网公司向越南出口电量呈现持续、稳定、快速增长态势，截至2008年底，累计电费达到3.06亿美元。

【旅游合作】

·4月，云南圆通投资有限公司与泰国普吉幻多奇大众有限公司在昆明签约，总投资29亿元建设“石林幻多奇旅游项目”。

·8月，云南省为老挝培训高级旅游人才。

·10月，在瑞丽举办了第八届中缅胞波狂欢节。中缅胞波情深高尔夫精英赛在缅甸木姐开杆。

·11月，国家旅游局同意开通“腾冲至缅甸甘稗地—昔董—密支那4日游”线路。

·10月，西双版纳州至琅勃拉邦跨境旅游专线车正式开通。

·11月，泰国旅游代表团访问云南。

【交通与电讯合作】

·3月21日，举行昆曼国际大通道中国路段全线贯通庆祝仪式。昆（明）曼（谷）国际公路云南省境内688公里已全线贯通，除磨黑至思茅71公里为二级公路外，其余都建成高速公路。

·3月31日，昆曼公路老挝段通车。

·3月，中缅光缆开通启用。

·4月，中越加强国际道路运输合作，双方积极推进新开通昆明至莱州、昆明至宣光和文山至河江3条国际道路客货运输线路。

·4月，中缅跨境国际运输线开通。

·6月，昆明至老挝琅勃拉邦国际客运班线正式开通。

·10月，中老开通5条国际道路运输线。

·11月，滇越国际公路通道石林—蒙自段高速公路开工。

·11月，中老两国举行大湄公河次区域便利货物及人员跨境运输协定谈判。

·11月，云南组建“便利运输领导小组”。

·12月，云南国际铁路通道蒙河铁路开建。

【农业合作】

·5月，越南林同省大叻花卉协会一行12人到云南考察。

·8月，西双版纳州在缅甸掸邦第四特区开展农业科技培训

·9月，“大湄公河次区域农业科技交流合作组”确定GMS新合作计划。

·10月，越南国家茶业代表团一行在云南省考察访问。

·11月，云南省农科院与越南农业科学院举办合作交流会。

【社会及文化教育合作】

·1月，“红河流域民族文化与生态文明国际会议”在楚雄召开。

·1月，由全国青联和泰国社会发展和人类保障部联合举办的第五届“澜沧江—湄公河青年友好交流”活动在昆明开幕。

·3月，以“多彩的缅甸民族文化”为主题的首届澜沧江—湄公河次区域民族学人类学国际学术研讨会暨“缅甸文化展”在云南大学开幕。

·4月，来自泰国的25家高校首次来到云南推荐泰国高校。

·4月，老挝妇联干部考察团一行到云南考察。

·5月，中国邮政集团公司组织的“区域性邮政业务合作研讨会”在昆明举办。

·5月，老挝青年代表团一行30人到昆明访问。

·5月，中邮物流公司与老挝邮政公司、泰国邮政有限公司已就合作开展3国间“国际公路零担货物运输业务”签订了合作备忘录。

·6月，《老挝人民民主共和国驻昆明总领事馆建造馆舍使用土地的执行协议》在昆明举行了签字仪式。

·6月，由红河学院、云南省社科院、红河州社科联联合组成的红河州越南研究中心在红河学院挂牌成立。

·6月，由印度外贸学院中小企业研究中心和云南贸促会联合举办的“GMS中小企业竞争力培训”项目在昆明举行。

·7月，2008中国（昆明）东盟石文化博览

会在昆明拉开帷幕。2000多件来自海内外的奇石争奇斗艳，展位数超过了1200个，展览面积3万平方米。

·7月第三届中国—东盟青少年艺术盛典在丽江开幕。

（齐 欢 王士录）

昆明海关

【税收征管】 2008年，昆明海关税收征管质量进一步提高，税收实现持续增长。认真分析税收征管形势，科学制定年度税收计划和税收征管工作要点。完善和落实关区税收量化考核制度、价格层级管理机制。运用风险管理加强税收分析监控，适时制定下发关区重要大宗、特殊、敏感商品清单。加强内联外协，充分发挥各类技术资源优势，加大了价格、归类、原产地、送检化验和减免税管理力度。关区税收征管质量和水平进一步提高，确保了税收应收尽收。全年共征收税款16.9亿元，较上年增加2.2亿元，增长14.9%。其中征收关税3.4亿元，减少11.8%；征收进口环节税13.5亿元，增长24.5%。

【监管通关】 2008年，昆明海关认真实施两级质量管理，监管通关水平进一步提升。通过建立绩效评估和分类管理制度，强化处长巡视和科长带班制度的落实。完善查验工作制度，强化监管业务数据监控，关区查验工作质量进一步提高。细化进出境车辆管理规定，进出境机动车辆数据全部纳入系统管理。通过完善边民互市相关管理规定，继续推行边民互市二线验证，加强与地方主管部门的协调沟通，积极开展联合调研，边民互市管理进一步规范。进一步完善关区行邮监管工作制度，强化行邮监管一线查缉毒品及各类违禁物品的责任意识和风险防范意识。扎实开展旅客申报制度改革工作，积极推进旅检“一机两屏”工作模式的实施。健全关区审单作业制度体系，运用风险分析手段、强化布控、验估等措施，审单处置效能显著提高。同时，积极推动关区口岸建设规范化、标准化管理进程。

年内，共计监管进出口货物525万吨，进出口总值37亿美元；监管进出境旅客198万人次，行邮物品39.3万件；审核进出口报关单9.1万份。答复边境口岸建设事项和参与完成对各边境口岸建设项目方案的评审、验收等事项20余起。

【查处走私违法案件】 2008年，昆明海关始终保持打私高压态势，有效维护进出口秩序和社会稳定。综合运用行政、刑事执法手段，通过对各类走私违法案件的查处，促进经济健康发展，维护边疆社会稳定繁荣。打击涉税大要案件取得重大突破，相继侦办了一系列涉税走私大要案，边境口岸的进出口秩序得到了进一步规范。夯实情报基础工作，完善情报工作机制，积极拓宽情报来源渠道；开展国际执法合作工作，与泰、老、越等国家海关分别建立了缉私联络员机制和交流会晤机制。积极推动反走私综合治理工作。协调有关部门开展专项行动，有效地打击了私开通道的走私违法活动；对已签订的“MOU”开展检查评估工作，推进了反走私协作制度的执行，打私合力得到提升。巩固3年禁毒人民战争成果，坚决推进新一轮禁毒人民战争。针对重点地区和重点渠道，适时组织开展专项行动，突出对重、特大毒品案件和易制毒化学品的打击。加大了缉毒犬培训投入和现场用犬力度。严厉打击固体废物走私以及濒危野生动植物及其制品走私活动。加大知识产权海关保护力度。全年共查获各类案件（立案）712起，案值3.44亿元，对181名走私犯罪嫌疑人采取强制措施，向检察机关移送起诉153人。查获各类毒品128.1公斤，易制毒化学品66吨。查获走私固体废物案件10起，查获走私进口固体废物307.87吨；查获走私濒危动植物及制品案件14起。查获进出口环节侵犯知识产权案件32起，涉案货值约140万元，查获案件数量和案值分别比上年同期增长33.3%和35.7%。

【风险管理与稽查】 2008年，昆明海关强化海关风险管理意识，健全风险管理机制，使风险管理的理念和方法始终贯穿于海关管理全过程。加大风险分析监控及预警工作力度，拓展风险信息来源，有效整合风险信息，实现关区内风险信息的快速共享。积极探索风险分析、风险验证等工作方法和途径，关区风险防控整体工作水平不断提高。运用风险分析，依托企业分类管理，认真开展常规稽查和专项稽查工作，从源头上规范企业进出口行为。认真开展验证稽查的试点及推广工作。充分发挥贸易调查职能作用，提高企业稽查有效性和针对性。强化企业分类管理，增强企业的守法自律意识，积极营造守法便利、违法惩戒的良好氛围。制定了关区边贸企业规范管理指引，加大了边贸企业规范力度。着力规范关区报关单位海关注册登记管理工作，对经营单位代码进行了全面清理和核查。

年内，关区各单位运用风险管理平台查获各类走私违规案件32宗，案值415.26万元，追补税款58.97万元。稽查企业157家，稽查补税入库68.9万元，移交缉私案件6起，涉嫌违规案值851.3万元。共对64家企业进行了管理类别调整，其中8家适用AA类管理，35家由B类上调为A类，1家由D类上调为C类，11家由A类下调为B类，9家由B类下调为C类。

【统计预警监测】 2008年，昆明海关进一步增强统计监督管理职能，统计执法评估服务领导决策、服务海关管理取得成效。及时编制贸易统计、业务统计和综合统计数据，做好统计数据对内对外咨询服务。关注国家宏观政策调控对云南省外贸的影响，及时跟踪分析情况变化及发展趋势，做好统计分析监测预警信息服务，统计分析的层次和水平不断提高。强化关区报关数据使用安全管理和报关单证档案管理，数据安全和单证管理进一步规范。及时为各级党政决策、为地方外贸发展提供统计咨询和信息服务。年内，共向省委、省政府报送各类统计预测分析信息86篇，被采用42篇，省领导批示4篇。大量统计数据、分析文章在多家新闻媒体发表，广受社会和企业欢迎。

【服务地方经济】

1. 认真落实国家区域经济发展战略，积极全力支持区域经济发展。根据形势发展需要适时修订并全面落实《昆明海关进一步支持西部大开发，促进云南经济社会发展的40项措施》。积极支持云南加快国际大通道建设，参与中国—东盟自由贸易区建设、大湄公河次区域经济合作、“泛珠三角”区域合作以及与南亚国家的合作。加快区域通关步伐，进一步提高通关效率。全面实施关区内“属地申报、口岸验放”模式；与厦门海关正式开通了跨关区“属地申报，口岸验放”业务，截至目前，昆明海关已与5个沿海海关开通了跨关区“属地申报、口岸验放”业务。2008年通过关区内和跨关区“属地申报、口岸验放”模式进出口货物238票，货值共计2.64亿美元。同时，积极参与云南电子口岸建设，截至目前，昆明海关应用的电子口岸项目已达22个。

2. 全力支持云南省新一轮“兴边富民”工程的实施。积极配合国家调研组对云南边境地区发展的调研工作，为中央决策提出合理化意见和建议。针对近年来云南珠宝玉石产业发展相对滞后的现状开展深入调研并向省政府、省政协提出了促进该产业发展的相关意见和建议。坚决执行国家新出台的边贸税收及边民互市贸易有关政策，提升沿边开放水平，促进边疆经济繁荣、民族团结和社会稳定。

3. 认真落实国家税收优惠政策。在严格依法审批的前提下，帮助地方政府和企业正确理解、运用好优惠政策。2008年昆明海关共审批减免税总货值3.26亿美元，减免税款4.94亿元人民币，有力支持了云南省内大型项目的建设，加快了骨干龙头企业的技术改造和产业升级，促进了云南科教事业的发展，积极支持了境外罂粟替代产业发展，从源头上根除毒品危害。

4. 积极支持云南加工贸易和保税业务发展。向各级党政提出促进加工贸易和保税业务发展的合理化意见和建议，积极开展在姐告、磨憨、河口等地区实施优惠政策叠加的综合保税区模式的课题研究工作；全面实施电子手册和电子账册管理，实现关区电子化手册100%覆盖。促成了昆明出口加工区的设立和正式封关运作，实现了对出口加工区的联网监管。

【抗震救灾】

汶川大地震救援行动 “5·12”汶川大地震发生后，积极主动为进境救灾物资提供通关便利，先后快速验放马来西亚、泰国捐赠救灾物资2批；积极组织开展捐款活动，全体干部职工共向四川地震灾区捐款26.7万元，全体党员共交纳“特殊党费”51.6万元。

【奥运安保与服务工作】 2008年，昆明海关加强领导，周密组织，集中关区力量开展工作，圆满完成奥运安保与服务工作。关区上下不断强化严格把关和优质服务意识，制定周密的安保方案和应急预案，加大风险和情报工作力度，加强边境巡查，主动与毗邻国家海关开展奥运安保国际合作，为毗邻国家参会领导人和参赛运动员提供便捷通关。期间，共制定奥运安保工作方案、应急预案61套，完成奥运安保演练52次，与39家企业签订了奥运安保责任承诺书与合作备忘录。

【文化建设和精神文明建设】 2008年，昆明海关大力开展海关文化建设和精神文明建设，深入开展“海关精神”专题教育活动。积极开展创建文明行业，评选“文明处室”和“文明职工”等活动。广泛深入地开展扶贫济困、捐资助学等各类社会公益活动。共向贫困地区捐资106.1万余元，向贫困地区希望小学和定点扶贫村镇捐赠电脑、电视机、DVD影碟机、过冬衣被等折合人民币价值近10万元。

年内，全关区共有1个集体荣立二等功，41个集体受嘉奖；1人荣立一等功，2人荣立二等功，17人荣立三等功；229人受嘉奖；受到总署及省、部级以上表彰及单项业务表彰的先进集体24个、先进个人26名；受到地（市）级组织各类表彰的先进集体122个、先进个人282名。队伍保持了良好的精神风貌。

（吉　永）

出入境检验检疫

【概　况】 2008年，云南出入境检验检疫局共检验检疫出入境货物14.43万批，货值30.34亿美元，与2007年同期相比，批次减少18.28%，货值减少5.67%。签发各类原产地证书1.85万份，签证金额9.26亿美元；检疫查验出入境人员1062.34万人次；出入境人员健康检查3.96万人次；检疫交通工具50.28万（架、艘）次。其中从出境货物中检出不合格商品74批，货值253.7万美元，从进境货物中检出不合格商品55批，货值175.43万美元。从进境植物及植物产品中截获有害生物9105次，与2007年相比，次数增长32.21%；截获检疫性有害生物554次，截获次数增长15.90%；检出传染病2820例（其中：HIV抗体阳性345例，性病115例，肝炎940例，登革热病例19例，手足口病2例，其他1401例）；

【重点产品专项整治】 2008年初，按照全国质检系统重点产品的专项整治行动电视电话会议精神，云南检验检疫局精心组织，以“家具、玩具、服装、油漆涂料、仿真饰品”5类产品为重点、4个100%为目标，组织开展进出口重点产品专项集中整治工作。全省共有43家涉及5类重点产品的生产企业及7家经营户和1家代理经营公司。云南检验检疫人员深入到工厂企业，从资料审核、原材料进厂、生产工艺过程，产品质量检验到企业质量管理体系运转，开展全过程监管排查，帮助企业找出问题，整改完善，提高企业质量管理水平，全面完成了4个100%的专项整治工作目标。43家企业100%建立了出口质量档案，100%与云南检验检疫局签订了质量承诺书，强化了“企业是产品质量第一责任人”的意识，为从根本上保证出口产品质量奠定了基础。全省进出口重点产品专项整治工作取得了阶段性成果。

【做好奶粉事件的处置工作】 三鹿牌婴幼儿奶粉事件发生后，云南检验检疫局立即按照国家质检总局的要求和部署，结合云南实际，拟定措施，迅速行动。1. 开展对出口奶粉留存样品的三聚氰胺检测和对市场上销售的部分进口奶粉抽样检测并及时将检测结果向社会公布。2. 对云南省内出口奶粉生产企业的奶粉进行集中抽样检测。3. 迅速向出口奶粉生产企业派出驻厂监管员，指导奶粉安全生产，并派出工作组具体指导各分支局做好监管工作。4. 切实做好《进出口乳制品三聚氰胺检测日报表》和《驻厂监管工作动态日报表》填报工作。5. 加强了出口饮料的检测监管，及时对4家企业17份饮料样品开展三聚氰胺的检测。6. 对云南省出口猪肉、水产品及鸡蛋进行三聚氰胺检测，同时对出口肉类产品备案养殖基地的饲料进行抽检，均未检出三聚氰胺。

【服务地方经济】 2008年，云南检验检疫局坚持依法行政，把关与完善服务并举，不断提升服务层次和水平。

1. 云南省政府与国家质检总局更加紧密的合作，促进云南经济社会发展。在国家质检总局与云南省政府达成合作意向性意见的基础上，代拟了《关于促进云南特色农产品出口暨推进境外罂粟替代种植防治艾滋病工作合作备忘录》，内容已经省政府和国家质检总局审定，待时签署。

2. 积极推行便利化措施，实行快速核放、绿色通道、直通放行等检验检疫监管模式，方便企业；加大管理力度，实行节假日、双休日值班、24小时预约检验制度等。同时充分利用检验检疫系统的信息、技术和人才优势，积极推动质量管理体系认证、产品质量认证，打造云南名牌产品。积极应对国外技术壁垒促进云南蔬菜、花卉、松茸等特色农产品的出口。截止11月31日，全省共出口蔬菜6.26万吨，创汇5831.4万美元；出口花卉1.85亿枝，创汇3180万美元；出口松茸512.8吨，创汇2300万美元。

3. 积极参加云南烟草品种引进改良，促进云南烟草业的可持续发展。云南检验检疫局认真组织开展了4个引进烟草优良品种的隔离检疫试种工作，2008年9月，顺利通过云南农业大学、云南省农业厅、中烟云南公司等单位专家的现场验收。国外烟草新品种通过隔离检疫，成功引进，为大面积推广种植优良品种，全面提升云南烟草品质和档次，促进云南烟草业的可持续发展创造了有利条件。

4. 积极支持和参与云南禁毒防艾与替代种植

工作。云南境外罂粟替代种植返销国内是边境贸易的一种特殊形式。近年来云南边境地区进境植物检疫审批大幅增加，为方便境外替代种植产品进境，推动替代种植的良性发展，云南检验检疫局先后出台了《进境动植物检疫审批程序》、《云南省境外罂粟替代种植返销国内农产品检验检疫管理规定（试行）》，并积极向国家质检总局申请，将替代种植返销产品进境植物检疫审批权下放到云南，极大方便了从事替代种植的企业，截止10月31日，管理《进境植物检疫许可证》申请589份，其中电子申请528份，替代种植特许审批61份，与上年同期相比，申请数量增长98.32%，签发《检疫许可证》364份，货物重量34.6万吨，主要是粮食类、豆类、薯类、水果类，共计54个品种。

5. 加强对云南出口蔬菜的源头和过程监管，有效杜绝高毒、高污染、高残留农业投入品的使用，保证云南出口蔬菜的质量安全，扩大云南出口蔬菜种植面积和蔬菜出口，增加山区菜农收入。大力推行区域化备案管理模式，先后在玉溪市通海县和楚雄州元谋县出口蔬菜基地执行区域化备案工作。形成了2个区域社会各部的齐抓共管的局面，有效提高了云南省出口农产品安全卫生和质量水平。

【口岸疫情防控】 缅甸、越南、老挝相继暴发霍乱、登革热、恶性疟疾等重大传染病和猪蓝耳病、口蹄疫、禽流感等重大动物疫情，严重威胁我边境口岸安全和国内农业生产安全。针对境外严峻疫情态势，云南出入境检验检疫局及时对防控工作做出部署，启动应急预案。同时，加强与地方政府和卫生主管部门的联防联控工作。8月26日瑞丽口岸发现登革热疫情，云南检验检疫局立即联合云南省卫生厅向省政府上报了《云南省卫生厅云南出入境检验检疫局关于德宏州登革热疫情处置情况报告》。在德宏召开了边境地区登革热防控工作专题会议。形成了云南口岸疫情防控工作的新格局，明显提升了口岸疫情疫病防控工作的有效性。

【保障供港澳蔬菜质量安全】 云南出入境检验检疫局专门召开供港澳蔬菜检验检疫管理工作会议。云南、广东和深圳41家企业的80余名代表及蔬菜生产基地植保员参加了会议，为确保云南蔬菜高质、安全、顺畅出口，采取了6项措施：1. 加强质量诚信体系建设，明确各出口企业和备案基地是第一责任人，促进企业形成自我约束、诚信经营的良好机制；2. 备案基地严格按质量承诺书要求，推行“公司 + 基地 + 标准化”的管理模式，保证《供货证明》所开具的蔬菜全部来自备案基地；3. 检验检疫部门结合年审加强对备案基地的监督检查，重点查备案基地面积和品种、病虫害发生和防治情况，农业化学投入品进货台账，出具《供货证明》的情况和数量核销情况等内容；4. 加强部门间的联动，将有机食品认证和无公害认证与基地备案和卫生注册规定对接；5. 推动“产区政府负责、企业严把质量、检验检疫监管，相关部门齐抓，行业协会协调，社会力量参与”的出口农产品质量安全建设新格局；6. 根据诚信记录，对供港澳蔬菜企业和基地实施分类管理，提高通关速度，促进了供港澳蔬菜的稳定出口。

【检验检疫能力建设】

1. 对省局技术中心食品、烟草、花卉、虫媒病4个国家重点实验室投入2687万元，对其他7个实验室投入3150.51万元，对各分支局24个实验室投入1729.49万元，加强实验室基础能力建设。

2. 加大信息化建设力度，努力提高检验检疫工作效率和服务水平。完成了主干网络升级改造；加强了备份系统建设，完善了重要数据备份机制；完成了机场办、怒江办、西双版纳局、勐腊局、丽江办、昆明出口加工区办事处等下属机构新办公楼信息网络平台建设实施方案审定；完成了视频录播系统的建设，实现了系统内视频直播和点播传输运用，全省系统内技术保障能力和水平得到了明显提升。

【抗震救灾】 四川汶川特大地震，云南检验检疫局紧急行动，全力投入抗震救灾工作。各检验检疫机构设立专门的国际救灾援赠物资报检窗口，24小时值班受理报检服务。抽调人员，加强口岸一线现场查验力量，做到快速受理，随到随检，及时验放；各部门保障检验检疫工作秩序和工作质量，确保口岸通关安全顺畅。截止5月20日，向地震灾区捐款27.87万元，捐赠物资价值7万余元。

【疫情防制工作】 2008年4月，为严防越南发生的猪蓝耳病等疫情传入，国家质检总局督查组赴河口、红河检验检疫局检查指导相关疫情防制工作，并深入到各主要口岸、办事处和中越边境部分非正式通道进行了现场查看，听取防制工作意见，了解越方对猪蓝耳病等疫情的防制情况，对防制工作进行了现场指导。督查组认为：面对近年来越南禽流感、口蹄疫、猪蓝耳病等疫情不断暴发的严峻形势，云南检验检疫局高度重视，思想统一，措施到位，认真完善各项预案和措施，做了大量积极而有效的工作。云南局通过采取加强与地方政府和联检部门之间的协调配合，在边境村寨的边民中做好宣传教育，在口岸和主要边境通道上设立禁止偶蹄、禽类动物及其产品入境的警示牌，加强境内外疫情信息的收集和上报，密切关注境外疫情的发展动态，对来自越南的运输工具进行严格的消毒处理等措施，为禽流感、猪蓝耳病等疫情防制工作赢得了时间、争取了主动，取得了较好的成效。

【昆明出口加工区办事处】 2008年8月22日，云南出入境检验检疫局昆明出口加工区办事处在昆明经济技术开发区内挂牌成立。出口加工区办事处的设立将直接方便加工区内企业办理检验检疫业务，减少办事环节，降低经营成本，节约工作时间，提高工作效率。同时对加快区内货物的快进快出，改善投资环境起到积极的作用。

【中荷第六次植检双边会谈】 2008年6月24日~26日，中国与荷兰第六次植检双边会谈在昆明举行，本次会谈的主要议题：1. 荷方花卉种球、马铃薯试管苗、梨及砧木输华问题；2. 中方槭树苗及柑橘出口荷兰问题；3. 讨论下一步中荷植检合作方案；4. 双方专家相互交流植检管理体系及技术支撑体系的做法和经验。双方本着友好互信、相互理解的原则就近年来两国在植物及其产品贸易中存在的问题进行了交流和讨论，对改进措施达成了共识。会谈还就双方关注的问题及截获疫情的情况进行了通报。双方决定会后由中方负责起草《荷兰花卉种球输华植物检疫议定书》，经荷方认可后，将在年底举办的SPS国际会议上由两国部长签署。双方决定将本次会议的成果以会议纪要的形式通报执行。

（薛荣昆）

金融业

【概　况】 2008年，云南省认真落实国家各项宏观调控政策，应对国际、国内经济形势变化，努力克服自然灾害和金融危机带来的不利影响，全力“增投资、稳工业、促消费、保民生”，实现经济平稳较快增长，地区生产总值增长11%；全省投资较快增长，工业增长保持平稳，全年地区生产总值增长11.0%，人均GDP增长10.3%，产业结构调整为17.9∶43.0∶39.1，非公有制经济占GDP的比重比上年提高1.1个百分点，产业结构优化，城乡消费两旺，物价指数回落，民生不断改善。国民经济保持平稳较快增长，结构调整成效明显。

银行机构落实国家宏观调控政策的主动性显著增强，货币信贷运行平稳，结构不断优化，紧紧围绕云南经济社会发展战略，努力增加信贷投放，全力支持扩大内需，全省货币信贷运行总体平稳。2008年末，全省金融机构本外币各项存款余额8470.46亿元，同比增长17.39%，比年初增加1255.18亿元。人民币各项存款余额8418.94亿元，同比增长17.4%，比年初增加1248.4亿元。全省金融机构外汇存款余额7.54亿美元，同比增长23.2%，比年初增加1.42亿美元。云南省金融机构本外币各项贷款余额6649.3亿元，（按可比口径，下同）同比增长18.96%，比年初增加1087.19亿元。人民币各项贷款余额6594.33亿元，同比增长19.29%，比年初增加1093.83亿元。其中短期贷款余额2505.45亿元，比年初增加455.42亿元，同比增长21.33%；中长期贷款余额3817.03亿元，比年初增加543.65亿元，同比增长16.23%；票据融资余额为271.27亿元，比年初增加95.06亿元，同比增长53.96%。全省外汇贷款余额为8.04亿美元，比年初减少3900万美元，同比下降4.58%。

证券业制度建设效果明显，2008年末，云南共有27家上市公司，发行27只A股和1只H股，上市公司总市值1114.7亿元，占全国A股总市值的0.92%。保险业发展态势良好。2008年，云南省保险公司保费规模列全国第22位，增速列全国第7位，比上年加快30.5个百分点，保险业经营效益良好。

【金融运行】

银行业稳步发展，金融调控成效显著　人民币各项存款平稳增长，结构变化明显，稳定性增强。2008年，云南省货币信贷运行总体平稳，各项存款平稳增长，各项贷款合理增长，结构改善，现金投放大幅减少，银行业改革进展顺利，活力增强。

1. 资产规模不断壮大，机构种类得到扩充。2008年，全省银行业资产规模增长13.5%，不良贷款实现“双降”，当年结益增长31.6%，呈现规模和效益稳步提高的良好态势。年内新增外资银行1家、农村新型金融机构6家，机构体系进一步完善。中小法人金融机构发展较快，资产总额较年初增长20.5%（见表1）。

2. 各项存款增势平稳，定期化特征明显。在证券市场疲弱、房市观望气氛浓重、经济发展不确定性因素增强的环境下，储蓄存款回流明显，增量占比达59.1%，比上年提高40.7个百分点。经济减速对企业效益影响明显，企业存款增长大幅减缓。新增存款中定期占比57.5%，企业及居民投资意愿弱化。外汇存款回升，增加1.4亿美元。

表1　2008年云南省银行类金融机构情况

机构类别	营业网点			法人机构（个）
	机构个数（个）	从业人数（人）	资产总额（亿元）	
一、国有商业银行	1549	32288	5309	0
二、政策性银行	87	1820	1132	0
三、股份制商业银行	105	3196	1327	0
四、城市商业银行	113	2008	473	3
五、城市信用社	0	0	0	0
六、农村合作金融机构	2354	18776	1859	140
七、财务公司	0	0	0	0
八、邮政储蓄	1	111	219	1
九、外资银行	2	26	3	1
十、农村新型金融机构	10	97	5	6
合　计	4221	58322	10327	153

3. 贷款增长先抑后扬，投放更趋均衡。2008年，全省贷款增长与各阶段宏观调控政策的要求保持一致，贷款增速7月出现低点，11月份各银行加快信贷投放，支持“扩内需、保增长、调结构”，全年贷款增长快于上年1.2个百分点。4个季度分别新增贷款311.3亿元、259.5亿元、210.3亿元、312.7亿元，均衡性明显增强。受企业进口需求下降影响，外汇贷款下降4000万美元。贷款结构继续优化，政策导向效果明显。中长期贷款增量占比下降23.4个百分点，期限错配风险减弱。短期贷款和票据融资多增，其中票据融资大幅增长49.7%，社会对流动性资金需求的满足程度上升。在信贷政策的引导下，银行机构对薄弱环节的信贷支持力度增强，涉农贷款、中小企业贷款余额占全部贷款余额的比重分别达28.9%和42.2%，下岗失业人员小额担保贷款增长81.3%。信贷市场份额变动明显，股份制银行及地方性法人金融机构新增贷款占比分别提高4%和0.5%。

人民币贷款运行的主要特点：

（1）贷款投放的均衡性增强。金融机构合理安排贷款投放进度成效明显。分季度看，全部金融机构一、二、三、四季度分别新增贷款311.37亿元、259.50亿元、210.24亿元和312.72亿元，信贷投放在年度内前快后慢的现象明显改观。

（2）贷款期限结构继续优化。金融机构加大对企业流动资金的支持。按可比口径，全省新增人民币短期贷款455.42亿元，占各项新增贷款的41.64%，比上年同期提高14.44百分点，同比多增208.32亿元，短期贷款投放较多，有利于满足经济社会发展的流动资金需求。企业流动资金需求得到较好满足的同时，银行资产负债期限结构进一步优化。企业债务性融资取得进展，全省5家企业发行短期融资券合计融资62.5亿元。

（3）各类金融机构贷款均同比多增。2008年云南省各类金融机构新增人民币贷款是2007年的1.26倍，四类金融机构均同比多增。其中，国有商业银行和股份制银行贷款新增较多，分别新增446.46亿元和221.68亿元，同比分别多增76.97亿元和83.18亿元。

（4）新增贷款行业分布重点突出。2008年，全省电力燃气及水的生产供应业、制造业、水利环境和公共设施管理业、交通运输仓储和邮政业、农林牧渔业分别新增贷款268.39亿元、128.57亿元、103.79亿元、91.9亿元和89.73亿元，上述5个行业合计新增贷款682.38亿元，占全部各项新增贷款的62.38%，对云南基础行业和重点建设提供了有力支持。

（5）信贷结构调整取得成效。2008年末，金融机构涉农贷款余额占全部贷款的28.9%，全省中小企业贷款比年初增加382.6亿元，占全部新增贷款的比重达48.6%。

（6）对扩大消费、助学、就业再就业的信贷支持持续增加。2008年，银行业金融机构积极拓展和挖掘消费信贷业务空间，积极支持合理的住房、汽车消费，加强对助学、就业再就业等领域的信贷支持。年末，全省消费贷款余额为689.65亿元，比年初增加79.79亿元，增长12.99%，其中，个人住房消费贷款余额551.74亿元，比年初增加54.87亿元，增长11%；汽车消费贷款余额为16.04亿元，比年初增加4.42亿元，增长34.37%，同比多增5.36亿元；助学贷款余额为4.41亿元，比年初增加4800万元，增长12.21%。全省累计发放下岗失业人员小额担保贷款1.73万笔，累计发放金额4.26亿元，年末小额担保贷款余额4.72亿元，当年累计发放金额创历史新高。

4. 现金收支增长放慢，净投放量减少。随着现代化支付体系建设日趋完善，结算方式日益便利高效，全年现金收支增幅较上年回落10个百分点以上（见表2）。全年银行卡交易额占同期社会消费品零售总额的比重达17.8%。

表2　2008年金融机构现金收支情况表

项　目	年累计额（亿元）	同比增速（%）
现金收入	15208.9	2.1
现金支出	15262.0	2.0
现金净支出	53.1	-30.8

5. 利率水平总体下行，利率上浮贷款比重增加。金融机构人民币贷款利率逐季走低，年末1年期固定利率贷款的加权平均利率同比下降0.63个百分点，利率政策效应逐步显现。贷款利率浮动重心持续上移，全年贷款执行上浮和基准利率的占比达80.6%，同比上升16.3个百分点，金融机构利用利率覆盖成本和风险的理念强化。

6. 银行业改革进展顺利，活力不断增强。国家开发银行股份制改革稳步推进，农业银行云南省分行不良资产剥离划转完成，其他国有商业银行继续完善制度，深入推进股份制改革。八成以上的农村信用社专项中央银行票据实现兑付，资产质量明显改善，支农能力明显增强，年末全省农村信用社农业贷款余额占全省农业贷款余额的91.3%。富滇银行修订和完善了公司治理的基础性制度，各项业务保持较快增长。新型农村金融机构发展取得突破，先后有3家村镇银行和3家小额担保公司挂牌开业，改善了部分农村地区的机构布局。

证券业发展放慢，市场运行基本平稳　2008年，国际、国内证券市场深幅调整，投资者投资意愿减弱，全省证券成交量下降，证券公司业绩下滑，股票融资发展放缓。

1. 交易量明显萎缩，证券机构经营总体正常。沪深股市深幅调整导致投资者热情下降，2008年全省证券累计成交金额较上年萎缩30.1%。证券机构总体保持盈余，32家证券营业部中有31家盈利；受市场成交量下降和资产公允价值变动的影响，辖区2家法人证券公司经营业绩大幅下滑。各证券业机构大力开展基础性制度建设和投资者教育，为证券市场的发展夯实基础。

2. 股票融资步伐放缓。年末，云南共有27家上市公司，发行27只A股和1只H股，上市公司总市值1114.7亿元，占全国A股总市值的0.92%。股市调整制约了融资发展，全年5家公司通过IPO和增发股份共计融资61亿元，比上年减少13.8亿元（见表3）。

表3　2008年云南省证券业基本情况表

项　目	数　量
总部设在辖内的证券公司数（家）	2
总部设在辖内的基金公司数（家）	0
总部设在辖内的期货公司数（家）	2
年末国内上市公司数（家）	27
当年国内股票（A股）筹资（亿元）	61
当年发行H股筹资（亿元）	0
当年国内债券筹资（亿元）	108
其中：短期融资券筹资额（亿元）	63

保险业增长加快，保障功能增强　保险业加强业务拓展，收入不断增加，积极开展农业、养殖保险，加大对地震、泥石流灾害损失的给付力度，保障功能持续增强。

1. 保费收入加快增长。2008年，云南省保险公司保费规模列全国第22位，增速列全国第7位，比上年加快30.5个百分点，保险业经营效益良好（见表4）。

2. 保险业保障功能强化。保险业积极支持灾后恢复重建，年末保险赔款较年初增长31.8%。保险对农业的支持力度加大，开办了能繁母猪保险和具有地方特色的甘蔗保险，全省参保农户67.6万户次，累计支付赔款1.9亿元，受益农户达21.4万户次。部分保险机构促成总公司与政府签署合作协议，加大对基础设施建设的投资力度。

表4　2008年云南省保险业基本情况表

项　　目	数　量
总部设在辖内的保险公司数（家）	0
其中：财产险经营主体（家）	0
寿险经营主体（家）	0
保险公司分支机构（家）	27
其中：财产险公司分支机构（家）	17
寿险公司分支机构（家）	10
保费收入（中外资，亿元）	165
财产险保费收入（中外资，亿元）	55
人寿险保费收入（中外资，亿元）	110
各类赔款给付（中外资，亿元）	63
保险密度（元/人）	364
保险深度（%）	3

金融市场运行平稳，直接融资增加较多

1. 债券融资增长较快，直接融资比例继续上升。金融机构和省内企业加强合作，利用债券市场加快发展的有利时机，积极探索利用短期融资券、企业债券等工具融资107.5亿元，增长43.8%。其中短期融资券多增35亿元。金融机构还通过发行理财产品、融资租赁等方式为企业、项目提供资金，推动直接融资较快发展（见表5）。

表5　2008年云南省非金融机构融资结构表

	融资量亿元人民币	比重（%）		
		贷款	债券含可转债	股票
2001	195.4	96.2	0.0	3.8
2002	257.8	97.3	0.0	2.7
2003	564.1	98.8	0.7	0.5
2004	439.2	98.1	0.0	1.9
2005	669.4	98.8	1.2	0.0
2006	886.8	92.4	5.4	2.2
2007	1001.7	88.1	4.4	7.5
2008	1254.1	96.6	8.6	4.9

2. 货币市场拆借减少，债券交易较为活跃。2008年，证券市场调整导致“打新股”资金需求下降，资金拆借主要满足头寸管理需要，全省金融机构累计拆借成交额190亿元，同比下降35.9%。债券市场行情较好刺激债券回购和现券交易分别大幅增长62.4%和116.9%，9月份后基准利率逐步下行，进一步吸引资金进入债券市场投资，货币市场为金融机构提供管理流动性及资产投资场所的功能日益显现。

3. 票据贴现量快速回升，贴现利率走低。9月份以前，票据贴现余额持续回落，随着货币政策的调整，银行流动性充足，贴现快速回升，年末增长54%。在央行5次下调贷款基准利率的带动下，票据贴现、转贴现加权平均利率均出现下降。

4. 黄金业务快速发展，银行间外汇市场交易下降。在国际金融危机及股票市场低迷背景下，黄金价格维持强势，居民对黄金的投资偏好增强，推动了商业银行黄金业务交易量大幅增长111%；黄金交易所成员累计成交黄金61.9吨，增长32%。省内企业进出口增长放缓，结售汇需求发生明显变化，导致市场成员在银行间外汇市场交易量下降15.6%。

5. 民间借贷需求趋弱，利率保持平稳。随着农村信用社放贷能力的增强和各银行对中小企业支持力度的加大，监测样本民间借贷资金增幅下降61.5个百分点，需求增长放慢。民间借贷加权平均利率23.40%，基本保持稳定，而农户民间借贷利率出现明显回落。

6. 以产品创新增加资金投入取得积极进展。年中，面对信贷总量受限而信贷需求持续旺盛的形势，金融机构积极发展委托贷款、信贷+理财产品和融资租赁等新型融资方式，全年达成融资租赁协议22亿元，发行信托理财产品为企业筹资55亿元，承销5家企业短期融资券62.5亿元，有效增加了对经济发展的资金支持。

7. 改进和提高外汇管理服务及监管水平，推动云南涉外经济平稳发展。2008年，加强跨境资金流动监测分析，严格资本流入、结汇管理。着力推动一般贸易人民币结算进程，促进云南省与东盟各国的贸易发展。年内国务院批准云南省与东盟国家贸易人民币结算试点。同时，加强与周边国家银行的往来。与泰国北部央行增进了交流和沟通，建立了对话机制；与缅甸央行、国家经济银行多次交流磋商，就其在我境内商业银行开立人民币账户办理贸易结算达成一致，开立了境外银行人民币离岸账户，对开展贸易人民币结算奠定了基础。着力推动“走出去”战略实施，境外投资保持良好势头。继续贯彻落实国家实施“走出去”战略，鼓励云南省企业到周边国家开发资源，保持云南经济的可持续发展。2008 年，全省境外投资 1.08 亿美元，同比增长 44%。

2008 年全省外汇收支运行总体平稳，跨境收支总规模、银行结售汇总额继续保持稳定增长，跨境收支、结售汇顺差下降。全省跨境收支总规模 112.75 亿美元，同比增长 11.92%，收支顺差 15.39 亿美元，同比下降 10.03%；银行结售汇总额 97.74 亿美元，同比增长 23.06%，结售汇顺差 9.25 亿美元，同比下降 42.2%。截止 12 月末，全省外汇存款余额 7.59 亿美元，同比增长 19.57%，外汇贷款余额 8.03 亿美元，同比下降 7.37%。同期全省外债余额 25.42 亿美元，同比增长 11.64%。

【金融支持“三农”】

对“三农”的信贷投入加大 2008 年末，全省短期农业贷款余额 747.2 亿元，比上年增长 68.5%，增幅提高了 29.9 个百分点。其中农村信用社农业贷款余额增加 171.5 亿元，贷款总规模已跃居云南省银行业金融机构的第 2 位，成为金融支持“三农”的主力军。农户贷款面不断扩大，年末达到 75.1%，比 2002 年提高了 15.8 个百分点。

农村金融产品与服务创新取得新进展 2008 年，金融机构涉农金融创新产品多样化，针对性强。1. 农业银行以惠农卡为载体向农户发放信用贷款，年末发放惠农卡 41.6 万张，共向 1.21 万户农户发放小额贷款 2.43 亿元，有效解决了担保抵押难问题。2. 中国农业发展银行、云南省农村信用社等涉农机构推出了农村沼气池贷款、农村党员带头致富贷款、农民工创业贷款和林权抵押贷款等创新产品，有效支持了农村城镇化重点项目和农民工创业，促进了农村民营经济、农户经济的发展。3. 农业保险品种发展较快，开办了能繁母猪保险和林木保险，2008 年承保农作物及林木保险 727.55 万亩，承保能繁母猪 263.4 万头，参保农户 67.64 万户次，对相关行业稳定发展的支撑作用明显增强。

农村金融服务体系建设进一步完善 云南省在积极推进涉农金融机构改革的同时，放松农村金融市场准入限制，新型农村金融机构试点工作取得了实质性进展。2008 年组建了 3 家村镇银行，年末村镇银行各项存、贷款余额分别达 2.4 亿元和 6000 万元。年末又通过了 10 家小额贷款公司的设立申请，有 3 家年内挂牌开业。新型农村金融机构的开设，对弥补部分农村地区金融服务的空白、活跃农村金融市场发挥了积极作用。

【金融生态环境建设】 全社会特别是地方政府充分认识到良好的金融生态环境对支撑云南经济发展的重要作用，年中，云南省政府对金融生态建设的工作机制、政策协调、打击逃废金融债务和信用体系建设作了明确安排，形成以政府为主导，人民银行、金融监管部门、金融机构及相关综合部门协同配合的金融生态建设协调工作机制，加强产业、财税、招商政策和金融政策的协调配合，专门布置了涉及银行债务案件的结案工作。昆明市出台了《中共昆明市委昆明市人民政府关于加快推进社会信用体系建设的意见》。在政府的主导下，全省金融生态建设继续推进。企业、个人征信数据采集取得突破，完成了 636 万户农户的信用档案建设工作，信用信息成为银行审贷、主管部门审批贷款公司设立申请等事项的重要参考信息，企业、居民对信用状况的关注程度上升，诚实守信意识得到强化。

【全球金融危机对云南省有色金属行业的影响】

2008 年以来，美国次贷危机逐渐发展成为国际金融危机，国际市场对有色金属产品需求大幅下滑，对云南省有色金属行业造成重大影响，具体表现在出口下滑，受国际市场需求下降影响，10 种有色金属出口同比大幅下降 49.1%；企业开工不足，全年有色金属价格深幅下跌达 70% 左右，面对疲乏的需求和低迷的价格，部分企业选择停产或半停产；企业利润减少，云南铜业、云南锡业等 6 家上市公司 2008 年主营收入同比减少，净利润同比大幅下降 53.2%。

多方采取措施支持有色金属行业走出困境。面对危机来临和行业周期性下降对有色金属行业的冲击，政府主管部门积极协调，采取多种措施维持该行业的稳定。制定了有色金属产品的收储计划，决定由省财政贴息，收储有色金属 100 万吨，年内已收储 55.2 万吨，有效降低企业库存，加速流动资金周转；给予优惠电价支持，对有色金属企业生产用电价格每度电优惠 0.06 元，降低相关企业的生产成本。金融部门也积极采取措施帮助企业渡过难关，不提前收回存量贷款，还加大信贷投入支持有色金属的收储计划，按收储计划确定时的价格计算预计将投入资金 260 亿元以上。经过多方努力，全省有色金属企业开工率上升，生产趋于稳定。

【边贸人民币结算】 云南省地处祖国西南边陲，总面积为 39.4 万平方公里，与缅甸、老挝、越南 3 个国家接壤，边界线长 4061 公里。有 8 个边境州（市）的25个县（市）接壤，边境沿线总人口600多万人，有13个国家级一类口岸，7个国家级二类口岸，90多个边境通道和边民互市点。漫长的边境线和众多的口岸为发展边境贸易提供了良好的区位优势。

2008年3月，人民银行昆明中支分别与泰国央行考察组和缅甸经济银行考察组进行了会谈，就如何增强双边交流及信息共享机制交换了意见，表达了在滇泰和滇缅间开展银行间人民币结算合作的愿望。

云南省主要存贷款指标

		1月	2月	3月	4月	5月	6月	7月	8月	9月	10月	11月	12月
外币	金融机构各项存款余额（亿元）	7206.6	7350.1	7505.6	7647.3	7793.2	7931.8	8039.4	8070.3	8100.3	8153.2	8336.2	8470.5
	其中：城乡居民储蓄存款	3111.5	3230.6	3306.2	3336.3	3391.5	3435.8	3480.9	3520.9	3610.1	3643.9	3686.8	3810.0
	企业存款	2514.0	2509.6	2551.5	2611.3	2661.5	2748.9	2766.2	2752.4	2743，8	2733.3	2800.9	2905.7
	各项存款余额比上月增加（亿元）	-8.6	143.5	155.5	141.7	145.9	138.6	107.6	30.9	30.0	52.9	183.0	134.3
	金融机构各项存款同比增长（%）	14.7	15.9	15.0	16.2	17.5	17.7	17.1	16.2	16.3	17.8	16.8	17.4
	金融机构各项贷款余额（亿元）	5906.9	6001.0	6062.1	6194.1	6279.3	6330.2	6388.3	6435.5	6525.4	6541.3	6513.8	6649.3
	其中：短期	2212.0	2272.7	2310.9	2373.6	2396.7	2438.3	2447.1	2454.1	2508.3	2518.3	2502.0	2531.7
	中长期	3489.4	3531.9	3573.6	3645.2	3686.8	3711.3	3741.7	3772.9	3782.0	3804.7	3778.8	3835.1
	票据融资	181.?	173.8	157.1	156.3	170.2	155.1	176.2	185.3	212.7	197.2	221.6	271.3
	各项贷款余额比上月增加（亿元）	173.0	94.0	61.1	132.0	85.2	50.9	58.1	47.2	89.9	15.9	144.2	135.5
	其中：短期	67.5	60.7	38.2	62.7	23.1	41.5	8.9	7.0	54，2	10.1	56.9	29.7
	中长期	97.9	42.5	41.7	71.6	41.6	24.5	30.4	32.2	9.1	22.7	66.5	56.3
	票据融资	5.5	-7.9	-16.7	-0.8	13.9	-15.1	21.1	9.2	27.4	-15.6	24.5	49.6
	金融机构各项贷款同比增长（%）	17.3	17.4	16.5	16.5	16.8	15.6	15.3	15.5	15.4	15.6	17.1	18.9
	其中：短期	1L8	15.5	14.5	15.0	14.0	13.1	13.2	13.2	15.5	18.3	19.8	20.9
	中长期	23.1	22.0	20.4	21.2	20.6	19.3	18.1	17.6	15.5	14.2	14.0	15.1
	票据融资	-8.6	-22.8	-18.5	-29.7	-15.4	-18.0	-5.8	5.6	15，4	13.4	36.7	62.8
	建筑业贷款余额（亿元）	174.7	175.1	160.2	167.5	171.2	158.4	161.1	165.8	171.0	171.1	171.3	176.4
	房地产业贷款余额（亿元）	242.3	246.7	247.5	248.9	245.3	242.4	243.5	234.6	239.0	235.9	232.7	234.6
	建筑业贷款比年初增长（%）	8.0	8.2	-1.0	3.5	5.8	-2.1	-0.4	2.5	5.7	5.7	5.9	9.0
	房地产业贷款比年初增长（%）	26.9	29.2	29.6	30.4	28.5	27.0	27.6	22.9	25.2	23.6	21.9	22.9
人民币	金融机构各项存款余额（亿元）	7164.6	7311.8	7465.8	7608.9	7754.4	7893.5	7997.7	8027.2	8055.0	8107.1	8291.2	8418.9
	其中：城乡居民储蓄存款	3083.2	3205.1	3280.6	3311.0	3366.3	3411.2	3456.3	3495.5	3585，2	3617.4	3661.3	3783.8
	企业存款	2503.5	2500.1	2539.2	2600.5	2650.3	2737.5	2751.6	2737.9	2724.9	2717.2	2784.1	2882.7
	各项存款余额比上月增加（亿元）	-5.9	147.1	154.0	143.1	145.5	139.1	104.2	29.5	27.8	52.1	184.1	127.7
	其中：城乡居民储蓄存款	36.8	121.9	75.5	30.4	55.3	45.0	45.0	39.2	89.8	32.2	43.9	122.5
	企业存款	-75.4	-3.4	39.1	61.3	49.8	87.2	14.1	-13.6	-13.0	-7.7	66.9	98.6
	各项存款同比增长（%）	15.0	16.2	15.4	16.6	17.9	18.1	17.3	16.4	16.5	17.9	17.0	17.4
	其中：城乡居民储蓄存款	8.2	7.4	8.4	9.8	12.8	13.9	14.1	16.9	21，1	24.8	23.9	24.2
	企业存款	18.2	19.6	14.8	17.2	17.8	18.0	15.9	11.3	10.7	12.0	9.4	11.8
	金融机构各项贷款余额（亿元）	5839.4	5928.6	5983.0	6112.9	6190.8	6242.5	6301.6	6352.3	6452.8	6479.0	6459.8	6594.3
	其中：个人消费贷款	623.7	626.2	634.0	641.7	653.7	665.1	665.7	667.8	678.3	679.6	679.3	689.7
	票据融资	181.7	173.8	157.1	156.3	170.2	155.1	176.2	185.3	212.7	197.2	221.6	271.3
	各项贷款余额比上月增加（亿元）	167.7	89.2	54.4	129.9	77.9	51.7	59.1	50.7	100.5	26.2	151.9	134.6
	其中：个人消费贷款	9.7	2.4	7.7	7.7	12.1	11.4	0.6	2.1	10.6	1.4	3.9	10.3
	票据融资	5.5	-7.9	-16.7	-0.8	13.9	-15.1	21.1	9.2	27.3	-15.6	24.5	49.7
	金融机构各项贷款同比增长（%）	17.1	17.2	16.2	16.2	16.2	15.2	14.9	15.2	15.3	15.8	17.5	19.3
	其中：个人消费贷款	22.8	22.0	21.6	21.3	22.0	20.6	19.0	16.9	15.8	14.6	13.0	13.0
	票据融资	-8.6	-22.8	-18.5	-29.7	-15.4	-18.0	-5.8	5.6	15，5	13.4	27.8	54.0

续 表

		1月	2月	3月	4月	5月	6月	7月	8月	9月	10月	11月	12月
外币	金融机构外币存款余额（亿美元）	5.8	5.4	5.7	5.5	5.6	5.6	6.1	6.3	6，7	6.8	6.6	7.5
	金融机构外币存款同比增长（%）	-17.5	-21.3	-21.7	-20.0	-17.8	-25.0	-9.0	-5.0	4，7	5.6	4.4	23.2
	金融机构外币贷款余额（亿美元）	9.4	10.2	11.3	11.6	12.7	12.8	12.7	12.2	10.7	9.1	7.9	8.0
	金融机构外币贷款同比增长（%）	55.4	57.1	61.3	72.7	101.9	79.0	77.3	59.9	39.9	15.4	-8.4	-4.9

数据来源：人民银行昆明中心支行

（田灿钧　龚晓兰）

住房和城乡建设

2008年，全省建设系统按照全省建设工作会议、全省农村民居地震安全工程建设现场会和全省城乡建设工作现场会部署，创新发展理念、破解发展难题，突出重点、突破难点，狠抓各项工作落实，较好完成了年初确定的目标任务。全省城镇化水平达到33%，比2007年提高1.4个百分点，住房城乡建设事业保持了稳步发展的良好势头。

【强化城乡规划调控引导作用】 以宣传贯彻《中华人民共和国城乡规划法》和《云南省历史文化名城名镇名村名街保护条例》为契机，紧紧围绕省委、省政府确定的“6个层次”城镇规划建设战略，加强规划管理机构建设，全省已成立规划局60个，其中州（市）规划局14个，县（市）规划局（含合署机构）46个。完善城乡规划编制体系和管理机制，全面加强城市总体规划修编指导与审查审批，完成15个县（市）城总体规划的大纲审查和规模核定，指导各地加强和深化了城市规模、发展定位、空间优化、产业拓展、综合交通、历史文化与生态环境保护等内容的城市总体规划前期战略研究论证工作。启动云南跨境与交通走廊规划，滇中城市群规划成果正在征求相关州、市意见，滇西城市群规划前期成果已经形成，省域城镇体系规划修编申请已报国务院待批。认真开展城乡规划效能监察和绩效考核工作，楚雄、丽江、曲靖、西双版纳等州、市效果显著。加强省级历史文化名城（镇、村）的申报列级和保护规划的审查，全省已有历史文化名城（镇、村、街区）52个，其中国家级历史文化名城（镇、村、街区）13个。加强对住房建设规划编制审批工作的指导和督促，各地级城市的住房建设规划已按规定时限完成批准公布工作。完成镇康县城搬迁建设工程省级验收。先后开展城市总体规划规范性专项督察、城乡规划行政管理权限的专项督察和历史文化名城保护规划实施情况的监督检查，建立了城乡规划评估制度和违反城乡规划行政责任追究制度。稳步推进村镇规划编制，规范了规划许可管理，明确了村镇集体土地颁发乡村建设规划许可证、村镇国有土地颁发“一书两证”。启用了乡村建设规划许可证。组织完成2个县域村镇体系规划编制、3个县域村庄整治布点规划。乡镇总体规划编制完成率达到70%。

【城乡建设管理】 省政府召开全省城乡建设工作现场会，对全省城乡建设管理工作提出了新任务新要求。在借鉴省外经验并结合云南省实际的基础上，编制了《云南省城镇污水处理及再生利用设施建设规划（2008年~2012年）》和《云南省城镇生活垃圾处理设施建设规划（2008年~2012年）》。省政府成立领导小组，并在省建设厅设立办公室，对项目前期、建设、运行全过程进行组织协调和监督管理，率先建立运行了“云南省城镇污水生活垃圾处理设施建设动态管理系统”。全省完成前期工作的污水生活垃圾项目99个，累计完成投资18亿元，全省城镇污水处理率达到42.1%，生活垃圾无害化处理率达到35.2%。牵头组织开展了昆明市城市快速轨道交通建设规划的编制工作。完成丽江市等8个省级园林城市（县城）的创建评审工作，指导和督促各市县区相继编制绿地系统、城镇供排水专业规划。协助相关机构成立了“滇派园林研究院”，组织修订了全省园林绿化乡土苗木基地网规划。牵头开展了云南省参与上海世博会主题确定和陈述、展厅方案征集和初选等前期筹备工作。加快数字城管与“12319”服务热线体系建设，以内强素质、外树形象、依法行政为重点，提高城建监察队伍综合素质，完成全省城建监察执法人员统一着装的选标、定制、发放和执法车辆的外观统一工作，全省城建监察执法队伍172支。开展了小城镇建设、农村住房建设和农村困难群众危旧住房专题调研，为制定相关政策奠定了基础。加强特色民居建设管理，组织云南农村住房设计竞赛，出版云南农村住房设计竞赛图集，供州（市）、县两级和相同层次的农垦辖区在设计推广民居通用图时参考选用。在迪庆州组织实施藏族新民居建设试点，西双版纳、临沧、文山、大理、德宏、曲靖等6个州（市）编制了本地特色民居方案设计图集，西双版纳、临沧等州（市）进入了通用图的实质性建设推广应用阶段。部分州（市）开展了村庄建设与整治规划的编制工作。国家重大科技专项“小城镇间歇式污水处理与水污染控制关键技术研究与示范”课题研究在景洪市启动。旅游小镇建设继续推进，出台《云南旅游小镇分类建设标准》、《云南旅游名镇标准》及《云南省旅游小镇规划编制管理办法》。按照动态调整制度，重新调整纳入名录的13个旅游小镇正在编制相关规划。已有近50家企业进入32个旅游小镇开发建设，完成投资21亿元。

【房地产业】　认真贯彻落实国家房地产调控政策，强化经济运行分析和政策研究，起草了促进房地产业健康发展和加强房地产市场监管的一系列政策措施。开展了全省房地产市场秩序和房地产估价市场专项整治。贯彻落实《房屋登记办法》，房屋登记工作顺利开展。实行大项目跟踪服务制度，加强对房地产企业的服务和协调。全年房地产开发投资完成557.59亿元，比上年增长31.9%，房地产开发投资占城镇固定资产投资的比重达到18%。进一步规范住房公积金归集工作，开展住房公积金的安全和使用效益情况专项治理，加大住房公积金单位项目贷款清收力度，住房公积金归集总额达到493.9亿元，归集余额313.8亿元，累计发放住房公积金贷款289亿元，个人贷款余额165.2亿元，存贷比稳步提高至52.5%，个人贷款逾期率首次降至0.16%，单位项目贷款降至1.11亿元。

【保障性住房建设】　按照省政府建设80万平方米廉租住房的要求，全省建设系统充分发挥职能作用，积极与有关部门协调配合，切实加强督查指导。各州（市）、县政府克服资金筹措、拆迁征地、雨季施工、建材价格高涨等困难，在严格基本建设程序、确保工程质量和施工安全的前提下，全面推进项目建设，圆满完成任务。1.3万多户保障对象已入住廉租住房。全省审批经济适用住房360万平方米，开工建设面积330万平方米，加上2007年积存，已竣工286万平方米。全面启动了租赁补贴发放工作，为人均住房面积12平方米以下的10.1万户、28万名保障对象发放租赁补贴1.21亿元。通过实物配租和发放租赁补贴的方式，基本实现中央提出的2008年底以前所有符合条件的城镇低保家庭“应保尽保”的目标。

【建设工程抗震设防工作】　按照省委、省政府提出的“汶川大救援，云南大行动”的要求，“云南建设系统抗震救灾专家队”前后2批共120人次到四川汶川地震灾区，完成了4139项567.24万平方米的公共（民用）建筑（构筑）物震害鉴定和灾情评估工作，被中华全国总工会授予“抗震救灾、重建家园工人先锋号”荣誉称号。坚决按照国务院抗震救灾总指挥部的部署，提前、超额完成了支援四川省绵阳市平武县灾区5000套过渡安置房及配套设施建设任务。认真落实省政府关于全面加强预防和处置地震灾害能力建设10项重大措施，健全完善全省建设系统抗震救灾应急预案，成立了200人的应急评估鉴定专家队、市政基础设施应急抢险队和大型机械化施工应急抢险队，并纳入省政府应急救援序列。贯彻国家建筑抗震设计规范和建筑工程抗震设防分类标准。开展了全省建设工程质量安全抗震设防督查活动，培训了近千名设计、施工、监理等管理技术人员。从初步设计、施工图审查、施工、监理等环节严格把关，建设工程抗震设防工作进一步得到加强。2008年全省计划完成20万户的农村民居地震安全工程建设任务，实际完成22万户，并经受住了地震的考验，成效显著。地震灾区恢复重建工作进展顺利，宁洱和昭通地震灾区民房及公共建设项目的恢复重建全部完成；盈江、楚雄灾区在2009年春节前基本完成民房恢复重建任务，绝大多数灾民已搬入新居。

【风景名胜区保护管理】　贯彻《风景名胜区条例》，组织开展云南省国家级风景名胜区综合整治和执法检查工作，督促相关州（市）政府明确了景区管理机构，依法收回了大盈江—瑞丽江风景名胜区莫里景区的管理权。滇池、建水、九乡、阿庐、普者黑等5个国家级风景区总体规划报批和西双版纳风景区总体规划修编上报工作已完成，及时完成了大理苍山索道、中缅油气管线、昆河铁路、大瑞铁路、丽香铁路、橄榄坝电站、龙盘电站、梨园电站等一批重大基础设施建设项目涉及风景区的协调工作。

【党的建设和机关作风建设】 认真开展解放思想大讨论活动和学习实践科学发展观活动，建设系统破解障碍、挖掘潜能、发挥优势、拓展空间的思路更加明确。认真贯彻落实《实施纲要》和党风廉政建设“两同时”的要求，狠抓党风廉政建设责任制的落实和检查，规范建设行政权力运行。按照省政府实施行政问责、服务承诺、首问责任、限时办结等四项制度的要求，公开各项承诺事项，主动接受社会各界监督，机关工作作风明显改善，责任意识、办事效率和服务质量有了新的提高。开展第四轮行政审批改革，所有行政审批项目的审批时限均压缩了1/3以上。

（黄　增）

环境保护

水资源的开发和利用工作

【概　述】 2008年水利厅下发了《云南省水利厅关于进一步加强取水许可管理工作的通知》，强化取水许可管理，将取水许可纳入了水利厅行政许可受理中心统一受理，每月定期在云南水利网站上公布取水许可受理办理情况，接受公众监督。加强《取水许可申请书》审查，在审查中重点审查有利害关系第三者的承诺内容落实情况、取水标的的执行情况、退水水质达标情况，切实加强取水许可管理工作。对南盘江雷打滩水电站、云鹏水电站、田坝水电站和茅草坪水电站取水许可进行现场验收，核发了取水许可证，加强项目取水许可日常监督工作。严格按照《建设项目水资源论证管理办法》的规定，加大对建设项目水资源论证管理。组织召开了保山市等壳水电站等25个项目的水资源论证报告书评审会议，审批了怒江福贡县施底河一级水电站等21个项目的水资源论证报告书审批意见，及时批复了开远大庄水库等8个项目关于延长水资源论证报告书审查意见有效期的请示，积极配合水利部长江水利委员会、珠江水利委员会对万家口子等6个位于省际边界河流建设项目水资源论证报告书进行审查。进一步加大水资源费征收力度，提高征收率。水利厅与财政厅联合下发了《关于进一步加强水资源费征收使用管理工作的通知》（云水资财〔2008〕23号文），规定各级财政部门需安排一定的预算经费作为水利部门水资源费征收管理专项工作经费，实现水资源费的全面超额征收打好基础。督促各州（市）水利（水务）局完成年度水资源费征收的目标责任，建立了水资源费征收的通报制度。2008年全省共征收水资源费3.64亿元，圆满完成年初制定的水资源费征收目标。水利厅组织昆明市水利局、昭通市水利局、曲靖市水务局、楚雄州水利局、红河州水利局、文山州水务局到成都市、重庆市进行城乡统筹水管理体制改革工作考察，向省人民政府上报了《云南省水利厅关于成都市重庆市城乡统筹水管理体制改革考察情况的报告》，就全省城乡统筹水管理体制改革工作提出建议。在普洱市召开了全省深化水务改革工作现场会，总结了2000年以来的水务改革成绩，并对下一阶段的水务改革工作做了“三步两个层次”的总体部署和安排。会后，各州（市）在水务改革方面取得了进展，昭通市巧家县已于10月23日第一家成立水务局。水利厅下发了《云南省水利厅关于开展城乡统筹水管理体制改革试点的通知》（云水政资［2008］20号），落实城乡统筹水管理体制改革试点工作。

水利厅加大了对曲靖市节水型社会建设试点工作的指导力度，有效推进曲靖市节水型社会建设试点工作，曲靖市节水型社会建设试点第二阶段工作得到水利部好评。做好第三批水利部节水型社会建设试点上报工作，水利厅确定玉溪市作为云南省第三批水利部节水型社会建设试点并上报水利部。完成对沾益县节水型社会建设试点工作的验收，沾益县的节水型社会建设试点工作已于10月14日顺利通过了水利厅组织的验收。永仁县节水型社会建设试点工作已具备验收条件，但因永仁县受地震灾害影响，忙于救灾，试点验收工作延期进行。元谋县水权水市场试点工作，已于11月22日顺利通过水利厅验收。水利厅下发了《云南省水利厅关于开展用水定额贯标活动的通知》，提出3年贯标计划，进一步贯彻落实好云南省用水定额地方标准，确保全省计划用水和节约用水的科学合理。《中华人民共和国水污染防治法》出台后，水利厅积极与环保部门沟通，并联合省环保局下发了加强入河排污口监督管理的通知，建立了入河排污口行政许可审批机制，做好入河排污口的行政许可管理工作。在《云南省水功能区划》的基础上，水利厅又组织编制了《云南省地下水功能区划》，完成全省地下水功能区划定工作，省政府于2008年7月29日批准实施，已印发各州（市）执行。组织编制完成了云南省水利系统突发性水污染事件应急预案，其中包括了《云南省突发性水污染事件应急监测预案》、《云南省突发性水污染事件饮用水应急水源预案》、《云南省突发性水污染事件应急调水预案》、《云南省主要干直流沿岸危险源排查报告》4个专题；制定了《云南省水利厅重大水污染事件报告办法》，逐步完善了水利厅预防和处置突发性水污染事件的应急机制。及时妥善处置了文山州富宁县发生的2起粗酚污染水体事件、澄江县尾矿库渗漏造成下游村庄生产生活用水困难事件和阳宗海砷污染事件。制定了全省州（市）河流水质考核断面，考核指标，并将其作为各州（市）年度目标责任制考核内容。

（闵　磊）

土地资源的开发和利用工作

【耕地保护】　认真贯彻落实《国务院关于促进节约集约用地的通知》及《国务院办公厅关于严格执行有关农村集体建设用地法律和政策的通知》精神，以加强土地调控和坚守耕地红线为重点，全面加强土地管理。1. 切实做好基本农田补划。共完成国家重点建设项目涉及基本农田补划方案论证22个，补划基本农田1111公顷，实现补大于占52.85公顷。2. 继续开展基本农田示范区建设。建设总规模近2.5万公顷，估算总投资6.06亿元。在建项目6个，建设规模8043公顷。3. 组织开展了2007年度耕地保护责任制履行情况自查，并顺利通过了国家抽查组对云南省2007年度耕地保护目标责任制检查。

【土地整理复垦开发】　2008年国家和省级共投资安排土地开发整理项目资金7.7亿元，其中，续建项目74个，新建项目65个，新建规模2.97万公顷，可新增耕地2420公顷。至2008年底，全省在建土地开发整理、土地复垦项目共231个，全年组织验收了25个，完成建设规模1.21万公顷，新增耕地面积3597公顷，完成投资2.82亿元。完成土地复垦方案的省级论证33个，计划复垦面积4195公顷，估算投资3.36亿元。积极开展空心村、工矿、砖瓦窑场废弃地整治工作。全省共清查出空心村、工矿、砖瓦窑场废弃地1.36万公顷。编制了《三项整治实施意见》和《三项整治方案编制要求》，下达了2008年第一批三项整治工作任务1000公顷。到2008年底，已完成33个项目的方案评审和备案工作，共投入资金4693万元，预计复垦总面积923公顷，新增耕地746公顷。

【矿产资源保护】　通过全省各级各有关部门近3年的共同努力，整顿和规范矿产资源开发秩序“治乱”工作取得良好成效，“治散”工作取得突破性进展，“治本”工作有了实质性推进。在整顿规范期间，全省共清理探矿权2158个，核减勘查面积3201平方公里，注销勘查许可证380个，减少勘查面积7304平方公里；清理采矿权8195个，依法查处越界超层开采262起，非法转让采矿权77起，注销吊销采矿许可证871个。按照《云南省矿产资源开发整合总体方案》的要求，以煤、磷、铜、铅、锌、钨、锡、钛、金为整合的重要矿种，把资源较为富集，矿业权数量较多的29个矿区作为省级整合的重点矿区。至2008年底完成了金、锡、钨3个矿种的整合任务，初步实现了重要矿产资源向优势企业集中。全省各级确定的671个整合矿区，已有312个完成整合任务。全省矿业权减少了783个，矿山企业“多、小、散”的局面初步改观，矿区开发秩序进一步好转。通过努力，基本完成了整顿和规范矿产资源开发秩序及“回头看”的各项目标任务。2008年7月中旬，国务院检查验收组对云南省的整顿和规范矿产资源开发秩序工作及“回头看”行动进行了检查验收，对全省所做的工作及取得的成效给予了充分的肯定和认可。

【地质灾害防治和地质环境保护】　年内及时完成了昭通等5个州（市）因雨雪冰冻引发的次生地质灾害排查工作。全面推进地质灾害群测群防网络建设和地质灾害调查工作，进一步健全汛期地质灾害防治各项制度，认真落实防灾减灾各项措施，开展地质灾害工程治理。及时组织专家组赴汶川“5·12”、盈江“8·21”、攀枝花“8·30”

地震灾区和楚雄“11·2”特大自然灾害区开展地质灾害应急调查。通过认真落实群测群防、预警预报、地质灾害应急预案和汛期值班等各项制度，防灾减灾效果明显。全年全省共发生地质灾害1035起，因灾造成94人死亡，54人失踪，直接经济损失10.94亿元。共成功预报地质灾害27起，避免623人伤亡，避免直接经济损失759.8万元。争取国家地质环境基础调查、地质遗迹保护和地质灾害恢复治理资金5870万元。

【土地执法】 2008年全省各级国土资源管理部门切实履行职责，扩大动态巡查区域，落实案件查处分级管辖制度，加大违法案件直接查处和督办查处力度，不断提高违法发现率、制止率和案件查处率。全省共发现土地违法案件703件，涉及土地面积2761公顷（其中耕地668公顷），立案420件，涉及土地面积2678公顷，结案398件，结案率95%，罚没款3754万元，拆除建构筑物5.8万平方米，追究有关责任人员27人。年内按照国土资源部的要求，对昆明市集中开展了第八次土地执法检查。通过核查，发现违法用地57宗，面积314公顷，其中耕地135.7公顷。截至2008年底，纠正32宗，立案查处25宗，结案9宗，收缴罚没款506.69万元，拆除建构筑物10.9万平方米。

（冉玉兰）

污染防治和城市环境保护工作

【污染物减排】 2008年，围绕主要污染物削减目标，从加快推进工程减排、结构减排、管理减排入手，制定减排计划，签订污染减排目标责任书，加强对全省减排工作的检查考核，建立了省级污染减排专项资金，全省累计完成省级和州（市）重点工程减排项目70个，重点结构减排项目141个，重点管理减排项目13个。其中国电阳宗海电厂1#、2# 2台20万千瓦机组、国电宣威电厂9#、10# 2台30万千瓦机组脱硫项目、华电昆明发电厂2台10万千瓦小火电机组和国电小龙潭发电有限公司的6台10万千瓦小火电机组提前关停，淘汰了一批水泥、化工、冶炼等落后产能，在全省制糖行业推广临沧永德糖业集团污染减排的技术和经验，一批制糖企业污染减排工程项目如期完成，有力地支撑了全省COD减排任务的完成。加大183家国控、省控重点企业监测和监管力度，强化对9户装机30万千瓦以上火电机组的现场监察，通报了一批没有按期完成污染减排任务和运行不正常的企业。积极推进污染减排统计、监测、考核“三大体系”建设。大力推动县级以上城市污水处理厂、垃圾处理场建设。昆明市完成了主城区污水处理系统50.4公里管网和呈贡新区排水管网建设，第七污水处理厂和呈贡县污水处理厂正加紧建设。经国家初步核定，2008年全省SO_2净削减3.2万吨，较上年削减6%，超额完成了减排3%的年度目标任务，削减总额占“十一五”全省SO_2减排任务的98.75%；COD净削减9500吨，较上年削减3.29%，超额完成了2.5%的年度减排目标任务。

【环评管理】 2008年，全省环保部门共审批建设项目环评文件6813项，比2008年的5650项增加1163项、增长20.6%；涉及固定资产投资2151.1亿元，比2008年的1669.2亿元增长了28.9%。其中：省级共审批建设项目环评文件326项，涉及固定资产投资1202.28亿元，比2008年审批的184项、789.68亿元，分别增加了77.2%和52.2%；共审批准予试生产48项，准予竣工环保验收39项。全年共组织审查了14个规划环评，流域水电开发规划环评全面推行，城市新区建设、城市规划修编等规划环评和部分旅游开发规划环评开展试点，全省40个省级重点工业园区规划环评已全面启动。严肃查处了违反环评和“三同时”制度的17个建设项目，暂缓或不予审批6个项目。深入红河、玉溪现场办公，现场审批了云南锡业股份有限公司7万吨锡冶炼技改项目等4个项目的环评，受到项目业主的一致好评。2008年10月底以来，在全省经济呈下行趋势时，及时调整了工作思路，改进环评审批工作，积极应对国家宏观经济政策变化，对一大批关系民生的重大建设项目，提前介入、主动服务、开辟“绿色”审批通道，出台了《关于进一步完善建设项目环境影响评价文件审批有关问题的通知》、《关于进一步提高环评效率确保环评质量促进全省经济平稳较快发展的意见》等文件，并分别召开重大建设项目业主单位和环评咨询机构座谈会，统一思想，研究对策，加强沟通，相互支持。仅10月至12月完成省级环评审批项目113项，同比增长151%。还多次派员专程到环保部汇报工作，争取对云南省规划环评和重大建设项目的支持。环保部对昆明快速轨道交通规划、云南老厂矿区规划、云南省新庄矿区总体规划等3个规划环评文件组织了审查，功果桥水电站、大理至丽江高速公路等7个项目获得审批，并受理了丽江—香格里拉铁路、昆钢集团产业结构调整等6个项目，其中4个项目已进行了技术评估。

【环境执法监督管理】 深入开展环保专项行动，组织开展了全省环境安全隐患大排查，整治环境违法企业。全年共计出动环境监察人员5.3万余人次，检查企业1.22万家次，对126家国控、57家省控企业以及118个工程减排项目进行了现场监察，对6州（市）18项重点项目开展后督查，对九湖流域44家企业和11个重点规划项目进行了现场监察，全面清查了全省集中式饮用水源地排污口和2003年以来环保专项行动中各重点督查事项的办理落实情况，对2007年全省41个危险废物经营许可证颁发及监管情况进行了专项检查，对不能稳定达标或超总量排污的单位实行限期治理。共检查企业172家，查处20起案件95家企业，责令23家企业停止生产、8家企业停止建设。加强辐射环境管理，开展了5次辐射安全大检查，共检查了全省放射源使用单位580家，检查放射源2999枚；完成了1641家放射源和射线装置工作单位辐射安全许可证的登记办证换证工作，全省放射源工作单位办证率达到了100%，射线装置工作单位办证率达到80%。开展了全省17个城市环境综合整治考核，昆明和玉溪两市入选全国10个空气质量最好城市。认真抓好排污费的征收工作，全年征收2.81亿元。

认真贯彻落实阳宗海综合治理现场办公会议精神，妥善处置阳宗海砷污染事件。阳宗海水体砷污染事件发生后，在第一时间内组成专家联合调查组，在阳宗海全流域排查污染源，查明造成阳宗海水体砷污染的主要来源，并采取“三禁”措施，确保沿湖人民群众的饮用水安全；迅速展开应急治理工作，有效截断入湖污染源；组织编制《阳宗海砷污染综合治理方案》，启动综合治理工作；以阳宗海水体砷污染事件为教训，在全省范围内深入开展环保大检查，重点检查了建设项目环境违法问题、尾矿库环境安全隐患、集中式饮用水源地保护工作落实情况、城市污水垃圾处理设施运行管理情况，以及长期违法排污、污染严重、群众反映强烈的违法企业，共检查相关企业8259家，对其中的1008家企业提出了整改要求，拟关停企业204家。目前，阳宗海湖泊水体砷浓度已从0.134mg/l下降到0.111mg/l。2008年，全省14起突发环境事故（其中，Ⅲ级2起、Ⅳ级1起、非等级事件11起）得到及时有效的处理，为妥善处置突发环境事故积累了经验、锻炼了队伍。

认真贯彻落实省委、省政府关于领导干部大接访、大下访的要求，建立了每月一次的局长环保信访接待日制度。全省办理群众来信8842件，接待群众来访3045批次、7034人次。认真受理“12369”环保投诉，做好奥运期间的反恐维稳工作，确保了奥运期间的环境安全和稳定。

【水污染防治工作】 认真贯彻落实省政府九大高原湖泊水污染综合防治工作会议等一系列重要会议精神，加快九湖“十一五”规划目标责任书项目建设进度。编制完成了《滇池水污染综合治理总体实施方案》和《滇池“十一五”综合防治规划补充报告》。昆明市全面实施入湖河道河（段）长责任制，29条主要入湖河道治理效果明显，各项治理工程建设步伐进一步加快，滇池治理六大措施取得重大进展。完成了《滇池生态安全调查和评估》。其他八湖积极推进环湖截污治污、入湖河道治理、排污管网、生态恢复、退塘还湖、农村面源防治等工程建设。截至2008年12月底，九湖“十一五”目标责任书项目共207项，完成34项，完工率达16.43%；开工建设109项，开工率达到69.08%；开展56项前期工作占27.05%，8项未启动，占3.86%。累计完成投资42.86亿元，其中滇池29.70亿元。根据湖泊水质监测分析报告结果显示，除阳宗海水体砷浓度超标、降为劣V类外，滇池、洱海水体污染物有所下降，其他湖泊基本保持稳定。

加强城镇集中式饮用水源地保护。认真组织全省129个县、224个主要城镇集中式饮用水源地划分和保护规划编制工作，完成了21个重点城市的46个集中式饮用水源地保护规划的编制，其余县、区的178个集中式饮用水源地保护区划分和保护规划工作已基本完成。高度重视出境跨界河流等重点流域环境安全保障工作，完成了全省主要出境河流的基本情况及主要工业污染源的情况调查，认真开展影响水环境安全的隐患排查。在全省范围内开展了水污染防治调研，编制完成《云南省沘江流域水污染防治规划》。

【农村环境保持】 积极开展农村环境综合整治试点示范工作。编制了《云南省农村环境综合整治规划》，启动了“以奖促治”和“以奖代补”环境综合整治试点示范工程，指导易门县、麒麟区、龙陵县、勐海县4个国家农村环境保护工作。昆明市在滇池、长江、珠江流域划定禁养区域实行全面禁养，共关闭、搬迁养殖户5120户。

【环境管理基础性工程】 开展全省污染源普查工作。完成19.6万家普查对象的普查数据填报、审核、录入及上报工作，全省现有工业源2.35万家，农业源12.21万家，生活源5.04万家，集中式污染治理设施135家，基本摸清了全省污染源现状，得到了环保部的充分肯定。

开展全省土壤污染状况调查工作。完成1718个普查点和73个背景点的土壤样品采集、制备和分析测试，共获得12.18万个分析数据，基本建成云南省土壤污染状况调查数据库。编制完成了《云南省重点区域土壤污染风险评估与安全性划分8个子项目工作方案》和土壤调查工作管理规定、技术要求、作业指导书，得到了环保部的好评。

完成了国家《水体污染控制与治理》科技重大专项滇池、洱海项目的申报评审工作。目前，项目实施方案已顺利通过专家论证，其中8个子课题已经纳入实施计划，将于2009年内启动。国家重大水专项云南项目的实施，将为解决云南水污染防治技术难题、带动环保科技创新起到积极的促进作用。

【环境法制、政策、科技、宣教和对外合作】 配合省人大完成了《云南大山包黑颈鹤自然保护区管理条例》的立法工作，启动《云南省滇池保护条例》起草工作。向社会公开通报了2007年以来违反国家环保法律法规的10个环境违法违规典型事项，依法查处环境违法行为，省厅共实施行政处罚16起，处罚金210万元。进一步巩固和完善与金融单位建立的环境法规防范信贷风险工作联席会议制度，先后4次向信贷部门通报环境违法违规企业名单。

国家“863”滇池入湖河流水环境治理技术与工程示范项目和“防治高尔夫球场高强度施用化肥农药对环境影响研究”等6个科技项目通过验收。依法推进清洁生产和循环经济试点工作，公布实施了第三批36家强制性清洁生产审核重点企业，目前已有23家企业完成了审核并通过验收。《昆明市高新技术产业开发区国家生态工业示范园区建设规划》已通过国家3部委的批准。启动了“云南省高原湖泊人工湿地技术规范”和“清洁生产标准天然生胶标准橡胶加工”2项推荐性标准制定工作。对15家环保公司申请环境污染治理运营资质进行了现场审核，又有5家企业获得环保部颁发的运营资质证书，培训了416名污染治理设施运营管理和操作人员。

开展滇西北生物多样性保护大型主题活动和“绿色奥运、七彩云南、生态昆明”活动及“七彩云南·我的家园”环保有奖征文，完成七彩云南保护行动环境教育系列丛书3个读本的编写、出版等工作。组织评选出100所省级绿色学校，举办了“云南省环境教育与可持续发展教育课程改革骨干教师培训”，联合省旅游局对全省2500名导游进行了环保培训。在“七彩云南保护行动网站”开辟网上环保咨询、意见建议及投诉办理、政务公开、等栏目，积极推进政府信息公开。“七彩云南保护行动网站”在省直部门网站绩效评估中名列第一，“七彩云南保护行动”获2008中国文化产业新年国际论坛“生态文明创新奖”。

继续拓宽对内对外合作领域。世行贷款云南城市环境建设项目完成国内审批手续，进入最后谈判阶段；《云南省可持续发展战略研究报告》通过环保部和亚行的验收，《西双版纳和德钦生物多样性保护廊道建设示范项目》和《大湄公河次区域南北经济走廊战略环评项目》进展顺利；启动云南省消耗臭氧层物质生产和使用情况调查工作；完成中英合作《云南省可持续消费和生产示范项目》。与英国驻重庆领事馆联合举办了中英—云南低碳经济论坛，中（国）瑞（典）合作《云南规划和战略环评能力建设项目》实施效果明显。组团赴老挝、澳门等地参加国际环保会议及环保技术展览。在环境管理、自然生态保护、环境绩效评估、固体废物管理等领域派出15批、25人次赴欧美和东南亚7个国家学习、培训和考察；接待了20多个外国政府、国际组织、研究机构、民间团体的访问。与国内外环保组织合作，完成了世界自然基金会《澜沧江流域水环境保护能力建设项目》、全球环境基金《云南老君山生物多样性保护示范项目》，并顺利通过联合国环境署项目检查组的中期评估，承办了中瑞环境教育与可持续发展教育国际高级研讨及培训班。滇川、沪滇和泛珠江流域环保合作取得进一步的进展。

【环境基础设施建设和环保队伍建设】 着力加强环境监测、环境监察、辐射管理和环保基础设施项目建设，全年投入中央专项资金和省级专项资金达8.04亿元（环保系统的建设资金5.22亿元，争取扩大内需资金2.82亿元）。一是“三大体系”建设共投入资金1.37亿元，其中环境监测1.21亿元，监察机构执法建设1600元。二是环境基础设施建设投入6854万元，其中医废及放射性废物库建设投入6443万元，三是环境保护项目投入3.15亿元。省环境监测中心站和16个州（市）环境监测站的装备水平得到明显提高，加大16个县级环境监测站、

5个环境辐射管理机构和69个环境监察机构标准化建设投入力度，促进了云南省环境基础设施建设；普洱、大理等5个州（市）医废项目竣工投入试生产，昆明、临沧、昭通3个州（市）危废医废项目进入开工准备，丽江、楚雄等5个州（市）医废项目通过国家技术复核。

切实加强环保业务培训。继续对新任分管环保工作的副县、市长和新任县级环保局长培训，选送州（市）环保局长参加环保部举办的岗位任职培训，安排基层环保干部到厅机关、到上海跟班、挂职学习。举办了有700余人参加的污染减排专项培训和97人参加的环评管理培训，组织第三批重点企业相关负责人和环保系统人员进行了清洁生产法规及审核知识培训，开办了生态州（县）创建工作培训班，培训了滇西北5州（市）18县的政府领导和环保局长150余人，取得了良好的效果。

（陈　丽）

生态保护工作

认真贯彻落实省政府滇西北生物多样性保护工作会议和联席会议第一次会议精神，编制完成了《滇西北生物多样性保护行动计划（2008～2012)》。开展生态环境监察试点，强化保护区内项目建设的监察，严肃查处破坏生态环境的违法行为。对全省129个县生物多样性开展综合评估，建立了云南生物多样性基础数据库。启动了《滇西北国家重点生态功能保护区规划》、《云南省生物物种资源保护与利用规划》的编制和矿产资源开发生态补偿试点政策研究。完成了省级以上自然保护区的调查、全省自然保护区的核查及相关自然保护区范围和功能区的调整，新建了3个县级自然保护区。组织开展“5·22国际生物多样性日”宣传教育活动；加强与专家和国内外民间环保组织在生物多样性保护方面的沟通和交流。

昆明、楚雄等州（市）启动了生态州（市）建设，昆明市的14个县（市、区）和峨山、易门县生态建设规划已经当地人大审议通过并颁布实施，滇西北5州（市）、18个县的生态建设规划编制工作开始启动。2008年有3个乡镇被环保部命名为“全国环境优美乡镇”，8个乡镇通过了“全国环境优美乡镇”专家组评审；43个乡镇被省政府命名为“云南省生态乡镇”，31个乡镇通过了“云南省生态乡镇”专家组审核；富源县富村镇富村村被环保部命名为“国家级生态村”，1个生态示范区被环保部命名为“全国生态示范区”。修订了生态乡镇创建技术标准。

（陈　丽）

教育和科学技术

教　育

【综　述】　据不完全统计，2008年，全省共投入资金8.44亿元，排除中小学D级危房97.9万平方米；在昆部分高校搬迁建设呈贡新校区完成投资30.3亿元，当年新开工面积约92万平方米；投入38.43万元义务教育保障经费，补助337万名义务教育阶段学生公用经费并免费提供教科书，补助241.6万名学生生活费；投入2.26亿元，使30.26万名中等职业教育在校学生享受国家和省每年每生1500元的资助；全年投入高校助学资金5亿元，占在校生比例达29.77%的高校家庭经济困难学生每人每年得到1500元～2500元资助。

【现代教育事业】　坚决贯彻落实白恩培书记对云南教育改革和发展工作作出的“对九年义务教育还要千方百计抓巩固提高、要加快推进普及高中阶段教育、要进一步深化高等院校的改革发展、要深入扎实地开展好‘三生教育’、要深入细致地抓好机关干部人事制度”等重要指示精神，积极探索教育改革发展思路，全面履行职责，采取新的举措，深化云南教育改革和发展，全面建立云南现代教育体系。

贯彻落实科学发展观，使云南教育事业尽快转到科学发展的轨道上来。积极探索建设现代教育体系的方法和途径，着力建设现代教师队伍，加大现代教育设施建设，加强学校现代管理。积极推进教育体制改革和机制创新，积极推进教育基础设施标准化建设，积极建设现代教育价值体系。遵循社会发展规律和教育发展规律，面对国际国内市场，大力推进非义务教育的社会化和市场化，增强教育的创新能力和竞争力。针对国际金融危机形势和国家实施扩大内需的措施，抢抓机遇，积极争取国家“农村初中改造”等项目，同时提出扩大教育需求、优化教育结构、促进教育发展的思路，及时下发了文件，要求各地利用时机，加快工程进度，尽快完成建设项目。创造性地提出“引资办教”的思路，成立了省教育厅“引资办教”领导小组，召开了全省扩大教育需求优化教育结构大力发展云南现代教育工作会，完成“引资办教”论坛和项目推介会的各项准备工作。会上，省教育厅及省内学校与来自省内外企业界、金融界的代表，签订了24份合同或意向书，项目涉及金额达19.7亿元。

创新性地在全省各级各类学校开展以生命教育、生存教育、生活教育“三生教育”为重点的素质教育基础工程，开启学生心智，培养学生的创新精神和实践能力，提高健康水平，培养学生的爱心、感恩之心和责任感、正义感。以“三生教育”为载体，全面推进现代教育价值体系的建设，通过认知教育、体验教育、主体教育实现阶段性的“三生教育”的目标任务。开展“三生教育”的国际国内研究与实践情况综述研究。编写出版《生命·生存·生活》系列教材共7册，配合教材分别编写了“教师使用手册”，提供全省“三生教育”教师培训使用。各级各类学校在校园文化建设、学生工作、社会实践活动等工作中贯彻实施“三生教育”，受到社会、家长和师生的广泛欢迎，得到了国务院、教育部领导和省委、省政府主要领导的充分肯定。

【义务教育】 按规划着力推进“普九”攻坚，西盟、沧源、永善、福贡、彝良5个县如期实现“普九”，“普九”县已达126个，人口覆盖率94.7%，普及九年义务教育工作再次取得重大进展。全年扫除青壮年文盲10万人，青壮年文盲率控制在5%以内。完成《中西部地区特殊教育学校建设规划项目方案》并启动年度建设项目。对124个县的“两基”巩固提高工作进行了审查，对元江等12个县的“两基”巩固提高工作进行了抽查，对云龙等6个县的“普实”工作进行了复查。全面开展县级政府教育工作督导评估。省政府授予石林等7个县为首批“教育工作先进县”，公布景洪等13个县（市、区）为首批“教育工作合格县（市、区）”。完成了对安宁等25个县级政府教育工作督导评估抽查。

加快中小学校危房改造步伐。在实施农村寄宿制学校建设、农村中小学现代远程教育工程、农村初中改造等工程的基础上，加快排危工作力度，创新工作机制，在全国率先建立了中小学校舍CIS信息管理系统，召开了全省推进排危工作会议，与各州（市）签订了排危工作目标责任书。将昆明、曲靖、玉溪等3州（市）列为全省中小学危房改造试点地区，创立了“以县为主、州市统筹、定期拆除、分期拨款、先拆后补、奖励先进”的危房改造新机制，通过试点以点带面，争取用3年的时间全面排除全省现存640万平方米中小学D级危房。通过机制创新，全省各地排危积极性高涨，全年共投入资金8.44亿元，排除中小学D级危房97.9万平方米。

开展“普及十三年教育”试点工作，加快云南现代教育体系的建设。在狠抓“两基”普及和成果巩固提高的同时，针对适龄青少年儿童受教育的特点，敢为人先，创造性地在全国率先提出“普及十三年教育”工作思路，制定了《云南省实施基本普及十三年教育试点工作指导意见》，从2009年1月起，分步骤、有选择地在全省30个县（市、区）进行普及13年教育试点工作。

加强民族教育工作。义务教育阶段小学五年级每名学生均获得免费提供的《云南省中小学民族团结教育》（小学版）教科书1册（套），完成了3年1周期的教材循环使用，完成了700人的骨干人员培训任务。积极做好少数民族高层次人才培养工作和教育对口支援工作，5个层次的教育对口帮扶稳步、协调发展。扶持克木人和莽人发展。下达莽人、克木人学校校舍建设资金735.3万元。

【高中阶段教育】 认真贯彻落实党的十七大精神，加快普及高中阶段教育，召开了加快普及高中阶段教育工作会，与各州（市）签订了目标责任书。2008年中职学校招生20.36万人，在校生规模达49.33万人，分别比2007年增加2.34万人和7.12万人。为云南历史上中等职业教育招生人数和在校生规模最高的一年。全省普通高中与中等职业学校在校生比例由2007年的1:0.75提高到2008年的1:0.83，发展日趋协调。

深化职业教育体制机制改革，组建职教集团迈出实质性步伐，已组建了8个省级职教集团、4个州（市）级职教集团。职教集团的组建，提升职业教育的综合实力，带动职业教育向规模化、集约化、连锁化方向发展。中职师资建设取得突破性进展。实施云南省中等职业学校特聘教师制度，累计聘请了1038名教师，有效地缓解了全省中等职业学校专业课教师不足的矛盾。此项开拓性工作得到了教育部高度关注和好评，已决定在全国推广。以服务为宗旨、以就业为导向的办学宗旨进一步得到落实，中等职业学校教育教学水平得到提高，各地中职学生的就业率都在95%以上。多方式建立健全毕业生就业服务体系，搭建广阔就业空间，建成“云南省中职毕业学生就业服务网”，在玉溪举办了首届“云南·上海中等职业教育校企合作暨人才交流洽谈会”，输送学生1.19万人。农村成人教育稳步发展，全年培训农民约502万人次，为农村劳动力培训转移作出了积极贡献。

全省普通高中在校生59.47万人，高中阶段教育毛入学率52%，比2007年提高6.29个百分点。新建和改扩建普通高中200多所，优质高中资源进一步扩充，一级高（完）中增加到101所，一级高（完）中在校生占全省普通高中在校生的比例达到40%。在规模扩大的同时，加强教学质量指导和监控，引入竞争机制，制定下发了《云南省一级普通高级中学（完全中学）管理规定（试行）》，试行“动态管理、末位淘汰”的激励竞争机制，带动全省普通高中持续、健康发展。积极开展普通高中课程改革实验的前期准备工作。

【高等教育】 全省普通高校从2007年的51所增加到59所，高等教育在学人数达到53万人，其中普通本专科在校生34.77万人，在学研究生2万人，高等教育毛入学率提高到16.17%，博士、硕士学位授予单位和学科授权点大幅增加，云南民族大学、云南财经大学、西南林学院立项为新增博士授权建设点。实现西南林学院更名为西南林业大学，保山师专、文山师专升格为本科院校，新增1所民办高职学院。在全省公开选拔了10所高校的18名书记、校（院）长。部分在昆高校搬迁建设呈贡新校区初具规模，目前新校区已入住学生1.7万名，新校区教学、生活秩序井然。

配合省委、省政府召开了全省高等教育工作会议，下大决心、大动作、大目标推动高等教育跨越式发展，出台了《关于深化改革大力发展高等教育的决定》以及5个配套文件，提出通过5年的努力，使云南省高等教育的整体水平和竞争力达到西部省区先进行列发展目标。

高等教育质量工程建设取得新成绩，在已有重点建设专业135个的基础上，启动2008年省级特色专业遴选工作，云南大学等18所学校的20个专业被评为省级特色专业，11个本科专业被评为国家第三批高等学校特色专业建设点。继续做好国家级、省级、校级“精品课程”建设工作，有55门课程获国家级、省级“精品课程”表彰。完成教育部重点实验室（工程中心）的申报推荐及验收工作。新增昆明理工大学“非常规冶金”、西南林学院“西南山地森林资源保育与利用”2个省部共建教育部重点实验室。云南大学“自然资源药物化学省部共建重点实验室”通过教育部专家验收并获得优秀实验室称号。

以就业为导向，推进高职高专教育教学改革，积极引导高职高专院校走特色办学之路。继云南交通职业技术学院后，昆明冶金高等专科学校成为云南省第2所教育部高等职业教育示范院校。将云南机电职业技术学院和西双版纳职业技术学院作为2008年度云南省级示范性高职院校进行重点建设。

加强学校实验实训基地和实验实训环节建设，促进高校实验实训资源共享，确保学生专业实习和毕业实习的时间和质量，提高学生应用能力。评选出10个云南省本科院校实验教学示范中心和10个省级高职院校示范性实习实训教学基地。完成了对云南热带作物职业学院等5所高职高专院校人才培养工作水平评估工作。

推进招生考试改革，继续推进招生考试“阳光工程”，普通高校完成招生计划13.1万人，计划完成率达118.60%。给予特有少数民族和高寒分散山区少数民族考生较大力度的政策照顾。适应发展、培养人才，增设东南亚国家语言专业和增加招生人数，增设5个专业，增加招生计划714人。积极做好毕业生就业工作和实施毕业生服务基层的国家和地方项目。2008年云南省有高校毕业生有8.1万多人，增幅为11.4%，在毕业生就业工作形势严峻的情况下，至8月31日，高校毕业生初次就业率为69.4%，与2007年同期相比，增加4.9个百分点。国家和地方项目基层就业毕业生人数达8000多人，与上年同期相比，增加近3000人。

【教育国际化】 以国际化思维、本土化行动、现代化目标做好各项教育合作与交流，充分发挥地缘优势来提高国际化的办学水平，同时加快本土化的行动，促进教育的快速发展。

建立全方位、多层次、宽领域的与国内外开展教育合作与交流的体制机制，吸引国内外优质教育资源。深化学校后勤社会化改革，与新加坡CPI集团签订了后勤社会化合作框架协议，初步达成投资意向。扩大留学生招生规模。在云南师范大学等26所高校就读的长、短期留学生达到5287名，新增昆明冶金高等专科学校、昆明工业职业技术学院、昭通师专、云南经济管理职业学院为招收外国留学生学校；新增昆明理工大学、云南财经大学为招收来华留学生的中国政府奖学金院校。全年共招收周边国家留学生218名。大力推进汉语国际推广工作。云南大学在伊朗德黑兰大学建立孔子学院，在缅甸福庆学校建立孔子学堂。选派70多名汉语教师赴美国、新加坡、泰国任教。举办了2008英国学生中国文化夏令营，承办了2008“汉语桥—美国高中生夏令营”活动，以及由93名泰国大中小学师生参加的“汉语考试冬令营”活动。加大对外开放力度，首次邀请英国、加拿大、巴基斯坦、韩国等11国总领事及领事官员访问云南，主动开拓教育合作与交流面。在云南大学等高校设立11个国际人才培养基地，云南大学成为“国家教育援外基地”。新批准4个中外合作办学项目。扩大高层次人才培养规模，通过国家公派、西部地区人才培养特别项目和云南省地方公派留学项目选派134名访问学者赴国外进修。各高校积极开拓“1+3”、“2+2”等合作项目，选派在校大学生赴国外学习。进一步推进与港澳台地区的教育交流与合作，共接待港澳台地区来访人员87人，增进了相互了解，促进了云南省与港澳台地区教育部门的交流与合作。加大小语种人才培养力度，在28个高校小语种公共外语教学研究办公室的基础上新建立11个小语种教研室，为5149名在校大学生开设小语种公共选修课程。

【教师队伍建设】 努力构建现代教师教育体系，用现代教育精神、现代教育理念、现代教育知识、现代教育方法武装教师，全面提高教师的思想道德素质和专业水平，努力形成学前和小学教师以专科为主、普通中学和中等职业学校教师以本科为主且硕士占一定比例、高等学校专任教师具备硕士或以上学位的新三级制专任教师学历和学位结构体系。普通中等专业学校、普通高中、职业高中、普通初中、小学教师学历合格率分别达到85%、93.55%、61%、98.02%、97.75%。全省中小学校长普遍经过培训并持证上岗。教师继续教育和师德建设工作进一步加强。

积极推进试行免费师范生教育。获得中央财政专项经费支持2.74亿元，招聘农村“特岗教师”5989名。加大双语教师培训力度和民族贫困地区中小学教师综合培训力度。认真抓好新一轮民族贫困地区中小学教师综合素质培训工作。全省已有120个县30.4万名教师进入了新一轮综合素质培训项目学习。积极争取联合国儿基会的“爱生学校”培训、“中国移动西部地区农村中小学校长”、省级农村骨干教师培训等培训项目，多渠道培训中小学校长。

加强教学名师和教学团队建设，云南大学周平教授、云南交通职业技术学院杨金华教授荣获国家级名师奖励。共有29名教师荣获“云南省教学名师”，有11个教学团队荣获“省级教学团队”奖励。福贡县石月亮乡九年一贯制学校校长陈再春荣获2008中国教育年度新闻人物。完成了全省高校、中专、中小学教师职称评审工作。完成了特级教师评选工作。完成了厅属高校的专家选拔推荐工作。拓宽非师范毕业生就业渠道和教师来源渠道，举办了面向应届毕业生教师资格认定考试。为进一步加强高校师资队伍建设，组织认定高校教师资格约1500人。统筹解决农村教师住房难问题。在昆明、曲靖、玉溪、红河开展了廉租住房建设试点，计划安排20万平方米建设面积。呈贡高校园区教师住宅建设全面展开。

【教育投入】 在加大“两基”攻坚的同时，深入推进保障机制改革，2008年秋季学期全部免除全省义务教育阶段公办学生学杂费，并免费提供教科书；向241万名贫困寄宿生发放生活费补助，占寄宿半寄宿生总数的75%。扩大了边境县生活费补助范围，25个边境县所有农村学生得到生活费补助。据不完全统计，各级财政全年用于义务教育“两免一补”的经费达38.43亿元。在大幅度减轻农民负担的同时，学校经费保障水平明显提高，1.9万多所农村中小学运转正常，多数县公用经费投入比改革前增幅达2倍以上。为全面建设小康社会和构建和谐社会提供了有力保证，促进了教育公平和社会公正，加快了农村教育事业的发展。

加大统筹力度和经费投入，做大做强一批中等职业学校。在省级财政1亿元专项资金的引领下，楚雄州、曲靖市以集中建设职教中心为龙头的学校改扩建工程已开始动工。玉溪、大理、红河、文山、临沧、普洱、德宏等地投入中等职业教育的经费都达到历年新高。中等职业学校办学条件得到明显改善，全省国家级重点中等职业学校达到50所，省部级重点中等职业学校达到56所。贫困生资助工作全面推开，30.26万名中职学生享受国家和省每年每生1500元的资助，资助金额达到2.26亿元。争取到中央彩票公益金3439.4万元，使3.44万名普通高中学生得到资助，填补了普通高中助学盲区。

省级财政进一步加大对高等教育的经费支持

力度，明确了包括提高高校的生均经费标准、连续5年每年安排2亿元高等教育专项经费、安排20亿元补助资金支持呈贡新校区建设等多项支持高等教育发展的经费投入政策措施。

加大了在昆部分高校搬迁建设投资，建设工作进展顺利。截止2008年底，计划搬迁呈贡的11所高校中有10所开工建设新校区，当年新开工面积约92万平方米，完成投资30.3亿元；累计开工建设161幢校舍，总建筑面积约204万平方米，竣工94幢校舍，建筑面积约115万平方米，完成投资52.5亿元。

高校助学工作扎实有效，确保了不让1名学生因贫困而辍学的目标的实现。全年投入助学资金5亿元，占在校生比例达29.77%的家庭经济困难学生每人每年得到1500元～2500元资助，覆盖人数达9.3万人，绝大部分在校家庭经济困难大学生解决了基本生活问题，比全国20%的平均覆盖面高出9.77个百分点。

【政风行风建设】　紧紧抓住治理教育乱收费、普通高校招生监察这2个重点，深入推进纠风治乱各项工作。积极推进“规范教育收费示范县”工作，授予易门县等13个县（区）为“规范教育收费示范县”称号，确定云南财经大学为创建“高校收费示范校”活动试点单位。全省共查处教育乱收费案件46件，查处违规收费资金350万元，清退违规资金326万元。加强普通高校招生监察工作，进驻招生录取现场进行全程监督，维护了招生工作的公平公正。

坚决查办案件，努力维护教育系统清正廉洁的形象。全省教育系统各级纪检监察部门共受理信访举报530件，经初步核实线索64件，经初核后办结61件，对10人作了组织处理；立案查办5件5人；给予党纪处分3人，政纪处分1人，移送司法机关处理2人。

加强厅机关制度建设、作风建设、环境建设，努力建设“学习型、创新型、服务型、清廉型机关”。实行“三取消，三建立”，全面推动厅机关廉政勤政工作。要求直接面向群众的窗口部门，进一步规范服务程序，简化办事手续，方便来访办事的群众。严格实施首问责任制、限时办结制、服务承诺制和行政负责人问责制等“四项制度”，全年共启动问责程序3次，问责7人。

机构改革成效明显。为适应新时期教育事业发展需要，积极协调有关部门，增设了部分处室和人员编制。省招考办升格为云南省招生考试院（副厅级）。调整充实了省语委机构，调整后省语委成员单位增至27家。成立了省教育厅新闻中心，加强教育宣传，主动接受新闻媒体、社会的监督。

大力推进干部人事制度改革。在全国率先对机关党委专职副书记和副书记进行了“公推直选”，厅机关81名处级领导岗位全部实行竞任履职。开展了厅机关干部职工岗位双向选择，一大批年青干部、优秀干部脱颖而出。大力度的干部人事制度改革在社会上引起极大反响，受到省委领导的肯定。

继续深化行政审批制度改革，清理行政审批项目，简化行政审批程序，保留行政许可项目8项，调整2项；保留非行政许可审批项目6项，调整2项；取消非行政许可审批项目1项。全年承办人大代表建议61件，承办政协提案86件，办理效率和办理质量受到省人大、省政府、省政协领导和人大代表、政协委员的肯定。

【存在的问题和困难】　教育发展水平还不适应经济、社会发展的需要；教育质量的现状与人民群众的期望存在差距；城乡之间、区域之间教育发展不平衡问题依然存在；投入与发展需求的矛盾十分突出，缺口较大；学生课业负担过重的现象仍普遍存在，德育工作的实效性有待进一步增强；教育规模和质量还有待提高，办学条件有待进一步改善等等。

（邱　林）

科学技术

【概　述】　2008年，省级科技计划支持开发新产品222个，其中重大新产品50个，解决产业关键技术331项，其中重大核心技术30项；新产品的产业化和新技术的推广应用，可新增产值208亿元、利税30亿元；新增专利授权2122件，其中发明专利授权339件；建成了全国最大的2米级光学望远镜和全球最大的国际标准化灵长类实验动物与动物实验基地；培育创新型企业64户，新认定高新技术企业76家，认定省级企业技术中心23家；引进高端科技人才9名，遴选省创新团队21个，选拔培养省中青年学术和技术带头人后备人才及省技术创新人才培养对象100名。

【科技推进新型工业化进程】

1. 建设有色金属新材料产业化创新基地。2008年组织实施了17个重点项目，带动企业投入8.5亿元。一批新材料研发及产业化取得显著成效，世界最大锡材加工中心、锡化工加工中心以及具有世界领先水平的BGA焊锡球生产线的建成。

2. 建设磷化工、煤化工产业化创新基地。组织实施了7个重点项目，带动企业投入4亿元。云维公司实施的粉煤气化技术体现了当今世界最先进的煤气化技术，采用该技术建设的50万吨/年合成氨装置已建成投产。

3. 建设装备制造业产业化创新基地。组织实施了25个重点项目，项目总投资8.6亿元。

4. 加强节能减排科技创新。组织实施节能减排新工艺、新装备、新产品及示范工程项目40项，安排省级科技经费5822万元。通过实施省科技计划项目，全年技术节能超过100万吨标准煤，全省规模以上工业企业单位增加值能耗下降8%以上。

5. 推进企业重大技术改造。全年安排技改项目144项，总投资324亿元，省级财政贴息资金2亿元。

6. 加快创新型企业试点。认定省级第三批20户创新型试点企业，云南省创新型试点企业达到64户，5家企业为国家级创新型试点企业。截止2008年，共安排试点企业条件平台建设和科技计划项目经费1.05亿元，引导企业投入研发经费15.77亿元，银行贷款和主管部门配套资金7.2亿元。

【高新技术产业发展】

1. 高新技术产业加快发展。2008年，全省高新技术产品出口额8.2亿美元，同比增长19.1%，占外贸出口总额的16.5%。

2. 利用高新技术改造提升传统产业。围绕增强传统产业核心竞争力改造提升传统产业，推动产业结构调整升级。省科技厅与省交通厅联合开展农村公路及高等级公路建设科技创新工作，形成了3种农村公路建设模式，研究成果已在昆明市西山区、玉溪市、瑞丽市、腾冲县等农村公路建设中得到应用。

3. 高新技术企业不断壮大。成立云南省高新技术企业发展促进会。2008年，云南省首批按国家新标准认定了高新技术企业76家，64家高新技术企业年总收入超亿元。

4. 高新技术产业开发区发展迅速。2008年昆明高新区、昆明经开区、玉溪高新区、大理高新区4家高新区共实现工业总产值647.12亿元，同比增长19.8%，实现技工贸总收入968.52亿元，同比增长27.1%，实现工业增加值155.6亿元，同比增长22.9%，实现税收总额43.2亿元，同比增长34.5%。

【农业科技】

1. 实施农业科技创新工程。组织开发农业新品种35个，推广农业先进适用技术200多项，新增销售收入10亿元，新增利税近2亿元。对全省畜牧科技工作进行全面部署，遴选了20个畜牧类项目作为农业科技创新工程第一批实施项目，项目总投资5.6亿元，其中省科技经费安排6720万元，项目实施后预计新增产值44亿元。

2. 认真落实边疆解“五难”（学科技难）惠民工程。2008年，共安排培育特色产业项目252项，完成3年争取科技部1000万元对边境县投入的要求。28个县（市）共选派科技特派员1308名，选派科技辅导员2071名，举办农村实用技术培训班2万多期，培训农民近160万人次，配套完善科技活动室1402个，培育农村经济合作组织148个。

3. 建设生物质能源产业化创新基地。由云南神宇新能源有限公司等单位承担的国家支撑计划重大项目“小桐子生物柴油产业化关键技术研究与示范”开展了优良种质资源收集、筛选和繁育工作，收集了国内外种质资源112份，申请专利10件，完成小桐子规模化、集约化栽培技术示范种植面积70万亩，带动全省小桐子种植面积125万亩。

4. 建设花卉产业创新基地。2008年，科技支撑花卉产业实现总产值176亿元。花卉新品种选育取得较大突破，共选育出花卉新品种（系）100余个，其中获新品种权11个，具有自主知识产权的鲜切花新品种占全国总数的80%；制定国家标准2项、行业标准2项、企业标准10余项。

5. 加强主要农作物新品种选育。2008年，省科技计划支持的主要农作物新品种选育，通过审定23个，其中6个通过国家级新品种审定，获国家植物新品种授权11个。具有自主知识产权的主要农作物新品种及高产栽培技术示范推广1064万亩，平均亩增产40公斤~50公斤，增产粮食近5亿公斤，增加产值8亿元以上。

6. 继续实施科技富民强县工作。加强农业科技成果转化和应用示范，培育区域特色优势产业，推动县域经济社会发展。截止2008年，66个省级科技富民强县计划实施县（市）项目共覆盖农户113万户，引进中高级技术人才76名，引进技术78项，培训农民54万人次。

【社会发展科技】

1. 建设中药现代化科技产业（云南）基地。

2008年，中药现代化科技产业（云南）基地第二期建设开始启动实施，完成了《中药现代化科技产业（云南）基地第二期建设方案（2008年～2012年）》。全面启动实施了六大推进工程，组建了中药现代化科技产业（云南）基地建设服务中心。实施了19个中药、天然药物新药的临床前预研究、临床前研究、临床试验研究和原料药二次开发。完成了154个药材质量标准、188个中药饮片标准的研究和制修订工作，并已颁布实施。

2. 继续稳步推进新药研究开发工作。2008年，共支持新药研发项目23项。云南省组织申报的“艾滋病防治综合示范区”已被确定为全国重大传染病防治综合示范区之一，大幅提升了云南省艾滋病防治科技水平。

3. 环境保护科技支撑能力增强。形成了一系列具有先进性、适用性和创新性的成果，“滇池入湖河流水环境治理技术与工程示范”完成集成技术组合示范工程5项，获专利受理34项（其中发明专利31项），获专利授权1项。针对阳宗海湖泊水体砷污染，组织了面向全球的公开招标。

4. 公共安全领域科技工作取得新进展。昆明市作为全国第二批科技强警示范建设城市顺利通过公安部、科技部联合组织的验收考核。组织实施“昆明新机场航站楼工程减隔震关键技术研究与应用”项目，使昆明新机场航站楼成为全球最大的使用减隔震技术的单体建筑，为昆明新机场的建设提供了科技支撑。在防灾减灾领域，针对冰雪、地震、洪涝和滑坡泥石流等自然灾害，安排科技经费400万元，为灾后恢复重建提供科技支撑。

5. 可持续发展实验区建设迈上新台阶。曲靖市麒麟区国家可持续发展实验区通过科技部验收，陆良县被批准为国家可持续发展实验区。

【科技条件平台建设】

1. 建设云南科技创新园。初步提出了云南科技创新园管理体制与运行机制、投资方案设计、高效运行保障措施等。开展了项目建议书的编制工作。

2. 组建云南省应用技术研究院。初步形成了省应用技术研究院组建方案，开展了项目建议书的编制工作。

3. 加强重点实验室、工程技术研究中心、企业技术中心建设工作，组织编制了《云南省科技基础条件平台建设规划》，建成了云南省大型科学仪器协作共用网及服务平台。新认定省级企业技术中心23家，省级企业技术中心总数达107家。

4. 省科技馆新馆建设项目正式启动。已经完成了新馆选址，规划用地面积约250亩，总建筑面积为4.5万平方米。

【培养引进科技人才】 启动了高端科技人才引进计划。从国内外引进高端科技人才9名。新遴选省创新团队21个，使全省创新团队达30个。新选拔培养省中青年学术和技术带头人后备人才及省技术创新人才培养对象100名，使省中青年学术和技术带头人后备人才总数达到501名，省技术创新人才培养对象总数达到266名。

【科技创新产出】

1. 促进科技成果产业化。2008年，全省科技计划支持开发新产品222个，其中重大新产品50个，新增产值173亿元、利税25亿元。解决支柱产业和重点产业发展中的关键技术331项，其中重大关键核心技术30项，新增产值35亿元、利税5亿元。

2. 全省专利和科技成果稳步增长。全年申请专利4089件，同比增长31.6%，其中申请发明专利1474件，同比增长45.4%；全年登记科技成果700项，拥有发明专利的成果达133项，同比增长75%；获国际标准4项，国家标准11项，行业标准24项，地方标准12项；转化科技成果432项，67项投入实际应用的成果，新增利润30.4亿元，税收11.05亿元，科技成果转化应用取得明显效益。

3. 科技奖励工作取得新进展。成功举办了2007年度云南省科学技术奖颁奖大会，228个项目（人）获得云南省科学技术奖，黄润乾院士获得突出贡献奖。国际天文联合会小天体命名委员会将1颗行星命名为“黄润乾行星”。云南省7个项目9人获国家科学技术奖。云南省化工研究院的“高效利用反应热副产工业蒸汽的热法磷酸生产技术”获国家技术发明二等奖，该成果已在全国行业内20个企业35套生产装置上实施了技术转让，覆盖了国内生产能力的40%。省农科院兴明研究员荣获2008年何梁何利基金科学与技术创新奖。

【科技与金融结合】

1. 实施高新技术企业上市培育计划。遴选了25家上市培育企业，对10家符合补助条件的培育企业资助上市培育资金970万元。云南西仪工业股份有限公司已成功上市。

2. 加速科技创业投资机构发展。云南省科技创新投资有限公司等投资机构，投资了一批成长性好的高新技术产业化项目，共计投资近2亿元，促进了高新技术企业快速发展。

3. 促进科技与金融结合。与国家开发银行云南省分行签订了《科技与开发性金融合作协议》，与农业发展银行云南省分行签订了《科技与农业政策性金融合作协议》，加大金融对科技型企业的支持，2008年，省科技计划项目共获银行贷款9.8亿元。

（张　伟）

气　象

【综　述】　2008年云南省相继发生了低温雨雪冰冻、干旱、大风、冰雹、雷电、暴雨洪涝、秋季罕见大范围连阴雨等气象灾害以及地质灾害、森林火灾、作物病虫害等气象次生灾害。省气象局高度重视，沉着应对，周密部署，全省各级气象部门坚持科学、及时、准确、高效的服务原则，以高度的责任感和事业心，全力做好灾害性天气监测预报服务。年初受低温雨雪冰冻灾害影响，全省11个州（市）不同程度受到影响。全省气象部门先后迅速启动三级、二级应急响应，省、州（市）局加强会商，协同联动，及时准确发布预警信息，全力开展监测预报服务，为各级政府领导抗灾抢险决策指挥作出了积极贡献。进入3月份后，由于降水持续偏少，旱情快速发展，森林火险气象等级迅速攀升，各级气象部门严密监测旱情发展趋势，及时主动地开展春季干旱监测和森林防火气象服务，为扑灭香格里拉森林火灾、易门火灾和后期清理火场起到较好的作用。围绕“三性”天气，各级气象部门全力做好汛期预报服务工作，各项服务取得圆满成功；准确预报秋季罕见大范围连阴雨天气过程，特别是为楚雄“11·2”特大自然灾害救灾抢险提供了有力的气象保障服务。

省气象局全年报送决策气象服务材料418份，其中被有关部门引用49次，3份得到省政府领导的批示。各州（市）气象局向当地政府报送各类决策气象服务材料6799份，被地方政府和相关部门引用4092次，得到领导批示269次。省气象台发布预警信号36次，各州（市）气象局发布预警信号261次。全年全省接收预警短信人员约1.11亿人次，其中政府及各部门决策人员157.4万人次。

【信息下乡】　大力推进农村信息服务技术发展，创新农村气象信息发布和接收方式，在全省乃至全国首家开展新农村气象信息综合服务系统下乡进村试点工作，实现了24小时不间断地把气象服务、防灾减灾信息在第一时间直接传递到农村，同时能根据农民生产生活中的信息需求，将农资和农产品市场信息、农业科技知识、生活卫生常识、惠农政策等信息也告诉广大农民，通过建立信息下乡长效机制促进农业发展和农民增收，繁荣发展农村文化，有效地解决了农村信息传递“最后1公里”的问题，受到各级政府和广大农民群众的充分认可和广泛好评。截止11月30日，全省已有玉溪、文山、大理、德宏、怒江、楚雄、保山7个州（市）和13个县出台了以当地政府正式发文推广电子显示屏的文件，气象部门在各级乡、村安装气象电子显示屏1787块，已通过正式预订、签订协议待安装1175块。

全省15个州（市）的88个县（区、市）开展了人工增雨防雹作业，各地累计开展人工增雨防雹作业1.24万点次，使用炮弹18.2万多发，农田受益面积约1130多万亩，林区受益面积约1154万公顷，减少经济损失约14.8亿元。

预报预测业务　年内各类观测系统业务运行稳定，高空探测5项指标达标。全省地面测报和高空探测有29人通过250班无错验收。各类报文传输及时率稳定提高，全年通信网络故障率为0.1%。开展了城镇预报业务流程的调整工作，建立了与本地相关预报服务业务相结合的城镇天气预报业务流程。省气象台将中期预报时效延长到7天，完善了短时临近预报及灾害性天气落区预报业务流程。省气候中心和各州（市）局初步建立了农业干旱综合监测预报业务流程、农业气象灾害监测预报业务流程。省雷电中心进一步完善了实时发布雷电监测预警产品的业务流程。省科研所建立了在部门内部发布逐月酸雨监测报告业务流程。省气象台实现了降水、气温、云量、能见度、湿度等多要素0～168小时精细化数值预报指导产品的下发与上传。省气候中心完成了“云南省气候预测业务系统（平台）”建设工作，结束了云南没有短期气候预测业务工作平台的历史。

科技创新　以提高气象预报预测准确率为核心、提升气象防灾减灾和应对气候变化的能力为重点，云南省气象局调整和优化了气象科技项目的设置，形成了由业务能力研究与提升建设专项（包括重点项目与面上项目）、预报员技术开发专项、气候变化专项、气象科技成果转化（推广）项目等4类科技项目组成的科技计划体系。省气象局投入科技专项资金100万元支持科技创新工作，评审立项科研项目38项。全省各级气象部门通过各种渠道争取和直接投入的科研经费608万元，有4项科技成果获云南省科技奖，其中二等奖1项、三等奖3项。

应对气候变化 组织编写了《云南省气候变化评估报告》。完成了国家气候中心下达的《气候变化与水利工程建设相互影响系统建设》项目的研究工作。继续开展云南各区域和要素对气候变化的响应研究。参与了云南省发改委组织编写的《云南省应对气候变化建议方案》修改工作，并结合云南应对气候变化工作的实际，向省发改委提交了《云南气候变化基本事实及变化趋势预测研究》的项目建议书。向省科技厅报送了4个应对气候变化科研项目申报书。

人才培养 省气象局全年投入人才战略经费100万元用于人才队伍建设，其中投入学历教育经费42万元，投入业务培训和少数民族培训经费35万元。大力开展新知识、新技术培训和各类岗位培训，全年举办23个培训班，培训962人次，选送国家气象局培训中心及各部门培训72人次，培训人次占在职职工人数的50.1%。全年新增正研级高级工程师2人，中级职称人员70人，高级职称人员19人，1人获得中国气象局"首席预报员"称号。

依法行政 全省气象部门开展各种形式的行政执法检查1553次，比上年增长108.7%；查处气象行政违法案件163件，比上年增长81.1%，执法质量有较大提高。完成了对全省19家防雷工程单位、气象部门16家防雷检测机构的资质认定工作和全省51家防雷工程单位、104家防雷检测单位的资质年检工作，全省有70家单位取得防雷工程资质，120家单位取得防雷检测资质。依法对31个单位147个型号的防雷产品给予备案。

【气候评价】 2008年云南省天气气候的主要特点：气温正常至偏高，降水偏多，日照偏少。低温雨雪冰冻、干旱、洪涝、秋季连阴雨等异常气候事件频繁，给全省工农业生产和人民生活带来较大影响，为气象灾害偏重年，单就农业生产气候条件而言属中等年景。

气温 全省各站点年平均气温6.2℃～23.4℃，与常年相比，除巧家、东川、西畴、元江、红河和墨江6站偏低外，其他地区正常到偏高，偏高的地区主要出现在滇西南等地。全省站点平均气温16.5℃，较常年偏高0.1℃，比2007年偏低0.2℃，是2001年来与2004年并列最低的年份。

降水 全省平均年降水量1164毫米，较常年偏多5.3%，为近7年来降水最多的1年。年降水量总的分布特点为由北向南递增。最大降水区位于滇南边缘一带，降水量为2000毫米以上，其中金平2401毫米为全省最大值。次之为滇西、滇西南的潞西、沧源以及滇西北的贡山一带，降水量为1500毫米～2000毫米。降水量最少的地区位于迪庆州北部的德钦和大理东部的宾川，降水量少于700毫米，其中德钦656毫米为全省最小值。其余地区多为700毫米～1400毫米。滇东北的巧家县和滇西的剑川县年降水量分别达1101毫米、1019毫米，均突破历史最多记录。与常年相比，全省大部地区正常至偏多，其中大理州、红河州、楚雄州等地偏多1～4成。

全省大部地区雨季于4月上旬至5中旬开始，较常年偏早10天～30天，结束期为9月下旬至11月中旬，大部地区为正常至偏早。

日照 全省站点平均年日照时数1886小时，较常年偏少8%，为近10年第1个少日照年。年日照时数最多和次多区域位于滇西的保山和宾川一带，最少和次少区域位于滇东北的盐津和绥江一带。具体分布为：除滇东南及滇西北和滇东北的部分地区外大都多于2000小时，其中保山2765小时为全省最大值；滇东北的部分地区少于1000小时，其中盐津815小时为全省最小值。与常年相比，全省大部分地区偏少100小时～500小时。

【主要气候事件】

干旱 2007年11月中旬～2008年1月中旬云南省平均气温11.4℃，比常年同期偏高1.2℃，全省平均降水量14.1毫米，较常年同期减少7成，其中14个站无降水或只有微量降水，17个站降水量突破历史同期最少值，持续高温少降水，致使全省大部地区出现严重干旱。4月上、中旬大部地区降水持续偏少，部分地区出现干旱，其中昆明、保山、玉溪、临沧、红河等州（市）灾情较重。

低温雨雪冰冻天气 1月下旬～2月，受北方强冷空气的影响，云南省滇东、滇东北、滇东南等地出现历史上罕见的低温雨雪冰冻天气。遥感监测表明，2月2日全省积雪面积3.97万平方公里，其中昭通市1.87万平方公里，迪庆州1.28万平方公里，怒江州、丽江市大部、大理州北部以及曲靖市北部的会泽、昆明市的东川等地也出现了大面积积雪。

雨季开始大部地区偏早 2008年雨季开始期除贡山、昭通、江城等14站正常至偏晚外，其余大部地区偏早10天~30天。

秋季连阴雨 2008年秋季全省有超9成的站点先后出现了秋季连阴雨天气，滇南和滇西大部地区出现了2~4次连阴雨天气过程，其中最突出的为10月下旬~11月上旬，全省大部地区出现7天~15天的秋季连阴雨天气。

【气象灾害】 2008年主要气象灾害有低温雨雪冰冻、干旱、大风冰雹、雷击、洪涝及强降水引发滑坡、泥石流灾害。其中低温雨雪冰冻灾害造成的直接经济损失占总损失量的59%，其次是强降水引发的洪涝、滑坡、泥石流灾害，造成的直接经济损失占总量的30%。全省2589.9万人受灾，因灾死亡333人，失踪53人。因灾造成直接经济损失153.2亿元，其中农业经济损失76.7亿元。

低温雨雪冰冻灾害 1月中旬~2月，云南省西北部、滇中及以东以北的大部地区发生了历史罕见的低温雨雪冰冻灾害。2月下旬气温短暂回升后又受强冷空气影响，使滇中及以东以北地区再次出现强倒春寒天气。灾害持续时间之长、强度之大、损失之重都创下了50年来最严重的记录。低温雨雪冰冻灾害造成全省1175.7万人受灾，28人死亡，因灾伤病2.3万人；房屋受损20.8万间，倒塌4.3万间；农作物受灾面积77.07万公顷，绝收面积21.01万公顷，直接经济损失90.9亿元，其中农业经济损失40.2亿元。经济损失程度超过了1999年全省性的强霜冻过程，创下了云南省气象灾害之新纪录。

旱灾 2008年冬、春干旱造成269.3万人受灾，70.5万人饮水困难；农作物受灾面积25.55万公顷，绝收面积4.2万公顷；直接经济损失4.5亿元，其中农业经济损失4.3亿元。总体上看，属干旱偏轻年份。

洪涝 5月~10月云南省出现大雨1006站次，暴雨236站次，大暴雨116站次。与常年同期比，分别增多39站次、21站次和1站次。强降水主要集中在6月~8月和11月上旬，引发严重的洪涝灾害，造成776.5万人受灾，死亡141人，因灾伤病7000人，直接经济损失35.2亿元，其中农业直接经济损失19.3万元。灾情较重的有："7·16"个旧市暴雨灾害造成1人死亡5人失踪；"8·9"河口县大暴雨灾害造成4人死亡；10月24日~11月6日，云南省出现了大范围的持续强降水天气，全省平均降水量为135毫米，97站的累计降水量大于100毫米，12站累计降水量大于200毫米，引发了大范围的洪涝灾害。

大风、冰雹、雷击 2008年大风、冰雹灾害主要集中在4月~7月，5月~7月则为雷击灾害高发期，昭通、曲靖、昆明、玉溪、红河、楚雄、丽江、西双版纳等州（市）受灾较重。全省250万人受灾，死亡62人（全为雷击致死），因灾造成直接经济损失11.6亿元，其中农业直接经济损失9.5亿元。

滑坡、泥石流 2008年因强降水引发的滑坡、泥石流等地质灾害共造成154人死亡，直接经济损失10.1亿元，其中农业直接经济损失2.4亿元。全省范围内楚雄、红河、文山、丽江、昭通等州（市）受灾较重，其中"6·9"永胜县泥石流灾害造成9人死亡；"8·9"马关县泥石流灾造成11人死亡；"11·2"楚雄市地质灾害造成59人死亡，17人受伤。"11·3"双柏县地质灾害、洪涝灾害造成8人死亡。

（冯　颖）

测　绘

【基础测绘工作】

1. 基础地理信息资源建设稳步推进。截至2008年11月20日，云南省三等水准建设项目全部完成，并向社会提供使用；完成云南省省级大地控制网（GPSC级网）所有外业工作520个点的观测；完成1∶1万地形图外业控制290幅、调绘293幅，完成内业测图408幅；完成1∶1万比例尺基础地理信息建库516幅。

2. 测绘重大项目立项及实施加快进程。积极争取重大项目，狠抓项目落实，增强发展后劲。国家重大科技基础设施"中国大陆构造环境监测网络"文山站、景东站和澜沧江站等3个基准站建设工程已接近尾声；安宁市被列入国家测绘局2008年数字城市地理空间框架建设试点，德宏州、潞西、瑞丽、陇川1∶5000测图项目被列入2008年国家边远地区、少数民族地区基础测绘经费补助项目；配合国家测绘局拟定西部测图项目云南省1∶5万空白区测图工程的工作计划，开展测区踏勘等前期准备工作，为工程2009年正式启动打牢基础。

【测绘服务保障】

1. 服务经济社会发展再上新台阶。紧紧围绕省委、省政府中心工作，主动为政府科学决策、生态环境保护、公共安全管理、防灾减灾、边防巩固等提供测绘保障，积极为西电东送工程、集体林权制度改革、中缅天然气建设工程、第二次全国土地资源调查、沪昆铁路客运专线、天然林保护及退耕还林等重点建设项目提供测绘服务。截至2008年10月末，累计向各地区、社会各行业提供各种比例尺地形图6352幅（8423张）、大地控制点成果资料1868数组，各类基础地理信息数据资源71.3GB。保障领导及政府机关工作用图，圆满完成省委新办公楼所需的158幅办公室地图供图任务，为中央和省领导在云南考察、视察工作制作14次930份《考（视）察路线图》，截至目前共向省委、省政府及省级各部门提供各类地图2343幅。

2. 公共服务体系建设加快推进。按照建设开放型测绘、服务型测绘的思路，加快构建云南测绘公共服务体系。以国家实施西部测图项目为契机，促成省政府与国家测绘局签署合作协议，启动“中国（云南）—东盟自由贸易区—南亚区域合作联盟空间信息公共平台”项目建设。云南省基本省情电子地图查询系统建设已告完成并提交政府内网使用。完成了云南省测绘成果公共信息服务系统的初步建设。与省国家安全厅签订了地理信息共建共享协议，不断提高云南地理信息共享水平。

3. 测绘应急保障作用成效显现。发挥测绘技术优势，主动为自然灾害应急指挥提供保障服务。为扑灭“4·6”易门、香格里拉森林火灾紧急制作了《易门县六街镇森林火灾示意图》和《香格拉县洛吉乡森林火灾位置示意图》，为相关部门评估灾情和决策提供了参考。“8·30”攀枝花—会理地震波及云南楚雄、昆明、大理、丽江和玉溪等，省测绘及时为相关部门提供影像数据，应用于震区的灾情核实和抗灾应急工作，并应云南电视台要求紧急赶制了地震波及地区三维演示视频，为云南电视台抗震救灾专题直播节目提供技术支持。为“11·2”楚雄泥石流灾害紧急提供1:5万数字栅格地图，交付武警部队用于开进灾区实施救援行动。

【测绘统一监管】

1. 地方测绘行政管理职责进一步落实。以贯彻《国务院加强测绘工作的意见》为切入点，制定了《2008年州市测绘行政管理工作考核办法》，把开展法制宣传、加强市场监管、争取政府支持、做好资质审查、搞好标志保护、抓好成果管理、做好基础测绘等作为考核重点，为州市开展测绘管理工作提供了明确的指导。深入曲靖、红河、文山等开展调研，针对县级测绘管理工作存在的问题提出指导性意见。举办2期共226人测绘行政管理业务培训班，对全省各州（市）、县（区）分管测绘工作的领导和行政管理人员开展测绘法律法规、基础测绘知识和测绘管理、执法培训。全省各级测绘行政管理职能得到进一步强化、履职能力不断提升，2008年曲靖市、丘北县获得“全国市县测绘管理工作先进单位”称号。

2. 测绘市场进一步规范。严把测绘资质准入关。对全省606个持证单位中的597个开展年度注册，准予注册571个，缓期注册14个、不予注册12个。加大管理力度，测绘单位从事测绘活动前交验证登记备案制度贯彻执行情况明显好转。开展网站地图专项治理，联合省外办、公安、工商等9部门联合开展全省互联网地图和地理信息服务网站违法违规行为清理检查，共清理涉嫌未经审核的地图146幅。严肃查处北京长地万方科技有限公司施测前未交验资质证书、作业人员无测绘作业证擅自进行地理信息采集、怒江州旅游局无测绘资质编制旅游交通图等3起违法行为。

3. 测绘成果管理进一步加强。健全测绘成果监管新机制，切实提高测绘成果保密管理与质量水平。配合省国家保密局对测绘成果涉密数据的处理、加工实行许可证管理制度，全省通过审批获得许可的单位已有20余家；联合省国家保密局对54家使用基础地理信息数据的单位就涉密测绘成果管理与使用情况开展保密检查，促进使用涉密测绘成果单位进一步增强保密意识、完善了保密制度。强化测绘成果质量监管，联合省质量技术监督局开展全省测绘成果质量监督检查，对14家甲、乙级测绘单位开展了质量抽检，促进全省测绘成果的整体质量水平的提高。

【科技人才工作】

1. 科技创新稳步发展。贯彻“科技兴测”战略，加大科技工作力度。将科技项目列入年度测绘事业单位经济责任目标考核体系，进行量化考核。结合生产、成果应用开展、拟定了一批局重点科研攻关项目，《1:1万数字化地图元数据优化制作的研究》、《勐腊县数字乡村地理信息系统关键技术研究》和《数字化图形成果转化为数据库入库成果的研究》等通过了专家的科技鉴定和验收。《利用IKONOS卫星影像进行内外业一体化成图项目技术的应用研究》获得2008年国家测绘局科技进步三等奖，《云南省旅游交通图册》获得2008年优秀地图作品裴秀奖铜奖。

2. 人才队伍建设继续推进。坚持“人才”强测方针，加强测绘专业技术人员、公务员培训教育，全年共举办各类培训 2975 人次。1 人被批准享受云南省人民政府特殊津贴，7 人被评为高级工程师，13 人通过工程师评审。组织开展测绘行业特有工种职业技能培训 1 期 18 人，完成测绘行业特有工种职业技能鉴定 2 期 80 人。

【精神文明建设】

1. 以深入学习实践科学发展观活动为契机，党建工作不断加强。在全局组织开展“解放思想、深化改革、扩大开放、科学发展”大讨论活动。通过学习理论，深入思考，展开讨论，全局广大干部职工进一步解放思想，准确把握云南测绘事业发展面临的新形势。并在工作中涌现出一批先进单位和个人，其中有受到云南省委省直机关工委表彰的先进基层党组织、优秀共产党员、优秀党务工作者和云南省“三八”红旗手、全国第十次妇代会代表。

2. 精神文明创建活动成效明显。加强和改进思想政治工作，推进精神文明创建活动，发扬“一方有难，八方支援”的精神，全力支援四川汶川地震灾区抗震救灾，先后动员职工踊跃捐款 17.2 万元，发动党员缴纳“特殊党费”21.6 万元，响应号召，动员全省测绘单位向灾区捐赠了 34 套（付）价值约 17 万余元的测绘仪器支援灾区开展重建。

3. 自身建设得到加强。以贯彻省政府“四项制度”为契机，切实加强自身建设。认真组织机关人员开展“四项制度”和政府信息公开制度的学习教育，进一步规范行政许可事项的业务审批流程，设置行政事项受理窗口，选派专人受理日常业务，制定信息公开目录和指南，并在网站上公布。

（郑延麟）

人口与计划生育工作

【综　述】

领导重视　各级党委政府高度重视人口和计划生育工作，把人口计生工作纳入经济社会发展全局，及时研究解决人口和计划生育工作的重大问题，2008 年 6 月 17 日、7 月 1 日省政府和省委先后召开常务会、常委会，专题研究人口计生工作。地方各级党委、政府坚持和完善人口和计划生育目标管理责任制，对党政领导、责任部门严格实行“一票否决”制度，完成了 2008 年执行目标责任制的督查工作，各项指标任务按期完成。

政策推动　全省人口和计划生育工作一直以来保持平稳的发展态势，主要得益于各项人口计生政策的正确实施。在国家“奖励扶助”、“少生快富”2 项制度的框架下，云南省积极建立和完善人口和计划生育利益导向机制，2008 年省人口计生委积极围绕出台《云南省委省政府关于进一步加强人口和计划生育工作统筹解决人口问题的决定》开展了一系列的工作，通过深入的调研和反复多次向各级、各相关部门征求意见、经多次修改，并经省政府常务会和省委常委会审议通过，于 10 月 6 日正式印发。《决定》的出台，有效地推动“奖优免补”工作取得好的进展。截至 2008 年，全省领取独生子女证的农户总数累计已达到 64.7 万户，农业人口办证户数已占全省农业人口一孩家庭的 46.89%。

保障机制　2008 年省级财政投入的人口计划生育事务经费达到 2.19 亿元，人均 4.6 元，比 2007 年投入增加 7000 多万元。强化服务体系建设，完成改扩建 16 个县级服务站、24 个乡镇服务所。抓住国家拉动内需的契机，分 2 批安排了 28 个县级计生服务站和 276 个中心乡镇计生服务所国债建设项目，不断夯实基础发挥各级服务机构宣传教育、技术服务、优生指导、药具发放、信息咨询、随访服务、生殖保健和人员培训功能，不断满足群众对计划生育、生殖健康、家庭保健服务的需求。

队伍建设　根据省委《决定》的规定，在机构设置上要稳定机构、编制、人员，乡镇要有单独的计划生育办公室并至少有 2 名以上公务员编制。乡镇计划生育服务所配备 2 名以上专业技术人员。加强人员培训，各级人口计生部门全年共举办各类培训班 316 期，培训人员 6780 人。建立健全各级计划生育协会组织，充分发挥计划生育协会在基层人口和计划生育工作中生力军作用。村级计生宣传员的报酬要在原基础上翻一番。加快职业化建设，不断提高服务机构专业人员比重。努力构建以行政管理、科研与技术服务、生殖健康咨询和家庭计划管理、群众工作“四位一体”的人口和计划生育职业化社会管理和公共服务网络。

省委召开常委会专题研究人口计生工作 2008年7月1日，中共云南省委召开第43次常委会议，研究讨论《中共云南省委省人民政府关于进一步加强人口和计划生育工作统筹解决人口问题的决定》。省委书记白恩培主持会议并讲话。常委会提出，要充分认识人口和计划生育工作的重要性和紧迫性，继续稳定云南省的生育政策；统筹国家和云南省已出台的计划生育优惠政策，丰富“少生快富”的内涵；完善云南省农业人口独生子女家庭“奖优免补”政策；结合“兴边富民工程”，出台云南省边境县人口和计划生育特殊优惠政策；建立稳定增长的计划生育投入保障机制；对重点县加强监督，建立县级计生工作监督机制，努力开创统筹解决人口问题的新局面。

【计划生育服务和管理】 认真落实国家和省流动人口计划生育管理和服务规定，坚持以现居住地为主、现居住地与户籍所在地共同负责，政府主导、计生、公安配合、各方共同参与、综合治理的工作格局，加强流动人口的计划生育工作。积极探索把流动人口的计划生育管理和服务纳入社区建设的重要内容，与常住人口同宣传、同管理、同服务、同考核，改变了重管理、轻服务的现象，维护流动人口计划生育的合法权益。将流动人口违法多生育控制数纳入责任目标考核，一些县（区）设立了社区居委会计划生育专兼职人员，一些县（区）通过与业主、租房户签订流动人口计划生育管理合同等形式，强化了对流动人口计划生育的管理。在流动人口集中的地区发展计划生育协会，探索流动人口计划生育自我教育、自我管理、自我服务的新机制。同时，加强边境居民的婚育管理，采取措施加强边远山区、贫困地区和城郊结合部的计划生育工作。

推进出生缺陷一级预防工作 针对云南省出生人口素质总体水平不高、出生人口性别比不断攀升比较突出的情况，2008年3月，在临沧市凤庆县召开了全面启动出生缺陷一级预防工作会议。按照出生缺陷一级预防要求“全面开展，分类指导，重点推进”的方针，围绕“宣传倡导，健康促进，优生咨询，高危人群指导，孕前实验室筛查和营养素补充等”6项任务，全省分3个层次全面启动了出生缺陷一级预防工作。即：巩固提高原25个试点县、着力推进20个重点县、其他84个县逐步实施。全省129个县围绕“宣传倡导，健康促进，优生咨询，培训指导”4项任务开展了工作。省人口计生委举办了8期计划生育技术服务人员培训班，进一步提高了技术服务人员的服务水平。25个试点县和20个重点县通过认真开展宣传倡导，健康促进，优生咨询，高危人群指导，孕前实验室筛查和营养素补充“六项”工作，出生缺陷预防工取得明显成效。对出生缺陷一级预防实行定期评估、通报制度。加强制度监管，严禁非医学需要的胎儿性别鉴定和选择性别的人工终止妊娠。加强对艾滋病、性病监测，预防母婴传播。

“十一五”人口和计划生育事业发展中期评估工作 根据国家人口计生委的通知要求，2008年8月启动了中期评估工作。组织了全省129个县、市、区进行专项调查，调查了12.9万人，对其中3.5万育龄群众逐一进行调查登记。对昆明市、曲靖市等地开展中期评估进行了重点督查指导。完成了16个中期评估的专题报告和《云南省十一五人口和计划生育事业发展规划中期评估报告》，并完成了中期评估专题报告编撰成册的工作。

人口和计划生育数据及态势分析 根据云南省统计局公报，2008年全省出生人口57万人，比上年减少1.8万人；人口出生率12.63‰，比上年下降0.45个千分点；净增人口28万人，自然增长率6.32‰，比上年下降0.54个千分点；死亡人口29万人，年末全省总人口为4543万人，全面完成了国家下达的2008年人口计划和省委、省政府确定的年度责任目标任务。

“十一五”规划实施2年来，全省人口和计划生育一直保持良好的发展势头，人口出生率、自然增长率连年下降，人口自然增长率始终保持在10‰以下的低水平；计划生育率、综合避孕率逐年提高，违法生育，特别是违法多生育连续下降。

【表彰与荣誉】 2008年12月，省人口计生委对各州（市）2008年度人口与计划生育工作责任目标管理完成情况进行了考核。考核结果：获一等奖的是昆明市、楚雄州、玉溪市、红河州、普洱市、西双版纳州、保山市、丽江市、临沧市；获二等奖的是文山州、大理州、德宏州、怒江州；获三等奖的是曲靖市、迪庆州。

第二届云南人口奖获奖名单：李桂英，云南省计划生育协会会长；普联和，楚雄州计划生育协会会长；孙祥庚，中共玉溪市委书记；何金平，中共大理州委副书记、州长；孟必光，中共德宏州委副书记、州长；陈建国，中共迪庆州委副书记、州长；李灿光，云南省统计局局长；张开宁，昆明医学院健康研究所所长、教授；邵钢，红河州人口计生委主任；马玉英，昆明市晋宁县人口计生局局长。

【生殖健康工作】 由省人口计生委、省卫生厅和省妇儿工委联合组织开展的全省农村关爱妇女健康科普宣传和生殖健康普查项目活动。普查活动对象为农村已婚育龄妇女，具体检查项目包括妇科等生殖健康常规项目，活动中所有检查项目全部免费，累计检查农村已婚育龄妇女6万余人，为育龄妇女节约检查费用约720万元。

2008年10月13日～15日，中国/联合国人口基金第六周期生殖健康/计划生育项目专家到沾益县督导检查项目实施工作的“管理与评估改革”情况。通过听、查、看和召开座谈会方式，详细了解了项目实施工作情况后，对沾益县实施第六周期项目工作给予了充分肯定。

云南省人口和计划生育委员会、云南省卫生厅联合主办的第二届“2008中国昆明性健康暨性文化博览会”2008年7月5日～14日，在昆明国际会展中心举办。

【存在的困难和问题】

1. 人口控制形势依然严峻。由于受20世纪80年代～90年代第三次人口出生高峰和部分独生子女陆续进入婚育年龄等结构因素的综合影响，生育水平将有所回升。2008年全省一孩出生人数同比上升1.5万人，这是1998年以来全省一孩出生人数首次出现增加，预示云南省第四次出生高峰已经到来，控制人口增长的压力仍然很大。

2. 人口总体状况不佳。出生人口分布不理想，每年出生的人口中，90%以上出生在农村，65%以上出生在扶贫开发工作重点县；受教育程度低，整体素质不高，人口安全隐患大等情况较为突出。

3. 人口结构矛盾凸现。实行计划生育以来，全省计划生育家庭户约为900万户左右，其中城市约为200万户，农村约为700万户。计生家庭老年人口规模呈逐年上升趋势，目前已达250万人左右，由于社会保障体制不健全、措施滞后，养老问题特别是农村的计划生育家庭养老问题越来越突出；同时，由于劳动年龄人口较快增加，就业压力加大；一些地区性别比失衡等问题突出，给社会稳定造成隐患。

4. 有关政策不协调的问题日渐突出。随着国家一系列普惠政策的实施，原来一些对计生家庭的优先优惠政策名存实亡，有的甚至消失。有关土地分配、集体林权制度改革等一些新修订的政策均按人头分配，未体现对计生家庭的照顾，对云南省实施几年的农村独生子女实施“奖优免补”政策冲击较大，导致退证增多。

（蔡　玲）

劳动和社会保障

【促进就业】 2008年，全省各级劳动和社会保障部门把就业工作放在更加突出的位置，认真贯彻执行《中华人民共和国就业促进法》，通过各部门的共同努力，全面完成了促进就业工作任务。全省城镇新增就业23.08万人，比上年增长5.44%；城镇登记失业率为4.21%，实现了部、省下达的控制在4.5%以内的目标。持《再就业优惠证》的下岗失业人员再就业8.33万人，帮助全省就业困难人员5.15万人实现就业，比上年增加2.92万人。享受培训补贴和职业介绍补贴的人数同比分别增长34%和65%。全省就业专项资金支出7.89亿元，同比增加1.76亿元。全省组织了1.91万人参加创业能力培训，商业银行为1.75万名创业者发放小额担保贷款4.25亿元，带动5万人实现就业。全省各级就业服务机构积极按照国务院就业再就业政策，在开展经常性公共就业服务工作的同时，以组织系列公共就业服务专项活动为抓手，组织开展了“就业援助月”、“春风行动”、“民营企业招聘周”、“高校毕业生就业服务月”等4个就业再就业专项活动，有力地推动了就业再就业工作的深入开展。全省新增的6632户零就业家庭实现至少有1人就业，继续保持“零就业”家庭动态清零。

【农村劳动力转移就业】 2008年，全省加大了对劳务输出示范县工作的指导和扶持力度，科学制定农村劳动力转移就业实施方案和工作措施，明确了工作方法、步骤及工作目标，做到目标明确、任务到位、责任到人。加强与输入地的对接，强化驻外机构体系建设，进一步加强后续管理服务工作。开展农村劳动力技能培训34.31万人，全省实现农村劳动力转移就业153.47万人。

【技能人才培养】 2008年，全省技能人才培养工作根据“以高技能人才培养带动初、中级技能队伍梯次发展，形成政府推动、企业主导、行业配合、学校参与、社会支持、个人能力的技能人才培养体系”的总体要求，加强了对高技能人才工作的组织领导，加大了高技能人才培养的工作力度。全省实施年度工作目标考核管理，年终进行检查和量化考评。2008 年完成职业技能竞赛 13 次，共计有 4072 人参加，有 290 人取得了职业资格证书，其中高级技师 14 人，技师 80 人，高级 135 人，中级 61 人。参加职业技能鉴定 42.98 万人，鉴定合格取得职业资格证书 38.09 万人，其中，新增技师 5271 人，高级技师 139 人，鉴定规模比 2007 年同期增长 88.36%；2008 年云南省首次把高技能人才纳入国务院政府特殊津贴，按照公开、公平、公正、择优的原则，在全省范围产生出 7 名享受国务院政府特殊津贴和 3 名省政府特殊津贴的高技能人才候选人。通过评估审议向人力资源和社会保障部推荐了云南省综合技校、楚雄州技校、云南省电子行业协会、云南电网公司 4 家国家高技能人才培养示范基地备选单位。目前云南省已有 7 所国家级、7 所省级高技能人才培养基地。全省正常招生的 37 所技工学校招收新生 3.61 万人，校均招收新生 975 人，全省技工学校在校生人数达 7.83 万人，校均在校学生 2115 人，居全国第三位。2008 年 8 月 19 日，云南省第一所技师学院云南技师学院顺利开工建设。

【社会保障扩面】 2008 年，全省各类参保人数达 1475 万人次，新增 234 万人次。其中，基本养老保险参保人数达到 293.72 万人；城镇职工基本医疗保险参保人数达到 356.82 万人（其中农民工 17.11 万人）；失业保险参保人数达到 195.60 万人；工伤保险参保人数达到 202.47 万人（其中农民工 45.2 万人）；生育保险参保人数达到 168.38 万人；全省城镇居民医疗保险试点从 3 个州（市）37 个县扩大到 10 个州（市）89 个县，并在全国率先将大学生纳入参保范围，出台了门诊报销办法，参保人数达 261.38 万人。

【基本养老金发放】 2008 年，积极争取中央财政资金补助 31.42 亿元，全省参保离退休人数达 89.35 万人，其中参加企业养老保险的离退休人数为 86.57 万人，均按时足额领到了基本养老金。全省在规定时限内将 8518 万元增发的养老金发放到企业退休人员手中。目前全省参保企业离退休人员月人均基本养老金已达 1036 元。针对工伤职工长期待遇偏低的问题，下发了《云南省劳动和社会保障厅关于调整企业职工工伤保险待遇的通知》，全省 16 个州（市）于 5 月底全部完成了调整工伤保险待遇工作，共支付 509.2 万元，享受待遇 4683 人，圆满完成调待兑现工作。

【社会化管理服务】 2008 年，全省各级劳动保障部门认真贯彻落实省政府 203 号文件精神，积极推动已关闭破产省属企业退休人员移交属地社会化管理服务工作。在省级相关部门的积极配合下，完成了昆明市、红河州省属企业退休人员移交属地实行社会化管理服务的试点工作。以全省加快社区建设为契机，加快社区劳动保障平台的建设，积极做好管理服务人员的配备和培训工作，服务质量得到不断提高，推进和规范了企业退休人员纳入社区管理服务工作。出台了《云南省企业退休人员社会化管理服务经费管理使用暂行办法》，进一步规范了退休人员社会化管理服务经费的管理和使用。全省企业退休人员社会化管理服务的人数达 86.57 万人，社会化管理服务率达到 100%，其中社区管理率达 60.30%。

【被征地农民社会保障】 2008 年，省政府出台了《云南省被征地农民养老保障办法》，进一步完善了制度和政策，较好地促进了被征地农民的基本养老保障工作。2008 年，全省参加被征地农民社会保障人员达 13.65 万人，对 1.3 万符合领取待遇的人员发放养老保障金 4055.25 万元。

【社保基金监督管理】 2008 年，根据全国社会保险基金专项治理工作要求，云南省设立了省级社会保险基金专项治理领导小组及办公室，全面启动全省专项治理自查自纠阶段工作。坚持稽核与基数核定相结合，报送稽核与实地稽核相结合，有针对性地开展社会保险稽核工作，并取得了明显成效。共稽核参保企业 6176 户，涉及参保人员 56.59 万人；查出参保单位少缴社会保险费 2979 万元，并已全部补缴；认证离退休人员 19.65 万人，查出冒领基本养老金 33 万元，已追回 28 万元。同时加大了对企业欠费的清理回收工作力度。紧紧围绕清理回收企业欠缴养老保险费目标任务，与地税部门密切配合，克服清欠工作中遇到的各种困难，加大清欠稽核力度，较好地推动了清欠工作的开展。

【社会保障改革创新】 在 2008 年的解放思想大讨论、深入学习实践科学发展观活动中，全省劳动和社会保障部门着力解决多年制约或困扰劳动保障事业发展的问题，并取得明显成效，许多工作走在全国前列。养老保险在全国率先实现省级统筹的基础上，2008 年又进一步完善了省级统筹办法；城镇居民基本医疗保险试点是全国率先实行州市级统筹的 2 个省份之一；在全国率先将“老工伤”人员纳入工伤保险统筹，为全国解决“老工伤”人员工伤待遇问题提供了经验。

【劳动合同与用工管理】 2008 年，全省各级劳动和社会保障部门以贯彻实施《劳动合同法》为契机，以维护劳动者合法权益为重点、扎实开展解决企业工资历史拖欠工作、“劳动合同制度 3 年行动计划”和劳动用工登记工作，继续推进分配制度改革和综合改革工作，有针对性地解决劳动关系中的突出矛盾。在全省开展了“春暖行动”，继续以建筑业、住宿和餐饮业、制造业、采矿业以及居民服务业为重点，通过集中开展专项行动，督促各类企业与农民工依法签订劳动合同。全省签订劳动合同人数达 288.59 万人（其中农民工 68.43 万人），同比增加 18.8 万人（其中农民工增加 18.43 万人），职工劳动合同签订率达 96.83%，农民工劳动合同签订率达 74.7%。2008 年，全省劳动合同签订率达 92%。继续推进劳动用工登记工作，共有 4 万余户用人单位登录了基础信息和 153 万余名劳动者的个人信息；3.7 万户单位登录了劳动用工登记证信息和 130 万余名劳动者的劳动用工信息。

【劳动保障监察】 2008 年，全省各级劳动执法监察机构共立案处理案件 8032 件，结案 7822 件，受理了群众举报案件 2031 件，结案 1887 件；共督促用人单位为 25.34 万人补签了劳动合同；为 8.48 万劳动者追发了 2.49 亿元工资等待遇，其中包括农民工工资 1.59 亿元；督促 1.1 万户用人单位为 8.67 万人缴纳社会保险 8496.13 万元；为 4200 名劳动者清退风险抵押金 155.20 万元；督促了 8410 户用人单位进行社会保险登记，涉及劳动者 15.20 万人；取缔非法职业中介机构数 69 户；清退童工 83 人；纠正违反职业资格和职业规定的单位 53 户；审查用人单位规章 5.51 万件，纠正违法规章 1.18 万件。在监察执法过程中，通过依法行政，全省共处罚用人单位 961 户，有力打击了严重违反劳动保障法律法规的行为，有效规范了用工行为。

【农民工工作】 2008 年 4 月，云南省在全国率先出台了《云南省农民工权益保障办法》，为更好地保障农民工权益提供了政策依据，使农民工权益保护工作制度化、规范化。省人民政府首次开展了全省优秀农民工和先进农民工工作先进集体“十杰双百”评选表彰活动，并召开表彰会，对“十杰农民工”和 90 名优秀农民工、100 个农民工先进工作集体进行了表彰，努力营造全社会重视农民工、关心农民工、保护农民工合法权益的良好氛围。省级 7 部门在全省范围内开展了无工资拖欠、有劳动合同、有工伤保险、有安全防护、有工房床铺、有条件洗澡、有电视收看的关爱农民工“一无六有”倡议活动。倡议内容通过新闻发布会、网络、报纸等媒体向社会广泛宣传，进一步营造关心爱护农民工的社会氛围，强化了用人单位依法生产经营，自觉维护农民工权益的意识。

【劳动保障法制建设】 从健全法规体系、加大劳动执法监察、完善劳动人事争议调解仲裁制度等方面入手，进一步维护劳动者合法权益，出台《云南省贯彻＜劳动争议调解仲裁法＞实施办法》、《云南省贯彻落实＜就业促进法＞实施办法》，为劳动保障事业的发展提供了重要政策支撑。编印了《劳动保障法规文件汇编》第 22 册、第 23 册、《云南省基层劳动保障实用知识 500 问》等宣传手册，积极开展“五五”普法宣传教育，共 7000 余家用人单位 8000 余用人单位负责人、劳资人员、工会干部等参加了普法讲座，通过普法宣传，进一步提高了广大用人单位知法、守法和自觉按照劳动保障法律法规处理劳动保障事务的意识。

【劳动保障政府目标责任体系】 为强化政府对劳动保障工作的责任，2008 年，云南省首次建立了省人民政府对州（市）级人民政府的劳动保障工作责任目标考核制度，在年初的全省劳动保障工作会议上，副省长李江代表省政府与各州（市）政府分管领导签订了劳动保障目标任务责任书，把 16 项目标任务纳入政府考核范围。省政府对州（市）政府目标责任书的签订，州（市）、县各级政府逐级签订目标责任书，标志着全省劳动保障政府目标责任体系全面建立，有利于各级政府把劳动保障事业摆在更加突出的位置，有利于各级领导更加重视对劳动保障工作的领导，有利于各级劳动保障部门争取有关部门的大力支持。

【基层劳动保障基础建设】 实施了乡镇劳动保障所“2113116”建设工程，得到了各级党委政府和基层劳动保障工作者的欢迎和支持。经州（市）、县各级劳动保障部门积极努力，多方争取支持，工程建设推进迅速，部分州（市）已基本完成了除配备监察车辆外的年度目标任务，乡镇、街道劳动保障基础建设明显加强。依托金保工程，狠抓劳动保障信息网络建设，使州（市）劳动保障局域网覆盖率达到100%。特别是乡镇街道劳动保障所站网络从无到有，联通率达到50%，呈现出迅猛发展的强劲势头。

【劳动保障新设工作机构】 在全省严格控制机构编制增加的大背景下，省政府为省劳动和社会保障厅增设了城镇居民基本医疗保险处、工伤保险处、社会保险基金审计处，增加了15个行政事业编制，省级劳动保障工作机构编制进一步合理。各州（市）劳动保障部门也乘开展城镇居民医疗保险试点工作的东风，千方百计争取党委、政府的重视和支持，州（市）医保中心普遍得到加强。其中，昆明、楚雄、普洱已升格为副处级；曲靖、怒江、迪庆、昭通已申报副处级待批，全省各级医保中心共增加510个编制。此外，多数州（市）的乡镇（街道）劳动保障所站增加了工作人员，部分州（市）劳动保障部门新设了工伤、信息、基金监督、宣传等工作机构，使基层劳动保障队伍建设普遍得到了加强。

（朱远昆）

社会管理

民 政

【综　述】 2008年，云南省民政厅坚持“以民为本、为民解困、为民服务”的核心理念，开拓创新，突出重点，紧扣热点，破解难点，积极作为，各项工作取得了新的突破，实现了新的跨越，为保障民生、改善民生、构建和谐云南作出了积极贡献。截止年底，全省累计受灾人口2921.79万人，因灾直接经济损失198.17亿元。全年启动应急响应29次，下拨救灾资金26.48亿元，救助受灾群众717万人，民房恢复重建5.39万户、22.11万间。农村低保在2007年的基础上，新增71.6万人，保障对象307万人，落实保障资金15.3亿元。城市低保在2007年的基础上，新增10万人，保障对象87.54多万人，支出保障资金13.28亿元，比2007年底增长42.4%。全省129个县（市、区）全面建立了城乡医疗救助制度，救助401.21万人次，支出资金1.97亿元。全省共有农村五保对象22.1万人，集中供养平均标准为每人每年1800元~4000元，分散供养标准为每人每年800元~2500元，启动了《农村敬老院建设5年规划》。以昆明市为重点，积极开展流浪乞讨人员救助专项治理，救助流浪乞讨人员4.5万多人次。全省共有重点优抚对象20多万人，投入优抚经费5.95亿元。出台了《云南省军人抚恤优待规定》；全省9个县（市）、7个军地单位、3名个人分别被命名为全国双拥模范城（县）、双拥模范单位、爱国拥军模范。全省于7月底前全面完成了2007年冬季退役士兵安置任务，接收安置退役士兵1万多人。召开了全省社区建设工作领导小组第一次全体会议，出台了《云南省城乡社区服务体系发展规划（2008年~2012年）》等一系列政策文件，安排4175万元，用于补助城乡社区服务设施建设。制定下发了《关于促进社区社会组织建设与管理的指导意见》，全省社会组织1.01万个。制定了《2009年~2010年儿童福利设施规划建设方案》，争取资金2040万元实施6个儿童福利院建设项目。全省销售福利彩票20.23亿元，筹集福彩公益金7.08亿多元。全省有83个县（市、区）开展了平安边界创建活动。投入150万元工作经费补助各州（市）完成地名数据库建设，启动了城市网络门牌等地名公共服务工程建设。省本级公益金资助2050万元，启动了12个新建殡仪馆项目。举办了2008年清明节“让生命回归自然——云南省爱心树葬林”活动启动仪式。

【抗灾救灾】 2008年是云南省多年罕见的大灾之年，先后经历了低温雨雪冰冻、地震、风雹、洪涝、滑坡泥石流、台风等灾害，给灾区造成巨大人员伤亡和财产损失，截至年底，全省受灾人口累计2921.79万人（次），因灾死亡349人，失踪53人，伤病3.31万人，紧急转移安置72.04万人，饮水困难人口128.8万人；倒塌民房9.34万户33.04万间，损坏119.45万间；农作物受灾172.79万公顷，绝收38.41万公顷；死亡大牲畜5.37万头（匹）；交通、水利、通讯、教育、卫生等基础设施严重受损；灾害造成直接经济损失198.17亿元。转移安置灾民数、经济损失数等指标均为近年来最大值。2008年全省重特大灾情有：年初低温雨雪冰冻灾害、盈江“3·21”地震、四川汶川“5·12”地震、盈江“8·20”“8·21”地震、四川仁和—会理“8·30”“8·31”地震、8月初全省性洪涝滑坡泥石流、楚雄“11·2”特大滑坡泥石流、德宏瑞丽“12·26”地震等灾害。党中央、国务院十分关注云南省灾情，胡锦涛、温家宝、李克强、回良玉等中央领导多次打电话了解灾情，及时作出批示。民政部、交通部、水利部、财政部、城乡和住房建设部、国土资源部、中国地震局等相关部局及时启动预案，派出工作组，赶赴云南灾区，指导抗灾救灾工作。民政部针对云南省灾情6次启动应急响应，先后派出7个工作组赶赴云南省灾区。省领导及时作出批示，多次深入灾区，查核灾情，指导灾区做好抗灾救灾工作；针对全省抗灾救灾工作做出批示168次，全省启动省级灾害救助应急响应25次，省政府先后召开了35次工作会议，研究部署抗灾救灾工作，派出32个工作组赶赴灾区，指导、帮助抗灾救灾工作。省民政厅作为抗灾救灾综合协调部门，做到了第一时间到达灾害现场，第一时间了解并上报灾情，第一时间组织转移安置受灾群众，第一时间调运救灾物资，第一时间下达救灾应急资金，先后向灾区派出43个工作组131人次，查核灾情，督查灾区各项工作落实。灾区各级党委、政府紧急动员，迅速行动，靠前指挥，尽最大努力组织调动各方面资源，及时发放救灾资金和物资，保证了全省救灾工作的顺利进行。2008年全省共筹集安排各项救灾资金26.48亿元，其中，中央安排14.88亿元，省级安排11.6亿元。在下达的救灾资金中，从民政系统安排下达救灾资金达14亿多元；向灾区调运救灾帐蓬3.91万顶，棉被10.36万床，毛毯5727条，新衣服4.75万套，共救助受灾群众717万人，民房恢复重建5.39万户、22.11万间；共接收社会捐赠款4.1亿元、物资价值1912.75万元。

【社会救助】 2008年，省委、省政府高度重视城乡社会救助工作，将提高城市低保补助标准、扩大农村低保覆盖面、全面建立和实施城乡医疗救助制度以及推进农村敬老院建设4项工作，列入省政府重点督查的20项重点工作内容。省民政厅把建立和完善城乡社会救助体系作为2008年全省民政工作的重点，王树芬厅长与各州（市）民政局长签订了社会救助工作目标责任书，并加大督促检查和指导力度，确保了各项工作的顺利推进。

农村低保在2007年的基础上，新增71.6万人，保障对象达到了307万人，落实保障资金15.3亿元，其中，中央下达7.51亿元，省财政安排4.17亿元，州（市）、县（市、区）两级共落实配套资金3.62亿元。从1月份和7月份起，按每人每月10元的标准两次提高了补助水平。目前，全省农村低保人月均补助水平50元，比2007年底提高了20元。

城市低保在2007年的基础上，新增10万人，保障对象达到了87.54多万人。支出保障资金13.28亿元，其中，中央补助资金9.14亿元，省级补助资金2.13亿元，州（市）、县两级配套资金2.01亿元。昆明、昭通、曲靖等10个州（市）不同程度提高了保障标准，全省平均保障标准达到了195.8元。从1月份和7月份起，按每人每月15元的标准提高了补助水平，全省月人均补助水平达到152元，比2007年底提高32元。

2008年，下发了《关于开展2008年度全省城乡医疗救助督查工作的通知》、《关于做好城镇困难居民参加城镇居民基本医疗保险有关工作的通知》以及《云南省进一步完善城乡医疗救助制度指导意见》，129个县（市、区）全面建立了城乡医疗救助制度，共救助401.21万人次，支出资金1.97亿元。其中，城市医疗救助44.19万人次，支出救助金5451万元；农村医疗救助357.02万人次，支出救助金1.43亿元。

2008年，102个县（市、区）制定并公布了五保对象集中供养和分散供养标准，其余县（市、区）正抓紧制定。全省集中供养平均标准为每人每年1800元～4000元，分散供养标准为每人每年800元～2500元，省级对五保对象按每人每月60元的标准进行补助。制定下发了《农村五保供养服务机构建设指导意见》，启动了《农村敬老院建设五年规划》。下达了世纪金源捐资建设11所敬老公寓的2000万元和省级资助54所敬老院建设的补助资金5265万元，并已开工建设。

2008年，妥善做好特殊救助对象救助工作，依法开展分类救助。尤其是四川汶川大地震发生后，全省各救助管理站均开通绿色救助通道，对来自四川籍的临时困难群众给予交通和食宿等尽可能满足的一系列帮助。北京奥运会期间，全省出动车辆500台次、抽调相关部门工作人员1500人次、投入专项工作经费，共劝阻、引导流浪乞讨人员2600多人次。截止年底，全省有救助管理站（点）71个，53个站配备电脑并与全国联网，基本实现全省救助管理信息化、网络化。有流浪未成年人救助保护中心7个。全省各级救助管理机构和基层民政部门共救助4.52万人次，其中未成年人1.07万人次、青壮年3.06万人次、60岁以上老人2968人次、危重病人922人；省内护送返乡1.34万人次，跨省护送7700人次，接收外省送回云南省籍的2699人次，给予临时救助2.13万人次。

【双拥优抚安置】 2008年，云南省9个城（县）荣获全国双拥模范城（县）称号，7个军地单位、3名个人受到全国表彰。元旦、春节期间，以省委、省政府名义，组织4个慰问团，走访慰问了驻守在8个州（市）的边防一线部队基层单位；省领导走访慰问驻昆师以上部队，赠送了520万元慰问金；汶川大地震发生后，向抗震救灾一线驻滇部队官兵发了慰问电，筹措1200万元经费支持救灾一线部队。省委副书记李纪恒、副省长曹建方带队赴四川灾区看望慰问驻滇抗震救灾部队。组织召开云南省庆祝中国人民解放军建军81周年座谈会。首次与云南电视台合作，深入9个全国双拥模范城（县）拍摄12集电视专题片《双拥潮涌彩云南——云南省双拥模范城（县）巡礼》，并在黄金时段播出，受到社会广泛关注和好评；编辑出版《决战汶川——“5·12”汶川大地震驻滇部队抗震救灾专刊》，较好地宣传了驻滇部队参加抗震救灾的英雄事迹。

认真落实中央“6·21”会议精神和国家“五项政策”，集中力量对全省“两参人员”有关政策落实情况进行督查调研，出台了《云南省军人抚恤优待规定》，印发了《关于规范全省残疾等级评定和伤残抚恤关系转移工作的通知》、出版了《云南省优抚工作汇编》（1993年~2007年），促进了优抚工作的健康有序发展。截止年底，全省共有重点优抚对象28多万人，共投入优抚经费5.95亿元，开创了云南优抚历史上的新纪录。

2008年，全面实行“双考”安置办法，积极拓宽安置渠道，全省共接收安置2007年冬季退役士兵1.3万多人，其中回农村安置900多人，符合在城镇安置4000多人，城镇退役士兵自谋职业2200多人，自谋职业率达53.66%，共支付自谋职业补助金近9000万元，全省于7月底前较好地完成了年度安置任务。各级安置部门把城乡退役士兵短期教育培训统一纳入全省就业再就业政策扶持范围，依托劳动保障部门的专门职业培训机构组织实施，财政部门从就业再就业资金中给予经费保障。制定了《中共云南省委办公厅、云南省人民政府办公厅关于加强退役士兵教育培训促进就业的意见》，启动全省退役士兵1年以上学历教育和职业技能培训，开辟了依靠城乡一体化免费培训扶持退役士兵自主就业的新通道。先后在全省组织开展了“云岭老战士牵手互助行动·2008夕阳春暖”活动、云南省军队离休退休干部第五届“夕阳红杯”文艺体育比赛大会，积极引导和组织军休人员“走出庭院、融入社会、发挥余热”，提升了军休服务管理水平和军休工作的社会影响力。全省各军供站圆满完成了执行抗击雨雪冰冻灾害、5·12汶川抗震救灾等应急任务和新老兵运输、训练、换防等部队的接待任务，补贴过往部队伙食费和住宿费100万余元。全省有2个军供站和4名个人因在汶川抗震救灾和抗击雨雪冰冻灾害军供应急保障中成绩突出受到成都军区联勤部的通报表彰。

【基层民主政治建设】 2008年，召开了全省社区建设工作领导小组第一次全体会议，加强对社区建设工作的组织领导力度，明确了各部门职责，基本形成党委政府统一领导、有关部门密切协作、社区群众广泛参与、社会各界大力支持的工作格局；出台了《关于进一步推进社区基层组织建设的意见》、《关于开展和谐社区示范单位创建活动的实施方案》、《关于做好社区组织工作用房、居民公益性服务实施建设和管理的实施意见》、《云南省农村社区建设试点工作方案》、《云南省城乡社区服务体系发展规划（2008年~2012年）》等一系列政策文件，社区建设政策体系框架逐步完善；积极筹措资金，逐步加大社区建设的经费投入，年内安排下达4175万元，用于补助城乡社区服务设施建设；8个实验县（市、区）的100个农村社区实验点工作稳步推进，积极配合民政部在云南省召开了全国农村社区建设实验工作经验交流会。

由省民政厅牵头，省纪委、省委组织部、省财政厅、省农业厅等部门联合下发了《关于做好村务公开目录的编制工作指导意见》，进一步规范了云南省村务公开和民主管理工作；积极配合民政部在云南省召开了全国村委会选举情况分析会和纪念《村委会组织法》实施10周年理论研讨会；成功组织《村委会组织法》实施10周年纪念宣传活动，《中国社会报》、《中国民政》等报刊对云南省基层政权建设方面的经验进行了集中宣传报道，被称为“云南经验”，在全国引起强烈反响；昆明市五华区、楚雄州楚雄市、文山州西畴县、西双版纳州景洪市被命名为“全国村务公开民主管理示范县”。

【儿童福利事业】 制定了《2009年~2010年儿童福利设施规划建设方案》，争取民政部、国家发改委资金2040万元，实施了6个儿童福利院建设项目。全面启动了“重生行动”项目，向民政部上报患儿名单1073人，已安排23批次650名入院治疗，557名完成手术得到康复。建立全省孤儿信息库，对全省管理人员进行了孤残儿童信息系统操作使用培训，启动了基础数据的录入工作，全省录入系统的孤残儿童3.7万人。开展了“艾滋病致孤儿童救助安置云南模式”课题研究，并进入论证阶段。对昆明、曲靖、红河、普洱、大理、丽江等州（市）及其12个县（市）民政福利机构建设情况进行调研和整合民政福利机构资源调研，制定下发了《云南省社会福利机构设施建设指导意见》。

【殡葬改革】 2008年，启动9个新建殡仪馆项目建设，认真落实殡葬改革目标责任制，推进全省殡葬改革工作深入发展。截止年底，全省共有殡仪馆49家，正在新建32家；经营性公墓64个，全年共接收骨灰安放9940件。制定下发了《2008年清明节工作方案》和《2008年清明节宣传方案》，清明节期间，全省到殡葬服务单位祭祀的群众达300万人次，实现了群众祭扫活动平安、文明、有序。举行“让生命回归自然——云南省爱心树葬林”活动，省内各大报纸、广播、电视台做了大量宣传报道。全省先后出动1万多人次，发放宣传单80多万份，解答群众咨询7000多人次，悬挂布标3000多幅，张贴宣传标语2万余条。成功承办中国殡葬协会第五届理事会第四次会议，举办首届殡葬行业职业技能竞赛，全省有55人参加了遗体接运工、遗体防腐师等工种的竞赛，1人在全国技能大赛中被授予“全国民政优秀技能人才”称号。

【民间组织登记管理】 2008年，大力支持成立了云南省茧丝绸协会、云南省咖啡行业协会、云南省石产业促进会、云南省替代种植行业协会、云南核桃行业协会等行业协会和云南绿色环境发展基金会、云南省普洱市教育基金会等公益性社会组织。重点支持在教育、科技、卫生、文化和社会福利等领域成立民办非企业单位。全省新登记社会团体824个、民办非企业单位307个、基金会2个；注销撤销社会团体79个、民办非企业单位97个。截至年底，全省社会组织总数达1.09万个，比2007年增长了9.6%，其中，社会团体8292个，民办非企业单位2572个，基金会25个。

认真履职，修改完善了云南省境外非政府组织活动管理有关规定，认真完成了民政部安排的“对境外非政府组织活动管理观察点”相关工作，协助国家民管局完成国际狮子会支援盐津地震灾区恢复重建的相关工作，查处了香港施比受协会“勐海仁爱儿童之家”违法违规事件。为吸取教训、加强监管，制定下发了文件，对进一步加强和规范全省民政领域与境外非政府组织合作的监管提出相关要求。

创新管理模式，广泛开展加强社会组织自身建设、异地商会登记管理和社会组织参与自然灾害救援等一系列调查研究活动，制定下发了《关于促进社区社会组织建设与管理的指导意见》，逐步解决4万多个基层社区组织的“身份”问题。

【行政区划调整及地名管理】 2008年，经省政府批准，墨江哈尼族自治县雅邑乡人民政府驻地由雅邑迁移至坝甫岔河；禄丰县罗川镇更名为彩云镇，并将镇人民政府驻地由观音街迁移至彩云村民委员会彩云街；麻栗坡县六河乡龙林村行政区域划归杨万乡，杨万乡人民政府驻地由杨万村村委会迁移至龙林村村委会；腾冲县和顺镇人民政府驻地由水碓村迁移至大庄村，腾越镇人民政府驻地由火山社区迁移至文星社区。昆明市呈贡县在洛羊、斗南、吴家营街道办事处基础上，析置洛龙、雨花、乌龙街道办事处。截止2008年12月31日，全省行政区划格局为：16个州市，其中8个自治州、8个地级市，129个县市区，其中79个县、29个自治县、9个县级市、12个市辖区，1305个乡镇，其中575个乡、150个民族乡、580个镇，68个街道办事处。与贵州、广西2省区民政厅签署《平安边界创建实施方案》，省内82条县级界线相邻人民政府签订了《创建平安边界睦邻友好公约》。

努力推进城乡地名标牌标准化建设，截止年底，全省129个县有188个乡（镇）、2512个村完成设标任务，共设置街、巷（含村标）标志3.14万块，设立楼、门牌397.6万块。

【福利彩票发行】 2008年，全省共发行销售福利彩票20.23亿元，与上年同期相比增长7.65%，共筹集福利彩票公益金6.93亿元，代扣代缴彩民个人中奖偶然所得税5296万元，为社会提供就业岗位6000多个，各项经济指标均创历史新高。

【老龄工作】 2008年，各地认真贯彻落实《云南省老年人权益保障条例》，全省开通城市公交车的66个县（市、区）中有43个县（市、区）对持有《云南省老年人优待证》的老年人实行了免费乘坐城市市内公交车，落实率达65%；辖区内有收费公园的106个县（市、区）全部向60周岁以上老年人减免费开放，落实率达100%；122个县（市、区）对60周岁以上老年人就医免普通挂号费，设置了老年门诊和老年病房；79个县（市、区）落实了80周岁～99周岁老年人保健补助，100个县（市、区）落实了100周岁以上老年人长寿补助。积极组织开展以“提高全民思想道德水平，促进代际和谐、家庭和睦”为内容的主题教育活动，增强了全社会敬老爱老助老意识，个旧市锡城敬老院院长孔和平被全国主题教育组委会授予“敬老楷模提名奖”，五华区沙朗乡大村村民张美凤等122人被授予“孝亲敬老之星”，曲靖市、临沧市老龄办被评为“优秀组织者奖”，《真情悠悠50载》获得“敬老好文章”一等奖。在《云南老年报》上开展“保障老人权益，促进社会和谐”征文活动，进一步营造了尊老、敬老、助老的良好社会氛围。

2008年6月24日，在昆明召开全省老龄办主任会议，传达全国老龄委第十次全会、全国老龄办主任会议、省委白恩培书记6月19日对做好老龄工作的重要批示和曹建方副省长5月26日专门听取全省老龄工作汇报后的指示精神，回顾总结了2007年全省老龄工作，安排部署2008年的工作任务，通报了2007年度全省老龄工作目标管理责任制考核情况，省老龄办与州（市）老龄办签订了2008年老龄工作目标管理责任书。

2008年6月～9月，经省政府同意，由省老龄办牵头，协调省委老干部局、省文化厅、省文产办、省广电局联合举办了以“牵手传承民族文化、关爱老人共创和谐”为主题的“首届云南老年文化艺术节暨老龄产业博览会”。来自各州（市）、省直单位的19支老年文艺代表队共2000多人参加了艺术节的老年文艺比赛和广场文艺演出，59户省内外商家进行了老年产品交流。

（李培华）

质量技术监督

【服务经济发展】　重点扶持自主创新、资源节约、环境友好型企业争创名牌。55家企业生产的66个产品获得2008年云南名牌产品称号，普洱茶正式获得国家地理标志产品保护。截至2008年，全省已拥有中国名牌产品17个，云南名牌产品240个，国家地理标志保护产品7个。全省2752家企业建立了质量档案，其中，新10类重点产品生产企业288家。《地理标志产品普洱茶》国家标准于12月1日正式发布实施。全面启动了第六批38个全国农业标准化示范区项目；征集并制定下达涉及农业技术、消防安全、旅游购物、环境保护、生物工程等领域的地方标准制修订项目计划31项，全年共发布45个223项地方标准；对云南锡业股份有限公司、云南铝业股份有限公司等29家企业生产的42个产品进行了采用国际标准和国外先进标准认可（复审）；结合全国“10类重点产品质量专项整治工作”，对已备案的相关企业标准100%进行复审；组织制定发布了云南省《含中、微量元素的肥料和土壤调理剂标识及要求》强制性地方标准。全年完成企业产品标准备案2203项，废止1.03万项，累计备案有效的企业标准7132项；全省通过国家和省级“标准化良好行业企业”验收的企业19家。积极推广计量节能新技术，在全省重点耗能企业推广使用省计量院研制的强功率整流计量装置；对全省25家重点耗能企业开展了能源计量监督检查。

【食品生产监管】　截至2008年底，全省有3757家企业获得了3954个食品生产许可证，并在产品上加贴QS标志；1.44万个食品小作坊100%签订了食品质量安全承诺书；自从塑料包装、食用酒精等食品相关产品和化妆品实行市场准入以来，全省有73家企业的73个产品获得全国工业产品生产许可证；全省共划分食品质量安全区域监管责任区999个，确定专职监管员1044人，聘请政府协管员5713人、社会信息员1.05万人，全省平均每月对获证企业和小作坊的巡查和检查次数达到9561次；全省范围内开展的茶叶生产加工专项整治工作取得一定成效；积极做好奥运会期间生产加工食品安全监管的有关工作；基本消除了使用各种非食品原料和回收食品生产加工食品违法行为，基本遏制了滥用防腐剂、色素等食品添加剂违法行为。

【特种设备安全监察工作】　对全省范围内的索道、游乐设施等使用单位做到了100%督查；对重点监控设备、重大政治文化活动特种设备使用场所、上级交办检查或有关部门移送检查、被举报投诉的单位和实施检验检测工作中发现有重大问题的单位，以及重点旅游景区、重点工程建设项目做到了100%督查；对人员密集场所特种设备的使用单位督查比例达使用数的1/3以上；严厉打击特种设备违法行为，立案查处“三非”（非法制造、安装、使用）企业498家，取缔土制特种设备210台，查出安全隐患1.76万条，并对整改情况进行监督检查。全面落实特种设备事故隐患治理行动三方安全责任，奥运期间和旅游高峰期，全省未发生有重大影响的事故。全面清理和规范特种设备生产单位行政许可工作，加强许可后续监管。全年完成314项特种设备生产许可，对取得许可的40家特种设备制造、安装、改造、维修单位进行了取证后的监督检查：对5条索道进行了安全管理审查。2008年，全省未发生特别重大、重大和较大事故。

【打假治劣工作】 开展了家具、玩具、服装、油漆涂料和仿真饰品等5类产品集中整治和化肥产品专项整治。全系统出动执法人员3万多人次，立案查处制假售假案件7133起。在5类重点产品集中整治行动中，检查生产单位398个，完成企业建档数91家，获3C认证企业数11个，累计完成228家企业的标准复审，查处违法案件29起。在全省化肥产品专项整治行动中，重点查处以中量元素肥、硫钙肥、含氮钙硫肥冒充复混肥料、磷肥等质量违法行为，检查化肥生产企业295家，化肥销售企业2836家；查处制售假冒伪劣化肥案件28起，有效地整顿了化肥市场经济秩序，维护了广大农民的利益。

质量监督工作充分采用行政处罚、媒体曝光、召开通报会、举办不合格企业培训班等方式，切实加强和规范监督抽查的后处理工作。积极帮助不合格企业分析查找原因，督促其进行整改，达到了抽查一类产品，整顿一批企业，规范一个行业的目的。截至3季度，已完成43种产品的监督抽查和定期监督检验任务，全省抽查1.03万家企业1.3万个批次产品，合格9330个批次，产品质量监督抽查综合合格率为72%，与2007年同期基本持平。通过连续多年的质量跟踪监督抽查，云南省茶叶、瓶（桶）装饮用水、白砂糖、食用酒精、生丝、香精香料、有色金属、水泥、热轧带肋钢筋等行业的产品质量明显提高，产品实物质量监督抽查合格率达到90%以上。其中，作为云南重要涉农产品的茶叶实物质量抽查合格率达到97.3%，生丝实物质量抽查合格率为100%，白砂糖实物质量抽查合格率为94.74%，瓶（桶）装矿泉水、纯净水实物质量抽查合格率分别达到92%、90.2%。认真做好工业产品生产许可证管理工作，受理取证、增项、更名等企业申请537起；省局组织审查378家申证企业、配合国家总局审查62家申证企业；376个产品获得工业产品生产许可证。截至2008年底，全省有1666个企业的1832个产品获得工业产品生产许可。

【妥善应对“三鹿婴幼儿奶粉事件”】 1. 及时启动食品安全突发事件应急反应预案。全省质监系统迅速进入应急响应状态。2. 依法开展了突击检查和相关的应急处置工作。分别对生产日期标注为2008年8月6日前的三鹿婴幼儿奶粉和2008年9月14日前生产的所有奶制品一律撤下柜台登记封存，进行检测和处理。检查销售单位4509家，责令撤下柜台奶粉4562.15公斤。对乳制品生产企业进行专项执法检查，重点检查生产原料是否含有毒有害物质，生产加工过程是否规范。3. 全系统共派出5个工作组赴乳制品生产企业较为集中的昆明、大理、保山、红河、德宏、昭通等地进行督导，组织和督促当地质监部门认真履职，对当地所有乳制品生产企业进行专项执法监督检查，对被检查的乳制品生产企业的所有产品进行抽样。4. 全系统派出681人，对全省34家乳制品生产企业实施驻厂监管。各驻厂监管组认真履行职责，确保成品逐批检验合格后方可出厂销售，认真做好监管记录。5. 召开全省乳制品生产企业质量负责人座谈会。进一步强化乳制品生产企业的质量意识，督促生产企业履行社会责任，切实保障质量安全。6. 组织全省所有乳制品生产企业签订了以自觉遵守国家法律法规、严格按标准组织生产、确保产品质量安全、自觉履行企业产品质量义务为主要内容的承诺书。7. 增加检测经费投入。省质监局先后共投入经费500万元，用于解决检测设备和经费不足的问题，保证了检测工作的有效开展。8. 突击检测。各检测机构加班加点进行突击检测，保证了全省乳制品质量的安全。截至年底，检测全省乳制品生产企业的样品3747批其中原料奶698批、奶粉884批、液态乳1927批，均未检出三聚氰胺。

【提升技术服务能力】 积极落实国家普洱茶质检中心的筹建工作，协调国家热带农副产品质检中心的验收发证，加强国家橡胶质检中心建设的协调和督促。继续加强“强功率整流系统计量管理装置”等科研成果产品的推广应用工作；启动了直流互感器的研制生产工作；对全省7条高速公路230台动态汽车衡进行强制检定，确保了公路计重收费系统的顺利运行。

（李钰潇）

国家税务

【国税收入】 2008年全省国税收入（不含海关代征）861.84亿元，比2007年增收131.68亿元，增长18.04%。全省国税收入与经济增长基本协调，国税部门负责征收的5个税种呈现“四增一减”，其中国内增值税入库401.87亿元，同比增收54.31亿元，增长15.63%；国内消费税入库313.81亿元，同比增收59.83亿元，增长23.56%；企业所得税入库116.36亿元，同比增收16.87亿元，增长16.96%；储蓄存款利息个人所得税收入4.99亿元，同比减收3.29亿元，减幅39.68%；车购税收入24.81亿元，同比增收3.99亿元，增长19.15%。全省16个州（市）收入增幅差距较大，收入增幅最高的丽江市42.75%，而收入增幅最小的怒江州为负增长，较2007年同期减幅32.87%，收入增幅差距为75.62个百分点。

【税收征管】 进一步落实税收管理员制度，税收管理员辅助信息系统的试点工作顺利推进。全面实施领导干部管户制度，制定实施了《云南省国税系统领导干部管户工作管理办法》，提高了领导干部驾驭税收征管和指导税源管理工作的能力。电子定税工作全面推行，启动个体工商户计算机定额核定工作，切实杜绝人情税、关系税，做到公平、公正、公开。进一步加强税种管理。明确了电力产品来煤加工补贴费增值税政策。加强废旧物资回收经营、水泥生产行业和农产品生产加工行业的增值税管理。全面贯彻落实新企业所得税法及其实施条例，认真做好新、老税法政策执行和征管衔接的各项工作，确保新、老税法平稳衔接过渡。加大对非居民企业所得税管理力度，重点做好非居民企业项目的跟踪管理。充分利用纳税评估手段强化税源管理，按照“评估几户企业，规范一个行业”的要求，充分借助数据监控分析系统的收入分析模块功能，切实做好对重点税源行业、企业的纳税评估工作。整理下发了《全省主要行业相关评估参考指标》，为各地确定评估对象提供了参考。全年评估增值税纳税企业1215户，共计查补增值税4.3亿元；评估企业所得税纳税企业911户，补缴税款2697万元。

【依法治税】 结合创建“依法治省示范单位”，全面推进税收执法责任制。全年共监控考核执法业务605.13万项，共对执法人员663人次的893项执法过错进行了考核追究。深入开展税收规范性文件的清理工作，对现有行政许可和行政审批项目进行清理精简，审批项目精简率达到26%，审批时限压缩了1/3以上。认真落实国家对云南边疆经济发展的特殊照顾政策，贯彻节能减排相关税收政策，做好废旧物资收购等税收政策调整的调研，为转变云南省经济增长方式，建设资源节约型、环境友好型社会服务。全年落实各项税收优惠政策，共减免税收68.45亿元。建立健全对重点出口企业的联系制度，加强对出口企业的指导帮助，全年共办理出口退（免）税19.97亿元，其中边境小额贸易人民币结算退税3.2亿元。

【纳税服务】 大力推行多元化纳税申报，自主开发了网络申报管理系统，在昆明市开发成功增值税小规模纳税人，烟、酒类消费税以及增值税一般纳税人网络申报系统，将纳税服务时间由8小时延伸为24小时，极大地方便了纳税人。完成了云南省国税局门户网站的改造工作，设计了347个栏目，实现了对外信息发布、征纳互动、网上办税等丰富的国税政务和业务功能，增加了与纳税人互动交流栏目，及时处理纳税人咨询的各种问题，转办各类涉税违法举报，形成了与纳税人的良性互动交流平台。广泛开展了“送税法上门”活动，深入重点行业、重点企业进行专门的政策辅导组并组织业务培训，帮助企业正确理解、执行税收政策，有效降低了企业涉税风险。深入贯彻落实省政府四项制度，制订了《云南省国家税务局纳税服务承诺》，对涉及纳税人较为关心的税务咨询、税务登记、税务认定、发票领购、申报征收、行政审批等16个方面的纳税服务向全省公开承诺，接受广大纳税人和社会各界的监督。

【税务稽查】 进一步整顿和规范税收秩序，在巩固分级、分类稽查成果的基础上，加大查处重大涉税案件的力度。创新税务稽查方式，通过税收宣传、纳税辅导、指出问题、查前告知、税务稽查一系列的部门联动，运用税企互动协调机制，在促进企业自查补税的同时，帮助企业进一步规范了财务管理。全年共实现稽查查补收入2.84亿元，其中税款2.39亿元，滞纳金2400万元，罚款2100万元，比上年同期增加4688万元，增长19.7%，实际入库2.8亿元，入库率为98.42%，平均处罚率8.9%。全省共受理涉税违法举报案件506件，已经查处417件。案件查处中发起委托协查299起，委托发出发票1313份；收到受托协查501户次，受托收到协查发票1517份，回复率达

云南省2008年分地区国税收入完成情况

单位:万元

项目 州市	收入(不含海关代征)		国内增值税		国内消费税		企业所得税		外商投资企业和外国企业所得税		个人所得税		车辆购置税		出口退税
	累计	比上年同期增减%	累计	比上年同期增减%	累计	比上年同期增减%	累计	比上年同期增减%	累计	比上年同期增减%	累计	比上年同期增减%	累计	比上年同期增减%	
昆明市	2765746	18.20	1331653	10.98	748880	30.05	440382	27.50	129424	28.12	20414	-40.74	94993	14.00	111910
曲靖市	1262979	23.41	598632	20.15	510260	29.83	119935	17.67	1867	-14.36	4599	-35.73	27686	32.65	6758
玉溪市	1833946	18.76	592343	22.58	1026002	20.50	189602	2.39	3792	33.47	4039	-41.72	18168	24.81	4810
保山市	109164	7.29	78653	12.60	2095	18.56	19143	-8.87	545	292.09	1741	-33.01	6987	9.34	6700
丽江市	67114	42.75	51996	55.84	95	21.79	7862	7.96	557	147.56	1004	-37.64	5600	25.73	955
昭通市	345142	28.60	163405	25.61	128318	24.55	40369	62.56	1637	16.35	1731	-38.73	9682	56.19	830
楚雄州	454434	16.82	188647	18.36	205574	20.31	49551	2.45	345	39.68	2149	-39.63	8168	24.28	1259
红河州	934742	10.20	447429	12.14	393177	15.69	65612	-20.88	2189	11.29	4489	-37.95	21846	26.23	22000
文山州	131270	12.25	100908	12.84	211	23.39	17934	18.04	636	10.42	1494	-40.53	10087	11.24	1080
普洱市	98454	18.87	83032	19.15	1221	16.73	2093	48.12	1743	200.52	1480	-41.29	8885	17.22	759
版纳州	54778	23.95	39906	29.05	223	6.19	6693	61.63	49	-44.94	1128	-47.17	6779	1.27	2199
大理州	351281	21.51	167410	23.17	118991	20.36	47621	26.67	938	4.22	3036	-37.13	13286	20.85	4500
德宏州	65215	11.81	54665	14.91	940	-15.32	3305	28.50	112	918.18	1283	-41.31	4910	0.74	34400
怒江州	34726	-32.87	32450	-34.33	33	13.79	446	83.54	2		215	-52.12	1580	-0.63	17
迪庆州	29176	21.22	20536	13.08	131	-44.73	3859	42.71	78		253	-20.44	4319	63.10	223
临沧市	80199	10.76	67032	9.25	1943	-10.46	5233	128.82	0	-100.00	881	-40.99	5110	0.14	1300
合计	8618366	18.04	4018697	15.63	3138094	23.56	1019640	15.47	143914	28.29	49936	-39.70	248086	19.14	199700

100%。全省共查处大要案46件，已结案16件，移送公安机关8件，涉案税额4966.55万元，已入库3024.42万元。在全省范围内深入开展了打击制售假发票和非法代开发票专项整治行动，加强税警协作，国地税联动，在全省开展为期3个月的集中整治行动。7月在昆明、曲靖、玉溪、红河、楚雄、大理6个重点州（市）联合开展了代号为“捕鼠”的突击行动，共抓捕犯罪嫌疑人11人、捣毁制假窝点2个、收缴各类假发票3.94万份，打击制售假发票专项整治工作取得阶段性突破。

【科技强税】 认真做好金税工程各应用系统的运行维护工作，强化各项信息安全保障措施，建立了高效、快捷的运行维护体制机制，确保了信息化支撑下各国税业务系统正常运转。不断拓展完善征管数据监控分析手段，对原“监控系统”进行拓展升级，全新开发了217个模块，完善了46个模块，在全省实现了对税收收入的实时监控，为省、市、县三级提供了一个非常好的税源管理和决策支持平台。云南省独立自主开发的“云南国税数据监控分析系统”已经成为全国国税系统较为高效便捷的决策支持系统。

税法宣传进一步加大税收宣传力度，紧扣“税收·发展·民生”的主题，开展第17个税收宣传月活动，采取多种形式和手段，以宣传税收法律法规和政策为重点，加强宣传与公民生活密切相关的税收收入、税收政策、税收管理和纳税服务等有关内容。全省共建立税法宣传教育基地13个，税收教育进学校、进课堂、进书本活动在全省形成高潮。重新编印《税收优惠政策选编》10万册，无偿赠送给全省一般纳税人企业和省州县三级党委、政府、人大、政协以及各有关部门领导。

【廉政建设】 全省国税系统层层签订党风廉政建设责任书，起草制订全省国税系统《建立健全惩治和预防腐败体系2008年~2012年工作规划》实施办法及分工方案，逐级制订党风廉政建设和反腐败工作任务的分解意见，明确职责，提出要求，形成责任明晰、分工明确、“一级抓一级，层层抓落实”的反腐倡廉工作格局。贯彻落实省政府行政问责“四项制度”，派出督察组对各州市国税局开展了5轮明查暗访，对各级国税部门及其工作人员的服务态度、工作作风、工作效率等方面进行了全面、深入、细致的检查，对有令不行、损害国税形象的干部坚决启动行政问责。

【文明创建】 深入推进全省国税系统文明行业创建工作，2008年4月云南省国税系统被省委、省政府授予“全省文明行业”称号。全省国税系统共有11家单位被省文明委推荐上报国家文明委申报全国文明单位，其中：玉溪市国税局和澜沧县国税局被中央文明办公示为全国文明单位，省国税局机关等9家单位被公示为“全国精神文明建设先进单位”。同时，省国税局还上报国家税务总局“全国青年文明号”5个，全国巾帼文明岗2个。精神文明创建工作成果丰硕。

（彭颖睿）

地方税务

2008年，云南省地方税务系统在省委、省政府和国家税务总局的正确领导下，紧紧围绕组织收入这个中心，以开展解放思想大讨论和深入学习实践科学发展观活动为动力，把贯彻落实四项制度作为加强地税机关建设、推进各项工作有效落实的重要手段，强化税收分析和预测，坚持依法治税，深化地方税制改革，大力实施科学化、专业化和精细化管理，切实加强队伍建设，推动地税事业“二次创业”取得新成绩。

【政治学习】 2008年4月至9月，全省地税系统认真贯彻省委关于开展“解放思想、深化改革、扩大开放、科学发展”大讨论活动的决策和部署，制定了目标明确、责任落实、措施有力的整改方案，圆满完成了学习提高、查摆问题、整改落实3个阶段的工作任务，达到了预期的效果。

9月份以来，省局机关紧紧围绕中央“提高思想认识、解决突出问题、创新体制机制、促进科学发展”的总目标，扎实开展深入学习实践科学发展观活动。一是采取召开动员大会、中心组学习会、专题讲座等方式，组织党员干部职工认真学习了有关科学发展观的重要论述，开展了“阳宗海砷污染事件”讨论活动，重点对近年来地税系统在行政监察和税务稽查两个方面发生的典型案例进行了讨论分析。二是坚持把查找和解决问题、推动工作贯穿始终，形成了近30篇有价值的调研报告；召开了高质量的专题民主生活会，广泛征求了各有关部门和广大地税干部职工对地税系统贯彻落实科学发展观的意见、建议，形成了省局党组的分析检查报告。三是坚持把创新活动形式、突出实践特色贯穿始终。四是进行改革开放30年与云南地税15年工作成就，开展退休干部书画摄影作品展活动，推动了学习实践活动深入开展。

【税收征管】 2008年，全省各级地税部门努力克服各种不利因素的影响，地方税收收入继续保持了平稳较快增长。地方税费收入首次突破600亿元大关，达到了618.43亿元，同比增长28.90%，增收138.63亿元。其中：地方税收收入418.41亿元，同比增长32.57%，增收102.78亿元；社会保险费187.73亿元，同比增长21.53%，增收33.26亿元；地方教育附加8.2亿元，文化事业建设费6800万元，水资源费2.97亿元，旅游宣传促销费4400万元。各项地方税费收入的平稳较快增长，为全省经济社会发展提供了财力保障。

1月～12月税收收入的主要特点：

1. 总体税收收入保持快速增长，月度增幅波动较大，累计增幅在4月后保持相对平稳，但明显呈缓坡下行。2008年，分月情况看，入库税收和月度增幅波动都较大，但下滑趋势明显，如果剔除年初跨期税款结转以及年中“过渡户”取消和年末翘尾影响，月度增幅呈明显单边下行状态。

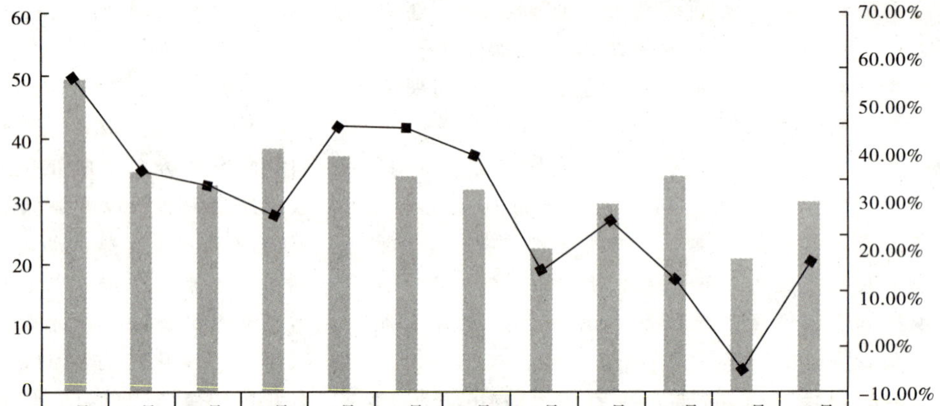

	1月	2月	3月	4月	5月	6月	7月	8月	9月	10月	11月	12月
地方税收收入（当月）	53	36.1	34.88	40.01	38.98	35.94	35.05	25.29	29.3	35.33	21.73	32.71
增幅（同比）	61.63%	37.37%	34.77%	27.09%	55.47%	54.33%	45.71%	16.02%	24.47%	11.30%	-5.62%	22.60%

2. 主体税种中，2个所得税月度增幅波动较大，营业税和城建税相对波幅较小，但走低趋势明显。

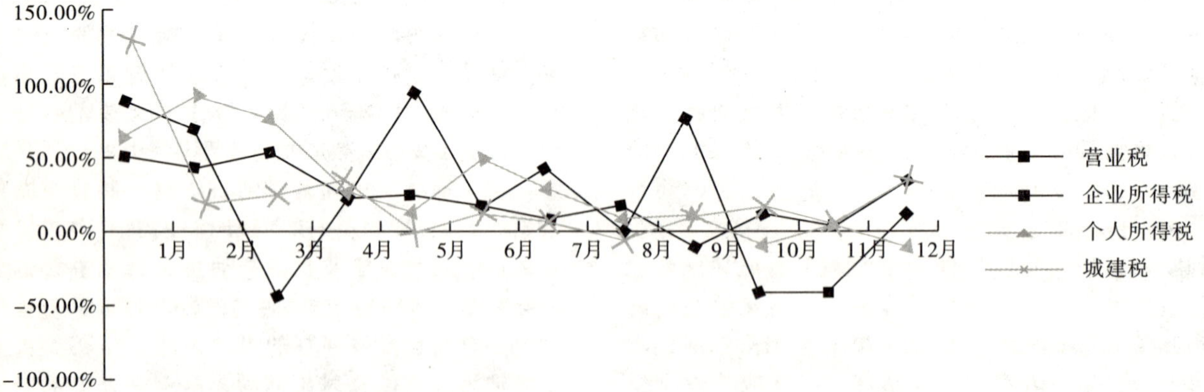

从累计增幅看，4月以后，各主体税种增幅趋向平稳，2个所得税增幅虽然明显高于营业税和城建税，但走低趋势较营业税和城建税更加显著；其他地方小税种全年保持较高增幅。

3. 分行业看，第二产业和第三产业税收累计增幅逐月呈下降趋势，除4月外第三产业税收累计增幅均高于第二产业税收增幅，但截止12月末，第二产业全年增幅反超第三产业全年增幅3个多百分点。

从产业税收占比情况看，近3年变化不是很大，第二产业地方税收比重在41%左右，而第三产业地方税收比重在59%左右。

项　　目	2004年	2005年	2006年	2007年	2008年
第二产业地方税收比重%	43.57	44.24	40.55	41.02	41.53
第三产业地方税收比重%	56.39	55.73	59.4	58.93	58.36

4. 税收增幅区域性差异较大，绝对量方面经济较发达地区占相当比重。

【依法治税】 省局与省政府法制办研究起草了《云南省耕地占用税实施办法（草案）》，并经省政府常务会议审议通过，以第149号政府令颁布实施。与财政、国税等部门合作，研究制定了云南省汇总纳税企业所得税管理办法、企业所得税优惠政策过渡方案，确保了新企业所得税法在云南省的顺利施行。

强化税务稽查。2008年对部分行业进行了专项重点稽查，全省地税系统共检查9539户，查补收入7.91亿元，查补税款入库率达到了99%。与公安部门联合开展了打击制售假发票和非法代开发票专项整治行动，共查获非法出售假发票案件5起，涉案发票8.93万份；非法代开发票案件6起，涉案发票8309份，抓获涉案犯罪嫌疑人5人；与国税、公安部门联合查获了56起制售假发票、非法出售发票和非法代开发票案件，涉案发票共138万多份，抓获涉案犯罪嫌疑人77人。

深入开展第17个全国税收宣传月活动。省局通过新闻媒体，对在全省评选出的“100户优秀纳税企业”进行了表彰，各州（市）局对各地所属的“100户优秀纳税企业”举办了授牌仪式。评选出130条优秀税收宣传短信，并制作了《云南省地方税务局税收宣传短信周历》。

【提高税收征管质量和效率】 加强税收软环境建设。全省地税系统在继续开展税收“征管质量年”活动的，研究制定了《云南地税服务地方经济社会发展和纳税人的具体工作措施186条》。

抓好税收征管基础工作。按照总局和财政部要求，对全省地税系统开设的“税款过渡账户”和“税收预储账户”进行了清理。取消了昆明市范围内所有的临商发票代开点，统一了银行代收费业务、报关代理业等税务专用发票，积极规范发票印制和使用工作。

努力提高社会保险费征管工作水平。强化多方协作运行机制，组织开展社会保险基金专项治理工作，稳步推进社会保险费信息化进程，加大清欠力度，全年共清理欠费29亿元。开展了账户清理“回头看”检查，确保规费资金安全。2008年全省地税系统的规费征管工作再次在全国税务系统专业工作会议上交流经验，这是全国唯一连续6年在全国会议上交流经验的省份。

【实施四项制度】 全省地税系统认真贯彻落实省委、省政府推行行政问责制等“四项制度”的决定和要求，成立了领导小组和日常工作机构，制定了具体的实施办法，全面组织了学习培训，向社会公开了服务承诺和行政审批承诺。对各种不作为、乱作为的行政行为及时启动问责机制，严格追究责任人的责任。全省地税系统共问责7人，其中正处级干部1人、副处级干部1人、正科级干部1人、副科级干部4人。由于全省地税系统贯彻落实“四项制度”措施有力，工作成效显著，省实施“三项制度”办公室工作简报上多次介绍地税系统工作经验，在省政府组织的“四项制度”培训班上，省地税局进行了多次经验交流。

【提高信息化建设水平和地税干部素质】 加快推进信息化建设。继续大力实施数据大集中建设，进一步优化完善了数据大集中系统581个功能模块，2008年在文山等8个州（市）地税局成功上线应用了数据大集中系统。省局数据大集中建设和推广工作被指定在全省电子政务工作会议上交流了经验，该软件被省科技厅评定为云南省科技进步“三等奖”。完成了保山等州（市）局59条县局至分局的网络链路建设，对楚雄等12个州（市）局至省局的网络带宽进行了升级，实现了省局到16个州（市）局网络带宽的全面升级，四级广域网络全线贯通。

不断深化干部人事制度改革。顺利完成了第三轮竞争上岗和双向选择工作。根据工作需要，对西双版纳等7个市局领导班子和省局机关部分处室负责人进行了调整，进一步优化了领导班子的年龄、知识、能力结构。制定了《云南省地方税务局机关退休人员管理服务办法》。

进一步加大干部教育培训力度。修改完善了《云南省地税系统公务员教育培训管理办法》，进一步加强和规范了全系统公务员教育培训管理工作。从2008年起，切实把干部教育培训的重点转移到培养高层次、复合型人才上来，精心挑选人员参加省政府信息产业办与云南大学合办的云南首期电子政务工程硕士培养，与昆明理工大学达成了委托办学协议，举办全省地税系统首期工商管理硕士（MBA）研究生班。继续抓好普通高等学历教育工作，组织招收了中央财经大学、中国人民大学税务和会计专业本科生482名。

深入推进党风廉政建设。坚持标本兼治、综合治理、惩防并举、注重预防的方针，大力开展廉政文化活动，举办了纪念党的纪律检查机关恢复重建30周年暨全省地税系统纪检监察知识竞赛活动。制定了《云南省地方税务局关于规范政府采购工作流程管理的若干规定（试行）》，建立了省局政府采购联系制度，明确了相关工作纪律。认真落实巡视回访制度，对昆明等8个州（市）地税局开展巡视回访工作，进一步巩固巡视工作成果。认真处理各类信访举报，抓好案件督办工作。加强纪检监察干部全员教育培训，开展了《纪检监察岗位每日一题》学习活动，选送100名基层纪检干部到中纪委北京培训中心学习。

机关效能建设得到加强。加强机关档案管理，成为省直部门第三家档案管理达“五星级”标准的单位，许多基层单位的档案管理工作也达到了“五星级”标准。优秀税收科研成果不断涌现，全省地税系统有8篇税收理论调研文章分别在省级主要报刊、国家级专业期刊发表，有4篇科研成果分别获得省政府、中国税务学会、总局税收科研所的奖励。

（罗松全）

国土资源工作

【国土资源保障】

建设用地保障 按照有保有压、突出重点的原则，千方百计保障重点项目和民生项目用地。全年共完成237个建设项目用地预审，总面积1.98万公顷。共使用新增建设用地指标8887公顷，占全年计划的89.77%。全年共办理农用地转用和土地征收报件447件，面积1.67万公顷。全省共供应土地9193公顷，其中新增建设用地6938公顷，存量土地2256公顷。紧紧围绕省委、省政府的决策部署，积极做好70项新开工项目，20项重点工业项目和“三个一百”重点工程项目的用地保障工作。全年一大批交通、能源、水利等基础设施和教育、卫生等民生工程项目用地得到有效保障。溪洛渡、向家坝、景洪等水电站，仁和至丽江铁路、六库至漫海桥公路、丽江机场改扩建、润滇工程、中缅油气管道及炼化项目等重点项目用地取得重大进展。对省委、省政府确定的抚仙湖旅游综合改革试验区及阳宗海省级旅游度假区等一批重点项目用地给予重点保障，分别批准用地371.9公顷和226.7公顷。进一步加大保障性住房用地供应力度，为中低价位、中小套型普通商品房和经济适用房、廉租房供地1132公顷，占住宅用地的61.2%。

矿产资源保障 以找大矿、找好矿为目标，进一步加强基础地质调查和矿产资源潜力评价，强化勘查资金管理，推进矿产资源集中区的调查评价、勘查与开发利用。2008年全省累计投入各类地质勘查资金11.1亿元，比上年增长19.4%。其中，社会商业性勘查资金投入9.75亿元，占87.8%。全年完成主要实物工作量钻探60万米，坑探9万米，槽探41万立方米。主要矿种新增探明资源储量：煤6.02亿吨、磷矿石1.27亿吨、铁矿石1021万吨、铜11.22万吨、铅15.44万吨、锌32.81万吨、锡6900吨、银44吨、金8.6吨。经评审备案的新探明大型矿产地2个，中型28个，小型178个。年内，按照公益性地质调查与商业性地质勘查分开运行、建精建强公益性地质队伍的要求，于2008年5月组建了省地质调查局。5月9日省地质调查局挂牌当天，省政府与中国地质调查局签署了《开展公益性地质调查及战略性矿产勘查合作协议》，为加快推进云南省公益性、基础性地质工作奠定了坚实的基础，为实施全省找矿行动计划和省部合作地质勘查奠定了良好的基础。

【国土资源市场建设】

土地市场建设 进一步加强土地市场动态监测，巩固和完善经营性用地和工业用地招拍挂出让制度，严格执行工业用地最低出让价标准。在2008年全省总供地中，以出让方式供地3875公顷，出让价款183.3亿元，实现土地纯收益29.5亿元。其中，招拍挂供地3512公顷，占出让面积的90.6%，成交价款177.5亿元，占土地出让成交价款的96.8%；实现纯收益28.79亿元，占纯收益的97.6%。以划拨方式供地5318公顷。加强闲置土地清理处置。全年全省共清理出闲置土地1293宗，面积1212公顷，已处置1241宗，面积1204公顷。收回土地使用权23宗，面积135.6公顷，征收土地闲置费176万元。完成了22户国有企业改制中涉及的土地资产处置工作，涉及土地1814公顷，显化土地资产19.3亿元。

矿业权市场建设 加大市场配置矿产资源的力度。严格贯彻落实国土资源部《关于进一步规范矿业权出让管理的通知》精神，加强矿业权出让、转让管理，加快矿业权市场建设。全年开展一级市场矿业权出让11件，应收价款2.35亿元，已入库1.56亿元。二级市场完成转让交易364件，转让合同金额13.8亿元。其中，23个项目占用国家探明矿产地，应收取矿业权价款1.2亿元，至2008年底入库6187万元。2008年征收矿产资源有偿使用费13亿元，征收矿产资源补偿费9114万元。

【矿业权管理制度改革】 从科学实践矿产资源开发管理的实际出发，按照“有利于地方经济社会可持续发展、有利于资源合理开发利用，有利于矿山环境保护和安全生产、有利于提高矿区群众生活水平”的原则和矿政管理必须按照“规划控制、计划投放、市场配置、责权统一、合同管理、安全生产”的目标要求，探索加强矿业宏观调控的有效途径，创新和完善矿业权管理制度。根据省政府的统一部署，认真总结了《云南省探矿权采矿权管理办法》等“三个办法”实施以来的实践经验，从新形势下矿产资源勘查和开发利用的实际出发，探索建立健全调控矿产勘查开采过热过冷的长效机制，对“三个办法”进行了系统修订，于2008年12月10日经省政府审定出台。为确保新修订的《云南省探矿权采矿权管理办法》及相关办法得到及时有效地落实，推进矿业权管理制度改革，结合新修订的相关政策及内容，就完善审批体系，强化内部管理，省国土资源厅于2008年12月18日结合《云南省人民政府关于印发云南省探矿权采矿权管理办法等3个文件的通知》要求，进一步规范了矿产资源勘查登记、开采登记管理，并以《云南省国土资源厅关于进一步规范矿产资源勘查登记管理的通知》、《云南省国土资源厅关于进一步规范矿产资源开采登记管理的通知》开始贯彻执行。主要规范内容包括：1. 设定“两权”新立、变更扩大范围及变更（含增加）矿种的登记审批程序；2. 明确了“两权”转让中涉及国有资产的审批原则；3. 对矿权人补充登记资料的程序及时限作了硬性要求；4. 硬性规定矿权人逾期办理延续登记手续的时限；5. 制定了未按期领取探矿、采矿许可证的处理程序；6. 制定了探矿权、采矿权行政管理合同范本；7. 重新规范了内部审批流程、审批时限、审查内容，对核减勘查面积、填写“两权”许可证的有效期统一了标准，解决了矿业权审批过程中不规范和不公平问题。此外，针对矿业市场低迷，矿产品价格全面下滑的问题，研究制定了《关于扩大内需扶持矿业企业平稳较快发展的若干意见》，提出了扶持矿业企业发展的7条政策措施。

【基础业务工作】 第二次全国土地调查。在《云南省第二次全国土地调查实施方案》的基础上，编制了土地调查和地籍调查实施细则。全省129个县（市、区）都成立了二次土地调查领导小组及办公室并落实了工作经费。完成二次土地调查业务培训2200余人，遴选出85家作业单位。启动了“土地调查进我家”大型系列宣传活动。当年覆盖全省的卫星影像数据全部到位，129个县（市、区）的二次土地调查农村部分已完成招投标，城镇部分招投标已基本完成。全年有105个县（市、区）开展了农村土地调查外业工作，有70个县（市、区）完成了外业调查工作，45个县（市、区）通过外业检查；开展城镇土地调查工作外业的有50个县（市、区），完成外业的有15个，其中10个通过检查。

土地利用总体规划修编和第二轮矿产资源规划编制。年内完成省级土地利用总体规划修编前期工作中的8个一类专题研究送审稿。其中需报国家审查的6个专题已报经全国土地利用规划修编委员会审查原则通过。在各专题研究的基础上，《规划修编专题研究综合报告》及《云南省土地利用总体规划大纲》（征求意见稿）于2008年9月中旬完成，其中《云南省土地利用总体规划大纲》（送审稿）报国土资源部审查。省级规划成果数据库建设及管理信息系统建设等4个信息化专题取得初步成果。昆明、玉溪、楚雄、红河等州（市）前期专题研究基本完成，并已在州、市范围内组织专家评审，进入规划大纲的编制工作。16个州（市）完成了1:20万土地利用规划工作底图的编制工作。积极开展第二轮矿产资源规划编制。成立了矿产资源规划编制领导小组，确定了工作机构。制定下发了矿产资源规划编制方案，明确了规划编制的目标、程序、步骤以及总体规划和专题研究的目录与要求。全面启动省级和州（市）、县级矿产资源规划编制工作，完成了省级矿产资源总体规划及9个专题送审稿，省级矿产资源规划通过国土资源部审查。

“金土工程”建设。年内加快国土资源信息化建设、电子政务建设和地质灾害预警系统建设，逐步实现网上报批、远程查询。以抓完善、抓运用为重点，组织召开了全省国土资源系统电子政务建设现场会，为促进国土资源政务信息公开、提高办事效率、优化服务起到了良好的推动作用。截至2008年底，已建成覆盖全省16个州、市和80个县（市、区）的国土资源系统业务专网及视频会议系统，初步形成了全省性的国土资源信息网络平台。先后安排了昆明、楚雄等8个州（市）和安宁、弥勒等12县（市）的国土资源电子政务系统推广应用。完成了全省近2/3的2.5米分辨率卫星影像数据库和70个县城规划区0.6米分辨率卫星影像数据库建设。初步建立了《云南省国土资源信息交换体系》和《云南省国土资源信息化标准体系》。

【国土资源系统干部队伍建设】 领导班子和干部队伍建设。2008年，云南省国土资源厅以提高领导班子和干部队伍素质为重点，不断规范和加强管理。注重对干部的考核和测评，进一步加强对党员领导干部的管理和监督，通过述职述廉和民主测评，为完善干部考核制度，进一步深化干部人事制度改革积累经验。树立正确的用人导向，拓宽选人用人渠道，推进干部交流轮岗。全年考察和任免处级干部共135名，完成了62名县局局长、党组书记任免的审核备案工作。全年交流轮岗26人，是厅成立以来干部交流轮岗人数最多、面最广、力度最大的一次。选派5名同志下村锻炼，从州市国土资源局选送9名年轻干部来厅挂职锻炼、进一步加强后备干部队伍建设。为贯彻落实省委的有关文件精神，充分发挥云南农垦国土资源的整体优势和效益，规范云南农垦国土资源管理，组建了厅直属的农垦国土资源管理局，负责对云南农垦分布在8个州（市）28个县市境内的土地、矿产资源及地质环境实行全面管理。同时，为加快国土资源对外合作的步伐，拓展对外合作领域，增设了对外合作处，为实施“引进来、走出去”战略，充分利用两个市场、两种资源提供了组织保障。

基层国土所建设。按照《云南省基层国土资源所规范化建设3年规划》，突出以软件建设为主、硬件建设为辅，通过完善制度、改善环境、提高素质、优化服务等措施，积极推进基层国土所规范化建设。确定了32个基础设施建设和70个办公设备配备方案，协调下拨经费990万元。厅农垦国土资源管理局在农垦管区的43个农场设立了国土资源管理所，进一步夯实了农垦基层国土资源管理的基础。

机关作风建设。2008年全省国土资源系统严格执行行政问责、服务承诺制、首问责任制和限时办结制等四项制度，省国土资源厅及时制定下发了云南省国土资源系统行政问责等四项制度。深入开展“强化执行力，提高创新力，增强凝聚力”主题活动和以依法行政、廉政勤政、效能建设为重点的“作风建设年”活动，收到了良好的成效。2008年6月10日，省行政问责办对省国土资源厅行政审批事项“窗口”进行明查暗访，向行政相对人发放了30份《云南省行政机关四项制度社会评议问卷调查表》，有8成群众对省国土资源厅办事人员服务态度、服务质量和服务效率表示满意。

（冉玉兰）

工商行政管理

【综　述】 2008年，全省工商系统认真贯彻落实国家工商总局“四个统一”、“四化建设”、“四个转变”和“四高目标”的安排部署，努力实现“三个到位’，“六个好”的云南工商工作目标，团结拼搏、开拓进取，抓大事、攻难事、创新事，积极参与抗击雨雪冰冻灾害和汶川特大地震灾害，规范推进停征“两费”重大改革，妥善处置含三聚氰胺奶制品等突发事件，全面协助企业应对国际金融危机冲击，运用科学监管促进科学发展，紧紧抓住党委政府重视、人民群众关心、社会关注的市场热点问题，集中开展了食品安全和产品质量专项整治、保护注册商标专用权、查处虚假违法广告、治理商业贿赂、打击传销等专项整治行动，整顿和规范市场经济秩序取得新进展。全年查处各类经济违法违章案件6万件，案件总值7.2亿元，罚没金额1.6亿元。

【产品质量和食品安全监管】 全省工商系统加大流通领域商品质量抽检力度，及时发布监测信息，指导市场消费，确保消费安全。稳步推进食品经营主体信用分类和食品质量分类监管，将“2个100%”制度向广大农村延伸，积极探索小食杂店、小摊点有效监管模式，较好地解决了无证照经营问题。全力应对奶粉事件，及时启动市场突发事件处置一级预案，彻底清查流通领域不合格奶粉，保障人民群众生命安全。全年检查奶制品经营户27.69万户次，下架封存不合格奶制品192.55吨。在省委、省政府的正确领导下，调动全系统工商干部积极配合各级消费者协会，紧紧依靠基层组织开展婴幼儿患者理赔工作，全系统出动4.36万人次，圆满完成了婴幼儿患者理赔工作。

【虚假违法广告整治】 继续巩固和完善广告专项整治联席会议制度，实行广告信用分类监管，规范广告发布环节。针对广告监管难点及人民群众关心的热点问题，加强广告监测，对药品、医疗、保健食品、化妆品、美容等5类广告实施重点监管。全年监测和检查各类广告118.8万条次，查出违法广告2.37万条次，立案查处案件884件。

【商标行政保护】 全省各级工商行政管理机关加大商标行政保护力度，强化商标日常监管，提高监管效能。以食品、药品、农资产品及服装为重点，组织开展保护奥林匹克标志专用权专项整治，严厉打击商标侵权行为。全年查处商标违法案件945件，没收、销毁侵权商品1.48万件，没收、销毁侵权商标标识6518件（套），没收、销毁制假工具643件（套）。

【传销行为治理】 进一步完善打击传销联席会议制度，建立区域联防机制，积极发动基层社区、村委会、房屋出租户参与“禁传”工作，建立打击传销的长效工作机制。明确责任，继续保持高压态势，深入开展专项整治行动。全年查处传销案件87件，罚没款78.82万元，捣毁传销窝点2123个，教育劝（遣）返参与传销人员1.01万人，移送司法机关10件，移送违法人员39人，其中判刑9人。

【商业贿赂治理】 以中介评估机构业内不正当交易行为的治理和规范为重点，积极对建筑行业、规划设计、政府采购等行业内的商业贿赂行为进行摸底调查，排查案件线索，进一步拓宽商业贿赂执法领域，加大执法检查力度。加强部门协作，增强合力，稳步推进治理商业贿赂工作深入开展。全年查处商业贿赂案件207件，罚没金额856万元。

【市场监督管理】 全省工商系统加强商品交易市场信用分类监管信息化建设和服务社会主义新农村建设，突出做好农村市场、两节、黄金周、粮食市场、旅游市场及品牌汽车、二手车市场的监管，强化动产抵押登记管理和拍卖管理，市场监督管理工作取得了较好成绩；认真开展农资市场主体清理，加大农资案件查处力度，适时开展农资商品定向监测，逐步推进“一会两站”、乡村“维权站”、“红盾护农”服务站和基层人民调解组织建设。全年查处农资案件1168件，案值1628.24万元，罚没金额587.93万元；狠抓猪肉市场监管整治，建立健全亮证经营和挂牌经营制度、“场厂挂钩”和“协议准入”制度、购销台账登记制度、进货查验制度、索票索证等制度，落实市场开办者猪肉质量第一责任人经营管理责任；深入贯彻落实国务院“限塑”规定，广泛宣传，积极动员，加强执法；认真落实粮食收购资格准入制度，严肃查处无照收购粮食和违法经营粮食的行为。全年查处非法收购粮食案件11件，没收查扣粮食4000公斤；以建材购销合同、加工合同、建设合同为重点，制定推广合同示范文本，加大对合同的检查力度，严厉打击利用合同损害消费者利益的违法行为。

【市场主体发展】 认真贯彻省政府“四项制度”，进一步简化程序，规范流程，不断探索和推行全省统一、规范、高效的登记注册工作模式。实行一个窗口对外服务，建立便捷高效的市场准入服务体系，为各种所有制经济平等竞争、互相促进创造良好的环境。坚决执行停征“两费”各项规定，支持个体经济发展。放宽市场准入条件，协调解决前置审批许可难题，进一步降低了创业门槛。推行属地登记管理，下放登记注册权限，方便企业和经营者就近就便办理工商登记业务。严格执行就业优惠政策，支持自主创业和自谋职业。面对金融危机积极采取有力措施，支持优势企业做大做强。支持公有制企业改制重组，鼓励优势企业强强联合。加强对广告行业协会自律工作的指导，促进广告产业健康发展。积极配合有关部门，依法做好产能过剩、技术落后、破坏资源、污染环境等企业的变更登记、注销登记或吊销营业执照工作。推进云南商标战略，推行商标注册建议书，组织开展“一所一标”活动，提高企业竞争力。培育和发展农村市场经营主体，促进农业增效农民增收。积极扶持组建农民专业合作社，培育发展农村经纪人，促进农产品市场流通。截至年底，全省内资企业16.88万户，注册资本5932亿元。其中私营企业11.64万户，注册资本2310.89亿元，新增2.06万户；外资企业2077户，注册资本82.55亿美元；个体工商户86万户，增加了近4万户。

【服务新农村建设】 2008年，认真落实“七农机制”，规范农资市场，保护农民利益，搞活农产品流通，促进农村经济发展。认真开展“红盾护农”行动，实施农资商品备案制度，采取科学分级、不定期监测、公正抽检、依托行业协会等措施，构建科学的农资产品监管体系；推进“经纪活农”，积极培育、发展农村经纪人，推行农村经纪人“上岗证”制度，积极帮助农民销售蔬菜、仔猪等拳头农副产品，为广大农民架起农田与市场间的金桥；推进“合同帮农”，制定和推广涉农合同示范文本195类，“订单农业”合同签约率和履行率逐步提高；推进“商标富农”，积极培育和扶持农业品牌，形成了以“斗南花卉”为龙头的优势产业结构和一批农业著名、知名商标品牌；推进“权益保农”，加强“一会两站”建设；推进“政策爱农”，积极为农民专业合作社设立登记服务。年内，全省登记农民专业合作社1301户；推进“市场助农”，全面开展农资“诚信市场”、“诚信经营户”、“农村示范店”创建工作。全系统建立了146个扶贫点，派出250余名新农村建设辅导员，积极支持社会主义新农村建设。

【消费维权工作】 2008年，全省加大“12315”平台信息化建设力度，完善软硬件设施，拓宽网络覆盖面，全面建成16个州（市）工商局“12315”指挥中心，强化快速处置功能，完善工作机制，工作流程不断规范。工商维权服务点“五进”行动继续深入。农村消费维权“一会两站”发展较快，全省覆盖率已达80%以上。横向到边、纵向到底的全省消费维权网络体系初步建立。推广服务合同示范文本，规范合同格式条款，制止“霸王条款”，依法查处合同欺诈违法行为，切实保护消费者合法权益。各级消费者协会组织认真组织开展“3·15”等多种形式的消费维权宣传教育活动，开展“消费者喜爱商品”评选活动，着力提高消费信心，引导和促进消费者扩大消费需求。在清查“三鹿”问题奶粉工作中，各级消费者协会和各州（市）工商局“12315”指挥中心全日值班，耐心回答咨询，认真受理处理申、投诉，细心化解矛盾。年内，全系统受理消费者申、投诉3.29万件，成功调解3.21万件，调解成功率达97.7%，为消费者挽回经济损失5862万元。

【依法行政能力建设】 2008年，全省工商系统开展了“五五”普法中期检查工作，参加“五五普法”课题调研的筹备，继续推进“法律六进”活动，进一步加强法制宣传教育工作。以实施行政执法评议考核为重点，加强案件核审、行政复议、行政应诉、批复请示等日常监督工作，加大监督力度，大力提高办案质量。参与省人大、省政府、国家工商总局等部门有关立法工作。积极配合省政府行政审批制度改革试点工作，在全省深入推进第四轮行政审批制度改革清理，全系统依法行政的能力和水平进一步提高。

（杜立基　鲁有林）

开发区建设与管理

【工业园区建设】 2008年，面对复杂多变的国际经济形势和国内实体经济下滑的多重影响，在省委、省政府的正确领导和有关部门的大力支持下，省级重点工业园区和特色产业园区努力克服各种困难和问题，加大基础设施和软环境建设力度，强化招商引资和项目服务，园区经济整体平稳较快增长的基本面保持不变。

园区总体实现平稳较快增长 2008年省级40个重点和特色工业园区完成工业总产值1862.17亿元，比上年增长24.8%；实现销售收入1975.96亿元，增长26.3%；完成税收97.35亿元，增长14.5%；安排就业31.05万人，增长31.1%（兰坪、东川工业园区及烟草企业未计算入内）。

部分园区仍保持快速增长 40个园区中工业增加值增幅超过20%的有20个园区，其中超过40%的有杨林、腾冲、潞西、永胜、临沧、研和、磨憨等7个工业园区，超过100%的有杨林、临沧工业园2个园区。

园区经济规模不断扩大 工业增加值超过10亿元的除原来的昆明高新区、昆明经开区、呈贡、安宁、曲靖西城、曲靖煤化工、红河、红塔、宣威9个工业园区外，新增加了禄丰、大理创新2个工业园区；完成工业增加值5亿元～10亿元的有楚雄、普洱、祥云财富、瑞丽、研和、水富、寻甸7个园区。

招商引资和企业入园加快 2008年，40个工业园区累计入园工业企业数已达2869户。2008年新入园企业502户，新入园企业完成投资额85.22亿元，新入园企业在5户以上的有20个工业园区，其中昆明经开区、昆明高新区、呈贡、杨林、红河、马塘、普洱、瑞丽、临沧、研和、通海11个工业园区新入园企业均在10户以上。

大企业项目集中布局园区 2008年省政府确定的20个重大工业项目有13个布局在省级园区中。昆明经开区的云内动力园建设项目、文山马塘工业园的80万吨氧化铝项目，呈贡工业园的云铝深加工项目、云白药搬迁项目，安宁工业园的武钢集团昆钢500万吨特钢生产项目，禄丰工业园的1万吨/年海绵钛建设项目，水富工业园的云天化大化肥项目，红河工业园的云锡年产10万吨铜项目，寻甸工业园的南磷三期年产13万吨PVC、10万吨烧碱项目和先锋露天煤矿年产300万吨扩建工程等。除20个重大项目以外，各园区还有一批大项目在抓紧建设中。如安宁工业园的3000吨多晶硅项目、雨润2万吨/年生猪屠宰加工项目，曲靖煤化工业园10万吨甲胺/DMF、20万吨/年醋酸项目，研和工业园台正公司1万台精密光机项目，大理创新工业园汽车城建设项目，临沧工业园南华纸业有限公司年产9.5万吨蔗渣浆纸项目，香格里拉工业园普朗铜矿年产10万吨铜矿采选项目等。

园区税收贡献仍然突出 2008年，40个园区中有15个园区税收增幅超过35%。杨林、保山、昭阳、马塘、腾冲、潞西、永胜、临沧、研和、通海、磨憨等11个工业园区税收增幅超过50%。昆明高新区、昆明经开区、安宁、曲靖煤化工、西城、禄丰、红河、红塔、研和、宣威等10个园区税收超过2亿元，其中超过5亿元的园区在原有昆明高新区、昆明经开区、安宁等工业园的基础上增加了红塔工业园。

基础设施投资逐步加大 2008年各园区进一步拓宽融资渠道，吸引多元资金加快基础设施建设。40个园区全年新完成基础设施投资28.13亿元。其中，新完成基础设施投资在1亿元以上的有昆明高新区、昆明经开区、杨林、普洱、景洪、临沧、红塔、研和、宣威、水富10个工业园区，5000万元~1亿元的有呈贡、海口、安宁、楚雄、红河、腾冲、潞西、香格里拉和寻甸9个工业园区。

带动就业作用明显增强 2008年，重点工业园区共吸纳就业人数32.18万人，比上年增长29.04%，增幅比上年高出17.54个百分点。其中马塘、大理创新、保山、潞西、永胜、临沧、磨憨、勐海8个工业园区就业人数增幅超过20%。就业人数超过1万人的有昆明经开区、昆明高新区、安宁、呈贡、红河、红塔、研和7个园区。

2008年，40个重点工业园区发挥优势，避让风险，强化措施，力保经济增长。从全年重点工业园区的经济发展和建设进展情况看，主要呈现出以下特点：

1. 规模以上企业发展速度更快。40个园区中规模以上工业企业户数虽然只占全部工业企业的28.37%，但规模以上企业完成工业总产值1836.62亿元，工业增加值393.95亿元、销售收入1826.85亿元、税收88.53亿元、利润77.61亿元，分别占全部工业企业的93.38%、90.6%、87.94%、83.54%、87.37%，规模以上经济在园区中占了很大比重。2008年，园区新入规模以上企业118户，占当年新入园企业的23.5%。园区规模以上企业经济增速明显快于园区全部工业增长速度，在园区经济中发挥了重要的龙头作用。

2. 以重化工为主的园区指标下降。2008年，40个园区总体发展情况与上年相比，除就业人数增幅高于上年外，其余指标增幅略低于上年。特别是有色金属、钢铁、化工行业比重较大的园区受外部环境的影响较大，企业运行情况不佳，有15个园区利润较上年明显下降。

3. 各州（市）园区发展明显不均衡。2008年，从40个重点工业园区的经济发展和投资的情况看，昆明、曲靖、红河、玉溪、文山、大理、普洱等州（市）的重点工业园区经济发展相对较快，基础设施投资和招商引资也相对较多。随着时间的推移，这些州（市）的工业经济增长潜力将进一步显现。

（张　凤）

昆明滇池国家旅游度假区

【主要经济指标】 2008年，度假区经济社会发展继续保持平稳较快增长势头：全年实现增加值33.59亿元，增长66.3%；实现三产服务业总收入68.78亿元，增长51.2%；完成财政总收入4.03亿元，增长91.7%，其中，完成地方财政收入2.93亿元，增长89.3%；固定资产及基础设施投入26.87亿元，增长61.70%；接待游客627.2万人次，约占全市旅游接待人次的22.9%；万元增加值能耗同比下降4%，总体经济运行呈现良好态势。

【基础设施建设】 2008年，度假区固定资产及基础设施投入26.87亿元，增长61.70%，其中管委会投入1.34亿元用于道路、河道、绿化、湿地及五通一平等基础设施建设。采莲河、稗子河、梁王河、捞鱼河河道整治相继完工；体院路、前卫西路建成投入使用；连接呈贡新城的主干道前新路景观银杏大道建成通车，103户农房搬迁、69亩湿地公园顺利完成；融资11.5亿元的环湖东路大渔片区段道路建设正式启动。

【项目建设】 浙江世纪华丰控股有限公司30亿元大渔片区基础设施建设协议和中冶成工上海五冶建设有限公司投资30亿元开发建设大渔片区基础设施建设项目协议签署；云南会堂、铭真生态爱心苑等亿元以上重点项目已投入21.1亿元；滇越铁路主题公园、大渔片区新农村建设安置房和已征土地周边路网电力、通讯、排水（雨污）、煤气等管线配套工程相继完工；土地收储5047.75亩（约3.37平方公里），圆满完成市下达收储3平方公里的任务。

【强化招商引资】 2008年，度假区成立了招商引资专门机构，组建了5个招商分团，调整充实队伍，赴上海、江浙、广州、大连、青岛、福州等地招商引资，同时，向昆明市35个招商分局发放聘书委托招商，牢牢抓住招商引资第一生命线，坚持引进大项目、好项目、促进大开发的思路，开展上门招商、开门迎客的多渠道、全方位招商引资活动，广交八方朋友，全力打造旅游度假品牌，通过专业化、全天候、拉网式招商，并结合驻点招商、以商招商等措施，多管齐下，全民动员，使一批投资总额数十亿元的大项目落户度假区，金沙江中游水电开发公司、中石油长实公司、华电云南公司等一大批实力雄厚的公司将总部或区域性总部落户度假区。昆明影视与新媒体产业基地、极地海洋世界、休闲文化广场、滇越铁路主题公园、梁王上林苑等一批旅游文化项目正在积极推进中。招商引资内资实际到位资金 30.14 亿元，增长 88.1%，超额完成市委、市政府下达的目标任务。外资实际到位资金 500 万美元，比 2007 年有所突破。

【创园工作】 2008 年度假区新栽乔木 2.39 万株、攀援植物 9.91 万株，绿地景观提升面积 5.25 公顷；建设带状公园、小游园 10 个，面积 4.25 公顷；2008 年底度假区绿地率达到 43.05%，绿化覆盖率达到 49.60%，人均绿地面积 81.39 平方米，超额完成市下达的“创园”任务。

【打造总部经济基地】 随着金沙江中游水电开发公司、中石油长实公司、中国华电云南公司等一大批具有雄厚实力的公司总部入驻度假区，加上原有的云天化集团总部、红塔集团营销公司和品牌汽车 4 S 店等单位，度假区的总部经济已初具规模。总部经济基地的建立，促进了度假区多元经济的发展，财政收入改变了过去仅仅依靠旅游业和房地产收入的局面，形成了服务业、贸易业等多种经济资源齐头并进的新格局，加快了度假区产业结构优化升级的步伐，直接带来了经济总量的迅速增加。2008 年云天化集团总部及其驻区子公司的总收入 35.28 亿元，占全区旅游服务业总收入的 51.3%。

【品牌打造】 按照规划设计“高起点、高标准、高品位”，建设施工“标准化、规范化、工艺化”，管理经营“精心、精细、精品”的要求，把“三高”、“三化”、“三精”作为度假区项目引进和开发建设的衡量标准。通过深度挖掘少数民族文化，以活动促营销，开发民族特色商品，抓住 2008 年我国承办奥运会的契机，采取媒体宣传、上门营销等方式，加大对高原体训、康体休闲品牌的宣传和营销力度，喊出了“训练在昆明，热身在天津，决赛在北京”的口号；“滇池之旅”、“滇池春天”等一批知名商标孕育而生，云南民族村获得了云南省改革开放 30 年最具魅力文化品牌殊荣，怡景园度假酒店荣获全球酒店五星金钻奖 2008 年度最佳旅游度假酒店。度假区品牌进一步提升，社会服务功能进一步增强，居民生活幸福指数不断提高。

【社会事业】 2008 年，度假区进一步强化了区容区貌和治安综合整治工作，加大对区域内的综合治理巡查整治力度，度假区城建监察工作连续 2 年受到省建设厅表彰，“四创两争”工作取得实效；劳动就业服务、农村社会养老保险、医疗保险等社会保险平台初步建立，大渔乡 1.7 万老百姓已纳入社保，同时加强了从业技能培训，彻底解决失地农民的后顾之忧；度假区实验学校的知名度和社会服务功能不断增强；社区管理服务进一步完善；安全生产、食品卫生、社会治安等工作形成长效机制；中北公司世博园至民族村旅游专线开通；区内微循环公交正式营运；奥运火炬在度假区的传递活动圆满完成；云南省纪念改革开放 30 周年大型文艺晚会、云南省迎新年大型文艺晚会在云南民族村成功举办。

【体制创新】 按照市委、市政府关于开发区实施实体化管理的要求，度假区积极探索管理体制、运行机制、政策环境、人事制度和分配制度的改革创新，大胆采取更加特殊灵活的政策措施，相继出台了《内设机构改革方案》、《人事制度改革办法》、《新聘人员管理办法》、《干部聘任聘用实施方案》、《行政审批承诺制》等一系列实体化管理文件，在不增加机构和人员编制的原则下，以减少审批，强化服务为导向，对原有内设机构进行了整合，每个部门都对口市级 10 多个部门的工作业务，除管委会班子领导按干管权限任命外，其他人员打破干部职工原有的职级、身份，实行全员聘任聘用制。建立了度假区开发建设投融资平台——投资开发公司和金融办公室；设立了 8 个软环境监测点；实施了局长每周轮值制度、指纹考勤制度、工作日志记录及督察制度和招商引资项目督察考核制度等；实行问责制、限时办结制和服务承诺制，实现机关办事效率大提速，切实加强和改善了经济社会发展软环境建设。

2008年昆明滇池国家旅游度假区主要经济指标

指　　标	单位	2008年	2007年	同比%
第三产业增加值	万元	335913.6	201958.1	66.3%
财政总收入	万元	40303.2	21027.5	91.7%
地方财政收入	万元	29268.6	15464.4	89.3%
1. 一般预算收入	万元	29187.7	15464.4	88.7%
2. 基金收入	万元	80.9	0.0	
招商引资额实际到位资金（内资）	万元	301444.0	160296.0	88.1%
固定资产及基础设施投入	万元	268691.0	166169.0	61.7%
旅游、服务业收入	万元	687839.6	454943.6	51.2%
其中：旅游收人	万元	39656.2	34784.2	14.0%
接待人次	万人次	627.2	660.8	-5.1%
其中：海外游客	万人次	9.1	12.2	-25.4%
国内游客	万人次	618.1	648.6	-4.7%
集训的运动员	人次	18236		
其中：海外运动员	人次	9181		
国内运动员	人次	9055		
客房平均入住率	%	43.5	46.9	-7.2%
建筑业收入	万元	4323.4	5247.5	-17.6%

注：增加值及增长幅度均为现行价

（郝万平）

·责任编辑·何　英

地 区 经 济

Regional Economy

8个省辖市

昆明市

【综　述】　2008年，昆明市综合实力显著提升，实现地区生产总值1600亿元，增长12%；地方财政总收入和一般预算收入分别完成425亿元和175亿元，分别增长25%和31.5%；三次产业结构调整为6.5∶46.1∶47.4。招商引资实现历史性突破，实际利用外资超过6亿美元，增长100.3%，引进市外到位资金530.5亿元，增长76.2%；重大项目建设实现历史性突破，“一二三四五六”重点工程启动实施，全社会固定资产投资完成1050亿元，增长28.4%。强势推进工业发展方式由分散发展向园区集聚发展转变；强势推进县域经济快速发展，创新县域经济发展机制，实施“543倍增计划”，城乡一体化步伐加快；强势推进制度创新，出台242个有关制度创新性文件，软环境建设取得显著成效。干部群众的思想观念、精神面貌、工作作风发生了明显变化，发展意识、机遇意识、危机意识、责任意识不断增强。2008年昆明市荣获“全国改革开放先进集体”、“中国省会（含直辖市）十大活力城市”、“建设创新型国家十强市”、“中国十大最具幸福感城市”、“全国创建文明城市工作先进城市”和“全省首批文明城市”等称号。

【新农村建设】　实现农业增加值105亿元，增长6.2%。粮食总产量115万吨。收购烟叶183万担，上中等烟占91.6%。畜牧业产值71.5亿元，增长7%。蔬菜总产量190万吨，增长3.3%。鲜切花产量38.6亿枝，增长6.6%。新增国家级龙头企业2户、省级龙头企业13户。建立农村专业合作经济组织167个。重大动植物疫病防治得到加强。农村基础设施不断完善，市级财政安排1.5亿元，实施新农村建设行政村整村推进185个。完成行政村公路路面硬化175公里、路基改造156公里，建成3个农村四级客运站。开工建设32个病险水库除险加固工程，新增和改善灌溉面积32.8万亩。解决农村20万人饮水安全问题。实施1.9万户农村民居地震安全工程建设。完成大中型沼气工程2个，建成沼气池1.3万口，节柴改灶2.1万眼。完善扶持政策，县域经济活力进一步增强，五华、官渡、安宁、呈贡、盘龙、西山等6个县（市）区进入全省县域经济发展10强县，东川区、晋宁县名列全省县域经济发展先进县。扶贫开发效果明显，解决了2.3万绝对贫困人口的温饱问题，巩固提高8.8万低收入贫困人口温饱水平。实施整村推进扶贫开发417个自然村，开展产业扶贫项目9个，组织贫困地区劳动力输出4.1万人。实行农民直补“一折通”。移民安置工作有序进行。

【工业经济】　预计实现工业增加值600亿元，增长13%。实施125个亿元以上重大工业项目，其中云天化合成氨装置等21个项目竣工投产，云南铜业电解铜技改等46个项目开工建设。规模以上工业企业突破950家。非公经济预计实现增加值700亿元，增长13.4%。促进工业集聚发展，园区建设加快推进。全市开发区及工业园区规模以上工业企业实现增加值250亿元。农业部和国台办审批了国家级“云南昆明石林台湾农民创业园”，8个市级工业集聚区提档升格。各类工业园区收储土地3.2万亩，平整土地28.4平方公里，完成道路、供水、电力等基础设施建设投资31.5亿元。市县两级行政审批权限和管理事项全部下放开发区和园区。中缅油气管道及炼油项目前期工作进展顺利。昆明出口加工区封关验收，云内动力产业基地完成投资6.1亿元，深圳工业集聚区完成投资2亿元，云南电力装备产业基地水、电、路、气等配套设施全面启动，信息产业基地和昆明机床产业基地建设加速推进。自主创新能力增强，新增市级企业技术中心12家，申报省级企业技术中心16个，发明专利授权量增长4.9%；7个科技企业孵化器通过省级认定，2个获得国家级平台建设项目支持；高新技术产业工业总产值545.3亿元，增长9%。

【服务业】　预计实现第三产业增加值761亿元，增长12%；社会消费品零售总额达700亿元，增长23%；居民消费价格总水平上涨5.8%。启动中央商务区规划建设，完成《昆明城市商业网点规划》修编。螺蛳湾国际商贸城等一批大型商业项目开工建设。完成一批农贸市场标准化改造，200个农家店通过省级验收。昆明信息港开港投运，昆明市荣获2008中国城市信息化50强称号。成功举办"昆交会"、"农博会"。金融、物流、会计、咨询、律师等现代服务业加快发展。旅游"二次创业"稳步推进，接待游客2763万人次，其中境外旅游者70万人次，实现旅游总收入188.7亿元，增长12%。加大景区、景点开发建设力度，开工建设石林世界自然遗产地保护、郑和公园等8个重大旅游项目。规范市场秩序，强化对鲜肉、食用油、奶制品和粮食的市场监测，抓好产品质量和食品药品安全监管，坚持成品油市场监测预警信息报送制度，维护消费者正当权益。

【创新体制机制】 抓住昆明市被列入省综合改革试点城市的机遇，大力推进重点领域和关键环节改革。超额完成国有企业深化改革年度目标。实行新一轮市对县（市）区财政管理体制，进一步理顺市县两级事权和财权。大力强化金融工作，制定了《加快金融业发展的实施意见》及6个配套文件，深化与各驻昆金融机构的合作并签订战略合作协议；投融资工作取得历史性突破，市级投融资公司共融资140亿元，其中城投公司发行15亿元企业债券；西仪股份、绿大地等企业成功上市；推动14个县（市）区、3个国家级开发（度假）区和空港经济区建设投融资平台。加大社会事业改革力度，新建民办幼儿园93所、民办中小学校6所，528所公办学校实行校长公开选聘和教职工全员聘用；新批民营医院项目12个，民营医院资产增长113.8%，昆明市民营医院服务中心挂牌成立。农村综合配套改革稳步推进，完成集体林权制度改革主体任务。人事制度综合配套改革全面实施，机关事业单位活力不断增强。对外经贸合作进一步扩展，实现进出口贸易总额70亿美元，增长5%，其中出口34亿美元，增长5%。新增对外投资项目20个、协议投资额4053万美元，对外承包工程3项、合同金额3616万美元，替代发展项目14项、合同投资额12.7亿美元。与缅甸仰光市、芬兰于韦斯屈莱市缔结为友好城市。与印度加尔各答市签署了合作备忘录。

【规划建设管理】 强化规划的龙头作用，《昆明城市总体规划修编（2006~2020）》和《昆明市土地利用总体规划大纲》上报审查，《昆明主城55个片区控制性详细规划》通过市规委审议，完成空港经济区总体规划、城市交通整治建设规划、主城紫线划定、城镇体系规划等专项规划和20个重点镇的规划编制工作。城市基础设施建设得到加强，二环快速系统改造工程全面开工，三环闭合工程启动。完成铂金大道、金色大道、小西门节点、福海立交桥南侧和滇池路跨线桥的建设与改造。推进西坝路、海埂路改扩建，西二环上层建成通车，国道东连接线支线完成主体工程。环湖公路、彩云路（昆洛路）入城段等重点工程有序推进。快速交通试验段和"四环十七射"路网工程启动。经过4年的努力，198条三期交通微循环道路改造建设全部完成。主城4区、呈贡新区、安宁、晋宁城乡公交一体化工程基本完成。新区建设快速推进，呈贡新区核心区一期路网大部分交付使用，二期路网全面开工。高校搬迁实现2万多师生入住。昆明新机场主体工程征地工作全面完成，专用高速路（南段）项目开工建设。启动80个城中村改造项目，累计拆除建筑物102万平方米，14个村回迁安置房开工建设。主城新增绿地1431公顷，种植乔木150万株，拆临拆违372万平方米、拆后建绿62.5万平方米，城市建成区绿地率达35.6%、绿化覆盖率达39.6%，人均公共绿地达9.2平方米。全市造林15万亩。围绕"四创二争"，加强城市管理。"创卫"各项指标基本达标，"创园"工作进入复核审查阶段，"创模"31项指标达标26项，创建全国文明城市工作稳步推进。创建国家节水型城市工作全面启动。依法规范户外广告设置和管理。查处非法客运车辆。建成数字化城市管理系统市级平台。组建综合行政执法局并开展综合执法工作。

【环境保护】 坚持环保"七优先"，实行领导干部任期环保责任审计制度，落实节能减排责任制、一票否决制及区域限批制度，资源环境工作得到加强。滇池治理"十一五"规划获国家正式批复，65个治理项目完成8项、在建43项。滇池北岸水环境综合治理工程取得实质性进展。第三污水处理厂改扩建完成主体工程，第一、二、四污水处理厂技术改造，第五、六污水处理厂改扩建，第七污水处理厂正加紧建设，完成主城5个片区雨污管道铺设68.6公里。环湖东岸截污干渠工程启动。建成湖滨生态湿地8600亩、湖滨林带6900亩。落实"河长责任制"，坚持每月巡河2次。实施入湖河道整治"158工程"，落实两岸堵口查污、截污导流、中水回用、拆临、拆违、拆迁、河床清障、沿岸禁养等措施。"一湖二江"流域水环境治理“四全”工作全面展开，盘龙江、新宝象河、大观河、金汁河、新运粮河等河道整治成效明显。重视和做好阳宗海“三禁”及水体污染整治工作。牛栏江和清水海引水工程加快推进。节能减排成效明显，万元GDP能耗指标、二氧化硫排放量、化学需氧量均完成目标任务；完成减排项目72个，分别淘汰水泥、炼铁、黄磷、电力落后产能117万吨、7.2万吨、1.2万吨和20万千瓦；审核验收清洁生产企业198户，查处13个环境违法建设项目。项目环境评价执行率达100%。严格国土资源管理，清理整顿土地市场，收储盘活存量土地2.2万亩。整顿规范矿产资源开发秩序，关停禁采区范围矿山企业441家。新增再生水利用设施42座。封闭162口地下水取水井。主城区空气质量优良率达100%。

【招商引资】 创新方式，分级负责，强势推进招商引资。创新招商方式，成立了36个招商分局实施“小分队”派驻发达地区驻点招商，在国内58个城市开展专题招商和推介签约活动加大“走出去”招商频率，加强项目推进。实施招商引资“一把手”工程，进一步加大招商引资工作力度。世界500强中的德国巴斯夫、国内500强中的娃哈哈等企业落户昆明。坚持一手抓硬环境建设，实施园区基础设施建设“2年突破工程”，为招商引资打造平台；一手抓软环境治理，深化行政审批制度改革，将行政审批项目从506项精简到96项，行政事业性收费从172项减至95项，成为全国行政审批项目最少的省会城市。全市形成了各级各部门参与、关心、支持、共同推进招商引资工作的良好氛围。2008年，全市实际利用外资超过6亿美元，增长100.3%；引进市外到位资金530.5亿元，增长76.2%；荣获“2008浙商最佳投资城市”、“2008中国制造业最佳投资城市”称号。

2009年，昆明市将继续实施招商引资一把手“工程，坚持政企联动、群专结合，加强中介代理招商、专业化招商、以商招商和利用现代信息手段招商，着力引进高新技术型、资金密集型、节能环保型、外向型项目，继续主攻珠三角、长三角、环渤海地区，对重点行业、重点企业开展专业化、高频率招商活动。

【社会建设】 全面实施城乡免费义务教育。农村中小学标准化建设竣工20所、开工79所。昆十中求实分校建成招生。高等教育、职业教育和民办教育步伐加快。实施重大科技计划项目23项，科技成果转化率和科技进步对经济增长贡献率分别达35%和54%。开工建设市儿童医院南市区医院、市第一人民医院北市区医院、市中医院搬迁项目。新建和改（扩）建24个社区卫生服务中心（站），完成1383个村卫生室标准化配置建设。新建改扩建一批乡镇文化站和437个行政村（社区）文化活动室，市博物馆二期工程开工建设。昆明市被评为全国未成年人道德建设先进集体。4个社区被评为“全国文化先进社区”。完成400个自然村、100个行政村有线电视光缆联网工程和9个无线发射台（站）恢复建设。计划生育工作成效明显，人口自然增长率为6‰。奥运火炬昆明站传递圆满成功。民生问题得到较好改善。实施“两后双百”和“三就三百”工程，新增就业8万人，下岗失业人员再就业3万人，城镇登记失业率稳定在3%以内。农村劳动力转移12.9万人。农民工维权中心被国务院授予“农民工工作先进集体”称号。城镇居民医保覆盖率达91.4%，新农合参合率达97.9%。基本养老、基本医疗、失业、工伤、生育保险参保人数平均增长2%以上。建设廉租房2165套，竣工1295套。经济适用房完成上年度84万平方米中的35万平方米，新开工建设180万平方米。城乡居民收入稳步增长，城镇居民人均可支配收入1.45万元，实际增长13.3%；农民人均纯收入达4610元，实际增长8.1%。平安昆明建设取得新成效，“两抢”警情同比下降72.7%，社会治安呈现出近年来最好水平，人民群众的安全感明显增强。加强安全生产领域专项整治，安全生产形势总体平稳。做好矛盾纠纷排查调处工作，开展市长接待日、领导干部大接访和大下访活动，群体性事件明显下降。积极参与汶川地震救援，第一时间向灾区提供药品等救灾物资、派出救援应急队伍参与救灾救治工作，接收安置近500名灾区学生在昆学习。工青妇、老龄、残疾人及档案事业取得新成绩。民族、宗教、外事和港澳台侨工作得到加强。国防动员、民兵预备役建设、双拥、消防工作富有成效。

【政府自身建设】 通过深入开展解放思想大讨论和各种学习教育培训活动，市政府系统干部职工思想大解放、观念大转变、效率大提升，发展环境日趋优化。提请市人大常委会审议通过地方性法规和决议23件，制定并公布市政府规章和规范性文件39件，清理市政府规章和规范性文件172件，废止其中12件。围绕建设“三最四低”经济社会发展软环境，推行“阳光政务”，再造审批流程，实行“一窗式受理、一站式办结、一条龙服务”，审批时限压缩4/5，行政审批项目从506项精简到96项，行政事业性收费项目由172项减至95项，成为全国行政审批项目最少的省会城市。建立“三最三严”制度，倡导“五办作风”，推行“一线工作法”，实施“工作成果倒逼”，实行重点事项限期“零申报”。市政府各部门和窗口单位“一把手”向社会作出公开承诺，接受监督。公布领导干部电话，开通领导干部公务电话查询业务，群众反映的意见和投诉100%得到受理。建立健全惩治和预防腐败体系，加强审计监察，实施最严厉的问责制。自觉接受市人大及其常委会的法律监督、工作监督和市政协的民主监督。认真办理人大议案、人大代表建议和政协建议案、提案，办复率100%。

【存在的问题】 经济社会发展中还存在一些不容忽视的矛盾和问题。主要表现在：经济总量小、实力弱，外向度和民营率不高，发展的动力和活力不强；工业化、城市化进程慢，市场化、国际化程度低，产业支撑力和区域竞争力较弱；招商引资规模还较小，大项目偏少，科技含量高、产业关联度大的项目不多；项目前期工作不扎实，项目落地难的问题仍然比较突出；城乡基础设施欠账较多，市政建设严重滞后；城市品位不高，城市管理还存在薄弱环节，一些地方占道经营、脏乱差现象仍然突出；事关民生民安的城中村改造重建任务艰巨；城市综合交通体系不发达，道路内拥外堵现象严重；城乡之间、地区之间发展不平衡，农业基础仍然薄弱，农民增收仍然困难，统筹城乡发展的任务还很重；部分群众生活困难，保障需加快跟进；以滇池治理为重点的生态建设力度还需要加大，特别是城市雨污合流问题仍然突出，污水处理设施建设缓慢；软环境建设和制度创新需深入推进；政府自身建设中还存在思想不够解放，部分干部素质不高、执行力不强、办事效率低下的现象，少数干部在困难和矛盾面前存在畏难情绪。

（赵丕德）

曲靖市

【综　述】 2008年，曲靖市面对历史罕见的低温冷冻自然灾害、国际金融危机的不利影响和曲靖自身发展转型的严峻考验，深入贯彻落实科学发展观，实施农业稳市、工业强市、商旅活市、科教兴市、生态立市战略，进一步解放思想、深化改革、扩大开放、创新驱动、打牢基础、调优结构、建强支柱、改善民生、共建和谐，全市国民经济保持又好又快发展。全市实现生产总值787.57亿元，按可比价格计算比上年增长12.4%，按常住人口计算，人均GDP达到1.37万元，折合2002美元。其中：第一产业实现增加值151.5亿元，增长8%，拉动GDP增长1.4个百分点，对经济增长的贡献率为11.2%；第二产业实现增加值423.72亿元，增长12.5%，拉动GDP增长6.8个百分点，对经济增长贡献率为54.3%；工业实现增加值384.55亿元，增长12.4%，拉动GDP增长6个百分点，对经济增长贡献率为48.7%；第三产业实现增加值212.35亿元，增长15%，拉动GDP增长4.2个百分点，对经济增长贡献率为34.5%。

经济结构继续得到调整。继续按照调精调优一产业，调快调强二产业，调大调旺三产业的方针，三次产业进一步得到优化，三次产业调整为19:54:27。

【农　业】 全市认真贯彻中央和省、市农村工作会议精神，积极应对国际金融危机的冲击和国内经济增长放缓的巨大压力，尽力克服特大冰雪凌冻灾害和农业生产资料价格上涨等带来的困难和问题，进一步完善发展思路、转变发展方式，全力抗灾救灾，突出加强农业基础建设，加大农业农村投入，建设农村市场和农业服务体系，推进农村各项改革，以“866”工程、小康示范村和农村民居地震安全工程建设为重点扎实推进社会主义新农村建设，确保了农业农村经济持续健康发展，实现了农业持续增产、农民持续增收，农村经济稳步增长。全市实现农林牧渔业总产值261亿元，按可比价计算增长8.5%。其中：农业产值118亿元，增长5.9%；林业产值7.2亿元，增长0.7%；畜牧业产值126亿元，增长10.6%；渔业产值4.3亿元，增长21.9%。畜牧、花卉、中药材等农业“十大产业”发展加快，农业特色产业实现产值46.6亿元。现代烟草农业试点进展顺利，烤烟收购烟叶391.4万担，实现收购总产值29.3亿元；全年粮食播种面积819.6万亩，粮食总产量23亿公斤，增长4.94%；蔬菜种植面积130万亩，产量16.6亿公斤，增长5%；薯类产量7.4亿公斤，增长12.84%；玉米8.9亿公斤，增长8.08%；小麦4000万公斤，减少31.42%；生猪“三百”工程稳步推进，肉类总产量103.1万吨，增长20.7%；水产品产量6.2万吨，增长8.77%；年末大牲畜存栏数118万头，增长

5.5%；生猪存栏487.8万头，增长1.2%；出栏猪871.8万只，增长18.4%；出栏牛39.1万头，增长27.97%；出栏羊117.5万只，增长28.7%。

林业生态建设稳步发展。全年造林面积达200万亩，其中：封山育林21万亩，义务植树1600万株。核桃、杉木林等特色经济林面积超过250万亩。

【工　业】　全市工业经济受年初低温冷冻灾害和由美国次贷危机引发的国际金融海啸、国际经济衰退影响，全年工业经济运行呈现出由年初“低开低走、低速低效”到年中“平稳增长、小幅回升”再到年末“增速回落、经济趋缓”的特点，全市以转变发展方式为重点，坚定不移推进大项目带动大发展战略，工业经济增长质量效益明显提高。工业经济平稳增长，全市工业总产值966.55亿元，增长22.2%；规模以上工业企业产值798.3亿元，同比增长21.9%；规模以上工业增加值310.25亿元，增长18.5%；卷烟行业稳定增长，全年产值116.1亿元，增长3.2%；增加值93.2亿元，增长5%；非烟工业稳定增长，支撑作用强劲。全年产值632.23亿元，同比增长25.7%；增加值217.09亿元，同比增长16.4%。全市工业行业结构调整成效显著，非烟工业依然保持较快增长，强劲支撑了工业经济的发展；工业对财税的贡献继续保持增长。规模以上工业经济效益综合指数为265，比上年同期上升1个点，比全省的经济效益综合指数266少1个百分点，和全省工业经济效益相比处于同一水平，对财税的贡献率达77.9%，比上年同期上升了1.9个百分点；30户重点骨干企业稳定增长。全年499.07亿元，同比增长16.8%；工业增加值196.6亿元，同比增长8%，占规模以上增加值的比重达63.4%；销售收入414.3亿元，同比增长13%，占规模以上销售收入的比重达56%；实现利税总额119.5亿元，同比下降28.3%，占规模以上利税的78%。

工业园区建设快速推进，10个工业园区《总体规划》通过省级评审。持续加大工业投资力度，工业固定资产投资186.1亿元，企业自主创新能力进一步增强，科技进步对工业经济增长的贡献率提高到51.3%。坚决淘汰落后产能，削减化学需氧量3420吨、二氧化硫排放量1.02万吨，工业废水达标率92.6%。对非公经济、中小企业进行规划布局，非公经济占全市GDP的比重达38.6%。

【固定资产投资】　全市以重点项目建设为龙头，加快重大项目建设进度，固定资产投资425亿元，增长20.1%。不断优化投资结构，一产、三产投资增长明显加快，一批交通、水利、能源等基础设施建设取得突破性进展，公路建设投资8.8亿元，水利建设投资7.9亿元，城乡基础设施和房地产投资105.8亿元。以国家扩大内需为契机，积极组织上报1400亿元的1634个基础设施、社会事业、生态环保、自主创新等重大项目，第一批争取中央、省新增预算投资4亿元。在全社会固定资产投资中，完成城镇范围内投资346.2亿元，增长23.2%。其中：房地产开发投资68亿元，同比增89.1%，占全社会固定资产投资的比重为16%。工业投资186.1亿元，同比减12.5%；制造业投资93.2亿元，同比减1.6%；电力燃气和水的生产供应业投资60亿元，同比减32.8%；交通运输仓储邮政业投资25.5亿元，同比减39%。商品房销售面积244.1万平方米，同比增10.1%。

【国内贸易】　全年社会消费品零售总额155.3亿元，增长26.1%。从经济成份看，非公有制经济占主导地位，全年零售额124亿元，占全市零售总额的比重为80%。从城乡市场看，城市消费品零售额95.7亿元，增长26.2%；农村消费品零售额59.6亿元，增长25.8%。从行业看，批发和零售业零售额120.8亿元，增长26%；住宿和餐饮业零售额25亿元，增长32.4%；其他行业零售额9.5亿元，增长13.1%。全年外贸进出口总额达2亿美元，实际利用外资3702万美元，引进市外资金109亿元。

【交通・电信・旅游】　全市公路通车里程2.65万公里，其中高速公路391公里。全市机动车总量54.5万辆，其中个人拥有49.9万辆。拥有汽车18.4万辆，其中个人拥有14.3万辆。

移动电话用户168万户，同比增长21.9%。固定电话用户42.5万户，同比下降0.5%。互联网用户10.35万户，其中宽带网用户9.35万户。

全年接待海外游客1.34万人次，增长11%，旅游外汇收入200万美元，增长17%；国内游客560.2万人次，增长4%，旅游收入27.5亿元，增长18%；旅游总收入27.6亿元，增长18%。

【财　政】　全年地方财政总收入193.5亿元，增长32.8%，地方一般预算收入56亿元，增长20.5%，其中税收收入49亿元，增长20.1%。在税收收入中，增值税14.7亿元，增长20.2%；营业税11.4亿元，增长9.9%。地方一般预算支出116.9亿元，增长29.7%。

【金　融】　年末金融机构各项存款余额686.9亿元，同比增长20.8%，其中企业存款余额226.5亿元，同比增长11.1%；储蓄存款余额352.9亿元，同比增长28.4%。金融机构各项贷款余额424.8亿元，同比增长16.2%，其中农业贷款79.6亿元，同比增长35.6%；全年金融机构现金收入1460.8亿元，现金支出1514.3亿元。

【科　技】　曲靖市科学技术奖评审出19项科技成果，其中一等奖3项，二等奖12项，三等奖4项。19个项目中，技术水平达到国内领先的1项，国内先进的4项，省内领先的10项，省内先进的4项。

【教　育】　全面贯彻“两免一补”政策，城乡义务教育整体水平进一步提高，全市98万义务教育阶段中小学生享受免杂费补助，94.2万中小学生享受国家免费教科书，26.3万农村义务教育阶段贫困家庭寄宿生享受生活补助，为20余万特困学生发放救助资金2510万元。改造中小学D级危房21万平方米。高中阶段毛入学率74.1%，高考上线率77.7%，中等职业技术学校毕业生就业率96%。启动了曲靖综合大学的筹建工作。建立健全“两免一补”制度。2008年末全市有普通高等院校3所，在校生1.58万人。职业中学14所，在校生4万人。普通中学252所，在校生44.5万人。特殊教育学校4所，在校生4600人。小学1773所，在校生67万人。幼儿园577所，在园幼儿14.1万人。小学适龄儿童入学率99.78%。

【文化体育】　事业日益繁荣，公益性文化事业稳步发展，公共文化服务能力显著提高。全市有文化艺术表演团体7个，文化馆10个，文化站115个，文物管理所10个，公共图书馆11个，公共图书馆藏书158.3万册。全市电视人口覆盖率95.1%，广播人口覆盖率94.5%。完成农村广播电视节目无线覆盖工程建设。成功筹办全省首届新农村文艺汇演，举办曲靖市首届新农村文艺汇演、第三届少数民族歌舞乐展演。全面开展第三次全国文物普查工作，“会泽斑铜”项目列入全国第二批非物质文化遗产名录。群众性体育活动和竞技体育协调发展，马龙县被命名为“云南省小康体育特色县”，3名曲靖籍选手参加2008北京奥运会，在残奥会上获1枚金牌、2枚银牌，破2项世界记录。

【卫　生】　全市继续改善医疗卫生基础设施条件。改扩建83个乡镇卫生院，完成了600个村卫生室建设，启动了9个街道卫生服务中心、10个社区卫生服务站建设项目。全市共有各类卫生机构576个，其中：医院67个，乡镇卫生院110个，共有病床1.36万张，卫生技术人员1.12万人。新型农村合作医疗实现全覆盖，参合率达91.5%，高于全国、全省平均水平。社区卫生服务体系得到加强。医药卫生体制改革走在全省前列。及时处置了“问题奶粉”、“刺五加”注射液等突发公共事件。艾滋病、狂犬病等重点传染病预防控制工作得到加强。农业人口家庭领取《独生子女父母光荣证》新增2693户，流动人口计划生育监管体系进一步完善，人口自然增长率为6.86‰。

【社会保障】　年末，全市常住人口578.2万人，出生率为11.91‰，死亡率5.05‰，人口自然增长率6.86‰。

城镇居民人均可支配收入1.22万元，比上年净增1436元，扣除物价因素后实际增长7.3%；农村居民人均纯收入3166元，比上年净增500元，扣除物价因素后实际增长9.88%。

2008年，全市单位从业人员30.5万人，比上年增长3.8%，从业劳动报酬75.5亿元，比上年增长27.7%。在岗职工年平均工资为2.57万元，增长23.2%，其中国有单位为2.98万元，增长29.9%；集体为2.2万元，增长41.8%；其他单位1.79万元，增长2.4%。

认真落实积极的就业政策，提供就业岗位3.6万个，城镇新增就业2.8万人，特殊困难群体就业4756人，实现了“零就业家庭”至少有1人就业，培训农村剩余劳动力和农民工3.2万人，农村劳动力转移就业11.1万人，城镇登记失业率控制在3%。社会保障体系不断完善，社会保险覆盖范围逐步扩大。城镇职工养老、医疗、失业、工伤、生育五类保险参保人数122.5万人，新增扩面1.7万人。顺利启动城镇居民基本医疗保险试点工作，参保人数达32.3万人。企业离退休人员养老金、农村社会养老保险金实现100%社会化发放。建立了被征地农民养老保险制度，推进矿山等高风险企业农民工参加工伤保险工作。23.9万农村绝对贫困人口和7.1万城镇低收入者纳入最低生活保障，农村“五保”供养和敬老院建设不断推进。新建廉租住房9.5万平方米、中心城区经济适用住房67万平方米。社会福利、社会救济和社会慈善事业加快发展，社会各界向四川地震灾区捐赠6700万元和大批救灾物资。

【存在的问题】 经济发展水平不高，发展不足，发展不充分，发展的协调性不够；产业结构不合理，“一产高、二产重、三产低”的局面仍未根本改变，资源依赖度高，抵御市场风险、应对危机的能力弱；经济外向度不高，消费需求不足，属于典型投资拉动型经济；基础产业薄弱、基础设施仍然脆弱；经济下行风险加大，确保经济平稳较快增长的工作任务较重；政府职能转变还不到位，加强社会管理和公共服务还有许多问题需要去解决、去突破。

（沈璐娟）

玉溪市

【综　述】 2008年，全市认真贯彻落实市委三届三次、四次全会精神，不断深化各项改革，进一步调整优化产业结构，积极应对世界金融危机，及时妥善处理各种矛盾问题，推动了国民经济的又好又快发展。全市全年完成生产总值596.1亿元，增长13%，其增幅分别比全国高3个百分点、比全省高2个百分点；万元生产总值能耗下降6.7%；实现财政总收入236.4亿元，其中地方财政收入55.6亿元，分别增长21.9%和26.3%；全社会固定资产投资完成182亿元，增长20.6%；实现社会消费品零售总额94.9亿元，增长21.4%；城镇居民人均可支配收入1.33万元，增18.5%；农民人均纯收入为4761元，增长18.8%；城镇登记失业率为2.6%；人口自然增长率为5.1‰。

【农村经济】 全年坚持把“三农”问题作为重中之重的工作来抓，全面贯彻落实各项强农惠农政策，财政支农资金投入达到10.4亿元，占地方财政支出的13.7%，增长22.4%。产业结构不断优化，特色优势农业加速发展，种养植业全面发展。农林牧渔业总产值首次跃上百亿元大关，达到102亿元，实现农业增加值64.5亿元，分别增长6.8%和6.2%；烤烟生产实现增产增收，收购烟叶210.2万担，增加18万担，收购金额16.26亿元，上等烟比占68.4%，烟农收入和烟叶税收再创历史新高，做到了烟农、企业、政府“三满意”；粮食、蔬菜、油料、甘蔗、花卉、生物药材等产业得到巩固发展，其中，粮食产量达到5.02亿公斤、增长6.2%，种植油料34.9万亩、油料产量增长18.7%，总产量3243.8万公斤；圆满完成集体林权制度改革任务，发展核桃、竹子、膏桐等特色经济林27万亩，实现林业产值14.2亿元，增长31.5%。牧渔业产业平稳发展，完成牧渔业产值40.4亿元、增长6.1%，肉蛋奶总产量2.84亿公斤、增长9.9%，水产品产量达1.47万吨、增长15.1%。

农业农村基础设施逐年改善，服务体系建设加强。建设高标准基本农田20万亩、高稳产农田4.6万亩、卧式密集烤房7115座，完成小型病险水库除险加固42件、小水窖5000口、沼气池6200口，实施农村饮水安全和解困工程436件、解决了13.8万人的饮水困难问题；实施农村通畅通达、村组和新农村配套公路建设1733公里，完成688.6公里；完成634户2314人通电工程建设，在全省率先实现了农村无电人口户户通电目标。累计发展农民专业合作社124个，全年培训农村劳动力2.65万人、转移2.5万人，13个产品通过绿色食品和无公害农产品认证。

【工业经济】 玉溪市坚定不移地实施工业强市战略，及时召开全市加快推进新型工业化发展大会，制定出台了《加快推进新型工业化的决定》，促进了工业经济的加速发展。2008年，全市工业产值达到910.7亿元、增长27.3%，实现工业增加值352.4亿元、增长15.7%，拉动GDP增长9.2个百分点，增长贡献率高达71%。优势产业发展成效突出。卷烟及其配套产业完成产值304.2亿元，增长20.6%；矿电产业实现产值466.1亿元，增长16.4%；市县属工业完成产值492.2亿元，增长30.3%，占全部工业产值的54%；规模以上工业保持快速发展。规模以上工业完成工业增加值327.8亿元，增长16.6%，其中，中央省属工业实现增加值252.6亿元、市县属工业实现增加值75.2亿元，分别增长18.0%和9.7%。工业产品增加、效益不断提高。卷烟、铁矿石原矿量、钢材、发电量、铜选矿产品含铜量、黄磷、水泥、变压器等多数大宗产品保持不同幅度的增长；规模以上工业实现产品销售收入753亿元、实现利税总额233亿元、实现利润57.6亿元，分别增长23.9%、13.4%和4.0%，全市工业实现利税占财政总收入的79.6%。产业聚集区发展步伐加快。高新区实现经济总收入63.5亿元，地方财政收入5.8亿元，分别增长15.0%和35.7%；研和工业园区实现经济总收入77.7亿元，财政收入2.6亿元，分别增长47.6%和14.0%；实施工业强县

（镇）成效明显，4个工业强县和19个工业强镇建设稳步推进。建筑业稳步发展，完成增加值17.9亿元，增长10.3%。

【现代服务业】 发展旅游产业取得新进展。建设省级抚仙湖星云湖生态与旅游改革发展综合试验区工作积极有效推进，已完成总体规划编制、评审及上报各项工作，重大项目建设取得新进展；稳步推进中国优秀旅游城市创建，澄江禄充、江川孤山、峨山厂上、新平大槟榔村被命名为全省首批特色旅游村，全年接待游客797万人，实现旅游收入24.1亿元，分别增长12.5%和7.1%。市场建设加强，城乡消费市场繁荣活跃。中心城区、8县县城服务业发展规划工作得到加强完善，制定出台了服务业发展实施意见，建成专业市场4个，新建改扩建农家店250个，汽车、房地产消费保持增长，全年实现社会消费品零售总额94.9亿元，增长21.4%，其中，市区38.1亿元、县城28亿元、乡镇及其以下28.8亿元，分别增长22.1%、20.7%和21.2%。对外贸易保持两位数增长。完成外贸自营进出口总额2.14亿美元，增长26.9%，其中出口2.02亿美元、进口1173万美元，分别增长28.4%和5.5%。

交通运输邮电业保持快速发展势头。交通运输、仓储及邮政业实现增加值17.6亿元，增长14.7%。年末公路通车总里程达到1.62万公里，其中一级以上高等级公路307.4公里，占总里程的18.8%；完成公路运输客运量2352万人次、公路货运量5861万吨、货物周转量64.2亿吨公里，分别增长7.1%、12.7%和15.6%；邮电通信发达，电话普及率高。年末固定电话交换机总容量达70.8万门，移动电话用户110.1万户，电话普及率由上年的51.9部/每百人增加到62.3部/每百人，发展互联网宽带网用户8.5万户。

金融业平稳发展，保险业加快步伐发展。金融业全年实现增加值14.8亿元，增长0.3%；年末金融机构存款余额达564.5亿元，增长13.5%，其中，居民储蓄存款余额266.2亿元、金融机构贷款余额281.1亿元，分别增长25.9%和7.9%；保险业实现保费收入17.62亿元、增长62.1%，全年赔付支出4.38亿元、增长49%。

【县区特色经济】 继续实施扶持县区加快发展的财政政策，全年市级财政对县区转移支付达到22.9亿元，县区地方财政收入达到24.3亿元，增长26.3%，占地方财政收入比重由2003年的31.5%提高到43.7%，8县1区除元江、华宁外，其余县区地方财政收入均超过2亿元，其中，红塔区6.3亿元、新平3.9亿元、通海2.4亿元、峨山2.3亿元等，县区经济发展实力明显增强。非公经济保持快速发展。实施中小企业成长工程，乡镇企业、非公经济发展活力不断增强，非公经济完成增加值160.9亿元，增长25%。积极推进节能降耗工作，发展循环经济成效突出。强化节能降耗专项督促检查工作，实施项目能耗审核制度，对重点耗能企业实行节能指标动态跟踪管理，推行“绿色照明工程”，31户企业通过清洁生产审核验收，117户企业实现清洁生产，占全市规模以上企业数的38.7%，“三湖”流域的工业企业基本做到清洁生产；全年共淘汰关闭水泥、炼铁窑炉8座，共淘汰水泥、炼铁落后产能66.6万吨，拆除造纸生产线1条等；节能降耗控制指标得到较好落实，全市万元生产产值能耗降幅达到6.7%，超额完成省政府下达能耗下降4.8%的目标任务，全年可节约标准煤33.26万吨。

【生态建设】 “三湖一海”保护治理力度加大。继续开展“七彩云南玉溪保护行动”，在全市掀起“三湖一海”保护治理新高潮，召开了“三湖一海”保护治理现场办公会，“因湖立策、治湖为先、治湖为本、湖清民富”观念深入人心，抚仙湖继续保持Ⅰ类水质，星云湖、杞麓湖水质有所改善；“三湖一海”水污染综合防治“十一五”目标责任书项目开工率达到61.3%，星云湖—抚仙湖出流改道工程竣工投入使用，杞麓湖调蓄水隧道工程全线贯通，抚仙湖东岸环湖截污治污、星云湖防洪截污等重点工程进展顺利；在“三湖一海”径流区全面推行河段长负责制，抚仙湖月检制度进一步健全完善，广泛开展城乡清洁工程，在37个村开展了村容村貌整治；严格土地、矿产资源管理，确保耕地占补平衡，新增耕地1008公顷；高度重视森林保护和水土治理工作，完成天然林保护1.2万亩、珠防工程7000亩、治理水土流失面积91.5平方公里。以阳宗海水体砷污染事件为案例，在全市开展了声势浩大的环保百日专项整治活动，集中对181企业的排污源进行了排查清理整治。

高度重视中心城区、县城和重点集镇的规划建设，启动了中心城区10平方公里生态文化区规划，玉溪市城市总体规划、生态城市土地利用总体规划修编和生态市、中心城区生态城市等规划编制工作；出水口生态公园配套完善、玉湖扩建二期等工程全面完成，东风水库除险加固防洪防震、中心城区污水处理厂二期、生活垃圾综合处理厂等工程建设稳步推进，按时完成珊瑚路、七星街等片区防洪抢险一期工程建设；全面实施玉江高速公路、中心城区5个城市出入口等生态景观改造，万株大树入城工程基本完成；县城和集镇规划建设明显加强，江川、澄江2县污水处理厂管网配套工程如期完工，为环保部解除对玉溪增加化学需氧量排放量建设项目环境影响评价限批创造了条件；4个省级风景名胜区，13个乡镇、27个中心村规划编制工作全面展开，澄江县被命名为全国生态示范区，大营街荣获国家园林城镇称号，华宁、元江成功创建省级园林县城，10个乡镇被命名为云南省生态乡镇；积极推进城市化进程，城市化水平从上年的34.8%提高到35.%。

【固定资产投资】 充分发挥投资对经济社会发展的拉动作用，扩大招商引资力度，积极拓宽投融资渠道，健全重大项目协调推进制、跟踪问效和定期报告制，实行目标倒逼制，千方百计增加固定资产投资，全年完成固定资产投资182.0亿元，增长20.6%，其中城镇投资完成140.2亿元，增长12.5%。一、三产业投资快速增加。第一产业完成投资7.8亿元，增长68.0%；第二产业完成投资64.4亿元，其中工业投资64.2亿元，分别下降1.2%和0.9%；第三产业完成投资109.8亿元，其中住宅投资30.3亿元，分别增长35.5%和34.6%。市县属投资保持增长势头，中央省属投资下降。中央省属项目完成投资22.4亿元，减少25.5%；市县属完成投资159.7亿元，增长32.1%，其中：集体单位投资14.1亿元、农村私人投资27.1亿元，分别增长79.5%和93.5%。农村和社会事业投资高速增长。农林牧渔业、水利环保完成投资22.0亿元，增长74.4%；房地产、居民服务、卫生社保福利、教育、文化体育等公益性社会事业完成投资38.9亿元，增长45.7%。

招商引资成效显著。全年共引进市外国内项目175个，投资总额61.7亿元，其中引进省外资金48.6亿元，分别增长28.0%和80%；实际使用外资1819万美元，实现合同外资577万美元。

【社会事业】 教育事业发展进步。办学规模稳步扩大，毕业人数增加，拥有小学以上各类学校730所，在校学生数36.07万人，增长1.5%，其中，初中以上学校毕业生5.21万人，增长9.9%；教学质量进一步提高，全市18所公办高中有10所进入省一级高中行列；教育改革成果得到巩固，全市中等职业学校招生超过普通高中的招生人数，职业学校和普通高中保持协调发展；优化配置教育资源，完成了《关于玉溪市中心城区教育资源优化整合方案》，促进了创办公平教育事业的发展进步；全面推行“三免一补”政策，寄宿制小学生和初中生补助标准由每人每年250元提高到500元，贫困家庭初中生标准由每人每年350元提高到750元，补助人数达到28.6万人，较好解决了义务教育阶段上学难问题。科技事业发展进步。建成6户市级以上企业技术中心，49个科技项目列入国家和省科技计划；加强知识产权保护，申请专利240件、授权150件，玉溪被列为国家知识产权试点城市；成功举办了“聂耳杯”全国科技体育运动航海模型、车辆模型和青少年车辆模型锦标赛。

文化、卫生、体育、广电等事业全面发展进步。公共文化广电服务体系逐步完善，聂耳图书馆、纪念馆、演艺中心和老年大学教学楼工程建成交付使用，330个行政村建立了村级文化室；城镇广场群众文化活动全面活跃，农村电影放映工程稳步推进，完成广播电视“村村通、户户看”工程建设1.7万户，解决2.4万农户听广播、看电视难的问题，卫星电视地面接收站发展到9.2万座，广播、电视综合覆盖率分别达到98.5%和97.7%。卫生体系建设不断完善，5个县级医疗机构、24个乡镇卫生院及89个村卫生室等一批项目建设任务如期完成；城镇居民基本医疗保险暂行办法全面施行，新型农村合作医疗参合率达96.3%；建立了城乡医疗救助制度，实施医疗救助5.8万人；突发公共卫生事件监测预警系统建设不断健全，应对突发公共卫生事件的能力不断增加，成功处置了通海“1·16”霍乱疫情；全市卫生机构发展到770个，拥有床位8741张、卫生技术人员8732人。认真落实“奖优免补”政策，全市计划生育率达99%，全面启动出生缺陷一级预防工作，流动人口管理工作加强，人口自然增长率控制在5.1‰以内。体育事业成绩突出，全民健身活动广泛展开，全省第七届农民运动会荣获金牌总数、总成绩和奖牌总数排名第三名，全国第六届农民运动会收获1金、4银、5铜，北京残奥会取得2金、6银、4铜佳绩。

【关注民生】 就业再就业工作成效显著，全市年末从业人员达到147.2万人，增长2.3%，其中城镇单位从业人员47.1万人，占全部从业人员数的32.0%；全年城镇新增就业人员2.1万人，1.1万名城镇失业人员实现再就业，7085名特殊困难群体“4050”人员和实现再就业。社会保障事业稳步发展，参加机关、企事业单位养老保险、基本医疗保险、失业保险的人数达48.2万人次、收缴保险费16.4亿元，为3804名失业人员按时足额发放失业保险金2069万元；制定出台了《被征地农民养老保险暂行办法》，参加农村养老保险、享受城镇居民最低生活保障的人员分别达26.9万人和3.7万人，8.6万人农村贫困人口全部纳入低保范围，共为2.9万户城镇家庭发放低保资金5758万元。高度重视安全生产，安全事故发生率不断降低，全年安全事故死亡人数下降了15.4%，其中较大死亡事故下降60.0%。扶贫工作成绩突出，制定了加快人口较少民族和贫困少数民族聚居区经济社会发展实施意见，实施213个村整村推进扶贫、5个革命老区标准化综合扶贫，完成异地搬迁扶贫1400人，解决农村低收入贫困人口脱贫6万人。积极实施经济适用房、廉租房建设及防震减灾活动，78个农村教师定向廉租房项目全部开工建设，实施农村居民地震安全工程建设2万户。

城乡居民生活继续改善。全市年末常住人口为227.6万人，增长0.5%，其中户籍人口213万人，增长0.34%。城镇居民人均可支配收入1.33万元，增加2071元，增长18.5%；农民人均纯收入4761元，增加753元，增长18.8%；红塔区城市居民人均可支配收入1.42万元，增加2139元，增长17.8%；城镇居民家庭每100人拥有汽车14.2辆，增长4.5辆。

（邓默燃）

保山市

【综　述】　2008年，保山市各级各部门按照年初制定的总体部署和要求，深入贯彻落实科学发展观，坚持解放思想，开拓创新，突出又好又快发展主题，积极应对国家宏观调控政策的变化，着力调整优化经济结构，促进发展方式转变，开创了“主要经济指标持续增长，经济运行质量不断提高，发展动力继续增强，民生得到进一步改善”的良好新局面。2008年，全市生产总值194亿元，增长13.1%，连续4年保持13%以上快速增长，增幅居全省州市第二位。第一产业增加值61.7亿元，增长8.4%；第二产业增加值55.4亿元，增长17%；第三产业增加值77亿元，增长14%。三次产业比重由上年的32.3∶28∶39.7调整为31.8∶28.5∶39.7，第二产业比重提高0.5个百分点。

【农　业】　2008年，全市农业总产值跨上百亿元新台阶，达101.9亿元，增长8.7%；全年粮食产量首次突破100万吨，总产达103.4万吨，比上年增产3.9万吨，增长4%，人均占有粮食达421公斤，连续5年居全省州市第一位；油料产量首次突破4万吨，总产达4.5万吨，连续2年居全省州市第二位，增长28.6%；收购烤烟91万担，中上等烟比例提高5.48个百分点，税收比上年增加4200万元，达到1.38亿元；收购香料烟21.16万担，增长13%，产值1.28亿元，增长23.1%，税收比上年增加2190万元，达到8887万元；入榨甘蔗235万吨，糖产量29.29万吨，增长8.8%，总产值5.59亿元，增长0.04%；新植核桃45万亩，新植茶园5.97万亩、改造低产茶园10.3万亩，新发展蚕桑4.16万亩；咖啡、山葵、食用菌、石斛、果蔬等产业发展良好；畜牧业保持稳步发展，肉类总产量23万吨，产值36亿元，分别增长12%和10.7%。新农村建设稳步推进，多渠道投入建设资金6.5亿元，实施新农村建设试点村347个，农村面貌明显改观。

【工业·非公经济】　2008年，全市工业总产值跃上百亿元新台阶，并首次超过农业总产值，全年完成工业总产值107.7亿元，增长28.4%。其中，规模以上工业增加值26.8亿元，增长12.7%。水泥、发电量、精制茶、铁矿石原矿、中成药、金属硅、食糖等增长较大，支撑作用明显。电力工业发展加快，龙川江一级等一批电站建成投产，新增水电装机容量20.22万千瓦，同比增长38.5%，全市装机容量达72万千瓦，电力保障能力进一步增强。云维集团5万吨/年醋酸乙烯、立得集团硅系列产品开发、云天化腾冲30万吨化肥项目、双友公司50万吨/年轮胎钢丝基材、椅子山铅锌矿采选厂等项目前期工作顺利推进。节能降耗取得明显成效，单位生产总值能耗下降4%，完成省政府考核指标。

非公有制经济继续保持快速发展势头，全年实现增加值68亿元，占全市生产总值的37%；非公经济上缴税收8.7亿元，占财政总收入的38.8%。

【固定资产投资】　2008年，全市完成固定资产投资128亿元，增长29%。交通、农业、城镇等基础设施建设步伐加快。保龙高速公路、腾密公路境内段已建成通车；腾冲机场建成通航；保腾高速公路、大瑞铁路保山境内段、昌宁县城至永平四季利河公路、腾龙公路、金六公路、蒲赛公路建设有新进展；中印铁路已列入国家铁路网建设规划。红岩、三岔河等水库建设和除险加固工程进展顺利。建成施甸鱼洞水库、昌宁大城水库；红岩、三岔河、八〇八、大小海坝、塘子坝等水库建设和除险加固工程进展顺利；建成基本烟田11.93万亩；建成高稳产农田3万亩。完成城镇建设投资3.7亿元，马里商业中心建成运营，城镇产业聚集效应和辐射功能增强，新增城区面积1.6平方公里，新增城镇人口5.08万人，城镇化率达26.53%，提高1.63个百分点。腾冲县城被评为"全国生态环境示范城市"。

【旅游·商业】 2008年，腾冲旅游业改革发展综合试点工作推进顺利，试点规划通过省级评审，国家正式批准开通腾冲至密支那边境旅游线路，体制机制创新实现新突破，组建了腾冲旅游改革发展管理委员会。创建"中国优秀旅游城市"通过省检，进一步提升了保山旅游城市形象。加强景区规划和建设，切实改善旅游基础设施，建成了热海SPA水疗项目、和顺小巷、中国远征军198师纪念广场、保山官房大酒店等一批旅游项目。重点项目有序推进，腾越翡翠城、世纪金源体育休闲中心、邦腊掌景区改造等项目进展顺利。通过媒体、节庆、走出去请进来等形式，进一步强化旅游宣传促销，保山"健康旅游"品牌知名度不断扩大，休闲、度假、康体旅游人数渐增。全年接待海内外旅游者500万人次，增长8.69%，实现旅游业总收入20.5亿元，增长13.26%。

2008年，全市社会消费品零售总额完成58.35亿元，增长20.4%。其中，城镇消费品零售额39.2亿元，增长20.2%；农村消费品零售额19亿元，增长20%。

【财政·金融·保险】 2008年，全市财政总收入22.49亿元，净增3.3亿元，增长17.2%，提前2年完成"十一五"规划目标。其中一般预算收入12.46亿元，为全年预算的105.2%，增长17.8%；一般预算支出完成46.93亿元，为全年预算的126%，增长28.9%。

年末全市金融机构各项存款余额204.6亿元，比年初增长16.1%；贷款余额141.2亿元，比年初增16.8%。

全年保费收入4.9亿元，比上年增长49.7%。其中：财险保费收入1.5亿元，比上年增长12.8%；人身险保费收入3.4亿元，比上年增长81%；支付各类赔款、给付1.3亿元，比上年增长44%。

【招商引资】 2008年，全市引进市外到位资金44.4亿元，增长47.7%；实际利用外资935万美元，增长25%。积极参加东盟华商投资西南项目推介会、昆交会、中国—南亚商务论坛、云南—缅甸贸易投资洽谈会等区域性会展活动，加强与缅甸及南亚国家的交流合作，填补了与印度贸易的空白，实施"走出去，引进来"战略，引进项目58个。其中，投资10亿元以上大企业、大集团12户。

【交通·邮电】 2008年，全市货运量1500万吨，比上年增长12.4%；货物周转量22亿吨公里，比上年增长8.8%；客运量1050万人次，比上年增长2.6%；旅客周转量10.2亿人公里，比上年增长3.5%。到2008年末，全市公路总里程1.15万公里，与上年持平。在公路总里程中，地管公路1.2万公里，省管公路1207公里。全市汽车（含低速汽车）拥有量5.32万辆。其中载货载客汽车4.88万辆，比上年增加4669辆，增长10.6%。

全年完成邮电通信业务总量6.74亿元，比上年增长18.8%。年末电话用户达23.62万户，比上年增加859户。其中市话达（不含小灵通）9.61万户，农话10.91万户；移动电话（含小灵通）达到88.4万部，比上年增加9.89万部，增长12.4%。电话普及率达43部/百人，比上年增加了3部/百人。

【教育·科技·环境保护】 2008年末，全市共有各级各类学校（含教学点）1865所，校舍面积327万平方米，在校学生47.07万人，教职工2.5万人。高等院校招生3894人，比上年增长25.5%，在校学生1.03万人；中等职业教育学校招生9231人，比上年增长29.4%，在校学生2.12万人；普通高中招生1.27万人，比上年增长8.6%，在校学生3.51万人；普通初中招生4.13万人，比上年增长3.7%，在校学生11.68万人；小学招生3.64万人，比上年下降2.5%，在校学生23.46万人。小学适龄儿童毛入学率达103.3%，小学毕业生升学率99.5%；初中毛入学率103.2%，初中毕业生升学率58.8%；高中阶段毛入学率48.2%；高考上线率79.4%，录取率65.7%。

全年组织实施国家和省级科技项目22项，安排经费1500万元。共列入市级科技计划24项，安排科技经费80万元。年末全市拥有独立核算科研机构5个，从业人员208人，全市共取得科技成果92项，申报科学技术发明和科技进步类项目89项。申报专利61个，专利授权22个。年末共有各类专业技术人员3.25万人。其中：高级技术职务任职资格1733人，中级1.24万人，初级1.84万人。组织实施国家级科普项目32项；组织实施省级科普项目9项；有农民专业技术研究会486个，会员达1.37万人；有市级学会20个，会员6930人；有县级学会67个。

全年环境污染治理投资资金达1.4亿元，工业废水排放达标率为91%，比上年增加0.08个百分点；工业固体废物综合利用率为63.51%，比上年增加0.04个百分点。

【文化·卫生·体育】 2008年末，全市共有艺术表演团体6个，文化馆6个，文物保护机构6个，公共图书馆7个，藏书50.2万册。广播综合人口覆盖率95.8%，电视综合人口覆盖率94.4%，有线电视入户率17%。

年末共有卫生机构419个。其中：医院数（含卫生院）114个；医院床位数4990张；卫生技术人员4684人；每千人有卫生技术人员1.9人，有医生0.68人。新型农村合作医疗工作扎实有效推进，参合率达93.83%。

成功举办省第六届城运会和举办了第二届市运会，在省城运会上取得了金牌和团体总分第一。全年举办各种运动会180次，参加人数40万人次。获省级以上奖牌130枚，其中：金牌59枚，银牌41枚，铜牌30枚。全民健身活动得到广泛开展。

【人口·人民生活】 2008年末全市总人口为248.8万人，人口出生率11.75‰，人口自然增长率5.14‰。城乡居民收入稳定增加。根据抽样调查，全年城镇居民人均可支配收入1.25万元，比上年增长13%；农民人均纯收入2600元，比上年增长10%。

社会保障事业进一步加强。全市有5.23万名城镇职工和1.87万名离退休人员参加了基本养老保险，分别比上年增长5%和0.57%；有8.15万名职工和2.82万名离退休人员参加了基本医疗保险，分别比上年增长6.7%和1.7%。

职工工资增加，再就业工作稳步推进。全年城镇在岗职工工资总额25.5亿元，比上年增长9.9%；在岗职工年平均工资1.64万元，比上年增长6.9%。年内通过职业介绍实现就业的人员有1.12万人，比上年下降5.1%。

城乡居民居住条件继续改善。年末城镇建成区面积48.94平方公里，城镇人均居住面积35.7平方米，城市绿化面积3.9平方公里，城镇人均绿化面积10.8平方米，农村人均居住面积26.8平方米。

社会福利事业继续发展。年末全市收养性社会福利院床位799张，国家办收养性床位130张。全年民政事业支出2.1亿元，享受救济人数为232万人次。其中有3.8万人享受城镇居民最低生活保障。

（王文蓉）

昭通市

【综　述】 昭通市位于云南省东北部，金沙江下游，地处滇、川、黔3省结合部，历史上曾是“锁钥南滇，咽喉西蜀”之地，总面积2.3万平方公里，全市呈西南高、东北低的倾斜面，为典型高原山地构造地形。气候属南亚热带、中亚热带、北亚热带、暖温带、中温带和北温带共存的高原季风立体气候。年平均气温11.3℃～21.1℃，年平均降雨量为600毫米～1230毫米。

全市辖昭阳区、鲁甸、巧家、盐津、大关、永善、绥江、镇雄、彝良、威信、水富县1区10县143个乡镇

2008年末总人口549.52万人，其中：非农业人口45.56万人，占8.3%。

初步核算，2008年，昭通市生产总值（GDP）272.28亿元，按可比价格计算比上年增长11.1%。其中第一产业增加值66.78亿元，增长7.8%；第二产业增加值116.82亿元，增长11.3%，其中：工业增加值87.97亿元，增长11.5%；第三产业增加值88.68亿元，增长13.1%。按常住人口计算，人均GDP为5162元，同比增长9.2%。全市三次产业比例为24.5∶42.9∶32.6。非公有制经济所占比重稳步上升，非公经济增加值达98.64亿元，增长15.8%，比重由上年的33.6%上升为36.2%。

全年居民消费价格总指数为105.1%（按新口径统计）。分类别看，食品类价格上涨14.3%，其中：肉禽及制品价格上涨20.1%，是推动价格总水平上涨的主要因素。农业生产资料价格指数为118.1%，商品零售价格指数为106.4%，部分产品价格回落。

节能降耗成效明显。以化工、建材等行业和年耗能5000吨标准以上的企业为重点，着力推进重点行业和重点企业的节能技术改造，淘汰水泥、碳铵、电石等落后产能37万吨，规模以上工业企业单位产值能耗下降9.18%，单位生产总值能耗降低4.13%。

2008 年居民消费价格指数

类别	单位	指数（上年同期为 100）	
		2007 年	2008 年
居民消费价格总指数	%	106.7	105.1
食品类	%	119.4	114.3
烟酒及用品	%	101.0	100.2
衣着类	%	101.2	97.2
家庭设备用品及维修服务	%	103.3	99.5
医疗保健及个人用品	%	102.1	98.7
交通及通信	%	94.0	97.9
娱乐教育文化用品	%	99.7	98.6
居住类	%	101.7	107.0
农业生产资料价格指数	%	106.4	118.1
商品零售价格总指数	%	107.8	106.4

注：此表数据 2007 年为昭阳区调查数，2008 年为昭阳区、巧家、大关 3 县调查数。

【农村经济】 2008 年，全市实现农林牧渔服务业总产值 100.5 亿元，按可比价计算，比上年增长 8.4%。农业内部结构得到进一步调整，特色农业效应进一步凸显，全市农、林、牧、渔、服务业总产值比例为 44.4∶4.5∶48.4∶0.3∶2.4，农业产值的比重比上年下降 3 个百分点，畜牧业提高 3.4 个百分点。实施苹果低改 4.5 万亩，新建设优质蚕桑基地 4.2 万亩，累计已建成优质蚕桑基地 10 万亩。以冬洋芋、反季蔬菜为主的冬季农业开发 71 万亩，完成 16.1 万亩无公害蔬菜种植。

全年粮食总产量达到 150.42 万吨，比上年增长 7%。其中：夏粮 10.72 万吨，与上年持平；秋粮 139.7 万吨，比上年增长 7.6%。粮食单产由上年的 201.27 公斤/亩增加到 213.53 公斤/亩。

全年实现畜牧业产值 48.67 亿元，比上年增长 10.6%。肉类总产量 30.87 万吨，增长 16.23%。水产品产量 8124 吨，增长 30%。

2008 年主要农产品和畜产品产量

产品名称	单位	绝对数	比上年增长%
一、农产品产量			
粮食	吨	1504195	7.0
油料	吨	20721	19.6
甘蔗	吨	138465	-12.8
烤烟	吨	52993	-1.9
蔬菜	吨	958039	3.7
水果	吨	219608	19.7
二、畜产品产量			
肉类总产量	吨	308735	16.23
#猪肉	吨	293321	16.24
禽蛋	吨	16062	6.5
猪存栏头数	万头	267.58	5.9
牛存栏头数	万头	50.98	1.6
羊存栏头数	万头	55.54	-5.4
家禽存栏只数	万只	643.19	9.9

全年年治理水土流失面积 54.75 万亩，新增农田有效灌溉面 5.14 万亩，年内解决饮水安全达标人数 17.13 万人。年末拥有农业机械总动力 8.45 亿瓦特，比上年增长 7.6%。农业生产条件进一步改善，有效地推动了农业经济的稳步发展。

新农村建设与扶贫攻坚、抗灾救灾相结合，着力改善农村生活条件。启动建设新农村示范点 400 个，农村综合改革稳步推进，集体林权制度主体改革基本完成，确权到户 59.1 万户，确权面积 1059 万亩。实施 648 个自然村整村推进项目，5.11 万绝对贫困人口解决温饱，8.18 万低收入人口稳定脱贫。1.7 万户农村居民地震安全工程完工，3.04 万户破烂茅草房改造基本结束，2.4 万户无电人口实现通电。

【工业·建筑业】 2008 年，全社会完成现价工业总产值 177.8 亿元，按可比价格计算（下同），比上年增长 12.2%。实现工业增加值 87.97 亿元，增长 11.5%。其中，规模以上工业企业增加值达 61.24 亿元，增长 6.2%。规模以上工业中：轻工业总产值 50.82 亿元，增长 7.4%；重工业总产值 81.04 亿元，增长 5.4%。

2008 年工业主要产品产量

产品名称	单位	绝对数	比上年增长%
原煤	万吨	1365.25	7.7
合成氨	万吨	44.65	-6.1
铁矿石原矿量	吨	67080	11.7
铅选矿产品含铅量	吨	30633	75.5
锌选矿产品含锌量	吨	133314	9.1
发电量	万千瓦时	331099	42.1
水泥	万吨	254.19	8.9
碳化钙（电石）	万吨	22.31	-7.6
自来水生产量	万立方米	1918.82	-9.7
氮磷钾肥（折纯 N100%）	万吨	42.91	-6.4
卷烟	万箱	51.45	1.0

全市规模以上工业产销协调、衔接较好，产品销售率达98.2%，实现主营业务收入128.56亿元，比上年增长6.6%；实现利税44.31亿元，比上年增长2.9%。

年末，资质以上建筑企业达到75户，比上年增加3户，全年实现建筑业总产值20.01亿元，增长50%；房屋施工面积达136.05万平方米，增长8.0%；竣工面积91.65万平方米，增长13.7%。

【固定资产投资】　2008年，完成全社会固定资产投资190.18亿元，比上年增长22.5%。在各类投资中，城镇投资160.53亿元，增长21.7%；农村非农户投资完成10.83亿元，增长17.4%；房地产开发投资9.59亿元，增长9.96%；农村私人建房投资9.23亿元，增长72.1%。全年累计完成基础产业、基础设施投资115.34亿元，比上年增长13.1%，占全社会固定资产投资的比重为60.6%，工业投资完成104.47亿元，增长76.4%。地方项目完成投资161.43亿元，增长89.8%，占全社会固定资产投资的比重为84.9%。

投资结构进一步优化，非公投资稳步增长。2008年一、二、三产业投资结构由上年的2.29∶49.53∶48.18调整为3.8∶55.6∶40.6，一、二产业比重上升，三产业比重下降。非公经济投资完成102.9亿元，比上年增长63.5%，占全社会固定资产投资的比重为54.1%，比上年提高13.3个百分点。

房地产市场供需两旺。住宅投资6.55亿元，比上年增长12.89%。商品房竣工面积56.03万平方米，比上年增长100.96%，商品房销售面积47.22万平方米，比上年增长83.4%，其中：住宅销售面积42.25万平方米，比上年增长133.97%。

【国内贸易·对外经济】　2008年，实现社会消费品零售总额71.87亿元，比上年增长21.3%。城乡消费基本同步增长，农村市场转旺。县以上城镇实现零售额49.44亿元，增长24.5%，市场份额为68.8%；县以下农村实现零售额22.43亿元，增长15.0%，市场份额为31.2%。非公有经济实现社会消费品零售额53.68亿元，增长16.3%，市场份额达到74.7%。批零贸易业持续快速发展，实现零售额57.75亿元，增长21.4%，住宿餐饮市场增幅居各行业首位，实现零售额7.67亿元，增长31.8%。

2008年，全市签约及实施国内经济合作项目82个，是上年的2.65倍；新签约及实施项目协议总投资449亿元，是上年的13.4倍；实际到位资金43.9亿元，比上年增长30.6%，招商引资成效明显。国际贸易进出口总额为707万美元，同比下降23.1%，其中：出口额达701万美元，下降3.04%。

【交通·邮电·旅游】　2008年，货运量1826.81万吨，比上年增长7.97%；货物周转量25.24亿吨公里，增长7.3%。客运量3810万人，比上年增长9.7%；旅客周转量18.93亿人公里，增长5.4%。全市民用车辆拥有量达24.53万辆，比上年增长15.9%。

邮电通信迅速发展。全市邮电业务总量9.97亿元，比上年增长22.3%。全市固定电话达27.67万部，比上年增加8910部，年末移动电话达到125.22万部，新增29.58万部，互联网用户达6.57万户。报刊发行12.89万份。

旅游业接待游客和旅游收入有所增加。全年累计接待海内外旅游者373.62万人次，增长58%，其中海外旅游者302人次，国内旅游者373.6万人次。旅游业综合收入11.45亿元，比上年增长78%，其中外汇收入8.22万美元。

【财政·金融业】　2008年，财政总收入完成49.78亿元，比上年增长26.6%。地方一般预算收入完成17.13亿元，比上年增长32.9%，一般预算支出完成88.3亿元，增长40%。良好的财政收支运行，有力地促进了全市经济社会事业的健康发展。税收收入快速增长。税务部门组织各项收入49.01亿元，比上年增长36%。国税收入34.51亿元，增长28.6%；地税收入14.5亿元，增长40.9%，其中税收收入13.03亿元，增长41.5%。

2008年财政收支情况

单位：万元

名　　称	绝对数	比上年增长（%）
财政总收入	497810	26.6
其中：一般预算收入	171286	32.9
#税收收入	142589	31.4
非税收入	28697	41.2
一般预算支出	882950	40.0
#一般公共服务	126766	25.2
教育	199701	21.7
社会保障和就业	145781	51.0
农林水事务	111477	94.6

年末全市金融机构人民币存款余额达298.59亿元，比年初增长25.3%。其中：城乡居民储蓄存款余额达150.01亿元，增长26.6%；金融机构人民币贷款余额达163.37亿元，增长25.9%。金融机构累计现金收入达620.95亿元，比上年增长4.6%；累计现金支出达641.85亿元，增长4.4%，全年货币净投放30.9亿元。金融监管工作进一步加强，金融机构风险化解取得初步成效。

2008年金融机构人民币信贷收支情况

单位：万元

指标名称	绝对数	比年初增长（%）
存款余额	2985923	25.3
其中：企业存款	663067	11.3
城乡居民储蓄存款	1500095	26.6
贷款余额	1633696	25.9
其中：短期贷款	861961	34.3
#工业贷款	225142	35.5
农业贷款	337399	36.7
中长期贷款	750393	18.9
#基本建设贷款	287529	4.1
个人消费贷款	147047	12.3

【教育·文化·卫生】 全市年末有普通高等学校1所，在校学生4950人，增长19.97%；普通中等专业学校在校学生7149人，比上年增长1.94%；职业中学在校学生1.32万人，比上年增长2.74%；普通中学在校学生34.18万人，比上年增长5.44%；小学在校学生76.5万人，下降2.89%。中小学布局逐步优化，农村办学条件进一步改善。小学学龄儿童入学率达99.12%；小学在校生巩固率99.07%；小学毕业生升学率达88.18%。全年扫除文盲2.1万人。

全面落实“两免一补”政策，办学条件不断改善，累计争取和投入各类教育专款8.7亿元，比上年增长1.15倍，新建校舍13.8万平方米、维修加固校舍5.6万平方米，新增教师3944人。高考上线率比上年提高2.1个百分点，职业教育招生规模比上年增加20%。

年末，全市共有公共图书馆12个，文化馆12个。电视综合人口覆盖率88.29%，广播综合人口覆盖率85.56%，报刊、杂志以及图书出版的发行量不断增加。

年末，全市共有医疗卫生机构364个，实有病床8226张；建成村级卫生室828个。专业卫生技术人员6028人，其中执业医师、执业助理医师5035人。

全市有体育场馆4个，参加省级以上比赛获得金牌55枚，银牌56枚，铜牌45枚。

【社会保障·劳动就业】 社会保障事业整体推进，各项改革措施不断完善。年末全市参加失业保险职工人数为10.2万人，参加基本养老保险职工人数为7.49万人；有14.98万人参加了基本医疗保险，国有企业下岗职工的基本生活得到保障，企业离退休人员按时足额领到基本养老金。409.88万农民参加新型农村合作医疗，参合率提高到82.71%。8.7万城镇低收入人口和41.9万农村贫困群众纳入城乡低保，农村五保供养人员年均补助标准增加480元。建设廉租住房8.8万平方米，为3.7万名高危行业农民工办理了工伤保险。

劳动就业规模扩大，再就业工作成效显著。年末全市从业人员284.55万人，其中：第一产业196.64万人、第二产业23.63万人、第三产业64.28万人。全年开发就业岗位2.3万个，累计新增就业人员达1.9万人，城镇登记失业率为4.5%。“百万劳务输出工程”目标如期实现，累计转移农村富余劳动力达110.4万人。

【人口·人民生活】 年末全市户籍人口549.52万人，其中农业人口503.95万人。根据人口变动抽样调查资料，全市常住人口为529.5万人，城镇化率达到18.7%。

全市在岗职工年平均工资达到2.36万元，比上年增长18.7%。城镇居民人均可支配收入为1万元,增长10.1%；人均生活消费支出7347元，增长5.5%。农民人均纯收入2116元，增长24.2%；农民人均生活消费支出1947元，增长21.1%。城乡居民居住条件继续改善。城镇人均住房建筑面积31.57平方米，农村人均住房居住面积21.96平方米；城镇居民家庭恩格尔系数为45.47%，农村居民家庭恩格尔系数为54.7%。

（邹　蓉）

丽江市

【综　述】 2008年，丽江市深入实施“文化立市、旅游强市、水能富市、和谐兴市、人才推动和全面开放”六大战略和“三个着力”、“五个带动”经济发展思路，加大改革开放步伐，进一步优化经济结构，切实转变经济发展方式，加快国际旅游胜地、生态产业发展基地、清洁能源基地建设，经济发展迈上新台阶，环境保护和生态建设取得新成效，社会事业取得新发展，综合实力显著增强，民生切实改善。全市实现生产总值GDP突破100亿元，达到101.1亿元，增长13.1%，同比回落0.8个百分点。其中，第一产业增加值20.8亿元，增长6.5%；第二产业增加值35.2亿元，增长16.7%；第三产业增加值45亿元，增长13.5%。按常住人口计算，全市人均GDP达到8300元，增加1316元，增长12.7%。财政总收入15.62亿元，增收3.95亿元，增长33.8%；地方一般预算收入9.52亿元，增收2.24亿元，增长30.8%，高于全省平均增幅4.7个百分点，增幅排名全省第四。全社会固定资产投资115.4亿元，增长30.1%。社会消费品零售总额29.09亿元，增长29.3%，同比增高6.7个百分点，增幅创历史新高。农民人均纯收入2374元，增加452元，增长23.5%，扣除价格因素的影响，实际增长16.0%，农民收入增量、增幅均创历史最高水平。城镇居民人均可支配收入1.33万元，扣除价格因素后实际增长13.8%。万元GDP能耗下降3.9%。人口自然增长率1.236‰。

【新农村建设】 全市农业结构继续优化，农业综合生产能力进一步提高，农业农村经济稳步发展。农业总产值37.87亿元，增长7.1%，其中，种植业产值17.06亿元；畜牧业产值15.43亿元；林业产值2.48亿元；渔业产值1.67亿元；农林牧渔服务业产值1.24亿元；粮食总产量达42.7万吨，增长4.3%，成为历史最高年；油料产量8438吨，增长7.8%；甘蔗产量12.39万吨，增长6.75%；烤烟产量1.51万吨，增长15.82%；蔬菜产量17.06万吨，增长5%；肉类总产量8.66万吨，增长2.55%。覆盖全市3969个自然村的“数字乡村”农村信息网络体系基本建成。解决4.76万人的饮水安全问题。新建沼气池1.2万口，节柴改灶7000户。全市各类扶贫投入2.75亿元，比上年增加6782.32万元，增长32.74%。完成237个整村推进项目和1200名贫困人口的异地搬迁工作，减少贫困人口5万人。累计转移农村劳动力1.34万人，比上年减少5.4万人，其中，累计对外劳务输出8100人，比上年减少6000人。农民人均纯收入2374元，增加452元，实际增长16%。发展农村专业合作经济组织170个，吸纳会员1.27万人，创建37个地方农产品品牌。培育扶持发展农业产业化龙头企业72家。全面完成集体林权制度改革主体工作。21个新农村建设试点工作取得初步成效。

【工业经济】 全市工业总产值57.14亿元，增长15.4%，其中规模以上工业总产值39.3亿元，增长19.7%。工业增加值20.19亿元，增长18.2%，其中规模以上工业实现增加值17.74亿元，增长21.0%，实现利税5.45亿元，增长40.4%，其中，利润2.81亿元，增长58.7%。主要工业产品产量中原煤产量621.58万吨，增长20.81%；发电量28.55亿千瓦时，增长26.92%；成品糖1.72万吨，增长44.29%；水泥133.6万吨，下降13.69%。建筑业增加值15.02亿元，增长14.9%，对全市经济增长的贡献率16.5%，拉动GDP增长2.1个百分点。安全生产形势总体较好，各类安全生产事故122起，下降11.5%，生产安全事故死亡70人，下降12.5%，亿元GDP生产安全事故死亡人数为0.8人，下降22.3%。

【固定资产投资】 全市全社会固定资产投资115.4亿元，增长30.1%，其中城镇投资107.97亿元，增长27.4%。实施城镇投资项目（不含房地产项目）516个，其中新开工项目337个。农村投资7.43亿元，增长90%。全社会固定资产投资中，第一产业投资2.12亿元，同比下降41.59%；第二产业投资58.37亿元，增长46.9%；第三产业投资54.91亿元，增长21.3%。投资主体中，国有投资58.28亿元，增长57.2%，占全社会固定资产投资总额的比重为50.5%，上升8.7个百分点；非国有投资57.12亿元，增长10.8%，所占比重达49.5%。投资行业中，工业投资55.84亿元，增长43.3%；交通运输投资7.52亿元，增长73.2%；电力、燃气及水生产供应投资42.43亿元，增长58.3%；房地产业投资14.65亿元，增长20.1%。水利投资2.72亿万元，增长74.5%；环境管理投资2820万元。教育和文化体育娱乐分别下降28.2%和56.5%。全年建设项目到位资金98.01亿元，增长23.3%，其中国家预算内资金4.15亿元，增长60%；国内贷款资金26.89亿元，增长1.45倍；利用外资573万元，下降97.2%；自筹资金53.44亿元，增长1.6%；其他资金13.47亿元，增长19.3%。

【非公经济·第三产业】 全市非公经济组织2.39万户，同比增长11%，从业人员7.6万人，非公有制经济增加值48亿元，增长19.1%，占GDP比重47.6%，非公有制经济上交税金10.7亿元，增长43.3%，提高了4个百分点。

全市第三产业增加值45亿元，增长13.5%，对经济增长的贡献率为47.2%，拉动全市GDP增长6.2个百分点。社会消费品零售总额29.09亿元，增长29.3%，同比增加6.7个百分点，增幅创历史新高。其中市级消费品零售额13.43亿元，增长31.4%；县级消费品零售额8.82亿元，增长26.0%；农村（县以下）消费品零售额6.84亿元，增长29.9%。分行业看，批发零售贸易业20.87亿元，增长27.3%；住宿和餐饮业7.7亿元，增长35.6%；其他行业5233万元，增长24.0%。分经济类型看，公有经济4.02亿元，增长38.1%，其中国有经济12.99亿元，增长13.2%；非公有经济25.07亿元，增长28.0%，其中私有经济21.15亿元，增长35.9%。

公路货运量680.59万吨，公路货物周转量12.59亿吨公里，增长4.46%，民航货邮运输量1277.4吨，下降0.1%；公路客运量188.22万人次，下降1.3%，公路旅客周转量7.68亿人公里，下降5.96%，民航客运量188.22万人次，下降1.3%。邮电业务总量1.44亿元，增长3.5%；固定电话普及率14.38部/百人，移动电话普及率48.44部/百人。

全市金融机构人民币各项存款余额170.52亿元，增加21.79亿元，增长23.52%；各项贷款余额为116.69亿元，增加10.82亿元，增长10.2%；金融机构现金收入320.46亿元，增长10.75%，金融机构现金支出316.35亿元，增长9.84%，全年累计货币回笼4.11亿元。商业性保险机构全年保费收入3.06亿元，增长34.3%。

全市进出口总额4597万美元，增长1.68倍，其中出口4554万美元，增长1.66倍。批准利用外资项目4个，外商投资项目到位资金600万美元，比上年有所下降。

全市接待海内外游客625.49万人次，增长18.13%，其中海外游客46.58万人次，增长16.38%；国内游客578.91万人次，增长18.27%。旅游业总收入69.54亿元，增长19.23%，其中旅游外汇收入1.48亿美元，增长19.34%；国内旅游收入59.45亿元，增长19.19%。旅游产业对经济社会发展的关联拉动作用明显提高，旅游支柱产业在拉动内需、刺激消费、吸引投资、扩大就业、增加税收、繁荣经济等方面发挥着越来越重要的作用。

【社会事业】 全市落实“两免一补”资金1.12亿元，落实免费教科书专项资金1773.55万元，安排公用经费补助专项资金5193万元。幼儿园在园幼儿2.05万人，幼儿园专任教师637人。在校残疾儿童495人，残疾儿童入学率91.33%。小学毛入学率109.64%，提高0.3个百分点，小学入学率98.88%，升学率达99.11%，小学辍学率1.21%。初中毛入学率103.25%，初中升学率60.5%，比上年提高8.17个百分点，初中巩固率98.1%，初中辍学率2.1%。小学教师学历达标率96.97%，高中教师学历达标率95.88%。

全年财政预算安排科技支出3126万元，增长14.4%，有1项科技成果获省级以上科技进步奖。

全市广播综合人口覆盖率80.02%，提高0.02个百分点。电视综合人口覆盖率达到88.22%，提高0.22个百分点。民族文化保护工作得到加强，群众性文化活动广泛开展，文化产业呈现出良好发展势头。举办综合运动会179次，运动员在各项目比赛中获金牌8枚，银牌4枚，铜牌3枚。

新型农村合作医疗制度顺利推进，实际参加农村合作医疗农民86万人，参合率87.7%。全市全民所有制卫生机构99个，卫生技术人员2884人。城镇医疗改革稳步推进，城市社区卫生发展试点工作取得了经验。艾滋病等传染病和地方病的防治工作以及食品、药品卫生监督管理力度进一步加大，全年未发生重大公共卫生突发事件。

全市户籍人口119.5万人，增长12.45‰。全市城镇就业人员7.55万人，增加1800人，增长2.48%，其中城镇个体2.5万人；乡村从业人员58.6万人。年末城镇登记失业人数3541人，比上年增加375人；城镇登记失业率3.39%，上升0.2个百分点。

农村社会养老保险制度积极推进，参保人数3.12万人，增加61人。全市城镇居民最低生活保障人数3.97亿人，比上年减少225人；农村居民最低生活保障人数10万人，比上年增加3.2万人。全年城镇居民最低生活保障资金支出6044.97万元，增长34.5%；农村社会救济支出1240万元，增长2.5倍。各类社会福利单位31个，社会福利单位床位数928张，收养各类人员683人。建立各种社区服务设施96个。

【环境保护·城市生态建设】 全市城镇人口30.9万人，城镇化率26.7%，提高1.7个百分点。全市城市建成区面积36.5平方公里，增长9.8%；城市道路长度120公里，增长4.3%；自来水综合生产能力11.2万立方米/日；用水普及率88%；

燃气普及率65%。

积极创建国家级园林城市，加快城市绿化体系建设，城市人均公共绿地面积340公顷，增长6.2%；建成区绿化覆盖率22%，提高2.1个百分点。全市森林覆盖率54%，完成25.3万亩天保公益林建设和3万亩退耕还林工程，义务植树187.8万株，实施水土流失治理95平方公里。

严格执行环境影响评价和“三同时”制度，认真落实污染物排放总量控制和排污许可证制度，加强城乡环境综合整治工作，狠抓重点流域、重点区域、重点企业的污染防治，工业废水排放达标率98%，提高1个百分点；工业固体废物综合利用率86%，提高1个百分点；城镇生活污水集中处理率65%，与上年持平；城镇垃圾无害化处理率85%；二氧化硫排放量削减130吨，化学需氧量削减1300吨。节能降耗取得新进展，规模以上工业企业单位增加值能耗同比下降4.18%，全社会GDP能耗下降3.9%。实施化工、建材、煤炭等重点行业和年耗能5000吨标煤以上的重点企业的节能技术改造，抓好节能管理，强化节能目标责任制的实施和考核。

（桑列华）

普洱市

【概　述】　普洱市位于云南省西南部，东临红河、玉溪，南接西双版纳，西北连临沧，北靠大理、楚雄；国土面积4.5万平方公里，山区面积占98.3%，是云南省面积最大的地级市。海拔317米~3370米，森林覆盖率64.9%，立体气候明显，生态保护完好，生物多样性较为丰富，现有2个国家级自然保护区。普洱具有“一市连三国、一江通五邻”的区位优势，江城、孟连、澜沧、西盟4县与越南、老挝、缅甸3国接壤，国境线长约486公里。被誉为“东方多瑙河”的澜沧江—湄公河纵贯全境。2008年末，常住总人口258.1万人，其中农业人口183.25万人，非农业人口74.85万人，少数民族人口153.57万人。

2008年，面对空前复杂的形势和异常严峻的挑战，普洱市坚持创新发展、科学发展、和谐发展，转变经济发展方式，推进支柱产业提质增效、骨干产业优化升级，全市经济社会在困境逆势中保持较快增长。全年生产总值（GDP）179.86亿元，按可比价格计算，比上年增长12%。其中第一产业增加值57.35亿元，增长8%，拉动经济增长2.3个百分点；第二产业增加值57.52亿元，增长21.9%，拉动经济增长6.8个百分点；第三产业增加值64.98亿元，增长7.2%，拉动经济增长2.9个百分点。在第二产业中，工业增加值37.95亿元，增长26.2%；建筑业增加值19.57亿元，增长14.2%。按常住人口计算，人均生产总值6975元，增加1091元，增长11.8%。产业结构进一步优化，三次产业结构由上年的32.6∶29.5∶37.9调整为31.9∶32.0∶36.1，二次产业比重首次超过一次产业。

【农业·农村经济】　认真贯彻落实中央支农强农政策，农民生产积极性不断提高，农业和农村经济发展加快。全市农业总产值87.76亿元，按可比价计算，增长8.5%。粮食面积增长2%，总产量达84.84万吨，增产1.38万吨。茶叶、油料、烤烟、咖啡、橡胶等主要经济作物面积扩大，产量除茶叶外，不同程度增长。增长幅度最大的是烤烟，产量从上年的1.72万吨增加到2.45万吨，增长41.8%。集体林权制度主体改革基本完成，配套改革稳步推进，资源林政管理得到加强，林业重点工程继续有效实施，护林防火取得好成绩，森林资源得到有效保护。全年造林面积3.36万公顷，迹地更新面积1.04万公顷，零星（四旁）植树256万株，实施天然林保护工程2394公顷，年末封山育林面积2.46万公顷，森林覆盖率为64.9%。木材产量209.92万立方米，增长6.5%；松脂产量9.5万吨，增长1.9%。母猪饲养补贴、疫病控制、生猪保险等扶持政策得到全面落实，全年肉类总产量11.86万吨，增长7.3%，其中猪、牛肉分别增长7.3%。水产品产量为2.79万吨，增长25%。全市拥有农业机械总动力12.68亿瓦特，增长10.4%；大中型拖拉机8294台，小型拖拉机1.78万台。全年农机化投入1.33亿元，增长10.2%，农业机耕、机耙、机播、机灌面积及机收面积不断扩大。化肥施用（折纯）量5.54万吨，增长4.6%。农田水利建设得到继续加强，全年投入农田水利建设资金1.1亿元，新增有效灌溉面积1500公顷，有效灌溉面积11.28万公顷；新增节水灌溉面积1100万公顷，节水灌溉面积2.51万公顷，治理水土流失面积21.71万公顷；解决农村人口饮水困难12.16万人。启动实施24个省级村容村貌整治工程，实施46个市级新农村试点村和526个整村推进项目，建成高稳产农田2800公顷，新建小型水源工程1857件。扶贫开发实施自然村整村推进项目518个。以工代赈建设项目28个。147项公共基础设施恢复重建项目投资2.64亿元。

【工业生产·建筑业】 随着“工业强市”战略的有效实施，全市进一步优化资源配置，加大产业培植，做大做强优势产业，工业园区建设加快，启动思茅主城区工业企业搬迁工作，工业化进程不断推进。全年工业生产实现快速增长。完成工业总产值92.18亿元，按可比价格计算，增长24.1%，增幅比上年提高1.3个百分点。工业增加值占全市生产总值的比重较上年提高1.8个百分点，对经济增长的贡献率达43.5%。规模以上工业完成增加值28.63亿元，增长29.2%；规模以下工业完成增加值23.94亿元，增长33.4%。茶、林、电、矿4大支柱产业支撑作用增强，完成工业总产值74.71亿元，增长22.4%，占全市工业总产值的81%。全年规模以上工业企业经济效益综合指数达131.76%，下降14.72个百分点；实现主营业务收入60.31亿元，增长12.7%；工业产品销售率为89.83%，下降0.4个百分点；实现利税总额8.02亿元，下降21.2%，其中利润3.18亿元，下降41.3%。亏损企业亏损面47.3%，上升20.1个百分点，亏损额1.6亿元，增长38.3%。全市建筑业企业187个，增加46个。完成建筑业总产值65.87亿元，增长17.7%。全年房屋建筑施工面积272万平方米，下降18.1%。

【固定资产】 全市完成固定资产投资总额131.99亿元，增长24.4%。其中：城镇投资109.84亿元，增长28%；房地产开发投资13.36亿元，增长25.3%；农村投资22.16亿元，增长9.3%。全年施工项目967个，增加187个。其中新开工项目745个，增加191个；资金落实情况相对较好，本年资金来源77.9亿元，增长19.4%。全年重点工程项目完成投资63.69亿元，增长8.7%，占全社会固定资产投资的48.3%。公路建设完成投资12.73亿元，思澜公路二期工程完工，磨思高速公路、澜沧至惠民公路建设进展顺利，思澜公路三期、碧云大桥等工程开工。电站建设完成投资44.05亿元，糯扎渡电站稳步推进，龙马河、土卡河、泗南江3座中型电站投产。水库建设完成投资9100万元，建成思茅第三自来水厂、木乃河和大箐河水库，镇沅五一、小坝子等水库建设进展顺利。以“中国茶城”建设为重点的城市建设步伐加快，完成思茅河一期治理工程，中心城区路网建成7条、在建4条，市文化中心等一批重点工程全面启动，城市面貌有了很大改观，城市功能得到很大提升。

【国内贸易·物价】 全市社会消费品零售总额达到51.98亿元，增长20.3%，增幅比上年提高4.2个百分点。分城乡看，城镇消费品零售额38.7亿元，增长20.3%，农村消费品零售额13.28亿元，增长20.5%。分经济类型看，公有经济实现零售额5.02亿元，增长14%；非公经济实现零售额46.96亿元，增长21.1%。分行业看，批发业零售额5.8亿元，增长13%；零售业实现35.58亿元，增长21.1%；餐饮业零售额8.25亿元，增长23.5%；住宿业零售额1.43亿元，增长20.9%；其他行业零售额9100万元，增长12%。高档耐用消费品和服务消费成为城乡居民消费新亮点。农村市场经营点进一步扩大，新建乡镇农贸市场10个，配送中心10个，“万村千乡市场工程”农家店260个。全市居民消费价格总水平上涨5.8%，涨幅比上年回落0.7个百分点。其中：食品类价格上涨12.3%，烟酒及用品类价格上涨1.8%，衣着类价格下降2.5%，家庭设备用品及维修服务类价格上涨1.5%，医疗保健和个人用品类价格上涨4.8%，交通和通讯类价格上涨1%，娱乐教育文化用品及服务类价格下降1.1%，居住类价格上涨7.2%。全年商品零售价格上涨6.4%，比上年回落2.2个百分点。农业生产资料价格上涨14%，比上年提高10.2个百分点。

【财税·金融业】 全市完成财政一般预算总收入23.82亿元，增收4.93亿元，增长26.1%。其中：地方一般预算收入13.7亿元，增收2.6亿元，增长23.4%。税收收入占财政总收入的比重提高，全年税收收入9.92亿元，增长26.9%；非税收入增长15.1%。在收入增加的同时，大力调整支出结构，确保各项重点支出，压缩一般性项目支出，保证社会保障、工资发放、农业、科技、教育、环保等重点支出的需要。全年财政一般预算总支出59.34亿元，增支3.54亿元，增长6.3%，其中：一般公共服务支出增长6.3%，农业支出增长42.3%，科学技术普及支出增长15.8%，教育支出增长18.7%，医疗卫生支出增长22.2%，环境保护支出增长137.8倍，社会保障和就业支出增长23.2%。年末，全市金融机构人民币各项存款余额达213.61亿元，增长7.7%。其中：居民储蓄存款119.24亿元，增长18%；企业存款38.96亿元，下降7.8%；农业存款22.73亿元，下降22.8%。信贷投放力度继续加大，较好支持了地方经济发展的资金需要。金融机构各项贷款余额为155.23亿元，比上年增长28.7%。其中：短期贷款余额为74.06亿元，增长15.3%；中长期贷款余额为80.38亿元，增长22.3%。全年完成保费收入4.85亿元，增长40%；支付赔款1.57亿元，下降6%。

【交通运输·邮电通信·旅游业】 年末拥有民用汽车7.18万辆。全年旅客运输量达1995万人，增长15.9%，其中公路运输量为1923万人，增长15.6%；机场旅客旅吞吐量为13.62万人，增长42.6%。货物运输量2188万吨，增长15.6%；货物周转量达23.74亿吨公里，增长19.5%。年末公路通车里程为1.9万公里。全市实现邮电业务总量8.59亿元，比上年增长16.1%。年末全市固定电话用户达34.6万户，新增2.28万户；固定电话普及率达13.4部/百人，增加0.9部。大力培育旅游产业，积极推进景迈山旅游区、普洱国家公园、大茶马古道、北回归线标志园等景区景点建设，茶文化旅游、民族风情游、自然旅游效应显现，旅游业持续增长。全年全市观光旅游的国内游客242.7万人次，增长6.8%，其中：过夜游客144.74万人次，增长4.4%；一日游旅客124.58万人次，增长4.4%。国内旅游收入10.48亿元，增长5.6%。全年接待海外游客11.14万人次，口岸入境一日游9万人次，旅游外汇收入888万美元。全年旅游业总收入11.42亿元，增长7.3%。

【非公有制经济·对外贸易·经济技术协作】 年末，经注册的个体工商户达4.17万户，从业人员10.51万人，注册资金累计为13.43亿元，分别增长10.1%、22.8%和7.8%。私营企业发展到2908户，注册资金43.41亿元，从业人员7.38万人，分别增长46.4%、27.1%和13.6%。个体私营经济缴纳税金7.99亿元，增长22%。非公有制经济实现增加值111.79亿元，占GDP的比重由上年的35.9%上升到37.8%，提高1.9个百分点。全市完成进出口总额7720万美元，增长41.8%；其中：出口2621万美元，下降3.3%；进口5099万美元，增长86.5%。进出口总额中，边境贸易进出口6052万美元，增长81.1%；其中：出口1051万美元，增长29.1%；进口5001万美元，增长97.9%。一般贸易进出口完成1652万美元，下降21%，其中：出口1560万美元，下降17.6%；进口92万美元，下降53.3%。全年实施各类经济合作项目123项，其中新增43项，合同（协议）总投资537.16亿元，增长0.5%；实际到位市外资金70.41亿元，增长19.4%；到位省外资金51.23亿元，增长12%。全年新注册登记外商投资企业3户，合同利用外资616万美元，实际到位外资1656万美元，增长9.9%。与周边国家邻近地区经济合作得到加强，新增境外替代种植面积30.7万亩。

【科学技术·教育·文化·卫生·体育】 共组织实施科技项目22项，投入经费280万元，专利申请35项，获准专利授权26项，获得省级科学技术奖5项。年末全市有独立科研与技术开发机构6个,从业人员237人，其中专业技术人员171人，开展课题研究63项，发表科技论文37篇，经费投入1910.7万元。经济增长中科技进步作用明显，科技进步对经济增长的贡献率达45.5%，同比提高0.7个百分点。全面实现了城乡义务教育阶段学生免费就学，免除书费55.3万人次、学费57.3万人次，寄宿制学生27.2万人次获得生活补贴。扎实推进“两基”教育，民办教育初见成效，职业教育稳步发展，年末拥有高等教育学校2所、中等专业学校4所、职业中学13所、普通中学135所、小学869所，幼儿园96所。思茅师范高等专科学校招生1875人，在校生4448人；云南热带职业学院招生857人，在校生2217人；各类中等专业学校招生2381人，在校生6509人；职业中学招生3608人，在校生8286人；普通中学招生4.04万人，在校生11.79万人；小学招生3.15万人，在校生19.16万人；幼儿园招生2.53万人，在园幼儿3.31万人。小学毕业生升学率95.9%，适龄儿童入学率99.7%；成人技术培训毕业32.78万人，接受扫盲班培训1.03万人。全市10个县（区）全面实现“普六”，有9个县（区）实现了“普九”，青壮年文盲率由上年的2.8%下降到2.7%。进一步深化文化体制改革，加强文化基础设施建设，群众性文化和健身活动广泛开展。全市有艺术表演团6个，国内演出262场次；文化馆11个，公共图书馆103个，博物馆2个，举办各利展览47场次，藏书64万册；文物管理所5个，电影公司9个，各类文化市场经营单位998个。广播、电视综合人口覆盖率达到93.9%和95.2%。澜沧拉祜族叙事长诗《牡帕密帕》、芦笙舞被列入国家、省级非物质文化遗产保护名录，孟连宣抚司被列为国家重点文物保护单位。年末共有各类医疗卫生机构400个，其中县及县以上医院24个，乡镇卫生院106个，妇幼保健院11个，疾病预防控制中心11个，卫生监督检验所11个。床位4847张，专业卫生技术人员5730人。全年共有166.87万农民参加新型农村合作医疗，参合率达83.86%，筹集资金1.5亿元，累计有332.95万人次享受到医疗补偿，支出资金1.37亿元，占筹资总额的91.54%。增加投入，加大宣传力度，切实做好推广使用安全套防治艾滋病工程，群众知晓率明显提高。禁毒工作取得新成效，年内新修建3个戒毒所。全市共举办现代体育活动263次，民间传统体育活动180次，参加活动45.48万人次。

【人口与计划生育·环境保护】 全市人口出生率为12.43‰，死亡率为6.57‰，自然增长率为5.86‰。城镇化率为28%，比上年提高3个百分点。增加环境保护投入，加大环境监测与监察力度，扎实开展“七彩云南·生态普洱”保护行动。全市环境保护系统人员215人，各级环境监测站6个，环境监测人员57人。自然保护区18个，其中国家级自然保护区2个，省级自然保护区5个，自然保护区面积16万多公顷。投入环境污染治理资金1.4亿元。完成限期治理项目22个，比上年增加18个，项目总投资1.3亿元；烟尘控制区1个。工业废水排放达标率为98.95%，比上年提高1.07个百分点；工业固体废物结合利用率93%，比上年提高19.5个百分点。

【劳动就业·社会保障】 全社会劳动者就业153.61万人，增长1.8%。全部在岗职工人数11万人。全年城镇新增就业人数8255人，其中下岗失业人员再就业4311人。零就业家庭安置率达100%，城镇登记失业率为4.42%，低于计划控制目标0.08个百分点。新增小额担保贷款7639万元，增长58.9%；新增职业技术技能培训鉴定人员2.42万人，农村劳动力转移就业3.68万人。各种保险人数均比上年增加，年末养老保险参保人数达9.47万人，其中参保职工7.13万人。参加工伤保险人数达10.7万人，参加生育保险人数达9.78万人，医疗保险参保人数16万人，失业保险参保人数8.28万人。全年共有2.8万户、4.57万名城镇居民享受最低生活保障，累计发放低保金7696万元，增长41.6%。企业离退休人员基本养老金和国企下岗职工基本生活费按时足额发放，解决拖欠农民工工资1217万元。接受社会捐赠款1694万元，共有各类收养性社会福利单位57个，收养人数996人。

【人民生活·安全生产】 全市在岗职工年平均工资2.51万元，增长15.4%；城镇居民年人均可支配收入1.13万元，增长11.1%；农民人均纯收入2536元，实际增长10.6%。建成廉租房2.6万平方米，经济适用房50万平方米。年末城镇居民人均住房建筑面积32.56平方米，农村居民人均住房面积21.06平方米，分别增加1.53平方米和0.65平方米。全年共发生各类伤亡事故330起，比上年减少21起，下降6%；死亡163人，减少2人，下降1.2%。亿元GDP生产安全事故死亡人数为0.91人，下降16.5%。

（张以徽）

临沧市

【综　述】 2008年，临沧市认真贯彻落实国家关于全年经济工作的各项决策部署，采取了一系列措施，攻坚克难，着力调控价格过快上涨的势头，积极应对复杂多变的国际、国内经济形势，全市三次产业协调发展，经济运行质量明显提高，民生问题明显改善，社会更加和谐，实现了经济发展、社会进步、文化繁荣、民族团结、边疆安宁和人民生活水平不断提高的良好局面。实现生产总值（GDP）156.9亿元，比上年增长11.1%；实现财政收入15.5亿元，比上年增长15.8%。全市经济社会呈现又好又快良好势头。

【农业·农村经济】 农业和农村经济呈现良好的发展态势。完成农业总产值94.3亿元，按可比价格计算，比上年增长9.6%。农业生产经营条件进一步改善。年末拥有农业机械总动力9.34亿瓦；大中型农用拖拉机达2.09万台；小型农用拖拉机1.36万台；农用排灌机械动力603.23万瓦；累计有效灌溉面积达8.37万公顷；累计治理水土流失面积达24.82万公顷。全市新农村建设完成投资13.59亿元，其中300个新农村建设重点村完成投资3.53亿元。第一、二批实施的200个新农村建设重点村各项工作得到巩固和发展。“十四个一”建设指标深入落实，产业得到较快发展，村容村貌得到重点整治，9400户农村居民地震安全工程有序推进，农村基础设施、社会公共事业投入不断加大，水、电、路、教育、文化、卫生等设施得到改善。加快农业产业化进程，全市掀起了泡核桃种植管护的大会战，新植核桃146万亩；茶园、蔗园面积得到巩固，膏桐、橡胶、澳洲坚果、木瓜、木薯、桑蚕等产业基地建设取得新成效；新烟区规划建设有力推进，烤烟产业快速发展，支撑全市农民增收，农村可持续发展的产业集群逐步形成。农业产业化龙头企业不断壮大，48户被认定为市级重点企业，8户被认定为省级重点企业，“公司+基地+农户”的产业化经营模式初步形成。“林、饲、畜、沼”的循环农业模式，林果、林草、林药等多种立体间套种模式得到推广，土地利用率和产出率得到有效提高，产业结构优化，相关产业共生互补为主的山区综合开发稳步推进。乡镇企业稳步快速发展。全年完成乡镇企业营业总收入74.59亿元，比上年增长17.5%，实现增加值22.16亿元，比上年增长29.5%。

【工业·建筑业】 工业经济平稳增长，以实施第二轮工业发展倍增计划为切入点，积极推进项目建设，加大企业技术创新工作力度，巩固提升蔗糖、水电、茶叶产业，发展壮大矿产、酒饮料、林纸及林化工产业，培育生物质能源、绿色食品加工业，抓实节能降耗工作，工业经济结构调整和工业园区建设扎实推进，有力促进了工业经济的发展。完成工业增加值36.9亿元，比上年增长17.7%。受市场供求关系的影响，主要产品产量有增有减。

全市142个施工建筑企业，实现总产值34.75亿元，比上年增长29.4%，其中国有及国有控股企业实现产值5.08亿元，比上年增长69.9%；房屋建筑施工面积186.97万平方米，比上年增长1%，房屋竣工面积90.2万平方米，比上年下降12.8%。

【固定资产投资】 积极争取国家和省的支持，创新机制，优化项目，整合资源，调整投资结构，全力推进交通、水电为重点的基础设施建设，提高了投资质量，投资保持平稳较快增长。全社会固定资产投资85亿元，比上年增长23.1%。其中城镇固定资产投资54.24亿元，增长8%，房地产开发投资10.49亿元，增长57.9%，农村固定资产和农村私人建房投资20.26亿元，增长66.4%。

【交通运输·邮电业】 交通运输业稳步发展。交通运输、仓储及邮电业实现增加值3.99亿元，比上年增长6%。公路建设成效明显，年末全市通公路里程1.37万公里，拥有民用汽车3.27万辆，完成货运量1334万吨，下降30.8%，货物周转量10.13亿吨公里，下降15.6%，客运量6257万人，增长2.1%，旅客周转量7.47亿人公里，增长2%。全年航空客运量11.49万人次，下降21.1%，客座率达到67%，比上年下降10.15%。

邮电通信业继续保持了稳步发展的良好势头。全年邮电业务收入4.38亿元，比上年增长4.4%，固定电话发展到24.26万部（含小灵通），比上年增长3.5%，移动电话用户67.73万户，比上年增长16.5%，固定电话普及率10.2部/百人，移动电话普及率28.4部/百人，互联网入户数3.47万户，比上年增长43.9%；建立了国际互联网临沧新闻中心，开办了《临沧新闻网》和《临沧手机报》。

【国内贸易】 社会消费品零售总额46.99亿元，比上年增长25.8%，其中城市市场增长27.4%，农村市场增长23.5%；批发零售贸易业增长26.6%，住宿餐饮业增长28%，其他行业增长21.6%。

【对外贸易】 对外贸易快速增长，进出口额6.47亿元，比上年增长48.3%，其中进口总额2.73亿元，比上年增长62.2%，出口总额3.74亿元，比上年增长39.6%。

【对外开放】 全年合同利用外资2202万美元，比上年增长3.2%，实际利用外资919.43万美元。共签订和实施国内合作项目171个，投资协议资金达177.99亿元，实际到位资全33.94亿元，比上年增长32.7%。

【旅游业】 旅游产业稳步发展。全年接待国内外旅游人数230.87万人次，比上年增长1.7%，其中接待海外旅游人数4.33万人次，比上年增长3.3%；实现旅游业总收入10.24亿元，比上年增长37.7%；创外汇收入2701.16万美元，比上年增长2.3%。

【金　融】 年末金融机构人民币各项存款余额134.85亿元，增长17.4%，其中城乡居民储蓄存款74.33亿元，增长18.4%。年末银行各项贷款余额111.95亿元（含农行剥离不良贷款），增长13.8%，其中短期贷款增长20.4%，中长期贷款增长9.5%，货币净投放量1.87亿元，同比少投放12.46亿元，货币流通量为47.3亿元，增长3.7%。

保险事业健康发展，全年各种保险收入2.42亿元，增长13.6%，赔偿支出8200万亿元，下降40.1%。

【科技·教育·文化·体育·卫生】 全市安排科技三项费用236.7万元，共实施科技项目74个，创建农村科普示范基地19个，全国科普示范县区3个，有效促进了工农业生产的发展。截止年底，成立市县级学会（协会、研究会）137个，农村产业协会792个，全年举办科普讲座24次，听讲人数达1.1万人次，举办科普展览35场次，参观人数21.48万人；实用技术培训21.48万人次，招收“农函大”学员2.1万人；科学技术的推广和应用有力地推动了全市科技进步和经济发展。

拥有各类学校2981所，其中高等学校1所，中等职业教育学校21所，普通中学126所，小学2774所（含教学点），特殊学校1所，幼儿园58所。在校学生人数39.16万人，专任教师2.04万人。全市基本实现“普九”，市第一中学新校建设、技校扩建、市幼儿园搬迁新建设项目顺利推进。教育保障机制逐步完善，“两免一补”全面实施，教育综合改革取得阶段性成果，高考取得新成绩，职业教育得到加强，教育体系不断健全。

拥有综合档案馆9个，文化馆9个，图书馆9个，馆藏图书56.5万册；艺术表演团队9个，表演场所1个，电影队44个，印发《临沧日报》365万份，比上年增加了9万份。

广播电视事业稳步发展。广播电视“村村通”、高山台站及数字电视工程建设进展顺利，广播电视覆盖率不断提高。全市拥有调频发射台40座，电视转播发射台14座，卫星收转站15.3万座。广播覆盖率92.88%，比上年提高2.38个百分点；电视覆盖率94.57%，比上年提高0.72个百分点。

全民健身运动蓬勃发展，竞技体育取得新突破。以“全面健身与奥运同行”为主题，全市共组织了健步走、“体彩杯”家庭趣味运动会、大众广播体操通讯赛等28项体育活动，参加人数达到72万人次。参加了云南省第六届城市运动会，共获金牌3枚、银牌7枚、铜牌11枚。

全市拥有卫生机构354个，有卫生技术人员4253人，床位4172张，有执业医师和执业助理医师2047人，新型农村合作医疗参合农民175.85万人，参合率88.97%；社区卫生服务中心建设试点工作开始启动，社会公共卫生服务能力不断加强。有效缓解了广大农村群众“看病难”、“看病贵”问题。以防治艾滋病及控制霍乱、结核病为重点，全面落实各项传染病防控措施，重点传染病得到有效控制。

【社会保障·劳动就业】 社会保障事业整体推进，各项改革措施不断完善。城镇低保工作进一步健全和规范，全面启动了农村最低生活保障制度，有效解决了城乡困难群众基本生活。全市享受城镇居民最低生活保障2.37万户4.6万人，发放保障资金7700万元，享受农村最低生活保障26.17万人，发放农村居民最低生活保障金1.24亿元。农村五保供养政策全面落实，全年发放五保供养资金8000万元。

积极落实就业和再就业政策。全年新增就业1.29万人，年末城镇登记失业率为4%。全市转移农村富余劳动力5.11万人，增加农民收入4.06亿元。

扶贫工作以基本解决绝对贫困人口温饱问题和促进低收入人口增收为目标，加大扶贫力度，全年有9.3万人脱贫。

【城市建设·资源·生态建设】 城市建设步伐加快。年末城镇人口66.7万人，城镇化水平达到28%，比上年提高0.8个百分点。“园林城市”建设稳步推进，城镇规划体系、城镇基础设施和服务功能逐步健全和完善，城镇对经济的带动和辐射作用明显增强。

生态建设力度不断加大。继续实施天然林保护、退耕还林还草、水土流失治理等重点生态工程，全年完成造林面积11.85万公顷，比上年下降14.7%；退耕还林8000公顷。

【人民生活】 城乡居民生活水平有了新的提高。全市单位在岗职工年均工资为2.07万元，比上年增长13.3%；据抽样调查农村居民人均纯收入2363元，比上年增长18.1%；城镇居民人均可支配收入达1.03万元，比上年增长11.2%

【人口与计划生育】 2008年，人口出生率为12.74‰，比上年低0.26个千分点，死亡率为6.62‰，比上年低0.58个千分点；自然增长率为6.12‰，比上年高0.32个千分点。年末常住人口为238.2万人，比上年增加1.4万人。计划生育率为96.76%，综合节育率为88.26%。

（左映莲）

8个民族自治州

楚雄彝族自治州

【综　述】　楚雄州地处云南省中部，有丰富的自然资源和人文景观。现有自然保护区19个，面积287.7万亩，其中国家级保护区面积48.6万亩，森林覆盖率为60.7%，有6000多种植物，中草药材1300多种，野生动物近百种，鸟类380余种。国家级保护植物有云南红豆杉等27种，国家级野生动物有长臂猿等48种。矿产资源以铜、铁、煤、盐等著称。现已探明铁矿储量2.7亿吨、煤10亿吨、盐11亿吨。水资源总量84.85亿立方米，各河流水能理论蕴藏量为340万千瓦（包括金沙江干流228.3万千瓦）。楚雄盆地具有蕴藏石油天然气的良好地质条件，已初步探明石油储量为24.75亿吨，天然气储量为8920亿立方米，开发前景可观。彝族文化积淀浓厚，以“十月太阳历”和彝族叙事史诗《梅葛》、《查姆》为代表的古老彝族文化享誉海内外，有着火把节、马樱花节、赛装节等丰富多彩的彝族传统节日和优美的彝族歌舞、绚丽的彝族服饰。境内发现了举世闻名的“元谋人”化石（距今170万年）、腊玛古猿化石（距今800万年），还发现了举世罕见的禄丰恐龙化石群（距今1.8亿年），故被誉为“人类发祥地”、“彝族风情园”、“滇川大通道”和“绿色经济州”。

全州辖9县1市103个乡镇，1094个村、居委会，2008年末全州总人口260.37万人，人口出生率10.3‰，死亡率5.98‰，自然增长率为4.32‰，男女性别比（以女性为100计算）为105.3。

2008年，全州生产总值（GDP）306.02亿元，按可比价计算，比2007年增长11.5%。一、二、三次产业分别完成增加值74.28亿元、127.78亿元和103.96亿元，分别增长5.6%、13.4%和13.4%。一、二、三产业的比重由2007年的25∶40.7∶34.3变为2008年的24.3∶41.8∶33.9。

【农业·农村经济】　全州始终把解决“三农”问题作为各项工作的重中之重，认真贯彻党的十七届三中全会、中央一号文件、中央和省、州农村工作会议精神，着力落实各项支农惠农政策措施，发展新型现代农业，全面推进社会主义新农村建设，突出农民增收、粮食生产安全、农村社会事业发展等工作重点，克服了地震、洪涝、泥石流等自然灾害和国际金融危机对农业的冲击和影响，保持了农业和农村经济稳步发展，主要农林牧渔业产品产量持续增加，发展速度加快。全州共投入各类扶贫资金7.17亿元，实施扶贫整村推进项目759个，完成贫困地区劳动力培训转移4.13万人。全州实现农林牧渔业总产值123.39亿元，按可比价计算，比2007年增长7.5%，实现增加值73.14亿元，增长6.3%，其中：农业增加值40.42亿元，增长6.3%；林业增加值6.17亿元，增长13.1%；畜牧业增加值25.36亿元，增长4.7%；渔业增加值1.19亿元，增长5.9%。农业产业结构进一步优化，粮食作物与经济作物种植比为65.9∶34.1，分别下降和上升0.4个百分点；全年粮食种植面积313.60万亩，增加4400亩，增长0.14%，产量达到100.22万吨，增长2.4%。经济作物播种面积162.61万亩，增加3.18万亩，增长2%，其中烤烟种植面积54万亩，增加1.4万亩，生产烟叶8590.8万公斤，增长13.9%；油料种植面积25.8万亩，增加1.4万亩，产量4.04万吨，增长11.3%；蔬菜种植面积68.9万亩，增加1.3万亩，产量116.97万吨，增长4.1%。

【工业·建筑业】　2008年，州委、州政府扶持工业经济发展的力度进一步加大。州政府制定了《关于楚雄州工业发展500亿工程的实施意见》和《关于楚雄州大企业发展500亿工程的实施意见》，提出工业发展“双500亿工程”和重点企业、产业集群发展战略目标。面对金融危机对实体经济的冲击和国内经济下行压力不断加大的严峻形势，加强电、油、运协调保障及融资服务，高度关注重点行业、重点企业生产经营，积极帮助企业解决生产经营中的困难和问题，积极寻求引进战略合作伙伴推进天然药业等重点行业改革重组，重点骨干企业在克服困难中进一步发展壮大，全州规模以上工业企业达到142户，增加8户，实现增加值84.32亿元，增长14.1%。重点工业项目进展顺利。云南燃二化工有限公司禄丰土官输液瓶生产线技改扩建项目已完工，红塔集团楚雄卷烟厂异地搬迁技改、楚雄矿冶股份有限公司年产5万吨铜精矿及电解铜技改、楚雄钛资源开发、云南滇能水电开发、云南开关厂新产品开发技改等项目有序推进，德钢异地搬迁技改、奕标水泥新型干法水泥生产线等项目前期工作抓紧推进。工业园区建设全面推进，基础设施条件进一步改善，全州工业园区规划编制工作加快。10县市均完成了工业园区规划，其中9县市已通过评审。工业领域节能减排工作取得新进展，加强对冶金、建材、化工等重点行业的节能降耗工作，规模以上工业企业能耗明显下降。工业经济保持平稳较快发展，22种主要工业产品产量有16种保持增长。全年实现工业总产值和增加值分别为321亿元和107亿元，分别增长21.4%和13.6%。2008年全州建筑业呈现出劳动生产率进一步提高、装饰装修业发展迅猛、建筑市场规范有序、经济效益增长明显的良好局面，全州全年施工总承包和专业承包建筑业企业完成建筑业总产值达到43.41亿元，比上年同期增长61.5%。完成竣工产值23.77亿元，同比增长20.8%，实现工程结算收入30.18亿元，比上年同期增长33.5%。2008年建筑业实现增加值19.96亿元，增长23.0%。

【重点产业】　2008年，州委、州政府举全州之力加大对烟草产业、天然药业、冶金化工业、绿色食品业、文化旅游业5大重点产业的培植力度，5大重点产业保持快速发展，共实现增加值164.60亿元，增长12.4%，占GDP的比重达53.8%。其中：烟草产业实现增加值63.24亿元，增长14.9%，占GDP的比重达20.7%；天然药业实现增加值2.25亿元，增长20.7%，占GDP的比重为0.74%；冶金化工业实现增加值32.08亿元，增长6.1%，占GDP的比重达10.48%；绿色食品业实现增加值47.43亿元，增长14.1%，占GDP的比重为15.49%；文化旅游业实现增加值19.61亿元，增长18.6%，占GDP的比重为6.4%。全年共接待国内游客618.6万人次，接待国际游客3108人次，分别增长65%和14%，实现旅游总收入16.4亿元，增长33.0%。

【固定资产投资】　全州上下深入贯彻落实州委、州政府投资拉动的决策部署，固定资产投资持续较快增长。1. 进一步加大了项目前期工作力度。安排项目前期经费6000多万元，各级各有关部门超常规开展项目前期工作，积极主动向上汇报衔接，项目前期工作成效明显。2. 积极抢抓中央扩大内需以及“8·30”地震、“11·02”特大自然灾害恢复重建、水利部与省政府合作共建楚雄州山区水利发展与改革示范区等机遇，及时组织国家和省扶持的重点领域项目上报，争取项目资金取得新的突破。全州全年累计上报项目3048项，总投资560亿元，落实项目2845项，落实资金39.1亿元，比上年增长39%，其中，争取到中央第四季度增加投资1000亿扩大内需资金中的5.3亿元。3. 突出抓好重点项目实施，及时协调解决重点项目推进中的融资、用地、审批等难题，确保了青山嘴水库、元双二级公路等项目顺利推进。全州完成固定资产投资143.09亿元，增长21.8%。其中：50万元以上城镇固定资产投资完成119.16亿元，增长17.6%；农村私人投资23.93亿元，增长48.4%。

【县域经济】　围绕壮大县域经济实力，提升全州综合竞争力的目标，在加强对县市分类指导的同时，把县域重点产业建设、重点项目实施列入州委、州政府重点督查工作事项加以落实。各县市以项目为牵引，因地制宜、不断优化县域生产力布局，146个支撑县域经济发展的重点项目已开工建设100个，完成投资30亿元。各县市财政总收入和地方一般预算收入保持了良好的增长势头，10县市中有8县市财政总收入和地方财政一般预算收入均实现两位数增长，地方财政总收入超亿元的县市达6个，增加1个，全州县级完成地方财政总收入29.42亿元，增长22.4%。

【国内贸易·对外经济】　全州社会消费品零售总额90.42亿元，增长21.8%。分城乡看，市级实现33.14亿元，增长22.8%；县级实现27.71亿元，增长23.3%；县以下实现29.57亿元，增长19.4%。分经济类型看，非公有制经济实现77.44亿元，占85.6%，增长21.6%，其中个私经济实现70.59亿元，增长21.1%。外贸进出口总额完成5294万美元，增长13.6%。其中：出口额2496万美元，下降40.6%；进口额2798万美元，增长5.1倍。中国西南国际葡萄酒城、世界和平博览园暨万国经典建筑旅游度假城等一批重点项目成功签约，全年共实施国内招商引资项目228项，实际引进州外到位资金53亿元，增长56.3%；实际利用外资1100万美元，增长122%。

【交通·邮电】　全州高等级公路建设取得重大进展。元双公路于12月正式开工建设，楚广、禄武2条高速公路可研已通过评审，永武148.35公里高速公路历经4年建设已全线通车。共实施通乡油路322项894公里，通达工程228项2230公里，农村客运站点20个。州内公路通车里程达1.65万公里（含村道），其中，高速公路304.37公里，一级公路13公里，二级公路203.6公里。年末全州拥有民用机动车27.64万辆，增长19.3%。全年完成客运量2021.9万人次，增长8.5%；货运量1618.9万吨，增长7.2%。2008年，境内铁路交通里程407.54公里，其中昆广复线工程正加快推进；广大铁路复线前期工作已全面展开。

全年完成邮电业务总量6.93亿元，增长5.1%。年末固定电话和移动电话为112.9万户，增长11.0%。其中，固定电话33.5万户，同比减少8000户；移动电话79.4万户，新增11.9万户。电话普及率达43.4部/百人，比上年增加4.2部/百人。互联网用户达17.34万户，新增1.84万户，增长11.9%。

【财政·金融·保险】 全州完成财政总收入65.56亿元，比上年增收11.34亿元，同口径比增长20.9%，其中地方一般预算收入22.7亿元，增长26.5%。地方一般预算支出70.04亿元，增长22.7%。

金融机构年末人民币存款余额296.75亿元，比年初增长22.4%，其中城乡居民储蓄存款157.49亿元，增长27.3%。金融机构年末人民币贷款余额157.62亿元，比年初增长24.2%。年末存差139.13亿元。金融机构净投放现金11.28亿元，增长15.3%。

州内保险企业全年保费收入6.68亿元，增长47.7%。其中：寿险业务保险保费收入4.65亿元，增长67.9%；赔款支出2667.45万元，增长24.6%。财产险业务保险保费收入2.03亿元，增长15.7%；赔款支出1.20亿元，增长58.7%。

【社会事业】 全年共争取到“两免一补”专项资金2.27亿元，义务教育阶段31.63万名中小学生全部免除了杂费和教科书费，全年共争取到中小学基本建设资金2.75亿元。安排4515万元排除D级危房4.7万平方米，州职教中心建设完成投资4.8亿元。全州小学适龄儿童入学率达99.5%，初中阶段毛入学率达112.1%；高中阶段毛入学率达67.7%，跃居全省第3位。科技对国民经济增长的贡献率达到46.4%，较上年提高0.6个百分点。全面实施农村文化惠民、艺术精品创作、文化遗产保护、文化人才培养等4项文化建设工程和文化市场绿色行动、文化产业创新、文化交流走出去等3项文化行动计划，认真组织推进实施了一批文化基础设施建设项目，其中实施县乡村“2馆1站1室”建设项目20个，总投资3857万元；高质量组织完成50年州庆开幕式大型文艺表演活动，全年文艺赛事荣获省级以上综合奖10项、单项奖21项。广播电视“村村通”工程建设稳步推进，广播电视覆盖质量进一步提高，分别达96%、96.5%。覆盖城乡居民的医疗卫生服务体系不断健全，卫生服务和保障能力明显增强，全州传染病报告发病率142.66/10万，与上年同比下降7.9%。全州新农合参合农民204.6万人，参合率92.3%。紧紧围绕稳定低生育水平、统筹解决人口问题、促进人口全面发展这个中心任务，人口和计划生育工作继续朝着健康有序的方向发展，低生育水平进一步稳定，人口自然增长率为4.32‰。全州全民健身运动广泛开展，体育竞技比赛取得新成绩，全年获省级以上比赛奖牌107枚。

【人民生活·社会保障】 全州城镇居民人均可支配收入1.3万元，比上年增加1330元，增长11.4%，扣除物价上涨因素，实际增长6.1%；农村居民人均纯收入3110元，比上年增加373元，增长13.6%，扣除物价上涨因素，实际增长8.2%。年末全州城镇居民人均住房使用面积33.44平方米，农村人均住房使用面积33.85平方米。新建和续建廉租住房2058套10.4万平方米、经济适用住房877套7万平方米。全州参加基本养老保险10.81万人，增加4175人；参加失业保险12.37万人，增加5963人，领取失业保险金4360人；参加基本医疗保险20.56万人，增加5311人；参加工伤保险6.37万人，增加1.04万人；参加生育保险4.55万人，增加1152人；参加农村社会养老保险28.6万人，增加4167人；参加新型农村合作医疗204.63万人，增加10.43万人。城镇居民基本医疗保险试点工作稳步推进，参保登记、缴费人数达17.1万人。

截止2008年底，全州共纳入保障范围的城镇低保对象3.62万户6.61万人，发放低保资金1.12亿元，月人均补差提高到157元，农村低保范围从2007年的10.51万人扩大到12.59万人，月补助标准提高到8.7公斤商品粮和23.5元现金；全年共支出保障资金6282.5万元，发放粮食1.2万吨。有重点优抚对象1.77万人，兑现优抚事业费1600万元；全年民政优抚革命伤残军人1204人，在乡复原军人6418人。全州有养老院102个，收养1696人，有福利院4个，收养86人；全年救济困难群众16.99万人（含一次性救济）。

【环境·安全生产】 2008年末，全州有耕地面积233.10万亩；中小型水库1042座，总库容10.59亿立方米；全年人工造林76.11万亩，天保工程管护面积2244万亩。大部分县市政府驻地，空气质量为一级标准；工业废水排放达标率89.9%；废水治理设施处理能力103.42万吨/日；城镇生活污水集中处理率55.2%。“保护七彩云南·构建和谐彝州”行动深入开展，可持续发展能力不断提高。全年发生安全生产事故393起，死亡149人，较上年分别下降10.48%、9.15%，受伤356人，直接财产损失925.93万元；亿元生产总值生产安全事故死亡人数为0.49人，下降24.7%。

【存在的问题】 1. 影响农业稳步发展和农民增收的制约因素依然较多。“两灾”对灾区农村生产生活造成较大影响；农资价格上涨较快，使种地成本上升；农业龙头企业产品外销受到了影响；农业基础设施，抵御自然灾害的能力不够。2. 工业发展面临严峻挑战。在世界金融危机的影响下，国内经济环境发生重大变化，特别钢、铜、铝、硫酸等工业产品价格波动较大，使楚雄州资源型企业比重较高的工业经济发展面临较大挑战，由于州内大多数企业技术装备水平低，工艺落后，普遍缺乏自主知识产权品牌，缺乏较强竞争力的核心技术，产品竞争能力弱，导致一些企业减产甚至停产。3. 就业面临着较大的困难和压力。州内部分企业为了应对经营困难，采取待岗、裁员等措施，沿海一些企业倒闭，大量农民工返乡，进一步增大城镇就业压力。4. 扩内需存在制约因素。城乡居民收入增幅减缓制约消费需求，农村水、电、路等基础设施滞后制约了农村的消费需求，以及农村养老、医疗等社会保障能力有限抑制了消费。

（王文书　张云徽）

红河哈尼族彝族自治州

2008年红河州委、州政府充分把握国家扩大内需政策，努力克服严重的自然灾害和国际金融危机等困难，全面完成了本年的各项目标，全州呈现出经济运行平稳较快增长、社会各项事业全面推进、民生不断改善的良好局面，经济继续保持了快速增长的良好势头，全年实现生产总值514.7亿元，比上年增长10.0%。其中：第一产业96.36亿元、增长8.4%；第二产业273.99亿元、增长9.2%；第三产业144.35亿元、增长12.3%；人均生产总值已达1.17万元、增长18.9%。

【农业·农村经济】 2008年，全州扎实推进社会主义新农村建设，始终把“农村发展、农业增产、农民增收”放在农村工作首位来抓，巩固提升粮食、果、畜牧、蔬菜等传统产业，推进优势产业，坚持以市场为导向，扶持龙头产业，全州龙头企业发展到146个，实现产值19.4亿元，完成销售收入21.1亿元，带动农户8.2万户。农民专业合作组织发展到239个，成员达30多万人。优质农产品基地规模不断扩大，农业科技、农机具应用、订单农业、设施农业、生态循环农业广泛推行，2个农产品产地获省级无公害产地认证，9户企业的13项农产品获无公害、绿色食品质量认证。以“万村建设千村推进十项工程”为重点的新农村建设深入推进，累计投资4715万元，推进了202个新农村示范村建设，农村生产生活条件不断改善，村容村貌有了明显改观。全年实现农林牧渔业总产值149.52亿元，比上年增长24.1%，农村经济总收入239.47亿元，比上年增长11.2%。

粮食生产再获丰收。2008年粮食产量达133.73万吨，比上年增长2%。烤烟产业发展全面步入良性轨道，烤烟增产7100万吨，全年烟农收入达13.12亿元，实现烟叶税2.89亿元；优势区域内优质稻、优质烤烟、优质甘蔗、优质油菜、无公害蔬菜、马铃薯等优势农产品的区域化、规模化、产业化基地建设面积178万亩，占全州农作物总播面积的22%。2008年实现农业产值75.91亿元，比上年增长24%。实现了主要经济作物产量不同程度的增长，烤烟增长8.7%，蔬菜增长7.2%，甘蔗增长6.5%，受雪灾影响油料下降3.8%。

2008年，实现牧业产值58.04亿元，比上年增长34.1%；渔业产值4.32亿元，比上年增长23.4%；肉类总产量42.54万吨，比上年增长35.0%，其中：猪肉增长39.2%，牛肉增长11.7%，羊肉增长10.9%；水产品产量4.51万吨，比上年增长11.4%。

2008年，全州完成绿化造林65.67万亩，封山育林完成14万亩，中幼林抚育5.5万亩，森林覆盖率达到44%，实现了有林地面积、活立木蓄积量和森林覆盖率“三增长”的目标。林业产业培植力度加大，实现林业总产值8.73亿元，比上年增长0.1%。

农业生产条件继续改善。全州财政用于农林水事务支出8.19亿元，增长70.4%。年末全州有效灌溉面积为17.07万公顷，兴建“五小水利”工程2.01万件，新增灌溉面积2.88万亩；铺设进村公路2444公里，村内道路硬化1156公里；农业机械总动力达21.76亿瓦，增长5.7%；农业化肥施用量（折纯）18.07万吨，增长6.5%；农村用电量达5.31亿千瓦小时，下降0.1%。

【工业·建筑业】 工业经济整体平稳增长，增速从高到低又逐月回升。受国际国内经济环境的影响，企业经济效益下滑。2008年全州实现全部工业总产值718.58亿元，比上年增长9.5%，其中，规模以上工业企业完成产值590.49亿元，比上年增长8.7%；规模以上工业企业实现增加值206.29亿元，增长9.3%。全州规模以上工业企业实现工业总产值中，国有经济增长9.8%，集体经济下降6.3%，股份合作制经济下降45.5%，股份制经济增长10.9%，三资及外商经济增长4.4%，其他经济下降21.2%。从轻重工业看，由于受到有色金属市场的影响，重工业增长明显慢于轻工业，重工业产值469.61亿元，比上年增长7.6%，轻工业产值120.89亿元，比上年增长13%。工业产业由于受金融危机影响，主要工业产品产量，下降多于增长。锰矿、铁合金、原煤、发电量、水泥、黄磷、化肥、合成氨、硫酸、服装、葡萄酒、塑料制品等产量均为不同程度的下降。规模以上工业企业实现实现利税总额96.76亿元，比上年下降17.4%。

强化对工业经济的运行调节，切实做好电煤供应、电力生产、重要物资运输、企业融资等协调服务工作，推进了“重点产业建设行动计划”和“实现工业产值千亿元目标行动计划”的实施。累计完成工业投资131.3亿元，增长32.1%。红钢公司新增100万吨铁、云南解化集团15万吨二甲醚配套20万吨甲醇、云锡公司6000吨甲基锡等重点项目建成投产。云锡公司10万吨铅、云南冶金集团产业集群（建水）基地，弥勒锦东化工公司30万吨氨醇、泸西云维集团95万吨煤焦化等一批重点项目实现开工建设。节能降耗工作得到落实，重点企业节能调度工作进一步加强，改革创新管理机制，节能降耗目标责任体系初步建立，加快节能技改和淘汰落后产能，规模工业能耗下降5.43%，企业生产技术水平明显提高。红河工业园区基础设施日臻完善，体制机制不断创新，产业建设成效明显，主要经济指标保持平稳增长。弥勒、建水、泸西等工业园区建设步伐加快，产业集群效应逐步显现。

建筑业快速发展。全年完成社会建筑业总产值63.09亿元，比上年增长34.9%，房屋建筑施工面积553万平方米，房屋竣工面积289万平方米。

【固定资产投资】 固定资产投资较快增长。2008年完成全部固定资产投资309.71亿元，比上年增长18.4%，其中，国有单位投资201.21亿元，下降3.3%；集体经济投资15.31亿元，增长50.1%；其他经济投资22.3亿元，增长10倍；城乡个体私营投资70.88亿元，增长72%。

在年初投资下滑的不利形势下，各级政府采取有效措施，全力推进重点项目建设，特别是抓住国家扩大内需的机遇，在中央新增1000亿元投资中红河州争取了8.6亿元。全年共实施在建项目2600个，其中新开工项目2340个，比上年增加了320个。完成交通建设投资31.3亿元，新河高速公路已建成通车，蒙新高速公路即将建成，玉蒙铁路建设进度加快，石林至锁龙寺、锁龙寺至蒙自高速公路和蒙河铁路已开工建设，完成了红河蒙自机场选址和云桂铁路红河段预可研的评审。石屏至红龙场高速公路、元江至红河二级公路、元绿二级绿春过境线、中越红河公路大桥、屏边至新街油路改造等项目有效推进。推进了18条通乡油路、114个通达工程和15个农村客运站点的建设；水利水电建设完成投资18.9亿元，大庄河水库实现开工建设，对1个中型和28个重点小型病险水库进行除险加固；能源建设完成投资30亿元，小龙潭、巡检司发电厂以及云鹏、土卡河、戈兰滩、南沙等水电站已全面投产，马堵山电站实现了大江截流，大黑公电站临时工程已开工建设。实施了中西部农网完善工程和无电地区电力改造工程，开工或建成了蒙自通宝、红河变二期、南通道等输变电项目；城乡建设完成投资5.36亿元，实施城市道路、供排水、园林绿化、路灯、公交、垃圾污水处理等市政工程87项。州级5项文化建设工程即将建成，大屯海截污排水、河口北山片区等重点项目建设取得新进展。全州城镇建成区面积已达125.5平方公里，城镇化率达到34.2%；房地产开发完成投资35亿元，增长82%。

【交通·邮电】 交通运输业稳步发展。2008年末，全州通车公路里程1.89万公里，比上年增长0.8%。全年公路运输货运量4494万吨，货物周转量41.98亿吨公里；公路旅客运输量4981万人，旅客周转量21.76亿人公里。

邮电通信事业快速发展。2008年全州完成邮政业务总量1.14亿元，电信业务总量3.86亿元。2008年末全州固定电话用户51.26万户（含小灵通），比上年下降11.3%，固定电话普及率为11.62部/百人；移动电话用户176.31万户，比上年增长48.4%，移动电话普及率39.96部/百人；网络用户16.15万户，比上年增长4.9%。

【贸　易】　2008年全州社会消费品零售总额104.88亿元，比上年增长21.7%。按所在地分，市、县和县以下，分别增长19.9%、18.3%、29.0%。按行业分，批发业、零售业、住宿业、餐饮业、其他行业均呈增长趋势，分别增长15.2%、20.1%、34.4%、24.8%、32.8%。按经济成分分，国有及国有控股经济和个体私营经济均呈现稳步增长的趋势，分别增长25.8%、20.1%。集体及股份合作经济下降5.3%。

2008年全州外贸进出口总额完成10.17亿美元，比上年下降16.2%，其中，出口完成7.23亿美元，下降23.7%，进口完成2.94亿美元，增长10.3%。外经贸企业进出口总值完成8.61亿美元，下降14.2%。边贸企业进出口总值完成1.41亿美元，下降27.2%。

【旅　游】　2008年共接待国内外旅游者960.13万人次，比上年增长26.4%。其中：海外旅游者10万人次，比上年增长44.8%；国内旅游者950.13万人次，比上年增长25.8%。旅游总收入44.25亿元，比上年增长24.8%。其中：实现国内旅游收入37.34亿元，增长23.2%，实现旅游外汇收入9214万美元，增长34.3%。

【财政·金融·保险】　2008年财政总收入129.36亿元，比上年增长14.7%。其中，地方财政一般预算收入45.14亿元，增长19.7%。全州地方财政一般预算支出107.34亿元，比上年增长30.9%。全州金融机构各项存款余额为532.08亿元，比上年末增长17.2%，其中，城乡居民储蓄存款317.01亿元，比上年末增长20.6%。金融机构各项贷款余额为319.99亿元，比上年末增长13.9%。全年货币累计净投放44.06亿元，比上年下降14.37%。全州保险公司保费收入达131.12亿元，比上年增长52%，其中：财产保险保费收入5.15亿元，寿险保费收入7.97亿元。全州共支付各类赔款3.39亿元，比上年增长23.7%，其中：财产保险赔款支出3.06亿元，寿险赔款支出3294万元。

【人民生活】　2008年全州在岗职工工资总额为57.41亿元，比上年增长18.38%，在岗职工人均年工资为2.2万元，比上年增长13.94%。城镇登记失业率为4.01%。全州农民人均纯收入为3023元，比上年增长19.6%。根据抽样调查，2008年个旧市城镇居民人均可支配收入为1.12万元，比上年增长9.9%；城镇居民人均消费性支出8030元，比上年增长0.2%。全州居民消费价格总指数105.6，商品零售价格总指数106.7。

2008年州级财政安排社会事业、就业和社会保障支出14.8亿元，比上年增长35.2%。累计完成城镇失业人员培训2.2万人、农村劳动力技能培训1.29万人、职业技能培训4.81万人，新增城镇就业3万人，其中持证下岗失业人员再就业1.7万人、困难人员就业7443人，消除“零就业”家庭347户。转移农村富余劳动力13.04万人，累计实现劳务收入8亿元。各类社会保险覆盖面不断扩大，待遇标准有所提高，城镇居民基本医疗保险参保人数45.88万人。企业退休人员社会化管理的工作全面完成，为10.25万城镇低保对象发放低保金1.7亿元，比上年净增4436万元；新增农村低保对象5.03万人，共为33.03万农村低保对象发放低保金1.66亿元，比上年净增6549万元；对17所敬老院进行改扩建，1.5万名五保对象全部纳入了供养范围，人年均供养标准达1410元；启动了城市困难群体临时救助制度，对部分城乡低收入群众实行医疗救助，为85万农户实行农房保险。

扶贫开发力度继续加大，全州共投入各类扶贫资金9亿元，实施整村推进重点村1002个、小额信贷2.02万户农户、易地扶贫2900人，贫困地区劳务输出、易地开发、信贷扶贫、产业扶贫、社会帮扶等工作取得新进展。全年有4万绝对贫困人口解决温饱，6万不稳定人口的温饱得到巩固。扶持金平县“莽人”发展的12项主要工程进展顺利。建成安居房2414户19.3万平方米，新建人畜饮水管道32条96.5公里，水窖（池）223个6820立方米，基本解决了18.13万农村人口的饮水安全问题。新建沼气池8989口，农村人居环境得到极大改善。

【科技·教育】　2008年获得国家科技计划项目立项4项，省级科技计划项目立项44项。全州专利申请160件，专利授权67件。2008年底按照新标准重新认定高新技术企业3户。2008年全州荣获国家科技进步二等奖1项，云南省科技进步奖13项，其中：二等奖3项、三等奖10项。全州组织评审奖励科技进步奖41项，其中：一等奖2项、二等奖2项、三等奖37项。

教育事业协调发展，快速推进。投入教育"两免一补"资金2.49亿元，为60多万名城乡义务教育阶段学生免除学杂费、提供免费教科书，提高了22万名贫困家庭寄宿制学生的生活补助标准，增加了农村中小学公用经费。幼儿教育有了新进展，全州幼儿入园（班）率提高到58.15%，同比提高3.82个百分点；义务教育质量有新提高，全州1师1校点比2007年减少103所，小学平均班额由31人增加到31.66人，小学毛入学率99.76%，初中毛入学率达100.3%；全州"1650"工程新建扩建高中学校已全部投入使用，23所高中阶段教育学校新建校舍面积16.13万平方米，普高在校生同比增加1597人；中等职业教育稳步发展，普通高中与职业高中在校生比例达1:0.82，高中阶段教育毛入学率达53.03%，同比提高3.01个百分点；办学设施有新改观，全州各级各类学校校舍总面积达到615万平方米，同比增加11万平方米；2008年全州共有各级各类学校2165所，其中普通中学203所，普通小学1611所，幼儿园303所。

【文化·卫生】 文化艺术、广播影视等各项事业健康发展。启动23个乡镇文化站、195个农村文化活动室建设工作，推进了农村文化惠民工程建设，文化信息资源共享工程、农村电影放映"2131"工程有效实施，广播电视"村村通"、无线覆盖体系建设和有线电视数字化转换工程加快推进。艺术精品大量涌现，有一批文学艺术作品在全国获奖，哈尼梯田等文化遗产保护申报工作取得新进展。群众性文化活动丰富多彩，全民健身运动深入开展。红河州运动员在北京残奥会上获得3金、5银、2铜共10枚奖牌；组队参加省七届农民运动会、省六届城市运动会并获得好成绩。2008年末，全州共有艺术表演团体9个，艺术表演场所4个，艺术演出观众人次376万人次，比上年增长174.4%，文化（群艺）馆（站）147个，博物馆3个，公共图书馆（站）15个、藏书142万册；广播电台1座，电视台1座，电视发射机台27座，卫星发射接收站19.42万座，广播人口覆盖率96.03%，电视人口覆盖率95.04%。

卫生事业稳步发展，公共卫生服务进一步加强。全州有医院81个，乡镇卫生院139个，床位数1.32万张。"边疆民族健康工程"和金平县"莽人"卫生工程有效推进。疾病预防控制工作成效显著，疫情网络直报质量明显提升，法定传染病得到有效控制，突发公共卫生事件处置能力得到提高。各类食品生产经营单位监督覆盖率达到100%。新农合覆盖全州，284.15万农民参加新农合，参合率82.44%，参合受益率118%。农村卫生医疗条件不断改善，社区卫生服务试点工作稳步推进，"万村卫生公厕"建设继续实施，城乡环境卫生整治活动广泛开展，新一轮防艾工作取得新进展。

【环境保护】 "七彩云南·生态红河"保护行动广泛开展。天然林保护、退耕还林、防护林建设和石漠化治理等生态工程建设继续推进，建成各类自然保护区16个（国家级3个、省级3个、州级3个、县市级7个），保护面积27.66万公顷，占国土面积的8.4%。新建沼气池1.8万口，完成农村改灶1.4万户，建设农村太阳能1.23万平方米。治理水土流失面积145.2平方公里，新增占补平衡耕地面积3752公顷。以异龙湖为重点的水污染综合治理工作取得了重大进展，创建省级生态乡镇14个。16个减排工程项目的顺利实施，建成了蒙自、建水2座生活垃圾处理厂。对高污染行业实施结构性减排，加大了关停淘汰落后产能力度，对小龙潭电厂小火电机组提前爆破拆除，全年削减二氧化硫排放量5.3万吨、化学需氧量2200吨，全州单位GDP能耗比上年下降4.01%。

【存在的问题】 1. 经济发展不足，支撑经济长期增长的基础还不够牢固，增长方式仍较落后，经济发展总量和质量均不够。2. 区域发展不平衡，城乡、南北发展差距依然很大，"三农"问题仍然突出，农民增收难度加大，贫困面较大，贫困程度较深。3. 受经济发展中不稳定、不协调的因素影响，产业支撑能力不够强，外贸增长难度较大，市场竞争力和自主创新能力较弱。4. 节能减排任务繁重，淘汰落后产能难度大，资源、能源、生态环境对经济增长的约束加大。5. 社会保障能力比较弱，就业再就业压力加大，涉及群众切身利益的问题较多，社会不稳定、不和谐的因素依然存在。

（李 雁）

文山壮族苗族自治州

【综 述】 2008年，文山州努力克服了冰冻、洪涝等自然灾害以及国际金融危机的影响，经济社会继续保持良好发展势头。全州完成地区生产总值244.8亿元，增长12.6%；完成财政总收入27.2亿元，增长22%，其中地方一般预算收入15.4亿元，增长22.5%，财政一般预算支出66.7亿元，增长27.5%，比上年增支14.2亿元；农民人均纯收入2025元，增长18.8%；城镇居民家庭人均可支配收入1.2万元，增长13%；完成固定资产投资165亿元，增长19%；完成社会消费品零售总额92亿元，增长22%；居民消费价格指数104.5%，比上年回落0.1个百分点；金融机构人民币各项存款余额240.3亿元，比年初增长15.6%，各项贷款余额197亿元，比年初增长16.9%，净增贷款28.6亿元；城镇登记失业率3.29%，人口自然增长率6.9‰，单位地区生产总值能耗下降5%。

【三农工作】 全年投入农业方面的资金达11.4亿元，比上年增长59%，重点增加农田水利基本建设、种粮补贴、农资综合补贴、灾后恢复建设、农业产业结构调整的投入，农业综合生产能力进一步提高，大灾之年粮食喜获丰收，全年粮食总产量11.6亿公斤，比上年增加2400万公斤，增长2.1%。畜牧业灾后获得较快恢复发展，年末生猪存栏256万头、出栏287万头，分别增长2.4%和8%；大牲畜存栏130万头、肉牛出栏33.8万头，分别增长1.1%和14.8%；肉类总产量29.3万吨，增长9.9%；实现畜牧业产值38.8亿元，增长9.4%。全年完成农业总产值96.9亿元，增长7.5%，实现增加值62.2亿元，增长7%。农业产业结构调整力度加大。在继续抓好三七、辣椒等传统产业种植加工的基础上，启动实施了新烟区开发和以核桃、油茶为重点的木本油料基地建设，研究制定了发展200万担烤烟和200万亩核桃、300万亩油茶的实施意见，平远小舍姑现代烟草农业示范项目建设取得显著成效，得到了国家烟草专卖局和省委、省政府的充分肯定，为做强做大烟草产业带来了新的机遇。农业龙头企业不断发展壮大，年产值100万元以上的企业达到70家，比上年增加了20家；新组建农民专业合作经济组织25个，农业生产经营组织化程度进一步提高。扶贫开发力度加大。全年投入扶贫资金7.6亿元，完成789个整村推进项目建设任务，产业扶持、易地搬迁、对口帮扶工作深入推进，启动实施了新年“兴边富民工程”项目88个，完成投资5.04亿元；农村劳动力转移23.4万人，实现劳务收入15.8亿元；全面完成农村民居地震安全工程年度计划任务，移民搬迁安置工作稳步推进，大中型水库移民后期扶持政策得到较好落实，新解决了5.5万贫困人口的温饱问题。

【基础建设】

交通建设 衡昆高速公路文山境内段全线贯通，丘广公路建成通车，富宁港和普炭一级公路开工建设，规划横贯文山州的云桂铁路项目国家发改委已批准立项建设，平远至天保、文山至茅坪、蒙自至砚山高等级公路前期工作步伐加快，完成“通达工程”建设1180公里，630公里“通畅工程”建设进展顺利。

农田水利建设 德厚大型水库项目建议书已上报国家发改委、水利部待批，新开工建设达号水库、团结水库等水源工程和21座中小型水库除险加固工程，建成“五小水利”工程1.2万件，新增蓄水能力168.5万立方米，新增灌溉面积5.9万亩，改善灌溉面积11.8万亩，改造中低产田2.8万亩，建成基本烟田11.9万亩、卧式密集型烤房1820座，治理水土流失面积93平方公里，新增供水受益人口10万人。

电力建设 马鹿塘电站二期工程建设进展顺利，拉气、天保等一批电站建成发电，全州电力装机总容量达到110万千瓦。“云电送粤”南通道砚山500千伏输变电工程和座220千伏、4座110千伏、7座35千伏输变电工程建成投产，新开工建设普厅220千伏输变电工程，全州电网结构进一步改善。完成183个自然村农网改造工程，新解决96个无电自然村用电问题。

城镇建设 以建州50周年庆典及承办第十三届省运动会为契机，加大城市规划编制、城市基础设施建设及城市环境治理力度。完成了第三轮《文山城市总体规划》修编工作，正按程序上报审批；启动了《文山州域城镇体系规划》、《“文砚平”城市群规划》编制工作，其他各个层级的规划编制、调整工作积极推进，城镇规划体系逐步完善。州府盘龙体育场、七花广场改造提质等市政建设重点工程建成投入使用，文山城区道路、桥梁建设步伐加快，纵向横向交通基本对接，路网状况有了较大改善。各县积极把扩大城区规模和完善城镇服务功能结合起来，建成了一批市政公共服务设施和绿化、亮化工程，美化了城市环境，提升了城市品位，全州城镇化率达到26%，比上年提高1.5个百分点。“万村千乡市场工程”和“乡村流通工程”建设步伐加快，新建农家店220个、配送中心3个，农村流通服务体系进一步完善。

【工业发展】 全年共完成工业投资28亿元，增长1.1倍，工业及电力投资占固定资产投资的比重达35.1%，比上年上升14.5个百分点，产业投资比重进一步提升。建州以来最大的工业项目—投资45亿元、年产80万吨氧化铝厂已开工建设，与氧化铝配套的乙炔化工产业项目前期工作取得突破性进展；马关年产10万吨锌60吨铟一期工程、麻栗坡年产5000吨仲钨酸铵、富宁年产5万吨高钛渣等项目已建成，特安呐三七综合加工生产线等一批在建项目建设进展顺利，新开工建设2条水泥熟料生产线。工业园区建设步伐加快，三七药物产业园区已有5户企业入园投资，完成工业总产值8.5亿元；马塘工业园区入园企业已达37户，完成工业总产值10.4亿元；马关、砚山、丘北3个工业园区效益初步显现。矿产资源整合稳步推进，全州已完成26个矿区整合，矿业权数量由640个减少到515个，优质资源逐步向优势企业集中，麻栗坡钨矿整合和马关都龙矿区整合的成功经验，得到了国家和省级有关部门的充分肯定。全年完成现价工业总产值190亿元，增长22.7%，实现工业增加值66亿元，增长16.3%，工业增加值占地区生产总值的比重达到27%，比上年提高1个百分点。

【改革开放】 以解放思想大讨论为动力，进一步深化各项改革、扩大对外开放，发展活力进一步增强。集体林权制度主体改革基本完成，配套改革稳步推进，确权率、发证率分别达到92.8%和67.3%，群众满意率达到93.6%。完成了基层农技推广体系改革任务，启动农村村级公益事业建设“一事一议”财政奖补改革试点。电力改革取得新突破，全州统一电网基本形成。投融资公司经营逐步走上正轨，融资担保能力进一步增强。农村金融改革步伐加快，成立了面向“三农”的文山民丰村镇银行，农行发放“金穗惠农卡”突破4万张，授信额度8000多万元，农民群众贷款难的问题逐步缓解。国企改革、财政管理体制、资源性价格、教育、卫生等各项改革稳步推进。成功举办了上海文山宣传文化周、马关首届民间艺术节、麻栗坡国际商贸旅游交易会等活动，搭建了对外交流合作平台。积极组团参加省内外各种商贸展洽和招商引资活动，组织召开了烟叶资源配置工商座谈会和重点工业产业项目推介会，与省内外一批大型企业建立了战略合作伙伴关系。全年完成国内合作项目205个，实际到位资金62亿元，增长30.7%。加强与周边国家的交流合作，全年实施境外投资项目7个，投资额2015万美元，增长76.4%；完成外贸进出口总额1.1亿美元，增长15.9%。非公经济持续健康发展，总户数达5.2万户、增长9.8%，从业人员10.8万人、增长10%，创税8.1亿元、增长20%。旅游业平稳发展，全年接待国内外游客370万人次，实现旅游总收入25.4亿元，分别增长5.7%和6%。

【社会民生】

教育 全州义务教育阶段学生全部免除学杂费和免费发放教科书，有19.8万名寄宿制中小学生得到生活补助；全面启动中小学D级危房排除工作，已排除危房11.7万平方米，完成了农村中小学现代远程教育工程建设，“两基”成果得到巩固提高。高中教育得到加强，高中阶段入学率、高考上线率分别比上年提高5.4和5个百分点，达到38.3%和60.9%。州属中等职业学校迁建工程已奠基，三鑫文山职业学院开工建设；与云南农业大学、云南财经大学签订了州校合作办学协议，联合办学取得新突破；文山师专升本工作取得新进展，教育部专家组考评论证获得好评；学前教育和特殊教育稳步发展，教师队伍建设得到加强。科技方面，实用技术推广应用力度加大，种养业良种良法覆盖面进一步扩大，有力促进了农民增产增收；工业企业加快新技术、新工艺的引进、消化吸收和集成创新，产品技术含量不断提高，全年申请专利124件，增长4.2%。

文化 新建乡镇综合文化站21个、农村文化活动室377个，文化基础设施进一步改善。大型壮族电视系列片《丽哉勐僚》完成制作正式开播，电影《阿峨之恋》成功拍摄上映，新创剧目《踩山舞云》入选第十四届上海国际艺术节参演节目，参加省第十届新剧目展演获得金奖。

卫生 完成446个村卫生室建设任务，5个县级卫生机构、24个乡镇卫生院建设进展顺利；新型农村合作医疗管理逐步规范，群众参合积极性明显提高，参合率达到89%；建立了药品“统一竞价、统一配送”制度，药品价格下降21.8%，减轻患者医疗费用3500多万元。切实加强食品药品监督管理，问题奶粉得到妥善处理，妇幼卫生工作全面加强，各类传染病得到有效控制。

广播电视 圆满完成了广播电视无线覆盖工程建设任务，广播电视覆盖率分别达到89.6%和90.1%，边远山区群众看电视、听广播难的问题进一步缓解。计生方面，“奖优免补”工作取得新成效，农业人口新办理独生子女证4240户，人口自然增长率得到有效控制，出生人口素质稳步提高。体育方面，第十三届省运动会场馆设施建设抓紧推进，备战工作全面展开，全民健身运动蓬勃发展。

环境保护 天然林保护、退耕还林、森林防火、石漠化治理、农村能源建设等生态工程建设稳步推进。扎实推进“七彩云南·文山保护行动”计划，重点流域污染整治取得新成效，普者黑水质保持稳定，出境河流水质明显改善。完成23个重点减排项目建设，有8户企业清洁生产通过省级审核验收，行业准入政策全面落实。淘汰落后产能4.5万吨，削减化学需氧量3176吨、二氧化硫排放量1450吨，全面完成了年度节能减排任务。就业和社会保障方面，全年城镇新增就业7403人，3787名下岗失业人员实现再就业。社会保险新增参保人员3.5万人次。新增城镇低保人口4000多人，累计达到56万人，基本做到应保尽保；新增农村低保人口10.6万人，累计达到28.7万人。受灾群众得到及时救助，基本生活得到保障。新建、改造廉租住房1285套7万平方米，城镇低收入人口住房困难问题进一步缓解。

【存在的问题】 1. 受国际金融危机影响，保持经济平稳较快增长压力较大。2. 基础设施仍然比较薄弱，发展制约“瓶颈”还比较突出，广大农村群众出行、就医就学、生产生活用水困难问题还没有得到根本解决。3. 农业产业化水平低，农民增收渠道窄，农民收入增长缓慢。4. 发展较为粗放，工农业产品科技含量低，精深加工不足，产业链短。5. 安全生产和社会治安仍然存在不少隐患，影响和谐稳定因素增多。6. 政府机关作风和公务员队伍建设还有待进一步加强。

（胡廷汉）

西双版纳傣族自治州

【综　述】 2008年，西双版纳州紧紧围绕州委六届五次、六次全会的部署和要求，团结和依靠全州各族干部群众，坚定发展信心，创新发展举措，落实发展责任，突出重点抓生态，调整结构创特色，加快推进富裕民主、文明和谐西双版纳建设，不断开创全州经济社会发展新局面。

2008年，全州实现生产总值达122.8亿元，增长10.1%，连续5年增长10%以上。财政总收入15.1亿元，增长49.1%，地方财政收入9.5亿元，增长49.4%，地方财政支出29.9亿元，增长37.6%，财政3项主要指标连续4年增长20%以上，均提前2年完成了“十一五”规划目标。金融机构各项存款余额157.7亿元，增长14.9%，贷款余额97.7亿元，增长25.6%，城乡储蓄存款95.5亿元，增长21.5%。

三次产业协调发展，培育壮大支柱产业取得新进展。农业总产值58.8亿元，增长4%；工业总产值45.7亿元，增长12.5%，规模以上工业实现增加值24亿元，增长11%。第三产业实现增加值48.1亿元，增长15.6%。经济结构调整取得新突破，三次产业比重由“十五”期末的34∶26.1∶39.9调整为29.9∶30.9∶39.2，提前2年实现了“十一五”规划提出的由“三一二”向“三二一”的重大转变。旅游二次创业成效显著，接待国内外游客624.3万人次，增长24.1%，旅游总收入41亿元，增长21%。全社会固定资产投资66.8亿元，实现了预期目标。社会消费品零售总额34.9亿元，增长19.9%。城镇居民人均可支配收入1.1万元，增长13.5%。农民人均纯收入3213元，增长17.8%，提前2年完成了“十一五”规划目标。城镇登记失业率控制在3.8%以内。人口自然增长率控制在6‰以内。居民消费价格总水平上涨7.6%。单位生产总值能耗下降4.7%。

【农业·农村经济】 坚持把“三农”工作作为全州工作重中之重常抓不懈，以新农村建设为总抓手，坚持和发展“三级联动”、“三个依靠”、“六大工程”的长效工作机制。州级财政投入1000万元，实施100个新农村示范村建设。全面落实支农惠农政策，全州农林水事务支出3.4亿，增长29.2%；兑现补助资金4.05亿元，受益农民60多万人，人均补助643元。高度重视粮食生产，认真落实粮食行政首长负责制，及时兑现种粮补贴，粮食种植面积115.5万亩，总产量达到33万吨。农业产业化进程加快，民营橡胶、粮蔗茶、畜牧水产、果蔬总产值37.6亿元，肉类总产量达到2.8万吨。农村专业合作组织和农业产业化龙头企业69个，无公害食品、绿色食品、有机食品认证企业26个。动植物疫情防控进一步加强，农药、化肥等农资供应得到有效保障。

全面启动新三年“兴边富民工程”，着力改善农村生产生活条件。改造建设524公里行政村公路，完成38个无电自然村的通电工程建设，解决5.15万农村人口饮水困难和饮水安全问题，建设高产稳产农田1.1万亩，新增有效灌溉面积3万亩、节水面积3.27万亩，改善灌溉面积4.38万亩。加大扶贫开发力度，解决1.1万贫困人口的温饱问题，实施105个贫困自然村的整村推进，完成800人的易地搬迁扶贫工作，发放小额信贷扶贫资金2200万元；投入1380万元，扶持人口较少民族聚居的9个村委会发展；投入2900万元，全面启动扶持“克木人”发展规划。加快推进新型农民培训，培训农村劳动力6880人，新增转移农村劳动力6331人，培训胶农、茶农和特色和种养殖能手4.1万人。

【工业经济】 州委、州政府坚持走新型工业化道路，把培育壮大支柱产业与加快推进新型工业化进程结合起来推动工业生产较快增长。加快景洪工业园区、勐海特色工业园区和磨憨进出口贸易加工园区建设，3个工业园区发展取得新突破，开工建设基础设施项目7个，已入园企业34户，新增投资3.43亿元。全州全部工业实现总产值122.8亿元，按可比价格计算，增长10.2%，其中规模以上工业总产值37.9亿元，增长12.1%。主要工业产品产量完成原煤3000吨，下降76.2%；糖13万吨，增长10.8%，精制茶1.7万吨，下降25.8%；发电量29.9万度，增长254.3%；水泥32.7万吨，增长20.5%；铁矿石原矿量311.1万吨，下降33.7%；自来水生产量2041万吨，增长2.7%；铁合金1.2万吨，下降23.3%。

【基础设施建设】 针对一批重大项目建成投产，缺少新的重大项目支撑投资增长的严竣形势，采取有力措施，强力推进项目建设，全年完成固定资产投资66.7亿元，增长2.3%，在固定资产投资中，农村非农户投资4亿元，增长128%。农村投资是一大亮点，农村经济发展，农民收入增加，富裕起来的农民热衷于投资建房、进行生产性投资。房地产投资16亿元，增长123%；地方交通建设完成投资4.6亿元，增长12%；水利建设完成投资1.7亿元，增长20.7%；城镇基础设施建设完成投资2.9亿元，增长28.9%，西双版纳旅游度假区建设加快推进，景洪城区改造建设成效显著。中央做出扩大内需决策后，西双版纳州积极做好项目等工作，争取到中央、省扩大内需资金1.5亿元，2008年共争取上级资金24.2亿元。

【改革开放·对外贸易】 顺利完成深化乡镇机构改革工作，集体林权制度改革和农村第二轮土地承包经营权证补换发工作稳步推进。继续推进农村综合改革，创新“三农”工作机制，选聘34名大中专毕业生担任行政村主任助理，向每个行政村下派1名以上新农村建设指导员，同时下派扶持人口较少民族发展工作队和扶持“克木人”发展工作队。村级公益事业建设“一事一议”财政奖补试点工作全面启动，安排奖补资金2527万元。深化财税、审计、金融改革，实施项目前置审计，税收征管水平不断提高，农村金融改革不断推进。加快投融资体制改革，成立西双版纳城乡开发投资公司。积极稳妥地进行西双版纳旅游度假区、磨憨经济开发区、景洪工业园区管理体制改革。

全面推进“开放活州”战略，成功举办第十一届西双版纳边境贸易旅游交易会，西双版纳至老挝琅勃拉邦水上线路建设取得新进展。定期举办中老边民互市活动。旅游业快速增长。旅游业保持快速增长的势头，旅游综合总收入各月增长26%以上。全年共接待各类游客624.3万人次，增长24.1%，实现旅游综合总收入41亿元，增长21.2%。

对外经济合作稳步推进，到境外投资的企业达到59家，投资总额2.65亿元。境外替代发展成果进一步巩固，磨憨—磨丁国际“赶摆”活动影响力不断扩大，磨憨口岸在全省陆路口岸中落地签证人数、第三国人员持证出入境人数、出入境人员的国别数均居第一。对外贸易总额达到5.3亿美元，增长38.7%，其中：进口贸易1.6亿美元，出口贸易2.8亿美元，边民互市5000万美元，经济技术合作4000万美元。提前2年完成了“十一五”规划目标，实现了倍增计划。组团参加了“七彩云南香港行”、“昆交会”等招商引资活动，与华润集团签订战略合作协议，荣获“昆交会”最佳组织奖。实施招商引资项目33项，实际到位国内合作项目资金22.5亿元，实际利用外资420万美元。口岸、海关、检验检疫、外事、边防、外汇管理等进出口通关服务更加快捷便利，侨务、对台事务、对外机构、商会等在对外开放中发挥了积极作用。

【商贸·非公经济】 国内贸易始终保持稳定较快增长，社会消费品零售总额各月增长稳定在16%~18%之间。全年实现社会消费品零售总额35亿元，比上年增长2.3%。积极支持鼓励非公有制经济发展，非公有制经济实现增加值41亿元，增长20%。从业人员达到8.1万人。

【环境保护】 确立“生态立州”战略，提出在全省率先建设生态州的目标。加强生态保护，组织开展国际合作项目“亚行西双版纳生物多样性保护廊道建设示范项目”建设，启动勐龙—布朗山乡州级自然保护区建设，新增保护面积53万亩。治理水土流失面积30.8平方公里，新建农村沼气池3011口，改灶1852户。搞好退耕还林工作，兑现野生动物肇事补偿557万元。建立生态补偿机制，兑现州级森林生态效益补偿230万元。1700亩的天然林得到管护，实现了森林面积、蓄积量的双增长。全州森林覆盖率由64%提高到78%。

【科教文卫】 加强州院（所）、州校合作，33项科技成果获得州科技进步奖。加快科技成果转化，实施州级科技计划项目36项，在12个乡镇实施解决“学科技难”惠民工程，通过各类农村实用技术培训班培训农民19万人次，完成1087名农民技术员职称评定。

坚持教育优先发展。教育支出4.7亿元，增长16.6%。建立健全义务教育保障机制，为所有义务教育阶段学生免费提供教科书，为9.7万名贫困家庭寄宿制学生提供生活补助，免除了城市义务教育阶段公办学生学杂费。启动乡村教师廉租房建设，新建设校舍2.5万平方米，排除D级危房1.6万平方米，农村中小学现代远程教育工程全面完成。加大控辍保学力度，小学在校学生辍学率为1.2%，初中在校学生辍学率为2.5%。适龄幼儿入园率为69%，高中阶段毛入学率为34%。

加快发展卫生事业。医疗卫生支出2.2亿元，增长38%。57万农民参加新型农村合作医疗，参合率达93%，高于全省平均水平。完成14个乡镇卫生院建设。继续推进“万名医师支援农村卫生工程”。传染病发病率下降9%，住院分娩率提高12个百分点，孕产妇和婴儿死亡率进一步下降。强化食品药品市场监管，及时处置了“婴幼儿问题奶粉”等突发公共事件。启动了新一轮防治艾滋病人民战争，监测检测各类人群6.7万人次。民族医药和傣药标准研究取得新进展。全面落实农业人口“奖优免补”政策，启动“少生快富”工程，建设计划生育家庭特别扶助制度，农业人口办理《独生子女父母光荣证》1.2万户，发放政策性奖励7379万元。

文化事业繁荣发展。全州行政村和50户以上自然村通广播电视工作全面完成。成功举办第十四届中老缅泰4国边境地区文化艺术节、第十二届滇中南民族艺术节、全州第二届老年人文艺调演和第六届西双版纳少数民族曲艺展演出活动。抓好文化遗产保护，完成《中国贝叶经全集》翻译整理107卷，出版60卷，启动《贝叶文库》工程，布朗族弹唱、傣族贝叶制作技艺被列入国家非物质文化遗产保护名录。基层文化设施进一步完善，新建了7个文化站、35个村文化室、30个农家书屋、完成100个村组篮球场和3个乡镇少数民族传统体育基地建设。

加大社会保障力度，社会保障和就业支出3.7亿元，增长13%。全面落实就业再就业优惠政策，向下岗失业人员发放社会保险补贴616万元、小额担保贷款760万元。城镇新增就业5251人，下岗失业人员再就业3260人，178户“零就业家庭”204人实现就业。启动农民工工伤保险，把农民工纳入城镇职工医疗保险范围。

年末常住人口106.5万人，人口城镇化率为35%。城乡居民生活水平进一步提高。2008年农民人均纯收入3213元，增长17.8%；城镇居民年人均可支配收入1.1万元，增长13.5%。

【存在的问题】 1. 一些深层次矛盾还没有得到根本解决。经济自主增长能力不强，发展不充分、发展不平衡、发展质量不高、发展速度不够快，加快经济结构调整和发展方式转变的任务还很繁重。2. 当前经济下行压力较大，部分企业经营困难，农民持续增收、城乡居民持续增收难度加大，城乡差距、山坝区差距和区域差距较大，促进协调发展的任务艰巨。3. 体制机制还需要继续完善，政府职能转变还没有完全到位，有的单位不作为、乱作为、慢作为等不正之风依然存在。4. 就业形势十分严峻，物价上涨过快，涉及人民群众切身利益的一些实际问题还没有得到很好解决。5. 生态环境保护任务仍然艰巨，一些城镇和村寨脏乱差，发展的资源环境压力较大，实现可持续发展仍需继续努力。

（颜建华）

大理白族自治州

【综　述】 大理州位于云南省西部，东经98°52′～101°03′，北纬24°41′～26°42′之间。州府驻地大理市下关，距省会昆明338公里。2008年，全州辖12县市，110个乡镇，其中乡44个、镇66个。大理州有良好的区位优势，州府所在地大理市位于320国道和214国道的交汇点，有广（通）大（理）铁路和大理机场。2008年末，全州总人口达347.48万人，其中非农业人口45.32万人，农业人口302.16万人；少数民族人口175.37万人，占总人口的50.5%；人口自然增长率控制在4.19‰以内。

2008年，大理州发挥比较优势，转变发展方式，做优传统产业，做强特色产业。全州生产总值371.7亿元，比上年增长12%，其中，第一产业增加值97亿元，比上年增长8.5%；第二产业增加值136.54亿元，比上年增长13.4%；第三产业增加值138.16亿元，比上年增长13%。三次产业结构从26:37:37调整为26.1:36.7:37.2。财政总收入60.07亿元，比上年增长21.65%。其中地方一般预算收入27.57亿元，比上年增长21.02%，财政总收入过亿元的县市从2002年的2个增加到12个；地方一般财政支出75.02亿元，比上年增长23.6%，固定资产投资163.4亿元，增长27.4%。社会消费品零售总额103.53亿元，比上年增长23.14%。外贸进出口9109万美元，增长0.83%。金融机构年末各项存贷款余额380.34亿元和248.69亿元，分别比上年增长17.33%和18.94%。城镇居民人均可支配收入1.29万元，比上年增收1249元，比上年增长10.76%。农民人均纯收入3078元，比2006年增收401元，比上年增长14.9%。

全州农林牧渔业总产值157.37亿元，比上年增长15.04%，粮食总产量135.1万吨，比上年增长3.24%。

全州现价工业总产值330.7亿元，实现工业增加值112.26亿元，比上年增长14.3%。规模以上工业企业累计实现利税总额37.25亿元，比上年下降8.65%。

全州旅游业接待国内游客922万人次，海外游客31.67万人次，分别增长6.22%和17.94%；旅游总收入73.18亿元，比上年增长10.48%。旅游创汇8720万美元，增长18.4%。

全州公路运输客运量1336万人，旅客周转量10.11亿人公里。货运量1710万吨，货物周转量19.26亿吨公里，同比分别增长6%、6%、1.8%、9%。

全州固定交换设备总容量114.83万门，比上年实际增长33.51万门；固定电话用户54.14万户，比上年增加3.1万户；固定电话普及率15.58%。移动交换设备总容量227万门，比上年增加52万门；移动电话用户119.4万户，比上年增加27.8万户；移动电话普及率34.36%；移动上网用户数与短信数据业务用户数37.74万户、56.12万户，比上年分别增加23.45万户、10.85万户。互联网宽带用户7.37万户，比上年增加5886户；互联网普及率2.18%。电信业务总收入8.98亿元，比上年增加1.02亿元。与此同时，全州国民经济与社会信息化进程稳步推进，计算机普及率与信息化应用水平不断提高，各级各部门对信息化建设的重视程度普遍增强。全省统一部署实施的非涉密信息电子公文交换三级应用网络在大理州顺利完成各项前期准备工作，龙山国际会议中心电子会议系统改造工程圆满完成，数字乡村工程继续推进，移动信息富民村项目建设初见成效。

【农业·农村经济】 2008年，大理州加快现代农业发展步伐，建成粮食高产示范区29万亩、高稳产农田11.6万亩，新增农机装备15.5亿瓦。全年粮食总产135.1万吨，增长3.2%，产量创历史新高。农业产业化步伐加快，新增龙头企业25户。种植烟叶52万亩，烟农收入12.2亿元、上缴烟叶税2.6亿元，分别增长45%和40.9%。种植啤饲大麦63万亩、无公害蔬菜57.4万亩，新植优质核桃99万亩、红豆杉2.5万亩、生态茶1.5万亩。畜牧业健康发展，动物疫病防控得到加强，奶牛存栏12.9万头、肉牛出栏41.8万头、生猪出栏322.6万头。实现农村经济总收入317.6亿元，增长14.8%。

2008年，大理州以继续实施千村扶贫百村整体推进和小康示范村建设为重点，扎实开展社会主义新农村建设。扶贫开发100个村实现整体脱贫，解决7.8万贫困人口温饱问题。超额完成农村民居地震安全工程年度建设任务。培训农村富余劳动力8.5万人次，转移就业5.9万人。建成标准农家店1656个、农用沼气2万口、节柴改灶2.3万户，解决了农村13万人饮水安全问题。小康示范村建设步伐加快，产业培植和环境整治取得成效。

2008年，大理州基本完成集体林权制度主体改革任务，配套改革全面启动，明晰产权2669.9万亩，确权到户2613.5万亩，确权率96.7%、发证率96.9%。乡镇财政预算管理方式改革、华侨农场改革顺利推进，新型农村合作经济组织进一步发展，农业风险保障机制不断健全。

大理州紧扣社会主义新农村建设，继续推进全州小康示范村建设。全州于2007年确定实施第二批13个小康示范村共涉及162个村民小组、1.04万户农户4.22万人，计划用3年时间扎实开展小康示范村建设。批准规划总投资1.85亿元。按照州委、州政府的工作部署，各县市紧紧围绕小康示范村建设“好规划、好路子、好村庄、好体系、好村风、好班子，好制度”等“七个好”目标，认真抓好各项工作落实。到2008年底，组织到位资金1.81亿元，其中州级补助1300万元，县市补助1270万元，部门整合资金4964.96万元，群众自筹资金8510.12万元，信贷资金1779万元，其他资金246.58万元。实际投资1.77亿元。

大理州继续实施千村扶贫、百村整体推进、连片开发工作。创新扶贫模式，提高扶贫质量。通过宣传发动、制定规划、整合资金任务分解、争取项目和资金、组织项目实施等工作。全州100个行政村616个自然村筹集到位资金5.09亿元。其中国家和省财政扶贫资金6760万元，州财政扶贫资金3400万元，县市财政扶贫资金2923万元，部门整合资金1.82亿元，群众自筹资金1.69亿元，社会帮扶资金2167万元，信贷扶贫资金578.59万元。经过参与各方和驻村工作组的艰苦努力，100个行政村616个自然村生产生活条件明显改善，基础设施建设得到加强，产业基地发展壮大，村容村貌焕然一新。全州农民人均纯收入从上年的2667元增加到3078元，其中9个国家扶贫开发工作重点县农民人均纯收入增加329元，实施整村推进的100个行政村农民人均纯收入增加430元。全州有7.8万人贫困群众脱贫。

【工　业】 2008年，大理州在推进新型工业化工作中，积极帮助企业解决资金、土地和煤电油运等问题，加强企业融资平台建设，促进了工业倍增计划顺利推进。工业园区基础设施建设步伐加快，完成14个重大经济项目的新建和改扩建，有17个项目正在建设。工业集约化程度不断提高，全州规模以上企业总户数156户，产值亿元以上企业30户，祥云飞龙公司、力帆骏马公司进入全省百强企业前20强。烟草、矿冶、机械、建材、能源、生物资源及农产品加工等骨干产业健康发展，产值232.8亿元，其中烟草工业产值36.6亿元，上缴税收17.3亿元，增长18.5%。

【第三产业】 2008年，大理州着力推进旅游二次创业，积极引进有实力的战略合作伙伴开发旅游资源。完成大理古城、崇圣寺三塔、鸡足山和蝴蝶泉景区的改造提升，完善了南诏风情岛、双廊古渔村的旅游设施，建成大理古城武庙会、大理地热国二期、中民大酒店等旅游基础项目。促进文化与旅游结合，强化旅游宣传促销，成功举办具有较大影响的一系列旅游文化活动，康体、度假、休闲、节庆等特色旅游进一步发展。全年接待国内旅游者921.6万人次、海外旅游者31.7万人次，分别增长6.2%和17.9%。金融、保险、商贸、物流、信息等现代服务业健康发展。

【"两保护、两开发"】 2008年，大理州按照"保护洱海、保护海西田园风光，开发海东、开发凤仪"的战略思路，积极推进生态文明建设。洱海流域新建1450亩湿地和4000米截污管渠，建成20个村落污水处理系统和3座中温沼气站。洱海保护治理得到国家和省的肯定。海西田园风光保护、白族民居建筑风格整治取得初步成效。海东Ⅰ号城市干道和环海公路等城市交通、管网工程全面开工，石房子至下河段截污干渠建设进展顺利。凤仪工业、物流园区基础设施建设加快，11户企业入驻园区。

【城镇规划建设】 2008年，大理州全面完成11个县城总体规划修编，完成海西保护规划和100个乡镇总体规划编制。供排水、道路、绿化等市政基础设施建设和住宅、商贸小区开发不断推进。祥云、弥渡、剑川、鹤庆县城垃圾处理场和宾川县城污水处理厂开工建设。房地产企业发展到122户，建筑业实现增加值24.3亿元，增长8.7%。全州新增城市建成区面积6平方公里，城镇化率达29%。城市绿化覆盖率为21%，大理市被命名为省级园林城市。

【交通·水利·能源建设】 2008年，大理州稳步推进大丽、大瑞铁路和关巍公路建设，大理机场改扩建全面完成，下关兴盛大桥和平甸公路建成通车。农村公路通畅、通达工程完成年度建设任务。巍山五茂林、云龙天池水库建成投入使用。完成洱源茈碧湖、祥云新兴苴中型水库和一批小㈠型水库除险加固。引洱入宾北干渠、宾川大型灌区续建和永平大碱塘、洱源三岔河、剑川老君山水库建设进展顺利。全年新建防渗渠道941.6公里，新建小水窖（池）1.4万个。小湾电站如期下闸蓄水，龙开口、鲁地拉、功果桥等大中型水电站建设快速推进。大理风电场投产发电，小水电新增装机5.6万千瓦。农网改造进展顺利。

【生态文明建设】 2008年，大理州继续认真实施"七彩云南"大理行动和滇西北生物多样性保护。洱源生态文明试点县建设全面启动。完成退耕还林3万亩，实施天然林管护2101.7万亩，完成公益林建设13.7万亩。淘汰落后水泥产能56万吨，万元生产总值能耗下降4.99%，完成年度节能减排目标。土地利用总体规划修编和矿业整顿整合进展顺利。开发整理土地2.7万亩，新增耕地1.2万亩，实现占补平衡。

【经济体制改革】 2008年，大理州财政部门预算、国库集中支付、政府采购、财政资金绩效评价等改革稳步推进。优化整合国有资产，非税收入管理不断加强。新一轮国有企业改革任务全面完成。滇西水泥、祥云飞龙等企业上市筹备工作进展顺利。组建大理旅游产业开发集团公司，引进云投集团增资控股大理旅游集团。县级供电企业整体上划顺利推进。

【招商引资】 大理州继续扩大对外开放，认真开展招商引资工作。全年签订招商引资项目40个，启动实施38个，实际到位资金50.1亿元，增长56.6%。实际利用外资2455.5万美元，增长31.5%。进出口总额9109万美元，增长0.8%。非公经济发展加快，新增个体、私营经济组织1.7万个，其中私营企业984户。

【保障体系建设】 大理州高度重视民生，不断健全和发展社会保障体系。新增城镇就业2.1万人，城镇登记失业率控制在3.75%以内。享受农村、城市低保人数21.1万人和6.9万人，发放低保资金8865万元和7898万元。发放企业离退休人员基本养老金4.2亿元。参加企业职工基本养老保险12.8万人，参加农村养老保险3.6万人。城镇职工参加基本医疗保险21.2万人、失业保险9.5万人、工伤保险6.2万人、生育保险5.6万人。住房公积金支持职工购建房贷款余额12.3亿元。建成8万平方米城镇廉租房，解决1611户城镇低收入家庭住房困难。农村五保供养水平提高。10项惠民工程全面完成。

【社会发展】 2008年，全州城镇职工参加基本养老保险12.8万人、参加基本医疗保险21.2万人、失业保险9.5万人、工伤保险6.2万人、生育保险5.6万人；企业退休人员社会化管理服务工作进一步完善。大理州被国务院批准列入全国2008年229个扩大城镇居民基本医疗保险试点城市。到年末，全州城镇居民参保登记人数15.31万人，收缴医保费1195万元，其中各级财政补助780万元。有2万名参保居民住院，统筹基金支付医疗费400万元。新型农村合作医疗稳步推进。新型农村合作医疗新的补偿方案顺利实施，参合农民每人每年的筹资额提高到90元，门诊和住院补偿标准得到提高，住院的起付线有所降低，县级医院住院补偿的封顶线由过去的6000元左右提高到1.5万~2万元，276万农民参合，参合率92.6%，参合农民得到补偿超过2亿元。12个县市先后实行了药品统一竞价采购、统一配送，药品平均降价幅度20%左右，老百姓得到了更多实惠。进一步加大农村养老保险及被征地农民的社会保障政策宣传力度。全州有11个县市开展农保工作，12县市都制定了被征地农民的社会保障办法，经县市政府审批出台的有9个县市。全州参加农村养老保险的总人数3.6万人，其中，被征地农民参加农村养老保险人数1574人。从2008年1月起对城镇低保户每人每月增加15元生活补助，对农村低保对象每人每月增加10元生活补助。全州享受农村、城市低保人数21.1万人和6.9万人，分别发放低保资金8865万元和7898万元。城镇低保实现应保尽保和分类施保，城乡社会救助体系初步建立。

2008年，全州有幼儿园471所，在园（班）幼儿7.69万人；小学1083所，在校学生2.97万人；普通中学215所，高中在校学生5.03万人，初中在校学生13.56万人；中等职业学校19所，在校学生3.69万人；特殊教育学校1所，在校学生381人；大学1所，大理学院全日制本专科在校学生1.42万人，成人教育学生1.2万人，留学生500多人。2008年全州“两免一补”经费2.38亿元。享受免杂费补助学生42.64万人，享受免费教科书的学生为41.81万人，享受家庭贫困寄宿制学生生活费补助学生12.56万人，大理市两城区义务教育阶段学生2.39万人从秋季学期开始享受免除学杂费政策。

2008年，全州卫生系统医疗机构有职工6215人，拥有固定资产原值9.81亿万元，医疗卫生机构全年总收入为9.56亿元，比上年同期增加1.74亿元，增长22.27%。门、急诊535.01万人次，住院20.24万人次，百元固定资产医疗收入46.36元。年初大理州人民广播电台建成开播。上半年通过中央农村广播电视节目无线覆盖工程建设，完成全州11个县及苍山电视转播台33套广播电视无线发射设备的更新改造和建设。全州广播电视覆盖率分别达到93.2%和97.1%。比上年分别提高1.6和0.4个百分点。

2008年，全州城镇新增就业2.1万人，下岗失业人员再就业1.22万人，帮助就业困难群体实现就业4000人，城镇登记失业率3.75%。农民人均纯收入3078元，城镇居民人均可支配收入1.29万元，分别增长14.9%和10.76%。

（赵秀元）

德宏傣族景颇族自治州

【综　述】　2008年，德宏州委、州政府团结和带领全州各族人民，深入贯彻落实科学发展观，努力克服年初油运紧张、原材料上涨、频发地震等多种不利因素的影响，积极应对国际金融危机的冲击，采取切实有效措施，攻坚克难，奋力拼搏，使全州总体经济保持平稳较快发展，社会事业全面进步，民生不断改善，经济社会发展成绩斐然。

经济保持平稳较快发展，综合实力进一步增强。全州实现生产总产值99.7亿元，比上年增长11.5%。其中，第一产业实现增加值29.5亿元，增长8%，支撑生产总值增长2.5个百分点；第二产业实现增加值28.1亿元，增长11.3%，支撑生产总值增长3个百分点；第三产业实现增加值42.1亿元，增长14.2%，支撑生产总值增长6个百分点。

由于城乡居民收入增长较快、消费环境日益改善等有利因素，促进了消费品市场的繁荣活跃。全年完成社会消费品零售总额38.2亿元，比上年增长24.1%。全州居民消费价格比上年上涨6.6%，商品零售价格比上年上涨6.6%，农业生产资料价格比上年上涨17.5%。

【农业·农村经济】　2008年，全州实现农林牧渔业总产值45.6亿元，比上年增长8.9%，农业农村经济保持稳定发展的良好势头。并呈现如下特点：粮油获得增产，保障了粮食安全。全年粮食播种面积157.1万亩，粮食总产量达46万吨，分别比上年增长7.9%、8.0%；油料种植17.2万亩，总产1.58万吨，分别增长33.3%和75.6%。“订单”种植面积扩大，冬季农业开发效益显著。完成冬季农业开发75万亩，比上年增长3.2%，其中订单种植24万亩；实现开发产值5.03亿元，增长28%。甘蔗原料生产稳定，蔗糖产业持续发展。甘蔗种植面积91.3万亩，下降3%，预计农业产量424万吨。茶园、胶园面积增加，产业得到巩固提升。全年新种茶叶6.1万亩，茶园面积达33.3万亩，提前2年实现“十一五”30万亩茶园规划目标，茶叶产量达1.18万吨，产值达1.22亿元；橡胶种植面积达17.83万亩，干胶产量5988吨，产值达9700万元。畜牧业快速发展，成为农民增收新亮点。全州实现肉蛋奶总产量6.9万吨，比上年增长13.8%；实现产值10.8亿元，增长13.8%。名特优水产养殖面积扩大，城乡居民“菜篮子”内容进一步丰富。完成特色水产品养殖4.23万亩，水产品产量1.86万吨，分别比上年增长1.7%、11.3%。以退耕还林工程为重点，生态建设和特色产业发展步伐加快。完成资源培育17.98万亩，发展特色林产业13.5万亩；新建农村沼气池5287口、节柴改灶1544户。森林覆盖率62.79%。2008年末，全州城市园林绿化面积909万平方米，人均公园绿地面积5.79平方米。生物资源创新产业基地稳步发展，部分产业已见成效。咖啡、柠檬、坚果、麻竹等创新产业基地面积达35.8万亩，带动农户9.69万户，其中咖啡、坚果产业化开发已见成效。农村劳动力培训转移就业力度加大，农村劳务收入增加。完成农村劳动力转移就业2.39万人，农民务工收入7189万元。农田水利建设取得新成效，农业生产基本条件持续改善。新增有效灌溉面积1.02万亩，新增除涝面积1.5万亩，解决农村饮水安全人口6.17万人，治理水土流失面积30.1平方公里。农村公共交通大幅改善。实施农村公路建设项目704个，新建、改建农村公路1564.7公里，解决了23个建制村的道路通达问题；城乡方便快捷的客货运输网络基本形成，全州乡镇客运班车通达率100%，建制村客运班车通达率69%。德宏农垦稳步发展。2008年是云南农垦全面推进“二次”创业的开局之年。德宏农垦通过全体干部职工的共同努力，克服各种困难，大力发展垦区经济，橡胶、茶叶、甘蔗等主导产业得到巩固，热区经济作物、特色水果种植有新发展，实现工农业总产值2.57亿元，较好地完成了各项工作任务。

农林基础设施建设得到改善，取得显著成效。年末全州拥有农业机械总动力9.05亿瓦，比上年增长8.4%；农用排灌动力机械370.48万瓦，增长8.6%。拥有农用大中型拖拉机7017台，增长2.7倍；农用小型拖拉机3.97万台，增长6.9%；农用运输车2716辆，增长1.1倍；粮食加工机械1.13万台，增长9.1%。全年农机化作业机耕面积133.48万亩，机收面积45.68万亩。年末有效灌溉面积达89.91万亩，当年新增1.02万亩；当年治理水土流失面积30.1平方公里。全年农村用电4569万千瓦小时，比上年增长19.2%。

【工业·建筑业】　全年完成工业总产值57.6亿元，比上年增长11.0%；完成工业增加值21.3亿元，增长9.0%。工业生产呈现以下主要特点：1. 规模以下工业增长较快，规模以上工业增长平稳。规模以下工业完成增加值7.3亿元，比上年增长20.7%；规模以上工业完成增加值14亿元，增长3.7%。2. 非公经济和乡镇企业稳步发展。个体工商户达2.61万户，比上年下降13.4%；私营企业2789户，增长66.1%；私营企业、个体工商户累计上缴税金11.34亿元，增长83%。乡镇企业实现总产值26.86亿元，比上年增加2.91亿元；实现增加值7.7亿元，比上年增加1.36亿元；上交税金1.41亿元，增加903万元。3. 节能降耗和减排任务如期完成。全年共淘汰水泥产能30万吨，淘汰铁合金（工业硅）2.63万千伏安；对列入全省"百家企业"的4户企业实行了能源审计，按期完成了省下达的单位GDP能耗下降4%的节能目标和污染减排任务。4. 工业聚集化发展取得新进展。潞西工业园区总体规划和可行性研究报告通过省级评审，征地工作全面展开，并完成一期征地上报工作；招商引资工作初显成效，引入园区企业19户，资金已陆续投入园区；基础设施建设迅速推进。瑞丽工业园区基础设施建设有序推进，累计投资4亿元；轻工业园区引进项目15个，投资规模2.55亿元，已动工兴建项目12个，部分项目已竣工。5. 主要工业产品产量7增5降。12种主要工业产品产量与上年相比，发电量、工业硅、铝、饮料酒、精制茶、锡矿、塑料制品7种增长，食糖、酒精、水泥、原煤、机制纸5种下降。

建筑业稳步发展。年末，建筑企业从业人员1.47万人；全州建筑业完成建筑业增加值6.7亿元，增长18.4%。全州具有资质的32户建筑业企业完成总产值7.1亿元，比上年增长34.9%；实现利润1637万元，增长21.71%。房屋建筑施工面积55.4万平方米，增长7.8%；竣工面积35.3万平方米，增长8.7%。

【固定资产投资】 2008年，全年完成固定资产投资总额76.8亿元，比上年增长28.7%。在总投资中，城镇固定资产投资完成70.7亿元，增长25.3%；农村固定资产投资完成2.7亿元，增长3.4倍；农村私人投资完成3.4亿元，增长29.3%。固定资产投资运行的主要特点：1. 施工项目大幅度增加。施工项目918个，比上年增长26.8%。2. 重点工程支撑带动作用明显。在建项目中，计划总投资5000万元以上项目70个，累计完成投资36.8亿元，比上年增长14.8%。其中亿元以上项目35个，与上年持平，累计完成投资31.3亿元，增长23.4%。3. 在建项目资金到位情况良好。在建项目累计到位资金79亿元，比上年增长26.4%。4. 房地产开发投资持续增长。房地产开发投资完成10.7亿元，比上年增长40.1%。5. 抓住国家扩大内需的机遇，固定资产投资项目大幅增加。到2008年1月，已争取到国家扩大内需政策扶持项目111个，争取新增中央预算内资金1.75亿元。

【交通运输·邮电通信业】 2008年，全年交通运输和邮政业完成增加值3.3亿元，增长13.7%。全年完成货物运输量2223万吨，增长80%，完成旅客运输量1543万人，增长8.2%；完成货物周转量17.9亿吨公里，增长16%，完成旅客周转量12.82亿人公里，比上年增长12.4%。

邮电通信业平稳发展。全年邮电业务总收入6.23亿元，增长11.4%，其中：邮政业务收入3400万元，增长3%；电信业务收入5.89亿元，增长12%。年末用户交换机总容量39.1万门；年末拥有城市固定电话用户8.29万户，增长11.1%，乡村固定电话用户12.87万户，增长39.1%。移动电话用户达到60.64万户，增长14.7%。年末互联网用户达到3.75万户，增长24.2%。

【商业·旅游】 全年完成社会消费品零售总额达38.2亿元，增长24.1%，其中：市级消费品零售额17.42亿元，增长25.2%，其中：县级消费品零售总额9.21亿元，增长26.2%，县以下消费品零售额11.57亿元，增长20.9%。分行业看：批发零售贸易业零售额30.98亿元，增长28.8%；住宿和餐馆业零售额5.88亿元，增长33.4%；其他行业零售额1.34亿元，增长4.1%。

全年完成对外贸易进出口总额7.6亿美元，增长36.2%，其中：进口总额3亿美元，增长1.4倍，出口总额4.6亿美元，比上年增长5.7%。引进外资取得进展，全年直接引进外资项目3个，实际到位资金2456万美元。

通过加强旅游景区景点建设和区域旅游合作，不断改善旅游服务，旅游业平稳发展。2008年，德宏州积极实施旅游"二次创业"，打造"美丽德宏·康体天堂"品牌，全州接待国内外游客361.97万人次，比上年增长8.2%，其中：海外旅客7.03万人次，比上年增长12.7%；国内旅客354.94万人次，增长8.2%。实现旅游业总收入34.04亿元，比上年增长10.4%。

【财政·金融】 全年财政总收入完成14.70亿元，比上年增长12.8%；地方一般预算收入完成8.87亿元，增长12.3%。全州财政地方一般预算支出完成36.59亿元，比上年增长30.7%。其中：

社会保障和就业支出8.19亿元，增长90.9%；农林水气等事业费4.63亿元，增长10.9%；教育事业费5.66亿元，增长27%；卫生事业费2.47亿元，增长20.9%；一般公共服务支出5.88亿元，增长27.7%。科学事业费1900万元，增长28.5%。

2008年，金融机构存贷款持续增加，年末，存款余额161.83亿元，比年初增长14.5%。其中：企业存款25.53亿元，比年初下降6.6%；城乡居民储蓄存款余额106.17亿元，比年初增长18.6%。全年贷款余额102.22亿元，比年初增长15.1%。其中：短期贷款35.41亿元，比年初增长9.2%；中长期贷款66.81亿元，比年初增长18.4%。金融运行呈现出存款持续增长、贷款持续上升、不良贷款双降明显、经营效益显著提高的特点。

2008年，保险主体增多，保险覆盖面进一步扩大，在服务社会主义新农村建设中发挥了积极作用。全年各种保费收入3.54亿元，比上年增长35.1%。其中：财产险保费收入1.21亿元，增长15.9%；人寿险保费收入2.33亿元，增长47.9%。

【教育·科技·卫生】 2008年州级财政安排教育专项经费986万元，比上年增加500万元；中央、省、州各级财政共下德宏州农村义务教育保障经费1.5亿元，全州义务教育阶段16万名学生享受到了免学杂费和免费教科书，6万多名寄宿学生得到了生活补助，7500名中等职业学校学生得到资助；全年共完成中小学D级危房改造7.6万平方米；“普九”水平明显提高，中小学布局日趋合理，全州适龄少年入学率从上年的85.5%提高到92.8%；全州小学由上年的512所减少到434所，初中由2007年的58所减少到53所；高中阶段办学规模进一步扩大，教育教学质量稳步提高，全州高中阶段学校在校生1.9万人，比上年增加2200人，高中阶段毛入学率比上年提高4.81个百分点；全州参加普通高中高考3227人，总上线率达78.12%。

德宏师专招生1293人，比上年增长21.3%；在校生4235人，增长11.4%；毕业生895人，增长11.0%。中等职业技术学校招生3510人，在校生9476人，毕业生1846人；普通中学招生2.15万人，在校生6.11万人，毕业生1.94万人；小学招生1.83万人，在校生11万人，毕业生1.89万人；幼儿园在园幼儿2.59万人；小学学龄儿童入学率99.23%，初中学龄少年入学率85.73%。

2008年，争取国家、省科技计划项目34项，启动了省级州市党政一把手科技工程；13名科技工作者荣获首届突出贡献奖；评选出2008年度德宏州科学技术奖励项目38项，其中特等奖1项；有2项科技成果荣获省科学技术奖三等奖；水稻、玉米、柠檬、橡胶进入国家级农业综合试验站，国家级咖啡品种资源库在德宏热作所建成；全州共申请专利60件，获得专利授权25件。科技创新对产业发展的支持力度不断加大，产学研相结合的技术创新体系建设不断加强，科技成果转化为现实生产力的速度不断加快，科技进步对经济社会发展的贡献率不断提高。

2008年，县、乡、村三级医疗卫生基础设施条件得到改善，传染病防控和卫生应急能力得到明显提高，以艾滋病防治为重点的传染病防治成效显著，积极应对并成功处置了登革热、地震防疫等突发公共卫生事件，确保了大灾之后无大疫。年末有卫生机构99个，比上年增长6.5%；病床3987张，增长7.6%。卫生技术人员3495人，比上年增长9.2%，其中：执业医师1157人，助理医师238人，注册护士1224人，其他卫生技术人员876人。全年诊疗212.65万人次，比上年增长13.6%。公共卫生体系建设进一步加强，村卫生室覆盖面进一步扩大，共有9.81万职工参加基本医疗保险，80.42万农民参加新型农村合作医疗，参合率达93.3%。有效保障了人民的健康和安全。

【环境保护·禁毒防艾】 环境保护和生态建设发展加快，环境质量有所改善。2008年全年完成环境污染治理项目11个，完成投资2019万元。工业废水排放达标率87.69%，工业固体废物综合利用率73.97%。全州建有自然保护区3个，其中：省级2个，州级1个，保护区面积达到46.93万亩。建立城市集中式饮用水源保护区5个。

出境河流水质总体达到Ⅲ类标准，符合国家要求。潞西、瑞丽两市城市空气质量全年保持在Ⅰ～Ⅱ级之间，符合国家要求。

全年城市生活垃圾清运量16.76万吨。年末，全州环保系统人员134人，监测站2个。

进一步重视和加强新三年禁毒防艾人民战争，继续实行领导和单位挂钩联系基层工作制度，层层签订责任书，抽派工作队驻村开展工作；坚持“两个前移”，狠抓禁毒防艾宣传教育工作；认真落实“四免一关怀”政策，开展艾滋病综合防治，完善禁防工作长效机制，营造健康文明的社会风气。

【人民生活·社会保障】 2008年，城乡居民生活水平继续提高。年末，全州城镇居民人均可支配收入1.15万元，增长9.1%；农村居民人均纯收入2439元，增长19.2%，城镇居民人均消费支出8787元，增长8.6%。农村居民人均消费支出2208元，增长24.2%。城镇居民人均房屋使用面积34.9平方米，增长6.1%；农村居民人均住房面积23.7平方米，增长4.4%。年末，城镇居民百户拥有轿车8.3辆，摩托车96.9辆，农村居民每百户拥有摩托车52.6辆，拥有手机67.7部。城乡居民人均储蓄存款8989元，比上年增长17.6%。

年末全州城镇职工参加基本养老保险参保4.08万人，增长3.7%，参加失业保险4.71万人，增长6.5%，参加基本医疗保险参保9.81万人，增长3.0%。农村参加养老保险人数8130人，增长20.6%。参加新型农村合作医疗保险农民达80.42万元，参合率达93.3%。城镇居民基本医疗保险顺利启动，参保6.87万人。全州享受最低生活保障的城乡居民有14.58万人，其中城镇居民3.6万人，农村10.98万人，全年共发放城乡居民最低生活保障费1.02亿元，其中城镇居民5340万元，农村居民4826万元。加强劳动保障行政执法工作，查处拖欠农民工工资案件232件，涉及农民工2573人，追发农民工工资542.5万元，维护了劳动者合法权益。

（黄艳芳）

怒江傈僳族自治州

【综 述】 2008年，全州实现生产总值43.67亿元，按可比价格计算，比上年增长3.8%。增幅同比回落8.2个百分点。其中：第一产业增加值完成5.79亿元，增长1.5%；第二产业增加值完成20.42亿元，比2007年下降0.5%；第三产业增加值完成17.45亿元，增长10.1%。三次产业的比重由2007年的10.6∶58.5∶30.9调整为13.25∶46.77∶39.97。

【农业·农村经济】 2008年，全州完成农林牧渔业总产值8.76亿元，同比增长3.1%。其中，农业产值3.65亿元，增长1.7%；林业产值1.16亿元，增长2.0%；牧业产值3.21亿元，增长5.9%；渔业产值136万元，增长5.5%；农林牧渔服务业7287万元，下降1.2%。农业农村经济全面发展。1. 农业综合生产能力稳步提高。全年农作物总播种面积达131.1万亩，粮食播种面积108.3万亩，油料面积3.35万亩，甘蔗种植面积2.4万亩。全年粮食总产量17.09万吨，比上年增长2.5%，油料产量1293吨，增长28%；甘蔗产量13.19万吨，增长35.1%。2. 农业产业结构调整加快。豆类、甘蔗、蚕桑、咖啡等优势作物面积增加。农业产业化经营迈出新步伐，木蜡加工等一批农特产品加工企业陆续投产。百万株庭院经济林、百万亩林果基地、百万亩中药材基地建设取得明显成效，草果种植面积达8万亩。3. 畜牧业健康发展。百万头商品畜基地建设稳步推进，年末大小牲畜存栏112万头只，增长5.5%；出栏52.1万头只，增长5.9%。肉类总产量2.87万吨，增长12%；畜牧业产值2.9亿元，增长14.8%。4. 农田水利建设得到加强。改善有效灌溉面积8.57万亩，改造中低产田1.54万亩，解决5.04万人的饮水安全。5. 新农村建设和扶贫工作有新成效。改建农村公路300公里，新建农村客运站3个。完成227个整村推进、1300人易地开发项目。完成4800户农村民居地震安全、750户扶贫安居工程建设。新建沼气池1625口，完成农村改灶1119户。培训农村劳动力2.02万人，转移输出1.57万人，实现经济收入8608万元。启动了新一轮“兴边富民工程”和山区综合开发。

2008年末，全州拥有农业机械总动力1.37亿瓦。拥有农用大中型拖拉机2857台。农用运输车辆862台，增长1.25倍。粮食加工机械4903台，增长1.51倍。全年农机化作业机耕面积8.04万亩。年末有效灌溉面积达8.22万亩，当年新增3500亩。全年农村用电3772万千瓦·时，增长7.99%。

【工业·建筑业】 2008年，在国际金融危机、宏观政策从紧、有色金属价格大幅下跌等多重压力下，工业经济负重运行。全年完成工业总产值35.51亿元，同比下降21.7%（按现价计算）。其中：重工业完成产值34.34亿元，下降23.1%；轻工业完成产值1.17亿元，增长73.3%。全年完成工业增加值16.79亿元，按可比价计算，同比增长2.2%。规模以上工业完成增加值15.28亿元，同比增长1.3%。其中：电力生产和供应业完成增加值2.36亿元，增长15.2%；有色金属冶炼业完成增加值12.09亿元，增长1%；电力生产完成增加值5556万元，下降15.2%。电力供应完成增加值1.81亿元，增长29.8%。规模以下工业完成增加值1.57亿元，增长12%。

主要工业产品产量：铜选矿含铜量2892吨，增长33.1%；铅选矿含铅量7741吨，下降

10.9%；锌选矿含锌量16.83万吨，下降12.6%；饮料酒1580千升，增长33.5%；水泥熟料3.12万吨，增长11.91%；水泥3.47万吨，增长11.9%；砖4646万块，增长3.7%；锌12.23万吨，增长0.3%；发电量14.52亿千瓦时，增长59.5%，自来水342万立方米，增长3%。

建筑业稳步发展。完成建筑业增加值3.63亿元。房地产开发投资平稳增长，房价基本保持稳定。

【固定资产投资】 2008年，大力调整和优化投资结构，以投资结构调整推动产业结构调整。积极争取国家和省对全州新农村建设、人口较少民族、社会事业、生态环境等方面投入的支持。全年完成固定资产投资总额30.51亿元，比上年增长24%。在总投资中，城镇固定资产投资（含房地产投资）完成25.46亿元，增长8%；农村固定资产投资完成3.76亿元，增长3.61倍；农村私人投资完成1.29亿元，增长42.5%。全年施工项目205个，比上年增长15.8%。

【交通邮电·旅游】 2008年，全州拥有民用车辆2536辆，比上年增长15.6%。完成客运量174.89万人，旅客周转量2.75亿人公里；完成货物运输量86.7万吨，货物周转量1.12亿吨公里。年末公路通车里程达3907公里。

邮电通信业平稳发展。全年邮政业务收入为995.18万元，比上年增长11.2%，电信业务收入3097万元，增长8.1%。年末拥有城市固定电话用户1.34万户，增长8.1%；乡村固定电话用户1.84万户，增长20%；移动电话用户18.76万户；互联网用户7454户，增长24.8%。

旅游业发展势头强劲。共全年接待国内外游客124.46万人次，比上年增长22.8%。其中：海外游客4.87万人次，增长58.2%；国内游客119.59万人次，增长14.1%。旅游业总收入7.18亿元，增长46.8%。

【贸易·对外经济】 2008年，全年社会消费品零售总额10.78亿元，比上年增长18%。全州城镇实现消费品零售额6.86亿元，比上年增长19.9%；农村实现消费品零售额3.92亿元，比上年增长14.7%。全州餐饮业零售额达到1.11亿元，比上年增长15.9%。分行业看：批发零售贸易业零售额7.85亿元，增长16.6%；住宿和餐饮业零售额1.158亿元，增长18.2%；其他行业零售额1.77亿元，增长24.7%。六库地区居民消费价格总水平比上年上涨6.3%；商品零售价格上涨6.3%；农业生产资料价格上涨16.6%。

对外开放不断扩大，对外交流与合作不断加强。与澳大利亚霍山市签订建立友好城市备忘录。组团赴缅甸考察访问，与缅甸高层就推进双边经贸合作等事项达成共识；沿边经贸合作转型稳步推进，林业、矿业等现汇贸易开始运行。完成对外贸易进出口总额1.83亿元，增长15%。通过“七彩云南香港行”、“百名企业家牵手怒江”和昆交会等活动，签约22个项目，招商引资实际到位资金23.1亿元，增长22.4%。

【财政·金融业】 2008年，财政金融运行平稳。全年财政总收入完成8.99亿元，比上年下降6.2%；一般预算收入5.12亿元，增长7.1%，其中税收收入2.76亿元，增长2%，非税收入2.36亿元，增长13.7%。财政一般预算支出21.06亿元，比上年增长20.9%。其中，社会保障和就业支出3.28亿元，增长40%；教育支出3.79亿元，增长23.1%；农林水事务支出2.39亿元，增长46.5%；一般公共服务支出4.18亿元，增长8.9%。年末金融机构人民币存款余额53.08亿元，比年初增4.9%。其中：储蓄存款余额23.63亿元，比年初增长10.7%；金融机构人民币贷款余额36.59亿元，比年初增长27.4%。

保险事业快速发展。全年各种保费收入5000.5万元，比上年增长23.9%。其中：财产险保费收入3512.5万元，增长23.6%；人寿险保费收入1488万元，增长24.7%。

【社会事业】 2008年，教育事业稳步发展。福贡县“两基”工作通过验收。青壮年文盲率控制在5%以下。年内培训教师7974人次，各类学校教师素质进一步得到提高，全州小学、初中、高中教师学历合格率分别为97.4%，95.92%，93.53%。加强教育教学管理，教育质量明显提高，2008年全州中考平均及格率为57.58%；普通高考本、专科上线率分别为28.8%、33.8%，录取人数占考生总数的57.8%。调整学校布局，整合教育资源，缩减小学校点132个，实施州直教育资源整合工程。完成中小学危房改造1.51万平方米，新建校舍4.97万平方米，全州校舍建筑面积74.81万平方米。完成兰坪、福贡、贡山农村中小学现代化远程教育工程。实施信息化设备学校674所。建立教育教学质量评价体系和教学质量激励机制。

全州共办有各级各类全日制学校936所，全日制在校学生8.68万人。其中，小学校（点）

880个，小学在校生5万人，小学适龄儿童入学率达96.9%；高完中8所、初级中学18所、九年一贯制学校5所，在校高中生6036人、初中生2.12万人，初中毛入学率为95.9%，普通高中毛入学率为24.2%；中等专业学校1所、教师进修学校2所、职业中学2所、职教中心2个，中等专业学校全日制在校生1385人，职业中学（职教中心）在校生1021人；幼儿园17所，在园儿童7029人；特殊学校1所。全州有教职工6730人，其中，专任教师6074人。

科技发展取得新成果。2008年，组织申报省级科技计划项目23项，实施州级科技计划项目50项。完成科技成果评定6项，专利授权4件，向省级推荐科技奖3项。开展各项科技培训1743期、11.75万人次，组织科技人员下乡开展科技服务5936人次。招收农函大7个专业10个班、538人。颁发怒江州科学技术奖15项，其中，一等奖3项、二等奖4项、三等奖8项。

文化事业日益繁荣。年末，全州有艺术表演团体4个，艺术研究所1个，文化馆5个，公共图书馆5个。广播、电视覆盖率分别为87.2%和92%。全年共出版各类报纸书籍41种、共2.54万份册。版画作品《啊娜·短笛》入选“第32届国际藏书票展览”；油画作品《巴尼人》入选“第十五届中国西部大地情油画·中国画展览”；创作了大型音乐舞蹈史诗《傈僳人》。参加中国昆明国际文化旅游节，获得花车巡游、民族展示和广场民族歌舞“最佳组织奖”。参加“云南省首届新农村文艺汇演”获得组织奖。开展“2131”工程和广场演出2711场次，观众达40.27万人次。新建设20个农村党员书屋和“农家书屋”。完成农村电影放映2561场次。命名46名民间艺人。拍摄了《和谐之谷》、《走怒江》、《怒江故事》等电视片。成功举办首届云南民族服装服饰文化节。组织开展了全州第十七届乡级农民文艺汇演。

卫生事业不断进步。全州共有39万人参加了新农合，参合率达93.65%，医疗减免补偿1845万元。全面推进全州药品统一竞价采购、配送工作，实现了州县乡村统一报销比例、药品同质同价，全州药品平均价格下降25.17%，卫生耗材综合价格下降34.5%。实施了9个农村卫生建设项目，完成州妇幼保健院医技综合楼、妇幼保健培训中心大楼建设。加强食品药品监管和艾滋病防治工作，及时处置手足口病、“三鹿”问题奶粉等突发公共卫生事件。大力实施人才兴医工程，促进医疗卫生事业全面发展。年未有卫生机构87个，病床1342张，增长4.93%。卫生技术人员1650人，比上年增长0.2%。其中：执业医师405人，助理医师196人，注册护士557人，其他卫生技术人员276人。全年诊疗54.13万人次，比上年增长12.7%。

人口和计划生育工作进一步加强，继续实施计划生育“奖优免补”政策，340人领取计划生育家庭特别扶助金，156人获得一次性计划生育奖励，1024人享受计划生育养老补助。全面实施出生缺陷一级预防工作。认真实施《妇女儿童发展规划纲要》，努力推进各项指标的落实。残疾人事业进一步发展。

体育事业取得新成绩。全年举办各类形式的体育运动会、体育活动85次。举办州级运动会14次，参加省级以上运动会4次，获得金牌2枚，银牌2枚，铜牌9枚。

【环境保护·节能减排】 2008年，生态环境进一步得到保护。全州林木育苗355.5亩、535.66万株，共完成营造林22.42万亩。其中，特色经济林13.08万亩，退耕还林2.27万亩，天保工程人工造林8000亩，封山育林6万亩。落实森林管护面积1286.25万亩。完成水土流失治理面积30.1平方公里、生态修复面积50平方公里，封禁保护面积112.81平方公里。全州森林覆盖率达到70%。

坚决淘汰高耗能、高污染、低效益的落后生产企业，拆除州水泥厂4万吨落后生产线。查处环境违法企业40家，二氧化硫和化学需氧量排放下降，达到预期目标。严格土地调控和监管，切实加强耕地保护，完成土地开发整理项目5个，新增耕地853.05亩。强化矿政监督管理，继续整顿规范矿业秩序。加快发展循环经济，资源综合利用水平进一步提高。全面推进工业建筑、交通、商业、农业、政府机关等领域节能减排工作。能源降耗取得新进展。2008年全州单位GDP能耗下降5.5%。

【社会保障】 2008年，全州城镇新增就业2936人，下岗失职人员再就业466人，特殊困难群体就业523人，安置退役士兵128人，城镇登记失业率为3.6%。全州参加城镇基本养老保险的人数有1.43万人；参加工伤保险人数有2.95万人；参加生育保险人数有2.83万人；参加失职保险人数有1.83万人；参加医疗保险人数有3.8万人。参加新型农村合作医疗的农民达39.03万人，参合率达93.7%。新增农村低保对象4.51万人，实现了农村低保对特困群众的全覆盖。全州享受最低生活保障的城乡居民有14.68万人，其中城镇居民1.17万人，农村居民13.51万人；全年共发放城乡居民最低生活保障费8221.7万元，其中城镇居民2008.7万元，农村居民6213万元。实施医疗救助6176人次，支出医疗救助资金499.33万元。全州五保对象2559户2661人全部纳入供养范围。

年末全社会从业人员29.17万人，增长0.7%。其中：第一产业从业人员22.59万人，增长1.6%；第二产业从业人员1.56万人，增长8.9%；第三产业从业人员5.02万人，下降5.4%。

【人民生活】 2008年，城乡居民生活水平继续提高。年末，居民储蓄存款达23.63亿元，增长10.73%。全州城镇居民人均可支配收入8042元，农村居民人均纯收入1448元，比上年增长17.5%。

（吴建涛）

迪庆藏族自治州

【综　述】 2008年围绕“生态立州、文化兴州、产业强州、和谐安州”的发展思路和年初确定的各项发展目标，努力克服冰雪灾害、拉萨“3·14”事件以及全球金融危机等不利因素的影响，全面贯彻落实党中央、国务院关于宏观调控的各项政策，切实转变经济发展方式，加快经济结构调整，使全州国民经济保持平稳较快发展。全州农村经济形势良好，工业生产平稳增长，消费品市场保持活跃，固定资产投资大幅增长，旅游业平稳发展，财政增收，金融运行平稳，人民生活水平得到进一步提高，全州呈现出经济发展、社会和谐稳定、民族团结、宗教有序、民生不断改善的新局面。

2008年，全州国民经济继续保持了从2002年以来连续两位数增长的良好势头，突破50亿元，达到55.68亿元，按可比价计算，比上年增长18.5%，经济快速增长的持续性和稳定性得到进一步增强。从三次产业看，第一产业实现增加值6.51亿元，增长6.2%，对GDP增量的贡献率为4.1%；第二产业实现增加值22.82亿元，增长18.3%，对GDP增量的贡献率为39.9%。其中：工业实现增加值15.08亿元，增长18.4%，对GDP增量的贡献率为26.4%；建筑业实现增加值7.76亿元，增长18.2%，对GDP增量的贡献率为13.5%；第三产业完成增加值26.4亿元，增长21.9%，对GDP增量的贡献率为56%。按总人口计算的人均生产总值达到1.48万元，比上年增加2827元，增长23.6%。产业结构进一步优化。一、二、三产业增加值占生产总值的比例，由上年的13.68∶40.21∶46.11调整为11.69∶40.99∶47.32，结构布局更趋合理和优化。

非公有制经济不断发展壮大。全州非公有制经济创造的增加值为27.12亿元，比上年增长21.1%，占生产总值的比重达48.7%，比上年提高1.1个百分点。

【农　业】 农村经济综合实力显著提高。全州农林牧渔业总产值98.97万元，按可比价计算，比上年增长11.8%。其中，农业产值为44.66万元，增长9.2%；林业产值13.49万元，增长11.4%；牧业产值29.68万元，下降1.1%；渔业产值1.92万元，增长1.6倍；农林牧渔服务业产值9.23万元，增长2.2%。

全年粮食播种面积4.66万公顷，粮食生产实现连续3年增产，成为历史最高年。农作物品种结构进一步优化，油料、药材等农产品产量大幅增长。造林绿化与林业生产取得较好成绩，天然林资源保护得到进步加强。绿化造林面积13.46万亩，义务植树78.5株。

畜牧业生产稳步发展，全州肉类产量得到增长。主要畜产品产量及牲畜存栏头数：肉类总产量2.09万吨，猪牛羊肉产量1.92万吨，家禽肉产量809吨，家禽蛋产量838吨，奶类产量1.36万吨，大小牲畜出栏35.29万头，大牲畜出栏数4.21万头，肉猪出栏数24.45万头，羊出栏数6.64万只，大牲畜年末存栏数28.87万头，生猪年末存栏数41.36万头，能繁母猪存栏8.48万头，羊年末存栏数21.54万只。

农业生产条件进一步改善，农田水利建设继续得到加强，农业机械化程度进一步提高。投入小型水利建设资金3450万元，农田有效灌溉面积1.83万公顷，增长3.8%。年末全州拥有农业机械总动力2.56亿瓦，比上年增长7.7%，大中型拖拉机达3440台，比上年增加816台。

【工　业】 2008年，工业生产较快增长，但经济效益下滑。全州工业总产值完成24.1亿元，比上年增长25.9%。其中规模以上工业完成产值16.73亿元，增长17%；年产品规模以下工业完成产值7.37亿元，增长84.3%。

在规模以上工业总产值中，轻工业产值3.62亿元，增长0.4%；重工业产值13.11亿元，增长

22.6%。按经济类型分，国有经济工业产值完成2.92亿元，增长1倍；集体经济工业总产值完成1.28亿元，下降46.5%；股份合作企业完成产值1.57亿元，增长0.3%；股份制企业工业产值完成10.46亿元，增长24.9%。

全州规模以上工业企业15户，实现产品销售产值15.61亿元，比上年增长8.9%，其中亏损企业4户，亏损额5749万元，比上年增长5倍，企业盈亏相抵后实现利润7158万元，比上年下降64%。主要工业产品产量：发电量14.37亿千瓦小时，水泥14.5万吨，铁合金3.92万吨，锌选矿含锌量3557吨，铁矿石原矿102.9万吨，铅选矿含铅量995吨，铜选矿含铜1.1万吨。

【固定资产投资】 2008年，全州固定资产投资总额完成68.65亿元，比上年增长30%。12项重大工程项目完成情况为：国道214线德盐公路1.55亿元，香格里拉机场三期扩建完成投资2.55亿元，小中甸水利枢纽工程5000万元，犁地坪水库6553万元，香格里拉县城集中供热项目2000万元，纳帕海湿地治理项目1500万元，旅游5大国家公园建设2.54亿元（虎跳峡国家公园6632万元、梅里雪山国家公园7300万元、塔城滇金丝猴国家公园4500万元、普达措国家公园1951万元、香格里拉大峡谷国家公园5000万元），普朗铜矿5.09亿元，维西新型工业园区建设2341万元，香格里拉旅游集散中心5653万元（亚洲旅游论坛），开发区第二工业片区5763万元。

投资完成3000万元以上的主要建设项目为：尼汝河中村电站完成投资2.19亿元，吉沙河电站1.51亿元，松赞林寺景区建设5000万元，岗曲河电站7899万元，浪都河电站1.7亿元，浪都河铜矿采选5739万元，香格里拉农网改造1.12亿元，220KW迪庆输变电工程1.55亿元，格基河电站5965万元，金沙江建筑建材股份有限公司水泥熟料生产线6100万元，汤满河电站4985万元，凤庆霞给文化生态村5600万元，雪鸡平铜矿1、2号4680万元，雪鸡平铜矿3、4号6281万元，小龟山片区开发5000万元，康辉旅游汽车公司3876万元，县公安局综合楼3695万元，神川矿业3540万元，迪庆电网办公楼3500万元，迪庆交通运输公司3500万元，仁安生态度假村3227万元，虎跳峡乌矿厂3200万元，德钦县城拓展1.01亿元，羊拉铜矿1.71亿元，羊拉茂顶河电站5625万元，燕门茨中河电站3846万元，禹功河电站3360万元，巴迪倮马河电站4335万元，维西嘎萨商业街1亿元，维西至春独的输电工程6500万元，维西东森矿冶公司5060万元，康普铅锌厂3950万元，维西基尔思实业有限公司矿山建设3808万元，凯龙矿业有限公司矿山建设3450万元，柯公河电站4882万元，鑫达矿业公司4100万元，攀天阁上怒铅锌矿3536万元。

【交通·运输·邮电业】 2008年，全州公路通车里程4873公里，其中等级公路3284公里，占公路里程的67.4%。全州旅客运输量达363.32万人，比上年下降18.4%；旅客周转量8.07亿人公里，下降29.5%；其中，民航旅客运输量9.32万人，下降73.4%，民航旅客周转量4472万人公里，下降73%。全州货物运输量538万吨，增长88.1%；货物周转量15.55亿吨公里，下降4.6%。

全州邮电业务总量完成1.62亿元，比上年下降0.04%。其中，电信业务总量3875万元，下降8.8%；邮政业务总量1008.8万元，增长8%；固定电话用户达4.09万户，比上年末下降3.5%，移动电话用户总数达16.85万户，比上年末增长12%，电话普及率达到每百人55.5部，每百人比上年提高4部。

【国内贸易·市场物价】 2008年，全州社会消费品零售总额完成14.2亿元，比上年增长18.1%。从城乡市场看，乡村市场更趋活跃。全州县的零售额实现8.85亿元，增长16%；县以下零售额实现5.35亿元，增长21.7%。从经济类型看，各种经济类型零售额都得到较快增长。全州公有经济零售额实现4.16亿元，增长19.9%；非公经济零售额实现10.04亿元，增长17.4%。分行业看，住宿餐饮业和批发零售贸易业较快增长。全州住宿餐饮业零售额实现1.98亿元，增长5.0%；批发零售贸易业零售额实现8.29亿元，增长22.9%；其他行业零售额实现3.92亿元，下降15.9%。

居民消费价格过快上涨势头得到逐步控制。全年居民消费价格指数（CPI）达107.1%，价格总水平比上年上涨7.1%。居民消费价格指数107.1，商品零售价格指数105.9，农业生产资料价格指数109.7。

【财政·金融·保险】 2008年，地方财政一般预算收入完成3.2万元，比上年增长35.9%；地方财政一般预算支出23.49亿元，增长25.7%。

年末金融机构本外币各项存款余额59.94亿元，比年初增长25.6%。其中，城乡居民储蓄存款23.7亿元，增长25.5%。年末金融机构本外币各项贷款余额52.43亿元，增长20.8%。其中，短期贷款余额11.63亿元，增长42.57%；中长期贷款余额40.8亿元，增长16.25%。全年全州金融机构现金收入98.04亿元，现金支出106.2亿元，收支相抵，累计净投放现金8.16亿元，比上年增加投放1.09亿元，增长15.5%。

保险事业平稳发展。全年各种保险金额50.34亿元，比上年下降64.4%，保费收入3552万元，比上年增长18.9%。

【科技·教育·文化·卫生·体育】 2008年，科技工作取得重要进展，技术进步水平和技术创新力迈上新台阶。年内共投入科技项目资金760万元，其中，安排州级科技发展计划项目20项，项目资金投入100万元，争取到省级科技项目和对口帮扶项目9项，项目资金投入660万元。

教育事业取得新的发展，全州拥有幼儿园8所，在园幼儿2974人；小学669所，小学在校学生3.35万人。中学22所，其中完全中学6所，初高中在校学生2.11万人，其中高中在校生4370人，初中在校生1.67万人。职业中学2所，在校学生735人。中等专业学校1所，在校学生1543人。教师进修学校3所。

年末，全州拥有卫生机构88个，卫生机构床位数698张，其中医院床位数353张；专业卫生技术人员1231人，其中执业（助理）医生645人。全州有27万人参加了新型农村合作医疗，参合率达90.41%。

全州共有文化、文物事业机构共53个，其中艺术表演团体3个，艺术表演场馆2个，文化馆4个，公共图书馆3个，乡镇文化站29个，文化文物行政主管部门4个，文物保护管理机构3个，博物馆2个，电影放映公司1个，农村电影免费放映管理机构2个。全州广播人口覆盖率81.6%，电视人口覆盖率89.6%。《迪庆报》出版发行324期388万份。

2008年北京奥运会火炬接力香格里拉传递活动取得圆满成功。全民建身、群众体育活动不断深入，竞技体育水平得到明显提高。年内参加省及省以上运动会运动员50人，获得省及省以上运动会奖牌2枚，其中金牌1枚，铜牌1枚。

【旅游业】 2008年，全州接待国内外游客362.92万人次，比上年下降4.9%，其中海外游客42.62万人次，增长4%，国内游客320.3万人次，下降6%；旅游业总收入33.52亿元，比上年增长3.5%。其中，国内旅游收入15.97亿元，下降5.9%。

【人口·人民生活·社会保障】 2008年，全州总人口为37.7万人，全年出生人口4150人，人口出生率11.33‰，死亡人口2266人，人口死亡率6.3‰，人口自然增长率5.03‰。

年末全州单位从业人员2.66万人，比上年增长12.5%，其中在岗职工2.36万人，增长10.8%。单位从业人员劳动报酬7.64亿元，增长30.5%，其中在岗职工工资7.33亿元，增长28.8%；在岗职工年平均工资3.17万元，增长18.7%。农民人均纯收入2595元，增长13.5%。城镇居民人均可支配收入1.34万元，增长9.6%，城乡居民人均储蓄存款6307元，增长24.6%。

社会保障水平逐步提高。年末全州参加基本养老保险职工1.3万人，比上年增长55.1%；参加失业保险1.6万人，增长8.8%；参加城镇职工基本医疗保险2.97万人，增长9.4%；全面实施城镇居民基本医疗保险试点工作，全州参加城镇居民基本医疗保险1.94万人。年底全州城镇最低生活保障对象8708人，增长17.3%；年发放保障资金1553.58万元，增长54.4%；年底全州农村低保人数8.96万人，比上年增加2.86万人，共发放保障金4152万元。

（李燕兰）

·责任编辑·何　英

市县区经济选介

Introduction of Economy in Selective Cities Districts and Counties

昆明市县区经济选介

五华区

【综　述】　2008年，五华区实现地区生产总值459.51亿元，比2007年增长13.5%。一、二、三产业分别实现增加值1.51亿元、262亿元、196亿元；人均GDP实现5.21万元，同比增长13.3%；实现财政总收入40.09亿元，同比增长22.33%，其中，地方财政一般预算收入13.34亿元，同比增长23.88%。实现社会消费品零售总额213.60亿元，同比增长16%；农林牧渔业总产值2.48亿元，同比增长5.1%；农业总产值1.14亿元，同比增长9.8%，畜牧业总产值1.12亿元，林业总产值200万元，渔业总产值933万元；全社会固定资产投资131亿元，同比增长25%，规模以上工业增加值233亿元，同比增长9%；建筑业总产值147.9亿元。人口自然增长率为1.63‰，控制在5‰以内。城镇登记失业率控制在4%以内。城镇居民人均可支配收入实现1.31万元，实际增长9.1%。农村居民人均纯收入实现5990元，实际增长8.01%。

【优化经济结构发展特色】　制定实施《关于加快都市经济发展的实施意见》和《关于促进现代服务业发展的若干意见》，形成促进现代服务业迅速聚集、快速发展的配套政策体系。发挥辖区人口密度高、城市化程度高、经济活动活跃、生产生活要素相对集中度较高的特点，以现代服务业为核心，突出总部经济、楼宇经济和品牌培育，提升以金融、保险、投资、代理等为核心的都市服务能力及生产性服务业、商贸物流业、休闲旅游业的质量和效益。重大项目13个，总投资98.5亿元和2440万美元，其中，顺城、文明、威远片区累计完成投资25亿元。昆明金鹰天地项目启动。“昆明老街庙会”、“昆明海鸥节”等商旅文互动的主题系列活动影响力不断扩大。沙朗特色旅游小镇被命名为“昆明市乡村旅游示范点”。全年全区社会消费品零售总额占全市总量约1/3。

【园区建设】　编制《五华科技产业园总体规划》，申报省级工业园区。以金鼎科技园为中心的研发中试孵化中心；以王家桥工业设计研发创意产业片区、红云烟草加工及配套产业片区、桃园生态产业片区、厂口钛产业片区为重点的4个特色产业片区；以园西路为中心的市场营销及总部办公研发核心，形成“141”一区多园和以重点企业为支撑的新型工业化发展格局。组建五华区科技产业园开发投资公司，与省工业投资集团等重点企业洽谈工业园区开发，与省冶金集团初步达成开发厂口钛产业合作意向，提升园区科技创新能力。经国家科技部评审，认定昆明高新五华区科技园创业服务中心为国家级高新技术创业服务中心。全区规模以上工业企业户数比上年新增8户。组织70个项目向国家、省、市申报科技计划项目扶持，20个项目获得扶持资金943万元。园区30家企业申报国家高新技术企业认定。

【发展软环境】　推进投融资体制改革，研究出台《政府投资建设项目管理办法》和《社会投资项目备案办法》；成立金融办，强化银政合作，建立健全区政府、企业与金融机构的沟通协调机制，促进区城乡基础设施建设和区域经济社会发展实现多渠道融资，形成地方经济发展与金融部门良性互动的新局面；多渠道探索运用BT、BOT等模式，吸引企业参与五华区的发展建设。全区原有的191项行政审批事项精简为30项行政审批事项和30项服务性事项；清理行政事业性收费项目，保留46项，免收33项，优化区经济社会发展软环境。

【招商引资】　依托中央商务区、中央智力区、五华科技产业园3大招商平台，强化重大项目策划、包装。全年引进内资项目551个，引进国内市外资金实绩36.23亿元，完成年度任务数的181.15%；引进外资项目11个，引进外资实绩2963.05万美元，完成年度任务数的141.10%。成立区金融工作领导小组及区金融办，推动“银政、银企、银建、银农、银文、银社”合作。做大做强投融资平台，挂牌成立五华科技产业园开发投资有限公司，强化区国有资产经营管理有限公司职能；成立小额贷款公司，加大对小企业和农村金融服务力度。开展第二次土地调查，全年累计完成83宗2464.68亩土地的收储，盘活存量土地

503 亩，对 9 个重点项目实现供地 1182.15 亩，为经济发展及重大项目建设提供用地保障。

【非公经济】　研究制定《关于加快非公有制经济发展的若干措施》，分别从市场准入、资金扶持、融资服务、促进创新、维护权益、鼓励创业等多个方面提出促进非公经济大发展的具体措施。加大对非公企业的服务力度，积极推进融资、担保、信用体系建设，组织召开“五华区促进地方经济发展”银企座谈会，为企业和地方金融机构之间提供交流和沟通的平台。全区非公经济实现增加值 224.26 亿元，比上年同期增长 18.8%，占全区地区生产总值的 48.8%。培育扶持非公经济发展，全年非公经济实现社会消费品零售总额 176 亿元，占全区社会消费品零售总额的 82.40%；实现工业总产值 387.82 亿元，占全区工业总产值的 66%。

【城乡建设】　完成《五华区生态区规划》，编制《五华区绿地系统规划》和 117 个村级规划，形成区、乡、村三级规划格局。2008 年初投资建设项目 24 项，投资 13.37 亿元；新增基本建设项目 20 项，投资 7.71 亿元，实施新建及跨年度项目 44 个，全年城乡建设项目总投资 21.08 亿元，创历史新高。完成王筇公路、昆禄公路、昆肖公路、龙泉路 4 条入城道路修整和绿化美化改造工程；打通金色大道、临江路、盈江路等断头路，完成染布巷、白云路、金鼎山北路等 37 条支次干道的交通微循环改造和综合整治工作。完成红云片区防洪抢险应急工程，彻底改变北市区逢雨必淹现状。完成 76.62 万平方米的拆临拆违和 13.14 万平方米拆临拆违建绿任务，全年累计新增绿地 137.42 万平方米，新增乔木 31.78 万株，全区绿地率达 41.32%，绿化覆盖率达 43.78%，人均公共绿地面积 15.7 平方米；完成莲花池公园恢复重建、翠湖灯光亮化工程。启动 12 个“城中村”的重建改造工程，前所、龙院、上峰等“城中村”重建改造项目进入回迁房实施阶段。垃圾焚烧发电厂建成投产，五华区粪便综合处理厂正式运营；新建、改扩建公厕 15 座、垃圾中转站 8 座、垃圾收集间 267 间，城区垃圾集中处置率和生活垃圾无害化处理率均达 100%。完成厂口汽车客运站建设，率先实现“镇镇村村通公交、村村通油路”。

【新农村建设】　全年投入支农资金 1.09 亿元，比 2007 年增长 32%。扩大蔬菜、花卉等经济作物的种植面积，粮经作物种植比例达 1：0.71。成立生猪、奶牛养殖、百合花、果林、果蔬种植等5 个农民专业合作组织，有效增强农业市场竞争力。加大农业龙头企业的扶持力度，10 家企业被评为区级龙头企业，5 家企业申报市级龙头企业。被中国绿色食品发展中心、中国绿色食品协会及中国科学院农业项目办公室命名为“国家级绿色农业示范区建设单位”。加大新农村规划、建设力度，开展自然村村庄建设规划编制，启动 4 个行政村的社会主义新农村建设整村推进工作，3 年内 80% 以上的行政村达到和谐乡村工作目标。完成红岩水库除险加固、沙朗乡李子坪村、大凹村和厂口乡界牌村人畜饮水改造等一批水利基层设施建设项目；启动农村党员活动阵地新建、改造项目 91 个。在全市率先完成林权制度改革主体工作，林权证核发率达 96% 以上。病险水库除险加固及“五小”水利建设工程扎实推进。启动“绿色光亮工程”，达到农村建设“九有”目标。

【社会事业】　全面推进教育综合改革，出台《五华区关于加快教育改革与发展的决定》等 6 个配套文件，2008 年农村教育投入 2336.67 万元，落实城乡免费义务教育；区域内职业教育普职比达 1:1.3。优化卫生资源，完善社区卫生服务网络、加强规范化建设，整体推进“六位一体”社区卫生服务发展。新增 6 个社区卫生服务中心（站）和 10 个流动人口卫生服务站；新型农村合作医疗参合人数为 6.72 万人，覆盖率 100%，参合率达 97% 以上；食品卫生监督量化分级覆盖率达到 100%；新建、改扩建 28 个社区文化室、2 个区图书馆分馆；修缮 3 项文物保护单位；群众特色文化活动丰富多彩；完成 27 万户数字化电视整体转换工作；新建 10 条健身路径，为社区居（村）委会配备 100 套全民健身柜；免费对 1794 名城镇失业人员进行职业技能培训，对 1.44 万名外来务工人员进行就业引导性培训，转移培训农村富余劳动力 5029 人，输出 3763 名，全年累计开发有效就业岗位 3.3 万个，实现城镇新增就业 1.92 万人，城镇登记失业率为 3.31%。全区参加基本养老保险 3350 户，参保职工 12.58 万人；参加失业保险 3479 户，16.78 万人；参加医疗保险 21.02 万人。完成 1.2 万人被征地人员基本养老保险审核登记，社会救助体系不断完善。对符合保障条件的城镇低保住房困难家庭，实现应保尽保。启动建筑面积达 14.04 万平方米的五华区经济实用住房建设。

（李晓燕）

盘龙区

【综　述】　盘龙区位于昆明市主城区东北部，东、南面与官渡区相连，北接嵩明和富民2县，西临五华区。辖区面积345.83平方公里，建成区面积45.79平方公里，山区面积约292平方公里。最高点海拔2588.9米，最低点海拔1888米。年平均气温14.7℃，年降雨量900毫米~1200毫米。辖拓东、鼓楼、东华、联盟、金辰、青云、龙泉、茨坝8个街道办事处和松华、双龙2个乡，共49个社区、16个村委会。城镇化率达93.75%。2008年，全区地区生产总值（GDP）完成183.9亿元，比上年增长13.1%，其中，第一产业实现增加值1.68亿元，增长1.7%；第二产业实现增加值54.76亿元，增长14.2%；第三产业实现增加值127.47亿元，增长12.7%。三次产业结构为0.91:29.78:69.31。人均生产总值达到2.81万元，增长12%。全区财政总收入完成25.89亿元，增长26.41%。地方财政收入完成25.38亿元，增长33.97%。全区地方财政一般预算支出12.5亿元，增长35.61%。全区实现农林牧渔服务业现价总产值2.9亿万元，增长15.56%。

全年实现工业增加值39.71亿元，增长15.6%。全年完成工业总产值109.76亿元，增长19.21%。全年建筑业实现增加值15.05亿元，增长10.4%。全年建筑企业完成总产值103.46亿元，增长10.91%。全年完成施工面积313.21万平方米，竣工面积120.22万平方米，分别下降12.09%和19.63%。

2008年全社会固定资产投资完成105.27亿元，增长25.91%，其中，房地产开发投资54.71亿元，下降16.05%。房地产开发投资占全社会固定资产投资的比重为51.97%，下降近26个百分点。全区房屋施工面积达401.26万平方米，下降5.82%，其中，住宅面积达335.01万平方米，下降6.23%。

全区实现社会消费品零售总额142.99亿元，增长27%，其中，私营个体经济零售额124.37亿元。批发零售贸易业、住宿餐饮业总收入实现633.47亿元，增长6.1%。

【城乡一体化建设】　2008年，加大城乡基础设施建设投入，各项市政重点工程顺利推进。铂金大道竣工通车，沣源路（原7204道路）改扩建工程开工建设；建成区无障碍设施（盲道）总长度19.21公里，总面积1.06万平方米。完成22条道路交通微循环改造；完成大摆、新街通村油路建设和金浑公路金殿至麦冲段路面大修，实现行政村“村村通”道路硬化。完成东部及北部汽车客运站、市第一人民医院北市区医院、东绕城线支线一标段征地工作，全力推进昆明新机场专用高速公路（南段）、主城二环快速系统改扩建盘龙段征地工作。城乡园林绿化及生态建设成效突出，人居环境明显改善。拆临拆违面积89.7万余平方米，建绿12.5万余平方米；建成24个社区小游园；启动村庄绿化，完成机耕道路、“五采区”植被恢复试点、高压走廊防护绿带等绿化工作。全区建城区绿地面积1664.47万平方米，新增绿地面积149.65万平方米。建城区绿化覆盖率达42.07%，人均公共绿地面积12.98平方米。全面启动旧城和城中村重建改造。成立区旧城改造和拆迁管理局，出台城中村重建改造实施办法。凤凰新村等6个城中村改造项目开工建设，北京路吹箫巷片区旧城改造拆迁基本完成，白塔路、云南机床厂等片区旧城改造稳步推进，全面拆除火车北站棚户区临违建筑。有效遏制农房违法加层。围绕新农村建设“九有”目标，启动双龙乡麦地塘等6个行政村整村推进建设。

开展全面截污治污、全面综合整治、全面绿化实施、全面禁养畜禽等工作，治理入滇河道保护水源。落实河段长责任制，按“158”和“四全”工作的要求全面开展入滇河道综合整治，落实松华坝水源保护措施，水源保护得到加强。投入2.13亿元，完成盘龙江、金汁河、牧羊河等河道阶段性综合整治。全面推进“四创两争”，城市品质不断提高。“创园”工作不断巩固；实施“创模”“七大工程”，开展“盘龙环保风暴”行动，全面落实排污许可证制度，实现主要污染物约束性指标排放总量削减。完成312家餐饮业污水、油烟治理工作，教育和查处各类违章行为431件；工业废水排放达标率、工业废气处理率、工业固体废物综合利用率达到了100%；“烟尘控制区”面积达53.55平方公里，覆盖率达100%；城市区域环境噪声平均值53.4分贝。完成全国第一次污染源普查，“创模”指标完成83.8%；“创卫”工作突出重点难点，强化监督检查，开展城乡环境卫生综合整治，大兴爱国卫生运动，加大“七小”行业、城中村、老旧居民楼院、铁路沿线环境卫生整治和农贸市场达标改造，连续8次荣获“云南省甲级卫生城”称号；与精神文明建设相结合，有序推进“创城”工作。实施生态区建设规划和双龙、松华全国优美乡镇建设环境规划，生态建设不断推进。完成13个片区控详规修编，开展双龙乡总体规划修编，启动松华乡总体规划、主城农村住宅“迁村并点、统规统建”规划编制。进一步推进土地利用总体规划修编，开展全国第二次土地大调查和清理整顿土地市场秩序工作。深化网格化管理，建成“数字城管”系统；完善片路长、楼栋长、城中村卫生责任制，建立“组保洁、村收集、乡运转、区处置”的垃圾收运处置机制，城乡管理水平得到提高。

【商业贸易】 根据“一线带二圈”的空间布局对未来盘龙区现代商贸服务业进行总体布局，以北京路为现代商贸业发展的中轴线，打造东风广场、白塔片区城市中央商务区。提升商贸服务业品质，进一步发挥金格百货品牌效应，白塔片区改造进展顺利，重点打造的金格百货、汇都国际等商贸街区。构筑商贸业发展平台，结合七彩俊园项目（选址昆纺片区），引荐台湾大润发集团、广州嘉裕集团与俊发公司接洽。引荐麦德龙、大商集团等投资商实地考察汇都国际二期开发项目，城市中央商务核心区（CBD）前期建设工作稳步推进。加快推进北市区商圈建设步伐。在继续完善原有麦德龙、阳光金辰等商业设施的基础上，新华图书城、肯德基、东方公主KTV等20多家服装专卖店以及餐饮企业区进驻北辰财富中心，使该片区成为北市副中心的重要组成部分。为中汇商业广场建设做好协调服务工作，该广场1～3楼已全面开业。全区初步形成以主城区中高端商业核心和北市区娱乐、餐饮消费区域为主要形式，仓储、物流及连锁式经济度假酒店为补充形式的多层次、广覆盖现代商贸服务业发展格局。2008年，实现社会消费品零售总额142.99亿元，增长27%。批发零售贸易业、住宿餐饮业总收入实现633.47亿元，增长6.1%。第三产业比重超过70%，对经济增长的支撑作用增强。强化商贸管理服务工作，成立区商务局。扶持高端精品商业，金格百货已成为全省高端商贸的标志。推进产业发展，昆明玉器城项目开工建设，保护昆明花市知名品牌，促成尚义花市迁移联盟商圈。

【工　业】 2008年，实现工业增加值39.71亿元，增长15.6%；完成工业总产值109.76亿元，增长19.21%。开展节能减排，推行清洁生产、循环经济，逐步淘汰落后生产能力和清理整顿高耗能高污染行业，规模以上工业企业万元增加值能耗下降26%。加快推进特色产业园区建设，对拟建设和打造的“一园多基地”产业园区进行前期规划及研究，其中云南信息产业资源服务基地项目已通过市发改委核准。加大科技扶持力度，争取省市各项扶持资金1219万元，支持沈阳昆机公司、醋酸纤维公司、云内动力公司等企业发展。

【农业和农村工作】 2008年，调整优化第一产业结构，培育、扶持农业龙头企业15家；建成盘龙区生态农业科技展示园，加紧建设绿色经济示范基地，引进24个新品种试验示范；完成盘龙区生态农业科技展示园建设。加快水源保护区产业结构调整，以增加农民收入为核心，推广种植食用菌、矮化核桃；开展新品种示范种植，大力发展无公害蔬菜和优质花卉，全区主要粮食作物的良种覆盖率达95%以上。农业经济结构调整力度加大。全区实现农林牧渔服务业现价总产值2.9亿元，同比增长15.56%。全区粮食播种面积2085.3公顷，粮食总产量7856.3吨；烟叶种植面积306.7公顷，产量800吨；蔬菜种植面积1440.6公顷，产量4.97万吨；花卉种植面积143公顷，产量1.05亿枝。全年肉类总产量3500.3吨，同比增长6.52%，其他农副产品生产基本稳定。

加大基础设施建设投入力度，以病险水库除险加固和农村人饮解困为主，实施松华乡马劳力、雷打石、洄流村等5项人饮工程，解决3030人的饮水困难。开展大中型水库移民后期扶持工作，累计发放扶持资金656.4万元。抓好农户液化气安全稳定供应工作，推广“一池三改”工程，建成沼气池200口，完成年计划的100%；推广节柴灶665眼，完成年计划的222%。

【旅　游】 盘龙区主要旅游资源点有286处，其中，人文旅游资源点179处、自然旅游资源点107处，包括世博园、金殿名胜风景区、云南野生动物园、昆明植物园、黑龙潭公园、昆明树木园、野鸭湖休闲公园、昙华寺等景区（点），还有度假山庄、垂钓休闲园等100多家乡村旅游点，其中，野鸭湖风景区在盘龙区政府的支持和昆百大集团物业总部的直接领导下，经过多年的市场培育，已成为省内较具规模的，集拓展培训、极限运动、休闲娱乐、观光旅游、会议度假、体验式种植等多种业态于一体的多功能基地。推进旅游二次创业，全力支持世博集团创新发展，将世博园景区改造列为盘龙区重点招商引资项目，完成世博集团“东方影视城”建设项目签约等工作。双龙乡旅游基础设施进一步改善，野鸭湖旅游小镇建设加紧推进，野鸭湖休闲公园正申报AAA级景区。加快发展文化旅游产业，推动旅游业从观光型向复合型转变，全区预计接待国内外旅游者548.25万人次，旅游业总收入37.43亿元。全区服务业出现恢复性增长的趋势，服务业增加值对经济增长的贡献达到86.55%，拉动经济增长11.34个百分点。全年接待国内外游客591.55万人次，比上年增长8.98%，旅游总收入42.65亿元，比上年增长16.95%。全年共接待海外旅游者15.16万人次，比上年下降1.79%，旅游外汇收入4400万美元，比上年下降1.77%。

【招商引资】 创新投融资方式，完善投融资平台建设，成立区招商局，组建10个招商引资工作组，完善9项招商引资机制，全方位推进招商引资工作。继续强化项目对招商引资的载体作用，在第十六届中国昆明进出口商品交易会上，加拿大亿万豪综合商业中心项目、沣源路（原7204道路）改扩建BT项目、省农产品博览中心、“东方影视城”等项目签约。引进吹箫巷片区土地矿产交易大楼、南亚之门、虹桥车市等一批重大项目，大幅超额完成市政府下达的招商引资任务。引进内资项目507个，引进内资工作实绩达36.99亿元；引进外资投资项目7个；引进外资工作实绩达5446.97万美元。国际贸易进出口总额为2.04亿美元，比上年增长24.4%。招商引资工作不断加强，共引进内外资项目515个，引进国内资金36.99亿元，完成市下达任务的184.95%；实际利用外资5446.97万美元。

【人民生活】 人民生活水平稳步提高，生活质量进一步改善。2008年，城镇居民人均可支配收入1.61万元，同比增长8.06%；农村居民人均纯收入5932元，同比增长8.02%。城镇居民人均消费性支出1.05万元，增长2.65%；农村居民人均生活消费总支出4591.56元，同比下降0.5%。市场价格总体水平趋于平稳，分项目看：食品、衣着、家庭设备用品及服务、教育文化娱乐服务4类消费支出分别上升17.23%、0.4%、0.38%、8.82%；居住、医疗保健、交通与通讯和杂项商品与服务4类消费支出，分别下降15.6%、20.16%、5.21%、19.81%。城区居民人均住房建筑面积33.37平方米，农村居民人均住房面积48.91平方米。

落实城乡居民最低生活保障制度，切实保障困难群众基本生活，全区城乡居民最低生活保障对象累计保障9.5万人次，比上年增长8.17%；累计保障资金支出1849.3万元，比上年增长30.93%。其中城镇低保累计保障8.39万人次，累计保障资金支出1758.32万元；农村低保累计保障1.15万人次，累计保障资金支出90.97万元。参加新型农村合作医疗的农村居民4.18万人，覆盖率100%。超额完成2007年、2008年廉租房建设任务，已分配符合条件的双困户入住。对460户城市“双困户”发放了275万元的的住房租赁补贴，切实保障困难群众的基本生活。成立盘龙区助老呼叫服务中心，开展老年人求助呼叫、法律援助、居家养老及老年人办证服务，在全省首家推行老年人求助呼叫网络服务。

（吴焰红）

官渡区

【概　述】 2008年，官渡区实现地区生产总值363.1亿元，比上年增长13.8%。财政总收入45.56亿元，为年度预算的125.2%，同比增长11.27亿元，比上年增长32.9%；财政总收入占GDP的比重的12.5%，在财政总收入中，地方一般预算收入累计16.07亿元，为预算的131.7%，同比增长5.9亿元，比上年增长58%；基金预算收入完成1.59亿元，同比增长5270万元，比上年增长49.7%；上划中央、省、市收入完成27.9亿元，同比增长4.84亿元，比上年增长21%。财政总支出22.39亿元，为预算的98.4%，同比增加支出7.81亿元，比上年增长53.6%。其中：地方一般预算支出18.29亿元，为预算的98%，同比增加7.78亿元，比上年增长74%；基金预算支出4.1亿元，比上年增长0.9%。

完成地方税收收入22.44亿元，比上年增长75.31%，完成地方一般预算收入11.55亿元，比上年增长84.18%。累计组织规费收入4.54亿元，比上年增长28.06%，

全年社会固定资产投资190亿元，比上年增长48.5%。城镇居民人均可支配收入1.59万元，比上年增长29.7%。农民人均纯收入6836元，比上年增长8.1%。

现代服务业稳步提升。第三产业实现增加值213.7亿元，增长13.8%。楼宇经济、总部经济发展良好，城投大厦、证券大厦等72幢楼宇入驻企业2100余户。商贸业日益繁荣，以新亚洲体育城、世纪城为中心的南部片区区域性商贸消费中心初具规模。金融业健康发展，银行、保险等各类金融机构的资本规模进一步扩大，年末各项存款余额达290.99亿元，贷款余额达144.21亿元。旅游业发展步伐加快，全年接待游客658.7万人次，实

现旅游收入44.97亿元。消费市场繁荣活跃，完成社会消费品零售总额123亿元，增长31%。

新型工业快速增长。全年审批、备案项目202项，计划总投资124.14亿元，其中：工业项目40项，投资31.40亿元；农业项目7项，投资3.4亿元；商贸流通项目62项，投资49.77亿元；基础设施项目86项，投资33.97亿元；其他类项目7项，投资4.6亿元。

第二产业实现增加值139.7亿元，增长14.6%；规模以上工业企业达176家，实现工业销售产值280亿元。编制了《官渡工业园总体规划》，官渡工业园顺利升格为省级工业园区。分别完成园区3平方公里土地收储及“五通一平”基础设施建设，引进工业项目44个，协议总投资28亿元，实际到位资金5.56亿元。中铁大型铁路养护设备昆明产业基地、中云力奥包装印刷项目、科伦—南疆制药厂等一批重点项目开工建设。昆明国际包装印刷城被中国包装联合会授予“中国包装印刷产业基地（昆明）”称号。

现代农业调整进度加快。第一产业实现增加值9.7亿元，增长1.8%。培育省、市、区级农业龙头企业18家，打造了农鑫蔬菜、蓝蜻蜓干花等特色品牌。获得有机农产品认证4个，绿色食品认证21个，无公害农产品证书17个。成立3家农民专业合作社。完成集体林权制度主体改革任务，确权林地面积28.56万亩。

全年共引进项目1165项，其中引进市外项目483项。完成市外资金59.9亿元、外资4702.6万美元，分别为市下达任务的1.99倍、1.88倍。总投资320亿元的昆明新螺蛳湾国际商贸城、总投资22亿元的昆明湖滨生态城等项目相继开工建设。

聚力园区建设，将金马街道、大板桥镇纳入官渡工业园区实行一体化管理，官渡工业园区顺利升格为省级特色工业园区。非公经济快速发展，全年共培育市场主体1.14万户。

【昆明空港经济区】 位于官渡区大板桥镇，规划控制范围293平方公里，其中禁建区133平方公里、限建区160平方公里。昆明空港经济区作为整合型的产业开发区，与昆明新机场同步规划、配套建设。2008年3月26日，市规划委员会审议并原则通过《昆明空港经济区总体规划》。2008年5月5日，市政府批准《昆明空港经济区总体规划》（昆明中心城区机场片区分区规划）（2006～2035）。编制完成《昆明空港经济区城市空间形态与景观规划和指导原则》、《昆明空港经济区环境保护规划》以及昆明空港经济区道路、给水、排水、防洪、再生水、电力、电信、燃气、绿地等10项专项规划。片区10多平方公里中心商务区控制性详细规划编制工作取得中间成果，同时完成昆明航空港综合保税区概念规划方案，项目建议书已上报省政府，进入申报程序。积极开展临空经济产业发展战略研究，广泛借鉴国内外临空产业发展的科学发展理念、先进管理模式和运作机制，充分利用昆明新机场航空运输的优势，以及铁路（含城市轨道交通）、公路构建的综合交通网络，带动全市及周边地区经济社会的快速发展。空港经济区将建成中国面向东南亚、南亚，连通欧亚大陆的国际航空客流、物流中心。

（加三益）

西山区

【综　述】 2008年，西山区经济运行呈现出农业综合生产能力不断提高、工业经济平稳增长、商贸服务业保持强劲增长势头、人民生活不断改善、财税保持较快增收的良好态势。2008年，全区实现生产总值（GDP）193.04亿元，按可比价格计算，比上年增长13.1%，人均GDP达2.76万元。生产总值中：第一产业完成增加值2.88亿元，增长3.1%；第二产业完成增加值61.57亿元，增长14.0%，其中工业完成增加值48.87亿元，增长12.7%；第三产业完成增加值128.59亿元，增长12.9%。三次产业结构比为1.50∶31.89∶66.61。2008年全区地方财政总收入完成30.06亿元，完成地方一般预算支出11.08亿元。全年非公经济完成增加值105.78亿元，比上年增长13.22%，占全区生产总值的54.80%。城镇居民人均可支配收入达1.29万元，农民人均纯收入达6671.89元，分别增长16.57%和12.35%，扣除物价因素后，实际分别增长10.18%和6.53%。全年人口自然增长率控制在2.62‰以内。

【农业经济】 全区完成农作物总播种面积7140.1公顷，粮食播种面积4310.5公顷，总产2.24万吨。其中大春粮食播种面积2574.5公顷，总产1.63万吨，平均单产6.3吨，比上年减3000公斤；小春粮食播种面积1736公顷，总产6077吨，平均单产3.5吨，比上年减1900公斤。完成绿色蔬菜种植1706.89公顷，生产绿色蔬菜4.99万吨，实现产值5259.5万元。建立绿色蔬菜标准化示范基地358.27公顷，进行绿色蔬菜标准化示范基地田间档案记录电脑管理100户。农业结构调整取得明显成效，2008年全区实施农业产业结构调整种植经济作物2829.6公顷，实现产值7432.76万元。团结镇科普生态示范基地（种植有苹果、梨、草莓、观赏瓜等水果蔬菜约67公顷，拥有固定资产350万元）获中国科协、财政部“全国科普惠农兴村先进单位”称号。4家西山区农产品加工行业的龙头企业被云南省经济委员会、云南省乡镇企业局确认为“云南省农产品加工重点企业”。在2008年第四届昆明国际农业博览会上组织22个企业参展。在优质农产品评选活动中，西山区获农产品优质奖1项、银奖2项，签订商贸合约110万美元。

通过政策扶持和技术指导，确保了全区畜牧业生产健康发展。全年完成人工种植牧草339.73公顷，人工授精4865窝猪，冷冻精液改良239头牛，山羊杂交改良1110只。全年出栏肉猪10.5万头、肉羊1.15万只、肉牛1800头、肉禽41.54万只，肉奶蛋总产1.4万吨，实现畜牧业产值1.25亿元。

完成城市面山造林347.39公顷，交通沿线面山造林233.4公顷，异地植被恢复79.6公顷，全民义务植树130.4万株；完成20多公里森林防火通道和2座瞭望台的建设；全年未发生重、特大森林火灾。实施完成农村能源建设项目，并通过验收。新建设沼气池906口，推广节能气化灶2245眼，每年可节约柴6085.5吨，节约燃料支出121.71万元，相当于保护或少砍伐森林135.23公顷，经济、社会和生态效益显著。

【新农村建设】 全年安排新农村建设专项资金1500万元，实施新农村建设项目69项，并全部完工通过验收。25件农田水利工程、1000个小水窖建设全部竣工，新增灌溉面积46.67公顷，解决1200人饮水困难问题。完成各类小型水利工程建设1173件。三家村水库除险加固主体工程完工，大坝水库除险加固工程、长坡供水工程已开工建设，省、市、区立项建设的18项扶贫开发项目完工。

全面启动10个生态示范村建设，开通35个村委会的互联网，完成3个集镇农贸市场改造工作和10个“万村千乡市场工程”农家店建设。建成海口镇中新村委会水泥骨架大棚6.67公顷。组建了苦荞、水果等10个专业合作社、涉农流通协会32个。继续推进有线光缆入村工程，光缆入村率达71.2%，有线电视入户率达98%。农村安装太阳能路灯250盏，实行了“组保洁、村收集、镇运转、区处置”的农村环境卫生管理机制，村容村貌明显改善。抓住西山区被列为“全国农村社区建设实验区”的契机，将团结龙潭等7个村委会纳入农村社区建设试点。集体林权制度改革的主体改革任务基本完成，确权率95.5%，“林权证”发证率达100%。

积极推进社会事业向农村的延伸和覆盖，实施农村义务教育经费保障机制，建立农村特困居民最低生活保障制度，完善新型农村合作医疗和医疗救济制度，完成18个村广播电视村村通工程，广泛开展各类农村技能培训，实现农村富余劳动力转移就业8742人，实现转移收入4175.7万元。

【工　业】 坚定不移实施工业强区战略，制定出台了《西山区工业发展专项资金管理办法》，紧紧围绕“磷化工、光机电、生物制药、机械制造、建材、绿色食品深加工”6大工业主导产业组织实施了一大批工业科技项目，逐渐走出了一条“科技引领、项目支撑，用专家之脑、技术人员之手，以企业为主体、市场为导向，促进产学研相结合的技术创新体系”的路子，提高了以企业为主体的自主创新能力，促进了全区经济社会各方面协调发展，对全区经济社会又好又快发展的支撑作用日益增强。被省政府评为“云南省工业十强县”。

2008年共拨付扶持资金500万元，对34个技术改造、新产品开发、循环经济、成长型中小企业、节能减排、清洁生产等领域的相关项目进行专项扶持；投入培育扶持资金70万元，积极实施“规模以上企业培育工程”，10户企业发展成为规模以上工业企业；西仪股份年内成功上市、龙津药业进入上市辅导阶段，有效地拉动了全区工业经济增长。海口工业园区基础设施一期工程建设如期完成，新增收储土地74.13公顷，扭转了项目等土地、项目等基础设施的被动局面。与7家企业签订入园协议，协议投资金额8.21亿元，已开工在建项目3个。

全年完成工业总产值160.03亿元，其中轻工业完成34.51亿元，重工业完成125.52亿元，重工业依然是西山区工业主导力量。在全部工业总产值中，规模以上工业企业完成138.64亿元，实现增加值27.42亿元，增长18.1%，利润总额5.42亿元，利税总额9.39亿元；产销衔接状况继续改善，产品销售率96.47%。

【乡镇企业】 2008年，全区有乡镇企业2.86万，从业人员17.62万人，完成增加值74.08亿元，比上年增长19.73%；完成工业总产值75.79亿元，比上年增长14.87%；实交税金10.61亿元。有非公经济企业2.43万个，从业人员16.19万人。非公经济实际完成74.08亿元，比上年增长25.58%；实交税金8.06亿元，占全区乡镇企业实交税金的94.22%。

【商 贸】 继续实施商贸富区战略，编制完善了区商贸发展规划，指导商业网点合理布局，完善城乡流通体系。西区螺蛳湾市场东南亚商城、沃尔玛超市、艺明轩家居广场滇池店等一批商业项目竣工开业，标准化农贸市场和万村千乡市场建设工程不断推进。继续加大对非公经济的扶持力度，积极为重点企业和项目提供优质服务，非公有制经济迅速发展，消费品市场继续保持增长态势，消费市场日趋活跃，汽车、住房、通讯、电脑等逐渐成为全区人民新的消费热点。2008年，全区实现社会消费品零售总额105亿元，比上年增长23%。

【旅 游】 2008年完成全区首批乡村旅游服务接待设施等级评定、授牌，8个乡村旅游企业被评定为1~4星级乡村旅游服务接待企业。为更好地规范乡村旅游的管理，区旅游局在乡村旅游经营户分散较多的团结镇、花红园村、龙潭村、卧云山和碧鸡镇猫猫箐村试点成立乡村旅游服务管理机构4个。全年共接待游客241.88万人次，实现营业收入2.05亿元，实现税收604.42万元。其中春节、“十一”黄金周和“五一”小长假，共接待游客32.46万人，实现营业收入1387.64万元。

【财税·金融】 努力增收节支，深化财税体制改革，强化财政监督，充分发挥财政资金的使用效益，财政收入持续增长，地方财政总收入突破30亿元，完成30.06亿元，增收6.05亿，同比增长25.22%元；地方一般预算收入突破10亿元大关，完成10.93亿元，增收2.3亿元，同比增长26.67%。全年完成地方一般预算支出11.08亿元，基金预算支出1.04亿元。努力搭建银政、银企、银园合作平台，制定出台了基本建设项目BT投资建设模式管理暂行办法，采取银政合作、委托贷款、BT等方式，融资7.2亿元用于城乡基础设施和生态环境建设。全年共组织地税收入13.43亿元，国税收入10.1亿元。

2008年末，金融机构各项存款余额220.19亿元，比年初增长43.92%，其中企业存款65.97亿元，储蓄存款128.67亿元，分别增长53.94%和58.98%。金融机构各项贷款余额110.28亿元，比年初增长30.66%。进一步加大地方金融业参与建设新西山力度，为区重点项目建设和中小企业发展提供资金保障。年内，西山区与驻区9个金融机构举行银政合作协议，未来5年将获得9个金融机构共计153亿元的信贷支持。

【招商引资·固定资产投资】 2008年全区招商领域不断拓展，投资环境进一步改善和优化，招商引资项目较往年总量增多，档次提高。新引进项目141个（3000万元以上项目22个），其中工业类项目29个，商贸服务类项目77个，地产类项目10个，社会事业类项目15个，其他项目10个，协议总投资194.45亿元，实际到位市外资金48.13万元，完成市级招商引资市外资金任务30亿元的160.42%；引进外资项目4个，实际利用外资5718.82万美元，完成市级外资任务2500万美元的228.75%。

全区继续发展外向型经济，传统出口市场继续巩固，新的出口市场得到开拓。全年引进项目154个，其中省外项目101个，市外项目38个，市内项目15个。引进项目实际到位资金45.38亿元，其中实际到位省外资金27.3亿元，市外资金16.33亿元，市内资金1.75亿美元。

全年社会固定资产投资总额达102.2亿元，比上年增长27.6%。其中城镇固定资产投资53.92亿元；房地产开发投资44.27亿元；农村私人投资4300万元；农村非农户投资3.58亿元。在全社会固定资产投资中，工业固定资产投资14.61亿元，比上年增长30.36%，为经济社会发展起到强有力的拉动作用。

【城乡基础设施建设·城市化管理】 区委、区政府按照“政府指导、市场运作、社会参与”的原则，预计用5年时间对建成区范围内城中村进行改造，解决脏、乱、差问题。2008年以“四创”工作为契机，加快城乡基础设施建设步伐。主城11个片区控制性详细规划经市规委审批通过；团结镇总体规划通过审批并开始实施；海口镇总体规划方案通过论证；长坡片区总体规划、高海公路沿线景观控制性规划、西山区总体城市设计等专项规划有序推进。

全年实际拆临拆违面积突破100万平方米，建设绿地面积11.79万平方米，完成计划的147.28%；以市场化运作的方式完成翠峰生态公园一期建设，完成宝珠生态公园建设200公顷。

全区城市建成区绿地率达44.3%，绿化覆盖率达46.18%，人均绿地面积达33.96平方米，3项指标均超过国家园林城市标准。

全面完成三期交通微循环改造工程。三期交通微循环改造工程涉及26条道路和1座人行桥，其中改扩建道路8条，管养维护道路3条，综合整治道路14条，市区2级政府共投入资金约1.6亿元，新建车行道面积5.09万平方米；新建人行道面积2.2万平方米，增设盲道8293米；新建雨水管2115米、污水管2209米；新安装路灯84组、环卫设施95组；新建绿地1.2万平方米；同步建设地下电力排管2964米、通信地下管线2800米。道路建成后，极大地改善了棕树营片区、永昌片区、福海片区的道路通行能力，完善了市政基础设施建设。推进垃圾袋装化和分类收集工作，城区垃圾袋装化率、生活垃圾清运率、垃圾无害化处置率均达100%。城中村改造工作有序推进。南亚风情商业广场、螺蛳湾、黄瓜营、土堆、马街等片区改造专项规划经市规委审批通过，南亚风情商业广场项目土地收储和建（构）筑物拆迁工作完成，项目已开工建设。西山区14个城中村综合整治工作通过市城中村综合整治指挥部考核验收。

【环境保护】 《西山区生态区建设规划》通过省环保局组织的专家评审。认真开展全国第一次污染源普查工作，对辖区内422家排污企业及入滇河流实施了监测，烟尘控制区覆盖率为100%。

全面推进滇池治理工作。对辖区内盘龙江、采莲河、船房河、新运粮河、老运粮河、大观河、西坝河等主要出入湖河道进行了堵口查污、截污导流、中水回用、全面禁养、全面绿化等综合整治工作，完成河道绿化24.96万平方米，新建沿河道路9391米，封堵河道污水口405个，铺设截污管1500米，拆除河道临、违建（构）筑物22.33万平方米；退田、退塘614公顷，建成湖滨林395.3公顷、湖滨湿地218.67公顷，拆除防浪堤4285米，实现了西山区境内72公里环湖生态带的全线闭合。共出动河道保洁员3.86万人次，打捞清运河道漂浮物2064.32吨，不断改善水环境质量。编制完成《西山区集镇和村落污水收集及处理方案》。大力开展滇池流域全面禁养工作，搬迁养殖户802户，搬迁畜禽23.83万头（羽），实现辖区滇池流域全面禁养。在滇池流域实施清洁农业示范146.66公顷，开展农作物测土配方施肥示范477.33公顷，推广农作物平衡施肥753.33公顷，完成节水栽培66.67公顷。全面完成辖区内全国第一次农业污染源普查工作，入户普查农户1473户，普查工作通过国家环保总局、农业部和市农业普查组检查。

【社会保障】 全面推进劳动就业和社会保障工作，初步构建了劳动和社会保障区、镇（街道）、社区三级保障体系。收集有效就业岗位1.44万个，城镇新增就业人员1.2万人，安置各类下岗失业人员4322人，全区城镇登记失业率控制在3.45%以内。继续扩大养老保险、医疗保险、失业保险、工伤保险和生育保险等社会保险覆盖面。养老保险净增参保人数4006人；工伤保险净增参保人数5039人；生育保险净增参保人数2970人。城镇基本养老保险参保人数达8.96万人，养老金社会化发放率达100%。被征地人员基本养老保险工作稳步推进，完成全区参保单位的信息采集、核定参保1.68万人，完成市级下达任务的107.6%。医疗保险改革不断深入，城镇职工参保人数达13.09万人，城镇居民参保人数达20.02万人；新型农村合作医疗惠及13.88万名群众，参合率达97.3%。城乡社会救助体系建设不断完善，社会福利社会化水平逐步提高。老龄事业健康发展，“老龄工作模范区”通过省级考核验收。积极开展扶贫济困工作，全区共募集到向四川省汶川地震灾区捐款1056.76万元及价值50万元的药品。

城市和农村居民最低生活保障工作进一步加强，全年6964户1.12万人得到共计2375.15万元的城市和农村最低生活保障金，其中6160户9853人得到城市居民最低生活保障金2273.28万元；804户1302人得到农村居民最低生活保障金101.87万元。

【社会事业】 全年累计投入区级科学技术研究与开发经费1420万元，重点实施了工业、医药、信息化、农业科技等75个科技项目及“科技富民强县示范工程”、“绿色光亮工程”，带动企业投入资金8185万元，项目当年实现产值1.22亿元。继续认真组织实施“产业结构调整科技示范工程”和“农业科技进村入户工程”，全年完成各类科技培训205期1.09万人次。成功承办云南省暨昆明市2008年科技活动周启动仪式，并荣获先进集体称号。在第23届青少年科技创新大赛中，共有1285项作品获奖。团结镇科普生态示范基地被正式列入中国科协2008年度“科普惠农兴村计划”。获省、市、区科技成果奖32项，16项科技成果荣获昆明市科学技术进步类二、三等奖。全区信息化建设取得新进展，昆明西山网、电子政务网、诚信西山网和全区自动化办公系统建成并投入使用。

加快推进医疗卫生事业改革，采取引进民营资本合作办医的形式，实施公共卫生服务体系改革。新增新型农村合作医疗定点机构52个，为49个卫生室配置了基本医疗设备，完成了5个社区卫生服务站的建设。全区参合农民人均集资标准130元，居全市最高水平，惠及13.88万名群众。农民参合率97.3%，比上年提高4个百分点。全年报销4.83万人次，补偿总金额1687.23万元，资金使用率83%；住院定点医疗机构由34个增加到105个。至2008年末，全区有政府举办的非营利性医疗机构174个，民办医院21个，个体医疗机构485个；辖区内医疗机构总床位数7473张，其中非营利性医疗机构设置床位数5666张，营利性医疗机构设置床位1807张。有医务工作人员8217人。全区有社区卫生服务机构67个，镇（街道办事处）卫生院7个，农村卫生室60个，每个卫生所至少有女乡村医生1人。

教育综合改革全面推进，全面实施并圆满完成了41所公办学校的校长公选和人事制度改革，成立了西山区人才服务中心教育分中心、西山幼儿教育集团和西山区职业教育中心。全面落实了农村义务教育保障长效机制和城市义务教育免费机制，全年各项补助金达到1800余万元。至2008年底，全区共有各级各类学校238所（教办学校及其分校100所、民办学校138所）。其中，中学42所、小学97所、幼儿园97所、职业高中1所、教育科研信息培训中心1个；在职教职工7190人，在校（园）学生10.99万人。全区小学入学率105.87%，初中毛入学率达101.86%，小学辍学率为零，初中辍学率0.2%，初中升入普高95%。2008年中考总平均分488.59分，在全市14个县（区）中总平均分位居前列。

全区有群众自发组成的业余文艺队2169个，文化馆1个，区图书馆藏书4.8万册。有镇广播站3个，广播人口覆盖率99.28%。已开通有线电视215个村（小组），建成地面接收站7座，电视人口覆盖率99%。全面推进新农村和社区文化建设，10个村（居）民小组多功能活动室建设基本完成。全年共举办广场文化演出活动15场，组织了“全民健身与奥运同行—全国新年群众登高健身活动”等具代表性的群众性体育活动20余台。

将创建文明城市工作及细节文明建设纳入2008年创建工作考核和创建指导服务。巩固“平安西山”创建成果，积极推进法制西山建设。继续深入推进各项措施的落实，全力开展创建省级先进平安区建设工作，严厉打击“两抢一盗”等多发性犯罪，进一步预防和减少违法犯罪案件的发生，“两抢”警情同比下降73%，全年刑事发案率同比下降7%。健全和完善矛盾纠纷排查调处工作制度，深入开展矛盾纠纷排查化解工作，积极维护社会稳定。加强基层民主法制建设工作，全面开展民主法治村（社区）创建工作。在全市率先成立医患纠纷调解委员会，人民调解与行政调解、司法调解实现有效衔接。金碧街道办事处巡津新村社区、棕树营街道办事处南区社区获省级“民主法治社区”荣誉称号；永昌街道办事处永顺里社区、福海街道办事处周家社区获市级“民主法治社区”荣誉称号。至年末，全区共有省级、市级“民主法治村（社区）”12个。

【存在的问题】 1. 经济总量小、人均收入水平低，工业化和城镇化滞后，经济结构矛盾十分明显，工业经济的可持续发展有待加强，招商引资项目落地困难，城乡发展差距大，转变经济发展方式迫在眉睫，任重道远。2. 滇池治理、环境保护、节能减排、解决交通拥堵的任务十分艰巨。3. 城乡基础设施建设、交通环境整治等方面的任务更加繁重，资金需求越来越大，而现行的融资模式对财政的依存度过高，财政支出的压力进一步增大，公共服务能力亟需增强，城市管理水平亟待提高。4. 干部思想观念和体制不适应经济社会发展的要求。

（罗桂莲）

东川区

【综　述】 2008年，区委、区政府团结和带领全区人民，坚持以科学发展观为指导，紧紧围绕区委二届四次全体（扩大）会议的部署和要求，负重苦干，克服自然灾害和金融危机等不利因素的影响，优化经济社会发展软环境，扩大对外开放和招商引资；进一步加快城乡一体化进程，国民经济保持平稳发展态势，社会事业取得新进展，加速推进东川经济社会又好又快发展。

2008年，完成全区生产总值31亿元，同比增长5.2%；其中：第一产业实现增加值2.9亿元，比上年增长7.7%，占GDP的比重9.3%，第二产业实现增加值19亿元，比上年下降0.9%，占GDP的比重66.8%，第三产业实现增加值7.5亿元，比上年增长17.3%，占GDP的比重23.9%，人均GDP达1.06万元；财政总收入9.25亿元，比上年减少5%，完成调整预算数的100%（其中，地方财政收入完成4.22亿元，增长10.07%，完成调整预算数的100%）；实施项目293个，新开工项目243个，全社会固定资产投资22.5亿元，比上年增长15%；城乡居民年末储蓄存款27.5亿元，城镇居民人均可支配收入完成1.22万元，增长12%；农民人均纯收入2330元，增长20.7%；社会消费品零售总额实现5.6亿元，比上年增长24%。人口自然增长率为3.8‰；城镇登记失业率为14%，下降5个百分点。东川综合经济实力跃上全省中上水平，2008年，在全省129个县（市、区）中排名35位。

【农　业】　2008年，落实支农惠农政策，加快城乡一体化进程，推进社会主义新农村建设，农业增长速度比往年有所提高。全年完成农田水利基本建设项目57件，新增灌溉面积1300亩，改善灌溉面积2.1万亩，解决2.98万人，1.27万头牲畜的饮水问题。节能改灶2800眼。建成1.86万亩无公害蔬菜基地，洋葱、大蒜、甜脆玉米、冬大豆通过农业部无公害认证。22个新农村试点村共投入区级配套资金1100万元。年内培训农民1.9万人次，完成农村劳动力转移输出1.4万人，农民新增转移收入9900余万元。年末全区行政村汽车通行率和通电率分别达到98%和100%。

全年实现农业增加值2.9亿元，同比增长7.7%；完成农业总产值6亿元，同比增长9.5%，其中畜牧业完成值3.3亿元，增长36.6%，占全区农业总产值的47.9%，比上年增加7.1个百分点。全区粮食作物种植24.88万亩，同比增2700亩，比年初目标增1.08万亩。粮食总产量达7.2万吨，同比增3200吨，增幅为4.7%。年末建成养殖小区24个，规模以上养殖户达165户。区级“113”工程万棵大树进城栽种1.03万棵，绿色通道建设完成1万亩，3万亩核桃种植预计于2009年春节前完成。集体林权制度改革主体目标任务全面完成。

【工业·再就业特区建设】　2008年，由于受美国次贷经济危机冲击，东川实体经济受到了较大的影响，工业增幅比往年有所下降。东川在积极应对经济危机的同时，采取相应措施，积极出台应对政策，努力推进工业经济发展，控制工业经济下滑势头。全年全区工业总产值完成95亿元，同比减少19亿元；工业增加值完成19亿元，下降0.9%。

围绕特区建设，聚力园区发展，狠抓招商引资，力促工业突破。四方地工业园区道路、给排水、电力通讯、绿化等基础设施不断改善，园区承接吸纳项目能力进一步增强。因民、拖布卡等乡镇工业聚集区规划建设稳步推进。招商引资内资完成15.46亿元，完成全年内资责任目标的154.6%；外资完成806.25万美元，完成全年外资责任目标的134.38%。引进企业累计达197户，其中投产企业139户，协议资金62.64亿元，市外企业到位资金31.59亿元。全年兑现入驻特区企业预奖补资金9000万元。以特区建设为龙头，强力推进“工业强区”战略，加大对金沙、金水、凯通等重点骨干企业的服务和支持力度，着力培育壮大支柱产业。工业园区集聚能力不断提升，矿冶、机械、化工、制药等优势产业进一步发展。金沙公司积极推进新区开发，可持续发展能力进一步增强，华新水泥等一批重点项目顺利落地，凯通、金水等一批骨干企业技改项目取得实质进展。2008年末，全区规模以上工业企业达71户，工业总产值上亿元企业20户，工业总产值上10亿元的企业2户，企业利润总额6.5亿元，企业总产值57亿元。

【环境保护·节能减排】　加大耕地保护力度，加强土地执法工作，清理整顿土地市场秩序，做好工业园区用地服务及矿业秩序治理整顿和规范工作，加大对矿产资源补偿费的征收力度，查处矿产资源违法案件13起。加大矿山地质环境恢复和地质灾害防治的投入，排查出地质灾害隐患点340个。加强环境监测工作，加大环境执法力度，严格执行排污许可证制度，严把建设项目环境准入关。加强清洁生产、节能减排工作，支持云铜凯通、金水冶炼、华新水泥等企业技术改造，淘汰云铜凯通4.5立方米鼓风炉和众智铜业1.6立方米鼓风炉。全区单位GDP综合能耗为2.08吨标准煤/万元，下降10.3%。

【财税·金融】　2008年，财税部门以软环境建设为契机，创新理财思路，严格税收征管，加大融资力度，调整和优化支出结构，促进了全区经济社会稳步发展。全年实现财政总收入9.25亿元，比上年减少4.53%。其中上划中央“两税”5.04亿元，下降14.07%；地方财政收入4.22亿元，增长10.07%。地方财政支出13.01亿元，增长4.45%。

年内，实施投融资体制改革，银政、银企、银建关系得到改善。富滇银行正式入驻东川。区农发行、农村信用社等金融企业为地方社会事业发展提供了1.75亿元的信贷支持。采取BT、BOT

等方式融资 1.72 亿元投入地方基础设施建设。

【社会事业】 落实就业优惠政策，全区共提供有效就业岗位 7179 个，城镇新增就业 5816 人，帮助下岗失业人员实现再就业 3300 人，“两后双百”培训 3126 人，其中通过技能培训后实现外输内转就业 631 人；社会保险覆盖面不断扩大，城镇职工基本养老保险参保 2.52 万人，被征地人员基本养老保险参保 2300 人，失业保险参保 1.4 万人，城镇职工基本医疗保险参保 4.35 万人，城镇居民基本医疗保险参保 2.68 万人，城镇职工工伤保险参保 1.44 万人，农民工参加工伤保险 2000 人，生育保险参保 1.24 万人；加大救灾核灾力度，及时下拨救灾资金 437.2 万元；城乡居民社会救助不断完善，城镇低保对象 9537 户 1.83 万人、农村低保对象 1.24 万户 2.2 万人、失地农民 960 户 2299 人，做到应保尽保；城乡医疗救助稳步推进，为 2.34 万人农村特困户代缴“新型农村合作医疗”个人基金，落实农村大病救助 291 人、城镇贫困居民医疗救助 1681 人。动员全区人民积极向汶川地震灾区捐资 1356 万元。

【文化·教育·卫生】 2008 年，东川文化活动蓬勃开展。东川歌舞团首次走出国门，赴韩国成功演出。开展“迎奥运，送温暖”活动，向 7000 户贫困群众赠送电视机，提高农村广播电视覆盖率。电影《高原人》和东川方言情景喜剧《张三茶庄》顺利拍摄。农村电影“2131”工程放映电影 1200 场次，观众达 36 万人次。年内，东川广播电视大楼正式投入使用。完成了 10 个行政村和 20 个自然村的光缆联网任务，2000 户有线数字电视转换任务完成，广播电视收转和播出水平不断提高。对 5 个乡镇文化站、55 个村级文化室进行改扩建，完成 4 个农民健身工程，文体中心规划方案通过两轮评审。

2008 年，进一步深化现代教育改革，教育教学质量有新提高，教育基础设施进一步改善。总投资 1.59 亿元、建筑面积 5.93 万平方米的 10 所农村中小学标准化建设项目稳步推进。区内普教职教比由20:1缩小为2.5:1。职成教中心申报并通过市级示范职业学校评审验收，“两后双百”培训 3126 人，超额完成培训任务。投资 4000 余万元建设的“金苹果”幼儿园工程启动，是东川利用民间资本发展民办学前教育的大手笔。健全义务教育经费保障机制，做好贫困生生活补助、“一补两减免”工作。抓好“两基”巩固提高工作，小学适龄儿童入学率 99.2%，初中阶段毛入学率 100.1%，高中（中专）升学率 81.8%。大力发展农村幼儿教育、高中阶段教育、职业中等教育、成人职业教育等。

2008 年，加快公立医院的改革步伐，实施乡镇卫生院向社区卫生服务中心转型，完成乡镇社区卫生服务中心的挂牌，实行医疗机构院长公选，总投资近 5 亿元的东川祥和医院建设稳步推进。制定了泥石流越野赛、地质灾害、高考等多个活动的医疗救护应急预案，并组织突发公共卫生事件医疗救护演习。指定东川区第二人民医院疗养院为手足口病定点收治医院，对 105 名相关人员进行手足口病防制相关知识的培训。年内在全区城乡范围内启用了“传染病疫情监测信息报告系统”，实现乡镇到区的传染病计算机直报。组建疫情应急处置队伍，确保在处置突发事件中灵敏、快速、高效反应。全年组织各种宣传活动 12 次，发送相关宣传资料 1.7 万余份，受益 4.7 万余人次。食品卫生监督检查覆盖率 100%，食品“五病”从业人员调离率 100%。按照《东川区“七小”行业专项整治工作方案》，检查食品生产经营单位 1250 户（个），药品生产企业 4 家，药品经营企业 215 家，取缔无证经营黑诊所 3 家，没收假药品 962 瓶、医疗器械 657 瓶，总价值 1.7 万余元。建立危急孕产妇抢救和危急重症患儿抢救“绿色”通道，接收危急救 72 次，抢救危急孕产妇 38 人，抢救成功率 100%。在结婚登记人群中完成 HIV 病毒抗体检测 3133 人。在孕产妇中筛出 HIV 感染者 14 人。

【城乡建设·旅游】 完成了东川城市总体规划续修编、控制性详细规划工作，城市规划区道路路网规划设计工作全面完成。以“四创两争”工作为契机，“拆围见绿”、“拆临拆违”、“万棵大树城市”等工作取得实效，实施城市亮化、美化、绿化工程，城市面貌焕然一新。凯通北路、团结东路、污水处理厂、垃圾填埋场、三期廉租房、“九寰大道”古铜旅游小镇一期、玛瑙城、玉美新城六、七期等工程积极推进，南郊农贸市场、祥和市场、勋业市场建成投入使用，钻石年华、金帝大厦、丽水金沙等一批房地产项目相继竣工。汤丹、拖布卡、红土地集镇规划建设有序展开，小集镇建设初具规模。城乡客运秩序取得实质性进展，积极发展城市公交、出租车行业，在原有基础上，开通了阿旺、绿茂、姑海、大寨等城乡公交车。

红土地景区、景点基础设施进一步改善，旅游小镇建设进展顺利，开展了轿子山申报国家级自然保护区前期工作，牯牛山旅游开发有了新进展。中国东川泥石流汽车越野赛系列活动的成功举办，使东川“五·一”假日经济形成新“热点”，东川知名度进一步提高。全年接待中外游客48万人次，收入1.12亿元。

【存在的问题】 1. 经济发展水平低、实力弱，发展的动力和活力不强，产业结构单一，抵御市场风险的能力弱，产业支撑力不强。2. 基础设施欠账较多，发展滞后，扩大投资压力大。3. 城乡贫困面大，贫困程度深，社会保障体系不健全，就业和再就业压力大，维护社会和谐稳定任重道远。4. 城乡发展不平衡，生态脆弱，节能环保任务艰巨。5. 少数干部学习不够深入，思想解放不够，观念落后，作风有待进一步改进，执行力有待进一步提高。

（杜选明）

安宁市

【概　述】 2008年，全市实现生产总值（GDP）114.01亿元，比上年增长13.1%。人均生产总值3.58万元，比上年增长12.5%。第一产业增加值6.86亿元，比上年增长5.8%；拉动经济增长0.3个百分点，第二产业增加值69.98亿元，比上年增长12.1%；拉动经济增长7.8个百分点，其中工业增加值66.37亿元，比上年增长13.1%；对生产总值的贡献率60.7%，拉动经济增长8个百分点。第三产业增加值37.17亿元，比上年增长16.6%。拉动经济增长5%，工业仍为拉动经济增长的主要力量。一、二、三产业增加值的比重为6∶61.4∶32.6。全市生产总值占昆明市的7.1%。非公经济实现增加值39.08亿元，占全部生产总值的34.3%。全市工农业总产值388.2亿元，比上年增长27.7%。2008年，全市实现社会消费品零售总额21.43亿元，比上年增长29.0%；商品零售物价指数为105.4%。全市实现财政收入23.01亿元，比上年增长6.6%；其中：一般预算收入10.85亿元，比上年增长27.1%；上划中央财政收入11.49亿元，比上年减少7.9%；全年地方财政支出15.86亿元，比上年增长15.7%。

金融机构各项存款余额为118.16亿元；比年初增长17.04%，金融机构各项贷款余额为84.71亿元，比年初增长30.9%；金融机构现金收入177.45亿元，现金支出189.1亿元。分别比上年减少2.8%和减少3.2%。

2008年全市实现农林牧渔业总产值10.92亿元，比上年增长6.3%；全市实现农牧渔业增加值6.86亿元，比上年增长5.8%；粮食产量达5.73万吨，比上年增长16.7%；平均亩产量达422公斤，比上年提高7.3%；烤烟生产完成双控目标，烤烟产量达4901吨，比上年下降1.7%；蔬菜总产量达15.58万吨，比上年增长4.5%；水果总产量2.62万吨，比上年增长36.5%；油料总产量2190吨，比上年增长45.4%；畜牧业生产得到快速发展，2008年全市畜牧业产值达5.58亿元，占农林牧渔业总产值的51%，比上年提高34个百分点；主要畜产品产量：猪、牛、羊肉产量达3.7万吨，比上年下降0.1%；家禽出栏811万只，比上年下降0.7%；禽蛋产量3170吨，比上年下降8.6%，牛奶产量3816吨，比上年下降14.9%；2008年末，大牲畜存栏2.12万头，比上年下降9.4%，生猪存栏14.85万头，比上年增长5.6%，羊存栏2.83万只，比上年末下降7.8%。乡镇企业快速发展，2008年，全市有乡镇企业7988户，比上年下降12.6%；从业人员5.5万人，比上年增长6.9%；乡镇企业实现营业收入142.45亿元，比上年增长30.3%；实现增加值24.07亿元，比上年增长23.1%；实现利税4.97亿元，比上年减少53.4%。

工业生产稳步发展，经济效益有所提高。2008年，全市完成工业总产值379亿元，比上年增长28.5%，全年实现工业增加值66.38亿元，比上年增长13.1%；主要产品产量：钢406.8万吨，比上年增长1.0%；钢材352.2万吨，比上年减少14.6%；生铁398.9万吨，比上年增长1.1%；化肥（折纯量）53.3万吨，比上年增长3.9%；原盐52.3万吨，比上年增长16.2%；煤气73.11亿立方米，比上年增长1.9%；磷矿石496.4万吨，比上年增长17.6%；水泥143万吨，比上年下降30.6%。自来水供应1999万吨，比上年增长6.3%。

交通运输及邮电业平稳发展。全市货运量达7842万吨，比上年增长8.1%；货运周转量9亿吨，比上年增长11.6%，客运量为6857万人，比上年增长10.7%；全市拥有机动车3.77万辆，其中：载货汽车4764辆，比上年增长8.8%；载客汽车1.81万辆，比上年增长13.4%。全市实现邮电业务总量1.44亿元；全市拥有固定电话6.09万部；在网移动电话用户11.08万户，比上年增长8.4%。

【新农村建设】 继续落实“反哺、提高、统筹、核心”四大工程和“领导挂勾、部门联系、企村结对、社会帮扶”整村推进工作，社会主义新农村建设取得新的成绩，完成304个自然村新农村建设规划编制，启动9个行政村整村推进工作，实施13个小康示范村、33个发展致富村、23个生态村建设。

粮食播种面积14.73万亩，粮食总产量5.7万吨，创5年来最好水平。新建养殖小区4个，母猪养殖示范村4个。建成年出栏500头以上规模化养猪户50户，年出栏6000只以上规模化养鸡户890户。全市出栏肥猪25万头，家禽830万只，肉牛7000头。畜牧业规模化发展水平有所提高。

果蔬生产持续发展。全市完成蔬菜播种面积10.5万亩，总产量达21万吨，总产值达到1.89亿元。浅水藕种植面积1.88万亩，总产量2.6万吨，总产值4700万元。红梨管护和营销水平进一步提高，总产量达1.05万吨，产值达2900万元，实现了提质增效目标。

全年完成大小水利工程513件，总投资5073万元，改善灌溉面积12.39万亩，治理水土流失面积30.97平方公里，除险加固水库3座、坝塘3个、小水窖87个，解决2.11万人、1.42万头畜饮水困难问题。完成71个自然村道路硬化工作，自然村道路硬化率达到81%。新增公交线路25条。目前，全市已拥有公交车238辆，营运线路47条，线路覆盖60个行政村，336个自然村，总里程668公里，通村覆盖率达到91%。稳步推进林权制度改革，加强森林管护，完成植树造林211万株，完成“五采区”植被恢复599亩，森林生态系统的整体功能进一步提高。继续巩固完善广播电视“村村通”工程，完成建设工程130项，总投资210万元。

农业经济全面发展，农业总产值达到10.94亿元，同比增长6.8%，完成计划的109%。农民人均纯收入5563元，扣除物价上涨因素实际增长10.5%，完成计划的107.8%。

【工业经济】 完成《安宁工业园区总体规划》修编、《安宁工业园区区域环境影响评价报告》和《安宁市工业循环经济实施方案》编制工作，正在编制《安宁市工业产业发展规划》。开展清洁生产审核41户。完成“五小”企业清理整顿，依法半停企业23户，责令限期关停12户，限期整改9户。开展循环经济试点工作，实施工业循环经济项目14个。

云天化集团安宁矿业分公司年产200万吨磷矿浮选项目、国际富瑞分公司“836”二期运行情况良好，云南天安化工有限公司年产50万吨合成氨项目于2008年6月份试车成功投产；配合武钢集团昆明钢铁股份有限公司草铺项目，收储土地4.25平方公里，完成422户1358人的搬迁安置和12条通信光缆迁改，域内16户企业、200万吨磷石膏、磷渣等顺利搬迁，为项目开工创造了积极有利的条件。中石油云南炼油厂安宁权甫选址前期各项工作顺利开展。在大项目的带动下，全市工业经济快速发展，规模以上工业企业增加到88户，完成工业总产值406亿元，同比增长23.3%，工业增加值68.66亿元，同比增长21.4%，完成计划的100%。工业发展质量进一步提高，单位GDP能耗下降5.3%，规模以上万元增加值能耗下降6.2%，完成计划的100%。

认真贯彻落实加快非公经济发展的相关政策，非公经济获得长足发展，完成增加值25.28亿元，同比增长25.47%，利税总额4.95亿元，同比增长160%。

【招商引资】 公开招聘工作人员，建立专业化招商引资队伍，组建招商局，签订目标责任书，落实部门责任，努力推进招商引资工作。全年洽谈项目118个，协议投资内资822亿元，外资4416万美元。签约项目12个，协议投资总额171亿元。开工项目14个，总投资67.3亿元。开工率较上年增长12%，资金到位率增长38%。纳入昆明市考核的项目共27个，实际到位内资35亿元，完成任务的117%，外资4375万美元，完成任务的175%。

招商引资是实现安宁经济跨越式发展的重要举措，通过加大环境建设、项目开工和跟踪服务等方面的工作力度，安宁市招商引资工作呈现出项目开工率高、结构合理、投资拉动强等特点。雨润集团安宁食品加工项目、900四辊直流四连冷轧钢板加工生产线建设项目、保利集团宁湖峰境项目、闽粤石材加工基地项目破土动工，万辉·星城、恒大·金碧天下、世纪天乐温泉山谷等项目进展顺利。城市精品片区建设快速推进，经济发展活力进一步增强。全社会累计完成固定资产投资37.5亿元，同比增长19.4%，完成计划的104%。

【商贸经济】 市场主体健康快速发展，城乡市场繁荣，城镇居民收入大幅度提高。全市登记注册的企业合计1831户，同比增加98户，增长率为5.6%；个体工商户1.26万户，同比增加1357户，增长率为12%；新建农民专业合作社20个，入社会员超过500户。创建安宁市级“诚信市场”5家，申报昆明市级“诚信市场”2家。生猪机械化定点屠宰场建成并投入使用。连然街综合农贸市场新建和华西农贸市场标准化改造工程完工并投入使用；大屯新区标准化农贸市场建成并开始招商；启动城区综合市场改造为商业购物区的前期工作。商贸经济健康发展，全年完成社会消费品零售总额21.88亿元，同比增长24.6%。

城镇居民人均可支配收入1.74万元，同比增长18.1%，扣除物价上涨因素实际增长10%，完成计划的107%。受物价持续上涨等因素的影响，城市居民食品、衣着、居住等消费性支出增长较大，农民家庭生产费用、非消费性支出等增长较快。

【财政·金融】 地方财政总收入完成23.01亿元，同比增长6.6%，其中：地方财政一般预算收入完成10.85亿元，同比增长27.1%。

全市金融机构各项存款余额为120.33亿元，比年初增长19.2%，各项贷款余额84.71亿元，比年初增长30.9%。工业贷款、农业贷款增长迅速，对支持工业发展起到积极作用。

【城乡基础设施建设】 安宁市生活垃圾无害化处理中心建成投入试生产，城市垃圾处理率达到100%。建成镇、街道办事处垃圾中转站5座，收集房931间，城乡垃圾统筹处置正在逐步实施。全面推进城乡园林绿化，建成社区公园（城区绿化广场）4个，集镇绿化广场1个。昆安高速公路和平村收费站至城区道路绿化改造工程全面完成。城市绿化覆盖率达到43.2%，绿地率达到38.65%，人均公共绿地面积15.03平方米。连然街向北延长线建设工程即将竣工；湖东路（安八公路起点至云化段）建设工程进入收尾阶段；工业园区运输快速通道（安宁至禄脿段）开工建设。城市及工业园区发展路网初现雏形。

培训农村劳动力1.06万人，转移就业8801人。提供有效就业岗位9421个，全年新增城镇就业人数4791人，特殊困难群体就业1034人，79户“零就业家庭”实现至少1人就业。城镇登记失业率2.7%，控制在计划目标内。

城市居民最低生活保障制度进一步完善，累计发放居民最低生活保障金8.59万户次16.95万人次，计2614万元。农村最低生活保障制度稳步推进，年内共发放保障金387万元，实现了农村低保制度低标准、全覆盖的目标，300套廉租房完成主体工程，完成农村民居抗震加固900户，补助费用575万元。八街、县街、连然、禄脿4所敬老院新建、改扩建工程完工并陆续投入使用，新建、改扩建面积1.37万平方米，可提供床位600张。

切实加强普法宣传和社会矛盾化解，法制宣传普及率达到95%，社会矛盾纠纷调解率达到100%，成功率达到96%。认真落实安全生产目标责任制，深入开展安全生产“隐患排查年”活动，隐患整改率达到95%。认真开展安全生产大检查，广泛开展安全生产宣传教育，切实加强各类事故防范，安全生产工作进一步加强，形势趋于稳定和好转。

【社会事业】 继续推进农村中小学标准化建设和基础设施配套工程。宝兴学校二期工程于8月8日开工建设；安宁实验学校新建工程于11月20日开工建设；青龙学校完成异地选址和建设前期准备工作；安宁职中改扩建工程于12月26日开工。职教基地规划建设继续推进，总体规划完成二次修编。云南省技师学院、昆明冶金高等专科学校开工建设。

组织申报国家、省、昆明市科技项目10个，昆明市中小企业科技创新基金项目5个，安宁市获科技项目38个，努力以实施科技项目促进各行业科技进步。完成“一池三改”320户，建成生态村3个，生态户100户，安装太阳能光伏发电路灯573盏。推广绿色照明节能灯100万余只，成为全国唯一当年“百万只灯进万家”的县级行政单位。

巩固和发展新型农村合作医疗制度，人均筹资达到90元。完成农村40岁以上的4.8万农民体检。新建、改扩建村卫生室30个，村文化室35个。组团参加昆明市第六届农民运动会和云南省第六届城市运动会并获得好成绩。以创建全省旅游强县为动力，乡村旅游示范点建设、农家乐星级评定等工作成效显著。全年共制造各类游客184.4万人次，同比增长5.2%，旅游综合收入6.23亿元，同比增长4.4%。

进一步落实农村计划生育家庭奖励扶助政策，计划生育优质服务通过达标验收，流动人口计划生育服务管理有了新的成就，常住人口符合政策生育率98%，人口自然增长率5.69‰，控制在计划以内。

严把环保“三同时”竣工验收关，建设项目环境影响评价制度和环保“三同时”管理制度执行率达100%。认真开展城镇及道路沿线环境综合整治工作，加强农村生态环境建设，太平、县街、青龙、禄膝4镇通过省级生态考核。

【存在的问题】

1. 金融风暴对全球经济造成巨大冲击，经济发展不稳定、不确定因素增加。受大环境制约，全市钢铁、盐磷化工等主导产业受到严重影响，第四季度以来效益呈现垂直下滑现象，进而波及第三产业。

2. 产业发展规划研究不够，布局不明晰，产业培植任务繁重。产业利用规划、城市规划、环境规划等专项规划间衔接不紧密，规划围绕项目走的问题突出。产业链短，高附加值产品不多。工业三废利用率不高，对企业周边环境造成污染。

3. 土地流转率低，难以突破传统农业发展模式，农业的内在潜力不大。

4. 物价上涨造成居民用于食品等基本生活开支的费用增加，挤占了医疗保健、教育、文化娱乐、家庭设备用品及服务等支出，对居民生活造成一定影响。

5. 基础设施建设总体滞后，项目落地困难。全年重大基础设施建设项目和重点建设项目总量过大，投融资压力巨大。

（张丽华）

曲靖市县区经济选介

宣威市

【简　述】　宣威市位于云南省东北部，总面积6069.88平方公里，约占云南省总面积的15.8%。宣威境内最高点为东山主峰滑石板，海拔2868米，最低点是清水河与木冬河交汇处的腊龙岔河，海拔920米，相对高差1948米。宣威境内河流以老官营梁子、分水岭、公鸡山岭脊为界，分属长江水系和珠江水系，天然河川径流量24亿立方米。2008年，年均气温13.5℃，年均降雨量1263.3毫米。

宣威市辖区有26个乡（镇、街道）331个村委会、25个居委会，总人口144.25万人，其中非农业人口14.31万人，占总人口9.91%；少数民族人口9.42万人，占总人口7%；男性76.27万人，占总人口52.87%；女性67.98万人，占总人口47.13%。人口出生率7.54‰，死亡率4.35‰，自然增长率3.19‰。

【农　业】　2008年，宣威市实现农业总产值45.96亿元，比上年增长21.86%。其中农业产值21.21亿元，增长15.1%；林业产值1.98亿元，增长130%；牧业产值22.8亿元，增长27.21%；渔业产值6055万元，增长10.3%；其他6400万元。全年实现粮食总产5.7亿公斤，增长4.41%。

【工　业】　2008年，宣威市工业完成总产值112.52亿元，同比增长19.6%；增加值47.25亿元，增长13.1%；销售收入71.42亿元，增长17.63%；利润总额亏损9000万元，下降142.8%；利税总额6.05亿元，下降7.61%。

【建筑业】　2008年，组织全市建筑施工企业参加全省资质审查，27家建筑施工企业通过资质及安全生产许可年检，552个项目经理、799个安全员年检合格；完成总投资额达2.8亿元、总建筑面积22万平方米的招标备案项目31个，完成总投资额达2.9亿元、建筑面积103万平方米的建筑工程项目报建27个；核发《施工许可证》13个；完成预算员资格证换造价员证101份；开展5次大规模的建筑施工安全大检查，检查在建工程22个，发出整改指令书16份，整改隐患58条。完成拦标价1.3亿元、中标价1.26亿元的交易项目30项；完成17项8.7万平方米的工程质量监督，完成砼、砂浆、砖、钢筋试拉检测1300组，实现业务收入30万多元；完成建筑设计5.3万平方米，实现设计收入48万元。

【第三产业】　2008年，宣威市国民经济发展持续快速增长，呈现出第一产业稳步发展、第二产业快速增长、第三产业增势强劲的特点。全年第三产业增加值34.9亿元，比上年增长14%。

【个私经济】　2008年，全市个体工商户发展到1.15万户，从业人员2.4万人，注册资金2.98亿元；私营企业发展到1111户，注册资金达23.76

亿元。鼓励支持下岗失业人员、农村富余人员从事个体私营经济，全面落实下岗再就业优惠政策，对106名下岗失业人员再就业、32名高校毕业生就业开辟了绿色通道，减免管理费10.82万元、登记费1.29万元。非公经济实现增加值42.6亿元，比上年增长29.8%，上缴税金3.6亿元，比上年增长14%。

【交通运输】 2008年，宣威市交通运输运营质量和服务水平不断提高。全年货运量为1336.01万吨，货运周转量9.94亿吨公里，客运量1041.6万人，客运周转量9.69亿人公里。

【邮电通信】 2008年，宣威市邮电通信业稳步提升，其中邮政业务收入1378万元，比上年增长2%；电信业务收入4125.9万元。

【商贸流通】 2008年，宣威持续推进“万村千乡市场工程”和“乡村流通工程”，改造提升乡镇农贸市场11个，新建农家店164个，农村消费环境不断改善。城市农贸市场、大型商场和各专业市场建设有序推进。加强市场运行调控，物价总水平保持基本稳定，居民消费价格总指数105.92，商品零售价格总指数107.63，实现社会消费品零售总额39.92亿元，比上年增长27.2%。

实施“走出去、引进来”战略，创新招商方式，招商成果不断扩大，昆交会签约项目5个，协议引资17.27亿元。对外贸易取得新进展，进出口总额3770万美元，比上年增长10.7%。

【财政·税收】 2008年，宣威市实现财政总收入16.43亿元，比上年增长16.59%；全市地方一般预算收入7.27亿元，增长15.12%；地方一般预算支出2.05亿元，增长37.52%。

全年共组织各项国税收入7.84亿元，比上年减少4.26%，其中增值税累计7.25亿元，消费税累计3.32万元，企业所得税累计819.45万元，储蓄存款利息个人所得税累计785.46万元，车辆购置税累计4253.82万元。

【金融·保险】 2008年，宣威市金融机构各项存款余额95.7亿元，比上年增长26.94%；金融机构各项贷款余额55.2亿元，增长12.2%。全年人寿保险收入6988万元，增长39%；财产保险收入7600万元，增长17%。

【固定资产投资】 2008年，宣威市固定资产投资较快增长，重大建设项目稳步推进。全年争取到位各种项目建设补助资金2.96亿元，创历史新高。年内，全社会固定资产投资完成70亿元，比上年增长27%。

重点项目全面推进。启动了板桥至倘塘二级公路等9条公路建设和沾益—六枝铁路复线宣威段全部控制性工程，建成了三尖地—龙潭、密德—五一桥等10条公路。全面完成了水库除险加固和年度农村人饮安全工程，启动了小干河水库、红石岩水库建设工程。完成了2007年度中西部农网改造10KV及以下工程。启动了云维公司60万吨电石、300万吨石灰石矿山、20万吨醋酸乙烯项目；宣威磷电公司黄磷炉技改结束并全部投产，200万吨矿渣水泥项目前期工作基本完成，60万吨大焦化项目正积极推进；万家口子电站等一批重点水电项目稳步实施；雄风新型墙材厂4000万片/年锰渣页岩空心砖项目建成投产；四川金广集团年产3万吨电解锰项目和年产10万吨硅锰合金项目即将开工；炬能公司加气混泥土生产新墙材项目顺利推进；宇恒水泥厂低温余热电站已并网发电。恒邦进厂公路、磷电渣场建设接近尾声，电化一体化项目征地、拆迁工作有序推进。

【城镇建设】 2008年，全市总人口144.25万人，城镇人口45.92万人，城区人口21.74万人，城镇化率达32%，比上年增长1.5%。全市建成区面积达61.62平方公里，其中市区建成区面积24.5平方公里，建成区绿化覆盖面积198.1公顷，公共绿地面积97.04公顷，村镇建成区37.12平方公里。

【环境保护】 环境保护力度逐年加大。淘汰落后生产工艺，力促企业清洁生产。严把项目审批关，严格落实建设项目环境影响评价制度和“三同时”制度，从源头上控制新的污染源产生。大力加强对排污企业的日常监督管理，对全市排污企业进行经常性的现场检查。加强农村环境综合整治，有效控制农村面源污染。

生态建设项目顺利实施。深入开展绿色生态乡镇和绿色学校创建活动；启动宣威南大门绿色生态走廊建设工程；继续实施“长治”、“珠治”工程，治理水土流失面积50.5平方公里；处置锌废渣90万立方米，当地生态环境得到有效恢复；完成人工造林5.9万亩，封山育林6万亩，天然林管护400万亩，核桃、柳杉种植1353万株，全市森林覆盖率达45.7%。

环境质量逐步好转。全年二氧化硫排放总量控制在2.11万吨，削减了1.79万吨；化学需氧量

（COD）控制在1371.76吨，削减了4051.6吨。城市环境空气质量稳定在二级标准范围内，二氧化硫一级天数达276天，二级天数84天，环境空气质量明显好转。

【教科文卫体】 2008年，宣威市教育、科技、文化、卫生和体育事业全面发展。年内，全市有各级各类学校1104所，其中有中等职业学校7所，学生9226人，完全中学12所，初级中学46所，小学1011所，特殊教育学校1所，幼儿园27所。普通高中3.36万人，初中7.9万人，小学14.97万人，幼儿园2.45万人，特殊班学生45人，在校生29.61万人，教职工1.38万人。全市高考上线1.05万人，占曲靖高考上线人数的33%。

年内，组织申报国家、省、曲靖市科技项目11项，其中国家科技部2项、省科技厅5项，曲靖4项。2008年，26个乡（镇、街道）均设有文化站，获奖的作品：樊同伟编剧的《孟获出山》在曲靖市、云南省展演中分获一、二等奖；赵璠的摄影作品分别在曲靖市、平遥国际摄影展、澳门摄影展中获奖；朱祥琨书法作品入选“群星奖”展出；徐超美、符培编导的作品《打起灯笼跳起脚》获曲靖市少数民族歌舞乐展演金奖。

2008年底，宣威市共有医疗卫生机构103个，卫生事业人员1496人，村卫生所345个，床位3136张。年内完成门诊264.63万人次，年入院6.63万人次，年出院6.99万人次，全年完成业务收入2.3亿元。年内，有114.05万人参加合作医疗，参合率达92.16%，累计减免补偿263.54万人次，8854.08万元。

省第六届城市运动会，宣威代表队最终夺得金牌5枚，银牌3枚，铜牌6枚。金牌总数名列第12名，团体总分158分，名列第14名，荣获团体道德风尚奖。在昆明举办的第七届全国残运会和云南残疾人运动会上，取得了3金3银3铜的优异成绩。

【综合治理】 2008年，公安机关坚持严打整治不放松，受理并查处治安行政案件3518起，查处违法人员4092人，治安拘留1561人；破获各类刑事案件2112件，拘留犯罪嫌疑人958人，逮捕808人，移送起诉952人。

2008年，市公安局开展了整治校园周边环境和治安秩序专项行动，破获各类涉校刑事案件30余起，查处治安案件17起，抓获犯罪嫌疑人36名，取缔违法违规经营场所39处，清除违规占道经营摊点124处，饮食摊点1个，为学校创造一个良好教学环境；开展农村社会治安混乱地区的排查整治工作，有660个工矿商贸企业、508个重点行业完成自检自查，查出隐患8522条，并及时整改，取缔29家非法建设、生产、经营的单位，打击处理2起，整治突出治安问题29件；开展“打黑除恶”专项斗争，摧毁了云南省公安厅督办的恶势力犯罪团伙3个，捣毁犯罪团伙22个，抓获犯罪嫌疑人226人，缴获作案枪支5支，仿真枪3支，管制刀具117把，追回被盗车辆1辆。

在社会治安综合治理工作中，宣威市对落实社会热、难点问题常抓不懈。全市各级调解组织共受理纠纷6133件，调解成功5889件，调解成功率达96%；预防劝解、制止群体性上访106件；预防劝解、制止群众性械斗58件；防止“民转刑”案件83件，维护了全市社会稳定。

【人民生活】 2008年，宣威市城乡居民收入稳步增长，人居环境、生活质量进一步提高。全年农民人均纯收入3118.31元（其中实物折算收入620.44元，农民现金收入2497.87元），比上年增长22.73%。城镇居民人均可支配收入1.2万元，增长15.17%；城镇居民人均消费支出8502.31元，增长12.56%。

（耿文江）

普洱市县区经济选介

思茅区

【概　况】 思茅区位于云南省南部，澜沧江中下游，是普洱市的政治、经济、文化中心，辖区总面积3928平方公里，其中山区面积3582平方公里，占总面积的91.2%，坝区面积346平方公里，占总面积的8.8%。海拔在587米～2154.8米之间，区政府所在地思茅镇海拔1302米，年平均气温19.0℃，年最高气温32.9℃（4月21日）、年最低气温5.2℃（12月2日）；平均日照时数5.3小时，年降雨量1569毫米，距省会昆明公路里程410公里，空中航线305公里。全区辖思茅、南屏、倚象、思茅港4镇和云仙、六顺、龙潭3乡，下设60个村民委员会和10个社区居民委员会，自然村709个。年末总人口为25.68万人，其中非农业人口10.95万人，占总人口42.6%；少数民族人口9.45万人，占总人口36.8%；人口密度每平方公里65人，人口自然增长率6.4‰。

【综合经济】　国民经济持续较快增长。初步核算，全区实现地区生产总值（GDP）39.44亿元，按可比价格计算，比上年增长13.5%。其中，第一产业增加值5.04亿元，增长8.6%；第二产业增加值16.08亿元，增长22.2%；第三产业增加值18.31亿元，增长8.1%。按常住人口计算，当年人均GDP达到1.54万元，增长13.2%。一、二、三产业比由上年的13.11∶38.43∶48.46调整为12.8∶40.8∶46.4；第一、二、三产业对经济增长的贡献率分别为7.5%、62.0%、30.5%。非公有制经济进一步发展，实现增加值在地区生产总值中的份额达42.9%，提高2.6个百分点。

【农林牧渔业】　农业经济平稳增长。完成农业总产值8.2亿元，增长9.3%。粮食总产量5.08万吨，比上年增加177吨，增长0.35%。农业产业结构调整力度加大，收购烤烟1440吨，增长27.8%，新增桑园1230亩，完成无公害蔬菜基地建设1245亩，完成冬农开发10.29万亩。

调整农作物种植结构。全年粮食播种面积为24.00万亩，比上年减少75亩。其中夏粮播种面积为6.22万亩，比上年增加990亩；秋粮播种面积为17.78万亩，比上年减少1065亩。油料播种面积1.05万亩，增加180亩；蔬菜播种面积3.16万亩，减少120亩；烤烟播种面积9330亩，增加1290亩。

畜牧业稳定发展，肉类总产量1.25万吨，比上年增长5.5%，其中：猪牛羊肉1.15万吨，比上年增长4.8%；禽肉950吨，比上年增长14.7%；蛋类产量340吨，比上年增长18.1%。大牲畜出栏1.13万头，比上年增长0.1%；生猪出栏17.20万头，比上年增长3.8%；山羊出栏1.03万只，比上年增长-4.5%。大牲畜存栏3.11万头，比上年增长-16.2%；生猪存栏17.90万头，比上年增长1.2%；山羊存栏1.62万只，比上年增长-10.8%。

渔业生产平稳发展。全年水产品产量1.01万吨，比上年增长3.4%。

林业生产取得新成绩。全年造林面积1.58万亩，全社会木材生产量16.92万立方米，松脂产量4523吨。集体林权制度改革成效明显，主体改革全面完成，累计发放林权证2.8万本，“三建立、一加强”配套改革深入推进。

改善农业生产条件。完成腰带公路、龙麻公路、炮掌山公路、大车树公路、高嘎公路等234.2公里通达工程，腰带公路、龙麻公路、炮掌山公路、大车树公路油路建设项目顺利开工，倚永公路被列入省交通厅沙土固化实验项目。黄果园水库、田坝水库等5座震损水库除险加固工程全面完工，修建各类水利设施1365件，新增灌溉面积2850亩，改善灌溉面积8500亩，解决人、畜饮水困难1.04万人、5400头。完成3133户农户电网改造，解决1.41万人用电问题，农村用电量828万千瓦小时，增长8.8%。加大财政对农业的投入，农民从财政得到的转移性收入增加。农机下乡等惠农政策的实施，促进了农业生产条件的改善。年末农业机械总动力12.08万千瓦，比上年末增长19.6%。其中：农用排灌动力机械1500千瓦，与上年持平；农用运输车473辆，增长36.3%。全年农用化肥施用量（折纯）4206吨，比上年增长5.6%。

按照“生产发展、生活宽裕、乡风文明、村容整洁、管理民主”的要求，积极推进新农村建设，整体推进省、市、区新农村示范点建设项目，结合移民安置、地震恢复重建等工程，打造了腊梅坡、坡脚、竜竜下寨等一批各具特色的新农村。加大扶贫攻坚力度，完成了30个重点扶持村建设任务，解决了2892个贫困人口的温饱问题。新农村建设取得新成效。

【工　业】　工业经济稳步增长。完成工业总产值24亿元，增长14.8%。实现工业增加值9.8亿元，增长29.7%，占全区生产总值的24.9%。产业培植力度加大，茶、林、电、矿、建筑建材5大产业完成工业产值21.10亿元，占全区工业总产值的87.9%。企业总体运行质量有所提高，规模以上工业企业实现主营业务销售收入17.7亿元，增长8.7%；实现利税总额3.5亿元，增长12.1%，工业经济效益稳步提升。实施了山水铜业选厂改造等一批技改项目，工业发展后劲不断增强。工业园区建设取得新进展，普洱茶加工科技园区基础设施建设完成投资2.8亿元，31户企业入园建设，其中，15户企业已建成投产。年末规模以上工业企业23家，比上年末增加1家。

【建筑业】 全年共完成建筑业总产值23.93亿元，增长14.2%；竣工产值9.47亿元，增长35.7%；建筑业劳动生产率为14.5万元/人，下降0.9%。建筑业企业房屋建筑施工面积150.80万平方米，增长43.3%；房屋建筑竣工面积49.21万平方米，下降19.4%，其中住宅竣工面积27万平方米，下降0.3%。全区建筑企业实现利润总额4769万元，比上年增长38.4%。

【固定资产投资】 固定资产投资较快增长。全年全社会固定资产投资40.12亿元，比上年增长25.2%。其中：城镇固定资产投资28.87亿元，增长41.4%；农村固定资产投资2.12亿元，下降4.9%。在城镇投资中：第一产业投资1605万元，增长42.5%；第二产业投资16.30亿元，增长13.0%；第三产业投资12.41万元，增长111.0%。

重点建设项目和基础设施建设成效显著。全力做好重点工程的协调服务工作，糯扎渡电站、磨思高速公路、思澜公路改造、市政建设等重点项目建设积极推进。糯扎渡电站完成投资13.99亿元，比上年增长3.9%；磨思高速公路完成投资2.25亿元，比上年增长2.1倍；思澜公路二期改造工程完成投资1.29亿元，比上年增长41.7%；普洱文化中心完成投资5948万元，增长11.3倍；普洱工业园完成投资9961万元。随着城市北部区建设的展开，城市基础设施投资大幅度增长，全年完成投资2.95亿元，增长7.7倍。

实施了交通、水利等一批基础设施建设项目，实现了固定资产投资较快增长。电站建设协调服务工作成效明显，糯扎渡电站围堰截流区移民搬迁和淹没区实物指标复核细化工作基本完成，思茅港防护大堤顺利完工，确保了景洪电站下闸蓄水发电。思澜公路二期改造基本完成，磨思公路建设稳步推进，思茅港进港公路、思景公路云仙至小黑江段路基工程、思云公路油路建设全面完工。配合市级推进中心城区南拓北建东扩，实施了思茅河改造、行政中心、文化中心、公务员动迁小区等中心城区建设项目，建设了北部区1号路、8号路、4号路、6号路及南部区师专1号路、2号路等一批城市路网工程。过街楼改造、泡猫河水库等项目基本完成。

房地产开发投资下降。全年房地产开发投资7.74亿元，比上年下降6.8%。房屋竣工面积34.3万平方米，增长17.1%；商品房销售面积31.8万平方米，下降37.9%；商品房销售额7.23亿元，下降41.1%。

【交通运输】 交通运输业稳定发展。年末公路通车里程2081公里。全年各种运输方式完成货物周转量11.10万吨公里，增长5.8%；完成旅客周转量10.49亿人公里，增长17.9%。机场旅客吞吐量13.59万人次，增长34.9%。

【邮电业】 全年完成邮电业务总量2.65亿元，比上年增长18.9%。其中，邮政业务量2115万元，增长12.6%；电信业务量2.44亿元，增长19.5%。年末局用电话交换机总容量达到20.53万门。年末固定电话用户达到11.56万户；移动电话用户达到19.93万户；宽带网用户达1.98万户。

【旅游业】 旅游业稳定发展。全年接待海内外游客98万人次，比上年增长14.7%；旅游总收入3.5亿元，增长25%。全年接待国内旅游人数97.13万人次，比上年增长14.9%，旅游收入3.40亿元，增长26.6%。全年接待海外旅客人数8700人次，比上年下降12.6%，旅游收入1019万元，比上年下降11.5%。

【国内贸易】 消费品市场稳中见旺。全年实现社会消费品零售总额16.43亿元，增长19.2%。其中：城市消费品零售额15.26亿元，增长19.0%，占消费品零售总额的92.9%；农村消费品零售额1.17亿元，增长21.6%，占消费品零售总额的7.1%。分行业看：批发、零售贸易业零售额13.16亿元，增长18.7%；住宿、餐饮业零售额3亿元，增长22.8%；其他行业零售额2721万元，增长4.0%。

消费热点增势较强。在限额以上批发零售贸易企业零售额中，石油及制品类增长43.7%，服装类增长65.8%，家用电器和音像器材类增长25.7%，化妆品类增长70.0%。

各类商品市场较快发展。年成交额在亿元以上的商品交易市场2家，实现成交额3亿元，比上年下降6.5%。限额以上超市3家，销售额1.87亿元，增长53.1%。物流业从无到有发展起来，年末已拥有物流经营户10家。

【对外贸易】 对外贸易稳定发展。全年进出口总额1517万美元，比上年增长6.9%。其中：出口1368万美元，增长6.5%；进口149万美元，增长11.2%。实现贸易顺差1219万美元，增长5.9%。

全年新批外商投资企业1个，新批合同外资金总额176万美元。

【财政·金融】 财政收入较快增长。地方财政总收入4.94亿元，比上年增长19.0%。其中，地方财政一般预算收入2.88亿元，增收4909万元，增长20.6%。在地方一般预算收入中：营业税收入1.55亿元，增长18.7%；增值税收入4939万元，增长19.0%；企业所得税收入424万元，增长49.8%；房产税和契税分别增长33.8%和116.9%。

财政支出结构调整优化。一般预算支出6.02亿元，增支342万元，比上年增长0.57%。涉及到民生的支出加快。全年教育支出1.19亿元，增长15%；城市居民最低生活保障支出1197万元，增长14.0%；就业补助支出730万元，增长12%；城乡社区事务支出5820万元，增长64%；环境保护支出210万元，增长21%；医疗卫生支出5163万元，增长20%。

金融运行平稳。年末全区金融机构存款余额79.98亿元，比年初增长5.6%，新增存款4.26亿元。其中：储蓄存款39.56亿元，比年初增长24.1%；企业存款22.62亿元，比年初下降7.3%。贷款余额83.63亿元，增长22.1%。从贷款投向看：短期贷款增长20.8%，其中私营企业及个体贷款增长112.1%，新增2310万元；中长期贷款增长28.5%，新增11.51亿元。在中长期贷款中，基本建设贷款和个人消费贷款分别增长45.5%和35.2%。

【教　育】 教育事业稳步向前推进。全面免除义务教育阶段学生学费。年末全区共有普通高等学校2所，专任教师405人，在校学生6768人；普通中学19所，专任教师1445人，在校学生2.48万人；小学60所，专任教师1216人，在校学生2.43万人，小学适龄儿童毛入学率112.5%；全区各类幼儿园20所，在园幼儿7648人。特殊教育学校1所，专任教师27人，学生313人。

教育事业发展加快，完成普洱二中一期建设并开始招生，思茅一中高中教学楼和三小、四小、五小、六小综合楼全面完工，新建校舍面积4.8万平方米，排除危房2742平方米，办学条件大为改善。教育教学质量稳步提高。

【科学技术】 科技创新能力不断增强，实施省、市、区科技项目35项，组织各类实用技术培训2.8万人次。

积极开展各项科技活动。完成各实用技术培训7900人次，全年科研经费支出1812万元，重点科技项目继续推进。2008年底拥有县及县以上独立自然科研单位6个。

【文化·卫生·体育】 文化、广播电视事业健康发展。全区有专业艺术表演团体1个；公共图书馆1个，藏书16.4万册；乡镇文化站7个。全区有广播电台2座，电视台2座，年末有线电视用户达到4.6万户，广播电视“村村通”工程稳步推进，广播和电视覆盖率分别为100%和98.6%。有线电视数字化转换工作有序推进。

卫生事业继续加强。医疗服务体制改革继续深化，新型农村合作医疗制度加快推进，公共卫生服务和基本医疗服务体系不断完善。年末，全区共有卫生机构22个，其中医院6个，卫生院7个，妇幼保健院（所、站）2个，疾病预防控制中心2个，卫生监督检查机构2个，医学科学研究机构2个。全区共有医院、卫生院床位1296张，卫生技术人员1601人。区人民医院建设前期工作抓紧进行。农村卫生服务体系建设国债项目基本完成，实现了村村有卫生室的目标。新型农村合作医疗全面推行，参合率达90.89%，农民群众“看病难、看病贵”的问题有所缓解。

体育事业稳步发展。组队参加云南省第六届城市运动会，启动建设云仙乡、思茅港镇文化活动场所，文体活动蓬勃开展。

有体育运动中心2个，晨晚炼健身活动点9个。积极开展全民健身活动，居民健身意识不断增强，健身活动在全区广泛开展，参加健身活动的人数超过6万人次。

【民生改善】 城乡居民收入稳步提高。城镇居民人均可支配收入1.14万元，比上年增加848元，同比增长8.0%；人均消费支出8516元，增长11.6%。农民人均纯收入3050元，比上年增加462元，增长17.9%；人均消费支出2987元，增长2.4%。

社会保障和福利事业进一步发展。年末全区参加基本养老保险的职工2.53万人，增长7.6%；参加基本养老保险的离退休人员7900人，增长5.8%。养老金社会化发放率达100%。参加基本医疗保险7.26万人。参加工伤保险职工1.98万人；参加生育保险职工1.76万人。各类福利院7所，床位113张。年末享受城镇最低生活保障人数7200人，全年累计发放城镇低保资金1325万元，增长13.0%。年末享受农村最低生活保障人数0.7万人，全年累计发放农村低保金306万元，增长110.7%。全年接受社会捐赠款318万元。

就业形势基本稳定。实行积极的就业政策，多形式促进充分就业，着力解决困难群众就业问题。年末全区城乡从业人员16.47万人，比上年末增加2661人。其中：第一产业8.11万人，增加387人；第二产业2.68万人，减少3126人；第三产业5.68万人，增加5400人。城镇登记失业率为4.49%。新增就业人员2507人，为3063名下岗失业人员发放灵活就业社会保险补贴704万元。失业人员小额担保贷款规模扩大，为266名下岗失业人员发放贷款532万元。

社会保险覆盖面不断扩大，启动了城镇居民基本医疗保险工作，参保率达63%。建立和完善了农民工工资保障金制度，劳动维权工作进一步加强。城乡救助体系逐步完善，建立了城市低收入人员临时生活救助制度，加大救助困难群众的工作力度。城市低保动态管理和分类施保工作得到加强，农村低保扩面工作稳步推进，“五保”供养、优抚、安置、医疗救助等工作取得新成效。建成2万平方米414套廉租房，城区低收入群众住房困难问题得到有效缓解。“6·3”地震恢复重建任务圆满完成，农村民居地震安全工程稳步推进，灾区人民群众住房条件明显改善，被表彰为“全省抗灾救灾先进集体”。

【环境保护】　全区关停并转污染企业1家，全面实施“七彩云南·思茅保护行动”，完成单位GDP能耗下降3.01%，淘汰接力水泥公司1条年产10万吨水泥熟料立窑生产线，扎实推进节能减排、污染防治、城市环境综合治理工作，生态建设与环境保护成效明显。城市生活垃圾处理率98.88%。环保生态林保护继续加强。城市绿化继续推进，绿地面积不断增加。区内建有国家级自然保护区1个，自然保护区面积266平方公里，占全区土地面积的6.8%。

【安全生产】　全区发生伤亡事故73起，比上年减少1起，死亡27人，比上年减少6人，分别下降1%和18%。其中：工矿商贸企业发生事故7起，比上年减少2起，死亡7人，比上年减少5人，分别下降22%和42%；道路交通事故58起，死亡20人；火灾事故8起，无人员伤亡。亿元GDP生产安全事故死亡0.68人，比上年减少0.31人，下降31.3%。

【城市管理】　加大城市管理力度。实施城区道路修复、改造和给排水项目，中心城区市政基础设施不断完善。开通城管专线，安装城市视频监控系统，建立街区联系责任制，城市管理水平不断提高。开展大树进城和义务植树活动，配合市级做好“拆临拆违”工作，实施“点线面”工程，打造街头景点，建设小花园、小广场，绿化美化水平得到提升。制定《思茅区养犬管理规定》、《思茅区城市市容管理办法》，深入开展市容环境综合整治，城市环境卫生状况进一步好转，顺利通过省甲级卫生城市的复查验收。出台《思茅区道路交通安全管理规定》，加大城区交通秩序综合整治力度，非法营运现象得到有效遏制，新建公共车停靠站57个，城区道路隔离栏1360米，城区交通秩序逐步好转。开展文明城区创建活动，城市文明程度不断提高，人居环境明显改善，被命名为“首批云南省文明城市（区）”。

（奎中凌）

红河州县区经济选介

个旧市

【综　述】　2008年，市委、市政府深入贯彻落实科学发展观，解放思想，万众一心，战胜各种灾害和困难，沉着应对国际金融危机的冲击，深入实施“一二三”工作思路和“工业强市，文化兴市，生态立市，机制活市”发展战略，成为国家首批12个资源转型试点城市之一。全市完成国内生产总值104.84亿元，比上年增长8.8%。实现财政总收入17.71亿元，增长6.8%；完成地方一般预算收入7.55亿元，增长28.1%；完成地方一般预算支出12.98亿元，增长32.9%。全社会完成固定资产投资36.05亿元，增长40.7%。金融机构各项存、贷款年末余额分别达到121.15亿元、55.47亿元，比年初增长14.1%、8.5%。社会消费品零售总额21.38亿元，增长23%。城镇居民人均可支配收入1.12万元，增长9.9%。农村居民人均纯收入4676元，增长14.2%。居民消费价格总指数106%，涨幅比上年回落1个百分点。

【农业·农村经济】 2008年，全市实现农业总产值10.4亿元，增长8.8%；实现粮食产量5.69万吨，增长9.6%。新农村建设扎实有效，投入资金740万元，完成新农村建设示范村39个，“数字乡村”工作有序推进。农业产业化经营进程加快，产业发展扶持力度加大，投入各项支农资金8958万元，六大特色产业成效明显，山区综合开发取得新进展。农村合作经济组织发展迅速，农产品购销体系逐步建立。农业科技发展水平不断提示，积极开展科技示范园建设及农业示范样板工作，各类农业新技术、新品种示范推广130余项。畜牧业综合产能明显提高，动物疫病预防机制不断完善。扶贫开发工作投入资金4027.15万元，完成鸡街白坡村易地扶贫搬迁工程和25个整村推进重点村建设，帮助6307人脱贫。农业水利基础设施建设得到加强，白云水库、北坡水库除险加固工程顺利启动，水利工程建设项目完成总投资2251.79万元。继续强化林业生态建设，退耕还林和珠江防护林工程成果得到巩固发展。农村环境卫生综合整治成效显现，完成12个农村卫生示范村建设工作，新建农村沼气池456口，乡村面貌进一步改善。

【工业经济】 2008年，市委、市政府继续深化“工业强市”战略，以优化升级传统产业作为经济转型的突破口，延伸产业链，培植替代产业，加强对重点企业的技术改造，促进了企业提质升级。设立了产业发展基金，出台了一系列产业发展优惠政策。工业项目建设稳步推进，全年新建、续建项目95个，累计完成投资23亿元。润鑫铝业10万吨电解铝建成投产，云锡公司10万吨铜、10万吨铅和红铅公司10万吨铅等一批重点工程项目建设稳步推进，霞石矿开发专项科研完成。产业发展环境得到不断优化，特色工业园区建设顺利推进，产业集群格局初步形成。全年完成工业总产值304.39亿元，比上年增长6.7%，其中，规模以上工业企业总产值256.24亿元，增长7.1%，占全部工业总产值的84.2%；实现增加值60.45亿元，增长5.8%。积极引导和扶持非公经济加快发展，新发展私营企业159户、个体工商户2193户，非公有制经济完成增加值32.9亿元，占全市经济总量的31.4%，比上年提高2.2个百分点。

【改革开放】 国有企业改革取得新进展，市塑料厂、瓷器厂等6户国有企业政策性破产工作基本完成，改制遗留问题逐步解决。集体林权制度改革主体工作顺利通过州级验收，完成林地确权100.4万亩，确权到户率93.9%。启动“一事一议”财政奖补试点工作，实施“一事一议”村级公益事业建设项目92个。完成公务员津补贴改革工作，深化事业单位公开招聘改革，实施乡镇编制实名制管理。完成基层农技推广体系改革工作，乡医、兽医、社区工作者、残疾人工作者等基层干部待遇得到提高。文化体制改革进一步推进，财税改革工作不断深化，国库集中支付管理力度加大，全市186个行政事业单位及各乡镇全部纳入财政国库集中支付管理。全面落实招商引资优惠政策。全年新签招商引资项目9项，新签项目协议总投资29.9亿元，到位资金12.24亿元，在建项目15个，实现了项目数量、投资总额和项目实施率的新突破。积极稳定外贸进出口，实现外贸出口3.8亿美元，进口1.2亿美元。

【城镇建设】 2008年，完成了大桥道路拓宽改造、胜利路大修、阳山大道改造等市政建设工程，阳山片区开发稳步推进。鸡街片区物流中心发展规划启动。大屯兴达园、鸡街莲花园和沙甸星月小区等统筹城乡示范区开工建设。城市开发经营有序推进，完成房地产开发投资5.6亿元，增长52.9%，商住楼施工面积达120.25万平方米。全年新增城区绿地面积9809.4平方米，居民生活环境较大改善。城乡交通基础设施得到进一步改善，完成交通基础设施总投资1.06亿元，改建、新建农村公路317.83公里，71个村委会道路路面硬化率达89.8%。积极配合做好玉蒙铁路建设，完成了鸡街—个旧、鸡街—倘甸路段大修和复白线、贾水线等25个农村公路通达工程，老个冷路、邦干和个温公路路面改造工程开工建设，启动个旧—卡房路段大修改造工程，鸡个一级公路建设工程已完成工程可行性评审，进入勘察设计阶段。新汽车客运站建设工程稳步推进。蔓耗客运站投入运营，老厂客运站开工建设，保和、贾沙的农村客运站选址工作已完成。供电、通信等基础设施建设进一步加强。

【环境保护】 “七彩云南·精品个旧”保护行动成效明显，创建“国家环境保护模范城市”工作稳步推进。积极开展矿产资源有效开发利用、可再生资源综合利用和废弃物回收利用等节能减排工作，建设项目环境影响评价和“三同时”制度得到较好落实，对黑神庙坡工业片区的12家炼铅鼓风炉企业共处罚款125万元，要求全市6平方米以上的26座炼铅鼓风炉企业完成脱硫设施安装，开展1939次环境现场监察和后督查，其中国控、省控、州控企业130次，其他排污企业1809次。二氧化硫和化学需氧量2项主要污染物排放量控制在预期目标内。

【社会事业】 教育工作顺利通过省政府督导检查评估。“两基”巩固与提高工作扎实有效，中考、高考再创佳绩。大力改善办学条件，完成5707平方米的D级危房改造。各类教育协调发展，成立了民办教育协会，民办教育政策得到有效落实，职业教育中心建设顺利推进。

加快科技创新体系建设，企业技术创新能力明显提高。全年获得国家、省、州科技自主创新立项14项，其中国家级2项，省级9项，州级3项，投入科技转化资金1.4亿元。

城乡公共卫生体系逐步健全完善。妇幼保健、疾病预防、计划免疫、艾滋病预防等进一步加强。农村新型合作医疗发展良好，参合农民14.32万人，参合率84.77%。人口自然增长率3.65‰。

继续推进完善就业和社会保障体系制度建设，城镇新增就业人口7441人，城镇登记失业率4.35%，下岗失业人员再就业税费减免353万元；农村劳动力转移5296人，实现农民工资性总收入1.4亿元；发放企业离退休人员养老金1.76亿元、失业人员失业金325万元、农村养老金28万元。顺利完成云锡集团公司2.32万名退休人员社会化管理服务工作。完成廉租房建设1.6万平方米，发放低收入家庭住房租赁补贴34.7万余元。城乡居民社会救助体系进一步完善，共投入6593.96万元，城市和农村低保对象实现应保尽保，困难群体救助帮扶工作有效开展。救济救灾工作扎实，发放救灾资金279万元，救助受灾困难群众3539户1.44万人。向汶川地震灾区捐款1044.22万元。积极实施农村民居地震安全工程，投入资金319万元，完成加固改造800户，拆除重建350户。

【存在的问题】 1. 国际金融危机不断加剧，有色金属价格大幅下滑，经济发展受到严重影响。2. 资源、环保、安全生产、企业改制、就业保障、社会治安等压力增加。3. 工业结构不优，产业集群层次不高，抗击市场风险能力弱。4. 能源消耗大、环境污染重的落后生产局面依然存在，节能降耗和污染减排目标任重道远。5. 农业基础薄弱状况没有改变，城乡统筹发展任务艰巨。

（何少华）

文山州县区经济选介

文山县

【综　述】 2008年，全县完成地区生产总值74.3亿元，增长14.6%，其中一、二、三产业完成增加值8.9亿元、33.9亿元、31.5亿元，增长率分别是7%、15.2%、40.5%。实现财政总收入7.5亿元，增长26.3%，其中地方一般预算收入完成4.4亿元，增长23.4%。城镇居民人均可支配收入达1.27万元，增长15.2%；农民人均纯收入达2476元，增长20%。社会消费品零售总额完成30.3亿元，增长25%。金融机构各项存款余额91.1亿元，增长14.6%，贷款余额88.2亿元，增长15.3%。人口自然增长率控制在7.1‰以内。城镇登记失业率控制在3.5%以内。单位地区生产总值能耗下降5%。

【“三农”工作】 2008年文山县共投入“三农”资金2.5亿元，完成农业总产值13.4亿元，增长5.4%。粮食生产喜获丰收，冬农开发稳步推进，完成农作物播种面积107万亩，实现粮食产量1.38亿公斤。三七面积4.2万亩，其中GAP规范化种植3万亩；完成烤烟种植5.7万亩，收购烟叶13.6万担，实现烟农收入9656万元；甘蔗面积5万亩，新植2400亩，产量24.8万吨，蔗农收入4497万元，产值1.43亿元；完成辣椒种植11.6万亩。畜牧产业健康发展。生猪、大牲畜、山羊、家禽存出栏明显增加，肉蛋奶总产量4.1万吨，增长16%，实现畜牧业产值5.4亿元，增长6.6%。加大以老君山保护区为重点的森林资源管护力度，实现连续22年无重特大森林火灾发生。

大力发展核桃产业，完成核桃种植14.5万亩，占计划的145%。组织实施了67个整村推进扶贫开发社会主义新农村建设项目，完成投资5700万元，3291户农户1.4万人受益，新建道路82公里，架设饮水管道32公里，建沼气池1604口、小水窖83口，改造住房727户，改厩、改厨、改厕2380户，新建科技活动室49间，活动场地1.3万平方米，安装闭路电视1516户。重点打造了开化镇浑水塘、鱼寨和东山乡板板桥3个新农村建设亮点。小额信贷资金发放3262万元。实施“白玉兰”希望小学5所，村卫生室2个。完成塘子寨、朵白库61户260人搬迁安置任务。启动实施3个村99户447人易地搬迁项目。

【工贸经济】 完成工业总产值58.8亿元，增长18.7%。围绕文砚平三角经济带和交通主干道，以优势资源、区域布局、重点项目为依托，优化资源配置，引导产业向园区聚集发展。完成马塘工业园区3000米四级路面改造及文平公路至部分厂区道路建设，文山氧化铝厂日供水3万立方米输水管道建成投入使用，甲马石片区500千伏变电站、小河尾水库至新开田片区日供水5000立方米复线供水管网工程、日处理100吨垃圾中转站等项目前期工作扎实推进，园区基础配套设施进一步完善。年产80万吨氧化铝项目开工建设。日产2500吨水泥熟料生产线、年产3万吨电解金属锰、1.25万千伏安硅锰合金生产线搬迁改造、30万吨石灰、三七综合加工生产线等项目建设进展顺利。60万吨电石、30万吨烧碱、30万吨PVC等重点项目前期工作顺利推进。马塘工业园区实现产值13.3亿元，增长18.4%；三七产业园区实现产值6.8亿元，增长46%，园区聚集效应初步显现。实施恒丰、壮华物流中心建设，建设和规范河滨农贸市场、下沙坝农贸市场、文新商贸街等5个综合市场，大力实施“万村千乡”市场工程，改造建设农家店35个。完成进出口贸易额1460万美元。

【城市建设】 抓住建州50年庆祝活动及2010年省十三届运动会在文山举办的契机，加大城市基础设施建设及城市环境治理力度，城市经济的拉动和带动作用明显增强。

积极抓好文山城市总体规划第三轮修编和城南、城北片区控制性详规编制，开展文砚平城市群规划资料收集工作，完善城镇规划体系。完成15个新农村规划。加强规划审查，审议规划项目46项，完成项目选址44个。

组织实施41个城市重点建设项目，完成投资28.6亿元。改善城市路网明显。实施24个畅通工程项目，完成卧龙路南段、县水务局至老文砚路、消防支队至老山石雕厂、响水桥至建禾桥道路及城南大桥、卧龙一二桥、沙坝桥等道路和桥梁建设，积极组织实施西华公园至沙沟、环西路一期、环东路维修改造工程，交通拥堵状况得到有效缓解。完善市政设施。文山盘龙体育场及周边道路、广场、停车场、绿化、亮化等工程建成投入使用，为建州50年庆祝活动的顺利举办作出贡献。实施七花广场提质改造及文山城区绿化工程，美化城市环境，提升城市品位。县三水厂、城南客运站和县一中二期工程、城北小学、红旗小学竣工投入使用，更新和改造城区道路交通标线、出租车招呼站、公交车站台等交通设施，调整新增部分公交线路，切实方便群众生活。积极稳妥推进旧城拆迁改造。重点完成环西路一、二期及东风路南片区、卧龙路、文新商贸街片区等项目拆迁。发展房地产市场。基本建立以普通商品住房、经济适用房、廉租住房和住房补贴为一体的住房保障体系，城镇居民住房建筑面积提高到人均32.9平方米。丽水龙庭、龙景园、龙福苑、三鑫开化商贸城、银都佳园二期等城市开发建设项目全面推进。加大集镇基础设施建设力度，中心集镇辐射带动作用进一步增强。

加强城市管理，环境卫生清扫保洁实行市场化运作，生活垃圾实现日产日清，脏、乱、差现象逐步得到整治，城市环境进一步改善。切实抓好市政基础设施维护和城市绿化亮化管理，加强城区各类市场的监管，规范经营秩序和经营行为。实施文山城区主干道临街建筑物亮化美化包装工程，开展城市户外广告的清理整治工作，规范户外广告设置。完成主要街道果皮箱和30条背街小巷路灯安装，改造和新建20座公厕，环卫基础设施不断完善。

【基础设施建设】 2008年完成投资1亿元，实施交通建设项目33个。茶安至平坝底泥四级沥青路面、老回龙至簿竹山雷达站弹石路面改造工程建成通车，实施了170公里通畅工程，花庄至小石桥四级沥青路面及古木至平坝、小街至和平、下寨至底泥弹石路面改造进展顺利，完成125公里通达工程及300公里通自然村公路建设项目，进一步缓解了农村群众出行难的问题。文山过境公路、蒙自经文山至砚山、平远经文山至天保、文山经马关至都竜等高等级公路前期工作顺利推进。继续巩固提高农村公路养护体制改革试点成果，切实加强县乡公路管养和道路运输市场秩序的治理整顿，维护了正常的交通运输秩序。

投资4158万元，建设各类水利工程2094件，新增和改善灌溉面积1.6万亩，治理水土流失面积14.2平方公里，解决1.1万人和3100头大牲畜饮水困难。全面完成山后水库除险加固，抓好前锋坝等水库除险加固工程，组织实施姑娘寨小㈡型水库及舍舍拦河坝建设，完成布都河水库降等申报工作，德厚水库、以腻资水库等项目前期工作步伐加快。纸厂水库等一批小㈡型水库除险加固通过安全鉴定和评估。完成团结大沟等灌溉沟渠岁修工程和德厚、坝心16.5公里乡镇供水管网修缮，修复120件因灾受损水利设施，平坝下营盘中低产田改造工程顺利完工。投资1523万元，实施烟水配套工程，受益面积2.2万亩，水利化程度进一步提高。实施土地开发整理项目6个，新增耕地1.5万亩。

电力通信保障能力得到加强。完成220千伏文山变电站建设和城区电网增容改造及盘龙体育场、三七药物产业园区电力线路架设，供电服务能力稳步提升。通信覆盖范围不断扩大，通信能力及服务功能进一步增强。

【改革开放】　抓好集体林权制度改革，勘界核实集体林地169.8万亩，确权10万宗163.3万亩，确权率96.2%，均山面积71.6万亩，均山到户率78.6%，发放林权证4.5万本。改革乡镇财税管理体制，取消乡镇财税收入任务，合理确定乡镇支出范围，增强乡镇公共服务能力。完成16家供销企业改革改制工作，分流职工211人，启动实施了供销合作社二次创业工作。完善招商引资优惠政策，制定出台加快农业产业结构调整、推进新型工业化、加快小城镇建设、加快商贸物流业发展等政策措施，落实兑现各项优惠政策，促进非公经济快速发展和商贸流通繁荣活跃。进一步完善便民服务中心各项管理制度，改革行政审批制度，精减行政审批事项，简化办事程序，服务水平不断提高，发展环境不断优化。改革投融资体制，竞争性项目实行市场化运作，通过社会融资、银行贷款、财政补助等方式解决资金问题。加大优势重点项目的推介和引资力度，实施国内外经济合作项目21个，协议投资总额54.7亿元，实际到位资金14.7亿元，招商引资成效明显，对外开放水平进一步提高。

【民生工作】　扎实抓好就业再就业工作，千方百计扩大就业，新增城镇就业1231人，下岗失业人员再就业660人。建立健全县、乡、村三级劳务输出网络体系，抓好职业技能培训和劳动力转移工作，劳务输出1.9万人，实现务工收入1.5亿元。强化劳动执法监察，加强劳动就业市场管理，做好农民工工资清欠工作，受理和立案查处拖欠农民工工资案件128件，清欠兑现农民工工资422.5万元，切实维护劳动者的合法权益。认真做好社会保险工作，五险参保人数3.6万人，收缴保险基金3206万元，发放养老金8423万元。积极抓好城镇失地农民社会保障及农村房屋财产、人身保险工作，农村房屋财产火灾保险覆盖率达40%。高度关注城乡困难弱势群体，抓好救灾救济及社会救助工作，落实城乡居民最低生活保障政策，扩大农村低保覆盖面，2.1万人享受低保待遇，发放低保补助金1669万元。资助1.15万名农村低保对象、五保户参加新农合。实施城乡特困人群医疗救助413人123万元。积极争取应急救灾资金，组织受灾群众开展生产自救和灾后恢复重建工作，尽力帮助农村贫困人口解决生活困难问题，发放救济粮食9万公斤、棉被2180床，修复因灾倒损民房2100间，转移安置灾民115户442人，受灾群众得到及时救助，基本生活得到保障。弘扬中华民族一方有难、八方支援的传统美德，组织社会各界捐款199万元支援四川汶川地震灾区。做好优扶安置工作，提高888名重点优扶对象补助金，落实兑现6666名参战退役人员和出国民兵民工生活补助费，发放各类抚恤费、安置费1533万元。贯彻老年人权益保障法，落实老年人优待政策，兑现高龄保健补贴188万元，4100名贫困老年人得到救助，马塘敬老院项目开工建设。加强社区建设，完成社区换届选举。落实残疾人优待政策，免费实施白内障复明110例，安排残疾人就业1147人。廉租住房建设稳步推进，新建廉租住房200套1万平方米，购买廉租房解决142户低收入家庭住房困难问题，为1065户困难家庭发放住房租赁补贴162万元，城镇低收入家庭住房问题进一步缓解。稳步推进农村民居地震安全工程建设，投资2054万元，实施了960户民房拆除重建及加固改造工程。

【社会事业】　不断深化教育改革，调整校点布局，实现优势资源共享，落实免费义务教育政策，获得义务教育保障经费5129万元，制定完善教育奖励救助机制，出台4个教育奖励救助办法，每年安排专项资金105万元用于奖励优秀师生和救助贫困学生，切实解决进城务工农民工子女入学难的问题，高中教育得到加强，职业教育取得新进展，实施一村一名高中生计划，“两基”工作得到巩固提高，教育教学质量不断提升。启动农村中小学D级危房排除工程，排除危房8500平方米，投资2520万元启动维修、新建项目32个，新建校舍1.6万平方米，办学条件逐步改善。卫生工作得到加强，抓好疾病预防控制、卫生监督执法、突发公共卫生事件应急救治、食品药品监督和农村卫生体系建设。卫生基础设施建设取得新成效，新县医院、县妇幼保健院综合楼建设竣工投入使用，完成13个乡镇卫生院改扩建和62个村卫生室建设。深入推进新型农村合作医疗，全县参合人数达31.1万人，参合率91.3%，筹集基金2763万元，48.3万人次获得医药费补偿2407万元，农民看病难、看病贵问题得到有效缓解。深入开展爱国卫生运动，甲级卫生县城工作顺利通过省级验收。加强医疗机构和食品药品监管，打击非法行医行为，保障群众就医用药及食品安全。人口和计生工作服务水平不断提高，开展出生人口缺陷一级预防工作，认真贯彻落实农业人口独生子女奖励政策，办领农业人口独生子女证633户。加强科技培训与普及，强化科技服务，争取省科技创新资金670万元，完成农村实用技术培训2476期13万人次，重视科技转化运用工作，科技进步对国民经济的贡献率达到38.6%。文化事业进一步繁荣，文化市场规范有序，广场文化、节庆文化迅速发展，群众性文化活动丰富多彩，文艺创作取得新成就。积极组织开展全民健身运动，群众体育活动蓬勃开展。加强广电宣传，制作宣传片《三七之乡——文山欢迎您》及24集文山风情记录片，宣传展示文山县的发展风貌。深入开展公民道德教育和群众性精神文明创建活动。积极做好全国第二次经济普查和第三次文物普查工作。资源环境保护和节能减排工作得到加强，切实转变发展方式，发展循环经济和清洁生产，推动工业发展向资源节约型和环境友好型转变。加快企业自主创新能力建设，推进企业技术改造。采取有力措施，关闭城郊16户黏土砖生产企业，二氧化硫和化学需氧量2项主要污染物排放量得到有效控制。加大矿产资源整合力度，完成德厚老乌锰矿整合工作，铅锌矿、煤矿整合工作稳步推进。开展油烟、噪声等污染整治工作，强化对各类污染源的监管，空气质量持续改善。深入开展七彩云南保护行动，全面完成污染源普查。

积极开展普法依法治理、法制宣传教育和法律援助工作，公民法制意识明显增强，调处各类矛盾纠纷1784件。加强社会治安综合治理，大力整治治安突出问题，严厉打击各类违法犯罪活动，进一步强化情报信息工作，妥善处置各类群体性事件，认真抓好禁毒防艾和收戒吸毒人员工作，构筑城乡社会治安防控体系。重视群众来信来访工作，建立网上信访平台，开展党政领导干部大接访大下访活动，切实维护人民群众合法权益，接待和处理群众来信来访2523件，办结2517件。完善处置突发公共事件总体应急预案，全面提高应对突发公共事件的能力。切实加强安全监管，落实安全生产责任制，狠抓安全隐患整改措施的落实，深入开展道路运输、矿山企业、消防、地质灾害、民爆物品安全整治和检查，安全形势不断好转。加强国防动员和后备力量建设，认真做好征兵、复退军人转业安置和伤残军人优抚工作，重视双拥工作，军政军民关系更加融洽。加快少数民族地区经济发展，依法管理宗教事务，进一步加强民族团结，促进各民族共同繁荣发展。

【依法行政】 围绕创新、服务、高效、规范、清廉的目标，完善政府议事规则，明确政府职能职责，健全科学民主决策机制，加快转变政府职能，服务发展的能力显著提高。认真贯彻政府信息公开条例，扎实推进政务信息公开工作，群众的知情权和参与权得到充分保障。加强政府法制建设，全面推进依法行政，规范行政行为，推行首问责任制、服务承诺制、限时办结制和行政问责制，公开行政机关工作制度和办事程序，实行挂牌上岗，88家机关事业单位向社会公开服务承诺，接受人民群众的监督，改进服务态度，服务水平和工作效能显著提高。自觉接受县人大的法律监督、工作监督和县政协的民主监督，定期向县人大、县政协通报工作，积极办理人大代表建议和政协委员提案，办理人大代表建议141件、政协委员提案96件。强化审计、监察工作，加强政府投资工程招投标、预结算的监督。认真开展重点行业行风评议活动，广泛听取社会各界的意见和建议。切实纠正行业和部门不正之风，严肃查处违纪案件，廉政建设不断加强。

（李学慧）

德宏州县区经济选介

潞西市

【综　述】　2008年，潞西市努力克服频繁的自然灾害，积极应对金融危机，妥善化解社会矛盾，紧紧团结和依靠全市各族人民，解放思想、深化改革、真抓实干、锐意进取，全面完成各项目标任务。全市实现生产总值32亿元，同比增长12.1%；人均生产总值8501元，增长11%；财政总收入3.73亿元，增长26.4%，其中地方一般预算收入2.17亿元，增长25%；外贸进出口总额8.11亿元，增长24.3%；社会消费品零售总额14.24亿元，增长25.3%。金融机构存款余额53.88亿元、金融机构贷款余额45.74亿元、居民储蓄存款余额30.67亿元，分别增长7.3%、16.5%和24.1%；全社会固定资产投资21.24亿元，增长46.8%；单位生产总值能耗下降3.8%；城镇居民人均可支配收入1.2万元，增长12%；农村居民人均纯收入2734元，增长19.1%；城镇登记失业率控制在4%以内；人口自然增长率7.78‰。

【农村经济】　2008年，全市完成农林牧渔业总产值14.14亿元，增长6.7%；实现增加值9.61亿元，增长4.9%。粮、糖、茶、畜4大传统产业继续得到巩固提升。粮食播种面积53万亩，产量15.46万吨，产值3.2亿元；甘蔗种植面积21.47万亩，产量87.46万吨；茶叶种植面积14.89万亩，投产面积7.03万亩，产量6505吨，产值6500万元；大牲畜存栏5.16万头，出栏1.29万头，肉蛋奶总产1.9万吨，畜牧业总产值3.58亿元。冬农作物种植面积21.1万亩，实现总产值1.34亿元。以竹子、咖啡、奶水牛、晾晒烟、石斛、核桃为主的新兴产业逐步发展壮大，经济效益日趋明显。林产业发展步伐加快，实现林产值1.87亿元，增长8.5%。

扎实推进新农村建设，整合项目资金1.79亿元，完成8个乡镇集镇总体规划和3个村庄规划编制工作。实施新农村建设示范点示范村29个、村容村貌整治156个。

2008年，全市完成水利工程945件，改善灌溉面积5.4万亩。芒市城区饮用水源勐板河水库通过验收；实施3个土地开发整理项目和2个耕地占补平衡开发项目，新增耕地9293亩；改造中低产田1.06万亩。

2008年，扶贫工作以整村推进为重点，抓好沼气、文化活动室、经济林果种植、养殖业扶持、小额到户贴息贷款和劳动力培训等项目，投入扶贫资金3384.3万元。完成茅草房、杈杈房改造200户，实施易地扶贫搬迁369户1748人。按时足额兑付已建大中型水库移民后期扶持资金100.17万元，完成弄另电站和龙江水电站枢纽工程一期移民搬迁安置任务。基本解决贫困人口1.1万人，年末实有贫困人口10.8万人。

【工业经济】　2008年，完成工业总产值20.12亿元，增长14.5%；实现增加值6.22亿元，增长9.3%；规模以上工业企业实现利税总额2.08亿元，增长6.3%。矿冶、电力、建材、生物食品等优势产业进一步发展，"遮放贡"米、"后谷"咖啡和"勐巴娜"、"云宏"、"德凤"系列品牌茶等农产品加工业进一步提升。德宏东方硅谷多晶硅项目开工建设，卓信硅厂一期生产线、红海硅厂、奥环水泥二期生产线、德宏后谷咖啡公司年产3000吨溶咖啡粉一期生产线、遮放贡米公司年产3万吨精米生产线等重点工业项目建成投产，永利发3万立方米竹胶板生产线、海柯生物公司番麻皂素和甾体激素加工厂正在进行设备安装。弄另电站建成发电，500千伏德宏—博尚、轩岗输变电工程建成送电，龙江电站、芒里电站、万马河电站工程建设进展顺利。工业园区建设稳步推进，《潞西工业园区总体规划》和《潞西工业园区可行性研究报告》通过省级评审。

【旅游商贸】　第三产业实现增加值14.31亿元，增长17.6%。勐巴娜西珍奇园4A级景区和勐焕大金塔万亩潞西龙头旅游景区、金孔雀生态休闲度假旅游区总体规划和法帕康体小镇、遮放弄坎生态文化休闲旅游区概念性规划通过评审，勐垅沙、勐巴娜西公园项目建设顺利推进。成功举办了第九届勐巴娜西风情节、协办省第七届农运会、中国德宏第二届石斛产业发展论坛、"百名记者访潞西"等大型活动。全年接待中外游客112.8万人，增长15.2%；实现旅游业总收入7.61亿元，增长16.1%。

民营经济提质增效，非公经济实现税收2.64亿元，占全市税收入库数83%。

【交通运输】 全年客运量401.2万人，旅客周转量3.4亿人公里；货运量748万吨，货物周转量4.5亿吨公里。邮政业务总量822.03万元。

【招商引资】 2008年，全市引进投资项目23个，签约资金108.02亿元、到位资金11.11亿元，分别增长217%和43.9%。

【固定资产投资】 2008年，全市固定资产投资21.24亿元。6条城市道路改扩建工程和城市供水管网、污水处理配套网建设进展顺利。年内再次被评为“云南省甲级卫生城市”。

【社会事业】 2008年，小学入学率达99.8%、初中毛入学率达92.9%、高中毛入学率达39%，分别比上年提高0.3、7.9和5.1个百分点。年内市职教中心被认定为国家级重点中等职业学校，毕业生就业率98%。

强化重点疾病防控工作，境外输入性登革热疫情得到及时有效处置，全市传染病发病率为226.3/10万人，下降38.8%；新型农村合作医疗参合率达96.9%，提高4.5个百分点。年内2个村委会获得省级“卫生村”称号。

结合边疆解“五难”惠民工程，开展科技培训和科普宣传2.1万人；建成16个科技试验示范基地。广泛开展全民健身活动，深入推进电影“2131工程”。强化建设项目的选址、环评和“三同时”监管工作，建设项目环保评审执行率100%，完成3家企业的环保治理减排工程，关闭7家高能耗、高污染企业。

认真落实积极的就业政策，城镇登记失业率控制在4%以内。下岗失业人员再就业468人，特殊困难人员就业457人，解决“零就业家庭”17户，安排“4050”岗位26个。六类保险参保人数达到11.15万人。启动了城镇居民基本医疗保险试点工作，在州内率先实施失地农民养老保险和基本生活补助。全市享受城市低保4173户1.04万人，享受农村低保1.01万人。年内投入抗震救灾资金1289万元。

【解困惠民】 1. 实施整村推进重点村45个，增加15个；减少贫困人口7000人，超2000人。2. 抗震民居工程完成660户，其中加固改造500户，拆除重建160户。3. 采取州市合建的形式建设芒市廉租住房小区，竣工6601平方米，建成住房160套，超1801平方米。4. 新建农村沼气池1765户，超565户；节柴改灶350座，超50座。5. 解决2.7万人的饮水安全，超2100人；全面解决无电村、无电户的通电问题。6. 建设中小学校舍1.9万平方米，超1637平方米；排除中小学危房7629平方米，超629平方米。7. 改建10个村卫生室，3个计生中心服务所建设，新建农村文化活动室31个。8. 送电影2260场、送演出106场到农村，分别超1260场和26场。9. 完成4个乡文化站和2个边境村文化活动室建设。10. 开展农村富余劳动力转移输出5334人，超334人；开发就业岗位750个，超70个；实现新增就业726人，超46人。

（王娅敏）

迪庆州县区经济选介

香格里拉县

【综　述】 香格里拉县位于云南省西北部、青藏高原东南缘横断山脉腹地，迪庆州东部。全县国土总面积1.16万平方公里，其中山地占全境面积的93.5%，县城驻地建塘镇，海拔3300米，为迪庆州府所在地，距省会昆明706公里。县境地势西北高，东南低。2008年平均气温6.4℃，年最高气温22.6℃（6月9日），年最低气温－20.5℃（2月2日）；年日照时数2041.1小时，年降水量683.3毫米；平均无霜期164天、初霜日10月7日、终霜日4月25日；汛期2008年5月下旬开始至9月21日结束。主要气象灾害为雪灾、旱灾引发的森林火灾、滑坡泥石流、雷击、大暴雨等。

香格里拉县境内有大小河流244条，主要一级支流13条，总长545公里，多年平均产水量

48.69亿立方米，水能资源理论蕴藏量209.84万千瓦（不含金沙江）。有77.38万公顷森林，森林覆盖率66.63%，用材林蓄积量6931.9万立方米。森林覆盖率和林木蓄积量均居全省之首。香格里拉地质构造复杂，位居“三江并流”有色金属成矿带腹心区，有金属、非金属矿种25个，120个矿床、矿点。已探明大型矿床1个，中型矿床5个,小型矿床15个。

香格里拉地处举世闻名的“三江并流”风景区腹地，有高原明珠碧塔海、属都湖、黑颈鹤的乐园纳帕海，神女千湖三碧海等近300个清幽、宁静、神秘的高山湖泊点缀其间；中国最大的冷泉华奇观白水台以及夏给温泉、天生桥彩泉构成一幅幅名泉流溪图；5月~9月，雪山草原，莽莽林海，200多种山花竞相开放，到处都是花的海洋，绿的世界，山美水美，胜景叠出。

香格里拉县境内有25个民族，至今已在这里居住了百年以上，千人以上的世居民族有藏族、纳西族、彝族、傈僳族、白族、回族、苗族、普米族。在这里世居的9种民族，能操7种语言、会写5种文字；各民族都保持了既相对独立又和谐发展的传统习俗。有琳琅满目的民族服饰、民族歌舞、各具特色的民居；有多种民族特色饮食、民俗风情、婚俗礼仪、传统节日。是一个典型的以藏族为主体，多民族聚居，地域辽阔，资源富积的高寒山区农业贫困县。香格里拉县辖4镇7乡，63个村民（社区）委员会，688个村民小组。年末总人口16.02人，其中户籍人口14.11万人。人口死亡率5.14‰，比上年同期下降1.9%；出生率11.66‰，比上年同期增长2.4%；人口自然增长率6.52‰，比上年同期增长6%。

2008年，全县生产总值36.24亿元，按可比价计算，比上年增长22.2%。其中：第一产业实现增加值3.06亿元，增长1.8%；第二产业实现增加值17.14亿元，增长21.7%；第三产业实现增加值16.04亿元，增长29.0%。全县实现县级生产总值实现19.94亿元，按可比价计算，比上年增长20.6%。其中：第一产业实现增加值2.96亿元，增长1.8%；第二产业实现增加值7.56亿元，增长21.0%；第三产业实现增加值9.43亿元，增长27.5%；第三产业对全县经济的快速增长继续起到支撑作用。产业结构调整取得新进展，布局更趋合理，县域的一、二、三产业增加值占全县生产总值的比重由上年的10.4:47.0:42.6调整为8.4:47.3:44.3；县级一、二、三产业增加值占全县生总产值的比重由上年的18.0:37.1:44.9调整为14.8:37.9:47.3。按年末总人口计算的人均生产总值2.28万元，比上年增加4962元，增长27.8%。

【财政·金融】 2008年，财政收支情况良好，香格里拉县级地方财政一般预算收入1.32亿元，比上年增加3060万元，增长30%；地方财政支出14亿元，比上年增加2.18亿元，增长18.4%。

年末金融机构人民币存款余额42.88亿元，比上年增长22.5%。其中企业存款余额16.31亿元，增长7.1%；储蓄存款余额16.4亿元，增长27.1%。中长期贷款增加带动贷款总量上升，金融机构各项贷款余额47.27亿元，比上年增长15.3%，其中中长期贷款余额37.3亿元，增长10.1%；短期贷款余额9.98亿元，增长42.9%。全年现金收入73.55亿元，增长19.4%；现金支出79.97亿元，增长21.6%。收支相抵，全年净投放6.41亿元，增长54.4%，是由于农副产品采购支出、工资性及个人其他支出增加所致。

【农村经济】 2008年，农业突出优化种植结构，发展特色农业，加大农业科技推广力度，在受灾之后仍然保持稳步增长，主要农产品获得丰收，农村经济保持稳步发展，现价农林牧渔业总产值4.29亿元，按可比价计算，比上年增长9.8%。其中农业总产值1.88亿元，增长7.7%；林业产值3206万元，增长4%；牧业产值1.27亿元，增长20.1%；渔业产值60万元，增长8%；农林牧渔服务业产值7083万元，增长1.9%。

全年农作物总播种面积28.22万亩，比上年增长1.6%。其中粮食作物播种面积24.52万亩，下降0.3%，油料播种面积1.89万亩，增长74.8%，主要农产品获得丰收。粮食总产量5.97万吨，比上年增长14%。农民人均有粮520公斤。油料产量2767.3吨，比上年增长85.3%。烟叶产量32.3吨，比上年增长0.3%。药材产量889.7吨，比上年增长4.2%。蔬菜类产量9865.3吨，比上年减少37.0%。蚕茧产量15.2吨，比上年减少15.1%。

全年造林面积767公顷，比上年下降19.1%；退耕还林667公顷；零星植树34.5万株，增长35.8%；苗木产量719.6万株，增长38.8%；年末实有封山育林面积4.19万公顷，与上年持平；幼林抚育实际面积467公顷。

畜牧业生产稳定发展，2008年肉类产量1.13万吨，比上年增长4.5%。其中猪肉产量7065吨，比上年增长4.2%；牛肉产量2944吨，比上年增长9.6%；羊肉产量469吨，比上年减少12.7%。

【旅游产业】 2008年，加强旅游及相关行业的管理，加强景区建设，加大旅游产品的推介和营销力度，不断扩张游客总量，旅游业进一步健康发展。全年接待国内外游客328.75万人次，比上年增长14.8%，其中国内游客287.25万人次，增长12.4%。旅游总收入30.55亿元，增长25.8%，其中国内旅游收入13.96亿元，增长9.6%。各景区门票收入1.81亿元，增长29.5%。

【乡镇企业】 乡镇企业继续保持较快增长，2008年乡镇企业总收入11.11亿元，比上年增长25%；乡镇企业总产值12.22亿元，比上年增长24.3%。

【工业经济】 2008年，继续实施“工业强县”战略，充分挖掘矿产资源和水电资源，在迪庆发电公司、电网公司、国电公司、开发区鑫源公司、光华冶金炉料公司、香格里拉县神川公司、雪鸡坪铜矿厂的大力支撑下，工业生产稳步上升。全年县域工业总产值17.03亿元，比上年增长23.6%。规模以上工业企业有12家，总产值12.63亿元，增长14.7%。在县域工业总产值中，轻工业产值5.38亿元，下降4.4%；重工业产值11.66亿元，增长43%。

全年县级工业总产值7.29亿元，比上年增长14.8%。规模以上工业企业有4家，总产值3.16亿元，比上年下降17.7%。在县级工业总产值中，轻工业产值3.33亿元，增长96%；重工业产值3.96亿元，下降14.9%。

【基础设施建设】 2008年，坚持“以项目建设为总抓手”的工作思路，继续加大建设投资力度，固定资产投资继续保持稳步增长。全年县域固定资产投资总额46.75亿元，比上年增加9.73亿元，增长26.3%，其中城镇固定资产投资36.86亿元，增长42.3%；房地产投资2.38亿元，下降46.1%；农村固定资产投资6.18亿元，增长9%；农村私人投资完成1.33亿元，增长29.3%。

全年县级固定资产投资完成32.91亿元，比上年增加5.75亿元，增长21.2%。

重点建设项目进展顺利。迪庆电网工程完成投资1.12亿元，吉沙河水电站完成投资1.51亿元，云南南方电网公司完成投资1.55亿元，梨园电站完成投资1.05亿元，乡村公路完成投资1.42亿元，建塘镇工矿建设完成投资1亿元，普朗铜矿工程完成5.09亿元，浪都河电站完成投资1.7亿元，尼汝河电站完成投资2.17亿元，迪庆民航机场扩建工程完成投资2.5亿元。

【交通·邮电】 2008年底，全县公路里程1845公里，其中县道271公里，乡道859公里，专用公路42公里，村道673公里。桥梁有62座。全年公路运输客运量179.24万人，旅客周转量5.84亿人公里，货运量255.8万吨，货物周转量14.71亿吨公里。

2008年，邮电通讯事业平稳发展。全年邮政业务总量675万元，比上年增长1.1%，国内平常信件10.38万件，增长13.2%；国内挂号信件1.33万件，下降5.7%；国内平常印刷品合计3289件，增长17.7%；国内包裹1.2万件，下降49.2%；机要邮件合计2019件，下降7.5%；国内异地特快专递信件1.34万件，增长6.1%；订阅报纸355.07万份，增长21%；订阅杂志8.6万份，增长5.3%。邮政储蓄期末余额1.26亿元，增长23.2%。固定电话用户2.58万户，下降4.1%；其中普通电话用户1.64万户，增长2%；本地通电话通话555.67万次，下降19.1%；互联网宽带接入用户3958户，增长13.7%。

【国内贸易】 消费品市场稳中趋旺，城乡消费同步较快增长。2008年，县域社会消费品零售总额10亿元，比上年增长20.1%。全年县级社会消费品零售总额5.52亿元，比上年增长19.8%。市场物价总水平逐步回落。1月~8月，市场物价稳中趋升，9月份起，逐步回落，到12月份，居民消费价格总水平与上年同期相比，上涨7.1%；商品零售价格总水平与上年同期相比，上涨5.9%；农业生产资料价格总水平与上年同期相比，上涨9.7%。

【社会事业】 2008年，加强科技示范项目实施、管理，完善科技服务网络，加大实用技术培训力度，科技事业进一步发展。农技协会有28个，个人会员有9700人。举办科普讲座13次，科普讲座受众人数1300人次，举办科普展览9次，科普展览受众人数1200人次；发放科普宣传资料1.5万份；播放科普广播、影视节目20部次；开展科技咨询11次；举办实用技术培训78次，培训人数1.75万人次；科技下乡、科教进社区次数43次；科普示范户有459户，举办社会服务培训班78个，培训人数1.75万人次。

2008年，全县拥有幼儿园5所，在园幼儿数1414人，教职工数102人，其中专任教师66人，比上年增长10.0%。小学113所，教学点数136

个，在校学生数1.32万人，教职工数1097人，其中专任教师1053人，比上年下降2.2%。中学校数7所，初高中在校学生数7246人，其中初中在校生5887人，中学教职工599人，其中专任教师437人，下降1.6%。小学学龄儿童入学率98.75%，比上年上升0.38个百分点；小学辍学率1.04%，下降0.76个百分点；小学毛入学率109.94%，入学率为98.06%；小学巩固率99.25%，上升0.57个百分点；小学升学率76.26%。初中毛入学率98.92%，上升1.66个百分点；初中入学率70.81%；初中升学率51.08%，上升1.42个百分点；普通初中巩固率95.94%，普通初中辍学率4.06%，普通高中辍学率1.26%。

加强文化行业管理，积极开展群众文化活动，文化事业有了新的进展。群众艺术馆、文化馆从业人员8人，组织文艺活动5次，文化站有11个，从业人员12人，举办展览19个，组织文艺活动次数73次，举办训练班40班次，培训人次8426人次，藏书2.3万册；村（社区）文化室22个；文化产业增加值2.21亿元，占生产总值的6.1%。

2008年末，全县拥有15个卫生机构数，从业人员有335人，其中卫生技术人员数275人，执业医师90人，执业助师32人；门诊总诊疗27.36亿人次；住院人数3894人次，实有床位116张；村卫生室人员55人。新型农村合作医疗参合率达到96.63%。

体育事业取得新的业绩。学校体育、竞技体育、群众健身活动全面发展。传统项目布局学校数有3所；社会体育指导员有13人；室外全民健身路径有5条，占地面积3200平方米；小篮板5个，占面积3000平方米；室内篮排球房2个，占地面积1750平方米；乒乓球台5个，占地面积120平方米；游泳池2个，建筑面积560平方米；全年举办综合运动会37次，举办项比赛次数86次，举办全民健身活动次数7次，参加活动人数3.13万人；在2008北京残奥会上，取得一枚田径金牌。

【人民生活】 2008年，城乡居民收入稳步增长，人民生活进一步提高。县域全部单位在岗职工有1.52万人，比上年增加15.9%，其中：县级全部单位在岗职工8319人，增长2.5%。县域全部单位在岗职工工资总额4.55亿元，比上年增长26.9%，其中县级全部单位在岗职工工资总额2.64亿元，增长11.5%。县域全部单位在岗职工年平均工资3.1万元，增长12.3%，其中县级全部单位在岗职工年平均工资2.99万元，增长2.1%。城镇居民人均可支配收入1.46万元，增长9.9%。农民人均纯收入2696元，增长32.4%。城镇登记失业率为3.8%。

（李俊成）

· 责任编辑 · 王　兢

改革开放三十年专题

Special Topics on 30 Years of Reform & Opening Policy

（注：本专题部分数据截止到2007年末）

大改革、大开放的云南三十年

自1978年改革开放以来，云南历届省委、省政府全面贯彻落实党的十一届三中全会以来的理论、路线、方针和政策，始终坚持以邓小平理论和“三个代表”重要思想为指导，从正确认识云南的省情出发，立足边疆、不断解放思想、实事求是、与时俱进、勇于实践、励精图治、锐意改革、开拓进取、抢抓机遇，带领全省各族人民同心同德、团结奋斗，沿着中国特色的社会主义道路阔步前进，不断谱写富民强省的新篇章；卓有成效地推动全省经济持续、健康、快速发展，形成了全方位、多层次、宽领域的对外开放格局，把改革发展的成果落实到满足群众需要、不断改善民生上，进一步完善社会保障体系，不断提高人民生活水平，努力构建社会主义和谐社会，促进民族团结和社会事业的全面进步。30年来，云南的改革发展取得了举世瞩目的成就，经济社会实现了大跨越大发展。

纵观改革开放30年，云南经济和社会发展取得的巨大成就，可概括为：改革开放实现了“三个大的历史性转变”，经济发展实现“八大突破”，十大主要特色产品的产量名列全国前茅，结构调整取得突出成效，社会民生得到前所未有的全面改善和提高。

一、云南改革开放实现三个大的历史性转变

（一）从高度集中的计划经济体制向充满生机和活力的社会主义市场经济体制转变

1978年12月，十一届三中全会的召开，冲破了“两个凡是”给干部群众造成的思想束缚，全省迅速实现了政治上的拨乱反正和工作重点的战略转移，走上了改革开放和现代化建设的康庄大道。从1979年至1983年，云南用了4年时间在全省普遍推行了家庭联产承包责任制，彻底废除了“吃大锅饭”的分配方式，极大地解放和发展了生产力。1984年10月，党的十二届三中全会作出《中共中央关于经济体制改革的决定》，指出了加快以城市为重点的经济体制改革的紧迫性，中共云南省第四次代表大会要求：“坚决地有步骤地贯彻中央关于经济体制改革的决定，促进城市经济的健康发展。”围绕搞活企业、搞活经济，对宏观经济领域的计划、基本建设、财政税收、物价以及劳动工资等方面的管理体制进行了改革。对计划经济体制改革的战略性突破，有力地促进了城乡经济向商品化、专业化、现代化的方向发展。1992年10月，党的十四大召开，把邓小平南方谈话的精神概括为建设有中国特色社会主义理论，确定中国体制改革的目标是建立社会主义市场经济体制。由此，云南的改革开放与全国一样进入了一个按社会主义市场经济体制模式运行的新阶段。1995年8月，中共云南省第六次代表大会召开，提出今后5年改革开放的主要奋斗目标是实现“经济结构进一步优化。对外开放达到高层次。初步建立社会主义市场经济体制。”提出了未来几年经济社会发展的基本思路：“以经济建设为中心，打基础，兴科教，调结构，建支柱，促进经济社会协调发展。”“九五”末，全省经济社会改革呈现多管齐下、多头并进、多元发展的格局，云南向建立社会主义市场经济体制迈出了坚实的一大步。2001年12月，中共云南省第七次代表大会指出今后5年改革开放的总体要求是：“以加快发展为主题、经济结构调整为主线、改革开放和科技进步为动力、提高人民生活水平为根本出发点”，“实施可持续发展、科教兴镇、城镇化和全方位开放四大战略，培育和壮大烟草、生物资源开发创新、旅游、电力和矿产五大支柱产业”。2003年10月，十六届三中全会出台了《中共中央关于完善社会主义市场经济体制若干问题的决定》，全省上下以科学发展观为指引，以推进农村综合改革为支撑点，以开展新一轮国有企业改革为着力点，以社会体制改革为突破点，改革开放实现整体推进。2006年12月，中国共产党云南省第八次代表大会提出：“把握西部大开发和建设中国—东盟自由贸易区两大机遇，抓住经济结构调整和增长方式转变两大关键，依靠改革开放和科技进步两大动力，突破基础设施和体制机制两大制约，推进社会主义新农村建设和新型工业化两大进程，努力建成富裕、文明、开放、和谐云南。”十六大以来，全省改革发展取得新突破：农村综合改革取得实质性进展；国有企业改革逐步加快，在产权制度上取得新突破；社会事业改革不断出现新亮点；进一步完善社会保障体系，在扩大覆盖面和提高保障水平上取得新突破；深化投融资体制等改革，在发挥市场配置资源的基础性作用上取得新突破。充满生机和活力的社会主义市场经济体制逐步形成和完善。

（二）从封闭的经济社会运行方式向全方位、多层次、宽领域的对外开放经济社会运行方式转变

从1979年开始，云南边境贸易逐渐得到恢复和发展。1985年3月，省政府制定了《关于边境贸易的暂行规定》，确定边境贸易实行“自找货源、自找销路、自行谈判、自行平衡、自负盈亏”的方针。1988年，云南紧紧抓住国家实施沿海地区发展战略这一机遇，全面推行对外贸易承包经营责任制，出台了一系列鼓励外贸出口政策，由此带动了外贸体制的全面改革。20世纪90年代以来，省委、省人民政府紧紧抓住国家实行全方位对外开放，将开放城市由沿海扩大到沿江、沿边的机遇，实行多方位、多层次、宽领域的对外开放战略。并先后颁布实施了《关于进一步扩大对外开发的若干意见》、《云南省外商投资条例》等政策措施和法规，以大开放带动大发展，全面提升对外开放的水平。1992年6月，国务院批准昆明市实行沿海开放城市的政策，批准畹町、瑞丽、河口为边境开放城市，云南进一步提出了“打开南门，面向亚太，走向世界”的口号。从1993年开始，云南每年举办的昆明出口商品交易会，不断扩大规模、提高层次、扩大交流。昆交会打开了云南对外开放的窗口，同时也使云南在全国对外开放的格局中占有重要的地位。昆交会迄今已成功举办16届，2008年第16届昆交会各项经贸成交额累计达到23.56亿元，成为中国西部地区重要的进出口商品交易会；2008年昆交会有台湾、香港地区和国外17个国家的客商及国内16个省区市组团参展。1999年成功举办了昆明世界园艺博览会，依托这个平台，把云南推向世界。世博会期间，先后有51个国家和国际组织举办了馆日活动，有50多个国际性会议在昆明召开，达成经贸合作项目325个。1999年，在“三大目标”的发展战略中，提出把云南建设成中国连接东南亚、南亚国际大通道的目标，这是云南以后改革开放战略和目标的新发展。云南作为中国参与湄公河开发的主要省份，为推进次区域合作做了大量工作，在澜沧江—湄公河次区域经济合作中发挥了重要作用，大力改善云南省与流域内其他国家的交通状况，昆曼公路基本贯通，铁路、能源等方面的合作已进入前期研究阶段。2004年12月，孟中印缅地区经济合作论坛第五次会议在昆明举行，正式签署了《昆明合作声明》，云南与南亚国家的合作向更高层次和更高领域拓展，经济合作迈上新台阶。这些积极努力，使云南从全国对外开放的末梢一举成为中国面向东南亚、南亚的重要开放前沿。

（三）人民生活实现从温饱到总体小康的历史性转变

云南历届党委、政府始终把改革发展的成果落实到满足群众需要、不断改善民生上，经过30年的奋斗，全省城乡居民生活发生了翻天覆地的变化，广大人民分享了改革开放的成果。2006年，云南生产总值一举突破4000亿元大关，达到4006.72亿元，人均GDP达到8970元，按2006年年末汇率折算达人均1149美元，跃上人均1000美元的新台阶。从总体指标看，云南2006年已经实现总体小康。随着经济快速增长，人民生活水平大幅度提高。2008年云南城镇居民人均可支配收入达到1.33万元，比1978年的327.7元增长了39.4倍。城镇职工年平均货币工资达到2.33万元，比1978年的608元增长了37.3倍。城镇居民全年人均生活消费支出为9077元，比1978年的303.12元增长了28.9倍。云南农民人均纯收入达到3103元，比1978年的130.6元增长了22.8倍。农村居民全年人均生活消费支出为2991元，比1978年的113.4元增长了25.4倍。城乡居民年人均社会消费品零售总额达3795元，比1978年的92.8元增长39.9倍。城乡居民储蓄存款迅速增长，消费结构发生根本性变化。随着收入水平的提高，人们的消费结构不断调整和变化，基本改变了过去以吃、穿等生存资料为主的单一格局，住、用、行和文化娱乐等享受和人的素质发展方面的消费支出明显提高。2008年末，全省城镇居民每百户已拥有彩色电视机119台、电冰箱79台、洗衣机90台、组合音响37台、电脑40台、移动电话177部、家用汽车11辆；农村居民每百户拥有彩色电视机89台、洗衣机34台、电冰箱10台、影碟机54台、移动电话91部。2007年，城镇居民人均住房使用面积为22.35平方米，比1978年的3.51平方米增长5.4倍；农村居民人均住房面积为26.73平方米，比1978年的7.69平方米增长2.5倍。2008年，城乡恩格尔系数分别为47.1%和49.6%，分别比1978年的62.99%和74.07%下降15.89和24.47个百分点。人民生活实现从温饱到总体小康的历史性跨越，这是伟大的历史跨越。

二、经济发展实现“八大突破”

（一）生产总值（GDP）突破5000亿元

1978年云南地区生产总值为69.05亿元，自1982年云南生产总值迈上100亿元台阶后，通过近10年的努力奋斗，又跨上了500亿元大关。1994年全省生产总值达到983.78亿元，提前6年实现经济总量比1980年翻两番的战略目标。到

1995年全省生产总值跃上1000亿元台阶之后，云南改革开放的步伐更加坚定，改革开放的成果更加突出，实现跨越式发展的势头越来越快、越来越强，2000年、2004年、2006年和2008年分别跃上的2000亿元、3000亿元、4000亿元和5000亿元台阶，到2008全省生产总值达5700.1亿元，比1978增长15.4倍，每年平均增长9.8%，30年来与全国经济同步保持着快速增长的势头。2007年全省所创造的经济总量比改革开放初期16年创造的总量还要多，这是云南经济发展过程中的一个奇迹。

（二）人均生产总值突破10000元

全省人均生产总值1978年为226元，2007年人均生产总值突破1万元，达到1.05万元（1443美元），2008年人均生产总值达1.26万元，比1978年增长11.2倍，年均增长8.4%。其中2004年人均生产总值达到7012元（848美元），提前1年完成全面建设小康社会人均GDP 800美元的第一阶段战略目标；2006年人均GDP达到8970元（1149美元），人均GDP跃上1000美元的新台阶。

（三）财政总收入突破1000亿元

财政收入大幅提高，实力逐步增强。1978年，全省财政总收入为11.76亿元，2008年达到1360.2亿元，比1978年增长114.7倍，年均增长17.2%。人均财政总收入由1978年的38元提高到2008年的3004元，增长了78倍，年平均增长15.7%。

（四）财政支出同步突破1000亿元

财政支出规模不断扩大，1978年全省财政支出为18.28亿元，2008年达到1470.7亿元，比1978年增长79.5倍，30年平均增长15.7%；2008年人均财政支出水平为3248元，比1978年的59.78元增长53.3倍，年均增长14.2%。

（五）全社会固定资产投资连续跨上新台阶

全省全社会固定资产投资总额1978年为15.04亿元，2008年达到3526.6亿元，比1978年增长233.5倍。30年来，云南全社会固定资产投资连续跨上一个又一个新台阶，云南固定资产投资规模实现从500亿元到1000亿元的跨越用了6年时间，而从1000亿元到3000亿元新台阶只用了4年的时间。

（六）外贸进出口逼近百亿美元大关

随着改革开放的步步深入，云南紧紧依托地缘、区位和资源优势，大力实施“引进来”和“走出去”战略，积极开拓国际市场，拓宽贸易渠道，大湄公河次区域经济合作迈出新步伐，对外贸易取得了长足的发展，一年登上一个新台阶。1978年全省外贸进出口总额为1.04亿美元，2008年达到96亿美元，逼近百亿美元大关，比1978年增长91.3倍，年均增长16.3%。2008年全省实际利用外资达到7.77亿美元，对外经济取得显著成效。

（七）城镇居民人均可支配收入突破1万元

全省城镇居民的人均可支配收入逐年上升，2006年城镇居民年人均可支配收入首次突破万元。2008年城镇居民年人均可支配收入达到1.33万元，比1978年的327元增长39.5倍，年平均增长13.1%。

全省城乡居民的储蓄存款年末余额由1978年的4.2亿元，增加到2008年的3783.78亿元，增长900倍，年平均增长25.5%。

1978年，全省人均储蓄额为13.6元，2008年达到8355元，增长613倍，年平均增长23.9%。

（八）农民人均纯收入突破3000元

改革开放以来，省委、省政府把解决好“三农”问题作为全部工作的重中之重，不断加大农业生产的投入，促进城乡统筹协调，努力推进农村发展、农业增效、农民增收。2008年农民人均纯收入突破3000元，到达3103元，比1978年的130.6元增长22.8倍，年平均增长11.1%。

三、十大主要特色产品的产量名列全国前茅

——甘蔗的产量由1978年的160.01万吨增加到2008年的1867.7万吨，增长了10.7倍，年平均增长8.5%。2008年糖料产量在全国居第2位。

——烤烟的产量由1978年的12.26万吨增加到2008年的82.9万吨，增长5.8倍，年平均增长6.6%；2008年烤烟产量在全国居第1位，人均占有居全国第1位。

——茶叶的产量由1978年的1.78万吨增加到2008年的16.2万吨，增长了8.1倍；2008年茶叶产量在全国居第2位。

——橡胶的产量由1978年的1.53万吨增加到2008年的25.6万吨，增长15.7倍，2008年橡胶产量在全国居第1位。

——核桃产量由1978年的1.49万吨增加到2007年的12.63万吨，增长了7.5倍，2007年核桃产量在全国居第1位。

——花卉的产量由2002年的23.34亿枝增加到2008年的52.9亿枝，增长了1.3倍；2008年鲜切花产量在全国居第1位。

——卷烟的产量由1978年的63.3万箱增加到2008年的679.55万箱，增长了9.7倍，2007年卷烟的产量在全国居第1位；

——成品糖的产量由1978年的13.49万吨增

加到2008年的211.02万吨，增长了14.6倍，2007年成品糖的产量在全国居第2位；

——硫酸的产量由1978年的14.51万吨增加到2008年的812.57万吨，增长了54.5倍，2007年硫酸的产量在全国居第1位；

——10种有色金属的产量由1978年的7.48万吨增加到2008年的216.75万吨，增长了28倍，2007年10种有色金属的产量在全国居第2位；

四、结构调整取得突出成效

（一）产业结构不断优化，第三产业比重逐步提高

1978年全省第一产业的增加值为29.46亿元，2008年全省第一产业的增加值达到1020.94亿元，增长3.5倍，年平均增长5.1%。第二产业的增加值由1978年的27.58亿元增加到2008年的2451.09亿元，增长19.7倍，年平均增长10.6%。1978年全省第三产业增加值为12.01亿元，2008年第三产业增加值为2228.07亿元，增长37.6倍，年平均增长13.0%。全省的第一、第二和第三产业增加值占GDP的比重，由1978年的42.7∶39.9∶17.4调整为2008年的17.9∶43.0∶39.1。与1978年相比，第一产业比重下降24.8个百分点，第二产业比重提高3.1个百分点，第三产业比重提高21.7个百分点。产业结构不断改善和日趋优化，特别第三产业的兴起和快速发展，为经济和社会事业的发展奠定了坚实的基础，逐步形成按社会主义市场经济的发展规律配置产业结构的格局。

（二）非公有制经济蓬勃发展，占GDP的比重稳步提高

从20世纪90年代开始，全省非公有制经济进入快速发展时期，非公经济规模不断发展壮大，占全省GDP的比重逐年上升。1990年全省非公有制经济实现增加值为46.97亿元，到2008年，非公有制经济实现增加值已达2194.5亿元，是1990年的46.7倍。非公有制经济占全省GDP的比重由1990年的10.4%，提高到2008年的38.5%，提高28.1个百分点，非公有制经济成为拉动全省经济增长的又一重要推动力量。

（三）农业综合经济实力显著增强

农业综合经济实力显著增强。全省农、林、牧、渔业总产值稳定增长，由1978年的40.02亿元，增加到2008年1640.3亿元，增长了4.3倍，年平均增长5.7%，农业保持较快增长，在全省经济发展中的基础地位日显重要。

（四）消费对经济增长的拉动作用增强

改革开放30年来，伴随着国民经济的迅猛发展，综合国力的显著增强，城乡居民生活也连续上了跃上新台阶，消费水平、消费结构和消费环境都发生了明显变化。2008年，全省累计实现社会消费品零售总额为1718.54亿元，比1978年的28.38亿元增长59.6倍，年平均增长14.7%。2008年全省人均社会消费品零售总额为3795亿元，比1978年的92.8元增长了39.9倍。2002年以来，云南的居民消费率在44%～48%之间，略超过同期全国平均水平，消费对经济增长的拉动作用日益增强，为经济增长增添了新的动力。

五、社会民生得到前所未有的全面改善

（一）人口总量保持平稳增长，城市化水平不断提高

2008年末全省总人口为4543万人，比1978年末增加1451.5万人，增长了47%；云南人口数量保持平稳增长，人口增长幅度呈持续下降的态势。全省人口自然增长率由1978年的15.2‰下降到2008年的6.32‰。在人口总量保持平稳增长、人口质量不断提高、结构有所优化的形式下，人口城镇化水平不断提高。2008年城镇人口1499万人，城镇化率达33%，比1978年提高20.8个百分点。

（二）社会保障系统不断完善，人民群众安居乐业

随着改革开放的不断深入和发展，城镇基本养老保险制度、失业保险制度、工伤保险制度和医疗保险制度、最低收入保障制度等社会保障制度相继建立并逐步完善，覆盖面不断扩大。人民群众正享有“学有所教、劳有所得、病有所医、老有所养、住有所居”的安居乐业生活。2007年末，全省参加基本养老保险人数达279.35万人，参加失业保险人数190万人，参加基本医疗保险人数345.81万人。城镇就业总量持续较快增长，城乡统筹就业步伐加快。2007年末全省城乡就业人员2573.81万人，城镇最低生活保障费用逐年提高，低收入和贫困人群逐年减少。

（三）卫生投入稳步增长，农村医疗得到改善

卫生专项投入增加，卫生资源配置日趋优化。1978年全省医院卫生病床数为5.41万张，到2007年达到8.32万张，比1978年增长53.8%，年平均增长1.5%；1978年全省专业卫生技术人员数为6.55万人，到2008年达到12.4万人，比1978年增长89.3%，年平均增长2.2%；1978年全省医生数为3.11万人，到2008年达到5.7万人，比1978年增长83.3%。新型农村合作医疗制度的建立和完善得到了农民群众的积极拥护和广泛参与，到2008年已覆盖全省129个县，覆盖面达100%，参加人数达3222万人，参合率达90%。覆盖城乡

的公共医疗卫生、疾病和传染病防治、药品管理等体系基本形成。

（四）全省教育投入大幅提高，教育事业蓬勃发展

改革开放以来，随着教育体制的不断改革和完善，全省教育事业得到空前的发展。全省教育投入不断增加，占GDP的比重逐年增加。2007年，全省国家财政性教育经费支出占GDP的比例达4.66%，预算内教育经费支出（含教育费附加）占财政支出的比例达19.17%；2008年全省普通高等学校在校学生达到34.77万人，比1978年的1.59万人增长20.9倍，年平均增长10.8%；全省普通中学在校生数为259.48万人，比1978年增加130.94万人，年平均增长2.4%；全省普通小学在校生数为451.04万人，比1978年增加15.01万人。教育使得全省人口素质不断提高，到2006年，人们受教育的平均年限已达6.85年。

回顾云南改革开放30年，解放思想是先导，改革和开放是动力，解放和发展生产力、促进社会和谐稳定是改革开放的主要成果，成就令人鼓舞。这30年的辉煌与成就，凝聚着党的几代领导集体的智慧，凝聚着云南省历届党委、政府的心血，凝聚着全省人民的汗水，充分体现了改革为了人民，改革依靠人民，改革的成果由人民共享。这是不平凡的30年，创造了发展奇迹的30年，实现了经济社会飞跃的30年。展望云南全面建设小康社会的发展未来，前景催人奋进。党的十七大的胜利召开为全省各族人民指明了新时期的前进方向，我们要始终高举中国特色社会主义的伟大旗帜，深入贯彻落实科学发展观，坚持解放思想、深化改革、扩大开放、科学发展，扎扎实实打基础、突出重点抓生态、调整结构创特色、依靠科技增效益、改革开放促发展、统筹兼顾谋协调、齐心协力建和谐，坚定不移地把富裕民主文明开放和谐云南建设推向前进，不断开创云南改革开放和全面建设小康社会的新局面。

（云南省统计局　综合处）

改革开放三十年云南经济和社会实现大发展

改革开放30年来，云南省委、省政府在党中央的正确领导下，带领全省各族人民高举建设中国特色社会主义伟大旗帜，团结奋斗，努力克服前进中的艰难险阻，取得了经济和社会发展的巨大成就：全省综合经济实力明显增强，社会商品极大丰富，基础设施明显改善，人民生活与全国同步实现总体小康水平，对外经济日趋活跃，教育、科技、文化、体育、卫生等各项社会事业全面发展。

一、经济实现大发展大飞跃，综合实力显著增强

改革开放以来，全省各族人民坚定不移地贯彻经济发展“三步走”的战略目标任务，历经30年的努力奋斗，云南经济总量实现大发展大飞跃，综合经济实力明显增强。

经济总量实现大发展大飞跃。2008年全省实现地区生产总值5700.10亿元，比1978年的69.05亿元增长15.4倍，年平均增长9.8%。自1982年云南生产总值迈上100亿元台阶后，通过近10年的努力奋斗又跨上了500亿元大关。1994年全省全生产总值达到983.78亿元，提前6年实现经济总量比1980年翻两番的战略目标，到1995年跃上1000亿元台阶。之后，云南改革开放的步伐更加坚定，改革开放的成果更加突出，实现跨越式突破的周期也越来越短，到2000年、2004年和2006年分别跃上的2000亿元、3000亿元和4000亿元台阶，到2008年跃上5000亿达5700.1亿元。现在全省1年创造的经济总量比改革开放初期16年所创造的总量还多。

财政总收入快速增长，占GDP的比重不断提高。1978年全省财政总收入仅为11.76亿元，改革开放促进了全省经济的大发展。通过财政、金融体制改革、国有企业改革改制等一系列深化改革的进行，大幅提高了企业在市场中的竞争能力和经济效益，为国家和云南财力的增强奠定了坚实的基础。从1996年全省财政总收入突破100亿元大关以来，到2002年达466.01亿元，特别是从2003年起，连续跨上500亿、600亿、700亿元、800亿元和1000亿元5个台阶，2008年达到1360.2亿元，比1978年增长114.66倍。全省财政

总收入占 GDP 的比重由 1978 年的 17%，提高到 2008 年的 24%。人均财政总收入由 1978 年的 38 元提高到 2008 年的 3004 元，增长了 78 倍。

特色工农业产品产量位居全国前列。1978 年，全省原煤产量居全国第 15 位，发电量居第 18 位，硫酸居第 17 位，化肥居第 8 位，水泥居第 21 位，卷烟居第 6 位。经过 30 年的发展，到 2007 年，主要农产品中，烤烟、橡胶、核桃、花卉产量居全国第 1 位，茶叶、甘蔗居全国第 2 位；主要工业产品中，卷烟、硫酸产量居全国第 1 位，10 种有色金属、糖居全国第 2 位。其他主要产品产量的位次也明显前移，如肉类居第 13 位，粮食居第 15 位，原煤居第 11 位，发电量居第 14 位，化肥居第 7 位，粗钢居第 16 位，水泥居第 15 位。

经济结构不断调整和优化。全省第一、二、三次产业比例由 1978 年的 42.7∶39.9∶17.4 调整为 2008 年的 17.9∶43.0∶39.1，与 1978 年相比，第一产业比重下降 24.8 个百分点，第二产业比重提高 3.1 个百分点，第三产业比重提高 21.7 个百分点。产业结构不断改善和日趋优化，特别第三产业的兴起和快速发展，为经济和社会事业的发展奠定了坚实的基础，促进了以人为本和谐社会的建设和发展。

非公经济发展壮大，其增加值在 GDP 的比重稳步提高。改革开放以来，全省非公经济不断发展壮大，特别是建立社会主义市场经济以来，全省非公有制经济进入快速发展时期，非公有制经济占全省 GDP 的比重逐年上升，到 2008 年已达 38.5%，分别比 1996 年、2000 年、2002 年、2006 年和 2007 年提高 22.3、17.5、11.6、2.0 和 1.1 个百分点；2008 年非公有制经济实现增加值达 2194.5 亿元，成为推动全省经济增长的又一重要力量。

二、三次产业全面发展，社会商品极大丰富

农业生产稳步发展，农产品供应充足。第一产业增加值由 1978 年的 29.46 亿元增加到 2008 年的 1020.94 亿元，增长 3.5 倍。农产品产量成倍增加。油料产量达 40.30 万吨，增长 6.3 倍；水产品产量达 40.00 万吨，增长 34.7 倍；水果产量达 245.10 万吨，增长 20 倍；茶叶产量达 16.2 万吨，增长 8.1 倍。蔬菜、水果、肉类、茶叶等农产品不仅自给有余还大量调出省外和出口国外，在国内国际市场中占有一席之地。

第二产业快速发展，特色工业品稳健增长。第二产业增加值由 1978 年的 27.58 亿元增加到 2008 年的 2451.09 亿元，增长 19.7 倍。其中，全部工业增加值由 1978 年的 20.91 亿元增加到 2008 年的 2056.95 亿元；一大批体现云南资源经济特色的优势产业逐步发展壮大，工业对全省国民经济发展的促进作用日益显著，特别是党的十六大以来，工业总量稳步增长，产业结构更趋合理，支柱产业建设成效显著，烟草产业再创辉煌，利税突破 500 亿元；以磷化工和有色金属为主的矿业快速发展；以水电为主的电力支柱产业、生物产业成为新的经济增长点；非烟工业增加值占全部工业增加值的比重不断提高；重要行业工业装备和技术水平大幅提高，实现了规模、速度、质量和效益同步快速增长。主要产品产量快速增长。2007 年与 1978 年相比，粗钢产量由 35.12 万吨增加到 901.31 万吨，增长 24.7 倍；钢材产量由 25.59 万吨增加到 836.62 万吨，增长 31.7 倍；糖由 13.49 万吨增加到 211.02 万吨，增长 14.6 倍；卷烟由 63.3 万箱增加到 679.55 万箱，增长 9.7 倍；10 种有色金属由 7.48 万吨增加到 216.75 万吨，增长 27.9 倍；原煤由 1483 万吨增加到 8657.43 万吨，增长 4.8 倍；发电量由 52.51 亿千瓦小时增加到 1039.56 亿千瓦小时，增长 18.8 倍。

第三产业飞速发展，社会服务业方兴未艾。第三产业增加值由 1978 年的 12.01 亿元增加到 2008 年的 2228.07 亿元，增长 36.6 倍，是三次产业中增长最快的。各种运输方式的货物周转量由 1978 年的 62.34 亿吨公里增加到 2008 年的 830.77 亿吨公里，增长 12.3 倍；各种运输方式的旅客周转量由 1978 年的 24.25 亿人公里增加到 2008 年的 426.34 亿人公里，增长 16.6 倍。邮电通信业大力发展。一个信息化时代的到来，使得邮电业发生了前所未有的飞速发展。全省邮电业务总量由 1978 年的 3017 万元增加到 2008 年的 562.69 亿元，增长 1864.1 倍。商品市场发展迅猛。2008 年，实现社会消费品零售总额 1718.54 亿元，比 1978 年的 28.38 亿元增长 59.5 倍。旅游业成为新兴支柱产业。2008 年，全省接待海外旅游者达 250.22 万人次，比 1979 年的 1.34 万人次增长 185.7 倍；旅游外汇收入达 10.08 亿美元，比 1979 年的 100 万美元增长 1007 倍；接待国内旅游者 1.03 亿人次，实现国内旅游收入 594.76 亿元。与此同时，信息服务产业、证券产业、中介服务业、社区服务网络等新兴服务业方兴未艾，不断发展壮大，大大方便了人民群众的生产生活，有力地推动了社会的发展和进步。证券产业发展迅猛。到 2007 年末全省已有 26 家上市公司，总股份 99.46 亿股，总市值 3482 亿元。

三、基础设施明显改善，经济发展后劲进一步增强

1978 年～2007 年，全省累计完成固定资产投

资1.9万亿元，其中，截止2005年累计完成基本建设投资4378.55亿元，完成更新改造投资1437.47亿元。年投资规模不断扩大，到2008年全省完成固定资产投资3526.6亿元，比1978年的15.04亿元增长233.5倍。从2007年的重点行业来看：

累计完成农业投资771.74亿元。重点加强农田水利建设，增库扩容，大大改善了农田灌溉条件，全省农田有效灌溉面积已由1978年的90.2万公顷扩大到2007年的151.72万公顷。建成了大量的防洪、排涝、灌溉、发电等工程设施，农业生产条件大大改善，逐步走上机械化、水利化、电气化的道路。到2007年底，全省已建成和拥有大中型水库5403座，总蓄水容量106.23亿立方米；2007年与1978年相比，农业机械总动力由243.2万千瓦增加到1862万千瓦；农用大中型拖拉机由1.44万台增加到7.51万台，联合收割机由215台增加到2168台，农用运输汽车由1847辆增加到5.34万辆。农业耕、种、排、灌、收割等农用机械化的程度和农用运输能力大为提高。

累计完成工业投资4875.33亿元，完成能源工业投资2390.89亿元。经过不断的发展，建立了电力产业、有色金属、钢铁产业、磷化工产业、机械制造、烟草产业、制糖产业、粮食加工产业为特色的工业体系，生产能力大为增强，生产规模不断扩大。年钢材产量由1978年的25.59万吨提高到2007年的789.99万吨，10种有色金属由7.48万吨提高到233.77万吨，发电量由52.51亿千瓦小时提高到904.51亿千瓦小时。此外，煤炭、磷化工产业的生产能力也大大增强，工业整体技术水平大为提高，特别是电力工业的大发展，彻底改变了全省缺电、少电的历史。改革开放以来，全省电力建设进入大电站、大机组、超高压、大电网时期。阳宗海电厂的改扩建，曲靖、小龙潭等电厂和漫湾、鲁布革、大朝山、景洪等电站的相继建成投产，新增装机容量800万千瓦，后期陆续投产的景洪电站其他机组和在建的溪洛渡等电站，将再增装机容量1400万千瓦，标志着云南电力发展进入了一个崭新的时代，有力地推进了国家“西电东送”能源战略目标的实施进程，建成了全省“西电东送”、“云电外送”的重要电源基地和战略通道。

到2007年，累计完成交通运输投资2552.13亿元。改革开放30年，将云南这个交通非常落后的省份，建设成了以公路为骨干，公路、铁路、民用航空和水路组成的综合运输网络。铁路建设稳步发展。新建内（江）—昆（明）、昆（明）—大（理）铁路，铁路营业里程由1978年的1705公里增至2007年的1924公里，增长12.9%；贵（阳）—昆（明）、成（都）—昆（明）铁路全程电器化改造完成，使得铁路运输能力和效率进一步提高。公路建设飞速发展。全省公路建设等级明显提高，路况大为改善，高速公路从无到有。到2007年公路通车里程由1978年的4.18万公里增至2007年的20.03万公里，增长3.8倍，居全国第3位，西部第1位；已建成高速公路2507公里，居全国第7位，西部第1位；99%以上的行政村和80%以上的自然村通公路。近年来，在建设中国—东盟自由贸易区的新形势下，云南已经初步形成了通往东南亚、南亚国家的国际大通道，2008年3月21日，昆明至曼谷国际大通道中国路段全线贯通。从昆明到中老边境的磨憨仅需要10个小时左右，从昆明到曼谷的行程也将从40多个小时缩短到20个小时左右。大大提升这一国际大通道的通行能力，改善沿路各地的交通运输条件，实现区域的共同繁荣发展。云南优越的区位优势将得到进一步发挥，必将为中国—东盟自由贸易区，为中国的发展及与东南亚、南亚各国的交流与合作作出更大贡献。民用航空快速发展。民用航空是全省改革开放以来发展最快的运输方式。通过新建和改扩建以昆明为中心辐射全省各州市的10个民用机场，综合运输能力大大提高。到2007年末，仅东航云南分公司就开通了民用国际国内航空线路90条，其中，国内航线78条，国际航线12条，航线里程达12.99万公里，加之国内其他航空公司和国际航空公司往来云南的航空运营线路，构成全省了四通八达的蓝天运输网。水路运输不断打造。全省现有内河航道里程2764公里，是全省新兴便利的运输通道。特别是黄金水道长江第一港水富港的打造和不断扩建，使之成为铁路、公路和水路之间的最佳运输枢纽结合点，成为云南连接华中、辐射华东的“北大门”；景洪港口岸已成为澜沧江—湄公河航道上我国境内第一大港口和口岸，是云南从水路通往东南亚的重要水上枢纽。

到2007年，累计完成邮电业投资572.52亿元。已建成包括光纤、数字微波、程控交换、移动通信等覆盖全省的公用电信网，并建成了业务种类齐全、网点密布的公用邮政网。全省邮路投递线路总长度由1978年的26.08万公里增加到2007年的33.01万公里；邮政局所、服务网点由1978年的1711个增加到2007年的1977个，100%的行政村通邮，98.65%的乡（镇）设有邮电局所；电话网规模容量迅速扩大，电话交换机容量已由1978年的9.44万门猛升至2007年的3633.65万门，98.96%的行政村通固定电话，97.86%的行政村通移动电话。数据通信网络已具相当规模，移动通讯、数据通信从无到有，迅猛发展。2007年，光缆线路长度达21.62万公里，光缆纤芯长度达239.51万公里；全省的移动电话用户已达1346.42万户，固定电话用户达628.68万户，两者合计达1975.1万户；100%的行政村开通互联网业务，其中，36%的行政村开通互联网宽带业务；计算机互联网用户达到217.74万户且宽带接入用户达117万户。全省各族人民充分享受到了现代化通信带来的方便与快捷。

四、城乡居民生活水平显著提高，实现从温饱到总体小康的历史性跨越

城乡居民收入大幅增长。2008年全省城镇居民的人均可支配收入突破万元大关，达1.33万元，比1978年的327.70元增长39.4倍；农民人均纯收入，由1978年的130.60元增加到2008年的3102.60元，增长22.8倍；全省城镇单位职工年平均货币工资由1978年的608元，增加到2008年的2.33万元，增长37.3倍，真正体现了改革开放的成果惠及全体人民。特别是党的十六大、十七大以来，坚持以人为本的发展方针，鼓励人们自主创业，增加财产性收入。伴随着我国资本市场和金融市场的健康快速发展，居民财产性收入成倍增长。2008年，全省城镇居民家庭人均财产性收入849.5元，比2002年增长10.9倍。财产性收入占家庭总收入的比重由2002年的0.9%上升到2008年的6.4%。

城乡居民消费水平不断提高。改革开放30年来，伴随着国民经济的迅猛发展，综合国力的显著增强，城乡居民生活也连续跃上新台阶，消费水平、消费结构和消费环境都发生了明显变化。全省城镇和农村居民的全年人均生活消费支出1978年为157元，2008年城镇居民为9077元、农村居民为2991元；城乡居民年人均社会消费品零售总额达3794元，比1978年的92.8元增长39.8倍。

城乡居民消费结构发生根本性变化。随着收入水平的提高，人们的消费结构不断调整和变化，基本改变了过去以吃、穿等生存资料为主的单一格局，住、用、行和文化娱乐等享受和人的素质发展方面的消费支出明显提高。2007年，城乡恩格尔系数分别为45.00%和46.50%，分别比1978年的62.99%和74.07%，下降17.99和27.57个百分点，反映了云南城乡居民生活从贫困到温饱，从温饱到小康的历史进程，特别是农村居民生活水平和生活质量有了很大提高。

耐用消费品普及程度迅速提高，大大提高了城乡居民的生活水平。电视机、电冰箱、洗衣机、微波炉、电话机已成为百姓生活必需的普通用具，照相机、摄像机、影碟机、组合音响、电脑、汽车等高档消费品也已成为生活富裕起来的人们的必需品，很多高档消费品已经是更换了几代产品，一户人家拥有几台电视机已成寻常事，在过去想都不敢想的汽车也大量涌入普通人家。2008年末，每百户城镇居民家庭拥有家用汽车11.1辆、彩电119.4台、洗衣机90.2台、电冰箱78.8台；在农村，到2008年每百户农村居民家庭拥有影碟机53.8台、洗衣机33.7台、电冰箱9.8台、彩色电视机89台、摩托车33.3辆、移动电话91.2部。这些都真切地反映了改革开放30年，云南各族人民的生活水平和生活质量发生的巨大变化。

社会保障系统建立和不断完善，人民群众安居乐业。随着改革开放的不断深入和发展，社会保障系统逐步建立并不断完善。城镇基本养老保险制度、失业保险制度、工伤保险制度和医疗保险制度、最低收入保障制度等社会保障制度相继建立并逐步完善，覆盖面不断扩大；住房制度改革、经济适用住房制度等的建立和不断完善。人民群众正享有“学有所教、劳有所得、病有所医、老有所养、住有所居”的安居乐业生活。2007年末，全省参加基本养老保险人数达279.35万人，参加失业保险人数190万人，参加基本医疗保险人数345.81万人，参加农村养老保险人数为139.66万人，参加新型农村合作医疗保险人数为3100.65万人。城镇就业总量持续较快增长，城乡统筹就业步伐加快。2007年末全省城乡就业人员2573.80万人，城镇最低生活保障费用逐年提高，城乡低收入和贫困人群逐年减少。

五、对外经济长足发展，招商引资成效显著

随着改革开放的步步深入，云南紧紧依托地缘、区位和资源优势，大力实施“引进来”和“走出去”战略，积极开拓国际市场，拓宽贸易渠道，开展国际化经营。随着对外贸易规模的迅速扩大，云南与越来越多的国家和地区有了贸易往来，贸易伙伴超过130多个国家和地区，大湄公河次区域经济合作迈出新步伐，对外贸易取得了长足的发展，一年一个台阶，实现了历史性跨越。全省外贸进出口总额1978年仅为1.04亿美元，到2008年已达95.99亿美元，增长91.3倍。

随着对外开放力度的不断加大，创办三资企业和利用外商直接投资已具一定规模，为云南的经济建设和提升企业管理水平起到了积极的推动作用。2008 年实际利用外商投资规模不断扩大，由改革开放初期 1985 年的 156 万美元发展到 2008 年的 7.8 亿美元，增长 499 倍。目前，云南已成为中国面向南亚、东南亚对外经济开放的重要前沿阵地。

六、教育、科技、文化、体育、卫生等社会事业全面发展

教育事业成就辉煌。改革开放以来，随着教育体制的不断改革和完善，全省教育事业得到空前的发展。全省教育投入不断增加，其占 GDP 的比重逐年增加。2007 年，全省国家财政性教育经费支出占 GDP 的比例达 4.66%，预算内教育经费支出（含教育费附加）占财政支出的比例达 19.17%。全省基本普及了九年义务教育，中、高等和职业教育得到大力发展。2008 年全省普通高等学校在校学生达到 34.77 万人，比 1978 年的 1.59 万人增长 20.9 倍，年均增长 10.8%；全省普通中学在校生数为 259.48 万人，比 1978 年增加 130.94 万人，年平均增长 2.4%；全省普通小学在校生数为 451.04 万人，比 1978 年增加了 15.01 万人。教育使得全省人口素质不断提高，到 2006 年，人们受教育的平均年限已达 6.85 年。通过改革开放 30 年的发展，各类学校校舍总面积不断增加，教学设施不断完善，教学质量不断提高，一支适应教育事业发展的教职工队伍和科学研究队伍正发展壮大。

科技事业日新月异。科研事业经费支出不断增加，投资渠道越来越广，科技投入在 GDP 中的比重不断提高。2008 年各单位研究与试验发展活动经费支出达 27.43 亿元，占 GDP 的比重达 0.48%. 科研和技术开发机构较快发展，科技队伍稳步壮大，基本形成了产学研为一体的门类较齐全的科研体系，特别是企业的技术研发机构得到了较快的发展。截止 2008 年末，全省从事科技活动人员 6.92 万人，比 1979 年的 4742 人增长 13.6 倍。科研活动成果丰硕，1978 年～2007 年，获省科技进步奖 5014 项，从 1986 年以来获批自主知识产权的科技和设计成果专利 1.79 万件。

文化事业硕果累累。改革开放以来，随着经济建设的发展，文化建设的物质产品、硬件设施日趋发达，文化精神的传播更加广泛，一大批反映云南民族文化特色的精品力作不断涌现，人们的文化生活也越来越丰富。到 2007 年，地方财政用于文化事业的支出达 9.19 亿元，是 1978 年的 80 倍；2008 年全省拥有公共图书馆 149 个，全省广播、电视人口覆盖率分别达 92.9% 和 94.1%，分别比 1978 年提高 62.9 和 77.1 个百分点。2007 年全省出版各类报纸 63 种，5.59 亿份，各类期刊 126 种，2793 万册，图书 3117 种，1.6 亿册；每百人每天拥有报纸 3.4 份，每人每年拥有图书、杂志 4.17 册，分别比 1978 年增长 24.5% 和 1.8 倍；“十五”以来，全省共有 60 余个剧节目（作品）在全国性文艺赛事中获得涵盖鲁迅文学奖、骏马奖、电影华表奖、戏剧文华奖、摄影金像奖、舞蹈荷花奖等国家级大奖 140 多个；在 11 届、12 届、13 届全国青年歌手大奖赛中，获奖总数处于全国领先水平，特别是第 13 届取得了 1 金、2 银、1 铜和 2 个优秀奖的好成绩。云南各民族优秀文化艺术事业得到前所未有的发扬光大，七彩云南更加绚丽多姿。

卫生事业发展迅速。改革开放以来，全省卫生专项投入逐年增加，卫生资源配置日趋优化。2007 年，全省地方财政卫生事业专项投入达到 77.11 亿元，是 1978 年的 125 倍；全省卫生机构总数为 9693 个，比 1978 年增长 75.3%；卫生机构拥有床位数 11.90 万张，比 1978 年增长 98.4%；全省每万人拥有床位数为 26.5 张，比 1978 年增长 51.4%；每万人拥有医生 12.6 个，比 1978 年增长 2.5%；到 2006 年，99.92% 的乡镇有医院、卫生院，92.6% 的村有卫生室；新型农村合作医疗制度的建立和完善得到了农民群众的积极拥护和广泛参与，到 2008 年已覆盖全省 129 个县，覆盖面达 100%，参加人数达 3222 万人，参合率达 90%，从根本上缓解了农民“看病难”、“看病贵”、“因病致贫”、“因病返贫”的问题。全省人口自然增长率由 1978 年的 15.2‰下降到 6.86‰，人口平均期望寿命由 1981 年的 60.73 岁上升到 2000 年的 65.49 岁。覆盖城乡的公共医疗卫生、疾病和传染病防治、药品管理等体系基本形成。

体育事业蒸蒸日上。1978 年以来，全省财政用于体育事业的专项支出不断增加，运动员队伍不断扩大，竞技体育成绩显著。如竞技体育以马拉松、中长跑项目著称全国并为国家输送了大量人才，民族体育运动和群众体育运动繁花似锦，蓬勃发展。2007 年，地方财政用于体育事业的经费支出达 3.88 亿元，是 1978 年的 57 倍；全省共有在队等级运动员 707 人，等级裁判员 1414 人，分别比 1978 年的 25 人和 92 人增长 27.3 倍和 14.4 倍。1978 年～2008 年，在国际国内各项比赛中，共获奖牌 2557 枚。体育场地设施建设不断完善。据 2003 年第五次体育场地普查，全省拥有各类体育场地 4.1 万个，场地总面积 3380 万平方米，人均占有面积为 0.78 平方米。全民健身活动方兴未艾。全省体育人口在总人口中的比例不断提高，到2007年已达36%。

改革开放30年，云南经济社会取得的各项辉煌成就，是在省委、省政府领导下，在全省各族人民在脱贫致富奔小康全面建设小康社会、构建和谐社会的伟大实践中，高举邓小平理论和“三个代表”重要思想伟大旗帜，贯彻落实科学发展观，励精图治，开拓进取，抢抓机遇，努力奋斗的成果。如今，全省各族人民正高举建设中国特色社会主义的伟大旗帜，进一步解放思想、深化改革、扩大开放、科学发展，构建和谐社会，为实现建设富裕民主文明开放和谐的新云南而努力奋斗。

（云南省统计局　综合处）

改革开放是云南强省富民的必由之路

以1978年中国共产党召开具有重大历史意义的十一届三中全会为历史性标志，云南与全国一道进入了改革开放的新时期。在这一新的历史时期，云南省委、省政府带领全省各族人民沿着党中央所指引的中国特色社会主义道路奋勇前进，不断探索发挥云南优势、突出云南特长和特色的发展道路，谱写了全省各族人民自强不息、奋进拼搏、建功立业的壮丽史诗。全省各族人民以锐意进取精神投身于波澜壮阔的改革开放伟大实践当中，实现了工作重心的转变，实行了农村联产承包责任制改革，经历了3个彪炳时代的伟大转变，开辟出一条云南强省富民的康庄大道，创造了辉煌的经济社会发展成就。更有意义的是，在改革开放的历史进程中，不断探索建设中国特色社会主义，云南怎样加快发展，实现什么样的发展等重大理论和实践问题，云南取得了走强省富民之路的宝贵经验。

一、云南的工作重心转变为以经济建设为中心

云南的工作重心转变为以经济建设为中心，进入了改革开放新时期，实现了工作重心的伟大转变。最显著的变化是云南的经济体制由计划经济体制逐渐转变为计划经济与市场经济并存的“双轨制”，再转变为社会主义市场经济体制，实现了与国际经济接轨，融入到国际经济的大市场中。

1978年12月，中国共产党的十一届三中全会胜利召开，彻底否定“两个凡是”的方针，重新确立了解放思想、实事求是的思想路线和方针，党中央做出了实行“改革开放”的重大决策。举国上下的工作重心开始从“以阶级斗争为纲”向“以经济建设为中心”转变，经济体制开始从僵化、半僵化向全面改革转变，各个领域开始从封闭、半封闭向对外开放转变。在这伟大历史性转变中，云南省委、省政府积极响应党中央的号召，带领全省各族人民努力实现全省工作重心的转变，围绕全省经济建设这一中心工作，采取了一系列政策和措施，逐步改革不适应生产力发展的经济体制。计划经济与市场经济并存的“双轨制”取代了传统的计划经济，市场经济最终彻底取代了“双轨制”的旧体制。云南加快了经济社会发展的步伐，沿着改革开放的道路，积极探索恢复和振兴云南经济，摆脱贫困的道路。云南省的社会经济面貌发生巨大的变化。

随着工作重心的转变，云南的经济和社会发展创造了更加辉煌的成就。全省综合经济实力空前增强，全省各族人民的生活水平得到前所未有的提高。改革开放的30年间（1978年～2008年），云南省生产总值由1978年的69.05亿元增长到2008年的5700.1亿元，增长15.4倍，年平均递增9.8%；云南省的人均GDP由1978年的226元提高到2008年的1.26万元，增长11.2倍，年平均递增8.4%。然而，改革开放之前的30年间（1949年～1978年），全省生产总值由22.53亿元增长到69.05亿元，只增长了5倍；人均GDP由1949年的56元提高到1978年的226元，增长2.14倍，年平均递增4.0%。

在工作重心的转变中，始终围绕着什么是社会主义，如何建设和发展社会主义等重大理论问题，党中央探索出一条中国特色社会主义道路，这条道路不愧为伟大转变中的伟大发现。1987年是伟大历史性转变的一个重要里程碑，党的十三大沿着十一届三中全会的路线，提出著名的社会主义初级阶段理论，提出了党在社会主义初级阶

段“一个中心、两个基本点”的基本路线，制定了到下世纪中叶分三步走、实现现代化的发展战略。改革开放的头10年（1978年～1988年），云南的地区生产总值增长1.6倍，年平均递增10.3%；云南的人均GDP由1978年的226元提高到1988年的845元，值增长1.3倍，年平均递增8.6%。与改革开放的前10年（1968年～1978年）相比，全省的人均GDP由1968年的114元提高到1978年的226元，增长96.0%，年平均递增7.0%。云南在中国特色社会主义建设的发展道路上加快发展，改革开放和经济建设都取得了阶段性的成果。

二、实行农村联产承包责任制具有重大而深远的意义

改革开放的总设计师邓小平同志指出：“改革是中国的第二次革命。”云南农村与全国一道实行了家庭联产承包责任制的改革，农村生产力得到空前解放，对云南农村成功地实行所有制起到决定性的作用，具有重大现实意义和深远历史意义。

中国农村的改革是80年代初期发源于安徽省凤阳县小岗村，18户农民以极大的勇气，冒着风险发起了农村家庭联产承包责任制的改革。农村的改革率先在农村取得了突破性进展，党中央肯定了农民的伟大创举，逐步废弃了在农村实行多年的“人民公社”体制，在全国农村普遍实行了以生产经营自主权为主要特征的农村“家庭联产承包责任制”，农民解放了，农民的积极性调动起来了，农业生产发展起来了，农业生产力空前提高。1991年，党的十三届八中全会把以家庭联产承包为主的责任制、统分结合的双层经营体制作为我国乡村集体经济组织的一项基本制度长期稳定下来，并不断充实完善。家庭联产承包责任制作为农村经济体制改革第一步，突破了“一大二公三纯”的“大锅饭”旧体制。

云南农村的“家庭联产承包责任制”改革与全国基本同步，对于解放云南农村的生产力，调动农民的生产经济性，较快摆脱贫困，发展农业生产都取到决定性的作用。全省农业总产值由1978年的40.02亿元增加到2008年的1640.30亿元，增长4.3倍，年平均增长5.7%；与前30年（1949年～1978年）相比，全省农业总产值由1949年的8.3亿元增加到1978年的40.02亿元，增长1.9倍，年平均增长3.7%。全省农民人均纯收入由1978年的130.6元增加到2008年的3102.6元，增长22.8倍，年平均增长11.1%；粮食总产量由1978年的864.05万吨增加到2007年的1460.70万吨，增长69.05%，年平均增长1.8%；人均粮食产量由1978年的283公斤增加到2007年的324.7公斤，增长14.7%，年平均增长0.5%。全省农村的面貌发生了翻天覆地的变化，农民的生活水平有了大幅度的提高。

三、改革开放的三大举措

（一）由计划经济体制转变为市场经济体制

改革开放第一大举措是全国全省的经济体制从高度集中的计划经济体制转变为充满生机活力的中国特色社会主义市场经济体制。

改革开放中，市场经济体制的建立经历了一个艰难曲折的过程，是坚定地沿着中国特色社会主义道路前进，从理论到实践的探索取得突破性进展的过程。自从重新确立实事求是的思想路线，坚持实践是检验真理的唯一标准等重大思想和方法以来，辨明了市场经济到底是姓“社”还是姓“资”，什么是社会主义，如何建设社会主义的问题昭然天下。从单纯“计划经济”到“计划经济为主，市场调节”为辅，再到“有计划商品经济”，最终到“市场经济”。党的十四大确立了我国市场经济体制改革的目标。由计划经济向市场经济的转变，堪称是改革开放以来的一个伟大的转变，是一次历史性的大飞跃，是探索社会主义理论与实践得出的最重要的结论之一。从此，全国及云南的社会经济面貌焕然一新。

全省的市场经济体制逐步完善，经济较快增长，市场运行平稳、活跃、繁荣，物价基本保持稳定，省委、省政府坚决贯彻中央的宏观调控的政策和措施，成功调节控制了市场的波动。市场经济体制经受住国际、国内经济风浪的冲击。全省财政收入由1978年的11.76亿元增加到2008年的613.63亿元，增长51.2倍，年平均增长14.1%；其中，全省各项税收由1978年的9.22亿元增加到2007年的378.64亿元，增长40.1倍，年平均增长13.7%；全省财政支出由1978年的18.28亿元增加到2008年的1470.70亿元，增长79.5倍，年平均增长15.7%，全省社会消费品零售总额由1978年的28.38亿元增加到2008年的1718.54亿元，增长59.6倍，年平均增长14.7%。

（二）社会经济全方位对外开放格局形成

全国及全省从封闭、半封闭的经济社会转变为各领域全方位对外开放的经济社会格局，这是改革开放的第二大举措。我国的对外开放始于试办经济特区，在广东省的深圳、珠海、汕头市和厦门市先后创办经济特区，然后进一步开放14个沿海港口城市，再后来开发、开放上海浦东新区。1992年，以邓小平同志视察南方重要谈话和党的十四大为标志，中国的改革开放进入了一个崭新

的历史时期。沿边、沿江及内陆省会城市的相继全面开放。2001 年加入世界贸易组织（WTO），我国的全面对外开放进入新的历史阶段。全国从封闭半封闭的经济社会转变为各领域全方位对外开放的经济社会格局，成功地实现了改革开放以来的又一次历史性的大飞跃。

伴随着全国不断扩大对外开放的步伐，云南也成功地实现从封闭、半封闭的经济社会转折为各领域全方位对外开放的经济社会格局。云南省的对外开放具有特殊的地缘优势，边境线长达4060 公里，全省有 8 个边境州（市）中的 25 个县与缅甸、老挝、越南接壤。云南在改革开放初期提出“打开南门，面向亚太，走向世界”的口号。1999 年，云南省委、省政府以大开放促进大开发，提出把云南建设成中国连接东南亚、南亚国际大通道的目标，作为云南发展战略的“三大目标”之一；坚持“引进来”和“走出去”并重，加大实施“走出去”战略的力度，利用国外资金和综合运用各种市场要素相结合，明显提高了全省配置资源的效率，实现国家及地区间的双赢或共赢。“走出去”、“请进来”已经成为云南对外开放的重要内容和途径。以开放促改革，以改革促进一步开放，加快发展的大趋势已经形成。云南已经初步形成以大西南为依托，以昆明为中心，沿边境地区、沿铁路线和公路线展开，面向全世界和国内各省、市的多层次、多渠道、全方位对外开放的格局。

改革开放的 30 年间，云南努力发挥本省的地缘优势，全省的对外经济贸易与经济合作及招商引资有了很大的发展。1978 年 ~2007 年，全省的对外经济贸易进出口总额由 1978 年的 1.04 亿美元，增加到 2008 年的 95.99 亿美元，增长 91.3 倍，年平均递增 16.3%；全省的对外经济贸易出口总额由 1978 年的 6900 万美元，增加到 2008 年的 49.87 亿美元，增长 71.3 倍，年平均递增 15.3%。全省的对外经济贸易进口总额由 1978 年的 3500 万美元，增加到 2008 年的 46.12 亿美元，增长 130.8 倍，年平均递增 17.7%。全省的实际利用外商投资额由 1978 年的 156 万美元，增加到 2008 年的 7.8 亿美元，增长 500 倍，年平均递增 23.1%。全省的国际旅游外汇收入，由 1979 年的 83 万美元，增加到 2008 年的 10.08 亿美元，增长 1213.5 倍，年平均递增 26.7%。

（三）人民生活从贫困及温饱进入总体小康

改革开放的第三大举措是全国及全省各族人民的生活逐步从贫困及温饱社会进入总体小康社会，正在向全面建设小康社会迈进，这是全国及全省实行改革开放以来的第三个历史性大飞跃。不仅具有重大的现实意义，还具有深远的理论意义。改革开放之初，邓小平同志就响亮地提出：贫穷不是社会主义，社会主义要消灭贫穷。要使一部分地区、一部分人先富起来，带动全国人民共同富裕起来的战略思想。实质上是着眼于改善民生，注重民生的思想。根本的经验是，改革的出发点是和归宿是广大人民群众，改革必须依靠广大人民群众，改革的成果由广大人民群众共享。不断在新的和更高的起点上制定富民奋斗目标，制定富民政策和措施。

改革开放以来，云南省委、省政府将改善民生作为进一步改革开放的一个重点，制定了脱贫致富奋斗目标和一系列脱贫致富政策。经过多年的艰苦努力，全省各族人民总体上进入了小康。虽然还是低水平、不全面、发展不平衡的小康，但已经总体上从贫困及温饱进入了小康。全省农村居民人均纯收入由 1978 年的 130.6 元增加到 1993 年的 674.79 元，超过了“未解决温饱人口”的界限（637 元），1995 年增加到 1010.97 元，超过了“贫困人口”的界限（882 元），1996 年增加到 1229.28 元，超过了总体小康标准的临界值（1200 元）；2008 年增加到 3102.6 元，比 1978 年增长 22.8 倍，年平均递增 11.1%。全省农村居民的生活消费水平日益提高，农村居民全年人均生活消费支出由 1978 年的 113.4 元增加到 2008 年的 2990.6 元，增长了 25.4 倍。全省农村居民的恩格尔系数由 1978 年的 74.07% 下降 2006 年的 48.78%，超过了总体小康标准的临界值（小于 50%），2008 年下降到 49.6%，比 1978 年下降 24.47 个百分点。全省城镇居民的生活消费类型不断更新升级，生活消费水平快速提高。全省城镇居民人均可支配收入由 1978 年的 327.7 元提高到 1993 年的 2639.07 元，超过了总体小康标准的临界值（大于 2400 元）；2008 年提高到 1.33 万元，比 1978 年增长 39.4 倍，年平均递增 13.1%。全省城镇居民全年人均生活消费支出由 1978 年的 303.12 元提高到 2008 年的 9076.61 元，比 1978 年增长 28.9 倍，年平均递增 12.0%。全省城镇居民的恩格尔系数由 1978 年的 62.99% 下降到 1996 年的 49.2%，超过了总体小康标准的临界值（小于 50%）；2008 年下降到 47.1%，比 1978 年下降了 15.89 个百分点。全省城镇职工年平均货币工资由 1978 年的 608 元提高到 2.33 万元，增长了 37.3 倍，年平均递增 12.9%。

由贫困及温饱社会进入总体小康社会是全面建设小康社会伟大进程中取得的阶段性胜利。云南省委、省政府正带领全省各族人民沿着富民强省的道路奋进，克服重重困难，为争取到2020年实现全面建成小康社会的奋斗目标而努力。

四、转变经济发展方式与产业结构调整

改革开放以来，保持经济持续高速增长一度成为主要追求目标，全国的经济都以较快的速度增长。粗放式经济增长势必带来十分尖锐的资源与环境矛盾，发展的速度、效益、协调性及质量问题相继提出。随着对发展的认识逐步深化，强调要转变经济增长方式，即从粗放型的经济增长转变为集约型的经济增长。我国要走新型工业化道路，以信息化促进工业化。在提高资源利用效率，调整产业结构的基础上，加快发展。把节约资源作为基本国策，加快建设资源节约型和环境友好型社会，发展循环经济，高效利用资源，保护生态环境，节能减排，促进经济发展与人口、资源、环境相协调，走可持续发展的道路。党的十七大进一步提出要加快转变经济发展方式，完善社会主义市场经济体制，大力促进经济结构的战略性调整。深入贯彻落实科学发展观，促进国民经济又好又快发展。“转变经济发展方式”是对发展的认识进一步深化，比“转变经济增长方式”具有更丰富的内涵和更高的要求。

云南省委、省政府制定了一系列保持经济持续、快速增长的政策措施，努力调整产业结构，加强支柱产业的建设，保持了全省经济持续稳定增长，扭转了经济增长下滑的局面。积极贯彻科学发展观，转变经济发展方式，认真贯彻党的十七大提出的：一是要由主要依靠投资、出口拉动向依靠消费、投资、出口协调拉动转变；二是要由主要依靠第二产业带动向依靠第一、第二、第三产业协调带动转变；三是由主要依靠增加物质资源消耗向主要依靠科技进步、劳动者素质提高、管理创新转变。把促进经济增长的“三个转变”作为云南国民经济发展的重要指导方针，把推动全省产业结构的优化升级，作为转变全省经济发展方式的前提和基础，在经济发展中结合云南的实际贯彻落实科学发展观，走科学发展的道路。

改革开放30年来，全省的经济总量增长13.8倍，产业结构得到有效地调整，实现了两次产业结构升级，成为“二三一型”的产业结构类型。第一、第二、第三产业的比重由1978年的42.7∶39.9∶17.4，经过13年的发展和调整，1991年全省产业结构第一次实现历史性的质的飞跃，由“一二三型”产业结构类型升级为“二一三型”，产业结构调整为32.8∶34.7∶32.5，三次产业的发展比较均衡。1992年，云南的产业结构的类型再次升级为“二三一型”，产业结构调整为30.2∶35.4∶34.1，第三产业的增加值占GDP的比重首次超过第一产业，这是全省产业结构的又一次历史性的飞跃。2008年，云南省的产业结构调整为的17.9∶43.0∶39.1，保持“二三一型”的产业结构。全省各州（市）的产业结构调整都取得了显著的成就，2007年，有昆明、丽江、文山、迪庆4个州（市）的产业结构已经升级为“三、二、一型”；有曲靖、玉溪、昭通、楚雄、红河、大理、怒江7个州（市）升级为“二、三、一型”产业结构，与全省同步；有保山、普洱、西双版纳、德宏4个州（市）为“三、一、二型”产业结构，临沧为“二、一、三型”产业结构。

30年来，全省各族人民在云南省委、省政府的带领下，取得的辉煌成就雄辩地证明，改革开放是我国的强国富民之路，改革开放也是我们云南省的强省富民之路。

经过多年的探索实践，云南省走强省富民之路的发展战略思路是：高举邓小平理论伟大旗帜，以“三个代表”重要思想为指导，坚持党的基本路线不动摇，调动一切积极因素，团结奋进，以加快发展为主题、经济结构调整为主线、改革开放和科技进步为动力、提高人民生活水平为根本出发点，围绕建设绿色经济强省、民族文化大省和中国连接东南亚、南亚国际大通道三大目标，实施可持续发展、科教兴滇、城镇化和全方位开放四大战略，培育和壮大烟草、生物资源开发创新、旅游、电力和矿产五大支柱产业，扎扎实实打基础，突出重点抓生态，调整结构创特色，依靠科技增效益，改革开放促发展，推进经济持续、快速、健康发展和社会全面进步。

（云南省统计局　综合处）

调整产业结构促进协调发展

调整优化产业结构，转变国民经济发展方式是中央在探索和把握我国经济发展规律的基础上

提出的重要方针。省委书记白恩培在《转变发展理念，促进科学发展》一文中也强调，要始终坚持加快转变发展方式，努力提高发展的质量和效益。自改革开放以来，随着经济的逐步发展和改革开放的不断深入，云南国民经济发生了巨大变化。特别是近几年来，全省始终坚持以科学发展观为指导，坚决执行中央的宏观经济调控政策，着力推动经济发展方式的转变，努力调整产业结构，逐步增强全省经济社会发展的协调性，从而使云南经济得到了快速、稳定的发展，经济总量不断壮大，经济实力不断增强，经济发展的质量和效益有了明显提高，人民的物质文化生活水平得到进一步改善。全省产业结构发生了明显的变化，产业结构的调整也正逐步适应社会主义市场经济的要求。

一、经济总量及三次产业结构调整情况

初步核算，2008 年全省实现生产总值（GDP）5700.10 亿元，比上年增长 11.0%；经济总量是 1978 年 82.6 倍，年均增长了 9.8%。其中：第一产业增加值完成 1020.94 亿元，比上年增长 7.6%，是 1978 年 34.7 倍，年均增长了 5.1%。第二产业增加值完成 2451.09 亿元，比上年增长 11.4%，是 1978 年 88.9 倍，年均增长了 10.6%。其中，全部工业增加值 2056.95 亿元，比上年增长 12.5%，是 1978 年 98.4 倍，年均增长了 10.7%。第三产业增加值完成 2228.07 亿元，比上年增长 12.1%，是 1978 年 185.5 倍，年均增长了 13.0%。第三产业的年均增速快于第一产业和第二产业的年均增速，表明了多年来由于云南省十分注重第三产业的发展，工作得力，措施到位（见表 1）。

表 1　云南省生产总值及三次产业增加值增长情况

	1978 年		1992 年		2000 年		2005 年		2008 年	
	绝对值 亿元	增长（%）	绝对值 亿元	增长（%）	绝对值（亿元）	增长（%）	绝对值（亿元）	增长（%）	绝对值（亿元）	增长（%）
地区生产总值	69.05	21.7	618.69	10.9	2011.19	7.5	3472.89	9.0	5700.10	11.0
第一产业	29.46	13.7	186.80	3.0	431.80	5.6	669.81	6.1	1020.94	7.6
第二产业	27.58	29.0	219.03	16.8	833.25	5.8	1432.76	8.1	2451.09	11.4
工　业	20.91	28.3	193.90	15.2	704.00	7.0	1180.83	7.5	2056.95	12.5
第三产业	12.01	19.2	212.86	13.4	746.14	10.4	1370.32	11.4	2228.07	12.1

调整产业结构，转变经济发展方式，努力实现国民经济又快又好的发展始终是各级党委和政府在经济生活中关注的重点和目标。从 1978 年到 2008 年，全省的产业结构发生了明显的变化，三次产业的产业结构类型由不合理调整为逐步趋近于合理，三次产业增加值在地区生产总值中的比例关系由 1978 年的 42.7∶39.9∶17.4 调整为 2008 年的 17.9∶43.0∶39.1。期间全省的产业结构调整在 1992 年发生了历史性的改变，由 1978 年的“一二三”型调整为 1992 年较为合理的“二三一”型。从 1992 年到 2008 年的产业结构看，虽然产业结构类型仍是“二三一”型，但第一产业比重是逐年下降，到 2008 年第一产业增加值在地区生产总值中的比重比 1992 年下降了 12.3 个百分点，而第二产业和第三产业比重则是逐年上升，分别上升了 7.6 个百分点和 4.7 个百分点，总体看全省的产业结构调整和产业升级较慢（见表 2）。

表 2　云南省生产总值及三次产业增加值结构

单位：%

	1978 年	1992 年	2000 年	2005 年	2008 年
地区生产总值	100.0	100.0	100.0	100.0	100.0
第一产业	42.7	30.2	21.5	19.3	17.9
第二产业	39.9	35.4	41.4	41.2	43.0
工　业	30.3	31.3	35.0	34.0	36.1
第三产业	17.4	34.4	37.1	39.5	39.1

二、第一产业内部结构变化情况

近年来，全省着力加强农村基础设施建设，提高农业综合生产能力，抓好农业生产，不断拓宽农民增收渠道，解决农村民生问题，扎实推进社会主义新农村建设，想方设法发展农村经济，提高农业生产的经济效益，提高农产品质量和增加农民收入，从而使全省农业经济上了一个新台阶，第一产业内部结构调整更趋于合理（见表3）。

表3　云南省第一产业总产值内部结构

单位:%

	1978 年	1992 年	2000 年	2005 年	2008 年
第一产业	100.0	100.0	100.0	100.0	100.0
农　业	75.8	65.5	61.2	54.4	50.3
林　业	6.2	9.1	7.3	10.3	11.6
牧　业	17.8	24.6	29.6	33.1	35.5
渔　业	0.2	0.8	1.9	2.2	2.6

注：未包括农、林、牧、渔服务业总产值。

全省农、林、牧、渔业总产值在第一产业总产值中的比例关系进一步得到调整，纯农业（种植业）比重下降，林、牧、渔业比重上升。1978年，在第一产业总产值中，农业（种植业）比重占75.8%，林、牧、渔业比重分别占6.2%，17.8%，0.2%；2008年，农业（种植业）比重占50.3%，比1978年下降了25.5个百分点，林、牧、渔业比重分别占11.6%，35.5%，2.6%，比1978年分别上升了5.4个百分点，17.7个百分点和2.4个百分点。粮经作物作为种植业调整的主线，优质水稻，名特优水果和蔬菜的生产向专业化发展。第一产业内部结构调整的显著成效促进了农民收入、农村工作以及农业经济的协调发展。

三、工业内部结构变化情况

近年来，全省以加快工业发展为主题，以优化结构调整为主线，突出抓好企业改革、技术改造、节能减排和安全生产，使全省工业增强了自我发展能力，促进工业更快更好的发展。经过多年来工业内部结构的不断调整，全省的工业经济结构取得明显成效，出现轻重工业相互协调发展的良好局面。在规模以上工业总产值中，轻工业与重工业的比例关系发生明显变化，从表4中可以看出1978年到2000年，全省规模以上轻工业总产值占规模以上工业总产值的比重逐年上升（以下均为规上口径），由1978年的43.0%上升到2000年的52.3%，上升了9.3个百分点，而重工业总产值占工业总产值的比重在逐年下降，由1978年的57.0%下降到2000年的47.7%，下降了9.3个百分点。之后随着工业内部结构的调整和优化，全省轻工业总产值占工业总产值的比重逐年下降，而重工业总产值占工业总产值的比重在逐年上升。2000年全省规模以上轻工业总产值占规模以上工业总产值的比重为52.3%，重工业总产值占工业总产值的比重为47.7%，而到了2008年全省轻工业总产值占工业总产值的比重为45.4%，比2000年下降了6.9个百分点，重工业总产值占工业总产值的比重为54.6%，比2000年上升了6.9个百分点（见表4）。这表明了全省工业经济在经过多年调整发展后，原有的轻工业经济已经发展到了一定规模，且没有新的经济增长点出现，发展后劲不足；而重工业则凭借资源优势得到较快发展，使得重工业经济取代了轻工业在工业经济的部分份额，其占工业的比重超过轻工业的比重，从而保持了工业经济在整个国民经济中的主导地位。

表4　云南省规模以上工业总产值内部结构

单位:%

	1978 年	1992 年	2000 年	2005 年	2008 年
工　业	100.0	100.0	100.0	100.0	100.0
轻工业	43.0	51.3	52.3	34.3	45.4
重工业	57.0	48.7	47.7	65.7	54.6

四、第三产业的内部结构变动

从第三产业增加值的内部构成看，各行业增加值占第三产业增加值的比重也发生了较大变化。房地产业和其他服务业的比重明显上升，传统第三产业中的交通运输邮电业、批发和零售贸易餐饮业比重明显下降，而作为服务于经济社会发展的新兴行业金融业的比重呈现出明显下降趋势。房地产业和其他服务业占第三产业增加值的比重由1978年的2.7%和27.6%分别上升为2008年的9.8%和42.5%，分别上升了7.1个百分点和14.9个百分点。1978年交通运输邮电业、批发和零售贸易餐饮业占第三产业增加值的比重分别为19.5%、37.4%，到2008年该比重分别下降为15.2%和22.7%，分别下降了4.3和14.7个百分点；金融业的比重由1978年的12.8%下降为2008年的9.8%，下降了3.0个百分点（见表5）。

表5　云南省第三产业增加值内部结构

单位:%

	1978年	1992年	2000年	2005年	2008年
第三产业	100.0	100.0	100.0	100.0	100.0
交通运输邮电业	19.5	11.8	16.5	17.1	15.2
批发和零售贸易餐饮业	37.4	34.6	29.0	23.0	22.7
金融业	12.8	16.2	10.6	9.6	9.8
房地产业	2.7	5.0	11.2	10.5	9.8
其他服务业	27.6	32.4	32.7	39.8	42.5

五、三次产业从业人员结构变化

从三次产业从业人员构成情况看，全省三次产业从业人员结构的变化也比较明显。至2007年，全省全社会从业人员总量达2573.8万人，比1978年增加1260.4万人，其中，第一产业从业人员达1684.7万人，比1978年增加553.8万人，第二产业从业人员达279.8万人，比1978年增加179.1万人，第三产业从业人员达609.3万人，比1978年增加527.5万人。三次产业从业人员在全社会从业人员中所占比重变化见表6。

表6　云南省三次产业从业人员及构成

单位:%

	1978年	1992年	2000年	2005年	2007年
合　计	100.0	100.0	100.0	100.0	100.0
第一产业	86.1	79.4	73.9	69.4	65.4
第二产业	7.7	9.7	9.2	10.0	10.9
第三产业	6.2	10.9	16.9	20.6	23.7

2007年第一产业从业人员占全社会从业人员的比重比1978年下降了20.7个百分点，第二产业从业人员占全社会从业人员的比重比1978年上升了3.2个百分点，第三产业从业人员占全社会从业人员的比重比1978年上升了17.5个百分点。其变化的主要特点：

1. 加速小城镇建设和转移农村剩余劳动力等措施的实施，使全省农村产业结构调整取得了一定成效。第一产业从业人员所占比重虽然比1978年有所减少，但在三次产业从业人员比重中其比重仍为最大。

2. 二产从业人员比重有所提高。随着近年来全省全面贯彻落实科学发展观，进一步加强宏观经济的调整力度和工业强省战略的实施，加快了新型工业化进程和企业改革的步伐，此外，近年来房地产业市场的兴旺也带动了云南省建筑业从业人员需求的增加，从而使得第二产业从业人员所占比重有所上升。

3. 三产就业成为新亮点。由于云南省十分注重第三产业的发展，使得全省第三产业得到了较快发展，吸纳了大量的第一产业和第二产业转出的劳动力，使得第三产业从业人员在三次产业从业人员中所占的比重逐年上升。

六、三次产业劳动生产率的变化

随着云南产业结构和从业人员结构的调整优化，有效地提高了全社会劳动生产率，提高了经济增长的质量和效益（见表7）。

表7 云南省三次产业劳动生产率

单位：元/人

	1978 年	1992 年	2000 年	2005 年	2007 年
合　计	526	3044	8762	14110	18421
第一产业	261	1158	2546	3919	4970
第二产业	2739	11062	39603	58456	73305
第三产业	1468	9601	19176	27028	30410

2007 年全社会劳动生产率比 1978 年提高了 1.79 万元，为 1978 年的 35 倍。第一产业劳动生产率比 1978 年提高了 4709 元，为 1978 年的 19 倍；第二产业劳动生产率比 1978 年提高了 7.06 万元，为 1978 年的 26.8 倍；第三产业劳动生产率比 1978 年提高了 2.9 万元，为 1978 年的 20.7 倍。在三次产业劳动生产率中，第一、二产业的劳动生产率提高较快。

改革开放 30 年全省经济不论是总量还是增长质量都上了一个新台阶，产业结构调整也逐步向合理方向发展。在新的发展时期，更要解放思想、转变观念，加快转变经济发展方式，大力提高发展的质量和效益，进一步推进云南省国民经济的又好又快发展。

（云南省统计局　国民经济核算处）

改革开放三十年
云南非公有制经济迅猛发展

改革开放 30 年来，云南非公有制经济在鼓励非公有制经济发展的制度变迁中，从无到有，从小到大，迅速崛起。云南非公有制经济通过自我积累和滚动发展，依托“船小好调头”的灵活机动优势，不仅迅速实现资本的原始积累，而且非公有制经济组织快速增长，经营领域进一步拓宽，综合实力不断增强，在繁荣城乡市场、扩大就业渠道、增加财税收入等方面发挥了重要作用，成为云南国民经济运行中的活跃分子和经济发展的重要推动力量。云南非公有制经济在改革开放的伟大历史进程中实现了大提高、大跨越、大发展。

一、云南非公有制经济发展的历史回顾

改革开放 30 年来，云南非公有制经济受国家政策的影响，其成长和发展带有明显的阶段性，大体可分为 3 个阶段：

第一阶段是从 1978 年到 1991 年，为自发萌芽期。改革开放以后，随着政策的松动，出于谋生和致富的渴望，城乡居民逐步开始兴办个体工商企业，个体私营经济的雏形开始萌芽。1983 年省人民政府批转了省工商局《关于进一步发展和加强管理农村个体工商业的意见》，仅 1983 年就增加个体工商户 9.5 万户，12.3 万人，年末总数达到 13.6 万户，17.2 万人。贯彻“松绑”、“减压”政策后，1985 年底，个体工商户增至 35.3 万户，52.6 万人。到 1991 年底，全省个体工商户发展到 38 万户，私营企业达 982 户，全年上交国家税收 3.3 亿元。非公有制经济实现增加值 54.85 亿元，是 1978 年的 10.5 倍，占 GDP 的比重突破两位数，达到 10.6%，比重比 1978 年提高 3.1 个百分点。

第二阶段是从邓小平同志南方谈话的 1992 年至 1997 年，为云南个体私营经济的成长期。突出表现为个体经营规模显著扩大，实力明显增强，不仅为私营企业的建立和发展积累了资金，奠定了经营管理和人才基础，也为私营企业的经营开辟了市场。在此期间，云南省各级党委、政府对发展个体私营经济给予了高度的重视，把振兴个体私营经济作为新的增长点来抓，采取了一系列鼓励发展的政策措施。1992 年省政府批转工商局《关于继续鼓励个体、私营经济发展若干意见》；1993 年省政府下发了《关于促进个体私营经济发展若干意见的通知》；1996 年，省政府下发了《关于加快发展个体私营经济的决定》。这一系列扶持政策的出台，有力地促进了云南个体私营经济的成长和壮大。到 1997 年底，全省个体工商户发展到 65.95 万户，注册资金 51.72 亿元，私营企业达 7095 户，注册资金 40.98 亿元。非公有制经济实现增加值 289.98 亿元，是 1978 年的 55.8 倍，占 GDP 的比重达到 17.3%，比重比 1978 年提高 9.8 个百分点。

第三阶段从 1998 年至今，为快速发展期。1997 年 9 月召开的党的十五大明确指出："非公有制经济是我国社会主义市场经济的重要组成部分。对个体、私营等非公有制经济要继续鼓励、引导，使之健康发展。"在此背景下，中共云南省委、云南省人民政府又于 1998 年出台了《关于大力发展个体私营经济的决定》。这一系列重大政策的出台，为云南个体私营经济实现快速发展指明了方向，创造了良好的政策环境，从而使个体私营经济的发展进入了一个全新的阶段。特别是"十五"以来，云南省委、省政府以党的十六大精神为指导，积极贯彻落实《国务院关于鼓励、支持和引导非公有制经济发展的若干意见》和《中小企业促进法》，高度重视非公有制经济的发展，把促进非公有制经济的发展放在更加突出的位置，进一步完善了加快云南省非公有制经济发展的政策措施。从放宽市场准入、鼓励自主创新、加大扶持力度、提升发展水平、强化服务指导等方面提出了具体贯彻意见。2003 年省委、省政府出台了《关于加快非公有制经济发展的若干意见》，省级 34 个部门配套出台了 33 个有利于非公有制经济发展的一系列的配套政策。2006 年出台了《中共云南省委云南省人民政府关于贯彻〈国务院关于鼓励、支持和引导非公有制经济发展的若干意见〉的实施意见》，制定出台了《云南省中小企业和非公有制经济"十一五"发展规划纲要》和《云南省人民政府关于实施"中小企业成长工程"的意见》等一系列政策性文件，把加快非公经济的发展作为关系云南能否与全国同步实现小康社会的大事来抓，全省上下逐步形成了大力培育、扶持非公经济发展的良好氛围，使云南非公有制经济迎来了历史上发展最好最快的时期。全省非公有制经济规模不断扩大，在国民经济中的份额逐步提高，充分显示了其强劲的经济活力，非公有制经济已经成为推动全省经济健康较快增长和保持社会协调发展的重要力量。2004 全省非公经济实现增加值跃上千亿元大关，达到 1027 亿元，占全省 GDP 的 33.3%。这一阶段的主要特点是私营企业迅猛发展，发展速度大大超过了个体经济。全省私营企业数由 1997 年的 7095 户猛增到 2007 年的 8.47 万户，增长了 10.94 倍，同期的个体工商户增长了 29.2%。私营企业从业人员由 1997 年的 13.97 万人猛增到 2007 年的 143.16 万人，增长了 9.25 倍；注册资金由 1997 年的 40.98 亿元增加到 2007 年的 1823.74 亿元，增长了 43.5 倍；同期的个体经济从业人员到 2007 年为 171.87 万人，增长了 56.4%；注册资金由 1997 年的 51.72 亿元增加到 2007 年的 196.91 亿元，增长了 2.8 倍。私营经济的不断发展壮大，与个体经济的持续繁荣与活跃，使云南非公有制经济创造的增加值由 1997 年的 289.98 亿元增加到 2008 年的 2194.5 亿元，在 11 年里翻了两番，占全省 GDP 的比重由 17.3% 上升到 38.5%，提高了 21.2 个百分点。云南非公有制经济经过 11 年的迅速发展，其经济总量占 GDP 的比重已超过 1/3，成为云南国民经济的重要组成部分和经济增长的重要推动力。

经过 3 个不同阶段的发展，积极营造和改善有利于非公有制经济发展的良好环境，解决非公有制经济发展中的突出问题，放宽市场准入和投资领域，实行税费优惠鼓励政策，加大资金扶持力度等，为云南非公经济的发展提供了广阔的空间。云南非公有制经济实现了前所未有的大提高、大跨越、大发展。2008 年云南非公有制经济创造的增加值达到 2194.5 亿元，是 1978 年的 422 倍，非公有制经济增加值占全省 GDP 的比重由 1978 年的 7.5% 上升到 38.5%，提高了 31 个百分点。云南非公有制经济在促进国民经济发展、增加国家财政收入、创造就业机会、提高人民生活水平、推动社会和谐稳定等多个方面发挥了重要的不可替代的作用。

二、云南非公有制经济呈现出的主要发展趋势和特点

（一）个体工商户茁壮成长，私营企业增长迅猛

截止 2007 年底，全省实有个体工商户 85.23 万户，比上年末净增 6.51 万户，增长 8.3%；实有私营企业 8.47 万户，比上年末净增 0.79 户，增长 10.3%。以 1990 年相比，个体户增加了 48.17 万户，增长了 1.3 倍；私营企业增加了 8.38 万户，增长了 86.4 倍。私营企业的大幅度增长，反映了投资者的信心增强，也表明了部分个体经营者经

过多年的积累以后，以求更大规模的发展，大胆地以企业家的身份主动迎接市场挑战。到2007年，全省主要民营企业完成进出口总额26.6亿美元，其中出口18.4亿美元，进口8.2亿美元。一部分私营企业通过资本的积累和技术含量的提高，正逐步积蓄力量，积极参与国际市场的竞争。

（二）个体、私营企业注册资金增加，平均投资规模扩大，经济实力显著增强

个体私营经济是以市场为基础配置社会资源，对市场机制具有很强的适应性，产权明晰，管理和分配机制比较灵活，使整体规模和经济实力不断增强。截至2007年底，全省个体、私营企业注册资金达2020.66亿元，比上年增加361.8亿元，增幅达21.8%．在新增的注册资金中，个体增加20.1亿元，增长11.4%，私营企业增加341.7亿元，增长23.1%。私营企业中，注册资金在100万元～500万元的有1.5万户，比上年增长16.8%；注册资金在500万元～1000万元的有4760户，比上年增长28.4%；注册资金在1000万元～1亿元的有4194户，比上年增长44.5%；注册资金在1亿元以上的有107户，比上年增长1.33倍。2007年底，全省每户个体户的平均注册资金为2.31万元，比1990年增长6.5倍；每户私营企业的平均注册资金为215.23万元，比1990年增长21.5倍。个体、私营企业的经济实力显著增强。

（三）创收能力不断加大

随着个体私营经济企业规模不断扩大，个体私营经济参与市场竞争的能力不断增强，创收能力逐步加大。据省国税局、省地税局统计，2007年，全省非公有制经济企业共交纳税金195.33亿元，比1995年增长18.2倍，年平均增长27.9%，远远超过同期全省税收总额10.8%的年平均增长速度。全省非公有制经济企业交纳的税金占工商税收的比重由1995年的3.5%提高到2007年的19.5%，比重上升了16个百分点。分经济类型看，私营企业缴纳的各项税收89.45亿元，比1995年增长295倍；个体经营户缴纳的各项税收40.62亿元，比1995年增长4倍；外商投资企业缴纳的各项税收25.53亿元，比1995年增长26.9倍；港澳台投资企业缴纳的各项税收12.12亿元，比1995年增长20.6倍；其他企业缴纳的各项税收27.61亿元，比1995年增长82.9倍。个体、私营企业纳税额增大，为国家和地方的财政收入添砖加瓦，成为云南财源建设的又一增长点。

云南个体私营经济的从业人员占云南省从业人员的比重

	个体工商户		私营企业		云南省全社会从业人员（万人）	个体工商户及私营企业从业人员占全省比重（%）
	从业人数（万人）	占全社会从业人员比重（%）	从业人数（万人）	占全社会从业人员比重（%）		
1990年	54.53	2.48	2.3	0.12	1922.65	2.96
1996年	94.07	4.30	10.78	0.50	2186.2	4.80
1998年	128.33	5.70	25.9	1.16	2240.5	6.88
2001年	104.29	4.50	45.83	1.97	2322.53	6.64
2007年	171.87	6.68	143.16	5.56	2573.80	12.24

（四）提供了大量的就业机会

非公经济的不断发展壮大，不仅加大了对国民经济增长的贡献作用，而且拓宽了就业渠道，扩大了就业方式，增加了就业人数。随着个体私营经济的发展，对社会劳动力资源的需求也相应增加，吸纳社会就业的能力不断增强，同时也促进了国有企业改革，为下岗分流人员和城乡剩余劳动力提供了大量就业机会，为支持政府的机构改革，减缓社会就业压力，维护社会稳定方面也起到显著作用。2007年，全省个体工商户从业人员171.87万人，比上年增加7.16万人，增长4.3%，私营企业雇工人数143.16万人，比上年增加33.05万人，增长30.0%。全省个体、私营经济从业人员合计315.03万人，比1990年增长4.5倍，占全社会从业人员的比重为12.2%，比1990年提高9.2个百分点。全年个体私营企业安置下岗人员3.18万人，比上年增加2338人，有效缓解了社会的就业压力。非公经济的发展对农村剩余劳动力的转移，增加农民收入，促进农业和农村经济全面发展也发挥了重要的作用，并且有力地带动了城乡结构和产业结构调整，促进了全社会可持续协调发展。

（五）工业生产和流通领域的非公有制经济发展较快

个体私营经济从过去比较单一的商饮服务业向包括一、二、三产业在内的各行业发展，产业结构逐步趋于合理，产品结构不断优化。目前个体私营经济大多从事的批发零售贸易及餐饮业以其灵活的经营方式、周到的服务和物美价廉的商品遍布城乡各地，形成多种经济成分共同经营、共同发展的市场格局。2007 年，全省非公经济实现社会消费品零售额 1150.48 亿元，市场份额达 82.5%，比 2000 年提高 21.8 个百分点。其中，2007 年个体私营经济实现零售额 967.48 亿元，比上年增长 26.8%。2007 年全省非公经济实现的社会消费品零售额与 1997 年的 232.93 亿元相比，10 年间翻了两番多，增长了 3.94 倍。2007 年全省规模以上各种经济类型工业企业中，私营企业户数为 1277 户，比 1998 年增长 23.1 倍，私营企业户数占全省规模以上工业企业的 47.3%，比重比 1998 年提高 45.2 个百分点，私营企业完成工业产值 841.94 亿元，占全省规模以上工业总产值的 19.6%，比重比 1998 年提高 18.6 个百分点。

（六）民间投资日趋活跃，所占比重大幅提高

“十五”期间，随着投融资体制改革的进一步深化和非公有制经济发展环境的显著改善，广大非公企业投资热情高涨，民间投资呈现总量攀升、增速加快、比重提升的态势。2007 年全省民间投资完成 1541.67 亿元，比上年增长 36.8%，增速快于全社会固定资产投资增速 10.7 个百分点，民间投资占全社会固定资产投资的 55.1%，所占比重比 2000 年提高 25 个百分点。2007 年全省民间投资比 2000 年增长 6.34 倍，民间投资已成为拉动云南投资增长最活跃的新生力量。

（七）非公企业的技术创新能力明显增强

云南非公企业自主研发和技术创新能力有了明显提高，品牌战略实施有了较大突破。从 2006 年末情况看，全省列入国家科技部统计的民营科技企业达 2960 家，同比增长 15%；累计获得的 15 个中国名牌产品中，非公企业产品 4 个，比 2005 年增加 3 个，占全省名牌产品数量的 27%。到 2007 年末，全省累计认定的 82 个省级企业技术中心中，私营企业技术中心达 32 个（不含股份制企业），占 39%。

三、云南非有公有制经济发展的美好前景和总体发展思路

纵观云南非公经济发展 30 年，全省非公有制经济总量不断扩大，发展质量不断提高．经济效益不断增强，结构调整不断优化，由以第三产业为主逐步向一、二、三产业全面发展。由以饮食服务、小商品批发零售等传统服务业为主逐步向农产品加工、食品、医药、有色金属、冶金、贸易、流通等产业领域转移。非公有制经济实现了“三分天下有其一”的发展目标，有力地促进了全省经济结构的进一步优化。

但总体上看，云南非公经济发展潜力还非常巨大，发展的前景十分诱人。一是发展环境好。云南省委、省政府先后出台了《关于大力发展个体私营经济的决定》和《云南省中小企业和非公有制经济“十一五”发展规划纲要》，省人大通过颁布了《云南省个体工商户条例》、《云南省私营企业条例》和《云南省个体工商户和私营企业权益保护条例》等 3 个地方性法规，把发展非公有制经济列入重要议事日程，积极营造和改善有利于非公有制经济发展的良好环境，提高思想认识，全力营造发展环境。放宽市场准入和投资领域，实行税费优惠鼓励政策，加大资金扶持力度等。特别值得关注的是，随着国有企业改革的深入，省委、省政府还出台一系列的优惠政策鼓励非公经济参与国有企业的改革，从政策上为非公经济的发展提供了良好的体制环境。二是发展前景好。首先，由于云南处于社会主义初级阶段的低层次，经济基础薄弱，加之计划经济时代国家产业政策的长期偏向，导致第二、第三产业发展较为滞后，为非公经济的发展提供了广阔的空间。其次，从社会经济的发展的三类资本即国资、外资和民资来看。国资随着国家宏观经济的进一步调整，国有经济有进有退政策的落实正在逐步退出许多行业，重点投资在大型水电建设、通达条件改善和发展民族经济的一些大项目，这也有利于非公经济进入这些国退民进的行业。同时，还应该看到，随着改革开放的进一步深入和中国—东盟自由贸易区的建立，云南的对外开放度得到进一步加强，但不能和沿海地区吸引外资的区位优势相比，在这种情况下，大力发展民资是云南经济发展必然的选择。可以说，非公经济在第二产业、第三产业的发展，既是历史的使命，又是难得的发展机遇。三是非公经济发展潜力大。各州市非公经济发展既有成功的经验，又有失败的教训，这些经验教训的借鉴作用成为我们的后发展优势，加上在资源、产业结构调整中的比较优势，使经历过和正在经历资本原始积累的非公经济的改造和发展可能绕过许多险滩，如家族管理问题、产权问题、发展战略问题等等，这是非公经济自我改造的良机，是促进非公经济大发展的内在动力。目

前云南非公有制经济占 GDP 总量的 38.5%，与东部发达地区的浙江、江苏非公经济已超过经济总量的2/3 相比，云南非公经济发展的空间和潜力还非常大。

《云南省中小企业和非公有制经济“十一五”发展规划纲要》为我们描绘了全省非公经济发展的美好未来，“十一五”期间中小企业和非公经济发展的经济总量和效益目标是：到2010 年非公经济增加值达 2500 亿元左右，年均增长 15% 以上，占全省生产总值的比重力争达到 50%，上缴税金 250 亿元，年均增长 20% 以上。要如期圆满实现这个宏观蓝图，在今后新的发展阶段，要坚持以邓小平理论和“三个代表”重要思想为指导，全面贯彻落实科学发展观，以加快非公有制经济大发展、快发展为主题，以结构调整为主线，以服务为宗旨，以创造公平政策环境和加大社会化服务体系建设为重点，充分利用多种社会资源，不断提高非公有制经济的整体素质与核心竞争力，引导和推进非公有制经济围绕总量上规模、结构上档次、质量上水平、管理上台阶的思路转变经济发展方式和提升产业层次；促进产业聚集和创新发展，全面实施“中小企业成长工程”，大力支持非公有制经济做大做强，充分发挥非公有制经济在投资创业、创新发展、促进就业、提高人民生活水平、建设小康社会和构建和谐社会中的推动作用，开创非公有制经济发展的新局面。

（云南省统计局　综合处）

改革开放以来云南县域经济发展综述

县域经济，既是城市经济与乡村经济的结合部，也是工业与农业的交汇点，还是统筹城乡经济发展的平台和切入点，在宏观经济中处于基础地位，是推动经济发展的重要力量。本文所指的县域经济，是以县级行政区划为地理空间，以县级政权为调控主体，以县城为中心、乡镇为纽带、农村为腹地的区域经济。促进县域经济健康发展，是推动我国经济发展和社会进步的必然要求。

改革开放为云南县域经济发展注入了活力，特别是 2004 年云南省委、省政府出台了《关于加快县域经济发展的决定》和《云南省县域经济综合评价及考核办法》等 4 个配套文件，确定了 47 个县在 2005 年～2007 年 3 年时间开展县域经济发展试点工作。全省各级党委、政府高度重视发展县域经济，把加快发展壮大县域经济作为统筹协调城乡发展、解决“三农”问题、推进社会主义新农村建设和全面建设小康社会的一项重要战略举措，明确了县域经济发展的总体思路、目标任务和战略重点，坚持“抓两头带中间”即发达县率先发展、中等县加快发展、欠发达县跨越发展的县域经济发展思路。随着一系列加快县域经济发展的政策措施的实施，经过 2005 年～2007 年试点工作的顺利推进，达到了试点先行、示范带动、促进发展、积累经验的工作目标，云南省的县域经济得到了迅猛发展，经济实力显著增强，人民生活水平明显提高，各项社会事业全面发展。

一、全省 129 个县（市、区）县域经济迅猛发展

（一）整体发展加快，县域经济实力显著增强

改革开放 30 年，全省县域经济发展逐步加快，1978 年～2007 年全省县域生产总值年均增长 9.7%，特别是 2005 年开展的试点工作有力地促进了县域经济的发展，2005 年～2007 年全省县域 GDP 年均增长达 11.1%。伴随着经济快速发展，县域经济发展加速，经济实力显著增强。2007 年全省县域 GDP 超过 100 亿元的有 8 个，比 2004 年增加 5 个；GDP 超过 50 亿元的县有 24 个，比 2004 年增加 16 个。

（二）农业生产稳定发展，基础地位更加牢固

改革开放 30 年，农村体制改革使云南成功解决了全省的粮食供给问题，粮食生产实现了总量基本平衡、丰年有余的历史性跨越。云南粮食总产量已由 1978 年 864.05 万吨达到 2007 年的 1460.7 万吨，人均粮食占有量达到 323.6 公斤。县域农业总产值由 1978 年的 9.6 亿元增加到 2007 年 1331.7 亿元，增长 3.9 倍，1978 年～2007 年年均增长 5.6%。特别是 2005 年以来，云南深化农村税费、县乡财政、乡镇机构改革，实施优势农产品推进工程，农村经济快速发展，2005 年农业总产值突破 1000 亿元大关，2005 年～2007 年年均增长达 7%。

（三）工业经济快速发展，支柱地位明显加强

改革开放30年，工业总量快速增长，产业结构更趋合理。全省县域全部工业总产值由1978年的3.81亿元增加到2007年5137.3亿元，增长28.1倍，1978年～2007年年均增长12.3%。特别是近年来，云南按照新型工业化发展要求，加快推进“工业强省”战略，一批县（市）加大结构调整力度，加速县域工业化进程，工业经济快速增长，支柱地位明显加强。2005年～2007年工业总产值年均增长达31.3%，2007年全省县域工业增加值完成1711.78亿元，拉动全省GDP增长6.1个百分点，对GDP的贡献率为48.7%。

（四）市场经济逐步建立和完善，县域消费品市场繁荣活跃

改革开放以来，随着从农村、农业开始继而推向工业、城市直至社会经济各个领域的经济改革的不断深化，从计划经济逐步转变为以市场为导向的社会主义市场经济，政府职能也逐步转向经济调节、市场监管、社会管理和公共服务。随着市场经济体制的不断完善，市场配置资源的基础性作用日益增强，城乡商品市场体系逐步完善，县域消费品市场呈现繁荣活跃的景象。1978年～2007年全省县域社会消费品零售总额年均增长14.4%，2005年～2007年年均增长达到15.1%，近几年全省社会消费品零售总额增长率均高于同期GDP增长率，消费对全省县域经济增长的拉动作用日益增强。

（五）固定资产投资快速增长，对县域经济增长的拉动不断增强

改革开放以来，根据云南经济属于典型的投资拉动型的省情，全省上下紧紧抓住国家扩大内需、实施积极财政政策和西部大开发战略的机遇，走出了一条符合云南实际的发展之路，全省固定资产投资快速发展。特别是2003年云南开始实施以大项目带动大发展战略，全省全社会固定资产投资跨越1000亿元台阶，达到1021.18亿元，到2007年已接近2800亿元，达到2798.89亿元，5年内就翻了一番，实现了历史性跨越。1978年～2007年全省县域全社会固定资产投资年均增长19.3%，2005年～2007年年均增长达到28.9%，固定资产投资进入了新的高速增长时期，成为拉动县域经济增长的主要动力之一。

（六）财政收支再上新台阶，县域财政实力明显增强

改革开放以来，随着财政体制、金融体制改革的不断深化，财政金融体制健康运行，县域财政收支快速增长，财政实力明显增强。2007年全省财政总收入为1111.3亿元，是1978年的94.5倍，年均增长17%；全省财政支出为1135.2亿元，是1978年的62.1倍，年均增长15.3%，财政收支双双突破1000亿元。2007年县域地方财政一般预算收入达到239.1亿元，是1978年的61.8倍，年均增长15.3%；2005年～2007年增长速度分别为15.8%、23.5%和29.3%，增速稳步提高，年均增长达22.8%。2007年地方财政一般预算收入超过3亿元的有22个县域，比2004年增加了14个，其中，超过5亿元的有10个，比2004年增加了6个，五华区和官渡区突破了10亿元。改革开放30年云南县域财政实力得到进一步增强。

（七）非公经济快速发展，成为县域经济发展的中坚力量

改革开放以来，国家和云南在促进非公经济发展方面先后采取了一系列方针政策措施，极大地调动了个人和社会的积极性，个体私营等非公有经济从小到大，从弱到强，不断发展壮大。特别是2003年以来，云南省委、省政府出台了一系列加快非公有制经济发展的重大举措，努力为非公有制经济发展营造一个更加宽松的环境，全省县域非公经济规模不断扩大，在国民经济中的份额逐年提高，充分显示了强劲的经济活力，成为推动全省社会经济全面快速健康发展的重要力量。2004年全省县域非公经济增加值跃上千亿元大关，达到1026.96亿元，占全省GDP的比重为33.3%。经过县域经济3年试点工作的开展，2007年，全省非公经济增加值达到1773.25亿元，占全省GDP的比重为37.4%，比2004年提高了4.1个百分点。非公经济成为县域经济发展过程中的中坚力量。

（八）进一步扩大开放，招商引资成效显著

改革开放以来，云南省打破县域界限，进一步扩大开放，特别是2005年以来，积极融入多区域合作，加大招商引资力度，实行内外并举，形成加快发展的合力。2007年招商引资工作取得了丰硕成果，全省县域全年实际利用外资5.03亿美元，比2006年增长47.94%；实际引进省外资金533.26亿元，增长42.1%；实际利用外资和引进省外资金首次突破5亿美元和500亿元大关，增幅均超过全国平均水平，内外资引进在“质”和“量”上均实现了较大突破。

（九）教育和卫生事业蓬勃发展，社会事业全面进步

改革开放特别是党的十四大以来，教育体制改革促进教育事业快速发展，各级各类教育协调发展的教育体系基本确立。到2007年义务教育“普九”县达121个，全省基本实现普及九年义务教育。2007年普通小学、初中、高中在校学生分别为

453.31 万人、194.12 万人和 57.64 万人，在校本、专科学生由 1978 年的 1.59 万人发展到 2007 年的 30.21 万人，在校中专、职中学生由 1978 年的 3.05 万人发展到 2007 年的 38.27 万人，成人高等教育在校学生由 2000 年的 5.7 万人增加到 2007 年的 15.53 万人，2007 年在校研究生达到 1.84 万人。

改革开放以来，随着卫生体制改革深入开展，医疗保险制度的有序推进，居民的就医条件进一步改善。2007 年卫生机构床位达到 11.9 万张，医生数达到 5.66 万人，全省县域每万人拥有卫生机构床位数和医生数分别为 26.5 张和 12.6 人，比 1978 年分别增长 37.1%、23.5%，比 2004 年分别增长 13.8%、3.8%。

（十）城乡居民收入持续稳定增长，人民生活水平显著提高

改革开放以来，全省个体、私营经济快速发展，居民就业渠道不断拓宽，居民收入水平大幅提高。2007 年全省县域职工年平均工资由 1978 年的 608 元增加到 2.05 万元，1978 年～2007 年年均增长 12.9%；城市人均可支配收入突破万元，达到 1.15 万元，比 1978 年增长了 35 倍，年平均增长 13.1%。2007 年农民人均纯收入达到 2634 元，比 1978 年增长了 20 倍，年均增长 10.9%。2007 年城乡居民人均储蓄存款余额为 6772 元，比 1978 年增长了 495 倍，年均增长 23.9%。全省各族人民从改革开放 30 年中得到了实惠。

城乡居民消费水平持续提高，消费结构不断优化。2007 年城市居民人均消费性支出达到 7922 元，比 1978 年增长了 26 倍，年均增长 11.9%；食品支出占消费性支出的比重（恩格尔系数）由 1978 年的 63% 下降到 2007 年的 45%。2007 年农村居民人均生活消费支出 2637 元，比 1978 年增长了 23 倍，年均增长 11.5%；恩格尔系数由 1978 年的 74.1% 下降到 2007 年的 46.5%。30 年来，全省城乡居民的生活水平和生活质量普遍得到提升。

二、47 个试点县实现了率先发展的目标，试点工作成效显著

随着改革开放的不断深入，云南在县域经济发展方面又大胆进行了探索，2004 年在全省 16 个州（市）认真筛选确定了 47 个试点县，用 2005 年～2007 年 3 年时间开展县域经济发展试点工作。47 个试点县占全省县级行政区划总数的 36.4%，其国土面积占全省的 36.3%，人口占全省的 48%。对 47 个试点县，省政府在投资、财政、经济管理权限等方面给予了重点倾斜，经过 3 年试点工作的顺利开展，47 个试点县实现了农业增产、农民增收、工业增效、后劲增强的总体目标，对全省县域经济发展的领跑和带动作用十分突出。主要表现在以下几个方面：

（一）试点县的主要经济总量占全省的比重明显提高

2007 年 47 个试点县地区生产总值达到 2984.8 亿元、占全省县域的 63.2%，比试点前的 2004 年提高了 4.4 个百分点；地方财政收入完成 151.09 亿元，占全省县域的 63.2%，与 2004 年的比重持平；全社会固定资产投资达到 1481.4 亿元，占全省的 52.9%，比 2004 年提高了 4.5 个百分点；社会消费品零售总额达到 762.5 亿元，占全省的 54.7%，比 2004 年提高了 2.5 个百分点。

（二）试点县的经济发展步伐明显加快

2005 年～2007 年 47 个试点县地区生产总值年均增长达 12.6%，高于全省县域平均水平 1.6 个百分点；地方财政收入年均增长达 22.6%，与全省县域平均水平持平；财政支出年均增长达 23.9%，高于全省县域平均水平 4.3 个百分点；固定资产投资年均增长 34.1%，高于全省县域平均水平 5.2 个百分点；社会消费品零售总额年均增长 16.9%，高于全省县域平均水平 1.8 个百分点。

（三）试点县的人均主要经济指标提升较快

2007 年 47 个试点县人均地区生产总值达到 1.39 万元，高于全省县域平均水平 3351 元，比 2004 年增长 58.3%；人均财政收入达到 701 元，高于全省县域平均水平 170 元，比 2004 年增长 69.4%；职工年平均工资达到 1.89 万元，高于全省县域平均水平 604 元，比 2004 年增长 65.8%；农民人均纯收入达到 2810 元，高于全省县域平均水平 176 元，比 2004 年增长 38.1%；城乡居民人均储蓄存款余额为 7296 元，高于全省平均水平 524 元，比 2004 年增长 32.2%。

（四）试点县卫生教育事业快速发展

在试点县经济快速增长的同时，卫生、教育事业也得到了长足的发展。2007 年试点县地方财政教育事业专项投入达 71.89 亿元，占财政支出的比重达 22.1%，高于全省县域 5.3 个百分点；地方财政卫生事业专项投入达 24.3 亿元，占财政支出的比重达 7.5%，高于全省县域 0.7 个百分点；卫生机构床位达到 7.01 万张，卫生技术人员数达到 7.15 万人，每万人拥有卫生机构床位数和卫生技术人员数分别为 32.5 张、33.2 人，高于全省县域平均水平 23.0%、20.6%。

（五）试点县"一主三化"进程明显加快

积极发展非公经济，大力推进农业产业化、工业化和城镇化进程，是云南县域经济发展试点工作的重点任务。3 年来，非公经济在县域经济发

展中的主体作用进一步加强，县域经济“三化”进程明显加快。2007年47个试点县非公经济创造的增加值达到1092.31亿元，占全省非公经济增加值的比重达61.6%；农业总产值达689.36亿元，占全省农业总产值的比重为51.8%；完成工业增加值1276.34亿元，占全省工业增加值的75%；规模以上工业利税总额达到690.18亿元，占全省县域的比重达69.3%。城镇化率达到36%，比全省高4.4个百分点。47个试点县城镇化率超过50%的县增加到12个，超过30%的县增加到30个。

三、80个扶贫开发工作重点县县域经济蓬勃发展

由于自然禀赋、历史发展和地理区位等多方面的原因，贫困一直是云南最突出的问题，扶贫工作受到历届省委、省政府的高度重视。改革开放30年特别是党的十六大以来，省委、省政府始终把扶贫工作放在更加突出的战略位置，按照中央关于扶贫开发的总体要求，大力实施整村推进和产业培植、劳动力培训转移“一体两翼”战略，积极推进“兴边富民工程”，围绕基础产业、基础设施、基本素质、基本保障和基本队伍建设，不断创新机制，加大投入，完善措施，80个重点扶持县的经济发展呈现出一派蓬勃生机，社会事业全面进步，人民生活水平稳步提高，为重点扶贫县实现跨越发展奠定了坚实的基础。

（一）经济水平不断提高

到2007年，重点扶持县的地区生产总值达到1434亿元，比2002年增长了81.8%，2003年～2007年年均增长12.7%；地方财政收入达到85.04亿元，比2002年增长了1.5倍，年均增长19.9%；地方财政支出达到383.67亿元，比2002年增长了1.7倍，年均增长22.2%；社会消费品零售总额达到413.95亿元，比2002年增长了1.1倍，年均增长16.4%，增幅均高于全省平均水平1～2个百分点。2003年～2007年，重点扶持县的经济发展不仅规模在扩大，经济结构也在进一步优化。2007年，重点扶持县的二三产业比重达到70.2%，比2002年增加了8.1个百分点。

（二）固定资产投资高速增长

2003年～2007年，全省扶贫开发工作立足云南实际，加大投资力度，改善贫困地区基础设施条件，实施整村推进、易地搬迁和产业扶贫，扶贫开发长效投入机制初步建立，固定资产投资高速增长。2007年，重点扶持县全社会固定资产投资达到967.27亿元，比2002年增长了3.9倍，年均增长38.9%，增幅高于全省平均水平11.3个百分点。

（三）社会事业全面进步

2003年～2007年，在重点扶持县经济稳步增长的同时，社会事业也得到了相应的发展。5年来重点扶持县共新建校舍199.6万平方米，适龄儿童入学率由2003年的95.2%提高到2007年的97.6%；建设村卫生室1900多所，缓解了群众就医难的问题，2007年每万人拥有卫生机构床位17.1张，每万人拥有卫生技术人员16.8人；全省50户以上的村全部实现通广播电视；图书馆、文化站等文化设施建设逐步推进，进一步丰富了重点扶持地区广大群众的文化生活。

（四）人民生活水平稳步提高

2003年～2007年，重点扶持县在经济水平和社会事业不断发展的同时，人民的生活水平也得到了稳步的提高。2007年，重点扶持县农民人均纯收入达到1999.8元，按现价计算，比2002年增长了66.7%，年均增长10.8%，增幅高于全省平均水平0.4个百分点；职工年平均工资1.86万元，比2002年增长了63.4%，年均增长10.3%；人均城乡居民储蓄存款余额3082元，比2002年增长了1.2倍，年均增长16.6%。

四、改革开放以来云南县域经济发展的主要经验

（一）加强领导，健全机构，推动县域经济又好又快发展

为切实加强对云南县域经济发展工作的领导，省政府成立了云南省县域经济发展协调小组，负责对全省县域经济发展的宏观指导和综合协调。16个州（市）、47个试点县也都先后成立了县域经济发展领导小组和工作班子，在制定规划、明确目标、确定重点、落实政策等方面，发挥了积极重要的作用。各级各部门认真落实省委、省政府关于加快县域经济发展的一系列政策措施，在资金投入、产业扶持、责任考核、表彰奖励、督导检查等方面加大工作力度，推动县域经济又好又快发展。目前全省已经建立并形成了领导挂帅、三级联动、部门配合的良好工作机制，确保县域经济发展试点工作的深入开展。

（二）明确思路、科学规划，引导县域经济协调发展

按照省委、省政府《关于加快县域经济发展的决定》，各试点县因地制宜，结合国家产业结构调整和云南产业发展规划布局，针对自身实际，明确发展思路，科学编制县域经济发展规划，有效地提高了县域经济发展的质量和效益。通过3年试点工作的实践，各地发展县域经济的思路进一步清晰，有力地促进了县域经济的发展。

（三）发挥优势，突出特色，促进县域经济快速发展

特色是县域经济发展的灵魂，要把自身比较优势充分发挥出来，把自身特色充分突出出来，建立具有比较优势的特色经济，不断提高县域经济的综合竞争力。各试点县结合县域实际，充分发挥比较优势，立足资源优势，坚持市场导向，培育优势产业，积极发展特色经济，使各县发展的优势更优，强项更强，县域经济发展各具特色。

（四）大力发展非公经济，增强县域经济发展的活力

非公经济不断发展壮大，已成为云南经济增长的主要推动力，是就业的主渠道，是财政收入的重要来源，是对外开放的主力军，是支撑县域经济发展的主体力量，非公经济已进入加快发展的黄金时期，在国民经济中发挥越来越重要的作用。狠抓政策落实，为非公经济的健康成长创造良好的政策环境和平等的竞争环境，大力发展非公经济，不断壮大县域经济总量，不断增强县域经济发展活力，不断提高县域经济竞争力，推动县域经济快速发展。

（五）统筹城乡发展，加快社会主义新农村建设

县域经济是统筹城乡发展的切入点，是解决“三农”问题的主战场。各县把加快县域经济发展与推进社会主义新农村建设结合起来，按照“以工促农、以城带乡”和“多予少取放活”的方针，推动各种资源要素向农村倾斜，加快农村产业结构调整、农村能源建设、农田水利建设、农村水电路建设，加大对农村建设投入的力度。新农村建设与县域经济发展紧密结合，更好更快地推动全省城乡统筹协调发展，取得互动互促、相得益彰的效果。

（六）进一步扩大开放，招商引资成效显著

县域经济要加快发展、跨越式发展，就要有强劲的投资推动力，光凭自身力量发展不够，还要借助强大的外力。云南各地坚持以科学发展观为指导，创新招商方式，拓展引资领域，扩大引资规模，提高引资水平，全省内外资引进实现了历史性突破。通过开放引资，发展壮大特色产业，形成比较竞争优势，推动了云南特色县域经济发展格局的形成；通过开放引资，不断地以增量优化存量，推进县域经济民营化进程，带动县域工业化、城镇化和农业产业化齐头并进发展，促进了云南县域经济“一主三化”的发展进程；通过开放引资，不断促进优势产业和具有一定竞争力的产业在某一区域的聚集，形成了初具雏形的产业集群，培育县域经济发展的新增长点。对外开放和招商引资，有力地带动了全省县域经济的发展，招商引资已经成为全省县域经济快速发展的助推引擎。

（云南省统计局　综合处）

改革开放三十年人民生活展新颜

党的十一届三中全会从根本上冲破了长期“左”的思想的束缚，把马列主义、毛泽东思想同中国社会主义建设的具体实践结合起来，开创了一个解放思想、实事求是、以经济建设为中心的新时代，开启了改革开放的新历程。30年来，云南省委、省政府在党中央的正确领导下，带领全省人民坚定不移地沿着具有中国特色的社会主义道路奋勇前进，云南人民走过了不平凡的30年，改革开放的巨大成就最终都汇集在提高人民福祉上来，云南各族人民生活水平有了显著提高。城乡居民人均收入、消费水平和结构、储蓄存款、住房条件、文化生活、教育卫生水平发生了前所未有的改变，城乡居民同享改革、发展成果，人民生活水平更加殷实。

一、城乡居民收入大幅提高

1978年～2008年，在这30年里，云南人民和全国一道开启了一个伟大的新时代。30年来，沐浴着改革春风，云南人民生活水平由改革开放初期的相对贫穷逐步走向相对富裕水平。

（一）城镇居民收入稳步提高

城镇居民收入从1978年的327.70元，增加到2008的1.33万元，增长39.4倍，年均增长13.1%。云南城镇居民收入的增长幅度跟全国平均水平相差无几，改革开放的成果得到了充分共享。

按照美国经济学家钱纳里关于工业化阶段的划分标准，当前云南正由工业化初期向中期迈进，下一阶段将进入经济社会飞速发展的阶段。30年的改革开放使城镇居民收入跨越历史，与工业化

进程同步发展，30年改革开放取得的成果将为今后经济的加速腾飞奠定坚实的物质基础。

（二）农村居民人均纯收入快速增长

中国的改革开放始于农村，家庭联产承包责任制翻开了改革开放30年的一页。中国用了6年，以家庭联产承包责任制的路径把9亿中国人的温饱问题基本解决了；云南也以家庭联产承包责任制为契机，开始了农民收入翻天覆地的改变。1978年，云南农民人均纯收入为130.6元，到2008年全省农民人均纯收入达到3102.60元，增长22.8倍，年均增长11.1%。

改革开放30年的历程，是云南农村居民人均纯收入不断提高的过程，从联产承包责任制开始，先后进行了农业税改革和林权制度改革。2006年云南省取消了农业税，免除农业税后，每亩可以减少10%～20%的生产成本，这种支农、惠民政策有力地促进了农民增收；2006年，云南选择9个县先行集体林权制度改革试点；2007年4月，率先在西部地区全面启动集体林权制度改革，一场确权到户、盘活林地的“绿色变革”开启了云岭高原广大山区民富林兴的“希望之门”。近年来云南省委、省政府几乎每年都出台一号文件，着力解决三农问题，多管齐下的有力措施结成30年丰硕成果。

（三）职工工资收入增长明显

改革开放30年来，全省在职职工的平均工资不断增长，成为拉动消费的又一重要力量。1978年城镇单位全部职工工资为608元，2007年达到2.33万元，是1978年的38.3倍，年均增长率12.9%，其中，国有单位2.29亿元，比1978年增长39.6倍，年均增长13.0%。2008年，全省城镇单位在岗职工工资总额654亿元，比1978年增长49.3倍，全省职工工资水平呈现出与全国基本同步增长良好态势。

二、消费水平和消费结构不断提升

按照国际经验，人均GDP超过1000美元（2008年云南人均GDP超过1000美元，达1843美元），消费结构和产业结构升级速度加快。改革开放30年来，伴随着整体经济实力的不断增强，云南省消费水平和结构出现令人鼓舞的变化。

（一）城乡居民消费水平显著提高

1978年，全省居民消费水平为156元，到2007年达4553元，增长28.2倍，年均增长12.3%。其中，1978年城镇居民消费水平为406元，到2007年达2145元，增长4.3倍；1978年农村居民消费水平为124元，到2007年达8579元，增长68.2倍。1978年，全省居民每人每年社会消费品零售额为92.81元，到2008年达3794.94元，增长40.9倍，年均增长13.2%。

（二）恩格尔系数逐年下降，生活质量明显改善

30年来，云南人民生活不断提高、消费水平和结构不断升级，逐渐由温饱型向享受型转变，更加注重生活品质的提高，云南人民正向全面小康社会迈进。1978年城镇居民恩格尔系数为63.0%，到2008年下降为47.1%，下降了15.9个百分点；农村居民恩格尔系数则由1978年的74.1%下降到2008年的49.6%，下降了24.5个百分点。30年来，城乡居民恩格尔系数都呈不断下降的趋势，并且二者日趋接近，这从一个侧面充分说明改革开放30年的成果惠及城乡居民，全省人民生活水平迈上了一个新台阶。

三、储蓄存款稳步增加

全省城乡居民储蓄存款出现大幅提高，城乡居民财富增长明显。1978年，全省城乡居民储蓄存款余额为4.2亿元，到2008年达到3738.78亿元，增长890.2倍，年均增长25.4%。人均储蓄由1978年的13.6元，增加到2007年的8256.11元，增长607.1倍。

全省城乡居民储蓄存款的大幅提升，一方面表明居民可支配收入的增长，另一方面跟储蓄率有关。但是城乡居民储蓄存款余额总量大幅增加的现实，为把经济增长方式从过度依赖投资拉动转变到更加注重消费拉动上来提供了客观物质条件，为进一步的深化改革、科学发展奠定坚实基础。

四、住房条件的日趋改善，交通运输蓬勃发展

住房制度改革是我国经济体制改革的重要组成部分。改革开放30年，房改20年，取消福利分房10年，每一个时间节点，都记录下了云南城乡居民住房条件的不断改善的历史轨迹。快乐居住、幸福生活，这一重要的民生问题正得益于改革开放的春风。

（一）城镇居民住房条件极大提升

30年来，云南城镇居民完成了由福利房向商品房的改革，住房商品化改革让市场配置房地产资源，增强了活力，提高了住房生产、分配和消费水平的效率，有效保障了居住权利、改善了居住条件、提高了居住品质。2008年城镇居民的人均住房消费达739.2元，占整个消费支出的9.5%，比1978年提高5.7个百分点。2008年城镇居民人均居住面积达到34.85平方米，比1978年增加31.34平方米。城镇居民的住房质量不断提

高，居民住房配套率上升。2008年独用自来水户占96.9%，有浴室卫生间户占83.2%，88.8%的城镇居民对住房拥有产权。住房装修相当普遍。

（二）农村住房条件稳步提高

持续10多年的建房热是农村经济搞活、农民生活水平提高的真实写照。1978年人均住房面积为7.69平方米，到2008年达27.4平方米，比1978年的7.69平方米增长3.6倍。2008年农民用于住房方面的支出达626.1元，比1978年增长240倍。改革开放以来，全省农民住房结构发生了很大变化，钢筋混凝土和砖木结构住房所占比重大幅提高。

（三）交通、通讯得到快速发展

交通运输得到有效改善和提升。全省公路通车里程由1978年的4.18万公里增加到2008年的20.40万公里；其中，高等级公路从无到有，2008年达到7763公里。旅客周转量同期由2002年的281.60亿人公里增加到2008年的426.34亿人公里。

邮电通信业快速发展。2007年末，全省局用交换机总容量为420万门。固定电话普及率达14.09部/百人。年末全省固定电话达627.2万户，移动电话达到1346.4万户。全省每人每年函件交寄件数由1978年的1.82件减至2007年的1.49件；2007年全省每万人拥有固定电话机达1397.5部，比1978年增长46.4倍。

五、文化和社会保障事业蒸蒸日上

透过文化和社会保障事业巨大发展，能较为清晰地看到30年改革开放，云南人民生活日趋富足。

（一）城乡拥有电视机、电话、图书馆、广播电视覆盖率大幅提高

改革开放30年来，为进一步丰富全省城乡居民的文化生活，满足城乡居民的精神文化需求，云南省大力实施“村村通”工程，千方百计提高广播电视覆盖率，新建大量的图书馆，每人每年拥有的图书、杂志册数不断增多，全省城乡文化生活蓬勃生机。2008年全省拥有文化馆148个；公共图书馆149个；广播人口覆盖率为92.9%，是1978年的3.1倍；2008年的电视人口覆盖率为94.1%，是1978年的5.5倍。

（二）社会福利保障（保险）建设稳步推进

截止2007年末，全省参加基养老保险人数279.35万人，其中参保职工191.75万人，参保离退休人员87.61万人。全省参加失业保险人数为190万人。全省参加城镇居民基本医疗保险人数为345.81万人；参加农村养老保险的人数为139.66万人；参加新型农村合作医疗的农民为3100.65万人，参合率达86.14%。新型农村合作医疗基金累计支出总额为18.64亿元，累计受益6900万人次。全省享受城市最低生活保障的居民为79.3万人，比上年增加6.3万人；享受农村最低生活保障的农民为250.1万人。

（三）扶贫工作取得新成效

省委、省政府按照科学发展要求，围绕全面建设小康社会、构建社会主义和谐社会和建设社会主义新农村的总体目标，紧紧瞄准贫困群体，以贫困村为主战场，突出贫困地区和贫困群众民生改善，改革开放30年来扶贫开发取得了显著成效。到2007年末全省贫困人口已下降到2007年末的610.8万人，贫困发生率下降到17%左右。全省80个国家和省级扶贫重点县农民人均纯收入提高到1999.8元。

六、教育、医疗水平发展突出

（一）高等教育在校学生大幅增加

云南省委、省政府始终把全民教育摆在优先发展的战略地位，积极推进普及九年义务教育和扫除青壮年文盲，大力发展农村教育，使全省人口的整体素质得到进一步提高，为全省经济、社会的可持续发展作出了积极贡献。学前教育和高等教育取得巨大发展，其中学龄儿童入学率从1978年的88.6%提高到2008年的98.30%，提高了9.7个百分点。30年来，云南的高等教育经历了恢复、改革和跨越式发展的几个阶段。高等教育毛入学率和在校学生数于1999年高校扩招后有了很大增长，1978年每万人口中在校大学生数为5.14人，到2007年达69.16人，增长12.5倍。职业教育、成人扫盲和少数民族教育亦硕果累累，目前云南高等教育事业的改革与发展进入一个最好的历史时期。

（二）义务教育发展成效显著

2008年云南省小学学龄儿童入学率达98.3%；2007年小学毕业生升学率达96.2%；高中阶段教育毛入学率达45.7%，高等教育毛入学率达14.6%。2007年全省落实“两免一补”政策共投入经费19.6亿元，享受免杂费、免教科书费的学生分别达到611万人和602万人，义务教育发展势头喜人。

（三）医疗卫生设施日趋完善

在经济发展的基础上不断提高人民群众健康水平，是实现人民共享改革发展成果的重要体现，是促进社会和谐的重要举措，是党和政府义不容辞的责任。云南省委、政府始终把人人享有基本卫生保健服务，人民群众健康水平不断提高，当

做人民生活质量改善的重要标志。30年来，每万人拥有的医院病床数和医生数大幅提高，1978年每万人拥有医院病床数为17.5张，2008年为26.50张，年均增长11.5%；1978年每万人拥有医生数为10.08人，2008年为12.6人，年均增长8.8%，医疗卫生设施日趋完善。

七、人均拥有的主要消费品不断提高

全省城乡居民的用品消费大体跨越了3个阶段，即上世纪60年代~70年代的“自行车、手表、缝纫机”老三件，80年代的“电视机、电冰箱、洗衣机”新三件，90年代的“移动电话、组合音响、家用电脑”最新三件，当前城乡居民主要消费品的更新换代加快、升级周期缩短。到2008年末，每百户城镇居民家庭拥有家用汽车11.1辆、彩电119.4台、洗衣机90.2台、电冰箱78.8台。

在农村，到2008年每百户农村居民家庭拥有影碟机53.8台、洗衣机33.7台、电冰箱9.8台、彩色电视机89台、摩托车33.3辆、移动电话91.2部，一些高档消费品已开始进入部分农家。

回眸改革开放30年，云南城乡居民逐渐富裕起来，社会生产力得到空前解放和发展；展望未来，云南人民将高举中国特色社会主义伟大旗帜，以邓小平理论、“三个代表”重要思想和科学发展观为指导，继续沿着改革开放的正确方向全面建设小康社会前进。

（云南省统计局　综合处）

改革开放三十年云南消费品市场成绩斐然

改革开放30年来，云南流通领域发生了历史性的变化，全省消费品市场蓬勃发展，经济发生巨大变化，农业综合能力不断提高，城乡居民收入持续稳定增长。与此同时，居民生活消费也由单一化、雷同化向多层次、多样化、个性化发展，市场供求格局和流通主体发生了重大转变；市场规模扩大，消费水平不断提高，从以物质消费为主逐步向享受和发展型消费领域拓展。在生活方式、消费观念、思维方式等各个方面都发生了可喜的变化，生活质量显著提高，市场建设成果显著。消费对经济增长的拉动作用日益增强。

一、消费品市场的发展取得了令人瞩目的成就

改革开放30年来，消费品市场实现了由生产主导型向消费主导型转变。随着云南经济的飞速发展，特别是社会主义市场经济的确立和发展，经济总量大幅增加，生产水平大幅提高，消费品市场商品琳琅满目，供应充足，供过于求的商品不断增多，经济发展由商品短缺时期的资源供给约束转变为市场需求约束，经济格局由生产主导型逐步演变为消费主导型，消费需求上升到重要地位。生产者为扩大商品销售渠道，纷纷参与商品贸易，拓宽流通渠道，以市场信息作为生产决策的主要依据，促进了市场日趋繁荣。

（一）城乡市场竞相发展，市场规模不断扩大

改革开放30年来，经济的持续快速发展，居民收入和支出的大幅提高，商业网点迅速增加，促进了消费品市场规模的不断扩展。2008年，全省社会消费品零售总额实现1718.54亿元，比1978年增长59.6倍，年平均递增15.2%；2008年人均零售额3795元，比1978年增长39.9倍，年平均递增13.2%。分行业看，批发和零售业零售额由1978年的30.64亿元增加到2007年的1314.12亿元，年平均递增13.8%；住宿和餐饮业零售额由1.5亿元增加到298.22亿元，年平均递增20.0%。在城市化进程不断推进的过程中，城市居民消费结构稳步升级，在以昆明为中心城市的有力带动下，城市消费品市场快速发展。2008年，全省城镇消费品零售额实现1350.70亿元，比1978年增长88.2倍，年平均递增16.7%，比全省社会消费品零售总额年均增幅快1.5个百分点；占全省社会消费品零售总额的比重由1978年44.9%提高到2008年的78.6%。与此同时，随着城乡统筹、以工补农、以城市促乡村等一系列新农村建设政策措施的出台，农村经济迅速发展，特别是“万村千乡”市场工程，明显改善了农村消费环境，为农村消费品市场发展创造了良好的外部条件，2008年全省县以下实现零售额367.84亿元，比1978年增长18.8倍，年均增速为10.8%，城乡市场发展差距逐步缩小，呈现出城乡市场共同发展，共同繁荣的可喜局面。

（二）需求结构优化，投资和消费共同拉动经济增长

GDP不仅能够反映一个地区的需求规模，而

且能够反映这个地区的需求结构。从支出法GDP角度考察，经济增长主要是由资本形成总额（投资需求）、最终消费（消费需求）和货物和服务净出口（出口需求）这三大需求拉动。由于云南省净出口比例较低，对整体经济的影响较小，经济的需求结构变动主要表现为消费和投资之间的此消彼涨。需求结构由消费需求主导向投资和消费共同拉动经济增长的方向发展。

投资作用日益增强，投资率不断上升。云南资本形成率由1978年的39.0%上升到2007年的56.5%，上升17.5个百分点。投资对经济增长的作用具有双重效应，它既能增加生产能力，又对生产构成需求。因此，投资率的不断提高和投资规模的迅速扩大，为云南经济总量的扩大和经济增长速度的加快，提供了强大的支撑和保障。

固定资产形成贡献份额逐渐加大。在投资需求中，固定资产形成总额占据了绝对主导地位，存货增加呈现减少的趋势。固定资产形成在投资需求中的比重由1978年的76.2%上升到2007年的98.1%，提高了21.9个百分点。随着企业经济效益的普遍好转，反映生产单位原材料、产成品等库存变动的存货增加指标所占的比重进一步降低，由1978年的23.8%下降为2007年的1.9%。

消费率趋于下降，消费结构升级明显。云南消费率由1978年的75.4%下降到2007年的61.6%。最终消费内部结构变动大，消费结构升级明显。消费需求是总需求变动的重要推动力量，消费需求结构变动促进产业结构和资源配置结构变动。近年来，云南省最终消费的变化有三大特点：一是政府消费增长强于居民消费。从1978年到2007年，最终消费中居民消费所占比例由91.9%下降到70.4%，政府消费则由8.1%上升到29.6%，上升了21.5个百分点。二是城市消费强于农村消费。居民消费中农村消费所占比例由70.6%降至38.6%，下降了32个百分点，城市消费则由29.4%上升到61.4%，城市消费对最终消费增长的带动增强。三是居民消费结构升级加快。居民消费结构中吃、穿、用的消费比重下降，住、行及文化、教育、旅游、娱乐、体育和医疗保健消费比重上升。2007年，城乡居民恩格尔系数为45.0%和46.5%，分别比1978年下降了18.0个和27.6个百分点。

（三）消费品结构不断升级，新兴业态蓬勃发展

改革开放以来，居民的消费水平和消费结构发生了明显变化。从1978年到2007年，全省居民的消费水平从156元攀升到4553元，消费结构也经历了从贫困型向温饱型和小康型消费的转变。总体上看，30年来居民消费经历了三次大的消费结构升级。一是20世纪80年代初，以自行车、手表、缝纫机等“老三件”为代表，以满足温饱为目标的消费结构升级；二是20世纪80年代中期到90年代中期，以电视机、冰箱、洗衣机为代表的家电普及为标志的发展型消费结构升级；三是20世纪90年代末至今的以汽车、住房、通讯、教育为主导的享受型消费结构升级。每一次升级所实现的购买力水平都大幅度提高。城乡居民从几十元、千元和万元级消费，向十万元甚至百万元级消费转变。消费结构也由衣、食消费在向住、行消费转移，并步入“加速跑”阶段，购房和买车等十万元级以上消费正在逐渐进入寻常百姓家。2007年全省人均GDP突破万元，达到1.05万元，标志着全省居民消费结构向发展型升级的进程将进一步加快。居民消费中扩张最快的一些新兴领域主要集中在：以移动通讯和信息为代表的通讯信息消费；以私人汽车为代表的交通消费；与住房相关的商品消费；以教育、旅游为代表的精神文化消费。在全省消费品市场上出现了与上述消费领域相关的热点商品持续旺销的发展格局，成为全省消费品零售总额快速增长的重要增长点。2008年全省限额以上批发零售企业零售中，家用电器和音像器材类增长10.6%，机电产品及设备类增长10.9%，汽车增长11.6%，家具类增长15.6%，电子出版物及音像制品类增长23.3%，化工材料及制品类增长29.5%，煤炭及制品类增长38.6%，金银珠宝类增长43.3%，石油及油制品消费增长51.5%。

随着人民物质文化生活水平日益提高，消费需求多层次化，千店一面的老式百货商店已不能满足日益挑剔的消费者的要求，商业企业开始注重从外在形象上加强竞争，通过抓硬件建设，使消费环境更趋舒适，档次明显提高。尤其20世纪90年代全省进一步探索引进新的商业组织形式，一批大型百货商店、购物中心、仓储式商店、平价商场、专卖店、便利店、快餐店、超级市场应时而生，总代理、总经销、连锁经营、物资配送、电视直销、入户推销、赊销、拍卖、典当、邮购、网上交易、期货交易、分期付款、特许经营、多角化经营等具有现代气息的经营形式不断涌现，新型业态种类众多，竞相发展。

从全省限额以上批发零售企业看，百货商店发展稳中求新。市场定位准确，发展稳健，引导和适应了广大消费者的需求，有效拉动了全省消费品市场发展。到2008年，限额以上企业及产业

活动单位中，实现商品销售总额2713.24亿元，其中零售额461.29亿元，占全省社会消费品零售总额比重为26.8%。超级市场以其新颖的业态、丰富的商品，加上优惠的价格，极大地吸引了消费者，发展势头迅猛。专业专卖店迅速崛起，逐渐成为消费品市场的主体业态，近年来电脑、数码、手机、家居建材等多种行业的专业企业如雨后春笋般不断涌现，并以其相对价格较低、专业服务、连锁经营等优势，迅速分割了全省零售市场份额。到2007年末，全省共有批发和零售、餐饮业连锁门店总数3179个，实现商品销售总额171.78亿元，现已成为消费品市场的主体业态。除了百货店、超市和专业店专卖店业态以外，便利店、厂家直销中心、网上购物、电视购物、邮购、自动售货亭等多种形式以及仓储商店、折扣店、无店铺销售等业态不断现身商品流通市场，与百货店、超级市场、专业店专卖店并驾齐驱。随着信息网络的不断完善和居民生活水平的提高，新型业态层出不穷，组织结构不断优化。

（四）市场建设初具规模，管理水平更上新台阶

改革开放以来，随着市场作用逐步显现，政府和民间对商业投资热情高涨，商业基础设施建设逐渐加快。特别是党的十六大以来，以开拓市场、扩大消费为主线，国家有关部门大力推进并深化了商品流通体制改革，进一步加快了市场建设步伐。商品市场建设被纳入城市建设规划，并建立了专项基金，从商流、物流、信息流等方面为完善市场功能创造条件。经过30年的建设，全省商品市场数量增加，市场规模扩大，档次提高，布局合理，结构优化，专业细化，辐射力大大增强，交易额成几十倍、上百倍地增长。随着市场经济的不断深入，交易市场的主体也日趋多元化，市场投资主体在经营方式、营业理念、经营手段等方面各具特色，为交易市场的竞争、活跃与繁荣创造了条件，集贸市场的聚合效应明显。大型商品交易市场成交活跃，规模化、专业化发展趋势明显。2008年末，云南商品交易市场有3667个，其中城市902个，农村2765个。全年成交额超亿元的市场有44个。商品市场的相对集中对市场规模的扩大、集市效应的形成和产销效益的最大化起到了积极作用。

在改革开放过程中，特别是近几年，商品市场的管理正在不断向国际惯例接轨。“以法治市”理念逐步形成。市场法规体系日益健全，如《保护消费者权益法》、《反对不正当竞争法》、《商标法》、《质量法》、《食品卫生法》、《公司法》等规范市场交易行为的法规、法律条文相继出台。与此同时，市场司法也在不断健全。在提高市场法制水平的同时，全省更加注重提高商品市场管理水平。

二、消费品市场对经济发展的贡献作用日益突出

（一）消费市场发展促进了全省国民经济持续健康较快发展

改革开放前，全省工农业生产水平低下，居民购买力增长不快，市场发展缓慢，商品供应渠道单一，城乡市场萧条。党的十一届三中全会拉开了我国改革开放的序幕，流通体制改革伴随着经济体制改革的深入发展不断完善，市场逐渐成为配置社会资源的重要手段，并在整个经济发展中地位日益突出，对经济的拉动作用明显增强。1978年，全省批发零售贸易、餐饮业创造增加值7.89亿元，占当年全省生产总值的比重仅为5.8%，到2007年，全省批发零售贸易、餐饮业创造的增加值达354.32亿元，占当年全省生产总值的7.5%，比1978年提高1.7个百分点。第三产业对GDP的贡献率由1979年的16.5%提高到33.2%。同时，随着市场的发展，流通产业特别是劳动密集型的批发零售贸易业和餐饮业以及各种居民生活服务行业成为吸纳社会劳动力的重要领域，为缓解全市就业压力作出了较大的贡献。

（二）消费品市场发展促进了城市服务功能的完善

目前全省流通设施已初步形成了兼顾高、中、低不同消费群体的层次化结构，并逐步向高层次演进，城市商业网点开始向大型化、高档次、综合性的趋势发展，呈现规模大型化、设施现代化、功能多样化、服务系列化的特点。便民措施不断完善，寓购物、服务、娱乐、休闲、餐饮于一体，全方位地满足消费者需求，成为居民特别是城镇居民的首选消费场所，极大丰富了居民生活。中小商贸和个体户依靠其灵活多样的促销手段、遍布各地的经销网点，得以发展和壮大，为繁荣全省消费品市场起着不可替代的作用。2008年，限额以下企业及个体户实现零售额1124.65亿元，比1997年增长6.5倍，年均增长22.3%。在农村，市场网点建设与发展小城镇有机结合起来，2005年商务部开始了以发展农村现代流通网络为主要内容的“万村千乡”市场工程的试点工作，2006年又启动了重点建设100家现代化大型农产品批发市场，培育100家大型产品流通企业的“双百工程”。通过这一系列措施，农村现代流通网络不断得到完善，并进入全面加速发展阶段。据统计，

自“万村千乡”市场工程实施以来，全省已累计建成1万多个农家店。城乡商品市场体系的不断完善，新兴业态层出不穷，竞相发展，从根本上改变了计划经济时期业态单一的格局，方便了群众，促进了城市服务功能的完善。

（三）消费市场发展促进了城市辐射能力的扩展

在现代经济发展中，流通已成为制约、影响甚至决定国民经济运行速度、节奏、质量和国际竞争力的关键，物畅其流是国民经济正常运行的重要保证，作为流通载体的市场繁荣与否，在一定程度上反映了社会经济的发展状况。国内外现代经济发展的实践表明，市场流通在经济增长中的作用不仅仅是直接增加了多少就业机会，提供了多少利税，在GDP中的比重有多大，为经济增长指数贡献了几个百分点，而更在于从整体上促进经济循环，加快全社会资本周转和经济运行节奏的状况。在30年的市场竞争中，全省商圈向多元化方向发展，目前已形成以昆明、大理、曲靖、玉溪为商业中心，以及众多在城市区域内具有专业特色和产业优势的商业街和特色市场，特别是以当地支柱产业为依托，具有品牌特色、凝聚力强、辐射面广的各类专业市场蓬勃发展，辐射功能进一步增强，市场的发展加速了商品流通和城乡经济的繁荣活跃，到处呈现建一处市场、带一门产业、活一片经济、富一方群众的可喜局面。

（云南省统计局　经贸处）

改革开放三十年云南交通运输业成就辉煌

改革开放的30年，是省委、省政府在党中央的指引下，带领全省各族人民锐意进取、不断开拓的30年；是云南省经济社会快速发展、产业结构不断调整优化、人民生活水平和质量不断提升的30年；也是云南交通运输业从小到大、由单一到丰富、从低层次向高端不断发展的30年。30年来，云南经济社会的发展有力地促进交通运输业的发展，同时，交通运输业作为国民经济发展的先导产业和各行业发展不可缺的纽带和关键环节，通过自身的不断完善和努力发展，为全省经济体制改革的深入推进、对外开放的不断扩大和经济社会的持续快速发展，提供了必不可少的支撑和保障的基础性作用。

改革开放30年是云南省交通运输业发展最快的时期，通过需求拉动、技术进步和制度创新实现了跨越式发展，在基础设施建设、运输供给能力提高等方面取得了巨大成就。到2007年底，铁路营业里程达到1925公里；公路通车总里程达到20.03万公里，其中高速公路2507公里；建设港口8个，港口货物吞吐量326万吨；民用航空航线里程达到12.99万公里，航空运输取得长足发展。

改革开放、招商引资、发展经济，交通运输业必须先行。为加强基础设施建设，保障社会经济持续发展的需要，党中央国务院对云南省的交通运输状况高度重视，省委、省政府积极规划、持续不断地进行财政投入，30年来云南已基本形成公路、水运、铁路、航空等多种运输方式相结合的综合交通网。

一、铁路运输步入电气化时代

改革开放以来，云南铁路建设投资不断加大，铁路运输格局发生根本性变化。20世纪80年代实施了贵昆铁路电气化改造工程；90年代新建昆明至玉溪、广通至大理地方铁路和国家Ⅰ级铁路的南昆铁路；2002年内昆铁路全线通车运营；2004年实施了贵昆、成昆、南昆3大干线云南段提速扩能改造，有效缓解了云南铁路运力紧张状况，为铁路运输提速创造了条件，全省铁路运输能力大幅提升。经过30年的发展，云南铁路建设已初具规模，形成以贵昆、成昆、南昆、内昆、昆玉、广大6条准轨干线和昆河米轨干线为主体的铁路网络，极大地改变了云南交通落后的状况。2007年，全省拥有铁路营业里程1925公里，比1978年净增220公里；铁路旅客运输量从1978年的1267万人，上升至2007年的2105.9万人，增长66.2%；1978年铁路货物运输量为1929万吨，到2007年达到6021万吨，增长2.1倍。

二、公路建设实现跨跃式发展

公路在云南省交通体系中具有重要地位，公路运输承担着全省90%以上的运输量。经过30年不懈努力，云南公路建设实现了跨跃式发展，特别是2002年以来，省委省政府结合云南实际进一步提出“建设中国连接东南亚、南亚国际大通道”的战略目标，制定以覆盖途经云南省3条国道主干线和主要国道“三纵、三横、九大通道”为主的高等级公路建设规划，加快公路建设步伐，改善路网结构，把云南公路建设带入了一个全新时期。到2007年全省公路通车里程达20.03万公里，比1978年的4.19万公里增加15.85万公里，年平均增长5.6%，高速公路从无到有，至2007年已建成通车高速公路2507公里。

经济发展及路况的明显改善，使全省公路运输生产得以快速增长。2007年，公路运输客运量和旅客周转量为4.29亿人次和265.80亿人公里，分别比1978年增长16倍和18倍，年平均增长10.2%和10.7%。货运量和货物周转量为6.55亿吨和450.83亿吨公里，分别比1978年增长21倍和23倍，年平均增长11.3%和11.6%。

三、水运和港口设施不断完善

改革开放以来，为适应云南经济和社会发展需要，云南水运充分发挥出省、出境运输和旅游观光优势，加快港口建设步伐，形成由省内到省外，从国内到国外，长短结合、内外结合、全面发展的格局。现已建水富、思茅、景洪、大理4个港口。1978年，云南全省水上货运量仅有93万吨，货运周转量2402万人公里，客运量31万人次，客运周转量1196万人公里；到2007年，全省货运量完成262万吨，货运周转量4.59亿吨公里，客运量599万人次，客运周转量1.21亿人公里，分别是1978年的2.8、19.1、19.3和10.1倍。

四、航空运输快速增长

航空运输是高速、快捷的运输方式，改革开放30年，云南已发展建设成为中国西部航空大省。目前全省有昆明巫家坝国际机场、保山、思茅、昭通、西双版纳、德宏芒市、丽江、大理、迪庆香格里拉、临沧和文山10个干（支）线机场。全省通航城市达92个，其中国际城市25个、地区2个；各机场始发航线总数达200条，其中，国际、地区航线17条，航线里程达到13.54万公里。目前，云南已初步形成了以昆明为中心，连接省内与周边省际支线网络、辐射国内大中城市的干线网络，面向东南亚、南亚国家和地区的国际及地区航线网络。

2007年东航云南分公司旅客运输量完成672.3万人，旅客周转量完成73.76亿人公里，分别比1978年增长74.5倍和229.5倍，年平均增长16.1%和20.6%，货物运输量完成8.74万吨，货物周转量完成1.31亿吨公里，比1978年增长53.6倍和130倍，年平均增长14.8%和18.3%。

2007年东航云南分公司已拥有大中型飞机32架，其中，波音型飞机有27架，CRJ机型有5架，极大地满足了民航运输长中短航线的运输需要。目前，昆明港已开通包括曼谷、新加坡、吉隆坡、河内、仰光、万象等东盟国家首都和国内大中城市的国际、国内航线88条。

五、民用车辆快速增加

随着交通基础设施的日臻完善，全省交通运输工具数量保持较快发展，特别是民用运输车辆保有量快速增长。至2007年末，全省民用车拥有量达466.6万辆，比上年增长31.6%。其中，非营运汽车383.45万辆，比上年增长36.4%。2007年全省私人汽车拥有量为424.27万辆，比上年增长31.2%；其中，载客汽车62.47万辆，增长25.4%。

（云南省统计局　服务业处）

改革开放三十年云南人口发展实现历史性转变

人口问题是关乎社会发展的根本问题。社会发展首先取决和依赖于人的自身发展，最终又是为了实现人的全面发展。改革开放30年来，各级党委和政府认真贯彻落实计划生育基本国策，积极推进人口与社会经济协调发展，有效控制人口增长，努力提高人口素质，经济建设与社会发展突飞猛进。云南人口数量、质量及结构等方面发生了根本性的变化，创造了人口自然增长下降、社会抚养比较低、人口文化素质较高、劳动力资源充裕的有利时期，彻底改变了云南人口发展的轨迹，人口再生产类型实现了历史性的转变，人口发展取得了十分巨大的可喜变化。

一、人口总量的变化呈现阶段性特征

从1978年至今，云南省人口从1978年的3019.5万人，增长到2008年的4543万人，净增人口1523.5万人，年均增加人口50.78万人，年人口增长率从1978年的2.2%降至2008年的0.6%。30年来，云南省人口发展阶段性变化明

显，主要分为以下几个阶段：

（一）1978年～1985年人口开始有控制增长阶段

1973年，国家明确提出了“晚、稀、少”的号召，国务院成立了计划生育领导小组，但从1973年一直到1978年的5年间云南未发生实质性的转变，人口高速增长的势头仍未得到有效控制。随着改革开放的全面发展，执行计划生育政策力度不断加大，云南省计划生育条理的出台和不断完善，各级计划生育工作机构不断健全，使云南人口超速增长的势头有所减缓，人口增长幅度得到明显控制。人口由1973年～1978年年均净增长65万人的基础上锐减18.3万，7年来，全省总人口由3091.5万人增加到3418.1万人，增加326.6万人，年平均增加46.7万人，年均增长率仍达到1.45%。年平均出生人口74万人，最低年份为65万人，人口出生率在22.5‰左右徘徊，人口自然增长率也逐年降低。这一阶段是云南省人口增长幅度较低、执行计划生育政策效果最明显的阶段，同时也为改革开放和社会经济的全面发展奠定了基础。

（二）1986年～1990年人口政策性高增长阶段

由于受计划生育政策调整的影响，云南省计划生育工作在上一阶段效果显著的基础上人口增长开始出现政策性反弹，全省少数民族地区尤为突出。从1986年开始年度出生人口出现猛增，当年出生人口89.1万人，人口出生率高达26.03‰，年平均出生人口85.5万人，最低的1989年为23.07‰，比上一个5年多出生51万人。1986年～1990年间，总人口由3418.1增加到3730.6万人，共增加人口312.5万人，年平均净增人口62.5万人，年均人口增长率为1.5%左右，虽然80年代后期计划生育政策进行了及时调整，但毕竟给云南省人口总量控制带来一定冲击。

（三）1991年～2000年人口增长开始步入平稳发展阶段

这10年是云南人口增长幅度较平稳下降的时期，也是云南省人口发展变化趋势较好的时期。主要表现在人口净增逐年减少；人口出生率逐年下降；人口自然增长率连续走底。人口总量从1991年的3756.4万人增加到2000年的4240.8万人，10年共增加510.2万人，年净增人口下降到51万人左右，年平均增长下降到1.15%左右，人口自然增长率也从13.70‰下降到11.48‰，下降2.22个千分点，人口增长开始逐渐步入平稳发展阶段。

（四）2001年～2008年人口步入缓慢低增长阶段

“十五”时期及“十一五”初期是云南省人口发展变化较大的时期，也是全省人口发展最好的时期，表现在人口增长幅度降低趋势明显加快，人口快速增长的势头得到了有效抑制。这一时期人口增长大幅度下降的主要原因，一是人口结构变化的影响，由于受上世纪80年代初期人口年龄结构断层影响，生育旺盛期妇女数量呈逐年减少趋势，生育旺盛期妇女数量变化直接导致出生人数的减少；二是全省实施农业人口独生子女“奖优免补”政策，对这一时期的出生人口产生一定影响；三是计划外生育和多孩生育人数的减少较为明显，对人口出生率的下降也产生一定作用。这一阶段在人口平稳增长的基础上开始进入低增长时期，人口总量从“十五”初年的4287.4万人增至4543万人，7年净增255.6万人，每年增加36.5万人左右，自然增长人口从最高年份的46.6万人减少到29万人，年均人口增长率0.9%，人口的低增长使人口再生产模式向现代人口类型转变，实现了云南人口增长历史性的转变。

二、人口分布的基本特征

云南土地面积占全国总面积的4.1%，2008年云南省人口总量为4543万人。2007年，云南人口占全国人口总量的3.4%，在全国各省、市、区中，云南人口总量居第12位。全省的人口密度为每平方公里116.5人。

人口的分布受自然条件、经济发展以及社会、历史等因素的综合影响与制约。地区经济发展水平不一、致使云南省各地的人口分布差异显著。全省人口分布具有以下几点突出特征：

（一）东部地区人口的数量、群体规模和密度都远远超过西部

云南的东西两部，大致以哀牢山为界，在不打破地区级行政建制的条件下，人口分布呈东密西疏的特征非常明显。东部地区包括昆明、昭通、曲靖、楚雄、玉溪、红河、文山7个州（市），共辖74个县（市、区）；西部地区包括普洱、西双版纳、大理、保山、德宏、丽江、怒江、迪庆、临沧9个州（市），共辖55个县（市、区）。东部地区土地面积为18.4万平方公里，占全省总面积的46.7%；2007年人口为2990.42万人，占全省总人口的66.25%。西部地区土地面积为21.0万平方公里，占全省总面积的53.3%；人口为1523.58万人，占全省总人口的33.75%。在不到全省面积一半的东部地区，居住着全省约2/3的人口。

（二）各县（区、市）的人口数量和密度差异也很大

从各县（市、区）的人口规模看，全省超过50万人的22个县（市、区）中，有19个在东部，其中100万以上的2个县（市、区）都在东部；30万~50万人的42个县（市、区）中，有24个在东部；而30万人以下的65个（市、区）中，有34个在西部。东部地区每县的人口平均规模为40.41万人，而西部地区每县人口平均规模只有27.7万人。

（三）少数民族人口分布广泛

云南是少数民族种类最多的省份。在全国56个民族中，云南5000人以上的世居民族有26种，除汉族外，有25种少数民族，其中15种为云南特有。到2008年末，全省总人口为4543万人，其中：汉族2953万人，占65.0%；少数民族1590万人，占35.0%。在少数民族中，人口超过100万的民族有5个，即彝族、白族、哈尼族、傣族、壮族；人口超过10万不到100万的民族有9个，即苗族、傈僳族、回族、拉祜族、佤族、纳西族、瑶族、景颇族、藏族；人口超过1万不到10万的民族有8个，即布朗族、布依族、普米族、阿昌族、怒族、基诺族、德昂族、蒙古族；人口超过4000不足1万的民族有3个，即水族、满族、独龙族。其他还有仡佬族、土族、土家族、侗族等几种世居民族共1.9万人。在云南这块红土地上各民族和睦相处，建设自己的美好家园，呈现出祖国多民族大家庭的缩影。

三、人口构成

（一）人口性别构成合理

2008年全省总人口中，男性为2362.7万人，占52.0%，女性为2180.3万人，占48.0%。总人口性别比（以女性人口为100）为108.37，比1990年的105.67上升了2.7。

云南总人口性别比一直低于全国，并呈现出逐渐上升的趋势。从20世纪50年代至60年代，总人口性别比大多数年份均在97~100之间徘徊，自70年代中期（1974年）开始突破100，并一直保持在100以上。80年代初期（1981年）超过101之后性别比仍在逐渐升高，且升高的速度有进一步加快之势，一直上升到90年代初（1990年）的105.67，接近全国106.06的平均水平，2000年云南省性别已上升至110.06，超出全国平均水平3.76。从1982年“三普”到1990年“四普”至2000年“五普”，平均上升幅度从0.35%到0.41%。明显反映出从20世纪80年代开始至2000年，是云南人口性别比上升幅度较大的时期。进入新世纪，云南省总人口性别比有所下降，多年来一直在106左右波动，但出生人口性别比依然偏高，近几年均在115上下徘徊，同时伴随着出生胎次的增高性别比猛增，因此控制多胎生育将有利于出生人口性别比的降低。

（二）人口年龄构成类型进入老年型社会

改革开放30年云南省人口年龄状况经历了低年龄组人口比重较高、劳动适龄人口适中、老年人口较低；到低年龄组人口逐年减少、劳动适龄人口比重较高，劳动力资源充足、老年人口逐年增多，开始步入老年社会的变化。从1982年第三次人口普查人口年龄数据看，0岁~14岁人口比重为39.17%、15岁~64岁人口比重为56.33%、65岁及以上人口比重为4.49%，明显看出高出生人口的痕迹，1990年第四次人口普查，0岁~14岁人口比重为31.66%、15岁~64岁人口比重为63.44%、65岁及以上人口比重为4.90%，政策性控制出生人口开始显现；2000年第五次人口普查0岁~14岁人口比重为26.02%、15岁~64岁人口比重为67.98%、65岁及以上人口比重为6.0%，老龄人口的比重开始上升；2008年云南省人口中0岁~14岁人口占总人口比重22.6%，15岁~64岁人口占69.52%，65岁及以上人口占7.87%。从人口年龄综合数据分析来看，全省人口年龄构成类型已从上世纪80年代的年轻型开始进入老年型社会。

云南省人口年龄结构主要特点：一是人口再生产类型已进入稳定型，劳动年龄人口进入了最丰富、抚养负担最轻的“人口黄金”时期。二是15岁~49岁育龄妇女占全省总人口的比重呈逐年上升趋势，特别是20岁~29岁生育旺盛期妇女人数增多，出生高峰期的来临给人口控制的压力开始出现。三是老年人口比重明显上升，人口老龄化进程进一步加快。从其他人口年龄指标看，全省在较短时间内完成了成年型人口向老年型人口的转变，已进入老年型社会。按照一般发达国家人口类型转变所经历的是“先富后老”，而云南省则出现了“先老后富”的现状，在目前全省经济相对不发达的情况下出现的人口老龄化趋势，必将对全省的社会经济发展造成极大的压力，不断完善和解决老年人口的社会保障和健康服务等任务则显得尤为艰巨。

（三）人口文化素质全面提高

随着全省经济的不断发展，全省教育事业也出现良好的发展势头，改革开放30年主要体现在中高等教育发展迅速、青壮年扫盲成绩显著、人口文盲率大幅下降，人口文盲率从1982年的50%

以上下降到2005年的15%以下。人均受教育年限从1982的0.4年、1990年的4.75年、2000年的6.33年到2005年的6.61年，呈逐年上升趋势。全省各种文化程度每10万人拥有量不断提高，特别是大专及以上的文化水平提高幅度较大，大专及以上文化程度每10万人拥有量从1964年的280人、1982年331人、1990年807人、2000年的2013人上升到2005年的2436人，高文化程度人数的大量增加为全省社会经济的发展提供了人才保障。

1. 高等教育发展迅速，具有大专及以上受教育水平人口快速增长，目前全省具有大专及以上文化程度人口已达到110.2万人。特别是在国家做出高等学校扩招的重大决策以来，高校连续扩招，普通高等学校在校学生数呈明显递增趋势。同时，随着教育体制改革的不断深化，各类高等教育也得到较快的发展。高等教育在学人数达到53万人，高等教育毛入学率由上年的14.6%提高到16.17%，进入大众化发展阶段，全省研究生在校人数达2万人。高等教育事业的快速发展，使高质量的人力资本存量不断增加，为增强自主创新能力和国际竞争力、为云南的经济建设提供了坚实的人才支撑，作出了巨大的贡献。

2. 高中阶段教育有了突破性进展，高中阶段教育规模显著扩大。2005年全省总人口中具有高中受教育程度人口为359.12万人，比“十五”初年增加80.26万人，增长了28.78%。2008年，全省普通高中在校生59.47万人，比上年增加1.83万人；高中阶段毛入学率52.00%，比上年增长6.29个百分点；中等职业教育在校生41.39万人，比上年增加4.17万人。普通高中与中等职业学校在校生比例由2007年的1∶0.7提高到1∶0.8，发展的协调性进一步增强。云南高中阶段教育规模的扩大，使得总人口中具有中等教育人口持续增加，有效缓解了初中升高中的“瓶颈”制约。

3. 义务教育发展取得了历史性突破，小学受教育程度人口比重出现减少趋势。2005年全省具有初中教育程度的人口为986.97万人，占24.35%，具有小学教育程度的人口为1978.81万人，占48.82%。“十五”期间，省委、省政府一直把实现基本普及九年义务教育的目标作为教育工作的“重中之重”，义务教育的实施水平得到了巩固和提高，2008年，全省在园幼儿数89.57万人，比上年增3.26万人；小学学龄儿童净入学率98.29%，小学学生辍学率降为0.58%，初中阶段毛入学率102.21%；全省“普九”县已达126个，人口覆盖率达94.7%。

4. 扫盲工作成绩显著，文盲人口比例明显下降。“十五”以来，扫盲规划的进一步落实，文盲率明显下降，人口文盲率从1982年的51.78%、1990年的37.47%、2000年的15.44%下降到2005年12.0%以下，女性人口文盲率从1982年的67.48%、1990年的51.17%、2000年的22.15%下降到2005年的15%以下，青壮年人口文盲率5.0%，比“十五”初年下降近2个百分点。

2007年全省每10万人口中接受过各种教育的人口分别为：大专以上3732人，比2000年增加1719人，平均每年增长9.22%；高中6583人，比2000年减少186人，平均每年下降0.41%；初中2.13万人，比1990年增加4234人，平均每年增长2.63%；小学4.48万人，比1990年减少992人，平均每年下降0.32%。高学历文化程度人口在每10万人口中的拥有量有所增长，小学、初中文化程度人口有所下降，一方面是受年龄结构影响，另一方面是大专以上人口增加所致。

（四）人口城乡构成发生显著变化，城市化进程加快

推进城镇化，既是我国现代化建设必须完成的历史任务，也是经济结构战略性调整的重要任务。改革开放初期的1978年，云南省城镇人口比重为12.80%，全国为19.80%，相差7个百分点，位于全国倒数第8位。从城镇人口统计标准统一后，云南省1982年城镇化率为12.95%；1990年为17.25%；2000年为23.36%，位于全国倒数第3位，到2008年末全省城镇人口为1499.19万人，占全省人口总量的33.0%，与2000年第五次人口普查相比，上升了9.64个百分点；2007年，与全国平均水平44.94%相比差13.34个百分点，位于全国倒数第4位。

四、坚持走人口可持续发展之路

稳定低生育水平仍是今后较长时期全省人口与计划生育的首要任务。我们要重点做好农村及流动人口的计划生育工作，实现不同地区人口与计划生育工作的均衡发展，进一步建立和健全适合社会主义市场经济体制的人口调控体系和管理机制；要在少年人口比重下降，大部分劳动者负担较轻的时期，积累养老等社会保障基金，进一步完善养老和其他社会保障体系；同时，提高人口的综合文化素质；积极稳妥地推进城镇化；发展劳动力市场，完善就业服务体系，拓宽城乡就业渠道，促进人口在城乡、区域间的合理流动。总之，只有长期地坚持不懈地把经济发展与人口、资源、环境结合起来全盘考虑，才能为全面建设小康社会，构建和谐文明新云南创造良好的人口环境。

（一）在坚持控制人口增长的前提下，完善现行的人口政策

人口计划生育政策，为我国控制人口增长发挥了重要作用，取得了显著成效。但在人口增长得到控制的同时，也出现了新的人口情况，如人口更替水平低、年龄结构老化、出生人口性别比上升等。目前云南已处于低生育水平阶段，自然增长人口稳定在较低水平，随着人口老化程度的上升将会逐步减少。因此，要针对全省现阶段人口发展新时期、新情况，从实际出发，立足长远，适时完善人口政策，形成良好的人口发展政策氛围，人口政策规范的人口生产活动，符合中国国情、民情，避免解决了人口数量控制，又带来其他新的人口问题，要逐步消除目前存在的其他人口问题，确保全省人口在新的发展时期能够协调稳定发展，进入良性发展阶段。

（二）进一步提高人口素质，适应现代经济发展的要求

继续加大投入教育，确保公民享受平等的教育权利。国际社会和教育发展的历史经验表明，人均 GDP 不足 600 美元的发展阶段，国家和社会教育投入仅能支撑选拔式教育体系，人均 GDP 达到 1000 美元～3000 美元的发展阶段，国家和社会的投入能力基本上能够支撑大众化教育体系，云南省目前正处于教育投入需求巨大增长的发展阶段。在现有基础上，进一步不断加大对教育的投入，通过制度和政策调整来改进教育资源配置。保证绝大多数社会成员的需要和利益在教育中得到全面反映，以实现大多数人的教育公平。

加快教育体制改革，构造科学合理的人才结构。在全面提高基础教育水平的基础上，要重点加强创新型人才和技术应用人才的培养。一是提高教育覆盖面，特别是高等教育还要进一步发展，为云南学龄人口提供更多的高水平受教育机会，也为云南经济社会发展培养更多的高精尖人才，为云南经济创新、创优提供人才储备。二是优化教育结构，在培养创新人才的同时，大量培养技术应用型人才，及时将科技成果转化为生产力。近年来，世界中等教育的大致趋势是普通中学的比例下降，中等职业技术教育的份额上升。目前，云南仍有相当比例的高中毕业生不是上大学继续学习，而是毕业后即走向工作岗位，因此，中等教育应调整普通教育与职业教育的比例，在普及高中教育的过程中，应加大职业教育的比重，为经济建设培养实用型人才。加强劳动人口的在职培训，进一步提高人力资源存量。云南不仅要为经济发展培养人才，也要制定相关的政策法规，督促企业自身注重人才培养和劳动者继续教育，承担应有的义务和责任。

（三）在经济发展中积极应对人口老龄化挑战

人口老龄化现象是人类社会发展到高级阶段出现的一种社会现象，它客观上反映了人类健康水平、医疗技术和高度社会文明的提高，综合反映了社会的进步和富裕程度。云南在经济社会快速发展的同时，人口老龄化趋势日益明显，未来一定时期内，云南省老年人口仍以一定的幅度增加，形成一个庞大的人群，是一个不以人们的意志为转移的客观事实。尽管云南人口老龄化进程先于经济发展水平，人口老年化超出了云南经济发展水平，但现阶段云南经济发展已具备了应对老龄化的条件。坚持科学发展观，在改革创新中，逐步建立和完善全省老年社会保障制度，依法保护老年人的合法权益，用产业化、社会化的新运行机制，推进安老、养老产业的发展，不断满足广大老年人在物质和文化方面的特殊需求，逐步提高老年人的生活质量。营造老有所养、老有所医、老有所为、老有所学、老有所乐的老年社会的良好环境。

（四）合理引导人口有序流动，加快城市化进程

人口迁移流动，是改革开放后的一个突出的人口现象，是市场经济条件下资源的自然调节和匹配。云南近年来流动人口不断增加，因此，合理调节外来流动人口，控制外来人口大量增长，以达到进一步控制人口增长的目的，减轻云南资源、环境过重的负担。引导省内人口有序流动，推动资金、技术的地区间流动，避免人口过分地集中，在发展政策上继续向滇中倾斜，加快滇中城市化进程，增强中心城市城镇吸纳人口、劳动力的能力，实现全省经济社会全面协调持续发展。

注：①本文所用云南省数据除户籍人口总量变化部分和特别说明外均为常住人口口径，其中 1982 年为第三次人口普查数据，1990 年为第四次人口普查数据，2000 年为第五次人口普查长表数据，2005 年～2007 年为各年份 1% 人口抽样调查和常住人口变动调查推算数据。

②常住人口：第三次人口普查常住人口是指在本县（区市）居住 1 年以上的人口，或虽居住不满 1 年但离开户口登记地 1 年以上人口以及户口待定人口。从第四次人口普查起，常住人口是指在本乡镇（街道）居住半年以上的人口，或虽居住不满半年但离开户口登记地半年以上人口以及户口待定人口。

（云南省统计局　人口就业处）

·责任编辑·赵　怡

规划 · 行动计划

Planning & Action Plan

云南省中长期科学和技术发展规划纲要（2006年~2020年）

（2008年7月23日）

序　　言

科学技术是第一生产力，是推动人类进步的革命力量。科技进步对经济增长的贡献率在发达国家已达到60%～80%，在高技术产业发展中甚至高达90%以上。科技进步和创新日益成为增强国家综合实力的主要途径，依靠科学技术实现资源可持续利用、促进人与自然的和谐发展日益成为各国共同面对的战略选择，科学技术作为核心竞争力日益成为国家间竞争的焦点。我国已进入必须依靠科技进步和创新推动经济社会发展的重要历史阶段，为顺应世界发展的大趋势，中央已明确提出建设“创新型国家”的战略目标，把增强自主创新能力作为科学技术发展的战略基点和调整产业结构、转变增长方式的中心环节，到2020年使我国进入创新型国家行列。科技进步和创新将支撑和引领我国经济社会的协调发展。在这样的新形势下，云南省未来科学技术的发展将面临重大的机遇和挑战。

2020年云南要与全国同步实现全面建设小康社会的奋斗目标，面临着经济发展、社会进步和生态环境保护的艰巨任务，必须依靠科技的不断创新，充分发挥科学技术在推动经济社会发展中的决定性作用，认真解决好云南省经济社会的持续协调发展、建设和谐社会等若干重大问题。本纲要既与《国家中长期科学和技术发展规划纲要》相衔接，又充分体现云南的特色和实际，是对全省未来科技发展进行前瞻性、战略性和全局性的部署与规划，对于进一步贯彻落实科学发展观，深入实施科教兴滇战略，依靠科技进步与科技创新，支撑和引领云南省国民经济和社会发展具有十分重要的意义。

一、指导思想与战略选择

（一）指导思想

以邓小平理论和“三个代表”重要思想为指导，树立和落实科学发展观，认真贯彻“自主创新、重点跨越、支撑发展、引领未来”的新时期科技发展指导方针，把提高自主创新能力作为推进结构调整、实现经济增长方式转变、提高区域竞争力的中心环节。立足省情，以增强自主创新能力为主线，全面实施科教兴滇战略，走创新强省之路。以人为本，深化改革，扩大开放，完善创新环境，提升区域创新能力和竞争力，支撑和引领经济社会持续协调发展，为云南与全国同步实现全面建设小康社会的目标贡献力量。

——增强自主创新能力是提高云南省综合竞争力的客观要求。必须把自主创新贯穿到经济社会发展的全过程中，贯穿到创新的各个环节，从增强云南省创新能力出发，立足云南实际，把大力加强集成创新和在引进先进技术基础上的消化吸收再创新作为重点，有选择地开展原始性创新。

——以人为本是云南省贯彻落实科学发展观的核心。要重视人才培养和队伍建设，创造优秀人才脱颖而出的创新、创业环境，增强全社会参与科技创新的主动性和积极性，促进人的全面发展。

——深化改革，扩大开放是实现云南省经济社会跨越式发展的根本动力。要积极转变政府职能，充分发挥政府在科技创新中的主导作用，优化科技资源配置，营造有利于科技创新和人才成长的机制和制度环境；扩大和深化国内外科技合作和交流，充分利用国内外两种资源，积极吸收和借鉴国外先进科技成果，为提高云南省自主创新能力服务。

——提升区域创新能力和竞争力是实现云南省科技和经济社会持续发展的关键。通过构建以政府为主导、企业为主体、产学研相结合、充分发挥市场配置资源的基础性作用、各类科技创新主体紧密联系和有效互动的创新系统，显著提高全省区域创新能力和竞争力。

——支撑和引领经济社会持续协调发展是科技发展的根本任务。发挥科学技术第一生产力的作用，支撑国民经济发展的现实需求。对科学技术发展超前部署，不断探索新的发展方向，创造新的市场需求，开拓新的就业空间，引导经济社会进入新的发展阶段。

（二）战略选择

云南科技发展的战略选择是：在优势领域有选择地开展原始创新，多层次创新，重点突破，走引进消化吸收再创新与集成创新为主的道路，不断提高自主创新与区域创新能力。

——在优势领域有选择地开展原始创新是提高云南省自主创新能力的基础。要在生物技术及生物医药、矿冶新材料、光机电、磷化工等优势学科领域，加强原始创新，集中目标，力争取得重点突破，成为全省创新的重要源泉，为云南省的重点、特色产业发展奠定基础。

——多层次创新，重点突破是激发全社会创新活力和整合创新资源的重要因素。要结合云南省产业结构不合理、区域发展不平衡、经济社会发展不协调的实际，科技发展应当着力解决制约云南省不同领域、不同区域、不同层面发展的多层次科技创新问题，支撑全省经济社会持续、协调、健康发展。

——走引进消化吸收再创新与集成创新为主的道路是云南省科技发展水平的客观反映。结合云南省烟草、生物产业、电力、矿产、旅游等重点、支柱产业发展的需要，重点加强引进消化吸收再创新、集成创新，形成具有云南省特色的自主知识产权。

二、发展目标与总体部署

（一）发展目标

云南省科学和技术发展目标是：到2010年，全省科技发展总体水平进入西部先进行列，生物技术、有色矿冶、磷化工等优势领域在国内领先。科技发展环境进一步改善，科技基础条件平台建设显著增强，科学和技术成为经济社会发展的重要支撑力量。到2020年，科技发展总体水平达到全国中等水平、西部前列，建成具有云南特色的自主创新体系，进入创新型省份行列。实现科技与经济社会的同步协调发展，科学和技术成为支撑和引领经济社会发展的主导力量，为全面建设小康社会提供强有力的科技支撑。

全省科学和技术发展目标分两阶段实施：

1. 第一阶段（2006年~2010年）

到2010年，全社会科技投入占全省GDP的比重达到2.0%，全社会R&D经费支出占全省GDP的比重达到1.5%，全省财政科技拨款占财政支出的比重稳定在2.0%以上，其中企业R&D经费支出占全社会R&D经费支出的比重达到50%。

全省专业技术人员总量比2005年提高20%，形成30个以上省级科技创新团队，引进培养省级中青年学术技术带头人和技术创新人才600人；公众科学素养达标率提高到1.5%。

全省重点实验室、工程技术研究中心总数达到35个以上，建成国家级企业技术中心15个、省级企业技术中心120个，州（市）普遍建立地方企业技术中心，实现大型科研仪器协作共用、科技文献资源和科学数据共享；取得一批具有自主知识产权的重大科技成果，专利申请量和授权量年均增长10%以上。

大中型骨干企业创新能力达到全国先进水平，形成在省内外有影响的100户知名企业和100个名牌产品；形成在国内外有影响的60户~80户自主创新型企业，大大提升云南省工业企业的综合竞争能力；高新技术产业增加值年均增长20%以上，高新技术工业增加值占全省工业增加值的比重达18%以上，高新技术产品出口额占全省出口总额的比重达30%左右，培育100户年销售收入过亿元的高新技术企业，形成一批年销售收入过亿元的高新技术产品。

社会主义新农村建设取得较大发展，实施以城带乡工程，加快城镇化建设步伐；加快农业技术推广体系建设，深入实施农业科技入户工程，显著提高农业科技转化能力；优势农业产业生产技术和产品处于国内先进水平，形成一批农业产业化龙头企业，特色农产品市场竞争力明显提高。

2. 第二阶段（2011年~2020年）

到2020年，云南省全社会科技投入占全省GDP比重达到2.5%以上，全社会R&D经费支出占全省GDP的比重达到2.0%以上，财政科技投入占财政支出比例达到2.5%以上，科技进步贡献率达到60%。走新型工业化道路，重点产业的技术水平和装备与国际先进水平保持同步，优势领域的关键技术达到国际先进水平，在重要领域具有自主创新能力，实现工业现代化目标；农业科技创新水平大幅度提高，实现农业产业化和现代化；服务业的科技支持能力显著增强，现代服务业对全省经济社会发展形成明显支撑。

（二）总体部署

根据战略选择和发展目标，云南省科技发展的总体部署是：

立足云南省情和发展需求，建立和完善符合科学发展观和社会主义市场经济发展要求的自主创新体系。优化资源配置和创新环境，突出经济社会发展重点领域和优势学科，形成结构合理、重点突出的科技发展总体布局。围绕云南省国民经济和社会发展的战略目标，以自主创新为主线，大力加强能力建设。本纲要提出至2020年云南科技发展的4大重点发展方向、15个优先领域，遴选出急需发展、具有云南特色和较好基础、有可能取得突破的38个重大技术群、12个重大基础建设项目、5个重点基础研究内容，实施9大科技专项，构建3大创新体系，提出4个方面的重大政策和措施，为引领和支撑云南省经济社会发展，实现云南省全面建设小康社会奋斗目标提供强有力的科技保障。

三、重点发展方向与优先领域

按照统筹安排、整体推进、突出重点、合理布局的原则，筛选出重点发展方向和优先领域并进行规划和布局，推动科技和经济社会持续健康发展。重点发展方向是根据突出政府科技发展目标和职能，结合云南发展实际和需求而确定的，它包含云南产业关键技术和重大共性技术、社会发展、科技基础条件平台、基础科学等4个方面。优先领域是指在上述4个方面中要优先发展的重点，包括重大技术群、重大科技基础建设项目和重点基础研究内容。

（一）产业关键技术和重大共性技术

研究开发产业关键技术和重大共性技术，突破产业重大技术难题，对促进产业技术水平长足进步、推动经济快速发展将产生重大影响。

发展思路：结合云南农业、工业与建筑业、能源与交通、现代服务业、高新技术产业发展的需要，突出对云南支柱和重点产业的科技支撑，重点研究对产业发展和技术进步产生深刻影响、能有效提高生产效率、促进新型工业化进程、具有巨大或潜在经济社会效益的产业关键技术和共性技术，形成自主知识产权，增强核心竞争力；以引进消化吸收再创新和集成创新为主，实现产业技术升级和跨越式发展。

优先领域：

1. 农业

突出区域特色，以促进农业优质、高产、高效和食品安全、生态安全为目标，以新品种培育、高效种养技术、重大动植物疫病及有害生物监测、防控技术、节水农业技术、农产品深加工及质量检验检测技术、农业节本增效技术等为重点，加强技术的组装配套和集成创新，力争实现农业关键技术的突破，提高云南省农业综合生产能力和产品市场竞争力，加快云南农业现代化进程。

重大技术群：

（1）重要作物良种选育、生产技术及推广

研究细胞工程、基因工程、分子标记辅助等育种技术；水稻、玉米等主要农作物优质、高产、多抗、特用、专用新品种选育及引进繁育；特色小杂粮良种选育与生产；名、特、优、新、稀农产品优质、高效栽培技术；种子产业化关键技术；烟、茶、胶、麻、甘蔗、水果、蔬菜、花卉等良种快繁及种苗工厂化生产等。推广应用优质专用粮及配套技术，农作物高产高效配套栽培技术，野生稻、野生花卉、马铃薯等作物种质资源保护和开发利用，旱作节水农业及测土施肥技术，新型农机技术。

（2）禽畜良种工程

研究重要禽畜优良新品种引进、选育、高效繁育关键技术，云南地方特色家禽品种改良关键技术，优质、高效、低耗奶牛新品种引进、改良、高效繁育关键技术，云南奶水牛、奶山羊品种改良关键技术，云南地方优质外销肉牛品种改良关键技术以及云南地方特色肉羊品种改良关键技术。

（3）主要农产品加工技术

研究粮油麻产品精深加工关键技术及设备，主要林产品加工关键技术及设备，园艺产品贮藏保鲜加工关键技术，糖茶、胶、麻、蚕丝、蔬菜、水果传统加工技术的提升改造；肉、奶制品加工新产品、新技术。

（4）优质高效食品安全生产综合配套技术及标准制定

研究主要作物优质、高产、低耗、安全的标准化综合配套栽培技术集成与应用；农作物早熟及高产、超高产种植技术；农作物病虫害监测、预警系统建设，高效低毒农药、生物农药研制及应用，高效、安全、精准施药技术应用；测土诊断施肥及平衡施肥技术，新型肥料的研制和应用；作物保护性耕作技术应用；无公害、绿色及有机食品安全生产技术，食品安全快速检测技术；重要农产品及加工产品标准制定。

（5）林业产业化技术

研究森林生态系统持续经营技术；林浆纸一体化经营技术；林木种苗快速繁殖技术；林木良种和新品种定向培育技术；种质资源保存、发掘和生物多样性保育技术；森林重大灾害防治技术；森林定向培育与可持续经营技术；林业生物质材料与资源高效利用技术；林业生物质能源的低成本规模化开发利用技术；现代林业装备技术。

2. 工业

通过加强烟草、矿产资源开发与深加工、装备制造等重点产业的科技进步，加快支柱产业和重点产业技术创新步伐，研究开发节能降耗生产技术，解决制约产业发展的关键技术和共性技术，增强企业自主创新能力。

重大技术群：

（6）卷烟工业技术

适应世界卫生组织（WHO）的卷烟技术标准；低焦油低危害卷烟产品研发及生产；卷烟品牌的控制和维护技术；生物技术在卷烟加工业中的应用；卷烟提质降耗；卷烟产品的安全性评价体系研究；卷烟工业的精细化加工技术；卷烟加工技术的组合式研究；卷烟加工及其配套辅料清洁生产技术；卷烟生产自动化系统；提高片烟质量的技术研究；卷烟制造技术系统性研究；卷烟差异化品牌开发。

（7）大型磷复肥工业系统集成优化

研究硫酸、磷酸、磷肥装置分系统及综合节能技术；控制和降低硫酸、磷酸、磷肥生产中废气二氧化硫、氟、氨的排放过程工艺优化技术；适应各类磷矿的生产工艺技术优化，新型磷复肥生产技术；对引进大型磷肥生产装置和技术的消化吸收再创新和国产化研究；磷肥装置用特殊耐腐蚀、耐磨损材料的国产化研制。

（8）大型中低品位胶磷矿浮选工业生产技术

高效、低耗、无毒浮选药剂的开发与应用；浮选工艺和流程的优化及大型成套工业化浮选装置的研究与开发。

（9）煤的气化、液化及深加工技术

研究精细水煤浆生产技术；适合云南煤种的大型煤气化技术；煤层气开发及利用技术；煤炭工业综合信息化技术；煤深加工甲醇、二甲醚替代液体燃料应用技术。

（10）矿产资源勘探安全、高效、低耗、清洁生产技术

研究先进勘探、采矿工艺和高效技术装备；深部及难采矿床强化开采技术和设备；矿井节能降耗及矿山安全关键技术的研究及应用；“绿色”采矿及清洁生产技术；新型高效、高选择性、低毒（或无毒）浮选药剂；真空冶金新技术；含稀散、贵金属的多金属难处理共生矿综合回收技术；生物冶金新技术及选冶联合新工艺；矿物加工过程中清洁生产新技术；冶炼过程高效率、清洁生产新技术与短流程技术。

（11）有色金属材料精深加工

研究有色金属材料的高均质合成和精炼技术；先进粉末冶金技术；特种成型加工技术；低成本有色金属基先进复合材料制备加工技术；有色金属化合物及其制备技术；有色金属纳米及纳米复合材料制备技术；有色金属单晶材料及其制备技术；稀散贵金属高纯材料及深加工生产技术；光纤用高纯四氯化锗产品及锗的系列产品开发技术；贵金属化合物合成技术、稀土基贵金属汽车催化剂制造技术。

（12）装备制造技术

烟草打叶复烤、加工、制丝设备制造及相关技术；信息化集成应用技术；自动化物流系统、大型铁路养护机械设计制造技术、数控机床技术、农产品加工设备、轿车用柴油机设计制造、新型电力装备、光电子设备设计制造、金融电子设备、中药现代化制药技术及装备等。

（13）节能减排技术

冶金、化工和交通运输业等高耗能领域的节能技术与装备，机电产品节能技术，水能梯级开发综合利用技术，煤炭高效开采和利用技术，建筑节能技术，化工、建材及大型生产线余热（尾气）综合利用技术；建立资源替代、资源恢复、资源耗用减量化、资源化等技术体系；清洁发展机制（CDM）技术支撑体系。

3. 能源与交通

加强云南省水能、煤炭等基础能源开发和交通基础设施建设的科技进步，重点开展能源清洁生产利用技术、替代石油新能源开发与应用，超高压电网和电力远程输送技术、复杂地形条件下交通基础设施建设技术等重大项目的研究和成果推广应用。

重大技术群：

（14）高海拔、大容量、远距离输电及电网建设技术

电网故障超导限流器的开发研究；特高压直流输电及系统运行控制技术；高海拔紧凑型输电线路研究；灵活交流输电技术；电网可靠性评价技术及电网调压控制技术；互联电网内的调频、调峰、电能质量控制及水电跨流域补偿研究。

（15）大型水利水电工程建设和运行调度关键技术

研究高坝设计和快速施工技术；高边坡失稳模式及支护措施研究；施工新工艺和施工系统优化设计及质量保证系统研究；大坝工作状态、安全检测、缺陷处理技术；拱坝抗震风险分析和抗震措施深化研究；大泄量、高水头、窄河谷泄洪消能、防冲、雾化措施研究；流域梯级水电站调度优化研究；大泄量、高水头、高参数水轮发电机稳定运行技术及实时在线监控技术；水电生态环境保护技术。

（16）新能源开发利用

以晶硅材料为基础的高效太阳能电池研制；太阳能发电及并网技术；太阳能空调制冷技术；太阳能建筑一体化技术；热泵和太阳能互补技术；生物质能发电技术；生物柴油的开发利用及高产油植物的栽培技术；生物质固化成型、热解气化、

液化技术；生物质发酵产氢技术；大中型沼气工程技术；燃料甲醇、乙醇生产使用技术。

（17）交通技术

特殊自然环境下的工程建设技术；山区、高原公路建设、管养技术；安全高速的交通运输技术；事故预防、应急反应等安保技术；高等级公路、口岸智能化数字交通管理技术；城市交通管理系统；交通运输信息资源建设与共享技术。

4. 高新技术

大力开发电子信息、生物技术、新材料、先进制造等高新技术；重点发展信息技术及产品、生物医药、金属和非金属新材料等高新技术产业；应用信息技术等高新技术改造提升传统产业，提高生产技术水平，走新型工业化道路。

重大技术群：

（18）应用软件开发及集成技术

微电子信息技术应用产品开发平台的研究；大型关键应用软件开发与集成技术；应用软件开发项目的产品化转换研究；企业信息管理系统、ERP和知识管理系统的研究开发；网络Web应用系统软件的研究开发；智能化系统集成技术。

（19）嵌入式计算机及芯片研制

研究嵌入式应用系统及设备，操作系统核心支撑软件，软件固化及芯片设计开发，家用电器嵌入微处理器技术，嵌入式网络音视频技术，自动化与测控仪器仪表、医疗仪器设备。

（20）高速宽带信息网络技术

信息网络的体系结构、集成机制、自组织机制、智能信息业务生成机制的研究；宽带IP技术及IP网络组网、IP传送网技术；分组语音业务的研究；Internet在电子商务、电子政务中的应用技术；多媒体信息压缩技术；光纤数字传输技术；网络金融综合业务研究；网上安全认证技术。

（21）中药现代化和民族药开发

挖掘、抢救和整理民族民间（傣族、彝族、藏族、苗族等少数民族）偏方、验方，寻找先导化合物、医药中间体，研究建立指纹图谱；发展结合西医诊断技术的中医理论；开发云药新品种；重点品种生产工艺技术提升和质量标准提高；新剂型开发及产业化；新临床适应症的研究开发；中药现代化相关技术和标准研制。

（22）重大疾病及传染病药物研制

重大疾病及传染病新药研究开发，天然药物在防治艾滋病、心脑血管疾病、肝炎、恶性肿瘤等重大疾病及传染病中的筛选、评价及作用机制研究。

（23）重要中药材及天然药物品种选育、引种驯化、繁育，规范化、标准化种植技术

三七、天麻、灯盏花、石斛、滇重楼等道地中药材引种驯化、种苗繁育和GAP种植技术研究及推广；稀缺、濒危药材栽培技术研究等。

5. 现代服务业

采用高新技术提升云南省旅游、金融、保险、物流配送、企业咨询、通讯和媒体、商业和零售等产业的科技含量。重点开展信息网络基础设施，信息安全、监管与规范系统，电子商务、电子政务等关键技术的研究与应用。

重大技术群：

（24）信息安全和信息标准系统

研究开展全省信息安全体系建设、网络系统监控、安全网络互联与交换系统等相关的网络安全设备；信息技术相关标准及规范的研究制定，运用ISO、CMM等国际质量控制标准和措施建立信息规范系统。

（25）旅游信息系统平台建设及相关信息技术应用

采用地理信息系统和数据库等技术，进一步建设和完善云南省旅游信息网；采用国家电子旅游行业标准，实现政府旅游管理电子化；积极支持旅游企业利用网络技术发展旅游电子商务，建设统一标准的全省电子商务平台，建设旅游电子商务网；应用B/S等技术，建设云南省旅游管理信息系统和办公自动化系统。

（二）社会发展

开展社会发展中的重大科学和技术研究，是全面建设小康社会，实现社会和谐发展的需要。

发展思路：围绕全面提高人民生活水平和促进社会和谐发展，体现以人为本，构建和谐社会的目标，研究采用高新技术，解决人口与健康、资源与生态环境、防灾减灾、公共安全、城镇化、社会主义新农村建设等方面的重大科技问题，依靠科技进步促进社会全面发展。

优先领域：

6. 人口与健康

依靠科技进步不断提高全省的医疗服务与卫生保健水平，加强优生优育、艾滋病防治、毒瘾戒断、人口与禽畜突发性及重大传染性疾病等方面的研究，构建云南省人口健康与公共卫生保障体系。

重大技术群：

（26）重大地方病多发病防治技术

开展心脑血管疾病、恶性肿瘤、病毒性肝炎、艾滋病等重大疾病的早期预测、早期发现、早期诊断及综合防治研究；艾滋病中西医结合的防治

研究和推广；肝病防治技术和康复治疗研究；云南重点地方性、多发性疾病的快速诊断和控制技术研究；恶性肿瘤基因诊断技术的研究开发；矿山矽肺病防治的关键技术研究；中医药防治重大疾病及常见疑难病研究；民族医药防治重大疾病及常见疑难病研究与开发。

（27）突发性、重大传染性疾病防治技术

开展对禽流感等突发性、重大传染性疾病的防治研究；采用新方法、新技术对畜禽疫病的致病原因和过程进行研究；饲料源性免疫技术、中草药防治技术、生物芯片诊断技术在畜禽疫病诊断、预防和治疗方面的应用研究；建立人畜共患传染病的预警与监测体系，开展畜禽重大疫病的诊断、治疗和预防对策性应用研究。

（28）毒瘾戒断技术

开展毒瘾戒断中西医药结合的治疗研究和推广、对戒毒者心理辅导的干预技术、海洛因依赖者脱毒的临床研究、中药戒毒制剂、针灸戒毒的实验研究等。

（29）优生优育技术

研究生育监测、生殖健康等关键技术，开发系列生殖医药、器械和保健产品；预防和早期诊断关键技术；建立云南人口、资源、环境、经济协调发展的动态模型、数据库及信息系统；建立以人口安全为关键因素的可持续发展监测和预警体系；人类遗传基因研究。

7. 环境治理、生态建设与资源综合利用

围绕高原湖泊和水系流域的污染综合治理与生态建设，重点开展生物多样性保护及生态功能保护、退化生态系统修复等方面的研究，研究发展循环经济的各种技术，开展资源综合利用和替代资源的技术研究。

重大技术群：

（30）退化生态系统修复与重建技术

研究人工林复合生态系统建设技术、脆弱生态类型区植被恢复技术、水土保持与石漠化综合治理的小流域综合治理技术、干热河谷区植被重建技术、退化天然林恢复与重建技术、湿地生态系统保护与恢复技术、河流生态系统管理等。

（31）高原湖泊水体污染防治及修复技术

研究高原湖泊深度除磷脱氮技术、面源治理新技术、高原湖泊水体富营养化防治技术、高原湖泊流域及高原湖泊周边生态脆弱区的综合整治技术；湖泊径流区的水污染控制实用技术；高原湖泊湿地恢复示范等。

（32）城市环境保护与建设

主要研究典型城市大气重要污染物的形成条件和控制方法，构建大气重要污染物调控的技术方法体系；研究大气环境二次污染控制关键技术途径；经济实用的中水回用工艺和设备。

（33）资源高效利用与替代利用

研究有价元素二次资源回收利用技术；磷化工副产氟硅酸综合利用技术；磷石膏综合利用技术及其产品的推广运用技术；黄磷炉尾气及炉渣综合利用生产技术；二氧化碳利用及处理技术。

（34）废弃物利用

研究低硫、富氢、富一氧化碳煤气利用技术；废钢、废塑料、废轮胎和垃圾等大宗废弃物利用技术；矿山尾矿、冶金废渣、粉煤灰等工业废弃物利用技术。

8. 公共安全与防灾减灾

重点开展公共安全危机管理体系及基础设施建设、重大灾害预警预报技术、灾害应急体系建设、社会治安信息化系统及快速反应体系建设、城市报警监控系统建设等方面的技术研究。

重大技术群：

（35）灾害监测、预报及评估技术

开展地震、灾害性天气、滑坡泥石流、森林火灾等主要自然灾害的发生规律、预测预报技术及动态监测技术的研究和应用；农作物和森林病虫害动态模拟技术和数值预报方法；自然灾害损失调查与评估的研究，制定自然灾害评估方法和标准。

（36）灾害防治工程与救援技术

主要研究防灾工程综合技术、减灾工程优化设计；减灾工程试验与示范；智能土建结构、新型建筑减灾技术；重大城市危机管理技术；险堤、险库的加固工程和山区的防塌、防滑工程技术；高等级公路边坡稳定与景观重建技术等。

9. 社会主义新农村建设与城镇化

以科技支撑和引领社会主义新农村建设、城镇化，改善人居环境、交通、通讯、能源、文体、医疗卫生和生活服务配套设施建设，改善农村生产条件，大力推广先进适用技术，提高农民种、养、加工生产技术水平。

重大技术群：

（37）新农村建设先进适用技术推广

农业生产节地、节水、节肥、节药、节种先进技术研究与推广；优质高效商品粮生产综合配套技术及示范区建设；花卉、药材、蔬菜等特色经济作物（林木）先进栽培技术开发及推广应用；商品猪禽、肉牛（羊）、奶牛（羊）生产先进技术研究与推广；农村生物质能源、太阳能应用新技术研究及推广；新农村卫生、环境保护综合配套技术研究应用；农业新型适用技术和科普教育培训；农村信息化技术及信息服务体系建设；新农村建设科技示范村（乡镇）试点示范。

（38）城镇化建设

开展城镇化科学规划和管理；研究城镇供排水系统健康循环理论与技术；城镇土地资源合理利用和地下空间开发应用技术研究；小城镇新型建筑结构研究及其建设适用新技术研究；绿色建材开发；建筑智能化配套技术；城市绿化、美化及形象规划设计综合配套技术研究。

（三）科技基础条件平台

科技基础条件平台是科技发展的重要支撑条件，是科技和经济社会发展的重要战略性资源，是推动自主创新、提高全省竞争力的重要保障。

发展思路：围绕提高云南省自主创新能力、优化科技资源配置，支撑和引领经济社会发展的总体要求，以促进自主创新体系建设和实现科技资源共建共享为目标，重点建设产业科技创新、公共科技服务、自然科技资源保存与利用、科技成果转化与技术转移等四大平台。

优先领域：

10. 产业自主创新平台

重点建设科技创新园区，形成产业群体、研究开发、孵化创新、风险投资创新创业环境，做大做强优势特色产业，培育新兴产业，提升传统产业技术水平；建设以企业为主体、重点产业和特色产业自主创新的工程技术研究中心和企业技术研发机构；大力支持有实力的企业自建和组建商业性科学实验中心及技术开发中心，增强企业自主创新能力。

重大基础建设项目：

（1）云南科技创新园建设

围绕云南省生物、医药、矿冶与新材料、机械电子、烟草、新能源等特色重点产业发展的需要，吸引国内外大企业、科研机构入住园区，形成人才、技术、信息、资金四位一体的产学研结合的科技创新园区，建设高新技术教育培训基地、技术孵化及技术转移基地，提高科技成果转化率。培育一批技术水平高、创新能力强的高新技术企业，做大做强一批骨干企业和具有自主知识产权的拳头产品，形成具有云南省优势和特色的高新技术产业集群。

（2）重点产业工程技术研究中心建设

围绕重点产业和特色产业自主创新能力建设，以生物产业、装备制造、新材料、电子信息、烟草、医药、矿冶、化工、能源、环保等产业为重点，依托具有较强研究开发和技术辐射能力的科研机构、大学或大企业，产学研联合，组建、认定、提升一批工程技术研究中心。

（3）优势学科重点实验室建设

加强和提升生物技术、材料科学和技术、生物多样性研究、动物疫病防治、冶金、有色金属、稀贵金属材料和非金属材料等云南省优势学科和重点领域实验室建设，整合优势资源，建成一批国家实验室、国家重点实验室和省级重点实验室。

11. 公共科技服务平台

以云南省科技信息大楼、云南省科学技术馆新馆、大型科学仪器设备、科技文献资源、科学基础数据共享，实验动物，计量、技术标准和检测等方面的建设为重点，加强全省科技信息网络环境建设，提高公共科技服务的能力和水平。

重大基础建设项目：

（4）云南省科技信息大楼

利用现代信息技术，建设高标准、高起点综合性的科技信息大楼，大楼由科技图书馆和阅览、现代化计算机房和电子阅览、科技信息数据开发与加工、覆盖全省沟通国内外的网络信息平台、科技成果展览展示、技术转移平台、多媒体远程可视会议系统、科技教育与培训、国内外科技合作与交流等设施组成。

（5）云南省科学技术馆新馆建设

云南省科学技术馆新馆建设采用多媒体虚拟技术、机器人技术、高科技声光电及数码影视技术等手段，建设智能化网络环境，以现代结构造型、现代材料和独特的设计构思表达科学和技术的超前、深邃和新奇，建成云南特色的现代化省级科技馆。

（6）大型科研仪器装备与实验基地、大型科学仪器设备协作网建设

组建跨领域、高水平的基础性研究实验基地，提高重点领域的实验装备水平，营造开放、共享的研究实验环境。重点整合现有科技研发、服务基地和各类大型仪器设备设施，建设大型科学仪器设备协作网；以网络应用为前提，在共建共享原则下，逐步构建网络化的科学仪器设备设施信息服务开放合作平台，增强大型科学仪器设备的利用效率和应用开放度，促进云南省区域创新整体能力和产业核心竞争力的提高。

（7）科技文献共享系统建设

扩充、集成科技文献资源，加强专利、工艺、标准、科技报告等文献资源的建设。开辟利用国际国内科技文献资源的渠道，加强数字图书馆标准的研究和应用，逐步建设各类数字化的科技文献资源库。促进相关部门、地方科技文献网络系

统的对接和共享。鼓励各类文献服务机构采用多种现代化手段和服务方式，构建种类齐全、结构合理的科技文献资源保障和服务体系。

（8）科学数据共享系统建设

对相关部门和行业长期持续积累的数据资源进行整理、汇交和建库；抢救濒临丢失的重要科学数据，实施重要历史资料数字化；提高与国际国内科学数据组织的信息交换能力，推动面向各类创新主体的共享服务网建设，形成科学数据分级分类共享服务体系。

12. 自然科技资源保存与利用平台

加强动物、植物种质资源，微生物菌种、人类遗传资源，标准物质、实验材料，岩矿化石标本和生物标本等资源的搜集、保藏和安全保护，整合和完善种质资源库、实验材料和标准物质资源库、岩矿化石标本和生物标本资源库；提高资源加工、利用的数字化水平和管理水平，形成体现区域特色、质量稳定、库藏不断增加、保存和利用水平持续提高的自然科技资源保障体系。

重大基础建设项目：

（9）自然种质资源、科技资源库及标准体系建设

重点建设作物种质资源、中药材种质资源、花卉种质资源、畜禽种质资源、少数民族人类基因、实验动物、地质矿产等自然科技资源库以及古生物和古生命化石标本、岩矿石标本和宝玉石标本的保藏与研究基地，支撑自然科技资源系统评价和高效利用；构建自然科技资源标准体系，初步实现自然科技资源标准化、数字化和网络化的共享。

13. 技术转移与成果转化服务平台

构建中小型科技企业孵化服务系统，技术转移信息服务系统和技术转移中心；在科技成果转化、科技咨询评估、技术交易、创业孵化、创业投资、技术标准、知识产权保护等方面重点建设一批技术转移与成果转化中介服务机构。

重大基础建设项目：

（10）成果转化和技术转移信息服务系统建设

采用现代信息网络技术，构建科技成果信息数据库、技术需求信息数据库、技术投融资信息数据库、技术交易和成果转化政策环境信息数据库、远程可视会议洽谈系统，开发网络信息服务软件，建立持续发展的运行机制，形成有机联系的服务整体，为技术转移和成果转化提供信息服务。

（11）中小型科技企业孵化器建设

支持云南省高新技术开发区、农业科技示范园、软件园、大学科技园、留学生创业园等园区二次创业，加强生物医药孵化器公共标准实验室、软件出口加工中心专业孵化器等高新技术产业专业孵化器建设，形成集信息提供、投融资、成果孵化、中试推广等服务功能为一体的高效的中小型科技企业孵化器，推动高新技术产业发展。

（12）科技中介服务支撑体系建设

面向全省中小企业，集成创新服务资源，在生产力促进、科技咨询评估、创业投资、技术监督、知识产权保护等方面，重点培育一批骨干机构，形成组织网络化、产业规模化、服务社会化的中介服务网络，成为联系各创新主体、促进其互动的桥梁和纽带。

（四）基础科学

为加强云南省原始创新，促进社会发展，推动云南省基础学科建设，培养科学技术研发人才，开展持续创新，需要加强基础科学的研究。

发展思路：坚持稳定支持和超前部署，重视科学的长远价值，围绕全省战略目标，建立和发展具有云南省特色和优势的学科领域，开展生命科学、工程与材料科学等对云南省经济和社会发展具有深远影响的重点基础研究，争取在这些领域取得突破，形成一批达到国内先进水平，在国际上有一定影响力，具有自主知识产权的成果，培养一批优势学科带头人和研究团队，为发展云南优势、特色产业奠定基础。

优先领域：

14. 生命科学

针对影响云南经济持续发展、社会进步和生态环境保护中存在的重大问题，开展农业生物技术、生物医药、重大疾病防治、生物资源保护与合理利用、高原生态环境保护等方面的基础科学研究。

重点基础研究内容：

（1）基础农学与基础生物学

主要开展农业动植物资源多样性、遗传改良、抗逆性机理和病虫害及畜禽疫病控制机理的研究；动植物优良种质选育理论及方法研究；云南野生生物种质资源保护及有利基因发掘研究；云南特异动植物种质资源的生物学创新利用研究；耕地土壤环境的变化机理及持续发展利用研究；转基因生物安全性评价技术体系研究；云南生物资源及珍稀濒危动植物对环境胁迫的响应研究；云南微生物资源的开发利用研究。

（2）基础医学与临床医学

恶性肿瘤、心脑血管疾病及重大传染性疾病发生发展的环境与肌体相互作用规律研究；重大

疾病基础与临床的结合研究；少数民族遗传多态性研究，计划生育与生殖健康的基础研究；机体免疫监管和疫苗的研制；新生儿出生缺陷防治的基础研究；云南地方病、流行病、传染病、寄生虫及重大疾病的致病机理及发生规律、预防途径研究；中医与中药学研究；民族医学与民族药学的研究。

（3）药物学、药理学和毒理学

主要开展云药及天然药物的有效成分、活性筛选、结构整合、改造和修饰及作用机制的研究；药物的药效学、药代动力学及安全性评价研究；先导化合物和药物的筛选、评价；药物新剂型的应用基础研究；中药标准化和云药产业发展相关基础研究；创新药物临床前的基础研究等。

15. 工程与材料科学

结合云南省及其周边地区的矿产资源特点，开展制造业、矿产资源开发、新材料、能源利用、大型基础设施建设等领域的基础科学及其应用研究。

重点基础研究内容：

（4）材料科学

主要开展结构材料的高性能化、多功能化基础研究；新型高效催化材料的制备、性能及应用基础研究；光电信息材料与器件的应用基础研究；材料制备/零件制造过程中的虚拟仿真、优化和加工新技术基础研究；材料的纳米效应与纳米器件的应用基础研究；材料制备加工过程中的组织结构演变、预测与应用基础研究。

（5）工程与技术科学

主要开展生物质能转换的化学生物学基础理论研究；大型电力系统经济运行和灾变防治的理论、方法和控制研究；岩土工程灾害与环境损伤防治基础理论研究；重大自然灾害监测、预报与防灾减灾的新理论、新方法研究；现代地质勘查及成矿理论，矿床成因模式理论、地质异常矿体定位预测理论研究。

四、重大专项

为进一步增强科技对经济社会发展的支撑和引领作用，本规划纲要围绕云南省中长期科技发展重点方向和优先领域，进一步突出重点，凝练出若干类重大关键共性技术作为专项，通过优化整合科技资源，集中力量，重点突破，提高全省自主创新能力，解决经济社会发展中的关键技术问题，促进云南中长期经济社会和科技发展目标的实现。

确定重大专项的基本原则：一是适应国家和云南省国民经济和社会发展要求，有利于提高自主创新能力，解决云南经济社会发展的重大技术问题，对调整产业结构、转变经济增长方式有重大推动作用；二是能形成自主知识产权，有效提高产业核心竞争力，对更新产业技术起关键作用，能支撑重点产业和未来新兴产业发展，具有明显的带动作用；三是符合循环经济的发展要求，具有较好的社会、经济效益和生态效益；四是突出云南的特色和优势，有一定的发展基础，预期15年内取得明显效果。重大专项的实施，将根据云南发展需要和实施条件的成熟程度，逐项论证启动。同时，根据云南省战略需求和发展形势的变化，对重大专项进行动态调整，分步实施。

根据上述原则，确定实施安全型卷烟；生物质能源；烟、糖、茶、胶、花卉、果蔬等特色优势经济作物新品种；有色金属新材料；精细磷化工、煤化工；工业自动化与物流自动化系统；艾滋病防治及毒瘾戒断；民族药新药创制；高原湖泊水体污染控制与治理等9个重大专项。

五、科技体制改革与创新体系建设

深化科技体制改革的指导思想是：以服务云南省经济社会发展目标和调动广大科技人员的积极性和创造性为出发点，以促进全社会科技资源高效配置和综合集成为重点，以建立企业为主体、产学研结合、产品创新为核心的技术创新体系为突破口，全面推进云南省创新体系建设，大幅度提高全省自主创新能力。

当前和今后一个时期，云南省科技体制改革和创新体系建设的重点任务是：

（一）形成以企业为主体的技术创新体系

重点建立以企业为主体、产学研结合、以产品创新为核心的技术创新体系，并将其作为全面推进云南省创新体系建设、提高全省自主创新能力的突破口。在大幅度提高企业自身技术创新能力的同时，建立科研院所与高等院校积极围绕企业技术创新需求服务、产学研多种形式结合的新机制。进一步深化改革、创造条件、优化环境，切实增强企业技术创新的动力和活力，使企业成为技术创新的投资主体、研究开发的主体和成果应用的主体。

一要改革和消除各种体制机制性障碍，打破行业和市场垄断，创造各类企业公平竞争的环境，增强企业技术创新的积极性。实施企业技术创新引导工程，持续引导形成一批拥有自主知识产权、自主品牌和持续创新能力的创新型企业，引导企业增强战略产业的原始创新能力和重点领域的集成创新能力。

二要遵循科技发展规律，充分发挥市场配置

资源的作用，整合科技资源，为企业技术创新服务，重点实验室、工程技术研究中心向企业全面开放。鼓励和支持在具有明确市场应用前景的领域，建立由企业牵头、科研院所和高等学校共同参与实施研究开发项目的机制。

三要支持企业建设研发机构，鼓励企业与科研院所、高等学校建立各类技术创新联合组织，加快提高企业技术创新能力，大力研究和开发应用具有自主知识产权的专利技术和技术标准。

四要加快现代企业制度建设，增强企业技术创新的内在活力。发挥经济、科技政策的导向作用，通过财税、金融等政策，鼓励引导企业持续加大技术创新投入。建立健全技术要素参与分配的现代企业产权制度，激发企业内在的创新活力。

五要完善技术转移机制，促进企业的技术集成与应用。建立健全知识产权激励机制和知识产权交易制度，大力发展为企业创新服务的各类科技中介服务机构，促进企业之间、企业与科研院所和高等学校之间的知识流动和技术转移。

六要营造良好创新环境，扶持中小企业的技术创新活动。通过国家级和省级中小企业创新基金、重大科技计划项目和企业技术改造项目等，支持引导中小企业、民营科技企业加强新产品和新技术开发，提高企业技术水平和产品竞争力。

（二）建立现代化科学研究体系

以建立开放、流动、竞争、协作的运行机制为中心，促进科研院所之间、科研院所与高等院校之间的结合和资源集成。建立有利于科研院所做大做强的创新机制，提高持续创新能力。

一要结合全省经济社会发展需求进行社会公益类科研院所分类改革，加强科研机构能力建设，调整结构布局，优化资源配置，集中力量建设符合经济社会发展需求的优势学科和研究基地，推动科研院所持续、提高和引领创新的能力。整合和集成现有科技资源，以云南省科学技术情报研究院为主组建“云南省科学技术发展研究院”，为全省科技进步与科技创新提供信息与决策支撑；围绕创新型国家、社会主义新农村、资源节约型和环境友好型社会的建设，做大做强省农业科学研究院、省林业科学研究院、省环境科学研究院、省科学技术发展研究院等一批省级社会公益类大院大所。围绕云南省支柱和重点产业的需求，组建“云南省工程技术院”，面向中小企业开展产业关键技术研究与产品开发。

二要建立稳定支持科研机构创新活动的引导和激励机制，改善院所基础条件，支持需要长期积累的学科建设、基础性工作和创新人才队伍建设。

三要建立有利于科研机构原始创新的运行机制，完善科研院所院（所）长负责制，进一步扩大科研院所在科技经费、人事制度等方面的决策自主权，提高科研机构创新活动的内部协调集成能力，支持科研院所进行技术引进消化吸收再创新和产业化开发。

四要建立科研机构开放合作的有效激励机制，全面实行聘用制和岗位管理，面向社会公开招聘科研和管理人才，推进科研院所与企业和高等学校之间多种形式的联合，促进知识流动、人才培养和科技资源共享。

五要积极支持省内高等院校在基础研究、前沿技术研究、社会公益研究等领域的自主创新。积极争取和主动吸纳国内外重点高校、优势重点学科参与云南省创新体系建设。鼓励、推动高校与企业和科研院所进行全面合作，加大为企业发展服务的力度。

（三）建设科技管理与服务创新体系

根据新时期科技发展的要求，进一步推进科技管理与服务创新体系建设，转变和加强政府科技宏观管理职能，做好顶层设计，集中目标，突出重点，强化公共科技服务职能，弱化对竞争性研发活动的具体干预，退出一般竞争性领域。推进省、州（市）、县（市、区）各级科技管理与服务创新体系建设，建立完善科技工作领导协调机制，动员组织社会力量推动科技进步和创新。完善一把手抓第一生产力和落实法定财政科技投入等科技工作目标责任制，建立科技工作考核评价、激励和监督的长效机制，实现科技创新与经济社会协调发展。

一要强化政府对科技发展的总体规划部署和宏观管理。建立健全科技宏观协调机制、科技决策机制、科技政策与经济政策协调互动机制、部门之间统筹配置科技资源机制。改进科技计划管理方式，把工作重点放在制定科技发展规划、创造保障条件、优化政策环境、建设科技基础设施、提高服务水平上。

二要改革科技评审与评估制度。完善同行专家评审机制，建立评审专家信用制度，加强评审过程的监督，加大专业化科技评审与评估机构的建设力度，扩大评审活动的公开化程度和被评审人的知情范围，注重对科技人员和团队素质、能力和研究水平的评价，鼓励原始创新。

三要改革科技成果评价和奖励制度。要根据科技创新活动的不同特点，按照公开公正、科学规范、精简高效的原则，完善科研评价制度和指标体系，改变评价过多过繁的现象，避免急功近利和短期行为。面向市场的应用研究和试验开发等创新活动，以获得自主知识产权及其对产业竞争力的贡献为评价重点；公益科研活动以满足公众需求和产生的社会效益为评价重点；基础研究和前沿科学探索以科学意义和学术价值为评价重点。建立适应不同性质科技工作的人才评价体系。改革科技奖励制度，减少奖励数量和奖励层次，突出政府科技奖励的重点，在实行对科技成果奖励的同时，注重对人才的奖励，鼓励和规范社会力量设奖。

四要建设社会化、网络化的科技管理及服务体系。针对科技管理及服务行业功能单一、服务能力薄弱等突出问题，大力培育和发展各类科技中介服务机构。充分发挥高等院校、科研院所和各类社团在科技管理及服务中的重要作用。引导科技管理及服务机构向专业化和规范化方向发展。

六、若干重要政策和措施

为确保本纲要各项任务的落实，不仅要解决体制和机制问题，还必须制定和完善更加有效的政策和措施。所有政策和措施都必须有利于增强全省自主创新能力，有利于激发科技人员的积极性和创造性，有利于充分利用省内外科技资源，有利于科技支撑和引领全省经济社会的发展。本纲要确定的若干重要科技政策和措施，是针对当前云南省主要矛盾和突出问题而制定的，随着形势发展和本纲要实施进展情况，将不断加以丰富和完善。

（一）贯彻国家创新政策，建立健全符合省情的自主创新政策措施

1. 实施以企业为主体的创新政策

全面贯彻国家关于财政、信贷、税收、政府采购和市场准入等激励企业技术创新的政策，建立加快创新体系建设和创新要素协调发展的机制，实施引导企业增加研发投入、支持企业建立研发机构、组建创新联盟、产学研联合体和承担政府研发任务的政策，加快推动企业成为技术创新的主体。实施增强企业内在创新活力的政策，支持企业加强核心技术的研发，把获得专利、商标、植物新品种等知识产权作为企业考核指标。

2. 加强对引进技术的消化、吸收和再创新

贯彻落实国家产业技术政策，支持企业采用国家和国际标准，加强对引进技术的消化、吸收和再创新。通过调整政府投资结构和重点，设立专项资金，用于支持引进技术的消化、吸收和再创新，支持重大技术装备研制和重大产业共性关键技术的研究开发。采取积极政策措施，多渠道增加投入，支持以企业为主体、产学研联合开展引进技术的消化、吸收和再创新。把国家和省级重大建设工程作为提升自主创新能力的重要载体。通过国家和省级重大建设工程的实施，消化吸收一批先进技术，攻克一批关键技术和核心技术，研制一批具有自主知识产权的重点产品。

3. 加快实施知识产权战略和技术标准战略

制定云南省知识产权战略实施纲要，全面提升知识产权的创造、管理、保护和实施能力。研究提出技术创新成果知识产权化、专利技术产业化和防范、应对国际技术壁垒的战略措施，为自主创新提供有效支撑。强化省、州（市）、县（市、区）知识产权工作职能，在机构、人员、专项经费等方面予以保障，重点资助在国内外申请和实施发明专利，支持有开发前景的专利技术实现产业化。建立和完善省、州（市）、县（市、区）知识产权信息平台及应用服务系统、专利预警、维权援助机制，培育一批知识产权检索、咨询、代理、培训和法律援助等专业服务中介机构。鼓励跨学科、跨领域联合创新，形成一批原创性知识产权，引导企业加强引进创新和集成创新，不断增强自主知识产权产出能力。完善全省专利、版权、商标等知识产权监管制度，充分发挥行业协会在保护知识产权方面的重要作用，建立健全有利于知识产权保护的从业资格制度和社会信用制度。建立专利与专业技术人才评价挂钩、专利投资入股等激励机制，提高知识产权的创造能力和保护能力。

政府主管部门、行业协会要加强对重要技术标准制定的指导和协调，并优先采用。推动技术法规建设和以企业为主体、社会广泛参与的技术标准体系建设，促使标准制定与科研、开发、设计、制造相结合，保证标准的先进性和效能性。引导产、学、研各方面共同推进重要技术标准的研究、制定及优先采用。

4. 加速高新技术产业化和先进适用技术的推广

优化高新技术产业化环境。继续加强国家和省高新技术产业开发区等产业化基地建设。制定有利于促进高新技术产业开发区发展并带动周边地区发展的政策。构建技术交流与技术交易信息平台，对云南省大学科技园、留学生创业园、科技企业孵化基地、生产力促进中心、技术转移中心等科技中介服务机构开展的技术开发与服务活动给予政策扶持。

加大对农业技术推广的支持力度，建立面向农村推广先进适用技术的新机制。把农业科技推

广成就作为科技奖励的重要内容，激励科技人员以多种形式深入农业生产第一线开展技术推广活动。支持农村各类人才的技术革新和发明创造。对农业科技推广实行分类指导，分类支持，鼓励和支持多种模式的、社会化的农业技术推广组织的发展，建立多元化的农业技术推广体系。

支持面向行业的共性、关键技术的推广应用。制定有效的政策措施，支持产业竞争前沿技术的研究开发和推广应用，重点加大电子信息、生物医药、装备制造业信息化、新材料、矿产、冶金、环保、节能等领域关键技术的推广应用，加强技术工程化平台、产业化示范基地和中间试验基地建设。

鼓励和支持用先进、适用技术对云南省传统产业进行改造，进一步促进云南省产业、产品结构的优化调整和升级。

5. 加大科技对外合作与交流的力度，提高科技发展的层次和整体水平

进一步树立全球战略意识，积极参与国际经济技术合作和竞争，有效利用国内外科技资源，全面提高对外开放层次和水平，使云南省的科技在“走出去”和“引进来”上有新的突破，通过扩大科技对外合作与交流增强云南省自主创新能力。

围绕云南省经济社会发展中的重大科技需求，以提高自主创新能力为重点，着重引进先进技术、管理经验和高素质人才，做好引进技术的消化吸收和创新提高，加快技术转移和成果转化，实现重点跨越。对外科技合作项目要向应用开发类和有产业化前景的项目倾斜，向高新技术企业倾斜，向产学研结合的项目倾斜。继续推进省院省校科技合作，引导有条件的州市深化州（市）院、校科技合作，以企业为主体，按照市场机制做大做强一批项目和企业。

鼓励科研院所、高等院校与国内外研究开发机构建立联合实验室或研究开发中心，支持在双边、多边科技合作协议框架下，实施合作项目。建立云南省与东盟、泛珠三角地区、滇沪等区域科技合作机制，加强沟通与交流。积极主动参与国内外科学研究和学术组织，支持云南省科技专家、科研机构和科技社团参与或牵头组织国内外科学工程。建立培训制度，提高科技专家参与国内外学术交流的能力，支持科技专家在重要国内外学术组织中担任领导职务。鼓励跨国公司在云南省设立研究开发机构，鼓励国际学术组织在云南省设立分支机构或办事机构。

6. 加强科学和技术普及教育，提高全民科学文化素质

贯彻落实《云南省科学技术普及条例》，制定《云南省科学技术普及规划》，把科学技术普及、提高全民科学文化素质作为提高自主创新能力的重要基础。以促进人的全面发展为目标，提高全民科学文化素质。积极探索科普工作新形式，在全社会大力弘扬科学精神，传播科学思想，倡导科学方法，普及科学技术知识。面向农村、社区、青少年，有针对性地开展科普工作，支持边远民族地区建立少数民族科普专业队伍。加强农村科普工作，继续推广和深化现有的、深受群众欢迎的科普活动，逐步建立农村实用技术和职业技能的培训体系。组织开展多种形式和系统性的校内外科学探索和科学体验活动，加强创新教育，培养青少年创新意识和能力。

加强科普能力建设。推动州（市）、县（市、区）综合性科普设施建设和管理，充分发挥各级科普教育基地县（市、区）科普长廊等公共设施作用。合理布局并切实加强科普场馆建设，提高科普场馆运营质量和使用效率。建立科普场馆、科研院所、高等院校定期向社会公众开放制度，提高公众的参观和学习兴趣。在科技计划项目实施中加强与公众沟通交流，繁荣科普创作，打造优秀科普品牌。鼓励著名科学家及其他专家学者参与科普创作，制定重大科普作品选题规划，扶持原创性科普作品。加强对科普的基础性理论研究，培养更多的科普人才。

建立科普事业的良性运行机制。加强政府部门、社会团体、大型企业等各方面的优势集成，促进科技界、教育界和大众媒体之间的协作。推进公益性科普事业体制与机制改革，鼓励经营性科普文化产业发展，放宽民间和海外资金发展科普产业的准入限制，形成科普事业的多元化投入机制。

（二）加大科技投入力度，建立多元化、多渠道的全社会科技投入体系

1. 提高全社会科技经费投入

各级人民政府要按照《中华人民共和国科学技术进步法》的要求，确保财政用于科学技术经费投入的增长幅度高于财政经常性收入的增长幅度。充分发挥政府科技资金的引导作用，激励、引导企业成为科技投入的主体，开展技术创新与技术集成。建立以政府投入为引导，企业投入为主体，金融资金参与，吸引民间、海外资金等多渠道、多层次的社会化投融资体系，不断提高全社会科技经费投入的总体水平。加快技术产权制度改革，建立产权多元化的投融资体系，形成完

善的管理体制和合理、有效的激励机制。建立和完善风险投资机制，建立加速科技产业化的多层次资本市场体系，促进更多资本进入创业风险投资市场。鼓励金融机构对重大科技产业化项目、科技成果转化项目等给予优惠的信贷支持，建立健全鼓励中小企业技术创新的知识产权信用担保制度和其他信用担保制度，为中小企业融资创造良好条件。搭建多种形式的科技金融合作平台，政府引导各类金融机构和民间资金参与科技开发。鼓励金融机构改善和加强对高新技术企业，特别是对科技型中小企业的金融服务。鼓励保险公司加大产品和服务创新力度，为科技创新提供全面的风险保障。

2. 调整和优化科技经费投入结构

增强政府投入调动全社会科技资源配置的能力，政府财政投入主要用于支持市场机制不能有效解决的重大关键共性技术研究、社会公益研究、基础研究和前沿技术研究等科技活动，并引导企业和社会的科技投入。加强对基础研究、前沿技术研究、社会公益研究以及公共科技基础条件和科学技术普及的支持。合理安排科研机构（基地）正常运转经费、科研项目经费、科技基础条件经费等的比例，集中力量加大对基础研究和社会公益类大型科研机构的稳定投入力度。结合政府财力情况，统筹安排规划实施所需经费，切实保障重大科技专项和重大科技工程的顺利实施，并继续加强对重大科技基础设施建设的投入。在政府增加科技投入的同时，引导企业加大科技投入，积极促进企业成为科技投入的主体。

3. 加强监督管理，提高科技经费投入的使用效率

建立科技计划与科研项目实施的评价及监管体系、跟踪问效及监管监察制度，提高科技投入的科学性、有效性和透明度。建立科研项目（课题）预算评审评估制度、科技经费预算管理项目库；探索科研项目经费事后补助机制，建立有效的经费监管机制，形成预算监督、内外审计监督和社会公共监督相结合的全程监督机制。按照国家和省级预算管理的规定，提高财政资金使用的规范性、安全性和有效性。

（三）构筑公共科技基础条件平台，提升自主创新的能力和水平

加强云南省公共科技基础条件平台建设，重点围绕提高云南省自主创新能力、优化科技资源配置，支撑和引领经济社会发展的总体要求，以实现科技资源共建共享为目标，重点建设产业科技创新、公共科技服务、自然科技资源保存与利用、科技成果转化与技术转移四大平台。云南省公共科技基础条件平台建设要与国家科技基础条件平台建设相衔接，根据“整合、共享、完善、提高”的原则，借鉴其他省区的成功经验，制定各类科技资源的标准规范，建立促进科技资源共享的政策法规体系。针对不同类型科技条件资源的特点，采用灵活多样的共享模式，打破当前条块分割、相互封闭、重复分散的格局。同时体现区域特色，通过有效配置和共享，形成服务于全社会科技创新的支撑体系。

（四）实施科技人才战略，加强创新型科技人才队伍建设

1. 加快培养造就一批高水平的科技专家和创新团队

依托重大科研和建设项目、重点学科和科研基地建设以及国内外学术交流与合作项目，培养和造就一批中青年高级专家，培养和引进若干领域科技领军人才。加强中青年学术技术带头人、技术创新人才以及高等院校学科带头人的培养力度，积极推进创新团队建设，注重发现和培养一批有影响的科学家和科技管理专家。面向国内外聘任一批著名科学家，组建科技发展战略顾问团，为加强国内外科技合作和提高全省科技进步水平提供决策咨询服务。改进和完善职称评聘、突出贡献专家评审等高层次人才制度，进一步形成培养选拔和引进高级专家的制度体系，使大批优秀拔尖人才脱颖而出。

2. 充分发挥教育在创新型人才培养中的重要作用

加强科技创新与人才培养的有机结合，鼓励高等院校与科研院所合作培养创新型人才。支持研究生参与或承担科研项目，鼓励本科生投入科研工作，在创新实践中培养他们的探索兴趣和科学精神。高等院校要适应国家和云南省科技发展战略及市场对创新人才的需求，及时合理地设置一些交叉学科、新兴学科并调整专业结构。加强职业教育、继续教育与培训，培养适应经济社会发展需求的各类实用技术专业人才。要在中小学教学中进行科技创新意识教育，提高学生的科学文化素养。

3. 支持企业培养和吸引科技人才

鼓励企业聘用高层次科技人才和培养优秀科技人才，并给予政策支持。鼓励和引导科研院所和高等院校的科技人员进入市场创新创业，鼓励高等院校和科研院所的科技人员到企业兼职进行技术开发，引导高等院校毕业生到企业就业，多方式、多渠道培养企业高层次工程技术人才。鼓

励国有高新技术企业对技术骨干和管理骨干实施期权等激励政策，探索建立知识、技术、管理等要素参与分配的具体办法。支持企业吸引和招聘外籍科学家和工程师。

4. 加大吸引留学和海外高层次人才工作力度

制定和实施吸引优秀留学人才到云南省工作和为云南省服务计划，重点吸引高层次人才和紧缺人才。采取团队引进、核心人才带动引进、高技术项目开发引进等方式，建立符合留学人员特点的引才机制。加大对高层次留学人才回云南省发展的资助力度，大力加强留学人员创业基地建设，进一步完善留学人员为云南省服务的政策措施。加大高层次创新人才公开招聘力度，重点实验室主任、重点科研机构学术带头人以及其他高级科研岗位，逐步实行区内外公开招聘。实行有吸引力的政策措施，吸引海外高层次优秀科技人才和团队来滇工作，对境外科技人才实施人才居住证制度。营造引进人才与本地人才和谐共事、合作创新的环境。

5. 构建有利于创新人才成长的文化环境

倡导拼搏进取、自觉奉献的爱国精神，求真务实、勇于创新的科学精神，团结协作、淡泊名利的团队精神。提倡理性怀疑和批判，尊重个性，宽容失败。倡导学术自由和民主，鼓励敢于探索、勇于冒尖，大胆提出新的理论和学说。激发创新思维，活跃学术气氛，努力形成宽松和谐、健康向上的创新文化氛围。加强科研职业道德建设，遏制科学技术研究中的浮躁风气和学术不良行为。

云南省煤炭工业发展行动计划（2008年～2012年）

（2008年12月22日）

第一章　云南省煤炭工业发展现状

一、全省煤炭资源状况

（一）煤炭资源现状

1. 煤炭资源总量

云南省煤炭资源总量为691亿吨。截至2006年底，全省探明煤炭资源量为277.16亿吨，预测资源量为413.84亿吨。全省煤炭资源总量居全国第11位，已提交的煤炭资源储量居全国第9位，在南方各省区市中仅次于贵州，居第2位。褐煤资源量仅次于内蒙，居全国第2位。全省保有资源储量267.89亿吨，其中保有基础储量73.57亿吨，保有资源量194.32亿吨。

表1.1　2006年云南省保有煤炭资源按行政区统计汇总表（略）

根据云南省煤炭地质勘查院对全省煤层气资源的研究评价，预测云南省2000米以浅的煤层气资源量为4240.88亿立方米，占全国煤层气资源总量的1.35%。

2. 资源分类及品质情况

全省保有资源储量267.89亿吨。

按照储量级别分：保有基础储量73.57亿吨，保有资源量194.32亿吨。

按勘探阶段分：保有勘探资源储量95.68亿吨，占35.72%；保有详查资源储量89.95亿吨，占33.58%；保有普查资源储量82.26亿吨，占30.70%。

按煤类分：褐煤152.24亿吨，占56.83%；烟煤62.74亿吨，占23.42%；无烟煤52.91亿吨，占19.75%。

按煤质分：中、高硫煤多，硫分大于2%的资源储量约为122.16亿吨，占45.6%。中、高灰分煤多，灰分大于20%的中高灰煤约为194.49亿吨，占72.6%。

按地区分：曲靖市99.04亿吨，占全省保有资源储量的36.97%；昭通市94.49亿吨，占全省保有资源储量的35.27%；红河州41.88亿吨，占全省保有资源储量的15.64%。其余13个州市32.48亿吨，占全省资源储量的12.12%。

（二）资源特征及综合评价

1. 保有资源储量中煤类齐全但不平衡，褐煤所占的比例较大（占全省煤炭资源储量的近60%），其他煤种所占比例较低。大量低品质褐煤的开发利用和资源储量相对较少煤类的合理利用应作为开发重点。

2. 资源地理分布不均衡。云南省16个州（市）均有煤炭资源分布，全省128个县（市、区）中有115个县境内有煤炭资源。东多西少，曲靖、昭通、红河3个东部州（市）保有资源储量占全省的88%。

3. 经济储量较少。经济性较好的基础储量只有73.57亿吨，仅占全省保有资源储量的27.46%；资源量为194.32亿吨，占全省保有资源储量的72.54%。

4. 地质构造复杂，矿区规模小，且多以分散的中、小型矿区、薄至中厚煤层为主，矿井开发规模受限制。除富源老厂、昭通褐煤矿区、开远小龙潭褐煤矿区、镇雄—威信无烟煤矿区等少数几个矿区外，其余矿区均不具备建设大型矿井的条件。

5. 勘探程度不平衡，总体上煤田地质工作程度低。截至2006年底，保有勘探资源储量仅占保有资源储量的35.72%，勘察程度较低的详查和普查资源储量占64.28%，可供设计和建设的勘探资源储量较少。

6. 资源配置不合理，小矿占用大资源的问题较为突出。

综上所述，云南省煤炭资源较为丰富，煤类齐全但不平衡，且资源储量地理分布不均。矿区构造类型多样，矿床规模小，适宜建大中型煤矿的矿区很少。经济的基础储量少，高硫、中高灰煤偏多。勘察程度低，地质工作滞后，地质勘查任务艰巨。

二、煤炭开发利用现状

（一）煤矿布局及生产力情况

1. 总体情况

云南省现有煤炭生产的布局是“二块一片”，“二块”中的“一块”以云南煤化工集团公司下属矿井构成，主要由原省煤炭工业局所属的9个煤矿组成；另“一块”以省监狱管理局所属的煤矿构成，以小龙潭矿务局、凤鸣村、陆东煤矿为主；“一片”以地县及乡镇煤矿为主构成。

截至2007年底，全省持证矿井共有1368个井（坑），核定能力6791万吨/年。与“十五”末的1691个、生产能力6500万吨/年相比，矿井数量减少323个井（坑）、矿井生产能力增加了291万吨/年。

2. 分类情况

①按区域布局分

曲靖市有煤矿515个井（坑），生产能力2965万吨/年，分别占全省矿井总数和生产能力的37.80%、43.66%；红河州有煤矿80个井（坑），生产能力900万吨/年，分别占全省矿井总数和生产能力的5.85%、13.25%；昭通市有煤矿302个井（坑），生产能力1056万吨/年，分别占全省矿井总数和生产能力的22.08%、15.55%；大理州有煤矿147个井（坑），生产能力402万吨/年，分别占全省矿井总数和生产能力的10.75%、5.92%；丽江市有煤矿127个井（坑），生产能力451万吨/年，分别占全省矿井总数和生产能力的9.28%、6.64%；楚雄州有煤矿46个井（坑），生产能力205万吨/年，分别占全省矿井总数和生产能力的3.36%、3.02%；文山州有煤矿18个井（坑），生产能力109万吨/年，分别占全省矿井总数和生产能力的1.32%、1.61%；其余煤矿133个井（坑），分布在云南省其他8个州市，生产能力703万吨/年，分别占全省矿井总数和生产能力的9.72%、10.35%。

②按所有制分

省属国有煤矿14个井（坑），生产能力411万吨/年，分别占全省矿井总数和生产能力的1.02%、6.05%；省监狱管理局所属煤矿8个井（坑），生产能力684万吨/年，分别占全省矿井总数和生产能力的0.58%、10.07%；地方乡镇煤矿1346个井（坑），生产能力5696万吨/年，分别占全省矿井总数和生产能力的98.40%、83.88%。

③按井型划分

大型煤矿1个、即小龙潭矿务局布沼坝露天矿，生产能力450万吨/年，分别占全省矿井总数和生产能力的0.07%、6.62%；中型煤矿6个井（坑），生产能力430万吨/年，分别占全省矿井总数和生产能力的0.44%、6.33%；小型煤矿1361个井（坑），生产能力5911万吨/年，分别占全省矿井总数和生产能力的99.49%、87.04%。其中，3万吨/年及其以下煤矿574个井（坑），生产能力1502万吨/年，分别占全省矿井总数和生产能力的41.96%、22.12%。

3. 煤矿建设项目情况

截至2007年底，全省煤矿建设项目207个，设计生产能力4562万吨/年，建成后，将新增能力3212万吨/年。其中，新建煤矿88个井（坑），设计生产能力1545万吨/年；改扩建煤矿119个井（坑），设计生产能力由现有的1350万吨/年增加到3017万吨/年，新增能力1667万吨/年。

（二）“十一五”头2年煤炭生产情况

1. 原煤产量

2006年全省原煤产量为7339.08万吨，比上年的6462.14万吨增加了876.94万吨，增长13.57%；2007年全省原煤产量为7755.19万吨，比上年增加了416.11万吨，增长5.67%。

原煤产量分类情况：

①按煤种分

2006年全省生产烟煤3911.65万吨、无烟煤2004.49万吨、褐煤1422.94万吨，分别占全省原煤总产量的53.30%、27.31%、19.39%。2007年全省生产烟煤4032.70万吨、无烟煤1626.59万吨、褐煤2093.90万吨，分别占全省原煤总产量的52.00%、20.97%、27.03%。

②按所有制分

2006年国有煤矿产量1639万吨，占全省原煤总产量的22.33%；乡镇煤矿产量5700.08万吨，占全省原煤总产量的77.67%。2007年国有煤矿产量1867.16万吨，占全省原煤总产量的24.08%，乡镇煤矿产量5888.03万吨，占全省原煤总产量的75.92%。

③按煤矿类别分

2006年露天煤矿产量1668.21万吨，占全省原煤总产量的22.73%；井工矿产量5670.87万吨，占全省原煤总产量的77.27%。2007年露天煤矿产量1637.16万吨，占全省原煤总产量的21.11%；井工矿产量6117.93万吨，占全省原煤总产量的78.89%。

2. 精煤产量

2006年全省精煤产量为687.43万吨，比上年的550.80万吨增加了136.63万吨，增长24.81%。其中：云南煤化工集团所属煤矿精煤产量180.31万吨，比上年的152.54万吨增加了27.77万吨，增长18.21%；曲靖、丽江、红河、楚雄、昆明、昭通等6州（市）精煤产量共507.12万吨，比上年的398.26万吨增加了108.86万吨，增长27.33%。

2007年全省精煤产量为878.92万吨，比上年的687.43万吨增加了191.49万吨，增长27.86%。其中：云南煤化工集团公司所属煤矿精煤产量157.71万吨，比上年的180.31万吨减少了22.60万吨，降低12.53%；曲靖、丽江、红河、楚雄、昆明、昭通等6州（市）精煤产量共721.21万吨，比上年的507.12万吨增加了214.09万吨，增长42.22%。

3. 焦炭产量

2006年全省焦炭产量为1233.66万吨，比上年的1213.72万吨增加了19.94万吨，增长1.64%。其中：昆钢焦化厂223.51万吨，越钢焦化厂89万吨，德钢焦化厂53.56万吨，云南煤化工集团大为焦化102万吨，其他焦化企业765.59万吨。

2007年全省焦炭产量为1184.40万吨，比上年的1233.66万吨减少了49.26万吨，降低3.99%。其中：昆钢焦化厂248.81万吨，越钢焦化厂143万吨，德钢焦化厂62.78万吨，云南煤化工集团大为焦化厂192万吨，其他焦化企业537.81万吨。

表1.2　云南省2006年～2007年煤炭原煤产量构成表（略）

表1.3　云南省2006年～2007年煤炭产量分地区构成表（略）

（三）煤炭生产现状

云南煤炭生产呈现“乡镇煤矿为主、国有煤矿为辅；小型煤矿为主，大中型煤矿为辅；滇东地区为主，其他地区为辅”的格局。

按所有制分，乡镇煤矿矿井数量、生产能力和原煤产量分别占全省的98.40%、83.88%、75.92%，国有煤矿矿井数量、生产能力和原煤产量分别占全省的1.60%、16.12%、24.08%；

按井型分，大中型煤矿矿井数量、生产能力和原煤产量分别占全省的0.51%、12.96%、19.63%，小型煤矿矿井数量、生产能力和原煤产量分别占全省的99.49%、87.04%、80.37%；

按区域分，曲靖、昭通、红河3个州（市）煤矿矿井数量、生产能力和原煤产量分别占全省的65.72%、72.47%、78.09%，其他州（市）煤矿矿井数量、生产能力和原煤产量分别占全省的34.28%、27.53%、21.91%；

全省煤矿点多面广，矿井地质条件复杂，生产技术水平低，工艺落后，规模偏小，单井平均生产能力仅5万吨/年，煤矿生产集中度低。

（四）煤矿安全现状

“十五”期间，在云南省原煤产量每年增长1000万吨的情况下，原煤百万吨死亡率以平均每年1.3人的幅度下降，百万吨死亡率从2003年的全国第8位下降到2005年的第14位、2006年的第11位。全省的事故总量和百万吨死亡率下降幅度为全国下降幅度的2倍，煤矿安全生产继续保持稳定好转。“十一五”头2年与“十五”相比，煤矿安全生产实现了“一升五降”，即原煤产量上升，煤矿事故总量、死亡总人数、较大事故、特别重大事故和原煤百万吨死亡率下降，煤矿安全生产呈现总体稳定、趋于好转的局面。

2006年全省生产原煤7339.08万吨，百万吨死亡率为4.07人。全省煤矿共发生死亡事故181起，死亡299人。其中，较大及重大以上事故23起，死亡129人。全省煤矿死亡人数比国家安监总局和省政府下达的控制指标少死亡6人。

2007年，全省生产原煤7755.19万吨，百万吨死亡率为2.58人。全省煤矿累计发生死亡事故

138起，死亡200人，其中，较大及重大以上事故12起，死亡61人。与国务院安委办下达的年度控制指标相比，全省煤矿死亡人数减少90人，百万吨死亡率下降1.05人。与2006年同期相比，2007年原煤产量增加416.11万吨，增幅为5.67%；百万吨死亡率下降1.49人，降幅为36.61%；2007年事故起数减少43起，死亡人数减少99人。事故总起数和死亡总人数分别比2006年同期下降23.76%和33.11%。

但全省煤矿事故总量仍然较大，瓦斯、顶板等主要灾害事故仍未得到有效遏制；云南省煤矿矿点多，井型小，基础差，安全生产环境和安全生产条件尚未得到根本改善，煤矿安全生产基础依然薄弱，全省煤矿安全生产形势严峻、复杂，所面临的工作压力、困难和矛盾仍较突出。

表1.4　2006年~2007年安全生产指标对照表（略）

表1.5　全省煤矿事故分地区发生情况表（略）

（五）煤炭供需现状

近几年来，云南省经济社会快速发展，煤炭生产、消费呈现两旺局面，具体有以下4个特点：第一，煤炭产量持续稳步快速增长。自2001年以来，全省原煤、洗精煤、焦炭产量均保持了快速增长，基本实现了3年翻一番。其中：2001年~2007年原煤产量由2001年的2394.12万吨增加到2007年的7755.19万吨，年平均增幅为21.64%，特别是2003年到2006年期间，原煤产量逐年增加1000万吨左右。从2006年开始增幅逐年减缓，2006年较2005年增长13.57%，2007年较2006年增长5.67%。洗精煤产量由2001年的212.72万吨增加到2007年的878.92万吨，年平均增幅为26.67%。焦炭产量由2001年的444.02万吨增加到2007年的1184.40万吨，年平均增幅为17.76%。

“十五”和“十一五”头2年云南省煤炭生产基本满足了全省经济社会发展对煤炭的需求，为全省的经济社会发展提供了重要的能源保障和原料供应，煤炭工业的健康发展对全省工业经济的又好又快发展起到了重要的、不可替代的保障和支撑作用。2007年全省原煤产量居全国第11位，云南已跃入全国产煤大省行列。

第二，耗煤工业快速发展，重化工业带动煤炭消费，煤炭消费市场旺盛。2001年~2007年，煤炭消费分别为2400万吨、3359万吨、4350万吨、6685万吨、7700万吨和8050万吨，年平均增幅为22.35%，高于同期煤炭产量发展速度。从2002年下半年起全省煤炭消费转旺，煤炭市场全面复苏。在这期间，云南省经济增长明显地呈现出重化工业的特征，电力、化工、冶金、焦化、建材五大行业需求量占原煤总产量的80%以上。

第三，煤炭供应和消费两旺，煤炭供不应求。“十五”期间和“十一五”头2年，云南省煤炭生产和消费快速增长。但由于主要耗煤行业的快速发展，供煤仍然紧张，供需矛盾依然突出，供不应求的局面仍在加剧，部分行业和部分企业煤炭供应不足。以火电为例，火电用煤从2001年的919.14万吨增加到2007年的3100万吨，年平均增幅为22.46%，火电厂投产速度高于同期煤矿建设速度和煤炭产量增长速度。从2005年开始，电煤供应日趋紧张，加之电煤价格背离市场价格、一直偏低等因素的影响，自2005年以来停机待煤现象屡屡发生，2007年首次出现了汛期缺煤、电煤紧张的困难局面。2007年成为全省煤炭供需矛盾最为突出的年份，缺口在700万吨左右。

第四，煤炭价格稳中有升，煤炭行业整体效益逐步改善。煤炭经济运行态势总体向好的方向发展，全行业由多年亏损逐步转为盈利。烟煤、无烟煤价格上涨幅度较大，褐煤的价格上涨幅度相对较小。除火电用煤外，其余行业用煤价格普遍上扬。优质原煤、精煤、焦炭价格涨幅较大。近几年来，电煤价格比市场同质煤价格低100元~150元/吨，且与市场价格的差距还在进一步拉大，成为影响电煤供应的主要制约因素之一。

三、存在的主要问题

一是结构性矛盾仍然存在，煤矿“小、散、弱、乱”情况突出，煤炭产业集中度低。一些地区的煤炭资源没有得到优质优用，合理利用，与煤炭共、伴生的矿产（如煤层气、萤石、煤矸石等）未得到有效利用。

二是生产技术水平低，生产工艺较为落后，装备水平差，专业技术人员匮乏，管理水平低。

三是煤矿安全欠账大，事故隐患多，安全生产形势依然严峻。

四是地质勘察投入不足，勘察程度低，可供设计、建设的勘探储量少。

五是规划滞后，煤矿生产布局不尽合理。煤矿基本建设投入不足，引导性、扶持性资金少。

六是旺盛的市场需求与产能不足的矛盾突出，电煤供应尤为紧张。

七是云南的煤炭资源赋存条件、开采技术条件多数不适合建大矿，与国家现行产业政策的要求差距较大，制约着云南省煤炭产业发展。

八是资源整合政策有待进一步完善。

九是煤炭价格和价值背离，煤炭价格（尤其是电煤价格）形成机制尚不完善。

以上这些问题，不仅严重制约着云南省煤炭工业又好又快发展，也直接影响到未来云南省经济社会发展和能源安全，必须高度重视，切实加以解决。

第二章　云南省煤炭工业发展规划

（2008 年 ~ 2012 年）

一、指导思想及发展思路

（一）指导思想

坚持以邓小平理论和“三个代表”重要思想为指导，深入贯彻执行党的十七大精神，全面贯彻落实科学发展观。坚持以人为本，促进和谐；坚持好中求快，稳中求进；坚持创新驱动，增强后劲；坚持改革开放；激发活力；坚持依靠科技进步；坚持发展和安全两条主线；坚持以调整结构、转变经济发展方式和减少煤矿安全事故为主题，加强和改善宏观调控，落实“5 个统筹”，走资源利用率高、安全有保障、经济效益好、环境污染少的煤炭工业可持续发展道路，为加快全面建设小康社会进程提供能源保障。

（二）发展思路

立足云南省煤炭资源条件，以保障有效生产为目标。加强煤炭地质勘察工作，满足加快开发和生产需要；推进前期工作，抓好区域煤炭发展规划和矿区规划工作，以规划为指导，优化煤炭生产布局，规范、有序、合理开发煤炭资源；加大煤矿建设投入，以重点项目为支撑，加快大型煤炭基地建设，推进大中型现代化煤矿建设，加大骨干矿井改造力度，培育骨干矿井集群，提高大中型煤炭企业的市场占有率，稳步提高煤炭产量；以整合改造小煤矿为重点，大力推进煤炭资源整合，控制矿井数量，提高单井生产规模；到 2012 年初步形成“三块一片”格局，逐步提高煤炭生产保障能力，稳步提高煤炭产量，原煤年产量迈上 1 亿吨新台阶；坚持发展先进生产力，引进和推广先进适用技术，加强煤矿基础管理，加大安全投入，提高煤矿生产效率、资源回收率和安全生产保障能力；强化瓦斯综合治理和安全隐患整治，建设本质安全型煤矿企业，遏制煤矿重特大事故发生；加强煤炭加工转化和综合利用，加强煤矿环境治理，注重生态保护，开发利用矿区煤层气资源，发展循环经济；加强人才培养及职工队伍建设；健全煤矿职业安全健康防治、监管、控制和服务体系；不断提高职工生活质量和水平。

二、发展原则

——坚持煤炭资源开发可持续发展的原则。统筹考虑煤炭资源的开发、利用、治理、配置、节约与保护，加强资源的合理开发和优化配置。

——坚持煤炭与经济社会协调发展的原则。煤炭工业发展与经济社会发展水平、资源、环境相适应，统筹相关产业协调发展。

——坚持煤炭资源统一规划、合理开发的原则。以煤炭产业规划、区域开发规划、矿区总体规划为指导，优化煤炭生产布局，在产业政策指导下，规范、有序、合理地开发煤炭资源。

——坚持发展先进生产力和淘汰落后生产技术相结合的原则。强化大型煤炭基地建设，重点推进资源整合，继续关闭布局不合理、不符合安全生产条件、严重浪费资源的小煤矿，提高煤矿生产和安全保障能力。

——坚持重点治理与健全机制相结合的原则，着力解决影响当前煤炭工业发展的突出问题，抓紧完善法规、标准、政策等调控体系。

三、需求预测

（一）弹性系数法分析

2001 年 ~ 2005 年，全省能源生产弹性系数在 0.49 ~ 0.72 之间，并呈逐年增高的趋势，平均为 0.61；全省能源消费弹性系数在 0.60 ~ 0.71 之间，平均为 0.65。“十一五”头 2 年，全省国民经济实际增长分别为 11.90%、17.30%，高于预计的年平均增长 8.5% 的目标。云南省是经济欠发达地区，未来几年全省国民经济增长预计高于 8.5%，相应全省能源消费弹性系数预计为 0.75，能源消费年平均增长在 7.5% 至 9% 之间。综合考虑“十一五”期间以及今后几年全省化工、火电、冶金等耗煤行业煤炭需求还将快速增加，煤炭消费的平均增长率为 9% 至 10%。经测算，到 2010 年，全省折原煤消费量测算约为 1.03 亿吨 ~ 1.08 亿吨。到 2012 年，全省折原煤消费量测算约为 1.22 亿吨 ~ 1.3 亿吨。

（二）主要耗煤行业法分析

“十一五”期间及今后几年，全省化工、电力行业用煤量将大幅增加，冶金、建材等行业煤炭需求也会有所增加，另外煤炭洗选加工、以煤代柴民用煤的用量也会增加。随着滇东、滇南、滇东北火电基地的建成，火电行业煤炭需求量将从 2007 年的 3100 万吨增加 2010 年的 4100 万吨，到 2012 年达到 4800 万吨。随着曲靖、昭通、红河、昆明等 4 个煤化工基地建设的逐步实施，化工行业用煤将从2007年的1900万吨增加到2010年的4726万吨，到2012年达到6976万吨（含昭通盆地褐煤化工项目用煤2000万吨）；随着大焦化企业的相继建成，对精煤煤质要求的逐步提高，焦炭产品煤炭消费量也将有所增长。冶金行业的煤炭需求将在2007年1000万吨的基础上增加到2010年的1250万吨，到2012年达到1350万吨。建材行业煤炭需求将在2007年950万吨的基础上增加到2010年的1000万吨，到2012年仍然维持在1000万吨左右。随着以煤代柴工程的逐步推进，民用煤将小幅增长，将在2007年400万吨的基础上增加到2010年的460万吨，到2012年达到500万吨。与此同时，由于烟草行业实施“双控”，烤烟煤炭需求将有所降低。在分析各行业煤炭需求的基础上，预计到2010年，全省折原煤的需求量为1.22亿吨，到2012年，全省折原煤的需求量为1.53亿吨（含昭通盆地褐煤化工项目用煤2000万吨）。

（三）全省煤炭需求总量预测

预计未来数年内，随着省内火电、化工、冶金、焦化制气、建材等耗煤行业的快速发展，对煤炭的需求将持续增加；此外，邻近的四川、重庆、广东、广西、湖南等省（区、市）煤炭供不应求的局面将长期存在，云南省的煤炭仍存在一定的省外市场空间。

采用主要耗煤行业法的需求预测数，主要年度云南省煤炭需求具体情况如下：

2010年，预计省内需求1.22亿吨，其中电力、化工、冶金、建材4大行业需求量占原煤总产量的90%以上。

2012年，预计省内需求1.53亿吨（含昭通盆地褐煤化工项目用煤2000万吨），其中电力、化工、冶金、建材4大行业需求量占原煤总产量的90%以上。各年度煤炭需求预测见表2.1。

表2.1　主要年度煤炭需求预测表（略）

四、发展主要目标

（一）煤炭产量目标

2008年～2012年，云南省煤炭工业将在“十五”期间和“十一五”头2年的基础上，继续持续稳步发展。

原煤产量保持增长势头，2008年突破8000万吨，2009年突破9000万吨，2010年突破1亿吨大关。2012年，在昭通盆地褐煤化工项目取得突破，配套的昭通盆地褐煤露天煤矿形成2000万吨能力的条件下，力争达到1.3亿吨。具体目标详见表2.2。

加快发展煤炭洗选产业，积极引进先进适用选煤技术，加大选煤厂技术改造和建设力度。原煤入洗比例逐年增加，以年入洗比例增加不低于5%的速度，由2007年的25%增加到2012年的55%。2008年冶金和化工烟煤洗精煤为900万吨，2009年力争突破1000万吨，2012年力争达到1300万吨。具体目标详见表2.2。

焦化产业加快由外延式发展向内涵式发展的转变，坚决淘汰落后生产能力，严格控制焦炭新增生产能力，关小建大。在2008年—2012年期间，焦炭产量控制在1200万吨以内。具体目标详见表2.2。

表2.2　2008年～2012年全省煤炭产量目标表（略）

（二）煤炭产值及综合效益目标

2008年～2012年，继续促进全省煤炭工业经济运行稳定好转，理顺煤炭价格，加强企业经营管理，不断改善全行业整体经济效益。在现价工业产值、销售收入、工业增加值、利税总量等方面稳步增长。力争2010年实现全行业现价工业产值突破450亿元、销售收入突破440亿元、工业增加值突破250亿元、利税总量突破70亿元的目标；到2012年全行业现价工业产值突破700亿元、销售收入突破690亿元、工业增加值突破400亿元、利税总量突破100亿元。2008年～2012年全省煤炭工业产值和效益详见表2.3。

表2.3　2008年～2012年全省煤炭工业产值和效益目标表（略）

（三）结构调整目标

1. 产业集中度

2012年初步形成“三块一片”格局，即：以云南煤化工集团公司下属矿井构成的一块；以省监狱管理局所属的煤矿构成的一块；以云南滇东能源有限公司白龙山、雨汪等煤矿为基础的煤电一体化项目构成的一块，以地县及乡镇煤矿为主构成的一片。

力争培育2个～3个矿井生产能力在1000万吨以上的重点产煤县，20户以上百万吨级生产能力的区域性煤炭企业（公司、集团），建设150个以上规模在15万吨/年及以上的骨干矿井。

云南煤化工集团公司（1300万吨/年）、云南滇东能源有限公司（1200万吨/年）、小龙潭矿务局（1500万吨/年）等大型煤炭企业集团的生产能力占全省矿井能力的40%左右，加上150余个中型煤炭企业和乡镇骨干矿井，大中型煤炭企业和骨干煤矿的市场占有率力争达到70%。2012年全省煤矿数量力争控制在1200个以内，矿井单井平均生产能力达到9万吨/年。

2. 采掘机械化程度

大中型煤矿加大以实现煤矿生产机械化、集约化、高产高效为目标的矿井建设力度，建成以白龙山煤矿、雨汪煤矿、威信观音山煤矿、镇雄朱家湾煤矿、长岭一号煤矿、塘房煤矿等为代表的综采综掘高产高效矿井；建成以小龙潭露天矿、先锋露天矿为代表的大中型露天煤矿。到2010年、2012年全省机械化采煤的产量分别达到总产量的40%和45%；到2012年，大型煤矿采掘机械化程度达到90%以上，中型煤矿达到60%以上，小型煤矿机械化、半机械化程度力争达到30%以上；大中型煤矿科技进步贡献率达到40%以上。

3. 煤炭加工转化、综合利用

加快发展煤炭洗选产业，积极引进先进适用选煤技术，加大选煤厂技术改造和建设力度。原煤入洗比例逐年增加，以年入洗比例增加不低于5%的速度，由2007年的25%增加到2012年的55%。优先推进褐煤尤其是年轻褐煤的深加工产品开发，发展无烟煤、烟煤深加工，延伸产业链。

4. 资源回收率

2008年~2012年期间，进一步加大煤炭资源管理力度，努力提高资源回收率，煤矿资源综合回收率目标力争达到50%。完善煤炭资源管理办法，用法律法规和市场调节机制约束和规范煤炭开采企业合理有效地开发利用煤炭资源，实现煤炭资源的保护性开采和节约使用。

（四）安全生产目标

1. 煤矿较大、重特大事故控制目标

（1）全省煤矿较大事故数到2008年下降到10起以内，到2012年下降到8起以内。

（2）有效控制煤矿重特大事故的发生。

2. 煤矿死亡人数控制目标

2008年控制在220人以内，2012年控制在200人以内。

3. 煤矿百万吨死亡率控制目标

2008年控制在2.56人以内，2012年控制在2人以下。

4. 煤矿职业危害控制目标

到2012年初步建立起以企业为主体，各级人民政府及相关部门调控，中介和社会服务机构等参与的全省煤矿职业安全健康防治、监管、控制和服务体系。以治理和防范煤矿尘肺病为重点，80%以上的煤矿井下作业场所的粉尘浓度达到国家卫生标准要求，同时加强作业人员的个人防护，使煤矿尘肺病得到有效控制。

5. 煤矿质量标准化建设目标

制定切合实际并具有较强操作性的通风、采煤、掘进、机电、运输标准化建设标准。积极推进煤矿安全质量标准化矿井建设，到2012年乡镇煤矿矿井质量标准化率达到70%，国有煤矿矿井质量标准化率达到100%。

（五）资源整合目标

通过实施煤炭资源整合工作，坚决依法关闭不具备安全生产条件、非法开采、破坏环境和浪费资源的煤矿；坚决淘汰落后生产力，2008年末全省淘汰年生产能力在3万吨以下的矿井；提升煤矿安全生产条件，提高煤矿本质安全程度，资源整合矿井必须采用正规采煤方法；压减小煤矿数量，提高矿井单井规模；合理开发和保护煤炭资源，回采率符合国家有关规定。

2008年，全省煤炭企业数量控制在400户左右，煤矿矿井数量控制在1300个以内；

到2010年，全省煤炭企业数量控制在300户以内，煤矿矿井数量控制在1200个以内；

到2012年，全省煤炭企业数量控制在300户左右，煤矿矿井数量控制在1200个以内。

（六）瓦斯综合整治目标

在全部矿井建立监测监控系统的基础上，到2010年初步建成省、产煤州（市）、90%以上产煤县（市、区）及80%以上煤矿矿井的全省煤矿安全监测监控信息网络系统。

瓦斯治理坚持“先抽后采、监测监控、以风定产”12字方针，对煤与瓦斯突出矿井和按规程要求需安装瓦斯抽放系统的高瓦斯矿井，实施“可保尽保、应抽尽抽、先抽后采”的措施，瓦斯抽放系统安装率达到100%。

2010年，煤与瓦斯突出矿井开采保护层比例达到60%以上，2012年，煤与瓦斯突出矿井开采保护层比例达到90%以上。

通过改造矿井通风系统，建立监测监控和联网系统，开展瓦斯抽放和采取综合防突措施等瓦斯综合整治工作，有效控制重特大瓦斯事故。

（七）煤层气开发利用目标

2010年，全省煤矿瓦斯抽采总量要达到2.34亿立方米，其中，国有重点煤矿瓦斯抽采总量要达到1.06亿立方米，全省利用总量1.72亿立方米以上，国有重点煤矿瓦斯利用率70%以上，地方煤矿瓦斯利用率60%以上。

2012年，全省煤矿瓦斯抽采总量要达到2.66亿立方米，其中，国有重点煤矿瓦斯抽采总量要达到1.16亿立方米，全省利用总量1.89亿立方米以上，国有重点煤矿瓦斯利用率90%以上，地方煤矿瓦斯利用率60%以上。

2008年~2012年，国有煤矿煤层气开发利用的重点煤矿是田坝、恩洪、羊场、白龙山煤矿，地方煤矿煤层气开发利用重点地区主要在富源县、麒麟区、师宗县、镇雄县、威信县。规划建设一批低浓度瓦斯发电站，2008 年～2012 年规划煤层气发电项目投资 1.95 亿元。

2008 年～2012 年云南省煤矿煤层气抽采量、瓦斯利用量目标详见附表 1、2。

（八）生态环境治理目标

到 2012 年，煤炭工业要控制住生态环境恶化的趋势，初步建立比较完善的煤炭行业环境保护管理体制和运行机制。依靠科技进步，推进清洁生产、发展循环经济，转变发展方式，健全规章制度，加强监督管理，努力构建资源节约型、环境友好型煤炭工业，促进煤炭工业节约、清洁、安全和可持续发展。

（九）节能减排目标

到 2012 年，煤炭企业单位煤炭万元工业增加值能耗比 2007 年下降 25%，二氧化硫排放量控制在规定范围内，原煤入洗率达到 55%，煤矸石、煤泥等固体废弃物综合利用率达到 70%，矿井水排放达标率为 100%，矿井水利用率达到 65% 以上，洗煤厂闭路循环率达 95% 以上，矿井瓦斯抽采利用率达到 65%。

第三章　云南省煤炭工业发展重点任务

（2008 年～2012 年）

一、资源勘查

2008 年～2012 年期间，云南省煤炭资源勘察工作的重点区域是曲靖市、昭通市、红河州及滇南、滇西缺煤地区。

（一）曲靖市资源勘察

1. 富源县老厂矿区细冲、大坡山等煤矿补充勘探。

2. 富源县老厂矿区德黑向斜、四勘区深部、六勘区外围勘察，预测资源量 54.55 亿吨。

3. 恩洪矿区北部预测区的地质勘察工作和南部生产区的现状调查评价及补充勘察。

4. 恩洪矿区深部、羊场矿区预测区、罗平预测区、师宗预测区勘察。

5. 富源县大河矿区地质勘察。

6. 区内重点产煤县生产煤矿改扩建，特别是火电厂配套煤矿改扩建所需的生产地质勘察。

7. 加大恩洪、老厂矿区煤层气勘探评价力度，切实做好这一地区煤层气开发及矿井瓦斯排放综合利用的基础工作，从源头上解决煤矿瓦斯问题。

（二）昭通市资源勘察

1. 对昭通市境内煤炭资源进行综合调查评价，全面收集已知勘探区地质报告资料、生产煤矿和小窑的地质和开采技术经济条件等资料，进行综合分析。

2. 昭通市在内昆线以东 150 千米以内的含煤区开展 1∶5 万或 1∶2.5 万地质测量，重点是小发路矿区、盐津兴隆向斜东段、芭蕉沟向斜东段、庙坝—牛街向斜、彝良以东的荞山—洛旺向斜以及威信的新庄、马河向斜，镇雄的牛场、以古向斜等。上述向斜（矿区）预测储量 40 多亿吨，优先作出评价，初步研究含煤地层的沉积环境和聚煤规律，分析确定含煤性较好的矿区，提出进一步地质勘探工作目标区和开发建议。

（三）红河州资源勘察

1. 提高泸西、弥勒 2 县焦煤区的地质勘查程度，为建设上规模的矿井提供可靠的资源。

2. 加强弥勒、开远褐煤的勘察与综合利用研究。

3. 加强其他缺煤县的煤田地质勘察工作。

（四）滇南、滇西等缺煤地区资源勘察

推进滇南、滇西片区的勘查工作。

二、规划调控

加强全省煤炭工业中长期发展规划、区域煤炭生产开发规划、矿区总体规划等三类规划的编制和执行工作。充分发挥好规划在煤炭工业发展中的先导作用和基础性作用，以规划指导煤炭工业的又好又快发展。

一是坚持统一规划、合理布局、有序开发、综合利用的原则；二是坚持立足于云南省煤炭资源条件和与地方经济社会协调发展的开发原则；三是坚持发展先进生产力和淘汰落后生产技术相结合的原则；四是坚持控制企业数量及矿井数量，提高煤矿安全生产保障能力等原则，优化煤炭生产力布局，调控全省煤矿建设规模，规范区域、矿区开发秩序。

2008 年～2012 年，在“十一五”煤炭工业发展规划的指导下，按照资源开发规划先行的要求，在已经完成的区域、矿区规划基础上，加大规划编制的力度。鼓励大型企业（集团）出资参与开发矿区规划工作。

1. 完成昭通矿区、恩洪矿区、镇雄—威信矿区、先锋矿区、新哨矿区等矿区总体规划的编制和老厂矿区总体规划的修编；

2. 完成昭通市、红河州、丽江市、大理州、楚雄州、昆明市、保山市、文山州等主要产煤州（市）煤炭工业生产开发规划；

3. 完成富源县、宣威市、麒麟区、师宗县、罗平县、昭阳区、镇雄县、威信县、彝良县、盐津县、寻甸县、宜良县、泸西县、弥勒县、祥云县、华坪县、富宁县等重点产煤县的生产开发规划工作；

4. 在各地煤炭生产开发规划和煤炭资源整合方案基础上编制全省煤炭生产开发规划。

按照“三块一片”的布局加快实施重点项目建设。把云南煤化工集团所属的东源集团公司建成全省最大的烟煤和烟煤洗精煤生产企业，把小龙潭矿务局建成最大的褐煤生产企业，把云南滇东能源有限公司建成最大的无烟煤生产企业。同时，强化煤矿改扩建和技术改造力度，促进曲靖等重点产煤州市的生产矿井改造迈上一个新台阶，保持其整体领先地位。

三、资源整合

（一）切实加强对煤炭资源整合工作的领导

煤炭资源整合工作由省人民政府统一组织和领导，省煤炭资源整合工作领导小组及办公室健全工作机制，组织国土资源、煤炭行业管理、煤矿安全监管、国有资产监管、工商行政管理、公安、电力等部门和工会组织及煤矿安全监察机构推进煤炭资源整合工作。各州（市）及重点产煤县（市、区）人民政府按照省人民政府的统一部署和要求，切实加强对煤炭资源整合工作的领导，结合本地实际，统筹规划，合理布局，制定煤炭资源整合实施方案，落实各部门在煤炭资源整合工作中的职责，确保煤矿资源整合工作规范、有序进行。

（二）加快煤炭资源整合方案编制和上报工作

各州（市）人民政府应根据《云南省人民政府关于印发云南省煤炭资源整合工作实施方案的通知》（云政发〔2007〕151号）精神，按照云南省煤炭资源整合工作领导小组办公室印发的《煤炭资源整合方案编制提纲》，结合自身煤炭生产开发现状，于2008年上半年组织完成辖区内各产煤县（市、区）人民政府煤炭资源整合方案的编制工作，并上报省煤炭资源整合领导小组办公室。

（三）全面完成煤炭资源整合方案的审查批复工作

省煤炭资源整合领导小组办公室根据各地上报的煤炭资源整合方案，及时组织专家进行论证，并批复。全省煤炭资源整合方案审查批复工作原则上于2008年底以前完成。

（四）规范各地煤炭资源整合工作的实施

各州市及重点产煤县（市、区）整合方案经省煤炭资源整合领导小组批复后，按照《云南省人民政府关于印发云南省煤炭资源整合工作实施方案的通知》（云政发〔2007〕151号）规定组织实施。

（五）切实加快整合技改矿井的建设步伐

进一步加快整合技改矿井的项目审批及相关证照的变更办理，力争2008年底前完成整合技改矿井的相关证照的变更、审查批复，整合技改矿井全面进入建设实施阶段。

四、煤矿建设

（一）2008年～2012年期间，根据国家和省煤炭产业政策，坚持“总量调控、上大压小、优化结构”的原则，结合云南省煤炭工业“十一五”发展规划目标以及煤炭资源勘查、资源赋存、开发建设条件等，按照“三个一批”的工作思路，即：新建一批、改扩建一批、准备一批，加快煤矿矿井的建设速度，稳定全省煤炭生产供应。

（二）全省煤矿建设以改扩建为主、新建为辅，积极推进煤炭资源整合，并将改扩建工作与煤炭资源整合工作有机结合起来。加大煤矿新建、扩建、改建和技术改造工作力度，加快大型煤炭基地建设，切实抓好老厂、镇雄—威信、恩洪、昭通等国家规划矿区和省级规划矿区内的新井（坑）建设以及小龙潭、先锋、普阳、宏发、雄达等一批改扩建煤矿矿井（坑）建设，建成一批大中型煤矿，以大中型项目带动和促进重点矿区建设，稳定和扩大煤炭的生产及供应能力。

2008年～2012年期间，全省努力实现420个煤矿建设项目竣工投产，形成设计生产能力11167万吨/年，新增能力8874万吨/年。其中：新建项目124个，设计生产能力5468万吨/年；改扩建项目296个，设计生产能力5699万吨/年，新增能力3406万吨/年。

五、煤矿安全生产

（一）坚持安全发展理念，坚持“安全第一、预防为主、综合治理”安全生产方针，将安全生产纳入云南省社会主义现代化建设总体布局，与经济社会同步协调发展。

（二）进一步强化煤矿安全监察监管。落实政府监管主体、企业责任主体两个主体责任，落实企业法定代表人作为安全生产第一责任人的责任，强化现场管理，严禁超能力、超强度、超定员生产，遏制事故发生，构建煤矿安全生产的长效机制。

（三）加大安全投入。不断提升煤矿安全生产技术装备水平和安全生产保障能力，改善安全生产环境。

（四）加强安全基础管理。建立、完善和落实各项规程、规章和制度，深入开展煤矿安全质量标准化活动。

（五）继续深入开展煤矿瓦斯综合治理。坚持“先抽后采、监测监控、以风定产”的煤矿瓦斯治理方针和“通风可靠、抽采达标、监控有效、管理到位”的瓦斯治理工作体系，改造、完善和优化矿井通风系统；完善并有效运行矿井瓦斯监测监控系统，在完成区域联网的基础上实现全省联网；建立和改造瓦斯抽放系统；落实“双突”矿井“四位一体”防突措施。

（六）建立煤矿安全隐患排查治理长效机制。健全企业隐患排查、治理和报告制度，完善矿井防突、防火、防尘、防水、防洪等系统，落实生产经营单位主要负责人隐患排查治理责任，建立重大隐患分级管理制度。

（七）逐步建立以学校专业、职业教育、培训机构培训和企业教育培训相结合的煤矿安全生产培训教育体系，不断提高煤炭生产从业人员的安全技术素质。

（八）加强煤矿安全生产科学技术研究与成果转化，大力推广适用型先进技术和装备。

（九）建立和完善煤矿职业危害防治监管体系。煤矿建立和完善防尘系统，按规定发放和使用劳动保护用品，做好煤矿尘肺病等职业病的防治工作。

六、技术进步和产业升级

（一）推进煤炭技术创新体系建设，建立健全以市场为导向、企业为主体、产学研相结合的煤炭技术创新机制，加快先进采煤技术、工艺、装备在各类煤矿的推广应用，提高煤矿生产的科技含量、装备水平；积极培育科技市场，发展面向中小型煤矿的技术服务机构，建立技术服务体系和技术创新体系。

（二）鼓励采用高新技术和先进适用技术，鼓励发展露天矿开采技术，积极探索急倾斜厚煤层开采技术，发展推广小型煤矿成套技术。加快推进小煤矿采煤工艺、支护方式和通风方式改革，加快发展安全、高效的井下辅助运输技术，大力推进煤矿机械化建设，淘汰落后的技术装备与工艺。

（三）大力推进煤炭加工转化，延伸煤炭产业链。2008 年 ~2012 年，重点对现有烟煤洗煤厂进行清理改造，并加快动力煤选煤厂的建设步伐，提高煤炭产品质量和经济效益。有条件的适度发展焦化产业，形成煤—焦—气—油的产业链；发展气化产业，形成气—化工原料—无机化工产业链和气—甲醇—烯烃产业链；鼓励煤电联营和煤电一体化，形成煤—电—矿产业链；发展液化产业，形成煤—油产业链。推进煤炭资源向关联产业的延伸和转化，推动煤炭综合利用的发展。加快技术创新和技术引进，积极发展洁净煤技术，有效提高煤炭资源的综合开发与利用水平。

（四）积极发展煤炭综合利用技术，开展彝良县小发路矿区优质无烟煤在碳素材料领域的应用，合理开发利用寻甸县先锋矿区上覆巨厚的硅藻土、镇雄矿区伴生硫铁矿等共伴生资源。

（五）大力发展循环经济，加强矿区环境的保护和治理。2008 年 ~2012 年期间，在大型煤炭基地和主要煤炭矿区，加快扩大煤层气、煤矸石、煤泥、洗中煤、矿井水等资源的综合利用，建设一批综合利用项目：重点在恩洪煤矿、田坝煤矿、老厂矿区、镇雄矿区、威信矿区建设煤层气开发利用示范工程；煤矸石利用率达到 75% 以上。全省拟建矿井水利用项目 703 个，年处理矿井水 1 亿立方米，投资 10 亿元，矿井水利用率达 60% 以上。

（六）积极争取国家支持实施煤矿开采沉陷区治理项目和矿区环境治理项目，改变主产煤区环境面貌。

七、加强宏观调控

切实加大煤炭产运需调控力度，保障全省煤炭供需基本平衡。

（一）在确保安全的前提下，切实组织好煤炭生产，努力增加煤炭产量。

（二）按照《云南省人民政府关于印发云南省节能减排综合性工作方案和云南省节能减排工作任务分解方案的通知》（云政发〔2007〕113 号）精神，强化节能减排工作，确保实现到 2010 年平均年节能率 3.7% 的目标。

（三）进一步加大对煤炭需求侧的宏观调控力度，调整存量、控制增量、优化结构、淘汰落后，坚决关闭不符合行业政策的高耗煤企业，科学调控全省煤炭供求关系。

（四）合理确定云南省火电、冶金、煤化工、建材等耗煤行业的发展规模，适度调控火力发电的建设规模，同时大力推行煤电联营、一体化开发。火电建设项目必须落实煤源，其配套煤矿建设必须先于电厂建设。

（五）加强煤炭调运工作，有效组织外部煤炭产品入滇，缓解煤炭供应压力。

（六）进一步理顺电煤价格形成机制。

八、强化行业管理与监管

（一）各级人民政府和相关职能部门要加强规划的执行力，严格执行产业政策、严格执行规划，严格煤矿办矿条件。对不符合煤炭资源勘查和生产开发规划及矿区总体规划的，国土资源和煤炭管理部门不得准予勘察、开采和生产许可；对未列入区域生产开发规划或矿区总体规划的建设项目，投资主管部门及煤炭行业管理不予项目核准或备案。

（二）煤炭资源作为重要的战略性资源，必须建立严格的资源利用监管制度，研究制定不同类别煤矿的资源回采率标准，对煤炭资源回采率实行年度核查、动态监管，重视节约资源，不断提高资源回收率和综合利用水平。对达不到回采率规定标准的，要限期进行整改；对破坏性开采造成资源浪费的，要依法吊销采矿许可证和生产许可证，直至追究刑事责任。

（三）煤炭行业管理部门要从经济发展战略和可持续发展的高度制定行业发展规划和调控措施，要把行业管理工作重点放在结构调整、总量控制、资源保护、安全管理、公共服务和落实中长期规划上。通过制定产业政策、技术政策、产品质量标准，发布技术发展信息，严格行政审批等工作，发挥好行业管理作用。

（四）加大监管监察工作力度，正确处理好安全与生产、安全与发展的关系。注意保持合法合规煤矿安全生产的连续性、稳定性，在保证安全生产的前提下，保持全省煤炭的稳定生产和电煤供应。进一步加强联合执法，严厉打击非法开采、违法生产，维护正常的煤炭生产经营秩序。

（五）深化煤炭流通体制改革，依靠经济、法律手段和必要的行政手段，依法打击无证非法经营活动，清理煤炭运销环节乱收费、乱罚款，依法打击掺假和偷骗税款等违法行为，合理调整煤炭企业与耗煤企业的经济利益关系，完善煤炭价格市场形成机制，特别是在执行煤电价格联动政策时，兼顾行业间的利益平衡。

（六）健全安全监管机构。各级人民政府要积极完善煤炭行业管理体制，健全行业管理机构，加强队伍建设，并落实经费，配备执法装备。

九、大力开展节能降耗和资源综合利用

按照“节能先行、效率为本”的原则，大力开展节能降耗和综合利用工作，把煤炭资源的节约利用放在节能降耗和综合利用的首位，建设资源节约型社会。推进选煤厂建设和技术改造，鼓励建设群矿型和矿区型选煤厂，积极探索煤炭配煤加工，提高原煤加工转化比例和煤炭质量。推进煤炭液化和大型煤炭气化示范工程，带动以煤炭为基础的新型能源化工产业发展。建设大型坑口电站和矿区综合利用电厂，采用先进的燃煤技术，提高煤炭利用效率。

十、强化生态环境综合治理

把清洁生产纳入煤炭行业发展规划，认真做好规划环境评价工作，发展循环经济。严格执行煤矿环境影响评价、土地复垦和排污收费制度。建立新的强制治理机制，加大矿区“三废”综合治理力度。采取措施，防止土地荒漠化、水土流失和水资源破坏。对煤炭开发中产生的煤矸石和地表沉陷实行同步治理。逐步建立以煤炭企业为主的环境治理投资机制，鼓励社会资金投入，增加财政支持力度，加大对废弃煤矿及老矿区生态环境恢复治理。

第四章　云南省煤炭工业发展重点建设项目

（2008 年～2012 年）

一、煤炭资源勘察项目

2008 年～2012 年云南省大型煤炭生产基地规划勘察项目和其他产煤地区规划勘察项目如下：

（一）大型煤炭基地规划勘察项目

大型煤炭生产基地规划勘查项目 18 个，勘察面积 1314 平方千米，预计投入钻探工作量 34.43 万米，预获各类资源储量 84.26 亿吨，需投入勘察经费 4.4 亿元。

2008 年～2012 年大型煤炭基地规划勘察项目详见附表 3。

（二）其他地区规划勘察项目

其他地区规划勘察项目 30 个，勘察面积 4697 平方千米，预计投入钻探工作量 25.36 万米，预获各类资源储量 25.2 亿吨，需投入勘察经费 3.16 亿元。

2008 年～2012 年其他地区规划勘察项目详见附表 4。

（三）煤层气规划勘察项目

煤层气规划勘察项目分国内合作部分和国际合作 2 个部分，国内合作项目在 2008 年～2012 年间主要勘察观音山、恩洪、老厂、威信、镇雄、昭通盆地、蒙自及新哨等矿区，预计年产气量 1800 万立方米，投资 1.53 亿元；国际合作项目在 2008 年～2012 年间主要勘察恩洪、老厂等矿区，预计年产气量 3000 万立方米，投资 1.96 亿元。

2008 年～2012 年煤层气国内合作、国际合作项目规划勘察详见附表 5、附表 6。

（四）煤层气勘察抽采规划重点项目

煤层气勘察抽采重点项目主要在白龙山、雨旺、恩洪、田坝、羊场、观音山、玉京山等矿区以及威信、镇雄、富源县等小煤矿井田范围内实施，预计瓦斯抽采量1.25亿立方米，投资3.87亿元。

2008年~2012年煤层气勘察抽采规划重点项目详见附表7。

二、大型煤炭基地建设

大型煤炭基地由纳入国家13个大型煤炭基地之一云贵基地的5个矿区和1个省级重点矿区组成，分别是小龙潭矿区、老厂矿区、昭通矿区、恩洪矿区、先锋矿区、镇雄—威信矿区。

（一）小龙潭矿区

小龙潭矿区属国家规划矿区，小龙潭矿务局五期扩建工程建设手续已齐备，建设规模由670万吨/年扩建至1500万吨/年。目前，五期扩建工程正在进行，一期移民搬迁工程已基本完成，二期移民搬迁工程应尽快启动，以推进项目的建设进度，力争2010年如期建成达产。

（二）老厂矿区

老厂矿区属国家规划矿区，原规划建设规模1753万吨/年，主要项目有：滇东煤电一体化工程大型矿井项目白龙山煤矿（800万吨/年）和雨汪煤矿（500万吨/年），中型矿井项目大坡山煤矿（90万吨/年），地方煤矿363万吨/年。

由于白龙山煤矿和雨汪煤矿的地质条件发生变化，瓦斯灾害严重，导致原规划矿井的产能受到限制，以白龙山煤矿和雨汪煤矿的生产能力来保证滇东电厂和雨汪电厂的用煤已不可能，长期靠地方煤矿调剂供煤和从贵州调煤也不可靠，因此，应尽快修编老厂矿区总体规划，将原来只由白龙山煤矿和雨汪煤矿开发四勘探区的规划，修改调整为由5个煤矿共同开发，具体为：白龙山煤矿（300万吨/年）、雨汪煤矿（300万吨/年）、细冲煤矿（240万吨/年）、鲁依煤矿（240万吨/年）、雨汪煤矿二号井（180万吨/年），单井规模180万~300万吨/年，总规模1260万吨/年。各相关单位应尽快启动老厂矿区总体规划修编和开展项目前期工作，早日开工建设，力争在2012年全部建成投产。

尽快启动大坡山煤矿项目前期工作，争取早日开工建设，力争到2012年竣工投产。

加大地方煤矿的资源整合工作力度，将矿区现有31个生产井和新建井，通过实施资源整合，将优势资源向优势、骨干企业集中，适度扩大生产规模，到2012年产量由2007年的591万吨/年增加到700万吨/年以上。

到2012年，矿区总规模达到2000万吨/年。其中，云南滇东能源有限公司煤炭生产规模达到1200万吨/年。

（三）昭通矿区

昭通矿区属国家规划矿区，矿区总体规划已编制完成，初期规划规模600万吨/年，中期规模1200万吨/年，最终规模3000万吨/年。通过引进有实力的大企业开展技术研究和项目前期工作，明确褐煤利用方向，推动昭通褐煤矿区尽早开发利用。到2012年，力争形成2000万吨/年的规模。

（四）恩洪矿区

恩洪矿区属国家规划矿区，是云南省最重要的炼焦用煤产地，矿区总体规划已编制完成，规划规模1300万吨/年。截至2007年底，矿区内共有150对地方煤矿，2个省属国有煤矿，2007年生产原煤870万吨。目前，云南煤化工集团清水沟煤矿新建工程（60万吨/年）、恩洪煤矿二号井扩建工程（30扩60万吨/年）2008年可竣工投产，老书桌矿井（45万吨/年）和煤炭坡矿井（45万吨/年）正在开展项目前期工作。

今后要切实采取措施，进一步推进恩洪矿区建设。一是加大煤炭资源整合的工作力度，通过对现有生产矿井资源整合，提高单井规模，增加煤炭产量；二是在资源整合的基础上，尽快修编恩洪矿区总体规划。

（五）镇雄—威信矿区

镇雄—威信矿区属国家规划矿区，是云南省尚未进行规模开发的大型无烟煤矿区之一。矿区储量丰富，开采技术条件较好，煤炭资源基本没有遭到破坏，开发潜力较大。截至2007年底，矿区有84个地方煤矿，生产原煤477万吨。为配合镇雄煤电一体化工程，云南煤化工集团在矿区开工建设了朱家湾煤矿（60万吨/年）和长岭一号煤矿（60万吨/年），同时正在进行塘房煤矿（120万吨/年）的前期工作，力争朱家湾煤矿2008年底、长岭一号煤矿2009年底、塘房煤矿2011年底竣工投产。同时，应积极开展矿区范围内的牛场—以古向斜、石坎向斜、马河向斜等勘区的地质勘察工作。

（六）先锋矿区

先锋矿区属省级重点矿区，矿区总体规划已编制完成，规划将矿区划为东矿田和西矿田，东矿田由云南煤化工集团整合后实施技改，建设规模300万吨/年，力争2009年建成投产。西矿田由南磷集团整合重组，整合技改规模为165万吨/年应加紧实施。

今后要加大对镇雄矿区的地质勘查工作的扶持力度，尽快完成矿区总体规划编制和审批工作，加快开展项目的前期工作。矿区生产规模力争在2010年达到800万吨/年，2012年达到1200万吨/年，最终规模达到2000万吨/年。

三、骨干矿井建设

2008年~2012年期间，积极采取政府扶持引导、银行贷款、企业融资和自筹等多渠道方式，加大煤炭基本建设投入和安全投入，加快开发建设速度。通过实施新建、改扩建、技术改造，形成一批规范建设的骨干矿井，使全省煤矿安全技术装备水平和生产力水平得到较大的提升，保障煤矿安全生产状况的稳步好转，稳定全省煤炭生产供应。在重点推进省级骨干矿井建设的同时，各州（市）也要结合本地区情况确定本地区的规模骨干矿井，加以培育和扶持。

（一）骨干矿井建设项目基本情况

力争到2012年末，全省共建成15万吨/年及其以上规模骨干矿井（坑）180处，设计生产能力达9349万吨/年，新增能力达7693万吨/年，项目建设总投资200多亿元。其中：

1. 按建设性质分

新建项目70个、设计生产能力5231万吨/年；改扩建项目109个，设计生产能力4118万吨/年，新增能力2462万吨/年。

2. 按建设规模划分

120万吨/年及以上规模10个，设计生产能力5320万吨/年，新增能力4585万吨/年；90万~45万吨/年规模26个，设计生产能力1455万吨/年，新增能力1116万吨/年；30万~21万吨/年规模33个，设计生产能力909万吨/年，新增能力744万吨/年；15万吨/年规模111个，设计生产能力1665万吨/年，新增能力1248万吨/年。

3. 按隶属关系划分

云南煤化工集团18个，设计生产能力1080万吨/年，新增能力901万吨/年；省监狱管理局3个，设计生产能力1550万吨/年，新增能力844万吨/年；云南滇东能源有限公司5个，设计生产能力1230万吨/年，新增能力1230万吨/年；国家开发投资公司曲靖煤炭公司2个，设计生产能力180万吨/年，新增能力180万吨/年；威信云投粤电扎西能源有限公司6个，设计生产能力396万吨/年，新增能力387万吨/年；宣威来宾光明煤电公司4个，设计生产能力90万吨/年，新增能力51万吨/年；昭通褐煤露天矿，设计生产能力2000万吨/年，新增能力2000万吨/年。

曲靖市131个，设计生产能力2613万吨/年，新增能力1953万吨/年；昭通市4个，设计生产能力135万吨/年，新增能力135万吨/年；红河州2个，设计生产能力30万吨/年，新增能力30万吨/年；普洱市1个，设计生产能力15万吨/年，新增能力12万吨/年；玉溪市1个，设计生产能力15万吨/年，新增能力15万吨/年；楚雄市1个，设计生产能力15万吨/年，新增能力15万吨/年；文山州1个，设计生产能力90万吨/年，新增能力30万吨/年。

4. 按建设时期划分

（1）2008年~2012年期间接转建设项目

2008年~2012年期间，2008年以前接转建设的项目主要有：云南滇东能源有限公司老厂矿区白龙山煤矿（300万吨/年）、云南煤化工集团恩洪清水沟煤矿（60万吨/年）、镇雄朱家湾煤矿（60万吨/年）及镇雄长岭一号煤矿（60万吨/年）等79个煤矿建设项目，设计生产能力3776万吨/年、新增能力2670万吨/年。其中：新建项目36个，设计生产能力1296万吨/年；改扩建项目43个，设计生产能力2480万吨/年、新增能力1374万吨/年。

（2）2008年~2012年期间新开工建设项目

2008年~2012年期间，新开工建设的项目主要有：云南滇东能源有限公司老厂矿区雨汪煤矿（300万吨/年）、云南煤化工集团所属东源煤业集团镇雄塘房煤矿（120万吨/年）及先锋褐煤露天矿（65扩300万吨/年）、昭通褐煤露天矿（2000万吨/年）等103个煤矿建设项目，设计生产能力5683万吨/年、新增能力5107万吨/年。其中，新建项目36个，设计生产能力3995万吨/年；改扩建项目58个，设计生产能力1689万吨/年、新增能力1112万吨/年。

（二）骨干矿井建设项目计划竣工投产情况

2008年，全省计划建设竣工投产15万吨/年及其以上规模矿井（坑）39处，设计生产能力987万吨/年，新增能力684吨/年。

2009年，全省计划建设竣工投产15万吨/年及其以上规模矿井（坑）42处，设计生产能力1041万吨/年，新增能力730万吨/年。

2010年，全省计划建设竣工投产15万吨/年及其以上规模矿井（坑）40处，设计生产能力2537万吨/年，新增能力1555万吨/年。

2011年，全省计划建设竣工投产15万吨/年及其以上规模矿井（坑）25处，设计生产能力1223万吨/年，新增能力1178万吨/年。

2012年，全省计划建设竣工投产15万吨/年及其以上规模矿井（坑）34处，设计生产能力3701万吨/年，新增能力3686万吨/年。

（三）30万吨/年以上国有及国有控股、地方骨干矿井基本情况

力争到2012年末，全省共计建成30万吨/年及其以上规模骨干矿井（坑）60处，设计生产能

力达7555万吨/年，新增能力达6376万吨/年，项目建设总投资约195亿元。详见附表8。

四、整合技改小型煤矿

各州（市）人民政府在煤炭资源整合方案批复后，按照《云南省人民政府关于印发云南省煤炭资源整合工作实施方案的通知》（云政发〔2007〕151号）的精神，抓紧组织实施。各有关部门和单位要提高效率，及时办理整合技改矿井项目的相关审批手续，按照技术改造项目实施监管。整合企业积极申办相关手续，加快资源整合技改矿井的建设步伐。

通过实施整合技改小煤矿和新建骨干矿井，到2010年，曲靖市矿井数由现有的506对减少到470对；昭通市矿井数由现有的302对减少到260对；大理州矿井数由现有的147对减少到100对；丽江市矿井数由现有的127对减少到97对；红河州矿井数由现有的77对减少到68对；昆明市矿井数由现有的50对减少到40对；楚雄州矿井数由现有的44对减少到40对；临沧市矿井数由现有的21对减少到19对；文山州矿井数由现有的18对减少到16对；保山市矿井数由现有的18对减少到15对；普洱市矿井数由现有的17对减少到16对；玉溪市矿井数由现有的15对减少到14对；西双版纳州、德宏州各保留2对矿井。

实施整合技改的矿井应采用先进适用技术、工艺和装备，防止低水平重复建设。曲靖市经整合技改形成的矿井规模原则上不低于15万吨/年；其他州（市）整合技改后的矿井规模原则上不低于9万吨/年；边疆、边远、高寒、少数民族缺煤地区开采零星煤炭资源及极薄煤层、急倾斜煤层的，报经省煤炭资源整合领导小组审查批准后，矿井规模可适当放宽。

实施整合技改的煤矿企业，按照高起点、高效率、高效益、高质量的要求，努力建设新型煤矿企业，积极推进安全质量标准化建设，建设“本质安全型”矿井，力争每户企业建成1个以上安全质量标准化示范矿井。

曲靖市、昭通市、红河州、昆明市、丽江市、大理州、楚雄州等作为全省煤炭资源整合的重点地区，要加快资源整合技改矿井的建设。重点加快曲靖市富源县老厂矿区、恩洪矿区、昭通市镇雄—威信矿区、红河州泸西县圭山矿区、昆明市石林县圭山矿区及寻甸县先锋矿区，以及丽江市华坪县整合技改矿井的建设。

五、煤炭洗选加工

（一）选煤厂建设项目

2008年~2012年，重点对现有烟煤洗煤厂进行清理整顿改造。对年入洗能力在30万吨以下的选煤厂进行整合、改造，提高生产能力；对选煤工艺落后的选煤厂进行技术改造，采用先进选煤工艺，提高精煤产率和产品质量；对煤泥水系统不完善的选煤厂进行补套，实现煤泥水闭路循环，保护环境。同时，加快动力煤选煤厂的建设步伐，提高煤炭产品质量和经济效益。

1. 云南煤化工集团选煤厂项目

云南煤化工集团选煤厂现有入洗能力820万吨/年，改扩建和新建项目净增能力465万吨/年。主要项目有：恩洪煤矿选煤厂45扩60万吨/年改建项目；圭山煤矿选煤厂30扩60万吨/年扩建项目；恩洪矿区新建180万吨/年选煤厂；镇雄矿区新建240万吨/年无烟煤选煤厂。建成后总入洗能力达到1285万吨/年。

2. 云南滇东能源有限公司选煤厂项目

新建项目总能力为1300万吨/年，其中白龙山煤矿选煤厂入选能力800万吨/年，雨旺煤矿选煤厂入选能力500万吨/年。

3. 威信扎西能源公司选煤厂项目

新建观音山煤矿选煤厂240万吨/年。

4. 地方煤矿选煤厂项目

曲靖市现有入洗能力1700万吨/年，通过实施改造，总入洗能力达到2500万吨/年，新增800万吨/年。

丽江市现有入洗能力275万吨/年，通过实施改造，总入洗能力达到350万吨/年，新增75万吨/年。

红河州现有入洗能力95万吨/年，通过实施改造，总入洗能力达到155万吨/年，新增60万吨/年。

昭通市现有入洗能力80万吨/年，通过实施改造，总入洗能力达到260万吨/年，新增180万吨/年。

楚雄州现有入洗能力30万吨/年，通过实施改造，总入洗能力达到60万吨/年，新增30万吨/年。

地方煤矿选煤厂现共有洗选能力2180万吨/年，通过实施改造，新增洗选能力1145万吨/年，建成后总入洗能力达到3325万吨/年。

全省选煤厂现有洗选能力为3000万吨/年，通过实施改造，到2012年，将新增3150万吨/年，总规模达到6150万吨/年，预计总投资约20亿元。

（二）焦化厂建设项目

2008年~2012年，重点实施改造、整合炼焦企业，提高其规模能力。对规模小，工艺落后、资源利用率低、环保不达标的小机焦企业坚决予以取缔关闭。建设大机焦，取缔小机焦，实行等量淘汰，强化深加工。

云南煤化工集团以大为焦化有限公司为龙头积极发展焦化产业，形成305万吨/年的焦化能力。

昆钢集团焦化厂（含整合的昆明煤气厂、越钢、玉钢）规模500万吨/年，德钢焦化厂规模100万吨/年。

有关州（市）改造、整合炼焦企业，焦化厂规模695万吨/年。

到2012年，全省炼焦规模控制在1600万吨/年左右。2008年～2012年，全省焦炭产量严格控制在1200万吨以内。

（三）其他加工利用项目

1. 褐煤利用

建设云南煤化工集团先锋褐煤洁净化利用试验示范项目（MTG），建设规模为50万吨/年甲醇配套20万吨/年汽油项目。在集团公司3500吨/年合成油示范装置建设成功的基础上，利用先锋矿区的褐煤资源和已掌握的先进技术，组合集成褐煤高效综合应用的试验示范装置，为云南省褐煤的开发利用开辟新的途径。

在昭通开展脱水及褐煤气化工业性试验，为昭通褐煤的开发提供明确的利用方向。

在滇西建设年产5万吨回转干燥脱水褐煤厂1座,满足当地工业用煤的需求，节约宝贵的烟煤资源。

2. 煤层气开发利用

重点在恩洪、老厂、镇雄—威信等矿区，白龙山、羊场、田坝、观音山等煤矿建设煤层气开发利用示范工程。

六、煤矿安全生产支撑体系建设

（一）煤矿安全生产应急救援体系建设

建立云南矿山救援指挥中心和市、县矿山安全生产应急救援指挥机构。建立适应云南煤矿布局的装备先进、组织严密、素质优良、快速反应的专业化矿山救援队伍，建设矿山医疗救护队伍。形成云南矿山救援指挥中心、省级矿山救援基地、各矿山救护中队、矿山救护队和矿山医疗救护基地等完整有效的条带式矿山安全应急救援体系。建立云南矿山救援指挥中心与各矿山救护机构联系畅通、指挥有效、快速反应、协同救援的运行机制。将全省的煤矿救援体系纳入统一管理，并从财政、企业提取经费等渠道解决全省煤矿救援工作经费，提高全省煤矿救援的技术装备水平和救援抢险效率，提高对煤矿事故的应急抢险救援能力。

（二）煤矿安全生产信息体系建设

利用现代通信、信息网络等先进技术，构建云南煤矿安全信息收集和发布平台。建立全省煤矿矿井基本情况和矿井动态管理数据库，实现互联网方式的管理、查询、统计、分析和信息发布。建立高效灵敏、反应快捷、运行可靠的煤矿安全生产信息体系，及时掌握煤矿安全生产动态，提高煤矿安全生产、管理和监察监管信息化水平。

（三）煤矿科技支撑体系建设

鼓励和支持煤炭科研机构、院校、大型企业集团及社会团体，因地制宜地积极开展煤矿科学技术研究和先进适用技术的推广应用，初步建立政府引导、企业为主、社会参与的煤矿安全生产科研体系。建立煤矿安全生产科技专项资金。注重对省内煤炭科研机构、专业院校和设计研究单位的建设和扶持，加强安全科学技术基础理论研究，加快科技成果转化和科技创新步伐。

（四）煤矿安全生产教育培训体系建设

加大煤矿安全生产教育培训投入，保证煤矿安全生产教育培训经费，构建煤炭基础教育、职业教育和培训教育相结合的煤炭安全生产教育培训体系。加快推进云南能源职业技术学院、云南省工业高级技工学校、云南煤矿安全技术中心等院校、培训机构的基础设施建设，采取企校联合、定向培养、发放奖学金、减免学费等措施，扩大办学规模，提高教学质量和办学水平。将煤炭有关专业纳入技能型紧缺人才培养、培训计划，鼓励学生报考煤炭相关专业，按照煤炭行业市场需求培养懂安全、有技术、会管理的煤炭专业人才和技术工人队伍。构建煤炭基础教育、职业教育和培训教育相结合的煤炭安全生产教育培训体系。

第五章　保障措施

一、出台《云南省煤矿建设管理规定》，进一步规范煤矿建设程序和相关要求，加强云南省各类煤矿建设的管理。实现依法办矿、规范办矿、安全办矿。

二、完善煤炭地质勘察投入机制，建立多渠道投入煤炭地质勘察的良性循环机制。加大各级财政对煤炭地质勘察的投入力度，从省级地质勘察资金中对煤炭地质基础勘察、公益性勘察予以支持，注重发挥对社会资金的引导作用，多渠道推进煤炭地质勘察工作，提高勘察程度，缓解煤炭资源勘察对煤炭生产发展的影响和制约。

三、理顺电煤价格，按照市场定价的原则，确定电煤价格，调动煤炭企业生产积极性，推行煤电联动，兼顾行业间的利益平衡，实现共保共赢。

四、出台煤矿生产地质报告编制暂行规定，满足煤矿改扩建和技术改造项目设计和建设的需要。

附表1　云南省煤矿煤层气抽采量目标表

单位：万立方米

序号	煤矿名称	2008年	2009年	2010年	2012年
	合　计	6300	16000	23400	26600
一	国有重点煤矿	3100	8000	10600	11600
1	恩洪煤矿	800	2400	2400	2400
2	田坝煤矿	800	1600	1800	2000
3	羊场煤矿	500	1000	1600	1800
4	清水沟煤矿		1000	2400	2400
5	白龙山煤矿	1000	2000	2400	3000
二	地方乡镇煤矿	3200	8000	12800	15000
1	麒麟区	800	1600	2400	3000
2	富源县	800	2400	4000	3000
3	师宗县	800	1600	2400	3000
4	宣威市	200	600	1000	1500
5	威信县	200	600	1000	1500
6	镇雄县	200	600	1000	1500
7	泸西县	200	600	1000	1500

附表2　云南省煤矿瓦斯利用量目标表

单位：万立方米

序号	煤矿名称	2008年	2009年	2010年	2012年
	合　计	3760	8800	17220	18900
一	国有重点煤矿	1860	4800	9540	9900
1	恩洪煤矿	480	1440	2160	2160
2	田坝煤矿	480	960	1620	1800
3	羊场煤矿	300	600	1440	1620
4	清水沟煤矿		600	2160	2160
5	白龙山煤矿	600	1200	2160	2160
二	地方乡镇煤矿	1900	4000	7680	9000
1	麒麟区	500	800	1440	1800
2	富源县	500	1200	2400	1800
3	师宗县	500	800	1440	1800
4	宣威市	100	300	600	900
5	威信县	100	300	600	900
6	镇雄县	100	300	600	900
7	泸西县	100	300	600	900

附表 3 2008 年～2012 年大型煤炭基地规划勘查项目表

矿区名称	项目名称	面积（km²）	勘探程度		钻探（米）	预获资源量（亿吨）	经费预算（万元）
			现	规划			
老厂矿区	细冲井田	35	勘探	补勘	15000	8.5	1800
	大坡山煤矿	9	详查	勘探	10000	2.2	1500
	德黑勘查区	200	预查	普查	30000	15.4	3400
	小　　计	244			55000	26.1	6700
镇雄—威信矿区	玉京山井田	80	详查	勘探	30000	1.2	3600
	马河煤矿区	150	预查	勘探	68000	5.6	8200
	牛场—以古煤矿区	200	预查	详查	35000	5.0	4200
	石坎煤矿区	400	预查	详查	40000	5.2	4800
	镇雄矿区朱家湾、长岭一号井	23	勘探	补勘	11800	1.64	2700
	镇雄矿区塘房井	30	勘探	补勘	12000	2.00	2800
	黑树庄煤矿区	40	区调	普查	8000	0.50	1000
	小　计	923			204800	21.14	27300
恩洪矿区	补木勘查区	15	普查	详查	6500	10.16	900
	大河勘查区	9	普查	勘探	13000	1.42	1300
	法乌勘查区	21	预查	详查	17000	3.28	2100
	都格勘查区	37	预查	详查	16000	6.86	2000
	古木勘查区	20	普查	详查	6000	1.60	800
	燕麦山向斜南段	19	预查	勘探	14000	2.73	1500
	小　计	121			72500	26.05	8600
小龙潭矿区	江南井田	19	勘探	补勘	8000	8.97	900
	江北井田	7	勘探	补勘	4000	2.00	460
	小　计	26			12000	10.97	1360
合　　计		1314		344300	84.26	43960	

附表 4 2008 年～2012 年其他地区规划勘查项目表

项目名称	面积（km²）	工作程度	钻探（米）	预获资源量（亿吨）	经费预算（万元）
一、“兴边富民”工程	3700		61900	5.64	6740
1. 云南省沿边市县煤炭资源					
调查评价	3000	调查			
评价	0	3.00	300		
2. 沧源县勐省盆地预查	45	预查	3000	0.18	350
3. 沧源县芒回盆地普查	20	普查	3000	0.15	350

续 表

项目名称	面积（km^2）	工作程度	钻探（米）	预获资源量（亿吨）	经费预算（万元）
4. 澜沧县上允盆地普查	60	普查	9500	0.40	1100
5. 澜沧县澜沧盆地普查	5	普查	2500	0.05	250
6. 耿马县耿马盆地预查	300	预查	8400	0.80	840
7. 永德县永康盆地普查	30	普查	8000	0.05	800
8. 贡山县棒当煤矿区普查	10	普查	1000	0.01	100
9. 陇川县陇川盆地预查	60	预查	4000	0.08	400
10. 腾冲县芒棒盆地普查	20	普查	6000	0.70	600
11. 盈江县芒允煤矿区普查	15	普查	2000	0.02	200
12. 盈江县弄璋煤矿区普查	30	普查	3000	0.04	300
13. 金平县磨石沟—那发煤矿区预查	15	预查	4000	0.08	400
14. 绿春县石林煤矿区外围普查	20	普查	3000	0.02	300
15. 绿春县纳密煤矿区普查	20	普查	3000	0.03	300
16. 河口县坝洒—洞坪煤矿区预查	50	预查	1500	0.03	150
二、其他地区规划勘查项目	997		191700	19.56	24900
1. 彝良县洛旺煤矿区	80	勘探	30000	2.00	3600
2. 盐津县庙坝煤矿区	80	勘探	25000	1.00	3000
3. 彝良县两河煤矿区	200	普查	17000	1.10	3400
4. 彝良县小发路煤矿区南部勘探	30	勘探	30000	0.50	3600
5. 罗平县老厂矿区云宝煤矿	25	勘探	20000	0.70	2600
6. 罗平县老厂矿区金竹煤矿	22	勘探	9700	0.64	1200
7. 弥勒县跨竹煤矿区	70	勘探	30000	8.80	3000
8. 弥勒县朋普盆地	40	普查	5000	1.50	700
9. 华坪县温泉煤矿区勘查	30	普查	3000	0.01	350
10. 华坪县民主煤矿区勘查	30	普查	3000	0.01	350
11. 华坪县毛坪子煤矿区勘查	80	普查	12000	1.50	1900
12. 永胜县仙源煤矿区勘查	50	普查	4000	0.80	650
13. 宁蒗县金棉—宁利煤矿区勘查	60	预查	3000	1.00	500
14. 永善县细沙乡矿产资源调查	200	矿调			50

附表 5　2008 年～2012 年煤层气国内合作项目规划勘查表

时间	矿区名称	工作内容及工程量	预计年产气量万 m^3	预计投资（万元）				预计收入万元	预获资源量亿 m^3	备 注
				国家投资	省补	企业投资	小计			
2008 年	观音山	垂直井 1 口/600m 水平井 2 口/2000m	300			2200	2200	300		
	恩洪	参数井 2 口/1500m				300	300		恩洪区块 40	1. 先导性试验井预计单井日产气量 2000m^3；2. 销售暂按 1. 00 元/m^3 计算。
	新区	参数井 3 口/2600m		650		350	650			
2009 年	老厂	参数井 2 口/1700m					350			
	恩洪	参数井 1 口/800m，先导性试验井组 1 组 6 口/5000m	50	3020	100	900	4020	50		
	威信	参数井 6 口/4200m	250	3800	150	1500	5450	250		
2010 年	昭通	参数井＋生产试验井 2 口/1000m，先导性试验评价								
	恩洪	参数井 2 口/1600m，先导性试验井 1 组								
	镇雄	参数井 8 口/5800m	500	1100		600	1700	500		
2011 年	蒙自	矿权登记，参数井＋生产试验井 2 口/1200m，先导性试验评价								
	镇雄									
2012 年	新区	参数井 6 口/5000m	700	280		300	580	700		
	恩洪	参数井 3 口/900m								
		矿区煤层气商业开发评价								
合　计			1800	8850	250	6150	15250	1800	40	

附表 6　2008 年～2012 年煤层气国际合作项目规划勘查表

时 间	矿区名称	工作内容及工程量	预计年产气量（万 m^3）	预计投资（万元）	预计收入（万元）	预获资源量（亿 m^3）	备 注
2008 年	老厂	参数井 1 口，试验井 4 口	200	4000	200	老厂矿区 80	1. 先导性试验井预计单井日产气量 2000m^3；2. 预计水平井单井日产气量 8000m^3；3. 销售暂按 1.00 元/m^3 计算。
2009 年	老厂	参数井 1 口，先导性试验井组 1 组	200	3000	200		
2010 年	老厂	参数井 2 口，水平井 1 口	500	6000	500		
2009 年	恩洪	参数井 1 口，先导性试验井组 1 组	700	2800	700	恩洪矿区 40	
2010 年	恩洪	参数井 2 口，先导性试验井组 1 组	1500	3800	1500		
合　计			3100	19600	3100	120	

附表 7　2008 年～2012 年煤层气抽采规划重点项目表

时间	矿区名称	工作内容及工程量	预计年瓦斯抽采量（万 m^3）	预计投资（万元）			预计收入（万元）	备　注
				国家投资	企业	小计		
2008 年	白龙山恩洪	建立井下瓦斯抽采利用系统	20	1000	1000	2000	20	1. 井下瓦斯抽采利用以 2004 年为基数（10 亿 m^3），单矿均按 1‰； 2. 地面煤层气抽采预计单井日产气 2000m^3； 3. 销售暂按 1.00 元/m^3 计算。
2009 年	白龙山	煤矿瓦斯地面预抽井 10 口	400	1000	3000	8250	400	
	恩洪	煤矿瓦斯地面预抽井 5 口		500	1750			
	田坝羊场	建立井下瓦斯抽采利用系统		1000	1000			
2010 年	白龙山	煤矿瓦斯地面预抽井 20 口	1700	1000	6500	17500	1700	
	恩洪	煤矿瓦斯地面预抽井 10 口		1000	2500			
	雨汪	煤矿瓦斯地面预抽井 5 口		1000	4500			
	小煤矿	建立井下瓦斯抽采利用系统 4 套		500	500			
2009 年	田坝	煤矿瓦斯地面预抽井 5 口	4880	700	1300	5200	4880	
	羊场	煤矿瓦斯地面预抽井 5 口		700	1300			
	雨汪	煤矿瓦斯地面预抽井 15 口		600	600			
2010 年	雨汪	煤矿瓦斯地面预抽井 5 口	5500	350	1250	3500	5500	
	玉京山	煤矿瓦斯地面预抽井 5 口		350	1250			
	观音山	建立井下瓦斯抽采利用系统 2 套		300	300			
2011～2012 年	威信镇雄富源	煤矿瓦斯地面预抽井 15 口	10000	600	900	1500	10000	
		建立井下瓦斯抽采利用系统 6 套		200	500	700		
合　计			22500	10800	28150	38650	22500	

附表 8　30 万吨/年以上国有及国有控股、地方骨干建设矿井汇总表

序号	项目名称	建设性质	设计能力万吨/年	新增能力万吨/年	预计项目投资万元	预计竣工验收时间（年）
	合　计			7555	6376	1957390
	一、改扩建项目（25 个）		2810	1631	327220	
	（一）国有及国有控股（9 个）		2150	1238	246790	
1	小龙潭矿务局露天煤矿	扩建	1490	820	159500	2010
2	先锋煤矿	扩建	300	235	42000	2009
3	东洪恩洪煤矿二号井	扩建	60	30	6600	2008
4	东源羊场煤矿杨家井	扩建	60	30	6650	2008
5	东源兴云煤矿庆云井	扩建	60	30	6580	2008
6	东源圭山煤矿红旗井	扩建	45	24	5280	2008
7	陆东煤矿二号井	扩建	45	15	3190	2010
8	来宾光明煤电公司	扩建	45	15	2990	2008
9	威信宏发煤矿	扩建	45	39	14000	2012
	（二）地方骨干矿井（16 个）		660	393	80430	
10	文山州普阳露天煤矿	改建	90	30	4160	2010
11	富源县老厂乡宏发煤矿	扩建	60	39	8190	2010
12	富源县老厂乡雄达煤矿	扩建	60	39	8190	2010
13	富源县十八连山乡天井煤矿	扩建	60	30	6450	2010
14	宣威市乐丰乡横山煤矿	扩建	45	30	6550	2011
15	富源县恒达煤矿	扩建	45	30	6500	2008
16	富源县老牛坡矿	扩建	30	21	4200	2008
17	富源县老牛坡矿大槐树井	扩建	30	24	4800	2009
18	富源县十八连山乡丹烁煤矿	扩建	30	15	3100	2010
19	富源县墨红镇河兴煤矿	扩建	30	24	4950	2009
20	富源县十八连山乡平庆煤矿	扩建	30	24	4850	2008
21	富源县墨红镇金鑫煤矿	扩建	30	24	5180	2010
22	富源县大河乡补木嘎煤矿一号井	扩建	30	15	3250	2009
23	宣威市文兴乡小松树煤矿小松树井	扩建	30	24	4980	2011
24	师宗县五一煤矿	扩建	30	15	3190	2010
25	师宗县雄壁煤矿	扩建	30	9	1890	2009
	二、新建项目（35 个）		4745	4745	1630170	
	（一）国有及国有控股（22 个）		4310	4310	1500750	
1	滇东能源白龙山煤矿	新建	300	300	312500	2010
2	雨旺煤矿一号井	新建	300	300	145000	2012
3	细冲煤矿	新建	240	240	120000	2012
4	鲁依煤矿	新建	240	240	120000	2012

续 表

序号	项目名称	建设性质	设计能力万吨/年	新增能力万吨/年	预计项目投资万元	预计竣工验收时间（年）
5	威信观音山煤矿一号井	新建	180	180	63000	2010
6	雨旺煤矿二号井	新建	150	150	72500	2012
7	塘房煤矿	新建	120	120	36300	2011
8	富煤一矿	新建	90	90	100000	2012
9	富煤三矿（大坡山煤矿）	新建	90	90	31500	2012
10	东源集团靖安煤矿	新建	90	90	31500	2012
11	威信观音山煤矿二号井	新建	60	60	21000	2010
12	东源恩洪清水沟矿井	新建	60	60	18090	2008
13	东源镇雄朱家湾矿井	新建	60	60	16800	2008
14	东源镇雄长岭矿井	新建	60	60	20190	2009
15	东源恩洪矿区老书桌矿井	新建	45	45	17400	2010
16	东源恩洪矿区煤炭坡矿井	新建	45	45	15470	2010
17	东源集团云宝煤矿	新建	30	30	10500	2012
18	东源集团革来煤矿	新建	30	30	10500	2012
19	东源集团东升煤矿	新建	30	30	10500	2012
20	威信玉京山一号井	新建	45	45	14000	2012
21	威信玉京山二号井	新建	45	45	14000	2012
22	昭通褐煤露天矿	新建	2000	2000	300000	2012
（二）地方骨干矿井（13 个）			435	435	129420	
23	富源县吉克煤矿	新建	45	45	13600	2008
24	富源县纳佐煤矿	新建	45	45	13100	2011
25	镇雄县兴元煤矿	新建	45	45	14800	2012
26	富源县欣欣煤矿	新建	30	30	9180	2009
27	富源县斯派尔煤矿	新建	30	30	9450	2008
28	富源县天佑煤矿	新建	30	30	9100	2010
29	昭通市广丰煤矿	新建	30	30	9050	2010
30	富源正基煤矿	新建	30	30	9180	2010
31	师宗县独龙煤矿	新建	30	30	9000	2011
32	镇雄县柳林煤矿	新建	30	30	8990	2011
33	镇雄县鹿角煤矿	新建	30	30	9070	2011
34	富源县大隆煤矿	新建	30	30	9100	2011
35	陆良县石槽河煤矿	新建	30	30	5800	2010

云南省食品药品安全“十一五”规划

（2008年5月25日）

食品药品安全工作是维护人民群众饮食用药安全、促进经济社会又好又快发展的重要保障。按照省委、省政府和国家有关部门的要求，从云南省经济社会发展实际出发，编制和实施云南省食品药品安全“十一五”规划，着力解决全省食品药品安全基础性、关键性和全局性问题，全面提升食品药品监管工作能力和水平，对满足全省人民群众日益增长的健康安全需要，促进富裕民主文明开放和谐云南建设具有重大意义。依据《云南省国民经济和社会发展第十一个五年规划纲要》、《国家食品药品安全“十一五”规划》和有关方针政策，制定本规划。

一、“十五”主要工作及成效

“十五”期间，在省委、省政府和国家有关部门的正确领导下，全省食品药品监督管理工作，始终以邓小平理论和“三个代表”重要思想为指导，全面贯彻落实科学发展观，以能力建设为核心，以保障公众饮食用药安全为中心任务，解放思想，真抓实干，开展了大量卓有成效的工作，通过坚持不懈的整顿规范和依法监督，食品药品市场秩序进一步好转，食品药品产业健康发展，人民群众饮食用药安全感普遍增强，食品药品安全监管工作呈现良好的发展态势。

——食品药品监管体系初步建立。形成由省食品药品监督管理局、省稽查局、16个州（市）局、129个县（市、区）局组成的食品药品行政监督管理体系；由省食品药品检验所和15个州（市）食品药品检验所（昆明市未设）、省医疗器械检验所、省药品不良反应监测中心、省药品认证审评中心、省执业药师注册中心组成的技术监督体系。

——食品安全综合监管成效明显。2004年，省食品药品监督管理局组建后，省人民政府成立了食品安全委员会，下设办公室在省食品药品监督管理局，明确省直各职能部门的职责及工作目标，全面推行食品安全目标责任制。实施食品放心工程，建立多部门协调联动机制，联合工商、质监、卫生、农业等部门，开展形式多样、覆盖面广的食品安全宣传和食品专项整治活动，食品市场秩序明显好转，食品安全管理取得显著成效。“全省统一领导、各级政府负责、部门指导协调、各方联合行动、社会广泛参与”的食品安全工作格局基本形成。

——药品市场秩序得到有效规范。专项整治与日常监管相结合，加强GMP、GSP管理，严格规范企业生产经营行为；加强联合执法，严厉打击制售假劣药品等违法犯罪行为；建立健全药品信息通报、案件查办和责任追究制度，实行企业诚信档案、质量公告监管机制；全面推进药品分类管理，建立和完善处方药、非处方药分类管理制度；药品抽检、快检能力不断提高，药品不良反应监测取得新突破；特殊药品和医院制剂管理日益规范；依法监管能力和水平不断提高，药品市场秩序得到有效规范。

——医药产业健康快速发展。2005年通过GMP认证的生产企业已达到137户，通过了GSP认证的药品批发企业有218户。文山“三七”种植基地成为2004年全国首批认证的7个GAP基地之一，全省现有3个种植基地通过了GAP认证。完成了地方药品标准整顿，统一换发药品批准文号3823个，4000余个药品包装备案，初审上报省内各类新药244个，300多个地方药品标准上升为国家药品标准，同时已有200多个民族药标准上升成为国家标准。

——农村“两网”建设成效显著。建设农村药品供应网和监督网是加强农村药品市场监管，维护广大农民合法用药权益的重要措施。通过在城镇、乡村聘请食品药品监管信息员和协管员，初步形成县、乡、村三级食品药品监督网络，有效扩大食品药品监管辐射范围。积极支持和鼓励医药企业在基层设立区域性配送中心，帮助连锁企业零售网络向乡、村延伸，在农村建立稳定、规范的零售药店，初步解决农民购药和用药安全等问题。

——队伍素质建设不断加强。加强系统内部管理，加大执法培训力度，完善检查考核办法，建立党风廉政建设和行政执法责任制，积极开展“两个务必”、法纪法规学习、职业道德培训及其他多种形式的警示教育，队伍整体素质、执法水平、廉政勤政和拒腐防变能力明显提高，在广大人民群众中树立了良好形象。

5年来，食品药品安全工作取得了明显的成效和长足的进步，但在实际工作中仍存在一定困难和问题，制约着食品药品安全事业的发展：一是行政办公业务用房严重匮乏，95%以上州（市）、县（市、区）缺乏办公用房和业务用房；二是技术检验检测基础设施滞后，与打击制假售假的违法犯罪活动不相适应，农村食品药品安全存在较大隐患，药品的口岸贸易便利化存在瓶颈制约；三是执法队伍依法行政的能力和水平需要进一步提高；四是法治建设落后，依法监管相配套的法律法规仍不够健全和完善，日常监管依据不足；五是行政监管力量相对薄弱，执法办案经费和执法装备严重不足。这些困难和问题，需要在“十一五”工作中认真研究，切实予以解决。

二、“十一五”工作指导方针

（一）指导思想

以邓小平理论和“三个代表”重要思想为指导，以科学发展观统揽全局，以确保人民群众饮食用药安全为中心任务，全面履行政府社会管理和公共服务的职责，创新监管机制，规范监管行为，加强食品药品监管设施建设，大力提高检测技术水平，提升监管能力和水平，深入开展食品药品放心工程，大力整顿和规范食品药品市场秩序，保障公众饮食用药安全，促进人民群众健康素质的提高和经济社会的协调发展，为全面建设小康社会和构建富裕民主文明开放和谐云南作出应有贡献。

（二）基本原则

一是坚持以人为本。必须把保障公众饮食用药安全作为全部工作的出发点和落脚点，确保食品药品安全监管工作与全面建设小康社会的总体目标相适应，与云南省经济社会发展相适应。

二是坚持科学监管。必须树立科学监管理念，完善技术支撑体系，提高食品药品安全监管能力和水平，创新监管制度，建立在全国统一构架下适应省情的监管新机制。

三是坚持依法行政。必须依法加强食品药品安全监管，继续完善食品药品安全监管的地方法规，严格执法，规范监管行为，把依法行政与经济发展、社会进步有机结合。

四是坚持统筹兼顾。必须充分发挥食品药品监管各领域、各个环节的作用，统筹食品和药品的安全监管，统筹城市和农村食品药品的安全监管，统筹食品检测机构整合和建设，统筹药用资源的保护和开发，统筹规范监管和促进发展。

五是坚持加强基层。必须把食品药品安全监管的基层和基础工作作为重中之重，强化州（市）、县（市、区）的技术能力和行政能力建设，促使食品药品安全监管的基层建设和基础工作明显加强。

三、发展目标

经过5年左右的努力，基本建立适应人民群众饮食用药安全需要的食品药品监督管理体制；建立一支政治过硬、业务精良、作风清正、纪律严明、行动快捷、结构合理的食品药品监管队伍；建立健全科学有效的法律法规体系、标准体系、检验检测体系、食品药品安全信用体系；食品药品安全信息化建设取得明显成效，食品药品监管现代化建设迈出实质性步伐；食品药品市场秩序明显好转，全省人民群众的饮食用药安全得到有效保障。

——进一步完善食品安全综合监管机制。建立健全食品安全信息中心和信息监测体系、信用体系、风险预警和重大突发事件的快速处理机制，食品安全信息监测覆盖面达到90%；批发市场、大型农贸市场和连锁超市的鲜活农产品的抽检质量安全合格率达到95%；批发市场、大型农贸市场和连锁超市的食品动态监控面达到95%；生猪定点屠宰场（厂）100%建立检验检疫制度，对检出的病害猪肉100%进行无害化处理；县城以上城市批发市场零售、集体食堂、餐饮单位销售和使用猪肉100%来自定点屠宰场（厂）；重大食品安全事故处理率达到100%；食品召回覆盖面达到80%；食品生产企业专项检查覆盖面达到90%，实现对食品安全状况的宏观把握和有效监管，提高综合监管效率和组织协调相关部门处置、应对食品安全重大事故的能力。

——进一步整顿和规范药品市场秩序。加强对药品研究、生产、经营和使用单位的监督管理，从源头上保证药品质量；加强对重点产品、重点地区、重点环节的专项整治，逐步解决影响药品质量的关键问题，使药品质量水平稳步提高。全省药品评价性抽验的合格率稳定在95%以上，争取达到98%以上；对现有国家药品标准的独立全项检验能力，省药品检验机构达到100%，州市药品检验机构达到80%；药品生产、经营、使用单位从合法渠道购买药品和中药饮片达到100%，无证生产、经营药品行为基本铲除。运用法律、行政、经济、诚信建设等综合手段，规范药品市场秩序，促进药品市场繁荣。

——进一步加强农村“两网”建设。在监督网建设方面，探索建立农村食品药品监管的长效机制，农村药品监督网覆盖率达到100%；在供应网建设方面，切实提高农村药品供应的市场化运作水平，使全省农村药品配送到县、乡和行政村的县市达到100%，农村药品连锁企业“进县到乡”的县市达到90%以上，农村药品质量抽验合格率达到90%以上。通过加强组织协调，完善配套措施，促进农村“两网”的协调运行，使“两网”建设工作的评估监测合格率达到100%，实现政府、企业和人民群众“三满意”，让农民群众用上质量可靠、价格合理的放心药品。

——加强医疗器械监管工作。建立省、州（市）、县（市、区）三级医疗器械不良事件监测网络，全省医疗器械不良事件监测覆盖率达到80%；加强医疗器械检验机构的建设，提高监督工作中的技术含量，保证监管工作的科学、公正、透明；进一步整顿规范医疗器械市场，加大市场抽验力度，使一次性注射输液器具抽验合格率达到93%，对医疗器械广告发布的审查率达到90%。省级医疗器械检验机构对市场常规产品检验能力达到95%以上。

——初步建立食品药品监管信息网络系统。重点建设“3511”信息网络工程，即：“三个平台，五大应用系统，一个中心和一个标准体系”。基本实现食品药品监管工作电子政务的信息化管理，建立畅通的信息监测和通报网络体系，构建部门之间信息沟通平台，实现资源共享。

——完成省局及各州（市）、县（市、区）局基础设施建设。到2008年底全面完成州（市）、县（市、区）级食品药品监管机构的办公用房和业务用房建设；完成省食品药品检验所、医疗器械检验所、各州（市）食品药品检验所的建设，全面加大检验监测力度；新建省食品药品监督管理局稽查局、省药品不良反应中心、药品认证审评中心、执业药师注册中心办公用房和业务用房。

四、主要任务

（一）食品安全

1. 加强食品安全监测

建立食品药品质量监测网，按照科学规划、分步实施、城乡联网、整体联动的原则，搭建信息网络平台，健全食品安全预警监测系统，建成电子监管系统，加快相关部门之间的网络互联，实现监管信息交流和共享，提高监管效率，加强与周边省（区）的合作，力争在5年内建成设施完备、技术过硬的综合信息网络，并根据监测结果建立一套动态的、科学的食品安全突发事件和重大事件应急体系。

2. 提升食品安全检验检测水平

加快省食品药品检验所易地重建的步伐，增加装备投入，努力将省食品药品检验所建成国家级口岸检验所；整合并充分利用现有食品检验检测资源，初步建立协调统一、运行高效的食品安全检验检测体系，实现检测资源共享，满足食品生产、流通、消费全过程安全监管的需要，促进检验检测机构社会化，积极鼓励和发展第三方检测机构。

3. 建设食品安全突发事件和重大事故应急体系

完善食品安全应急反应机制，建立实施食品安全快速反应联动机制。加强应急指挥决策体系，应急监测、报告和预警体系，应急检测技术支撑系统，应急队伍和物资保障体系建设，提升政府应急处置能力。全面加大食品安全重大事故的督查督办力度，健全食品安全事故查处机制，建立食品安全重大事故回访督查制度和食品安全重大事故责任追究制度，逐步完善省食品安全监察专员制度。

4. 建立食品安全诚信体系

进一步增强全社会食品安全诚信意识，营造食品安全诚信环境，培育食品安全诚信文化。初步建立食品安全诚信运行机制，全面发挥食品安全诚信体系对食品安全工作的规范、引导、督促功能。逐步建立企业食品安全诚信档案，推行食品安全诚信分类监管。完善“地方政府负总责，监管部门各负其责，企业是食品安全第一责任人”制度，加强行业自律，建立食品企业红黑榜制度。

5. 完善食品安全相关认证

建立食品行业生产、技术、市场销售及产业政策信息网络，大力开展ISO系列认证、HACCP认证工作，强化质量管理，建立和完善食品生产原料采购、半成品成品加工、市场流通等一系列环节的质量标准安全监督检测体系。发挥区位优势，重点发展具有云南特色和优势的产品，将云南建成面向南亚、东南亚的绿色食品重要出口基地。

6. 加强进出口食品安全管理

完善进出口食品安全质量管理体系，执行进口食品质量安全监控计划，建立出口食品疫情疫病、农兽药残留监控体系，对出口食品生产加工企业实施电子监管。推行出口食品质量追溯和召回制度。提高进出口食品检验检疫技术保障能力。加强进出口食品检测能力和专家队伍建设，建立和完善进出口食品的检验检疫准入程序以及各类食品的准入要求；实施进出口食品质量安全监控计划，以安全、快捷为目标促进云南省口岸食品进出口的发展。

7．开展食品安全宣传、教育和培训

加强食品安全法律法规、政策和标准的宣传报道，对政府管理人员、执法者、企业管理与工作人员、新闻工作者、消费者进行多形式、多途径的食品安全教育和培训。开展“食品安全进农村”、“食品安全进社区”、“食品安全进校园”活动，普及食品安全基础知识，提高全社会食品安全意识，增强消费者的自我保护和参与监督能力。

（二）药品安全

1．提升药品安全监管水平

继续推行GLP、GAP、GMP、GSP、GPP、GCP等质量规范的认证和追踪复查工作，不断提高药品生产经营企业的产品质量、经营管理水平和药学技术力量；深入推进农村药品“两网”建设，逐步建立起覆盖州（市）、县（市、区）、乡（镇、街道）、村（社区）的以药品监督部门为主、以药品质量监督协管员和信息员为辅的专兼结合的农村药品质量监督体系，确保农村药品市场监管到位；全面实施药品分类管理，有效防止滥用处方药；强化特殊药品安全监管，防止流弊；创新药品监督抽验机制，强化监督抽验在打假治劣中的重要作用。

2．规范医疗器械安全监管

建设技术全面、覆盖面广、设备先进的省医疗器械质量监控与评价体系，逐步实现依据国家标准和行业标准对医疗器械产品进行质量检验，增强应对各种突发事件的能力，促进医疗器械科研、生产的健康发展，为人民群众提供安全有效的医疗器械。完善医疗器械监督检验及质量控制体系，整合检测资源，建立检验体外诊断试剂和临床检验分析仪器为主的检验室，以及建立机电产品检验室。

3．保健食品和化妆品安全监管

依托食品安全与评价体系，开展保健食品、化妆品安全检测与评价工作；制定和规范保健食品、化妆品安全信息的汇总、分析、预测和发布制度；开展保健食品、化妆品专项整治，规范保健食品和化妆品市场秩序；在省食品药品检验所建立保健食品样品试验检验队伍，积极争取尽快获得国家级保健食品样品试验检验资质。

4．推进药品、医疗器械监管信息化工程

在国家统筹安排下，根据云南省实际，重点建设“3511”信息网络工程，即建设“三个平台、五大应用系统、一个中心、一个标准体系”，其中三个平台是指信息基础设施平台、信息安全平台、应用支撑平台；五大应用系统是指行政准入管理系统、综合执法管理系统、重大事件快速反应系统、药品和医疗器械检验检测系统、公共服务系统；一个中心是指药监信息资源中心；一个标准体系是指落实国家食品药品监督管理局信息化建设标准化体系。重点做好食品药品全程监管系统建设项目、标准数据库建设项目、食品药品监管政务网站建设项目、企业诚信系统建设项目、应急反应系统建设项目、食品药品监督管理局电子政务信息资源库建设项目等项目的建设。

五、重点建设项目

按照《国家计委关于印发党政机关办公用房建设标准的通知》、《食品药品监管行政执法机构办公业务用房建设指导意见》、《云南省人民政府关于加强食品药品监督管理工作的若干意见》（云政发〔2006〕10号）、《关于进一步严格控制党政机关办公楼等楼堂馆所建设问题的通知》（中办发〔2007〕11号），结合云南省食品药品安全的发展要求和实际情况，全面推进行政执法机构与执法装备的基础设施建设、技术监督体系建设、队伍建设和法制建设，加大对边疆、少数民族贫困地区特别是原战区的倾斜力度。

（一）行政执法机构建设项目

1．州（市）、县（市、区）级机构办公及业务用房建设项目。省食品药品监督管理局现有机构总数为168个，州（市）、县级食品药品监管机构数为146个，其中有138个机构没有办公及业务用房，占95%。按照国家相关标准计算，需要新增用房面积18万平方米。资金由国家和省财政统筹安排，土地由当地政府协调解决，于2008年底完成。

2．省食品药品监督管理局稽查局建设项目。尽快立项审批、协调政府相关部门，争取政策与资金支持。由国家和省两级财政预算内专项资金解决。

（二）监管技术支撑体系建设项目

1．省食品药品检验所建设项目。为实现“建立国家级口岸检验所和通过国家实验室认可”两大目标，进一步扩大云南省医药产业进出口贸易的根本途径，力争申报并获准将省食品药品检验所定为国家级口岸检验所。按照国家计量认证检测实验室认可的有关要求，省食品药品检验所按国家级口岸检验所标准建设。

2．省医疗器械检验所建设项目。新建省医疗器械检验所综合实验楼，按国家相关标准要求建设，达到省级医疗器械检验所全部检验项目的要求。

3．州（市）级食品药品检验所建设项目。新建及改扩建16个州（市）级食品药品检验所，依据国家食品药品监督管理局《省、地级药品检验机构实验室建设指导意见》建设。

4. 新建23个县级食品药品检验所项目。争取立项审批与建设7个边境口岸（景洪、瑞丽、河口、天保、孟连、江城、腾冲），4个人口大县（镇雄、宣威、隆阳、广南）及16个州（市）局各设置1个县级食品药品检验所，扩大检验的覆盖面，提高监管强度。

5. 云南省药品不良反应监测中心建设项目。开展省药品不良反应中心与药物滥用检测中心（国家分中心）的建设，进一步完善云南省药品监测体系。

6. 推进省执业药师注册中心及省药品认证审评中心建设。

（三）执法装备及检验检测仪器设备配置

按照《全国医疗器械检验机构基本仪器装备标准（2005年～2010年）》，改造各级食品药品检验机构，逐步配备基本仪器设备，逐年扩大检验项目，达到规范要求。全系统执法装备按照《全国药品检验机构基本仪器配置标准》增补相应的检测仪器和专用设备，使全系统执法装备基本满足执法需要并适度超前，技术手段在中西部地区处于比较领先的水平。

（四）人才队伍建设

按照建设一支“精干、廉洁、高效”的行政监管人才队伍的要求，有计划、有组织地对监管人员进行行政管理、法律法规等方面的系统教育培训，实现食品药品监管队伍整体素质进一步优化，干部的思想政治素质显著提高；人员知识结构、专业结构进一步改善，综合管理能力明显加强；对全系统监督管理人员的培训率达到100%，45岁以下干部大专以上学历达到100%，副科以上领导干部本科以上学历达到90%以上；造就一支政治过硬、业务精良、作风清正、纪律严明、行动快捷的食品药品监督管理队伍。

（五）地方性法规和标准制定

不断加强地方立法研究，认真做好《云南省药品管理条例》、《云南省食品安全管理条例》、《云南省医疗器械管理条例》、《医疗机构药品、医疗器械质量管理条例》和《地产药材管理条例》的地方立法，建立制度完备、管理规范、监督有力、运转协调的法制体系；按照执法有依据，岗位有责任，行为有评议，过错有追究的要求，完善行政执法制度，强化执法监督检查，规范行政执法行为，全面提高全系统依法行政能力和执法水平。

为使云南省药材标准技术水平达到国家标准同类品种技术标准，饮片炮制规范达到国家标准同类品种技术水平，从而为云南新药开发研究奠定基础。制定400种饮片的炮制规范，侧重点是云南省标准中未载入国家标准的品种，对原有标准进行修订提高；研究云南地方习用药材及在成药配方中已经应用但无法定标准的药材品种，制定200种药材品种的习用药材标准。

（六）信息网络建设

为实现食品药品市场监管的科学化、信息化、网络化，在国家统筹安排下，重点建设“3511”信息网络工程。开展重点建设药品全程监管系统建设项目、标准数据库建设项目、食品药品监管政务网站建设项目、企业诚信系统建设项目、应急反应系统建设项目、药监电子政务信息资源库建设项目等的建设。网络系统建设专项资金需由国家及省两级财政配套解决，日常维护运行费用列入省政府年度财政预算。

六、保障措施

（一）树立科学监管理念，创新监管体制机制

坚持以科学发展观为指导，解放思想，实事求是，开拓创新，紧密结合云南实际，积极探索建立科学监管、依法行政的工作机制。在食品安全监管方面，重点加强制度建设，增强综合监管、组织协调和对重大事故处理的能力和水平；按照国家统一部署，完善食品安全监管体制，进一步理顺相关监管部门的职责，逐步建立与科学发展观相适应的职责清晰、运转高效的监管机制，避免监管执法部门职能交叉、多头执法和监管空缺；强化综合执法和相关部门联合执法，逐步建立食品安全监管长效机制。在药品安全监管方面，完善药品、医疗器械审批机制和抽验机制，深化行政执法体制改革，规范行政执法行为，创新层级监管机制，保障执法到位，努力提高监管能力和水平。

（二）切实加强组织领导，认真做好规划实施

各级人民政府要牢固树立规划就是“法规”的意识，切实加强对规划实施的组织领导，建立层级目标责任制，按照“五到位”（机构、人员、责任、经费、措施到位）、“三纳入”（纳入各级政府工作目标、年度考核、财政预算）的要求，扎扎实实抓好规划具体落实；各相关职能部门按照规划要求和职责分工，各司其职，各负其责，通力合作，密切配合，确保规划目标、任务和重点建设项目的顺利实现。

（三）完善安全责任体系，强化企业责任意识

按照“地方政府负总责，监管部门各负其责，企业作为第一责任人”的要求，建立健全食品药

品安全责任体系。各级人民政府要加强组织领导，定期分析评估本地食品药品安全状况，制定监管措施，加强监督检查，有效处置食品药品安全事件。各部门要密切配合，相互衔接，形成完整的监管链。生产经营企业要强化自律意识和守责意识，建立健全企业责任制度和自律制度，完善内部管理，提高企业诚信度，积极履行和承担食品药品安全责任。

（四）健全法律法规体系，提升依法行政水平

适时开展食品安全相关地方法规制定工作，建立健全与国家法律法规相配套的食品安全法规体系；加快制定《云南省食品安全管理条例》、《云南省医疗器械管理条例》、《医疗机构药品、医疗器械质量管理规范》和《地产药材管理条例》等相关法规，做到有法可依；加强行政执法监督，建立和完善责任追究制，推进依法行政，提高行政监管效能；推行政务公开，进一步深化行政审批制度改革，创新审批方式，规范审批程序；强化执法队伍的法律法规培训，提高队伍整体素质，全面提升依法行政能力和执法水平。

（五）加大政府投入力度，争取多方资金保障

建立切实可行的资金保障机制，确保重点项目的资金来源。要加强与国家局、各级人民政府和相关部门的沟通协调，争取各级人民政府以及相关部门给予政策支持和提供资金保障，以确保食品药品安全基础设施建设、食品药品安全监管执法工作顺利进行。积极向国家局争取国债项目投资，解决全局性、前瞻性、关键性问题；把食品药品监督管理系统基础设施建设列入全省的经济社会发展规划，及时落实建设资金；积极争取当地政府及有关部门的重视，为基础设施建设提供用地、资金支持及建设便利。对列入规划的项目，要本着实事求是、量力而行的原则，根据项目实施方案和财力情况，所需资金要列入年度的财政预算，加强项目建设管理，高质量按期组织完成。加强对规划项目实施财务管理，对所需资金数额大及执法装备项目、技术装备项目、基础建设项目等规划项目，要严格执行审批制度，确保资金使用效益和合法规范。

（六）高度重视宣传教育，增强公众参与意识

鼓励新闻媒体依法进行食品药品安全宣传和开展舆论监督，充分发挥食品药品安全相关行业协会、学会、中介组织在诚信建设、行业自律以及食品药品安全宣传方面的积极作用，进行食品药品安全法律法规宣传和普法教育，发布食品药品安全信息，引导公众消费选择。建立公众参与的市场监管体系，规范食品药品信息发布制度，完善消费者投诉信息收集渠道，建立健全食品药品安全领域便捷灵活的沟通机制，依法保障公众的知情权。加强食品药品信访工作，维护公众饮食用药安全权益。鼓励公众自觉参与食品药品宣传和监督，形成上下协调、各方联动、齐抓共管的良好局面。

（七）加强对外合作交流，促进监管水平提升

通过对外和省际政府、部门之间的合作，利用多种交流方式提高公务人员的业务素质和水平。积极参加世界贸易经济知识的学习和培训，保持和发展与省外、周边国家的食品药品安全监管机构、技术机构的合作与工作交流，学习和吸收先进的食品药品监管理念和模式、科学的标准体系、先进的检验检测方法和安全管理方式等，不断提升云南省食品药品安全监管水平。

云南省加快中等职业教育发展行动计划

（2008年5月28日）

经过多年发展，云南职业教育已经初步建立起普通教育、成人教育相互补充，初、中、高等职业教育相互衔接的职业教育体系。职业学校培养的数百万各类专门人才和高素质劳动者，已成为经济社会发展一线的骨干力量，作出了重要的贡献。但从总体上看，职业教育仍然是云南省教育事业的薄弱环节，办学机制和人才培养的规模、结构、质量还不能适应经济社会发展的需要，不能满足广大人民群众对不同层次职业教育的需求。为贯彻党的十七大精神，促进云南省经济增长方式的转变，加快中等职业教育的发展，特制定本行动计划。

一、提高对加快中等职业教育发展的认识

1. 加快中等职业教育发展，是教育为社会主义现代化建设服务的重要历史任务，是云南省走新型工业化道路，培养社会急需人才，建设社会

主义新农村，推进农村劳动力有序转移和解决"三农"问题的迫切需要；是完善国民教育体系，促进教育全面可持续发展，彻底改变中等职业教育滞后现状的迫切需要。党的十七大提出"要优先发展教育，建设人力资源强国"的奋斗目标，并强调"教育是民族振兴的基石，教育公平是社会公平的重要基础"。"要优化教育结构，加快普及高中阶段教育，大力发展职业教育"。省第八次党代会确定了今后5年乃至更长一段时期的奋斗目标和主要任务，提出要加快发展城乡职业教育和培训网络，实现中等职业教育与普通高中教育协调发展。要从全面建设小康社会和构建社会主义和谐社会的全局出发，努力构建现代职业教育体系，加强职业学校现代化管理，建立现代化职业教育评价体系，加快云南省职业教育现代化进程。

2. 加快中等职业教育发展的目标。按照"深化改革、整合资源、加快发展、扩大规模、提高质量、完善体系"的要求，到2010年，云南高中阶段教育的毛入学率要达到55%以上，在校生总规模达到130万人以上，其中，中等职业学校在校生规模达到60万人以上。到2012年，高中阶段教育的毛入学率要力争达到70%以上，在校生总规模达到168万人以上，其中，中等职业学校在校生规模达到80万人以上。各类职业培训机构培训社会各类劳动者达到150万人次。高中阶段教育协调发展，普通高中与中等职业学校招生规模大体相当。

二、加快中等职业教育发展的措施

（一）实施"中等职业教育改革创新工程"，扫除发展职业教育的体制机制障碍

3. 改革体制，创新机制。切实扩大中等职业学校的办学自主权。在适应当地经济社会发展需要、具备办学条件的前提下，依照法律法规和相关政策，支持中等职业学校自主决定招生规模、专业设置、合作办学、学籍管理、教师聘任、教材选用等。推进公办中等职业学校改革传统办学模式，面向市场办学，以推行"订单式"培养为突破口，创新人才培养模式，激发办学潜力和活力。把毕业生就业率作为评价中等职业学校办学质量和效益的主要指标。深化中等职业学校人事和分配制度改革，实行岗位设置管理和教职工全员聘用制、校长公开招聘及校长任期制。推行学校内部岗位绩效工资制，建立优教优酬、多劳多得、激励与约束统一的分配机制。在坚持教育公益性质的基础上，加大财政对教育的投入，鼓励和支持学校采取"股份合作"、"公办民助"、"项目融资"等多种形式，吸引民间资本和外来资金，促进公办职业教育办学体制、机制改革。

4. 促进民办职业教育发展。落实发展民办教育的有关政策，将民办中等职业教育作为加快职业教育发展、扩大职业教育规模的重要力量，积极鼓励和支持有条件的单位、社会组织和个人举办中等职业学校和职业培训机构。民办中等职业学校在用地和减免市政基础设施配套费、申报重点职业学校、重点学科、重点实训基地建设项目，以及评奖、评优等方面享受与公办职业学校同等的待遇。优先扶持一批具备条件的民办中等职业学校，对学校规模和专业设施设备投入达到一定标准、质量良好的民办中等职业学校给予奖励性补助。

5. 创新办学模式。围绕云南省烟草、旅游、矿产、建材化工、电力等支柱产业和花卉、制糖、茶叶等特色产业的发展，结合国家开展数控、计算机、护理、汽修、生物技术、建筑工程等紧缺人才培养、培训工程，由省级相关部门、企业集团、行业协会牵头，依托本部门、行业、企业集团、所属职业院校，组建一批职业教育集团。目前可先组建烟草、电力、冶金、交通、化工、建筑、农业、旅游、轻工、机械等10个职业教育集团，同时成立一批行业职业教育协调委员会，以集团和行业协会为载体，探索以专业发展为纽带，以校企合作为重点，以提高劳动者素质为目的，优势互补、互利互惠，低投入、高产出的职业教育发展新模式。

6. 深化教育教学改革。以增强学生的职业技能和创业能力为核心，坚持"以服务为宗旨，以就业为导向"的办学方针，从计划培养向市场需求转变，从政府直接管理向宏观引导转变，从传统的升学导向，向就业导向转变，建立与经济社会发展紧密联系的办学机制，更好地面向社会、面向市场办学。积极探索与就业市场有效对接的示范性专业建设及相应的课程开发和教学方式改革，重点发展为云南省支柱产业、特色经济产业、高新技术产业、新兴服务业、文化产业服务的专业，以及经济社会发展急需和紧缺的其他专业。推行学分制和弹性学习制，逐步建立全省范围内的学分互认制度，逐步缩短学制，推行半工半读、跨地域学习、工学交替、分阶段完成学业等职业教育培养、培训新模式。推进城乡之间、东西部之间联合招生、合作办学，实行更加灵活的办学模式。改革以学校和课堂为中心的传统人才培养模式，加强实践环节教学，实行工学结合、校企合作的培养模式。实训教材按照企业的实际操作

流程设计，增强职业教育的针对性和适应性。建立企事业单位接收职业学校学生实习的制度。中等职业学校学生在最后一学年到企业等用人单位顶岗实习，并获取一定的报酬，用于支付学习和生活开支。与学校签订3年以上实习合同的企业，所支付实习学生的报酬以及相应的实习投入计入生产成本，予以税前扣除。

（二）实施“中等职业学校改扩建工程”，扩大中等职业教育规模

7. 整合教育资源。各州（市）人民政府及行业、企业主管部门要明确自身的主体责任，把职业教育发展规划纳入当地经济社会发展的总体规划。统筹协调，优化结构，合理布局，通过上下努力，确保省人民政府确定的目标任务如期完成。要按照扩大规模、提高质量、培育特色的原则，统筹区域内职业教育和培训资源，打破条块分割和部门界限，淡化中等职业学校类别，整合职业教育资源，推动职业教育向规模化、集约化、连锁化方向发展。通过合并、共建、联办、划转等多种形式，对地方所属的职业学校、培训机构等职业教育资源进行重组和整合，优化配置。人口较少的县，可以在普通中学内开办职业高中班或将生源组织到其他地区就学；人口较少的州（市），可以将全州（市）生源集中到州（市）人民政府所在地学校办学。现有高等职业院校要积极举办中等职业教育，办学规模可占高等职业院校在校生规模的20%。鼓励高等院校对口帮扶中等职业学校。鼓励大中型企业举办中等职业教育，省级行业主管部门对举办中等职业教育的企业，要积极指导和帮扶。

8. 加强示范学校建设。以省属中等职业学校和昆明、曲靖、玉溪、楚雄、大理、红河6州（市）为重点，建设一批办学规模大、地点集中、功能较完善、教学质量高的中等职业学校；在各县（市、区）人民政府所在地建设一批带动当地经济社会发展的县级职教中心。建成100所特色鲜明、质量优良、规模较大、效益突出、教学质量高的示范性中等职业学校。其中，国家级重点学校50所，校均在校生规模不低于3500人；省部级重点学校50所，校均在校生规模不低于2500人；其余中等职业学校达到合格学校标准，校均规模一般不低于1000人，教学质量明显提高。

9. 加强边疆学校建设。加大投入力度，加强边境25个县（市）中等职业学校的基础设施、教学设备、师资队伍等建设，改善办学条件，提高教学质量，积极吸纳当地生源参与职业教育，促进边境地区教育事业持续、稳定、健康发展。

10. 合理确定规模。各州（市）要按照普通高中与中等职业教育规模大体相当的要求，对本地区高中阶段教育的招生实行统筹管理，合理确定普通高中和中等职业学校的招生比例，对比例差距较大的，要采取特殊措施，保证普通高中教育与中等职业教育均衡发展。为防止中等职业教育资源流失，目前未招生的中等职业学校要尽快恢复招生；对处于停办状态的中等职业学校，主管、主办部门要在摸清情况的基础上，经过调整，采取措施尽快恢复办学。从现在起到2010年，现有中等职业学校原则上不再审批升格

（三）实施“中等职业教育技能型人才培养培训工程”，培养高素质实用技术人才

11. 完善学历证书与职业资格证书制度。劳动保障部门要积极支持中等职业学校学生参加职业技能鉴定，职业学校90%的毕业生应获得职业资格证书。劳动保障、国资委等相关部门要督促企业优先从取得职业院校学历证书、职业资格证书或职业培训合格证书的人员中招录员工。加强对中等职业学校培养目标、办学形式、教学管理、专业设置、课程开发、教学方式等方面的评价，与学生职业资格证书的取得和市场对人才的需求相适应。

12. 建立和完善技能人才激励机制。在行业和企业的关键岗位推行“首席技师”聘任制度。技工学校、职业高中学校的毕业生与普通中专学校毕业生应享受同等待遇。劳动保障和人事部门应制订技能人才的奖励办法，对各行业有突出业绩的高技能人才实行特殊奖励。

（四）实施“中等职业教育实训基地建设工程”，加强实践实训教学能力

13. 加强实训基地建设。围绕云南省产业布局及区域、行业发展对技能人才的需求，以州、市人民政府为主，依托行业企业和中等职业学校，统一规划，按专业门类重点建设一批区域性、资源共享的实训基地。首先在昆明、曲靖、玉溪、楚雄、大理、红河、昭通建设7个重点公共实训基地；在50所左右的中等职业学校建设重点专业实训基地，并有10个基地实现专业门类齐全、装备水平较高、优质资源共享。对列入省级实训基地建设的州（市），采取省级财政和州（市）财政投入相结合的方式建设，省属学校的实训基地建设由省级财政投入为主。鼓励和支持具有参与企业产品开发和生产能力的公共实训基地建设。实训基地要打破部门、行业和所有制界限，实现共建共享，充分发挥在教学、培训、职业技能鉴定和技术服务等方面的功能。省级财政重点扶持由

企业出资建设，实行校企结合，产、学、研结合的公共实训基地建设。

（五）实施“中等职业教育教师队伍建设工程”，提高师资整体水平

14. 加快职业教育师资队伍建设。建设一支学历合格、素质较高、数量充足、结构合理、专兼结合的教师队伍，整体提升中等职业教育师资水平，促进职业教育持续发展。到2010年，中等职业教育教师达到2.58万人，平均每年增加2250人；到2012年，中等职业教育教师达到3万人。中等职业学校教师学历合格率达到90%，国家级重点学校专任教师中有高级职称的达到30%以上，省部级重点学校专任教师中有高级职称的达到20%以上。“双师型”教师比例达到30%以上。提高教师熟练运用现代教育技术和方法的能力。完成100个骨干专业建设，培养200名学科带头人，全面提升中等职业教育服务经济社会发展的能力。

15. 强化中等职业教育师资培训。配合国家“十一五”期间实施的中等职业学校师资培训计划，做好教师培训工作。各级人民政府及有关部门和学校要做好规划，安排相应配套经费。要依托高校、企业和行业，大力开展中等职业学校师资培训。本科院校要发挥专业优势，结合中等职业学校专业课教师的需求，及时调整培养方向，定向培养“双师型”教师。

16. 实施职业学校教师特聘、特岗、特邀计划。每年聘请1000名行业、企业在职或退休高级技师和技工到中等职业学校任教；在国家实施的“特岗教师计划”中，每年安排100名特岗教师到中等职业学校任教；中等职业学校特邀企业工程技术人员到校任教，由企业每年委派1000名在职技术人员到中等职业学校任教。建立职业教育兼职教师人才储备库，供职业院校选聘使用，实现资源共享，优势互补。

17. 建立中等职业教育教师到企业实践制度。组织教师到企业实践，了解企业的生产组织方式、工艺流程、产业发展趋势等基本情况；熟悉企业相关岗位（工种）职责、操作规范、用人标准及管理制度等具体内容；学习新知识、新技能、新工艺、新方法，不断完善教学方案，改进教学方法。专业课教师、实习指导教师每2年必须有2个月以上时间在企业或生产服务一线实践

（六）实施“中等职业教育服务新农村建设工程”，促进社会主义新农村建设

18. 广泛深入开展农村实用技术培训。各县（市、区）要以职教中心、农业广播电视学校、农村成人文化技术学校和其他农业科技教育培训机构为基地。依托农业、科技、教育项目积极做好培训工作，广泛开展农村实用技术培训。乡镇成人文化技术学校的办学面要达到100%，行政村成人文化技术学校办学面要达到80%。每年培训人数保持在500万人次以上。培养大量有文化、懂技术、会经营的农村实用技术人才，提高农民发展现代农业的能力，切实帮助农民实现增收致富。各级人民政府要积极支持并在年度财政预算中安排一定的资金用于农村实用技术培训与推广。

19. 多方协同做好农村劳动力转移培训工作。中等职业学校要与农业、劳动、扶贫和统战部门加强联系，积极参与农业部门“阳光工程”、统战部门“温暖工程”等的实施工作，并配合扶贫部门做好贫困地区劳动力转移培训工作。每年参与农村劳动力转移培训的总量不低于全省总量的20%。增强农村劳动力就业和创业的能力，推动农村劳动力向二、三产业转移。除中央和省级财政每年安排农村劳动力转移培训专项资金外，各州（市）、县（市、区）人民政府也要安排一定资金用于农村劳动力转移培训工作。

（七）实施“继续教育和再就业培训工程”，促进学习型社会建设

20. 充分发挥职业院校和培训机构的短期培训功能。中等职业学校和培训机构要面向广大初中和高中毕业生、城镇失业人员、农村进城务工人员，开展各种形式的职业技能培训和创业培训，提高就业能力、工作能力、职业转换能力及创业能力，为促进就业和再就业做好服务。每年培训人次要与当年招收学历学生人数大致相当。相关行业企业的技能培训，尽量依托中等职业学校进行，学校要主动争取社会培训任务。要将培训规模和质量，作为评价中等职业学校办学能力的重要内容。

三、切实加强领导，全面统筹协调

21. 加强对中等职业教育的领导。省人民政府成立云南省职业教育工作领导小组，统筹协调中等职业教育发展工作。各州（市）、县（市、区）人民政府也要成立相应的领导机构，负责行政区域内职业教育的统筹协调、经费筹措、督促检查等工作，推进当地职业教育的改革与发展。各级人民政府要充分依靠企业、发挥行业作用，逐步形成政府统筹、行业指导、市场调节、企业参与，学校自主开展职业教育和培训的运行机制。

22. 引导行业积极参与职业教育。各级行业主管部门要积极开展行业人力资源预测，制定行业职业教育和培训发展规划，对本行业职业教育和培训工作进行协调和指导；支持和依靠行业组织

广泛开展职业教育和培训，参与相关专业的课程教材建设和教师培训等工作。具有直接管理学校职能的行业主管部门，要按照国家有关规定，继续办好职业学校和各类培训机构，积极把学校做大做强。省级行业主管部门要认真抓好地方难以举办的行业特殊专业人才的教育和培养工作，重点抓好对解决“三农”问题具有基础性、主导性作用的农业职业教育。

23. 督促企业承担依法举办职业教育和培训的重要责任。建立和完善企业职业教育培训制度，制定职业教育和职工培训规划，加强培训基地建设。开展岗位培训和继续教育，形成职工在岗和轮岗培训制度，进一步强化企业的自主培训功能。鼓励企业根据实际需要单独、联合或参与举办中等职业学校或职业培训机构。地方重要产业组织和有条件的大型企业，要单独或与其他学校联合举办中等职业学校，培养行业和企业需要的实用人才。中小企业应依托地方职业学校、职业培训机构培养、培训在职职工和后备职工。

24. 确保职业教育各项经费投入。“十一五”期间，省级财政每年在预算中安排不少于1亿元资金，投入中等职业教育，专项用于国家对职业教育基础能力项目建设、实训基地项目建设、教学设备改善和实施中等职业学校“三特（特聘、特岗、特邀）教师”计划实施配套补助。同时，由省发展改革委统筹安排中等职业学校固定资产建设贷款贴息3000万元。省财政厅、教育厅、劳动保障厅等相关部门要研究制定中等职业学校以生均经费标准为基础的多种形式的经费供给政策，保证中等职业学校的正常运转。各州（市）、县（市、区）人民政府要优化教育支出结构，确保职业教育财政性经费逐年增长，未普及九年义务教育的地区要确保城市教育费附加用于职业教育的比例不低于20%，一般地区不低于30%。对非财政拨款的企业所办中等职业学校，如果企业每年录用学校毕业生达到新招收职工70%以上，各级财政可从收取的教育费附加中安排专项资金，用于支持企业发展职业教育。企业要严格按照职工工资总额的1.5%至2.5%提取职工教育经费，用于职工培训。企业用于学生实习和中等职业学校教师培训的支出在所提取的职工教育培训经费中列支。

积极鼓励企事业单位、社会团体和公民个人对职业教育、职业培训提供资助和捐赠，努力建立多渠道筹措职业教育经费的新机制。对所提供的资助和捐赠，按照新的《企业所得税法》及其实施条例规定的比例准予在企业所得税税前扣除；对私营企业、合伙企业、个体工商户和个人通过中国教育发展基金会用于公益救济性捐赠，准予在缴纳个人所得税前全额扣除。

25. 切实做好家庭经济困难学生资助工作。认真贯彻落实国家和省有关中等职业教育家庭经济困难学生资助工作要求，成立中等职业学校家庭贫困学生助学金管理机构，制定中等职业学校助学金管理实施细则，做好中等职业学校学生资助工作。由省级财政承担中等职业教育家庭经济困难学生资助经费地方分担资金，配合国家资助资金，在国家资助的基础上扩大资助面，让一、二年级全部在校学生每人每年得到1500元的资助。加大对人口较少的少数民族学生、残疾学生、孤儿、烈士子女等特殊学生的资助力度。中等职业学校要从事业收入中足额提取5%的经费，用于家庭经济困难学生的学费减免、校内奖学金、助学金和特殊困难补助。积极引导和鼓励企业、社会各方面参与中等职业学校家庭经济困难学生资助工作。在全面落实国家助学金制度的同时，建立优秀学生奖学金制度，建立工学结合、顶岗实习、学校减免学费等多种形式的中等职业教育资助政策体系，使愿意就读中等职业学校的学生都能得到资助，帮助学生顺利完成学业。

26. 努力提高毕业生就业率。各中等职业学校要建立指导学生就业的专门机构，配备专职人员，加强学生就业指导工作，帮助学生树立正确的就业观，主动联系就业市场，沟通就业服务渠道，做好毕业生就业工作。各级教育、劳动保障、人事等部门，要在当地政府统筹协调下，配合学校做好毕业生就业工作。由政府统一规划，整合当地劳动力市场，每年定期开展1次至3次中等职业教育就业咨询和双向选择活动。以互联网为平台，建设覆盖全省中等职业学校并与教育主管部门、毕业生就业主管和服务部门相连接的中等职业教育毕业生信息工作网。充分利用现有的云南省大、中专毕业生就业信息网和服务平台软、硬件资源，建立中等职业学校毕业生就业信息服务平台，为各地提供就业信息服务。各地对通过政策程序就业并建立了劳动、人事（代理）关系的毕业生应当准予落户，其工作单位应为其依法建立相应的社会保障关系。省及各州（市）人民政府驻外省市的办事处，要承担职业教育联合办学、推荐就业的相关任务，拓展省外就业市场，主动了解当地就业情况，加强与中等职业学校的联系，帮助推荐云南省职业学校毕业生到发达地区工作，同时为云南省在外务工人员提供信息咨询和法律援助。

27. 发挥职业资格证书导向作用。依据《劳动法》的相关规定，严格执行“先培训，后就业“和“先培训，后上岗”的制度，切实做到持证上岗。凡属国家和省规定要求具备资格证书的工种，用人单位必须从取得相应职业院校学历证书和职业资格证书的人员中录用；一般工种招收录用职工，优先录用取得相应职业院校学历证书和职业资格证书的人员；对从事个体工商经营的人员，应当创造条件，给予必要的职业教育和培训。劳动保障、人事及工商等部门要加强对就业制度的监督管理，完善管理办法，加大执法力度，对违反规定的用人单位要依法给予处罚，并限期对相关人员组织培训。

28. 建立目标责任制和激励机制。省人民政府与各州（市）人民政府签订目标责任书，将职业教育工作列入对各级人民政府的考核指标。建立中等职业教育发展联系制度。省中等职业教育工作领导小组各成员单位，必须联系几个州（市）和学校，帮助其完成目标和任务。建立督查和发展推进机制。省中等职业教育工作领导小组定期对全省职业教育工作进行督查，建立通报制度，并协调解决推进过程中遇到的问题。建立奖励机制。对完成任务好、中等职业教育发展快、成绩突出的地区和单位进行表彰奖励。

·责任编辑·赵　怡

经 济 研 究

Economic Research

专　文

发展资本市场促进资本流动 为云南经济又好又快发展注入新的活力

省长　秦光荣

开展解放思想、深化改革、扩大开放、科学发展大讨论，这是云南省深入贯彻落实党的十七大精神，在新的历史起点上和新的发展实践中，毫不动摇地坚持和发展中国特色社会主义，牢固树立科学发展观，推动云南经济社会又好又快发展的一项重大举措。从政府工作的角度考虑，解放思想，就是要着力克服影响科学发展的思想障碍，树立科学发展的新观念。深化改革，就是要着力突破影响科学发展的体制机制，开启科学发展的新途径。扩大开放，就是要着力构建充满活力、富有效率、更加开放的发展环境。科学发展，就是要坚持把发展作为第一要务，坚持以人为本，坚持统筹协调，切实转变经济发展方式，推动云南经济社会又好又快发展。

当前，云南的改革发展正进入关键时期，怎样通过大力培育资本市场，利用全省的资源优势和已经形成的优良资产撬动资本市场的发展，加速资本流动，实现资本的跨地区和跨产业优化整合，促进产业结构优化升级，进一步转变经济发展方式，不断增强云南经济社会发展活力，是我们在解放思想大讨论中要认真思考和研究的问题。

一、资本市场发展滞后，已经成为制约云南经济发展的重要因素

资本市场的产生和发展是与社会化大生产紧密相连的，它既是现代市场经济发展的必要条件，也是建立和完善现代市场经济体系的重要标志之一。资本市场的发展除了能够增强实体经济的融资能力以外，更重要的是，能够更充分地发挥市场机制在资源配置中的基础性作用，优化资本结构，分散经济风险，加速社会财富的增加。

（一）云南资源丰富，但优势资源转化为优良资产的程度还很低

云南是一个资源大省，资源总量居全国第6位，人均资源量是全国平均水平的2倍，素有各种“王国”、“宝库”的美誉。近年来，云南省各类优势资源的开发速度不断加快，形成的资产规模迅速增长，有利地促进了全省经济发展。但是，目前云南省优势资源转化为优良资产的程度仍然很低。以水电资源为例，全省有近1亿千瓦可开发装机容量的水能资源，但目前已开发资源仅占12%左右。再看生物资源，云南省有丰富的生物药资源，如全省2007年三七种植面积达13万亩，产量占了全国的98%，全国以云南三七为原料的制药企业有1300多家，云南省有36家，但规模都比较小、产品研发加工不足。玉溪万方药业是全国最大的三七总皂苷提取企业，但年产三七总皂苷有90%外销作为省外企业的原料。2007年，全省以三七为主要原料的药品制剂中，最好的2个产品年销售收入分别仅为2.5亿元和1.7亿元，而天津天士力药业以三七为主要原料的“复方丹参滴丸”1个产品年产值就超过10亿元。再比如，云南省民族众多，文化多样，许多文化资源具有转化为优良资产的巨大潜力。《云南映象》投入商业演出到现在，已在全球演出1500多场，收入1亿多元。但总的来看，与文化资源优势相比，文化产业规模还比较小。

（二）存量资产已经形成相当规模，但流动性差，资产证券化水平低

从省级存量资产来看，主要有两大类资产，一类是省属国有企业所拥有的经营性资产。根据企业快报数据显示，截至2008年3月底，省国资委监管的18户企业共拥有约2260亿元的资产总量，其中，国有资产的权益约为730亿元，这些资产主要集中在有色、冶金、煤炭、化工、医药、建材、机械电子、建筑施工等行业。按照资产规模排序，截至2007年底，省属企业中资产总额在100亿元以上的企业有7户。2007年，省属企业完成销售收入1513亿元，有7户企业销售收入超百亿元，平均总资产回报率为6.66%，在全国排第24位，平均净资产收益率为10.65%，在全国排第14位。另一类是基础设施项目和资产，如铁路、公路、电站等。截至2007年底，全省铁路营业里程2310公里；全省纳入国家统计的公路总里程20万公里，其中，高速公路2508公里；已建成11个机场；电力总装机已达到2.15亿千瓦。可以说，目前云南的存量资产总量已具有相当规模，但资产的证券化程度还很低。从经营性资产来看，云南省没有1家大型企业集团进行了整体上市。目前，全省共有26家上市公司（其中，云南控股的有13家），占全国的1.7%，只相当于江苏省江阴市1个县级市的上市公司数量。截至2008年4月18日，全省26家上市公司总市值约2248亿元，占全国A股总市值的1.33%，与2007年全省GDP总量比较，约占47.8%；而全国A股总市值16.8万亿元，与2007年全国GDP总量比较，约占68%。如果考虑到海外上市的情况，云南省的差距更大。另外，云南省到目前为止还没有公路、铁路的上市公司，也没有进行公路、铁路的资产证券化。

（三）投资需求旺盛，但资本市场发展滞后，直接融资比例过低

目前云南省经济增长仍然是靠投资拉动，这一状况在今后一个较长时期内不会改变。但由于资本市场发育程度较低，云南省的投资来源主要靠企业自筹、银行贷款和国家投入，融资渠道狭窄，直接融资比例低，融资成本高。2002年～2005年间，云南省直接融资比例低于2%，2006年上升到7.6%，2007年为11.9%，但仍低于全国22%的水平，差距在10个百分点以上。目前，日、德、美等发达国家企业直接融资比重已分别达到50%、57%和70%。与之相比，云南省的差距更明显。对1994年以来云南及全国GDP、固定资产投资、信贷数据进行计量分析表明，云南GDP增长对贷款余额的边际占用系数比全国高0.13，同样创造1块钱的增加值，云南比全国多需要0.13元贷款，紧缩信贷对云南的影响更大。因此，加大直接融资力度已成为云南省解决资金问题的当务之急。

（四）发展资本市场，促进资本流动，不仅势在必行，而且正逢其时

党的十七大报告指出："优化资本市场结构，多渠道提高直接融资比重。"资本市场是金融市场的一部分，我国资本市场融资功能增加，债券市场发展加快为云南省扩大直接融资提供了良好的外部环境。随着云南省经济的快速发展，巨大的融资需求将有很大一部分要依靠资本市场来满足。发展资本市场，扩大股权融资和债券融资规模，加快推动云南省资产证券化程度，有利于拓宽融资渠道，提高直接融资比重；有利于发挥资本市场优化配置资源的功能，加速优质资源向优势企业集中，增强企业核心竞争力；有利于充分利用资本市场来完善企业法人治理结构，提高企业经营业绩；有利于通过资本市场实现与国际资本的有效、公平对接，促进云南省经济与国际经济在更深层次上的融合；也有利于云南省居民理财，提高居民对国家经济发展的参与度，分享改革发展的成果，促进社会和谐。特别在国家实行从紧的货币政策和世界性资金流动过剩的情况下，客观上需要我们培育一个功能齐备、运作规范、规模不断扩大、效率不断提高的资本市场。

二、合理开发资源，盘活存量资产，做好资本运作

为加快云南经济社会发展，解决建设资金不足的问题，必须遵循资本流动的基本规律，以发展资本市场为突破口，创造条件推进资源、资产的资本化，加速资本流动，提高资本收益。而要实现资源、资产的资本化，首先需要解决"桥"和"船"的问题，即实现资本化的途径和手段。就这个问题，我谈10个方面的想法。

（一）加快建立反映资源稀缺程度的价格形成机制，实行资源有偿开发

党的十七大报告明确提出，要"建立健全资源有偿使用制度和生态环境补偿机制"。实现资源的资产化，并最终实现资本化，首先要建立能够真实反映资源稀缺程度的价格形成机制，从而实现资源的有偿开发和经济价值的最大化。以有色金属为例，2005年以来，全球有色金属价格上涨，利润大幅度上升，但整个行业80%的利润被矿产（矿业）企业获取。而在云南省，矿产资源长期无偿或低价使用，优势资源的价值得不到充分体现。尽快研究制定云南省优质资源开发权的有偿转让制度，既是实现资源价值、减少资源浪费的需要，也是转变资源开发方式，提高资源利用水平的需要。云南省当前要加快推进建立以市场定价为主、能反映资源稀缺程度的资源价格形成机制。具体来讲：一是对于不可再生的资源，如矿产资源等，通过市场化的方式进行矿业权评估作价后，一方面可作为国有资本注入上市公司直接实现资本化，另一方面，也可通过加大行业整合的方式促进资源向优势企业聚集，形成优良资产，为其资本化作准备，以实现资源的合理开发利用。二是对于可以持续利用和循环使用的资源，比如旅游资源

（景区、景点等），可以按经营权与所有权分离的原则，通过市场方式出让一段时期内的经营权，吸引民间资本进入开发，政府主要做好规划、监管和保护工作。三是加快产权交易市场建设，按照资源使用权和经营权分离的原则，引入民间资本甚至外资企业参与资源产权的竞争和经营，构建以产权为基础的资源价格形成机制。

（二）大力培育上市公司，推进企业股份制改造

发行股票上市流通，是企业进行直接融资，迅速优化和壮大企业资产的最直接手段。云南省在这方面有成功的例子，比如云南白药集团在其上市的14年间，通过证券市场使总股本增加了3.96倍，国有资本市场价值增加了13.5倍。再比如云南煤化集团控股的上市公司云维股份，以2008年4月18日收盘价计算，云维股份每股价格为25.70元，每股净资产5.95元，云维股份有限公司的总市值相当于账面净资产的4.32倍，也就是说如果我们以资本的形式转让云维股份的市场价值是其按资产形式转让的4倍多。因此，不断将优质资产注入上市公司和对劣质资产进行剥离，将使上市公司的盈利能力和市场价值得到持续提高。

积极利用资本市场对现有企业进行股份制改造，是建立现代企业制度的重要途径，也是优化企业资产结构的重要途径。我们一是要进一步解放思想，把存量资产向各类资本开放，积极引入包括私募基金、民间资本在内的各种资本，优化现有企业的股权结构，形成科学合理的公司治理机制，以培育上市公司为目标，不断推进云南省优良资产的资本化，带动和促进整个社会资产的效益提升和价值增加。二是要加强组织领导，研究并出台推动省内企业上市的相关税收、土地、环评、产权过户、行政收费、企业改制等扶持政策。三是要以生物资源、矿产、旅游、高新技术等领域成长性好的企业为重点，一对一做好协调服务，及时研究解决企业上市过程中遇到的困难和问题。四是要积极鼓励符合条件的上市公司通过吸收合并、定向增发、整体上市等多种方式进行再融资。五是要在当前“壳资源”依然是中国资本市场稀缺资源的情况下，对主业不突出、上市后利润下降、面临停牌或退市风险的企业，云南省国有资本和民间资本要以金融创新工具为载体，积极进入参与整合重组，使有限的“壳资源”继续为云南经济发展服务。六是要重视培养相关专业人才队伍，建立专业化的中介服务团队，加强对拟上市公司的上市保荐、财务顾问、审计评估、法律顾问等专业化服务。总的目标，要争取在2012年前再有20户以上的企业通过培育、借壳等方式实现上市，使云南省总上市企业数达到50户左右。

（三）引进战略投资者，促进资产流动重组

对于存量经营性资产，通过引进战略投资者进行资产重组，可有效优化资产结构，提高资产流动性，扩大资产总量，并获得企业持续发展所必须的装备、技术、资源、市场等保障。在这方面，云南省2007年已经迈出了重要一步。云铜集团以增资扩股的方式引进中铝公司，中铝公司以现金参股，注资云铜集团75.38亿元，向省政府支付对价20亿元，并斥资20亿元在云南发展铜深加工项目，共引进资金115.38亿元。中铝公司还承诺，将其拥有开发权的秘鲁1300万吨铜矿资源供给云铜集团，并在云南投资建设1条10万吨精密铜板带加工厂，延长产业链。根据企业快报显示，中铝进入云铜后，2007年底云铜总资产较上年增加108%，总负债下降5个百分点。同时，省国资委持有的国有权益增加了近50%，重组成效开始显现。另外，昆钢引进武钢的合作，不但完善了企业资产结构，使企业资产负债率由重组前的76.12%降低至53.86%，而且将通过技术改造使产品结构中高附加值、高技术含量产品占钢材总量的比例达到60%以上。根据企业快报显示，2007年底，昆钢实现销售收入较上年增加33%，资产总额增加近10%，资产结构明显优化。同时，也使云南省国有权益增加102%，利润总额增加101%，净利润增加99%。

再讲另外一个例子，生产光伏太阳能的原云南半导体厂，2004年其生产能力仅2兆瓦，利润不到100万元。在引入中国兵器工业集团下属的西安北方光电有限公司后，以增资扩股方式进行企业改革，新成立了云南天达光伏有限公司，2008年内企业生产能力将达60兆瓦，2010年将达100兆瓦。目前，该企业产品90%出口欧洲，而且供不应求，其发展目标是成为全国领先的光伏设备生产企业，并最终实现上市。为适应发展的需要，企业先后进行了2次增资扩股，总股本从原来的6200万元增加到2.6亿元。在这一过程中，虽然云南方没有增加相应投资，股本从26.91%下降为8%，但是企业发展了，对云南高新技术产业发展起到了示范作用。

因此，我们要按照以下思路推进工作，一是要坚定不移地推进战略合作，加快存量资产重组和资产资本化运作，推进国有经济布局和结构调整，促进云南产业跨越式发展。二是在合作中要

始终注意两点，一个是云南白药不拿出去合作，另一个是云南省掌控资源的企业，在合作中要坚持相对控股。三是合作中一定要维护云南的利益，选择有实力的企业集团进行合作。四是要全面落实国有资产管理的有关规定，一定要按程序推进合作，按程序和要求办事。另外，在引入战略投资者后，不论我们参股还是不参股，控股还是不控股，都要积极支持企业发展，督促和帮助战略投资者落实好、执行好相关协议，推动企业尽快做大做强。企业发展达不到预期目标，我们损失的不仅是相关国有资产，更会失去一个产业发展壮大的机会。

（四）加大金融创新力度，提高资产证券化水平

流动性过剩和中长期利率上升是当前我国金融领域的一个阶段性特点。从宏观经济角度看，贸易顺差过大，是导致银行资金流动性过剩的直接原因，但金融市场不发达、金融服务方式创新不足而导致金融产品单一也是重要的因素。我们一定要学会适时运用金融工具，创新金融服务，通过吸收合并、定向增发、整体上市、发行可转换债券、可分离债券、公司债券、权证、短期融资券、专项资产管理计划、股权转让、资产注入、融资租赁、资产托管等金融创新产品，对既有存量资产进行资本化运作，提高直接融资比例，提高资产证券化水平，增强流动性。2007 年是我国资本市场的一个阶段性牛年，云南省抓住机遇，从资本市场共筹集了 100 多亿元资金。其中，省属企业达 92 亿元，有效降低了企业的融资成本，优化了资本结构。

同样，当利率市场出现中长期上升趋势时，及时发行债券，也可以有效降低融资成本。2006 年初，我国利率水平已处于历史低位，中、长期利率预计将呈逐步回升的态势，金融宏观形势适合发行企业债券。2006 年云天化集团有限责任公司抓住这一有利时机，发行了总额为人民币 10 亿元、期限 15 年、固定利率 4.05% 的企业债券。云南华能澜沧江水电有限公司以漫湾电站 5 年内特定期限（共 38 个月）水电销售收入作为基础资产，发行总规模为 20 亿元的受益凭证。因此，积极探索符合企业实际的资产证券化方式，将缺乏流动性的资产，转化为可以在金融市场自由买卖的证券行为，不仅能筹集到企业发展所需资金，节约财务成本，调整负债结构，提高资产流动性，而且能够明显增加企业的市场价值。我们要抓住机遇，加大对债券融资工具的运用，不断扩大云南省企业债券发行数量和发债规模。对于具有稳定收益但投资大、回收慢的基础设施项目和资产，如机场、高速公路、轻轨、有收益回报的市政设施、环保项目等，也要积极进行资产证券化试点的探索，使企业融入到资本市场中，加大直接融资力度，逐步改变当前主要依靠财政和银行信贷融资的模式，借助资本市场的力量来推动项目建设。

（五）发展地方金融机构，打造区域性金融平台

金融是现代经济的枢纽，金融不活，经济不活。要下决心发展地方金融机构，打造区域性金融平台，充分发挥金融为经济发展服务的作用。

一是尽快做大做强富滇银行，发挥富滇银行地方金融平台作用。云南省组建富滇银行，不仅恢复了历史上有名的地方银行，而且化解了原来昆明商业银行 40 多亿元的债务风险，构建了一个地方性的金融平台。但银行的组建只是完成了第一步，我们要在不断完善公司治理结构的同时，加快推进增资扩股和争取上市的工作。当前，要抓紧完成 7 亿股增资扩股工作，使富滇银行的总股本达到 25 亿股，增强资本实力。2009 年要完成引进境内外战略投资者的工作，进一步提高资本充足率，在此基础上积极争取上市。要加快机构网点布局的步伐，通过整合地方性金融机构、新设机构等方式，完成对全省中心城市的网点布局。利用云南的区位优势和富滇银行在历史上的影响力，加强与港澳、东南亚金融机构的业务联系与合作，适时在东南亚地区设立办事处，并积极吸引华商、华侨参与投资和管理运营，使富滇银行体现华侨银行的特点。要通过规模化、综合化经营聚集金融资源，推进富滇银行与地方优势企业、政府投资公司的合作，为地方企业提供更大的资金支持和全面的金融服务。

二是加快农村信用社改革，抓紧组建农村合作银行。要抓紧成立工作机构，研究制定具体方案和备选方案，扎实推进组建农村合作银行的各项工作，探索“面向三农”与“商业运作”有机结合的经营管理机制。

三是发展壮大辖区内证券机构，提高证券机构竞争力。目前，云南仅有红塔证券和太平洋证券 2 家证券公司，与全国领先的证券机构相比：资产总量还不大，2007 年末，2 家公司的总资产分别为 77.37 亿元和 49.33 亿元，红塔证券与全国资产规模居前列的中信证券相比，相差将近 25 倍；营业收入还不高，2007 年 2 家公司的营业收入分别为 21.58 亿元和 11.53 亿元，红塔证券与中信证券的差距有 14 倍；但赢利能力比较强，2006

年红塔证券人均利润排名全国第一，2007年2家公司的净利润分别为11.87亿元与6.17亿元。对这些证券机构，要给予更多的重视和关注，帮助其扩大业务，做大规模，增强在同行业中的竞争力。太平洋证券2007年已经借壳上市，红塔证券的上市申请也已上报中国证监会。2家公司要抓住机遇，结合证券市场发展的新趋势，通过建立子公司等组织形式，以及增值扩股、收购兼并等方式，拓展新兴业务，壮大资本实力。

与此同时，要利用云南省的区位优势，积极推进金融国际合作。这既是云南省加强资本市场建设，拓展融资渠道，提高资本运作水平的一个重要途径，也是云南省扩大对外开放，促进东南亚、南亚区域性金融合作的重要内容。目前，香港恒生银行正积极准备在昆明设立分支机构。云南省要努力创造条件，吸引更多世界知名的投资银行参与到省内资源、资产的资本化运作和管理中来。尤其要借助投资银行强大的资金实力、广泛的投融资渠道和丰富的资本运作经验，在帮助企业上市等方面发挥重要作用，并带动云南省资本运营能力和从业人员素质的提高。同时，要开放金融市场，吸引更多的外资银行到云南省设立分支机构、开展业务。在这个月中旬由省政府组织的“七彩云南香港行”活动中，我们与香港金融管理局、中银香港、中银国际、中银投资等金融机构座谈时，也交换了这方面的想法。几家金融机构都赞同，并表示将积极推进与云南的金融合作。

（六）继续深入推进银政、银企合作

进一步巩固和拓展与国家开发银行、农业银行、农业发展银行、中国人寿等金融合作。2003年云南省与国家开发银行在全国率先开展省级政府信用合作，已签订2轮合作协议，协议总额度2124.05亿元，其中，政府信用额度926.05亿元，非政府信用额度1198亿元。至2007年末，实际落实的政府信用额度为426亿元，为协议额度的46%。其中，省本级220亿元，为692亿元协议额度的31.7%，还有大量项目资金待落实。2004年，云南省还与农业银行签订了振兴云南“三农”行动计划，协议额度260亿元。2007年，与农业发展银行签订了水利专项合作协议，协议额度40亿元。与中国人寿保险公司也签订了战略合作协议。各级政府和部门要进一步重视加强对金融工作的领导、支持，加强与金融机构的沟通和联系，理清产业发展思路和发展重点，用产业政策引导银行资金投向，更好地发挥金融业在促进经济社会发展中的作用。要梳理开发性金融合作流程，完善相关规章制度，督促项目单位加快完善重大项目前期审批手续，争取国家开发银行在贷款审批条件、新增贷款规模及软贷款额度等方面对云南省给予政策倾斜和支持，推动云南省与国家开发银行的合作取得更大进展、更好成效。同时，要进一步拓宽合作范围，加大与中国农业发展银行在农村公路建设、滇中调水工程等方面的合作，并探讨建立支持云南省农村基础设施建设和农业产业化经营发展的合作机制和模式。还要积极发展省政府同中国人寿、中国农业银行、中国工商银行等金融机构的银政信用合作建设，进一步拓宽合作渠道。

（七）培育特色产权交易市场，组建区域性矿业权交易融资中心

加快产权交易市场建设是进行国有资产资本化运作的主要内容，也是引导国有资本合理有序流动，实现国有资产增值的有效途径。从云南省实际情况出发，应重点加快建立有特色的专业产权交易市场和融资平台，如建立立足于东南亚或整个亚洲的矿业权交易融资中心。当今全球有三大矿业交易融资中心，分别是加拿大多伦多证交所、澳大利亚悉尼证交所、南非约翰内斯堡交易所。目前，我国乃至周边国家由于丰富的矿产资源正在成为全球矿业投资最热的地区之一，但缺乏一个世界级的矿业交易和融资平台，新兴的中国资本市场也尚未触及到矿业风险融资。云南省是矿产资源大省，有条件在这方面率先探索，建立一个立足亚洲、面向全球的矿业权交易和融资中心。一方面，云南省矿业权交易中心自2006年成立以来，交易市场已有一定规模，交易中心在全国乃至东南亚的影响不断提升。另一方面，云南省有资源和区位两方面的明显优势，在对外交流尤其是与东南亚国家的矿业勘探和开发合作方面也有很好的基础。我们应抓住机遇，在云南省矿业权交易中心的基础上，完善交易市场、发展融资功能，辐射和拓展东南亚、南亚市场，最终形成一个区域性的矿业权交易融资中心。

（八）发展产业基金和风险勘探基金

设立产业投资基金是发达国家支持主导产业、支柱产业发展的一种较为成熟的投资制度，主要是通过发行基金产品募集资金，交由专业人士组成的投资管理机构进行投资，并将基金资产分散投资于不同实业项目的一种运作模式。设立产业投资基金具有募集资金量大、运营管理严密、投资方向灵活、资金募集渠道广泛，以及集合投资、专家管理、分散风险、运作规范等特点，对于支持、推动重点产业发展具有重大意义。特别是产

业投资基金作为一种投资于实业的资金，可以为企业提供长期稳定的资金来源，弥补我们缺乏长期投资资本的不足，有效改善资本市场结构。近年来，天津设立了渤海基金，福建、湖南等省也在积极筹备设立海峡产业投资基金和潇湘产业投资基金等，国家《产业投资基金管理办法》即将出台。云南省也应积极吸引有实力的法人和投资机构，联合省内国有资本和社会资本，争取设立优势产业投资基金，通过基金专业化、市场化的运作，重点投资有色金属、能源、旅游、生物资源等对云南经济发展具有重要支撑、带动作用的产业，为优势企业发展、产业结构调整提供稳定的直接融资渠道。

此外，为保障云南省矿产资源后备储量和矿业可持续发展，并促进资源开发权的有偿出让，建立资源风险勘探基金非常必要。目前，由于我国矿产勘查市场尚不成熟，勘查投入不足，地质机构和队伍管理体制改革尚未完全到位，使矿产资源勘探开发都还面临许多困难。矿业是云南省的支柱产业，云南省有较强的地质勘探队伍，目前正在按公益性地质调查与商业性地质勘查分开的原则，推进地勘单位改革，组建了基础性、公益性的地质调查局，主要承担国家及省的基础性、公益性地质调查和重要矿产资源的勘查任务。其他地勘单位在属地化管理基础上加快向企业化改革，成为商业性地质勘查市场的主体，开展商业性勘探。云南省还建立了地勘风险资金，推进开展前期地质勘查工作，这将带动大量后续社会资金涌入。同时，云南省得天独厚的成矿地质条件和巨大的找矿潜力，将长期吸引海内外投资人的关注。在这种形势下，云南省应加快研究设立矿产风险勘探基金的问题，根据勘查项目的不同情况，采取全额投资、合作投资等方式建立风险勘探基金，用于推进重点矿种和重要成矿区（带）的前期勘查。

（九）充分发挥现有投资公司作用，打造多元投融资平台

投资公司是开展投融资业务，实现资本运作的重要平台。当前，云南省已有云投控股集团和一批专业性的国有投资公司，对推动云南省资本市场发展、支持产业建设发挥了积极作用。但从这些企业的产权关系、法人治理结构、战略定位、业务水准、人才队伍等各方面看，离现代专业投资机构的要求还有很大差距。

下一步，要做好几件事情：一是改善资本结构，实现股权多元化。可以在保持集团层面国有独资或控股地位不变的情况下，对其所控制的下属专业投资公司进行资产重组，引进有专业水平的国内外一流投资机构和民间资本开展合资、合作；也可以在集团层面引进国际知名投资银行实施资产重组，完成向国际一流投资控股集团的转变和跨越。二是要引进先进的管理模式、经营理念和人才队伍，提高业务水平。目前，云南省国有投资公司在运作模式上以长期持股为主，在经营模式上主要以实业投资为主，有的还呈现出资产管理公司的特征，资产存量大、流动性差，资金使用效率低。必须转变目前的经营方式，把重点放在资本和资产的运作上来，通过减股、转股等措施，吸引更多的社会资金进入，真正发挥融资平台的作用。三是要通过培育上市公司、买“壳”、收购上市公司控股权等方式，尽快实现产业资本与金融资本的结合。四是要建立退出机制。国有投资公司要起到培育和发展新兴产业的作用，优先进入投资，待培育、发展壮大后，马上退出，让民间资本进入。这样既可充分发挥投资公司在产业发展方面的引导作用，也可以实现项目的滚动开发和公司的滚动发展，不断壮大实力。在这方面，云南省投资企业应该学习借鉴新加坡淡马锡控股集团的一些经验和做法。

（十）推进以水务为重点的公用事业市场化改革

对于具有稳定收入的公用事业和社会公益性项目开发，比如城市公共交通、供排水、污水处理等项目，也要积极探索实行“产权管理、资本运营”的方式，通过直接融资，改变完全依靠政府投入的建设和运行模式，依靠资本市场的力量，加快推进云南省公用事业的市场化改革。在这方面，近年来国内其他省市通过独资、合资、BOT、TOT、BT 等方式，在污水处理方面已经为我们提供了许多成功经验。例如，过去 5 年，河南省引进民间资本和境外资本投入污水垃圾处理的资金占了全部投资的 10%；山东省在建成的 145 座污水处理厂中，有 36 座是引进资金建设运营的；湖南省则将全省“十一五”规划中的全部污水处理项目进行打包，通过 BOT 方式整体转让给北京首创股份公司进行统一建设；江苏有 50 个污水处理项目采用 BOT 方式建设，累计融资达 20 亿元以上。

目前，云南省城镇污水集中处理率不到 40%。为改变这一状况，省政府已经明确提出到 2012 年，县级以上城镇污水集中处理要全覆盖。实现这个目标，需要大量的投资，光靠政府投入根本无法满足，必须整合全省水务资源，研究制定相应的政策措施，推进水务管理体制改革，并依法

采取适当提高污水处理收费、将污水处理与自来水运营相结合等办法，引进国内外专业投资公司来参与污水处理的投资经营。即便滇池水污染治理，也要依靠市场手段解决投融资问题。滇池治理本身就应该成为一个最大的融资平台，关键是要研究和用好这个平台。要充分借鉴国外如欧洲莱茵河、英国泰晤士河、日本琵琶湖等水污染治理经验，除了利用国际贷款、发行企业债券，以及推进建立滇池治理专项基金外，还要大胆采用新的融资模式。只有借助市场的力量，滇池污染治理才可能在较短时间内取得更大成效。

三、充分发挥资本市场融资和资源配置功能，不断提升壮大云南特色产业群

培育和壮大符合云南省情的特色产业群，始终是云南经济发展的重中之重，而产业的培育和发展离不开资金的保障。未来一段时期内，云南省要着力发展的特色产业对资金的需求都非常大，单靠政府投资和银行贷款难以满足，必须不断拓宽融资渠道，通过大力发展资本市场、运用资本市场来筹集所需资金。各级政府要努力创造公平竞争的市场环境、保障有力的法制环境、成熟规范的服务环境、开明开放的人文环境，为云南省资本市场的发展壮大创造条件，并努力转变政府职能，深化投融资管理体制改革，从制度上更好地发挥市场在资源配置中的基础性作用，积极探索通过资本市场融资的有效途径，依靠资本市场的大发展促进云南省特色产业的大发展。

加强决策咨询研究工作不断提高政府决策的科学化、民主化、规范化水平

——在省政府决策咨询工作会议上的讲话

省长　秦光荣

决策咨询是一项清苦、辛苦、艰苦的工作，但意义很大，对全省工作大局的发展、对改革发展稳定工作的推进、对领导决策影响等具有重大意义。多年来，全省决策咨询工作者勤于思考、深入调研、紧贴决策，做了大量工作，得到了省委、省政府的认可，赢得了社会各界的高度评价。下面，我讲两点意见。

一、决策咨询工作在云南经济社会发展中发挥了重要作用

决策咨询工作具有问题分析、政策设计、公益表达、聚集人才等功能，是科学民主决策的重要组成部分，是深入了解民情、充分反映民意、广泛集中民智、切实珍惜民力的重要途径。云南历届省委、省政府都非常重视决策咨询工作，为提高决策咨询研究水平、推进科学决策采取了一系列重要措施。经过20多年不懈努力，云南省决策咨询工作从无到有、从小到大，实现了历史性的发展与突破，在云南经济社会发展中发挥了越来越重要的作用。主要体现在以下4个方面：

（一）形成了一批紧扣实际、有力促进云南发展的重大研究成果

长期以来，各级决策咨询部门围绕党委、政府决策急需解决的重大问题，深入调查研究，科学分析，认真思考，提供了一批既具有理论性、又具有实践性，既有前瞻性、又有操作性的研究成果。例如，省政府研究室等决策咨询部门提出和深化了建设“民族文化大省”、“绿色经济强省”和“连接东南亚及南亚的国际大通道”的战略思路。这一思路，后来被省委、省政府所采纳，成为云南参与西部大开发、指导跨世纪发展的三大战略目标，在全省上下乃至国内外都产生了积极而深远的影响。除此之外，还有“五大支柱产业”、“现代新昆明”、“澜沧江—湄公河次区域合作”、“云南全面建设小康社会”、“第三亚欧大陆桥”等有较大影响研究成果与战略策划。这些研究成果，有的直接转化为党委、政府的决策，有的形成了有关部门的决策参考，许多成果已经产生了巨大的经济社会效益，引起了社会各界的强烈反响，为推动云南经济社会的发展作出了积极的贡献。

（二）培养了一支乐于奉献、勤于创新的决策咨询队伍

搞好决策咨询工作的基础是人才，关键是队伍建设。多年来，各级党委、政府坚持领导干部联系人才和专家决策咨询工作，加强对决策咨询工作的组织领导；各级决策咨询机构以加强研究能力建设，提高服务决策水平为重点，把“出成果”和“出人才”紧密结合起来，进一步加强自身建设，努力开发、培养、配置人才，打造了一支学习型、研究型、创新型的科研队伍。我感到，这支队伍具有4个特点：一是业务全面。普遍具有专业知识、政策水平和实际工作经验，有独立思考、研究问题的能力，始终富有蓬勃的生机和活力。二是善于创新。能够深入云南改革开放和现代化建设的实践，善于进行深层次、综合性、前瞻性、对策性研究，对改革发展中的重点、难点、热点问题作出科学回答。三是责任感强。能够顾大局，识大体，努力贴近中心、有效服务中心，与党委和政府的重点工作、重点思路、重要工作部署合拍共振，积极主动地为党委分忧，为政府解难。四是甘于奉献。能够淡泊名利，不辞辛劳，守得住清贫、耐得住寂寞，不断为决策咨询事业贡献自己的心血和才智。

（三）完善加强了决策咨询研究机构体系

稳定的决策咨询研究机构，是实现政府决策科学化、民主化的重要保证。省委、省政府历来高度重视决策咨询机构建设，始终把加强决策咨询研究机构建设作为提高科学民主决策的重要工作来抓。省委、省政府、省人大、省政协以及省法院、检察院都有专门的研究机构。省政府于1983年3月成立了省政府研究室的前身——云南省经济技术研究中心。经过多年的改革与发展，省政府研究室在内部机构的设置上也不断健全和完善，研究领域涵盖面不断拓宽，研究能力不断加强。省社科院、社科联也做了很多决策咨询研究工作。近年来，省发展改革委、省科技厅都在原有基础上设立了研究院，多数厅局都有开展政策研究的专门机构。到目前为止，全省所有州、市都设立了党委、政府的研究室，许多县也成立了决策咨询机构，在各地的决策中发挥了重要作用。各大专院校、科研院所都成立了与决策咨询工作紧密联系的研究机构，如云南大学发展研究院、昆明理工大学西部开发研究院等，为党委、政府决策做了许多有益的工作。

（四）健全创新了决策咨询工作机制

在实践中，云南省大胆创新，逐步形成了一整套适应工作需要的决策咨询工作机制。一是初步建立了统一管理、资源共享、运转协调、便捷高效的党委和政府决策咨询系统，全面负责党委和政府的决策咨询工作，并定期或不定期召开会议、沟通情况、部署任务，及时向社会发布重大咨询课题。二是不断完善行政决策论证制度。目前，全省大多数市、县（市、区）政府出台了规范行政决策的专门规定，明确了行政决策的权限和程序，建立了重大事项集体决策制度、专家咨询论证制度、行政决策听证制度、行政决策合法性审查制度和行政决策跟踪反馈制度，有效减少了行政决策的失误，增强了决策的科学性、民主性。三是形成了与省外著名高等院校和科研机构的协作机制。在省科技厅、教育厅、人事厅设立省院省校科技合作、教育合作、人才合作3个办公室，支持省内研究机构与省外机构合作，开展重大课题攻关（包括科技项目、软科学项目）和人才、智力引进、培训等，已经连续多年。省内各高等院校几乎每年都承担与省外著名高等院校和科研机构协作的决策咨询研究项目，丰富了为领导提供决策的依据。四是开辟了吸纳民智参与决策的渠道。如：从2007年开始设立“诤言奖”，广泛吸纳社会各界的意见和建议，仅2007年就采集到省内外各界群众的诤言1791件共2000多条。此外，云南省还探索建立了整合党委系统、政府系统研究力量和研究课题的机制，节省了经费，提高了研究质量。

二、进一步加强决策咨询工作，努力为云南科学发展、和谐发展作出新贡献

科学决策是科学发展的动力之源。决策成功是最大的成功。在决策的整个过程中，决策咨询研究发挥着非常重要的作用。我理解，决策工作包括决策咨询、决策、执行、督促反馈4个环节，其中，决策咨询是科学决策的前提和基础，是开展调研、集中民智、形成方案、为决策提供智力支持的创造性劳动。进一步做好决策咨询工作，对促进云南又好又快发展具有十分重要意义。

如何加强决策咨询工作，正富同志还要做全面部署。我这里强调四点：

第一，进一步强化服务云南发展、服务党委政府中心工作的意识。

认真贯彻党中央、国务院部署，紧紧围绕党委、政府的中心任务开展工作，是决策咨询部门一切工作的出发点。决策咨询的性质和地位，决定了这项工作只有紧贴云南发展需要，紧扣党委、政府的中心工作，抓住重点，才能忙在点子上，谋在关键处，研究成果才有价值，才能起到推动经济发展和社会进步的作用。为了达到这一目的，

当前和今后一个时期，全省决策咨询工作要进一步立足云南实际，围绕建设富裕民主文明开放和谐云南这个大局，根据党委、政府的中心工作，紧贴省领导关心的重点、群众关注的热点和实际工作中的难点问题，想人民之所想，谋人民之所需，从关系云南经济社会发展的全局性、方向性和战略性问题研究上，确定决策咨询的重点，进行超前的研究，提出具有战略眼光、富有创新精神的建议和对策，使云南省的决策咨询工作更加有的放矢，不断增强科学性、预见性、针对性和实效性。

当前，要深入研究以下重要问题：①把握2008年国家宏观政策走向问题；②云南实现跨越式发展问题；③通过资本运作破解发展难题；④深入推进旅游业改革与发展试验区的问题；⑤强化云南发展的产业支撑问题；⑥推进云南对外开放取得大突破的问题；⑦组建亚太矿产品交易中心的问题；⑧推进山区综合开发问题；⑨保护好云南生态环境问题；⑩更好地解决好民生问题。

第二，进一步强化决策成果的转化运用，使智慧成为力量。

实践证明，政策研究和决策咨询对云南省经济社会的发展具有十分重要的推动作用，优秀的决策咨询研究成果就是先进的生产力。但是，决策咨询成果只有在具体的经济社会发展实践中得到应用，才能体现价值。各地、各部门要认真做好决策咨询成果的吸收转化工作，并在促进决策咨询研究成果的转化应用过程中突出以下几个重点：一是要精选研究项目。决策咨询工作部门一定要紧紧围绕群众关心和社会反映强烈的重点、难点和热点问题，紧贴中心、围绕重点、抓住难点，精心选题，努力使研究项目具有前瞻性，这样的研究项目才有意义，研究成果也容易转化为决策。二是要大胆创新，同时注重实效。创新意识是对新事物的敏锐感知，是破除旧框框、进行新思维的内在愿望，是探索新办法、寻求新途径的高度自觉性。广大决策咨询工作者要以创新的观念审时度势，以创新的勇气直面难题，以创新的精神开辟未来，敢于并善于向党委、政府提出战略性、综合性和创造性的意见建议。要始终把解决问题贯穿于决策咨询研究工作的整个过程，着眼于实际，着眼于应用，提出的对策要实，使措施对策具有较强的操作性，能够在实际工作中顺利实施。三是要进一步强化对决策咨询研究的责任心。要切实做到没有广泛深入的调查研究就不罢手，没有周全的考量就不上报，没有优化的方案就不出台。对决策咨询部门来讲，一定要把进入决策作为研究的目的，而不能只是作为评职称、出专著的“敲门砖”。如何做好研究，需要做到以下6点：①把握大局；②吃透精神；③熟悉下情；④加强分析；⑤突出创新；⑥勤于动笔。

第三，进一步强化对决策咨询力量的整合，形成大调研、大决策的格局。

当前，云南省决策咨询机构体系已经比较健全，但研究力量相对分散、研究课题交叉重复的现象仍然比较严重，没有形成有效的合力。要加强全省决策咨询队伍和机构的力量整合，建立资源共享、运转协调、便捷高效的决策咨询系统，横向整合省级各部门、各高校以及科研院所的研究资源，纵向整合各级党委政府研究机构的资源，广泛吸纳省内外专家、学者，不断壮大研究队伍。要注重建立与非政府组织的联系，认真把他们的好主意吸收到政府决策之中；同时多方聚集民智，畅通群众建言献策的渠道，努力形成以党委、政府研究人员为主、社会研究人员为重要力量的开放式、社会化、多层次的研究网络，最终形成大调研、大决策的工作格局。

第四，进一步关心、重视决策咨询工作队伍，更好地发挥决策咨询人员的积极性、主动性和创造性。

决策咨询部门承担着为党委、政府决策服务的重要职责，是党委和政府的参谋助手。各级党委和政府应始终如一地支持决策咨询研究，积极为决策咨询工作创造良好的工作环境。决策咨询研究是一项清贫、劳累的工作，每一项研究成果的形成，都凝聚了研究工作者的心血和汗水。各地、各部门要通过健全制度、搞好保障等措施为决策咨询部门开展工作提供条件，在工作中要给予支持，生活上给予关爱，政治上给予关心，待遇上给予优待，对遇到的困难给予关注，及时向他们交任务、压担子，对他们有价值的咨询和调研成果予以采纳，并把有思想、有能力的研究人员放到重要岗位锻炼，给予重用，最大限度调动他们的工作热情；在激励机制上要大胆创新，建立健全奖励制度，鼓励和引导更多的专家学者和有识之士加入到决策咨询工作队伍中来，壮大队伍，增强力量；在经费上要加大支持力度，设立和增加决策咨询专项经费，使决策咨询部门能够围绕党委和政府确定的重大课题进行调研、多出成果。

加强决策咨询，是云南省推进决策科学化、民主化进程，提高政府工作质量和水平的一项重要工作。我们要在更高的层次上认识决策咨询工作，在更大的力度上支持决策咨询工作，努力使云南省的决策咨询工作水平不断提高，能力不断增强，作用不断发挥，为云南加快全面建设小康社会进程作出新的、更大的贡献。

坚持生态立省建设生态文明 切实加强滇西北生物多样性保护

省长　秦光荣

生物多样性是人类社会赖以生存和发展的基础，也是衡量一个地区环境质量和生态文明程度的重要标志。党的十七大首次提出建设生态文明，充分体现了我们党对客观自然规律发展趋势的科学判断和对人类社会发展规律的深刻把握，是中国特色社会主义理论体系的创新发展，是党执政兴国理念的深化提高，也对我们贯彻落实科学发展观、实现全面建设小康社会目标提出了更高要求。滇西北是我国乃至世界生物多样性最丰富和最独特的地区，但又是生态环境十分脆弱、经济社会发展相对滞后的地区，同时面临着加快发展和加强保护的双重压力。只有认真处理好保护与发展关系，实现在保护中开发，在开发中更好地保护，才能保障最广大人民群众的根本利益，实现优势资源的可持续利用和人与自然的和谐发展，为云南、为中国、为人类社会的进步和发展，保留下一个珍贵的绿色宝库。

一、滇西北是全球重要的生物资源宝库，加强生物多样性保护意义重大

（一）保护生物多样性是人类对大自然认识的升华，也是人类文明发展的必然要求

18世纪以来的300年工业文明，创造了相当于以往历史创造出的物质财富的总和，极大地提高了人民生活水平和社会生产力。但与此同时，人口急剧增加，土地过度利用，使得全球温室效应逐渐明显，环境质量日趋下降，过度放牧导致土地荒漠化，无节制砍伐森林引起江河洪水泛滥，生态环境破碎化加速了物种消失或濒临灭绝，生态危机日益加剧。20世纪90年代以来，生物多样性保护受到各国政府和世界人民的广泛关注，成为全球环境保护的热点问题之一。“保护环境、保护生物多样性、保护我们赖以生存的生物圈”，已经成为全人类的共同认识。1992年6月5日，国际《生物多样性公约》在巴西的里约热内卢通过，宣告了一场全球性生物多样性保护的重大战役，从此在我们居住的地球村全面打响。经过全国人大常委会批准，中国政府作为这一公约的签约国，已经将生物多样性保护列为中国21世纪议程的重要内容，保护工作日益得到重视和加强。

马克思和恩格斯早就指出：人们会重新感受到，而且也认识到人与自然是一致的，那种把精神和物质、人类和自然对立起来的观点是反自然的、荒谬的。历史发展到今天，人们越来越清楚地认识到，人与自然不是主仆关系，不是对抗关系，而是一种协调发展、利益攸关的关系，保护自然就是保护人类自己。在这种认识基础上提出的生态文明，是对工业文明的升华和发展，代表了一种更为高级的人类文明新形态。如果生态系统不能持续提供人类赖以生存的清洁的空气和水等环境资源要素，物质文明的持续发展就会失去载体和基础，进而整个人类文明都会受到严重威胁。良好的生态环境，能够持续地为经济发展提供自然资源，为社会的进步发展创造条件。国际社会普遍认为，谁拥有丰富的生物多样性，谁就拥有了未来发展更多的选择权。滇西北丰富的生物多样性是巨大的基因库，包含了大量具有重大经济价值的物种和种质资源，是国家战略资源的重要组成部分，蕴藏了巨大的开发潜力。今天，我们为国家、为人类保护滇西北特有的生物多样性，明天，我们就能够以此为基点，创造出在国际上独具特色的经济多样性、景观多样性及文化多样性，让滇西北的特有生物资源，造福当代、造福子孙、造福全人类。

（二）滇西北物种丰富而独特，是具有全球意义的生物资源宝库

滇西北位于地理气候差异十分显著的东亚季风区、青藏高原区、南亚和东南亚热带季风区等三大区域的结合部，不同区系的生物类群在此交错分布，加之特殊的地质地貌、复杂多样的气候类型与纵横交错的河网水系，使该地区发育形成了在北半球除沙漠和海洋以外的各类生态系统类型，成为全球生物物种的高度富集区，被称为世界级的生物基因库，是中国和世界生物物种最为丰富的地区之一。滇西北地区面积不到我国国土面积的1%，却拥有全国1/3左右的高等植物和动物种数。该地区属第四纪喜马拉雅造山抬升运动与褶皱地带，地质历史年轻，运动活跃，物种分化强烈，演化了大量特有物种，形成了许多地区特有种群，是中国三大特有物种起源和分布中心之一，也是世界新特有物种类群的分化演替中心。正因为如此，滇西北被国家列为全国生物多样性优先重点保护的17个“关键地区”之一，被多个国际组织列为全球生物多样性的25个“热点地区”之一。

滇西北的生物多样性属于中国和世界。滇西北地处金沙江、澜沧江、怒江、伊洛瓦底江4条亚洲著名大江的上游地区，纵向岭谷地形及山高谷深的地势，使其成为中国内陆生态安全的重要屏障，对于防御生物入侵有着重要意义。滇西北众多的高原湖泊和良好的植被，使其具备了涵养水源、保持水土的重要生态功能，其生态环境的好坏直接影响到4大流域下游地区的生态安全，影响着数亿人口的生活环境和生产活动。所以，滇西北的生物多样性，不仅对长江下游、而且对周边邻国的生态安全，均具有十分重要的意义。滇西北的生物多样性，最有价值和最具有国际意义的一点，在于其全球范围的独有性。滇西北的生物多样性，之所以能够引起国际社会的广泛关注，也是因为具有这种独特性和不可替代性。滇西北生物多样性的这种全球意义，是我们面向全国、面向世界进行开放性研究，在保护与开发方面开展广泛合作的重要基础，也是今后滇西北创新发展模式、培育生物产业、创立国际品牌的坚实基础。

（三）滇西北生物多样性受到高度重视，保护工作取得明显成效

第一，各级政府高度重视，增加了保护资金投入。早在1991年，云南省就成立了野生动植物保护管理委员会。1994年，根据国务院《中国21世纪议程——中国21世纪人口、环境与发展白皮书》的要求，又在全国率先成立了云南省生物多样性保护委员会并开展工作。近年来，云南省委、省政府按照科学发展观的要求，进一步确立“生态立省、环境优先”的发展战略，全面实施“七彩云南保护行动”，大大促进了生物多样性的保护工作。近5年来，全省用于保护区建设和生态环境建设的投入逐年增加，直接和间接投入的资金近百亿元。其中，相当部分直接投入滇西北地区，其他投资也直接或间接对滇西北生物多样性保护产生了重要影响。

第二，颁布了一批法规和规章，加大了执法力度。近年来，先后颁布了《云南省环境保护条例》、《云南省自然保护区管理条例》、《云南省珍贵树种保护条例》、《云南省陆生野生动物保护条例》等40多部地方法规和规章，发布了《中共云南省委、云南省人民政府关于加强环境保护工作的决定》、《云南省生物多样性保护工程规划》、《云南省生态环境建设规划》、《云南省湿地保护工程规划》、《云南省自然保护区发展规划》等文件。各级执法部门加大了生物多样性保护执法力度，据不完全统计，全省近20年来共查处破坏野生动植物和自然保护区资源的各类案件2万多起，对3.5万余名违法犯罪分子进行了处理，为国家挽回经济损失3亿多元。同时，加强了建设项目的环境管理，有效地保护了生物多样性。

第三，自然保护区建设得到加强，保护网络初步形成。滇西北地区先后建立了3个国家级和20个省级自然保护区，4个国家级和5个省级风景名胜区。高黎贡山自然保护区加入“联合国人与生物圈保护区网络”，碧塔海、纳帕海和拉市海列入“国际重要湿地名录”，“三江并流保护区”列为世界自然遗产，创建了中国大陆第一个统筹兼顾保护与开发的香格里拉普达措国家公园，初步形成了以自然保护区、风景名胜区、世界遗产地、高原湿地、国家公园等为主要形式的生物多样性保护网络。滇西北主要生态系统类型和绝大多数国家保护动植物得到有效保护，滇金丝猴、白眉长臂猿、羚牛等珍稀动物数量明显增加，秃杉、红豆杉等珍稀植物人工繁育取得较大成效。

第四，完善了科技信息支撑，建立了基础研究平台。云南省先后多次在滇西北进行了不同规模的珍稀濒危动植物调查，对部分珍稀濒危植物遗传多样性及濒危机制开展了研究并提出相应保护措施。建立了一批濒危野生生物种群生态监测站点、野生动物收容拯救中心和驯养繁育中心，开展了动植物繁育和行为学方面的研究。云南省政府与中国科学院合作共建的“西南生物多样性实验室”和“中国西南野生生物种质资源库”，形成了生物多样性保护和持续利用的高级研究平台。完成了《云南植物志》、《云南鸟类志》、《云南鱼类志》和《云南两栖类志》的编写，为云南乃至全国动植物区系和生物多样性的保护打下了坚实基础。

第五，不断强化宣传教育，积极倡导公众参与。多年来，云南通过学校教育、社区教育、媒体宣传等多种形式，普及生物多样性保护知识，

宣传国家有关政策法规。努力发挥舆论宣传和监督的作用，开展环境警示教育，举办大型展览，表彰在保护生物多样性中涌现出来的先进组织和先进人物，对破坏野生动植物的典型事件予以曝光。积极倡导公众参与，在环境保护重大决策方面，主动听取不同部门、不同领域和社会各界的意见、建议。充分发挥民间组织和环保志愿者队伍的作用，本着正确引导、真诚合作、大力支持的方针，加强与他们的对话和不定期交流，聘请他们担任云南环保使者，邀请他们参加环保会议和重要活动，提高了政府部门与民间组织的互信协作程度。

第六，对外交流逐步扩大，国际合作广泛开展。近年来，云南省逐步加大对外交流，与联合国环境规划署、联合国开发计划署、世界银行、全球环境基金会等国际机构、国际双边组织和民间组织开展了广泛的合作。与英国国际发展部合作实施“云南环境发展与扶贫”项目，与荷兰政府合作开展“森林保护与社区发展”项目，与亚行合作实施“大湄公河次区域生物多样性保护廊道建设”、“大湄公河环境绩效评估”项目，争取瑞典国际合作开发署技术援助，实施了“云南环境可持续发展能力建设”项目。

（四）滇西北环境承载能力有限，保护任务繁重

滇西北生态环境十分脆弱。一是滇西北物种丰富，但多数物种种群数量少，许多物种分布空间非常有限，生态适应能力低，对于外界干扰非常敏感，遇到自然灾害和人为破坏，很容易陷入濒危境地甚至灭绝。二是特殊的地形地貌、复杂的气候环境，尤其是高海拔、气候冷凉，山高坡陡、土地贫瘠等因素，导致滇西北生态植被恢复和演替过程非常缓慢，而且一旦破坏，极难恢复。珍稀濒危物种快速丧失的巨大危机，使滇西北生物多样性保护显得尤为迫切，保护任务也格外繁重而且艰巨。

滇西北资源开发与生态保护的矛盾较为突出。滇西北是国家水电和矿产等重要战略资源的供应基地。全省水能可开发装机容量9570万千瓦，占全国四分之一，其中56%集中在滇西北所处的“三江”上游。滇西北还是我国西部有色金属资源集中区——“三江”成矿带的腹心地带，矿产资源极其丰富，开发潜力十分巨大。滇西北重要战略资源的开发是保障我国能源安全乃至经济安全的重要环节，也是推进新型工业化不可或缺的资源基础。我们必须正确处理环境约束与发展需求之间的关系，在有效保护生态环境的条件下，合理有序地开发滇西北地区的自然资源，尽最大努力减少对生物多样性生存和延续的影响。

滇西北少数民族众多，贫困面大，生产力水平低，生物多样性保护任务格外艰巨。滇西北地区的藏族、白族、纳西族、彝族、普米族、傈僳族、怒族、独龙族等十多个世居少数民族占总人口的41.8%。由于山高水深，交通不便，土地贫瘠，耕地稀少，加之科技普及程度低，市场经济发育不足，广大群众的生产生活方式还比较落后，贫困人口在总人口中还占有很大比重。滇西北地区的贫困面貌亟需改变，当地群众理应与其他地区的人民一道，共享改革开放的成果。环境和发展是可持续发展的核心，也是两个互相依存、不可分割的问题，环境恶化的根源，在很大程度上还是由于贫困和发展不足所造成的。限制发展不能解决滇西北生物多样性保护的问题，继续维持长期延续下来的落后生产方式和粗放发展模式，不仅会危害生物多样性的保护，而且最终将破坏我们赖以生存和发展的基础。因此，如何处理好当地经济发展与生物多样性保护的关系，是各级政府必须解决的一项重大课题。

二、创新思路，突出重点，积极推动滇西北生物多样性保护实现三个转变

我们的保护思路是：以党的十七大和省八次党代会精神为指导，深入贯彻落实科学发展观，牢固树立生态文明观念，坚持“生态立省，环境优先”，坚持以人为本，促进人与自然和谐，坚持全面规划、科学管理、积极保护、合理利用，坚持体制、机制和科技创新，坚持在发展中解决环境问题，突出生物物种多样性、生物遗传基因多样性和生态系统类型多样性三大保护重点，全面实施“七彩云南保护行动”，加快推进十大保护工程，进一步提高保护水平，促进生物资源可持续利用，巩固云南省在国内外生物多样性保护中的突出优势地位，促进滇西北地区经济社会可持续发展。

我们的保护目标是：到2012年，生物多样性保护体系初步完善，保护能力得到加强，保护区面积达到区域总面积的13%左右，森林覆盖率达到60%左右，18个县（市、区）主要城镇配套污水处理厂和垃圾填埋场均建成并投入使用，污水集中处理率达到70%以上，5个州（市）跨界地表水断面水质达到水环境功能规定的要求，二氧化硫、化学需氧量两个主要污染物总量指标严格控制在省政府下达的总量指标之内。生态敏感区和脆弱区得到有效保护，重要物种得到优先保护，生物多样性损失进一步降低，原始和典型的生态

系统得到良好维护。公众的生物多样性保护意识得到普遍提高。到2020年，基本形成结构科学、布局合理、功能完备、管理高效的生物多样性保护体系，所有珍稀濒危动植物和典型生态系统类型、绝大多数特有物种得到有效保护。公众生物多样性保护意识和参与程度明显增强，区域内经济社会与生态环境协调发展，生物多样性可持续利用能力明显提高。

在保护对象上，突出保护好滇西北最珍稀、最独特的生物物种、生物遗传基因和生态系统类型。一是通过完善就地保护、迁地保护、离体保护相结合的生物多样性保护体系和保护网络，防止生态环境破坏、物种绝迹和生态功能退化。以各类保护区、保护地、国家公园、风景名胜区为载体，对国家重点保护野生植物、野生动物名录中，滇西北有分布的物种给予重点保护。对尚未纳入重点保护名录的濒危珍稀野生生物，也要严格保护。二是以各类保护区和其他野生动植物主要原生地、栖息地、迁徙地以及有特殊保护价值的区域为核心，努力维护现有各类生态系统的功能，恢复退化生态系统的功能，切实保护好生态系统多样性。三是通过积极抢救保护珍稀濒危物种，加强特有物种保护，有针对性地开展就地、近地和迁地保护，保护好生物物种多样性；加强动植物胚胎、体细胞、生殖细胞、基因库等离体保护工作，保护好遗传基因多样性。

在保护措施上，我们要以实施“七彩云南保护行动”为契机，针对滇西北特点，尽快制定滇西北生物多样性保护工程规划和滇西北生物多样性保护条例，建立健全以各类保护区保护地为核心的保护体系、生物多样性保护法规和政策支撑体系、资金投入体系、科技和人才支撑体系、宣传和教育体系，认真实施生态文明示范县建设工程、生态补偿机制试点工程、极小种群和珍稀濒危物种保护工程、重要和退化生态系统保护和修复工程、保护区保护地和国家公园建设工程、生物多样性监测信息网络建设工程、外来有害物种生物防治工程、重要公益林保护工程、农村新能源建设工程、保护区域社区脱贫示范工程，提高滇西北生物多样性保护的能力、水平和实效。

滇西北生物多样性保护工作，必须根据新的形势和新的要求，树立新的观念、采用新的办法和建立新的机制，努力实现三个转变：一是保护方式要从单纯以政府为主向政府主导、全社会参与的多元化开放式保护转变。生物多样性保护是一项公益事业，政府有义不容辞的责任，但也离不开公众的广泛参与。要大力倡导人人参与保护，尤其是重视发挥志愿者和民间组织的作用。同时，广泛开展国际和国内合作，积极开展与有关国家、国际组织和民间团体的交流，学习和借鉴国内外先进保护理念、经验和技术，提高保护水平。二是保护手段要从依靠行政办法保护为主，向综合运用法律、经济、技术和必要的行政手段转变。单纯依赖行政手段难以从根本上解决目前保护工作面临的矛盾和问题，必须积极运用多种手段加强保护，尽快建立法律法规、经济环境政策、技术保障相配套的保护体系，使政府、企业、公众的作用得到充分发挥。要注重运用市场机制，有效协调发展经济与保护环境的双重需求。三是保护工作机制要从各部门条块分割，向政府统筹协调、部门与州市联动保护转变。生物多样性保护涉及多个部门，条块分割状况不同程度存在。要在省政府的统一协调领导下，形成分工明确、责任落实、上下协调、务实高效的新型工作机制。

三、开拓进取，努力开创滇西北生态环境保护和经济社会发展的新局面

滇西北生物多样性保护是一项长期而艰苦的工作，同时也是我们义不容辞的历史使命。我们要依靠科学，主动谋划，完善政策，强化措施，一步一个脚印，踏踏实实抓好这项工作。

（一）提高认识，进一步加强对生态环境保护和生物多样性保护的组织领导

我们要站在全省经济社会发展和国家生态安全的高度，统一思想认识，增强生物多样性保护意识，树立科学的发展观和正确的政绩观。一是健全领导机构。充实和加强云南省生物多样性保护委员会，明确职能。同时，建立联席会议制度，对规划、项目、资金等重大问题进行研究协调；建立会商制度，加强省级部门与州（市）县的上下沟通和联系，定期通报信息，协调处理重要事务和突发事件；建立专家咨询制度，为制定政策法规、编制规划、实施重大工程等提供决策咨询。二是明确保护责任和保护主体，使保护工作真正落到实处。各级政府主要领导和相关部门负责人是本行政区域和本部门生物多样性保护工作的第一责任人，必须把生物多样性保护列入重要议事日程，作为一项重点工作和经常性工作来抓，与经济社会发展和精神文明建设同时规划部署、同时检查落实、同时考核总结，确保各项保护措施的落实和目标任务的实现。三是完善综合协调，分部门实施保护的管理体制。由林业部门牵头，负责实施生物多样性保护工作，负责筹集和管理滇西北生物多样性保护专项资金；环保部门要强化执法监督，确保滇西北生物多样性保护的各项

措施取得实效；建设、国土等有关部门要加强协调，各负其责，通力合作，共同做好保护工作。

（二）健全和完善保护法规和政策，建立生物多样性保护的政策法规保障体系

依法行政是加强生物多样性保护与管理的有效手段和必然要求。国家颁布实施了一系列涉及生物多样性保护的法律法规，环境法律体系正在逐步完善，最近国家环保总局出台了《全国生物物种资源保护与利用规划纲要》，对自然保护区和生物多样性保护作了更为明细的规定。我们要进一步贯彻落实国家相关法律法规，健全地方法规，尽快出台滇西北生物多样性保护条例，制定配套实施细则和政策措施，形成较为完善的政策法规保障体系。根据滇西北野生动植物种类、分布情况，尽快制定和实施与国家主体功能区规划和云南省主体功能区规划相衔接的滇西北生物多样性保护规划和行动计划，明确和细化保护方针、目标、重点和措施。积极研究限制和禁止开发区域的财政转移支付政策、投资政策、产业政策、生态环保政策、移民开发政策，研究出台科学的发展评价、政绩考核办法。全面推行规划环评制度，严格项目环评，统筹兼顾区域生产力布局、产业发展、环境容量和生态功能，从规划和建设源头保护生物多样性。

（三）以各类保护区为重点，构建全方位、多层次的生物多样性保护体系

各类保护区是生物多样性保护的核心区域，在保护区对生物多样性实行就地保护是最有效的方法。要进一步加大各级自然保护区、自然遗产地、湿地、国家公园、森林公园、风景名胜区的基础设施建设力度，建立健全管理机构，努力提高管理水平。对地处江河沿岸、湖泊、湿地、河谷和人口密集区等影响生态安全的生态功能退化区，要及时制定保护规划，遏制生态环境恶化趋势。对重点生态敏感区和脆弱区，要采取强制性措施，把生物多样性损失减少到最低限度。对生态良好地区要实施积极保护，树立一批经济、社会和环境协调发展的样板。加快保护机制创新，探索国家公园的地方立法，研究建立标准，积极为全省国家公园建设、立法和规范先行先试。进一步建设梅里雪山、老君山、丙中洛等国家公园，促进规范发展，努力形成保护与开发相协调的良好格局。

继续加强执法队伍建设，完善职能，强化联合执法，严厉打击破坏生物多样性的违法行为。禁止非法猎捕国家和省重点保护的野生动物，禁止非法采集、采挖国家和省重点保护的野生植物，严格限制在国家和省重点保护的野生动物主要生息繁衍地使用污染环境的农药化肥。全力阻止有害物种入侵，任何个人和单位不得擅自引入外来物种，同时，要防止以对外贸易、国际交流合作、出境人员携带、邮寄等形式造成珍稀物种资源流失。

编制滇西北禁止发展、限制发展和退出产业目录，引导和规范社会投资，探索建立产业退出机制。综合运用法律、行政和经济手段，禁止发展对生物多样性危害大、威胁生态安全和超过环境承载力的产业和项目，限期淘汰资源消耗大和环境代价高的产业和项目。资源开发和建设项目，要按照国家环境政策和产业政策的要求认真研究，充分论证。没有经过环境评价和没有安置好移民的建设项目，一律不得开工建设。在项目前期工作中，要广泛征求意见，认真听取人民代表、政协委员的意见和建议。需要经过地方人民代表大会或常务委员会讨论通过的资源开发项目，必须提请地方人民代表大会或常务委员会表决同意。特别要加强对交通、矿产、土地、旅游、水能和生物资源开发建设项目的监督管理，严格项目审批，完善监察和审计，坚决杜绝非法侵占生物多样性重要保护地的行为。重点防范不合理的开发活动对生态环境和自然景观的破坏，严禁任何企业、机构和个人进入自然保护区的核心区和缓冲区开展各类生产经营活动。

（四）进一步改善环境质量、扩大环境容量，提高环境对人口和经济社会发展的承载力

滇西北地区必须倍加珍惜良好的生态环境和自然资源，加大污染治理，加强资源保护，不断改善生态环境质量，扩大环境容量，为经济社会发展提供良好的环境支撑。一是加强分类指导。按照保护优先，开发有序的原则，根据资源禀赋和环境承载能力，对不同区域分类实行重点开发、优化开发、限制开发和禁止开发。在禁止开发区内，不得进行与生态功能保护无关的生产和开发活动；在限制开发区内，要严格限制土地开发和对生态环境影响较大的工业项目；在优化开发区内，要采取有效措施减少各类开发建设和生产活动对生态环境的负面影响；在重点开发区内，也必须严格环境准入制度，不得建设高污染、高消耗、低效益的项目。二是加大生态建设力度。继续实施退耕还林还草工程，减少水土流失，提高森林覆盖率，恢复生态系统功能，扩大环境容量。加强天然林保护、封山育林、植树造林和预防森林火灾、防治病虫害等措施。积极推进滇西北自然保护区、重要生态功能区、重要野生动植物分

布区和迁徙地的退化生态系统恢复工作。因新建项目、开垦、放牧造成生态退化的区域，必须明确责任，限期恢复自然特性和生态特征。因历史和自然原因造成生态退化的地区，要采取各种措施，积极实施抢救性保护工程，努力重建原有生态功能。三是加强环境污染防治。严格实行重点水污染物排放总量控制计划和实施方案，采取最严格的措施保护水环境，坚决取缔各类保护区、保护湿地内的工业企业排污，采取工程措施、生物措施与管理措施相结合，单要素治理与多要素综合治理相结合，区域治理与流域治理相结合的方法，千方百计稳定和改善水环境质量。继续清理整顿违法排污企业，加大对各类工业集中区的环境监管，对达不到环境质量要求的，要责令限期整改。进一步改善城镇环境，全面实行城镇环境综合整治定量考核制度，加快城市污水集中处理、生活垃圾无害化处理等环保基础设施建设。开展土壤污染状况调查，对严重污染耕地进行综合治理；加大农村生活废水、垃圾和规模化畜禽养殖业污染的综合整治力度，解决农村饮用水源污染问题；采取严格措施，防止工业污染向农村转移、城市污染向郊县转移。四是采取综合措施。加大城乡污染治理和环境保护力度，强化节能减排，大力发展循环经济，全面推行清洁生产，广泛实施环境管理体系标准认证，积极进行生态创建工作和绿色创建活动。加大新农村建设和扶贫开发力度，积极发展生态农业，实现农村生产生活与自然环境的协调发展。积极推广沼气、风能、小水电、太阳能、地热能及其他清洁能源，努力改变城乡能源消费结构，减少对自然生态系统的破坏。

（五）把握滇西北在全省经济发展中的分工，大力发展生态经济和生态产业体系

独特而丰富的生物多样性是滇西北地区最具特色和最有潜力的竞争优势，也是最现实的生产力。滇西北地区的经济发展要从这一特色出发，准确把握在全省经济发展中的战略分工，走差异化发展道路，避免与其他区域的产业趋同，争取成为全省优先保护生态环境的典范、率先转变发展方式的典范和领先培育特色产业的典范，努力构建与自然环境承载力相适应的生态产业体系。一是合理引导产业发展。切实转变经济发展方式，按照生态建设产业化，产业发展生态化的思路，进一步调整生产力布局和产业结构，优化资源配置，大力发展生态产业。采取财政、税收、土地、金融等多种措施，鼓励利用先进适用技术和节能环保技术，加快传统产业的改造和升级，加快发展生态农业、生态林业、生态旅游、清洁能源、绿色矿产和环保等环境友好型后续产业和替代产业。同时在切实保护的前提下，依法规范野生动植物引种、驯化和繁育行为，发展壮大野生动物驯养业，积极扩大以红豆杉为主的珍稀植物、野生中药材人工种植业，促进生物产业有序发展。二是推动滇西北水电、矿业、旅游三大支柱产业向生态化、无污染或少污染方向发展。环境问题是在发展中产生的，也只能用发展的办法来解决，片面追求发展和单纯强调保护的观念和做法都是错误和不切实际的。在水电资源开发和水电产业发展中，要把生态环境保护和移民安置放在重要位置，进一步做好水电流域开发规划环评和项目环评。在开发建设和项目实施中，尤其要突出水生生物多样性保护和库区生物多样性保护，把水电建成名符其实的清洁能源产业。滇西北矿产资源十分丰富，矿区生态环境脆弱，处理好保护与开发的关系难度较大。要根据矿产资源的分布情况和生态环境保护总体规划，编制滇西北矿产资源开发专项规划。严格限制设置探矿权和采矿权，推进矿产资源整合，大力推动优质资源向优势企业集中，确保资源高效利用和生态环境得到有效保护。旅游资源开发和旅游产业发展中，规划制定、产品开发、线路设计、基础设施建设和旅游企业都要特别注重自然环境保护，增强可持续发展能力。积极有序发展生态旅游，把生态旅游与保护自然的宣传活动和科学普及的教育活动有机结合起来，成为滇西北旅游的一个重要品牌。

（六）多渠道加大保护投入，建立生态补偿机制，形成保护的长效机制

保护离不开资金投入，但必须通过建立长效投入机制，走出一条政府引导、多渠道投入的保护资金筹集路子。一是增加政府投入。要整合各方资金，力争“十一五”期间，在生态保护、环境治理、水能矿产开发生态补偿、新能源利用和科研等方面投入70亿元左右，用于滇西北环境保护和生态建设，促进生物多样性保护。二是引导社会投入。由政府投入一定资金，引导和筹集社会各方投入，尽快建立滇西北生物多样性保护专项资金，用于保护能力建设和规划制定、科学研究、试验示范、宣传教育等领域。鼓励企业支持滇西北生物多样性保护，企业以各种方式对滇西北地区生物多样性保护进行的公益性捐赠，按税收法规规定的比例在企业所得税税前扣除。抓紧建立能够反映资源代价和污染治理成本的排污价格和收费机制，鼓励社会资本参与污水、垃圾处理等基础设施的建设和运营。同时，要通过国际

合作项目，争取国外资金援助。三是逐步建立完善区域生态补偿机制。按照“谁受益谁补偿，谁污染谁赔偿”的原则，开展自然保护区、重要生态功能区、重大资源开发项目、城市水源地保护等4个领域的生态补偿试点工作。在深入研究基础上，探索建立资源开发生态环境综合治理补偿制度，向资源型开发企业收取生态环境综合治理补偿费。四是积极利用国际碳汇机制获取保护资金。按照清洁发展机制的申报要求，组织实施或帮助企业开展造林、清洁能源等碳汇项目。

（七）依靠科技人才，为生物多样性保护提供有力的支撑

科技和人才是生物多样性保护的首要保障。一是强化科技创新。走自主开发与引进、消化、吸收相结合的路子，集中力量攻克一批生物多样性保护方面的关键技术，重点突破珍稀物种繁育的瓶颈制约。加快先进适用保护技术成果转化和推广运用，不断提高保护工作的科技含量。二是引进培养一批专业技术和管理人才。加强云南省大专院校生态环境院系建设和发展，培育一批不同层次的人才。创造一流的研究、工作环境和生活条件，吸引国内相关专业技术和管理人才，建设一支高水平与国际接轨的人才队伍。三是积极开展基础和应用研究。进一步组织对全省生物物种资源进行调查研究，搞清物种种类和分布现状、珍稀濒危程度、可开发利用价值。充分发挥科研院所、大专院校、企业社团的作用，依托现代科技，加强珍稀濒危物种和特有物种保护及利用研究，为全省经济社会的发展发挥更大的作用。加强研究基础设施建设，启动滇西北珍稀濒危动物繁育中心、珍稀濒危植物繁育中心和滇金丝猴国际研究中心建设，加快中国西南野生生物种质资源库、生物多样性国家实验室、国家高原湿地研究中心建设。

（八）广泛开展宣传教育活动，形成全社会共同参与保护的良好局面

通过广泛开展形式多样的宣传教育，进一步增强广大群众的保护意识，提高保护的自觉性和主动性。一是积极营造全社会参与的良好氛围，使生物多样性保护工作深入人心。做好相关法律法规特别是《滇西北生物多样性保护若干意见》的宣传，发挥广播、电视、报纸、网络等各种宣传媒体的作用，建立生物多样性保护科普宣教基地，努力提高全社会对加强生物物种资源价值和生物多样性保护重要性的认识，增强责任感和紧迫感。二是调动社会各方力量参与生物多样性保护工作。大力提倡绿色消费，倡导节能环保、爱护生态、崇尚自然的生产生活方式，把保护工作成为每一个人、每一个企业和单位的自觉行动。继承和弘扬少数民族爱护自然、保护环境的优良传统文化和习俗，探索并完善社区共管机制，让广大群众在生物多样性保护中得到实惠，更加自觉地参与到生物多样性保护中来。充分发挥民间环保组织的优势，鼓励其依法开展各种生物多样性保护活动。三是把握正确的舆论导向。及时宣传报道生物多样性保护政策措施、经验成果、典型事例，扩大环境信息公开范围，健全社会监督机制，努力营造有利于保护环境的舆论氛围，在国内外树立云南生物多样性保护的良好形象。

生物多样性是人类赖以生存的基础，是生态安全的基石。在漫长的自然和历史演化发展过程中，滇西北地区孕育了丰富多样的生物资源，繁衍了勤劳智慧的各族兄弟，创造了深厚绚烂的历史文化。滇西北是云南最具发展潜力的增长极，是中国独具特色的生物宝库，也是全世界人民流连向往的绿色家园。保护好滇西北的生物多样性，既是各级政府、各个部门和每一个人的责任和义务，也是云南省对全国和全世界的庄严承诺。我们要进一步行动起来，凝聚各方力量，创新工作思路，改进工作方法，确保滇西北地区青山永驻、碧水长流、物种多样性永存，使生物物种资源造福当代人民、惠及子孙后代，为云南经济社会的可持续发展，为保障国家和世界的生态安全作出我们不懈的努力！

坚持城乡统筹促进科学发展 努力开创云南城乡建设工作新局面

——在全省城乡建设工作现场会上的讲话

省长　秦光荣

为加快全省城乡建设步伐，统筹城乡发展，省人民政府决定召开全省城乡建设工作现场会。这是对云南省未来5年城乡建设的一次重大部署，也是对云南省2008年经济工作的又一次重大安排。会议的主要任务是：以邓小平理论和“三个代表”重要思想为指导，全面贯彻落实科学发展观，按照党的十七大提出的新要求，加快推进城乡建设，促进城乡统筹发展，总结经验，表彰先进，分析形势，理清思路，明确目标，研究和部署当前及今后一个时期全省城乡建设的工作任务，着力推进全省城乡建设的大发展和新跨越。

这次会议经过了较长时间的准备，刘平副省长带领省建设厅、省政府研究室等部门做了大量的工作。省人民政府相关部门组成调研组，到部分州（市）开展调研，形成了《云南省人民政府关于又好又快推进城乡建设的若干意见》、《云南省人民政府关于加快城镇污水生活垃圾处理设施建设和加强运营管理工作的意见》2个讨论稿，提交会议征求意见，请大家认真讨论，提出修改建议，以便进一步完善后下发实施。另外，玉溪市、红河州党委、政府也做了大量的准备工作，为会议召开创造了较好的条件。昨天，大家对红塔区、建水县及蒙自县的市政建设情况进行了考察。今天的会议表彰了荣获省级园林城市称号的城市和省级旅游名镇。玉溪市、红河州也介绍了经验，他们做得都很好，值得大家学习和借鉴。下面，我讲4点意见。

一、真抓实干，云南省城镇建设工作成效显著

城镇发展不足，发展水平低，带动力不强，一直是制约云南省经济社会发展的重要因素。为解决好这个问题，省委、省政府作出了一系列部署。全省各地、各部门及建设系统认真贯彻落实科学发展观，按照省委、省政府的要求，开拓进取，真抓实干，大力推进城镇化步伐，在城乡规划、城市发展、特色乡镇建设、市政基础设施建设、城市管理等方面做了大量工作，取得了丰硕成果，使云南省城镇化水平不断提高，市政基础设施得到改善，城镇面貌不断改观，有力地促进了全省经济社会又好又快发展。具体体现在以下6个方面：

一是规划工作得到明显加强。为加快推进城镇化发展，云南省成立了省城乡规划建设领导小组，加大对城乡规划工作的宏观指导力度。各地切实加强规划工作，建立健全管理机构，加大规划投入，不断提高规划编制的质量和水平，逐步完善规划体系。目前全省已成立60个规划局，其中州（市）级规划局14个，县级规划局46个。坚持“富规划、穷建设”的理念，在地方财政经费紧张的情况下，仍然千方百计筹集资金，增加规划投入力度。坚持规划先行，注重规范规划编制方法，完善编制程序，搞好协调统筹，提高了城乡规划的编制水平，增强了城乡规划工作的权威性和严肃性。同时，为适应区域经济发展需要，开展了“滇中城市群”规划编制的前期工作；县城以上城市普遍完成了城市总体规划的调整或修编，76%的乡（镇）完成了规划编制，村庄规划编制试点工作也已启动。

二是现代新昆明等区域中心城市建设扎实推进。昆明、大理、曲靖、玉溪、蒙自等区域中心城市规模不断扩大，集聚辐射作用逐步增强，城市建设水平走在了全省前列，对全省经济社会发展的拉动作用明显增强。其中，随着现代新昆明战略的实施，昆明城市发展进入一个新的阶段，“四创”工作积极推进，呈贡新城建设初具规模，昆明城市化率已达到59.1%；大理着力建设滇西中心城市，坚持以洱海保护为核心、海东开发为重点、文化旅游为特色，城市建设日新月异，被评为“最佳中国魅力城市”；曲靖市麒麟区紧紧围绕“100平方公里、100万人口”特大城市目标，按照“拉大框架、完善功能、提高品位、建管并重”的要求，加快推进城市建设，连续2年被评为“中国十佳宜居城市”；玉溪市以推进“三湖”生态城市群建设为重点，着力打造生态品牌、聂耳品牌，突出以水为特色，以文化为灵魂，被命名为“国家级生态示范区”；红河州按照“做大蒙自、做强两市，统一规划、各展优势，三位一体、打造滇南中心城市”的总体思路，多方筹措资金，加快建设步伐，使城市面貌焕然一新。

三是中小城市建设步伐不断加快。各地把州（市）行政中心和县城作为发展重点，按照“突出特色、彰显个性”的要求，在理清发展思路、明确发展目标、完善对策措施等方面，做了大量工作。丽江、普洱、楚雄等州（市）人民政府所在地的城市面貌发生了明显变化，全省涌现出安宁、沾益、会泽、易门、弥勒、腾冲、瑞丽等文化特色突出、生态环境优美的县（市）城，在促进县域经济发展中发挥了重要作用。

四是旅游小镇建设取得积极进展。推进旅游小镇建设是云南省的一项创举，具有开创性的意义。首先，在解决城镇建设资金问题上，通过引进社会资金进行市场化开发的方式推进旅游小镇建设，探索了新的思路；其次，在推进城乡统筹方面，旅游小镇建设对于调整城乡利益分配，推动农民变市民，通过培育产业方式推进城乡统筹等，都具有非常明显的效果；第三，适应旅游发展新趋势，引导人们到农村旅游，提供了旅游业发展的一个新载体；第四，对于保护生态环境，也具有重要意义，在促进农村开发与环境保护方面探索了新的路子，是非常好的尝试。近年来，云南省按照“政府引导、企业参与、市场运作、群众受益、永续利用”的方针，积极推进各具风格、特色鲜明的旅游小镇建设，探索城镇建设和统筹城乡发展的新路子，受到了建设部和国家旅游局的充分肯定。在中央电视台举行的中国魅力名镇评选中，腾冲县和顺镇被评为“年度中国第一魅力名镇”，香格里拉县建塘镇被评为“最佳民族风情魅力名镇”，剑川县沙溪镇的寺登街荣获“联合国教科文组织亚太地区文化遗产保护奖——杰出贡献奖”，丽江束河古镇从一个名不见经传的边陲小村发展成为全国人居环境最佳魅力名镇，居民人均纯收入也从2002年的800元跃升到2007年的近5000元。

五是产业培育取得新成效。各地立足产业基础和资源条件，坚持以市场为导向，项目为支撑，发挥比较优势，突出发展重点，强化城镇建设的产业支撑。如楚雄市着力培育天然药业、矿冶、绿色食品加工等重点产业，云县、通海县积极走农业产业化经营的路子，红塔区突出发展烟草及配套产业，注重发展矿冶钢铁、生物制药等优势产业，宣威、富源走新型工业化的路子，安宁市被评为西部发展特色产业优势先进城市，腾冲、香格里拉及丽江古城大力发展以旅游业为龙头的第三产业。这些举措极大地活跃了地方经济，促进了城镇建设的快速发展。

六是城市服务功能显著提高。在城市建设和发展中，各地高度重视市政基础设施建设和城市绿化、美化、亮化工作，交通、通信、给排水、无障碍设施得到较大改善，有效解决了过去普遍存在的城镇供水不足、交通不便和环境污染等突出问题。2003年至2008年，全省城市污水处理能力约增加50万吨/日，污水处理率约提高9.6%，综合供水能力约增加103万吨/日，用水普及率约增加7%。积极整合存量资源，陆续建成了一批能够体现各自特色的文化、教育、卫生、体育等公共设施。对乱搭乱建、违章建设、占道经营等问题进行了清理整顿，公共治安秩序明显好转，城市管理水平逐步提高。

回顾这些年来云南省城镇建设的实践，有许多成功的经验值得总结。

一是高度重视并强化城镇建设工作的领导。2003年以来，省委、省政府相继召开了现代新昆明、大理、曲靖、玉溪、蒙自等区域中心城市建设现场办公会，还分别召开了每年一次的新昆明建设调研会、全省城乡规划工作会、旅游小镇开发建设座谈会和加快县城建设工作会等一系列会议。这些会议为云南省城乡建设统一了思路、明确了目标、鼓舞了信心，有力地推动了全省城镇发展。同时，省人民政府还出台了关于加强城乡规划工作、加快旅游小镇开发建设和加快县城建设的一系列文件，为全省城镇建设提供了强有力政策保障。

二是科学确立发展思路。从云南实际出发，提出了现代新昆明，滇中、滇东、滇西和滇南4个区域中心城市，州（市）人民政府所在地，县城，边境口岸城镇，小城镇和中心集镇等六个层次的城镇建设发展思路。着力构建大中小并举、空间分布合理、功能完善、特色鲜明的城镇体系。这些思路符合云南省实际，在实践中取得了很好的成效。许多城镇也能够把握发展规律，找出优势，选准特色，形成了具有科学性、前瞻性的发展战略，促进了城镇建设的持续快速健康发展。

三是注重特色化城镇建设。特色是个性、魅力和竞争力。城镇如果没有特色，就会千篇一律，千城一面，失去吸引力。云南省许多地方在推进城镇建设中，注重把握自身特色，深入挖掘文化内涵和资源优势，保护和利用好丰富多样的民族文化资源和自然生态资源，在充分发挥本地优势上动脑筋、做文章、下工夫。注重发展特色产业，培育特色品牌，在建设特征鲜明、内涵丰富的特色城镇方面取得了明显进展。

四是多渠道筹集建设资金。各地在加大财政资金投入的同时，积极探索多渠道、多元化筹集建设资金的路子。如易门县使用国家开发银行贷款搞县城建设，打造安易公路绿色生态走廊，近3年来引进投资上千万元的项目达60多个，投资总额突破40亿元，使“滇中水城”建设初具雏形。通海县采取土地置换方式加大政府性资产盘活力度，撬动社会资金15亿元投入新区建设和旧城改造，较好地解决了古城保护与建设的矛盾。

这些成绩和经验的取得，是全省各地、各部门共同努力、不断进取的结果。但在看到成绩的同时，我们也必须清醒地认识到，尽管云南省城镇建设水平总体上得到了提高，但与全面建设小康社会的奋斗目标相比，与人民群众的期待和要求相比，仍然存在诸多亟待解决的困难和问题：一是城镇发展不足，城镇化水平仍然较低。云南设市城市仅占全国设市城市的2.55%，城镇化水平比全国44.9%的平均水平低13个百分点，城镇规模偏小，大城市不强，中小城市不优，小城镇特色不足，农村集镇环境差的问题还比较突出。二是城镇辐射带动能力不强，各大中城市产业布局趋同现象还很普遍，参与国内国际竞争的能力还不强，全省80%左右的城镇仍以农业为主要产业，第二、三产业发展滞后，人口聚集程度不高，经济实力不强，产业优势不突出。三是大多数城镇基础设施建设仍然不适应发展需要。四是城镇管理水平有待提高，经营城镇意识不强，重建设轻管理的思想还不同程度地存在，城镇管理明显滞后于建设。对这些问题，需要引起我们的高度重视，切实采取有效措施认真加以解决。

二、认清形势，进一步明确城乡建设发展的思路

党的十七大报告提出“走中国特色城镇化道路，按照统筹城乡、布局合理、节约土地、功能完善、以大带小的原则，促进大中小城市和小城镇协调发展”，“建立以工促农、以城带乡长效机制，形成城乡经济社会发展一体化新格局”。省委八届四次全会也提出，要统筹城乡发展，建立城乡相互促进、协调发展的长效促进机制。我们要站在全省经济社会又好又快发展的高度，加强区域统筹、城乡统筹，促进城乡协调发展。

（一）提高认识，进一步明确统筹城乡建设发展的重要意义

统筹城乡建设，目的在于通过加快推进城镇化进程，增强城镇的集聚、辐射和扩散能力，强化城市对农村的带动作用；通过加快新农村建设，增强农业、农村自我发展能力，改善农民生产、生活条件，逐渐缩小城乡差别，实现城乡经济社会协调发展。统筹城乡发展对云南具有极其重要的意义：

一是提高云南城镇综合竞争力的客观需要。与发达地区相比，云南省经济发展存在差距的主要原因之一，是我们的城镇化水平低、城市竞争力不强。目前，我国已有特大型城市170多个，而云南只有昆明一个。昆明作为省会城市，一些主要经济发展指标虽然占到了全省的30%以上，但仍处于全国的落后位置。4个区域中心城市还处于城市化加速发展的初期阶段，城市的集聚辐射能力还较弱，难以承担起有效带动区域经济快速发展的作用。其他城镇在全国的竞争力更弱，位置更低。因此，我们必须着力推进城镇发展，不断增强全省城镇体系的整体实力和竞争力，充分发挥城市的集聚、辐射和带动作用，尽快形成以城带乡、辐射区域的发展局面。

二是改变城乡二元结构的重要举措。云南省作为一个集边疆、民族、山区、贫困四位一体，城乡二元经济结构突出的欠发达省份，历史形成的城乡二元化格局和日益扩大的城乡差距，已经成为制约全省经济持续快速发展的重要因素。把城市与农村作为一个有机整体进行建设，可以优化资源要素在城乡之间的合理配置，统筹城乡的基础建设、产业布局、劳动就业、社会发展、环境保护，促进城市基础设施向农村延伸、城市公共服务向农村覆盖、城市现代文明向农村辐射，完善城乡功能，缩小城乡差距，实现城乡协调发展。

三是改善人民群众生活环境的必然要求。随着经济社会的发展和人民生活质量的提高，人们对自身工作、生活环境的要求也越来越高。加快推进城乡建设，完善生产、生活服务设施，将促进城乡功能系统和生态系统合理布局，减少城乡居民污水和生活垃圾排放，降低城乡建设的资源消耗和环境污染，切实改善人居环境和生活条件，构造环境优美的现代城乡体系，满足广大人民群众日益增长的物质文化生活需要。

（二）把握全局，明确加快云南城乡建设工作的思路

当前和今后一个时期，云南城乡建设工作的总体思路是：全面贯彻落实科学发展观，以规划

为龙头，产业为支撑，基础设施建设为重点，改革创新为动力，加强管理为保证，按照统筹城乡、合理布局、注重特色、突出重点、有序推进、完善功能、技术进步、节约资源的基本思路，坚持高起点规划、高质量建设和高效能管理，走质量与速度并重，特色型、节约型、多样化的城镇化道路，协调推进城镇化和社会主义新农村建设，完善公共服务与管理，改善城乡人居环境，使全省城乡布局更加合理、城镇功能更加完善、乡村环境更加优美、城乡经济更加繁荣、社会更加和谐，努力形成城乡一体化发展的新格局。

根据这一思路，我们要按照“做强大城市、做优中小城市、做特乡镇、做美农村”的要求，突出重点，做好工作。

——做强大城市。目前，我国已进入了加快城市化发展的关键时期。各地将城市建设作为拉动区域发展、培育经济增长极、促进城乡统筹的切入点，都在积极推进大城市和城市群建设。我们要深入实施“六个层次”的城镇化发展战略，着力做强一批竞争力强、辐射范围广的大城市，以大城市的发展带动全省的崛起。要按照省委、省政府确定的推进新昆明建设的战略思路，积极推进现代新昆明建设，进一步发挥好昆明特大城市的集散功能，带动全省的产业升级、结构优化和经济发展。要加快推进4个区域性中心城市建设，在适度扩大其城市规模的同时，优化空间结构，完善基础设施，强化产业支撑，丰富城市功能，积极培育成特大城市和大城市，不断增强综合实力和优势领域的竞争力，带动区域经济发展。

——做优中小城市。把中小城市建设作为工作的重点，以提高城市综合承载能力、要素集聚能力为目标，加强规划带动，强化产业支撑，完善服务功能，加快建设其他州（市）人民政府所在地城市和县级城市，着力在功能完善、基础完备、品位提高上下工夫，积极发展为规模合理、环境优美、适宜人居，具有一定影响力的中等城市。要因地制宜，进一步加快县城建设，坚持合理定位、规划统领、产业支撑、突出特色、完善功能、规范建设的原则，优化城乡资源配置，培育特色优势产业，创新建设方式，提高建设质量，以县城建设促进县域经济的快速发展。

——做特农村集镇。结合各乡（镇）的资源特点，因地制宜建设各具魅力、内涵丰富的特色小镇，不断扩大乡（镇）吸纳农村劳动力的能力。在继续抓好旅游小镇建设的同时，还要进一步发展其他类型的特色城镇。比如利用农村传统手工业基础，形成一批产品特色鲜明的传统商品加工小镇；挖掘各地种类多、产品特的优质农产品资源，以市场为导向，形成特色农业小镇；在交通条件较好的地方，建设规模较大、辐射较广的农产品交易市场及专业批发市场，并以市场为依托建设商贸小镇；以实施“兴边富民”工程和“大通道”建设为契机，建设好边境口岸乡（镇）；利用自然生态优势，在城郊环境优美、人口密度较低、空气清新的地方建设生态园林小镇；在拥有历史文化资源的地方，建设历史文化名镇。

——做美广大乡村。要更加重视乡村建设，以整治村庄环境、改善村民生产生活条件、提高农村房屋建筑质量为重点，因地制宜，量力而行，遵循客观规律，尊重农民意愿，充分利用已有条件，整合各方资源，在政府引导与充分发挥农民积极性的基础上，完善村庄交通、文体、环境卫生等基本公共设施，有重点、有步骤地组织村庄开展改水、改厕、改路、改灶、改房、绿化、美化、净化等工作，着力解决好农村普遍存在的行路难、吃水难、环境卫生脏乱差等问题，有序推进农村环境整治工作，不断改善农村人居环境和生态环境。乡村建设一要遵循乡村发展规划，二要突出地方文化特色，三要重视住房质量，确保抗震保平安。

三、突出重点，全面加快城乡建设工作

加快推进城乡建设步伐，不断提升城乡发展整体水平，必须抓住关键，突出重点，集中力量抓好以下几个方面的工作。

（一）抓规划编制，发挥好规划的统领调控作用

城乡规划的编制是一项全局性、综合性、战略性的工作，是政府指导调控城乡建设、引领城乡与区域协调发展的重要手段，是城乡建设发展的“龙头”。规划的效益是最大的效益，最长远的效益。各地要始终把规划工作放在至关重要的地位，全面加强规划工作。这里，我主要强调三点：

一要尽快完善城镇规划体系。要进一步强化规划的权威性和严肃性，突出规划是法的思想，规划权要高度集中，规划一经批准，就具有约束力，纳入城市管理法规体系，贯彻于城乡建设的全过程，并在实施过程中加强监督落实。要根据云南省“六个层次”的城镇化发展战略，按照高起点、高质量、高品位的要求，加快完成省域城镇体系规划的编制和完善。要尽快完成滇中城市群规划编制，加快编制滇西、滇东北、滇东南、滇南等城市群规划和州（市）域城镇体系规划，充分发挥区域性城市规划在促进城乡、区域协调发展中的调控和引导作用。区域性规划要做到布

点科学合理，能够促进资源合理配置和有效利用，实现城乡地域与空间、局部与整体的协调，促进全省经济社会全面、协调、可持续发展。

二要进一步做好城市规划修编。要适应各地经济发展和对外开放的需要，做好城市规划修编工作。要强化各项规划的相互衔接，提高城市总体规划编制的深度，扩大城市详细规划的覆盖面，解决好跨行政区划的基础设施共建、资源共享、环境共保等涉及区域发展的重大问题，指导城镇健康发展。尤其要注意处理好局部与整体、近期与远期、经济建设与环境保护的关系，提高规划的前瞻性、科学性和可操作性。在城市规划修编中，要重视城乡结合部的规划工作，通过统筹规划，解决好城乡结合部建设和管理比较混乱的问题。

三要及时开展编制村镇建设规划的工作。要加快推进县域村镇体系规划、小城镇规划和村庄建设规划的编制工作，统筹考虑城乡经济发展、居民点建设、耕地保护、生态保护以及农村人口、村庄数量逐步减少的趋势，合理确定小城镇和中心村的空间布局和公共设施布局。尽快编制全省村镇建设发展纲要，明确村镇建设和农村民房建设的指导思想和原则，将乡镇建设和新农村建设放到统筹城乡发展的大环境中综合部署，按照土地集约、人口集聚、产业集中的要求，解决好村镇科学布点和功能定位的问题。

（二）抓基础建设，提高城镇的综合承载能力

完善的基础设施和公共设施、良好的人居环境，是促进城镇经济发展、提高综合承载能力、构建和谐城镇的重要条件，这方面的工作我们也要进一步加强。

一要加强市政基础设施建设。突出抓好城市路网改造、通信、能源、给排水、防灾设施和无障碍设施建设。集中力量建设好以公共交通为主导的综合交通系统，以充足安全为目标的供水和能源供给系统，以“数字化城市”为核心的信息网络系统，以抗震、排涝为中心的防灾系统，以地下管网布设为主导的地下空间综合开发利用统筹，提高市政基础设施的载体能力与服务水平。

二要强化公共服务设施建设。按照“规划总量、盘活存量、优化增量、提高质量”的要求，加快建设一批面向社会、面向群众的教育、卫生、文化、体育等方面公共服务设施。要用改革的办法推进公共服务设施发展，注意整合存量资源，不断完善和优化公共服务设施的布局，提高运营效率，逐步构建起覆盖城乡、功能完善、布局合理的社会公共服务设施配套体系，实现人人享有基本公共服务的要求。

三要积极开展生态建设。切实保护好自然山体、水面、湿地和森林植被，突出地方特色，创建园林城市、环保城市。要严格绿线管制，强化污染防治，全面实施“青山、碧水、蓝天、绿地”工程，认真抓好城市绿化、美化建设。要重视建设规模适宜的可供市民休闲的城市公园、城市园林，创造以人为本、人与自然和谐相处的城市环境。要针对城乡环境管理工作的薄弱环节，以旧城区、城中村、小街小巷、城乡结合部、城区公路及铁路沿线、村容镇貌等为重点，开展专项整治，改善城乡面貌。

（三）抓污染治理，建设优美的城乡环境

今天下午，省人民政府将与各州（市）人民政府签订2008年城镇污水生活垃圾处理设施建设目标责任书。加大城镇污水生活垃圾处理设施建设力度，是改善人居环境、提升城乡发展质量的重要手段。目前，云南省还有90多个县没有污水和生活垃圾处理设施，污水直接排入自然水体，垃圾简单堆放、填埋，严重破坏了生态环境。为改变这一状况，省人民政府已提出明确要求，2012年前县级以上城镇都要建成污水、生活垃圾处理设施。为推动城镇污水、生活垃圾处理设施建设，省人民政府成立了领导小组，即将出台《关于加快城镇污水生活垃圾处理设施建设和加强运营管理工作的意见》，还形成了《云南省城镇污水处理及再生水利用设施建设规划（2008年～2012年）》和《云南省城镇生活垃圾处理设施建设规划（2008年～2012年）》，并决定省级财政从2008年起至2012年，每年安排污水、生活垃圾处理设施项目资金5亿元，专项用于项目前期工作以及因价格因素导致投资方不能取得合理投资回报的补助、设施租赁费补助以及项目建设补助。同时，将逐步采取在各州（市）组建水务投资公司，理顺管理体制，加强对水务工作的统一管理；适当提高城镇污水处理价格标准等一些重大措施。各州（市）人民政府要按照与省人民政府签订的建设目标责任书，集中力量，加大投入，完善政策，大胆探索，确保按期按质按量完成各项目标任务。

（四）抓产业培育，夯实城乡发展的动力

产业是城乡发展的支撑。产业发展水平直接影响和决定着城乡的结构、功能和品质，决定着城乡的吸引力、辐射力和竞争力。我们要坚持城乡建设与产业发展齐头并进的原则，以农业产业化、新型工业化为动力，做强特色优势产业，加快发展城乡经济。

一要优化城乡产业布局。要根据各地资源、区位等基础条件，科学合理地确定产业，选准重点，突出特色，优化布局，因地制宜发展壮大主导产业和特色产业。大中城市要进一步调整工业结构，重点发展高科技、高附加值产业，积极应用高新技术和先进适用技术改造传统产业；要加快发展商贸、旅游、文化、会展、金融、保险、信息、中介服务、社区服务等现代服务业，健全资本、劳动力、技术等要素市场。小城市和重点镇要根据本地实际，培育壮大一批龙头企业，以发展农产品加工业、劳动密集型产业、规模企业配套产业和农村服务业为重点，调整结构，整合资源，提高产业发展层次和水平。

二要以产业集聚带动城乡发展。要按照布局集中、产业集聚、用地集约的原则，完善城乡功能分区，合理配置工业用地，规划建设好各类开发区和产业园区，引导产业向园区集中，园区向城镇集中，带动农村人口向城镇转移。要突出特色，发挥优势，完善区域协作机制，开展跨地区产业协作，认真构筑符合本地实际的支柱产业，培育做大主导产业，积极发展新兴产业，做优做强传统产业，着力构建创新能力强、专业化程度高、竞争力强的产业集群，壮大城乡经济实力。

三要大力发展非公经济。要切实把非公经济作为城乡经济发展的增长点，积极鼓励、引导、支持非公企业按照“专、精、特、新”的要求，与大企业开展多种形式的经济技术合作，建立稳定的协作关系，努力形成一批专业化、科技型骨干企业。要按照“非禁即入，非限即放”的要求，降低创办门槛，拓宽发展领域，落实扶持措施，完善社会服务，保护合法权益，进一步改善非公经济发展环境。以非公经济发展搞活城乡经济，推动区域发展。

（五）抓综合管理，实现城乡建设良性发展

创造美好的城镇和乡村，不仅要靠建设，更要靠管理。规范高效的管理，是推动城乡健康发展的关键，也是提高城乡综合实力的重要手段。要按照规划权高度集中、加强管控，建设权分级负责、共同承担，管理权下放基层、落实到人的思路，全面加强城镇管理工作。

一要积极转变政府职能。随着新一轮政府机构改革的启动，建设部已经改名为住房和城乡建设部，虽然只是多了五个字，却意义深远。它意味着新的建设部门的职责将更加重要，一方面要深入推进住房制度改革，加快建立住房保障体系；另一方面要加强城乡建设规划统筹，促进城镇化健康发展。“城乡”二字，是建设部门管理职能转变的一个显著标志。虽然云南省的机构改革方案还在编制之中，但建设部门从现在起就要改变工作思路，树立起“大建设”概念，加快村镇规划建设与城市规划建设的对接，强化城乡综合管理，促进城乡统筹协调发展。

二要加大城乡建设管理力度。各地要按照条块结合、统筹协调、合理分工、重心下移、以块为主、属地管理的原则，构建反应快速、分工明确、责任到位、运转高效的城乡管理长效机制。强化对城镇新建项目工程质量和建筑施工设施运行情况的监督管理，确保安全有效运营。加强城管队伍建设，切实提高城镇管理行政执法的效能和水平。深入开展城镇环境综合整治活动，搞好市容市貌管理。加强村镇建设项目的审批管理，做到按规划选址、按图纸施工、按要求验收，彻底改变村镇建设不规划、不设计、不验收的现象。加强对村镇建设工程质量安全的监督管理，明确项目管理责任，依法实行工程质量管理、安全管理。加强通用图设计，满足农村住房建设施工需求。加强农村建筑工匠培训，提高建筑从业人员素质。

三要创新市政公用设施管理方式。对于城市公共交通、供排水、污水处理等具有稳定收入的公用事业和社会公益性项目，要引入市场竞争机制。可以建立和完善特许经营制度，积极探索实行“产权管理、资本运营”的方式，扩大直接融资的比重和规模，逐步改变完全依靠政府投入的建设和运行模式，促进行业按照市场化运作、企业化经营、合同化管理的方向发展。要更新城乡管理观念，充分运用科技手段来管理城乡，加速城乡管理信息化，大力发展电子政务，推动数字化、网络化技术在城乡管理工作中的广泛应用，不断提高运行效率和管理水平。

四要抓好节约型城乡建设。要认真落实各级人民政府、相关部门和建设、设计、施工、监理等工程建设主体在建筑节能工作中的职责，强化对建筑节能工作的监管。加强建筑节能材料、设备、技术的研发，注重建筑节能新技术的推广应用。合理安排城乡居民点布局、产业布局以及功能分区、基础设施配置等，实现城乡建设用地总量的合理发展。加大城市存量土地盘活力度，提高建设用地利用效率。推进城市节水，建立科学的水价制度，形成有利于节水的水价形成机制。完善中水回用政策，加快中水回用设施建设，使再生水成为城市的“第二水源”。

（六）抓文化挖掘，丰富城乡发展的内涵和品位

鲜明的文化特征是城市发展的脊梁和灵魂。

在知识经济大发展的今天，一个地方是否有吸引力、竞争力，最重要的是看它的文化资源、文化氛围、文化发展水平。云南省的城乡发展要特别重视文化，这是我们的优势，也是我们的特色。

一要用强烈的文化意识来指导城乡建设。目前，我们不少地方的城镇建设就象在流水线上生产出来的产品一样，格调单一，风格趋同，这是缺少文化意识的具体表现。我们要将独特的文化融进城乡建设的方方面面，做到科学规划，精心设计，增强文化意识，加速文化与城乡的融合，做到你中有我、我中有你，以城乡承载文化，以文化丰富城乡内涵，把地方历史文化传统与现代文化精粹紧密结合起来，铸就丰富多彩的城乡文化，形成各具特色的城乡个性。

二要保护和利用好城乡文化遗存。文化遗存是祖先创造和留下来的巨大财富，在社会发展的历史长河中有着不可低估的作用。要正确处理城乡建设与历史文化保护的关系，按照“保护为主、抢救第一，合理利用、加强管理”的方针，保护好具有地方特色的文化遗存，建设好具有历史文化品位的景观，大力发展文化旅游产业，把云南珍贵的历史文化资源优势转变为发展优势。我们推进旅游小镇的开发建设，就是把城乡建设与历史文化遗迹的保护和挖掘有机结合起来，通过对文化古迹的挖掘、整理和展示，一方面实现对历史文化的保护，另一方面促进了小城镇的建设。

三要认真挖掘和塑造城乡建筑文化。建筑是凝固的音乐、立体的绘画、实用的雕塑，是一个地方文化风貌最生动、最直观、最形象的呈现。在城乡建设中，要广泛听取和认真吸收各方面的意见建议，找准优势和特色，充分把握城乡建设的总体轮廓。对建筑造型、建筑色彩、建筑符号等进行仔细推敲，科学设计，认真建设，塑造既能折射地方文化，又能彰显时代特征，与周围自然环境相协调的城乡建筑形象。

（七）抓机制创新，提供城乡建设的动力

当前，云南省城乡建设投资还不能满足发展的需要。这既有政府公共财政投入不足的问题，也有投融资体系不够完善、融资渠道不够宽的问题。要解决这些问题，主要是依靠体制机制创新，大胆改革，寻求新的出路。

一要完善城乡建设投融资机制。要建立健全公共财政投入与市场化融资相结合的投融资政策体系，进一步建立和完善多元化的融资渠道。打造多元融资平台，财政资金是城乡建设投资的稳定来源，但云南省财力有限，仅靠财政是不行的。要把盘活资产作为扩大城乡建设投资的重要途径，把引入市场机制作为城乡建设投资渠道的着力点，把依法监管作为提高城乡建设投资效益的根本保证，努力建立政府与市场互动的城乡建设投融资机制。

二要加快培育新型投融资主体。充分利用市政公用基础设施资产和政府投入的资金，以州（市）为重点，发展一批城乡建设投资公司和资产经营管理公司，搭建投融资平台，积极开展资本运作，为城乡建设筹集资金。要充分发挥省内外大型企业的技术优势、市场优势、融资优势，鼓励和引导这些企业以独资或合资的方式成立大项目投资公司，参与城乡重大基础设施建设，逐步将这些企业培育成城乡建设投融资的新型主体。

三要多渠道开辟城乡建设资金来源。从城乡建设资金来源结构看，信贷资金仍将是城乡建设的主要资金来源。城乡建设投资主体要加强与金融机构的合作，积极开发既符合城乡建设需要又能为金融机构提供赢利空间的金融创新产品。要利用我国资本市场快速发展的大好时机，对具有持续盈利能力的城建公司，加大资产重组力度，注入优质资产，提高经营效益，加快上市步伐，力争在扩大直接融资规模上有所突破。要积极利用债券市场，鼓励信誉高、效益好的城建企业发行建设债券。

（八）抓民生改善，确保人民共享发展成果

造福百姓，改善民生，是科学发展观的核心内容，是构建和谐社会的本质要求，也是我们党的根本宗旨的体现。我们要坚定不移地把改善民生作为一切工作的出发点和落脚点，全力抓好事关民生的实事，努力使城乡发展成果惠及更多人民群众。

一要加快廉租住房建设。关于廉租住房建设的总体思路和工作要求，2007 年省人民政府已经作了专门部署，现在关键是抓好落实。在这里，我再强调一点，就是要抓紧落实廉租住房保障资金。资金不落实，就不可能完成 2008 年 80 万平方米廉租房建设任务，也就不能为低收入家庭提供住房保障。各级人民政府和有关部门要严格执行国家和省相关文件的规定，做到“三个确保”：确保廉租住房保障资金纳入年度财政预算；确保住房公积金增值净收益全部用于建设或收购廉租住房；确保土地出让净收益用于廉租住房保障的比例不低于 10%。省发展改革委、财政厅、建设厅要及时拨付省级配套资金，同时做好国家对西部地区补助资金的争取工作。

二要重视解决农民工的居住需求。多年来，由于城乡二元结构和经济发展水平所限，农民工没有纳入城市住房保障体系。这部分群体成为最需要改善居住条件的群体之一。近年来，国内很多城市在这方面都进行了一些有益的探索。如海尔、海信等大企业建设了20多万平方米的农民工公寓，青岛黄岛区、崂山区正在逐步建立农民工住房公积金制度，莱芜市对工作满3年的农民工发放廉租房补贴。云南省也要结合实际，逐步把农民工纳入住房保障范围，研究并采取有效措施，改善他们的住房条件，让在城市里辛勤工作的农民工，共享城市住房保障的阳光。

三要全面实施农村民居地震安全工程。农村民居地震安全工程是科学防震、主动减灾、惠及广大农民群众的重大民心工程，也是2008年省人民政府确定的20个重大建设项目之一。省人民政府计划每年投入5个亿，4年共投入资金20亿元，分批分期对农村民居进行加固改造和拆除重建。力争到2011年完成100万户的建设任务；到2020年，全省农村民居基本具备抗御6级以上烈度地震的能力。对此，各级人民政府和有关部门要抓紧开展这项工作，明确任务，落实责任，细化建设方案，加强技术指导，全面推进工程建设。

四、提供保障，确保城乡建设取得新成效

云南城乡建设能否在新的起点上再上新台阶，关键在于坚强的领导，精心的组织，务实的作风和有力的措施。

（一）加强领导，为城乡建设提供组织保障

进一步发挥好省城乡规划建设领导小组的作用，协调解决好事关全省城镇化和城乡建设的重大发展问题。各地、各部门要进一步提高对城乡建设工作重要性的认识，不断增强使命感、责任感和紧迫感，把加快城乡建设放到更加突出的位置，做到认识到位、责任到位、投入到位、措施到位、工作到位。要根据新的形势和要求，不断总结经验，明确发展目标，完善发展思路，加快发展步伐。各有关部门要按照抓专项、解难题、破瓶颈的要求，加强协作配合。建设部门要切实负起责任，统筹抓好城乡建设的各项工作。发展改革、财政、国土、环保等相关部门，要进一步强化服务意识，积极主动地制定加快城乡建设的配套政策和具体措施，确保加快城乡建设的各项工作落到实处。

（二）加大投入，为城乡建设提供财力保障

加快城乡建设，是各级人民政府的重要工作职责。各级人民政府要加大财政的支持力度，在财政预算中明确一定比例的资金专项用于城乡规划编制和城乡建设。要统筹全省城市市政基础设施配套费的使用，保证城市维护建设税和各种公用事业附加费、城市基础设施配套费等城建规费足额征收，并全部用于城市维护和建设。城镇土地收益也要纳入政府财政预算管理，主要用于城镇基础设施建设。要优化城乡建设投资结构，集中财力用于市场不能有效配置资源的、对本地经济社会发展有重大影响的建设项目。

（三）完善政策，为城乡建设提供土地保障

土地是城乡建设工作中必须始终重视抓好的一个重点和难点问题。总体上要把握好以下几条基本原则：一是坚决贯彻落实国家土地的宏观调控政策。二是基本农田这根红线不能突破。三是保护好、维护好农民群众的利益。四是发挥云南优势和潜力，多利用荒山荒坡荒地搞开发建设。五是创新思路，积极探索规划管理与征用管理相结合，占用管理与租用管理相结合的建设项目用地新模式。同时，政府要控制住土地一级市场，经营性土地要坚持实行招拍挂。六是对土地征用工作中出现的问题，政府要及时出面协调处理好，决不能引发大的矛盾纠纷。在遵守好这些用地基本原则的基础上，要积极研究建立城乡统一的土地资源优化配置、节约用地、集约用地的新机制。

加快城乡建设，推进城镇化战略，事关全省发展大局，事关广大人民群众的根本利益，事关全面建设小康社会宏伟目标的实现。我们一定要按照省委、省政府的总体部署和要求，解放思想，锐意进取，开拓创新，扎实工作，努力开创云南省城乡建设与发展的新局面，为建设富裕民主文明开放和谐云南作出新的更大的贡献！

围绕中心服务大局努力开创云南决策咨询工作新局面

——在省政府决策咨询工作会议上的讲话

常务副省长　罗正富

刚才，光荣省长的讲话，充分肯定了近年来全省决策咨询系统取得的成绩，深刻阐述了决策咨询工作的重要性，并就如何进一步加强和改进全省决策咨询工作提出了明确要求。各级、各部门一定要认真学习，深刻领会，切实抓好贯彻落实。在此基础上，我再讲三点意见。

一、统一思想，提高认识，充分把握加强和改进新形势下决策咨询工作的重要性和必要性

决策是政府工作的核心和基本职能，也是政府管理经济和社会事务的重要环节。决策咨询工作机构是政府实施科学决策的“智囊团”、“外脑”和参谋助手。政府决策水平的高低，在很大程度上反映的是决策咨询系统工作质量和水平的高低。进一步加强和改进决策咨询工作，对于增强政府决策的科学性和实效性，具有十分重要的意义。

第一，决策咨询是决策的重要前提和依据。从一定意义上讲，决策成功是最大的成功，它对我们各项事业的发展起着不可估量的推动作用；同样，决策失误是最大的失误，其造成的损失在相当长时期内是难以弥补的，严重的失误还有可能导致经济社会的停滞不前甚至倒退。实践证明，决策的效果和质量与决策咨询工作密切相关，调查研究越深入、咨询意见越广泛的决策，决策失误的可能性就越小，决策的效果就越明显。因此，在各方面条件和环境不断变化的情况下，决策前的研究、考量、评估显得特别重要。各级、各部门一定要充分认识和发挥好决策咨询工作在决策中的重要作用，切实把各种因素研究透彻，考虑周全，使决策符合当前和长远发展的实际，更好地推动经济社会的发展。

第二，决策咨询是汇聚民智的重要机制。从群众中来，到群众中去，是我们党的优良传统之一。凡是正确的决策，其基本的特征就是贴近群众、符合规律，顺应广大人民的意愿。党的十七大报告明确指出，要增强决策透明度和公众参与度，制定与群众利益密切相关的法律法规和公共政策，原则上要公开听取意见。这是政府决策必须遵循的准则。广泛集中全民智慧是决策咨询的重要工作，充分了解民情、集中民智、反映民意，是决策咨询工作的主要功能。因此，进一步加强和改进决策咨询工作，有利于最广泛地集中社会各界的意见，形成正确的决策，获得广大人民群众的衷心拥护和支持。这就要求我们在决策过程中，要充分发挥决策咨询机构的作用，进一步加强和改进决策咨询工作，不断完善汇聚民智的决策咨询机制。除专业性很强的工作外，应当特别注意听取不同领域、不同行业专家的意见，听取不同的、甚至相反或对立的意见，求得大多数人的认同和理解，使政府的决策真正建立在广泛听取意见建议的基础之上。

第三，决策咨询是沟通政府与社会的重要渠道。当今世界是一个纷繁复杂的世界，新型媒体层出不穷，已经深刻地影响着、甚至改变着人们的思维方式、生活方式和行为习惯。一项重大的决策出台，往往会引起多种利益群体的不同解读，也不可避免地会出现“误读”。因此，发挥正确的舆论导向，有效沟通政府与人民群众的联系，对于把政府决策变为人民群众的意志有着重要的作用。作为沟通政府和公众的桥梁，决策咨询机构直接参与政府重大决策的形成、制订、出台过程，对于政府决策的依据与过程掌握相对充分的信息。通过决策咨询部门这一平台，阐述政府决策的初衷，解释政府重要部署的原因，可以使政府决策取得社会各界的理解、支持，形成正确的舆论导向。尤其是在网络媒体高度发达的今天，一项决策、一项工作，其传播的速度之快、影响之大，是传统媒体难以企及的。我们必须顺应这种趋势，通过各级决策咨询机构，以及与决策咨询机构联系紧密的社会团体和新闻媒体，将决策的重要内容反馈到社会，进行深入细致的讲解宣传工作，让社会各界人士全面准确地了解政府的工作，营造良好的舆论氛围，形成支持政府工作的有利环境。

第四，决策咨询是尊重科学、尊重知识的重要体现。在知识经济时代，面对瞬息万变的世界，单纯依靠领导个人的经验和智慧，单纯依靠领导集体运用传统的方式和办法来进行决策，很难保证决策的科学性，也很难保证政府施政的效率。加强和改进决策咨询研究，是尊重劳动、尊重知识、尊重人才、尊重创造的具体体现，是贯彻以人为本的科学发展观的客观要求，有利于激发决策咨询研究人员的活力，有利于推动决策的科学化和民主化进程，从而加快全面建设小康社会和构建和谐社会的步伐。加强和改进决策咨询工作，必须突出专业人才的作用，支持他们充分利用专业知识和技能，开展专题研究，进行系统化设计，提出既符合经济社会发展规律，又符合发展实际的咨询建议，有效弥补决策者在时间、精力以及学识等方面的不足，为政府决策的科学化提供更好的智力支持。

二、围绕中心，服务大局，加强和改进决策咨询工作

改革开放以来，省委、省政府高度重视决策咨询工作，在机构设置、人员配备和工作条件等方面给予了大力支持。自1983年省政府成立专门的决策咨询机构以来，在各级党委、政府的大力推动下，在决策咨询工作者的不懈努力下，全省决策咨询工作从无到有，从小到大，实现了历史性的发展与突破，决策咨询机构体系不断健全完善。省级决策咨询机构建设得到加强，州、市一级政府研究机构基本建立，部分科研院所组建了专门的决策咨询机构，决策咨询队伍不断壮大，形成了一批具有广泛影响力的决策咨询成果，有力地推动了全省各项事业的发展。随着改革开放的深入和社会主义市场经济体制的不断完善，一些深层次的矛盾和问题不断凸显，发展中的不确定、不稳定因素增多，很多问题错综复杂交织在一起，挑战与机遇并存且相互转化，有许多问题迫切需要我们在新的实践中去探索、研究和解决。决策咨询机构作为党委、政府实施科学决策的“智囊团”、“外脑”和参谋助手，在研究解决经济社会发展中的重大问题、热点问题和难点问题上具有明显的优势，肩负着重要的使命，因此，必须坚持以党的十七大精神为指导，深入贯彻落实科学发展观，围绕中心、服务大局，完善机制、强化措施，以更新更高的标准推进决策咨询研究，不断提高决策咨询工作水平，努力为党委、政府提供优质高效的决策咨询服务。

第一，要增强实践性。实践性是决策的本质属性。不管是宏观性、战略性的决策还是微观性、工作性的决策，都必须具有实践性。决策的实践性决定了决策咨询研究的实践性。一要加强调查研究。调查研究是做好决策咨询工作的前提和基础，也是增强决策咨询工作实践性的重要保证。决策咨询机构必须进一步解放思想，开拓创新，努力把调查研究做深、做细、做实。在调查研究工作中，既要深入机关，又要深入基层；既要深入干部，又要深入群众；既要看到事物的正面，又要看到事物的反面；既要解剖典型，又要了解全局；既要到工作局面好和先进的地方去总结经验，更要到困难较多、情况复杂、矛盾尖锐的地方去研究问题，努力使思想与实际相符合、主观与客观相符合、理论与实践相结合，使研究成果更加科学、更加符合实际、更加符合决策要求。二要加强信息收集和整理。在当前国内外形势瞬息万变，影响决策的因素日益增多的情况下，决策咨询部门必须把信息工作贯穿于决策形成和实施的全过程，根据云南省经济社会发展的现实需要，广泛收集国内外信息资料，通过认真研究和深入分析，为党委、政府提供决策前、决策中和决策后的全方位、优质高效、及时准确的信息服务。当前，尤其要重视改革开放以来云南经验和教训的总结，深化省情认识，努力为云南的科学发展、和谐发展提供实践性、可操作性强的决策信息、思路和办法。

第二，要突出创新性。创新是经济社会发展的不竭动力，也是决策咨询研究的灵魂。创新决策咨询工作，重点要以创新的思维形成新的思路、以创新的载体实现新的突破、以创新的方式提出新的举措、以创新的模式谋划新的规划。一要做到成果新。要站在时代发展的前沿，用创新的理念、开放的思维、前瞻性的视野和战略的眼光，多筹发展之策，多谋创新之举，多做开拓之事，力争对云南省全局性、战略性的重大问题做出科学的理论回答。二要做到知识新。要认真学习反映当代世界政治、经济、社会、文化发展特点的各种新知识，深入领会科学发展观的精神实质和科学内涵，准确把握中央的方针政策，勇于突破，善于学习，敢于超越，不断在咨询机制、研究方法、工作思路等方面学习、借鉴和吸收国内外、省内外的先进经验，将优秀的理论成果和研究方法运用到实际研究中去，研究新情况，解决新问题。三要做到机制新。要建立咨询与决策的协调互动机制，探索建立决策咨询的专题会商制度，争取在重大事项集体讨论、专家咨询、论证评估等方面形成一整套制度化、规范化的办法。要充分发挥现有决策咨询机构的平台作用，实行开放式研究；还可考虑引进一些市场运作机制，采取政府向社会公开购买研究成果等方式，努力提供数量更多、质量更好的决策成果。

第三，要体现针对性。决策中要解决的问题，从一定意义上讲都是具体的问题，这就要求决策咨询机构必须为政府决策提供具有针对性和可行性的意见和建议。为此，一要做好全局性、战略性重大问题的分析和研究。坚持以省委、省政府的整体部署为根据，以重大决策为立足点，对全省经济社会发展和改革开放中的全局性、战略性、长期性问题开展跟踪研究和超前研究，努力使咨询与决策紧密结合，真正考虑决策需要，做到有的放矢。例如：在研究云南省扩大对内对外开放的问题时，要尤其重视云南面临中国—东盟自由贸易区建设、大湄公河次区域合作、泛珠三角区域合作等区域合作叠加互动的新形势，重视国内外产业升级、产业转移、产业集聚的发展新趋势，把宏观与微观、长远与当前、战略与策略、发展与改革、定性与定量的研究结合起来，及时提供切合实际的建议和咨询意见。二要做好全省经济社会发展中的热点、难点、重点问题的分析和研究。近年来，云南省经济社会发展步入了又好又快发展的轨道，各项工作取得突破性进展，但长期积累的体制性、机制性、结构性矛盾仍然存在。例如，经济结构单一的问题还没有发生根本性的变化，转变发展方式的任务还十分艰巨，对外开放水平还不高，地区间发展不平衡的问题仍然较为突出，农业稳定发展和农民持续增收难度较大，社会发展仍然滞后，节能减排形势严峻，煤电油运等“瓶颈”制约仍很严重等。决策咨询部门要紧紧围绕这些问题，勤于思考，主动作为，以体制性和机制性问题研究为重点，争取在解决若干问题的思路上多提出一些有分量的意见和建议，协助破解云南省发展中所面临的资金、土地、环境、降耗、减排等方面的难题。三要增强决策咨询的可操作性。各级决策咨询机构必须紧贴本地区、本单位、本部门的具体实际，充分考虑不同的特点，因地制宜、因时制宜，在提出具体建议时，不能强求一律，搞齐步走、一刀切。咨询报告要力求观点鲜明、重点突出、措施有力，在可操作性方面多下功夫，努力使研究成果更多地、准确地、快速地应用于决策之中。

第四，要强调科学性。决策咨询研究是决策科学的重要组成部分，其本身也是一门科学。一要用科学发展观指导决策咨询工作。以人为本、全面协调可持续发展的科学发展观，反映着实践的发展要求，贯穿着科学的思想方法，是推动经济社会发展的重要指导方针，也是决策咨询工作必须遵循的基本准则。决策咨询工作贯彻落实科学发展观，关键是要从根本上转变决策咨询工作的传统观念，把研究的重点放在有利于促进经济社会全面、协调、可持续发展上，放在有利于完善科学发展的决策咨询体制、制度、机制和法制建设上，促进城乡之间、地区之间、人与自然之间协调、和谐发展，推动政府自身的发展与改革。二要广泛运用科学方法。决策咨询机构要充分集中研究者的智慧，发挥各方面专家学者知识面广、视野开阔、思想深邃等多方面的优势，综合运用归纳与演绎、分析与综合、具体与抽象以及比较、分类、统计等手段，遵循以事实为出发点，通过客观分析论证，提出符合实际的科学决策方案。三要建立健全预测、反馈和评价机制。没有预测就没有咨询，预测是决策咨询的一个主要功能。要广泛了解和研究国际国内政治、经济的发展趋势，对未来的发展趋势作出评估，对可能发生的事件及早提出预案，防止盲目性，增强预见性。要通过对决策执行情况的追踪调查和信息反馈，及时对原决策方案进行调整和修改，使方案更具可行性、可靠性。要科学评价决策咨询在领导决策中的作用、战略价值，树立决策咨询的正确方向。四要提供多种解决方案。面对同一个问题，解决的方案可以多种多样，但效果可能大不相同。决策咨询研究必须适应形势发展变化的需要，提供可供比较的多种解决方案供决策机构分析、比较，最终在多个方案中选择最优方案，或者综合几个方案的优点，选出最佳的方案供党委、政府决策。

三、强化保障，完善机制，着力营造良好的决策咨询工作环境

近年来，云南省的决策咨询工作总体上呈现出健康快速的发展势头。但也面临着一些突出问题，既有一些地方和部门对决策咨询研究工作重视不够的问题；也有咨询研究与决策脱节的问题；还有咨询研究队伍整体上还不适应科学发展、和谐发展和政府决策科学化要求的问题。对此，我们必须高度重视，认真研究，采取切实有效的措施加以解决。

第一，要加强决策咨询队伍建设。做好决策咨询研究，最基础的工作是加强队伍建设。一要加强和充实决策咨询队伍。各级政府要牢固树立人才是第一资源的理念，把决策咨询研究队伍建设作为重要的基础工作来抓，高度重视决策咨询人才的成长、使用、交流，做到政治上关心、工作上关照、生活上关爱，充实、配备好决策咨询人员，建立一支结构合理、业务精湛、求真务实、尽职尽责的决策咨询队伍，使决策咨询队伍成为推动云南经济社会又好又快发展的重要力量。决策研究机构也要根据自身职能特点，不断优化人才结构，严把进人关，选调懂业务、有较强政策研究能力的人才充实研究队伍，并充分发挥其作用。二要加强对现有决策咨询人员的培训和培养，提高研究人员素质。培训培养的方式有很多，在决策咨询机构内部要提倡“以老带新”，并将人才培养作为履职考核的一项重要内容；在决策咨询系统内要提倡合作交流，鼓励上下级之间、同级机构之间的研究人员互相交流；特别要以课题研究项目为载体，在实践中加大研究人员的培养，提高研究素质。三要加大高水平决策咨询人才的引进。云南经济社会发展相对落后，其中一个重要因素就是人才总量不足、结构不优。要解决这些问题，除了加强省内培养外，还必须采取引进的办法，以提高人才结构层次，提升整体水平。要根据决策咨询工作的特点和任务，重点引进一批学术、学科带头人，也可以引进研究团队，以弥补自身的不足。在引进的方式上，可以直接引进人员，也可以采取引人和引智结合的“柔性引进”办法，以研究项目为载体，通过学术交流、重大研究课题招标、公开征求决策意见建议等形式，打造好高水平人才发挥作用的平台，使省外的人才和智力为我所用，为云南经济社会发展提出咨询意见。四要努力集聚社会力量，形成一支从事决策咨询研究的外围队伍。决策咨询研究是一个开放的系统，切忌搞“关门主义”。在研究力量的组织上，一方面要紧紧依靠系统内的研究人员，支持他们开展研究，另一方面，要特别重视吸纳系统外的专家学者和实际工作者参与项目研究。要进一步补充完善专家库，加强与各类专家的联系和沟通，调动他们参与决策咨询的积极性和主动性。对一些专业性很强的项目，可采取委托的方式，利用专家的力量进行研究。对一些实践性、操作性很强的项目，可主要依靠实际工作者进行研究。

第二，要加强决策咨询机构建设。各级党委、政府一要从机构编制、经费保证、管理机制等多方面对决策咨询机构给予倾斜，努力帮助解决决策咨询工作中遇到的实际问题，为决策咨询机构开展调研、交流情况、研究工作、获取信息提供必要条件。着力解决当前部分地区决策咨询机构缺位、职能弱化的问题，因地制宜地设置、配备政府决策咨询机构，努力在协助领导层提高决策能力、调整决策知识结构、弥补决策信息偏差等方面发挥重要作用。二要进一步加强对决策咨询机构的指导，不断完善科学决策机制，认真指导和协调重大课题的筛选与重要问题的研究方向，确保研究工作不受外界干扰，促进决策咨询服务的客观性、公正性和科学性。三要将决策咨询机构建设与推进政府改革有机结合起来，政府有关经济社会发展的重大决策应履行科学决策咨询程序，各部门出台的有关经济社会发展的政策性文件应事前进行决策咨询论证。四要统筹推进决策咨询工作与政府信息公开、电子政务建设等，建设好决策咨询平台，保证决策者特别是各级领导方便快速获取有关决策研究机构和专家研究的成果，保证研究机构和专家及时了解决策者的决策需求，并获得比较全面的基础资料和研究数据支持，进一步畅通决策者与咨询研究者之间的交流渠道。

第三，要加强咨询研究能力建设。咨询研究人员的素质和能力直接决定着决策咨询工作的质量和水平。必须把能力建设作为决策咨询研究重中之重的工作，以咨询研究能力的提高推动决策咨询研究水平的提高。一要强化研究人员的政治素质。决策咨询研究的政治性、政策性都很强，需要研究人员不断增强政治意识，确保研究项目、研究成果符合党和国家方针政策和法律法规，确保与党中央保持一致，与省委、省政府的战略部署保持一致。二要强化研究人员的专业素质。绝大多数研究项目，都涉及到多个学科。这就要求研究人员必须处理好“专”与“杂”的关系，在熟练掌握专业知识的同时，根据工作需要，尽可能多地掌握各方面的知识和技能。尤其要加强综合能力的训练，对任何一个研究对象，都要进行全方位地思考和观察，力求从不同的角度进行研究，找出解决问题的途径。三要努力增强观察和研究问题的敏感性。始终对研究对象保持新鲜感，保持一种热爱决策咨询工作的朝气，善于以小见大，透过现象看本质，从苗头看倾向，努力在平常事物的演变过程中寻找解决问题的途径和办法。四要加强科学研究作风建设。要继承和发扬党的优良传统和作风，甘于寂寞、安于清贫、乐于奉献、勇于探求真理，以高度负责、求真务实的态度，采用科学方法，做科学探索的表率，做坚持真理的模范。

第四，要加强统筹协调。加强各级各类决策

咨询机构的统筹协调，是一项十分重要的工作。一要努力加强政府决策咨询研究系统内的交流和合作，在各级决策咨询研究机构之间建立起经常的联系，充分发挥决策咨询研究系统的整体优势，有效地避免封闭研究和重复研究造成的浪费。二要强化省政府研究室的统筹协调职能。省政府研究室要在认真履行职责、完成省政府交办的各项任务的同时，进一步加强对全省政府系统决策咨询研究项目的统筹协调，科学安排和组织力量，合理分配研究资源，调动各方面的积极性。要以重大课题、重要调研等项目为重点，加强决策咨询研究的全过程管理，在确定研究项目、采用科学方法和技术路线、观点的形成、报告的撰写等方面，都要加强指导，以提高研究的质量和水平。各级各部门要积极支持、配合研究室的工作，为其开展决策咨询提供各种有利条件。三要加强与决策咨询研究系统外部的联系与合作。社会各界的专家、学者和其他咨询组织，是做好全省决策咨询工作的一支重要力量。决策咨询研究部门应发挥好桥梁、纽带作用，与社会研究力量有机地联系起来，尽快形成以决策咨询研究机构为中心，联系社会各界专家、学者和其他社会研究力量，辐射全省各地区、各行业的咨询研究系统。

做好决策咨询工作，事关全省经济社会又好又快发展，事关广大人民群众的切身利益。让我们在省委、省政府的正确领导下，在国务院研究室和国务院发展研究中心的指导下，进一步解放思想，创新思路，努力多出成果、多出精品，为党委、政府决策提供科学的决策依据，努力推动全省经济社会又好又快发展

统筹规划狠抓落实
促进全省城乡建设又好又快发展

——在全省城乡建设工作现场会上的讲话

副省长　刘　平

为期2天的全省城乡建设工作现场会就要结束了。这是云南省为适应新形势和新任务的需要，深入贯彻落实科学发展观和党的十七大关于统筹城乡发展的精神，大力推进全省城乡建设又好又快发展而召开的一次较大规模的城乡建设工作会议，标志着云南省统筹城乡建设、促进协调发展进入了新的阶段，具有十分重要的意义。

会议期间，与会同志实地参观考察了玉溪市红塔区出水口生态公园、聂耳文化广场和红河州建水县旧城改造、蒙自县文化中心、新天地步行街、垃圾处理场等市政设施规划建设情况，亲身体验和感受了两州市在推进城乡建设方面的一些新进展和新变化。红河州、玉溪市分别作了大会交流发言，全面介绍了2州市推进城乡建设的成功经验和做法。昆明市、曲靖市、丽江市、楚雄州和大理市、景洪市、瑞丽市、腾冲县、富宁县等县（市、区）以及官渡区官渡镇、新平县戛洒镇、大理市喜洲镇等也对当地的城乡建设情况进行了全面总结并向大会提供了书面交流材料。各地推进城乡建设所取得的成功经验，为我们提供了有益的借鉴和启示。

光荣同志出席会议并作了重要讲话。光荣同志站在全局和战略的高度，充分肯定了近年来云南省城乡建设工作所取得的显著成就，全面总结了经验，分析了形势，提出了当前和今后一段时期全省城乡建设的目标任务、工作思路和对策措施。光荣同志的讲话，总揽全局、重点突出，充分体现了科学发展观的要求，对推进新时期全省城乡建设工作具有十分重要的指导意义。

总的来看，在省委、省政府的高度重视下，在省人大常委会、省政协的大力支持和指导帮助下，经过与会同志们的共同努力，这次会议取得了圆满成功，是一次安排紧凑、内容丰富、务实高效、成果显著的会议，是一次统一思想、凝心聚力的会议。下面，我就抓好这次会议精神的贯彻落实讲几点意见。

第一，要认真学习贯彻落实会议精神。这次会议文件材料较多，内容十分丰富。会议出台了《云南省城镇污水处理及再生利用设施建设规划(2008年~2012年)》和《云南省城镇生活垃圾无

害化处理设施建设规划（2008年~2012年）》，同时对省人民政府拟制定出台的《关于又好又快推进城乡建设的若干意见》和《关于加快全省城镇污水生活垃圾处理设施建设和加强运营管理工作的意见》两个文件进行了认真深入的讨论，提出了许多很好的修改意见和建议。此外，在会议讨论中，与会代表特别是各州（市）人民政府的主要负责同志结合实际，畅所欲言，重点就学习贯彻光荣同志重要讲话精神，加快城乡建设步伐，提出了一系列很有参考价值的建议。省人民政府将充分吸纳与会同志在讨论中提出的建议，抓紧修改完善并正式出台2个《意见》，用于指导全省城乡建设和污水垃圾处理设施建设及运营管理等工作。抓好本次会议精神的学习、贯彻和落实工作，是当前一项十分重要而紧迫的任务。各地、各部门要迅速传达学习好会议精神，切实把思想和行动统一到省委、省政府的决策部署上来。同时要结合本地、本部门实际，抓紧研究，提出具体的贯彻落实意见，制定有效措施，层层抓好落实。

第二，要抓好城乡规划的编制和修订。规划对城乡建设和经济社会发展起着决定性的引导和调控作用，是城乡建设、发展的蓝图和依据，是各级人民政府指导城乡建设和实施宏观管理的重要手段。科学的规划是最大的节约，规划的失误是最大的浪费。当前，云南省城乡规划不全面、不系统、不合理和不完善等问题仍然非常突出，不容忽视。各地、各有关部门要认真贯彻落实《城乡规划法》，认真贯彻落实光荣省长的讲话精神，坚持规划先行、分级负责的原则，按照城乡统筹、区域统筹，“富规划”、“穷建设”的理念，在认真研究总结云南省“六个层次”城镇建设中不同类型规划问题的基础上，高起点、高标准、高品位地做好云南省城乡规划的编制和修订工作，充分发挥规划的引导和调控作用，科学指导城乡建设。一是积极争取国家批准，抓紧启动全省城镇体系规划修编，更好地指导全省城镇建设。二是加快推进昆明市总体规划的修编和报批工作，同时抓紧做好控制性详细规划编制工作，切实加快现代新昆明建设步伐。三是在尽快完成滇中城市群规划编制工作的同时，加快滇西、滇东北、滇东南、滇南等城市群规划和州市域城镇体系规划编制工作，充分发挥区域性城市规划在促进城乡、区域协调发展中的调控和引导作用。四是抓紧开展县级以上城市总体规划修编，对适应发展需要的可以不动，继续执行，对已不适应发展的要及时修订。同时，要多方筹集资金，积极开展控制性详细规划的编制工作。五是抓紧边境口岸城镇、旅游小镇等各类小城镇的规划编制和修编工作，有条件的小城镇要探索性开展控制性详细规划编制。六是积极开展试点，适时启动乡村规划编制工作。七是积极探索开展城乡规划编制修订工作的新机制和新路径，提高城乡规划的科学性、超前性、权威性和实用性。同时，要充分发挥规划的龙头作用，广泛运用行政的、市场的、社会的力量，大力推动城乡规划的实施。

第三，要抓好城乡的各项建设。城乡建设的实质是为经济社会构建发展载体，为城乡居民创造生活空间。一是加强城乡基础设施建设。良好的基础设施是建设现代文明城乡的重要标志。要按照布局合理、功能完善的要求，加强城镇道路、通信、能源、供排水和生活垃圾处理等基础设施建设，全面提高市政基础设施的承载能力和服务功能。二是按照充分利用现有资源与新建设施相结合、设施改造与功能提升相结合、区域服务机构调整搬迁与资源整合相结合的原则，科学合理地布局城乡医疗机构、中小学校及幼儿园，以及文化、体育、娱乐等基本公共服务设施，建立起与城镇空间结构、产业发展和人口分布相协调，管理规范、运行高效、服务便捷的公共服务体系。三是营造良好的人居环境。加强园林绿化的规划、建设和管理，把生态建设和环境保护与资源的合理利用结合起来，自然景观的恢复保护与城镇建设结合起来，建设总量适宜、分布合理、植物多样、景观优美、生态良好、资源节约的城镇绿化体系，促进经济社会可持续发展。四是加大对各地传统民居建筑风格的提升、推广和重要历史性建筑的保护、修复，继承和发扬传统优秀建筑风格，挖掘和提升城市文化内涵，突出城镇建设的特色。五是培育产业支撑。要结合当地实际，培植特色产业，研究产业发展方向，进一步推动产业发展壮大，为城乡建设提供有力支撑。

第四，要抓好城乡管理工作。城乡建设工作，三分靠建设、七分靠管理。城乡管理与民生息息相关，具有“多、杂、细、碎”等特点。要牢固树立建管并重观念，下大力气抓好管理工作，着力营造适宜创业发展和生活居住的环境。一是严格市容管理，搞好市容市貌整治和绿化美化建设，努力营造整洁、有序、优美、和谐的人居环境。进一步加大工作力度，积极推进“城中村”和城郊接合部的脏、乱、差治理。二是加强城市基础设施和公共服务设施的维护，强化城市服务功能，提高城市管理水平。三是加强应急管理，建立健全城镇供水、污水处理、供气、废物处理等各行业的应急预警管理机制，有效应对自然灾害、事故灾难、公共卫生和社会安全等突发公共事件。加快推进"数字化城镇"建设工作，加快推进城镇规划、建设和管理的网络化、智能化和数字化。四是加强城市维护建设税、城市市政基础设施配套费等税费收入的征缴、使用和管理，确保足额征收并全部用于城市维护和建设。

第五，要抓好城镇污水、生活垃圾处理设施建设和运营。加快城镇污水垃圾处理设施建设，加强运营管理，是深入贯彻落实科学发展观，改善城镇环境质量，推进生态文明建设，促进人与自然和谐发展的重要举措。长期以来，云南省城镇污水生活垃圾处理设施不配套，处理能力不足，处理水平偏低等问题较为突出。目前，云南省还有90多个县没有污水处理厂，污水直接排入自然水体中，对环境造成重大威胁；全省的垃圾处理场不到40个，许多县城的垃圾处理场不符合规格，简单填埋，影响地下水和周边环境。为切实加强城镇污水、生活垃圾处理设施建设和运营，省人民政府审核批准了全省城镇污水、垃圾处理设施建设2个五年规划，并将出台加快城镇污水、垃圾处理设施建设和加强运营管理的《意见》。今天，省人民政府还将与各州（市）人民政府签订目标责任书。各地、各有关部门一定要按照省人民政府的部署和要求，抓紧推进城镇污水垃圾处理设施建设，确保完成规划目标任务。一是明确任务。到2012年，全省各县（市、区）全部建成污水处理设施及配套管网、无害化垃圾处理设施，有合格的雨污分流管网系统和垃圾清运设施，污水收集率平均达到85%以上，污水处理率达到80%以上，生活垃圾无害化处理率达到100%，新增化学需氧量（COD）的削减量达到相应标准，再生水利用水平逐步提高。二是搭建投融资平台，搞好资本运作。目前，省和国家的补助，只能解决1/4左右的建设资金，缺口较大。为更好的推动资本运作，有条件的州（市）、县（市、区）也应配套部分资金，努力使各级人民政府的投资达到30%左右或以上。资本运作要以州、市为单位搭建投融资平台，并且按照"肥瘦结合"的原则，将供水、污水和垃圾处理设施建设捆绑，实施统一招商或由现有企业建设和经营，通过规模效益和行业互补效应增加招商引资吸引力。条件具备的地区，也可以县为单位组建投融资平台。三是政府规划，各级支持。各州（市）、县（市、区）人民政府要按照2个五年规划的要求，结合地方经济社会发展实际，正确处理近期与远期、经济发展与环境保护的关系，抓紧完成好供水、污水和垃圾处理设施建设的规划编制和审批，把国家、省、州（市）和县（市、区）配套的资金作为资本金，通过市场化运作来推动。另外，建设、发展改革、财政、国土等有关部门要积极支持。四是理顺价格，适当照顾。省人民政府的意见初步确定，年内各州（市）可将污水处理价格提高至0.8元/吨，今后逐年提高到保本微利的水平。各地要把握好时机，加快制定符合本地实际的污水垃圾处理收费改革方案，既要确保不对价格指数产生大的影响，又要保障运营企业的利益，还要充分考虑对困难企业和群众的补助、减免，逐步理顺价格机制。具体的要求和措施在即将下发的两个《意见》中，特别强调这项工作的责任在州（市），县（市、区）的责任就是在州（市）的安排下抓好落实，提供服务，保证配套。

第六，要抓好体制机制创新。体制机制创新是推进城乡建设又好又快发展的关键。要按新一轮解放思想大讨论活动的要求，积极探索适应云南省城乡建设事业又好又快发展的新体制和新机制。城乡建设体制机制创新重点是进一步提高投融资能力，推进市场化进程，有效破解筹融资难这一发展瓶颈和难题。一是牢固树立经营城市理念。要把城市看成一种资产，把城建当作一种产业，凡有回报的城市建设项目均可推向市场。要根据"谁投入，谁所有，谁受益"的原则，企业愿意投资的，就放手让企业去经营；能引进外资的，就大胆地吸引外商来投资。要敢于拿盈利项目招商，敢于把优质资产变现，敢于多方融资经营，逐步开放城市规划、设计、建设、管理市场，实现城市建设从单一投入向多方投入，从以政府投入为主向以企业投入为主转变。二是建立完善资本市场，提高资本运作水平。鼓励各类社会资本采取独资、合资、合作、BOT（建设—运营—转让）等多种形式，参与市政公用基础设施建设。鼓励支持运用TOT（转让—运营—转让）等方式，将现有市政公用企业的国有资产进行整体或部分转让，盘活存量资产，提高资本运营效率。三是深入推进公用事务管理体制改革，搭建融资平台，拓展融资渠道。积极推行城市供排水和污水垃圾经营管理一体化，培育具有一定规模和实力的跨区域经营专业化集团，大力扶持具备条件的水务公司、垃圾处理企业上市融资。充分利用市政公用基础设施资产和政府投入的资金，发展各类城市建设投资公司和资产经营管理公司，搭建城市建设投融资平台，为城市建设筹集资金。四是进一步建立完善土地收购储备和出让制度，通过按规划、分步骤审批供地，集中行政资源、分步分片招商搞建设等办法来推动城乡规划的实施，让政府在土地出让中受益，更好地实现以地生财、以财建城。

第七，要加强领导、落实责任。城乡建设工作涉及面广、任务繁重，是一项复杂的系统工程，需要各级人民政府、各个部门的协同配合和共同努力。省直各部门要进一步解放思想，更新观念，服从大局，相互协调，积极破除各种体制性障碍，研究制定加快城乡建设的配套政策和具体措施。各级人民政府要把加快城乡建设列上重要议事日程，党政主要领导亲自抓，分管领导具体抓，切实把城乡建设的目标任务落到实处。特别要强调的是，各地要切实加强对城镇污水垃圾处理工作的组织领导，真正把污水垃圾处理设施建设全面纳入目标考核体系予以推进落实。各州（市）的州（市）长作为城镇污水垃圾处理设施项目建设的第一责任人，要全面抓好贯彻落实。各县（市、区）的县（市、区）长作为直接责任人，具体负责目标责任书所确定的项目推进工作，确保项目按期开工建设和投产运营。对目标任务完成较好的州（市），省人民政府将予以表彰和奖励。对工作严重滞后，不能如期完成目标任务的地区和部门，要按照云南省行政问责办法等四项制度的要求，通报批评直至问责。

做好新形势下的城乡建设工作，责任重大，使命光荣。让我们在党的十七大精神指引下，以强烈的责任感和饱满的工作热情，求真务实，开拓进取，努力推动全省城乡建设又好又快发展，为建设富裕民主文明开放和谐云南作出新的贡献！

重要学术活动

2008年“云岭大讲堂·红云先进文化论坛”举行开讲仪式　“云岭大讲堂”是2008年省社科联新推出的一个公益性科普讲座。在“云岭大讲堂”下，分设“红云先进文化论坛”、“国学讲坛”、“文史论坛”。“红云先进文化论坛”邀请24名省内知名学者主讲，每月两讲，全年安排24讲。“国学讲坛”和“文史论坛”邀请32名省内知名专家和省文史馆员，在省社科联报告厅和省文史馆举行。

由省社科联、省演讲学会、红云烟草（集团）有限责任公司、昆明新华书店连锁有限公司、《春城晚报》、《云南信息报》联合主办的“云岭大讲堂·红云先进文化论坛”，于2008年1月12日在昆明举行开讲仪式，400多人参加活动。

云南会展经济研究会召开成立大会　2008年1月26日，云南会展经济研究会第一届第一次会员代表大会暨成立大会在昆明召开。

“云南省‘三个代表’重要思想研究中心”更名为“云南省中国特色社会主义理论体系研究中心”　为了有效整合云南省社会科学界的研究力量，深入开展中国特色社会主义理论体系学习研究，“云南省‘三个代表’重要思想研究中心”更名为“云南省中国特色社会主义理论体系研究中心”，并于2008年2月20日在云南省社科联举行了“更名”揭牌仪式，100多人参加活动。

云南省中小企业协会召开第一次年会　2008年2月29日，云南省中小企业协会在昆明召开第一次年会，114名代表与会。

“次贷、人民币升值、通货膨胀与2008年市场形势的高峰论坛”大型公益性报告会　云南省市场学会、云南省工业经济联合会、云南大学经济学院联合举办的关于“次贷、人民币升值、通货膨胀与2008年市场形势的高峰论坛”大型公益性报告会于2008年3月25日在昆明云南大学科学馆举行。近400人参加了报告会。

云南省农村经济学会举办“云南新农村建设论坛”　2008年3月27日~28日，省农村经济学会在昆明举办了“云南新农村建设论坛”。

云南省社科界召开解放思想大讨论活动座谈会　2008年4月18日，云南省社科界“解放思想、深化改革、扩大开放、科学发展”大讨论活动座谈会在省社科联召开，云南省社科界近50人参加座谈会。

云南省社科联2008年工作会议在禄丰召开　云南省社科联2008年工作会议于4月20日~25日在

楚雄州禄丰县召开。会议表彰奖励了2006～2007年度先进集体和先进个人，部分州（市）、县社科联的同志在会上做了交流发言。还在禄丰县黑井古镇举行了云南省社会科学普及基地揭牌仪式。

“云南社会科学专家大理行”调研考察活动 由云南省委宣传部、大理州委、大理州政府和云南省社科联共同主办的“云南社会科学专家大理行”大型调研咨询活动，于2008年5月15日正式启动，召开了“云南社会科学专家大理行新闻发布会”和“大理州情介绍会暨专家见面会”。73名专家分为4个考察调研组，深入全州12个县（市）围绕大理州经济社会发展的实际问题、前瞻性问题和发展中的重点、难点、热点问题进行了广泛调研。7月6日～8日，专家们再次到大理参加“大理州经济社会发展高端论坛”。调研考察活动结束后，汇集出版了“社科专家话大理”文集。

“云南省2008年科技活动周” 2008年5月17日～23日，由云南省科技厅、云南省委宣传部、云南省科协主办的“云南省2008年科技活动周”在全省范围内展开。活动以“携手建设创新型国家”为主题，以科技惠及民生和改善民生、节能减排和生态文明、科技奥运和绿色奥运、科普传播和科普创作4个方面为重点，开展了大型科普游园、大学生科普志愿者进社区、专利进校园及昆明历史十大事件、十大人物、十大建筑展示等形式多样、内容丰富的群众性科技活动，还邀请到世界数学大师、第一位获菲尔兹奖的华人科学家邱成桐和水利部原部长汪恕诚来昆明举办2期“科学大讲坛”。

5月17日，科技活动周启动仪式在昆明市西山区碧鸡广场隆重举行，云南省社科联组织了部分所属学会、研究会围绕科技活动周主题，通过设立展台、专家咨询、发放科普宣传资料、成果展示等方式进行社会科学知识的宣传普及工作。

“解放思想促进发展”座谈会 云南省农村经济学会、云南省农民企业家联谊会于2008年5月20日在省经济研究院联合召开“解放思想促进发展”座谈会。

“我爱你，中国”大型演讲报告会

2008年5月12日，四川汶川发生了8.0级大地震，牵动亿万国人的心。5月28日晚，一场“我爱你，中国——来自云南抗震救灾前线人员的心声”大型演讲报告会在云南大剧院举行。1600余人参加了报告会。

《云南省志·社会科学志》启动第二轮编修工作 2008年6月25日，省社科联召开了《云南省志·社会科学志》编纂委员会第一次全体委员会议，启动第二轮编修工作。

纪念中国会计与改革开放30年活动暨云南省首届会计理论与实务研讨会 2008年7月5日～6日，省财政厅、省会计学会、云南财经大学在昆明联合举办“纪念中国会计与改革开放30年活动暨云南省首届会计理论与实务研讨会”，290余人参加活动。

云南省社科联召开2008年学会秘书长会议 2008年7月18日，省社科联召开2008年学会秘书长会议，100多人参加了会议。

云南省城市金融学会换届选举 2008年7月28日，云南省城市金融学会召开换届选举大会，62人参加会议。

“改进和优化纳税服务构建和谐征纳关系的研究”课题研讨会 云南省税务学会关于“改进和优化纳税服务，构建和谐征纳关系的研究”课题研讨会于2008年8月27日在安宁召开。

“云南省农村科学发展山区综合开发问题”研讨会 2008年9月18日，省农村经济学会召开了“云南省农村科学发展山区综合开发问题”研讨会，20多位同志参加了研讨。

云南省社科联参加“2008年全国科普日”活动 2008年9月20日，由云南省科学技术协会、云南省社会科学界联合会、昆明市科学技术协会主办的云南省暨昆明市“全国科普日”活动在云南省科技馆启动。活动的主题是“节能减排、绿色环保、安全健康、防震减灾”。

2008年“云岭大讲堂·国学在云南”讲坛在昆明开讲 2008年9月23日，由云南省文史研究馆、云南省社科联主办，云南省国学研究会（筹备）承办的“国学在云南”系列学术讲座在省文史馆开讲。

云南“三农”及民营企业发展问题座谈会 2008

年11月7日，云南省农村经济学会、农民企业家联谊会在昆明共同召开了学习党的十七届三中全会精神，研讨云南“三农”及民营企业发展问题的座谈会。座谈会就云南农村工作新的发展问题，新形势下云南“三农”面临的土地流转问题，民营企业进一步发展问题，事关农村、山区怎样继续发展等问题进行了多角度、多层面的研讨。

云南省生态文明建设研究会成立 云南省生态文明建设研究会于2008年12月7日在昆明召开了第一次会员代表大会暨成立大会。会议选举产生了第一届理事会及领导机构。58人出席了会议。

金融危机与云南可持续发展——云南省国际贸易学会召开2008年年会 2008年12月12日，云南省国际贸易学会2008年年会在昆召开。

云南省第二届社会科学学术年会 2008年12月，云南省委宣传部、省社科联共同主办了云南省第二届社科学术年会。以省社科联12月15日主场年会开幕式为标志，拉开了云南省第二届社会科学学术年会的帷幕。经过8天精彩纷呈的活动，于22日在大理学院闭幕。学术年会设云南省社科联1个主场和昆明理工大学、云南省社科院、云南师范大学、大理学院4个专场。年会由征文活动、学术报告、学术研讨会、专家咨询会、社科成果颁奖、社科成果展示、社科成果出版等活动组成，整个年会共举行学术报告30余场，听众近8000人次。

云南省地质经济学会2008年学术年会 云南省地质经济学会2008年学术年会于2008年12月18日~19日在建水召开。近200人出席了会议，收到学术论文34篇，评出优秀论文16篇，大会交流7篇。

云南省区域经济学会成立 2008年12月27日，云南省区域经济学会在昆明召开了成立大会。130多人参加了会议，大会选举产生了学会第一届理事会，通过了学会章程。

云南省第十二次（2007年度）哲学社会科学优秀成果评奖 云南省哲学社会科学优秀成果奖是以云南省人民政府名义颁发的奖项，是云南省哲学社会科学界最高规格的奖项。云南省第12次（2007年度）哲学社会科学优秀成果评奖工作于2008年9月12日~12月27日举行，申报时间自2008年9月15日起~10月20日止，共收到申报参评成果478项（其中专著179项，论文299项）。经过学科组的评审和省评委会的终评，最终评选出《中华民族发展史》等获奖成果120项，其中：荣誉奖1项；一等奖10项（专著5项，论文5项）；二等奖20项（专著10项，论文10项）；三等奖89项（专著38项，论文51项）。

（金丽霞）

研究机构选介

云南省社会科学院经济研究所

主持完成的集体成果

1. 2008年云南经济发展报告；2. 农产品自由贸易对农业和扶贫影响分析；3. 云南建设社会主义新农村的理论与实践；4. 社会主义新农村建设与环境保护问题研究；5. 云南新型农村合作医疗制度的实践与发展；6. 城中村居民生计问题的调查与思考；7. 云龙水库周边社区发展与生态环保权益现状分析报告；8. 金沙江中游水电开发社会舆论环境分析。

参与完成的单项成果

农村发展与新农村建设研究：“贯彻执行十七届三中全会精神，开创云南农村发展新局面”、“2008年云南省农业发展情况”、“2008年云南农村发展面临的新形势分析”、“云南社会主义新农村建设发展报告”、“贯彻落实科学发展观，为云南全面建设小康社会服务”、“西部欠发达地区政府在新农村建设有关环境问题中应充分发挥主导作用”、“建美丽新农村做幸福新农民——开远市社会主义新农村调研报告”、“开远小龙潭办事处小龙潭村委会建设社会主义新农村调研报告”、“新农村建设中的主体研究”、“国内外新农村建设的实践与经验”、“整和与提升云南农村科技推广服务体系”、“粮食安全与耕地保护研究”。

生态环境保护与可持续发展研究：“云南省新农村建设中的环境友好技术需求与对策研究”、“云南宁蒗县乌玛河小流域综合治理的实证分析”、“云龙水库周边社区环保权益保障需求评估与政策措施探讨专题报告”、“维护云龙水库周边社区环保权益参与式行动案例研究报告”，“生态经济主体功能区建设体制机制与政策研究综述”、“建设资源节约型、环境友好型社会研究综述”、“红河沿岸的梯田农业与可持续发展”、“西双版纳橡胶生产对生态环境的影响分析”、“西山区的水环境保护与农村可持续发展”、“湖北能源项目评估报告”、“云南省农村环境技术现状及投入分析”、“改善草地管理的激励措施：碳汇交易的潜力”、“鼓励可持续的农业土地管理”、“中国森林可持续管理和林业碳汇”、“中国生物燃料发展——西南地区发展膏桐的机遇与挑战分析”、“建设红河流域生态经济走廊构想”、“少数民族地区产业转型中的可持续发展研究”。

产业发展研究：“2007年云南省房地产业发展报告”、“2007年云南矿产业发展报告”、“2008年电力发展报告”、“云南怒江水电开发与流域和谐发展资金筹措及使用研究”、“云南金沙江梨园—观音岩河段水电开发移民工业发展规划”、“创新条件下我国企业的二次创业理论与实践研究——以云南国资水泥红河有限公司为例”、“澜沧江功果桥水电规划涉及的产业、投资与风险对策分析”、“云南电网建设项目依法合规建设的措施研究”、“西双版纳州天然橡胶产业发展对农业产业结构及农户收入的影响研究”。

社会保障与新型农村合作医疗研究：“新农合对医疗机构管理政策的效果分析”、“云南新型农村合作医疗实证研究”、“云南推行新型农村合作医疗制度的对策研究”、“国外农民医保模式与启示”、“云南省社会救助体系建设现状研究”、“云南省农村社会养老保险制度的现状分析和改革思路”、“构建中国农村梯度缴费普遍保障型养老保险新模式研究”。

贫困问题研究： “2007年云南扶贫情况报告”、“云南省贫困农户贷款担保机制研究”、“贯彻科学发展观，加快云南特殊贫困地区发展”、“昌宁县温泉乡尼诺村寨推进扶贫项目的社会性别主流化试验报告”、“2008年四川省项目区贫困监测报告”。

对外贸易研究：“2008年云南对外贸易发展报告”、“面向中国—东盟自由贸易区提升云南优势产业竞争力研究”、“创建昆明合作组织研究”、“东亚基础设施建设研究”、“农产品自由贸易对西双版纳农民经济行为影响研究”

知识产权与境外产业研究：“云南知识产权发展战略研究”、“云南专利发展战略研究”、“云南与东盟贸易中的知识产权问题”、“东盟国家知识产权发展状况”、“越南、老挝、缅甸电力投资法律法规”，“越南、老挝、缅甸电力投资法律分析报告”、“西双版纳傣族自治州勐腊县与老挝之间开展的甘蔗替代种植案例研究报告”。

旅游开发研究：“2008年云南省旅游业发展报告”、“老君山、拉市海示范区试点村（美泉、桃花）生态旅游发展规划”、“论新平‘花腰傣’服饰文化资源的旅游价值与开发思路”、“推进红河流域绿色生态经济走廊的建议”。

城乡统筹研究：“城乡一体化高层论坛工作方案”、“城乡一体化与新农村建设高层论坛综述”、“农业产业化是城乡统筹与加快推进城市化的基础——大理市发展的案例”、“城乡统筹就业与户籍管理研究”。

其他研究：“云南财政绩效评价体系研究”、“权属制度安排的第三条道路”、“云南省区域协调发展的重大体制研究”、“改革开放三十年来云南经济建设的历史经验”。

以上科研成果中的30余项，分别收录于由中国书籍出版社、社科文献出版社、云南人民出版社、云南大学出版社出版的著作中。

学术交流活动

1. 中国改革论坛第64次会议；2. 大湄公河次区域经济走廊建设国际学术研讨会；3. 红河流域民族文化与生态文明建设国际学术研讨会；4. 中越经济改革论坛第四届年会；5. 红河流域民族文化与生态文明建设国际学术研讨会；6. 首届新平漠沙花腰傣服饰文化学术研讨会；7. 由云南省委宣传部、云南省社会科学联合组织的“社科专家大理行”大型调研活动。

报刊杂志发表的成果　“越南当前经济发展中的热点问题”，《学术探索》；“可持续发展视角下的农户个体选择行为”，《云南社会科学》；“东南亚伊斯兰势力的新发展及其影响”，《学术探索》；“越南、老挝、缅甸电力投资法律风险及防范对策”，《云南社科要报》；“推动云南社会主义新农村建设进一步发展的对策建议”，《云南社科要报》；“吸取孟连事件教训，严防此类事件在边境橡胶种植区再次发生”，《云南社科要报》；“打好扶贫攻坚战，齐心合力建和谐”，《云南日报》；“城中村人生计选择的理性思考”，《云南财贸学院学报·社会科学报》；“退耕还林后山区村民的生计问题研究”，《舆情信息》；“节能减排建设节约型社会建设”，《社会主义论坛》；“社会主义新农村建设应特别关注贫困山区弱势人群”，《云南社科要报》；“水源林保护社区良性生计行为选择”，《昆明社科研究》。此外，在《云南社科动态》发表的文章20余篇。

出版的著作 《云南经济发展报告2007～2008年》，云南大学出版社，2008年4月；《云南建设社会主义新农村的理论与实践》，中国书籍出版社出版，2008年6月。

正在研究的课题 “西南边疆民族地区社会主义新农村建设特殊性问题及对策研究”、“云南电网建设项目行政成本研究”、“大唐集团云南分公司能源产业规划”、“东部地区对口帮扶欠发达西部地区的效益评价”、“西部民族地区金融问题研究”、“西部民族地区迁入地集聚区建设社会主义新农村研究”、“越南社会主义的理论与实践”。

（罗荣淮）

云南省人民政府研究室（发展研究中心）

2008年完成研究课题

1. 2007年云南省五大支柱产业发展情况分析
2. 2007年全省社会事业发展情况分析
3. 2008年一季度、1月～4月、1月～5月全省经济运行情况分析
4. 2008年上半年云南省五大支柱产业发展情况分析研究
5. 2008年上半年全省社会事业发展情况分析研究
6. 2008年一季度、上半年州（市）经济运行分析研究
7. 中国昆明国际农产品交易物流中心项目建设研究
8. 加快云南服务业发展研究
9. 深化云南行政管理体制改革重点问题研究
10. 云南山区综合开发研究
11. 云南科技创新园建设思路研究
12. 全国生物产业发展比较研究
13. 云南边疆少小民族地区社会发展研究
14. 中国（云南）—东盟电力走廊建设和电力产业合作研究
15. 资源型城市云南个旧转型和可持续发展方案研究
16. 云南推动企业成为技术创新主体对策研究
17. 加快云南电力装备制造业发展研究
18. 云南区域人才竞争战略研究
19. 云南普洱茶产业发展研究
20. 老君山国家公园建设规划思路研究
21. 梅里雪山国家公园建设规划思路研究
22. 怒江流域科学发展和谐发展的总体构想
23. 怒江流域推进新农村建设促进民生改善研究
24. 怒江流域开发中民族文化保护传承与有效利用研究
25. 建立云南茶叶高端交易市场研究
26. 云南县域经济发展三年试点工作评估
27. 优化投融资社会环境研究
28. 云南省国家公园立法可行性研究
29. 建立长效机制实现艾滋病防治工作的可持续性研究
30. 云南九湖流域经济社会发展与环境保护战略研究
31. 分类指导县域经济发展思路研究
32. 云南省亟需尽快启动民族文化遗产数字化建设研究
33. 建立多伦多证券交易所分支机构研究
34. 嵩明县域经济中长期发展规划
35. 德钦县经济社会发展思路研究
36. 景谷县工业发展规划
37. 罗平县农业产业化研究

重要调研考察报告

1. 云南省生态补偿机制模式与政策研究项目赴加拿大培训考察报告
2. 关于对大理迪庆丽江等州（市）县域经济发展试点县的督导报告
3. 关于加强和改进统计调查工作的调研报告
4. 关于全省便民服务中心建设管理情况的调研报告
5. 关于云南省粮食等生活必需品及农资价格上涨情况的调研报告

6. 关于云南广播电视大学办学情况的调研报告

7. 关于云南省旅游发展综合改革试点情况的调研报告

8. 海南全面启动国际旅游岛建设考察报告

9. 文山红河山区综合开发调研报告

10. 云南省党政汽车工业考察团关于曲靖市与华泰汽车集团合作的考察报告

11. 省政府大理现场办公会前期调研报告

12. 青海贵州水电开发及环境保护情况的调研报告

13. 全省便民服务中心建设管理情况的调研报告

14. 关于云南高校奖助学金工作开展情况的调研报告

15. 全省非公有制经济发展及政策贯彻落实情况自查报告

16. 曲靖市非公有制经济发展情况及相关政策措施落实情况调研报告

17. 关于玉溪曲靖市发展情况的调研报告

18. 云南城镇体系建设重点与难点调研报告

19. 罗平县农业产业化调研报告

20. 关于边境口岸通关便利化的调研报告

21. 云南珠宝玉石产业发展情况调研报告

22. 关于推进云南全民创业的调研报告

（王德堂　杨桂敏）

·责任编辑·高　燕

文件 · 法规

Documents Laws and Regulations

中共云南省委　云南省人民政府关于实施建设创新型云南行动计划的决定

(2008年8月4日)

为落实建设创新型国家发展战略，把提高自主创新能力作为调整经济结构、转变发展方式的核心，全面提升产业竞争力，加快创新型云南建设，实现经济社会又好又快发展，现作如下决定。

一、实施建设创新型云南行动计划的指导思想

高举中国特色社会主义伟大旗帜，以邓小平理论和"三个代表"重要思想为指导，深入贯彻落实科学发展观，坚持党委决策、政府主导、市场推动、企业主体、全社会参与的原则，按照突出重点、创新驱动、整合资源、加大投入，产学研结合的要求，实施一批对全省经济社会发展有支撑引领作用的重大创新工程，建设一批重大科技创新基地，培育一批创新型企业，培养一批创新型人才，转变重点产业、重点企业发展方式，巩固提升优势、特色领域的科技创新水平和竞争能力，根本改变全省总体创新能力落后的状况，进一步加快创新型云南建设步伐，促进云南经济社会又好又快发展。

二、实施建设创新型云南行动计划的目标要求

用5年左右的时间，通过实施建设创新型云南行动计划，突破一批对烟草、矿业、生物医药、先进装备制造等重点产业、重点企业发展有重大支撑作用的核心技术和关键技术，形成一批具有云南特色和优势的高新技术产业群，应用高新技术改造提升传统产业取得新进展，节能减排先进适用技术、装备在重点行业得到推广应用，建成一批重大科技创新基地。

——取得对重点产业、重点领域发展具有重大支撑和引领作用的关键核心技术300项；

——新增专利授权1.4万件，其中发明专利授权2400件；

——实现30家高新技术企业在国内外证券市场上市，形成150家创新型企业和600家具有云南特色的高新技术企业群，实现创新型企业和高新技术企业年销售收入3000亿元、利税600亿元以上，占全省工业销售收入比重30%以上；

——建成100个省级工程技术（研究）中心和省级重点实验室及180家省级企业技术中心；

——引进高端科技人才50人，培育省中青年学术技术带头人和技术创新人才1000人以上，培育省级科技创新团队50个以上；

——全省公民具备基本科学素养的比例达到1%以上；

——全省科技进步水平和区域创新能力达到全国中等水平，进入西部先进行列，科技进步对经济增长的贡献率达到60%以上。

三、实施建设创新型云南行动计划的主要内容

（一）重点产业创新工程

1. 有色金属新材料产业化创新基地建设

围绕铜、锡、锌、铝等有色金属产业链延伸及稀贵金属新材料产业化，以电子材料、电力电工材料、轨道交通材料、轻化工材料、汽车材料、环保材料、能源材料、医用材料、建筑材料、军工材料等10类新材料的开发和产业化为重点，每年组织实施10项关键技术研究、新产品开发及产业化项目，建设完善铜、锡、铝、锌深加工及稀贵金属新材料产业化示范基地，进一步发展钛、硅、锗、铟等优势资源新材料产业，使云南有色金属、稀贵金属新材料的创新和产业化能力达到国内先进水平，部分新材料制造技术达到国内领先、国际先进水平。到2012年，新材料产品产量占有色金属总产量比例提高到30%以上，新材料产品销售收入超过600亿元，有色金属新材料产业成为云南经济发展的重要支柱。

2. 磷化工、煤化工产业化创新基地建设

围绕磷矿、煤炭优势资源的高效利用，以磷化工、煤化工精细产品开发与产业化为重点，每年组织实施10项重大关键技术研究、新产品开发及产业化示范项目，发展磷酸盐阻燃剂、水处理剂、纺织助剂、燃料添加剂、食品添加剂、化学合成农药等领域的精细磷化工产品，有序发展高浓度磷复肥和专用肥；发展煤制合成氨、焦炭、煤气、甲醇、二甲醚及下游产品和褐煤生产燃油及其他化工产品为一体的煤化工体系，形成煤—焦化、煤—气化、碳—燃料化工、合成材料、甲

醇制烯烃等煤化工产业；建成在国内具有较强竞争优势的磷化工、煤化工产业化基地。到2012年，获得国家和云南省名牌产品达到30个以上，拥有一批核心技术，实现全省磷化工、煤化工工业总产值1000亿元、工业增加值250亿元、利税180亿元。

3. 装备制造业产业化创新基地建设

以数控机床、电力装备、铁路养护设备、自动化物流设备、光电子、汽车及柴油发动机、重化工业环保产业装备、农业及生物资源开发加工机械等8个行业为重点，每年组织实施10项关键技术研究、新产品开发及产业化项目，建成光电子、数控机床、电力装备、铁路养护机械、现代物流设备及烟草机械、高原型载货车及农用车等6个制造基地。到2012年，新创国家和云南省名牌产品30个以上，拥有一批核心技术，实现全省装备制造业工业总产值600亿元、工业增加值150亿元、利税180亿元。

4. 生物质能源产业化创新基地建设

以生物柴油和燃料乙醇为生物质能源产业发展重点，研究开发生物质能源原料作物优良新品种选育、综合栽培技术、生物质能源高效转化和深加工工艺等重大关键技术，形成生物质能源产业链，成为我国重要的生物质能源产业基地。到2012年，力争全省小桐子种植面积达到1000万亩，年产生物柴油50万吨、燃料乙醇200万吨，实现年产值110亿元、工业增加值30亿元。

5. 花卉产业创新基地建设

围绕国家级云南花卉星火产业带的区域创新能力提升，加强新品种选育和产业化示范，形成滇中温带鲜切花、滇西北球根类种球繁育、滇西地方特色花卉、滇南热带花卉及配叶植物等4个产业聚集区。到2012年，育成具有自主知识产权的新品种100个以上，建成科技示范核心区10万亩，实现全省花卉产业年总产值200亿元以上、利税30亿元以上、出口创汇2亿美元以上。

6. 中药现代化科技产业（云南）基地建设

重点实施“中药、民族药科技支撑平台建设”、“中药、民族药基础研究”、“中药、民族药新产品研发”、“中药、民族药现代化生产”、“中药、民族药创新型企业（工业园区）培育”、“中药、民族药创新型人才队伍建设”等六大推进工程，力争在研发平台建设、重大新药研发、自主创新型重点医药企业、中药（天然药物）大品种、医药产品现代化和国际化、医药工业园区建设、人才队伍培养引进等7个方面取得重点突破。到2012年，实现以中药、民族药为主的医药工业年产值150亿元以上、利税50亿元以上。

（二）重点行业、企业重大技术改造工程

以打造支柱产业为重点，组织实施100项重大技术改造工程，积极支持运用高新技术、先进适用技术、特别是信息技术对新材料、生物及医药、光电子及信息产品、先进制造、能源、农特产品深加工、环保与资源综合利用等领域的企业进行重大技术改造，全面提升企业精深加工、新产品开发、节能降耗、防治污染、技术装备等水平，增强企业核心竞争力。

（三）节能减排科技创新工程

在钢铁、化工、有色、建材、煤炭、电力等重点耗能行业和年耗能1万吨标煤以上的重点耗能企业，实施一批节能减排示范工程，形成30家先进节能减排示范工业企业。组织实施一批先进工业节能技术、产品的研发，加大推广应用力度，加速淘汰能耗高、效率低、污染重的落后工艺、技术和设备。培育工业节能技术服务体系，加强工业企业节能技术改造的诊断、设计、改造、运行和管理等服务。到2012年，基本形成资源消耗低、环境污染小、经济效益好的工业经济体系；全省1/3的工业企业，50%规模以上的工业企业实现清洁生产，节能减排技术水平明显提高，实现全省节能减排目标。

（四）农业科技创新工程

以特色种植业、生态养殖业、林产业和农产品加工业为重点，组织实施一批重大农业技术攻关和重大农业技术推广项目，加快高新技术在农业中的应用，促进农业优质、高产、高效，提升农产品市场竞争力和农业综合生产能力。建设国家云南红河科技示范园区、云南省现代农业科技创新园区等一批农业科技示范园区（基地），打造一批知名度高、带动力强、辐射面广的安全优质农产品品牌和龙头企业，推进科技下乡，强化科技富农。到2012年，育成主要农作物新品种250个以上，主要经济林木品种更新1次，先进实用技术入户率和到位率90%以上，培育销售收入上亿元的农产品加工龙头企业（不含烟草）100家以上，实现全省农产品加工产值1200亿元以上。

（五）创新型企业培育工程

1. 高新技术企业上市培育

设立高新技术企业上市培育专项资金，围绕云南省矿冶技术与新材料、生物技术与新医药工程、新能源、电子信息等高新技术重点领域，培育一批高新技术企业在国内外证券市场上市。到2012年，实现云南省30家高新技术企业上市，募集资金100亿~150亿元，形成年销售收入超过

100亿元的高新技术企业5家、销售收入超过50亿元的10家、销售收入超过亿元的100家以上。

2. 培育创新型企业

每年遴选20家企业开展创新型企业试点工作，通过技术创新战略联盟建设，引导和支持创新要素向企业集聚，完善创新体制机制，加强创新基础和能力建设，加大研发投入力度，培养和吸引创新人才，培育一批在行业具有较强自主创新能力和竞争力的创新型企业。到2012年，全省创新型企业达到150家以上。

（六）创新平台建设工程

1. 建设云南科技创新园

按照政府主导、市场化运作的思路，坚持整体规划、整合资源、分步实施、滚动发展的原则，充分利用云南区位优势、资源优势和环境优势，2012年建成云南科技创新园，构建公共科技创新平台，努力吸引和聚集国内外企业、高校、院所组建或联合组建100个实验室、研发中心、技术中心、工程中心、中试基地等研发机构或基地，提升云南自主创新能力。

2. 组建云南省应用技术研究院

盘活、整合全省科技资源，组建体制新、机制活的应用技术研究院，保持云南省有色冶金、磷化工、煤化工、先进制造、生物资源开发等特色产业的技术优势，增强特色产业持续创新能力。

3. 推进工程实验室、工程技术（研究）中心、企业技术中心和重点实验室建设

启动建设西南生物多样性国家实验室，调整、优化和加强现有20个省级重点实验室（工程实验室），新建15个以上省级重点工程实验室和重点实验室，力争有3~5个提升进入国家工程实验室和国家重点实验室；以骨干企业为主体，建成烟草农业工程技术研究中心、农产品加工工程技术研究中心、强化冶金工程技术研究中心、矿山开发工程技术研究中心、民族药工程技术研究中心、磷化工工程技术研究中心、煤化工工程技术研究中心、工业资源循环利用工程技术研究中心等10个产业技术创新中心；鼓励大中型工业企业、非公有制企业建立技术中心，新增100家省级企业技术中心，省级以上企业技术中心达到180家。

4. 促进高新技术产业开发区“二次创业”

实施以增强自主创新能力为核心的“二次创业”发展战略，完善创新创业环境、壮大高新技术产业、推进产业专业集聚、提升园区创新能力，把以昆明高新区为龙头的国家级、省级高开区打造成为全省高新技术产业发展的核心基地、区域与城市科技创新的辐射中心。大幅度提升大学科技园、创业服务中心、生产力促进中心等科技企业孵化器的孵化能力，新增科技企业孵化器3~5个；建成一批生物技术、新材料技术、信息技术等专业化孵化基地；提升、培育一批特色鲜明、竞争力强的高新技术企业；加快昆明高新区新区建设。到2012年，实现全省高新区技工贸总收入1800亿元以上。

（七）高层次科技人才培引工程

1. 实施高端科技人才引进计划

针对云南省生物资源开发、矿冶及深加工、节能环保等领域发展需要，发挥各级党委、政府的桥梁和纽带作用，构建有利于引进高端人才的创新平台，5年引进50名“两院”院士、“长江学者”、“国突”专家、“百千万”人才等国内外高端科技人才。

2. 培养省中青年学术和技术带头人、省技术创新人才

重视中青年科技人才的培养和使用，创造有利于中青年科技人才创业的条件，完善科技人才信息化管理，每年选拔100名省中青年学术和技术带头人、省技术创新人才。到2012年，累计培养云南省中青年学术和技术带头人、云南省技术创新人才1000名以上，选拔培养创新团队50个以上。

（八）公民科学素质提升工程

1. 解决边疆学科技难问题

在25个边境县（市）及3个藏区县实施云南边疆解“五难”（学科技难）惠民工程，实现每个乡镇有1名科技特派员，每个行政村有1名科技辅导员或科普宣传员，每个行政村有1个完善的科技（科普）活动室，每个成年农民掌握1~2门实用技术，每个乡镇实施1个培育特色产业的项目，每个乡镇有1个带动作用强的农村专业技术协会，科技带动农民人均纯收入年均增幅15%以上。

2. 实施科普惠农兴村计划

紧密围绕云南省新农村建设规划纲要确定的目标任务，以农函大、农技协及各类农村科普示范为载体，每年培训10万人以上新型农民，发展一批农村专业技术协会。到2012年，培养农村科技辅导员（科普宣传员）5000名以上，农民专业协会发展到1万个、会员50万人以上，服务覆盖面扩大到200万农户以上。

3. 建设云南科技馆

以科普展览和科学教育为主要功能，在昆明市建设一个富于时代性、创新性和综合性的高水平现代化科学技术馆，增强公众科技意识和科学素养，提升昆明的城市品位。

四、实施建设创新型云南行动计划的保障措施

（一）加强领导，明确责任

1. 建设创新型云南行动计划是坚持科学发展观，贯彻落实党的十七大及省第八次党代会、省委八届四次、五次全委会精神，促进创新型云南建设，推进云南经济社会又好又快发展的重大举措。各级党委、政府及相关部门（单位）要充分认识实施建设创新型云南行动计划的重大意义，切实把这项工作摆到重要位置，将建设创新型云南行动计划的有关任务纳入工作规划，认真制定具体实施方案，抓好落实，做到组织到位、措施到位、投入到位。

2. 成立建设创新型云南行动计划领导小组，负责组织实施建设创新型云南行动计划，研究部署和协调有关工作，及时解决工作中的重大问题。领导小组办公室设在省科技厅，负责日常具体工作。

3. 加强上下联动。围绕提升区域创新能力、促进经济发展方式转变，按照建设创新型云南行动计划的目标要求，各州市要提出具体的实施方案。州、市党政一把手要结合本地实际，每年亲自协调实施1～2项对当地经济社会发展有重大影响的科技创新工程和重大项目。

4. 建立实施建设创新型云南行动计划工作责任制。制定建设创新型云南行动计划督查制度和奖惩办法，签订年度目标责任书，加强对州、市党政一把手和各部门（单位）及责任人的绩效考核。

（二）整合资源，加大投入

1. 围绕建设创新型云南行动计划整合资源。建立科技资源统筹协调机制，由建设创新型云南行动计划领导小组负责统筹各部门的科技资源，调整存量资金结构，推进建设创新型云南行动计划的实施。

2. 拓宽资金来源，多渠道筹集资金。5年筹集500亿元资金，为建设创新型云南行动计划的实施提供有力资金保障。其中，资本市场融资100亿元；企业自筹200亿元；金融贷款100亿元；其他筹资50亿元；从2008年起省级财政每年安排省级应用技术研究与开发项目资金5亿元（包括预算已有的安排，新增2.5亿元），州（市）、县财政每年配套5亿元，设立建设创新型云南行动计划财政专项资金，引导企业和各类商业金融机构加大对重大创新工程和项目的投入。

3. 鼓励企业加大研发投入。国有及国有控股企业、创新型企业、高新技术企业的研发投入应达到销售收入的3%，鼓励企业与高校、科研院所共同组成各类研发机构，并对研发成果的应用给予政策性支持。

4. 建立创业投资政府引导基金，进一步完善各类创业投资发展的政策和环境。加强科技与金融资本市场的结合，加大招商引资力度，引进、培育一批创业风险投资机构，带动全省形成200亿元以上的科技风险投融资规模。建立省科技型企业融资担保公司，为实施建设创新型云南行动计划提供投融资平台。

5. 加强监管。制定建设创新型云南行动计划专项资金管理办法；专项资金实行全额预算、过程控制和全成本核算管理。建立包括审计、财政、科技等部门和社会中介机构的全方位资金监督体系及专项资金的绩效评价制度，提高资金使用效益。

（三）深化改革，扩大开放

1. 深化科技体制改革，以体制机制创新推进自主创新。以提高自主创新能力，建立企业为主体、市场为导向、产学研相结合的技术创新体系为重点，构建完善区域创新体系；引导支持创新要素向企业集聚，完善公共科技创新平台，大力发展科技中介服务；推进应用开发类科研院所股份制改革，深化公益类科研院（所）人事、分配等内部运行机制改革；探索科技创新成果奖励、知识产权保护的新机制；深化科技管理体制改革，统筹优化科技资源配置，提高管理绩效。

2. 加大省院省校科技合作工作力度，创新合作方式和运行机制。充分利用科技部和云南省工作会商制度，做好建设创新型云南行动计划中的重要工程同国家科技规划、计划和工程行动衔接，找准工作切入点，积极争取国家给予更多的支持。

3. 发挥高校、院所在原始创新中的生力军作用，注重产学研相结合。省政府与国家自然科学基金委设立专项联合基金，推进建设创新型云南行动计划中的重大应用基础研究项目。

4. 进一步扩大对内对外开放。通过引进国内外先进适用技术，消化吸收再创新以及合作研究开发、委托研究开发等多种途径，引进先进科技成果在云南实现产业化。充分利用国际国内的科技资源，为云南省实施建设创新型云南行动计划提供支撑。

（四）加大宣传，营造环境

建设创新型云南行动计划是面向未来的重大战略，是转变经济发展方式的关键措施，是实现经济社会又好又快发展的重大举措。要进一步贯彻落实国家和省中长期科技发展规划，完善和落实相关配套政策措施，组织实施知识产权战略。要充分利用各种宣传手段，做好广泛、深入的宣传和动员，大力宣传党和国家科技方针政策，大力宣传实施建设创新型云南行动计划的重大现实意义，为建设创新型云南行动计划的实施营造良好的政策和舆论环境。

云南省人民政府关于进一步扩大开放的若干意见

（2008年10月8日）

为全面贯彻党的十七大和省第八次党代会精神，深入贯彻落实科学发展观，加快发展开放型经济，促进全省经济社会又好又快发展，现就云南省进一步扩大对外开放提出如下意见。

增强全省人民的开放意识

1. **充分认识扩大开放的重大意义**。改革开放30年来，云南省认真贯彻落实党中央、国务院的战略部署，解放思想、深化改革、扩大开放、发挥优势、加快发展，经济社会建设各方面都取得了辉煌成就，云南由我国对外开放的末端逐步成为中国与东南亚、南亚交流合作的前沿和窗口。在新的历史起点上，进一步扩大开放，有利于更好地把云南省区位优势转化为经济优势和发展优势，形成特色鲜明、结构优化、布局合理的发展模式；有利于用好国际国内两种资源、两个市场，统筹省内发展与对外开放，加快全面建设小康社会步伐；有利于贯彻落实我国“与邻为善、以邻为伴”和“睦邻、安邻、富邻”的周边外交方针和政策，推动和谐周边建设，为新时期国家互利共赢开放战略作出新贡献。

2. **切实增强扩大开放的紧迫感和责任感**。发展不足、发展质量不高、发展不平衡仍然是云南省当前和今后一个时期亟待解决的突出问题；开放领域不宽、层次较低、效益不高、作用不强，开放不够仍然是云南发展急需解决的难题。面对周边区域强劲的竞争态势，我们面临不进则退、慢进也是退的严峻挑战。全省各级、各部门和各族干部群众要进一步解放思想，切实把思想和行动统一到省委、省政府的决策和部署上来，树立世界眼光，增强开放意识，强化战略思维，以更加宽广的胸怀、更加务实的举措，全面拓展开放的广度和深度，努力开创云南省科学发展、和谐发展的新局面。

明确扩大开放的总体思路和主要目标

3. **总体要求**。坚持以邓小平理论和“三个代表”重要思想为指导，深入贯彻落实科学发展观，充分发挥云南省连接东南亚、南亚，沟通泛珠三角、长江流域的优越条件，以东南亚、南亚为重点，立足周边，拓展东盟，开拓南亚，深化区域合作，面向世界，实施开放强省战略，以发展开放型经济为主导，以“走出去”为特色，对外开放与对内开放有机结合，“走出去”与“引进来”有机结合，云南开放与国家整体外交大局有机结合，以开放促思想解放、以开放促改革、以开放促发展、以开放促创新、以开放促文明、以开放促开明，把云南建设成为我国陆上沿边开放最具活力的省份。

4. **加快构建开放新格局**。突出特色，创造优势，“打造一个通道，建设两个基地，连通三大市场，形成四条走廊”，加快构建全方位、多层次、宽领域的对外开放新格局。

——打造一个通道。把云南打造成中国通向东南亚、南亚的西南陆上通道。

——建设两个基地。把云南建设成承接东部产业转移的基地和面向东南亚、南亚的出口加工基地。

——连通三大市场。更好地发挥云南连接东南亚、南亚和我国内陆腹地三大市场的桥梁作用。

——形成四条走廊。努力推进昆明至河内、昆明至曼谷、昆明至仰光、昆明至加尔各答四条经济走廊建设。

5. **主要目标**。到2012年，当年进出口总额超过200亿美元，对外工程承包、劳务合作、设计咨询营业额超过10亿美元，对外实际投资超过2亿美元，实际利用外资超过10亿美元，国际旅游、国际运输、文化教育等服务贸易超过50亿美元；旅游外汇收入超过17亿美元；引进省外到位资金超过1500亿元人民币；各州市开放型经济占生产总值比重在2008年基础上提高10%以上；内外联动、互利共赢、安全高效的开放型经济体系更加健全，开放型经济对全省生产总值、财税、城乡人均收入的贡献率大幅提升。

突出扩大开放的工作重点

6. **加强国际国内区域合作。**以东南亚、南亚为重点，深度融入中国—东盟自由贸易区建设、大湄公河次区域合作和孟中印缅地区合作，推进与周边国家“通路、通电、通商、通关”进程。完善云南—泰北、云南一老北、云南一越北等合作机制，适时推动建立新的区域性合作机制，积极参与经济全球化与区域经济一体化。以东部沿海发达地区为重点，全方位拓展与泛珠三角、长三角、环渤海、泛北部湾等区域的多层次、多形式的合作，进一步加强与周边省区市的合作。继续深化与香港在服务贸易等领域的合作，拓展与澳门的多领域合作，争取台商扩大在滇投资规模。充分发挥云南在国际国内区域合作中的桥梁作用，共同推进产业向外梯度转移，大力开拓东南亚、南亚市场。

7. **推进国际大通道建设。**发挥云南省区位优势，以航空为先导，加快铁路建设，保持公路建设快速发展，发挥水运的补充作用，构建布局合理、对接顺畅、便捷高效的对内对外立体交通运输体系。提高昆明至曼谷国际公路的通行能力，加快推进昆明—河内、昆明—仰光等国际公路及云南省连接四川、贵州、广西等周边省区的高等级公路建设，推动泛亚铁路东、中、西三线建设。建设主干铁路与重要工业基地和省内州市的联接铁路。推动澜沧江—湄公河国际航运、伊洛瓦底江国际陆水联运、红河国际航运开发建设。推进由德宏、保山、怒江等方向出境通道向南亚延伸。推动第三亚欧大陆桥及云南通向印度洋陆上通道的建设。加快昆明新机场建设，争取开辟更多国际航线，积极发展大航空货运。依托国际大通道，大力发展通道经济，推动交通走廊转变为经济走廊。

8. **建设一批对外开放的产业基地。**采取政府推动和市场化运作的方式，建设一批符合国际标准，面向国际市场的花卉、水果、蔬菜、茶叶、咖啡等农产品生产和加工基地。建设一批有国际竞争力的烟草及配套、能源、有色金属、磷化工、煤化工、林浆纸、云药等优势资源开发基地。建设一批具有国际水准的装备制造、光电子、新材料产品生产基地。结合物流业发展，在区域中心城市和交通节点、口岸附近，建设一批出口加工基地。加快昆明出口加工区建设，充分发挥昆明市作为全国加工贸易梯度转移重点承接地的示范和辐射作用。以昆明深圳工业园等一批重大合作项目的实施为切入点，主动承接东部地区产业转移。

9. **构筑区域性信息和金融平台。**实施信息基础设施扩容改造工程，加快形成覆盖全省、与国内外通信网络紧密连接的信息传输网络。发挥好昆明通信区域国际出口局的作用，推动GMS信息高速公路及云南一东盟电子商务平台建设。鼓励省外、境外银行在云南省设立分支机构；支持富滇银行和有“走出去”意向的其他金融企业到次区域国家设立分支机构．．发展壮大辖区内的证券机构，组建区域性矿业权交易中心；争取国家支持，推动建立实用、安全、便捷、互惠、互利的双边银行本币跨境结算体系，逐步形成以昆明为中心、辐射周边国家的多元化、多层次、多功能的区域性金融平台。

10. **提高支柱产业外向度。**鼓励和支持烟草产业“走出去”，扩大云南省烟机设备、烟草原材料及制品在海外的市场份额。通过水电资源开发和电源、电网建设，推进与次区域国家电力产业合作。支持冶金、矿业企业到境外开展以资源开发为主的投资合作，提高使用境外资源的比例。支持机械、化工、生物医药等行业的优势企业到境外进行投资合作，带动设备、零部件和原材料出口。大力支持开展多形式、多层次的国际国内区域旅游合作，加快建立和完善旅游业的对外合作机制。积极发展高端旅游业，推进旅游二次创业，把云南打造成世界著名的国际旅游胜地和目的地。

11. **加快培育“走出去”企业主体。**鼓励和支持国有及国有控股的大型企业、非公有制企业、中小企业创新机制、增强实力、联合协作，加快“走出去”步伐。实施“跨国公司培育计划”，将年度境外经营收入和总销售收入10%以上的大型企业列入计划；实施“走出去企业培育计划”，将年度境外营业收入在2000万美元以上的企业列入计划，给予重点扶持。发展壮大云南的海外投资企业，打造“走出去”龙头骨干企业，创造参与国际经济合作的新优势。

12. **发展对外工程承包和劳务合作。**支持云南省具有比较优势的水电、公路、桥梁、房建、冶金、机械制造等行业的企业以带资承包、EPC、BOT等方式到境外承揽工程和开展技术咨询服务，带动云南省成套设备、材料和服务出口。支持以“工程换资源”等方式到次区域国家承揽基础设施建设项目。鼓励和支持劳动力资源丰富的县（市、区）和具有专业培训优势的教育机构建立外派劳务基地。争取国家将更多的对外援助项目交由云南省实施，发挥援外项目在云南省企业开展对外承包工程业务中的带动作用。

13. **加快对外投资步伐。**创新对外投资方式，结合云南省产业转移、结构调整，支持云南省企业采用跨国并购、股权置换、境外上市等形式开展跨国投资经营，建立境外生产基地、研发中心。发挥云南省特色农业优势，利用国家专项资金和进口指标，通过贷款贴息、保费补贴、面积直补、免税返销等多种政策措施，鼓励有实力的企业到缅北、老北发展种植业、加工业、矿业、旅游业等相关产业，推动替代种植向替代产业发展。

14. **转变外贸发展方式。**鼓励进口先进技术、设备及国内短缺资源；扩大高新技术产品、绿色有机农副产品和服务贸易产品的出口；实施“云品工程”，完善云南品牌的培育体系、认定体系、促进体系和保障体系，扩大具有自主知识产权或自主品牌产品的出口。提高加工贸易的产业层次和配套能力。鼓励省外加工贸易企业到云南省投资建厂，支持传统加工贸易企业开展技术改造，优化产品结构，延伸产业链。

15. **提升边境贸易水平。**用好用足国家边境贸易进口关税和进口环节增值税“双减半”政策。探索建立边境自由贸易园区的新模式，建设一批边民互市示范点，扩大与相邻国家边民的贸易往来。在德宏、保山、西双版纳、红河等州（市）择地建设沿边开放综合配套改革试验区。加快推进中越河口—老街、中缅瑞丽—木姐、中老磨憨—磨丁跨境经济合作区建设。积极推进边境重点县和与周边省区相邻重点县市的城市化建设，并逐步探索扩大其经济社会管理权限。

16. **发展服务贸易业务。**积极与次区域国家在跨境旅游、跨境劳务等优势领域以及国际运输服务、国际货物保险、国际结算服务等传统领域开展服务贸易业务。大力开拓与发达国家和地区在医疗卫生、会展、教育、特许、专利等新兴领域的服务贸易。积极承接信息管理、数据处理、财会核算、技术研发、工业设计等国际服务外包业务。依托现代新昆明建设云南国际商务港，构筑全省服务贸易示范区。

17. **加大“引进来”的力度。**加快引进战略合作伙伴，促进资产流动重组，培育一批具有国际竞争力的大型企业集团。加强对外来投资产业和区域投向的政策引导，拓宽利用外资项目来源。探索以资产换资本、以市场换技术、以项目换资源等引资方式。利用外资加快公路、铁路、港口等交通项目与供水、供气、污水和垃圾处理等城市基础设施建设。农业、工业、旅游等部门每年确定一批重点项目对外招商。对符合产业政策的重点外资项目优先保证用地指标。对投资规模在1000万美元以上的循环经济、资源综合利用、高新技术和环境保护等项目，从经营获利之日起3年内，按谁获利谁奖励的原则，由当地财政按企业对地方财政贡献额的10%给予奖励。鼓励跨国公司在滇投资，设立地区总部、研发中心、采购中心、培训中心和生产基地。更加重视引进先进技术、管理经验和高素质人才，努力提高国外优惠贷款使用的质量与效益。

18. **切实加强口岸建设。**完善口岸基础设施，推进电子口岸建设，实现跨地区、跨部门、跨行业信息共享和联网核查，构建新型、便捷的通关模式，推行“一站式”通关等便利化措施。完善口岸运行监测体系，建立口岸信息发布制度、社会对口岸便利化的评价机制和口岸突发事件的应急管理制度。推动实施《大湄公河次区域便利客货跨境运输协定》及其附件和议定书，实现与GMS国家之间人员和货物的便捷流动。理顺口岸管理体制，加强对口岸的建设管理和组织协调，整合口岸的建设和管理资源，探索建立事权集中统一的新型口岸管理体制。

19. **提高商务会展水平。**积极发展会展产业，把昆明、大理、丽江等城市建设成为全国有较大影响的会展基地。明确昆交会面向东南亚、南亚特别是次区域的市场定位，创新思路、提高水平，办好昆明进出口商品交易会、昆明国际旅游交易会、东盟华商论坛、南亚商务论坛及昆交会杯商务高尔夫球邀请赛等活动。积极争取GMS经济走廊论坛、南亚国家商品展与昆交会同期在昆举办。争取范围更大、数量更多、层次更高的国际会展活动在滇举办，推动会展产业向国际化、专业化和市场化方向发展。积极参加周边国家及国内其他省（区、市）举办的重大会展和商务活动，做好云南省对外宣传和推介等工作。

20. **深化教育科技文化国际合作。**以欧、美、澳等发达国家为重点，鼓励出国留学，扩大派出规模，大力引进国外优质教育资源，推进学科建设和开展多种形式的合作办学。建立健全云南省高校与境外高校的合作机制，支持省内高校到境外合作办学，鼓励教师出国从事华文教育。扩大招收周边国家留学生规模，引导社会力量在高校设立留学生奖学金，增加受资助留学生数量，吸引更多留学生到云南省高校就读。加快在东南亚、南亚国家设立以传播中华传统文化和开展华文教育为主的孔子学院或中国语言文化中心，把云南省建设成为全国面向东南亚、南亚的教育合作基地。加强重点产业和关键领域的对外科技交流与合作，组织开展国际科技联合攻关和成果转化工作，积极推进科技引进、消化、吸收和再创新工作。全方位开展对外文化交流与合作，创新文化对外传播形式和手段。办好云南电视台的东南亚、南亚时政信息专栏，努力把云南电视台打造成汇集东南亚、南亚信息的国内特色知名电视台。

21. **发挥华人华侨的桥梁纽带作用**。大力促进与世界华人华侨的联谊交往，全面深化与亚太华商的经贸合作，充分发挥华商“以侨引侨、以侨引外”的示范和带动作用。规划建设亚太华商聚集发展的经济园区，加大政策倾斜力度，促进园区快速发展，把园区打造成名副其实的“华商之家”。

22. **大力推进对外友好交往**。政经结合、以政促经，加强对外交往，充分发挥党委、人大、政府、政协以及贸促机构、企事业单位、民间组织、国际友城、国际友人等方面的积极作用，进一步拓展对外交往渠道。加强与我国驻外使领馆、各国驻华使馆及有关国家驻昆总领馆的联系，主动沟通、交流，争取更大的支持。加强与次区域国家政府间的高层交往，建立健全云南省与次区域国家领导的定期互访机制。

完善扩大开放的保障措施

23. **加强组织领导**。各级党委、政府及有关部门要把扩大开放纳入重要议事日程，作为“一把手”工程来抓。省委常委会每年研究一次对外开放工作。由省政府分管领导牵头，建立对外开放工作联席会议例会制度，每季度召开一次会议，及时研究、协调、解决工作中存在的困难和问题。建立健全与中央驻滇部门的联系协调机制、与周边国家相关部门的联系协调机制、省级部门间的协调沟通机制、重大项目、事项省州县联动机制、边境州市与内地州市的沟通协调机制。加强对重点项目跟踪服务，对实际合作金额在5000万美元以上的重大项目，成立项目小组，由省政府领导全程跟踪指导；对金额在1000万美元以上的“走出去”和引资项目，由省级相关部门厅级干部全程协调服务，确保签约项目得到落实。

24. **加大财政投入**。2008年到2012年，省财政每年筹集口岸建设资金1亿元。从2009年起，省财政安排省级外经贸发展专项资金1亿元，每年较上年按10%的比例增长，连续安排4年，由省商务部门统筹协调使用，重点支持外向型企业的发展。实施出口退税超基数地方承担部分由省级和州市共同承担的政策。在省地质勘查基金中设立境外矿产资源前期风险勘探资金，支持企业在境外的矿产资源前期风险勘探等工作。要继续支持招商引资工作。各州（市）政府要结合实际，安排专项资金，支持发展开放型经济。

25. **落实完善税费优惠政策**。省有关部门要认真贯彻落实国家和省各项税费优惠政策，凡符合税费减免条件的，要在规定时限内办结减免税费手续。国家对税费政策进行调整后，要适时研究制订云南省具体办法并组织实施。对每年度列入“跨国公司培育计划”、“走出去企业培育计划”和“走出去”及出口企业按规定办理出口退税、外汇核销并由省给予奖励，企业可按省奖励金额5倍作为企业内部配套奖，税前据实列支。积极争取对次区域国家一般贸易出口以人民币结算给予全额出口退税的政策。

26. **强化金融支持**。全省金融机构要积极调整信贷结构，创新金融服务产品，加大对全省开放型经济发展的支持力度。外汇管理等有关部门要进一步简化对境外投资的审核手续，缩短审查、审核时间。专业保险机构要积极扩大出口信用保险范围，增加出口信贷保险规模，开发对支持开放型经济发展更有针对性的保险产品，为境外合作项目提供多渠道的保险服务。

27. **加快开放人才队伍建设**。创新人才培养、引进、使用机制，造就适应扩大开放的高素质国际化企业经营管理人才队伍、高层次科技创新人才队伍、实用高级技工队伍和党政人才队伍。实施“开放人才培训工程”，全省每年组织各种形式、各种类型的对外开放专题研修班不少于100期，培训不少于5000人。在全省高校及职业技术学校（院）积极推广以东南亚、南亚国家小语种为重点的外语教学工作，大力培育适应与东南亚、南亚合作需要的外向型、复合型人才。

28. **优化开放环境**。按照市场经济和世贸组织规则，加快内外贸一体化进程和涉外经济体制改革步伐，形成稳定、透明和符合国际规则的涉外经济管理体制。全面推行行政问责办法、服务承诺制、首问责任制、限时办结制，着力营造文明健康的人文环境、稳定透明的政策环境、公正严明的法制环境、优质高效的服务环境、公平竞争的市场环境和幸福宜居的生活环境以及重商、亲商、安商和富商的社会氛围。凡是国内其他省（区、市）能够提供的优惠条件，云南省都要提供；凡是国家法律、法规规定的外商投资权益，云南省都要依法保护；凡是按国际惯例需要由政府解决的问题，云南省一定要全力解决。

29. **建立健全考评奖惩机制**。各级党委、政府要建立健全对外开放工作目标责任制，把对外开放的业绩作为地方、部门和领导干部综合考核的重要内容，作为干部选拔任用的重要依据。对不能完成对外开放工作目标的单位，综合考核不能评定为合格，主要领导和分管领导年终考核不能评定为优秀，并对单位主要负责人按国家有关规定和云南省的问责办法进行问责。采取有效措施，鼓励和保护在对外开放中勇于开拓、敢于创新的干部。在对外开放工作中作出突出成绩的单位和个人，由省委、省政府予以表彰奖励；对违反有关规定，妨碍对外开放工作的，给予批评并限期改正；情节特别严重，构成违纪的，给予纪律处分。

30. **切实抓好贯彻落实。**各州市和省级相关部门要认真抓好本意见的贯彻落实，并根据上述意见尽快制定相应的具体工作细则或实施办法。

云南省人民政府关于云南省工业发展万亿工程实施意见

（2008 年 7 月 28 日）

为认真贯彻落实党的十七大和省第八次党代会精神，以解放思想为动力，努力实现云南工业跨越式发展，加快推进云南特色新型工业化进程，现提出如下实施意见。

一、目的和意义

实施“云南省工业发展万亿工程”是推动全省工业经济又好又快发展的战略举措。云南工业经过几十年的发展，形成了较为完善的产业体系，在全省国民经济发展中主导作用显著增强。但总体上看，工业经济总量小、比重低，发展水平还处于工业化初期向中期过渡阶段。实践证明，云南经济发展快在工业，慢在工业，实现又好又快发展关键在工业。工业化是云南现代化建设的关键，要与全国同步实现全面建设小康社会目标，云南工业必须实现跨越式发展。

二、指导思想和主要目标

（一）指导思想

全面贯彻落实科学发展观，以实现工业经济又好又快跨越发展为主线，牢固树立不进则退，慢进也是退的发展理念，坚持好中求快，以大投入、大项目、大资本、大企业、大环境带动大发展。坚持转变经济发展方式，优化调整产业结构，增强企业技术创新能力。坚持聚集发展，着力建设工业园区，培育特色产业集群，打造新型工业化核心区。坚持开拓创新发展，改善发展环境，解决要素制约，强化责任落实，确保工业发展“万亿工程”目标实现。

（二）主要目标

以 2007 年为基数，通过 5 年的努力，到 2012 年全省工业销售收入、增加值、规模以上工业户数、工业利税和万元工业增加值能耗分别达到如下目标：

——全省规模以上工业销售收入达到 10000 亿元，年均增长 19%；

——全部工业利税达到 2000 亿元，年均增长 13%；

——规模以上工业户数达到 3000 户，年均增加 80 户；

——全部工业增加值达到 4000 亿元，年均增长 18%；

——万元工业增加值能耗年均下降 5%。

三、工作重点

（一）加快产业结构调整

努力实现由产业扩张向打造产业体系转变，加快形成以高新技术产业为先导、先进制造业为主体、现代能源产业为基础、生产服务业为支撑、绿色制造为方向的现代产业体系。调整优化轻、重工业内部结构，轻工业在巩固提升烟草竞争力的同时，要集中力量做专做精做强医药、农产品加工、生物资源开发、棉麻丝纺织、林纸一体化等特色产业；重工业要着力延伸钢铁、有色、化工、建材等产业链、产品链，大力发展精深加工，要加快发展装备制造、石油炼化、光电子、新能源、新材料等产业。

（二）推进企业技术创新

完善政府投入引导机制、企业投入激励机制和创业风险投资机制，构建以企业为主体、市场为导向、产学研结合的，以技术中心为主要模式的技术创新体系。整合科技资源，加大创新投入，提高研发比重，有重点地开展原始创新和集成创新，积极开发推广一批高附加值、高技术含量、高市场占有率的新产品和先进适用技术，并争取在矿业与新材料、生物与医药、信息与装备制造、资源综合利用与节能降耗上形成一批核心技术。鼓励企业主动参与产学研联合，与国内外大专院校、研究机构建立广泛的合作关系，通过自主研发和引进技术消化吸收，形成有自主知识产权的主导产品、核心技术和关键技术。同时，着力营造有利于工业品牌成长的环境，引导各类企业实施品牌战略，形成一批消费者认可的工业品牌。

（三）促进产业集群发展

编制云南省产业集群发展规划，制定产业集群发展的政策措施。通过5年努力，全省形成烟草、能源、矿产、生物、装备制造5大产业销售收入过千亿元。以有色、钢铁、化工、光电子、装备制造、生物质能、生物医药、建材、绿色食品、农产品加工等为重点，推动云南省产业聚集，在全省逐步形成30个左右产业集群，打造新型工业化核心区。发挥好工业园区的聚集和引领作用，加快重点工业园区建设步伐，促进工业园区向规模化、专业化和特色化方向发展，打造一批销售收入超1000亿元、500亿元的工业园区。

（四）大力推进县域工业发展

把培育工业强县、发展县域特色经济作为全省推进新型工业化的重要工作，着力建设40个重点工业强县。立足县域比较优势，以特色优势工业、劳动密集型工业和农产品加工业为主攻方向，加快粮油制品、蔗糖制品、茶制品、橡胶制品、核桃制品等20个县域特色产业发展，形成各具特色的县域支柱产业。培育发展“一县一特、多镇一业、多村一品”基地化、专业化生产的特色经济，形成区域特色产业群体板块，在全省县域经济发展中起到示范效应。贯彻落实非公有制经济加快发展的各项政策措施，发挥其在县域经济发展中的主导作用。

（五）发展节约环保型工业

着力加强节能降耗工作，全面实施6大节能重点工程，强化项目能耗审核制度，加强对重点耗能企业的监督考核，建立重点耗能行业和主要工业产品单位能耗指标监测考核体系。推广高效节能产品，依法对能源和节能产品生产、流通和使用单位进行监督检查，加大重点耗能企业技术改造投入力度，提高能源利用效率。大力推进节水节地节材，全面推行清洁生产，引导企业形成低投入、低消耗、低排放和高效率的节约型发展方式。提高资源综合利用水平，制定工业“三废”综合利用指导意见，抓好煤矸石、粉煤灰和磷石膏的综合利用。加强共伴生矿资源综合回收和深加工，实现资源的高效利用和循环使用。积极推进6个县（市、区）、10个工业园区和14户企业工业循环经济试点。

（六）加快中小、非公和乡镇企业发展

全面推进中小企业成长计划，加快实施以创业扶持、创新发展、提高素质和增强竞争力为重点的中小企业成长工程。工业开发区和工业强县要建立小企业创业孵化基地，广泛开展创办小企业开发新岗位活动。加快社会化服务体系建设，激活各类社会资源，加快建立多成分、多形式、多层次和全方位的中小企业服务体系。积极推进银政、银企合作，拓宽中小企业直接融资渠道，抓好上市融资工作，推进中小企业“集合债券”发行工作。引导中小企业重点向机械制造、生物资源开发、农产品加工和现代服务业方向发展。发挥乡镇企业在推动农村工业化、增加农民就业和提高农民收入中的重要作用，突出发展农产品加工业、劳动密集型产业、为大企业配套业、农村服务业等4个重点，加快结构调整，实现新发展。引导中小、非公和乡镇企业加强内部管理和制度创新，实现企业管理体系、方式和手段的科学化、现代化。

（七）加快工业人才培养

牢固树立“人才是第一资源”的观念，鼓励各类人才积极投身于云南省工业发展“万亿工程”，把知识优势转变为创业优势，把科研成果转化为生产力。加强对企业家队伍的教育与培养，为企业家成长创造宽松环境，努力培养和造就一批掌握市场经济竞争规则的职业化、现代化、国际化企业领军人才。重视技术人才和管理人才的引进和继续教育，组织开展劳动技能竞赛活动，加快培养一支有较强技术研发、工艺设计、熟练操作能力的专业人才、产业工人队伍。

四、工作措施

（一）加强组织领导

省人民政府成立协调推进云南省工业发展、大企业发展“双万亿”工程领导小组，办公室设在省经委，负责云南省工业发展“万亿工程”的具体组织实施和日常督查工作。各地、各有关部门要结合自身实际，建立相应机构，制定工作方案、明确工作目标、落实工作措施、确定工作人员，强化工作落实。

（二）强化分类指导

抓好重点州（市）的发展，着力抓好昆明、曲靖、玉溪、红河、楚雄、大理、昭通和文山等8个州（市）、40个工业强县和30个工业园区的发展，夯实发展基础；抓好重点企业（集团）发展，促进优势资源向重点行业和重点企业集中，推动企业做大做强，努力形成一批销售收入分别达到1000亿元、500亿元、100亿元、50亿元等4个层次的大企业集群，支撑全省工业迈上新台阶；抓好重点项目建设，全力推进油气管道、石油炼化、昆钢结构调整技改工程等项目的组织实施，以大项目带动大发展；抓好中小企业发展，为实施“万亿工程”增添动力。

（三）加大工业投入

集中财力、形成合力，充分发挥财政专项资金的导向作用，积极引导银行、社会资金投向，加快推进工业企业的战略合作。鼓励企业充分利用境内外资本市场和货币市场，通过发行企业债券、可转换债券和企业上市等多种形式进行直接融资。积极培育投资风险基金。鼓励金融机构调整信贷投向，进一步加大对企业技术改造和产业升级的信贷支持力度。组织实施云南省重点工业项目“双百工程”，落实省、州（市）、县推进项目建设的责任制，千方百计确保今后5年年均工业投资增幅在30%以上。

（四）强化要素保障

采取有效的调控措施，加强对重点州（市）、重点行业的经济运行监测，注意做好苗头、趋势性问题和需求变化的分析，及时提出切实可行的政策措施建议。加强煤电油运的综合协调。积极推进煤炭资源整合，加大地方骨干煤矿的技改扩能改造投入力度，加快建设恩洪、小龙潭、老厂、先锋、昭通5大煤炭基地；加强电力供应综合协调，优化云电外送曲线，处理好“云电云用”和“云电外送”的关系，强化计划用电管理，严格实施差别电价政策；坚持并继续完善路地、路企铁路运输联席会议制度，严格执行铁路外运“五保四压”政策，积极推进云南省铁路运输物流资源整合和物流中心建设，大力发展现代物流业；加强成品油资源配置和储备。

（五）搞好监测分析

建立监测分析制度。省经委、省统计局、国家统计局云南调查总队等部门要建立云南省工业发展“万亿工程”信息通报制度，定期调度、分析云南省工业发展“万亿工程”运行情况，及时、全面、准确掌握运行动态，定期通报云南省工业发展“万亿工程”运行情况和目标完成进度。深入开展多种形式的调研工作，总结经验，推广典型，发现问题，研究对策。建立例会制度。每半年领导小组召开一次工作会议，协调解决实施过程中遇到的主要问题和困难；适时召开调度会、座谈会或现场办公会，交流、分析实施情况。

（六）建立目标考核制度

把云南省工业发展“万亿工程”发展目标分解落实到当年全省工业经济发展目标中，年末对照目标，检查进度，兑现奖罚。5年期满，由省经委牵头，会同财政、统计等部门，对云南省工业发展“万亿工程”目标完成情况进行全面考核，省人民政府召开总结表彰大会，对作出突出贡献的单位和个人予以表彰奖励。

本实施意见自下发之日起执行。

云南省人民政府关于云南省大企业发展万亿工程实施意见

（2008年7月28日）

为继续加快大企业（集团）成长壮大步伐，努力培育一批支撑地区经济、引领产业发展、具有较强竞争力的大企业（集团），促进全省经济又好又快发展，特提出如下实施意见。

一、目标和思路

（一）发展目标

力争经过5年至8年努力，到2015年以前，云南前100户重点工业企业销售收入超过10000亿元、利税总额超过2000亿元，形成一批销售收入分别达到或超过1000亿元、500亿元、100亿元、50亿元以上4个层次的大企业集群。

到2015年以前，云南前100户重点工业企业研发（R & D）投入占销售收入的比重达到2%以上；单位产品能耗限额达到全省考核目标；企业固定资产投资年均增长25%以上，发展后劲不断增强，市场竞争力不断提升。

（二）指导思想

深入贯彻党的十七大精神，全面落实科学发展观，进一步落实省八次党代会决策部署，坚持走新型工业化道路，实施工业强省战略，以解放思想、改革开放为动力，以转变经济发展方式、实现内涵式发展为核心，强化体制创新、机制创新和技术创新，进一步加快结构调整，加大企业重组力度，提高产业集中度，延伸产业链，发展精深加工，实施品牌战略，注重节能减排，深化企业改革，强化企业管理，提升质量效益，全面增强大企业（集团）核心竞争力，打造一批多层次的大企业集群，带动和支撑全省工业经济又好又快发展。

（三）基本原则

1. 市场化原则。以市场为导向，以企业为主体，通过发挥市场机制的作用促进企业做强做大。

2. 政策扶持原则。通过制定政策、优化资源配置、营造发展环境等措施，促进生产要素向列入“万亿工程”的企业倾斜。

3. 动态管理原则。对列入“万亿工程”的企业实行定期考核，优胜劣汰，动态调整。

4. 和谐发展原则。注重发挥大企业（集团）的辐射带动作用，以大带小，带动一批与之配套和为之服务的中小企业发展；以小促大，形成大、中、小企业协调发展的格局。

二、扶持与奖励政策

（一）多渠道筹措资金加大企业投入。“万亿工程”入选企业申报的项目，各级投资主管部门按照权限优先核准或备案，由省发展改革委、经委、科技厅等有关部门管理的预算资金，优先给予贷款贴息支持或前期工作补助。“万亿工程”入选企业，各商业银行在开户、结算、贷款等方面提供便捷金融服务；对大额贷款需求，企业可提出申请，由“万亿工程”领导小组办公室协调主办银行会同其他银行进行银团贷款。省工业投资公司每年50%以上的投资用于支持“万亿工程”相关企业，具体项目由“万亿工程”领导小组办公室推荐，工业投资公司与相关部门研究决定；鼓励企业在国内外证券市场上市直接融资，对进入辅导培育期的企业加大扶持力度；支持企业通过发行企业债券、短期融资券等债券市场产品并利用产业基金、风险投资基金实现自身发展；鼓励企业采取境内外引资的方式，加强与国际、国内战略投资者的合作。

（二）全面落实各项税收优惠政策。凡以国家规定的鼓励类产业项目为主营业务，且其当年主营业务收入超过企业总收入70%的企业，经税务机关审核确认后，在西部大开发政策执行期间，减按15%的税率征收企业所得税；国家重点扶持的公共基础设施项目的投资经营所得，自项目取得第一笔生产经营收入所属纳税年度起，第1年至第3年免征企业所得税，第4年至第6年减半征收企业所得税；国家重点扶持的高新技术企业，减按15%的税率征收企业所得税；企业为开发新技术、新产品、新工艺发生的研究开发费用，在计算应纳税所得额时，未形成无形资产计入当期损益的，在按照规定据实扣除的基础上，按照研究开发费用的50%加计扣除；形成无形资产的，按照无形资产成本的150%摊销；企业购置并实际使用符合规定条件的环境保护、节能节水、安全生产等专用设备的，该专用设备投资额的10%可以从企业当年的应纳税额中抵免，当年不足抵免的，可以在以后5个纳税年度结转抵免。

（三）提高企业用地保障水平。各级人民政府要建立工业用地储备制度，并优先保障“万亿工程”入选企业项目用地。企业可根据发展需要，每年年初提出年度用地计划，报所在州（市）和省国土资源管理部门列入年度计划；对“万亿工程”入选企业用地，在规划上予以保障；企业重大项目用地，各州（市）难以保证指标的，可报“万亿工程”领导小组办公室提交领导小组协调解决；企业项目用地一次性缴纳土地出让金有困难的，可以租赁或作价出资方式取得国有土地使用权，降低一次性投入成本；对企业依法提出的用地申请和土地使用方案，国土资源管理部门要按照行政许可相关规定，及时作出审查和审批。

（四）推进企业技术创新和品牌建设。“万亿工程”入选企业所开展的技术创新及新产品、新工艺、新技术的研发应用，省经委、发展改革委、科技厅等部门在项目、资金方面给予优先支持；对国家新认定的高新技术企业和国家级企业技术中心，新获得“中国名牌”、“中国驰名商标”的企业，由省人民政府给予一次性奖励；对新认定的省级技术中心，新获得省级名牌产品、著名商标的企业，由州（市）人民政府进行奖励。

（五）支持企业兼并重组。列入“万亿工程”企业在收购、兼并、重组过程中涉及存量土地、房产转让的，由有关部门依法变更权属，涉及的有关行政事业性收费一律免交，在办理水、电、气及其他权证时，免收除工本费以外的其他费用。建立合理的地区利益分享机制，鼓励跨区域重组、扩张。

（六）实行企业上台阶奖励。自2008年起，省人民政府设立“大企业发展万亿工程专项奖励资金”，对列入“万亿工程”的企业，以其2007年销售收入为基数，每跨越1个百亿元台阶，由省人民政府给予企业领导班子100万元的奖励。对年销售收入首次达到50亿元、100亿元、500亿元、1000亿元的企业，由省人民政府分别给予企业领导班子50万元、100万元、200万元、300万元“上台阶奖”。

三、主要工作措施

（一）加强组织领导。省人民政府成立“云南省大企业发展万亿工程协调推进领导小组”，负责统筹、指导、部署、协调“万亿工程”实施的各项工作。领导小组办公室设在省经委，负责日常工作，办公室主任由省经委主要负责人担任，成员由有关单位组成。

（二）加大招商引资力度。积极为企业“走出去”搭建平台、营造环境，帮助企业获取发展所需的技术、资源、人才和市场。加大对企业“走出去”的支持扶持力度，简化审批程序，放宽条件。建立“万亿工程”企业招商引资网，组织“万亿工程”相关企业到发达地区定向招商。

（三）积极引进战略合作者。采取有效措施，努力搭建平台，加快引进在资金、技术、管理、品牌、市场等方面优势明显的国内外知名企业，参与“万亿工程”企业的改造重组，促进企业快速发展。通过引进战略合作者，大力推进省属企业的股份制改革，进一步创新体制，激活机制。

（四）支持企业项目建设。“万亿工程”企业的新建和技术改造项目，有关部门应及时协调解决建设进程中的困难和问题，对符合条件的，要及时予以办理项目核准备案、土地利用、环境评价、电力供应等手续，努力提高工作效率，促进项目早日开工、早日见效。同时，积极向国家有关部门申报、推荐企业项目，争取政策和资金支持。

（五）加大服务企业力度。省级财政每年安排专项工作经费，主要用于建立“万亿工程”企业动态监测系统；建立招商引资网，开展定向招商；举办发展论坛，建立大企业发展专家库，组织有关机构为企业提供诊断、制定发展战略和经营管理咨询等服务；开展调查研究，发布相关信息，为企业发展提供全面优质服务。

（六）强化煤电油运保障。将“万亿工程”企业列为煤电油运重点保障单位，建立“直通车”申报制度，“万亿工程”企业的煤电油运需求可直报省级有关部门，优先予以配置。

（七）搞好监测分析。由省经委牵头，会同省统计局、国家统计局云南调查总队等部门，抓紧建立“万亿工程企业（集团）动态监测系统”，建立必要的信息报送制度，及时掌握“万亿工程”企业工作进度，以及企业生产经营、项目执行、技术创新、节能减排、改革发展等方面的基本情况，及时发现和帮助企业协调解决生产经营中的困难和问题，并适时发布“万亿工程”企业的主要经济指标。

（八）加大宣传力度。省级报刊、广播、电视、网络等主要新闻媒体要加大对“万亿工程”的舆论宣传，总结推广企业发展的成功经验和主要做法，为实施“万亿工程”营造良好的舆论氛围。

四、入选企业名单确定及考核

（一）入选企业名单确定。由省经委会同省级有关部门，依据企业2007年主要经济数据和2015年规划目标，结合企业发展现状和发展潜力，并统筹考虑产业发展实际及各州市情况，研究提出“万亿工程”100户入选企业名单和20户备选企业名单，报领导小组审定后公布。

（二）年度考核。每年4月，由省经委牵头，会同省统计局、国家统计局云南调查总队等有关部门对“万亿工程”企业进行年度考核，主要考核企业的销售收入、利税总额、R & D、节能降耗、投资额等指标。按照“动态管理、优胜劣汰”的原则，根据考核结果，对“万亿工程”企业名单进行调整，报领导小组审定后公布。

（三）期末考核。8年期满或“万亿工程”预定目标提前实现，由省经委牵头，会同有关部门对“万亿工程”的目标完成情况进行考核。对提前或按期完成“万亿工程”预定目标的企业，省人民政府召开总结表彰大会，分别给予一次性表彰奖励；对为实现“万亿工程”作出较大贡献的省级有关部门、州市人民政府，也给予适当表彰奖励。

本实施意见自下发之日起执行。

云南省人民政府关于加快中小企业发展的若干意见

（2008年12月12日）

中小企业是推动地方经济发展的基本力量、提供财政收入的重要来源、解决就业的主要渠道和维护社会稳定的关键因素。为应对国际金融危机对云南省中小企业的影响，进一步坚定中小企业发展信心，帮助企业克服困难，稳定生产，稳定就业，提高中小企业抗风险能力和市场竞争力，加快中小企业发展，保持全省经济平稳较快增长，根据党中央、国务院的重大战略部署，现提出如下意见。

1. **加大财政对中小企业扶持力度。**省财政在2008年追加预算安排2亿元中小企业专项扶持资金的基础上，2009年继续安排2亿元资金，专项用于扶持中小企业发展，重点解决中小企业新增流动资金贷款、新建项目贴息以及融资担保机构新增贷款担保风险补偿。

2. **建立创业带动就业专项资金。**省级财政从2009年开始，每年安排1亿元专项资金，引导和鼓励大学生、复转军人、留学回国人员和其他有创业能力的个人自主创业，以创业带动就业。

3. **加强对中小企业的税收支持。**对经营较为困难的行业重点企业和成长型、科技型、创新型企业，经申报批准，可定期减免土地使用税，对整合重组企业使用原厂房缴纳房产税确有困难的，免征房产税。鼓励企业采用环保、节能、安全生产专用设备，对企业购置并实际使用有利于环境保护、节能节水和安全生产专用设备的，该专用设备投资额的10%可以从企业当年应纳税额中抵免，当年不足抵免的，可在以后5个纳税年度结转抵免。对中小企业矿产资源税，按最低标准征收。

4. **加强对出口型企业的支持力度。**加快出口退税进度，各级国税部门对符合条件的企业，在3个工作日内完成退税，并力求提前。研究开展"边审边退"、"先退后审"退税方式的试点。降低出口收汇风险，鼓励出口企业投保出口信用保险，对企业实际缴纳的保费，由省财政从对外开放专项资金中每年安排不低于1000万元给予补助，并安排一定资金，支持有实力的中小企业建设集原材料供应、生产加工和出口为一体的特色产品出口基地，开展技术改造，提高国际市场竞争力；继续对中小企业开拓国际市场给予支持，对中小外经贸企业融资担保费用给予扶持。进一步优化通关环境，海关、质检、检验检疫等部门要加强协作，提高效率，加快通关速度，降低通关成本，推进贸易便利化。

5. **依法保障中小企业用地需求。**中小企业在用地方面享受与其他企业同等的政策，适当扩大中小企业先行用地范围，并列入当地土地利用规划。各地每年的用地配额指标中，应对中小企业用地专门划出一定比例，实行指标单列并考核。各级高新区、开发区、工业园区中应单独划块，保证中小企业用地。在符合土地利用总体规划和年度用地计划的前提条件下，加快用地审批，对中小企业依法提交的用地申请和土地使用方案，国土资源管理部门要及时作出答复。按照行政许可的相关规定，工业建设项目用地预审以及国有土地使用权出让、租赁、作价入股审查及审批在10个工作日内完成，国有土地使用权转让在10个工作日内完成。

6. **改进政府服务。**各级政府要结合落实"四项制度"，加快政府职能转变，以提高办事效率为核心，改进工作作风，增强服务意识，确保已出台的各项政策真正落实到位。工商、税务、国土、环保、质监等部门要尽量放宽准入条件，简化办事程序，减少审批事项，切实提高办事效率。各级行政、事业单位不得向中小企业设立新的收费项目。由省物价主管部门牵头，对全省涉及中小企业的行政事业性收费进行一次全面清理，明确可缓收、减半、取消的收费项目目录，报省人民政府批准后执行。国土资源管理部门对中小企业矿产资源有偿使用费的征收，可视企业情况适当延长缴费年限，分年度分摊，减轻企业负担。

7. **鼓励金融机构增加对中小企业的贷款。**金融机构要放宽对中小企业的贷款条件，简化审批手续，开设绿色通道，扩大对中小企业贷款规模。对中小企业信贷投放增速不低于全部贷款增速，确保2009年新增中小企业贷款不低于500亿元，提高中小企业贷款占全部贷款的比重。大力发展仓单、林权、股权、应收账款等抵质押贷款，通过信托、租赁、债券等融资产品，扩大中小企业融资渠道，增加对中小企业的资金投放。积极推行中小企业金融事业部等试点，根据中小企业贷款需求的特点，从机构设置、人员配置、制度改进、贷款流程和激励机制等方面进行有益尝试，构建专业化的中小企业金融服务体系。对符合产业政策的中小企业，各银行要单独安排信贷规模、单列考核管理。对中小企业贷款利率实行单独定价，在风险定价的基础上合理浮动。合理制定中小企业不良贷款控制指标，对中小企业贷款损失依法及时核销。

8. **帮助中小企业解决流动资金困难。**由省、州（市）财政积极筹措资金，用于中小企业流动资金到期贷款的置换周转，减轻企业负担，降低企业融资成本。金融机构对工业企业在省内的应收账款开展保理业务及动产"质押贷款"，减少企业应收账款占用流动资金比例。小额贷款公司在2008年10家试点的基础上，2009年进一步扩大覆盖面，力争达到80家，增加对中小企业资金投放50亿元左右。着力扩大云南省新型农村金融机构试点范围，争取2009年在全省16个州（市）各至少有1家村镇银行，加大小型金融服务机构对中小企业的支持力度。

9. **完善中小企业担保机制。**继续建立和完善担保机构风险分散与风险补偿机制，进一步推动中小企业信用担保体系建设。鼓励符合条件的企事业法人和民间资本出资成立商业担保机构和互助性信用担保机构，开展各类融资担保业务。通过资本注入、风险补偿等多种方式加大对信用担保公司的支持。设立多层次中小企业贷款担保基金和担保机构，提高对中小企业贷款比重。对符合条件的中小企业信用担保机构免征营业税。担保机构开展担保业务中涉及房产、土地、采矿权、车辆、船舶、设备和其他动产、股权、商标专用权、专利权等抵押物登记和出质登记，凡符合要求的，登记部门要按照有关法律规定为其办理登记手续。建立农村信贷担保机制，扩大农村有效担保物范围，积极探索发展农村多种形式担保的信贷产品。充分发挥工商联、商会、协会系统内互保联保组织的作用，多渠道为中小企业提供担保服务。

10. **扩大中小企业直接融资渠道。**抓紧实施《云南省中小、非公企业上市培育办法》，每年从中小企业专项资金中安排1000万元用于中小企业上市补助及奖励，推动中小企业进入资本市场直接融资。加强对中小企业的债券发行辅导，加快"中小企业集合债券"发行步伐。鼓励企业通过重组实现股权融资。创新融资方式，通过房地产信托投资基金、股权投资基金和规范发展民间融资等多种形式，拓宽企业融资渠道。省级和有条件的州（市）建立中小企业创业投资引导资金，通过参股创业投资机构，扶持创业投资企业发展。鼓励民间资本建立私募投资基金，积极引进国内外私募基金管理机构、创业投资机构到云南省开拓业务。

11. **加快推进中小企业信息化建设。**积极支持中小企业将信息技术应用于研发、生产、经营、管理等各个方面，提高生产效率和管理水平，增强竞争实力。每年由省负责中小企业工作的部门组织在全省筛选一批中小企业信息化示范项目，并从专项资金中安排2000万元给予重点支持，以信息化改造促进中小企业加快发展。

12. **推进中小企业节能减排。**严格按照国家产业政策和相关法律法规要求，淘汰中小企业中的落后技术、工艺和装备，对列入计划的淘汰落后项目给予一定的补偿。针对中小企业特点，加快推广应用节能、节水、低耗、环保型装备，对中小企业节能项目按节能量给予奖励。加强对中小企业节能减排的统计、监测和核查工作。加强企业职工节能减排技能培训，建立中小企业节能减排信息系统和技术服务体系，定期向中小企业发布有关节能减排技术、管理和政策等方面的信息，为中小企业开展节能减排技术项目咨询诊断、项目论证、规划设计、人员培训等服务。

13. **加大对科技型、创新型中小企业扶持力度。**鼓励中小企业向"专、精、特、新"方向发展，围绕大企业形成专业化配套集群。加大对科技型、创新型中小企业的财政资金扶持力度，对其项目给予重点支持。省财政从科技专项资金中每年安排3000万元，对达到国家级和省级的中小企业技术中心建设给予补助。对符合产业政策的科技型企业用地要优先保障，并对其征地费用进行补贴。加大对科技型、创新型中小企业的税收支持力度，能免则免，能减则减，能缓则缓。

14. **强化中小企业经营管理人才培训。**实施"万名中小企业人才引进培养工程"，帮助企业重点解决高新技术、资本运作、现代管理等领域的紧缺专业人才。实施"千名中小企业家素质提升工程"，对企业高级经营管理人员开展多渠道、多形式培训，提升企业家管理能力。实施"百户中小企业管理咨询工程"，每年由企业申请、政府给予一定资助，聘请国内外知名管理咨询机构，开展企业管理咨询诊断，帮助企业家提升经营管理水平。推动中小企业与高等院校建立长期稳定的人才培养机制，采取多种培训形式培养中小企业经营管理人才。

云南省中小非公企业上市培育办法

（2008年7月29日）

为贯彻落实省委、省政府《关于贯彻〈国务院关于鼓励支持和引导个体私营等非公有制经济发展的若干意见〉的实施意见》（云发〔2006〕24号）精神，进一步拓宽中小、非公企业融资渠道，培育一批成长性好、发展潜力大的上市公司，鼓励、支持中小、非公企业利用资本市场发展壮大自己，推动云南省经济又好又快发展，特制定本办法。

一、指导原则和培育目标

（一）指导原则：按照“政府推动、企业自愿、市场运作、强化服务”的原则，充分发挥政府的鼓励、支持和引导作用，广泛调动有关专业机构和中小、非公企业的积极性，合力推进重点中小、非公企业上市培育工作。

（二）培育目标：2008 年～2012 年间，每年重点培育 20 户左右中小、非公企业，力争到 2012 年全省实现境内外上市 20 户左右，平均每年上市 4 户，首发募集资金 80 亿元以上。通过企业上市培育工作，进一步提高中小、非公企业对现代企业制度及资本市场的认识，推动企业完善公司治理结构，规范经营管理，增强企业竞争力，全面提升云南省非公经济发展的质量和水平。

二、上市培育重点企业的选择确定

（三）上市培育重点企业的基本条件

1. 初步达到中小板或创业板上市条件。

2. 符合国家产业政策，从事云南省具有比较优势的有色金属、磷化工、生物资源开发、装备制造、医药、新材料、新能源、农特产品加工、旅游、现代服务业等行业的企业；高新技术企业或产品具有较高科技含量的企业；省内行业龙头企业。

3. 销售（经营）收入及实现利润稳定增长，且在近 3 年内无重大违法行为，财务、统计报表无虚报记载。

4. 具有一定持续赢利能力和较高的成长性。

5. 管理团队素质较好，具有开拓创新精神。

6. 近 3 年内有上市的设想和计划安排。

7. 企业环境保护符合有关环保、法律、法规的要求。

（四）上市培育重点企业申报程序

凡符合上述条件的企业，可填报由省经委编制的《云南省拟上市企业基本情况表》，由企业所在地经委初审备案后，报省经委筛选确定。被确认为上市培育重点企业的，可享受企业上市培育的相关扶持政策。

（五）上市培育重点企业应做的主要工作

1. 制定上市计划和方案，明确由企业主要负责人亲自挂帅，并确定专人负责此项工作。

2. 未设立股份有限公司的企业要抓紧做好股份有限公司的组建工作，已设立股份有限公司的企业要建立健全法人治理结构和监督制约制衡机制。

3. 选择确定具有资质的证券公司和会计师事务所、律师事务所等中介机构，为企业上市做好基础工作。

4. 每季度至少向省经委书面报告 1 次上市工作的有关进展情况。

三、培育工作主要内容

（六）对上市培育重点企业实行动态管理。建立上市培育重点企业档案库，掌握上市培育重点企业基础资料并及时更新；跟踪上市培育重点企业工作进展情况，达不到条件或取消上市计划的予以剔除；符合条件但未列为上市培育重点企业的应及时递补。

（七）大力开展企业上市培训。一是开展普及性培训，每年组织企业进行公司规范运作和上市知识普及培训，提高企业对资本市场的认识，引导企业按照资本市场要求进行规范化运作。二是开展针对性培训，按照上市培育重点企业的需求和实际情况，举办针对性较强的学习、培训、考察、座谈等活动，引导企业有步骤、分重点地推进上市工作。

（八）积极为企业提供协调服务。对确定为上市培育重点的企业，省级有关部门及企业所在地政府要分工负责进行跟踪调查，及时了解企业面临的实际困难和问题，并积极帮助协调解决。

（九）增进企业与有关中介机构的交流合作。依据企业上市需求，积极联系有关证券、会计、法律、评估、投资、担保、咨询等中介机构，采取座谈、联谊、网上咨询等形式，搭建企业与有关中介机构的对话平台，为中小、非公企业寻求中介机构进行咨询和开展上市工作提供便利。

四、上市培育重点企业可享受的扶持政策

（十）实行上市费用补助及奖励。由省财政每年安排 1000 万元“中小、非公企业上市培育专项扶持资金”，对以下上市培育重点企业进行补助和奖励：

1. 境内上市企业：上市申报材料报中国证监会正式受理后，企业可向省经委提出上市费用补助申请，经省经委会同省财政厅审核同意后，给予 1 次性补助 60 万元～100 万元。

2. 境外上市企业：申报材料由当地证券交易所正式受理后，企业可向省经委提出上市费用补助申请，经省经委会同省财政厅审核同意后，给予 1 次性补助 50 万元～80 万元。

3. 对实现买“壳”上市并将上市公司注册地迁至云南省后在云南纳税的企业，企业可向省经委提出上市费用补助申请，经省经委会同省财政厅审核同意后，给予1次性补助50万元。

4. 对实现境内外成功上市的企业，经省经委会同省财政厅审核同意后，给予1次性奖励100万元～150万元。

（十一）给予项目推进、生产要素配置等方面的重点扶持

1. 上市培育重点企业实施的重大项目、技术改造、技术创新、技术中心建设等项目，优先安排项目贴息、资金补助等；对上市培育重点企业生产经营中遇到的煤、电、油、运等困难，给予优先解决。

2. 上市培育重点企业申请募集资金投资项目用地，按照有关规定优先办理供地手续。

（十二）实行适当税费优惠政策

1. 上市培育重点企业历年享受国家有关优惠政策形成的“国家扶持资金”，经财政等相关部门审核并报同级人民政府批准，可归原企业投资者所有。

2. 上市培育重点企业在股份制改造过程中，因进一步规范而需补交的税、费，属地方留成部分的，同级人民政府可视企业上市进度，通过适当途径分步返还给企业。

3. 已完成辅导的上市培育重点企业，申办房产等有关证照可先行办理，该证照名下的权利，未经当地人民政府批准，企业不得进行担保抵押、转让或其他形式处分。

五、切实加强上市培育工作的领导服务

（十三）建立中小、非公企业上市联席会议制度。对企业上市过程中遇到的重大问题和事项，由省人民政府相关领导牵头，召集有关职能部门负责人召开联席会议或现场办公会，集中协调解决，以促进企业加快上市进程。

（十四）加强协调服务。全省中小、非公企业上市培育工作的主要职能部门为省经委，省财政、证监、国土、劳保、工商、税务、环保、国资、金融办等有关部门要按照各自职能，加强沟通协调，搞好服务引导，积极配合做好此项工作。涉及企业上市的有关部门还要依据本《办法》，制定相应的扶持政策。对企业改制上市过程中涉及的资产、股权结构重组和公司登记、设立，上市募集资金投向项目的用地、环保等审批环节，要开辟“绿色通道”，简化办事手续，提高办事效率，降低收费标准，积极为企业上市营造良好的环境，创造必要的条件。

（十五）落实工作责任。各级人民政府要高度重视企业上市培育工作，进一步加强对此项工作的领导、协调和服务。要根据云南省中小、非公企业上市的总体目标，结合实际，确定所在地企业的上市工作目标。凡有上市培育重点企业的所在地经委，要确定专人负责，抓好督促、协调和服务工作，及时帮助其加快上市进程。各地要积极做好上市培育重点企业的筛选、上报工作，切实加大宣传力度，鼓励、支持更多的企业走上市发展之路。

（十六）本《办法》自发布之日起施行。本《办法》由省经委负责解释，各地可参照本《办法》制定相应的措施。

云南省人民政府关于进一步推进名牌战略的实施意见

（2008年8月29日）

为进一步提高云南省企业整体素质和产品市场竞争力，形成一批拥有自主知识产权和知名品牌的优势企业，进一步推进名牌战略工作，现提出如下实施意见。

一、推进名牌战略的重要意义

“十五”期间，云南省按照“大力实施名牌战略，创出一批名牌产品”的要求，在企业和全社会的共同推进下，实施名牌战略取得了明显成效。“红塔山”牌卷烟、“铁工”牌大型铁路养路机械等17个产品获中国名牌产品称号，50个产品获国家免检产品称号，206个产品获云南名牌产品称号。品牌经济在全省经济总量中的比重不断上升，对经济发展的推动作用日益显现。但是，面对当前国内外市场竞争和资源环境约束加剧的新情况，面对产业升级和增长方式转变的新要求，面对品牌发展和品牌消费的新趋势，云南省的品牌建设与新形势、新任务的要求还有较大差距。从总体上看，云南省名牌产品数量少，名牌企业规模小，

劳动密集型产业和资源密集型产品居多，标准水平不高，高能耗产品多，高技术和高附加值产品少，品牌知名度不高，竞争力不强，更缺乏世界级的名牌产品。党的十七大明确提出，要“加快培育我国的跨国公司和国际知名品牌”。云南省“十一五”规划将“形成一批拥有自主知识产权和知名品牌、国内外竞争力较强的优势企业”纳入了经济社会发展的主要目标。因此，进一步推进名牌战略，是贯彻落实科学发展观，深入实施工业强省战略，全面构建平安和谐云南的重大举措，对提高全省经济增长质量和效益，增强企业核心竞争力，推动新型工业化发展具有重大意义。

二、推进名牌战略的指导思想、工作原则和发展目标

（一）指导思想

深入贯彻党的十七大、省第八次党代会和省委八届四次全委会精神，坚持以科学发展观为统领，围绕提高经济增长质量和效益，以烟草及配套产业、生物及制药产业、冶金和化工产业、高新技术和先进制造业、旅游业、现代农业和节能、环保、资源综合利用等体现国家产业结构调整方向的产品为重点，大力实施名牌战略，坚持以质取胜，自主创新，促进自主品牌发展，加快形成一批拥有自主知识产权，具有较强国际竞争力的知名品牌和优势企业集团，推动全省国民经济全面协调可持续发展。

（二）工作原则

企业主体原则。积极引导企业增强品牌意识，提高产品质量、技术含量、管理能力和营销水平，注重创建名牌，着力提升名牌，精心经营名牌，努力打造名牌。

合力推进原则。实施名牌战略是一项系统工程，要努力形成以企业为主体，以市场为导向，政府推动，全社会支持参与的格局和机制，共同推进名牌发展战略。

科技创新原则。鼓励企业加大技术研发投入，加强自主创新，积极开发具有自主知识产权的新技术、新产品，加强人才队伍建设，增强管理创新能力，不断提高产品质量和名牌发展后劲。

龙头带动原则。以优势企业争创中国名牌为重点，促进企业结构调整和核心竞争力提升；以培育云南名牌为重点，带动中小企业和区域经济发展水平的提高；以高新技术产业和现代服务业名牌建设为重点，加快经济结构调整和产业升级，推动经济发展方式转变。

（三）发展目标

经过5年努力，建立和完善云南省实施名牌战略的运行机制和名牌创新发展保障支撑体系，从根本上提高对全省经济发展具有重大影响的战略产业、新兴产业和优势传统产业的整体竞争实力。云南名牌产品的质量力争达到全国中等水平，优势产业名牌产品竞争能力居于全国前列，并具备与国际同行业著名品牌竞争的能力。名牌产品对全省经济增长的贡献率要大幅度提升，形成一批具有相当经济规模的企业集团，实现产品结构和产业结构的进一步优化。

1. 2009年~2010年力争实现中国世界名牌产品零的突破，2011年~2012年争创2个~3个中国世界名牌产品。到2012年，中国名牌产品达到40个以上，今明2年争创10个；国家免检产品达到80个以上，今明2年争创12个；云南名牌产品达到300个。通过5年的努力，昆明市要争创中国名牌产品20个以上；曲靖、玉溪、红河、楚雄、大理等5个州（市）要新增中国名牌产品3个以上；其他10个州（市）要力争实现中国名牌产品零的突破。

2. 名牌产品生产企业年销售收入、工业增加值、出口额、获取专利数、企业研发投入占销售收入的比重、单位产品能耗限额等指标要处于省内领先地位。

3. 名牌产品的国家监督抽查合格率保持在100%。

4. 名牌产品生产企业要通过相关管理体系认证；质量注册工程师人数超过1000人。

三、推进名牌战略的重点领域

今后5年，推进名牌战略的工作重点是围绕云南省“十一五”规划目标，争创中国世界名牌产品，扶持、培育一批中国名牌产品。

一是围绕化工、冶金等优势传统产业争创中国世界名牌产品。在云南省现有中国名牌产品中，化工、冶金产业的产品占了6个。其中的“三环”牌重过磷酸钙，“白鹇”、“云峰”牌磷酸二铵，“铁峰”牌阴极铜和“云锡”牌锡锭等5个产品已具备了争创中国世界名牌产品的基本条件。要在争创过程中促进品牌的集群化和系列化，进一步提升优势产业的整体竞争力。

二是围绕新兴产业群扶持一批中国名牌产品。云南省贵金属材料、锡基材料、铅锌锗材料、先进制造业、烟草配套、电力装备制造和汽车零部件等新兴产业的产品已具备了争创中国名牌产品的条件。相关产品生产企业要为申报中国名牌产品做好市场、质量、效益和发展各方面的准备，待开展评价工作时积极申报。

三是围绕生物及制药以及现代农业和消费品

培育云南名牌产品。在上述行业领域，要立足国内和周边国家市场需求，提高品牌集中度，做强做大生物保健品、普洱茶、制糖、果蔬、乳制品、食用菌和鲜切花等产业，积极倡导集团化、品牌化经营，按照申报中国名牌产品的条件和要求积极引导和培育云南名牌产品，按照巩固稳定一批，成长壮大一批，发展储备一批的原则，组建争创中国名牌乃至中国世界名牌的梯队。

根据重点培育的产业，现提出《争创中国名牌及国家免检产品重点培育建议目录》。

四、推进名牌战略的主要措施

（一）政府积极推动。建立推进名牌战略的领导和协调机制，建立由省名推委各成员单位参加的推进名牌战略联席会议制度，由省人民政府分管副省长负责，统一领导和协调全省品牌建设工作。各州（市）也要建立相应的品牌建设领导机构，切实推动名牌战略实施。有关部门要按照统一管理、分工负责的原则，密切配合，通力协作，形成政府推动、企业为主、相关部门各司其职、行业协会积极参与的有效工作机制。

为推动名牌产品生产企业进一步加强质量管理，根据国家建立质量奖励制度的有关规定，适时开设省政府质量奖，对在质量管理及争创名牌产品工作中成绩突出的单位和个人给予表彰和奖励。鼓励和支持企业内部建立质量奖励制度。

省质量技术监督局在省名推委统一领导下，负责组织云南名牌产品的评价、中国名牌产品的培育和推荐工作。各级质监部门应在制定名牌战略规划、组织协调、督促检查等方面为当地人民政府起到助手和参谋作用；在规范市场、扶优治劣方面发挥生力军作用；在帮助企业加强质量管理方面起到统一管理、分类指导的作用；在与其他部门的协同配合、共同推进名牌战略进程中起到带头作用。

（二）发挥企业主体作用。企业是争创名牌的主体，要强化市场观念，增强品牌意识，制定以质量为核心的名牌发展计划。要对其产品的设计、生产制造、市场营销、售后服务等过程实行全面质量管理；要建立健全质量体系、标准体系、计量检测体系和以产品质量信用记录为重点的企业质量信用体系，以创造世界级质量为目标，加快贯彻《卓越绩效评价准则》国家标准，努力提高现代化管理水平和质量保证能力；要加强名牌宣传，积极借鉴国际上成功的品牌建设经验和运作方式，实施品牌经营，不断提升品牌贡献力。

（三）建立完善激励机制。各州（市）人民政府在深入贯彻落实省委、省政府关于争创中国名牌产品有关奖励政策的同时，要建立和完善名牌激励机制，根据财力安排一定的名牌建设专项资金。在政府采购、工程项目招投标活动中，在同等条件下要优先选择云南省荣获中国名牌、国家免检及云南名牌称号的产品。省发展改革委、经委、科技厅等有关部门对已荣获中国名牌和云南名牌称号的生产企业，在重点项目建设、技术改造、电、煤、油、运等资源配置、创新项目的资金扶持、融资等方面给予重点支持。对涉及中国名牌和云南名牌产品生产企业的出口业务时，税务、海关、检验检疫、商务等部门要简化审核程序、优先给予办理。质量技术监督、工商、卫生等部门对名牌产品生产企业在整合、重组过程中涉及营业执照、生产许可证变更等审批事项及年检、审查时，要优先办理；要定期向名牌企业通报国外技术法规、标准、食品安全和动植物及其产品检验检疫、认证等方面的动态信息；对在有效期的中国名牌、国家免检、云南名牌产品免于省及省以下质量监督检查。

对名牌企业给予金融信贷支持，开展以名牌等无形资产为担保的信贷服务。积极鼓励中国名牌、省外名牌产品生产企业到云南投资建厂。

（四）提高名牌企业技术创新能力。鼓励企业、行业设立各类技术中心、研发中心等研发机构，加大技术开发投入，增强自主创新能力。依法用足用好企业自主创新研发费所得税前加计扣除政策和企业符合规定条件的研发仪器设备加速折旧等优惠政策。支持名牌企业对先进工艺设备和关键共性技术的引进消化和研发创新，努力形成自主知识产权和核心技术，有关项目优先列入省级技术创新项目，财政在安排用于支持企业技术创新方面的资金时，对该类项目给予优先支持。

鼓励企业培养和引进品牌经营、技术创新等方面的高级人才。引导企业经营者增强品牌意识，充分发挥其在品牌创造、品牌经营、品牌提升方面的重要作用。鼓励有关部门、大专院校组织开展品牌知识、品牌经营和相关法律法规等方面的培训，提高企业的创牌能力和品牌运作水平。

（五）建立健全名牌保护机制。严格执行《中华人民共和国产品质量法》和《国务院关于加强食品等产品安全监督管理的特别规定》等法律法规和规定。依法打击无证经营、掺杂使假、假冒名牌产品等违法犯罪行为，为名牌产品发展营造优胜劣汰、公平竞争的市场环境。开展以产品质量信用记录为重点的诚信体系建设。

进一步规范评比、认定活动。中国名牌和云南名牌是国家和省人民政府依据《中华人民共和国产品质量法》组织的产品质量方面的合法奖项。企业要自觉抵制各类以收费为目的的评比活动；坚决杜绝借名牌评比加重企业负担的行为；相关职能部门要加强对名牌工作和名牌产品评价活动的管理和监督。

坚持名牌产品评价“科学、公正、公平、公开，不收费、不增加企业负担，不搞终身制”的原则，按照《云南名牌产品管理办法》的规定，坚持质量和环保一票否决制，增加能耗、排放、采用国际先进标准等评价指标。对名牌产品生产企业实行动态管理，建立产品质量、销售收入、税收和质量管理等数据的年报制度，定期进行分析。加强与其他省市的合作、协调，积极探索建立名牌互认、互保的联动机制和网络体系。

（六）积极做好名牌战略推进的宣传工作。充分利用广播、电视、报刊、网络等宣传和舆论手段，加大宣传力度，及时总结名牌建设中的好经验、好做法。依法做好广告宣传的审查工作，坚决杜绝虚假广告，正确引导消费，努力在全社会形成创名牌、保名牌、爱名牌、用名牌、关心和支持名牌的良好社会氛围。对假冒产品要及时发现予以曝光。同时，积极帮助企业做好品牌宣传策划，扩大名牌的影响力，推动名牌企业巩固市场、扩大市场，努力使云南名牌走向全国、走向全世界。

本实施意见自下发之日起执行。

附件：争创中国名牌及国家免检产品重点培育建议目录（略）

云南省人民政府关于推进商标战略工作的实施意见

（2008年8月29日）

为认真贯彻落实党的十七大关于实施知识产权战略的部署和《国务院关于印发国家知识产权战略纲要的通知》（国发〔2008〕18号）精神，进一步解放思想，深化改革，扩大开放，推进云南省商标战略的实施，现提出如下实施意见：

一、总体要求

以贯彻落实科学发展观，促进云南经济又好又快发展为出发点和落脚点，以解放思想为先导，建立和完善企业为主、政府推动、部门协调、社会参与的商标战略工作格局，以优势产业、优势产品和大型企业集团为重点，综合运用经济、法律、行政等手段，集中力量培育、扶持、壮大一批驰名、著名、知名商标，努力构建中国驰名、云南著名、州市知名的梯级发展、结构优化的商标发展格局，以积极争创中国驰名商标为龙头，充分发挥商标兴企、商标富农、商标强省的积极作用，促进经济发展方式的转变，全面提高云南省经济综合实力。

二、基本原则

（一）企业主体原则。增强企业商标意识，提高产品质量、管理能力和营销水平，引导企业做好商标的注册、使用、宣传和保护，精心经营品牌，积极打造知名品牌，积极提升品牌知名度。

（二）龙头带动原则。加强政策指导，强化帮扶举措，支持优势企业、优势产业、优势行业争创驰名商标、著名商标，促进经济结构调整和产业结构升级。

（三）科技创新原则。利用知识产权制度鼓励和保护企业加大技术研发投入，增强自主创新能力，鼓励企业积极开发具有自主知识产权的新技术、新产品，积极培育自主品牌，增强商标的持续发展能力。

（四）政策扶持原则。实施激励政策，对驰名、著名商标企业给予政策扶持，激发广大企业和全社会推进商标战略实施的自觉性和积极性。

（五）合力推进原则。以企业为主体，以市场为导向，努力形成政府推动、企业争创、社会支持参与的格局，共同推进产品、企业、产业等自主品牌建设。

三、总体目标

到2012年，建立起较为完善的知名、著名、驰名商标的梯次培育、发展和保护机制，形成一批省内各州市区域内具有一定知名度和影响力的知名商标，打造一批省内外具有较高知名度和影响力的著名商标，创立一批国内外享有很高知名度和明显竞争优势的驰名商标。鼓励、支持商标发展的政策体系和服务体系基本建立；商标管理和行政执法体系不断完善，商标侵权假冒行为得到有效遏制，形成尊重和保护商标的良好社会氛围。

到2012年，云南省拥有中国驰名商标的数量在现有7件的基础上增加30件以上，总数力争达到40件，中国驰名商标拥有量在全国的排名力争达到20位以内，力争在西部省区位居前列；云南省著名商标达到1000件以上；有效注册商标超过4万件。通过今、明2年的努力，中国驰名商标的数量力争达到20件以上。全省16个州（市）要进一步加大实施商标战略的工作力度，在中国驰名商标的培育上取得新的突破。昆明市要充分发挥省会中心城市的聚集作用，5年力争新增中国驰名商标15件以上；曲靖、玉溪、红河、楚雄、大理等5个州市，要积极发挥带动作用，5年力争新增中国驰名商标10件以上；其他10个州（市）要积极行动，5年力争每个州、市实现中国驰名商标零的突破。

四、工作重点和措施

（一）下大力气重点培育、扶持和创建中国驰名商标

培育、扶持和创建中国驰名商标是云南省推进商标战略工作的重中之重。各级人民政府和有关部门要对本地的优势产业、传统产业和有竞争潜力的企业，进行梳理排队，按照“培育一批、扶持一批、推荐一批”的原则，建立云南省创建中国驰名商标的品牌梯队，加大帮扶力度，实现驰名商标数量和质量的突破。

一是围绕生物制药、茶叶生产和加工、有色金属及冶炼以及制造业、烟草行业抓创建。上述行业拥有雄厚的资源优势和良好的产业基础，通过多年的发展积累了丰富的市场经验和很高的商标知名度，其中已涌现了如“云南白药”、“康王”等中国驰名商标。目前，这些行业中的“盘龙云海”、“大益”、“云锡”、“云铜”、“云铝”、“驰宏锌锗”、“昆电工”等一批商标也已基本具备了中国驰名商标的条件，应作为云南省申报和创建中国驰名商标的第一梯队。各地和有关部门应积极配合和协助企业尽快提出中国驰名商标的认定申请。同时，要在现有产业发展基础上，积极推进云南省现有中国驰名商标的国际化战略，打造国际知名商标，并以此为产业龙头，整合和优化资源，提升产业竞争力。

二是围绕农产品和化工产品抓扶持。在“斗南花卉”荣获中国驰名商标的基础上，要以农业和化工行业龙头企业为核心，充分发挥云南丰富的特色农产品和化工产品优势，着力扶持一批上规模、有竞争力的花卉、蔬菜、水果等农产品和磷化工、化肥等化工产品商标，作为争创中国驰名商标的第二梯队，做好各项内涵提升和准备工作，待时机成熟积极申报中国驰名商标。

三是围绕现代高科技产业和服务行业抓培育。现阶段要抓好光学仪器、物流自动化、旅游、餐饮、民族文化等具有云南地方特色的现代高科技产业和服务行业，培育一批具备驰名商标潜力的品牌，作为创建中国驰名商标的第三梯队，通过引进先进的管理观念、管理模式和管理体系，积极倡导集团化、网络化、品牌化经营，按照驰名商标的条件和要求积极引导和加以培育。

四是充分利用多种途径争创云南省的中国驰名商标。要在加大商标侵权案件中报送驰名商标认定申请力度的同时，还要抓住通过商标异议案件或商标争议案件进行驰名商标认定的途径。此外，在以行政程序申请认定驰名商标为主要途径的同时，还要加大在司法程序中认定驰名商标的力度。

（二）把云南省著名商标的认定作为争创中国驰名商标的资源储备

云南省著名商标认定活动是推进商标战略工作的重要组成部分，是云南省创建中国驰名商标工作的起点和准备。要把云南省著名商标打造成为创建中国驰名商标的后续力量，不断充实创建中国驰名商标的资源储备。

一是加强著名商标的创立工作。要围绕云南省区域品牌和行业品牌形象建设，大力支持科技含量高，拥有自主知识产权，主业突出，市场潜力大，发展前景好的企业，积极创立云南省著名商标。

二是在认定著名商标的同时提前介入指导。要帮助和指导著名商标企业加强商标使用和管理的制度建设，完善企业的商标使用证据、经济指标证据等基础材料和档案的收集、整理和保管，使企业提前适应中国驰名商标在程序和实体上的严格要求。

三是适时开展知名商标认定工作。具备条件的州市，要及时开展当地知名商标认定工作，形成一大批地区区域内具有一定知名度和影响力的知名商标，使地区知名商标成为云南省著名商标的后续资源。

（三）夯实推进商标战略工作基础，大力推动商标申请与注册

企业作为商标的权利主体，要高度重视商标注册，要根据自身生产、经营、服务和履行专项职能的特点和要求，及时办理商品商标、服务商标、集体商标或证明商标的申请注册。各级工商

部门要广泛宣传商标法律法规与使用、经营商标的有关知识，增强企业商标意识。

一是企业要合理注册并规范使用商标、商号，不断拓展商标注册的领域和空间。要指导龙头企业合理扩大商标注册类别，鼓励有条件的企业通过全方位商标注册来保护自己的合法在先权利。

二是鼓励和引导企业建立现代企业制度。通过采用先进管理方法，建立科学、规范的管理制度和运行机制，特别是要建立健全企业商标使用和管理的工作制度，提高自身经营管理水平和品牌经营能力，实现从自发创牌向自觉创牌转变。

三是推行“三书”、“一卡”制度。各级工商部门要大力推行“商标注册建议书”、“商标策略提示书”、“商标法律告知书”等商标行政指导制度和“跟踪服务联系卡”制度。通过市场巡查、上门走访、企业年检调查等方式，掌握行政区域内的工商企业和个体工商户在生产经营过程中存在的商标问题，指导其尽早申请商标注册，为扩大商标总量奠定基础。要对行政区域内的工商企业和个体工商户分片划定范围，实行“网格化”管理和“一对一”跟踪服务，帮助企业解决各类商标问题。

四是鼓励和支持农产品商标、地理标志的注册。各级工商部门要会同农业、林业等部门，积极指导开展农产品商标和地理标志注册申请工作，支持农业专业大户和农村合作经济组织创牌经营，推广“公司＋商标＋农户”生产经营模式，扶持培育一批“名、特、优、新、稀”的地理标志和农产品商标。

五是加强老字号的商标注册和保护。充分发掘老字号的历史和人文价值，推进老字号企业在传承中创新，加强老字号商标的注册和保护，恢复和提高老字号商标的市场影响力。

六是将商标战略与实施“走出去”战略相结合。积极引导企业，特别是驰名、著名商标企业进行商标国际注册，着力创建国际品牌，开拓国际市场。指导和鼓励企业依据当地的法律，合理运用国际规则维护在国外的商标权利。

（四）加大商标权保护力度，维护商标权人的合法权益

打击商标假冒侵权，开展注册商标专用权保护工作是商标监管的核心任务。各级工商部门要充分发挥职能作用，创新执法理念，不断强化商标行政保护工作。

一是继续以保护注册商标专用权为核心，加大商标保护力度。严厉打击商标侵权假冒行为，建立商标监管长效机制，切实维护商标所有人和广大消费者的合法权益。

二是强化涉及广大群众生产和生活安全的商品领域的商标监管。继续以食品、药品、农副产品、农资、服装等商品批发零售市场为重点，加大商标监管力度，切断商标侵权假冒商品的市场流通渠道。要按照“网格化”监管模式，做到商标监管重心下移，严厉查处各类商标侵权案件。

三是建立对驰名、著名商标企业的回访制度。各地要广开商标维权门路，变坐等投诉为主动维权。要主动上门征询企业维权诉求，采取有效措施帮助商标注册人解决存在的商标维权问题，将行政执法部门的打假优势与企业善于识假的能力有机结合起来。

四是有关部门要加强协作配合。各级工商、公安、知识产权、版权等有关部门要密切配合，坚决打击侵犯商标权，特别是侵犯驰名、著名商标权的违法行为。要充分发挥“泛珠”、“西部”等区域性商标保护协作网的作用，扩大商标保护的区域范围。加强涉嫌商标犯罪案件的移送，加大对商标权的保护力度，维护公平有序的市场秩序。

五、政策措施

推进商标战略工作遵循政策扶持原则。通过对驰名、著名商标企业给予一定的政策倾斜，加快广大企业实施商标战略的进程。

（一）贯彻落实争创驰名商标有关奖励政策，进一步建立激励机制。

（二）放宽驰名、著名商标企业组建私营企业集团条件的限制。驰名、著名商标企业组建私营企业集团，母公司注册资本达到300万元，并拥有3个子公司，母公司和子公司注册资本合计达到800万元的，即可注册登记。

（三）允许企业以商标权作价投资。在企业注册登记中以驰名、著名商标作无形资产评估价值出资的，最高可占企业注册资本的70%。

（四）对以与驰名商标相同或近似的名称作为企业字号申请登记，以及以与著名商标相同或近似的名称作为相同或相关行业的企业字号申请登记的，必须提交商标注册人同意的授权或许可文件，工商部门方可准予核准。

（五）对驰名、著名商标企业年检，工商部门提供优质服务。通过开辟绿色通道、电话预约、主动上门等方式给予便利服务。

（六）对驰名、著名商标企业，在有关资源要素保障方面实施倾斜，在技术改造、技术引进、科研立项、财政贴息等方面，由相关部门给予优先扶持。

（七）鼓励驰名、著名商标企业加大技术开发投入，增强自主创新能力。企业开发新技术、新产品、新工艺发生的研究开发费用，未形成无形资产计入当期损益的，在按照规定据实扣除的基础上，按照研究开发费用的50%在企业所得税前加计扣除；形成无形资产的，按照无形资产成本的150%摊销。

（八）对驰名、著名商标企业在金融信贷上给予支持，开展以商标等无形资产为担保的信贷服务。

（九）对驰名、著名商标企业，按照同等优先原则，政府采购部门优先采购其商品、服务和劳务。

（十）鼓励研究机构和大专院校组织商标知识和商标管理培训，提高从业人员的专业知识和综合素质，建立商标专业人才库，努力造就高素质的商标专业人才队伍。

（十一）新闻媒体要加大对驰名、著名商标的宣传力度，总结推广商标工作的好经验和好做法，对商标侵权和违法行为予以曝光，努力营造全社会关注商标、爱护商标、发展商标、共同推进商标战略的良好氛围。

（十二）充分发挥中介机构的积极作用。有关部门要制定具体办法，加强对中介机构的监督管理，规范中介行为，提高服务质量，为推进商标战略实施做好各项服务工作。

（十三）各级工商部门要切实发挥协调指导和主抓作用，规范工作程序，提高工作效率，组织制定创建驰名商标的发展计划，实行重点帮扶责任人制度和帮扶联系督办制度。

六、组织领导

建立推进商标战略工作联席会议制度，由省人民政府分管副省长任联席会议总召集人，统一领导和协调全省推进商标战略工作。有关单位和部门要明确职责，分工协作，形成合力，在各自职能范围内做好工作。

各州（市）也要相应建立商标战略推进工作的组织领导机制，将商标培育发展纳入各地政府经济发展目标考核体系，大力推进云南省商标品牌建设。

本实施意见从发布之日起执行。

云南省人民政府关于加快推进生物产业发展的意见

（2008年1月22日）

为进一步加快生物产业发展步伐，努力做强做大生物产业，实现从生物资源大省向绿色经济强省跨越，根据省第八次党代会精神和《云南省国民经济和社会发展第十一个五年规划纲要》的有关要求，特提出如下意见。

一、充分认识加快生物产业发展的重大意义

（一）生物产业发展取得显著成效。生物产业以可再生资源为主要原料，能源消耗少，环境污染低，是发挥云南省资源优势、促进经济协调发展、有效保护生态环境、建设资源节约型和环境友好型社会的重要产业，也是增加农民收入、解决“三农”问题的有效途径。1995年，省委、省政府决定实施“18生物资源开发工程”以来，生物产业在探索中前进、在创新中发展，取得了显著成效，云南省作为生物资源大省的优势逐步显现。全省生物产业完成工农业总产值由2002年的1487亿元增加到2007年的2793亿元，年均增长13.4%；实现增加值由911亿元增加到1682亿元，年均增长13%。生物产业在全省工业体系中的基础地位、特色经济中的支撑地位、生态建设中的关键地位、经济发展中的重要地位得到进一步提升，为实现全省经济社会又好又快发展作出了重要贡献。

（二）生物产业发展面临良好机遇。全球生物科技的重大突破正在迅速孕育和催生新的产业革命，生物产业正成为当今最具有生机和活力的先导性、战略性产业。党的十七大提出“在优化结构、提高效益、降低消耗、保护环境的基础上，实现人均国内生产总值到2020年比2000年翻两番”的新要求，强调要发展生物产业，推动产业结构优化升级；国家出台了《生物产业发展“十一五”规划》，认定了包括昆明国家生物产业基地在内的12个国家级生物产业基地，全省生物产业迎来了重大发展机遇。加快生物产业发展，既是云南优势和特色所在，也是深入贯彻落实党的十七大精神，加快转变经济发展方式，走特色发展道路的关键。各级人民政府要清醒认识云南省生物产业开发领域不宽、产业规模不大、管理体制不顺以及工业化水平和产业集聚度不高、创新能力和支撑能力不强的现状，增强忧患意识，把握发展机遇，创新发展机制，理顺管理体制，采取超常措施，尽快改变“大资源、小产业”状况，努力开创生物产业发展新局面。

二、加快生物产业发展的指导思想和目标任务

（三）指导思想。高举中国特色社会主义伟大旗帜，以邓小平理论和“三个代表”重要思想为指导，深入贯彻落实科学发展观，紧紧围绕社会主义新农村建设的总体要求和建设绿色经济强省的战略目标，以市场为导向、以优势资源为依托、以高新技术为支撑、以经济社会效益为中心，走“特色化、规模化、集约化、标准化、产业化、国际化”的发展道路，着力实施基地建设、精深加工、市场开拓、品牌培育、科技创新、招商引资6大工程，做强做大烟草、绿色食品、现代医药、特色林业、生物质能源及生物化工、畜牧、天然橡胶和丝麻、花卉园艺等8大产业，努力实现从生物资源大省向绿色经济强省的跨越。

（四）目标任务。到2010年，初步形成若干个在国内外具有较强竞争力的产业链群；培育年产值20亿元以上的企业3家~5家，10亿元以上的企业5家~8家；生物产业产品直接出口额突破10亿美元；生物产业重点发展领域总产值达到4000亿元。

到2015年，生物产业自主创新能力明显增强，产业结构进一步优化，资源利用率和产业效益显著提高，生物产业重点发展领域总产值超过6500亿元，生物产业成为农民增收和财政增长的重要支撑。

到2020年，把云南省生物产业打造成具有国际竞争力和在部分领域具有知识产权优势的支柱产业，规模效应、集群效应、辐射效应以及在建设绿色经济强省中的突破性带动效应得以充分体现，生物资源保护和受损生态环境的修复取得显著成效，节能降耗总体水平进一步提高，在全国生物产业发展格局中的重要地位充分显现，部分领域技术水平步入国际先进行列。

（五）基本原则。

——坚持市场导向、政府推动。充分发挥市场配置资源的基础性作用，使企业真正成为技术创新和产业化发展的主体。充分发挥政府对新兴产业的推动作用，在政策法规、体制机制等方面营造有利于产业发展的良好环境，为生物产业的发展建立良好的支撑平台。

——坚持突出重点、发挥优势。要坚持有所为有所不为，扬长避短，选准突破口，发展优势产业，培育战略产业，突出抓好产业关联度高、带动能力强、能成为新的经济增长点的特色产业和产品，努力在优化布局、整合资源、推进精深加工、提高附加值上下功夫，强化加工业对生物产业的带动作用，提高资源开发和利用的工业化程度，在关键领域的产业化、标准化、规模化发展上取得突破性进展。

——坚持统筹规划、集聚发展。优化区域布局，在产业化程度相对较高的地区，采取适当的政策引导，促进生物企业和资金、技术、人才等要素向优势地区集中，相关产业向优势地区汇集，培育生物产业区域增长极，形成若干个各具特色、以大企业集团为核心、专业化中小企业协作配套的相对集中的产业基地，逐步走上专业化集聚发展道路。

——坚持自主创新、开放合作。构建和完善有利于自主创新的体制机制，推动产学研合作。以集成创新和引进消化吸收再创新为重点，有选择地开展原始创新，努力研发一批拥有自主知识产权的核心技术，着力提升生物产业的竞争力。坚持自主创新与引进吸收相结合，积极开展对外交流与合作，不断提升云南省生物产业的整体水平和综合竞争实力。

——坚持可持续发展、有效保护。把环境影响评估作为生物产业开发的硬性约束，加强生物资源保护与合理开发，努力提高资源利用水平和效率。大力发展循环经济，促进资源综合利用，提高产业发展的质量和效益。高度重视生物安全，加强对外来有害生物物种的监控力度，加快生态脆弱区生态系统功能的恢复重建，为全省生物产业的可持续发展提供重要保障。

三、加快生物产业发展的战略重点

（六）烟草产业。继续推进原料基地建设，优化资源配置，突出烟叶风格特色，加快推动传统烟叶生产向现代烟草农业转变，构建适应卷烟大企业、大品牌要求的原料保障体系。实施集团化、品牌化、国际化发展战略，积极发展生态型、安全型产品，不断扩大市场占有率，努力提高产业总体竞争力。到2010年，实现总产值1000亿元。

（七）绿色食品产业。瞄准国内外绿色食品市场，充分发挥云南动物、植物、微生物资源和生态环境优势，加快优质茶叶、果蔬、蔗糖、马铃薯、食用菌等绿色食品生产、加工基地建设，大力开发具有保健功能的食品，不断扩大绿色食品加工产业规模，到2010年力争实现绿色食品产业总产值1200亿元。茶叶产业，推进基地建设规范化、产品加工标准化、品牌打造国际化进程，以大企业、大品牌为龙头，促进优质资产的重组，优化资源的配置，提高产业综合竞争力，到2010年实现综合产值300亿元，出口创汇3亿美元。果蔬产业，加快开发高品质鲜食精致果品和精细蔬菜、反季蔬菜的规模化生产及其精深加工，到2010年总产值超过200亿元。蔗糖产业，调整结构，稳定面积，提高单产和糖分，发展精深加工及综合利用；进一步整合资源，发展壮大龙头企业，提高行业集中度和竞争力，到2010年实现综合产值120亿元。马铃薯产业，努力推进规模化和标准化生产，大力发展精深加工，把云南建成全国最大的马铃薯生产、加工、出口和种薯供应基地，到2010年实现总产值100亿元以上。食用菌产业，重点扶持一批食用菌产区县，建立以羊肚菌和牛肝菌为重点的人工促繁基地，积极发展松茸保护技术，建立质量保障体系，引进开发先进的保鲜和加工技术，到2010年实现总产值50亿元，出口创汇2亿美元。

（八）现代医药产业。积极开展重要濒危药用植物的保护与繁育利用研究，加强道地药材规范化种植基地建设和天然药物人工种植基地建设。着力推进具有新疗效、新剂型的植物药、中药和民族药品种研发，形成一批拥有自主知识产权的创新药物。重点推进云南白药系列、三七系列、灯盏花系列、天麻系列、大黄藤系列、血竭系列、叶下珠系列、灯台叶系列、薯蓣等系列植物药产品开发。积极开发三七、天麻等特色药材保健品、食品、化妆品。到2010年，工业总产值突破100亿元。

（九）特色林产业。在加强林业生态建设的同时，加快推进集体林权制度和林业经营管理体制改革。立足于森林可持续经营，强化资源培育和综合利用，积极发展林纸产业和特色经济林，加强野生动植物基因资源保护和开发利用，加快建设一批野生动植物驯养繁育基地，稳步开发特色森林旅游业，到2010年实现总产值500亿元。特色经济林产业，推广特色品种，优化区域布局，推进集约经营，加快发展以核桃、竹子、花椒、果梅等为主的特色经济林及深加工，到2010年特色经济林种植面积达到5500万亩以上，山区农民人均拥有特色经济林1亩以上。林纸产业，按照建成全国重要的林纸一体化产业基地的目标，以木、竹纤维原料制浆造纸为重点，积极推进林纸一体化，到2010年造纸能力力争达到100万吨左右，总产值超过100亿元。

（十）生物质能源及生物化工产业。生物质能源产业，以燃料乙醇和生物柴油为重点，引导发展甘蔗、薯类、膏桐等非粮能源作物，搞好橡胶籽、茶籽等林木果实综合利用。认真研究解决能源植物规模化种植、生产加工和综合利用中的关键性技术问题，开展燃料乙醇添加试验研究，发展燃料乙醇深加工。生物化工产业，重点发展天然香料和天然色素加工、以松节油和松香为重点的林产品深加工、以印楝和除虫菊为代表的生物农药加工，把云南建成全国重要的生物化工生产基地，到2010年力争实现总产值90亿元。

（十一）畜牧产业。要以转变畜牧业生产方式、发展现代畜牧业为主线，进一步提高畜牧业综合生产能力，确保畜产品市场供应。大力推广畜牧兽医先进适用技术，提升科技水平，发展健康养殖，推进传统粗放养殖向现代科学养殖转变；强化动物防疫，构建动物防疫的长效机制，进一步加强动物防疫工作；积极发展畜产品加工业和饲料工业，推进产业化经营，提升产业效益；突出优势，调整优化产业结构，巩固提升生猪产业，发展壮大家禽业和奶业，加快发展以肉牛、肉羊等草食畜为主的草地畜牧业，把云南建成中国常绿型草地畜牧业的重要基地。到2010年，实现畜牧业综合产值800亿元。

（十二）天然橡胶及丝麻产业。天然橡胶产业，进一步优化橡胶种植的空间布局和品种结构，促进橡胶种植向适宜区、次适宜区发展。改善胶园基础设施建设水平，加强对胶农的技术培训，大力改造低产低质胶园。实施“科技兴胶”和“走出去”发展战略，着力推进行业整合重组、适度规模扩张和橡胶制品深加工，进一步提高产业集约化水平，把云南建成全国最好的优质天然橡胶生产基地、面向东南亚的天然橡胶交易中心和加工中心，到2010年实现综合产值80亿元。丝麻产业，加大引进、培育和推广优质蚕、桑、麻品种的力度，加快优质原料基地建设步伐，着力发展深加工，延伸加工产业链，提升产品质量和档次，增强市场竞争力。

（十三）花卉园艺产业。加快花卉新品种引进与选育、野生花卉资源保护与开发利用，培育一批具有自主知识产权的特色花卉新品种。大力发展玫瑰等优质温带鲜切花和兰花、茶花等地方特色花卉，推进以干花、食用花卉、花卉保健品为主的花卉深加工。进一步改善物流条件，加大市场开发力度，把云南打造成亚洲最大的花卉生产出口基地、种苗种球繁育基地和交易中心。到2010年，实现总产值140亿元。

四、加快生物产业发展的政策措施

（十四）建设优质专用原料基地。进一步加大投入力度，围绕特色优势产业品牌、区域品牌和龙头企业，加强原料基地水利、电力、道路等设施建设，改善生物产业开发的基础设施条件，加快建设与加工能力相配套的集约化、标准化、良种化、规模化优质原料基地，促进原料生产由粗放低效向集约高效转变。“十一五”期间，重点支持新建1000万亩核桃、1000万亩竹子、1000万亩经济作物、1000万头草食畜和生猪出栏、100万亩茶叶、100万亩橡胶、100万亩药材基地。

（十五）培植精深加工龙头企业。按照“扶优、扶强、扶特、扶大”的原则，培育壮大一批牵动作用大、关联度高、带动力强的加工龙头企业、技术创新企业。制定生物产业省级重点龙头企业认定标准和运行监测管理办法，对生物产业省级重点龙头企业优先给予适当的贷款贴息资金支持，所需非农建设用地纳入当地土地利用总体规划并优先安排建设用地指标。深入实施大企业、大项目带动战略，鼓励企业通过收购、兼并、控股、联合等多种方式做强做大，加快形成一批主业突出、核心竞争力强、带动作用大的大企业、大集团。

（十六）推动产业集聚发展。集中力量建设以昆明为核心、辐射周边及全省的昆明国家生物产业基地。加快推进昆明国家高新技术开发区和省现代农业科技创新园区建设。采取一个产业一个基地为核心带动产业集聚发展的建设模式，引导生物产业特色化、集聚化发展，建立各具特色、产业集聚度高、创新能力强的专业性生物产业基地，促进相关企业向产业基地集聚，形成蔗糖、茶叶、橡胶、畜牧、果蔬、马铃薯、花卉、咖啡、药材以及特色经济林等一批专业化生产、社会化协作的规模产业集群和知名“区位品牌”，提升产业整体竞争力。

（十七）推进标准化建设。加强从原料到最终产品各环节的全过程质量监督和控制，提高农产品生产、加工、流通各环节标准技术水平，建立和完善以农产品为主体的质量标准体系。加强食品安全标准化建设，以农产品质量安全标准为重点，完善食品安全检测技术标准体系。鼓励生物企业开展质量管理体系、环境管理体系、绿色食品、有机食品等各类认证，确保产品质量安全。

（十八）构建市场营销体系。充分发挥有形市场对产业的拉动作用，引导和支持有实力的企业在生物资源产品主产地、集散地、省际边界地区兴建一批专业批发市场，形成以大型批发市场为节点，以中小型市场和城乡集贸市场为基础，多层次、多形式的有形市场体系。鼓励和支持企业在大中城市建立展销、批发和配送中心，发展连锁经营、直供直销、代理配送、网上交易等新型交易方式。构建新型网络营销体系，推进电子商务，搞好省生物资源开发信息网络平台和“数字乡村”工程的互联互通，使现有生物资源信息网络覆盖省、州、县、乡四级及生物企业、合作组织、交易市场，发挥市场开拓、企业宣传和产品信息发布等服务功能，推进有形市场与无形市场的有机结合。

（十九）实施名牌带动战略。以名牌产品带动产业发展，积极培育名、优、新、特产品，打造一批具有自主知识产权和较强市场竞争力的名牌产品，增强产业竞争力。对获得中国驰名商标、中国名牌产品称号，被列为国家外贸出口重点支持的生物企业，省人民政府给予一次性奖励；对获得省著名商标和省名牌产品称号的生物企业，由企业所在州（市）人民政府给予适当奖励。鼓励生物企业在境外注册商标。发挥行业协会的主体作用，推动地理标志产品保护和地理标志证明商标的申报、管理和实施工作，造就一批在国内外具有影响力的公共品牌。力争到2010年，在生物产业领域培育10个以上中国名牌和中国驰名商标，300个以上云南省著名商标。

（二十）强化生物科技创新。依托省内外高校、科研院所、重点龙头企业加快建设一批生物产业公共技术研发平台或重点实验室，组织联合攻关，重点攻克生物产业发展中的关键技术、重大技术和共性技术。在抓好省内和国内重大生物科技成果转化的同时，进一步加强国内外科技合作与交流，积极引进和消化、吸收国内外先进的专利技术、科技成果，扶持创建一批科技成果转化企业，发展一批生物资源开发高新技术企业。进一步营造鼓励技术创新的环境，调动生物技术研发、管理人才的积极性，培养、引进国内外生物技术方面的优秀人才。鼓励和支持具有实力的龙头企业，通过自主研发、联合研发等形式，加快技术创新步伐，构筑以企业为主体的产业创新机制，增强企业的自主创新能力。

（二十一）扩大对内对外交流合作。把“引进来”和“走出去”结合起来，优化开放结构，提高开放质量。积极参与重大国际合作计划或国际合作项目，吸引国内外的资本、人才、技术等要素参与生物产业开发，引进实力雄厚、技术先进的大企业、大集团以及战略投资者，壮大生物产业龙头。实施“走出去”发展战略，充分发挥云南省区位、技术、人才优势，进一步提升沿边开放水平，加快推进与东盟国家的经济合作，鼓励和支持生物企业在研发、生产、销售等方面开展国际化经营。

（二十二）加强生物资源保护。开展生物资源调查、评价工作，摸清云南省生物资源情况。抢救性收集宝贵生物资源，加强物种种质资源库（圃）及保护场（区）、原生境保护点、试验基地和信息与管理体系建设。积极培育基因档案服务、生物信息服务、生物技术合同研究等生物服务业，强化生物物种资源保护宣传，促进生物产业可持续发展。大力实施天然林保护工程、退耕还林工程、大江大河流域防护林工程、经济林基地建设工程，促进造林与生态修复。积极开展湖泊生物修复、退化草地恢复等领域的配套技术集成和产业化，建设具有区域特色的生态植物园。

（二十三）加大生物产业投入。2008 年省级财政扶持生物产业发展的专项资金增加到5000 万元，以后根据财力增长情况和产业发展需要逐年扩大资金规模，重点支持生物产业基地建设、精深加工、品牌培育、市场开拓、招商引资和科技成果转化、关键技术研发等方面的工作。同时，根据生物产业发展重点，通过调整省级财政支出结构，整合用于生物产业发展相关资金，加大对生物产业的投入支持力度。省财政厅要抓紧商烟草、医药等企业，采取财政和企业分别筹募一点的办法，尽快建立“云南省生物产业发展基金”，以此为平台引导企业和社会资本参与生物产业开发和生物资源保护。农林畜业发展、农田水利建设、农业综合开发、企业技术改造、省院省校合作、科技项目计划、科技推广计划、推进科技进步和高新技术产业化等相关专项资金，都要从不同的环节加大对生物产业发展的支持，共同做大做强生物产业。各州（市）、县（市、区）人民政府也要设立或增加专项资金，根据财力增长情况逐年加大对生物产业的投入力度。可以县为平台，整合各部门、各渠道的相关资金，加快生物产业发展。切实加强生物产业发展资金使用的管理和监督，提高资金使用效率。

（二十四）落实税收优惠政策。农业生产者销售的自产初级农产品免征增值税。增值税一般纳税人销售用微生物、微生物代谢产物、动物毒素、人和动物的血液或组织制成的生物制品，可按简易办法，按照6%的征收率计算纳税，并准许开具增值税专用发票。以动植物油为原料生产的生物柴油，不征收消费税。企业从事花卉、茶叶、饮料作物、香料作物种植项目和水产养殖项目的所得，减半征收企业所得税；从事其他农、林、牧、渔业项目的所得，免征企业所得税。对单位和个人从事生物技术转让、技术开发业务和与之相关的技术咨询、技术服务业务取得的收入免征营业税。

（二十五）加大金融支持力度。金融机构要把扶持生物产业发展作为信贷投放的重点，根据自身业务范围，创新信贷品种，改进金融服务，对符合条件的生物产业发展项目，采取小额贷款、统贷、转贷等方式，加大有效信贷投入。建立和完善生物产业发展贷款信用担保体系，支持企业以专利技术为担保向银行贷款。鼓励和支持符合条件的生物企业在境内外股票市场上市融资，或通过发行公司债券融资。

（二十六）完善产业法规保障体系。健全鼓励生物技术创新和推动专利技术产业化的地方法规，强化以专利权、植物新品种为重点的知识产权保护，促进生物领域知识产权的创造、管理、实施、保护和中介服务。建立执行生物产业政策法规的监督检查制度和信息反馈机制，努力营造生物产业发展的良好法制环境。

五、加强对生物产业发展工作的领导

（二十七）强化组织领导。成立云南省人民政府发展生物产业领导小组，加强对生物产业发展工作的统筹、协调和领导。“云南省人民政府生物资源开发创新办公室”更名为“云南省人民政府发展生物产业办公室”，归属省政府办公厅，为省政府发展生物产业领导小组的办事机构和省政府综合协调服务生物产业发展的工作机构，主要负责贯彻落实中央和省委、省政府发展生物产业的方针政策，协调全省生物产业发展规划的编制工作，并对生物资源开发与保护中的重大政策、重大项目组织研究，提出决策参考意见；统筹协调省级生物资源开发各产业主管部门制定和实施产业发展的年度计划，做好年度目标任务完成情况的检查督促和考核管理工作；指导全省生物产业基地建设、精深加工、市场开拓和产品质量安全、科技创新等工作，搞好新品种新技术引进、开发项目招商引资和市场信息、产业统计等服务。各州（市）、县（市、区）人民政府要把生物产业纳入国民经济和社会发展规划，建立和完善生物产业综合协调服务工作机构，理顺工作关系，强化机构职能，明确工作职责，切实把推进生物产业发展的各项工作落到实处。

（二十八）合力加快发展。各地、有关部门要按照各自职能，共同承担起加快生物产业发展的责任。发展和改革部门要加强生物产业发展规划以及重点产业、主要对策措施的研究和协调，促进产业集聚发展；经济部门要加大对生物产业、重点企业技改等方面的资金支持，积极推进生物产品精深加工；财政部门要加强对生物产业发展专项资金安排使用的监督管理；科技部门要把生物产业技术创新作为科技创新的重要内容，加大投入和支持力度；农业部门要搞好优质专用原料基地建设、特色优势农产品精深加工和农业产业化龙头企业培育；林业部门要加强生态林建设，积极发展林纸和特色经济林产业；烟草产业管理部门要做好烟草产业发展的指导、管理和服务等工作；花卉产业管理部门要按照巩固提升花卉园艺产业的要求开展工作；质量技术监督部门要做好生物产业相关标准的审批发布、名牌产品的申报评价、生物产业产品的地理标志产品保护工作；商务、经合部门要进一步加大对外招商引资和开拓市场的力度；统计部门要把生物产业纳入全省国民经济统计指标体系，及时、准确、全面地提供生物产业发展情况；水利、交通、电力部门要加大力度搞好生物产业原料基地通水、通路、通电等基础设施配套；环保部门要加强环境评价和监测，加大环保执法力度；宣传部门要协调新闻媒体加大生物产业宣传力度，及时报道发展生物产业的典型经验，努力营造一个全社会重视、关心和支持生物产业发展的良好氛围。

生物产业发展，事关云南经济社会发展的大局。各州（市）、县（市、区）人民政府和省直各有关部门要根据本《意见》的精神，结合各自实际，认真制定具体措施和配套办法，切实解决生物产业发展中存在的问题，推动生物产业迈上新的台阶。

云南省人民政府关于加强滇西北生物多样性保护的若干意见

（2008年2月25日）

滇西北是世界重要的生物资源宝库，生物物种丰富而独特，生物多样性保护与建设工作日益受到重视。新的历史时期，随着经济社会发展速度加快，生物多样性保护任务更加繁重。为深入贯彻党的十七大精神，落实科学发展观，促进生态文明建设，全面实施“七彩云南保护行动”，加强滇西北生物多样性保护，现提出以下意见。

一、加强滇西北生物多样性保护意义重大

（一）加强保护是中国和世界的共同要求

生物多样性是可持续发展的重要基础，也是衡量一个国家和地区生态文明和环境质量的重要标志。滇西北是我国乃至全世界生物多样性最丰富和最独特的地区之一，同时也是云南省环境承载能力较为脆弱和人口贫困程度较深的地区。高度重视和大力加强这一地区的生物多样性保护，有效、有序和合理开发生物、矿产、水能和景观等自然资源，从根本上实现可持续发展，不仅是当地人民群众的需要，而且是中国和世界的共同要求。

（二）滇西北生物多样性独特而丰富

滇西北生物多样性保护的区域是指：在自然区域上属于喜马拉雅山系东部的横断山脉纵谷区，行政区域包括迪庆州的德钦、香格里拉、维西县，怒江州的贡山、福贡、泸水、兰坪县，大理州的大理市和宾川、剑川、鹤庆、洱源、云龙县，丽江市的古城区和宁蒗、玉龙县，保山市的隆阳区和腾冲县，共5州（市）18县（市、区）。

这一地区地形地貌特殊，气候复杂多样，拥有中国1/3左右的高等植物和动物种数，是全球景观类型、生态系统类型和生物物种最为丰富的地区之一。滇西北属中国三大特有物种起源和分化中心区域之一，分布着丰富而多样化的基因资源和动植物类群，保存有大量古老的生物类群，是中国原生生态系统保留最完好、垂直生态系列最完整以及全球温带生态系统最具代表性的地区。滇西北地处亚洲四大江河的上游，既是生物多样性宝库，又是生态安全的重要屏障，已被国家和多个国际组织列为全国和全球生物多样性优先重点保护地区。

（三）滇西北生物多样性保护取得初步成效

改革开放以来，省委、省政府十分重视环境保护和生物多样性保护，切实加强领导，健全组织机构，编制相关规划，颁布了一批地方性法规，不断加大投入，为全省生物多样性保护提供了有力保障，促进了滇西北生物多样性的保护。

——以建立保护区为主要形式的保护措施得到贯彻落实。滇西北现有3个国家级和10个省级自然保护区，9个国家级和省级风景名胜区。高黎贡山自然保护区加入“联合国人与生物圈保护区网络”，碧塔海、纳帕海和拉市海列入“国际重要湿地名录”，“三江并流保护区”列为世界自然遗产地。创建了统筹兼顾保护与开发的香格里拉普达措国家公园模式，建立了一批濒危野生生物种群生态监测站点、野生动物驯养繁育场和收容拯救中心。滇西北主要生态系统类型和绝大多数国家重点保护野生动植物得到有效保护，滇金丝猴、白眉长臂猿、羚牛等数量明显增加，秃杉、红豆杉等珍稀植物人工繁育取得较大成效。

——转变发展方式日益受到重视。在贯彻落实国家相关法律法规和政策的基础上，省政府出台《云南省重大资源开发利用项目审批制度》等文件，提高了重大项目的环境标准和准入条件，加大了执法力度。积极转变发展方式，鼓励发展绿色产业，强化环境整治和节能减排，减少了对生物多样性的不利影响。

——生物多样性保护意识有所提高。充分发挥和调动全社会的积极性，通过学校教育、媒体宣传等多种形式普及生物多样性保护知识；公众参与度增强，提高生物多样性保护的效率；编写出版动植物志书，为生物多样性保护提供了指导；积极开展与联合国、世界银行等国际机构和国际组织交流合作，提升了生物多样性保护水平。

（四）滇西北生物多样性保护面临的主要问题

一是滇西北部分野生物种种群小、数量少、地理分布狭窄，区域内生物种群的适应性和抗干扰能力十分脆弱。二是受利益驱动，盲目采集、猎杀野生动植物资源的现象时有发生。三是贫困面大，生产方式粗放，经济社会发展对资源过度依赖，保护与发展的矛盾较为突出。四是对滇西北生物多样性保护重要性和紧迫性的认识仍然不足，全民保护意识仍需加强。五是保护投入不足，缺乏有效的生态补偿机制，能力建设滞后。六是体制不顺，管理多头，缺乏统筹保护的长远规划和明确目标。

二、加强滇西北生物多样性保护的总体要求

（五）总体思路

以党的十七大精神为指导，以建设生态文明为目标，按照省第八次党代会的要求，全面实施七彩云南保护行动。坚持生态立省、环境优先，坚持正确处理发展与保护的关系，坚持以最小的环境代价实现最大的经济社会效益，坚持运用综合措施保护和改善环境，坚持体制、机制和科技创新，坚持在发展中解决环境问题，进一步丰富和提高滇西北生物多样性的独特优势，促进滇西北地区经济社会可持续发展。

（六）保护目标

到2012年，基本建立生物多样性保护体系，保护能力得到加强，保护区面积达到区域总面积的13%左右，森林覆盖率达到60%左右，18个县（市、区）主要城镇配套污水处理厂和垃圾填埋场均建成并投入使用，污水集中处理率达到70%以上，5个州（市）跨界地表水断面水质达到水环境功能规定的水质要求，二氧化硫、化学需氧量两个主要污染物总量指标必须控制在省政府下达的总量指标之内。生态敏感区和脆弱区得到有效保护，重要物种得到优先保护，生物多样性损失进一步降低，原始和典型的生态系统得到良好维护。公众的生物多样性保护意识得到普遍提高。

到2020年，形成结构科学、布局合理、功能完备、管理高效的生物多样性保护体系，所有珍稀濒危动植物和典型生态系统类型、绝大多数特有物种得到有效保护。公众的生物多样性保护意识和参与程度明显增强，区域内经济社会与生态环境协调发展，生物多样性可持续利用能力明显提高。

（七）处理好四个关系

——保护优先与合理利用。在保护中开发，在开发中实现更好的保护，牢牢把握开发利用的底线和保护的红线，坚持在保护优先的前提下合理有序地开发利用生物资源。以生态修复扩大环境容量，以污染防治改善生态环境，重点防范不合理的开发活动对生态环境和自然景观的破坏，以良好生态环境支撑经济社会发展。

——统筹协调与突出重点。把生物多样性保护纳入经济社会可持续发展的总体框架，统筹协调保护与开发中地区之间、部门之间、保护区与周边社区之间的关系，建立高效的管理体制和合理的生态补偿机制。对重要生态功能区、珍稀濒危物种、特有物种实施重点保护。

——科学规划与分类指导。制定科学合理的保护规划，引导调整经济布局，指导资源的有效保护和有序开发。按照资源禀赋和环境承载能力，做好生态功能区划，针对不同资源的特性和敏感度，对各地区的保护与发展实行分类指导。

——政府主导与社会参与。强化投入和引导，确保政府对生物多样性保护的统一管理。增强决策透明度和公众参与度，充分发挥企事业单位、民间组织、社区志愿者和当地群众的积极性和主动性，广泛争取国内外的支持，形成全社会参与生物多样性保护的良好格局。

（八）保护重点

重点保护生物物种多样性、生物基因多样性和生态系统多样性。完善就地保护、近地保护、迁地保护、离体保护相结合的生物多样性保护体系和保护网络，防止生态环境破坏、物种绝迹和生态功能退化。以各类保护区、保护地、国家公园、风景名胜区为载体，按照《国家重点保护野生植物名录》、《国家重点保护野生动物名录》，对滇西北有分布的物种给予重点保护。对尚未纳入重点保护名录的濒危珍稀野生生物也要严格保护。

以各类保护区和其他野生动植物主要原生地、栖息地、迁徙地、生物廊道以及有特殊保护价值的区域为核心，努力维护现有各类生态系统的功能，恢复退化生态系统的功能，切实保护好生态系统多样性；积极抢救保护珍稀濒危物种，加强特有物种保护，有针对性地开展就地、近地和迁地保护；加强动植物离体保护工作，保护好遗传基因多样性。

（九）工作重点

以实施“七彩云南保护行动”为契机，针对滇西北地区特点，尽快制定一个规划和一个条例，全面完善五大体系，认真实施十大工程，推动滇西北生物多样性保护顺利实施。即尽快制定滇西北生物多样性保护综合规划和滇西北生物多样性保护条例，逐步完善以各类保护区保护地为核心的保护体系、生物多样性保护法规和政策支撑体系、资金投入体系、科技和人才支撑体系、宣传和教育体系，分步实施生态文明示范县建设工程、生态补偿机制试点工程、极小种群和珍稀濒危物种保护工程、重要和退化生态系统保护和修复工程、保护区保护地和国家公园建设工程、生物多样性监测信息网络建设工程、外来有害物种防治工程、重要公益林保护工程、农村新能源建设工程、保护区域社区脱贫示范工程。

三、采取有力措施推进滇西北生物多样性保护

（十）尽快制定保护规划和完善政策法规

与国家主体功能区规划和云南省主体功能区规划、生态功能区划、湿地保护规划、滇西北国家级重点生态功能保护区规划工作相衔接，尽快制定滇西北生物多样性保护规划和行动计划，明确界定区划功能，细化保护方针、目标、重点和措施。全面推行规划环评制度，统筹兼顾区域生产力布局、产业发展、环境容量和生态功能，从规划源头保护生物多样性。积极研究对限制和禁止开发区域的财政转移支付、投资、产业、生态环境、移民开发等方面的政策。尽快研究出台科学的发展评价、政绩考核办法。制定滇西北生物多样性保护条例。各地各部门也要出台相应的配套政策措施，进一步强化生物多样性保护工作。

（十一）切实加强分类指导和执法监督

进一步加大各级自然保护区、自然遗产地、湿地、国家公园、森林公园、风景名胜区的基础设施建设力度，建立健全管理机构，努力提高管理水平。对地处江河沿岸、湖泊、湿地、河谷和人口密集区等影响生态安全的生态功能退化区，要及时进行修复和保护，遏制生态环境恶化趋势。对重点生态敏感区和脆弱区，采取强制性保护，把生物多样性损失减少到最低限度。对生态良好地区实施积极保护，树立一批经济、社会和环境协调发展的典型。积极创新体制机制，加快国家公园地方立法，完善国家公园技术标准和管理模式。进一步建设梅里雪山、老君山、丙中洛等国家公园，并促进规范发展，努力形成保护与开发相协调的良好格局。

严格执行国家和省的各项法律法规，加强执法队伍建设，完善职能，严厉打击破坏生物多样性的违法行为。加强对交通、矿产、土地、旅游、水能和生物资源开发建设项目的监督管理，严格项目审批，完善监察和审计，坚决杜绝非法侵占生物多样性重要保护地、挤占挪用保护资金的行为。

（十二）建立多渠道投入机制

加大政府投入力度，使生物多样性保护经费随财政收入的增长而逐步增加。省政府将整合各方资金，力争“十一五”期间，在生态保护、环境治理、水能矿产开发生态补偿、新能源利用和科研等方面投入70亿元左右，用于滇西北环境保护和生态建设，促进生物多样性保护。按照属地为主、分级管理、各负其责的要求，将省级自然保护区纳入政府收支预算。加强与国家相关部门的沟通和联系，积极争取国家在政策、项目和资金上给予更多倾斜。

实施生态补偿机制试点工程，逐步完善区域生态补偿机制。按照“谁受益谁补偿，谁污染谁赔偿”的原则，开展自然保护区、重要生态功能区、重大资源开发项目、城市水源地保护等4个领域的生态补偿试点工作。积极探索在水电资源开发中按电价提取一定比例资金，在矿产资源开发投入中安排一定比例资金，用于生态恢复和补偿。完善野生动物肇事损失评估和补偿政策，提高补偿标准。

省财政将投入5000万元，引导和筹集社会各方投入，建立滇西北生物多样性保护专项资金，用于保护能力建设和规划制定、科学研究、试验示范、宣传教育等领域。鼓励企业支持滇西北生物多样性保护，企业以各种方式对滇西北地区生物多样性保护进行的公益性捐赠，按税收法规规定的比例在企业所得税税前扣除。利用碳汇机制，按国际规范组织实施造林、清洁能源等相关项目，增加滇西北生物多样性保护的资金。把握国际环保援助的重点投向，抓住国际社会对生物多样性保护高度关注的有利时机，争取国际资金援助和智力支持。

（十三）加快形成生态经济体系

切实转变经济发展方式，走生态建设产业化，产业发展生态化的道路，进一步调整产业结构，优化资源配置，大力发展生态产业，加快形成生态经济体系。采取财政、税收、土地、金融等多种措施，鼓励利用先进适用技术和环保技术加快传统产业的改造和升级，加快发展现代林业、生态农业、生态旅游、清洁能源和环保等环境友好型产业。水电、矿业、旅游等支柱产业要优化布局，规模发展。在切实保护的前提下，依法规范野生动植物引种、驯化和繁育行为，发展壮大野生动物驯养业，积极扩大红豆杉为主的珍稀植物、野生中药材人工种植业，促进生物产业有序发展。

编制禁止发展、限制发展和退出产业目录，引导和规范社会投资，探索建立产业退出机制。资源开发和建设项目，要按照国家环境政策和产业政策的要求认真研究，充分论证，没有经过环境影响评价和没有安置好移民的建设项目，一律不得开工建设。在项目前期工作中，要广泛征求意见，认真听取人民代表、政协委员的意见和建议。需要经过地方人民代表大会或常务委员会讨论通过的资源开发项目，必须提请地方人民代表大会或常务委员会批准同意。综合运用法律、行政和经济手段，禁止发展对生物多样性危害大、威胁生态安全和超过环境承载力的产业和项目，限期淘汰资源消耗大和环境代价高的产业和项目。明确资源型企业的生态责任，鼓励企业采取环境友好型的生产经营方式。强化资源开发管理，严格限制设置探矿权和采矿权。加大矿产资源整合力度，做到优势资源向优势企业集中。

加快生态文明示范县建设，加大城乡环境治理和生态保护力度，强化节能减排，大力发展循环经济，全面推行清洁生产，广泛开展ISO14000认证，全面推进生态城镇、乡村创建工作和绿色社区、企业、学校、开发区和工业园创建工作。加大新农村建设和扶贫开发力度，积极发展生态农业，广泛实施农村能源替代工程，逐步减少农业生产生活对生物多样性的影响和破坏。

（十四）提高科技、人才支撑水平

加强科技创新，走自主开发与引进、消化、吸收相结合的路子，集中力量攻克一批关键技术，努力突破物种繁育的瓶颈制约，引进培养一批专业技术和管理人才，依靠科技创新和科学管理加强生物多样性保护。建设滇西北珍稀濒危动物繁育中心、珍稀濒危植物繁育中心和滇金丝猴国际研究中心，加快中国西南野生生物种质资源库、生物多样性国家实验室、国家高原湿地研究中心的建设和完善工作。加强珍稀、濒危物种和特有物种保护及利用研究，为发挥滇西北物种丰富和独特的优势奠定坚实基础。

（十五）加强生物多样性安全管理

规范物种引进传播，加强转基因活体产品开发、应用和推广管理，加强入境动植物检疫工作，严禁入境人员、邮寄物、商品未经批准和检疫夹带各类有害生物繁殖材料，阻止有害物种入侵。制订外来入侵物种环境应急方案和生物物种环境安全应急预案，建立引进物种风险分析系统和外来有害物种入侵预警监测体系和野生动物疫病监测预警体系。积极开展特有生物遗传资源利益分享、权利归属等相关对策措施研究，严格出境查验，防止以对外贸易、国际交流合作、出境人员携带、邮寄等形式造成的资源流失和经济损失。

（十六）积极开展与国内外的交流合作

广泛开展国际国内交流合作，不断增强与有关国家、国际组织和民间团体的交流，学习和借鉴国内外先进保护理念、经验和技术，优先加强保护区规划、建设和管理，物种资源保护技术等领域的合作，提高生物多样性保护能力和水平。结合生态系统、生物物种与相邻省区和国家关系密切的特点，积极参与大湄公河次区域生物多样性保护行动和其他区域性合作，建立和完善专项合作机制，有效保护跨省区和跨国境重点地区的生物多样性。

四、努力营造有利于滇西北生物多样性保护的良好环境

（十七）进一步统一思想、提高认识

各级各部门要切实树立科学发展观和正确政绩观，充分认识生物多样性是人类赖以生存和发展的物质基础，始终坚持保护优先的方针，努力提高环境保护素养，增强生物多样性保护意识，把保护措施落实到经济社会发展的各项工作中。

（十八）切实加强组织领导

生物多样性保护是生态文明建设的重要内容，各级政府和各部门要列上重要议事日程，与经济社会发展和精神文明建设同时规划部署、同时检查落实、同时考核总结。充实完善省生物多样性保护委员会和省野生动植物保护管理委员会的机构、职能和组成人员。建立联席会议制度，由省政府分管领导负责定期不定期召集省级部门和州市参加，对规划、项目、资金等重大问题进行研究协调；建立会商制度，加强省级部门与州（市）、县的上下沟通和联系，定期通报信息，协调处理重要事务和突发事件；建立专家咨询制度，为制定政策法规、编制规划、实施重大工程等提供决策咨询。

生物多样性保护工作涉及多部门和多领域，省林业部门要切实履行生物多样性保护工作的实施主体作用，负责筹集和管理滇西北生物多样性保护专项资金；省环境保护部门要强化执法监督，确保滇西北生物多样性保护的各项措施取得实效；建设、国土等有关部门要加强协调，各负其责，通力合作，共同做好保护工作。

（十九）广泛开展宣传教育活动

开展深入广泛的宣传教育活动，及时宣传报道云南省生物多样性保护政策措施、经验成果、典型事例，使生物多样性保护的重要意义、保护内容和法律法规家喻户晓、深入人心。大力提倡绿色消费，倡导节能环保、爱护生态、崇尚自然的生产生活方式。建立生物多样性保护科普宣教基地。加强舆论监督，努力营造有利于保护环境的舆论氛围，在国内外树立云南生物多样性保护的良好形象。

（二十）动员全社会力量共同参与保护

充分发挥企业、学校、民间组织和个人在生物多样性保护中的积极性和重要作用，争取广泛的理解和支持，把保护工作由政府的单一行为尽快转变为全社会的共同行动。继承和弘扬少数民族爱护自然、保护环境的优良传统文化和习俗，探索并完善社区共管机制，使广大群众在生物多样性保护中得到实惠，更加自觉地参与到生物多样性保护中来。发挥民间环保组织的优势，鼓励其依法开展各种生物多样性保护活动。

云南省加快乡村旅游发展指导意见

（2008年9月22日）

为深入贯彻落实党中央、国务院关于社会主义新农村建设的战略部署，发挥旅游产业的关联带动作用，充分挖掘和利用“三农”资源，促进旅游业与农村建设有效结合，加快传统农业转型升级，推动全省乡村旅游快速健康发展，推进全省旅游二次创业，结合云南省实际，特提出以下意见：

一、发展乡村旅游的重要意义

大力发展乡村旅游，以旅游促“三农”，是社会主义新农村建设的重要组成部分，是加快城乡经济统筹发展、实现产业联动和以城带乡的重要途径，对加快推进新农村建设、统筹城乡发展、增加农民就业机会、拓宽农民增收渠道、促进农村精神文明建设和满足游客旅游文化消费需求都具有十分重要的意义。同时，科学保护和合理开发各类乡村风光，宣传文化和生活吸引，开展乡村观光、休闲、度假和体验性旅游活动，对进一步保护生态环境和弘扬民族文化，丰富和优化云南省旅游产品结构、区域结构和市场结构都将发挥积极的作用。

二、发展乡村旅游的指导思想和基本原则

加快乡村旅游发展的指导思想是：以科学发展观为指导，按照“生产发展、生活宽裕、乡风文明、村容整洁、管理民主”的要求，以建设小康、文明、生态、和谐的社会主义新农村为目标，从农村实际和旅游市场需求出发，发挥旅游产业的关联带动作用，以培育乡村旅游产业为主要任务，坚持政府主导、部门协作、多方参与、市场运作，结合扶贫开发、文明生态村建设和旅游经济强县、旅游小镇建设等，因地制宜，突出特色，不断完善乡村基础设施建设，丰富乡村旅游产品，优化乡村旅游环境，促进各地乡村旅游向市场化、产业化方向发展，实现以旅助农、以农兴旅、农旅结合、城乡互动，为社会主义新农村建设作出应有贡献。应坚持的基本原则是：

（一）坚持政府主导原则。通过各级人民政府和部门加强对乡村旅游建设的统筹协调和引导扶持，形成多层次协同推进、社会各方共同参与的发展格局。

（二）坚持统筹城乡发展原则。通过统筹广大乡村基础设施、配套设施建设和人才培养，促进旅游与相关产业互动发展，实现城乡互动、以旅促农。

（三）坚持可持续发展原则。以保护为前提，发展为目的，通过科学合理开发，促进广大乡村生态环境的保护，促进乡村文物古迹、非物质文化遗产、民族民俗文化的挖掘和有效传承。

（四）坚持以点带面、群众受益原则。通过打造一批旅游特色乡村，带动全省乡村旅游发展。充分发挥农户主体作用，扩大惠及当地居民的受益面。

（五）坚持因地制宜、分类指导原则。紧密结合乡村资源条件、地理区位和经济社会发展水平，大胆探索符合当地乡村旅游发展的开发模式。立足本地条件、突出地方特色，积极培育不同类型的乡村旅游产品。

三、发展乡村旅游的目标

加快全省乡村旅游建设，通过3年~5年时间实现以下目标：

（一）以突出打造景区依托、城市带动、农业观光、民俗风情等类型的乡村旅游产品为重点，在全省创建20个旅游特色县（市、区）、60个旅游小镇，建设200个特色鲜明、功能配套、交通便利、服务配套、环境优美、吸引力强，受广大旅游者欢迎的观光旅游、度假休闲的旅游特色村，2008年内启动50个村试点。要使一批发展势头好的旅游特色村建成“云南省旅游名村”，带动和促进全省乡村旅游的发展。

（二）使已有乡村旅游项目得到明显提升和完善，基本形成种类丰富、档次适中的乡村旅游产品体系和特色突出、发展规范的乡村旅游格局；形成连通城乡的旅游市场，成为国内旅游市场的重要支撑体，满足旅游消费需求。

（三）实现新增乡村旅游就业5万人，间接就业20万人；每年旅游从业农民人均纯收入增长5%；全省乡村旅游发展带头人、经营户和服务人员得到有效培训。

四、加快乡村旅游发展的工作重点

（一）科学编制乡村旅游发展规划

发展乡村旅游要坚持规划先行、布局合理、开发有序的原则。各地要科学编制乡村旅游规划，要把乡村旅游规划纳入同级旅游总体规划，实现规划的相互衔接。发展乡村旅游资源条件好的州（市）、县（市、区）要立足资源优势，将乡村旅游规划与城乡规划相衔接，统一编制、统一实施，切实提高规划的科学性、可操作性和权威性。省级旅游、建设等部门要重点指导一批不同特色、不同类型的乡村旅游村镇规划；要指导各地以靠近城市（镇）、靠近景区和旅游重大（点）建设项目、靠近主要旅游干线的“围点沿线”思路，突破行政区划，突出资源特色，以避免产品同质化开发为核心，以区域旅游线路整合乡村旅游产品为重点，分类指导、错位开发，以满足旅游市场消费的需求，便于旅游企业的宣传和运作，为乡村提供专业的乡村旅游开发规划和项目指导。

（二）加强乡村旅游基础建设

各级人民政府要加强领导，把发展乡村旅游纳入当地社会主义新农村建设的整体布局中部署和推动，结合新农村建设和乡村旅游开发，促进政府有关公共服务向乡村旅游延伸，加强乡村基础设施建设和社会事业建设。农村沼气、乡村道路、人畜饮水、乡村清洁等支农工程项目要向发展乡村旅游的村镇倾斜，推动乡村旅游开发项目和各种支农资金挂钩。重点是优先解决交通干道、重点旅游景区到乡村旅游点的道路交通建设；加强农村环境污染综合防治，加大旅游区及周边环境垃圾和污水处理、畜禽养殖污染防治和有机食品建设；推进旅游村镇街道硬化、绿化和亮化工作，指导乡村旅游点房屋外表改造和标牌、标识规范设置；改善乡村教育、医疗卫生和文化条件。

（三）强化乡村旅游产品开发

各地要积极依托当地区位条件、资源特色和市场需求，采取景区带动、公司+农户、综合开发、整村推进等方式，加强城郊休闲度假、生态农业观光、民俗风情体验等不同类型的乡村旅游产品开发，开展文化、历史和生态等不同主题的旅游特色村建设。要拓展和提升观光型乡村旅游产品的休闲度假功能，增强亲和性、知识性、参与性等体验内容，逐步培育乡村旅游精品，满足不同层次的休闲度假需求；要挖掘原生态古村落、民族村寨的民族风俗和生产生活特色，加强对文物遗迹和民居、街道等古老建筑的保护，突出文化特色；要提升“农家乐”发展水平，突出乡村生活特点，营造乡土文化氛围，努力打造“一村一品”、“一家一艺”；推动接待、农副产品加工和旅游商品生产的分工，加强自主品牌深加工农产品和纪念品、工艺品的开发和生产，提升产业化水平，逐步完善乡村旅游商品生产和销售体系。

（四）积极开展市场宣传促销

各地要加强乡村旅游目标市场的分析和定位，建立部门联合、上下联动的乡村旅游宣传促销机制和激励机制，加大乡村旅游的宣传促销力度。宣传、文化、新闻等部门要把乡村旅游作为重要内容，利用电台、电视台、报刊、网站等多种手段，开设乡村旅游专版和专栏、增加乡村旅游专题和时段，加大乡村旅游产品宣传，实现产品与市场的对接。各级旅游部门要指导好乡村旅游产品的策划、组织和包装，把乡村旅游促销纳入旅游促销计划，抓好乡村旅游产品宣传促销的策划和组织工作。有条件的地区，可举办系列节会活动，提升产品的市场形象；积极探索乡村旅游网络预订服务。鼓励旅行社等企业和有条件的各类旅游集散中心，开展专业的市场销售和网络促销，拓宽乡村旅游销售渠道。

（五）推进乡村旅游的规范管理

旅游部门要会同相关部门研究制定乡村旅游质量等级评定标准和组织实施相关评定工作，要规范导游解说和团队运作。各地要加强对乡村旅游经营环境、接待设施和设备、接待服务和经营管理等的规范化管理；建立和实施乡村旅游住宿、餐饮、娱乐、购物等主要消费环节的服务规范和安全标准；探索建立乡村旅游的统计体系，提高乡村旅游的科学统计水平。公安、工商、物价、卫生部门要加强安全、物价、市场秩序、食品卫生安全等方面的管理。重点加强诚信经营、食品生产、餐饮服务的监督检查。

（六）着力培养乡村旅游人才

各地要重点开展对乡村旅游发展带头人、经营户和服务人员的技能培训。各级劳动、教育、农业、民政、旅游等部门要将乡村旅游人才培养纳入计划，通过送教上门、办培训班、结对帮扶等方式，开展多层次、多渠道的培训，力争全省每年培训1万名乡村旅游从业人员，重点提高从业者在经营服务、食品卫生安全、接待礼仪、餐饮和客房服务、乡土文化讲解等方面的素质和技能；加强对当地干部和业主乡村旅游项目开发、管理、促销等专业知识培训。

五、保障措施

（一）强化组织领导

充分发挥省旅游产业领导小组的作用，领导和统筹全省乡村旅游发展工作。省旅游产业领导小组办公室负责全省乡村旅游的组织、筹划、指导和协调工作，督促检查有关方针政策的实施。省旅游产业领导小组各成员单位要加强配合，发挥部门职能加大对乡村旅游建设的扶持力度，形成推动乡村旅游发展的强大合力。

各州（市）、县（市、区）人民政府要形成由政府领导牵头、有关部门参加的乡村旅游工作领导机制，制定和实施有关优惠政策和措施，统筹当地乡村旅游的开发建设，协调解决乡村旅游发展中的问题。乡村旅游建设工作由县级人民政府负责组织落实。

（二）加强协调配合

发展乡村旅游，要充分发挥各有关部门的职能，加强协调配合，形成合力。发展改革部门要把旅游特色村的基础设施建设、重点旅游项目建设，纳入年度国民经济和社会发展计划统筹安排；交通部门要会同旅游等部门摸清乡村旅游道路状况，制定建设和改造计划，优先解决交通干道、重点旅游景区到乡村旅游点的道路交通问题；建设等部门要指导旅游特色村房屋外表改造和标牌、标识规范设置，全面推进旅游村镇建设；环保部门要加强乡村旅游景区及周边的环境治理；扶贫部门安排的相关扶贫项目和资金要对发展乡村旅游的村镇予以倾斜，推动扶贫资金与乡村旅游开发项目挂钩；农业部门要把乡村旅游纳入新农村建设的整体布局中，指导、扶持和培育主导产业，建设生态农业，推进村容整洁，优先扶持乡村旅游点沼气项目建设；林业、水利、电力、通信、广电和信息等部门要结合部门职能，着力改善乡村旅游点的生态环境、饮用水、供电、通信等建设。其他部门要根据各自职能，积极支持乡村旅游建设和发展。

（三）落实优惠政策

有关部门要认真贯彻落实中央和省已出台的西部大开发、支持乡镇企业发展、鼓励非公有制经济发展、加快县域经济发展、推进城镇化进程、培育旅游产业和农业产业化发展的相关税费优惠政策，让参与旅游特色村开发建设的乡村旅游景点、食宿接待和乡村旅游商品生产、设计、经营单位，平等享受到更多的政策扶持。乡村旅游的开发和经营，享受旅游小镇的同等政策。同时，要积极清理乱收费和不合理收费行为，减轻乡村旅游企业和经营者负担。在证照办理上，给予优先办理相关证照，减化办证手续，提高办证速度，符合政策的要减低收费标准。

（四）加大投融资力度

各级人民政府应根据财力情况，逐步加大财政资金投入，重点支持乡村旅游规划、基础设施建设、人才培训和市场宣传等，充分发挥财政资金投资引导作用。为推进乡村旅游发展，从2008年起，省人民政府每年从旅游发展资金中安排一定额度的乡村旅游发展专项资金，专门用于旅游特色村规划补助、基础建设项目补助和市场营销等，以发挥政府引导性资金投入带动作用，调动社会资金投资建设乡村旅游的积极性。各级人民政府也应安排相应的扶持资金，专项扶持乡村旅游的发展。

各地要鼓励社会资金以租赁、承包、联营、股份合作等多种形式投资开发乡村旅游项目，兴办各种旅游开发性企业和实体；鼓励农民集资入股或以村组集体经济组织采取公司+农户方式参与乡村旅游投资开发；有条件的地区要积极引导大企业参与投资开发，推动乡村旅游向集约化、规模化发展。各地要加强对农户和经营企业的信贷支持和担保支持，并给予一定比例的保费补助或贴息；结合当地条件，积极探索成立针对经营乡村旅游的农户和中小旅游企业的贷款担保机构；农行、农村信用联社等金融机构，要加大对乡村旅游开发的信贷投入，尤其要加大面向农户的小额贷款和中小旅游企业贷款的信贷支持；应按照灵活、方便、安全的原则，创新金融产品，改进服务方式，完善信贷管理办法，简化贷款手续，依法建立和完善融资担保体系，推行动产抵押、权益抵押、林权抵押、土地使用权抵押和旅游门票权质押等担保形式，方便企业获得贷款，扩大融资规模。

（五）开展试点工作

乡村旅游的开发建设要全面动员、分类指导、分步实施，各地要根据资源条件、地理区位和市场发展潜力，按照保护提升、开发建设、规划准备3种建设类型进行资源普查。各级旅游部门要在当地党委、政府的领导下，首先选择一批乡村旅游资源禀赋高、基础条件好、市场需求旺、资金和人才比较有保障、具有一定开发规模的地区作为试点，联合相关部门，优先开展乡村旅游试点建设，积累经验，总结推广，分批推进。

云南省人民政府关于加快水运事业发展的若干意见

（2009年9月10日）

为加快云南省水运建设与发展，充分发挥水运优势，建立完善综合交通运输体系，促进全省经济社会全面协调可持续发展，现提出如下意见：

一、充分认识水运建设与发展的重要性

水运具有投资省、占地少、运能大、运价低、污染小等优势。大力发展水运，是实现交通可持续发展的需要，是建设资源节约型、环境友好型社会的需要。云南地跨6大水系，是我国水资源较为丰富的省份之一，水运建设与发展的潜力巨大。一是有长江、珠江、澜沧江、怒江、红河、伊洛瓦底江等6大水系及其600多条干支流，河道总14200公里，其中可开发利用航道8000多公里。二是有可发展航运的天然湖泊30多个、各种水库5500多座。三是从现在起到2020年，全省6大水系的干支流上将建设30多座大中型电站并形成梯级库群，可延伸深水航道近3000公里，新辟航运水域约3000平方公里，直接对接省外（境外）近8000公里高等级航道。全省构建“两出省、三出境”水运大通道格局的优势突出，水运建设与发展的前景广阔。

改革开放以来、特别是“十五”以来，全省水运紧紧抓住国际大通道建设的有利时机，以建设出省出境水运通道为突破口，大力发展澜沧江—湄公河国际航运，全力建设长江黄金水道，积极开发右江—珠江水运通道，努力发展旅游航运，水运建设取得了显著成就。但与其他运输方式和发达省市相比，云南省水运发展的速度和技术水平都还存在较大差距，主要表现为：资金投入少，发展速度慢，设施配套能力差，管理体制不完善，外部环境不协调，水资源综合利用不充分，与行业发展不匹配，还不能很好地适应全省经济社会快速发展和推进富裕民主文明开放和谐云南建设的实际需要。因此，按照新形势和新任务的要求，加快云南省水运发展已十分紧迫，各地、各部门必须充分认识发展水运的重大战略意义，切实增强紧迫感和责任感，科学规划、明确目标、强化措施，努力推动云南省水运跨越式发展，为全省经济社会又好又快发展创造条件。

二、加快水运发展的指导思想和目标任务

（一）指导思想。以邓小平理论和“三个代

表”重要思想为指导，以科学发展观为统领，围绕中心、服务全局，积极推进以澜沧江—湄公河为重点的国际航运、大力发展内河航运、加快开发库（湖）区运输，着力加强水上交通安全监管，促进云南交通及全省经济社会又好又快发展。

（二）总体目标（至2020年）。按照《云南水运发展规划（2006年～2020年）》及《全国航运港口布局规划》，以航运为龙头，以出境出省水运通道建设为重点，以库（湖）区航运建设为基础，以水运安全和支持系统建设为保障，以法律法规体系建设、文明航道创建和职工队伍素质提升为支撑，加快构建“北进长江，东入珠江，连接长三角、珠三角；南下湄公河、红河，西进伊洛瓦底江，沟通太平洋、印度洋”的综合交通运输体系及通往东南亚、南亚国际大通道，全面推进云南水运发展并初步实现水运现代化。

（三）主要任务。“十一五”及“十二五”期间，争取多方筹集资金，加大投资力度，重点实施以下工程：一是全面建成澜沧江五级航道体系，推动上湄公河航道改善，实现内外航道通畅对接；二是完成澜沧江关累码头二期工程，启动勐罕多用途码头建设，建成景洪国际船员实训基地；三是实施橄榄坝航电枢纽建设，渠化航道，提高航运保障能力；四是实施长江干线航道宜宾至水富段整治，建成长江第一港——水富港；五是参与建设右江百色水利枢纽通航设施，实现2×500吨及单船1000吨级通航，完成右江通道、珠江第一港——富宁港建设；六是建设滇池、洱海、向家坝、富宁、小湾、漫湾、大朝山、李仙江等库湖区航运基础设施；七是全面完成全省渡口渡船改造整治。

三、科学规划、合理布局，提高水资源综合利用水平

（一）正确把握水运发展战略定位。按科学发展观要求，适当超前、高起点编制全省航道和港口布局规划，制定完善云南省航运、航道、港口等水运规划，统筹水运协调发展。

（二）促进沿江沿湖区域经济发展。利用水运发展产生的人流、物流、信息流、资金流的集聚效应，大力促进沿江、沿湖区域的经济发展，打造沿江沿湖经济带。促进港口与铁路、公路等交通网络和城镇商品物流集散地等重要节点的有效衔接，加快现代物流业发展步伐。积极开发、挖掘沿线地区丰富的历史文化资源，绿化美化、防污治污，带动文化带、旅游带、风景带建设，实现全方位、多层次协调发展。

（三）实现水资源综合合理利用。贯彻水资源“综合开发、合理利用”方针，正确处理发展与保护、利用与储备的关系，科学有序合理利用水资源。建立协调机制，促进各涉水行业（单位）发展规划、建设目标和运营管理的统筹协调、有效衔接。水电建设要兼顾航运开发，力求实现发电、通航综合目标，促进水运与相关行业同步协调发展。

四、加大政策扶持力度，为水运发展创造条件

（一）航道是社会公益设施，航道建设用地按现行政策划拨使用外，建设资金以政府投入为主，其中出境出省航道建设以部、省为主。建设中土地征用、拆迁安置等工作及所需费用由当地人民政府负责，库（湖）区航道及渡口建设以当地政府为主，省级给予适当资金补助。

（二）港口是水路运输和综合交通体系建设的重要组成部分。除港口及进出港后方通道建设由政府投资补助和积极争取交通部及有关部门的资金支持外，以港口为依托的船只停靠、货物装卸、物资储备等具有经营性质的综合服务设施，原则上由政府制定政策实行市场化运作，并在土地征用、税费征缴等方面给予优惠。

（三）“以路补水”，建立水运发展稳定的资金渠道。在积极争取国家支持的同时，实行“以路补水”和财政支持港航基础设施建设政策，省级每年从交通规费增收部分安排一定比例资金投入水运建设和发展。各州（市）、县（市、区）也要加大对港口、航道公用设施建设投入力度，同时将水上交通安全管理经费纳入当地财政预算，满足水上交通安全工作需要。

（四）放宽政策、多方扶持，支持水路运输企业加快发展。充分发挥市场的资源配置作用，进一步整合港口资源，拓展港口功能，支持企业进行联合重组，做大做强航运企业，引导航运企业健康有序发展。各级人民政府、行业管理部门要在市场准入、税费减免、土地使用等方面给予政策支持，进一步减轻航运企业负担，增强企业的市场竞争力。

五、创新机制，进一步强化行业监督管理

（一）加强制度建设，完善政策措施。按照“精简、统一、效能”原则，研究建立港航管理一体化行政管理体制，制定出台云南省水运建设、发展的相关政策法规，提高水路客运和液货危险品运输经营主体的市场准入条件，逐步建立完善统一、开放、竞争有序的水路运输和水运建设市场。

（二）创新科技、规范管理，提高水运行业生产力水平。大力发展多式联运和水运市场运输信息技术，进一步拓展水运服务市场。大力推广新工艺、新材料、新技术，加强港口结构、装卸工艺、船舶标准化、节能减排、防污处理、安全救助、通航设施、信息技术、翻坝运输等方面的研究，提高信息化服务水平，增强航运支持保障系统整体功能，提高行业发展的生产力水平。

（三）贯彻落实“航电结合、以电养航”方针，稳步推进云南水运通道建设。针对水运项目公益性、公用性、基础性强的特点，研究制定切实有效的水运项目国有资产管理模式，确保国有资产收益用于水运建设，实现航运综合开发、滚动开发建设及规模化经营，促进水运事业的可持续发展。

（四）明确职责，强化水上交通安全管理。保障水上交通安全，是各级人民政府、行业管理部门、海事执法机构的重要职责。要坚持“安全第一、预防为主、综合治理”的方针，各司其职、突出重点、强化管理。各级人民政府必须按属地管理原则，切实加强水上交通安全管理工作，建立健全安全责任制。各级交通行政主管部门要加强水上交通安全的行业管理；各级海事管理部门要加强水上交通安全、防止船舶污染的监督管理；各级农业、渔政、旅游等部门和机构，也要切实履行好各自的水上安全管理职能，共同维护水上交通安全。

六、加强水运工作的组织领导

成立云南省水运发展协调领导小组，总体负责全省水运发展政策与规划的研究制定和组织实施，协调解决水运发展中的重大事宜。省协调领导小组组长由省人民政府分管领导担任，成员由交通、发展改革、财政、建设、国土资源、水利、农业、外事、商务、环保、旅游、移民等省级部门组成。省协调领导小组在省交通厅下设办公室，具体负责各项日常事务。有关州（市）人民政府要按照本意见要求，成立相应的协调领导机构，切实加强组织领导，落实工作责任，统筹协调、形成合力，努力促进水运事业实现又好又快发展。

云南省人民政府关于进一步加强保护与合理开发磷矿资源的若干意见

（2008年8月26日）

为全面贯彻落实科学发展观，解决磷矿资源开发中出现的问题，促进云南省磷化工业持续、快速、健康发展，现提出如下意见：

一、高度重视磷矿资源的战略地位

（一）云南是磷矿资源大省，也是国家规划布局的磷复肥基地，承担着满足我国磷肥需要，确保国家粮食安全的历史重任。对磷矿资源的开发利用，要始终将是否影响国家经济和粮食安全保障、是否造成资源的不合理利用、是否影响可持续发展作为考虑的首要因素，一切开发利用活动，均应服从于国家发展战略和全省经济发展大局。云南磷矿资源“丰而不富”，要充分认识磷矿资源是不可再生亦不可替代的资源，更加重视磷矿资源的合理开发利用；同时，要充分认识只有在磷化工产业健康发展的基础上，才能确保资源优势转变成经济优势，支撑全省经济实现可持续发展。

二、建立健全磷矿资源合理开发和保护的管理体系

（二）改进磷产业投资项目管理办法。规范磷矿采选项目核准。各级投资主管部门应按照项目核准要求，上报省级投资主管部门依法核准。新建、扩建项目必须配套选矿装置，鼓励中小矿山联合集中建设浮选装置。实行磷化工建设项目省级备案制度，由省级投资管理部门按照控制性发展指标和相关规划要求，决定是否备案。

（三）严格磷矿山开发准入条件。新建磷矿开采项目，必须对矿区范围内Ⅰ、Ⅱ、Ⅲ级磷矿资源统一设计、综合利用，严禁采富弃贫。矿山开采规模必须与占用的储量规模相匹配，年开采规模不得低于15万吨。矿山开发利用方案确定的采矿回采率、采矿贫化率和选矿回收率（“三率”标准）不应低于相关行业标准。新建矿山未达到最低开采规模、设计“三率”不达标的，省级投资主管部门不予核准项目，国土资源主管部门不予颁发采矿许可证。生产磷矿矿山未达到最低开采规模、“三率”不达标的，必须于2011年前达标，无法达标的一律予以关闭。

（四）建立重要磷资源矿区勘查规划和磷矿开

采的总量控制制度。编制重要矿区勘查规划，明确鼓励、限制、禁止勘查的区域，根据规划编制磷矿矿业权设置方案；根据全省磷矿资源可持续开采能力和省内下游产业需求，制定磷矿开采的控制总量。从发文之后起，暂停磷矿探矿权审批，具体办法由省国土资源厅研究提出。

（五）建立省级规划矿区和后备资源管理制度。制定磷矿勘查开发利用规划，将重要磷矿区列入省级规划矿区。根据省人民政府发布的《重大资源开发利用管理办法》，国家规划的矿区和省级规划矿区必须制定总体开发规划，确定合理的开发方案，经省发展改革委会同省国土资源厅审核后报省人民政府同意，方可开展项目的前期工作。项目应由资金、技术管理能力强、具有磷化工经验、符合云南省磷化工发展总体要求的企业进行规模化开发，保证大矿得以合理开发利用。将滇东北等勘查程度不高的磷矿区，以及平均品位低于20%，目前技术经济条件下难以利用的磷矿区作为云南省磷矿后备资源矿区。列为后备资源的矿区，各级人民政府不得作为招商引资项目，国土资源部门不予登记矿业权、供应土地，省级投资主管部门不予核准或上报国家核准项目，环保部门不予环评许可。具体办法由省国土资源厅研究提出。

（六）制定鼓励使用中低品位磷矿的费用办法。总的原则是适当提高Ⅰ级品磷矿的矿产资源有偿使用费，减免利用24%以下中低品位磷矿矿产资源有偿使用费和矿产资源补偿费的办法，由省财政厅和省国土资源厅抓紧出台具体办法。

三、实施磷化工产业发展分类指导政策

（七）明确产业发展定位。根据市场供求状况和国家政策，云南省磷化工产业发展定位为：磷肥和基础磷化工以满足国内需求为主，精细磷化工产品近期实施进口替代，并积极创造条件出口。

（八）制定控制性发展指标。按照有利于提升下游产业竞争力、适度开发、保持储量消长动态平衡和增长潜力的原则，综合考虑云南省磷资源储量情况和环境可承载能力，黄磷、磷酸生产能力分别控制在70万吨和450万吨以内，其中，黄磷产量控制在45万吨。由省经委研究提出不同时段的生产能力控制数量、生产能力利用率指标，并制定具体实施办法。

（九）限制和禁止发展的重点。通过磷酸总量控制，稳定磷复肥（包括磷酸一铵、磷酸二铵、重钙）生产能力，适度发展高品质饲料磷酸氢钙生产能力，现有在建磷复肥项目投产后，不再新增磷复肥生产能力。原则上应大幅度降低黄磷生产能力，严禁新增小黄磷、小普钙、钙镁磷肥等落后生产能力的企业。加快淘汰落后生产能力的企业，对资源消耗高、污染排放大的落后生产能力的企业实行强制退出制度。

（十）鼓励和支持发展的方向。鼓励精细磷化工发展，支持资源综合利用和中低品位磷矿的利用。重点发展以黄磷、磷酸为原料的精细化工产品及中低品位磷矿采矿和浮选项目。积极推动磷石膏、氟等磷化工废弃物的综合利用。

四、逐步建立和完善资源开发利用的利益共享机制

（十一）建立矿山开发企业对地方的经济补偿机制。制定资源开发企业可持续发展准备金等有关管理办法，由企业按照规定从成本中提取，专项用于矿山所在地社会主义新农村建设、环境恢复和生态补偿、发展接续替代产业、解决企业历史遗留问题等。具体办法由省财政厅会同有关部门研究提出。

（十二）研究提出有利于磷化工产业发展的财税政策。为实现磷化工产业合理布局和规模化生产，最大限度实现资源的合理配置，保障资源所在地利益，由省财政厅会同有关部门研究提出磷矿矿产资源补偿费、矿产资源有偿使用费等分配比例向县级人民政府倾斜的办法，提出磷矿产出地分享下游深加工产业税收的财税优惠政策。

五、继续推进磷矿资源整合

（十三）编制磷矿资源整合方案。按照优势资源向优势行业、优势企业聚集的要求，继续加大资源整合力度，合理调整磷矿产业布局，尽快实现规模化、集约化开采，逐步形成以大中型矿业集团为主体的开发新格局。原则上优势资源由省内优势企业整合，到2010年矿山企业数量比整合前减少50%。磷化工产业发展不得盲目招商引资，而要严格按照国家产业政策，进一步推进行业整合，提高产业集中度。

（十四）积极探索多种形式的磷矿资源整合路子。按照省人民政府批准的整合方案，以大企业、大集团为主导，以资源和资本为纽带，采取联合、兼并、收购、托管、股份制等多种形式，加快推进磷矿资源整合。

六、加大资源综合利用科技攻关和产业化步伐

（十五）推进中低品位磷矿选矿技术、磷石膏利用的科技攻关和产业化，加快氟资源综合利用，推动氟化工产业发展，尽快实现20%品位的磷矿石利用，形成磷资源附产品综合利用产业链。由省发展改革委牵头协调有关部门编制科技攻关和产业化实施方案，加大政策支持力度。

七、加强监督管理

（十六）进一步将矿产资源勘查开发管理纳入法治轨道。州（市）、县（市、区）人民政府不得违反国家法律法规和有关政策规定，制定探矿权、采矿权设置的限制条件，不得违法违规擅自处置探矿权和采矿权，不得违法违规进行矿产资源勘查、开发的招商引资，不得参与办矿和从事矿业权经营。

（十七）加强行政监督和管理。县级人民政府为磷矿资源保护和开发的第一责任人，应切实负起监管职责，加强监管力量，充分发挥执法监察队伍和矿产督察员队伍的作用。加强磷矿开采、勘查监督管理，将探矿权人是否按照经批准的勘查设计施工，采矿权人是否按照经批准的开发利用方案进行开采，“三率”指标是否达标，是否做到贫富兼采作为监督管理的重要内容。

（十八）建立社会监督机制。试行矿山开发利用方案、矿山环保治理措施的公示制度。在国土资源部门、环保部门网站和矿山所在地公示矿山开发利用方案以及环保治理措施和有奖举报方式，将磷矿资源的开发和保护置于公众监督之中。

本意见从发布之日起执行。

云南省人民政府决定废止的规章目录

（自2008年7月29日起生效）

1.**《云南省耕地占用税实施办法》**（1987年8月24日云南省人民政府文件云政发［1987］136号公布）

说明：所依据的行政法规已被2007年12月1日中华人民共和国国务院令第511号公布的《中华人民共和国耕地占用税暂行条例》明令废止（根据新的行政法规需制定新的配套规章）。

2.**《云南省征用土地费包干使用暂行规定》**（1988年3月30日云南省人民政府文件云政发［1988］46号公布）

说明：所依据的地方性法规已被1999年9月24日云南省第九届人民代表大会常务委员会公告第31号公布的《云南省土地管理条例》明令废止。

3.**《云南省边境口岸集镇建设暂行办法》**（1991年5月21日云南省人民政府文件云政发［1991］93号公布）

说明：已被1993年6月29日中华人民共和国国务院令第116号公布的《村庄和集镇规划建设管理条例》、1994年9月19日云南省人民政府令第15号公布的《云南省村庄和集镇规划建设管理实施办法》代替。

4.**《云南省接受华侨、港澳台同胞捐赠管理暂行办法》**（1992年1月9日云南省人民政府文件云政发［1992］7号公布）

说明：所依据的行政法规已被2008年1月15日中华人民共和国国务院令第516号公布的《国务院关于废止部分行政法规的决定》明令废止；主要内容已被1999年6月28日中华人民共和国主席令第19号公布的《中华人民共和国公益事业捐赠法》代替。

5.**《云南省城镇劳动就业训练暂行规定》**（1992年4月16日云南省人民政府文件云政发［1992］62号公布）

说明：已被1996年5月15日中华人民共和国主席令第69号公布的《中华人民共和国职业教育法》、2007年8月30日中华人民共和国主席令第70号公布的《中华人民共和国就业促进法》和1999年4月2日云南省第九届人民代表大会常务委员会公告第17号公布、2005年9月26日云南省第十届人民代表大会常务委员会决定修改的《云南省职业教育条例》代替。

6.**《云南省公路营运客车管理规定》**（1992年4月20日云南省人民政府文件云政发［1992］64号公布）

说明：已被2005年7月12日中华人民共和国交通部令第10号公布的《道路旅客运输及客运站管理规定》代替。

7.**《云南省边境地区外国籍机动车辆与驾驶员入境管理暂行办法》**（1992年7月9日云南省人民政府文件云政发［1992］126号公布）

说明：已被2003年10月28日中华人民共和国主席令第8号公布的《中华人民共和国道路交通安全法》、2004年4月30日中华人民共和国国务院令第405号公布的《中华人民共和国道路交通安全法实施条例》、2006年12月1日中华人民共和国公安部令第90号公布的《临时入境机动车和驾驶人管理规定》代替。

8.**《云南省贯彻执行〈全民所有制企业招用农民合同制工人的规定〉实施细则》**（1992年7月14日云南省人民政府文件云政发［1992］130号公布）

说明：所依据的行政法规已被2008年1月15日中华人民共和国国务院令第516号公布的《国务院关于废止部分行政法规的决定》明令废止；主要内容已被1994年7月5日中华人民共和国主席令第28号公布的《中华人民共和国劳动法》、2007年6月29日中华人民共和国主席令第65号公布的《中华人民共和国劳动合同法》代替。

9.**《云南省乡镇矿山矿长安全技术资格审查实施办法》**（1993年3月5日云南省人民政府文件云政发［1993］50号公布）

说明：已被2002年6月29日中华人民共和国主席令第70号公布的《中华人民共和国安全生产法》代替。

10.**《云南省企业补充养老保险和个人储蓄性养老保险暂行办法》**（1993年4月3日云南省人民政府文件云政发［1993］72号公布）

说明：已被2004年1月6日中华人民共和国劳动和社会保障部令第20号公布的《企业年金试行办法》代替。

11.**《云南省人民政府关于维护信访工作秩序的规定》**（1993年4月26日云南省人民政府文件云政发［1993］95号公布）

说明：已被2005年1月10日中华人民共和国国务院令第431号公布的《信访条例》代替。

12.**《云南省企业劳动争议处理实施办法》**（1994年1月17日云南省人民政府令第9号公布）

说明：已被2007年12月29日中华人民共和国主席令第80号公布的《中华人民共和国劳动争议调解仲裁法》代替。

13.**《云南省企业职工伤亡事故报告和处理实施办法》**（1994年3月24日云南省人民政府令第11号公布）

说明：所依据的行政法规已被2007年4月9日中华人民共和国国务院令第493号公布的《生产安全事故报告和调查处理条例》明令废止（根据新的行政法规需制定新的配套规章）。

14.**《云南省矿山建设工程安全设施设计审查和竣工验收规定》**（1998年9月16日云南省人民政府令第68号公布）

说明：已被2002年6月29日中华人民共和国主席令第70号公布的《中华人民共和国安全生产法》代替。

15.**《云南省三江并流国家重点风景名胜区管理规定》**（1999年12月27日云南省人民政府令第91号公布）

说明：已被2005年5月27日云南省第十届人民代表大会常务委员会公告第25号公布的《云南省三江并流世界自然遗产地保护条例》代替。

16.**《云南省艾滋病防治办法》**（2004年1月20日云南省人民政府令第121号公布）

说明：已被2006年1月29日中华人民共和国国务院令第457号公布的《艾滋病防治条例》和2006年11月30日云南省第十届人民代表大会常务委员会公告第51号公布的《云南省艾滋病防治条例》代替。

2008年云南经济立法概况

综　述　2008年，为了更好地适应全面推进依法行政、加快建设法治政府的要求，云南省的政府立法工作取得新的进展。经过省政府法制办公室组织起草、审查、协调、修改和提请省政府常务会议通过等立法程序后，在年内公布的地方性法规和省政府规章共13件。其中经济立法项目共7件。

《云南省信息化促进条例》立法概况　为了促进信息化建设，规范信息化管理，全面提升信息化水平，加快经济发展和社会进步，根据有关法律、法规，结合云南实际，制定该条例。该条例对政府和部门的促进职责、信息化规划与项目建设、信息化资源开发利用、信息安全保障等事项作了较为全面的规定。该条例草案由省信息产业办公室起草，经省政府法制办公室审查、协调、修改后，提请2007年10月30日省政府第54次常务会议讨论通过，并由秦光荣省长签署省政府议案提请省人大常委会审议。该地方性法规案经

2007年11月省十届人大常委会第32次会议和2008年3月省十一届人大常委会第2次会议审议后通过。已通过的该条例共7章47条，于2008年3月28日以省十一届人大常委会公告第2号公布，自2008年6月1日起施行。

《云南省中小企业促进条例》立法概况 为了改善中小企业经营环境，促进中小企业健康发展，根据《中华人民共和国中小企业促进法》和有关法律、法规，结合云南实际，制定该条例。该条例对政府和部门的促进职责、中小企业发展资金、中小企业信用担保体系的建立、中小企业服务体系的建立、中小企业合法权益的保护等事项作了较为全面的具体化规定。该条例草案由省经济委员会起草，经省政府法制办公室审查、协调、修改后，提请2007年8月20日省政府第53次常务会议讨论通过，并由秦光荣省长签署省政府议案提请省人大常委会审议。该地方性法规案经2008年3月、5月省十一届人大常委会第2次、3次会议审议后通过。已通过的该条例共8章38条，于2008年5月29日以省十一届人大常委会公告第6号公布，自2008年7月1日起施行。

《云南省政府投资建设项目审计办法》立法概况 为了加强和规范对政府投资建设项目的审计监督，提高审计质量和投资效益，根据《中华人民共和国审计法》及其实施条例和有关法律、法规，结合云南实际，制定该办法。该办法对政府投资建设项目的审计范围、政府投资建设项目的具体审计事项、聘请社会力量参加政府投资建设项目审计的方式和条件、政府投资建设项目的审计程序等事项作了较为明确具体的规定。该规章草案由省审计厅起草，经省政府法制办公室审查、协调、修改后，提请2008年4月2日省政府第3次常务会议审议通过。已通过的该办法共26条，由秦光荣省长于2008年5月4日签署云南省人民政府令第145号予以公布，自2008年7月1日起施行。

《云南省耕地占用税实施办法》立法概况 为了合理利用土地资源，加强土地管理，保护耕地，根据国务院修订公布、自2008年1月1日起施行的《中华人民共和国耕地占用税暂行条例》的有关规定，结合云南实际，制定该办法。该办法对耕地占用税的适用范围、计税依据、适用税额、纳税人范围、农村居民的减免税标准和耕地占用税的征管程序等事项作了较为明确具体的规定。该规章草案由省地方税务局起草，经省政府法制办公室审查、协调、修改后，提请2008年9月28日省政府第11次常务会议审议通过。已通过的该办法共17条并附《云南省各县（市、区）耕地占用税适用税额表》，由秦光荣省长于2008年10月30日签署云南省人民政府令第149号予以公布，自公布之日起施行。

（陈晓光）

云南省信息化促进条例

（2008年6月1日起施行）

第一章 总 则

第一条 为了促进信息化建设，规范信息化管理，全面提升信息化水平，加快经济发展和社会进步，根据有关法律、法规，结合本省实际，制定本条例。

第二条 本省行政区域内的信息资源开发利用、信息技术推广应用、信息产业发展以及信息安全保障和相关管理等活动，适用本条例。

第三条 信息化建设应当遵循统筹规划、资源共享、面向市场、立足创新、深化应用、注重效益和安全可靠的原则。

第四条 县级以上人民政府应当加强信息化工作的领导，将信息化纳入国民经济和社会发展规划，信息化专项资金列入同级财政预算，培养和引进信息化人才，普及信息化知识和技能。

第五条 县级以上人民政府信息化主管部门负责本行政区域内信息化的统筹、协调、指导和监督管理工作。

其他有关部门在各自职责范围内负责信息化的相关管理工作。

第六条 鼓励公民、法人和其他组织投资信息化建设。

公民、法人和其他组织从事信息资源开发利用、信息技术推广应用、信息安全保障等与信息化有关的生产经营和服务活动，其合法权益受法律保护。

第七条 县级以上人民政府对在信息化工作中取得显著成绩的单位和个人，应当给予表彰和奖励。

第二章 信息化规划与项目建设

第八条 县级以上人民政府发展改革部门应当会同信息化主管部门编制信息化发展规划，由本级人民政府批准后实施。

经批准的信息化发展规划不得擅自调整。确需调整的，应当报原批准机关批准。

第九条 县级以上人民政府应当将信息化发展规划中的公共信息网络基础设施建设专项规划，纳入本级城乡建设总体规划。

新建、扩建或者改建公共信息基础设施，应当符合信息化发展规划的要求，避免重复建设。

第十条 各机关、事业单位、社会团体和国有企业应当根据信息化发展规划制定具体计划，并组织实施。

第十一条 财政投资为主的信息化建设项目在报有关行政主管部门批准立项前，应当由同级信息化主管部门提出审查意见。未经信息化主管部门审查的，不得立项和安排资金。

第十二条 申请计算机信息系统集成一、二级企业资质和信息系统工程监理甲、乙级单位资质的，依据国家有关规定办理；申请计算机信息系统集成三、四级企业资质或者信息系统工程监理丙级单位资质的，经省人民政府信息化主管部门初审后，报国家信息产业主管部门审定。

县级以上人民政府信息化主管部门应当加强对计算机信息系统集成企业资质和信息系统工程监理单位资质的监督管理。

禁止无资质或者不具备相应资质等级的单位承揽信息化建设项目，禁止伪造、转让、出租或者买卖计算机信息系统集成企业资质证书和信息系统工程监理单位资质证书。

第十三条 信息化项目建设单位应当遵守招标投标、合同管理、监理和竣工验收等制度，并接受有关主管部门的监督管理。

第十四条 信息化项目建设竣工后，建设单位应当按照国家标准或者行业标准进行测试并按国家规定进行验收。未经验收或者验收不合格的项目，不得交付使用。

财政投资的信息化项目建设，在验收时应当听取信息化主管部门的意见。

第十五条 财政投资为主的信息化项目，应当由县级以上人民政府信息化主管部门会同有关部门或者组织专家定期进行绩效评估。评估结果应当作为考核信息化工作的重要依据。

第三章 信息产业发展与信息技术推广应用

第十六条 县级以上人民政府应当采取措施，加强信息产业公共服务平台的建设和管理，对信息产业重点项目给予扶持，建立信息产业风险投资机制，鼓励自主创新，促进信息产业的发展。

第十七条 省人民政府信息化主管部门应当根据国家信息产业政策、信息产业发展规划和信息产业发展导向目录，引导信息产业发展。

国家规划布局内的重点软件企业享受的有关税收优惠政策，按有关规定执行。其他开发、生产软件产品的企业经州（市）以上人民政府信息产业主管部门审核认定，并经税务机关依法批准后，享受有关税收优惠政策。

第十八条 电子信息产品制造、软件开发，应当符合国家标准、行业标准或者地方标准。鼓励具备条件的企业参与信息技术和信息产品国家标准的制订。

第十九条 加强电子政务工作，建立和完善统一的电子政务平台，促进信息共享和业务协同，提高工作效能和公共服务水平。

第二十条 县级以上人民政府应当制定企业信息化发展指南，鼓励企业在生产、经营和管理等方面广泛应用信息技术，促进技术进步和产业升级，推进信息化和工业化融合，推进高新技术与传统工业改造结合。

县级以上人民政府及其有关部门应当在科学技术、技术改造、农业发展等专项资金中安排一定比例的资金，用于引导和扶持相关领域信息技术的推广应用，并对民族自治地方给予支持。

第二十一条 县级以上人民政府应当引导社会逐步建立和完善商业信用、在线支付、物流配送和安全认证体系，促进电子商务的发展。

从事电子认证服务的机构，应当保障电子商务交易活动的安全，并接受有关部门的监督。

第二十二条 从事电子交易服务的单位应当建立投诉、受理机制，对经营主体利用其网站从事的经营活动负责监督，并负有下列职责：

（一）定期核验经营主体的身份信息、经营凭证和信用程度；

（二）采取数据备份、故障恢复等措施，保障电子交易数据的安全、完整和准确；

（三）对要求保密的信息采取安全保密措施；

（四）其他保障正常经营活动的措施。

第二十三条 县级以上人民政府应当加强农村信息基础设施建设和信息化培训，建立信息服务体系，加强信息技术的推广应用，加大信息服务的支持力度，推进农村信息化，为农民生产生活提供市场、科技、教育、卫生、保健等信息服务。

第二十四条 县级以上人民政府应当制定具体政策和措施，扶持和引导社区信息化建设，构建社区信息平台，改善社区服务。

第二十五条 文化、教育、科研、医疗卫生、劳动与社会保障、广播电视、金融保险和公共事业等社会公共服务单位，应当推广应用信息技术，提高公共服务水平。

第四章 信息资源开发利用

第二十六条 县级以上人民政府应当组织有关部门开发公共性、基础性的信息资源，建设信息资源交换平台，开展公益性信息服务，扶持社会力量开发信息资源，支持信用中介机构依法采集和整合企业与个人信用信息。

第二十七条 省人民政府信息化主管部门会同有关部门制定和完善基础信息资源交换标准和信息服务标准，组织建设政务信息资源交换平台，促进信息资源的共享和综合利用。

信息化主管部门应当组织专业培训，对信息资源开发利用进行指导和服务。

第二十八条 各机关、事业单位、社会团体和其他公共服务单位应当按照职责分工和资源共享交换制度，向本级政务信息平台及时提供有关信息；涉及公共管理、重大政策和与公民生活密切相关的政务信息，应当及时在政府公众信息网上发布。

公开政务信息不得危及国家安全、公共安全、经济安全和社会稳定。

第二十九条 收集、提供网络信息应当保证其真实性和合法性；不得制作或者发布法律、法规禁止的信息；不得发布和使用未经信息权利人许可的商业秘密或者个人隐私等信息。

第三十条 信息服务机构应当依法采集和利用信息。合法的信息受法律保护，未经信息所有者授权或者同意不得擅自修改。

第三十一条 县级以上人民政府信息化主管部门和其他有关部门应当加强对信息资源开发利用的监管，保护信息资源生产者、经营者和消费者的合法权益。

第五章 信息安全保障

第三十二条 县级以上人民政府信息化主管部门应当会同有关部门建立信息安全保障体系。

各有关部门应当在各自职责范围内做好信息安全保障工作。存储过国家秘密信息或者商业秘密的计算机及其相关的配套设备、设施不再使用的，应当按照国家有关规定销毁。

第三十三条 信息系统的运营、使用单位应当按照信息安全等级保护的管理规范和技术标准，确定本单位信息系统的安全保护等级，经其主管部门审核后报公安机关备案，并根据审核的安全保护等级进行建设和管理。

电子政务系统的安全保护等级的确定，应当征求本级人民政府信息化主管部门的意见。

涉及国家安全、国家秘密的信息系统安全等级保护，按国家有关规定办理。

第三十四条 县级以上人民政府有关部门应当加强信息安全的信息共享与通报，建立信息安全预警和应急处理机制。

信息系统的运营、使用单位应当制定本单位的信息安全应急预案，并报其主管部门备案。

第三十五条 县级以上人民政府及其有关部门应当督促网络与信息系统的运营和使用单位，落实信息安全责任制。

基础信息网络和重要信息系统的主管部门或者运营单位应当建立和完善信息安全监控体系，建立长效管理机制。

第三十六条 省人民政府信息化主管部门应当会同有关部门，根据信息安全专项规划，加强网络与信息安全基础设施建设。

网络和信息系统的安全设施建设应当与主体工程同步设计、同步建设、同步投入使用。

网络和信息系统的安全建设应当使用依法认可、自主可控的信息安全产品，涉密信息使用的信息安全产品应当报保密和密码管理等有关部门审查。

第三十七条 网络与信息系统的运营、使用单位应当定期进行信息安全风险自评估，也可以委托具有信息安全检测资质的检测机构进行评估。评估报告应当报其主管部门备案。

关系国计民生、社会稳定的基础信息网络，重要信息系统的信息安全风险评估，应当按照国家有关规定办理。

第六章 法律责任

第三十八条 违反本条例第八条第二款规定，擅自调整信息化发展规划的，由上级机关责令改正；情节严重的，由上级机关或者监察机关对直接负责的主管人员和其他直接责任人员依法给予处分。

第三十九条 违反本条例第十一条规定，未经信息化主管部门审查进行信息化项目建设的，由县级以上人民政府信息化主管部门责令改正；造成重大损失的，由上级机关或者监察机关对直接负责的主管人员和其他直接责任人员依法给予处分；构成犯罪的，依法追究刑事责任。

第四十条 违反本条例第十二条第三款规定，无资质或者不具备相应资质等级承揽信息化建设项目，或者伪造、转让、出租或者买卖计算机信息系统集成企业资质证书和信息系统工程监理单位资质证书的，由县级以上人民政府信息化主管部门责令改正，处1万元以上10万元以下罚款；构成犯罪的，依法追究刑事责任。

第四十一条 违反本条例第十四条第一款规定，项目完成后未经竣工验收或者验收不合格即投入使用的，由县级以上人民政府信息化主管部门责令改正，处1万元以上10万元以下罚款；造成重大损失的，由上级机关或者监察机关对直接负责的主管人员和其他直接责任人员依法给予处分；构成犯罪的，依法追究刑事责任。

第四十二条 违反本条例第二十二条规定，从事电子交易服务的单位未建立投诉、受理机制，或者未对经营主体利用其网站从事的经营活动履行监督职责的，由县级以上人民政府信息化主管部门责令改正，给予警告；造成重大损失的，处1000元以上1万元以下罚款。

第四十三条 违反本条例第二十八条规定，不及时向本级政务信息平台提供有关信息，或者不依法公开政务信息的，由上级机关或者监察机关责令改正；情节严重的，对直接负责的主管人员和其他直接责任人员依法给予处分。

第四十四条 违反本条例其他规定，依照有关法律、法规应当给予处罚的，由相关部门依法给予处罚。

第四十五条 国家机关工作人员在信息化工作中滥用职权、徇私舞弊、玩忽职守的，依法给予处分；构成犯罪的，依法追究刑事责任。

第七章 附 则

第四十六条 本条例下列用语的含义：信息化，是指充分利用信息技术，开发利用信息资源，促进信息交流和知识共享，提高经济增长质量，推动经济社会发展转型的历史进程。

信息基础设施，主要包括基础通信管线、公共信息网络、公共信息资源库和信息安全保障基础设施。其中，公共信息网络是指本行政区域内的为公众提供服务的通信、计算机、有线电视等公共信息网络。

信息资源，是指广泛存在于经济与社会发展的各个领域，并可以被用户有效利用的信息。

第四十七条 本条例自2008年6月1日起施行。

云南省中小企业促进条例

（自2008年7月1日起施行）

第一章 总 则

第一条 为了改善中小企业经营环境，促进中小企业健康发展，根据《中华人民共和国中小企业促进法》和有关法律、法规，结合本省实际，制定本条例。

第二条 本条例所称中小企业，是指符合国家中小企业划分标准，依法在本省行政区域内设立的企业。

第三条 促进中小企业发展应当实行积极扶持、加强引导、完善服务、依法规范、保障权益的方针，为中小企业创立和发展创造有利的环境。

第四条 省人民政府负责制定促进中小企业发展的政策，对中小企业的发展进行统筹规划，并督促各级人民政府和有关部门实施。

县级以上人民政府应当将中小企业的发展纳入国民经济和社会发展总体规划，建立和完善工作协调机制，制定促进中小企业发展的措施并组织实施。

第五条 省人民政府负责中小企业工作的部门应当根据国家产业政策，结合中小企业的特点和发展状况，以制定中小企业发展产业指导目录等方式，确定重点扶持和优先发展的产业，对全省中小企业工作进行综合协调、指导和服务。

州（市）、县（市、区）人民政府负责中小企业工作的部门负责本行政区域内中小企业工作的综合协调和指导服务，督促各项措施的落实。

其他有关部门在各自职责范围内对中小企业进行指导和服务。

第六条 统计部门应当建立健全中小企业统计制度，完善统计监测体系。

第七条 中小企业的合法权益受法律保护，任何单位和个人不得侵犯。

中小企业应当依法经营，遵守国家劳动安全、职业卫生、社会保障、资源利用、环境保护、质量技术、财政税收以及金融等方面的法律、法规，不得损害社会公共利益和职工的合法权益。

第二章 资金支持

第八条 省人民政府应当在本级财政预算中安排中小企业发展专项资金，州（市）、县（市、区）人民政府应当每年安排一定的资金，主要用于下列扶持中小企业的事项：

（一）创业辅导、咨询、服务和培训；

（二）建立信用担保、信用管理和社会化服务体系；

（三）支持形成自主知识产权、技术创新、技术进步和信息化建设；

（四）支持开拓国内外市场和国际合作交流；

（五）支持集群发展、实施品牌战略、与大企业协作和发展循环经济、推行清洁生产；

（六）国家扶持资金的配套；

（七）其他事项。

第九条 县级以上人民政府及其有关部门应当支持中小企业申请国债贴息资金、国家科技计划经费、科技型中小企业技术创新基金、其他专项资金和外国政府贷款、国际金融组织贷款。

支持中小企业开展股权融资、项目融资、知识产权融资以及法律、行政法规未禁止的直接融资；支持有条件的中小企业申请发行企业债券和在境内外上市融资。

鼓励融资租赁和典当业为中小企业的融资提供服务。

鼓励民间资本和各类风险投资机构投资中小企业。

第十条 金融机构应当完善对中小企业授信制度，扩大信用担保贷款，为中小企业提供信贷、结算、财务咨询、投资管理等服务。

鼓励商业银行和信用社等金融机构创新金融产品，改进服务方式，增加对中小企业的信贷支持。

支持有条件的地方依法组建面向中小企业的区域性中小银行和合作金融机构。

第十一条 省、州（市）人民政府应当建立产权交易市场，完善风险资本的进出机制，为中小企业结构调整、资产流动、产权交易提供服务。

第十二条 县级以上人民政府及其财政、金融、税务、工商、环保、质监等有关部门应当建立信用征集、信用评价、信用档案和失信惩戒等中小企业信用制度，其有关内容应当向社会公开。

第十三条 县级以上人民政府及其财政、工业经济、农业等有关部门应当推进中小企业信用担保体系建设，完善信用担保机构享有的优惠政策，建立健全担保机构准入、信用评估和风险控制等制度，加强对信用担保机构的监管。

县级以上人民政府及其有关部门应当在中小企业发展的各种专项资金中，安排资金用于中小企业信用担保体系建设。

第十四条 公民、法人或者其他组织可以依法设立中小企业信用担保机构。

鼓励民间资本和境外资本投资设立商业性信用担保机构和企业间互助性担保机构。

第三章 创业扶持

第十五条 法律、法规未明令禁止的领域，中小企业均可以平等进入。

鼓励中小企业投资能源、交通、水利、环保等基础设施建设和城市公用事业、社会公益事业建设；投资教育、医疗、卫生、文化、体育等行业；投资金融服务领域；参与山区、边疆、贫困地区和农业产业化开发建设；与大企业开展协作配套。

第十六条 县级以上人民政府应当根据中小企业发展的需要，在城乡建设规划中安排必要的场地和设施，推进中小企业创业辅导基地建设，支持创办各类中小企业。

县级以上人民政府应当对中小企业的人才引进给予优先支持。

第十七条 县级以上人民政府应当引导中小企业进入省级重点工业园区和特色产业园区集群发展。省级重点工业园区和特色产业园区应当创造良好的软硬环境，吸引全省中小企业进入。

县级以上人民政府可以采用多种方式，将存量建设用地、闲置厂房等改造为中小企业创业基地。

第十八条 中小企业可以通过招标、拍卖、挂牌的方式取得国有土地使用权；对取得的国有土地使用权，可以依法转让、出租、抵押。

农村集体经济组织经依法批准，可以使用符合乡（镇）土地利用总体规划确定的建设用地，兴办企业或者与其他单位、个人以土地使用权入股、联营等形式共同兴办中小企业。

第四章 技术创新

第十九条 县级以上人民政府及其有关部门应当鼓励、支持建立中小企业技术服务平台或者区域性、行业性技术中心，支持有条件的中小企业建立企业技术中心。

县级以上人民政府及其有关部门用于技术进

步的专项资金，应当支持中小企业技术创新，重点支持拥有核心专利技术的中小企业。

第二十条 省级重点工业园区和特色产业园区建立的中小企业技术创新基地、产业化基地和科技企业孵化基地，享受国家和省的相关优惠政策和资金支持。

鼓励中小企业发展高科技产业，承担政府和有关部门的科技计划项目和科研开发项目。

第二十一条 鼓励中小企业技术创新，实施技术创新专利化，专利产品标准化；采用先进适用技术、生产工艺和设备，开发新产品，提高产品质量。

中小企业自主创新成果申报国内外专利或者申请制定国家标准、行业标准、地方标准的，县级以上人民政府及其有关部门应当给予指导、服务和资金支持。

第二十二条 鼓励和支持有条件的中小企业建立研究开发机构，提高企业自主研发能力、推动技术创新。经认定的省级以上中小企业技术研发中心，省人民政府及其有关部门应当给予技术创新资金支持。

鼓励中小企业与科研机构、大专院校和大企业（集团）开展产学研合作，研发新技术，开发新产品，促进科技成果转化。

第二十三条 中小企业符合国家产业政策和有关规定的投资项目和技术改造项目，可以按照国家规定享受免征进口设备关税和进口环节增值税等税收优惠。

第二十四条 中小企业用于研究开发新产品、新技术、新工艺的费用支出，按照国家规定享受税收优惠。

第五章　市场开拓

第二十五条 县级以上人民政府和有关部门应当创造条件，扶持成长型、科技型、生物资源开发型、农特产品加工型、外向型的中小企业开拓省外和国际市场。

第二十六条 政府采购对中小企业的自主创新产品，实行首购和订购制度。

第二十七条 鼓励民间资金投资建立为中小企业服务的区域性商品交易中心和行业性产品购销中心。

第二十八条 县级以上人民政府及其有关部门应当为中小企业开展对外考察、招商、商品展销等活动提供便利。

鼓励中小企业开展进出口贸易、加工贸易、服务贸易等多种贸易形式和对外承包工程、劳务合作、对外投资等对外经济技术合作与交流。中小企业以实物投资出境的设备、原材料以及零部件依法享受出口退税及相关政策支持。

第二十九条 质量技术监督、农业、环保等部门应当支持中小企业通过质量体系认证、环境管理体系认证和产品认证等国际标准认证，鼓励采用国际标准或者国外先进技术标准，提升产品质量。

中小企业的产品被授予中国名牌产品、国家免检产品、地理标识产品、省级名牌产品和中国驰名商标以及省著名商标称号的，县级以上人民政府应当给予奖励。

第六章　社会服务

第三十条 县级以上人民政府应当推进中小企业服务体系建设，鼓励社会力量建立服务机构，为中小企业提供创业辅导、技术支持、管理咨询、信息传递、人才培训、市场开拓、法律支持、知识产权保护等方面的服务。

政府资助的中小企业服务机构应当向中小企业提供免费或者低收费服务。

第三十一条 县级以上人民政府负责中小企业工作的部门以及财政、税务、工商、科技、国土资源、劳动和社会保障等有关部门，应当通过媒体、网络等方式及时公布有关中小企业发展的产业政策、发展规划、投资重点、市场需求等信息，为中小企业用地、环境保护、工商、财税、融资、劳动用工、社会保障等提供便捷有效的服务。

第三十二条 县级以上人民政府及其公安、教育、社会保障等部门应当在户籍和档案管理、子女入托入学、社会保险等方面给予中小企业员工平等待遇并提供相关服务。

第七章　权益保障

第三十三条 县级以上人民政府及其有关部门应当公示收费项目、标准、范围和依据。除依法设定的行政事业性收费项目外，任何单位和组织不得向中小企业新增收费项目。

向中小企业收取行政事业性费用，应当执行收费登记卡制度，并出具省以上财政部门统一印制的票据。不按照规定收费的，中小企业有权拒绝。

第三十四条 有关部门在办理企业年检、年度复核、年度审验时，应当主动为中小企业提供服务，办理相关手续，不得重复对中小企业进行检查和检验、检疫，不得妨碍企业正常的生产经营活动。

法律、法规没有规定的企业年检、年度复核、年度审验事项，中小企业有权拒绝。

第三十五条 任何单位和个人不得强制中小

企业加入协会、提供赞助、订购报刊杂志、购买产品或者接受有偿服务；不得强制要求中小企业参加评比考核等活动；不得对中小企业同一项目重复评估、审计；不得强制中小企业到指定的中介机构接受有偿服务；不得侵犯中小企业依法享有的生产经营自主权和用工自主权。

第三十六条 中小企业认为国家机关及其工作人员侵犯其合法权益的，有权向县级以上人民政府行政监察机关投诉、举报，也可以依法申请行政复议、国家赔偿或者提起行政诉讼。

第三十七条 国家机关及其工作人员违反本条例规定，侵犯中小企业合法权益的，由其所在单位或者上级主管部门责令改正；情节严重的，对直接负责的主管人员和其他直接责任人依法给予处分；造成经济损失的，依法承担赔偿责任；构成犯罪的，依法追究刑事责任。

第八章 附 则

第三十八条 本条例自2008年7月1日起施行。

云南省政府投资建设项目审计办法

（自2008年7月1日起施行）

第一条 为了加强和规范对政府投资建设项目的审计监督，提高审计质量和投资效益，根据《中华人民共和国审计法》、《中华人民共和国审计法实施条例》等法律、法规，结合本省实际，制定本办法。

第二条 本省行政区域内政府投资建设项目的前期工作、概（预）算执行情况和决算的审计监督，以及与政府投资建设项目直接有关的建设、勘察、设计、施工、监理、采购、供货等单位财务收支的审计监督，适用本办法。

第三条 本办法所称政府投资建设项目，是指下列政府投资和以政府投资为主的建设项目，包括基本建设项目和技术改造项目：

（一）财政预算资金、政府专项建设资金（基金）、政府债务资金以及其他财政资金占概算总投资的比例超过50%的建设项目；

（二）财政预算资金、政府专项建设资金（基金）、政府债务资金以及其他财政资金占概算总投资的比例未超过50%，但政府拥有项目建设或者运营控制权的建设项目；

（三）法律、法规、规章规定或者县级以上人民政府确定的其他政府投资建设项目。

第四条 审计机关负责依法对政府投资建设项目进行审计监督。与政府投资建设项目相关的部门和单位应当配合审计机关实施审计。

发展改革、财政、经济、建设等有关行政主管部门，应当将年度内政府投资建设项目的工程投资安排和预计完工项目情况抄送同级审计机关。审计机关应当将政府投资建设项目的审计情况抄送同级发展改革、财政、经济、建设等行政主管部门。

建设单位及其主管部门应当加强对本单位、本系统政府投资建设项目的内部审计。

第五条 审计机关应当每年向本级人民政府和上一级审计机关报告政府投资建设项目的审计结果，并依法向社会公布审计结果。

县级以上人民政府应当每年向本级人民代表大会常务委员会提出审计机关对政府投资建设项目的审计工作报告。

第六条 审计机关履行政府投资建设项目审计监督职责所需经费由本级人民政府予以安排，列入财政预算。

第七条 审计机关应当会同发展改革、财政等有关行政主管部门，确定年度政府投资建设项目审计工作重点，编制年度审计项目计划。

县级以上人民政府确定的重点建设项目，实行审计机关必审制度。

第八条 政府投资建设项目按照审计管辖范围实行分级审计。

上级审计机关可以将管辖范围内的政府投资建设项目授权下级审计机关审计，也可以直接审计属于下级审计机关管辖范围内的政府投资建设项目。

下级审计机关依据上级审计机关授权实施的审计，审计结果应当报授权机关审定。

第九条 审计机关应当对政府投资建设项目总预算或者概算的执行情况、年度预算的执行情况和年度决算、项目竣工决算以及效益和管理情况进行审计监督。

第十条 政府投资建设项目审计包括对下列

事项真实性、合法性或者有效性的审计监督：

（一）建设程序执行的情况；

（二）项目法人、资本金、招标投标、合同、监理等建设管理制度执行的情况；

（三）项目概（预）算编制、审批、调整、执行的情况；

（四）项目资金来源和到位的情况；

（五）建筑安装工程投资、设备投资、待摊投资、其他投资，转出投资、待核销投资，尾工工程投资、结余资金的情况；

（六）项目所需设备、材料采购和管理的情况；

（七）编制竣工工程概况表、竣工财务决算表、交付使用资产总表和明细表的情况；

（八）基建收入来源、分配、上缴和留成使用的情况；

（九）投资包干指标完成和包干结余资金分配的情况；

（十）项目债权债务的情况；

（十一）项目各种税费计提和缴纳的情况；

（十二）工程质量管理的情况；

（十三）经济、社会、环保等投资效益的情况；

（十四）法律、法规、规章规定需要审计的其他事项。

第十一条 对财政性资金投入较大或者关系国计民生的政府投资建设项目，审计机关可以对其前期准备、建设实施、竣工使用的全过程进行跟踪审计。

第十二条 审计机关对政府投资建设项目实施审计时，具有下列权限：

（一）要求被审计单位提供相关文件资料、财务资料和电子数据等资料；

（二）检查被审计单位的有关文件资料、财务资料、合同、概（预）算、工程结算、竣工决算、工程监理资料和电子数据等资料；

（三）就审计事项的有关问题向相关单位和个人调查取证；

（四）法律、法规、规章规定的其他权限。

第十三条 审计机关可以聘请具有与审计事项相关专业知识的人员或者具有法定资格的社会中介机构参加政府投资建设项目审计。

审计机关选择参加政府投资建设项目审计的社会中介机构，应当采取公开招标等竞争方式。

第十四条 审计机关聘请参加政府投资建设项目审计的社会中介机构，应当符合下列条件：

（一）依法成立，信誉良好，近3年内未发生过业务质量问题和违法违纪行为；

（二）参加政府投资建设项目概（预）算执行情况审计和项目竣工决算审计的，应当取得有关行政主管部门颁发的工程资质证书和会计资质证书；

（三）参加工程价款结算审计的，应当取得建设行政主管部门颁发的相关资质证书。

第十五条 审计机关聘请参加政府投资建设项目审计的人员，应当符合下列条件：

（一）取得注册造价工程师、注册会计师资格证书或者相关专业资格（职称）证书；

（二）近3年内未发生过业务质量问题和违法违纪行为；

（三）与参加审计的政府投资建设项目无法律上的利害关系。

第十六条 审计机关对政府投资建设项目进行项目前期审计的，审计机关应当在实施审计前向建设单位送达审计通知书；建设单位应当自收到审计通知书之日起30日内，向审计机关报送有关资料；审计机关应当自收到资料之日起15日内出具审计文书。

第十七条 审计机关实施审计的政府投资建设项目，建设单位与有关单位签订建设工程合同时，应当在合同中约定经审计机关审计后方可办理工程结算或者竣工决算，并约定保留一定比例的待结价款，保留的待结价款在结算审计后结清。

第十八条 审计机关列入年度审计项目计划实施审计的政府投资建设项目，建设单位在竣工决算报表编制完成后，应当及时向审计机关报送有关资料。具备竣工决算审计条件的政府投资建设项目，审计机关一般应当在审计通知书确定的审计实施日起3个月内出具审计报告。特殊情况下确需延长审计期限的，应当报经年度审计项目计划下达机关批准。审计结果作为建设单位支付结算款项的依据。

政府投资建设项目未经竣工决算审计的，有关部门不得办理竣工验收手续。

第十九条 与政府投资建设项目直接有关的建设、勘察、设计、施工、监理、采购、供货等单位，应当按照审计机关的要求提供有关资料，并对所提供资料的真实性、完整性负责。

第二十条 审计机关对政府投资建设项目实施审计，应当依法出具审计报告，对审计查出违反规定的财政收支、财务收支行为，依法作出处理、处罚决定。

审计机关对审计发现需由有关行政主管部门处理的事项，应当移送有关行政主管部门处理；

涉嫌犯罪的，应当移送司法机关处理。

第二十一条 对政府投资建设项目工程结算中多计工程价款的，审计机关应当责令建设单位和施工单位依法据实结算，对已多付的工程款，审计机关还应当责令建设单位限期收回或者依法予以收缴；对少计工程价款的，审计机关应当责令建设单位限期改正。

对改变政府投资建设项目资金用途，转移、侵占、挪用项目建设资金的行为，审计机关应当予以制止和责令有关单位限期改正，并依法追究责任。

第二十二条 被审计单位违反本办法第十六条、第十八条、第十九条规定，未按照要求提供有关资料的，或者提供的资料不真实、不完整的，由审计机关责令改正、通报批评；拒不改正的，依法追究责任。

第二十三条 审计人员有下列行为之一的，应当依法给予处分；构成犯罪的，依法追究刑事责任：

（一）明知与被审计单位或者审计事项有利害关系而不主动回避的；

（二）泄露国家秘密或者被审计单位商业秘密的；

（三）索贿、受贿或者接受影响公正履行职责的不当利益的；

（四）隐瞒被审计单位违法违纪行为的；

（五）有其他滥用职权、徇私舞弊、玩忽职守行为的。

第二十四条 审计机关聘请参加政府投资建设项目审计的人员或者社会中介机构违反有关法律、法规和本办法规定的，审计机关应当停止其承担的工作、追究违约责任、移送有关部门处理；构成犯罪的，依法追究刑事责任。

第二十五条 国有资本占控股地位或者主导地位的企业投资的建设项目，使用由政府部门管理的国外援助资金或者社会捐赠资金投资的建设项目，参照本办法实施审计监督。

第二十六条 本办法自 2008 年 7 月 1 日起施行。

云南省耕地占用税实施办法

（自 2008 年 10 月 30 日起施行）

第一条 根据国务院令第 511 号公布的《中华人民共和国耕地占用税暂行条例》（以下简称《条例》）及《中华人民共和国耕地占用税暂行条例实施细则》（以下简称《细则》），结合本省实际，制定本办法。

第二条 在本省行政区域内占用耕地建房或者从事非农业建设的单位或者个人，为耕地占用税的纳税人，应当依照《条例》、《细则》和本办法的规定缴纳耕地占用税。

第三条 耕地占用税纳税人主要依据农用地转用审批文件认定。农用地转用审批文件中标明建设用地人的，建设用地人为纳税人；农用地转用审批文件中未标明建设用地人的，申请用地人为纳税人。

未经批准占用耕地的，实际用地人为纳税人。

第四条 耕地占用税计税面积主要依据农用地转用审批文件核定，必要时应当进行实地勘测。

纳税人实际占用耕地面积与批准占用耕地面积不一致的，依照国家有关规定核定耕地占用税计税面积。

第五条 各县（市、区）耕地占用税的适用税额，按照本办法所附的《云南省各县（市、区）耕地占用税适用税额表》执行。

占用林地、牧草地、农田水利用地、养殖水面以及渔业水域滩涂等其他农用地建房或者从事非农业建设的，按照当地适用税额征收耕地占用税。

经济技术开发区的耕地占用税适用税额在当地适用税额基础上提高 20%。

大型水电站工程建设占用耕地，按照每平方米 24 元的适应税额征收耕地占用税；其他水利水电工程建设占用耕地，按照每平方米 20 元的适用税额征收耕地占用税，当地适用税额低于每平方米 20 元的，按照当地适用税额征收耕地占用税。

水利水电工程建设占用耕地确有特殊情况需要对适用税额进行调整的，由省人民政府决定。

第六条 耕地占用税的应纳税额，依照《条例》第四条、《细则》第五条和本办法第四条、第五条规定的计税依据和适用税额一次性征收。

第七条 农村烈士家属、残疾军人、鳏寡孤独以及自治县、自治州所辖县（市）、国家以省级扶贫开发工程重点县按规定纳入农村最低生活保障的农村居民，在规定用地标准以内占用耕地新建住宅的，免征耕地占用税。

自治县、自治州所辖县（市）、国家及省级扶贫开发工作重点县除前款规定以外的农村居民，在规定用地标准以内占用耕地新建住宅的，减按当地适用税额的25%征收耕地占用税。

前两款规定以外的其他农村居民，在规定用地标准以内占用耕地新建住宅的，减按当地适用税额的50%征收耕地占用税。

第八条 各级人民政府应当采取措施，做好耕地占用税征收管理的协调工作。

耕地占用税由土地所在地的主管地方税务机关负责征收。

土地管理、城乡规划等部门应当按照各自的职责，协助地方税务机关做好耕地占用税征收管理工作。

第九条 耕地占用税纳税义务发生时间依照下列规定确定：

（一）经批准占用耕地的，耕地占用税纳税义务发生时间为纳税人收到土地管理部门办理占用农用地手续通知的当天。

（二）未经批准占用耕地的，耕地占用税纳税义务发生时间为纳税人实际占用耕地的当天。

（三）纳税人因改变占地用途，需补缴已免征或者减征耕地占用税的，其纳税义务发生时间为改变占地用途的当天；改变占地用途的时间不明确的，由地方税务机关确定纳税义务发生时间。

第十条 纳税人应当自耕地占用税纳税义务发生之日起10日内，向土地所在地的主管地方税务机关办理纳税申报和提出减免申报；主管地方税务机关应当自收到申报资料之日起10日内核定；除免征耕地占用税的以外，纳税人应当自主管地方税务机关核定之日起10日内缴纳税款。

第十一条 同一用地中，既有免征或者减征部分，又有纳税部分的，由主管地方税务机关参照其所占用耕地面积或者建筑面积比例确定免征、减征税额和计征税额。

第十二条 纳税人在缴纳耕地占用税或者办理减征、免征耕地占用税手续后，主管地方税务机关应当向纳税人开具耕地占用税完税凭证或者免税凭证。

第十三条 土地管理部门凭纳税人提供的耕地占用税完税凭证或者免税凭证和其他有关文件发放建设用地批准书；不能提供的，不予发放。

在办理建设用地批准手续后，土地管理部门应当将收存的耕地占用税完税凭证或者免税凭证与有关资料一并归档备查。

土地管理部门应当根据地方税务机关的要求，提供在籍建设用地的档案及农用地转用审批文件。

第十四条 纳税人临时占用耕地或者因污染、取土、采矿塌陷等损毁耕地，2年内恢复耕地原状的，全额退还已经缴纳的耕地占用税；超过2年未恢复耕地原状的，已征税款不予退还。

第十五条 耕地占税的征收管理，依照《中华人民共和国税收征收管理法》及其实施细则和《条例》《细则》及本办法的规定执行。

第十六条 耕地占税自2008年1月1日起依照《条例》及其配套规定计征。

第十七条 本办法自公布之日起施行。

附件：

云南省各县（市、区）耕地占用税适用税额表

类别	地　　区	适用税额（元/平方米）
一类	五华、盘龙、官渡、西山、呈贡、安宁、麒麟、红塔、个旧、大理	30
二类	东川、晋宁、富民、宜良、陆良、富源、江川、澄江、通海、古城、思茅、楚雄、禄丰、开远、景洪	26
三类	嵩明、师宗、罗平、会泽、沾益、宣威、华宁、易门、峨山、新平、隆阳、水富、华坪、大姚、蒙自、建水、弥勒、河口、文山、祥云、德钦	24
四类	石林、禄劝、马龙、元江、腾冲、昭阳、临翔、云县、牟定、南华、姚安、永仁、元谋、武定、石屏、泸西、砚山、马关、富宁、勐腊、漾濞、宾川、弥渡、永平、洱源、鹤庆、瑞丽、泸水、兰坪、香格里拉	22

续 表

类别	地 区	适用税额（元/平方米）
五类	寻甸、施甸、龙陵、昌宁、盐津、永善、绥江、镇雄、威信、宁洱、景东、景谷、江城、凤庆、镇康、双江、耿马、双柏、元阳、红河、金平、绿春、西畴、麻栗坡、广南、勐海、南涧、巍山、云龙、剑川、潞西、盈江、福贡、贡山、维西	20
六类	鲁甸、巧家、大关、彝良、玉龙、永胜、宁蒗、墨江、镇源、澜沧、孟连、西盟、永德、沧源、屏边、丘北、梁河、陇川	18

云南省人民政府重大决策听证制度实施办法

（自2008年3月1日起施行）

第一条 为了贯彻落实《云南省人民政府关于在全省县级以上行政机关推行重大决策听证重要事项公示 重点工作通报 政务信息查询四项制度的决定》精神，进一步完善科学、民主、依法决策机制，规范重大决策（以下简称决策）行为，提高政府决策的透明度和公众参与度，使政府决策充分体现人民群众的意志和利益，结合本省实际，制定本实施办法。

第二条 决策听证遵循公开、公正、客观、全面、高效、便民的原则。

本省行政机关组织的听证，应当依照本实施办法进行，法律、法规、规章另有规定的，按照其规定实施。

第三条 省法制办负责决策听证制度的推进工作。各级政府法制部门对本级行政机关和下级政府的听证工作进行指导，并会同监察部门对听证工作进行监督检查。

上级行政机关应当对下级行政机关的听证工作进行指导。

第四条 下列决策应当举行听证：

（一）起草和制定涉及公众重大利益的地方性法规草案、政府规章和规范性文件；

（二）编制国民经济和社会发展规划、年度计划，制定宏观调控和改革开放的重大政策措施；

（三）编制、变更或者修改城市总体规划、土地利用总体规划、自然资源开发利用总体规划及其相关的近期建设规划、控制性详细规划等，以及生态环境保护、道路交通规划等专业规划和专项规划；

（四）制定或者调整产业发展规划、产业区域布局规划；

（五）可能对生态环境、城市功能造成重大影响的建设或者投资项目；

（六）政府重大投资项目、国有资产处置方面的重大事项；

（七）土地矿产管理、城市建设改造、环境资源保护、劳动就业、社会保障、科技教育、文化卫生等方面的重大措施；

（八）调整自来水价格（含污水处理费）、燃气价格、用电价格、城市生活垃圾处理费、公共客运基准票价（含公共汽车、出租车、轮渡运价）等涉及公共利益的价格和收费标准；

（九）制定与调整重大突发公共事件应急预案，或者制定与公共安全直接有关的重大行政措施；

（十）较长时期内需要采取的重大交通管制措施；

（十一）其他关系基础性、战略性、全局性的决策事项；

（十二）其他涉及人民群众反映集中的热点、难点问题的决策事项；

（十三）其他需要进一步了解情况、广泛听取群众意见的重大事项；

（十四）法律、法规、规章规定应当听证的其他决策事项。

第五条 本实施办法所指的听证，是指本省各级部门和法律、法规、规章授权的具有管理公共事务职能的组织（以下统称行政机关），在作出上述规定范围内的决策前，直接面向社会公众公开听取和收集行政管理相对人员和社会公众的意见和建议的活动。

拟作出的决策在举行听证前，应当进行法律

审查，专业性、技术性较强的，还应当经有关领域的专家论证。

第六条 决策机关是听证机关。2 个以上行政机关共同决策的，牵头机关或者主办机关是听证机关。

经听证机关书面委托，有关行政机关也可以作为听证机关组织听证。

听证机关对于应当听证的事项，在组织听证的过程中还应当向社会进行公示，广泛征求各方面的意见。

第七条 听证机关应当在听证会举行的 10 个工作日前，通过政府网站、新闻媒体向社会公告听证事项、听证代表名额及其产生方式等相关内容。在听证会举行的 7 个工作日前，确定听证代表，并向社会公布听证举行的时间、地点、听证会参加人员名单及听证代表名单。

第八条 听证会参加人员应当包括：听证主持人、听证记录人、决策发言人、听证代表、听证监察人、旁听人等。

听证主持人由听证机关的主要领导或者分管领导担任；听证记录人由听证机关指派；决策发言人由决策机关有关负责人担任；听证监察人由政府法制部门、监察部门和政府督查机构指派；旁听人由社会公众自愿报名，经听证机关确认。

听证机关举行听证会应当接受新闻媒体监督。

第九条 听证代表应当具有广泛性和代表性，主要从以下人员中产生：

（一）重大决策事项涉及到的利害关系人代表；

（二）社会普通公众代表；

（三）人大代表或政协委员；

（四）熟悉听证事项的行业专家学者、专业技术人员、相关企业和技术部门的代表；

（五）法律工作者；

（六）听证机关认为应当参加的代表。

前款第（一）、（二）项的听证代表主要由公民、法人或者其他组织向听证机关提出申请，申请人超过预定听证代表人数的，由申请人自行推荐产生或者听证机关采取随机选取的方式产生。前款第（三）、（四）、（五）项的听证代表可以由听证机关直接邀请产生，或者由听证机关委托有关组织推荐。

第十条 听证代表人数根据听证事项确定，但不得少于 15 人，其中重大决策事项涉及到的利害关系人和社会普通公众代表人数不得少于听证代表人数的 1/3（其中利害关系人代表人数应当多于社会普通公众代表人数）。

听证会应当在有 2/3 以上听证代表出席时方可举行，实际出席人数不足应出席人数 2/3 的，应当延期举行听证会。

公民、法人或者其他组织要求旁听听证会的，可以向听证机关提出申请。旁听人数及产生方式由听证机关确定。

第十一条 听证机关应当在听证会举行的 3 个工作日前，将以下资料送达听证代表：

（一）拟作出重大决策事项的基本情况；

（二）拟作出重大决策事项的可行性说明；

（三）有关统计、调查分析材料；

（四）听证机关的联系方式；

（五）听证机关认为有必要提供的其他资料。

有关机关应当对所提供材料的客观性、真实性、准确性负责。

第十二条 听证会按照下列程序进行：

（一）主持人宣读听证事项和听证会纪律；

（二）核实听证会代表身份；

（三）告知参加人的权利义务；

（四）决策发言人如实说明决策方案的内容、依据、理由和有关背景资料；

（五）听证代表质询、提问和发表意见；

（六）决策发言人答辩；

（七）听证代表作最后陈述；

（八）主持人总结和归纳各方代表的主要观点和理由；

（九）听证代表和决策发言人、听证监察人对听证会笔录进行审阅并签名。

第十三条 听证机关应当如实记录听证会全过程，并根据听证笔录形成书面听证报告。听证报告应当客观、真实反映听证代表提出的意见和建议。听证报告应当包括以下内容：

（一）听证事由；

（二）听证会举行的时间、地点、听证主持人、记录人、监察人；

（三）各方听证代表提出的主要观点、理由、意见和建议；

（四）决策发言人的陈述和答辩；

（五）听证机关对听证情况的评说，包括对拟作出决策的赞同意见、反对意见、其他意见及其主要理由作出的客观归纳和总结；

（六）其他有关情况。

听证报告应当附听证笔录和发给听证代表的资料。

第十四条 在听证会结束后的 5 个工作日内，听证组织机关应当按照下列要求，将听证报告报政府法制部门审查：

（一）各级人民政府组织的听证会，报上级政府法制部门审查；

（二）政府各部门组织的听证会，报同级政府法制部门进行审查；

（三）政府法制部门组织的听证会，报上级政府法制部门审查。负责审查的政府法制部门应当在5个工作日内对听证报告进行审查，并提出审查意见。

第十五条 经审查的听证报告是决策机关作出决策的依据。

第十六条 听证机关应当在听证会后的10个工作日内，将经审查的听证报告送交听证代表，并通过政府网站、新闻媒体向社会公布听证情况。

第十七条 公民、法人和其他组织认为应当听证而未组织听证的，可以向决策机关提出举行听证申请。

听证申请应当采取书面形式，写明申请听证的事项、理由、申请人、行政管理人等内容。

决策机关在收到听证申请后，应当及时组织研究，对于符合听证条件的，应当在5个工作日内决定予以受理，并自受理之日起20个工作日内组织听证；对于不符合听证条件的，应当在5个工作日内书面告知并说明理由。

第十八条 对于未按照本实施办法举行听证的重大行政决策事项，不得提交政府常务会议、本部门领导办公会议讨论通过。

对于情况紧急，不及时施行将会影响公共利益、人民群众切身利益的重大行政决策，经上级行政部门批准，可以酌情调整本实施办法规定的时限。

第十九条 监察部门应当加强对重大决策听证制度贯彻落实情况的监督检查，对违反本实施办法，有下列情形之一的，依照行政问责办法的有关规定问责，涉及犯罪的，移交司法机关依法追究刑事责任：

（一）决策机关应当听证而未听证的、无正当理由不采纳合理意见和建议的、未答复听证申请，造成不良影响的；

（二）听证机关在公告听证事项、遴选听证代表、主持听证会议、撰写听证报告和办理听证事务的过程中，违反本实施办法，造成不良影响，或者听证报告严重失实的；

（三）决策机关或者决策发言人不出席或者不派员出席听证会，或者在听证会上作不实陈述，以及提供虚假信息或者虚假、错误资料的；

第二十条 各级行政机关应当将重大决策听证制度的实施情况纳入目标管理和绩效考评范围。

第二十一条 县级以上人民政府及其部门和法律、法规、规章授权的具有管理公共事务职能的组织，应当根据其管理权限，参照本实施办法，结合本地、本部门实际情况明确单位重大决策的具体范围和量化标准，并制定本地、本部门重大决策听证制度的实施方案。

各级人民政府制定的实施方案应当报送上级政府法制部门、监察部门和政府督查机构备案；政府各部门制定的实施方案应当报送同级政府法制部门、监察部门和政府督查机构备案。

各级人民政府及其部门制定的实施方案应当向社会公告。

第二十二条 本实施办法自2008年3月1日起施行。

云南省人民政府重点工作通报制度实施办法

（自2008年3月1日起施行）

第一条 为了贯彻落实《云南省人民政府关于在全省县级以上行政机关推行重大决策听证重要事项公示 重点工作通报 政务信息查询四项制度的决定》精神，推进政务公开，进一步提高行政机关工作的透明度，推动政府各项工作的落实，提高各级人民政府执行力和公信力，结合本省实际，制定本实施办法。

第二条 重点工作通报遵循依法行政、公开透明、全面真实、及时便民的原则，按照行政管理权限，分级负责、归口管理，坚持工作通报与工作落实相结合，加强监督与行政责任相结合，确保重点工作通报健康有序开展。

第三条 省政府督查室负责全省重点工作通报制度的推进工作。省人民政府各部门和各州（市）、县（市、区）人民政府主要负责人是推行重点工作通报制度的第一责任人。

第四条 下列重点工作应当向社会进行通报：

（一）各级人民政府年度工作重点及落实情况（包括重要决策、重大建设项目、重点工作）；

（二）涉及重大公共利益、群众切身利益以及社会公众普遍关注的重点工作的进展情况及其成效；

（三）向社会公布的服务承诺事项和落实情况；

（四）重大突发公共事件的处置情况；

（五）法律、法规、规章规定应当通报的其他重点工作。

第五条 各级人民政府、承担重点工作的责任部门是重点工作的通报机关：

（一）省人民政府通报的重点工作，经过省政府全体会议或者常务会议同意后，由省人民政府办公厅或者负责重点工作实施的有关部门负责通报；

（二）省人民政府各部门通报的重点工作，由各部门按照规定自行组织通报，并报省监察厅、省政府督查室备案；

（三）各州（市）、县（市、区）人民政府及其部门应当组织本地、本部门的通报工作，并将工作情况每季度报省监察厅、省政府督查室备案。

第六条 通报机关可以通过以下途径进行通报：

（一）各级政府网站、政务信息公示栏和政务信息查询系统；

（二）报刊、广播、电视等新闻媒体；

（三）新闻发布会；

（四）各级人民政府发布的公告；

（五）网上开展的在线访谈活动；

（六）各级政府政务服务中心；

（七）电子信息屏等其他便于公众知晓的途径。

第七条 通报机关应当按季度通报，通报工作于重点工作的下一季度第1个月的10日前进行。重大突发事件应当及时进行通报。

第八条 各级人民政府负责人或者新闻发言人，承担重点工作的责任部门负责人或者新闻发言人，应当围绕通报的重点工作，依托政府网站开展在线访谈活动，每年的在线访谈活动不少于3次。组织在线访谈活动的部门和单位应当认真准备，事先公告访谈时间和内容。

第九条 通报机关应当认真收集整理群众对通报情况的反馈信息，解决重点工作通报中出现的问题。

第十条 监察部门应当加强对重点工作通报制度贯彻落实情况的监督检查，对违反本实施办法，有下列情形之一的，依照行政问责办法的有关规定进行问责：

（一）应当通报而没有通报的；

（二）通报情况失实、信息错误造成不良影响的。

第十一条 县级以上人民政府办公厅（室）或者督查机构应当开展监督检查，切实推进本地区行政机关重点工作通报的工作。

各级新闻主管部门负责制定推行重点工作通报宣传方案，组织新闻媒体广泛宣传重点工作通报工作。

各级行政机关应当将重点工作通报制度的实施情况纳入目标管理和绩效考评的范围。

第十二条 县级以上人民政府及其部门应当结合实际，制定本地、本部门重点工作通报制度的实施方案。

各级人民政府制定的实施方案应当报送上级政府办公厅（室）或者督查机构和监察部门备案；政府各部门制定的实施方案应当报送同级政府办公厅（室）或者督查机构和监察部门备案。

第十三条 本实施办法自2008年3月1日起施行。

云南省人民政府重要事项公示制度实施办法

（自2008年3月1日起施行）

第一条 为了贯彻落实《云南省人民政府关于在全省县级以上行政机关推行重大决策听证重要事项公示重点工作通报政务信息查询四项制度的决定》精神，接受人民群众监督，保障人民群众的知情权、参与权、表达权和监督权，推进行政权力公开透明运行，促进政府决策科学化和民主化，结合本省实际，制定本实施办法。

第二条 重要事项公示遵循依法行政、全面真实、程序规范、及时便民的原则。

第三条 省人民政府督查室负责重要事项公示制度的推进工作。

省政府各部门和各州（市）、县（市、区）人民政府应当明确重要事项公示责任部门及责任单位，认真抓好推进工作。

其他相关部门应当按照各自职责，配合做好重要事项公示工作。

第四条 各级人民政府在实施下列事关经济社会发展和人民群众切身利益的重要事项前，应当向社会公示：

（一）价格调整、收费等政策措施；

（二）民生保障、弱势群体扶助等政策措施；

（三）地区、行业改革和发展的重大部署、实施计划等；

（四）地方经济和社会发展规划、专项规划、区域规划及相关政策等；

（五）城乡建设、土地利用、自然资源保护利用等规划的制定与调整；

（六）重点基础设施建设、重大公益事业建设等；

（七）公务员招考录用、职称评定、评优评先、表彰奖励等；

（八）法律、法规、规章规定应当公示的其他重要事项。

第五条 各级人民政府拟公示的重要事项，由主管部门提出，报同级人民政府审批后发布施行；政府各部门拟公示的重要事项，由部门自行研究决定并向社会公示。

第六条 拟实施重要事项的行政机关或者其授权（委托）具体实施的行政机关是公示机关，具体负责重要事项公示。2个以上行政机关拟共同实施的重要事项，由牵头机关负责公示。

第七条 各级行政机关根据实际情况，可以通过以下途径对重要事项进行公示：

（一）政府网站和各级政府政务服务中心；

（二）电视、广播、报刊、短信等媒体；

（三）政府办公区、档案馆、公共图书馆设立的政府信息公示栏；

（四）电子信息屏等其他便于公众知晓的途径。

第八条 重要事项公示应当包含以下内容：

（一）基本情况；

（二）公示的起止日期；

（三）发布单位及发布时间；

（四）意见反馈及联系方式；

（五）其他需要公示的资料。

第九条 公示组织机关应当根据公示事项的具体情况确定公示期，但公示期不得少于5个工作日。

第十条 公示组织机关应当认真归纳和分析群众提出的意见和建议，充分采纳合理建议；需要进一步征求意见的，可以通过组织听证会、座谈会、论证会等收集意见。

第十一条 公示组织机关应当在公示结束后的10个工作日内，将重要意见和建议的采纳情况向社会公告，并将公示的基本情况、意见和建议收集及采纳等情况书面报告同级政府督查机构和监察部门。

第十二条 公示组织机关应当科学编制公示方案，严格审定公示文件，周密组织公示活动，认真归纳公示意见，主动接受社会监督。

第十三条 各级新闻主管部门负责制定推行重要事项公示制度的宣传方案，组织新闻媒体深入宣传，动员全社会共同关注、参与重要事项公示工作。

第十四条 县级以上人民政府办公厅（室）或者督查机构应当开展监督检查，切实推进本地区行政机关重要事项的公示工作。

各级行政机关应当将重要事项公示制度的实施情况纳入目标管理和绩效考评的范围。

第十五条 监察部门应当加强对重要事项公示制度贯彻落实情况的监督检查，对推进贯彻不力或者不正确执行造成不良影响和后果的，依照行政问责办法的有关规定对责任人进行问责。

第十六条 县级以上人民政府及其部门应当制定本地、本部门重要事项公示制度的实施方案。

各级人民政府制定的实施方案应当报送上级政府办公厅（室）或者督查机构和监察部门备案；政府各部门制定的实施方案应当报送同级政府办公厅（室）或者政府督查机构和监察部门备案。

第十七条 本实施办法自2008年3月1日起施行。

云南省人民政府政务信息查询制度实施办法

（自2008年3月1日起施行）

第一条 为了贯彻落实《云南省人民政府关于在全省县级以上行政机关推行重大决策听证重要事项公示重点工作通报政务信息查询四项制度的决定》精神，方便公众获取政务信息，保障公众知情权、参与权和监督权，规范政务信息查询服务行为，结合本省实际，制定本实施办法。

第二条 政务信息查询服务坚持统筹规划、便民利民、资源共享、分级负责的原则。

第三条 省工业信息化委负责政务信息查询的推进工作，具体包括统筹规划查询系统建设，会同省监察厅、人力资源社会保障厅对政务信息查询工作进行监督检查、考核评议，所属省电子政务网络管理中心提供技术支持和保障。

县级以上人民政府及其部门应当加强领导，落实牵头机构和责任人，设立服务电话和信息联络员，建立健全工作机制、及时组织开展好政务信息查询各项工作。

第四条 公民、法人和其他组织可以依照本实施办法获取下列信息：

（一）《中华人民共和国政府信息公开条例》规定应当公开的政府信息；

（二）经济社会发展、计划规划及其进展和完成情况；

（三）影响公众人身和财产安全的疫情、灾情等突发公共事件的预报、发生及其处理情况；

（四）行政机关制定的规范性文件；

（五）行政机关服务承诺事项及其办理情况；

（六）行政机关办事程序、条件、依据、监督途径和联系方式；

（七）公务员招考、录用以及公开选拔干部的条件、程序、结果等情况；

（八）群众关注和普遍需要了解依法可以公开的信息；

（九）法律、法规、规章规定的行政机关应当主动公开的其他政务信息。

第五条 公民、法人和其他组织可以采取下列方式查询政务信息：

（一）通过各级政府政务服务中心查询或者浏览政务信息公告栏、电子信息屏等设施现场查询；

（二）登陆各级行政机关信息网站进行网络查询；

（三）通过政务信息专线电话“96128”进行电话查询；

（四）通过各级政府信访部门进行信访信函查询；

（五）其他查询方式。

第六条 省、州（市）人民政府应当按照统一规划、统一号码、统一平台和分级负责的要求，设立“96128”政务信息电话专线，并负责转接或者解答政务信息查询电话。

电话查询于2009年4月1日起在省级部门和昆明市、大理州开通试运行，6月30日前推广至县级以上行政机关。

第七条 各级行政机关和法律法规授权组织、委托执法单位应当设立服务电话，指定熟悉本部门工作业务的信息联络员，在法定工作时间内负责解答“96128”话务员转接的涉及本部门工作职能的公众查询事项；对不能解答的问题，信息联络员应当认真记录并按照限时办结制要求，向查询人进行反馈。

第八条 各级政府政务服务中心应当将提供政务信息查询服务作为重要职责，利用服务窗口受理服务事项、提供服务事项办理咨询、结果查询等政务信息查询，并将带普遍性、可以公开的答复信息添加到查询信息库，实现不同查询方式的相互补充和完善。

第九条 县级以上人民政府应当加大对档案馆、图书馆等查阅场所查询设施建设力度，充分发挥档案馆和公共图书馆等政务信息查阅场所的作用，通过完善查询终端、信息公告栏、信息显示屏等设施，提供公众查询各级行政机关公开的政务信息。

第十条 省工业信息化委应当依托全省统一的政府信息公开平台，按照统一系统软件、统一数据库的要求，统一规划、建设政务信息网络查询系统。

第十一条 各级行政机关应当按照统一标准和规范整理的要求，在网上公开规范性文件、行政许可事项及办理程序等政务信息，并适时更新。

第十二条 各级行政机关应当按照限时办结

制要求和网络查询的相关规定，及时回复公众通过网络提交的查询，并将答复信息添加到查询信息库。对于依法申请公开的信息，应当按照依法申请公开的程序办理。

第十三条 县级以上人民政府应当按照统一技术标准、分散维护、集中开发利用的原则建设政务查询信息库。

第十四条 各级行政机关应当按照省工业信息化委制定的统一标准和规范，建立和完善政务信息发布、更新、交换机制，将网络询问答复和通过电话回答的带普遍性、可以公开的信息及时添加到查询信息库。

第十五条 各级行政机关应当确保网络连接的畅通和热线电话在法定工作时间的及时响应，热线回答用语规范。能回复或者解答的及时给予回复或者解答；不能及时回复或者解答的，告知查询人其他查询的方式、程序等信息。

各级行政机关对公众没有或者难以明确具体部门的电话查询、网络查询，由各级人民政府办公厅（室）或者指定的部门统一区分并转交或者分发至相关行政机关进行处理。

第十六条 各级行政机关对应当依法公开的政务信息，在查询人履行有关手续后能够当场提供的应当当场提供；不能当场提供的应当在5个工作日内提供。

第十七条 政务信息查询实行无偿服务。应当收取的政务信息打印、复制等成本费用的，按照财政和物价主管部门制定的收费标准执行。

第十八条 已移交档案馆及档案工作机构保管的政务信息，依照《中华人民共和国档案法》等国家和省有关规定查询。

第十九条 省工业信息化委应当建立政务信息查询、信息采集更新、政务信息查询工作监督管理和绩效评估等管理制度，制定政务信息网络查询和电话查询建设、信息安全保障等方面的技术规范和操作规程。

第二十条 各级行政机关应当建立网络查询系统的查询、受理、转交等工作流程的信息跟踪、统计制度和政务信息专线电话解答服务评价、通话记录制度，为各级政务信息公开主管部门和监察部门监督检查提供依据。

各级行政机关应当开设政务信息查询举报投诉电话，受理并及时调查处理群众针对政务信息查询提出的举报投诉。

第二十一条 各级行政机关应当将政务信息查询制度的实施情况纳入目标管理和绩效考评的范围，邀请社会监督员对各行政机关开展政务信息查询工作情况进行监督，形成政府考核与社会评议相结合的考核评议机制。

第二十二条 监察部门应当加强对政务信息查询制度贯彻落实情况的监督检查，对违反本实施办法，有下列情形之一的，依照行政问责办法的有关规定问责，涉及犯罪的，移交司法机关依法追究刑事责任：

（一）不履行主动公开义务的；

（二）不积极开展政务信息查询服务工作的；

（三）不提供或者不及时更新政务信息目录的；

（四）对符合法定条件的申请人隐瞒或者不提供应当公开的政务信息的；

（五）公开属于不予公开范围的政务信息的；

（六）有偿或者变相有偿的方式提供本机关已经决定予以公开的政务信息的；

（七）故意提供虚假政务信息的；

（八）在提供政务信息时，违反有关规定收取费用的。

第二十三条 本实施办法自2008年3月1日起施行。

云南省企业老工伤人员工伤保险统筹试行办法

（自2008年11月1日起施行）

第一条 为了完善云南省工伤保险制度，解决全省企业老工伤人员工伤保险统筹问题，维护企业老工伤人员合法权益，促进社会和谐稳定，根据《工伤保险条例》等有关规定，制定本办法。

第二条 本办法所称企业老工伤人员是指企业参加工伤保险统筹前，已被认定或者鉴定为1级～4级（完全丧失劳动能力）伤残（职业病），现由企业支付工伤待遇的工伤职工和工亡职工供养的亲属。

第三条 统筹地劳动保障部门负责企业老工

伤人员纳入工伤保险统筹管理工作；国有资产管理部门负责指导关闭破产原国有企业老工伤人员纳入工伤保险统筹管理的核对和申报工作。

第四条 全省企业老工伤人员纳入工伤保险统筹的目标是：自本办法实施之日起，各统筹地启动企业老工伤人员纳入工伤保险统筹工作，到2010年实现已参加工伤保险企业的企业老工伤人员全部纳入工伤保险统筹管理。

第五条 企业老工伤人员纳入工伤保险统筹，其所在企业应当足额缴纳清偿费用。具体清偿标准为：

（一）已经参加工伤保险统筹企业的老工伤人员以企业上年度实际支付的伤残津贴、生活护理费、供养亲属抚恤金为基数清算5年；旧伤复发（含辅助器具配置费）、职业病医疗费以上年度参保企业1级~4级人均工伤医疗费为基数清算5年。

（二）已经参加工伤保险统筹的国有关闭破产、改制企业老工伤人员工伤医疗费（含辅助器具配置费）以统筹地上年度1级~4级人均工伤医疗费为基数清算5年；生活护理费依照《工伤保险条例》第三十二条规定按照生活护理依赖程度清算5年；伤残津贴以统筹地上年度职工平均工资为基数清算5年；关闭破产、改制时已领取基本养老金的老工伤人员，只清算工伤医疗费（含辅助器具配置费）和生活护理费；工亡职工供养亲属抚恤金按照实际领取水平为基数清算5年。

（三）未参加工伤保险企业的老工伤人员，先清算5年的工伤保险费，再按照本条第（二）项规定进行清算。

第六条 未清算老工伤人员纳入统筹费用的国有关闭破产企业，所需清偿费用由母公司或者主管单位和同级财政各按50%的比例筹集；没有母公司或者主管单位的国有关闭破产企业老工伤人员纳入统筹所需清偿费用由同级财政解决。省级财政承担用于清偿费用的资金从收取的国有资本收益专项资金中一次性解决。

各级财政部门应当足额安排所负担的企业老工伤人员纳入工伤保险统筹所需清偿费用，按规定及时拨入财政专户。

第七条 企业老工伤人员纳入工伤保险统筹的清偿费用应当按时足额缴入统筹地社会保障基金财政专户。

第八条 企业缴纳的老工伤人员清偿费用计入统筹地工伤保险基金当期收入，支付并入统筹地工伤保险基金当期支出，作为下一年度企业浮动费率的计算基数。

第九条 企业老工伤人员纳入工伤保险统筹的程序是：

（一）企业申报。由企业对本企业老工伤人员进行登记造册，将老工伤人员的工伤认定结论或事故登记表、劳动能力鉴定结论、待遇发放凭证等材料报统筹地工伤保险经办机构进行确认。

（二）缴纳清偿费用。由统筹地工伤保险经办机构对确认后的老工伤人员纳入工伤保险统筹管理所需清偿费用进行清算，再足额缴纳清偿费用。

（三）纳入统筹。足额缴纳清偿费用次月起，工伤保险经办机构按原领取标准支付老工伤人员的相关待遇，但不补发一次性伤残补助金。

第十条 企业老工伤人员工伤认定和伤残等级鉴定结论以所在企业提供的原始资料为依据，特殊情况由统筹地劳动保障部门另行规定。

第十一条 企业应当对所提供材料的真实性负责。对骗取老工伤人员工伤保险待遇的，由统筹地劳动保障部门依法予以查处。

劳动保障部门有关工作人员在企业老工伤人员纳入工伤保险统筹中弄虚作假、工作失职造成不良后果的，依法给予处理。

第十二条 本办法具体应用的问题由云南省劳动和社会保障厅负责解释。

第十三条 本办法自2008年11月1日起施行。

·责任编辑·杨利华

公　报

Bulletin

国民经济和社会发展统计公报

2008 年，省委、省政府在党中央、国务院的正确领导下，深入贯彻落实科学发展观，积极应对复杂多变的国内外经济发展环境，带领全省各族人民坚定信心、振奋精神、顽强拼搏、攻坚克难、抢抓机遇、锐意进取，克服了冰冻雨雪、地震、泥石流等特大自然灾害和国际金融危机冲击的不利影响，走过了极不寻常、极不平凡的一年。全省国民经济保持了平稳较快发展，民生不断改善，社会更加和谐，各项社会事业全面进步。

综　合

2008 年全省生产总值（GDP）完成 5700.1 亿元，比上年增长 11.0%，高于全国平均水平 2 个百分点；增长速度在全国排名第 19 位，创近 12 年来的最高排名。分产业看，第一产业增加值 1020.94 亿元，增长 7.6%；第二产业增加值 2451.09 亿元，增长 11.4%；第三产业增加值 2228.07 亿元，增长 12.1%。三次产业结构由上年的 17.7∶43.2∶39.1 调整为 17.9∶43.0∶39.1。全省人均 GDP 达到 1.26 万元（按年末汇率折合 1842 美元），比上年增长 10.3%。非公有制经济创造增加值 2194.54 亿元，占全省生产总值的比重达 38.5%，比上年提高 1.1 个百分点。

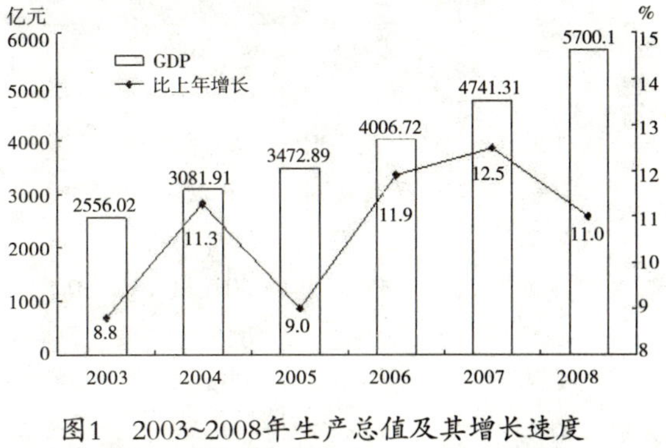

图1　2003~2008年生产总值及其增长速度

全省财政总收入完成 1360 亿元，比上年增长 22.4%。地方财政一般预算收入完成 614.05 亿元，比上年增长 26.2%；其中增值税完成 99.41 亿元，增长 16.0%；营业税 136.63 亿元，增长 21.5%；企业所得税 66.03 亿元，增长 18.5%。全省地方一般预算支出完成 1470.24 亿元，比上年增长 29.5%，其中，用于环境保护、教育、科技、医疗卫生、社会保障与就业的支出分别增长 87.1%、27.0%、35.3%、35.6%和 31.8%。

图2　2003~2008年地方财政一般预算收入及其增长速度

居民消费价格比上年上涨 5.7%，其中食品价格上涨 15.4%。工业品出厂价格上涨 5.8%。原材料、燃料、动力购进价格上涨 11.6%。固定资产投资价格上涨 7.4%。农业生产资料价格上涨 16.6%。

表 1　2008 年居民消费价格比上年涨跌幅度

指　标	全省	城市	农村
居民消费价格	5.7	5.4	6.0
食　品	15.4	15.6	14.8
其中：粮食	9.8	10.6	9.1
油脂	26.7	24.7	28.1
肉禽及其制品	27.1	29.0	24.2
#猪肉	33.1	35.0	30.0
鲜蛋	1.7	-0.4	4.5
烟酒及用品	2.4	2.9	2.0
衣　着	-7.5	-10.9	-3.0
家庭设备用品及服务	0.3	0.4	0.3
医疗保健及个人用品	4.9	5.9	3.3
交通和通信	-0.8	-1.3	-0.1
娱乐教育文化用品及服务	-1.5	-2.2	-0.3
居　住	4.8	3.9	5.9

农 业

全年完成农业总产值1641.46亿元，比上年增长7.9%。其中，种植业产值790.87亿元，增长6.6%，林业产值183.6亿元，增长11.6%，畜牧业产值570.01亿元，增长9.0%，渔业产值38.12亿元，增长6.7%，农业服务业产值58.86亿元，增长3.7%。

全年粮食总产量达1518.59万吨，比上年增长4.0%。主要农产品产量稳定增长。油料产量40.38万吨，比上年增长10.2%；烤烟产量83.9万吨，增长9.5%；蔬菜产量1166.6万吨，增长4.8%；园林水果产量266.18万吨，增长31.5%；茶叶产量17.15万吨，增长1.0%；鲜切花产量52.9亿枝，增长6.1%。

全年肉类总产量达288.29万吨，比上年增长8.3%；牛奶产量44.67万吨，增长5.5%；禽蛋产量19.41万吨，增长8.1%；水产品产量40万吨，增长19.8%。

全年新增有效灌溉面积40.5万亩，新增节水灌溉面积55.05万亩。

表2　2008年主要农产品产量及其增长速度

产品名称	产量	比上年增长%
粮食	1518.59	4.0
油　料	40.38	10.2
甘　蔗	1898.75	-2.1
烤　烟	83.90	9.5
蔬　菜	1166.6	4.8
园林水果	266.18	31.5
茶　叶	17.15	1.0
橡　胶	25.72	-8.9
肉类总产量	288.29	8.3
牛　奶	44.67	5.5
禽、蛋	19.41	8.1
水产品产量	40.00	19.8

注：粮食产量、肉类总产量、牛奶和禽蛋产量数据由国家统计局核定。

工业和建筑业

全年全部工业完成增加值2056.95亿元，比上年增长12.5%；其中规模以上工业完成增加值1803.62亿元，增长12.6%。在规模以上工业中，轻工业完成增加值818.61亿元，比上年增长14.2%；重工业完成增加值985.12亿元，增长11.3%。

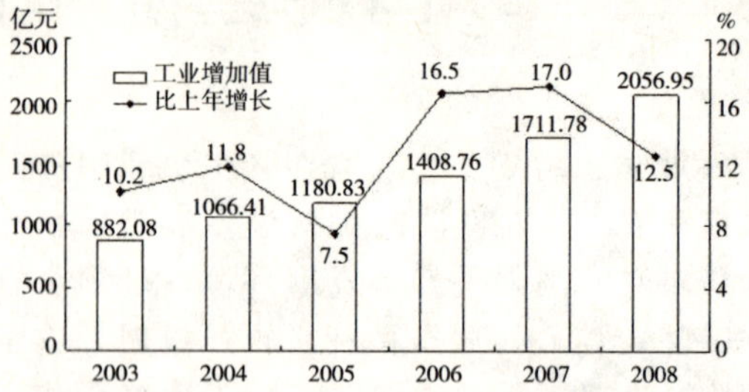

图3　2003~2008年全部工业增加值及其增长速度

全年规模以上工业中，石油加工炼焦及核燃料加工业、化学原料及化学制品制造业、非金属矿物制品业、电力热力的生产和供应业、黑色金属冶炼及压延加工业和有色金属冶炼及压延加工业6大重工行业共完成增加值715.48亿元，比上年增长8.4%。烟草制品业完成增加值659.39亿元，比上年增长15.3%。

全年原煤产量8657.43万吨，比上年增长8.2%；发电量1039.56亿千瓦小时，增长11.9%；粗钢产量901.31万吨，增长0.7%；钢材产量836.62万吨，增长5.4%；十种有色金属产量216.75万吨，下降7.7%；水泥产量4011.98万吨，增长13.3%；卷烟产量679.55万箱，增长1.4%；成品糖产量211.02万吨，增长11.1%。

表3　2008年主要工业产品产量及其增长速度

产品名称	单位	产量	比上年增长%
原煤	万吨	8657.43	8.2
发电量	亿千瓦小时	1039.56	11.9
其中：水电	亿千瓦小时	621.96	34.1
火电	亿千瓦小时	417.60	-10.2
铁矿石原矿量	万吨	2103.04	15.3
粗钢	万吨	901.31	0.7
钢材	万吨	836.62	5.4
十种有色金属	万吨	216.75	-7.7
其中：铜	万吨	31.35	-22.9
原铝	万吨	53.11	-2.1
铅	万吨	40.07	-12.0
锌	万吨	80.76	-1.7
锡	万吨	7.39	-8.9
硫酸（折100%）	万吨	812.57	-7.0
烧碱（折100%）	万吨	15.80	6.1
化肥（折100%）	万吨	338.27	0.9

续 表

产品名称	单位	产量	比上年增长%
卷烟	万箱	679.55	1.4
成品糖	万吨	211.02	11.1
精制茶叶	万吨	9.79	-7.9
化学医药	吨	3693.49	15.4
中成药	吨	18618.71	13.4
自来水生产量	万吨	61419.58	4.4
机制纸及纸板	万吨	42.79	15.8
水泥	万吨	4011.98	13.3
平板玻璃	万重量箱	335.38	1.7
人造板	万立方米	95.38	8.9
发电设备	万千瓦	87.54	-1.1
变压器	万千伏安	1488.53	29.7
汽车	辆	43112	-8.5

2008 年 1～11 月全省规模以上工业企业累计实现利税 912.64 亿元，比上年同期增长 0.4%；其中实现利润 289.11 亿元，下降 20.4%。

全年全社会建筑业完成增加值 394.14 亿元，比上年增长 5.5%。全省具有资质等级的总承包和专业承包建筑业企业完成总产值 899.86 亿元，比上年增长 17.9%；实现利润 28 亿元，增长 5.1%；上缴税金 35 亿元，增长 14.7%。

固定资产投资

2008 年全社会固定资产投资规模达到 3526.6 亿元，比上年增长 26.0%。分城乡看，城镇投资完成 3106.24 亿元，增长 27.1%；农村投资 420.36 亿元，增长 18.4%。

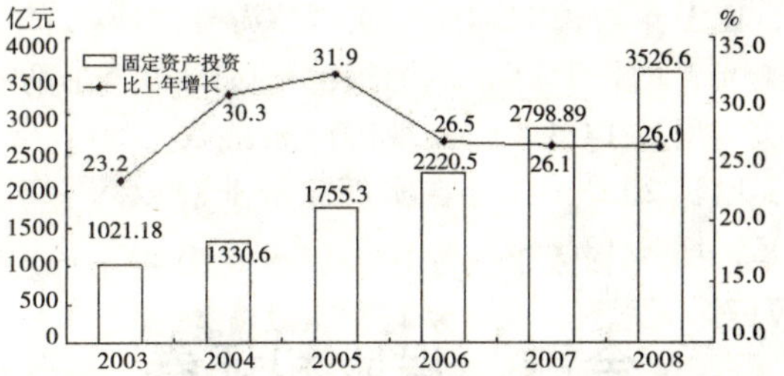

图4 2003~2008年全社会固定资产投资及其增长速度

在城镇投资中，第一产业投资 97.56 亿元，增长 1.1 倍；第二产业投资 1247.19 亿元，增长 30.4%，其中工业投资 1231.68 亿元，增长 25.9%；第三产业投资 1761.48 亿元，增长 22.2%。

表 4 2008 年分行业城镇固定资产投资及其增长速度

行业	投资额	比上年增长%
总计	3106.24	27.1
农、林、牧、渔业	97.56	114.2
采矿业	165.27	58.1
制造业	442.35	48.6
电力、燃气及水的生产和供应业	624.06	19.2
交通运输、仓储和邮政业	337.40	-14.0
信息传输、计算机服务和软件业	61.36	14.6
批发和零售业	72.44	94.4
住宿和餐饮业	30.03	38.0
金融业	5.61	34.8
房地产业	652.57	27.8
科学研究、技术服务和地质勘查业	8.92	17.0
水利、环境和公共设施管理业	324.72	81.7
居民服务和其他服务业	4.30	35.4
教育	69.06	21.2
卫生、社会保障和社会福利业	26.22	63.1
文化、体育和娱乐业	34.3	48.3
公共管理和社会组织	125.21	1.0

全年房地产开发投资完成 557.59 亿元，比上年增长 31.9%，其中，商品住宅投资 423.77 亿元，增长 32.2%；办公楼投资 12.13 亿元，增长 87.9%；商业营业用房投资 57.36 亿元，增长 28.5%。全省商品房屋施工面积 5376.3 万平方米，增长 25.0%；竣工面积 1051.23 万平方米，增长 3.4%；商品房屋销售面积 1643.35 万平方米，下降 16.8%，商品房屋销售额 440.46 亿元，下降 9.2%。

全年改建和新建农村公路 2.5 万公里；腾冲机场顺利通航，昆明新机场全面开工建设，丽江、香格里拉等 6 个机场改扩建工程全面推进；向家坝电站实现截流，景洪电站 3 台机组并网发电，全年新增电力装机容量 394 万千瓦。

国内贸易和对外经济

全年实现社会消费品零售总额 1718.54 亿元，比上年增长 23.2%。分地域看，城市实现消费品零售额 959.73 亿元，增长 24.4%；县及县以下实现消费品零售额 758.81 亿元，增长 21.8%。分行业看，批发和零售业零售额 1314.12 亿元，增长 22.7%；住宿和餐饮业零售额 298.22 亿元，增长 28.6%；其他行业零售额 106.2 亿元，增长 15.8%。

图5　2003~2008年社会消费品零售总额及其增长速度
注：2004 年社会消费品零售总额为第一次经济普查数

在限额以上批发和零售业行业中，粮油类零售额比上年增长 19.8%，肉禽蛋类零售额增长 21.4%，汽车类零售额比上年增长 11.6%，石油及制品类增长 51.5%，家用电器和音像器材类零售额增长 10.6%，中西药品类零售额增长 6.9%，日用品类零售额增长 40.9%，化妆品类零售额增长 20.5%，金银珠宝类增长 43.3%，家具类零售额增长 15.6%，建筑及装潢材料类零售额下降 8.0%。

全年外贸进出口总额完成 95.99 亿美元，比上年增长 9.3%。其中出口完成 49.87 亿美元，比上年增长 5.3%，进口完成 46.12 亿美元，比上年增长 14%。全年对欧盟进出口 11.3 亿美元，增长 47.2%；对东盟进出口 27.64 亿美元，下降 7.8%；对南亚进出口 8.98 亿美元，增长 60.6%。

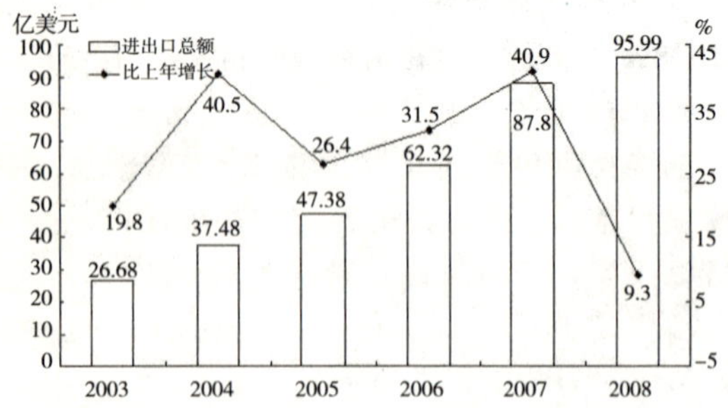

图6　2003~2008年进出口总额及其增长速度

磷化工产品成为了全省出口创汇的新龙头。全省磷化工产品出口 15.61 亿美元，比上年增长 65.8%；机电产品出口 9.78 亿美元，增长 48.1%；农产品出口 7.99 亿美元，增长 20.2%；高新技术产品出口 8.2 亿美元，增长 19.1%。在进口商品中，金属原材料进口 20.52 亿美元，下降 15.5%；非金属原材料进口 10.55 亿美元，增长 2 倍；机电产品进口 6.69 亿美元，增长 43.7%。

全年共批准利用外资项目 228 个，比上年增长 33.3%，合同外资 16.86 亿美元，增长 29.3%，实际使用外商直接投资 7.77 亿美元，增长 54.5%。

交通、邮电和旅游

全年交通运输、仓储和邮政业增加值为 222.06 亿元，比上年增长 8.6%。

全年各种运输方式完成货物周转量 831.68 亿吨公里，比上年增长 5.2%。其中，铁路 336.2 亿吨公里，增长 0.7%；公路 489.59 亿吨公里，增长 8.6%；水运 4.73 亿吨公里，增长 3.1%；航空 1.16 亿吨公里，下降 11.5%。旅客周转量 426.4 亿人公里，比上年增长 5.4%。其中，铁路 66.6 亿人公里，增长 4.6%；公路 287.59 亿人公里，增长 8.2%；航空 70.76 亿人公里，下降 4.1%；水运 1.45 亿人公里，增长 19.8%。

年末全省民用汽车保有量达到 163.41 万辆（包括三轮汽车和低速货车 9.84 万辆），比上年末增长 14.3%，其中私人汽车保有量 120.6 万辆，增长 16.9%。民用轿车保有量 56.61 万辆，增长 21.2%，其中私人轿车 46.17 万辆，增长 24%。

全年完成邮电业务总量 567.3 亿元，比上年增长 20.9%；其中邮政业务总量 12.71 亿元，增长 14.5%；电信业务总量 554.59 亿元，增长 21%。年末全省固定电话减少用户 12.41 万户，达 616.27 万户，比上年下降 1.97%；固定电话普及率达 13.85 部/百人。移动电话新增用户 292.2 万户，达到 1638.6 万户，增长 21.7%。

旅游业“二次创业”成效明显。全年接待海外入境旅客（包括口岸入境一日游）510.7 万人次，比上年增长 11.4%，实现旅游外汇收入 10.08 亿美元，增长 15.6%。全年接待国内游客 1.03 亿人次，增长 14.1%；实现国内旅游收入 594.76 亿元，增长 20.2%；全省实现旅游业总收入 663.28 亿元，增长 18.6%。

金融、保险和证券

年末金融机构人民币存款余额达 8418.94 亿元，比上年末增长 17.4%，其中城乡居民储蓄存款余额 3783.78 亿元，增长 24.2%。年末全省金融机构人民币各项贷款余额达 6594.33 亿元，增长 19.3%。其中，短期贷款余额 2505.45 亿元，增长 21.3%；中长期贷款余额 3817.03 亿元，增长 16.2%。

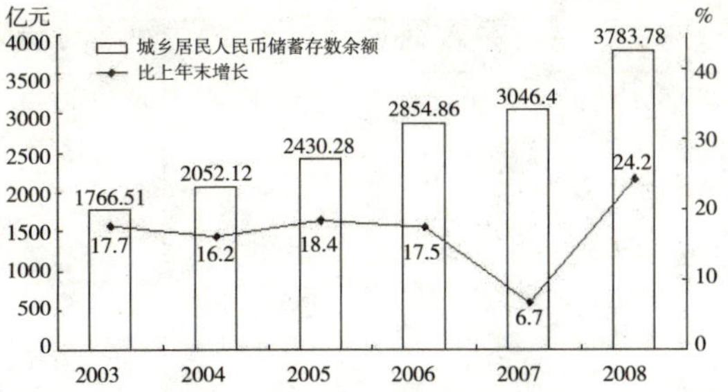

图7 2003~2008年城乡居民人民币储蓄存款余额及其增长速度

全年保险公司原保险保费收入165.39亿元，比上年增长47.9%。其中，财产险业务原保险保费收入55.2亿元，增长14.7%；寿险业务原保险保费收入91.69亿元，增长82.4%；健康险和意外伤害险业务原保险保费收入12.31亿元，增长66.6%。全年支付各类赔款及给付63.4亿元，比上年增长32.8%。其中财产险业务赔款31.74亿元，增长37.0%；寿险业务给付23.71亿元，增长28.0%；健康险和意外伤害险赔款及给付6.06亿元，增长67.9%。

全年云南企业通过证券市场发行、配售股票共筹集资金60.21亿元，比上年减少13.64亿元。西仪股份公司成功上市。年末全省共有上市公司27家，总股本119.45亿股；总市值1114.74亿元，比上年减少2394.39亿元。

教育和科学技术

全年普通高等学校，招生11.71万人，比上年增长18.1%；在校学生34.77万人，比上年增长11.8%；毕业生7.93万人，比上年增长8.6%。各类中等职业教育招生8.34万人，在校生41.39万人，毕业生10.32万人。普通高中招生21.2万人，在校生59.47万人，毕业生17.39万人。初中招生70.31万人，在校生200.01万人，毕业生60.52万人。普通小学招生72.91万人，在校生451.04万人，毕业生73.23万人。幼儿园在园幼儿89.57万人。小学学龄儿童入学率达107.31%，小学毕业生升学率达96.52%。高等教育毛入学率达16.17%，高中阶段教育毛入学率达52%。新增5个“普九”县。扩大“两免一补”覆盖范围，投入2489万元，全面免除城乡义务教育阶段学生学杂费；投入6.6亿元，使638万名农村中小学学生享受到免费教科书及练习册。

全年科学研究与试验发展（R&D）经费支出27.43亿元，比上年增长5%，占GDP的比重达0.48%，比上年提高0.01个百分点。年末共有国家认定企业技术中心10个，省级企业技术中心107个，省重点实验室20个，省级创新型试点企业64家。全年共取得省部级以上科技成果211项，其中基础理论成果37项，应用技术成果158项，软科学成果16项。已建立国家级高新技术开发区1个，省级高新技术开发区3个。专利申请3.3万件，获专利授权1.99万件；签订技术合同891项，成交金额达5.16亿元。

文化、卫生和体育

年末全省共有各种艺术表演团体106个，文化馆148个，公共图书馆150个，博物馆36个。全省广播、电视人口覆盖率分别达到93.13%和94.34%。中、短波广播发射台和转播台55座，广播电台15座，电视台15座，有线电视用户460万户。

年末全省共有卫生机构9208个，医院693个；卫生机构拥有床位数12.78万张，卫生技术人员12.61万人，其中医生5.72万人。疾病预防控制机构152个，卫生技术人员6265人；专科防治机构31个，卫生技术人员577人；妇幼保健院（所、站）148个，卫生技术人员4684人。乡镇卫生院1396个，床位2.86万张，卫生技术人员2.09万人。全年甲、乙类法定报告传染病发病人数8.52万例，报告死亡1060人；报告传染病发病率188.8/10万，死亡率2.35/10万。截至2008年末全省农村卫生服务体系项目竣工1309个。

全年云南运动员在国际比赛中获金、银、铜牌12枚；在全国比赛中获金、银、铜牌31枚。在北京残奥会上，云南运动员共取得了10金、19银、11铜的成绩，并7次打破世界纪录，金牌总数名列全国第三位，奖牌总数名列全国第二位。群众体育蓬勃开展。

资源、生态环境和安全生产

年末全省共有各级环境监测站116个，环境监测人员1515人。全年完成限期治理项目320个，项目总投资6.06亿元。城市污水处理率为68.2%。工业废水排放达标率为92.7%；工业固体废物综合利用率47.8%。全年化学需氧量和二氧化硫排放量分别比上年削减3.29%和6.0%。

全年共完成营造林849.2万亩。本年新增封山育林面积87.6万亩，年末实有封山育林面积达2859.68万亩，全省森林覆盖率达到49.91%。全年完成水土流失治理面积2473平方公里。年末全省共有自然保护区152个，其中国家级自然保护区16个，省级自然保护区45个。自然保护区面积285.02万公顷，其中国家级自然保护区面积143.59万公顷，省级自然保护区面积84.24万公顷。

全年水资源总量2319.48亿立方米，比上年增加2.8%；人均水资源5122立方米，增加2.2%。全年平均降水量1339.6毫米，增加3.6%。年末全省水利工程蓄水总量70.5亿立方米，比上年末增长3.1%。全年总用水量150.18亿立方米，比上年增加0.1%。万元生产总值用水量263立方米，比上年下降16.7%。万元工业增加值用水量109立方米，下降16.2%。全省人均用水量为332立方米，比上年减少0.6%。

全年能源消费总量7598.2万吨标准煤（等价热值），较上年增长5.92%。原煤消费量7951.4万吨，增长2.53%；石油及制品消费量645.55万吨，增长7.2%；天然气消费量4.98亿立方米，下降9.26%。全省单位GDP能耗为1.56吨标准煤/万元，（按2005年可比价计算，下同）比上年下降4.79%。全年共实现节能量378.25万吨标准煤。全省规模以上工业万元增加值能耗为2.85吨标准煤，较上年下降9.78%。全年全社会用电量为829.44亿千瓦时，较上年增长7.76%。全省单位GDP电耗为1654.94千瓦时/万元，比上年下降2.92%。

全年生产安全事故死亡人数为2720人，比上年下降11.95%。亿元GDP生产安全事故死亡人数为0.48人，下降32.4%；工矿商贸企业（不含煤矿）生产安全事故死亡人数为380人，下降15.56%；煤矿百万吨死亡人数为1.98人，下降23.75%。全年共发生道路交通事故5038起，造成2082人死亡、5918人受伤，直接财产损失2542万元；道路交通事故万车死亡率为3.93，下降21.2%。

人口、劳动就业、社会保障与人民生活

2008年全省人口出生率为12.63‰，死亡率为6.31‰，自然增长率为6.32‰，比上年下降0.54个千分点。年末全省总人口为4543万人，比上年末增加29万人。其中，城镇人口1499.2万人，乡村人口3043.8万人。年末全省城镇化水平达33%，比上年提高1.4个百分点。

表5　2008年人口数及其构成

指　　标	年末数	比重%
全省总人口	4543	100.0
其中：城镇	1499.2	33.0
乡村	3043.8	67.0
其中：男性	2350.1	51.7
女性	2192.9	48.3
其中：0岁~14岁	1026.7	22.6
15岁~64岁	3158.3	69.5
65岁及以上	358.0	7.9

全年领取《再就业优惠证》的下岗失业人员实现就业8.33万人。城镇新增就业人数23.08万人。年末全省城镇实有登记失业人数14.77万人，城镇登记失业率4.21%。

全年城镇居民人均可支配收入为1.33万元，扣除价格上涨因素，比上年实际增长9.4%；城镇居民人均消费性支出9077元，比上年实际增长8.7%。全省职工年平均工资2.4万元，比上年增长17.3%。农民人均纯收入达到3103元，扣除价格上涨因素，比上年实际增长9.1%；农民人均生活消费支出2991元，比上年增长13.4%。城镇居民家庭恩格尔系数为47.1%，农村居民家庭恩格尔系数为49.6%。按2008年农村贫困标准1196元测算，年末农村贫困人口为555万人，比上年减少42万人。

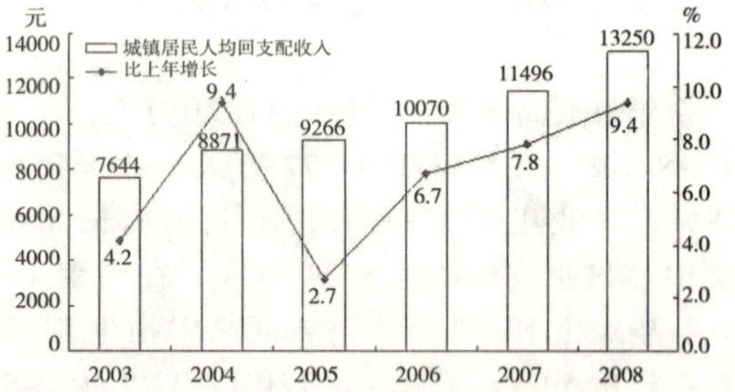

图8　2003~2008年城镇居民人均可支配收入及其增长速度

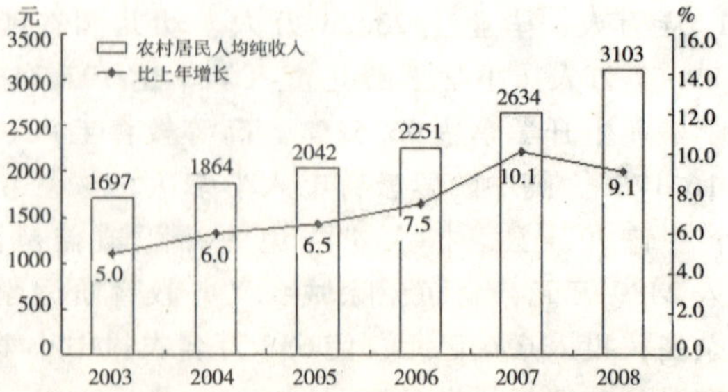

图9　2003~2008年农村居民人均纯收入及其增长速度

年末全省参加城镇基本养老保险人数为293.72万人，比上年末增加14.36万人。其中，

参保职工204.37万人，参保离退休人员89.35万人。参加城镇基本医疗保险人数为618.19万人，增加199.38万人。其中，参加城镇职工基本医疗保险人数356.82万人，参加城镇居民基本医疗保险人数261.37万人。参加城镇医疗保险的农民工为17.11万人，增加8.62万人。全省参加失业保险人数为195.6万人，比上年末增加5.6万人。参加农村养老保险的人数为141.13万人，比上年末增加1.47万人；参加新型农村合作医疗的农民为3222万人，参合率达89.77%，比上年提高3.63个百分点。新型农村合作医疗基金累计支出总额为23.42亿元，累计受益5934.66万人次。全省享受城市最低生活保障的居民为87万人，比上年增加7.7万人；享受农村最低生活保障的农民为307万人，比上年增加78.6万人。

年末全省各类收养性社会福利单位床位2.9万张，全年收养各类人员2.1万人。城镇建设各种社区服务设施30个。全年销售社会福利彩票20.2亿元，筹集社会福利资金7.07亿元，接受社会捐赠5.52亿元。

注释：

1. 本公报中数据均为初步统计数，正式统计数据以《2009年云南统计年鉴》为准。

2. 生产总值、三次产业增加值的绝对值按现价计算，增长速度按可比价计算。

3. 恩格尔系数是指居民食品消费支出占家庭消费总支出的比重。

4. 规模以上工业企业是指年主营业务收入500万元及以上独立核算工业企业。

5. 城镇居民人均可支配收入和农村居民人均纯收入的增长速度为扣除价格因素影响后的实际增速。

6. 房地产业投资除房地产开发投资外，还包括建设单位自建房屋以及物业管理、中介服务和其他房地产投资。

7. 城镇职工基本医疗保险人数包括参保职工和参保退休人员。城镇居民基本医疗保险的参保对象是不属于城镇职工基本医疗保险覆盖范围的城镇非从业人员。

8. 农村贫困人口是根据新修订的农村贫困标准统计的，与历史数据不完全可比。

9. 万元国内生产总值用水量按2005年不变价格计算，邮电业务总量按2000年不变价格计算。

10. 森林覆盖率是云南省森林资源连续清查第四次复查结果，含灌木林。

云南省环境状况公报

综　述

2008年，全省环保系统认真贯彻落实党的十七大精神，以科学发展观为指导，积极推进“七彩云南保护行动”，深入开展解放思想大讨论和学习实践科学发展观活动，认真接受省委巡视组的巡视检查，有力地促进了各项工作的开展。主要污染物减排工作成效显著，完成了主要污染物减排年度目标任务；以九大高原湖泊为重点的水污染防治工作全面推进；阳宗海水污染事件得到妥善处置，编制完成了《阳宗海水体砷污染综合治理方案》并组织实施；滇西北生物多样性保护工作全面启动；农村环境保护和生态创建工作成效明显；环境行政管理服务水平进一步提高；环境执法监督管理进一步加强，有效解决了一批突出的环境问题；环境管理基础性工程取得新进展；环境法制、政策、科技、宣教、信息和对外合作积极推进；全省环保队伍能力建设明显增强。圆满地完成了全年各项工作任务，为全省经济社会环境全面协调可持续发展和生态文明建设做出了积极贡献。

总体上看，全省环境质量状况保持稳定，部分区域环境质量有所改善。但是，也还存在一些问题和不足：污染减排任务仍然十分艰巨，城乡环境污染问题依然严峻，水污染防治任务繁重，环境监管压力较大。环境管理还不适应科学发展的要求，环保部门服务科学发展的环境管理体制机制还没有真正建立，综合协调监督管理能力薄弱，环保执法水平、执法能力和队伍素质有待于进一步提高。要实现全面推进“七彩云南保护行动”，努力争做生态文明建设排头兵的目标，环境保护工作任务依然繁重而艰巨。

水环境

全省主要水体水质总体保持稳定，主要河流监测断面的水质总体较上年有所改善。

湖泊水库水质

全省开展水质监测的63个湖泊、水库中，Ⅰ～Ⅱ类水质的占31.7%；Ⅲ类水质的占36.6%；Ⅳ类水质的占9.5%；Ⅴ类水质的占9.5%；劣Ⅴ类水质的占12.7%。水质达到水环境功能要求的占39.7%。

16个湖泊（水库）开展富营养化状况监测，其中贫营养状态的湖库（水体）有2个、处于中营养状态的有6个、处于轻度富营养状态的有5个、处于中度富营养状态的有2个、处于重度富营养状态的有1个。

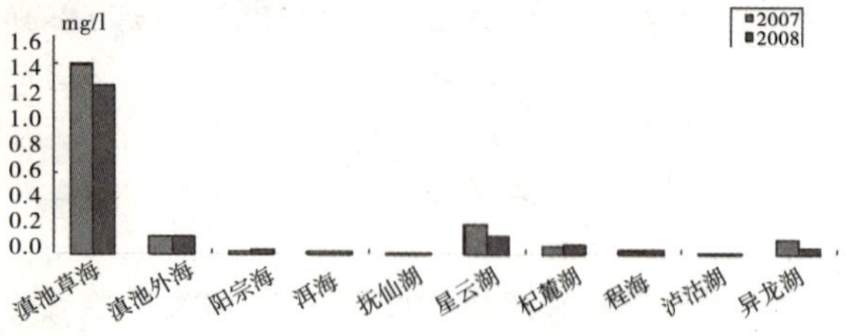

九大高原湖泊总磷浓度对比

2008年主要湖泊、水库水质类别统计

名称	个数	Ⅰ类	Ⅱ类	Ⅲ类	Ⅳ类	Ⅴ类	劣Ⅴ类	水环境功能达标
湖泊	23	2	5	6	0	3	7	9
水库	40	3	10	17	6	3	1	16
合计	63	5	15	23	6	6	8	25

九大高原湖泊水质状况及变化　与上年相比，九大高原湖泊中主要水质指标总磷、总氮、高锰酸盐指数年均值大部分呈下降趋势。

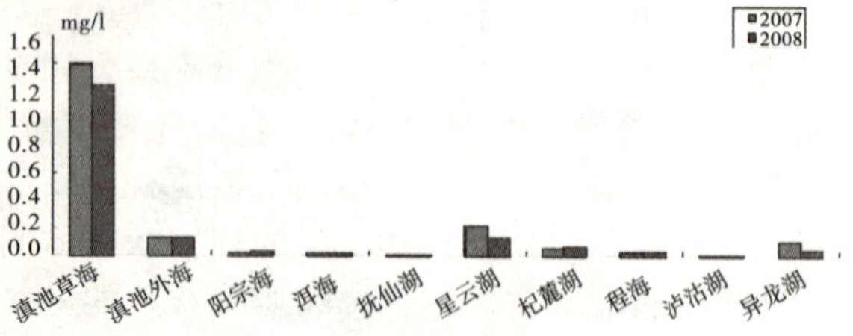

九大高原湖泊总磷浓度对比

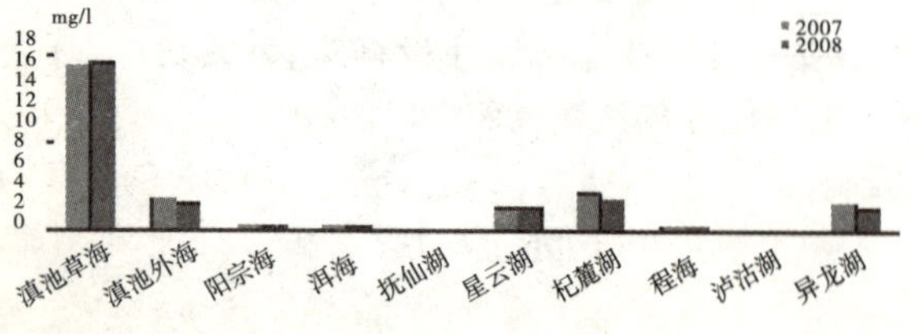

九大高原湖泊总氮浓度对比

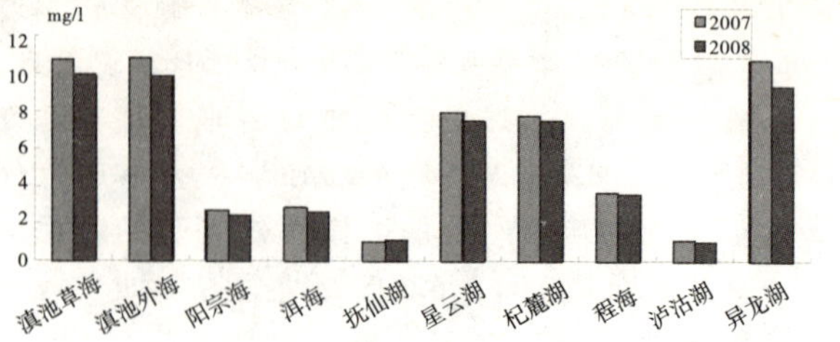

九大高原湖泊高锰酸盐指数对比

2008年九大高原湖泊主要污染指标值

单位：mg/L

湖泊名称	高锰酸盐指数	总磷	总氮	叶绿素a (mg/m^3)	透明度 (m)
滇池草海	9.96	1.243	15.34	64.00	0.57
滇池外海	9.89	0.126	2.44	63.10	0.42
阳宗海	2.43	0.034	0.42	3.90	3.87
洱　海	2.59	0.019	0.41	13.46	1.70
抚仙湖	1.13	0.005	0.17	2.24	6.13
星云湖	7.49	0.127	2.08	26.73	1.08
杞麓湖	7.51	0.066	2.99	35.69	1.18
程　海	3.60	0.030	0.50	2.00	3.30
泸沽湖	1.00	0.005	0.10	0.90	12.10
异龙湖	9.37	0.047	2.07	28.39	1.23

滇池草海　滇池草海水环境功能要求为Ⅳ类。水质重度污染（劣Ⅴ类），未达到水环境功能要求。主要超标指标为生化需氧量、氨氮、总磷、总氮。综合污染指数为58.18，营养状态指数为77.9，处于重度富营养状态。

水质类别12个月均为劣Ⅴ类。湖泊营养状态12个月均为重度富营养。

与上年相比，滇池草海水质仍为劣Ⅴ类，主要超标指标总磷年均值由1.394mg/L下降为1.243mg/L。

滇池外海　滇池外海水环境功能要求为Ⅲ类。水质重度污染（劣Ⅴ类），未达到水环境功能要求。主要超标指标为总氮。综合污染指数为9.19，营养状态指数为66.4，处于中度富营养状态。

水质类别2个月为Ⅴ类，10个月为劣Ⅴ类。湖泊营养状态11个月为中度富营养，1个月为重度富营养。

与上年相比，滇池外海水质仍为劣Ⅴ类，主要超标指标总氮年均值由3.01mg/L下降为2.44mg/L。

阳宗海　阳宗海水环境功能要求为Ⅱ类。水质类别1月～5月为Ⅲ类，主要超标指标为总磷；从6月份开始由于砷污染事件的发生，水质下降，6月～7月为Ⅴ类，8月～12月为劣Ⅴ类，砷浓度在10月份达到最高值。全年综合水质类别为Ⅴ类，未达到水环境功能要求。

洱　海　洱海水环境功能要求为Ⅱ类。水质优（Ⅱ类），达到水环境功能要求。综合污染指数为3.04，营养状态指数为39.2，处于中营养状态。

水质类别8个月为Ⅱ类，4个月为Ⅲ类。湖泊营养状态12个月均为中营养。

与上年相比，洱海水质类别由Ⅲ类上升为Ⅱ类，水质好转。

抚仙湖　抚仙湖水环境功能要求为Ⅰ类。水质优（Ⅰ类），达到水环境功能要求。综合污染指数为2.60，营养状态指数为18.8，处于贫营养状态。

水质类别12个月均为Ⅰ类。湖泊营养状态12个月均为贫营养。

与上年相比，抚仙湖水质保持Ⅰ类，水质稳定。

星云湖　星云湖水环境功能要求为Ⅲ类。水质重度污染（劣Ⅴ类），未达到水环境功能要求，主要超标指标为总氮。综合污染指数为9.52，营养状态指数为58.7，处于轻度富营养状态。

水质类别3个月为Ⅴ类，9个月为劣Ⅴ类。湖泊营养状态1个月为中营养，5个月为轻度富营养，6个月为中度富营养。

与上年相比，星云湖水质仍为劣Ⅴ类，主要超标指标总氮年均值由2.13mg/L下降为2.08mg/L。

杞麓湖　杞麓湖水环境功能要求为Ⅲ类。水质重度污染（劣Ⅴ类），未达到水环境功能要求，主要超标指标为总氮。综合污染指数为9.92，营养状态指数为58.3，处于轻度富营养状态。

水质类别12个月均为劣Ⅴ类。湖泊营养状态，1个月为中营养，4个月为轻度富营养，7个月为中度富营养。

与上年相比，杞麓湖水质仍为劣Ⅴ类，主要超标指标总氮年均值由3.40mg/L下降为2.99mg/L。

程　海　程海水环境功能要求为Ⅲ类。水质良好（Ⅲ类），达到水环境功能要求。综合污染指数为5.97。营养状态指数为34.9，处于中营养状态。

水质类别3个月为Ⅱ类，8个月为Ⅲ类，1个月为Ⅳ类。湖泊营养状态12个月均为中营养。

与上年相比，程海水质保持Ⅲ类，水质稳定。

泸沽湖　泸沽湖水环境功能要求为Ⅰ类。水质优（Ⅰ类），达到水环境功能要求。综合污染指数为3.00。营养状态指数为11.4，处于贫营养状态。

水质类别11个月为Ⅰ类，1个月为Ⅱ类。湖泊营养状态12个月均为贫营养。

与上年相比，泸沽湖水质保持Ⅰ类，水质稳定。

异龙湖　异龙湖水环境功能要求为Ⅲ类。水质重度污染（劣Ⅴ类），未达到水环境功能要求，主要超标指标为总氮。综合污染指数为7.46，营养状态指数为56.5，处于轻度富营养状态。

水质类别1个月为Ⅳ类，4个月为Ⅴ类，7个月为劣Ⅴ类。湖泊营养状态1个月为中营养，9个月为轻度富营养，2个月为中度富营养。

与上年相比，异龙湖水质仍为劣Ⅴ类，主要超标指标总氮年均值由2.65mg/L下降为2.07mg/L。

其他湖泊水质状况　其他13个开展监测的湖泊中，浴仙湖、茈碧湖、海西海、北海为Ⅱ类；普者黑、西湖、青海、属都湖、碧塔海为Ⅲ类；个旧湖、长桥海为Ⅴ类；大屯海、南湖为劣Ⅴ类。

主要河流水质

六大水系主要河流受污染程度由大到小排序依次为：珠江水系、金沙江水系、红河水系、澜沧江水系、怒江水系和伊洛瓦底江水系。

2008年度云南省主要河流监测断面水质类别表

水系名称	Ⅰ类	Ⅱ类	Ⅲ类	Ⅳ类	Ⅴ类	劣Ⅴ类	合计
金沙江	2	8	11	5	1	12	39
珠　江	2	2	3	5	3	14	29
红　河	–	3	12	5	–	6	26
澜沧江	–	15	13	5	1	2	36
怒　江	–	5	2	2	2	–	11
伊洛瓦底江	–	4	6		–	–	10
小　计	4	37	47	22	7	34	151

注：按断面数统计

在77条主要河流的151个监测断面中，水质优达到Ⅰ～Ⅱ类标准的断面占27.2%；水质良好达到Ⅲ类标准的断面占31.1%；水质已受轻度污染达到Ⅳ类标准的断面占14.6%；水质已受中度污染达到Ⅴ类标准的断面占4.6%；水质已重度污染劣于Ⅴ类标准的断面占22.5%。

151个断面中，水环境功能达标的断面有98

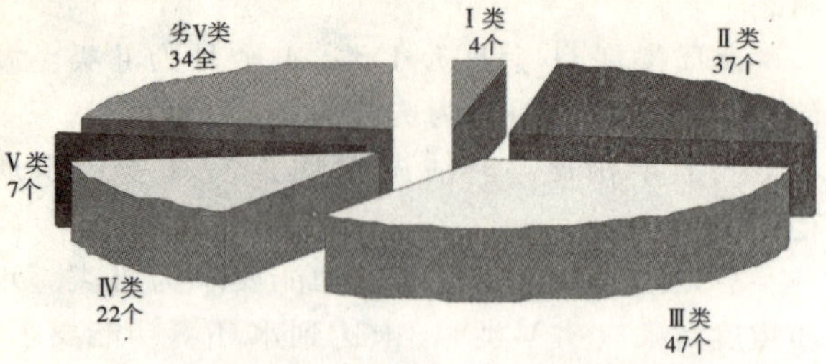

全省主要河流监测断面水质类别比例图

个，占 64.9%，其中，Ⅰ类功能达标的断面有 1 个，占应达标断面的 50.0%；Ⅱ类功能达标的断面有 10 个，占应达标断面的 62.5%；Ⅲ类功能达标的断面有 55 个，占应达标断面的 72.4%；Ⅳ类功能达标的断面有 28 个，占应达标断面的 58.3%；Ⅴ类功能达标的断面有 4 个，占应达标断面的 44.4%。

全省河流水质的主要污染指标为总磷、生化需氧量、氨氮、镉和高锰酸盐指数。

污染严重的河流主要是新河、沘江、三家河、螳螂川和泸江。

与上年相比，主要河流监测断面中，水质达到Ⅰ～Ⅱ类标准的增加 28.13%，水质达到Ⅲ类标准的减少 2.1%，水质达到Ⅳ类标准的减少 4.3%，水质达到Ⅴ类标准的增加 16.7%，水质为劣Ⅴ类的减少 20.9%。达到地表水环境功能要求的断面增加 7.7%。

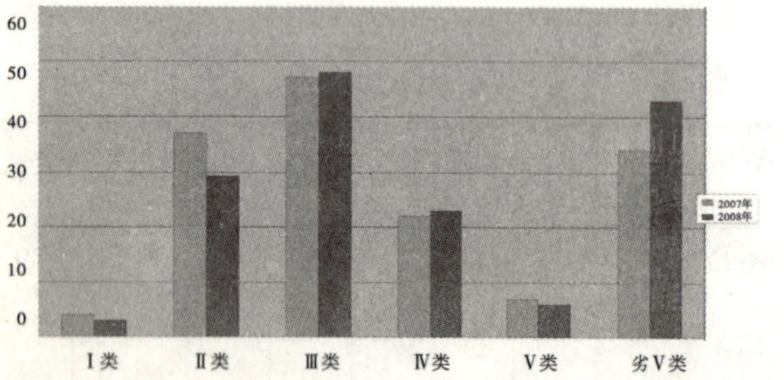

金沙江水系　金沙江水系水质总体为中度污染。22 条主要河流 39 个监测断面中，达到Ⅰ～Ⅱ类标准水质优的断面占 25.6%；达到Ⅲ类标准水质良好的断面占 28.2%；达到Ⅳ类标准水质轻度污染的断面占 12.8%；达到Ⅴ类标准水质中度污染的断面占 2.6%；劣Ⅴ类标准水质重度污染的断面占 30.8%。

23 个断面水质达到地表水水环境功能要求，断面达标率 59.0%。其中，Ⅱ类功能达标的断面 4 个，Ⅲ类功能达标的断面 10 个，Ⅳ类功能达标的断面 5 个，Ⅴ类功能达标的断面 4 个。

主要污染指标为氨氮、总磷和生化需氧量。综合污染程度列前 5 位的河流是新河、螳螂川、柴河、秃尾河、宝象河。

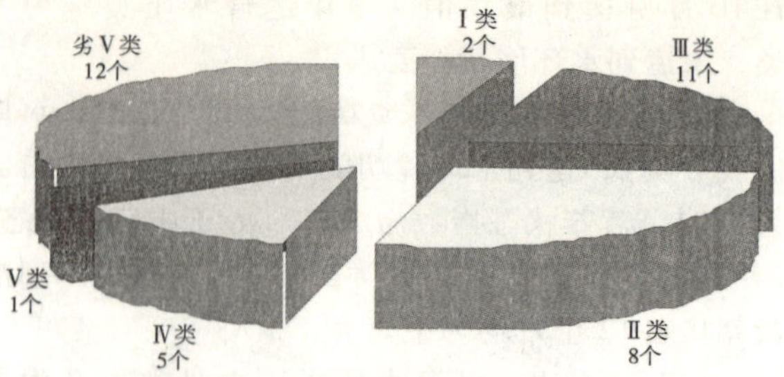

金沙江水系监测断面水质类别比例图

珠江水系　珠江水系总体水质为重度污染。9 条主要河流 29 个监测断面中，达到Ⅰ～Ⅱ类标准水质优的断面占 13.8%；达到Ⅲ类标准水质良好的断面占 10.3%；达到Ⅳ类标准水质轻度污染的断面占 17.2%；达到Ⅴ类标准水质中度污染的断面占 10.3%；劣Ⅴ类标准水质重度污染的断面占 48.4%。

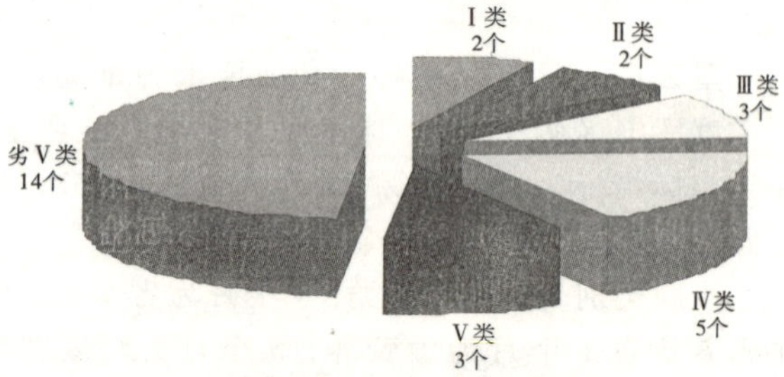

珠江水系监测断面水质比例图

8 个断面水质达到地表水水环境功能要求，断面达标率 27.6%。其中Ⅰ类功能达标的断面 1 个，Ⅲ类功能达标的断面 3 个，Ⅳ类功能达标的断面 4 个。

主要污染指标为总磷、砷、生化需氧量和氨氮。综合污染程度列前 5 位的河流是泸江、北盘江、曲江、南盘江干流、南洞河。

红河水系　红河水系总体水质轻度污染。12 条主要河流 26 个监测断面中，达到Ⅰ～Ⅱ类标准水质优的断面占 11.5%；达到Ⅲ类标准水质良好的断面占 46.2%；达到Ⅳ类标准水质轻度污染的断面占 19.2%；劣Ⅴ类标准水质重度污染的断面

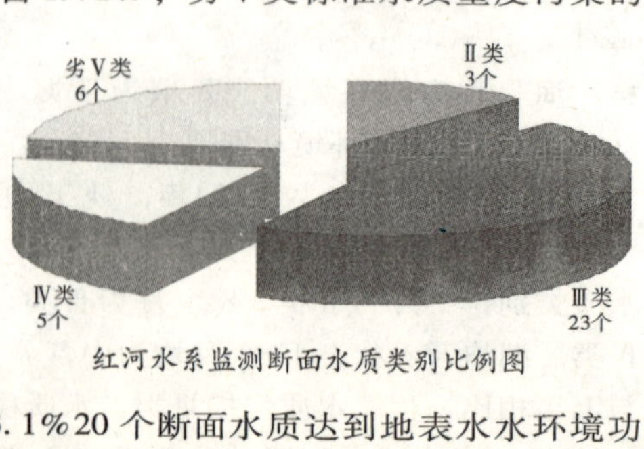

红河水系监测断面水质类别比例图

占 23.1%20 个断面水质达到地表水水环境功能要求，断面达标率 76.9%。其中，Ⅱ类功能达标的断面 1 个，Ⅲ类功能达标的断面 11 个，Ⅳ类功能

达标的断面8个。

主要污染指标为铅、高锰酸盐指数和总磷。综合污染程度列前5位的河流是三家河、藤条江、元江、星宿江、绿汁江。

澜沧江水系 澜沧江水系总体水质轻度污染。23条主要河流36个监测断面中，达到Ⅱ类标准水质优的断面占41.7%；达到Ⅲ类标准水质良好的断面占36.1%；达到Ⅳ类水质标准水质轻度污染的断面占13.9%；达到Ⅴ类标准水质中度污染的断面占2.8%；劣Ⅴ类标准水质重度污染的断面占5.5%。

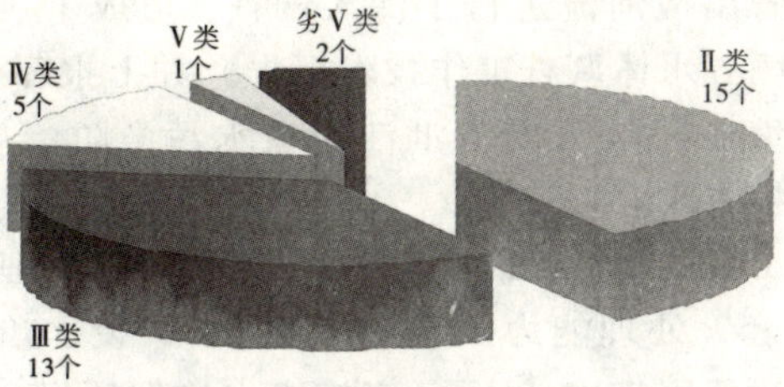

澜沧江水系监测断面水质类别比例图

28个断面水质达到地表水水环境功能要求，断面达标率77.8%。其中，Ⅱ类功能达标的断面3个，Ⅲ类功能达标的断面21个，Ⅳ类功能达标的断面4个。

主要污染指标为镉、生化需氧量和高锰酸盐指数。综合污染程度列前5位的河流是沘江、思茅河、波罗江、勐勐河、弥苴河。

怒江水系 怒江水系总体水质轻度污染。5条主要河流11个监测断面中，达到Ⅰ～Ⅱ类标准水质优的断面占45.4%；达到Ⅲ类标准水质良好的断面占18.2%；达到Ⅳ类标准水质轻度污染的断面占18.2%；达到Ⅴ类标准水质中度污染的断面占18.2%。

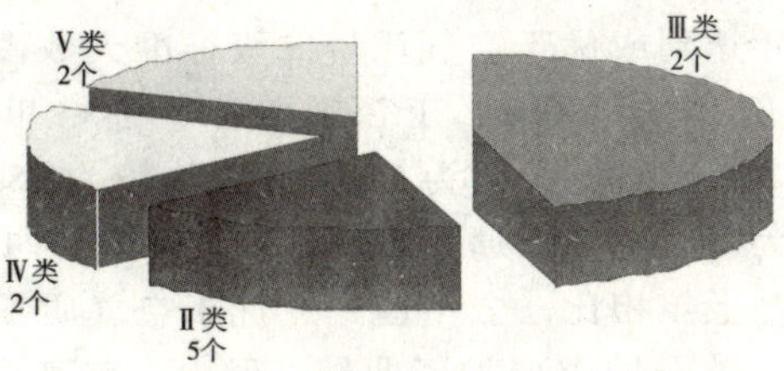

怒江水系监测断面水类别比例图

9个断面水质达到地表水水环境功能要求，断面达标率81.8%。其中，Ⅱ类功能达标的断面2个，Ⅲ类功能达标的断面3个，Ⅳ功能达标的断面4个。

主要污染指标为总磷、高锰酸盐指数和生化需氧量。综合污染程度列前5位的河流是老窝河、南汀河、枯柯河、怒江干流、南马河。

伊洛瓦底江水系 伊洛瓦底江水系总体水质优。6条主要河流10个监测断面中，达到Ⅱ类标准水质优的断面占40.0%；达到Ⅲ类标准水质良好的断面占60.0%。

伊洛瓦底江水系监测断面水质类别比例图

10个监测断面水质均达到地表水水环境功能要求，断面达标率100.0%。其中，Ⅲ类功能达标断面7个，Ⅳ类功能达标断面3个。

主要污染指标为生化需氧量和高锰酸盐指数。综合污染程度列前5位的河流是瑞丽江、南畹河、芒市大河、大盈江、槟榔江。

地下水监测及水质状况

全省地下水动态监测下设7个监测站，分别是昆明站、大理站、楚雄站、玉溪站、开远站、曲靖站和景洪站。根据《地下水质量标准》（GB/T14848－93）对监测区内地下水水质，按孔隙水、基岩水（裂隙水、岩溶水）两类地下水类型分别进行水质综合评价。分析项目包括常规项目、金属离子、汞、酚氰、洗涤剂等48项。

区域地下水水位 区域地下水水位总体上较上年有小幅度上升。其中，孔隙水弱上升区占监测控制面积的16.91%，基本稳定区占监测控制面积的69.75%，弱下降区占监测控制面积的13.34%；基岩水强上升区占监测控制面积的10%，弱上升区占监测控制面积的14.29%，基本稳定区占监测控制面积的63.64%，弱下降区占监测控制面积的12.07%。

区域地下水水质与污染 与上年相比，孔隙水较差级和极差级比例有所下降，优良级和良好级比例有所上升。其中，优良级占22.22%，良好级占29.17%，较好级占1.39%，较差级占40.28%，极差级占6.94%。主要污染指标有pH值、铁、锰、硝酸盐、亚硝酸盐、氨氮、氟化物、氯化物、化学耗氧量、细菌总数、总大肠菌群等。

与上年相比，基岩水水质状况变化不大，较好级比例略有下降，良好级比例略有上升。其中，优良级占23.53%，良好级占42.35%，较好级占4.71%，较差级占23.53%，极差级占5.88%。主要污染指标有 pH 值、铁、锰、氨氮、亚硝酸盐、化学耗氧量、总硬度、细菌总数、总大肠菌群等。

废水主要污染物排放 废水排放总量 8.39 亿吨，比上年增长 0.1%，其中工业废水排放总量 3.3 亿吨，比上年下降 6.7%。化学需氧量排放量 28.05 万吨，比上年下降 3.29%，其中工业废水中化学需氧量排放量 9.19 万吨，比上年下降 6.1%。氨氮排放量 2.03 万吨，比上年增长 2.5%，其中工业废水中氨氮排放量 3600 吨，比上年下降 12.1%。工业废水中其他污染物排放量为 139.43 吨，比上年下降 31%。

措施与行动

九大高原湖泊水污染防治 11 月 6 日至 9 日，环保部周生贤部长率领调研组，结合学习实践科学发展观活动，赴云南考察调研阳宗海、滇池及洱海水污染防治工作情况。在大理州召开洱海保护经验交流会，总结和推广大理州在经济快速发展过程中保护洱海的成功经验和做法，积极探索让江河湖海休养生息的新思路。

省委、省政府主要领导对九湖水污染治理工作进行了多次调研，明确了“十一五”后期的重点任务和要求。5 月 22 日省政府组织召开了云南省九大高原湖泊水污染综合治理工作会议，确定了湖泊治理的重点项目和重点工作。10 月 24 日召开了阳宗海水体砷污染治理现场办公会，安排部署了今后一段时期的阳宗海水污染综合防治工作。

昆明市成立了滇池流域水环境综合治理指挥部，建立了市级有关领导任河长的“河长制”，切实加强了滇池治理工作的协调和领导。

2008 年，九湖治理投资 19.08 亿元，其中滇池治理投资 15 亿元，其他八湖治理投资 4.08 亿元。截止 2008 年底，九湖治理累计投资 113.02 亿元，其中滇池治理投资 77.32 亿元。

九湖“十一五”目标责任书项目共 207 项，截止 2008 年底，已完成 35 项，在建 110 项，开展前期工作 54 项，未启动 8 项，项目开工率为 70%。滇池“十一五”目标责任书项目 65 项，已完成 8 项，在建 43 项，开展前期工作 14 项，项目开工率为 78.5%。

省政府成立滇池水污染防治专家督导组 省政府滇池水污染防治专家督导组于 2008 年 9 月 8 日成立。督导组对 33 条入湖河道、7 个污水处理厂、农业面源污染防治等进行实地调研，3 次召开省市滇池治理联席会议，加大了对滇池治理规划实施的监督，指导并帮助解决滇池治理中遇到的困难和问题。

九湖流域环境监察 全省环境监察部门共出动环境监察人员 5361 人次，检查流域企业 947 家次，重点检查企业 44 家（含 21 家城镇生活污水处理厂），其中国控企业 26 家、省控企业 14 家；责任书项目 184 个；新建项目 679 个；查处环境违法企业 35 家。加强了九湖流域各类污染源、污染治理设施的监管，促进了九湖流域生态环境质量的提高。

重点流域环境安全保障工作 根据环保部要求，结合 2007 年全省出境河流调查的成果，组织对全省出境河流进行了深入调查，形成了《云南省跨国界水体调查工作技术报告》并上报环保部。组织编制了《云南省沘江流域水污染防治规划》并上报省政府。

工业废水治理 全省共建成废水治理设施 2032 套，处理能力 525.48 万吨/日，废水治理设施运行费用 7.84 亿元。实施废水治理项目 99 个，竣工项目 88 个，新增废水处理能力 27.01 万吨/日。工业废水排放达标率为 92.7%。

大气环境

城市环境空气质量与上年相比，呈现好转趋势。二氧化硫、二氧化氮和可吸入颗粒物三项指标，年均值均比上年下降，影响全省城市环境空气质量的主要指标为可吸入颗粒物。

城市环境空气质量

全省开展空气自动监测的 17 个城市中，昆明、曲靖、保山、丽江、普洱、楚雄、大理、景洪全年达到或优于空气质量二级标准天数占全年的比例均为 100%，玉溪、六库、香格里拉为 99.7%，蒙自、文山为 99.18%，临沧为 98.9%，潞西为 87.5%，昭通为 83.8%，个旧为 89.1%。

与上年相比，全年达到或优于空气质量二级标准天数的城市增加了曲靖、保山、普洱、楚雄 4 个城市。

全省环境空气中二氧化硫年平均浓度 0.031 毫克/立方米，比上年下降 0.005 毫克/立方米。二氧化氮年平均浓度 0.017 毫克/立方米，比上年下降 0.001 毫克/立方米。可吸入颗粒物年平均浓度 0.060 毫克/立方米，比上年下降 0.008 毫克/立方米。

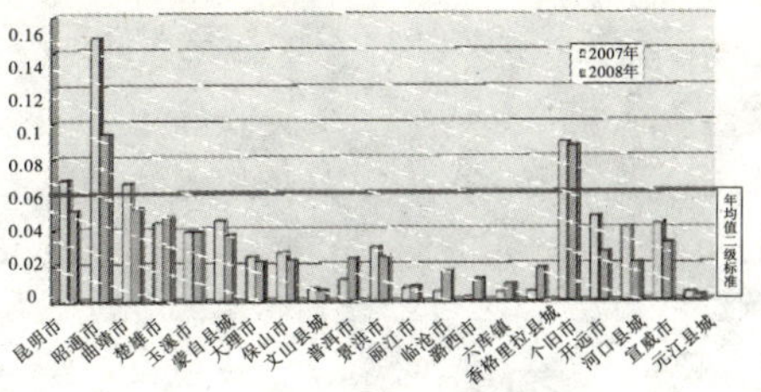

二氧化硫年均值比较图

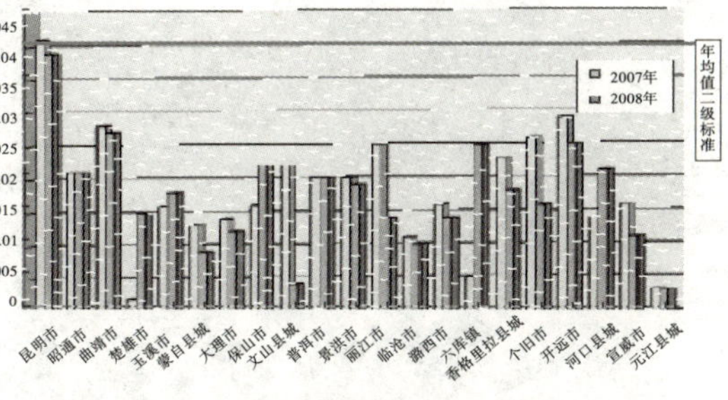

二氧化氮均值比较

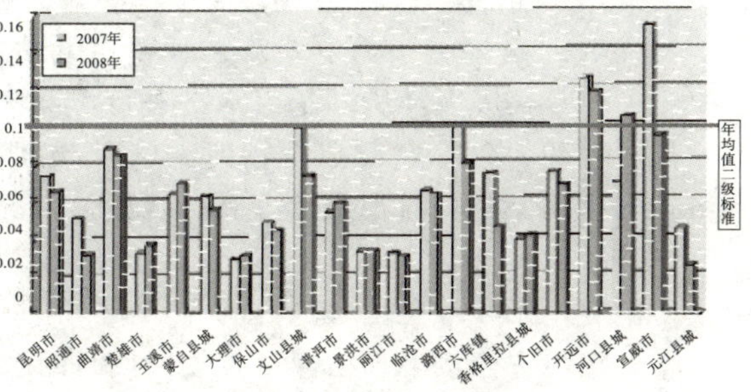

可吸入颗粒物年均值比较

降水和酸雨

降水酸度 开展降水酸度监测的19个主要城市中，昆明、安宁、玉溪、昭通、普洱、临沧、蒙自、个旧、楚雄9个城市出现酸雨。曲靖、宣威、保山、丽江、文山、开远、景洪、大理、潞西、六库10个城市未监测到酸雨。

出现酸雨的城市中，酸雨pH平均值在4.02～5.28之间，最低值出现在个旧。

酸雨频率 19个主要城市平均酸雨频率为28.3%，酸雨频率在1.2%～66.4%之间，其中，酸雨频率为0的城市有10个，占52.7%；酸雨频率≤30%的有5个，占26.3%；酸雨频率在30%～50%的有2个，占10.5%；酸雨频率在50%～80%的有2个，占10.5%。酸雨频率最高的是楚雄，酸雨频率为73.4%。

全省酸雨影响范围较上年有所减小，各主要城市降水酸度、酸雨频率基本稳定。

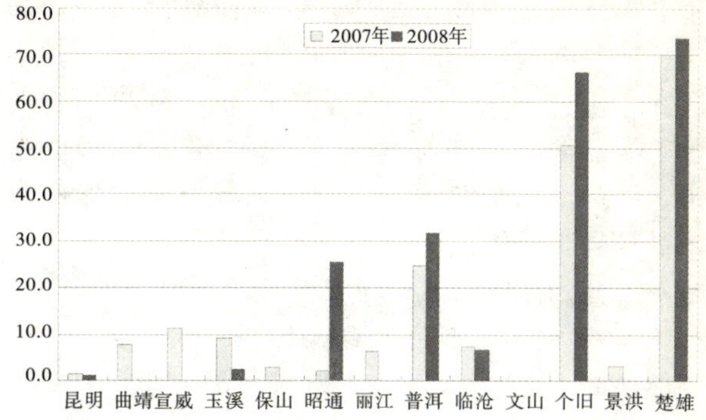

酸雨频率年度变化

废气主要污染物排放

工业废气排放总量8316.08亿标立方米，比上年增长2.9%。二氧化硫排放量50.17万吨，比上年下降6%，其中工业二氧化硫排放量41.99万吨，比上年下降5.7%。烟尘排放量20.52万吨，比上年下降2.3%，其中工业烟尘排放量15.19万吨，比上年下降0.3%。工业粉尘排放量12.15万吨，比上年下降11.8%。

措施与行动

大气污染治理 全省共建成废气治理设施5267套，处理能力1.89亿标立方米/时。废气治理设施运行费20.49亿元。实施废气治理项目279个，竣工项目261个，新增废气处理能力632.51万标立方米/时。

工业固体废弃物及危险废物

全省工业固体废物产生量7986.42万吨，比上年增长了12.5%，其中危险废物产生量53.02万吨，比上年增加了214.5%。工业固体废物排放量39.42万吨，比上年下降了52.3%。

措施与行动

工业固体废弃物、危险废物防治 继续实施危险废物经营许可证制度，认真开展固体废物进出口管理相关工作，组织进行了非经营性危险废物焚烧单位的专项检查，完成了全省持久性有机污染物调查工作，并及时发布了固体废物污染环境防治信息。

累计共核发危险废物经营许可证41份，其中2008年发放1份。对全省从事危险废物经营的单位及申请开展危险废物经营的单位开展了培训和年检。共办理危险废物跨省转移手续7批（其中移入省许可1批，移出省手续6批），6批出省转移手续已全部得到对方省的许可。昆明市、曲靖市、大理市和个旧市按国家要求发布了固体废物污染环境防治信息。

工业固体废物综合利用量3827.41万吨，综合利用率47.8%，比上年增长5.1个百分点。工业固体废物贮存量1687.79万吨，处置量2462.66万吨。

全省工业固体废物治理投资2.16亿元，完成治理项目30个，新增治理固体废物处理能力9867吨/日。

危险废物和医疗废物处置项目建设 昆明市医疗废物处置中心建成正常运营；大理、保山、普洱、文山、德宏医疗废物处置中心建设完成投入试运行；临沧、昭通项目已开工建设；楚雄、丽江、西双版纳、怒江、玉溪、迪庆已上报国家复核。昆明市危险废物处置中心已开工建设，红河、曲靖危险废物处置中心建设正加快前期工作。

辐射环境

辐射环境质量

香格里拉县、丽江市、泸水县、大理市、昆明市、玉溪市、临沧市、景洪市8个国控点的辐射环境质量处于正常环境辐射水平波动范围，昆明市的连续监测点γ辐射空气吸收剂量率全年测值与上年相比处于正常波动范围内；8个国控点的原野γ辐射空气吸收剂量率年均值与云南省γ辐射空气吸收剂量率的背景值相当；沉降物中总α、总β水平无异常升高；滇池、松花坝水库水中总放浓度与往年相比变化不大；8个国控点代表区域内土壤中的主要放射性核素水平处于正常环境水平；澜沧江国控断面放射性核素浓度及总α、总β无异常，为云南省江河湖水的正常放射性水平，昆明市电磁辐射水平等保持相对稳定，总体上未出现异常情况。

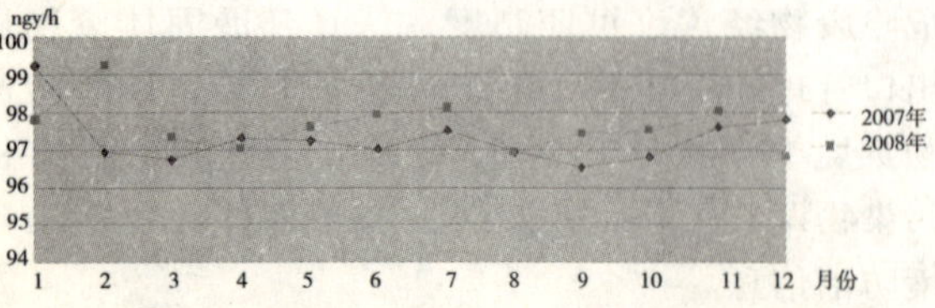

2007~2008年昆明市连续监测点γ辐射空气吸收剂量率变化趋势图

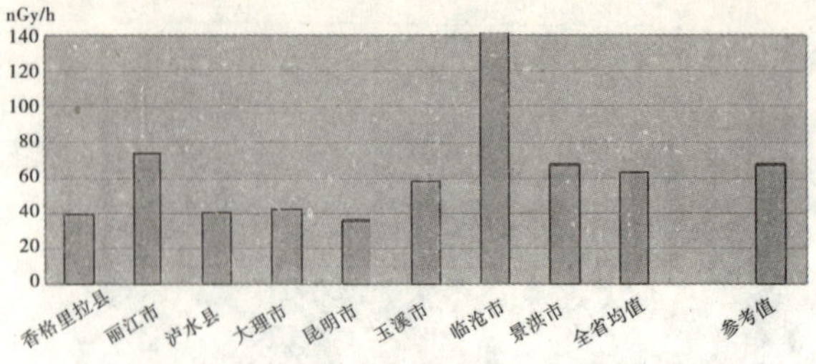

2008年云南省原野γ辐射空气吸收剂量率示意图

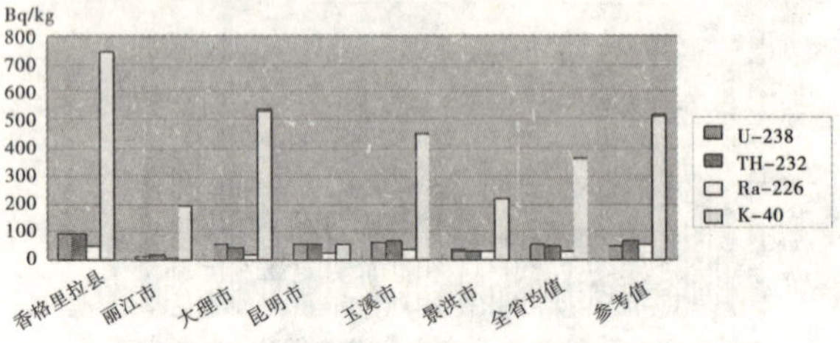

2008年云南省土壤中放射性核素含量示意图

对省内3家Ⅰ类辐照装置、省广播电视大楼、省气象局气象雷达、昆明市草（铺）—海（埂）高压输变电工程220kV输电线路、海埂变电站等主要污染源及其周围环境的辐射水平进行了监测。监测数据表明，各个监测点位辐射空气吸收剂量率与上年相比保持相对稳定，没有出现异常情况；输电线路及变电站内工频电磁场与上年比较，测值较为稳定，无异常变化。

辐射环境安全现状 全省共有放射源使用单位580家，在用放射源2999枚，省城市放射性废物库2008年共收贮各类废弃放射源112枚。共有射线装置使用单位1849家，射线装置3026台（套）。共有电磁辐射设备（设施）总数为10.97万台（套），总功率为9.13亿千瓦，主要分布在广播电视、通信、气象、民航、电力、铁路、工业等7大行业。

全省各地的环境辐射水平和环境介质中的放射性核素水平均保持在天然本底范围之内，但仍有局部地区存在放射性污染。核技术运用中的放射性同位素、射线装置和放射性药品总体处于安全水平，但少数核技术运用单位由于管理不当，存在安全隐患。电磁辐射环境污染日趋严重，规范化管理亟待加强。

措施与行动

辐射环境监测 加强了辐射环境国控监测网络建设，全省境内增加了电磁辐射点位2个、出境断面地表水1个；完成了本身1个辐射环境自动站监测点、8个陆地辐射环境质量监测点、6个土壤辐射环境质量监测点、2个水体辐射环境质量监测点和2个电磁辐射环境质量监测点，3个受国家委托的Ⅰ类放射源的监督监测和采样工作（监督性监测及增补源监测各1次）。

辐射环境监管 积极争取国家资金项目支持，加强了全省辐射环境监测和监察能力建设；完成了全省16个州（市）1641家放射源和射线装置工作单位辐射安全许可证的办证换证工作；完成电磁辐射设施（设备）申报登记工作，摸清了全省电磁辐射环境污染源情况；结合奥运会安保和四川大地震后的核应急工作，全面开展了各项辐射安全大检查活动；严格行政审批，共办理辐射行政许可及备案123项；积极协调并督促省农业科学院、中科院昆明动物所实施钴源辐照室退役治理工作。制订了《2008云南省迎奥运核与辐射应急计划》，保障了奥运期间的云南省辐射安全。完成了云南省城市放射性废物库建设一期工程（主体工程）的建设。全年收贮102枚废旧放射源，为云南城市环境的辐射环境安全提供有力保障。

城市环境

城市水环境

全省15个主要城市的30个城市河流（水域）44个监测断面中，达到Ⅰ～Ⅱ类标准水质优的断面占27.3%；达到Ⅲ类标准水质良好的断面占22.7%；达到Ⅳ类标准水质轻度污染的断面占11.4%；达到Ⅴ类标准水质中度污染的断面占4.5%；劣Ⅴ类标准水质重度污染的断面占34.1%。达到水功能要求的断面占46.7%。主要污染指标为高锰酸盐指数、生化需氧量、氨氮和总磷，有机污染严重。城市河流（水域）总体水质为重度污染。

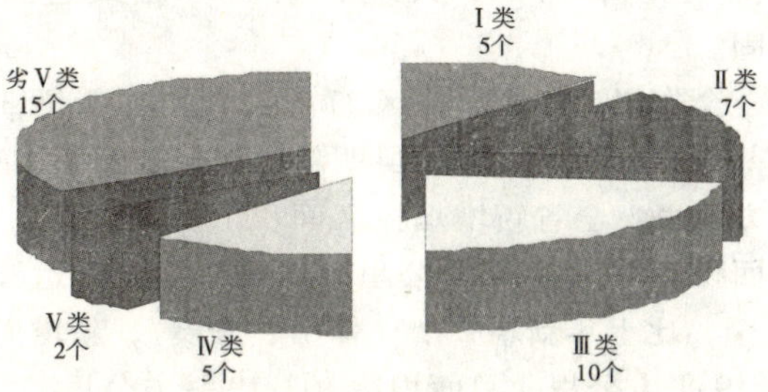

全省主要城市河流（水域）水质类别比例图

城市集中式饮用水源地 21个主要城市（16个州（市）政府所在地及5个县级市）开展监测的42个集中式饮用水水源地中，能满足集中式饮用水源地水质要求的有36个，占85.7%；不能满足要求的6个（松华坝水库、大河水库、自卫村水库、宝象河水库、纳贺水库、东山龙潭），占14.3%。

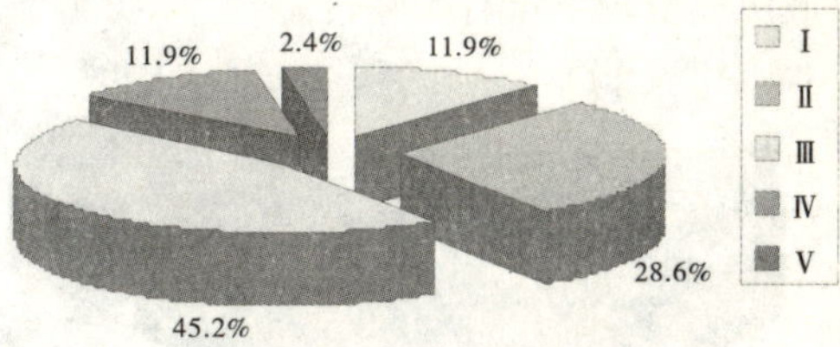

主要城市饮用水水源地水质类别图

与上年相比，主要城市集中式饮用水水源地水质好转的有3个（偏桥水库、蒙自东山龙潭、牛坝荒水库），水质下降的有9个（大河水库、自卫村水库、信房水库、纳贺水库、中山水库、勐板河水库、姐勒水库、勐卯水库、龙潭河源头），其余水源地水质保持稳定。

城市声环境

城市道路交通噪声 18个城市道路交通声环境平均等效声级值范围在61.9～72.5分贝之间。六库镇最高，达72.5分贝，超过国家标准2.5分贝。城市道路交通声环境质量好的监测城市为曲靖、玉溪、保山、昭通、丽江、普洱、临沧、楚雄、景洪、大理、潞西、香格里拉、开远、蒙自14个城市；昆明、个旧为较好；六库为轻度污染；文山为中度污染。

全省道路交通声环境监测路段有22%的监测长度超过70分贝，与上年相比，有28%的监测城市交通声环境状况有所好转，全省道路交通声环境加权平均等效声级值比上年下降0.3分贝。

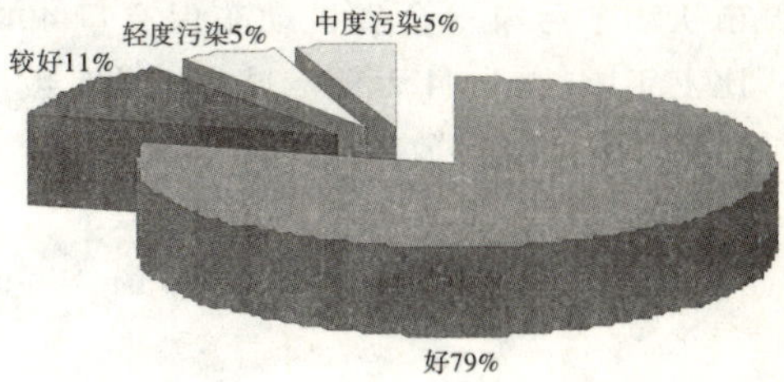

城市道路交通噪声污染程度比例图

城市区域环境噪声 16个城市区域声环境平均等效声级值范围在46.9～59.6分贝之间。城市区域声环境质量好的城市有曲靖、玉溪、昭通、潞西、景洪；较好的城市有昆明、保山、丽江、临沧、楚雄、个旧、开远、大理；轻度污染的城市有普洱、文山、六库。

影响城市区域声环境的主要声源包括交通噪声、生活噪声、工业噪声、施工噪声和其他噪声。

其中，主要噪声源是生活和交通噪声源。

区域声环境质量与上年相比，44%的监测城市有所好转，50%的监测城市基本稳定。全省城市区域声环境较上年有所好转。

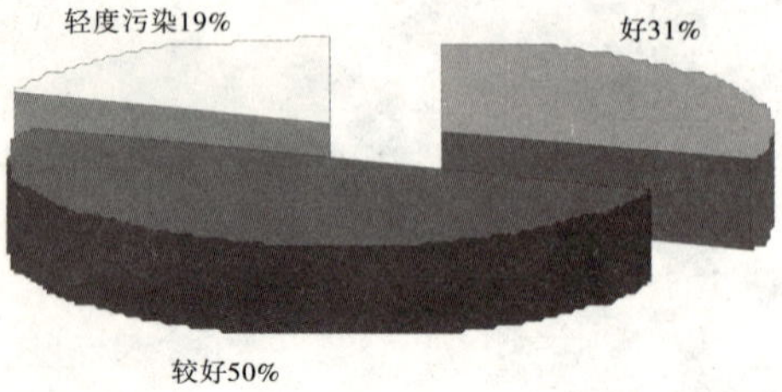

城市区域声环境污染程度比例图

城市功能区噪声 在进行功能区声环境监测的15个城市中，开远市的各种功能区全部达标，其余城市的各功能区平均等效声级值均有不同程度的超标。

与上年相比，在进行功能区声环境监测的城市中，0类区的昼、夜间功能区声环境质量无明显变化；1、2、3类区的昼、夜间功能区声环境质量均有所好转；4类功能区的昼间声环境质量好转，夜间声环境质量有所下降。

城市污染物排放

生活污水 城市生活污水排放总量5.09亿吨，比上年增长5.1%。污水中化学需氧量排放量18.86万吨，比上年下降1.8%。氨氮排放量1.68万吨．比上年增长6.2%。

空气污染物 城市生活二氧化硫排放量8.18万吨，生活烟尘排放量5.32万吨，与上年相比分别下降7.4%和7.4%。

城市机动车污染 全省机动车保有量498.11万辆，比上年增长61.94万辆。城市机动车数量逐年增加，机动车尾气排放污染呈加重趋势。

措施与行动

城市基础设施水平及建设情况 全省供水总量8.6亿立方米；全省建成污水处理厂37座，建有排水管道8041公里（其中污水管道2403公里），形成城市污水处理能力126.70万立方米/日；全省建成无害化垃圾处理厂（场）32座，形成无害化垃圾处理能力1.16万吨/日；全省城市燃气普及率61.47%；绿地率20.49%。

城市污水处理 污水处理总量4.23亿立方米，其中经城市污水处理厂处理3.83亿立方米，其他污水处理设施处理3995万立方米。污水处理率为57.84%。2008年开工建设污水处理项目40个。计划2009年开工建设污水处理项目69个。

城市垃圾处理 全省城市街道清扫保洁面积1.87亿平方米，清运生活垃圾570.63万吨，其中287.95万吨进行简易集中堆放处理，282.68万吨进行无害化处理；城市生活垃圾无害化处理率为49.54%。2008年开工建设生活垃圾处理项目51个。计划2009年开工建设生活垃圾处理项目42个。

城市机动车污染防治 完成对昆明、昭通、普洱、保山、曲靖市机动车环保定期检测委托认证工作。昆明市颁布实施了《昆明市机动车排气污染防治条例》及《昆明市机动车环保标志管理暂行办法》，对全市2496辆公交车、252辆公务车辆尾气排放进行抽测，达标率分别为90.5%和61.51%。经统计，昆明市机动车注册登记车辆为97.78万辆，实施环保定期检测车辆81.15万辆（其中新增8.25万辆，免检车辆38.08万辆），环保定期检测率为82.99%，较上年提高2.99%。

城市禁煤、禁白和烟控区、噪声达标区建设 全省禁煤工作有效推进，城市“高污染燃料禁燃区”、“烟尘控制区”不断扩大，清洁能源使用率逐年提高。昆明正式实施《昆明市高污染燃料禁燃区管理规定》在昆明4城区、呈贡新城内禁煤，禁燃范围由原来的55平方公里扩大到330平方公里。保山市在全省首家成功推行公交车、出租车、公用车全面使用天然气；曲靖市继续巩固于2005年在麒麟区开展并完成的主城区禁燃烟煤工作；宣威市在主城区全面实施禁燃煤工程；昭通市推广固硫型煤减少城区SO_2排放，改善城市空气质量。

全省从限塑向禁塑过渡。昆明实施《昆明市禁止生产、销售、使用不可降解塑料袋管理办法》。迪庆、丽江、大理“禁白”成效进一步巩固。

全省累计建成烟控区27个，比上年新增3个（保山、楚雄、玉溪）。昆明新增烟控区面积21.15平方公里，全省新增烟控区面积73.67平方公里，总面积达493.45平方公里；建成环境噪声达标区37个，比上年新增2个（保山、玉溪），新增面积23.19平方公里，总面积达303.19平方公里。

城市环境综合整治定量考核及国家环保模范城市创建 全省17个设市城市环境综合整治定量考核得分排序由高到低为，地级市排名：昆明市、保山市、普洱市、曲靖市、昭通市、玉溪市、丽江市、临沧市。县级市排名：个旧市、景洪市、潞西市、安宁市、大理市、瑞丽市、楚雄市、开远市、宣威市。

昆明市、安宁市、个旧市、景洪市城市政府高度重视“国家环境保护模范城市”创建，工作取得积极进展，各创模城市超额完成主要污染物减排任务，全年空气质量均为优良。

重点饮用水源地环境保护规划 完成了全省129个县（市、区）的224个城镇主要集中式重点饮用水源地环境保护规划编制工作，对全省21个重点城市，含16个州（市）政府所在地及安宁、个旧、开远、宣威、瑞丽市的46个集中式饮用水源地进行了保护区划分并将划分报告上报省政府审批。

生态环境保护与建设

全省生态环境总体保持稳定，生物多样性保护得到加强，农村环境保护稳步推进，城乡生态环境有所改善，生态保护和建设取得成效。但局部地区生态环境恶化趋势没有得到有效遏制，生态环境问题趋于复杂化，全省生态环境仍然面临严峻形势。

自然保护区 全省共建自然保护区152个，其中国家级16个，省级45个，州市级55个，县级36个，总面积285.3万公顷，占全省国土面积的7.23%，基本形成了各种级别、多种类型的自然保护区网络，使全省绝大部分的自然生态系统及珍稀濒危野生动植物在自然保护区中得到了有效保护。

森林资源现状及变化趋势 全省林地面积2424.76万公顷，占全省土地总面积的61.52%。全省森林覆盖率为49.91%。全省活立木蓄积15.48亿立方米，其中森林蓄积13.99亿立方米，森林面积约占全国1/10，活立木总蓄积约占全国1/8。

继续实施天然林资源保护工程、珠江流域重点防护林体系建设工程、退耕还林工程、野生动植物保护及自然保护区建设工程、速生丰产林基地建设工程及其他林业工程措施，全省森林资源呈现稳步增长的态势。森林资源变化总的趋势是数量增加，质量改善，覆盖率提高。

物种及其分布情况 全省12个森林类型里蕴藏着多种高等植物，占全国总数的46%以上，陆生野生脊椎动物1416余种，占全国总数的52.8%。

濒危物种的现状 在我国公布的401种重点保护野生动物和246种8类重点保护野生植物中，云南省各有222种和114种8类，分别占总数的55.4%和46.3%。

湿地资源的种类和面积 全省现有天然湿地总面积3439平方公里，其中河流湿地1595平方公里，湖泊湿地1754平方公里，沼泽和沼泽化草甸湿地90平方公里。全省有湿地类型自然保护区11处。列入“国际重要湿地”的自然保护区有4处，即大山包国家级自然保护区和碧塔海、纳帕海、拉市海省级自然保护区。

措施与行动

自然保护区建设管理和生物多样性保护 省政府组织召开了滇西北生物多样性保护工作会议和座谈会，广泛听取了国内外NGO环保组织和有关专家的意见和建议。举办了生物多样性与农业专题讲座，普及宣传农业生物多样性知识。基本建立了云南生物多样性基础数据库。完成了云南生物多样性评价指标试点工作，以物种丰富度、生态系统类型多样性、植被垂直层谱的完整性、物种特有性与外来物种入侵度5个指标对全省129个县的生物多样性进行了综合评估。根据评价结果，云南物种极为丰富，其中记录有脊椎动物1972种，高等植物1.83万种；生态系统丰富和复杂，有12个植被型、34个植被压型、445个群系、数量众多的植物群从；生物多样性评价为“高”的有15个县（区），评价为“中”的有71个县（区），评价为“一般”的有37个县（区），评价为“低”的有6个县（区）。

生态市（州）、县（市、区）创建 推进生态市（州）、生态县建设，昆明市及14个县（市、区）、峨山、易门县生态建设规划已实施；楚雄州生态州建设规划已通过技术审查；通海县、弥勒县等县正在编制生态建设规划；西双版纳州和滇西北5州（市）18个县启动生态市（州）、生态县建设。西双版纳州、通海县、红塔区、澄江县被国家命名为国家级生态示范区。全省共创建全国环境优美乡镇10个，国家级生态村1个，云南省生态乡镇123个。

农村环境保护 开展“以奖促治”的村庄环境综合整治试点示范，争取中央专项资金1108万元。编制了《云南省农村环境综合整治规划(2009年~2015年)》。完成了《云南省九大高原湖泊沿湖村庄环境综合整治工作方案》，开展以农村饮用水源地污染防治、农村生活污染防治、畜禽养殖污染防治、农村工业污染防治、控制农业面源污染为重点的“四治一控”工作。

全省实施测土配方施肥项目县累计达77个，

项目资金累计达9970万元。测土配方施肥项目县占全省总县数的60%。2008年完成测土配方施肥推广面积2403.88万亩，2008年全省各项目县累计举办不同层次测土配方施肥技术培训4653期次，培训技术人员4.12万人，培训营销人员2.54万人，培训农民162.9万人，发放培训资料202万份。对项目区农户发放459万份的配方卡及施肥建议卡，并结合对农户的技术培训和田间技术指导，为345.8万农户提供测土配方施肥技术服务。

全省农村户用沼气累计保有量217.8万户，农村改灶累计保有量619万户。2008年全省新增户用沼气24.7万户，其中农村国债沼气项目投资2.7亿元，完成建设任务12.42万户，新增农村改灶15.67万户。

继续深入开展无公害农产品、绿色食品和有机食品生产基地建设工作全省共有93个产地获得无公害农产品产地认证，面积达912.13万亩；共有55家企业120个产品获得无公害产品认证，认证面积123.5万亩，产量达57.5万吨；共有79家企业119个产品获得绿色食品标志，认证面积103.66万亩，产量54.46万吨；共有18家企业29个产品获得有机食品认证，认证面积7.07万亩，产量9800吨。累计“三品”认证数达到1290个。

水土保持 认真抓好“长治”工程、“珠治”工程、西南诸河小流域重点治理工程等水土保持重点工程，全面启动实施世界银行贷款水土保持项目。全省共完成水土流失治理面积2522平方公里，占年度计划2400平方公里的105%，其中完成坡改梯2.05万公顷，种植水保林4.70万公顷、经济林4.91万公顷、草3300公顷，封育治理10.94万公顷。新建小型水利水保工程1.65万座（口），完成土石方量3557.4万方。新实施生态修复面积1686平方公里。全年水土保持工作共完成投资7.29亿元。

重大生态工程 圆满完成2007年、2008年退耕还林工程建设任务170万亩（荒山荒地造林135万亩，封山育林35万亩）。

2008年国家下达云南省天然林管护任务1.8亿亩，实际完成1.9亿亩，占年计划的105.6%，落实森林管护人员3.26万人。全省公益林建设任务154.08万亩，全额完成公益林建设任务。

开展了纳板河、会泽黑颈鹤、大理苍山洱海3个国家级自然保护区能力建设项目申报工作，获得国家专项资金220万元支持。

南滚河、无量山国家级自然保护区基础设施建设一期项目、哀牢山国家级自然保护区基础设施建设二期项目竣工验收，提高了保护区管理机构的管理能力。继续争取国家对国家级自然保护区建设投入，国家林业局批复南滚河、无量山国家级自然保护区二期建设项目，总投资1791万元。继续实施大山包、大围山、黄连山、文山、药山、永德大雪山国家级自然保护区一期建设，分水岭、高黎贡山国家级自然保护区二期建设项目，西双版纳、白马雪山国家级自然保护区三期工程，以及拉市海、碧塔海、纳帕海、大山包国际重要湿地保护建设。

湿地保护 积极争取国家湿地生态保护资金，开工建设大山包、苍山洱海、会泽黑颈鹤、拉市海、碧塔海、纳帕海、泸沽湖、海峰等湿地保护区保护工程。经国家林业局批准，设立红河哈尼梯田国家湿地公园1处。

专 栏

环境信访 全年省级共受理群众来信303件，已办结290件，办结率95.7%；接待群众来访84批177人次，已办结84批次，办结率100%。收到人大代表建议5件、政协提案27件，已全部按要求办理完毕。

排污费征收 全省排污费共征收2.81亿元，完成全省排污费2.4亿元的征收任务，超额完成征收计划的17%。其中，上缴中央国库2804万元，上缴省级国库1.13亿元，州（市）以下国库1.4亿元。

突发环境事件 全省共发生突发环境事件14起。其中，Ⅲ级2起，Ⅳ级1起，非等级事件11起。全省各级环境监察部门均第一时间赶赴现场及时有效进行了调查。其中6起进行了应急监测。

环保专项行动 全省各地各有关部门深入开展了环保专项行动。全省共出动环境执法人员2.74万人次，检查企业6226家次，立案查处企业138家，结案126家，结案率为91%。全省共接到“12369”环保举报热线1308个，受理投诉案件1179件，办结投诉案件1161件，结案率98.5%。

国际环保交流与合作 由亚洲开发银行援助的《大湄公河次区域生物多样性保护廊道建设云南（西双版纳和德钦）示范项目》、《大湄公河次区域环境绩效评估项目》、《大湄公河次区域南北经济廊道战略环评项目》，全球环境基金援助的《老君山生物多样性保护示范项目》，瑞典政府援助的《云南省规划/战略环评能力建设项目》，英国政府援助的《云南省可持续消费和生产示范项目》，履约项目《云南省加强地方消耗臭氧层物质淘汰能力建设项目》等合作项目顺利实施。世行贷款《云南城市环境建设项目》已经完成项目评估。申请的《中英合作—云南省排污许可证制度能力建设项目》获得批准。

成功举办了由英国驻重庆领事馆和云南省环境保护厅共同主办的“中英—云南低碳经济论坛”，交流和分享了英国发展低碳经济的经验与做法。

环境监督执法 向社会通报了10项环境违法违规事项；全省各级环境保护行政主管部门共实施现场监督检查3.64万起，处罚金额1359.9万元。其中省级处罚18个违法项目，处罚金额215万元；办理行政复议案件5起；行政诉讼案件1起。

出台并实施了《昆明市机动车排气污染防治条例》、《云南省景东彝族自治县环境保护条例》、《昆明市高污染燃料禁燃区管理规定》。

环保科技与标准 国家水体污染控制与治理重大科技专项的滇池流域水污染控制及富营养化治理关键技术与示范项目和富营养化初期湖泊（洱海）水体污染综合防治技术研究与工程示范项目实施方案通过“水专项”总体专家组专家的论证，2个项目已启动。“十五”国家“863”项目《滇池入湖河流水环境治理技术与工程示范》项目圆满完成，通过了科技部主持的验收。项目开发出5项集成技术系统，建成了5项示范工程，申请发明专利31项。共安排环境科技项目40项，投入1224万元。

强制性清洁生产审核 公布了《云南省第三批强制性清洁生产审核重点名单》36家企业，对第三批强制性清洁生产审核名单的重点企业负责人和企业所在地环保局人员57人进行了清洁生产法规及审核知识培训。23家重点企业通过了强制性清洁生产审核验收，共实施清洁生产方案710项，当年投入资金4800多万元，经培训936名企业员工获得内审员证。通过实施清洁生产方案，相关企业在节能、降耗、减污、增效方面取得了明显成效。

泛珠江三角区域、滇沪、滇川环保合作 充分发挥泛珠合作机制，派专业技术人员携设备赴四川地震灾区开展环境应急监测等工作。和段琪副省长率团出席了“2008澳门国际环保合作发展论坛及展览”，3家环保企业参加了本次展览。印发实施了《泛珠三角区域跨界污染纠纷行政处理办法》。开展了泛珠三角区域环境经济政策以及污水和固体废物处理技术交流。

迪庆州环境监测站能力建设项目纳入了上海方援助计划，援助资金80万元。按计划完成了白玉兰远程教育培训任务，共有80余人参加了培训，30名城考技术人员参加了在上海举办的第二期城市环境管理培训班。

主办了“云南四川2省环境保护协调委员会”第五次会议，进一步巩固和完善了双方环境保护协调机制；拓宽了双方在生态保护领域的合作。2省联合开展了对泸沽湖流域、溪洛渡和向家坝水电站工程环境监察工作。完成了2省跨界水域金沙江干流、泸沽湖水质同步监测任务，加强环境监测信息交流和通报。继续开展两省金沙江、泸沽湖等重点区域流域的环保科研合作。

环境保护机构与队伍建设 2008年全省环保队伍人数总计4411人。共有127个县（市、区）成立独立建制的环境保护局。省级培训环保系统人员2344人次。

建设项目环境管理 省、州（市）、县（市、区）环保部门共审批建设项目环评文件6813项，比上年增加了1163项（增长20.6%），涉及固定资产投资2151.1亿元，比上年增加了481.9亿元（增长28.9%）；建设项目竣工环保验收1348项，与上年相比增加了406项（增长43.1%）。

进一步推进规划环评的开展，共完成规划环评审查54项。依法行政，严格环评和“三同时”管理，加大执法力度，进一步强化对新（改、扩）建项目的“三同时”现场检查。省级共出动执法人员146人次，对化工、冶金、轻工、建材、机场、机械电子、火电、水电、房地产等9个行业的72个新（改、扩）建项目进行了“三同时”现场检查，对17家违反环评及“三同时”企业进行处罚，罚款200余万元。

绿色创建、绿色传播行动 与滇西北生物多样性保护工作会议同步举行了“魅力三江·七彩云南”滇西北生物多样性保护大型主题活动，参加活动的社会各界人士共同发表《滇西北生物多样性保护丽江宣言》。

开展了“七彩云南，我的家园”环保有奖征文活动。分别在春城晚报、云南人民广播电台香格里拉之声开辟了“七彩云南，我的家园”环保有奖征文专栏，共收到来自全国各地征文稿件4700余件。评选出一等奖5名，二等奖10名，三等奖15名，优秀奖30名，优秀组织奖6个。与云南电视台合办《绿色在线》栏目荣获2008年度云南省政府社教节目二等奖和国家广电总局少儿精品栏目三等奖。《中国环境报》全年刊登云南稿件250篇。

开展了申报第四批省级绿色学校教师培训和抽查工作，完成了第四批绿色学校的评审工作，

100 所学校（幼儿园）被授予省级绿色学校。完成了会泽县大桥乡杨梅山“富士施乐环保学校”建设工作。编写、出版了七彩云南保护“绿色传播行动”系列丛书《青少年环境教育读本》。

举办了世界自然基金会（WWF）资助的“媒体与公众参与澜沧江流域水环境保护能力建设”和“云南省环境教育与可持续发展教育课程改革”培训班。

第一次污染源普查 2008 年，全省进入全面普查工作阶段。完成了各县（市、区）入户登记、数据初审、数据录入工作；各县（市、区）的普查数据经县级审核，州（市）、省逐层抽查后，由全省 129 个县（市、区）直接向国家上报了第一阶段污染源普查数据；全省各级普查机构对数据审核汇总后，按时向国家上报了第二阶段初报数据；经国家普查办确认和省政府同意，上报了全省普查最终数据。

国务院第一次全国污染源普查工作领导小组办公室核查组对云南省的污染源普查工作进行了三次检查，检查中对云南省污染源普查工作给予了高度评价。

成功承办了第一次全国污染源普查全面普查阶段工作会暨普查员入户普查出发仪式。

主要污染物减排 围绕主要污染物削减目标，从加快推进工程减排、结构减排、管理减排入手，制定减排计划，签订污染减排目标责任书，加强对全省减排工作的检查考核，建立了省级污染减排专项资金，全年完成省级重点工程减排项目 118 个，重点结构减排项目 141 个，重点管理减排项目 13 个。其中国电阳宗海电厂 1#、2# 2 台 20 万千瓦机组、国电宣威电厂 9#、10# 2 台 30 万千瓦机组脱硫项目投运，华电昆明发电厂 2 台 10 万千瓦小火电机组和国电小龙潭发电有限公司的 6 台 10 万千瓦小火电机组提前关停，淘汰了一批水泥、化工、冶炼等落后产能，在全省制糖行业推广临沧永德糖业集团污染减排的技术和经验，一批制糖企业污染减排工程项目如期完成，有力地支撑了全省 COD 减排任务的完成。加大 183 家国控、省控重点企业监测和监管力度，强化对 8 户装机 30 万千瓦以上火电机组的现场监察，对 118 个省级减排工程跟踪检查，通报了一批没有按期完成污染减排任务和运行不正常的企业。积极推进污染减排统计、监测、考核“三大体系”建设。大力推动县级以上城市污水处理厂、垃圾处理场建设。昆明市完成了主城区污水处理系统 50.4 公里管网和呈贡新区排水管网建设，第七污水处理厂和呈贡县污水处理厂正加紧建设。

经国家初步核定，2008 年全省 SO_2 净削减 3.2 万吨，较上年削减 6%，完成了减排 3% 的年度目标任务，比 2005 年下降 3.9%；COD 净削减 9500 吨，较上年削减 3.29%，完成了 2.5% 的年度减排目标任务，比 2005 年下降了 1.59%。

污染减排“三大体系”能力建设 加大对污染减排“三大体系”能力建设的投入力度，着力加强环境监测、环境监察、环境辐射管理建设。污染减排“三大体系”建设共投入资金 1.38 亿元，其中环境监测 1.21 亿元，监察机构执法建设 1595 万元，主要用于提升省环境监测中心站、16 个州（市）环境监测站的装备水平和 16 个县级环境监测站、5 个环境辐射管理机构和 69 个环境监察机构的标准化建设，有力地促进了云南省污染减排“三大体系”建设工作。

全省土壤污染状况调查 全省共完成 1937 个土壤样品的采集、制备、样品库建设工作和土样的理化无机、有机氯农药、酞酸酯、多环芳烃、多氯联苯等项目的分析测试，获得 16.05 万个分析数据，基本建立了云南省土壤污染状况调查数据库。编制完成了《云南省重点区域土壤污染风险评估与安全性划分 8 个子项目工作方案》。

滇西北生物多样性保护 云南省人民政府在丽江召开了滇西北生物多样性保护工作会议，发表了《滇西北生物多样性保护丽江宣言》，出台了《云南省人民政府关于加强滇西北生物多样性保护的若干意见》，建立了滇西北生物多样性保护联席会议制度，印发了《滇西北生物多样性保护联席会议工作制度》和《滇西北生物多样性保护专家咨询委员会工作制度》，组织召开了滇西北生物多样性保护联席会议第一次会议。编制了《滇西北生物多样性保护规划纲要（2008～2020 年）》、《滇西北生物多样性保护行动计划（2008～2012 年》和《滇西北地区禁止发展、限制发展和退出产业名录》。

环境信息 “七彩云南保护行动网站”开辟网上环保咨询、意见建议、投诉办理、政务公开等栏目，积极推进政务公开。“七彩云南保护行动网站”在省直部门网站绩效评估中名列第一，日均访问量达到 2000 人次。全省 16 个州（市）129 个县环保局全部完成了网站建设。省、州两级环保系统电子公文传输系统正式启动并成功运行。省环保厅被省政府授予“2008 年政府信息公开工作优秀单位”。

· 责任编辑 · 杨利华

国民经济统计资料

National Economy Statistics

2008年人口与自然资源

指标	单位	2008年	指标	单位	2008年
全省年底人口总数	万人	4543.00	主要湖泊湖面面积		
人口密度	人/平方公里	115.30	滇池	平方公里	306.30
全省土地面积	万平方公里	39.40	洱海	平方公里	250.00
其中：山地高原	万平方公里	37.00	抚仙湖	平方公里	212.00
民族自治地区土地面积	万平方公里	27.67	阳宗海	平方公里	31.00
全省荒山荒地面积	万公顷	1290.40	星云湖	平方公里	39.00
其中：宜农荒地	万公顷	286.70	程海	平方公里	78.80
全省森林面积	万公顷	1560.03	泸沽湖	平方公里	51.80
全省水面面积	万公顷	27.90	主要河流境内河长		
主要山峰高程			大盈江	公里	196
高黎贡山	米	3374	陇川江	公里	332
碧罗雪山	米	4141	怒江	公里	618
梅里雪山（卡格博峰）	米	6740	澜沧江	公里	1227
玉龙雪山（扇子陡峰）	米	5596	金沙江	公里	1560
点苍山（马龙峰）	米	4122	元江	公里	680
大雪山	米	3504	南盘江	公里	677
无量山	米	3291	全省水力资源蕴藏量	亿千瓦	1.04
哀牢山	米	2940	全省铁矿保有资源储量	亿吨	35.67
拱王山	米	3677	全省煤矿保有资源储量	亿吨	271.07
			全省磷矿石保有资源储量	亿吨	40.28

主要年度国民经济主要指标

指标	单位	1978年	1990年	1995年	2000年	2005年	2007年	2008年
年末总人口	万人	3091.50	3730.60	3989.6	4240.8	4450.4	4514.00	4543.0
年末从业人员数	万人	1313	1923	2149	2295.4	2461.3	2573.81	2638.4
生产总值（当年价）	亿元	69.05	451.67	1206.68	1955.09	3472.89	4741.31	5700.10
农林牧渔业总产值（当年价）	亿元	40.02	211.72	474.46	680.86	1068.58	1414.79	1641.46
工业总产值（当年价）	亿元	55.43	345.26	1079.46	1589.36	3249.84	5137.30	5738.81
轻工业产值	亿元	23.84	181.14	584.60	802.70	1120.47	1830.16	1447.80
重工业产值	亿元	31.60	164.12	494.86	786.66	2129.37	3307.14	4291.01
主要工农业产品产量								
粮食	万吨	864	1061	1188.91	1467.8	1514.93	1460.70	1518.59
油料	万吨	5.51	13.31	19.58	26.98	36.22	36.65	40.38

续 表

指　　标	单位	1978 年	1990 年	1995 年	2000 年	2005 年	2007 年	2008 年
甘蔗	万吨	160.01	661.88	1055.92	1420.29	1415.50	1938.67	1898.75
烤烟	万吨	12.26	43.60	76.07	64.61	77.22	76.68	83.94
水果	万吨	11.62	31.97	55.71	76.95	136.63	251.97	313.44
茶叶	万吨	1.78	4.48	6.40	7.94	11.59	16.99	17.15
猪牛羊肉	万吨	29.23	74.74	120.45	191.51	277.32	238.60	257.20
水产品	万吨	1.12	4.60	8.44	16.62	23.85	33.39	39.37
布	万米	10507	17974	13964	5855	1385	616.49	374.78
机制纸及纸板	万吨	5.12	15.43	30.41	22.32	28.88	37.72	42.79
糖	万吨	13.49	51.01	94.21	152.25	153.57	188.04	211.02
卷烟	万箱	63.3	448.25	680.45	612.77	631.47	670.26	679.55
钢	万吨	35.12	80.15	140.50	189.41	513.41	883.85	901.31
成品钢材	万吨	25.59	68.97	144.34	183.71	486.93	789.99	836.60
原煤	万吨	1483	2227	2803	2216	6462	7755	8657
发电量	亿千瓦小时	52.51	125.78	228.42	317.46	624.20	904.51	1039.56
农用化肥	万吨	42.05	90.32	121.46	197.22	265.84	317.64	338.27
水泥	万吨	131.23	470.73	996.93	1642.80	2832.62	3568.53	4011.98
木材	万立方米	211.7	244.86	390.88	127.16			
运输邮电								
货运周转量	亿吨公里	62.34	260.67	307.71	479.52	656.49	790.73	831.68
旅客周转量	亿人公里	24.25	87.67	137.93	237.94	331.60	404.43	426.40
邮电业务总量	万元	3016	12737	139729	990739	2722000	4693535	5673000
全社会固定资产投资	亿元	15.04	75.74	380.57	697.94	1755.30	2798.89	3526.60
国有单位投资	亿元	13.44	51.22	262.84	466.20	815.27	1211.78	1426.95
基本建设	亿元	11.77	28.01	133.32	342.12	669.40		
更新改造	亿元	1.66	17.57	96.45	71.92	123.19		
社会消费品零售总额	亿元	28.38	145.59	369.55	583.17	1034.40	1394.54	1718.54
进出口总额	万美元	10420	75114	212102	181283	473822	877976	959936
出口	万美元	6948	56241	133097	117516	264158	473612	498696
进口	万美元	3472	18873	79005	63767	209664	404363	461240
地方财政收入	亿元	11.76	77.43	98.35	180.75	312.65	486.71	614.05
地方财政支出	亿元	18.28	90.76	235.10	414.11	766.31	1135.22	1470.24

注：1. 进出口数据包括边境贸易，1998 年以前为外贸业务数，1999 年以后为海关进出口统计数。

2. 农林牧渔业总产值从 2003 年开始按新口径统计。

主要时期国民经济主要指标增长速度

指　　标	2008年比下列各年增长%						平均每年增长%		
	1978年	1990年	1995年	2000年	2005年	2007年	1979～2008年	"九五"时期	"十五"时期
年末总人口	47.0	21.8	13.9	7.1	2.1	0.6	1.3	1.2	1.0
年末从业人员数	1.0倍	37.2	22.8	14.9	7.2	2.5	2.4	1.1	1.4
生产总值	15.4倍	4.4倍	2.3倍	1.1倍	39.7	11.0	9.8	8.7	9.0
农林牧渔业总产值	4.3倍	1.8倍	1.2倍	65.7	25.6	7.9	5.7	6.3	5.7
工业总产值								8.9	12.7
轻工业								6.8	
重工业								10.9	
主要工农业产品产量									
粮食	75.8	43.1	27.7	3.5	0.2	4.0	1.9	4.3	0.6
油料	6.3倍	2.0倍	1.1倍	49.7	11.5	10.2	6.9	6.6	6.1
甘蔗	10.9倍	1.9倍	79.8	33.7	34.1	-2.1	8.6	6.1	-0.1
烤烟	5.8倍	92.5	10.3	29.9	8.7	9.5	6.6	-3.2	3.6
水果	26.0倍	8.8倍	4.6倍	3.1倍	1.3倍	24.4	11.6	6.7	12.2
茶叶	8.6倍	2.8倍	1.7倍	1.2倍	48.0	0.9	7.8	4.4	7.9
猪牛羊肉	7.8倍	2.4倍	1.1倍	34.3	-7.3	7.8	7.5	9.7	7.7
水产品	34.2倍	7.6倍	3.7倍	1.4倍	65.1	17.9	12.6	14.5	7.5
布	-96.4	-97.9	-97.3	-93.6	-72.9	-39.2	-10.5	-16.0	-25.0
机制纸及纸板	7.4倍	1.8倍	40.7	91.7	48.2	13.4	7.3	-6.0	5.3
糖	14.6倍	3.1倍	1.2倍	38.6	37.4	12.2	9.6	10.1	0.2
卷烟	9.7倍	51.6	-0.1	10.9	7.6	1.4	8.2	-2.1	0.6
钢	24.7倍	10.2倍	5.4倍	3.8倍	75.6	2.0	11.4	6.2	22.1
成品钢材	31.7倍	11.1倍	4.8倍	3.6倍	71.8	5.9	12.3	4.9	21.5
原煤	4.8倍	2.9倍	2.1倍	2.9倍	34.0	11.6	6.1	-4.6	23.9
发电量	18.8倍	7.3倍	3.6倍	2.3倍	66.5	14.9	10.5	6.8	14.5
农用化肥	7.0倍	2.7倍	1.8倍	71.5	27.3	6.5	7.2	10.2	6.2
水泥	29.6倍	7.5倍	3.0倍	1.4倍	41.6	12.4	12.1	10.5	11.5
木材								-20.1	
运输邮电									
货运周转量	12.3倍	2.2倍	1.7倍	73.4	26.7	5.2	9.0	9.3	6.5
旅客周转量	16.6倍	3.9倍	2.1倍	79.2	28.6	5.4	10.0	11.5	6.9
全社会固定资产投资	233.5倍	45.6倍	8.3倍	4.1倍	1.0倍	26.0	20.0	16.5	20.3
国有单位投资	105.2倍	26.9倍	4.4倍	2.1倍	75.0	17.8	16.8	16.6	11.8
基本建设								25.5	

续 表

指　　标	2008年比下列各年增长%						平均每年增长%		
	1978年	1990年	1995年	2000年	2005年	2007年	1979~2008年	“九五”时期	“十五”时期
更新改造								1.3	
社会消费品零售总额	59.6倍	10.8倍	3.7倍	1.9倍	66.1	23.2	14.7	9.6	12.1
进出口总额				4.3倍	1.0倍	9.3			21.2
出口				3.2倍	88.8	5.3			17.6
进口				6.2倍	1.2倍	14.1			26.9
地方财政收入			5.2倍	2.4倍	96.4	26.2		12.9	11.6
地方财政支出	79.4倍	15.2倍	5.3倍	2.6倍	91.9	29.5	15.7	12.0	13.1

注：1999年及以后的进出口总额因口径与往年不一样故不可比。

生　产　总　值

单位：亿元

年份	生产总值	第一产业	第二产业			第三产业			人均生产总值（元）
				工业	建筑业		#运输邮电业	#商业	
1978	69.05	29.46	27.58	20.91	6.67	12.01	2.34	4.49	226
1979	76.83	32.38	30.50	23.56	6.94	13.95	2.72	5.21	247
1980	84.27	35.89	33.98	25.86	8.12	14.40	2.80	5.16	267
1981	94.13	41.23	35.80	28.62	7.18	17.10	3.33	6.09	294
1982	110.12	47.04	42.39	34.21	8.18	20.69	4.01	7.41	339
1983	120.07	49.33	47.28	39.08	8.20	23.46	4.56	8.37	363
1984	139.58	57.33	54.38	44.14	10.24	27.87	5.42	9.94	417
1985	164.96	66.07	65.41	52.51	12.90	33.48	6.51	11.94	486
1986	182.28	71.32	70.83	61.09	9.74	40.13	7.84	14.20	529
1987	229.03	84.06	84.30	73.30	11.00	60.67	11.80	21.66	653
1988	301.09	103.47	112.40	99.19	13.21	85.22	14.57	33.01	845
1989	363.05	119.01	138.06	124.73	13.33	105.98	18.47	39.48	1003
1990	451.67	168.13	157.80	142.77	15.03	125.74	19.82	40.44	1224
1991	517.41	169.48	179.56	162.32	17.24	168.37	23.64	52.76	1377
1992	618.69	186.80	219.03	193.90	25.13	212.86	25.19	73.64	1625
1993	783.27	191.45	325.57	284.65	40.92	266.25	30.52	95.84	2030
1994	983.78	236.25	428.68	383.91	44.77	318.85	39.01	114.70	2515
1995	1222.15	302.69	534.78	480.95	53.83	384.68	49.93	134.91	3083
1996	1517.69	360.48	669.06	599.82	69.24	488.15	67.97	161.27	3780
1997	1676.17	387.02	743.82	657.05	86.77	545.33	77.37	169.34	4121
1998	1831.33	403.43	818.26	705.55	112.71	609.64	90.76	183.14	4446
1999	1899.82	406.87	811.90	686.09	125.81	681.05	110.48	194.42	4558

续　表

年份	生产总值	第一产业	第二产业			第三产业			人均生产总值(元)
				工业	建筑业		#运输邮电业	#商业	
2000	2011.19	431.80	833.25	704.00	129.25	746.14	123.23	216.33	4769
2001	2138.31	444.42	868.06	730.81	137.25	825.83	142.34	221.24	5015
2002	2312.82	463.44	934.88	788.44	146.44	914.50	154.71	239.25	5366
2003	2556.02	494.60	1047.66	882.08	165.58	1013.76	176.38	244.87	5871
2004	3081.91	593.59	1281.63	1066.41	215.22	1206.69	219.90	278.68	7012
2005	3472.89	669.81	1432.76	1180.83	251.93	1370.32	250.46	345.58	7835
2006	4006.72	749.81	1712.60	1408.76	303.84	1544.31			8970
2007	4741.31	837.35	2051.08	1711.78	339.30	1852.88			10540
2008	5700.10	1020.94	2451.09	2056.95	394.14	2228.07			12587

注：本表按当年价格计算

生产总值指数

（上年＝100）

年份	生产总值	第一产业	第二产业			第三产业			人均生产总值
				工业	建筑业		#运输邮电业	#商业	
1978	121.7	113.7	129.0	128.3	132.6	119.2	94.0	121.4	118.9
1979	103.1	93.0	105.8	106.3	103.2	114.8	115.8	117.1	101.3
1980	108.5	109.8	110.1	109.4	113.9	102.5	103.3	98.3	107.1
1981	107.8	109.3	103.3	105.7	91.5	117.2	119.0	111.9	106.3
1982	115.5	112.8	115.1	115.7	111.6	120.4	120.4	129.2	113.6
1983	108.4	104.2	108.9	110.3	100.2	113.3	113.7	115.3	106.6
1984	114.5	113.7	112.9	111.8	120.0	118.9	119.2	120.5	113.0
1985	113.0	106.8	113.6	112.6	119.3	119.6	125.1	116.7	111.5
1986	104.3	97.7	106.6	106.6	106.7	107.1	114.6	100.4	102.7
1987	112.3	107.7	110.4	110.3	111.0	120.7	120.5	112.0	110.4
1988	116.0	107.8	118.5	118.1	120.8	119.0	115.8	115.5	114.1
1989	105.8	103.2	103.9	104.5	100.4	111.3	120.4	104.5	104.1
1990	108.7	108.5	109.8	110.1	107.9	107.1	104.8	104.5	106.7
1991	106.6	101.1	108.9	109.3	105.5	111.0	110.0	102.9	104.7
1992	110.9	103.0	116.8	115.2	133.5	113.4	111.6	119.4	109.4
1993	111.1	102.5	113.7	113.2	117.8	117.0	118.1	112.3	109.6
1994	112.2	103.0	117.3	117.7	114.0	114.7	121.1	114.3	110.7
1995	111.7	105.0	113.5	114.2	107.1	115.2	116.8	109.3	110.2
1996	111.1	105.2	111.5	112.0	106.6	115.1	121.6	111.3	109.7
1997	109.7	104.6	110.6	109.6	120.4	112.3	119.1	104.7	108.3
1998	108.1	103.0	109.2	107.2	126.6	110.3	108.8	109.3	106.8

续 表

年份	生产总值	第一产业	第二产业	工业	建筑业	第三产业	#运输邮电业	#商业	人均生产总值
1999	107.3	104.5	107.0	106.5	110.9	109.3	116.6	107.9	106.0
2000	107.5	105.6	105.8	107.0	97.2	110.4	107.5	114.8	106.3
2001	106.8	103.9	103.9	103.9	104.2	111.7	119.2	103.1	105.6
2002	109.0	103.8	109.3	110.0	105.8	111.4	108.4	110.6	107.8
2003	108.8	105.5	110.1	110.2	109.7	109.1	111.3	102.4	107.7
2004	111.3	105.3	112.7	111.8	117.8	112.8	120.9	109.2	110.3
2005	109.0	106.1	108.1	107.5	111.1	111.4	111.4	115.9	108.1
2006	111.9	106.8	117.0	116.5	119.2	109.2			111.1
2007	112.5	105.5	115.2	117.0	106.9	112.6			111.7
2008	111.0	107.6	111.4	112.5	105.5	112.1			110.3

注：本表指数按可比价格计算

人口与就业人员

单位：万人

指　　标	1995 年	2000 年	2005 年	2007 年	2008 年
一、年末总人口	3989.6	4240.8	4450.4	4514.0	4543.0
按性别分：					
男性人口	2055.2	2192.0	2302.2	2330.9	2350.1
女性人口	1934.4	2048.8	2148.2	2183.1	2192.9
按城乡分：					
城镇人口	1821.3	990.6	1312.9	1426.4	1499.2
乡村人口	2168.3	3250.2	3137.5	3087.6	3043.8
按农业非农业分：					
农业人口	3445.5	3584.3	3720.5	3765.9	3789.4
非农业人口	544.1	656.5	729.9	748.1	753.6
出生率（‰）	20.75	19.05	14.72	13.08	12.63
死亡率（‰）	8.03	7.57	6.75	6.22	6.31
自然增长率（‰）	12.73	11.48	7.97	6.86	6.32
二、就业人员数	2148.5	2268.50	2461.3	2573.81	2638.37
1. 全部职工	311.5	273.40	235.71	280.72	286.73
国有经济单位	262.9	220.60	168.39	175.17	177.78
城镇集体经济单位	43.3	23.70	10.65	11.93	10.44
其他各种经济单位	5.3	29.10	56.67	93.62	98.51
#联营经济	0.6	0.29	0.19	0.28	0.24
股份制经济	2.2	25.50	45.69	50.74	56.01
外商投资经济	1.0	1.23	1.58	2.44	2.49
港、澳、台投资经济	1.3	1.61	1.53	2.29	2.30

续　表

指　　标	1995 年	2000 年	2005 年	2007 年	2008 年
其他经济	0.2	0.47	7.68	37.87	37.47
2. 城镇私营企业就业人员	3.9	22.90	76.09	75.34	101.51
3. 城镇个体就业人员	27.9	43.50	87.25	105.69	120.62
4. 乡村就业人员	1798.0	1921.90	2050.93	2096.50	2112.74
5. 城镇其他就业人员	7.2	6.80	11.32	15.56	16.77

全部职工工资总额和平均工资

指　　标	工资总额（亿元）		平均工资（元）	
	2007 年	2008 年	2007 年	2008 年
合　　计	566.49	683.69	20481	24030
1. 国有经济单位	398.49	473.30	22884	26765
#企业	145.10	168.23	26627	31042
事业	170.98	192.02	20800	22948
机关	82.41	113.05	22009	29011
2. 城镇集体经济单位	16.32	18.89	14054	18194
3. 其他各种经济单位	151.68	191.50	16697	19683
#联营经济	0.52	0.59	18848	24993
股份制经济	94.14	123.71	18553	22400
外商投资经济	5.07	6.13	21430	24327
港、澳、台投资经济	3.96	4.82	17922	20878
其他经济	47.99	56.25	13109	15203

全社会固定资产投资

单位：亿元

指　　标	1995 年	2000 年	2005 年	2007 年	2008 年
一、投资总额	380.57	697.94	1755.30	2798.89	3526.60
按三次产业分：					
第一产业			52.94	72.19	174.02
第二产业			653.31	997.47	1259.04
第三产业			1049.05	1729.23	2093.54
按经济类型分：					
1. 国有经济	262.84	466.20	815.27	1211.78	1426.95
2. 集体经济	38.55	47.44	79.47	193.99	228.97
#城镇	9.92	10.38	16.18	73.01	70.40
农村	28.63	37.05	63.29	120.98	158.57
3. 个体私营经济	39.52	110.02	240.58	586.36	752.58
#城镇	3.57	60.27	177.30	352.24	490.88
农村	35.95	49.75	63.28	234.12	261.70

续 表

指　　标	1995 年	2000 年	2005 年	2007 年	2008 年
4. 其他经济	39.66	74.28	619.98	806.76	1118.10
在投资总额中：					
房地产开发投资	36.63	83.23	246.91	422.86	557.69
二、全社会新增固定资产	290.04	499.15	916.7	1331.81	1400.23
三、全社会竣工房屋面积（万平方米）	3442.00	3552.02	4468.7	5370.38	3540.77
#住宅	2291.19	2464.30	3041.3	3698.99	2389.91

财政、金融主要指标

单位：亿元

指　　标	1995 年	2000 年	2005 年	2007 年	2008 年
一、地方财政收入	98.35	180.75	312.65	486.71	614.05
二、地方财政支出	235.10	414.11	766.31	1135.22	1470.24
三、金融机构各项存款余额	1187.24	2465.68	5140.50	7170.87	8418.94
#企业存款	478.89	1038.40	1773.63	2578.84	2882.69
四、金融机构各项贷款余额	924.67	1987.83	3987.58	5671.66	6594.33
五、金融机构现金收入	1403.37	5047.79	10287.27	14891.56	15208.87
六、金融机构现金支出	1450.92	5060.25	10342.45	14968.37	15262.01
七、居民储蓄存款余额	500.13	1138.22	2430.28	3046.40	3783.78
#定期储蓄		750.67	1399.14	1563.36	2046.46

注：金融机构各项贷款余额中不含开发银行在云南的统贷数。

各种物价总指数

（以上年价格为100）

指　　标	1995 年	2000 年	2005 年	2007 年	2008 年
居民消费价格指数	121.3	97.9	101.4	105.9	105.7
#城市	120.3	97.6	101.7	105.9	105.4
农村	121.8	98.4	101.0	105.9	106.0
服务项目价格指数	120.3	103.8	106.3	103.8	101.7
商品零售价格指数	118.1	97.6	100.1	104.4	106.1
#城市	116.3	97.0	100.4	103.8	105.3
农村	120.1	98.4	99.8	105.1	107.0
农业生产资料价格指数	125.5	98.9	105.9	107.0	116.6
工业品出厂价格指数	110.2	101.2	104.5	105.7	105.8
农产品生产价格指数			104.0	117.5	115.5
主要原材料、燃料、动力购进价格指数	113.2	101.5	106.5	108.2	111.6
固定资产投资价格指数	104.0	101.6	104.6	104.2	107.4

城镇居民家庭生活基本情况

年份	平均每户家庭人口(人)	平均每户就业人口(人)	平均每户就业面(%)	平均每一就业者负担人数(人)	人均年可支配收入(元)	人均年可支配收入指数(上年=100)	人均年消费性支出(元)	食品
1978	4.45	2.15	48.3	2.07	327.70	110.6	303.12	190.94
1979	4.39	2.16	49.3	2.03	362.40	109.6	342.60	214.56
1980	4.34	2.14	49.4	2.03	420.45	107.4	380.64	236.66
1981	4.28	2.20	51.4	1.95	446.41	105.4	411.57	247.19
1982	4.24	2.27	53.5	1.87	492.51	108.5	455.92	273.26
1983	4.21	2.29	54.4	1.83	532.54	107.5	480.13	285.94
1984	4.13	2.27	55.0	1.82	608.23	111.3	527.27	311.02
1985	3.85	2.03	52.7	1.89	752.29	110.5	703.56	360.39
1986	3.80	2.03	53.4	1.88	871.75	110.6	813.92	423.93
1987	3.77	2.01	53.3	1.88	989.37	105.6	883.52	481.85
1988	3.69	1.92	52.0	1.93	1156.49	96.6	1143.29	553.70
1989	3.67	1.92	52.3	1.91	1305.15	95.7	1140.71	621.33
1990	3.57	1.93	54.1	1.85	1514.81	114.3	1272.09	679.18
1991	3.48	1.91	54.9	1.82	1703.16	108.3	1428.28	763.42
1992	3.37	1.91	56.7	1.76	2061.74	109.6	1704.15	861.60
1993	3.30	1.87	56.7	1.76	2639.07	107.7	2186.29	1066.99
1994	3.20	1.83	57.1	1.75	3433.97	110.9	2843.69	1441.93
1995	3.17	1.84	57.8	1.73	4064.93	98.4	3448.27	1808.71
1996	3.13	1.86	59.4	1.68	4977.95	113.2	4007.48	1971.54
1997	3.12	1.88	60.3	1.66	5558.29	106.7	4537.08	2109.53
1998	3.05	1.83	60.0	1.67	6042.78	106.2	5032.67	2222.58
1999	3.05	1.80	59.0	1.69	6178.68	103.5	4941.26	2194.25
2000	3.12	1.77	56.7	1.76	6324.64	104.9	5185.31	2091.70
2001	3.04	1.60	52.6	1.90	6797.71	109.6	5252.60	2105.66
2002	3.00	1.56	52.0	1.92	7628.34	113.0	5828.06	2423.43
					(7240.65)			
2003	2.99	1.55	51.8	1.93	7643.57	104.2	6023.56	2506.62
2004	2.96	1.41	47.6	2.10	8870.88	109.4	6837.01	2895.60
2005	2.96	1.33	44.9	2.22	9265.90	102.7	6996.90	2997.06
2006	2.95	1.37	46.4	2.15	10069.87	106.7	7379.81	3102.46
2007	2.88	1.39	48.3	2.07	11496.11	107.8	7921.83	3562.33
2008	2.87	1.40	48.8	2.05	13250.22	109.4	9076.61	4272.29

注：1. 人均年可支配收入指数已扣除价格因素。

2. 从2003年起，人均年可支配收入按国家统计局规定的新口径统计，2002年括号内的数据系按新口径统计。

农民家庭生活基本情况

年份	平均每户常住人口（人）	平均每户整半劳动力（人）	平均每个劳动力负担人口（人）	平均每人全年纯收入（元）	平均每人全年纯收入指数（上年=100）	平均每人全年生活消费支出（元）	食品	平均每人年末居住面积（平方米）
1978	6.28	3.03	2.10	130.60	110.9	113.40	84.00	7.69
1979	6.01	2.83	2.12	125.21	95.9	111.50	81.00	8.37
1980	5.98	2.90	2.06	147.70	116.2	122.63	86.21	8.96
1981	5.93	2.92	2.03	178.08	115.9	137.75	91.83	9.10
1982	5.95	2.99	1.99	231.83	128.1	185.80	124.30	9.50
1983	6.04	3.37	1.79	266.66	112.8	223.81	144.63	11.68
1984	5.93	3.38	1.75	310.43	114.8	260.62	160.25	14.08
1985	5.83	3.31	1.76	325.74	96.7	267.01	177.91	14.92
1986	5.76	3.22	1.79	338.14	99.9	304.99	205.19	15.45
1987	5.68	3.20	1.77	364.57	104.1	325.65	217.26	15.86
1988	5.58	3.19	1.75	427.72	105.9	389.20	240.49	16.31
1989	5.50	3.20	1.72	477.89	100.6	436.18	269.18	16.56
1990	5.42	3.16	1.72	489.75	100.6	453.03	274.73	16.96
1991	5.20	3.02	1.72	572.58	103.4	501.36	315.10	18.02
1992	5.18	3.05	1.70	617.98	103.0	536.06	324.96	18.07
1993	5.10	3.11	1.64	674.79	101.3	625.19	382.60	20.12
1994	5.01	3.07	1.62	802.95	104.6	764.91	458.43	18.68
1995	4.94	3.12	1.59	1010.97	105.9	981.10	602.92	19.78
1996	4.90	3.15	1.56	1229.28	107.5	1209.16	743.33	19.80
1997	4.82	3.10	1.55	1375.50	104.9	1318.07	818.51	20.42
1998	4.68	3.05	1.53	1387.25	102.8	1312.31	801.99	20.64
1999	4.59	2.96	1.55	1437.63	104.3	1269.33	815.67	21.37
2000	4.56	2.85	1.60	1478.60	104.0	1270.83	749.22	22.18
2001	4.49	2.83	1.59	1533.76	104.3	1422.85	811.71	22.42
2002	4.48	2.87	1.57	1608.77	104.7	1381.54	772.61	23.72
2003	4.45	2.85	1.56	1697.12	105.0	1405.70	744.58	23.45
2004	4.41	2.88	1.53	1864.19	106.0	1569.98	847.24	23.53
2005	4.33	2.79	1.56	2041.79	106.5	1789.00	975.72	25.24
2006	4.35	2.85	1.53	2250.46	107.5	2195.64	1071.13	25.79
2007	4.32	2.85	1.52	2634.09	110.1	2637.18	1226.09	26.73
2008	4.32	2.86	1.51	3102.60	109.1	2990.61	1483.16	27.44

注：平均每人全年纯收入指数已扣除价格因素。

农村基本情况

指　标	单位	2007年	2008年	指　标	单位	2007年	2008年
一、农村基层组织情况				五、农业机械拥有量			
乡镇个数	个	1316	1307	农用机械总动力	万千瓦	1861.91	2013.92
#镇个数	个	584	580	#收获机械	万千瓦	6.15	7.98
村委会个数	个	12879	12856	排灌机械	万千瓦	118.09	135.77
二、农村户数、人口、劳动力				运输机械	万千瓦	164.12	445.44
乡村户数	万户	900.25	915.29	拖拉机	万台	36.13	47.08
乡村人口数	万人	3620.33	3639.71	六、农业四化			
乡村劳动力	万人	2218.47	2234.99	当年实际机耕面积	千公顷	603.01	1149.46
#乡村从业人员	万人	2096.51	2112.74	有效灌溉面积	千公顷	1517.1	1536.0
三、常用耕地面积	千公顷	4196.90	4185.50	化肥施用量（折纯）	万吨	158.13	167.67
四、水库总数	座	5405	5474	乡、村水电站装机容量	万千瓦	22.35	25.07
水库库容量	亿立方米	105.80	107.00	农村用电量	亿千瓦小时	48.47	50.44

农林牧渔业总产值及指数

年份	农林牧渔业总产值（亿元）	农业	林业	牧业	渔业	农林牧渔业总产值指数（上年=100）	农业	林业	牧业	渔业
1978	40.02	30.34	2.48	7.12	0.08	112.4	112.9	127.0	105.9	113.8
1979	44.71	33.15	3.17	8.30	0.09	94.4	92.2	108.9	98.6	124.9
1980	48.20	35.29	2.94	9.78	0.19	106.8	107.8	104.5	103.3	108.6
1981	55.20	40.46	3.77	10.77	0.20	108.9	109.9	107.9	105.1	107.3
1982	61.84	44.94	3.86	12.83	0.21	110.7	109.1	104.8	119.3	103.2
1983	65.68	46.84	4.73	13.87	0.24	105.5	103.5	116.2	108.2	114.3
1984	77.36	55.30	5.97	15.82	0.27	115.2	113.9	130.0	113.6	112.4
1985	88.88	60.24	7.89	20.35	0.40	106.4	104.5	114.7	108.4	122.3
1986	96.01	61.74	7.40	26.15	0.72	97.7	97.6	87.0	102.5	117.7
1987	111.25	72.02	8.85	29.44	0.94	106.1	108.4	96.0	103.0	122.4
1988	135.39	86.75	10.05	37.03	1.56	106.6	106.9	106.2	105.8	108.4
1989	152.68	96.08	12.97	41.70	1.93	102.9	101.8	105.5	105.1	106.7
1990	211.72	138.04	18.26	54.03	1.39	106.5	105.9	109.6	107.5	104.5
1991	222.93	147.17	18.69	55.70	1.37	105.6	106.1	102.5	105.3	107.2
1992	250.35	163.93	22.84	61.56	2.02	104.4	103.7	110.2	104.2	108.4
1993	281.21	179.39	25.39	72.89	3.54	103.0	101.7	118.8	106.0	120.7
1994	356.78	228.99	30.41	92.13	5.25	103.1	101.0	106.7	105.9	124.0
1995	474.46	299.48	40.53	127.19	7.26	106.5	107.2	102.3	106.0	120.8
1996	567.51	369.36	43.21	146.03	8.91	107.4	107.4	106.3	107.4	118.3
1997	612.01	397.09	40.40	163.93	10.59	108.2	108.0	106.9	109.1	111.4

续 表

年份	农林牧渔业总产值(亿元)	农业	林业	牧业	渔业	农林牧渔业总产值指数(上年=100)	农业	林业	牧业	渔业
1998	620.02	381.26	41.77	184.83	12.16	104.5	100.6	105.1	112.6	124.1
1999	642.48	394.96	45.60	188.82	13.10	105.0	104.2	102.7	109.0	110.9
2000	680.86	416.36	49.75	201.49	13.26	106.5	106.1	104.1	108.6	103.8
2001	703.53	431.31	47.21	210.63	14.38	103.6	103.8	96.4	105.6	106.9
2002	737.55	445.35	53.52	223.49	15.19	104.6	103.5	109.0	105.1	109.3
	(743.75)	(414.89)	(59.27)							
2003	799.33	433.91	73.17	242.53	16.56	106.6	104.7	114.4	107.2	113.6
2004	965.22	516.92	86.40	305.42	19.14	106.8	106.1	103.7	108.7	109.5
2005	1068.58	559.32	105.53	339.68	22.97	106.9	104.3	108.8	110.3	111.4
2006	1209.76	630.19	142.59	362.90	26.30	108.4	107.8	113.2	107.4	117.1
2007	1414.79	707.15	156.27	459.63	35.73	107.3	106.7	109.6	106.0	121.2
2008	1641.46	790.87	183.60	570.01	38.12	107.9	106.6	111.6	109.0	106.7

注：1. 本表绝对数按当年价格计算，指数按可比价格计算。

2. 农林牧渔业总产值从2003年开始按新口径统计，2002年括号内的数据系按新口径统计的。

工业总产值及指数

年份	工业总产值(亿元)	国有工业	集体工业	个体工业	其他经济类型工业	工业总产值指数(%)	国有工业	集体工业	个体工业	其他经济类型工业
1978	55.43	46.97	8.46	–	–	123.53	126.51	112.61	–	–
1979	62.38	53.45	8.93	–	–	108.14	109.40	103.15	–	–
1980	65.35	55.36	9.98	0.01	–	102.42	100.81	109.00	–	–
1981	72.54	61.88	10.45	0.03	0.17	107.69	108.33	102.26	270.00	466.67
1982	83.60	71.31	12.01	0.04	0.24	112.05	112.52	107.04	239.29	141.18
1983	95.11	80.80	13.87	0.12	0.32	112.37	111.41	111.53	220.90	133.33
1984	112.27	89.42	22.25	0.29	0.31	115.54	114.17	126.58	66.89	96.88
1985	136.26	109.12	24.29	2.23	0.62	115.51	113.08	119.32	225.25	187.10
1986	147.02	114.28	28.98	3.19	0.57	108.43	105.71	115.48	143.05	103.45
1987	181.85	140.25	36.45	4.35	0.80	116.68	115.63	118.84	128.53	120.00
1988	244.63	185.55	51.64	6.10	1.34	118.01	114.40	126.92	133.90	169.44
1989	304.91	232.34	63.26	7.36	1.95	106.77	106.03	107.35	113.84	131.97
1990	345.26	264.87	69.05	9.41	1.93	108.91	108.50	108.06	127.52	94.41
1991	393.63	300.45	80.68	10.41	2.09	109.82	108.95	113.85	102.58	114.69
1992	477.07	363.35	98.74	13.13	1.85	116.47	116.23	117.79	117.48	91.74
1993	690.08	516.22	144.02	19.89	9.95	115.78	110.76	123.03	139.05	380.63
1994	948.71	696.63	189.12	40.47	22.49	118.66	111.30	124.10	179.67	209.23
1995	1079.46	736.79	231.41	62.54	48.72	118.45	111.04	120.63	164.65	209.44

续 表

年份	工业总产值(亿元)	国有工业	集体工业	个体工业	其他经济类型工业	工业总产值指数(%)	国有工业	集体工业	个体工业	其他经济类型工业
1996	1291.38	802.07	300.74	120.13	68.43	113.80	102.11	123.58	171.19	152.66
1997	1440.11	784.69	344.35	192.20	118.86	109.54	95.74	109.49	151.35	174.06
1998	1503.23	712.93	309.00	233.02	248.28	104.84	86.89	90.84	152.12	168.95
1999	1561.08	678.30	248.74	253.76	380.28	108.52	94.06	85.31	94.05	187.67
2000	1589.36	679.38	217.84	290.86	401.28	108.08	98.32	97.23	118.11	122.94
2001	1675.11	668.14	201.46	269.02	536.49	107.03	89.05	87.07	105.12	141.25
2002	1850.46	725.93	168.97	279.20	676.36	109.50	96.85	86.35	103.04	129.81
2003	2176.40	809.56	129.03	362.80	875.01	114.82	108.77	75.99	125.52	123.60
2004	2479.07	880.12	122.90			115.30				
2005	3249.84	997.09	95.27			117.10				
2006	4110.25	1181.86	117.72			122.00				
2007	5137.30	1437.57				118.20				
2008	5738.81	1651.39								

注：1. 本表工业总产值按当年价格计算，指数按可比价格、以上年为100计算。
2. 本表国有工业中含国有联营工业、国有独资公司；集体工业中含股份合作制工业。

全部国有及500万元以上非国有独立核算工业企业主要经济效益指标

年 份	综合经济效益指数(%)	总资产贡献率(%)	资产负债率(%)	流动资产周转次数(次)	成本费用利润率(%)	全员劳动生产率(元/人)	产品销售率(%)
2000	142.69	16.35	55.43	1.31	8.39	68960	98.79
2001	148.48	15.57	54.14	1.24	8.99	82039	98.61
2002	143.98	15.43	54.19	1.23	6.97	94973	99.00
2003	159.72	16.61	54.88	1.37	8.62	110665	99.36
2004	222.57	19.16	52.66	1.49	12.94	134384	98.47
2005	218.74	18.34	52.18	1.62	10.63	145111	99.28
2006	243.22	19.50	54.86	1.72	10.99	177701	98.38
2007	253.96	19.90	54.40	1.90	10.79	190846	98.31
2008	—	17.69	57.40	1.74	7.66	227801	95.28

注：全员劳动生产率系按当年价的工业增加值计算。

主要年份能源利用经济效益指标

年　份	能源消费量（万吨标煤）	工业部门消费（万吨标煤）	亿元工业产值耗能（万吨）	亿元生产总值耗能（万吨）	吨能创造工业产值（元）	吨能创造生产总值（元）
1952	19.0	11.4	4.99	1.61	2005	6200
1978	1065.9	692.8	19.23	15.44	520	648
1985	1298.3	761.1	9.53	7.87	1050	1271
1990	1954.8	1143.6	5.66	4.33	1766	2311
1995	2640.6	1688.6	2.15	2.19	4658	4570
1996	2819.4	1746.0	2.18	1.89	4580	5291
1997	3429.0	2090.8	2.38	2.09	4200	4795
1998	3364.5	2222.9	2.24	1.88	4468	5332
1999	3288.0	2125.2	2.11	1.77	4748	5644
2000	3468.3	2346.4	1.48	1.72	6773	5799
2001	3741.0	2481.7	1.48	1.75	6750	5716
2002	4131.3	2796.9	1.51	1.79	6616	5598
2003	4450.0	3132.0	1.44	1.74	6949	5744
2004	5209.8	3802.2	1.53	1.69	6520	5916
2005	6024.0	4390.7	1.35	1.73	7402	5765
2006	6640.6	4882.8	1.19	1.66	8418	6033
2007	7173.3	5301.0	1.03	1.51	8691	6596
2008	7577.7	5654.8	0.99	1.33	10149	7522

注：2000 年及以后年份的各项数据均按第一次经济普查口径调整，与往年不可比；能源消费量采用等价热值计算，GDP 与工业产值用当年价计算，不可比。

运输邮电主要指标

指　标	单位	1995 年	2000 年	2005 年	2007 年	2008 年
铁路营运里程	公里	1644	2015	1925	1924	1924
公路通车里程	公里	68236	163604	194495	200333	204000
民用航空航线里程	公里	51638	119702	135448	129879	112120
货物运输量	万吨	38400	52452	62246	72274	76255
#铁路	万吨	2829	3521	5300	6467	6104
公路	万吨	35446	48789	56702	65537	69860
水路	万吨	123	134	236	262	283
民用航空	万吨	2.40	7.8	7.93	8.74	7.56
旅客运输量	万人	21697	33704	41079	46356	48795
#铁路	万人	1257	1532	1574	2172	2432
公路	万人	20095	31586	38509	42913	45150
水路	万人	134	241	501	599	614
民用航空	万人	211	345	495	672	599

续 表

指　　标	单位	1995 年	2000 年	2005 年	2007 年	2008 年
货物周转量	亿吨公里	307.71	479.52	656.49	790.73	831.68
#铁路	亿吨公里	114.24	180.76	270.37	334.00	336.20
公路	亿吨公里	192.10	296.65	381.96	450.83	489.59
水路	亿吨公里	1.06	0.98	2.93	4.59	4.73
民用航空	亿吨公里	0.31	1.13	1.23	1.31	1.16
旅客周转量	亿人公里	137.93	237.94	331.60	404.43	426.40
#铁路	亿人公里	23.03	31.35	41.04	63.66	66.60
公路	亿人公里	93.10	171.20	233.12	265.80	287.59
水路	亿人公里	0.35	0.78	1.05	1.21	1.45
民用航空	亿人公里	21.45	34.57	56.39	73.76	70.76
邮电业务总量	亿元	13.97	64.3	272.20	469.35	567.30
函件	万件	16024	10001	7958	6696	7443
报刊期发数	万份	485	758	318	265	280
电话普及率	%			34	44.35	50.67

注：邮电业务总量 1995 年的数据是按 1990 年不变价格计算的，2000 年及以后的数据是按 2000 年不变价格计算的。

社会消费品零售总额

单位：亿元

指　　标	1995 年	2000 年	2005 年	2007 年	2008 年
社会消费品零售总额	369.55	583.17	1034.40	1394.54	1718.54
一、按经济类型分					
国有及国有控股	143.66	148.53	116.80	162.62	193.18
集体及股份合作	67.41	80.88	70.88	81.45	104.74
个私经济	92.26	253.92	660.22	967.48	1175.63
#个体经济	84.92	216.75	487.15	621.84	
其他经济	66.22	99.84	186.50	183.00	244.99
二、按行业分					
批发零售贸易业	328.85	493.53	823.83	1070.94	1314.12
住宿和餐饮业	22.82	74.87	155.44	231.88	298.22
其他	17.88	14.77	55.13	91.72	106.20
三、按销售地区分					
市的零售额	172.30	309.28	564.54	771.31	959.73
县的零售额	105.17	139.08	239.29	318.31	390.97
县以下的零售额	92.08	134.81	230.57	304.92	367.84

对外经济贸易和旅游主要指标

指　　标	单位	2007 年	2008 年	指　　标	单位	2007 年	2008 年
一、对外贸易情况				三、对外经济技术合作			
进出口贸易总额	万美元	877976	959936	对外承包、劳务合作及设计咨询合同额	万美元	70098	79481
#出口	万美元	473613	498696				
进口	万美元	404363	461240	对外承包、劳务合作及设计咨询营业额	万美元	50028	62033
#边境贸易	万美元	101101	120110				
#出口	万美元	56774	57247	四、旅游发展情况			
进口	万美元	44327	62864	接待国内外旅游者	万人次	9208	10500
二、利用外资情况				#国内旅游者	万人次	8986	10250
外商直接投资合同项目	个	171	228	海外旅游者	万人次	222	250
外商直接投资合同金额	万美元	130400	168576	旅游总收入	亿元	559.2	663.3
外商直接投资实际利用金额	万美元	50300	77688	#国内旅游收入	亿元	497.74	594.8
				旅游外汇收入	万美元	85958	100755

注：进出口贸易总额为海关统计数。

进出口贸易总额

单位：万美元

年　　份	进出口总额	出口额	进口额	差额（+出超 -入超）
1985	25413	15032	10381	+4651
1986	32472	19682	12790	+6892
1987	46642	32301	14341	+17960
1988	67571	47258	20313	+26945
1989	80210	53863	26347	+27516
1990	75114	56241	18873	+37368
1991	75682	52468	23214	+29254
1992	96546	64869	31677	+33192
1993	121304	77379	43925	+33454
1994	160363	105334	55029	+50305
1995	212102	133097	79005	+54092
1996	205865	114168	91697	+22471
1997	201111	121425	79686	+41739
1998	203498	126299	77199	+49100
1999	165969	103444	62525	+40919
2000	181283	117516	63767	+53749
2001	198906	124412	74494	+49918
2002	222635	142965	79670	+63295
2003	266767	167658	99109	+68549
2004	374776	223882	150894	+72988
2005	473822	264158	209664	+54494

续 表

年　份	进出口总额	出口额	进口额	差额（+出超－入超）
2006	623174	339143	284031	+55112
2007	877976	473613	404363	+69250
2008	959936	498696	461240	+37456

注：本表数据均包括边境贸易，1998 年以前为外贸业务数，1999 年以后为海关统计数。

2008 年西部十二省区主要经济指标（一）

指　标	单位	云南	四川	贵州	广西	西藏	重庆
年末总人口	万人	4543	8138	3793	4816	287	2839
地区生产总值（当年价）	亿元	5700.1	12506.3	3333.4	7171.6	395.9	5096.7
农林牧渔业总产值（当年价）	亿元	1641.46	3903.4	843.8	2389.8	88.5	871.4
工业增加值（当年价）	亿元	2056.95	4922.8	1242.56	2627.39	29.7	2036.40
#规模以上工业增加值	亿元	1803.62		1051.26	1976.42	26.34	1829.63
#轻工业增加值	亿元	818.60		302.25	589.35	9.22	
重工业增加值	亿元	985.02		749.01	1387.06	17.12	
主要工农业产品产量							
粮食	万吨	1518.59	3140.0	1158.0	1394.7	95.0	1153.2
油料	万吨	40.38	249.9	68.4	37.5	6.0	35.7
甘蔗	万吨	1898.75	116.3		8215.6		
烤烟	万吨	83.94	22.8	37.71	2.4		
蔬菜	万吨	1166.64	3078.3	991.1	2015.2	48.1	994.5
水果	万吨	313.44	635.1	114.3	855.8	1.1	193.3
茶叶	万吨	17.15	13.9	3.49	3.3		
肉类	万吨	288.29	591.5	161.46	350.7	23.7	177.4
水产品	万吨	39.37	95.2	7.8	250.0	0.1	19.1
布	亿米	0.04	8.9	0.3	0.30		5.3
机制纸及纸板	万吨	42.79			174.44		
糖	万吨	211.02			931.52		
卷烟	亿支	3397.77	831.0	1133.7	653.75		451.0
钢	万吨	901.31	1370.2	345.6	785.8		352.5
成品钢材	万吨	836.62	1577.2	337.5	941.5		447.90
十种有色金属	万吨	216.75	66.58	62.71	100.24	0.12	16.83
原煤	万吨	8657.43	9677.0	11798.5	499.1		4132.4
发电量	亿千瓦小时	1039.56	1255.6	1192.1	859.70	16.0	420.90
水泥	万吨	4011.98	6066.9	2048.9	5110.8	166.6	3135.3
汽车	万辆	4.31	7.67		70.16		76.85
运输邮电							
货物周转量	亿吨公里	831.68	1579	805	2079	35	1490
旅客周转量	亿人公里	426.40	988	394	732	30	386

续 表

指　　标	单位	云南	四川	贵州	广西	西藏	重庆
邮电业务总量	亿元	567.30	931.0	368.18	601.18	41.73	424.75
全社会固定资产投资	亿元	3526.60	7581.2	1858.32	3778.10	303.33	4045.25
房地产开发投资	亿元	557.69	1430.2	307.84	621.64	12.97	991.0
国有单位投资	亿元	1426.95	2766.9		1223.49	196.91	1585.72
社会消费品零售总额	亿元	1718.54	4800.8	1014.9	2338.4	129.1	2064.1
进出口贸易总额	亿美元	95.99	220.4	33.7	132.8	7.7	95.2
出口	亿美元	49.87	131.1	19.0	73.5	7.1	57.2
进口	亿美元	46.12	89.3	14.7	59.3	0.6	38.0
地方财政收入	亿元	614.05	1041.7	349.5	518.7	24.9	577.2
地方财政支出	亿元	1470.24	2965.4	1048.6	1287.1	380.7	1010.7
城镇居民人均可支配收入	元	13250.2	12633.4	11758.8	14146.0	12481.5	14367.6
农民人均纯收入	元	3102.6	4121.2	2796.9	3690.3	3175.8	4126.2

2008 年西部十二省区主要经济指标（二）

指　　标	单位	内蒙古	陕西	甘肃	青海	宁夏	新疆
年末总人口	万人	2414	3762	2628	554	618	2131
地区生产总值（当年价）	亿元	7761.8	6851.3	3176.1	961.5	1098.5	4203.4
农林牧渔业总产值（当年价）	亿元	1525.7	1277.9	808.1	153.4	227.2	1176.7
工业增加值（当年价）	亿元	3798.6	3294.0	1221.7	442.9	490.1	1790.7
#规模以上工业增加值	亿元	3450.25	2988.07	1135.17	438.83	485.08	1727.35
#轻工业增加值	亿元	619.82	407.78	149.93	30.18	70.76	140.10
重工业增加值	亿元	2830.43	2580.29	985.24	408.65	414.32	1587.25
主要工农业产品产量							
粮食	万吨	2131.3	1111.0	888.5	101.8	329.2	930.5
油料	万吨	117.5	49.5	53.5	35.2	13.6	56.8
甘蔗	万吨						
烤烟	万吨		7.14	0.82			
蔬菜	万吨	1360.8	1067.1	1082.3	110.1	319.0	970.7
水果	万吨	238.2	1247.0	411.6	3.3	185.8	855.0
茶叶	万吨		1.6				
肉类	万吨	218.0	99.3	79.1	25.5	23.6	115.3
水产品	万吨	9.8	5.2	1.2	0.2	7.5	9.1
布	亿米	0.6	7.9				1.20
机制纸及纸板	万吨						23.31
糖	万吨	22.4					53.77
卷烟	亿支	222.5	772.5	389.5			120.00
钢	万吨	1211.0	305.0	475.7	115.1		535.6
成品钢材	万吨	1047.3	501.0	577.3	113.6	33.2	566.5

续 表

指　　标	单位	内蒙古	陕西	甘肃	青海	宁夏	新疆
十种有色金属	万吨	166.86	75.60	166.05	113.32	71.12	7.44
原煤	万吨	47269.7	24264.2	3977.0	1294.1	4295.5	6766.8
发电量	亿千瓦小时	2136.0	823.9	690.2	318.7	466.2	486.8
水泥	万吨	3424.1	3608.6	1560.3	457.80	884.8	1663.8
汽车	万辆	2.97	26.82	0.94			0.25
运输邮电							
货物周转量	亿吨公里	2559	2027	1595	336	704	1273
旅客周转量	亿人公里	331	650	468	76	87	404
邮电业务总量	亿元	455.88	651.88	279.85	69.95	96.17	379.47
全社会固定资产投资	亿元	5596.45	4835.15	1735.79	582.18	858.65	2314.00
房地产开发投资	亿元	736.08	749.23	170.69	50.38	117.40	222.05
国有单位投资	亿元	2115.29	2625.05	951.03	363.22	520.40	
社会消费品零售总额	亿元	2363.3	2256.1	990.1	252.8	285.2	1025.7
进出口贸易总额	亿美元	89.3	83.7	60.9	6.9	18.8	222.2
出口	亿美元	35.8	54.1	16.0	4.2	12.6	193.0
进口	亿美元	53.5	29.6	44.9	2.7	6.2	29.2
地方财政收入	亿元	649.6	591.3	264.9	71.6	95.0	361.1
地方财政支出	亿元	1465.2	1435.6	965.4	363.8	323.1	1056.1
城镇居民人均可支配收入	元	14432.6	12857.9	10969.4	11640.4	12931.5	11432.1
农民人均纯收入	元	4656.2	3136.5	2723.8	3061.2	3681.4	3502.9

2008 年云南主要经济指标占全国的比重及在全国的位次

指　　标	单位	指标值		云南占全国的比重（%）	云南在全国的位次
		云南	全国		
年末总人口	万人	4543.0	132802	3.4	12
生产总值（当年价）	亿元	5700.1	300670	1.9	23
第一产业	亿元	1020.94	34000	3.0	16
第二产业	亿元	2451.09	146183	1.7	23
第三产业	亿元	2228.07	120487	1.8	22
农林牧渔业总产值（当年价）	亿元	1641.46	58002	2.8	17
工业增加值（当年价）	亿元	2056.95	129112	1.6	23
#规模以上工业增加值	亿元	1803.62			24
轻工业增加值	亿元	818.60			
重工业增加值	亿元	985.02			
全社会固定资产投资	亿元	3526.60	172291	2.0	24
房地产开发投资	亿元	557.69	30580	1.8	21
国有单位投资	亿元	1426.95	50651	2.8	

续　表

指　　标	单位	指标值		云南占全国的比重（%）	云南在全国的位次
		云南	全国		
社会消费品零售总额	亿元	1718.54	108488	1.6	24
进出口总额	亿美元	95.99	25616	0.4	22
出口额	亿美元	49.87	14285	0.3	23
进口额	亿美元	46.12	11331	0.4	21
财政收入	亿元	614.05	61317		
财政支出	亿元	1470.24	62427		
城镇居民人均可支配收入	元	13250.22	15780.8		15
农民人均纯收入	元	3102.60	4760.6		28
主要农产品产量					
粮食	万吨	1518.59	52870.9	2.9	14
油料	万吨	40.38	2952.8	1.4	18
甘蔗	万吨	1898.75	12415.2	15.3	2
烤烟	万吨	83.94	262.3	32.0	
蔬菜	万吨	1166.64	59240.3	2.0	15
水果	万吨	313.44	19220.2	1.6	21
茶叶	万吨	17.15	125.8	13.6	
肉类	万吨	288.29	7278.7	4.0	12
水产品	万吨	39.37	4894.9	0.8	19
主要工业产品产量					
布	亿米	0.04	710.0		
机制纸及纸板	万吨	42.79			
糖	万吨	211.02	1449	14.6	2
卷烟	亿支	3397.77	22199	15.3	1
钢	万吨	901.31	50092	1.8	17
成品钢材	万吨	836.62	58488	1.4	19
十种有色金属	万吨	216.75	2520	8.6	2
原煤	万吨	8657.43	279282	3.1	10
发电量	亿千瓦小时	1039.56	34669	3.0	15
水泥	万吨	4011.98	140000	2.9	15
汽车	万辆	4.31	934.6	0.5	23

注：云南财政收入和财政支出数为地方财政一般预算口径。

·责任编辑·冯　璐

表彰·奖励

Honor & Rewards

云南工业十强县（区）

（2008 年）

序号	单位名称	序号	单位名称
1	五华区	6	官渡区
2	红塔区	7	西山区
3	安宁市	8	大理市
4	麒麟区	9	弥勒县
5	个旧市	10	东川区

云南十个优秀工业园区

（2008 年）

序号	单位名称	序号	单位名称
1	昆明高新区	6	红塔工业园
2	昆明经开区	7	文山马塘工业园
3	曲靖西城工业园	8	大理创新工业园
4	红河工业园	9	腾冲工业园
5	楚雄工业园	10	祥云财富工业园

云南省 2008 年百强企业名单

（以 2007 年度营业收入排序）

单位：万元

序号	单位	营业收入
1	红塔烟草（集团）有限责任公司	3987997
2	云南铜业（集团）有限公司	3923332
3	红云烟草（集团）有限责任公司	3153312
4	云南电网公司	2647440
5	昆明钢铁控股有限公司	2276928
6	云天化集团有限责任公司	2244128
7	中国石油化工股份有限公司云南石油分公司	1740188
8	红河烟草（集团）有限责任公司	1673847
9	云南冶金集团总公司	1663687
10	昆明铁路局	1307471
11	云南锡业集团（控股）有限责任公司	1298669
12	云南煤化工集团有限公司	1159583
13	云南建工集团总公司	938248
14	中国移动通讯集团云南有限公司	849646
15	云南农垦集团有限责任公司	477864
16	云南白药集团股份有限公司	411572

续 表

序号	单 位	营业收入
17	云南德胜钢铁有限公司	400194
18	祥云县飞龙实业有限责任公司	337608
19	云南金鼎锌业有限公司	324515
20	云南力帆骏马车辆有限公司	280431
21	云南出版集团公司	260055
22	云南英茂集团有限公司	251956
23	云南曲靖越钢集团有限公司	246526
24	云南省公路开发投资有限责任公司	245665
25	云南乘风有色金属股份有限公司	210275
26	昆明船舶设备集团有限公司	209299
27	云南官房建筑集团股份有限公司	207676
28	中国有色金属工业第十四冶金建设公司	202377
29	安宁市永昌钢铁有限公司	202275
30	云南滇东能源有限责任公司	195621
31	云内动力集团	195212
32	国电宣威发电有限责任公司	191291
33	云南省投资控股集团有限公司	183373
34	云南南天电子信息产业股份公司	166572
35	昆明金水铜冶炼有限公司	166131
36	中国联合通信有限公司云南分公司	163415
37	云南云峰化学工业有限公司	158894

续 表

序号	单 位	营业收入
38	一汽红塔云南汽车制造有限公司	155827
39	云南星耀投资控股有限公司	153084
40	西南交通建设集团有限公司	153072
41	昆明裕华煤炭有限公司	152597
42	云南物流产业集团有限公司	149907
43	云南路桥股份有限公司	148535
44	中国云南路建集团股份公司	142907
45	云南第二公路桥梁工程有限公司	141860
46	云南华联锌铟股份有限公司	140040
47	昆明电缆股份有限公司	139487
48	蒙自矿冶有限责任公司	134358
49	云南祥丰化肥股份有限公司	130181
50	昆明制药集团股份有限公司	129026
51	名流置业集团股份有限公司	128695
52	云南南磷集团股份有限公司	125648
53	云南玉溪仙福钢铁（集团）有限公司	124342
54	临沧南华晶莹糖业有限公司	123269
55	国投曲靖发电有限公司	120759
56	云南罗平锌电股份有限公司	114435
57	昆明百货大楼（集团）股份有限公司	114426
58	云南曲靖交通集团有限公司	114237

续 表

序号	单　　位	营业收入
59	云南机械进出口股份有限公司	113093
60	曲靖市盛凯集团有限责任公司	112217
61	国投云南大朝山水电有限公司	112129
62	昆明中铁大型养路机械集团有限公司	110807
63	云南瑞安建材投资有限公司	110108
64	云南省小龙潭矿务局	109070
65	云南丰瑞油脂有限公司	107018
66	昆明醋酸纤维有限公司	106500
67	太平洋证券股份有限公司	105201
68	云南通变电器有限公司	103680
69	云南沃尔玛百货有限公司	103041
70	云南第一公路桥梁工程有限公司	97842
71	昆明家乐福超市有限公司	96825
72	云南三鑫集团有限公司	96731
73	昆明康辉旅行社有限公司	96430
74	云南农业生产资料股份有限公司	95698
75	云南阳光道桥股份有限公司	95621
76	云南昊龙实业集团有限公司	94043
77	楚雄德胜煤化工有限公司	92946
78	昆明伟建彩印有限公司	92398
79	云南陆良龙海化工有限责任公司	88017

续 表

序号	单　　位	营业收入
80	云南机场集团有限责任公司	87304
81	昆明诺仕达企业（集团）有限公司	86948
82	云南华能澜沧江水电有限公司	85469
83	昆明国美电器有限公司	84816
84	个旧市自立矿冶有限公司	83680
85	云南鸿翔药业有限公司	79212
86	云南东方糖酒有限公司	77150
87	云南省富源矿厂	76288
88	云南省玉溪市洛河钢铁有限公司	75972
89	云南 CY 集团有限公司	75610
90	昆明金龙百货有限公司	73504
91	云南振兴铅业有限公司	70088
92	云南神农农业产业集团有限公司	70079
93	昆明高云有色金属贸易有限公司	68894
94	昆明自来水集团有限公司	68229
95	云南省曲靖化学工业有限公司	68010
96	个旧市百冶矿产品加工厂	67803
97	云南东骏药业（集团）有限公司	67351
98	云南滇能（集团）控股公司	66222
99	国电阳宗海发电有限公司	65938
100	沈机集团昆明机床股份有限公司	65509

云南省“云岭先锋”工程先进基层党组织名单

“云岭先锋流动红旗”的先进基层党组织（10个）

序号	单　　位
1	昆明市困难职工帮扶服务中心党支部
2	昭通市水富县太平乡党委
3	曲靖市会泽县五星乡党委
4	玉溪市江川县江城镇明星村党总支
5	云南德胜钢铁有限公司党委
6	瑞丽市姐告边境贸易区国门社区党总支
7	省委办公厅综合调研一处党支部
8	省公安消防总队赴四川抗震救灾救援大队临时党委
9	云南师范大学党委
10	昆明钢铁集团有限责任公司党委

“云岭先锋”工程先进基层党组织（190个）

昆明市	
序号	单　　位
1	寻甸县仁德镇党委
2	嵩明县杨林镇新村党总支
3	禄劝县团街乡卓干村党支部
4	石林县石林镇党委
5	晋宁县晋城镇党委
6	安宁市草铺镇草铺村党总支
7	高新区机关党委三支部
8	昆明云内动力集团公司党委
9	官渡区康乐茶文化城党支部
10	昆明市建筑设计研究院有限责任公司党委
11	昆明晨农绿色产品有限责任公司党支部
12	官渡区吴井街道石井社区党支部
13	盘龙区联盟街道金江路社区党总支
14	五华区大观街道党工委
15	西山区福海街道党工委
16	昆明市精神病院党支部
17	昆明新华书店连锁有限公司第一党支部

昭通市	
1	昭通市中医院党总支
2	威信县扎西镇墨黑村党总支
3	水富县向家坝镇团结路社区党总支
4	彝良县洛泽河镇龙潭村党总支
5	盐津县红原电石有限责任公司党支部
6	鲁甸县火德红乡机车村党总支
7	永善县桧溪镇强胜村党总支
8	巧家县金塘乡党委
9	昭阳区林业局机关党支部
10	镇雄县人民医院党总支
曲靖市	
1	陆良县中枢镇党委
2	宣威市热水镇党委
3	罗平县马街镇党委
4	沾益县白水镇党委
5	曲靖供电有限责任公司党委
6	云南曲靖越钢集团有限公司党委
7	曲靖市第二中学党委
8	麒麟区寥廓街道园林社区党总支
9	师宗县彩云镇路撒村党总支
10	曲靖市财政局机关党委
11	富源县后镇大炭沟煤矿党支部
12	曲靖市疾病预防控制中心党总支
13	马龙县人民医院党支部
玉溪市	
1	易门县龙泉镇方屯村党总支
2	新平县戛洒镇党委
3	华宁县青龙镇海镜村党总支
4	峨山县双江镇厂上村党总支
5	红塔区凤凰路泷水塘社区党总支
6	玉溪市抚仙湖管理局党支部
7	通海化工有限责任公司党总支
8	云南环腾集团玉溪市溶剂厂有限公司党支部
9	中国移动通信集团云南有限公司玉溪分公司党委

续 表

序号	单　位
10	玉溪工业财贸（技工）学校党委
11	玉溪市环境监察支队党支部
保山市	
1	昌宁县田园镇勐廷村党总支
2	施甸县甸阳镇沙坝脚村党总支
3	保山利根丝绸有限公司党支部
4	隆阳区永昌街道黉学社区党支部
5	龙陵县碧寨乡梨树坪村党支部
6	腾冲县腾越镇党委
7	保山市教育局党委
8	保山市公安局第三党支部
9	保山市精神病院党支部
楚雄州	
1	南华县龙川镇岔河村党总支
2	楚雄州审计局机关党总支
3	元谋县元马镇南繁种子繁育协会党支部
4	楚雄市鹿城大厦实业有限责任公司党支部
5	楚雄市东瓜镇永安社区党支部
6	禄丰县一平浪镇干海资村党总支
7	武定县狮山镇西和村党支部
8	姚安县栋川镇包粮屯村党支部
9	大姚县三岔河乡党委
10	楚雄州疾病预防控制中心党总支
11	楚雄州烟草专卖局党委
红河州	
1	绿春县平河乡平河村党总支
2	红河县迤萨镇土台村党总支
3	元阳县马街乡乌湾村党总支
4	泸西县中枢镇逸圃村鲁克村民小组党支部
5	金平县金水河镇金水河村热作村民小组党支部
6	个旧市城区街道上河社区党总支
7	建水县临安镇崇正社区党总支
8	蒙自矿冶公司党委
9	开远市大庄煤矿有限责任公司党支部
10	弥勒县公安局弥阳镇派出所党支部
11	石屏县人民医院党总支
12	河口县人民医院党支部
13	红河州州级机关事务管理局党支部

续 表

序号	单　位
文山州	
1	文山县开化镇塘子寨村党总支
2	马关县都龙镇党委
3	文山州农业局党委
4	丘北县舍得乡舍得村党总支
5	西畴县新马街乡坡脚村芭蕉箐村民小组党支部
6	麻栗坡县下金厂乡下金厂村党总支
7	富宁县新华镇新兴社区党总支
8	文山州疾病预防控制中心党总支
9	广南县民族职业高级中学党总支
10	云南华联锌铟股份有限公司党委
11	文山华博贸易有限责任公司党支部
普洱市	
1	宁洱县宁洱镇党委
2	墨江县城区非公经济党支部
3	镇沅县农村信用合作联社党委
4	景东县景福乡党委
5	澜沧县地税局党总支
6	江城县勐烈镇东城社区党支部
7	思茅区南屏镇南岛河村党总支
8	孟连县娜允镇党委
9	西盟县岳宋乡党委
10	景谷县直属机关党委
西双版纳州	
1	西双版纳州人民医院党委
2	西双版纳州地税局党支部
3	景洪市大勐龙镇嘎囡村党总支
4	勐海县打洛镇党委
5	勐腊县勐捧镇勐哈村党总支
6	景洪市允景洪街道三叶社区党支部
7	勐腊县热作实业公司党支部
大理州	
1	宾川县力角镇农民石榴协会党支部
2	大理市下关镇正阳社区党总支
3	祥云县飞龙实业有限责任公司党总支
4	弥渡县牛街乡康郎半村党支部
5	鹤庆县第三中学党总支
6	永平县博南镇党委
7	云南大理洱宝实业有限公司党支部
8	剑川县甸南镇上关甸村党支部
9	南涧县宝华镇小铁窑村党支部

续 表

序号	单　　位
10	巍山县大仓中心卫生院党支部
11	大理市建设百货商场有限责任公司党支部
12	云龙县旧州镇党委
13	大理州直属机关党委
14	漾濞县苍山西镇马厂村党支部
德宏州	
1	德宏州农业局机关党委
2	潞西市风平镇党委
3	盈江县旧城镇旧城村党总支
4	瑞丽市姐相乡顺哈村银井一组党支部
5	梁河县人民医院党支部
6	陇川县地税局党总支
7	云南盈江星云有限公司党支部
丽江市	
1	古城区束河街道龙泉社区党总支
2	玉龙县拉市乡海南村党支部
3	华坪县荣将镇龙头村党总支
4	宁蒗县大兴镇党委
5	丽江市人事局党总支
6	永胜县桃源糖业有限责任公司党支部
7	丽江市地税局党总支
8	玉龙县第一中学党支部
怒江州	
1	兰坪县金顶镇文兴社区党总支
2	兰坪县通甸镇黄松村党支部
3	怒江州地税局党支部
4	泸水县农资公司党支部
5	泸水县老窝白族乡崇仁村党支部
6	怒江州公安局党委
7	福贡县上帕镇达友村党支部
8	贡山县普拉底乡力透底村党支部
迪庆州	
1	维西县塔城镇塔城村党支部
2	德钦县升平镇党委
3	香格里拉县上江乡格兰村党支部
4	迪庆州交通运输集团公司党委
5	迪庆州财政局党支部
6	香格里拉县建塘镇建塘社区党支部
7	迪庆香格里拉舒达有机食品有限公司党支部
临沧市	
1	耿马县贺派乡党委
2	沧源县班老乡党委

续 表

序号	单　　位
3	临沧市工商局机关党委
4	云南永德糖业集团党委
5	凤庆县一中党支部
6	云县人口与计划生育局党支部
7	临翔区凤翔街道塘平社区党支部
8	双江县勐勐镇忙乐村党支部
9	临沧农垦分局勐省农场茶叶公司党委
省委省直机关工委	
1	省财政厅老干党支部
2	省气象台党支部
3	省地震预报研究中心党支部
4	省公安厅禁毒局党委
5	省公路规划勘察设计院党委
6	昆明机场海关党支部
7	省农业科学院热区生态农业研究所党总支
8	省体育局呈贡体育训练基地党总支
省委高校工委	
1	云南农业大学党委
2	云南财经大学党委
3	大理学院党委
4	云南大学省工业微生物发酵工程重点实验室党支部
5	昆明理工大学材料与冶金工程学院党委
6	云南艺术学院音乐学院党总支
7	西南林学院人文社会科学系学生第一党支部
8	云南民族大学管理学院党委
省政府国资委	
1	云天化集团有限责任公司党委
2	云南冶金集团总公司党委
3	云南煤化工集团有限公司党委
4	省农垦工商总公司党委
5	云南电网公司曲靖供电局党委
6	云南航天工业总公司昆明红云机械厂701车间党支部
7	云南机场集团有限责任公司昆明巫家坝国际机场
8	航空安全护卫部党委
9	云南移动通信公司直属机关云南通信服务公司党总支

2008年云南名牌产品名单

编号	申报产品名称		注册商标名称	申报企业名称
1	卷烟辅料	醋酸纤维滤棒	汇龙	云南玉溪卷烟厂滤嘴棒分厂
2		卷烟用乳胶	万年青	玉溪自强卷烟专用胶有限公司
3	制药及生物制品	肿痛气雾剂	金品	云南省药物研究所制药厂
4		痛舒胶囊		
5		注射用还原型谷胱甘肽钠	松泰斯	昆明积大制药有限公司
6		注射用头孢拉定	雷丁诺 RADIN	
7		云南红药胶囊		云南植物药业有限公司
8		注射用脑蛋白水解物	珍肽、捷疗素	云南盟生药业有限公司
9		黄藤素片	神火	昆明圣火药业（集团）有限公司
10		血塞通软胶囊	理泓王	
11		口服脊髓灰质减毒活疫苗		中国医学科学院医学生物学研究所
12		冻干甲型肝炎减毒活疫苗	维赛瑞吉	
13		甲型肝炎灭活疫苗	维赛瑞安	
14		板蓝根清热颗粒	云昆	昆明中药厂有限公司
15		血塞通片	特安呐	云南特安呐制药股份有限公司
16		生力胶囊	龙润	云南龙润药业有限公司
17		注射用灯盏花素	龙津	昆明龙津药业有限公司
18		陈香露白露片	龙发	云南龙发制药有限公司
19		龙血竭胶囊	云杉	云南云河药业有限公司
20		益脉康片	理药	云南白药集团大理药业有限责任公司
21	冶金	硫醇甲基锡	云锡	云南锡业集团（控股）有限公司
22		氯化亚锡		
23		铝及铝合金轧制板带材	云铝、云海牌	云南铝业股份有限公司
24		电工圆铝杆	云铝	
25		碳素结构钢热轧厚钢板和钢带	昆钢	武钢集团昆明钢铁股份有限公司
26		银锭	铁峰	云南铜业股份有限公司
27		金锭		
28	化工	工业硫酸		
29		聚氯乙烯	红云	云南盐化股份有限公司
30		工业碳酸钠	珠源	云南云维股份有限公司
31		季戊四醇	云天化	云南云天化股份有限公司
32	机械	汽车制动毂	云 JYC 川	云南云川工贸有限公司
33		手动背负式喷雾器	云峰	云南金马机械总厂
34		数控卧式车床	CY	云南 CY 集团有限公司
35		QXZ、HGX 型系列甘蔗压榨机		昆明克林轻工机械有限责任公司
36		干式变压器	赛格迈	昆明赛格迈电气有限公司
37		中、高水头水力发电机组	KEM 电工	昆明电机有限责任公司
38		精密轧机	KH	昆明力神重工有限公司
39		漆包铜圆线	高原	云南通变电磁线有限公司
40		塑胶管材	创辉	昆明创辉塑胶科技有限公司

续 表

编号	申报产品名称		注册商标名称	申报企业名称
41	轻工	塑料管材	云山	昆明金连山塑胶化工工贸有限责任公司
42	轻工	太阳能热水器	一通	云南一通太阳能科技有限公司
43	轻工	太阳能电池	天达	云南天达光伏科技股份有限公司
44	轻工	浸渍胶膜纸饰面人造板	飞林	昆明新飞林人造板有限公司
45	轻工	刨花板	飞林	昆明新飞林人造板有限公司
46	轻工	斑铜工艺品	孔雀	昆明市斑铜厂
47	轻工	普通型双向拉伸聚丙烯薄膜	红塑	云南红塔塑胶有限公司
48	轻工	农业用聚乙烯吹塑棚膜	旭日	玉溪市旭日塑料有限责任公司
49	轻工	漂白硫酸盐木浆	三针	云南云景林纸股份有限公司
50	轻工	针织服装	金花	云南金花针织有限公司
51	食品	普洱茶	七彩云南	昆明七彩云南庆沣祥茶业股份有限公司
52	食品	普洱茶	老同志	安宁海湾茶业有限责任公司
53	食品	普洱茶	普秀	云南普洱茶（集团）有限公司
54	食品	普洱茶	凤	云南滇红集团股份有限公司
55	食品	普洱茶		临沧澜沧江茶业有限公司
56	食品	食用植物油 菜籽油	金菜花	云南丰瑞油脂有限公司
57	食品	食用植物油 大豆油	金菜花	云南丰瑞油脂有限公司
58	食品	食用植物油 菜籽油	滇雪	玉溪滇雪粮油食品工业有限公司
59	食品	卤汁牛肉	云泰	云南泰华食品有限公司
60	食品	野生食用菌罐头系列产品（油鸡枞、鲜鸡枞、干巴菌、清水美味牛肝菌、青头菌）	丛山	云南易门丛山食用菌有限责任公司
61	食品	松茸罐头系列产品（清水松茸、调味松茸）		香格里拉县圣宝食品进出口有限责任公司
62	食品	松茸罐头系列产品（清水松茸、调味松茸）	雅波	中甸野生食品进出口有限责任公司
63	农产品	无公害蔬菜（洋葱、番茄、菜豆）	元绿	元谋县蔬菜有限责任公司
64	鲜切花	玫瑰鲜切花	丽都	通海丽都玫瑰花有限公司
65	鲜切花	玫瑰鲜切花	杨月季	昆明杨月季园艺有限责任公司
66	建材	预应力混凝土空心方桩	中管	云南中技管桩有限公司

经初审，云南南天电子信息产业股份有限公司生产的“Nantian”牌PR系列高级存折打印机和云南新龙矿物质饲料有限公司生产的“龙”牌饲料级磷酸氢钙符合中国名牌产品申报条件，已申报，但评选结果未出。

云南节能先进单位名单

（2007年度）

一、节能突出贡献奖（4个）

序号	单　　位	序号	单　　位
1	云南省人民政府办公厅	3	曲靖市人民政府
2	昆明市人民政府	4	云南省人民政府节能办公室

二、节能优秀奖（36个）

序号	单　位	序号	单　位
1	省委机关事务管理局	19	丽江市人民政府
2	省政府机关事务管理局	20	云南大学
3	省发展和改革委员会	21	云南电视台
4	省经济委员会	22	昆明钢铁控股有限公司
5	省监察厅	23	云南铜业（集团）有限公司
6	省财政厅	24	云南锡业集团有限责任公司
7	省建设厅	25	云天化集团有限责任公司
8	省交通厅	26	云南冶金集团总公司
9	省水利厅	27	云南电网公司
10	省农业厅	28	云南省计量测试技术研究院
11	省林业厅	29	云南省节能技术服务中心
12	省商务厅	30	国电宣威发电有限公司
13	省政府国有资产监督管理委员会	31	国资水泥昆明有限公司
14	省统计局	32	祥云飞龙实业有限责任公司
15	共青团省委	33	昆明玻璃股份有限公司
16	保山市人民政府	34	曲靖越钢集团有限公司
17	普洱市人民政府	35	西双版纳州大渡岗茶厂
18	西双版纳州人民政府	36	大理啤酒有限公司

云南清洁生产先进企业先进单位

（2007年度）

一、清洁生产先进企业

序号	单　位	序号	单　位
1	德宏英茂糖业有限公司景罕糖厂（清洁生产合格单位）	5	云南铜业铜材有限公司（持续清洁生产先进单位）
2	思茅红塔木业有限公司（清洁生产合格单位）	6	昆明钢铁集团有限责任公司（持续清洁生产先进单位）
3	云南壮山实业股份有限公司（清洁生产合格单位）	7	云南云天化国际化工股份有限公司红磷分公司（持续清洁生产先进单位）
4	云南铝业股份有限公司（持续清洁生产先进单位）	8	黎明农工商联合公司糖厂（持续清洁生产先进单位）

二、清洁生产先进单位

序号	单　　位	序号	单　　位
1	昆明市经济委员会	9	澄江县经济委员会
2	曲靖市经济委员会	10	省清洁生产协会
3	红河州经济委员会	11	省化工行业协会
4	西双版纳州经济委员会	12	省建材工业行业协会
5	临沧市经济委员会	13	省环境科学研究院清洁生产中心
6	省清洁生产办公室	14	云南省节能技术服务中心
7	昆明经济技术开发区	15	昆明艾因环境标准咨询服务有限公司
8	昆明市环保局	16	昆明华创企业管理咨询服务有限公司

云南省农民工工作先进集体（2008 年）

用人单位（60 个）

序号	用人单位
1	昆明市中医医院
2	昆明国美电器有限公司
3	云南苏宁电器有限公司
4	昆明船舶酒店
5	云南云安集团股份有限公司
6	安宁市永昌钢铁有限公司
7	寻甸龙蟒磷化工有限责任公司
8	昆明远达光学有限公司
9	云南锻压机床有限公司
10	云南大山饮品有限公司
11	云南宜良越兴钢铁有限公司
12	石林天合烟叶复烤有限责任公司
13	云南新龙矿物质饲料有限公司
14	禄劝四通经贸有限公司
15	镇雄县板桥水泥厂
16	昭通市宇龙机械化工程有限责任公司
17	宣威共创实业有限责任公司
18	云南曲靖越钢集团有限公司
19	云南省师宗金龙磷酸盐厂
20	曲靖市麒麟区恒柒焦化有限责任公司
21	罗平县锌电公司
22	大姚县现代劳务公司
23	楚雄州吕合煤业有限责任公司
24	楚雄凯宏地基基础工程有限责任公司
25	云南元江万绿生物（集团）有限公司
26	云南澄江县德安磷化工有限责任公司
27	云南云天化国际化工股份有限公司天湖分公司
28	云南省烟草公司红河州公司
29	云南振兴铅业有限责任公司
30	云南红河合众锌业有限责任公司
31	蒙自矿冶有限责任公司
32	元阳县华西黄金有限公司
33	云南华联锌铟股份有限公司
34	文山州煤业有限责任公司普阳煤矿
35	云南大同建筑集团
36	普洱淞茂医药有限公司
37	普洱市供电有限责任公司
38	云南金孔雀旅游集团有限公司
39	勐海茶叶有限责任公司
40	云南力帆骏马车辆有限公司
41	祥云县飞龙实业有限责任公司
42	云南新希望邓川蝶泉乳业有限公司
43	云南省鹤庆锰业有限责任公司
44	腾冲个体私营经济实验区管理委员会
45	云南烟草保山香料烟有限责任公司
46	潞西市江东建筑公司
47	华坪县永兴煤炭有限责任公司
48	云南省丽江玉龙雪山景区投资管理有限公司印象雪山分公司
49	丽江东巴谷生态文化旅游有限公司
50	云南航空迪庆观光酒店有限公司
51	云南金鼎锌业有限公司
52	云南永德糖业集团有限公司
53	沧源县莲花塘煤炭有限责任公司
54	云南鸿翔药业有限公司
55	云南东源煤电股份有限公司后所煤矿
56	云南永昌铅锌股份有限公司
57	云南天宁矿业有限公司
58	中国水利水电第十四工程局溪洛渡分局
59	祥云县金剑保安服务有限责任公司
60	云南省农村劳动力资源开发促进会

服务机构（40个）

序号	用人单位	序号	用人单位
1	昆明市农民工维权中心	21	西双版纳州劳动和社会保障局法制监察科
2	昆明市劳动保障监察支队	22	洱源县凤羽镇庄上村民委员会
3	昆明市西山区永昌小学	23	南涧县劳动就业服务所
4	昆明市妇女联合会	24	保山市隆阳区劳动就业服务中心
5	嵩明县总工会	25	保山市妇女联合会
6	巧家县劳动保障监察大队	26	德宏州劳动就业与失业保险服务中心
7	昭通市农村人力资源开发办公室	27	丽江市劳动和社会保障局监察支队
8	曲靖市个体私营经济协会	28	丽江阳光劳动服务有限责任公司
9	云南省工业高级技工学校	29	香格里拉县劳动监察大队
10	共青团会泽县委	30	福贡县劳动和社会保障局监察大队
11	楚雄州农民工工作联席会议办公室	31	临沧市公安局治安管理支队
12	新平县劳动和社会保障局	32	耿马县农民工工作联席会议办公室
13	玉溪市农村劳动力培训转移工作领导小组办公室	33	云南省人民政府法制办公室行政立法处
14	玉溪市财政局社会保障科	34	云南省法律援助中心农民工法律援助工作站
15	红河州农民工工作联席会议办公室	35	普洱市思茅区法律援助中心
16	蒙自县困难职工援助中心	36	云南省交通厅清理工程款农民工工资协调小组办公室
17	文山州劳动保障监察支队	37	云南省农村劳动力转移及劳务输出工作领导小组办公室
18	麻栗坡县法律援助中心	38	云南省人力资源开发中心
19	镇沅县劳动和社会保障局	39	云南省职业介绍中心
20	宁洱县职业高级中学	40	云南省妇女联合会儿童工作部

云南省荣获“全国煤炭工业先进集体”荣誉称号的单位

（2008年）

序号	获奖单位	序号	获奖单位
1	云南煤化工集团东源煤业公司恩洪煤矿二号井通风队	4	威信县花家坝煤矿
2	云南煤化工集团东源煤业公司羊场煤矿杨家矿井采煤五队	5	富源县十八连山乡天井煤矿
3	楚雄州吕合煤业有限公司	6	丽江市经济委员会能源科

云南省煤矿安全生产先进单位名单

（2007年度）

一、州（市）煤炭管理部门

昆明市经济委员会

二、县（市、区）煤炭管理部门

序号	单　　位	序号	单　　位
1	宣威市煤炭局	5	寻甸县煤炭行业管理办公室
2	麒麟区煤炭局	6	石林县煤炭行业管理办公室
3	师宗县煤炭局	7	宜良县煤炭局
4	罗平县煤炭局	8	富宁县安全生产监督管理局

三、省属国有煤矿

序号	单　　位	序号	单　　位
1	云南先锋煤业开发公司先锋露天煤矿	4	陆东煤矿
2	云南煤化工集团公司可保煤矿	5	凤鸣村煤矿
3	小龙潭矿务局	6	羊街农场红田煤矿

2008年云南省首批“教育工作先进县（市、区）”

序号	单　　位	序号	单　　位
1	石林县	5	开远市
2	楚雄市	6	通海县
3	大理市	7	澄江县
4	麒麟区		

2007年度云南省科学技术奖励项目名单

（2008年2月25日）

突出贡献类

黄润乾

自然科学类（36项）

一等奖（7项）

序号	项目名称	项目单位	项目人员
1	云南高原杀线虫微生物多样性研究	云南大学	张克勤　莫明和　黄晓玮　董锦艳　李国红　杨金奎　周　薇　刘亚君　乔　敏　李　蕾　祝明亮
2	农业生物多样性控制病害的基础研究	云南农业大学	朱有勇　李成云　王云月　何霞红　孙　雁　谢　勇　周惠萍　卢宝荣　李　隆　陈建斌　杨进成
3	云南部分珍稀濒危植物的遗传多样性及濒危机制的研究	中国科学院昆明植物研究所	龚　洵　潘跃芝　肖龙骞　栾珊珊　田　波　杨淑达　杨志云　杨　杨
4	随机系统驰豫过程和稳态统计性质的关联噪声效应的研究	云南大学	梅冬成　谢崇伟　朱　平　王参军　向友林　聂林如
5	高等真菌资源药物的化学基础研究	中国科学院昆明植物研究所	刘吉开　王　飞　董泽军　秦向东　刘东泽　汤建国
6	人类生态学理论与实践	云南大学 云南省林业科学院	周　鸿　张劲峰　徐　坚　苏文华　王如松　王卫斌　闫海忠　艾怀森　拉比娜　蒙　睿　林锦屏
7	基于少数民族DNA库的疾病基因及人群起源的分子遗传研究	云南大学 中国科学院昆明动物研究所 昆明医学院第一附属医院	肖春杰　俞海菁　宿　兵　何　黎　胡卫红　唐文如　徐　琳　郑冰蓉　李开源　昝瑞光

二等奖（14项）

序号	项目名称	项目单位	项目人员
1	云南省贸易真菌资源普查及奶浆菌人工保育增产示范	中国科学院昆明植物研究所 云南普洱市澜沧县科技局	刘培贵　王向华　于富强　郑焕娣　陈　娟　陈吉岳
2	植物对UV－B辐射响应敏感性的差异、机理及调控研究	云南农业大学	李　元　祖艳群　何永美　何丽莲　高召华　姚银安　李富生　陈海燕　陈建军
3	水稻耐冷性QTL定位及耐冷种质创新利用研究	云南省农业科学院生物技术与种质资源研究所 中国农业科学院作物科学研究所	戴陆园　韩龙植　徐福荣　玄英实　余腾琼　汤翠凤　曹桂兰　阿新祥　元东林

续 表

序号	项目名称	项目单位	项目人员
4	国产姜科植物观赏性状评价及优良种类筛选	中国科学院西双版纳热带植物园	高江云 夏永梅 陈 进 黄加元 李庆军
5	特殊化学丰度晚期恒星——碳星和S星及相关恒星的红外观测研究	中国科学院云南天文台	陈培生 杨孝鸿 何金华 汪洵浩 高亦菲 张 品 单红光
6	云南强震地点预测与中短期预测预报技术研究	云南省地震局	秦嘉政 钱晓东 叶建庆 皇甫岗 刘丽芳 张俊伟 和宏伟 胡永龙 苏有锦
7	分子基和有机/无机复合光电子材料的设计、合成及应用	云南师范大学	傅文甫 甘 欣 林勇跃 谢笑天 杨 智 苏永庆 李国宝 张慧萍 练 硝
8	10种云南药用植物活性成分的研究	云南师范大学	陈业高 秦国伟 谢毓元 吕瑜平 桂世鸿 赵 勇 海丽娜 于丽丽 张海娟
9	银基电接触复合材料反应合成新技术研究	昆明理工大学 昆明贵金属研究所	陈敬超 孙加林 张昆华 周晓龙 杜 焰 甘国友 管伟明 竺培显 卢 峰
10	医疗废物焚烧技术应用基础研究	昆明理工大学	王 华 卿 山 胡建杭 何 方 包桂蓉 马媛媛 王胜林 吕国强 马文会
11	植物对土壤有害物质的生态响应与无公害蔬菜生产的应用基础研究	云南大学 云南省农业环境保护监测站 云南省地质科学研究所 晋宁县农业局	段昌群 王红华 常学秀 杨双兰 刘嫦娥 周世萍 严婷婷 马艳兰 雷冬梅
12	EB病毒LMP1介导JunB/c-Jun异源二聚体形成在调控细胞周期G1检测点中的意义	昆明医学院第三附属医院 中南大学湘雅医学院肿瘤研究所	宋 鑫 隋 军 王 瑜 李 莉 马晓骉 陶永光 叶联华 董 超
13	叶酸代谢组分变异对人类基因组遗传稳定性的影响	云南师范大学 澳大利亚CSIRO阿德雷德营养健康科学中心 昆明医学院第二附属医院	汪旭 梁子卿 M·Fenech 曹 能 夏晓玲 吴瑕玉 黄云超 王晓燕 J·Crott
14	病毒性肝炎的防治研究	中国人民解放军成都军区昆明总医院 中国人民解放军第二军医大学	边中启 戚中田 赵兰娟 王惠萱 张 悦 曹明娟 周向国 潘 欣 左国营

三等奖（15项）

序号	项目名称	项目单位	项目人员
1	水稻白叶枯病菌群体遗传多态性与病害控制技术研究	云南农业大学	姬广海 张世光 何月秋 王海宁 陈兴全 徐绍忠 钱 君
2	Blazar天体的光变及能谱分布特性研究	玉溪师范学院 中国科学院云南天文台	陈洛恩 谢光中 周曙白 马 力 任继阳

续 表

序号	项目名称	项目单位	项目人员
3	银原子链在 Si（7717）-2×1 表面上自组装	云南大学	张　晋　丁　涛　曾　立　马余全　王光灿　陈永康
4	山羊胚胎玻璃化冷冻的研究	云南省畜牧兽医科学研究所	洪琼花　邵庆勇　朱士恩　赵智勇　杨红远　李卫娟　蒋　琨
5	化学反应机理的基础理论研究	云南大学	叶　松　陈益山　王艳霞　谢小光
6	移动通信传播特性研究	云南大学	申东娅　郑常全　荣　剑　向忠贵　曹红亮　崔燕妮　孙　静
7	语义 Web 相关技术的应用及研究	云南大学	姚绍文　王敏毅　陆歌皓　宗　勇　黄立冬　薛　岗　李　浩
8	东亚冬季风与云南夏季旱涝及其年代际异常	云南省气象科学研究所 云南省气象台	晏红明　王　灵　周国莲　肖子牛　段　玮　梁红丽
9	挥发性有机废气的生物净化机理及“吸附——生物膜”新理论研究	昆明理工大学 云南大学	孙　石　黄　兵　杨显万　黄若华　郑顺生　陈茂生　江映翔
10	HCV 基因免疫及其在昆虫细胞表面形成病毒样颗粒的研究	中国医学科学院医学生物学研究所	廖国阳　赵　纬　孙明波　李卫东　杨卉娟　陈俊英　张新文
11	IFN-α 诱导的细胞基因反应及其功能分析	中国医学科学院医学生物学研究所	刘龙丁　董承红　王丽春　赵红玲　王晶晶　姜　莉　马绍辉
12	人原发性肝细胞癌靶向性基因治疗的实验研究	昆明医学院第二附属医院	张　捷　王　琳　张小文　邹　浩　李　晓　崔江云　朱　红
13	NO 与大鼠胰腺移植再灌注早期细胞凋亡和急性肺损伤的实验研究	昆明医学院第一附属医院	段体德　程若川　苏艳军　刘其雨　刁　畅　张建明　罗华友
14	NT 4—GFP 转基因骨髓基质干细胞脑内移植对 AD 鼠行为、功能的影响	昆明医学院第二附属医院 昆明医学院	朱榆红　王廷华　冯忠堂　李　燕　张　卓　晏　燕　孙　冰
15	实验性脂肪肝和肝硬化瘦素受体基因表达及蛋白酪氨酸磷酸化研究	昆明医学院第二附属医院	黄　华　柳利明　赵公芳　廖　俊　屈文东　常　江　李　英

技术发明类（6 项）

一等奖（3 项）

序号	项目名称	项目单位	项目人员
1	热带高油玉米云瑞 21（云优 21）的选育	云南省农业科学院粮食作物研究所 临沧市农业科学研究所 文山州种子管理站 红河州农业科学研究所 普洱市农业科学研究所 德宏州农业科学研究所	番兴明　谭　静　段智利　李学智 徐春霞　张培高　彭禄芬　李海谦 胡美静　杨建娟　陈洪梅
2	高效利用反应热副产工业蒸汽的热法磷酸生产技术	云南省化工研究院 清华大学　浙江大学 江苏工业学院 杭州诚泰化工机械有限公司	梅　毅　宋耀祖　杨亚斌　蒋家羚 王政伟　龙　萍　莫　宾　张冠忠 肖植特　史　琳　何锦林
3	从含铟锌物料中综合高效提取金属铟和锌	昆明理工大学	杨　斌　刘大春　戴永年　杨部正 马文会　孔得精　刘永成　徐宝强 李伟宏　唐万启　韩　龙

二等奖（1 项）

序号	项目名称	项目单位	项目人员
1	氨氧化催化剂用铂基合金及其制得的催化网	昆明贵金属研究所 贵研铂业股份有限公司	赛兴鹏　胡　新　文　飞　戴　懿 王　青　朱志恒　邹世群　邓琼芬 彭　燕

三等奖（2 项）

序号	项目名称	项目单位	项目人员
1	核桃壳生物质木材胶粘剂及其制备方法	西南林学院 昆明西木木材工业研究开发有限公司 云南省林业科学研究院	张宏健　凌　敏　张军华　邱荣强 郑志锋
2	盐乳化关键技术及盐系列健康相关产品的研究开发	云南盐化股份有限公司 昆明理工大学	杨亚玲　刘　烨　刘东辉　杨文俊 高　磊　王　怡　朱寿新

科学技术进步类（185 项）

一等奖（5 项）

序号	项目名称	项目单位	项目人员
1	广适高产抗病新品种“楚粳 27 号”的选育	楚雄州农业科学研究推广所	李开斌　黄光和　阮文忠　张天春 余继红　黄文兴　徐加平　孙国亮 孙继亮
2	口蹄疫诊断、检测技术开发研究	云南省畜牧兽医科学研究所	李华春　李　乐　廖德芳　蒋文俊 朱建波　信爱国　杨永钦　高　林 李志华　张念祖
3	湿法炼锌——深度净化——长周期电积工业试验	云南驰宏锌锗股份有限公司 云南冶金集团总公司技术中心	王吉坤　陈　智　董　英　沈立俊 阎江峰　孙成余　杨大锦　俞德庆 王洪江　王　侃　陈加希

续 表

序号	项目名称	项目单位	项目人员
4	甲型肝炎灭活疫苗的研制和应用	中国医学科学院医学生物学研究所	陈统球 褚嘉祐 张华远 侯宗柳 万宗举 阳选祥 杨净思 李卫东 刘建生 邵聪文 龙润乡
5	原位尿流改道临床应用及基础系列研究	昆明医学院第二附属医院	徐鸿毅 石永福 王剑松 李泽惠 李炯明 邱学德 方克伟 杨德林 左毅刚 丁明霞 柯昌兴
	二等奖（30项）		
1	羊肚菌原生境促产技术研究及产业化示范	中华全国供销合作总社昆明食用菌研究所 云南省供销合作社科学研究所 云南菌苑科技有限公司 云南大学	桂明英 朱 萍 刘 蓓 郭永红 马绍宾 赵之伟 王 浚 和 忠 张 陶
2	干热河谷生态恢复技术与示范	云南省农业科学院热区生态农业研究所 云南省林业科学院 中国林业科学研究院资源昆虫研究所 中国科学院水利部成都山地灾害与环境研究所 云南省元谋万星生物产业开发有限公司	黄兴奇 沙毓沧 郎南军 纪中华 李 昆 杨 忠 郑 科 廖声熙 朱红业
3	滇东南岩溶地区石漠化综合治理试验示范	云南省林业科学院 西南林学院 云南大学 中国林业科学研究院资源昆虫研究所 云南省农业科学院农业环境资源研究所 云南省肉牛和牧草研究中心	陈 强 常恩福 李乡旺 苏文华 谷 勇 潘艳华 周自玮 刘永国 黄春良
4	云南山区退牧还草生态修复评价与饲料供需平衡技术研究	云南省肉牛和牧草研究中心 宣威市畜牧局	黄必志 叶瑞卿 邓菊芬 龙绍武 陈吉清 陈庆敏 邱光伟 夏体兰 耿礼波
5	禽流感病原诊断及检疫快速技术研究与示范	云南省畜牧兽医科学研究所 云南农业大学动物科学技术学院 云南省兽医防疫总站 成都军区疾病预防控制中心军事医学研究所	张富强 张以芳 宋学林 范泉水 张应国 宋建领 张文东 李作生 王金萍
6	牛、羊胚胎工程产业化技术体系研发及应用	中国科学院昆明动物研究所 云南中科胚胎工程生物技术有限公司 云南省肉牛和牧草研究中心 大理白族自治州家畜繁育指导站 昆明市农场管理局	苏 雷 季维智 文际坤 赵家明 马晓宁 和协超 和占星 王姝瑭 王鹏武

续 表

序号	项目名称	项目单位	项目人员
7	云南省典型地质遗迹景观研究和地质公园建设	云南师范大学 昆明理工大学 石林风景名胜区管理局	李玉辉　梁永宁　李正平　杨艳华 耿　弘　任　坚　陶洪林　李忠德 杨光荣
8	球径精确技术的深化拓展及与能耗前移结合的应用研究	昆明理工大学 玉溪矿业有限公司 云南达亚有色金属有限公司 凉山矿业股份有限公司	段希祥　杜云鹤　曹亦俊　李　德 王云凤　赵高举　赵庆红　官锁富 刘伟云
9	再造烟叶生产配套关键技术开发	云南瑞升烟草技术（集团）有限公司 云南昆船瑞升科技有限公司	杨伟祖　李　涛　刘维涓　王保兴 陈永宽　王保安　郭　辉　唐自文 卫　青
10	年产3000吨电工用铜扁线和型材产业化	云南铜业铜材有限公司	杨志兵　吴予才　鄢　明　谢水生 卢宝仁　陈　伟　彭庆超　王海军 何剑辉
11	锡烟化炉系统节能环保技术改造及应用	云南锡业股份有限公司冶炼分公司	宋兴诚　王彦坤　缪兴国　陈　平 徐胜利　范丽霞　曹　华　杨建中 李　忻
12	汽车轮毂用Al－Si－Mg铸造合金生产新技术开发	云南冶金集团总公司 云南铝业股份有限公司	田　永　陈德斌　杨　钢　郑兴贵 王吉坤　李　全　张红耀　胥福顺 袁崇胜
13	金属喷射成形高技术及新型金属材料制备	昆明贵金属研究所 中国科学院金属研究所	谢　明　赵九洲　符世继　杨有才 张健康　黎玉盛　陈　力　李方中 曾荣川
14	柔性机加工生产线	昆明云内动力股份有限公司	许建中　陈　旭　袁榆松　张　洪 杨春良　晏国梁　卢兴辉　罗显全 李文敏
15	Φ175（Φ205）/Φ350/Φ850×1050六辊HC可逆冷轧机	昆明力神重工有限公司	赵　勇　彭　力　殷　浩　杨亚希 胡式保　张成益　付永生　陈　颖 李　凌
16	卷包设备产品制造规格尺寸综合改造	红塔烟草（集团）有限责任公司	蒋顺华　王金良　刘克敏　张保洪 王晓辉　甘玉明　张锡志　柏万贵 李亚春
17	云南输电线路气象区划研究	云南省电力设计院 云南省气象科学研究所	王守礼　李家垣　肖　玲　孙绩华 刘长征　杞明辉　陈　杰　施建国 张　弦
18	数字化变电站研究	云南电网公司曲靖供电局	李晓彤　晋伟平　曹　敏　汤汉松 周　宪　彭志勤　张玉龙　孙建华 李红伟
19	煤矿瓦斯综合监控系统的应用研究与示范	昆明理工大学 曲靖益东总厂陆东煤矿 云南省监狱管理局	张云生　王剑平　刘志伟　樊宪宏 朱　铮　王晓东　徐建桥　刘　苹 张寿明
20	南天PR9系列高级存折打印机	云南南天电子信息产业股份有限公司	陈宇峰　李双梅　李　丹　郭　肃 杨顺宾　徐　博　华建勋　李　云 谢　颖

续　表

序号	项目名称	项目单位	项目人员
21	思茅至小勐养高速公路环境保护与工程对策研究	云南省公路规划勘察设计院 长安大学 云南思小高速公路建设指挥部	杨　延　王　珏　田伟平　张发春 吴华金　李国锋　李家春　房　锐 喻正富
22	景洪水电站工程双掺料材料特性研究与工程应用	云南华能澜沧江水电公司 中国水电顾问集团昆明勘测设计研究院 中国水利水电科学研究院 中国水利水电第三工程局 中国葛洲坝水利水电工程集团公司 中国水利水电建设工程咨询中南公司	马洪琪　甄永严　陈改新　谢力明 戴益华　刘金堂　殷　洁　纪国晋 马经春
23	云南省交通行业综合业务互联网络与多媒体业务系统研究开发与应用	云南省交通科学研究所	岳　波　陈勤彦　马晓军　欧家存 杨　渝　施智华　张　波　王治辉 陈　瑶
24	精制甲型肝炎灭活疫苗（Vero 细胞）	云南沃森生物技术有限公司	陈尔佳　马　波　钟光禄　刘红岩 阳选祥　向左云　谭顺革　练幼辉 陶　林
25	抗艾滋病药物复方 SH 的研制	中国科学院昆明植物研究所	罗士德　王易芬　来国防　曹建新 王力宏　郝小江　鞠　鹏　汪　琼 汪云松
26	宫血宁治疗妇科出血作用机理研究	云南白药集团股份有限公司 军事医学科学院放射与辐射医学研究所	冯　有　从玉文　赵振虎　唐书明 陈家佩　善亚君　柳晓兰　王明辉 高崇昆
27	农村艾滋病母婴传播阻断策略研究	云南省妇幼保健院　昆明医学院 云南省疾病预防控制中心	李　燕　王兴田　郭光萍　石安萍 马艳玲　王　俊　李　智　张景湘 周　伶
28	人发角蛋白人工腱材料的基础研究和临床应用	成都军区昆明总医院 云南省第二人民医院 中国人民解放军第四七八医院	陆　声　徐永清　李春晓　王宇飞 李祥明　李公伦　丁　晶　安　梅 李其训
29	钬激光在腔内泌尿外科的临床应用研究	成都军区昆明总医院	刘齐贵　麻伟青　王跃力　周庆余 姚建忠　曹　伟　窦　坤　邝丽新 李坤林
30	脑源性神经营养因子在实验性细菌性脑膜炎的表达和神经保护作用	昆明医学院第一附属医院 浙江大学医学院附属儿童医院 昆明医学院	李　玲　水泉祥　赵正言　李　燕 任　惠　梁　琨　黄永坤　徐　静 李　琪
	三等奖（150 项）		
1	蚕豆粮菜型新良种凤豆 8 号（8879—2）选育	大理州农业科学研究所	陈国琛　李秀培　段杰珠　陈爱娜 尹雪芬

续 表

序号	项目名称	项目单位	项目人员
2	早熟耐寒优质高产稳产高海拔粳稻新品种凤稻16号的选育	大理州农业科学研究所	宋天庆 赵慧珠 李云鸿 郭荣辉 张丽萍 李玉泉
3	云南农田动态监测及综合治理技术研究	云南省农业科学院质量标准与检测技术研究所 云南省农业环境保护检测站 云南省农业科学院农业环境资源研究所 保山市农业环境保护监测站 晋宁县上蒜乡农业技术推广站	张晓林 王红华 沙凌杰 和丽忠 米艳华 潘艳华 严婷婷
4	以香石竹为主的云南主要外销花卉创品牌综合技术集成研究与应用	云南英茂花卉产业有限公司 云南省植物病理重点实验室 云南省农业科学院农业环境资源研究所 昆明动植物检疫局科学技术研究所	杨泮川 陈海如 陈 媛 郭云周 孔宝华 毕云青 周建葵
5	四种园艺作物设施条件栽培关键技术研究	云南农业大学 玉溪市农业科学研究所 昆明市红云化工生产公司	张乃明 李文祥 何月秋 赵 燕 毛昆明 陈建军 苏友波
6	云南省啤酒产业链关键技术研究及其产业化	云南省农业科学院生物技术与种质资源研究所 云南省澜沧江啤酒集团保山有限公司 浙江大学生物系统工程与食品科学学院 昆明华狮啤酒有限公司 曲靖市农业科学研究所	曾亚文 何国庆 普晓英 杨文康 雷德志 马 奇 杜 娟
7	文山州“十五”期间玉米新品种选育、引育及示范推广	文山州农业科学研究所 文山州种子管理站 砚山县种子管理站 丘北县种子管理站 广南县种子管理站	朱汉勇 王子乔 彭禄芬 陈文学 高天芬 田砚东 王党才
8	陆稻新品种“文陆稻4号选育”	文山州农业科学研究所 普洱市农业科学研究所 红河州农业科学研究所	李玉国 赵清芬 闻 绿 李维新 张建生 董加金 高 云
9	清香型优质高产水稻新品种“云超6号”的选育及示范	云南省农业科学院粮食作物研究所 玉溪市农业科学研究所	袁平荣 周 能 周玉萍 杨从党 李贵勇 普双有 戈芹英
10	云南烤烟重要病害防治及产品开发应用	云南锦田植保科技有限公司 云南省农业科学院农业环境资源研究所	赵国晶 李向东 郭志祥 冉 云 徐 云 邹炳礼 许 龙
11	德宏州40万亩冬马铃薯规范化栽培	德宏州农业技术推广中心 盈江县农业局农技推广中心 潞西市农业技术推广中心 陇川县农业技术推广中心 梁河县农业技术推广中心	黄廷祥 顾中量 陈正远 候 跃 刘贵川 陈际才 陈本辉

续 表

序号	项目名称	项目单位	项目人员
12	优质、抗冻粮、菜兼用型蚕豆新品种“云豆147选育”	云南省农业科学院粮食作物研究所	包世英 王丽萍 吕梅媛 唐永生 周丕才 何玉华 李树荣
13	云南菜用豌豆良种的引种鉴定与自主研发及其推广	昆明壮禾种业研究所 昆明兴龙西特贸易有限公司	张树宾 朱世群 马占逵 李长生 赵国宏 杨艳青 张晓明
14	花椒主要病虫害防治研究与示范	云南农业大学 昭通市植保植检站	李强 赵高慧 陈建斌 李正跃 宋家雄 张汉学 范静华
15	农作物多样性应用技术试验示范	云南农业大学 中国农业大学	郑毅 朱有勇 张福锁 汤利 肖靖秀 李隆 张朝春
16	魔芋细胞工程品种改良、无病毒快繁及高效栽培示范	云南农业大学魔芋研究所 云南省农业科学院生物技术与种质资源研究所 云南师范大学生物资源技术研究所	谢世清 王玲 王平华 谢庆华 唐嘉义 房亚南 张云峰
17	甘蔗新良种与配套栽培技术示范推广	云南省农业科学院甘蔗研究所 镇康南华糖业有限公司 镇康县农业综合开发办公室	刘少春 杨正发 罗正国 张跃彬 吴正焜 刘海东 罗世阳
18	优质青稞良种选育及高效栽培示范	迪庆州农业科学研究所 云南农业大学 云南省农业科学院质量标准与检测技术研究所 丽江市农业科学研究所	闵康 和卫泽 谢世清 张建华 木德伟 和朝元 杨晓洪
19	大理州烤烟品质区划研究	云南省烟草公司大理州公司 中国烟草总公司青州烟草研究所	李文璧 陈刚 杨程 徐发华 邹加明 丁云生 赵国明
20	云南冬季亚麻品种选育及种植技术研究与示范	云南大学 云南省农业科学院经济作物研究所	刘飞虎 刘其宁 朱炫 梁雪妮 吴学英 黄海泉 赵振玲
21	加工型马铃薯产业化原料薯基地建设	云南省农业技术推广总站 昆明市农业科学研究所	王平华 魏明 刘卫民 刘友林 王艺 邹万君 张丽芳
22	仿生环保复合杀虫剂吡·氯微乳剂产品开发	云南省化工研究院 云南天丰农药有限公司	浦恩堂 杨云松 夏宇 樊蕾 汪继清 丁慧萍 龙顺田
23	“悦欣牌”自动破壳户用玻璃钢沼气池研发	云南悦欣建材有限公司	梅家昌 何勇 高仁周 苏杰 刘明 周凤萍 刘云芳
24	三七病虫害普查及防治对策研究	文山州三七科学技术研究所	陈昱君 王勇 冯光泉 刘云芝 崔秀明 杨建忠 王朝梁
25	家蚕新品种云松×云月的选育	云南省农业科学院蚕桑蜜蜂研究所	沈正伦 廖鹏飞 李荣福 江亚 徐明 董兴良 黎永谋

续 表

序号	项目名称	项目单位	项目人员
26	甘蓝型杂交油菜新品种云油杂1号选育与示范	云南省农业科学院经济作物研究所 罗平县农业技术推广中心 弥勒县农业技术推广中心 保山市农业科学研究所 临沧市农业科学研究所	蒋海玉 刘其宁 严远鑫 李劲峰 张美华 雷元宽 郑树松
27	花油两用红花新品种选育和示范	云南省农业科学院经济作物研究所	刘旭云 杨建国 郭丽芬 杨 谨 徐宁生 张锡顺 赵庭周
28	小麦新品种“云选11—12”选育及应用	云南省农业科学院粮食作物研究所	于亚雄 胡银星 程 耿 杨金华 施立安 杨兆才 和立宣
29	云南松纵坑切梢小蠹综合治理技术推广	曲靖市森林病虫防治检疫站 沾益县森林病虫害防治检疫站 陆良县森林病虫防治检疫站 云南省师宗县森林病虫害防治检疫站 富源县森林病虫害防治检疫站	李双成 张晋昆 叶 梅 沈 燕 刘 丽 吴学礼 王祖芳
30	红河、珠江流域石质山地植被恢复模式的研究	中国林业科学研究院资源昆虫研究所 云南省林业工程造林项目咨询服务站 建水县林业局 弥渡县林业局 江川县林业局	谷 勇 邹恒芳 吴 昊 李 军 张 清 李正红 白牙仓
31	思茅松新型增脂剂研制开发	西南林学院 云南景谷林业公司	刘祥义 陈玉惠 黄建民 杨晓茗 付 惠 张加研 孔永强
32	抗旱保水剂在印楝等树种造林技术上的应用	西南林学院 昆明市东川区林业局	马焕成 段安安 张志斌 甘云浩 伍建榕 孙建华 李增平
33	花椒病虫害综合治理	云南省林业科学院 永善县林业局 东北林业大学 永善县务基乡林业站	段兆尧 冯志伟 刘雪峰 荀均才 周雪峰 龙巨川 张启海
34	果桑引种筛选及栽培示范研究	云南省林业科学院 云南省小龙潭矿务局草坝农场 开远市林业科技发展有限责任公司	陆 斌 宁德鲁 邵则夏 杨卫明 陈 芳 陈国荣 杜春花
35	云南省城市绿化树种选择、培育技术研究及示范	云南省林业科学院 普洱市翠云区环卫绿化管理处 丽江三朵园林旅游开发有限责任公司	张学星 刘云彩 施 莹 邵金平 谭 冬 李丽全 何 蓉

续 表

序号	项目名称	项目单位	项目人员
36	欧洲木质模压门生产工艺污染物减量化等二次技术创新	昆明红塔木业有限公司	朱建勇 黄 伟 金星林 李红兵 朱仁耀 孔垂品 李 莹
37	玉溪市标准化生猪生产配套技术示范推广	玉溪市畜牧局	周家富 周文忠 郭丛荣 梁中枢 张 谷 毕朝安 姚嘉林
38	云南山羊痘流行病学及防治技术研究	云南省畜牧兽医科学研究所	李华春 李志华 高华峰 姚 俊 解天珍 朱建波 赵文华
39	云南省天然草原恢复研究	云南省肉牛和牧草研究中心 丘北县畜牧局 盈江县畜牧局	奎嘉祥 邓菊芬 吴文荣 袁福锦 段新慧 周自玮 钟 声
40	云南牧草种子繁殖关键技术及其产业化研究	云南省草山饲料工作站 中国农业大学 云南省种羊场 永德县畜牧兽医站	吴维群 张英俊 杨士林 韩建国 邓菊芬 马兴跃 陈 平
41	无公害禽类产品产业化开发示范	宜良县人民政府 云南农业大学动物科学学院 云南省畜牧兽医科学研究所 昆明宜良李烧鸭食品公司	李 鸿 葛长荣 杨 斌 陈文清 张 曦 朱树云 杨晓石
42	云南省家畜饲料高效利用技术及饲料资源优化利用研究——猪饲料产品的研制与试验示范推广	云南农业大学云南省动物营养与饲料重点实验室 云南省畜牧兽医科学研究所 陆良县畜牧兽医食品局 安宁市畜牧兽医站 宜良县畜牧局	戴志明 杨国明 顾平生 张 曦 陈克嶙 毛华明 谢 萍
43	金沙江流域退耕还林（竹、草）综合配套技术试验示范——退耕还草综合技术试验示范	云南农业大学 中国林业科学研究所资源昆虫研究所 云南省彝良县畜牧兽医站 云南鹤庆县林业局	毕玉芬 李 昆 罗富成 陈 功 任 健 文亦芾 梁 讯
44	构建云南热带亚热带水稻黑麦草轮作饲养畜禽系统	云南农业大学	陈 功 毕玉芬 罗富成 任 健 魏宝祥 席冬梅
45	提高大红山铁精矿品位及回收率试验研究	玉溪矿业有限公司 广州有色金属研究院	向发柱 李 德 胡春晖 王 春 廖 锦 刘伟云 陈俊明
46	云锡磨矿耐磨材料及磨矿工艺优化设计与应用研究	云南锡业集团有限责任公司 昆明理工大学	蒋业华 段希祥 刘国宇 许志安 黄迎红 周 荣 熊向葵
47	岩溶水有效开发技术方案研究	云南省地质调查院	王 宇 张 贵 李丽辉 吕爱华 李 燕
48	新型复合分级技术及装备开发	昆明冶金研究院	冯成建 闫 森 许志安 沈乃智 蒋荫麟 李松春

续 表

序号	项目名称	项目单位	项目人员
49	低品位锰矿石选矿技术工程化研究	云南文山斗南锰业公司	王运正　张承贵　王　宁　高德云 吕达海　张玉林　王春林
50	云南省水资源开发利用评价方法及指标体系研究	云南省水利水电勘测设计研究院 四川大学	曹世惠　梁　川　高　嵩　顾世祥 周　云　谢　波　浦承松
51	老厂新区长独头巷道快速掘进高效通风研究	云南锡业集团（控股）有限责任公司 昆明冶金高等专科学校	段永祥　余学昌　吉如明　高龙标 余庆华　孙国祥　黄迎红
52	无烟煤大配比配煤捣固炼焦工业化应用	曲靖大为焦化制供气公司	李树全　陈云宝　袁明飞　张　智 徐天龙　刘敬峰　黄　鑫
53	三聚甲醛套管式连续冷冻结晶工艺技术及设备开发	云南云天化股份有限公司	刘和兴　贾旭东　杨　骁　刘丙富 张玉杰　胡　均　张宗良
54	工业炸药药卷自动中包机组	云南安化有限责任公司	段满贵　董　越　范富云　谢永勇 李恩波　何青松　起云春
55	新型功能性嘴棒的开发及应用	红塔烟草（集团）公司 云南烟草科学研究院 云南恩典科技产业发展公司	缪明明　陈绍明　李中昌　孟昭宇 牟定荣　刘　强　王晶晶
56	昆产名优卷烟低焦油、低CO相关技术研究	红云烟草（集团）公司 云南瑞升烟草技术（集团）有限公司	曾晓鹰　武　怡　邓国宾　王　超 杨伟祖　者　为　陶　鹰
57	铜、镍电解精炼用新型不锈钢阴极板制备技术	昆明理工大学 云南铜业股份有限公司 昆明理工恒达科技有限公司 交大昆机科技股份有限公司	郭忠诚　黄善富　杨小琴　樊爱民 黄太祥　李旭樵　华宏全
58	镀锌板基板质量控制技术研究及镀锌板、彩涂板产品开发	昆明钢铁控股有限公司	李志敏　赵　宇　张雄文　周朝华 张　瑜　吴庭松　王　远
59	从含锗废料中高效回收锗金属	临沧鑫圆锗业股份有限公司	普世坤
60	大型锌挥发窑新型耐火材料应用技术创新	云南云铜锌业股份有限公司	戴兴征　王　林　徐宏凯　梅　毅 曾　鹏　李国峰　王育平
61	云铝生阳极制造系统控制及工艺技术创新	云南铝业股份有限公司	万多稳　刘志祥　邱哲生　李永兴 包兴柱　董庭鸿　赵建云

续 表

序号	项目名称	项目单位	项目人员
62	发酵型白花木瓜酒的研发	云南茅粮酒业集团有限公司	刘群芬 张学洲 刘金平
63	澳洲坚果加工工艺及产品开发研究	云南省热带作物科学研究所	邹建云 古和平 郑文代 祝 翱 朱明英 黄克昌 陶循臣
64	D1 9TCI 柴油轿车发动机机体的铸造生产	昆明云内动力股份有限公司	潘亮星 刘星舟 唐 平 陈云龙 陈 赟 冯 欣 牛文峰
65	SJL 系列废旧塑料再生造粒机组	云南昆船设计研究院 云南昆船第一机械有限公司	孙旭海 翟永明 何 炬 许曙光 赵益民 唐压有 高建亮
66	C5013、C5614 塔式起重机	昆明力神重工有限公司	项佩泽 马开明 杨永生 王 琳 杜旭本 王 玲 吴德辉
67	技术集成研发“红塔山”经典 1956 卷烟	红塔烟草（集团）有限责任公司	李天飞 牟定荣 董 伟 赵常山 赵立恒 龚荣岗 缪明明
68	KYN61－40.5（Z）/T2000－31.5 户内金属铠装移开式开关设备的开发设计	云南开关厂	赵 炘 杨希江 谭自付 段建平 赵永福 孔祥品 杨秀康
69	高海拔直流输电外绝缘污秽特性试验研究	云南电力试验研究院（集团）公司电力研究院	李 明 马 仪 侯亚非 陈 磊 钟剑明
70	水电铝综合自动化控制技术开发应用	云南省盈江星云有限公司	李啸云 王振武 吕定雄 王自立 李时昌 黄国达 李艳红
71	高原特殊环境条件电工电子产品系列国家标准的制定	昆明电器科学研究所	张南华 赵 磊 周琼芳 田 华 陈小云 廖学理 谢国政
72	云南省招生考试业务信息化工程	昆明理工大学 云南省招生考试委员会办公室	余正涛 朱华山 杨 永 毛存礼 邵剑飞 向凤红 余泽鸿
73	通用安全支撑平台及其关键技术研究	云南大学 昆明华软信息工程有限公司	李 彤 郝 林 柳 青 梁志宏 张 璇 林 英 杨维忠
74	云南省人口信息数据库系统	云南省公安厅治安管理总队 云南省公民身份认证服务中心 昆明世科计算机网络公司	罗石文 熊福寿 郭洪斌 朱智江 杨毓鉴 王 毅 颜家银
75	基于 ARM 的嵌入式系统应用开发平台的研究	云南省计算机软件技术开发研究中心 电子科技大学	李巡生 桑 楠 保 云 雷 航 陈 光 张 军 杨 霞

续 表

序号	项目名称	项目单位	项目人员
76	云南电力技术监督管理信息系统	云南电力试验研究院（集团）公司电力研究院	洪　波　魏　杰　石少勇　熊志全　叶　锋　蒋石林　罗学礼
77	云南铝业供应链管理系统开发	云南铝业股份有限公司 昆明电器科学研究所	董仕毅　谢国政　凌　云　刘洪波　和珍寿　韩　朝　郑　雄
78	工业企业营销动态管理信息系统	云南铜业股份有限公司	李郑刚　刘丽川　联　娜　喻后伟　李海涛　刘　群　孙丽娟
79	网上评卷与教学质量监控评价体系	昆明理工大学 云南省招生考试委员会办公室 昆明市教育科学研究院 云南省玉溪市教育科学研究所	王　锋　朱华山　邓　辉　郑　晟　梁　波　苟　敏　杨　永
80	云南少数民族文化遗产数字化应用研究	云南大学 丽江市东巴文化研究院	王耀希　代红兵　吴建平　周　飞　安红萍　石　莹　王兴超
81	面向电子政务的数据交换平台	云南大学 云南省电子政务网络管理中心	姚绍文　余益民　危　兵　黄立冬　薛　岗　孙荣燕　侯　刚
82	连拱隧道地质超前预报及施工控制技术研究	云南思小高速公路建设指挥部 长安大学 云南省公路规划勘察设计院	王　珏　苏生瑞　李志厚　李国锋　和　昆　房　锐　亢若伏
83	30万 m^3 干式煤气柜制作安装工艺	云南建工安装股份有限公司	华志宇　王晓方　李映光　张小青
84	云南土卡河水电站新型复合掺合料混凝土研究与应用	北京国电水利电力工程公司 水利部交通部电力部南京水利科学研究院 云南大唐国际李仙江流域水电开发有限公司	纪　辉　陆采荣　张　毅　邓毅国　王　珩　司俊山　吴义航
85	调车作业列车风压贯通状态检测装置	昆明铁路局科学技术研究所	陈　炯　郭　成　李华建　李　平　李建平　张廷华　方　伟
86	云南元江——磨黑高速公路边坡变形破坏机制及防治对策研究	云南地质工程勘察设计研究院 昆明理工大学	徐世光　郭远生　李长才　叶燎原　祝传兵　王小晶　李先群
87	云南思茅至小勐养高速公路边坡生态恢复工程技术研究	云南思小高速公路建设指挥部 云南今业生态建设集团公司 云南省公路规划勘察设计院	王　珏　邓辅唐　喻正富　李国锋　杨自全　普文云　杨碧聪

续　表

序号	项目名称	项目单位	项目人员
88	思(茅)——小(勐养)高速公路全程监控技术研究与应用	云南思小高速公路建设指挥部 交通部公路科学研究院 清华紫光股份有限公司 云南省公路规划勘察设计院	喻正富　李国锋　包左军　王　珏 方正鹏　杨自全　杨泽龙
89	边坡加固施工工艺与施工控制技术研究	云南昆石高速公路建设指挥部 重庆交通科研设计院 云南省公路科学技术研究所	夏保祥　陈谦应　李桓兴　马万权 柴贺军　沈康鉴　杨建国
90	低纬高原城市环境气象监测预报服务系统研究	云南省气象科技服务中心	秦　剑　毕家顺　杨　飞　赵　刚 田永丽　陈新梅　朱保林
91	云南滑坡泥石流灾害气象监测预警系统的研究	云南省气象科学研究所 云南省气象台	段　旭　彭贵芬　张　杰　陶　云 朱天禄　刘建宇　王　曼
92	星云湖大街河湾生物净化技术试验工程研究	玉溪市环境科学研究所 中国科学院南京地理与湖泊研究所 江川县环境保护局	李荫玺　侯长定　李文朝　胡耀辉 史云德　刘　俊　杨　林
93	滇池草海生态修复技术	昆明市滇池管理局东风坝二期工程项目管理办公室 云南省环境科学研究院	陈　静　赵祥华　王延春　杨逢乐 许苏昆　杨亚平　肖雪冰
94	云南省广州管圆线虫病自然疫源地和国内马来管圆线虫的首次发现及研究	云南省疾病预防控制中心	李富华　周晓梅　李彦忠　陶　洪
95	“日·子”复方苦参药巾产品科研项目	云南清逸堂纸业有限公司 大理学院	张枝荣　李绍宏　冉瑞金　左志雄 张其胜　杨润芬
96	二种库蚊实验种群的建立及感染乙型脑炎活疫苗安全性评价的研究	云南省地方病防治所 中国药品生物制品检定所	张海林　章域震　冯　云　俞永新 贾丽丽　杨卫红　亚红祥
97	神经营养因子 Neurturin 在毕赤酵母中的高效表达、纯化及生物活性鉴定	中国医学科学院医学生物学研究所	李鸿钧　孙茂盛　和占龙　谢天宏 张光明　李亮助
98	神经激肽 A 在大鼠消化道发育中的表达及变化	昆明医学院 云南省第一人民医院	李力燕　郭建辉　王廷华　王特为 张洪钿
99	重要地道药材（何首乌）的中药饮片炮制研究	云南中医学院	赵荣华　赵声兰　饶高雄　毛晓健 张荣平　王文静　解奉江
100	金不换牌眠乐胶囊保健食品研究开发	云南金不换（集团）有限公司药业分公司	周晓丹　蒋　勰　李　莉　杨俊秀 代应俏

续 表

序号	项目名称	项目单位	项目人员
101	HLA肽四聚体制备改良与特异CTL检测应用的研究	成都军区昆明总医院 南方医科大学生物技术学院	阮光萍　马　骊　王小宁　安　梅 姚　翔　杨晓顺　王桂华
102	中国彝族药物标本库建设	云南省彝族医药研究所 楚雄州彝族医药研究所	杨本雷　余惠祥　张之道　许嘉鹏 何春荣　卢自春　张勇进
103	云南省药物研究所药物安全性（GLP）评价中心建设——云南天然药物安全性评价技术体系研究及其应用	云南省药物研究所	尚建华　朱兆云　王京昆　陆　瑛 黎冠群　苏　敏　赵云丽
104	云南省艾滋病综合防治评估体系研究	云南省疾病预防控制中心	陆　林　尹　洁　程何荷　马景孚 贾曼红　张长安　周洪梅
105	常用临床病理技术的改进与应用研究	成都军区昆明总医院	杨举伦　蔡　琳　王　力　李　涛 宋蜀伶　李　霞　赵玺龙
106	六种新药人体内药物浓度分析方法建立及应用	成都军区昆明总医院	徐　帆　徐贵丽　张　青　尚北城 尹玉琴　何洪静
107	手术结合粒子植入治疗肝癌的临床疗效观察及实验研究	云南省第二人民医院	罗开元　李　波　赵　泉　杨　嵘 毛文源　王明春　刘娟娟
108	gax基因过表达对移植静脉平滑肌细胞转化态的影响	云南省第二人民医院	杨　镛　杨国凯　何晓明　马震寰 陆　平　万　嘉　毛文源
109	前入路绕肝提拉法肝后隧道的临床解剖学研究	云南省第一人民医院 昆明医学院 云南省高等医学专科学校	王峻峰　莫一我　王彦坤　李兴国 孙志为　范　炜　王晓云
110	RhGH对SD大鼠肝脏再灌注损伤的保护及修复作用	昆明市第一人民医院	冉江华　郭永章　李　立　李　铸 张升宁　刘　静　张鸿青
111	SDD联合GLN预防兔背驮式肝移植肠道细菌移位	昆明市第一人民医院	李　立　李　铸　冉江华　李晓延 陈　刚　周　健　魏晓平
112	管正斋老中医子午流注灵龟八法学术经验的整理研究	昆明市中医医院	管遵惠　谭保华　易　荣　丁丽玲 李　群　郭翠萍　叶　建
113	支气管动脉永久双重栓塞治疗大咯血的临床应用研究	昆明医学院第二附属医院	王家平　李迎春　闫　东　袁曙光 张志田　胡李男　韩正林
114	PWI对肝脏肿瘤诊断及鉴别诊断的临床应用研究	昆明医学院第二附属医院	袁曙光　闫　东　郝金钢　赵新湘 郭　立　王家平　段丽芬

续 表

序号	项目名称	项目单位	项目人员
115	肺段内隔绝激发对气道高反应性临床研究	昆明市延安医院	廖力微 戴路明 黄惠珍 梁咏雪 魏 星 艾凤英 陈建华
116	复杂颅内动脉瘤血管构筑影像学与介入治疗的临床研究	昆明医学院第一附属医院	赵 卫 杨智勇 胡继红 李向新 姜永能 王崇谦 向述天
117	中国人群氧化抑制物遗传多态性与COPD关系研究	昆明医学院第一附属医院 中国科学院昆明动物研究所	戴路明 张亚平 傅炜萍 赵芝焕 方利洲 孙 昌 刘 凌
118	妇女生殖道感染诊断与综合防治技术研究	云南省计划生育技术科学研究所 中国疾病预防控制中心 云南省妇幼保健院	叶汉风 袁彦玲 曾 光 王 俊 张丽华 刘凤英 宋向菁
119	降低医疗服务中艾滋病相关歧视研究	昆明医学院	张开宁 姜润生 田丽春 胡世云 周 洁 邓 睿 张 桔
120	自来水中有机污染物的检测及其健康危害评价	昆明医学院 昆明通用水务自来水有限公司	邹学贤 杨叶梅 周俊杰 朱凤鸣 周 涛 顾 涛 孙 毉
121	云南白药牙膏	云南白药集团股份有限公司	高 鹰 王明辉 肖 鹏 肖 静 郑 涛 何国民 申世平
122	腹腔镜泌尿外科手术中建立后腹腔方法的技术改进和推广应用	昆明医学院第二附属医院	左毅刚 丁明霞 柯昌兴 杨德林 王剑松 刘靖宇 颜汝平
123	改进型肱骨逆行旋入钉的研制及临床研究	昆明市延安医院	熊 鹰 柳百炼 李群辉 白力承 常 敏 王大兴 普 淇
124	念珠菌致病机制及临床治疗相关研究	昆明医学院第一附属医院 昆明医学院第二附属医院	李红宾 付 萍 何 黎 刘晓莉 李玉叶 冒长峙 黄云丽
125	妊娠糖尿病、2型糖尿病的HLA－II、GADA、ICA比较	昆明医学院第一附属医院	祁文瑾 冯玉昆 赵曼林 杨凤英 李白鸾 吕群英 杨明晖
126	昆明地区微生物感染的病原体构成及其耐药基因监测应用研究	昆明医学院第一附属医院 昆明医学院第二附属医院 云南省第一人民医院	陈 端 单 斌 刘晓莉 杜廷义 黄云昆 黄 东 杜 艳
127	类风湿关节炎患者血管内皮功能损害的机制及临床研究	云南省第一人民医院	寿 涛 乌若丹 雷 霍 苏 敏 麦 垚 李 芹 严新民
128	云南汉族、彝族2型糖尿病与HLA－DQA1及HLA－DRB1基因多态性关联的研究	昆明医学院第二附属医院	杨红英 徐 勉 薛 丽 任春锋 袁慧云 郃文琳 李 江

续 表

序号	项目名称	项目单位	项目人员
129	农药对内分泌和神经系统效应的实验研究	昆明医学院	刘 苹 吴锡南 李 健 宋肖肖 武慧欣 袁卫红 王静林
130	ICD，CRT，CRT—D 保护猝死高危人群的疗效对比	昆明医学院	李淑敏 郭 涛 韩明华 夏松年 赵 玲 刘中梅 李慧娟
131	慢性心力衰竭患者植入心律转复除颤器预防心脏性猝死的临床研究	云南省第一人民医院	范 洁 王礼琳 邓 旭 黄春涛 孟 洁 谢 红 叶琼芝
132	完全与部分血运重建对心梗并心功能不全病人左室功能影响对比研究	云南省第一人民医院	张 彤 杨 俊 周乐今 黄春涛 张 翔 吴泳昕 苗云波
133	非瓣膜性心房颤动的临床研究	成都军区昆明总医院	魏 玲 刘 斌 卢国良 刘绍华 张筱军 张亚林 郭传明
134	应用冠脉血管内超声评价药物涂层支架置放后再狭窄及血管内膜增生	昆明医学院第一附属医院	曹晶茗 肖践明 蔡红雁 刘 蓉 刘中梅 张云红 许 峰
135	VVI 起搏改 DDD 起搏必要性与可行性研究	昆明医学院第一附属医院	赵 玲 郭 涛 韩明华 杨 晖 刘中梅 李淑敏 杨西云
136	国产替罗非班在高危复杂病例冠脉介入治疗中的应用研究	云南省第一人民医院 云南省西双版纳州人民医院 昭通市第一人民医院 普洱市人民医院 大理州人民医院	张云梅 赵 燕 张 宏 乌若丹 范 珊 王明辉 林 玲
137	显微手术治疗脑干肿瘤的临床研究	云南省第一人民医院	赵建华 杨 雷 钱希颖 欧阳劲松 郑云飞 柏顺明 张永发
138	阿德福韦酯治疗 HBeAg 阳性慢性乙型肝炎随机对照多中心临床试验研究	昆明医学院第一附属医院	韦 嘉 范晶华 杨微波 张立伐 尚 佳 李 丹 肖志坚
139	云南省发展循环经济研究	云南省政府发展研究中心 云南省发展和改革委员会 云南省经济委员会 云南省环境保护局 云南省科学技术情报研究所	聂元飞 叶 玲 颜希权 杨升金 杨 丽 代启文 杨继康
140	增强云南防灾减灾综合实力的科技支撑研究	云南省科学技术情报研究所	周钜乾 黄建中 李 群 郝立勤 杨映明 夏 宇 谭海霞

续 表

序号	项目名称	项目单位	项目人员
141	《云南省“十一五”期间实施人力资源开发战略研究》	昆明理工大学 云南省劳动和社会保障厅 云南省人事厅	段万春　杨　丽　钟叔玉　仲崇峰 陈幼芳　李怡靖　吴晓松
142	抚仙湖湖区保护利用与经济建设可持续发展研究	昆明理工大学 云南省环境科学研究院 云南省科学技术情报研究所	赵光洲　贺　彬　马敏象　罗美娟 张秀敏　李成溥　张泰民
143	云南省艾滋病流行社会经济影响评估与防治对策研究	云南师范大学 云南省性病艾滋病防治协会 云南省人民政府研究室 云南省疾病预防控制中心 云南省防治艾滋病工作委员会办公室	骆华松　王汝巽　石天明　李　锋 武友德　明庆忠　张长安
144	云南粮食安全综合示范区建设方案研究	云南省农业科学院农业经济与信息研究所 云南省发展和改革委员会农村经济处	李再山　李学林　陈良正　袁　媛 李　露　武　卫　彭子芸
145	云南省农村沼气发展及推广应用研究	云南省农业科学院农业经济与信息研究所 云南省农村能源建设工作协调领导小组办公室 云南省农业厅计划财务处 云南省发展和改革委员会农村经济处	陈良正　杜建辉　李　媛　黄建伟 袁　媛　陈升东　唐志荣
146	水牛业产业化及科技创新技术体系研究	云南省农牧工程设计研究院 云南省巴富乐水牛技术研究所	李大林　文际坤　刘鹏翱　李　斌 汤守锟　创向辉
147	云南省退耕还林（草）生态补偿机制研究	西南林学院	支　玲　王　娟　李　谦 陈　波
148	中国红河——越南老街经济合作区建设研究	云南省澜沧江——湄公河区域合作开发前期研究协调领导小组办公室 云南省商务厅澜沧江——湄公河次区域经贸开发中心 云南省科学学研究所	李　平　戴　杰　黄　毅　董　漪 罗　敏　莫泰尧　许　雷
149	云南省与东盟国家经济技术合作战略研究	云南省科学学研究所	孔晓莎　姜宪章　周大勇　张荐华 李　平　张光平　董　漪
150	金铁锁规范化生产（GAP）的生物学基础研究	云南中医学院 云南大学 中国科学院昆明植物研究所	钱子刚　刘飞虎　杨耀文　何　瀚 梁晓原　皮文林　张庆芝

2008年长江韬奋奖（长江系列）第九届云南省获奖者名单

张秋玲　　云南人民广播电台

第十八届（2007年度）中国新闻奖云南作品获奖名录

二等奖

作品名称	播出单位	作　者	编　辑
电视系列节目《罗映珍：生命的呼唤》	云南电视台	陈　睿　韦启元 李　浩	孔维华　赵汉斌

三等奖

序号	作品名称	刊载媒体	作　者	编　辑
1	报刊消息：《云企胜诉中国涉农反倾销第一案》	昆明日报	肖宇辉	樊晋波
2	广播消息：《云南用13种少数民族语言宣传十七大精神》		王　春　尹建梅 傅学俊	米　明 帕安福

专项奖

序号	奖　项	作品名称	单　位	作　者
1	广播新闻访谈类铜奖	连线黎巴嫩	云南人民广播电台	江　涛　丁勇胜 李　娟
2	广播新闻现场直播类铜奖	治理教育乱收费	云南人民广播电台	集　体
3	电视新闻节目编排类铜奖	7月21日都市条形码	云南电视台	集　体
4	新闻摄影组照类铜奖	挺起不屈的脊梁	云南日报	雷桐苏

2008云南省第十一次哲学社会科学优秀成果获奖项目

特等奖

获奖项目	单　位	获奖人员
东南亚国家经济贸易法律研究丛书		王义明主编

荣誉奖

序号	获奖项目	单　位	获奖人员
1	宋任穷云南工作文集	云南省委党史研究室	
2	二十世纪八九十年代云南经济发展宏观决策回顾		和志强
3	范义田文集（上、下）	云南省文史研究馆	余嘉华主编

一等奖

序号	获奖项目	单　位	获奖人员
1	金融工程与衍生产品创新研究：一种基于鞅定价的分析方法	昆明理工大学	田存志
2	企业持续创新	昆明理工大学	向　刚
3	商人与近代中国西南边疆社会：以滇西北为中心	云南师范大学	周智生
4	东南亚伊斯兰教与当代政治	云南省社会科学院	贺圣达等
5	回到生活：关于艺术人类学学科发展问题的反思	云南大学	何明　洪颖
6	艾滋病的人口学研究——以云南省为例	云南师范大学	莫国芳　包广静　吴瑛
7	西双版纳傣族的水文化：传统与变迁	云南省社会科学院	郭家骥
8	云南人口与住房经济问题研究	云南省统计局	胡瑜琳等
9	制度变迁中中国宏观经济的 IS—LM 模型分析	昆明新机场建设指挥部	龙小海　叶子荣　张吕

二等奖

序号	获奖项目	单　位	获奖人员
1	高等教育体制变迁研究	云南大学	张建新
2	云南古近代学制	云南师范大学	党乐群编著
3	云南地方文献概说	云南省图书馆	
4	贫富论——唯物史观视角	昆明理工大学	樊　勇
5	中国少数民族大辞典·白族卷	云南省民族学会	李缵绪主编
6	史氏汉英翻译大词典	云南师范大学	史企曾主编
7	云南发展核电研究报告	云南省人民政府发展研究中心	钱德三等
8	中国工农红军长征过云南史	云南省委党史研究室	
9	云南省人力资源系统开发研究	云南大学	任新民　汤文志 梁　勇主编
10	复合型商业业态——理论、应用、个案	云南财经大学	李严锋
11	中美戏剧交流的文化解读	云南艺术学院	吴卫民（笔名：吴戈）
12	教育思维方式的变革及其趋向	云南师范大学	张向众
13	构建和谐的社会主义民族关系	云南大学	陈国新

续 表

序号	获奖项目	单 位	获奖人员
14	社会保险费欠费问题探讨	云南省地方税务局	白玉刚
15	货币政策中介目标选择的发展与中国实践	云南财经大学	胡列曲
16	中国的城乡劳动力流动与城镇失业：一个经验研究	云南财经大学	袁志刚
17	非传统安全视角下的云南跨界民族问题	云南师范大学	何 跃
18	会计信息管制的合约分析	云南财经大学	彭家生
19	陈云对党的实事求是思想路线的历史贡献与现实启示	云南师范大学	刘丽琼 钱明辉
20	云南房地产业发展统计预警系统研究	云南省统计局	陈杨东等
21	“共同善”与分配正义——社群主义的社会福利思想及其对社会政策研究的启示	云南大学	钱 宁

三等奖

序号	获奖项目	单 位	获奖人员
1	带你走进博物馆——云南省博物馆		云南省博物馆编
2	新制度主义	云南大学	张 林
3	愿景与探索——开远市社会主义新农村建设整体规划	省社会科学院	纳 麒 黄小军 陈利君主编
4	《孙子兵法》语法研究	云南大学	蔡英杰
5	中国近世白话短篇小说叙事发展研究	红河学院	张 勇
6	杨墨——背对阳光的少年	云南省政协文史委员会	蒲元华 杨修品编著
7	中国二十世纪“四十年代”乡土小说研究	云南大学	张志平
8	宋明理学中的“孔颜之乐”问题	云南师范大学	李煌明
9	品牌文化战略研究	云南财经大学	朱 立
10	传播理论	云南师范大学	郝朴宁 陈 路主编
11	社会科学专家话临沧	临沧市社会科学界联合会	《社会科学专家话临沧》编委会编
12	经济增长及其相关因素研究——云南经济社会发展若干问题研究	云南大学	施本植等编著

续 表

序号	获奖项目	单 位	获奖人员
13	安北与单于都护府——唐代北部边疆民族问题研究	云南民族大学	王世丽
14	《云南省红河哈尼族彝族自治州自治条例》修订与释义	红河学院	马洪波
15	纳西东巴文化研究总览	云南大学	宋光淑主编
16	西部少数民族聚居区经济发展及机制研究	云南师范大学	吴映梅
17	西南联大的文化选择与文化精神	昆明学院	封海清
18	云南推进新型工业化的模式研究——以曲靖市为例的云南新型工业化模式研究	曲靖市社会科学界联合会	云南推进新型工业化的模式研究课题组
19	宜良文化丛书	宜良县文学艺术界联合会	郑祖荣等编著
20	儿童福利社会化重构——“昆明模式”	云南大学	王彦斌　赵锦云主撰
21	家住长江第一湾的纳西族	云南省民族学会	郭大烈　周智生
22	中国少数民族生态文化研究	云南大学	廖国强　袁国友等
23	以人为本论	云南大学	张祖训
24	推进云南纳税信用体系建设研究	云南师范大学	陈　新等
25	马克思主义哲学与社会主义	云南省社会科学院	韩　敬
26	中国民族村寨文化	云南大学	张　跃　何斯强主编
27	彝族社会历史文化调查研究	楚雄师范学院	杨甫旺
28	云南传统蒙学丛书	云南传统蒙学研究会	郑千山主编
29	中华武术	云南警官学院	李德祥编著
30	红塔集团志		红塔烟草（集团）有限责任公司
31	学校毒品预防教育	云南警官学院	杨丽君等编著
32	丽江劳动模范先进工作者群英集	丽江市总工会	丽江市方志办
33	云南与巴蜀佛教研究论稿	云南省社会科学院	侯　冲
34	中国文化产业发展模式解析——云南文化产业发展启示录	云南省社会科学院	唐嘉荣　陈　真　李常林

续　表

序号	获奖项目	单　位	获奖人员
35	纳西族文化史论	云南省社会科学院	杨福泉
36	元代大理段氏总管史	大理学院	张锡禄
37	云南财政收支问题研究	云南省财政厅	任晓珍等
38	政治技术研究论纲	云南大学	方盛举
39	农户收入差距的微观基础：物质资本还是人力资本？	云南民族大学	高梦滔　姚　洋
40	论发表权侵权行为的认定——从一个著作权纠纷案谈起	云南财经大学	杨　静
41	社会政策研究的文化视角	云南师范大学	毕天云
42	反洗钱有关法律问题研究	云南财经大学	侯合心
43	19世纪中后期以来国外艺术人类学研究述评	云南大学	洪　颖
44	相邻建筑物间之利用关系的地役权调整	昆明理工大学	张　鹤
45	学术范式的转换与艺术人类学的学科建构	云南大学	何　明
46	国债转贷政策下政府信用效应及其影响	云南财经大学	侯合心　孟庆红
47	族群社会心理：民族心理学的研究对象	德宏师范高等专科学校	尹可丽
48	云南森林生态旅游发展战略研究	云南省政府研究室	侯　峰等
49	中西方理想人格的比较及对塑造现代理想人格的启示	红河学院	王　萍　王妮妮
50	哈尼梯田景观空间格局与美学特征分析	云南师范大学	角媛梅　杨有洁　胡文英
51	教育公平及其在我国的实现	昆明理工大学	罗黎辉　王海云
52	为了生活使用暴力与暴力对生活的毁灭——暴力性私力救济发生的结构性原因之法律社会学考察	云南大学	王启梁
53	清顺治朝《明史》修纂史事考论	云南师范大学	朱端强
54	文学书写中的故乡记忆——以汪曾祺笔下的昆明为中心	红河学院	张永杰

续 表

序号	获奖项目	单　位	获奖人员
55	云南地方电力体制改革形势分析报告	云南大学	郭树华　王健康等
56	唯物史观是构建社会主义和谐社会的哲学基础	云南师范大学	陈　路　李红专
57	政治价值整合：执政党提高执政能力的重要课题	云南大学	任新民
58	法律反功能的发生机制探微——对2002年《医疗事故处理条例》的法社会学思考	云南财经大学	刘新星
59	药物依赖者复吸研究模型的回顾与展望	云南师范大学	张　锋　邓云菁　杨　宏等
60	少数民族学生在学校教育中的文化适应——基于教育人类学的认识	云南大学	李怀宇
61	剑川石窟与白族的信仰民俗	云南大学	李东红
62	基于农业信息化的农业产业结构调整	云南大学	秦德智　姚　超　雷　森
63	关于文学理论话语方式的沉思	曲靖师范学院	张永刚
64	我国女子马拉松竞技现状、相对落后原因及备战29届奥运会的对策研究	云南大学	牟少华　于奎龙　刘武等
65	纳西族象形文字研究	云南民族大学	李国文
66	云南个旧方言谓词的体范畴	红河学院	路　伟
67	心诚则灵：三论中国学者的中国气派——冯友兰先生在西南联大校务活动考略	云南师范大学	雷　希
68	环境犯罪概念的刑法展开	云南民族大学	王　俊
69	解读“实验民族志”	云南师范大学	李　立
70	虚拟参考咨询服务中的版权保护研究	曲靖师范学院	张绍武　张桂玲
71	区域性文献信息资源共建共享保障体系研究	楚雄师范学院	黎　白　赵　青
72	建立和完善构建和谐社会所必需的社会机制	西南林学院	王传发
73	数字信息长期保存的几个理论问题探讨	曲靖师范学院	张绍武
74	我国开展绩效审计的十大难点	云南财经大学	杨锡春
75	新世纪中国民族社会学与社会人类学的回顾与展望	云南省社会科学院	乔亨瑞

续 表

序号	获奖项目	单 位	获奖人员
76	地理历史学与中国历史进程的地理基础	云南师范大学	潘玉君 武友德
77	少数民族妇女研究和学科建设的拓展（2001～2005年）	云南民族大学	杨国才
78	教师专业发展的问题与出路	云南师范大学	孙亚玲
79	七彩云南——人口与数字	云南省统计局	云南省政府1%人口抽样调查领导小组办公室
80	大湄公河次区域贸易投资便利化战略行动框架下的中方商务人员流动问题	云南省委党校	刘小龙 戴 杰
81	行政伦理学是科学吗	云南行政学院	李鹏飞
82	注册会计师独立性的微观动机和宏观行为：综述、分析和展望	昆明新机场建设指挥部	龙小海 余怒涛 黄登仕等
83	罗平小黄姜品牌市场的培育与发展对策	罗平县农业局	申恩情
84	传统农业向现代农业转变的成功探索——曲靖市推行烤烟生产QTP模式的主要经验与启示	曲靖市社会科学界联合会	叶国伟
85	中国传统体育文化、人文精神与奥林匹克运动	云南师范大学	刘 坚 李 运 陈斌等

2008年第十一届云南图书奖获奖名单

荣誉奖（8种）

	图 书	出版社
1	记者调查——非洲踏寻郑和路	晨光出版社
2	郑和史诗	晨光出版社 云南人民出版社 云南美术出版社
3	中国当代少数民族文学史论（上、下册）	云南教育出版社
4	侗乡黎平（音像电子出版物）	云南教育（音像电子）出版社
5	见证历史的巨变——云南少数民族社会发展纪实（装帧设计）	云南美术出版社
6	一个鲜为人知的族群——莽人的过去和现在一十六年跟踪实察研究	云南教育出版社
7	滇川黔桂彝文字集（彝文版）	云南民族出版社
8	实战普洱茶（音像电子出版物）	云南人民（电子音像）出版社

一等奖（11 种）

	图　　书	出版社
1	社会主义由西方到东方的演进 ——从马克思到邓小平的社会主义思想史考察	云南人民出版社
2	文化产业概论	云南大学出版社
3	西域艺术史	云南人民出版社
4	司岗里女人	云南教育出版社
5	种子植物分布区类型及其起源和分化	云南科技出版社
6	中国儿童文学名家书系（4 册）	晨光出版社
7	嘻哈小天才（5 册）	云南教育出版社
8	云南高考实战评析——2006 年文科（理科）质量分析报告（2 册）	云南教育出版社
9	农村实用知识读本（12 种）	云南民族出版社
10	清代滇黔民族图谱	云南美术出版社
11	云岭新农民素质丛书（29 册）	云南科技出版社

二等奖（19 种）

	图　　书	出版社
1	纳西族文化史论	云南大学出版社
2	中国少数民族古籍集解	云南教育出版社
3	大国之途——21 世纪初的中国经济安全	云南人民出版社
4	云南特有族群社会文化调查	云南大学出版社
5	中国民族服饰工艺文化研究丛书（4 册）	云南大学出版社
6	清代云南民族竹枝词诗笺	云南美术出版社
7	诗化的民族精神	云南人民出版社
8	云南强震活动与预测方法研究	云南科技出版社
9	云南山地气候	云南科技出版社
10	抗战中的云南——历史画卷	晨光出版社
11	中国孩子的千千问（5 册）	晨光出版社
12	5000 年中华发明发现故事（2 册）	晨光出版社
13	飞虎的咆哮	云南教育出版社
14	中国茶文化艺术论	云南教育出版社
15	彝药本草	云南科技出版社
16	汉拉简明词典	云南民族出版社
17	中国云南耿马傣文古籍编目	云南民族出版社
18	中美戏剧交流的文化解读	云南大学出版社
19	中国古城——巍山	云南美术出版社

三等奖（40 种）

	图　　书	出版社
1	中国不能永远为世界打工	云南人民出版社
2	构建社会主义和谐云南	云南教育出版社
3	2005 云南文艺年度报告	云南教育出版社
4	历史上云南对中华民族发展的贡献	云南民族出版社
5	富村之路	云南人民出版社
6	染作江南春水色	云南人民出版社
7	国家机关公务员竞岗演讲辞精选（修订本）	云南人民出版社
8	实践价值丛书（7 册）	云南人民出版社
9	藏族志：聆听乡音——云南藏族的生活与文化	云南大学出版社
10	世界文化产业概要	云南大学出版社
11	云南民族美术史	云南美术出版社
12	大理“风花雪月”民族文化丛书（6 册）	云南大学出版社
13	对话诗学——文学阅读与阐释的新视野	云南大学出版社
14	消失的地平线（中文版、英文版）	云南人民出版社
15	中国戏剧的早期形态	云南大学出版社
16	飞虎月亮花	云南教育出版社
17	名标星座的田家炳	云南人民出版社
18	民间天空——云南当代美术档案	云南人民出版社
19	云南重要天然药物	云南科技出版社
20	云南牙型类动物群	云南科技出版社
21	锑的选矿和冶炼新技术	云南科技出版社
22	云南野生珍稀动物云南野生珍稀植物（2 册）	云南科技出版社
23	翡翠鉴赏与选购	晨光出版社
24	神探飞鹰队（四册）	晨光出版社
25	校园快乐幽默长篇小说（4 册）	晨光出版社
26	快乐科学小实验（2 册）	晨光出版社
27	宝宝学话（6 册）	晨光出版社
28	学前启蒙教育（5 册）	晨光出版社
29	研究性学习（7 册）	云南教育出版社
30	珍爱生命	云南科技出版社
31	树立社会主义荣辱观图文读本（小学版、中学版）	云南美术出版社
32	纳西族母语和东巴文化传承读本（3 册）	云南大学出版社
33	餐饮管理实务	云南大学出版社
34	傈僳族三弦调	德宏民族出版社

续 表

	图 书	出版社
35	汉彝词典（楚雄本）	云南民族出版社
36	缩最禾土玛绕	云南民族出版社
37	景颇族传统婚姻习俗	德宏民族出版社
38	怀疑精神——论科学的怀疑精神	云南民族出版社
39	中国民族村寨文化	云南大学出版社
40	中国彝族服饰	云南美术出版社

2008 年云南新闻论文奖入选作品目录

特别奖（1 项）

标 题	单 位	作 者
罕见雨雪凝冻给信息化战争新闻舆论战提出的思考	解放军报驻昆记者站	姜兴华

一等奖（16 项）

报刊类（6 项）

序号	标 题	单 位	作 者
1	浅析典型人物报道的叙事艺术——以张严平作品为例	云南日报社	雍明虹
2	顺势而谋 驭势求新——看报时代的视觉设计与个性化竞争	云南日报社	杜少凌
3	记者的点子	云南日报社	成淇平
4	论新闻写作的特质	云南大学人文学院	辛 欣
5	新闻特稿的故事化分析	云南大学人文学院	陈 杰
6	论关键词提取法在报纸体育新闻版面编排上的运用	春城晚报社	叶 彤

广电类（10 项）

序号	标 题	单 位	作 者
1	云南电视民生新闻的话语嬗变	云南大学人文学院	孙信茹 杨星星
2	从“大口马牙”看本土传媒产品的营销之道	云南电视台	尚中元
3	一个城市广播人的思考	昆明人民广播电台	杜小兵
4	浅析新闻报道的隐性失实	西双版纳州广电局	罗亚翔
5	云南人民广播电台品牌化战略的构想	云南人民广播电台	申玉明 王子雄
6	少儿广播市场初探	云南人民广播电台	武红志
7	浅论电视节目低俗化现象及遏制对策	云南民族大学人文学院	黄东英
8	论民生新闻的价值取向	云南电视台	梁 琦
9	记录片栏目化生存与市场化发展探索——兼及云南卫视《经典人文地理》的运作	云南民族大学人文学院	陈勇志
10	“新闻故事化”运用浅析	曲靖电视台	陈学飞

二等奖（25 项）

报刊类（11 项）

序号	标　题	单　位	作　者
1	打造新闻媒体品牌核心竞争力	红河日报社	冯力卫
2	论媒体活动在今天传播中的重要作用	春城晚报社	左学佳
3	在“软”字上下工夫——谈改进时政报道	云南日报社	普开荣
4	推进四个创新　做好新闻队伍思想政治工作	云南日报社	孔　媛
5	从媒介素养的角度浅析媒介影响的“四种意义”	云南大学人文学院	曹云雯
6	试论记者编辑要当好杂家	云南日报社	李跃云
7	从红河新闻传媒集团的现状看州市媒体的创新之路	红河日报社	王若杰
8	主流媒体应该注重做强高端新闻	春城晚报社	周平洋
9	探析都市报会议报道“新亮点”	云南大学人文学院	王　勃
10	新闻图片文字说明写作谈	玉溪日报社	陈　顺
11	公信力：地市党报生命线	玉溪日报社	矣顺文

广电类（14 项）

序号	标　题	单　位	作　者
1	媒介品牌：广播品牌建设的归属	云南人民广播电台	和　民
2	试论谈话节目的创新性复制	云南大学人文学院	肖　瑜
3	浅议民生新闻如何发展	楚雄电视台	丁晓园
4	系列论文 1——做一个有哲学头脑的记者	德宏人民广播电台	杨丽萍　赵　莉
5	从人际传播看电视新闻中的现场报道	云南电视台	朱　佳
6	试论新闻传媒在和谐社会建设中的舆论监督功能	楚雄州广播电台	陆文虎
7	新闻造假　祸害无穷——由“纸做的包子”事件想到的	云南广播电视报	魏　婕
8	都市型电台的“移动”策略分析——以昆明电台为例	昆明人民广播电台	王锡生
9	几档情感事件纪实类栏目的对比分析	云南电视台	胡红蕾
10	解析电视新闻报道人性化视觉的形成与实践	云南电视台	刘　静
11	试论办好西双版纳哈尼语广播对境外的影响	西双版纳广播电台	沙　露
12	试论电视媒体的法律责任	云南电视台	杨　琨
13	试论电视专题性节目的魅力的凸现	西双版纳电视台	刁佳顺
14	扬长避短　力求主动——地级电视台在新形势下的生存策略探析	保山市广电学会	马德寿

三等奖（56 项）

报刊（24 项）

序号	标题	单位	作者
1	充分尊重传播规律　提升党报传播效果	云南日报社	王廷尧
2	增强舆论监督　促进环境保护	云南日报社	张　彤
3	责任编辑责任如天	云南日报社	王丽梅
4	高度分众的大众传媒战国时代	云南日报社	熊　玲
5	在创新中扩大党报的影响力	云南日报社	和光亚
6	《泰晤士报》的“小报化”改革及启示	云南大学人文学院	朱静雅
7	从假新闻看新闻从业人员职业精神的缺失	云南民族大学	许丽华
8	让党报走向百姓	保山日报社	宁　玲
9	思想政治素质与新闻漫画创作	丽江日报社	田振坚
10	地州党报如何把握好舆论监督的尺度	楚雄日报社	贺德祥
11	坚持“三贴近”标准　提高“三创新”效果	大理日报社	尚京云
12	立足边疆实际　走特色兴报之路	西双版纳报社	刀福祥
13	浅谈边疆州市党报深度报道的选题与策划	西双版纳报社	汪涛　曾崇明
14	地方党报如何应对新型媒体的冲击	昭通日报社	马贤英
15	对办好地方党报文艺副刊的几点想法	德宏团结报社	方娇艳
16	浅谈如何把好民族文报纸新闻翻译关	德宏团结报社	赵芹芳
17	坚持“三贴近”　打破思维定势　使典型宣传成为弘扬时代主旋律的生动载体	普洱日报社	钟　云
18	浅谈州市党报对少数民族地区新农村建设的宣传报道	普洱日报社	白发德
19	与时俱进　发挥优势　尽力彰显地市党报的公信力和影响力	红河日报社	程丽银
20	资源整合——地市报广告经营的一剂良方	玉溪日报社	钱志华
21	州市级新闻网站如何延伸地方新闻影响力	玉溪日报社	杨　雪
22	做强本土新闻　增强地市党报竞争力	玉溪日报社	杨耀华
23	深度报道——地市报纸的突围之路	玉溪日报社	吕向群
24	社区是城市党报的利好平台	昆明日报社	靳津平

广电类（32 项）

序号	标题	单位	作者
1	妙笔增色　锦上添花——广播公益广告在主题宣传中的应用	云南人民广播电台	米　明　王子雄
2	认知广播的类型化改革	云南人民广播电台	屠光华　屠虹怡
3	由昆明广播市场收听特点谈节目编排的对策	云南人民广播电台	刘江利
4	做孩子们的朋友——浅谈少儿广播节目的主持风格	云南人民广播电台	旷　雨

续 表

序号	标　题	单　位	作　者
5	广播记者与音响意识	云南人民广播电台	屠虹怡　屠光华
6	浅析新闻播报试播音方式的审美特征	云南人民广播电台	曲燕峰
7	“编辑时代”广播编辑工作初探	云南人民广播电台	王　宇　文云红
8	策划与执行：打造品牌的关键	云南电视台	张　容
9	打造云南最有分量的家庭服务周报 ——浅谈《云南广播电视报》的内容定位	云南广播电视报	赵国英
10	互联网时代传统广播听众市场培育探测	昆明人民广播电台	杨　彪
11	略论媒体参与公益活动的社会意义及对自身的积极意义	昆明电视台	李　彤
12	全方位演绎本土化魅力——从《谁羽争锋》看电视栏目剧的本土化特色	昆明电视台	蔡春燕
13	现场直播常态化　提升本土化战略	昆明电视台	祝小茂
14	植根沃土创精品	文山电视台	郑维华　胡　鹏
15	电视传媒在服务新农村建设中的探索与实践	文山电视台	方永祥　王云霞
16	精品意识与新闻创优刍议	西双版纳州广电局	姜峰　王正聪
17	浅谈广播电视审片工作与安全播出	西双版纳电视台	陶付英
18	地方影视文化产业发展的另类思考	保山市广电学会	李根志
19	苗语广播节目改革之我见	文山人民广播电台	侯兴邹
20	文山州广播覆盖现状及境外广播渗透的对策与思考	文山人民广播电台	罗毅勇　陶尚勇
21	主持人对文艺类节目的舆论导向把握	红河人民广播电台	张译予
22	对广播电视如何服务边疆农民增收的思考	临沧人民广播电台	张晓宇
23	县级电视台会议报道如何有新突破	镇康县广电局	高建梅
24	试论节目主持人的语言素养	临沧电视台	刘金文
25	试论新闻采访权的保护与限制	昭通人民广播电台	王志红
26	试析反对“藏独”言论的宣传使命与新闻空间	迪庆人民广播电台	彭建鑫
27	浅谈播音员主持人在节目中的情感体现与尺度的把握	西双版纳广播电台	全蔚娟
28	新形势新变化新发展——民语广播节目宣传质量要有新提高	西双版纳广播电台	岩　光
29	浅谈如何办好电台民族语广播	西双版纳广播电台	岩　轰
30	广播语言的意境美	西双版纳广播电台	张丽华
31	以科学发展观为指导　建设最具活力的地方电视台	楚雄电视台	歹必芹
32	浅议德宏广播民语节目在构建边疆和谐社会中的功能	德宏人民广播电台	方岩所

·责任编辑·白丽华

人　物

Figures

2008年享受国务院政府特殊津贴人员名单

序号	姓　名	单　位
1	张晓洪	云南省城乡规划设计研究院
2	周廷熙	云南驰宏锌锗股份有限公司
3	李树全	云南煤化集团有限公司
4	杨伟光	云南地矿总公司（集团）
5	白树明	云南省水利水电科学研究所
6	郑莲英	云南锡业股份有限公司采选分公司
7	肖国昆	昆明钢铁股份有限公司炼钢厂
8	赵晓松	云南铝业股份有限公司润鑫公司
9	陈勤彦	云南省交通科学研究所
10	胡　云	云南省红河州农业科学研究所
11	黄必志	云南省肉牛和牧草研究中心
12	吕建平	云南省植保植检站
13	程在全	云南省农业科学院
14	陶大云	云南省农业科学院
15	郎南军	云南省林业科学院
16	成忠龙	昭通市农业科学技术推广中心站
17	左　新	云南省大理州畜牧兽医站
18	傅　杨	云南省昆明市植保植检站
19	单西云	云南省西双版纳州人民医院
20	张海林	云南省地方病防治所
21	朱宝生	云南省第一人民医院
22	王昆兰	云南省大理州人民医院
23	李亚雄	云南省昆明市延安医院
24	和少英	云南民族大学
25	李立杰	云南省玉溪第一中学
26	李成云	云南农业大学
27	戴志明	大理学院
28	李　强	云南农业大学
29	杨　斌	昆明理工大学
30	周　荣	昆明理工大学
31	张　力	云南大学
32	李利华	昆明医学院
33	彭金辉	昆明理工大学
34	罗明东	云南师范大学
35	吴卫民	云南艺术学院
36	陆永金	云南省文山州民族职业技术学校
37	张英杰	曲靖师范学院
38	王　华	昆明理工大学
39	陈明勇	西双版纳国家级自然保护区科研所
40	李健吾	云南白药集团股份有限公司
41	杨福泉	云南省社会科学院
42	吴春光	云南省迪庆州文化馆
43	罗　江	云南美术馆
44	史谊峰	云南铜业股份有限公司
45	李幼灵	昆明钢铁控股有限公司

第十九届中国十大杰出青年

尼玛拉木　德钦县云岭乡邮政所

2008年云南省五一劳动奖章获得者（20名）

序　号	姓　名	单　　位
1	邱贤琼	云南省永善县团结乡民政所所长
2	黄　毅	昭通市交通运输集团公司通运分公司职工
3	吴学岗	中国电信昭通分公司网络部线路中心职工
4	李　俊	云南省鲁甸县理世实业有限责任公司物流分公司负责人
5	胡耀中	云南省卫生厅政策法规处副处长
6	宋志忠	云南省地方病防治所副所长
7	王　平	云南省第一人民医院副院长
8	郑永萍	云南省第一人民医院麻醉手术室主管护师
9	杨恒林	云南省寄生虫病防治所副所长
10	吴燕京	云南省公路局党委副书记
11	李双平	云南省公路运输管理局主任科员
12	周光全	云南省地震局应急救援处副处长
13	徐　勇	云南省公安厅民用机场公安局警令部副主任
14	侯建红	云南省卫生厅医政处副调研员
15	毛俊松	云南省抗震防震（恢复重建）办公室主任科员
16	刘　建	昆明恒基建设工程项目施工图设计文件审查有限公司副经理
17	钟　阳	云南省建筑工程设计院总工程师
18	施静全	昆明铁路局卫生监督所主管医师
19	饶建斌	中国电信股份有限公司昆明分公司三级技术维护经理
20	董方泚	中国移动通信集团云南有限公司大理分公司副经理

2008年云南省“云岭先锋”工程
优秀共产党员、优秀党务工作者名单

获“云岭先锋奖章”的优秀共产党员3名

序　号	姓　名	单　　位
1	吴征镒	中国科学院院士、中科院昆明植物研究所名誉所长
2	张桂梅	丽江市华坪县民族中学教师、华坪儿童福利院院长、华坪女子高级中学校长
3	尼玛拉木	迪庆州德钦县云岭乡邮政所邮递员

优秀共产党员60名

地　区	序号	姓　名	单　　位
昆明市	1	王耀武	呈贡县政府便民热线办公室主任、县政府办公室党支部书记
	2	陈　昕	昆明杰通市政工程公司党支部书记
	3	杨恩喜	富民县款庄乡党委书记
	4	马明方	宜良县匡远镇金星村党委书记、村委会主任
	5	肖永军	昆明市公安局政治部组织处民警
	6	穆仁早	昆明市教育局组织人事处处长
	7	李　华	昆明市农业科学研究院农艺师
昭通市	8	陈　明	永善县公安局景新社区警务室民警
	9	余学军	大关县寿山乡人民政府主任科员
曲靖市	10	周绍芳	麒麟区水务局党委书记、局长
	11	吴远长	宣威市西宁街道党工委书记
	12	王　英	曲靖市公安局政治部组织处处长
	13	尹江云	富源县黄泥河镇党委书记
	14	程星红	陆良县三岔河镇党委书记
	15	禄冬林	曲靖市公共汽车总公司党总支书记、总经理
玉溪市	16	刘兴忠	澄江县公安局刑警大队教导员
	17	李吉友	玉溪市出流改道工程建设管理局副局长
	18	王兴德	玉溪市烟草公司华宁县分公司副经理
保山市	19	吴会菊	昌宁县漭水镇河尾村平场子村民小组村民
	20	刘猛道	保山市农业科学研究所高级农艺师
	21	赵之元	腾冲县曲石乡公平村党支部书记、村委会主任
	22	陈　鹰	龙陵县林业局党委书记、局长
楚雄州	23	冯树云	楚雄师院附小党支部书记、校长
	24	汤荣进	双柏县大庄镇大庄村撇坡村民小组组长
	25	谢云芳	楚雄州公安局政治部副主任
	26	刘勤昌	牟定兴宏有色金属有限公司董事长、总经理
红河州	27	周少翔	屏边县白河乡腊哈村党总支书记、村委会主任
	28	史富坤	蒙自县高级中学党支部书记
	29	李万朝	个旧市环境卫生管理处运输队队长
	30	苏红春	绿春县人民医院妇产科副主任医师
	31	宋　武	开远市中和营镇响水村党总支书记
	32	李永强	石屏县种子管理站站长
文山州	33	龙琼琳	麻栗坡县麻栗镇红岩村南朵村民小组村民
	34	欧阳明亮	砚山县农经站副站长
	35	毕永俊	丘北县腻脚乡党委书记
	36	易荣文	马关县仁和镇白果村白果三组村民

续　表

地　区	序号	姓　名	单　　位
普洱市	37	鲁家宏	宁洱县宁洱镇新平村横寨村民小组组长
	38	吴学昌	镇沅县第一中学校长
	39	周　燕	思茅区农业技术推广中心土肥站站长
	40	唐艳文	澜沧县总工会党组书记、常务副主席
西双版纳州	41	岩　龙	景洪市勐罕镇曼累讷村曼应岱村民小组村民
	42	岩庄囡	勐腊县勐腊镇曼庄村党支部书记、村委会主任
大理州	43	李树昌	永平县龙门乡石家村党支部书记、村委会主任
	44	罗鸿文	弥渡县弥城镇党委书记
	45	严启红	祥云县祥城镇党委书记
	46	王利伟	洱源县茈碧湖镇党委书记
德宏州	47	尹安强	盈江县太平镇党委书记
	48	陈茂永	潞西市中山乡党委书记、乡长
丽江市	49	徐光厚	永胜县委老干部局第四支部离休干部
怒江州	50	董会琴	泸水县上江乡丙贡村蛮辉村民小组村民
	51	李文军	贡山县民政局局长
迪庆州	52	松友林	香格里拉县民政局局长
临沧市	53	李金虎	临翔区公安分局凤翔派出所社区民警
	54	李永军	沧源县勐省镇和平村党总支书记、村委会主任
	55	刘文跃	云南临沧鑫圆锗业股份有限公司党支部书记、人力资源部部长、办公室主任
省委省直机关工委	56	李发刚	省红十字会直属机关党委办公室主任
省委高校工委	57	张　力	云南大学物理科学技术学院院长、教授
省政府国资委	58	普学寿	云锡集团老厂分矿源兴南部坑十工区区长助理
	59	陈定华	省第二建筑工程公司第二直管部党支部书记
	60	郭玉彬	云南白药集团生产制造中心制剂车间胶囊生产线大组长

优秀党务工作者30名

地　区	序号	姓　名	单　　位
昆明市	1	杨丽华	昆明市第一人民医院党委办公室副主任、党支部书记
	2	徐正梅	寻甸县羊街镇党委组织委员
	3	雷　洋	西山区委组织部副科级组织员
昭通市	4	黄训奎	昭阳区永丰镇三甲村党总支书记
	5	吕玉江	镇雄县委组织部常务副部长
曲靖市	6	陈明坤	曲靖市海寨林场党总支书记、场长
	7	王春华	会泽县大井镇大水村党总支书记
楚雄州	8	起自敏	永仁县宜就镇党委书记
	9	王怀素	楚雄州吕合煤业有限责任公司党委书记、董事长
玉溪市	10	邹文坤	玉溪市第二幼儿园党支部书记
	11	朱培亮	澄江县委组织部副部长

续　表

地　区	序号	姓　名	单　　位
红河州	12	何春绿	元阳县新街镇党委副书记
	13	王文魁	建水县虾洞公司党总支书记
文山州	14	韦堂洪	广南县莲城镇党委书记
	15	周家宝	文山州委组织部副部长
普洱市	16	刘敏质	墨江县妇联主席
	17	李文兴	普洱市原种繁殖场党支部书记、场长
西双版纳州	18	岩　帕	勐海县勐遮镇曼恩村党总支书记、村委会主任
大理州	19	张元龙	宾川县金牛镇党委书记
	20	刘应发	大理州地税局党总支书记、纪检组长
保山市	21	曾如德	隆阳区瓦马乡党委书记
	22	吴明强	施甸县太平镇党委组织委员
德宏州	23	肖　章	陇川县景罕镇党委书记
丽江市	24	和学贤	古城区西安街道寨后社区寨后上村党支部副书记
怒江州	25	肖六龙	怒江州州直机关工委办公室主任
迪庆州	26	和建国	维西县委常委、组织部部长
临沧市	27	王红专	永德县大山乡党委书记
省委省直机关工委	28	郭唐书	省监狱管理局机关党委专职副书记
省委高校工委	29	李光明	云南民族大学党委组织部部长
省政府国资委	30	李　凯	昆明国际会展中心有限公司党委书记

2008 年抗震救灾优秀共产党员（47 名）

地　区	序号	姓　名	单　　位
昭通市	1	周　明	绥江县会仪镇人民政府副镇长
	2	王万鹏	盐津县中和镇赵溪村党总支书记
玉溪市	3	吴　强	玉溪市疾病预防控制中心副主任
省委省直机关工委	4	苏　忠	云南日报报业集团春城晚报社调查新闻部主任
	5	杨锡光	省第二人民医院党委书记
省委高校工委	6	罗志勇	昆明医学院第一附属医院教学管理部副主任、教授
省政府国资委	7	张　军	中国水电十四局成名高速公路施工项目部工程管理部主任
省建设厅	8	林　涛	省设计院副院长
省交通厅	9	吴燕京	省公路局党委副书记
	10	郭青华	省公路运输管理局党委副书记、纪委书记

续 表

地　区	序号	姓　名	单　　位
省卫生厅	11	包　可	省中医院副院长
	12	查　舜	省急救中心副主任、纪委委员、急救科党支部书记
	13	刘桂明	昆明市疾病预防控制中心副主任
	14	刘　伟	省第一人民医院骨科主任
	15	杨　湛	省第三人民医院院长、教授
	16	张云生	曲靖市疾病预防控制中心副主任
	17	周一兵	省卫生厅卫生监督所卫生监督二处处长
省红十字会	18	董华萍	省红十字会事业发展部副部长
昆明铁路局	19	忽晓宇	昆明铁路局昆明客运段二车队 K472/1 次列车长
	20	王旭东	昆明铁路局有线电视台记者
省地震局	21	胡永龙	省地震局党组成员、副局长、纪检组长、直属机关党委书记
	22	汤筱麒	省地震局应急救援处副处长
解放军驻滇某部	23	王云龙	某部副参谋长
	24	毛家耀	某部后勤部部长
	25	黄通快	某部 86 分队班长
	26	赵　春	某部副参谋长
	27	冯　荣	某部 63 分队分队长
	28	普　俊	某部装备处处长
	29	翁昌龄	某部副部队长
	30	刘高波	某部 79 分队排长
	31	张金淑	某部 57 分队分队长
	32	王彦青	某部 72 分队指导员
	33	杨晏模	某部政治部副主任
	34	施正候	某部 66 分队士官
	35	徐建友	某部副参谋长
	36	于明华	某部 66 分队士官
	37	刘勇战	某部部队长
	38	谢志荣	某部部队长
武警云南省总队	39	柳　林	武警云南总队普洱市支队警通汽车勤务中队班长
	40	吴良岗	武警云南总队文山州支队丘北县中队司务长
省公安边防总队	41	孙寿广	省公安边防总队后勤部副师职部长
省公安消防总队	42	洪利川	省公安消防总队副总队长
	43	钱小汉	省公安消防总队玉溪市支队特勤中队副中队长
	44	王宏渊	省公安消防总队昆明市支队搜救犬分队指导员
	45	代红波	省公安消防总队曲靖市支队经济技术开发区大队大队长
省公安厅刑侦总队	46	李　农	省公安厅刑侦总队技术处主任科员
成都军区昆明总医院	47	史云政	成都军区昆明总医院政治委员

2008 年云南省百名优秀工业企业家

地区	序号	姓 名	单 位	职 务
昆明市	1	段华生	昆明云内动力（集团）公司	董事长
	2	陈 鹰	云南变压器电气股份有限公司	董事长
	3	高明辉	云南 CY 集团有限公司	董事长
	4	陈福忠	昆明电缆股份有限公司	董事长
	5	何学葵	云南绿大地生物科技股份有限公司	董事长
	6	刘长战	昆明克林轻工机械有限责任公司	董事长
	7	李庆昆	昆明电机有限责任公司	董事长
	8	马 迅	昆明华曦牧业集团有限公司	董事长
	9	奥 兰	昆明醋酸纤维有限公司	总经理
	10	黄思烈	昆明子弟食品有限公司	董事长
	11	郭振宇	昆明滇虹药业有限公司	董事长
	12	王安康	云南南磷集团股份有限公司	董事长
	13	杨宗祥	云南祥丰化肥股份有限公司	董事长
	14	邓少生	昆明北方红外技术股份有限公司	总经理
昭通市	15	马永升	云南昊龙实业集团有限责任公司	董事长
	16	周 劲	云南侨通包装印刷有限责任公司	总经理
	17	李大宏	昭通市宏联实业有限责任公司	董事长
	18	言文杰	昭通市长江丝绸有限公司	董事长
曲靖市	19	杨建兴	云南罗平锌电股份有限公司	总经理
	20	浦仕繁	国营云南燃料一厂	厂 长
	21	赵应明	云南曲靖越钢集团有限公司	董事长
	22	朱润洲	国电宣威发电有限责任公司	总经理
	23	陈守举	国营云南机器三厂	厂 长
	24	陈江平	国营云南包装厂	厂 长
	25	陈本和	会泽滇北工贸有限公司	董事长
	26	宁国昌	曲靖宣威宇恒水泥有限公司	董事长
	27	朱德芳	云南富源德鑫集团有限公司	董事长
楚雄州	28	李贵国	云南德胜钢铁有限公司	董事长
	29	张新普	云南楚雄矿冶股份有限公司	总经理
	30	焦家良	云南盘龙云海药业集团股份有限公司	董事长
	31	李天福	云南奕标水泥集团有限公司	董事长
	32	陈 斌	云南禄丰勤攀磷化工有限公司	董事长

续 表

地区	序号	姓 名	单 位	职 务
玉溪市	33	任新明	云南省玉溪市大营街实业有限（总）公司	董事长
	34	文天福	云南通变电器有限公司	董事长
	35	王维和	云南省玉溪市维和制药有限公司	董事长
	36	刘金生	玉溪红山球团工贸有限责任公司	董事长
	37	李晓明	云南红塔塑胶有限公司	董事长
	38	任洪冰	云南宏斌绿色食品有限公司	董事长
	39	龚学文	云南峨山矿冶（集团）有限责任公司	董事长
	40	罗吉能	云南江川翠峰水泥有限公司	董事长
红河州	41	杨文忠	云南个旧有色冶化有限公司	总经理
	42	朱 骏	红河恒昊矿业股份有限公司	董事长
	43	万希勤	云南乘风有色金属股份有限公司	董事长
	44	王文忠	云南省小龙潭矿务局	局 长
	45	李大宏	红河锦东化工股份有限公司	董事长
	46	万庆来	蒙自博发矿冶有限公司	总经理
	47	吴 许	云南国资水泥红河有限公司	总经理
	48	张平伟	个旧圣比和实业有限公司	总 裁
文山州	49	唐修文	云南特安呐制药股份有限公司	董事长
	50	武 植	云南壮山实业股份有限公司	董事长
	51	胡崇良	文山州煤业有限责任公司	董事长
	52	杨朝文	云南兴电集团有限公司	董事长
普洱市	53	李建清	思茅建峰水泥有限公司	董事长
	54	朱启忠	云南龙生茶业股份有限公司	董事长
	55	袁明德	普洱市江城牛洛河茶业有限公司	董事长
版纳州	56	张仕新	勐海茶业有限责任公司	总经理
	57	陈建昌	云南天然橡胶产业股份有限公司木业分公司	总经理
大理州	58	杨 龙	祥云县飞龙实业有限责任公司	董事长
	59	马伟亮	云南力帆骏马车辆有限公司	董事长
	60	杨煜文	红塔烟草（集团）有限责任公司大理卷烟厂	厂 长
	61	张 叶	云南电网公司大理供电局	局 长
	62	徐敦山	云南红塔滇西水泥股份有限公司	总经理
	63	杨君祥	大理药业股份有限公司	董事长
保山市	64	刘忆宾	云南保山电力股份有限公司	董事长
	65	李明金	腾冲县明光矿业有限责任公司	总经理
	66	杨洪枝	云南永昌铅锌股份有限公司	总经理
	67	苏光华	云南省昌宁恒盛糖业有限责任公司	董事长
德宏州	68	熊相人	德宏州宏天实业（集团）有限公司	总 裁
	69	康永武	盈江县勐戛河流域电力开发有限责任公司	董事长

续 表

地区	序号	姓 名	单 位	职 务
丽江市	70	谭国仁	丽江永保水泥有限责任公司	董事长
	71	潘卫华	丽江得一食品有限责任公司	董事长
	72	和怀杰	大研粮油工贸有限责任公司	董事长
怒江州	73	汪正军	云南怒江电网有限公司	董事长
	74	杨佳定	兰坪县矿产三废回收厂	厂 长
迪庆州	75	汪建忠	中甸野生食品进出口有限责任公司	总经理
	76	和明生	迪庆香格里拉舒达（集团）有限公司	董事长
临沧市	77	李世平	云南永德糖业集团有限公司	董事长
	78	王天权	云南凤庆糖业集团有限责任公司	董事长
	79	包文东	云南临沧鑫圆锗业股份有限公司	董事长
中央、省属及其他企业	80	王长勇	昆明钢铁集团有限责任公司	董事长
	81	李幼灵	昆明钢铁股份有限公司	总经理
	82	董 华	云天化集团有限责任公司	董事长
	83	他盛华	云南磷化集团	董事长
	84	董 英	云南冶金集团总公司	董事长
	85	杨 超	云南铜业（集团）有限公司	总经理
	86	雷 毅	云南锡业集团（控股）有限责任公司	董事长
	87	田 永	云南润鑫铝业股份有限公司	董事长
	88	赵孟云	云南煤化工集团有限公司	董事长
	89	和 军	云南解化集团有限公司	董事长
	90	李 民	云南天然橡胶产业股份有限公司	总经理
	91	郑南南	云南南天电子信息产业股份有限公司	董事长
	92	张水长	云南中烟工业公司	总经理
	93	李穗明	红塔烟草（集团）有限责任公司	总 裁
	94	朱绍明	红云烟草（集团）有限责任公司	董事长
	95	邱建康	红河烟草（集团）有限责任公司	董事长
	96	姬利晨	昆明船舶设备集团有限公司	董事长
	97	杨发祥	云南云叶化肥股份有限公司	董事长
	98	杨 波	云南西仪工业股份有限公司	总经理
	99	陈振荣	国投云南大朝山水电有限公司	总经理
	100	马云昆	昆明中铁大型养路机械集团有限公司	董事长

云南省改革开放三十周年十大感动人物

序　号	姓　名	单　　位
1	吴征镒	中国科学院院士，著名植物学家，2007 年度国家最高科学技术奖
2	关肃霜	德艺双馨的京剧表演艺术家，已故
3	张亚平	中国科学院院士，著名动物学家
4	贺　恭	中国水电专家，云南水电建设代表人物
5	李国友	元谋县大塘子生产队会计，云南农村改革上书人
6	张桂梅	华坪县民族中学教师，儿童之家孤儿院院长，十七大代表
7	和贵华	“全国公安系统一级英雄模范”，“全国优秀民警”，“全国五一劳动奖章” 获得者，已故
8	邱建康	红云红河集团董事长，“全国烟草系统劳模”
9	王晓福	2008 残奥会冠军
10	金木玲	陇川县曼冒村女子护村队队长，2005 年 10 大民间禁毒人士

2008 年首届云南十大女杰

序号	姓　名	单　　位	成　　果
1	何　黎	昆明医学院第一附属医院皮肤科主任	攻克人类医学难题的皮肤病专家
2	李美瑛	云南欣农科技有限责任公司董事长	领舞世界洋葱素生产的民营企业家
3	陈　晋	玉溪市人民医院院长	勇于承担社会责任的优秀院长
4	王秀珍	玉溪市北城镇北城居委会党总支书记	带领群众共同致富的居委会主任
5	包德英	云南锡业集团大屯选矿厂生产技术组组长	与国有企业共命运的选矿专家
6	尼玛拉木	迪庆藏族自治州德钦县云岭邮政所投递员	雪山峡谷的红衣信使
7	张桂梅	丽江市华坪县民族中学教师	致力于扶助贫困孤儿的全国师德标兵
8	尹亚菊	云南公安边防总队昆明边防检查站副站长	获得联合国“维和勋章”的云南省第一位国际维和女警察
9	王　春	普洱市疾病预防控制中心性病艾滋病科副科长	情系艾滋病患者的好医生
10	邬小凤	怒江州泸水县鲁掌镇鲁掌村子克村民小组组长	贫困山寨劳动致富的带头人

2008 年云南省杰出农民工（10 名）

序 号	姓 名	单 位
1	普 菲	石林阿着底民族刺绣产品开发技术协会刺绣工
2	保明伟	西双版纳野象谷景区有限公司动驯主管
3	杜云忠	云南省玉溪市溶剂厂有限公司部门经理
4	秦 明	《昆明日报》、《都市时报》发行中心站站长
5	刀志跃	文山州金盾保安服务有限责任公司中队长
6	赵立军	大理邮政现业局海东邮政所投递员
7	董碧青	云南省师宗金龙磷酸盐厂精制工
8	赵华标	云南省大理市第一建筑工程有限责任公司组长
9	林国华	云南驰宏锌锗股份有限公司会泽采选厂工区长
10	段金凤	元谋县建设局环境卫生管理站清扫工

2008 年云南省优秀农民工（90 名）

序 号	姓 名	单 位
1	和青山	昆明一建建设（集团）有限公司项目经理
2	龙 文	昆明职工之家酒店保安部副经理
3	汪兰华	云南迅捷通讯有限公司区域经理
4	唐 波	昆明家乐福超市有限公司世纪广场店
5	罗晓超	云南四建第八工程处汇都国际 C 座项目部木工班班长
6	余仙芬	昆明市阿惠家政服务中心家政服务员
7	李国芝	云南省第一人民医院陪护中心护理员
8	刘玉林	云南西仪工业股份有限公司磨工
9	庹忠伦	云南弘祥化工有限公司磷铵车间操作手
10	杨长玉	昆明卷烟厂整理车间质检员
11	魏显富	呈贡县东恒建筑公司十一处处长
12	李贵平	云南昆明市东川区汤丹矿业有限责任公司队长
13	付 勇	云南合信源机床有限责任公司钳工
14	罗德春	昆明铁路局生活服务总公司印刷所照排工
15	杨 波	云南省水富三乘酒业有限公司车间主任
16	唐贵松	云南驰宏锌锗股份有限公司昭通市铅锌矿班长
17	蔡凤存	昭通市昭阳区三甲诚信养鸡场业主
18	钟盛斌	昆明市盘龙区民营学校教师
19	贾孝和	水富县建筑安装有限责任公司建造师
20	张 熙	威信县一眼寨煤矿瓦斯检查员
21	唐明永	昭通市镇雄县泰康养殖场场长

续 表

序 号	姓 名	单 位
22	叶永青	中国水利水电第十四工程局溪洛渡分局机运大队修理工
23	张建明	宣威市惠明劳务输出有限公司副经理
24	徐绍昆	马龙县天宝锌业有限责任公司班长
25	权本洪	会泽县滇北工贸有限公司总经理助理（团总支书记、工会主席）
26	张 雄	罗平县锌电公司硫酸厂副厂长
27	蔡美轩	曲靖市麒麟区吉庆园糕点厂技术员
28	张全勇	云南远东水泥有限责任公司旋窑车间机修工
29	吕正位	云南省宣威市保安服务公司保安员
30	张少青	云南东源煤电股份公司后所煤矿打磨沟矿井副队长
31	罗泽香	南华县品华商店店主
32	杨富林	云南永仁建工有限责任公司项目经理
33	吕菊琼	南华县红土坡镇梦园小吃店店主
34	吴云海	云南省铁路建设工程公司楚雄州工务段工区长
35	张向东	楚雄矿冶股份有限公司坑口安环股副股长
36	鲁德生	玉溪市流行前沿美容美发形象设计中心经理
37	李彦方	云南澄江县德安磷化工有限责任公司工段长
38	自福伟	云南玉溪仙福钢铁（集团）有限公司组长
39	普祥喜	玉溪新兴钢铁有限公司副班长
40	张维林	云南个旧有色冶化有限公司班长
41	龙力辉	开远市精诚经贸有限公司进口汽车修理厂维修工
42	金存丽	蒙自县环境卫生管理站清扫工
43	龙 芳	金平县梯田山庄业主
44	丁永云	云南砉红天然石材开发有限公司产品设计员
45	陆安春	云南锡业股份有限公司采选分公司开掘工
46	侯清华	云南华联锌铟股份有限公司打平选矿车间班长
47	沙春荣	文山县邮政局投递员
48	陈丽梅	文山州驰远化冶实业有限公司检验员
49	李代江	文山州大同园林绿化工程有限公司生产队长
50	刘 渊	文山同筑建设工程有限责任公司施工队队长
51	潘柏君	昆明自强文化传播有限公司作家
52	庄 斌	云南电网孟连县供电有限责任公司富岩供电所所长
53	李朝芝	云南景谷林业股份有限公司林板生产部班长
54	陈 芳	云南龙生茶叶股份有限公司压制包装工
55	岩罕尖	版纳大青树牧业科技拓展有限公司养殖基地场长
56	卢国顺	西双版纳州鑫园餐厅厨师长
57	王玉珠	云南力帆骏马车辆有限公司车间主任

续 表

序 号	姓 名	单 位
58	杨家富	祥云县黄金工业有限责任公司化验室主任
59	赵胜平	大理市第六建筑工程有限公司电焊工
60	王志伟	鹤庆干酒有限公司鹤庆酒厂生产部长
61	黄银善	剑川县三江矿冶有限责任公司办公室主任
62	杨镇华	保山市科丹装饰装修有限公司水电安装工
63	王旭昌	保山昆钢嘉华水泥建材有限公司巡检维修工
64	杨茂益	腾冲县林瑞木制品有限责任公司车间主任
65	杨恩辉	云南永昌铅锌股份有限公司锌浸出工
66	字学超	昌宁县达丙建筑工程公司项目经理
67	曹春叶	德宏州梁河县帮钙酒厂白酒酿造工
68	茶世清	瑞丽市畹町经济开发区建设和交通局环卫站保洁工
69	李艳荣	德宏汇合投资集团有限公司芒市宾馆人事专员
70	刀 三	德宏州盈江县星座娱乐园主管
71	芮希飞	云南施普瑞生物工程有限公司程海螺旋藻养殖厂组长
72	王玉平	云南华盛化工有限公司下渣工
73	李正荣	丽江丽水金沙演艺有限公司演员
74	梅艳雪	迪庆州扎西德勒酒店文员
75	和 新	云南航空迪庆观光酒店有限公司领班
76	和婷玉	兰坪县“一只独秀”土鸡风味饭庄业主
77	和利成	兰坪县昌鸿汽车服务有限责任公司泸水分公司班长
78	周志荣	凤庆县三宁茶业有限责任公司经理
79	胡光义	云南永德糖业集团有限公司康甸糖业公司组长
80	周明成	镇康县誉畅劳务信息服务部劳务管理员
81	宋尚贤	云南阳光道桥股份有限公司祥临公路第二合同项目部混凝土工
82	粟春林	云南工程建设总承包公司工程承包人
83	吴安才	云南省荣誉军人康复医院护理员
84	李宏兴	云南省沥青油料供应总站消防班长
85	李茂德	中国水利水电第十四工程局溪洛渡分局开挖一大队班长
86	李府木	云南锡业股份有限公司采选分公司组长
87	张振荣	十四冶建设集团水利水电工程有限公司项目经理
88	赵学富	云南 CY 集团有限公司齿轮车间数据操作工
89	李雪燕	昆明市六味美食坊领班
90	白云强	云南大众保安服务有限公司大队长

2007年度清洁生产先进个人

（一）企业先进个人

序 号	单 位	姓 名
1	昆明神农汇丰化肥有限责任公司	李琼美
2	云南铜业铜材有限公司	郭建立
3	昆明圣火药业（集团）有限公司	张崇贵
4	昆明钢铁集团有限责任公司	李 克 邹 映
5	云南云天化国际化工股份有限公司三环分公司	王 浩
6	云南曲靖越钢集团有限公司	赵应明
7	云南壮山实业股份有限公司	武汶逵
8	德宏英茂糖业有限公司景罕糖厂	沙小二
9	思茅红塔木业有限公司	梁卫东
10	临沧南华晶莹糖业有限公司	邓水琴
11	昆明中铁大型养路机械集团有限公司	钱水兵
12	云南奕标水泥集团有限公司	沈锡文
13	云南锡业股份有限公司	张成明
14	云南国资水泥红河有限公司	吴 许
15	云南云维集团有限公司	宋向礼
16	沾益县珠源水泥有限责任公司	刘 成
17	云南通海化工有限责任公司	徐 进
18	云南红塔滇西水泥股份有限公司	黄江云
19	砚山县宏华水泥厂	季光荣
20	思茅建峰水泥有限公司	马崇莲
21	云南丽江机床有限公司	和 忠
22	永胜桃园糖业有限责任公司	杨振国
23	景洪恒信建材有限公司	周志强

（二）其他单位先进个人

序 号	单 位	姓 名
1	省人民政府	白建坤
2	省经济委员会	刘绍忠
3	省财政厅	胡岑菩
4	省环保局	杨志强
5	省清洁生产办公室	王静江
6	昆明市经济委员会清洁生产办公室	洪 波
7	昆明市经济委员会清洁生产办公室	孔祥雯
8	昆明经济技术开发区管理委员会	尹 惠
9	昆明市环保局	李 丽
10	曲靖市经济委员会清洁生产办公室	吕元明

续 表

序 号	单 位	姓 名
11	玉溪市经济委员会清洁生产办公室	高宏伟
12	保山市经济委员会清洁生产办公室	李 昌
13	红河州经济委员会清洁生产办公室	邱 彭
14	文山州经济委员会清洁生产办公室	徐汉云
15	普洱市思茅区经济局	杨存宏
16	西双版纳州经济委员会清洁生产办公室	温 萍
17	丽江市经济委员会清洁生产办公室	熊建民
18	临沧市经济委员会清洁生产办公室	张毅江
19	省经委墙体材料革新办公室	杨贵芳
20	省委党校	田育南
21	省环境科学研究院清洁生产中心	张筱鹏
22	省节能技术服务中心清洁生产办公室	狄 波
23	省节能技术服务中心清洁生产办公室	胡金秀
24	省化工行业协会清洁生产办公室	王 鉴
25	省清洁生产协会	赵春山
26	省企业联合会	夏立平
27	云南建筑材料科学研究设计院	钟 玲
28	昆明艾因环境标准咨询服务有限公司	欧阳涛

2008 年云南省荣获“全国煤炭工业劳动模范”荣誉称号的个人名单

序号	姓 名	单 位
1	冉万祥	祥云县万祥工矿有限公司总经理
2	叶云生	云南煤化工集团东源煤业公司兴云煤矿副矿长
3	朱树达	宣威市倘塘镇三岔煤矿矿长
4	张石定	红河州拖白煤业有限公司采煤队队长
5	杨 忠	云南煤化工集团东源煤业公司一平浪煤矿煤建公司采煤三队队长
6	杨辉银	盐津县柏树煤矿有限责任公司安全生产科科长
7	杨纯东	昆明煤炭设计研究院副所长
8	者见坤	曲靖陆东煤矿二号井井长
9	赵所柱	曲靖市狮子山煤矿副矿长
10	舒德章	文山州煤业有限公司普阳煤矿采煤队队长

2008年荣获“全国煤炭工业先进工作者”荣誉称号的个人名单

姓名	单位
张名泉	云南省煤田地质局煤炭地质勘察院院长

2008年荣获云南省特级教师荣誉称号人员名单

昆明市（28人）
马丽萍　恽　岚　李莉华　于　雷　王　蕾
赵玉慧　秦　昆　魏明逊　周丽蓉　倪　维
种　苹　张　宇　杨　琍　郑　蕾　杨崇尧
谢振心　杨振力　潘加海　耿　炎　张海燕
吕　勤　张克俊　鲁　蕾　范　源　郗宏德
邓国谊　周昌炯　刘　锦

昭通市（10人）
田　健　蔡　琼　冉启伦　郭启莲　王　霞
吴化强　杨富贵　杨晓玲　陈厚华　徐云贵

曲靖市（7人）
闻永冰　龚　袭　郑毅明　郭晓琼　王国海
刘　红　丁绍旭

玉溪市（3人）
刘永芬　方旭东　李德才

保山市（6人）
李存升　段宝英　杨国兴　郭　凡　聂永康
赵辉昌

楚雄州（14人）
金　凌　寸玉林　朱光华　何永康　周剑梅
袁秀英　李文伟　段景山　李爱丽　江　丽
张　宁　鲁金华　钱宏斌　彭炳祥

红河州（15人）
孙　毅　吕　燕　徐子军　李炳泉　金　洲
陈作华　任太聪　王翠华　李唯波　李本聪
赵向葵　何　伶　段惠莲　高平楼　杨剑梅

文山州（6人）
张胜芳　杨丽琼　夏成元　阳燕萍　彭丽萍
张　妮

普洱市（9人）
谢瑞琨　赵　康　万再云　雷明华　许美芳
王庆书　何　玲　李品洁　罗东风

西双版纳州（3人）
李海清　余四海　王洪斌

大理州（15人）
何贵荣　杨　琴　张秋芸　余　键　张天生
高汉生　王向荣　刘宏萍　刘泽润　那娇春
甘秋红　华　敏　阮鸿飞　陶必能　杨晓勤

德宏州（5人）
韩惠媛　张艳芬　谢金晓　杨　萍　王云莲

丽江市（3人）
和秀菊　王升友　李庆华

怒江州（1人）
程云江

迪庆州（6人）
董吉次里　段汉明　陈金华　彭松乐　普建明
姚俊臣

临沧市（8人）
钟汝达　赵登世　邹永发　仲庭宏　黄永兴
徐家灿　沈海风　陶忠华

云南师范大学附属中学（2人）
王　洁　杨远贵

云南大学附属中学（1人）
毕劲梅

云南大学外国语学校（1人）
李学文

云南民族中学（1人）
卢启毅

云南师范大学附属小学（2人）
赵占国　曾东风

2008 年云南省首届百姓最喜爱的十大人民警察

任秀虹　余钰　谭红锋　张艺钟　王志坚　张华建　次里丁主　朱绍平　骆文龙　段松

2008 年“云南省外国专家彩云奖”获奖人员名单

序号	姓　名	国　籍	聘用单位及类别
1	瑞文・辛 RAVI P. SINGH	印　度	云南省农业科学院粮食作物研究所 （经技专家）
2	斯科特・奥兰 SCOTT F. ORAN	美　国	昆明醋酸纤维有限公司（经技专家）
3	罗伯特・诺福克 ROBERT M. S. NORFOLK	英　国	中外合作昆明罗伯特外语学校（文教专家）
4	清水正己 SHIMUZU MASAMI	日　本	玉溪天丽食品有限公司（经技专家）
5	廷　温 DR. HTEIN WIN	缅　甸	云南民族大学（文教专家）
6	威廉姆・麦里菲尔德 WILLIAM S. MERRIFIELD	美　国	楚雄师范学院（文教专家）
7	周美珠 MRS. CHARUSSRI JATURASANGPAIROJ	泰　国	云南玉林泉酒业有限公司（经技专家）
8	诺贝尔・尼古拉斯 NICHOLAS J. NOBLE	英　国	云南农业大学（文教专家）
9	塞仁勒克 SERGE E. LECLERCQ	法　国	云南大学（文教专家）
10	林迈克 MICHAEL C. KRIGLINE	美　国	昆明医学院（文教专家）

・责任编辑・高　燕

机　构

Organizations

云南省人民政府机构设置

（2009 年 1 月）

一、云南省人民政府办公厅

二、云南省人民政府组成部门

序号	名　称	简　称
1	云南省发展和改革委员会	省发展改革委
2	云南省工业和信息化委员会	省工业和信息化委
3	云南省教育厅	省教育厅
4	云南省科学技术厅	省科技厅
5	云南省民族事务委员会	省民委
6	云南省公安厅	省公安厅
7	云南省国家安全厅	省安全厅
8	云南省监察厅	省监察厅
9	云南省民政厅	省民政厅
10	云南省司法厅	省司法厅
11	云南省财政厅	省财政厅
12	云南省人力资源和社会保障厅	省人力资源社会保障厅
13	云南省国土资源厅	省国土资源厅
14	云南省环境保护厅	省环境保护厅
15	云南省住房和城乡建设厅	省住房城乡建设厅
16	云南省交通运输厅	省交通运输厅
17	云南省农业厅	省农业厅
18	云南省林业厅	省林业厅
19	云南省水利厅	省水利厅
20	云南省商务厅	省商务厅
21	云南省文化厅	省文化厅
22	云南省卫生厅	省卫生厅
23	云南省人口和计划生育委员会	省人口计生委
24	云南省审计厅	省审计厅
25	云南省人民政府外事办公室	省外办

监察厅与纪律检查委员会机关合署办公，列入省政府工作部门系列，不计入政府机构个数。

三、云南省人民政府直属特设机构

名 称	简 称
云南省人民政府国有资产监督管理委员会	省国资委

四、云南省人民政府直属机构

序号	名 称	简 称
1	云南省地方税务局	省地税局
2	云南省人民政府研究室	省政府研究室
3	云南省工商行政管理局	省工商局
4	云南省质量技术监督局	省质监局
5	云南省安全生产监督管理局	省安全监管局
6	云南省宗教事务局	省宗教局
7	云南省广播电视局	省广电局
8	云南省新闻出版局	省新闻出版局
9	云南省体育局	省体育局
10	云南省统计局	省统计局
11	云南省旅游局	省旅游局
12	云南省粮食局	省粮食局
13	云南省人民政府侨务办公室	省侨办
14	云南省人民政府法制办公室	省法制办
15	云南省人民政府金融办公室	省金融办
16	云南省人民政府扶贫开发办公室	省扶贫办

五、云南省人民政府部门管理机构

序号	名 称	管理部门
1	云南省能源局	省发展改革委
2	云南省物价局	省发展改革委
3	云南省国防科技工业局	省工业和信息化委
4	云南省公务员局	省人力资源社会保障厅
5	云南省监狱管理局	省司法厅
6	云南省食品药品监督管理局	省卫生厅

六、其他机构

名 称	简 称
云南省人民防空办公室	省人防办

七、云南省人民政府工作部门加挂牌子机构名称

序号	名 称	简 称
1	云南省人民政府办公厅挂云南省人民政府参事室牌子	省参事室
2	云南省工业和信息化委员会挂云南省无线电管理办公室牌子	省无线电管理办公室
3	云南省工业和信息化委员会挂云南省中小企业局牌子	省中小企业局
4	云南省人力资源和社会保障厅挂云南省外国专家局牌子	省外专局
5	云南省农业厅挂云南省畜牧兽医局牌子	省畜牧兽医局
6	云南省农业厅挂云南省乡镇企业局牌子	省乡镇企业局
7	云南省商务厅挂云南省人民政府口岸办公室牌子	省口岸办
8	云南省文化厅挂云南省文物局牌子	省文物局
9	云南省卫生厅挂云南省防治艾滋病局牌子	省防治艾滋病局
10	云南省安全生产监督管理局挂云南省煤矿安全生产监督管理局牌子	省煤矿安全监管局
11	云南省新闻出版局挂云南省版权局牌子	省版权局

云南省人民政府办公厅

（资料截止时间：2008 年 5 月）

主要职责

（一）承办国务院指示、决定在云南贯彻落实的行文工作和省政府向国务院报告、请示的起草工作，以及党中央、国务院及其部门转由省政府办理的事项。

（二）负责省政府会议的准备工作，协助省政府领导同志组织会议决定事项的实施。

（三）协助省政府领导同志组织起草或审核以省政府、省政府办公厅名义发布的公文。

（四）研究省政府各部门和各州（市）政府、各地区行署请示省政府的问题，提出审核意见，报省政府领导同志审批。

（五）根据省政府领导同志的指示，对省政府部门间出现的争议问题提出处理意见，报省政府领导同志决定。

（六）督促检查省政府各部门和各州（市）政府、各地区行署对省政府公文、会议决定事项及省政府领导同志有关指示的执行落实情况并跟踪调研，及时向省政府领导同志报告。

（七）协助省政府领导同志组织处理需由省政府直接处理的突发事件和重大事故。

（八）根据省政府领导同志的指示，组织专题调查研究，及时反映情况，提出建议。

（九）负责由省政府或省政府办公厅办理的人大代表建议和政协委员提案工作。负责省政府参事工作。

（十）处理群众来信，接待群众来访，及时向省委、省政府领导同志报告来信来访中提出的重要建议和反映的重要问题，办理省委、省政府领

导同志交办的有关信访事项。

（十一）负责省政府值班工作，及时向省政府领导同志报告重要情况，协助处理各部门和各州（市）政府、各地区行署向省政府反映的重要情况。

（十二）办理省政府领导同志交办的其他事项。

内设机构

（一）省长办公室

根据省长的指示，组织宏观管理的综合分析研究，进行经济社会发展中重大问题的调研。负责省政府会议（省政府党组会、省政府全会、省政府常务会、省长出席的专题会、现场办公会等有关会议）的会务工作。负责办理涉及本处（室）业务方面的文电。负责督促落实省长的批示和签发的重要文电。

（二）秘书二处

负责政策研究、发展和改革、财政、税务、粮食、统计、法制、招投标采购等方面的文电办理、工作联系、会务工作及相关事宜。联系省发展和改革委员会、财政厅、地方税务局、统计局、政府研究室、政府法制办公室、粮食局、招投标采购局；联系省国家税务局、云南储备物资管理局、财政部驻云南省财政监察专员办事处、中国储备粮管理总公司云南分公司、国家统计局云南调查总队等中央驻滇单位；联系驻滇人民解放军和武装警察部队。

（三）秘书三处

负责监察、人事、审计、劳动和社会保障、机构编制、市场监管行政执法等方面的文电办理、工作联系、会务工作及相关事宜。联系省监察厅、人事厅、劳动和社会保障厅、审计厅、工商行政管理局、质量技术监督局、食品药品监督管理局、机构编制委员会办公室；联系审计署驻昆明特派员办事处等中央驻滇单位。

（四）秘书四处

负责办理农业、水利、林业、扶贫、生物资源开发、乡镇企业、农业综合开发、重大动植物疫情防控、防汛抗旱、护林防火等方面的文电办理、工作联系、会务工作及相关事宜。联系省农业厅、水利厅、林业厅、政府扶贫开发领导小组办公室、供销合作社联合社、乡镇企业局、农业科学院、花卉产业联合会、生物产业管理办公室、农垦总局；联系省气象局，武警云南森林总队，国家林业局驻云南森林资源监督专员办事处，国家林业局西南航空护林总站，国家林业局昆明勘察设计院等中央驻滇农林单位。

（五）秘书五处

负责办理民族、宗教、国土资源、建设、交通、民航和旅游等方面的文电办理、工作联系、会务工作及相关事宜。联系省民族事务委员会、国土资源厅、建设厅、交通厅、旅游局、宗教事务局、人民防空办公室、有色地质局、地质矿产勘查开发局、地质调查局、测绘局、公路局，云南机场集团公司，云南建工集团总公司，西南交通建设集团有限公司，省公路开发投资有限公司，云南世博集团有限公司，云南旅游集团有限公司，省设计院；联系中国东方航空公司云南分公司，民航云南安全监督管理办公室，民航西南地区空中交通管理局云南分局等中央驻滇单位。

（六）秘书六处

负责办理教育、文化、卫生、人口和计划生育、广播电视、体育、新闻出版、妇女儿童等方面的文电办理、工作联系、会务工作及相关事宜。联系省教育厅、文化厅、卫生厅、人口和计划生育委员会、广播电视局、体育局、新闻出版局（版权局）；联系省文联、社科联、社会科学院、红十字会、计划生育协会、妇儿工委办公室、地方志办公室，省属大专院校。

（七）秘书七处

负责办理商贸、外事、侨务、经济合作、对外开放、信息产业、通信、物流等方面的文电办理、工作联系、会务工作及相关事宜。联系省商务厅、省政府外事办公室、侨务办公室、信息产业办公室（省无线电管理委员会办公室）、经济合作办公室、中国国际贸易促进会云南省分会，云南物流产业集团有限公司；联系省台办、侨联、台联、黄埔军校同学会；联系省邮政局，昆明海关，云南出入境检验检疫局，省通信管理局，省邮政集团公司，中国电信集团云南省电信有限公司，中国联合通信有限公司云南分公司，云南移动通信有限责任公司，中国对外应用技术交流促进会云南工作局等中央驻滇机构。

（八）秘书八处

负责办理工业、科技、环境保护、国有资产

监督管理、安全生产、铁路运输等方面的文电办理、工作联系、会务工作及相关事宜。联系省经济委员会、科学技术厅（知识产权局）、国有资产监督管理委员会、环境保护局、安全生产监督管理局、国防科学技术工业办公室、煤炭工业局、煤田地质局；联系省工商联、科协、机械工业行业协会、建材工业行业协会、轻纺工业行业协会、电子工业行业协会、省属科研院所；联系昆明铁路局，云南煤矿安全监察局，云南航天管理局，国家电力监管委员会昆明监管办，云南电网公司和中科院昆明分院等中央驻滇机构。

（九）秘书九处

负责办理政法、金融、烟草、民政（老龄）、地震、救灾、移民开发、残联等方面的文电办理、工作联系、会务工作及相关事宜。联系省公安厅、国家安全厅、民政厅、司法厅、监狱管理局、劳动教养管理局、移民开发局、老龄工作委员会办公室、政府金融工作办公室、省投资控股集团公司、农村信用联社、富滇银行；联系省高级人民法院，省人民检察院，省委610办公室，省残联，省公安边防总队、省公安消防总队、省委警卫局；省地震局，省烟草专卖局，云南中烟工业公司，中国人民银行昆明中心支行，中国银监会云南监管局，中国证监会云南监管局，中国保监会云南监管局和其他银行、证券、保险机构等中央驻滇单位。

（十）综合处

负责省政府秘书长分管联系部门的有关文电办理和办公厅主任分管的相关工作。联系省委、省人大常委会、省政协、省纪委办公厅，省政府新闻办，省政府参事室，省档案局、文史馆，省国家保密局，省总工会，团省委，省妇联，昆明仲裁委。联系省政府驻外办事处和各州市政府驻昆明办事处的有关工作。负责承办厅务会议等有关会议，承担办公厅对外联系工作，承担省政府新闻发布会的有关工作。

（十一）应急管理办公室（总值班室）

负责省政府总值班工作，及时接收、办理各类紧急重要事项和文电，沟通协调全省政府系统和有关单位日常值班工作。承担省政府突发公共事件应急委员会办公室具体工作和省政府办公厅应急管理日常业务工作，联系各地、各部门应急管理工作机构，组织应急管理工作的信息调研和宣传培训等工作，协调指导特别重大和重大突发公共事件的预防预警、应急演练、应急处置、调查评估、信息发布、应急保障等工作。负责省政府和省政府办公厅领导内事活动安排。

（十二）议案处

负责省政府及办公厅与省人大、省政协及其机构的日常工作联系，承办相关文电、函件，协调处理有关事宜。组织指导、督促检查全省政府系统开展人大代表建议、政协提案办理工作。组织承办全国人大代表建议、政协提案；承办省政协建议案和省人大代表建议、政协提案。联系办理全国“两会”、省“两会”及省人大、政协常委会议需要省政府及办公厅办理的有关事宜。督促检查省人大及其常委会对政府有关工作的决议、决定的执行情况，省人大、省政协对政府有关工作的审议意见的办理及反馈情况。配合全国人大、全国政协和省人大、省政协开展在云南视察、检查、调研、考察等会议、活动。负责省政府办公厅“人大代表、政协委员接待室”的日常工作。

（十三）参事处

负责组织省政府参事围绕省委、省政府中心工作及人民群众关心的热点难点问题，调查研究，参政咨询。组织省政府参事对本省地方性法规、规章草案、《政府工作报告》草案等进行研究评议。组织省政府参事学习掌握党和政府的方针政策。贯彻党的统一战线政策，支持、组织省政府参事开展统战联谊工作。承办参事工作方面的文电。承办省政府参事的选聘工作。为省政府参事做好参谋服务工作。联系办理文史馆有关业务工作。

（十四）机要文书处

负责文件、资料的签收、登记、分送、清退、销毁工作。负责省政府和省政府办公厅文件、材料的录入、编号、缮印、用印、登记、分发及电子公文导入工作。负责省政府办公厅文书资料档案的管理。负责省政府和省政府办公厅印章的保管及用印工作；负责州、市、县政府、省政府组成部门和直属单位印章的制作、颁发及管理。负责省政府办公厅保密宣传教育及检查培训工作，承担省政府办公厅保密委员会日常工作。管理省级机关机要文件交换站，主管省政府机关印刷厂，负责省政府办公厅报刊杂志和内部资料的订阅、分送工作及邮件收发工作。负责指导全省行政机关公文处理工作。

（十五）信息技术处

负责为国务院办公厅和省政府及办公厅领导同志提供全面、及时、准确的信息服务。负责全省政府系统政务信息工作的管理考核、联系指导，负责全省政务信息的组织报送及办公厅信息刊物的编辑，负责全省政务信息传输网络的建设和管理，负责省政府办公厅对外的信息联络工作。承办省政府办公厅交办的有关全省政府系统政务信息化建设的总体规划和工作计划，做好技术指导；承办办公厅政务信息化的规划建设、应用开发及培训推广；负责办公厅内部网站的建设管理，负责办公厅机关的技术服务及保障工作，负责省政府办公楼计算机信息网络的安全保密工作。

（十六）督查一处

负责党和国家领导人重要批示的贯彻落实情况的督促检查及反馈。负责省委、省人大常委会、省政协领导的重要批示的贯彻落实情况的督促检查及反馈。围绕国务院和省委、省政府重大决策部署的贯彻落实开展督查调研。

（十七）督查二处

负责省政府重大决策、重要工作、重点建设项目的督查落实。负责省政府领导交办的重要批示和指示事项的督办。负责《政府工作报告》中提出的各项目标任务的分解和督办。负责省政府重要会议决定事项中需要落实事项的督办。

（十八）人事处

负责厅机关和直属单位、代管单位的人事管理工作。负责厅机关的机构设置、职责分工、编制定员的管理和编制全厅年度干部、职工的需求计划及工资总额的总量控制。负责干部和职工的教育、培训、考核及人事档案和劳动工资的日常管理工作。负责全厅专业技术人员和技术工人的职称评聘及技术等级的考核、推荐、评聘工作。负责政策性的接收安置工作，办理厅内工作人员的出国政审手续。

（十九）保卫处

负责省政府五华山机关办公区、住宅区及五华山省政府重要会议、大型活动的安全保卫工作。做好办公厅及厅属各单位社会治安综合治理、维护稳定及平安创建工作。负责安排部署驻五华山单位的安全保卫、消防、交通等工作。负责省政府五华山机关门禁管理工作。负责省政府办公厅户籍管理及治安联防工作。配合信访及有关部门处置省政府五华山机关信访安全问题，维护信访安全秩序。联系驻警部队、驻地公安、消防、基层单位相关安全工作。

（二十）机关党委

负责厅机关、直属单位的党务管理、组织建设、思想建设、作风建设、精神文明建设和政治理论、党的路线、方针、政策的学习宣传教育工作。对厅机关纪委、直属机关工会、机关团委实行领导。

（二十一）监察室

监督检查驻在部门及所属系统贯彻执行党的路线方针政策和决议，遵守国家法律、法规，执行国务院决定、命令和贯彻落实省委省政府的重大决策及部署等情况。监督检查驻在部门党组和行政领导班子及其成员维护党的政治纪律，贯彻执行民主集中制，选拔任用干部，贯彻落实党风廉政建责任制和廉政勤政等情况。调查驻在部门县处级干部违反党纪政纪的案件及其他重要案件。协助驻在部门党组和行政领导班子组织协调驻在部门及所属系统的党风廉政建设和反腐败工作。受理对驻在部门党组织、党员和行政监察对象的检举、控告，受理驻在部门党员和行政监察对象不服处分的申诉。承办省纪委、省监察厅交办的其他事项。

（二十二）老干部工作办公室

在厅党组和老干部工作领导小组的领导下，全面落实好老干部的政治待遇、生活待遇，做好厅机关离退休干部的服务工作。组织离退休干部参加政治学习、文体活动、参观考察。协助有关部门做好老干部疾病防治、医疗互助、年度体检工作，做好老干部生日慰问、重大节假日走访慰问，做好对生病住院老干部的探视慰问，协助病故老干部家属处理善后工作。

（二十三）省政府打击走私综合治理领导小组办公室

负责贯彻落实党中央、国务院、全国打私办和省委、省政府反走私工作的方针、政策。负责全省打击走私日常工作。组织、指导、协调、监督、检查全省各级职能部门开展打击走私工作。负责组织、指导、培训全省各州、市、县打击走私工作人员。收集中越、中老、中缅边境一线反走私信息及开展调研工作。组织处理重大及突发走私事件工作。负责泛珠三角区域反走私联络工作。

（二十四）省政府公报室

承担省政府政务公开的有关职能，负责编辑出版《云南政报（云南省人民政府公报）》，做好国家和省的有关法令、法规和政策性文件、省级部门规范性文件的刊载工作，通报相关政情和政务资料。收集整理相关经济和社会发展的信息资料。对各州、市、县（市、区）政报进行工作联系和指导。做好《云南政报》的发行网络建设和赠阅工作。

云南省人民政府组成部门

机构选介

云南省发展和改革委员会

（2009年8月）

一、职责调整

（一）取消已由云南省人民政府公布取消的行政审批事项。

（二）将物价管理有关职责划给云南省物价局，包括价格监管、执法检查、价格监测、成本调查等。

（三）将能源管理有关职责划给云南省能源局。

（四）划入原云南省人民政府经济合作办公室承担的经济合作发展规划职责。

（五）划入云南省西部大开发领导小组办公室、云南省国民经济动员办公室（云南省战区善后恢复建设工作办公室）、云南省重点项目稽察特派员办公室、云南省民航工作领导小组办公室、云南省发展和改革委员会驻京联络处的职责。

（六）州（市）、县（市、区）规划和专项规划、专项产业政策，除按照规定需报云南省人民政府审批的外，由州（市）、县（市、区）人民政府、行业管理部门依据有关法律、法规和总体规划的要求制定。

（七）深化投资体制改革，进一步确立企业的投资主体地位，更好地发挥政府和行业管理部门在投资管理方面的作用。

（八）增加节能减排的综合协调和项目申报、资金争取等职责。

（九）增加省本级预算内投资公益性项目实行代建制的组织管理，指导推行代建制工作的职责。

（十）增加指导和协调招投标工作的职责。

（十一）加强规划的综合管理和协调职责，强化规划对产业发展和结构调整、生产力和空间发展布局、人口资源和环境协调发展等方面的作用。

（十二）加强宏观经济和社会发展预测预警，统筹经济运行调节工作，及时提出有关政策建议。

二、主要职责

（一）拟订并组织实施国民经济和社会发展战略、中长期规划和年度计划，统筹协调经济社会发展，研究分析国内外经济形势，拟订国民经济发展和优化重大经济结构的目标、政策，提出综合运用各种经济手段和政策的建议，受云南省人民政府委托向云南省人民代表大会提交国民经济和社会发展计划的报告。

（二）负责监测宏观经济和社会发展态势，承担预测预警和信息引导的责任，研究宏观经济运行、经济安全和产业安全等重要问题并提出调控政策建议，负责协调解决经济运行中的重大问题，负责组织全社会重要物资的紧急调度，参与应对有关重大突发事件。

（三）负责汇总分析财政、金融等方面的情况，研究和分析全社会资金平衡，参与制定财政政策、土地政策，综合分析财政、金融、土地政策执行效果并提出对策建议，研究提出直接融资的发展战略和政策建议。

（四）承担指导推进和综合协调经济体制改革的责任，研究经济体制改革和对外开放的重大问题，组织拟订综合性经济体制改革方案，协调有关专项经济体制改革方案，会同有关部门搞好重要专项经济体制改革之间的衔接，指导经济体制改革试点和改革试验区工作。

（五）承担规划重大建设项目和生产力布局的责任，拟订固定资产投资总规模和投资结构的调控目标、政策及措施，衔接平衡需要安排中央和省投资及有关重大建设项目的专项规划，负责对省级基本建设投资计划进行统一管理，指导基本建设投资计划的执行，安排中央分配的和省财政性建设资金，按照规定权限审批、核准、备案和审核重大建设项目、重大外资项目、境外资源开发类重大投资项目和大额用汇投资项目，指导、拟订上报和管理国外贷款规划和建设项目，拟订利用外资和境外投资的战略、规划、政策，负责省本级预算内投资公益性项目实行代建的组织实施，指导推行公益性项目代建制，组织开展重点建设项目稽察，指导工程咨询业发展。

（六）推进经济结构战略性调整，组织拟订综合性产业政策和实施意见，负责协调第一、二、三产业发展的重大问题并衔接平衡有关发展规划和重大政策，做好与国民经济和社会发展规划、计划的衔接平衡，协调农业和农村经济社会发展的重大问题，会同有关部门拟订服务业发展战略和重大政策，拟订现代物流业发展战略、规划，负责高新技术产业发展的综合管理，组织拟订高新技术产业发展、产业技术进步的战略、规划和重大政策，协调解决重大技术装备推广应用等方面的重大问题。

（七）承担组织编制主体功能区规划并协调实施和进行监测评估的责任，负责规划编制的综合管理，负责统筹协调经济社会发展重大专项规划和区域规划，受理省级重大专项规划和州（市）、县（市、区）跨区域规划的立项申请，负责牵头编制起草省级总体规划和区域规划，指导和衔接州（市）、县（市、区）总体规划，负责拟订省级专项规划年度审批计划，与有关部门共同组织论证省级专项规划草案，负责专项规划的相关协调和衔接工作，会同有关主管部门联合审批发布部分省级专项规划，负责其他专项规划、区域规划、地方中长期规划等与省中长期规划的衔接，组织拟订区域协调发展及云南省推进西部大开发的战略、规划和重大政策，拟订城镇化发展战略和重大政策，负责地区经济协作的统筹协调。

（八）承担重要商品总量平衡和宏观调控的责任，按照规定权限编制重要农产品、工业品和原材料进出口总量计划并监督执行，根据经济运行情况对进出口总量计划进行调整，拟订重要商品储备规划，负责组织重要商品的收储、动用、轮换和管理，会同有关部门管理粮食、食用油、猪肉、食糖、化肥、成品油等储备。

（九）负责社会发展与国民经济发展的政策衔接，组织拟订社会发展战略、总体规划和年度计划，参与拟订人口和计划生育、科学技术、教育、文化、卫生、民政等发展政策，推进社会事业建设，研究提出促进就业、调整收入分配、完善社会保障与经济协调发展的政策建议，协调社会事业发展和改革中的重大问题。

（十）推进可持续发展战略，综合分析研究经济社会与资源、环境协调发展的重大战略问题，组织拟订发展循环经济、能源资源节约和综合利用规划及政策措施并组织实施，参与编制生态建设、环境保护规划，协调生态建设、能源资源节约和综合利用的重大问题，综合协调环保产业和清洁生产促进有关工作，负责节能减排的综合协调和项目申报、资金争取等工作，综合分析气候变化对经济社会发展的影响，组织拟订应对气候变化重大战略、规划和重大政策。

（十一）起草国民经济和社会发展、经济体制改革和对外开放的有关法规草案，拟订有关政策，参与非公经济发展政策的制定，按照规定指导和协调招投标工作。

（十二）组织编制交通战备、国民经济动员规划、计划，研究交通战备与交通建设的关系，研究国民经济动员与国民经济、国防建设的关系，协调有关重大问题，组织实施交通战备、国民经济动员有关工作。

（十三）负责云南省参与国际区域合作项目的协调指导工作，拟订参与国际区域合作的中长期规划和具体政策措施。

（十四）承担云南省国防动员委员会有关具体工作和云南省节能减排工作领导小组、云南省西部大开发领导小组、云南省民航工作领导小组、云南省“兴边富民工程”领导小组、云南省铁路建设领导小组的具体工作。

（十五）承办云南省人民政府交办的其他事项。

三、内设机构

（一）办公室

负责文电运转、机要、档案管理、安全保密、督查、秘书事务、重要会议组织及接待等日常政务；承担信息、政务公开、信访工作；承担机关财务、资产管理、内部审计工作；负责机关电子政务的组织实施。

（二）政策法规处

组织研究经济社会发展、改革开放的重大问题；组织起草有关地方性法规和政府规章草案；承担本委重要规范性文件合法性审核工作；负责听证、行政复议、应诉与国家赔偿工作；组织发展改革系统的普法工作；参与非公经济发展政策的制定；指导协调招投标工作；督办人大代表建议和政协委员提案。

（三）发展规划处

提出国民经济和社会发展战略、规划生产力布局的建议，拟订国民经济和社会中长期发展、总量平衡和结构调整的目标和政策；组织拟订国民经济和社会中长期发展规划、主体功能区规划，并对规划实施情况进行监测和评估；拟订推进城镇化的发展战略和重大政策措施；统筹协调经济社会发展专项规划和区域规划；参与重大工程的前期工作，参与安排重大项目，负责重大项目与规划的衔接和协调；负责内资建设项目引进技术设备免税确认书的审报和办理工作。

（四）综合处

监测分析研究宏观经济形势，进行宏观经济和社会发展的预测预警；负责经济运行分析工作；研究总量平衡，提出宏观调控目标以及综合运用各种经济手段和政策的建议；组织拟订年度国民经济和社会发展计划；拟订并协调重要物资储备计划；负责新闻宣传工作。

（五）宏观经济调节处

提出年度重要商品平衡的总量目标和有关政策建议，监测经济运行态势并提出有关政策建议；协调解决经济运行中的重大问题，组织全社会重要物资的紧急调度；参与应对有关重大突发事件，提出安排重要应急物资储备和动用政府物资储备的建议。

（六）经济体制综合改革处

研究经济体制改革和对外开放的重大问题，指导推进和综合协调经济体制改革；组织拟订综合性经济体制改革方案；参与研究和衔接有关方面拟订的专项经济体制改革方案，协调推进专项经济体制改革；指导经济体制改革试点和改革试验区工作；协调解决经济体制改革进程中的重大问题。

（七）固定资产投资处

监测分析全社会固定资产投资状况，拟订全社会固定资产投资总规模和投资结构的调控目标、政策及措施；起草固定资产投资管理有关地方性法规草案；提出深化投资体制改革和修订云南省投资核准目录的建议；提出省级财政性建设资金的安排计划建议，平衡安排省级财政性建设资金计划；负责安排省级机关、城市基础设施、经济适用住房和廉租房建设投资计划；指导固定资产投资项目前期工作，安排前期工作经费；参与金融合作项目的组织、筛选工作，参与投资项目融资方案的拟订；指导工程咨询业发展和项目后评价工作；负责省本级预算内投资公益性项目实行代建的组织实施，指导推行公益性项目代建制。

（八）利用外资和境外投资处

综合分析利用外资和境外投资的状况，拟订利用外资和境外投资发展战略、规划、政策，协调解决重大问题；编制利用外资和境外投资中长期规划和年度计划；协助招商引资工作；负责口岸建设项目的审批。

（九）地区经济处

组织拟订区域经济发展规划、重点流域综合治理规划；参与拟订土地利用规划、水资源平衡与节约规划、生态建设与环境整治规划；组织实施主体功能区规划；提出区域经济发展和国土整治、开发、利用、保护的政策建议；负责拟订重点流域综合治理计划，“老、少、边、穷”地区经济开发计划和以工代赈、易地扶贫计划；审批或审核重点流域综合治理规划项目；组织编制土地利用计划和基础测绘计划，参与协调防震减灾工作；负责云南省“兴边富民工程”领导小组办公室的具体工作。

（十）西部开发处

组织协调国家西部大开发战略、规划和政策的实施；组织拟订云南省实施国家西部大开发战略的规划；负责退耕还林、退牧还草的综合协调及巩固成果年度计划的编制；提出建立健全生态补偿机制的建议并落实有关工作；拟订促进基本公共服务均等化的政策措施并协调实施；承担中央支持云南民族地区发展的有关工作；组织实施西部人才开发工程；负责贫困县小规模贷款贴息和西部开发税收优惠有关工作；负责云南省西部大开发领导小组办公室的具体工作。

（十一）农村经济处

综合分析农业和农村经济发展情况，协调农业和农村经济发展重大问题；提出农村经济发展的战略、体制改革及有关政策建议，衔接平衡农业、林业、水利、气象、畜牧、水产、农垦等发展规划、计划和政策；制定农业基本建设投资计划，安排和下达省预算内基本建设资金，审批和安排农口基础设施重大建设项目并协调实施。

（十二）基础产业处

统筹能源、交通运输发展规划与国民经济和社会发展规划、计划的衔接平衡；负责组织编制综合交通运输体系规划，牵头建立综合交通运输体系协调配合机制；综合分析能源和交通运输运行状况，协调有关重大问题，提出有关政策建议；安排和下达省预算内基本建设资金，按照规定权限审批、核准、审核有关项目。

（十三）产业协调处

综合分析工业和服务业发展的重大问题，组织拟订综合性产业政策，研究提出综合性政策建议；统筹工业、服务业的发展规划与国民经济和社会发展规划、计划的衔接平衡；协调重大技术装备推广应用和重大产业基地建设；会同有关部门拟订服务业的发展战略和重大政策，协调服务业发展中的重大问题。

（十四）高技术产业处

负责高新技术产业发展的规划、指导、协调和服务；综合分析高新技术产业及产业技术的发展态势，组织拟订高新技术产业发展、产业技术进步的战略、规划、重大政策和重点发展领域指导目录；协调促进高新技术产业发展的重大示范项目，申报和协调实施国家高技术产业基地、国家重大产业化示范工程、国家重大产业关键共性技术开发、国家工程研究中心、国家工程实验室和国家级企业技术中心等发展计划；协调实施省级重大产业关键共性技术开发和省级高新技术产业化示范工程计划；组织推动产业技术创新能力建设和产学研联合，协调实施省级工程研究中心和工程实验室建设项目计划；统筹信息化的发展规划与国民经济和社会发展规划、计划的衔接平衡；推动国民经济新兴产业的形成。

（十五）资源节约和环境保护处（应对气候变化处、云南省节能减排工作领导小组办公室）

综合分析经济社会与资源、环境协调发展的重大战略问题，促进可持续发展；组织拟订并协调实施能源资源节约、综合利用和发展循环经济的规划和政策措施；研究提出环境保护政策建议，参与编制环境保护规划，组织拟订促进环保产业发展和推行清洁生产的规划和政策；提出资源节约和环境保护相关领域及城镇污水、垃圾处理的省财政性贴息资金和补助资金，以及能源资源节约综合利用、循环经济和有关领域污染防治重点项目省财政性贴息、补助投资安排建议；负责节能减排综合协调和项目申报、资金争取等工作，负责云南省节能减排工作领导小组办公室的具体工作；牵头拟订应对气候变化重大战略、规划和重大政策，组织实施有关减缓和适应气候变化的措施，组织开展应对气候变化宣传工作；负责拟订应对气候变化能力建设规划；牵头组织清洁发展机制项目的初审。

（十六）社会发展处

综合提出社会发展战略，组织拟订和协调社会发展规划和年度计划；协调人口和计划生育、文化、教育、卫生、体育、广播影视、旅游、民政等发展政策；提出深化医药卫生体制改革政策、措施的建议；推进社会事业建设；协调社会事业发展和改革的重大问题。

（十七）就业和收入分配处

综合分析就业与人力资源、收入分配和社会保障的情况，提出促进就业、调整收入分配、完善社会保障与经济协调发展的战略和政策建议；推进有关体制改革，协调解决有关重大问题。

（十八）经济贸易处

监测分析市场状况，负责重要商品总量平衡和宏观调控；负责编制重要农产品、工业品和原材料进出口总量计划并监督执行，根据经济运行变化提出计划调整建议；指导监督重要商品的收储、动用、轮换，会同有关部门管理粮食、食用油、猪肉、食糖、化肥、成品油等储备；拟订现代物流业的发展战略、规划及重大政策；协调流通体制改革中的重大问题；负责编制流通设施基本建设计划，对现代物流业发展中的重大建设项目进行审批、核准和备案。

（十九）财政金融处

研究和分析全社会资金平衡，衔接和协调财政、金融工作；对财政和金融政策的执行情况进行动态分析，提出对策建议；研究提出直接融资的发展战略和政策建议，参与基本建设专项资金的建立和管理；负责企业债券的发行管理，牵头推进产业投资基金和创业投资的发展及制度建设。

（二十）重点项目建设处（云南省人民政府重点建设办公室）

参与提出前期工作项目计划及省预算内项目前期工作经费安排计划；负责建立前期项目储备库，落实年度全社会固定资产投资的项目支撑；参与审批和审查省重点前期和重点在建计划项目的预可研、可研、初设等工作；督促推进重点项目前期工作，协调前期审批中存在的问题；拟订并组织实施重点建设项目计划；协调解决重点建设项目实施过程中出现的重大问题；组织重点建设项目的竣工验收；负责牵头组织重大项目并联并行审批联审会议；参与和协调重点建设项目的招投标工作；负责重点建设项目后评价工作。

（二十一）经济合作处

组织拟订经济合作发展规划；拟订经济技术合作、产业转移的政策措施并协调实施；负责云南省参与经济合作项目的筛选、推荐工作，提出有关引导性资金的使用建议；负责参与国际区域经济合作项目的协调指导工作，拟订参与国际区域经济合作的中长期规划和具体政策措施。

（二十二）联络处

负责向国家发展和改革委员会及有关部委联系汇报、项目申报的协调服务、跟踪落实；负责收集和整理经济社会发展改革工作信息资料。

（二十三）交通战备办公室

组织编制交通战备规划、计划；研究交通战备与交通建设的关系，协调有关重大问题；组织实施交通战备有关工作；负责云南省国防动员委员会交通战备办公室的具体工作。

（二十四）国民经济动员办公室（云南省战区善后恢复建设工作办公室）

组织拟订国民经济动员规划、计划；研究国民经济动员与国民经济、国防建设的关系，协调有关重大问题；组织实施国民经济动员有关工作；协调国民经济平战转换能力建设；负责战区善后恢复建设工作；管理解决战区遗留问题项目。

（二十五）重点项目稽察特派员办公室

组织开展对重点项目的稽察；跟踪检查有关行业和州（市）贯彻执行国家投资政策和规定情况；组织开展对省级财政性建设资金投资安排实施情况的监督和检查；对违规问题，负责按照国家有关规定提出处理意见。

（二十六）民航办公室

组织研究民航重大课题和发展规划并提出政策建议，负责机场安全运营、项目建设的指导、协调和监督工作，负责云南省民航工作领导小组办公室、云南省机场应急救援领导小组办公室和昆明新机场建设联合协调领导小组办公室的具体工作。

（二十七）铁路办公室

组织研究铁路重大课题和发展规划并提出政策建议，负责铁路安全运营、项目建设的指导、协调和监督工作，负责云南省铁路领导小组办公室的具体工作。

（二十八）人事处

负责机关及直属单位的机构编制、人事工作；负责干部培训教育工作；负责日常外事工作。

机关党委

负责机关和直属单位的党群工作。

离退休人员办公室

负责机关和直属单位的离退休人员工作。

四、其他事项

（一）管理云南省能源局和云南省物价局。

（二）云南省能源局拟订的能源发展战略、重大规划、产业政策和提出的能源体制改革建议，由云南省发展和改革委员会审定或审核后报云南省人民政府或国家能源局。能源专项规划（电力、煤矿等）按照规定权限由云南省能源局审定。云南省能源局按照规定权限核准、审核能源投资项目，其中重大项目报云南省发展和改革委员会核准，或经云南省发展和改革委员会审核后报国家能源局核准。云南省能源局负责申报能源的中央财政性建设资金的投资，汇总省级能源财政性建设资金并提出安排建议，报云南省发展和改革委员会审定后下达。云南省能源局拟订的石油战略储备规划和石油战略储备设施项目，经云南省发展和改革委员会审核后，报国家能源局审批。

（三）云南省发展和改革委员会负责节能减排综合协调和项目申报、资金争取等工作。云南省工业和信息化委员会负责工业和信息化节能工作，并组织协调有关工作。云南省环境保护厅负责污染减排工作。

（四）云南省交通运输厅牵头，会同云南省发展和改革委员会、云南省工业和信息化委员会等部门建立综合运输体系协调配合机制。云南省发展和改革委员会负责综合运输体系规划与国民经济和社会发展规划的衔接平衡。云南省工业和信息化委员会配合协调综合运输计划的实施。云南省交通运输厅会同有关部门组织编制综合运输体系规划，承担涉及综合运输体系规划有关重大问题的协调工作，并负责公路、水运行业管理，编制专项规划，组织项目建设实施及运营安全管理。

（五）云南省发展和改革委员会负责编制和组织实施现代物流业发展规划、战略、政策。云南省工业和信息化委员会负责指导和推进工业物流企业发展。云南省商务厅负责指导和推进商业物流企业发展。

（六）云南省发展和改革委员会、云南省商务厅会同有关部门建立外国投资者并购省内企业安全审查联席会议制度，共同执行需要进行外国投资者并购省内企业安全审查的战略性、敏感性行业和领域目录。云南省商务厅负责统一受理并答复外国投资者并购省内企业申请。外资并购拟建或在建项目企业，由云南省发展和改革委员会核准；外资并购已在生产或经营的企业，由云南省商务厅负责核准。

（七）云南省发展和改革委员会负责编制重要工业品、原材料和重要农产品的进出口总量计划，云南省商务厅在总量计划内组织实施。粮食、棉花等由云南省发展和改革委员会会同云南省商务厅在进出口总量计划内进行分配并协调有关政策。云南省商务厅负责办理对境外罂粟替代种植企业（项目）的核准，并将核准情况送云南省发展和改革委员会备案。

（八）保留云南省“滇中调水”工程建设前期工作领导小组办公室。

（九）收回原核定的云南省西部大开发领导小组办公室行政编制9名，处级领导职数4名；云南省国民经济动员办公室（云南省战区善后恢复建设工作办公室）行政编制5名，处级领导职数2名；云南省重点项目稽察特派员办公室行政编制3名，处级领导职数2名；云南省民航工作领导小组办公室行政编制10名，处级领导职数7名。收回云南省重点建设项目稽察特派员及助理人员编制40名和领导职数。撤销云南省发展和改革委员会驻京联络处，收回事业编制5名、处级领导职数2名。

（十）所属事业单位设置、职责和编制事项另行规定。

云南省工业和信息化委员会

（加挂云南省无线电管理办公室、云南省中小企业局牌子）

（2009年7月）

一、职责调整

（一）取消已由云南省人民政府公布取消的行政审批事项。

（二）整合划入原云南省经济委员会、云南省人民政府信息产业办公室、云南省人民政府国防科学技术工业办公室的职责，其中云南省人民政府信息产业办公室军工电子管理职责、云南省人民政府国防科学技术工业办公室除民用船舶工业行业管理以外的职责划给云南省国防科技工业局。

（三）划入原云南省煤炭行业管理办公室（云南省煤炭工业局）承担的指导煤炭生产、技术改造职责。

（四）将原云南省经济委员会承担的能源管理有关职责划给云南省能源局。

（五）将原云南省经济委员会承担的乡镇企业行业管理职责划给云南省农业厅。

二、主要职责

（一）拟订新型工业化发展战略和政策，协调解决新型工业化进程中的重大问题；拟订并组织实施工业、信息化的发展规划；推进产业结构调整和优化升级，推进信息化与工业化融合。

（二）制定并组织实施工业、信息化的行业规划、计划和产业政策；提出优化产业布局、结构的政策建议；起草有关地方性法规、规章草案，拟订地方性行业技术规范和标准并组织实施；指导行业质量管理工作。

（三）监测分析工业、信息化运行态势并发布有关信息，进行预测预警和信息引导，协调解决行业运行发展中的有关问题并提出政策建议；负责工业应急管理、产业安全和国防动员有关工作；负责信息化应急协调、无线电应急处置工作；组织实施煤炭和电力调度，负责电力行政管理和电力需求侧管理工作。

（四）负责提出工业和信息化固定资产投资规模及方向（含利用外资和境外投资）、省财政专项资金安排的意见，按照规定权限负责工业和信息化固定资产投资项目的审批、核准和备案。

（五）负责工业和信息化行业管理；负责盐业行政管理；参与协调交通综合运输，负责协调铁路重点物资运输和紧急客货运输，指导和推进工业物流企业发展；组织制定工业园区发展规划及政策措施，推进工业园区建设，实施重点工业园区管理；开展工业和信息化的对外合作与交流。

（六）推进工业体制改革和管理创新；拟订企业技术创新规划和政策措施并组织实施，推进企业技术创新体系建设，指导企业技术中心建设；指导引进重大技术装备的消化创新，以先进适用技术改造提升传统产业，促进科研成果产业化。

（七）承担振兴装备制造业组织协调的责任，加快推进光电子、生物化工、燃料乙醇、软件业、信息服务业等新兴产业的发展；拟订高技术产业中涉及生物医药、新材料、信息产业等的规划和政策并组织实施。

（八）组织指导煤炭生产、技术改造，承担煤炭资源整合、煤矿矿井整顿关闭、煤矿瓦斯治理和煤矿安全隐患排查治理的责任；参与拟订能源节约和资源综合利用、清洁生产促进规划；拟订并组织实施工业、信息化的能源节约和资源综合利用、清洁生产促进政策；负责工业和信息化节能工作并组织协调有关工作。

（九）指导中小企业发展，会同有关部门拟订促进中小企业发展和非公有制经济发展的有关政策和措施，推动建立完善服务体系，协调解决有关重大问题。

（十）统筹推进信息化工作，组织制定有关政策并协调信息化建设中的重大问题；推动跨行业、跨部门的信息互联互通和重要信息资源的开发利用；组织协调电子政务发展，促进政务信息资源共享；指导监督、协调推进政府信息公开工作。

（十一）承担有关信息安全管理责任，负责协调有关信息安全和信息安全保障体系建设，指导监督政府部门、重点行业的重要信息系统与信息网络的安全保障工作，协调处理网络与信息安全的重大事件。

（十二）统一配置和管理无线电频谱资源，依法监督管理无线电台（站），协调处理军地间、边境地区无线电管理有关事宜，负责无线电电磁环境保护工作，负责无线电监测、检测、干扰查处，协调处理电磁干扰事宜，维护空中电波秩序，依法组织实施无线电管制。

（十三）承办云南省人民政府交办的其他事项。

三、内设机构

（一）办公室

负责协调机关政务工作，制定机关工作制度；负责机关文电、机要、档案、信访、会务、接待、督查督办、政务信息、安全保卫等工作；负责政务公开和新闻发布；负责机关办公设备配备、车辆管理；联系委管驻外办事处；指导机关服务中心工作；负责机关财务、资产管理等工作，指导并监管下属事业单位财务和资产工作。

（二）政策法规处（研究室）

研究新型工业化的战略性问题；组织研究工业和信息化发展的对策措施，提出政策建议；组织起草工业和信息化地方性法规、规章草案及综合性政策文件；指导系统普法工作和行政审批制度改革；负责机关规范性文件的合法性审核；负责对委托执法单位执法主体资格进行审查并监督执法；推进中小企业法律服务体系建设；承担相关行政复议、行政应诉工作。

（三）综合处

综合分析工业经济形势并提出相关政策建议；参与工业经济信息网络建设和信息收集整理、分析研究；指导大企业培育和企业直接融资工作，负责中小、非公企业的上市培育；参与企业深化改革和信息化建设的有关工作；承担工业和信息化对外合作与交流的有关事务。

（四）发展规划处

研究提出工业、信息化中长期发展规划和投资政策建议；拟订工业投资及工业重大建设项目规划，促进工业结构优化调整和产业升级，推动光电子、石化、生物化工、软件业、信息服务业等新兴产业发展；按照规定权限负责工业和信息化固定资产投资项目的审批、核准和备案，承担有关投资管理工作；协调并推动重大工业建设项目的实施。

（五）产业政策处

组织制定工业、信息化发展产业政策实施办法；提出优化产业结构、工业与相关产业融合发展的政策建议，拟订产业调整目录，制定有关行业准入条件并组织实施；负责汽车行业产业政策的具体实施；综合指导工业和信息化有关行业协会等社会中介组织。

（六）经济运行处

监测分析工业、信息化运行态势，分析行业形势并发布有关信息；拟订行业经济运行调控方案，提出政策建议并组织实施；协调解决行业运行发展中的有关问题，综合平衡调配生产和运行要素；协调推进银企合作，指导企业扭亏增盈和市场开拓工作；建立和完善工业预警机制，提出动用国家及省储备物资的建议，承担行业应急管理、产业安全和国防动员有关工作；指导行业加强安全生产管理、安全生产信息管理和宣传教育工作。

（七）电力保障处

负责电力运行监测、预测和协调工作，提出电力运行的政策措施建议；拟订并组织实施电力运行应急方案，监管电网调度，协调解决电力运行中的有关问题，保障电力运行安全；负责电力运行和电力行业行政执法；组织实施煤炭和电力调度，承担电力需求侧管理工作；推进电力工业结构调整，组织实施大用户直供和矿电结合。

（八）交通与物流处

配合协调交通综合运输计划的实施，负责协调铁路重点物资运输和紧急客货运输；监测分析工业物流企业运行态势，拟订工业物流企业发展有关政策措施并组织实施，指导和推进工业物流企业发展；拟订汽车更新政策和行业规划，负责报废汽车回收监督管理。

（九）原材料工业处（云南省黄金管理局）

负责钢铁、有色、黄金、稀土、石化、化工、建材、农药等行业管理；承担原材料工业发展监测分析，研究原材料市场动向，协调原材料行业发展中的重大问题，促进原材料工业结构调整优化，提出行业发展报告和建议，编制专项发展规划，拟订原材料工业经济技术政策和技术标准；承担农业化学物质行政保护有关工作；承担履行《禁止化学武器公约》的组织协调工作，负责中缅油气管道及炼化基地建设项目协调服务领导小组办公室的日常工作。

（十）装备工业处

负责通用机械、专用设备、电子信息设备及产品、汽车、民用船舶、轨道交通机械制造业等行业管理；提出重大技术装备发展和自主创新规划的政策建议并组织实施；依托国家和省重点工程建设协调有关重大专项的实施，推进重大技术装备国产化；承担装备工业发展监测分析，编制专项发展规划，研究产业政策，提出行业发展报告和建议。

（十一）消费品工业处

负责轻工、纺织、家电、燃料乙醇等的行业管理；承担消费品工业发展监测分析，提出行业发展报告和建议，拟订专项发展规划、行业规范技术标准和有关政策并组织实施；推进行业科技攻关和成果应用推广，组织实施轻纺工业行业重大专项。

（十二）食品药品工业处

负责食品、药品的行业管理；承担行业发展监测分析，提出行业发展报告和建议，拟订专项发展规划和促进行业发展的有关政策措施并组织实施；推进生物制药科技攻关和成果应用推广，组织实施行业重大专项；承担中药材生产扶持项目管理和国家药品储备管理工作。

（十三）盐务管理处（云南省盐务管理局）

负责盐业行政管理；拟订盐资源开发、盐业发展规划和年度生产、调销计划并组织实施；负责盐业行政执法工作，指导和督查各级盐务管理工作；负责盐业统计分析和储备盐管理工作；负责盐产品碘剂、添加剂、标志和包装物的监督管理；承担盐业有关行政复议和行政应诉工作。

（十四）工业园区处

组织制定工业园区发展规划及政策措施，推进工业园区建设和科学布局；实施重点工业园区管理，促进产业聚集、企业集群发展；指导工业园区软环境建设和招商引资工作；承担工业园区发展监测分析，提出发展报告和建议，协调解决园区发展中的重大问题。

（十五）技术创新处

指导企业技术改造、技术创新和行业质量管理工作，编制企业技术改造和技术创新规划及新产品开发计划，拟订政策措施并组织实施；组织协调关键共性技术攻关和重大技术引进消化吸收，推进高新技术产业发展，促进先进适用技术的推广和应用，推动产业升级、工业化和信息化融合；负责企业技术创新体系建设，认定和评价企业技术中心，负责有关新产品、新技术鉴定的监管；指导企业质量管理工作；推动企业技术创新和产学研相结合；培育工业品牌，实施企业知识产权战略。

（十六）节约能源处（云南省节能减排工作领导小组节能工作办公室）

参与拟订能源节约规划，拟订工业、信息化的能源节约政策和年度节能计划；负责工业和信息化节能工作并组织协调有关工作，提出行业专项节能项目和资金计划安排意见；负责行业固定资产投资项目节能评估和审查，组织实施行业重大节能示范工程及新产品、新技术、新设备推广应用；承担行业节能产品能效标识管理工作；拟订行业主要产品能耗限额和考核标准，负责行业节能监察工作，组织开展行业节能宣传、培训。

（十七）资源综合利用处

参与拟订资源综合利用、清洁生产促进规划，拟订工业、信息化与环境、资源协调发展的政策措施，拟订工业、信息化资源综合利用、清洁生产和循环经济促进政策并组织实施；负责资源综合利用企业（含电厂）认定及监督指导工作；组织协调行业资源综合利用的重大示范工程和新技术、新产品、新设备、新材料的推广应用。

（十八）中小企业处

指导中小企业、非公有制经济发展，监测分析运行发展态势，协调解决有关重大问题；会同有关部门拟订促进中小企业、非公有制经济发展的有关政策和措施；促进中小企业专业化生产和对外交流合作，指导中小企业结构优化和产业升级；负责云南省加快发展非公有制经济工作领导小组办公室的日常工作。

（十九）企业服务体系处

负责提出中小企业和非公有制经济社会化服务体系、信用体系建设的政策措施建议并推动体系建设；指导中小企业和非公有制经济创业培训、公共信息、融资担保、技术创新、维权保护的平台建设；协调处理非公有制经济经营者投诉，维护中小企业和非公有制经济经营者经营者合法权益；组织、协调、监督、检查企业治乱减负工作。

（二十）网络和信息资源管理处

负责电子政务、信息资源的统筹规划和组织管理；负责电子政务网络和政务信息资源库建设，编制电子政务建设年度计划并组织实施；推进政务信息资源开发利用和共享，指导、协调政府信息公开工作；组织协调电子政务网络基础设施、公共应用系统及平台建设；组织指导电子政务应用推广和绩效评估工作；协调促进电信、广播电视、计算机网络融合；配合开展网络环境和信息治理。

（二十一）信息化推进处

指导推进信息化工作，编制信息化行业规划、电子政务专项规划并组织实施；协调信息化建设中的重大问题，协助推进重大信息化工程；指导协调电子政务、电子商务及社会信息化发展；协调跨行业、跨部门的互联互通和重要信息资源的开发利用；推进信息技术推广应用，促进信息化与工业化的融合；指导和推进软件、系统集成及信息服务业的发展。

（二十二）信息安全协调处

协调信息安全保障体系建设；协调推进信息安全等级保护等基础性工作；牵头拟订信息安全检查办法并组织实施，指导监督政府部门、重点行业的重要信息系统与信息网络的安全保障工作；承担信息安全应急协调工作，协调处理网络与信息安全重大事件。

（二十三）无线电管理处

负责拟订无线电事业发展规划及有关专项规划和行业技术标准；编制无线电频谱规划；负责无线电频率的划分、分配与指配；依法监督管理无线电台（站），核发电台执照，管理无线电发射设备和台址资源，组织无线电监测；协调无线电通信应急保障；协调处理军地间无线电管理有关事宜，负责边境地区及涉外无线电管理工作。

（二十四）无线电监督检查处

负责无线电管理行政执法和监督检查；承担无线电管理的有关行政复议和行政应诉工作；负责无线电电磁环境综合治理和协调保护工作；协调处理电磁干扰事宜；配合开展无线电安保和维稳工作；依法组织实施无线电管制；负责专项经费预算，管理派出机构固定资产。

（二十五）煤炭行业管理处

负责提出煤炭工业发展的政策措施建议；依法整顿煤炭生产和经营秩序，负责煤炭经营资格证颁发；负责煤炭行业统计、分析和信息发布；负责开办煤矿审批；指导煤矿基础管理工作，组织开展煤矿瓦斯治理和瓦斯等级鉴定，负责煤矿矿井生产能力核定，指导煤矿质量标准化矿井建设工作。

（二十六）煤炭生产安全技改处

负责煤炭资源整合和煤矿矿井整顿关闭，组织指导煤矿生产、技术改造，负责煤矿技改项目核准；负责煤炭生产许可证颁发；负责煤矿建设项目设计审批；负责煤炭建设项目工程质量认证；指导煤炭行业技术创新和技术进步，推进煤炭行业技术创新体系建设；负责煤矿安全隐患排查治理并督促落实整改，参与重特大煤矿安全事故的调查处理。

（二十七）煤炭企事业管理处

负责煤矿矿长资格证颁发；指导煤矿企业职工安全培训工作；拟订煤炭工业体制改革、企业改革、专业技术人才培养的政策措施；推进煤炭企业深化改革，指导煤矿改革发展，培育大中型煤炭企业集团；负责指导省煤炭直属企事业单位的管理工作。

（二十八）人事处

负责机关和直属单位的机构编制、人事管理、队伍建设等工作；指导工业、信息化人才队伍建设及管理干部培训；负责机关及所属单位外事管理工作。

机关党委

负责机关和直属单位的党群工作。

离退休人员办公室

负责机关和直属单位的离退休人员工作。

四、其他事项

（一）管理云南省国防科技工业局。

（二）原云南省经济委员会管理或联系的涉及乡镇企业工作的有关单位及离退休人员划归云南省农业厅，其余单位及机关离退休人员划归云南省工业和信息化委员会。

（三）原云南省人民政府信息产业办公室所管理的下属单位及机关离退休人员，整体划归云南省工业和信息化委员会。

（四）原云南省煤炭行业管理办公室（云南省煤炭工业局）所管理或联系的单位及机关离退休人员，整体划归云南省工业和信息化委员会。

（五）云南省发展和改革委员会负责节能减排综合协调和项目申报、资金争取等工作。云南省工业和信息化委员会负责工业和信息化节能工作并组织协调有关工作。云南省环境保护厅负责污染减排工作。

（六）云南省发展和改革委员会负责编制和组织实施现代物流业发展规划、战略、政策。云南省工业和信息化委员会负责指导和推进工业物流企业发展。云南省商务厅负责指导和推进商业物流企业发展。

（七）云南省交通运输厅牵头，会同云南省发展和改革委员会、云南省工业和信息化委员会等部门建立综合运输体系协调配合机制。云南省发展和改革委员会负责综合运输体系规划与国民经济和社会发展规划的衔接平衡。云南省工业和信息化委员会配合协调综合运输计划的实施。云南省交通运输厅会同有关部门组织编制综合运输体系规划，承担涉及综合运输体系规划有关重大问题的协调工作，并负责公路、水运行业管理，编制专项规划，组织项目建设实施及运营安全管理。

（八）云南省能源局负责拟订燃料乙醇产业发展规划。云南省工业和信息化委员会负责燃料乙醇产业发展工作。

（九）云南省能源局负责拟订煤炭发展战略、行业规划。云南省工业和信息化委员会负责指导煤炭生产、技术改造。云南省安全生产监督管理局（云南省煤矿安全生产监督管理局）负责煤矿安全生产监督管理。

云南省民族事务委员会

（2009年6月）

一、职责调整

（一）取消已由云南省人民政府公布取消的行政审批事项。

（二）加强监测和分析民族关系的职责。

（三）加强调处涉及民族的热点、难点问题和突发性、群体性矛盾纠纷的职责。

（四）加强协调推动有关部门履行民族工作相关职责的职责。

（五）加强对民族法律法规、民族政策和少数民族发展相关规划贯彻执行的督促检查职责。

二、主要职责

（一）组织开展民族理论、民族政策和民族工作重大问题的调查研究，提出有关民族工作的政策建议。

（二）负责协调推动有关部门履行民族工作相关职责，促进党和国家民族政策在经济发展和社会事业有关领域的贯彻落实。

（三）起草民族法规草案，拟订相关民族政策，负责监督检查落实情况，保障少数民族的合法权益，联系民族自治地方，协调、指导民族区域自治法的贯彻落实。

（四）研究提出协调民族关系的工作建议，协调处理民族关系中的重大事项，参与协调民族地区社会稳定工作，维护边疆团结安宁，促进各民族共同团结奋斗、共同繁荣发展。

（五）负责拟订少数民族事业等专项规划，监督检查规划实施情况，参与拟订少数民族和民族地区经济社会相关领域的发展规划，促进建立和完善少数民族事业发展综合评价监测体系，推进实施民族事务服务体系和民族事务管理信息化建设。

（六）研究分析少数民族和民族地区经济发展、社会事业方面的问题并提出特殊政策建议，协调配合有关部门促进少数民族和民族地区加快发展，参与协调民族地区科技发展、对口帮扶和经济技术合作等有关工作。

（七）参与拟订少数民族干部和人才队伍建设规划，协助有关部门做好少数民族干部和人才的培养教育和推荐使用工作。

（八）负责组织指导民族法律法规、民族政策和民族基本知识的宣传教育工作，承办云南省人民政府民族团结进步表彰活动，组织协调民族自治地方重大庆典活动。

（九）研究提出民族教育改革发展中的特殊政策建议，帮助解决民族教育的特殊困难，管理云南民族大学。管理少数民族语言文字工作，指导少数民族语言文字的翻译、出版和民族古籍的收集、整理、出版规划等工作。

（十）指导州、市民族工作，做好少数民族代表人士生活、学习等各项管理工作。

（十一）负责组织协调民族工作领域有关对外交流与合作；参与涉及民族事务的对外宣传工作；组织接待少数民族重要学习、参观考察等事宜。

（十二）承办云南省人民政府交办的其他事项。

三、内设机构

（一）办公室

负责机关日常工作的协调和督办；负责机关文秘、会务、信息、机要、档案、保密、保卫、信访等工作；负责机关行政事务工作；承担民族自治地方重大庆典活动的组织协调工作。

办公室下设秘书科、行政科、信息科。

（二）政策法规处

研究民族理论和民族政策，起草民族法规草案，承办民族识别、民族成份管理和民族团结进步表彰有关工作；拟订民族事务管理方面的政策措施；负责重要文件的起草工作，整理编撰民族工作方面的重要文献；承办涉及尊重少数民族风俗习惯有关管理工作的具体指导和协调；承办少数民族代表人士生活、参观学习等有关工作；承担行政复议工作。

（三）监督检查处

监督检查民族法律法规和民族政策的执行情况；协调、指导民族区域自治法的贯彻落实；承办民族团结目标管理责任制相关工作；研究民族关系重大突发事件的预警、应急机制问题，承担有关协调、处理工作；研究提出协调民族关系的工作建议；推进民族事务服务体系和民族事务管理信息化建设。

（四）经济发展处

研究提出少数民族和民族地区经济发展特殊政策建议；拟订少数民族事业等专项规划，监督检查规划的实施情况；参与拟订民族地区经济社会相关领域的发展规划；承担统计分析和综合评价监测体系的有关工作；参与协调民族地区对口支援、经济技术合作和民族贸易、民族特需商品生产的有关工作；参与少数民族专项资金管理工作和扶贫工作。

（五）文化宣传处

研究提出少数民族和民族地区文化、卫生、体育、广播影视、新闻出版事业发展的特殊政策建议；负责民族古籍的收集、整理、出版工作，参与民族文物保护工作；开展民族文化的交流与合作；承办重大的民族文化、民族体育活动；组织指导民族宣传教育工作；组织新闻发布工作。

（六）教育科技处

研究提出少数民族和民族地区教育、科技发展特殊政策建议；配合办理扶持、援助民族教育有关事宜；指导少数民族语言文字及翻译的有关工作，参与协调双语教育工作；指导有关科技科研工作；联系和指导直属民族院校的业务工作。

（七）外事与参观接待处

负责民族工作领域有关对外交流与合作；了解云南省少数民族同胞在境外的有关情况，承办协调处理少数民族涉外事宜；参与涉及民族事务的对外宣传工作；承办少数民族重要学习、参观考察事宜，接待少数民族参观考察团（组），承担机关的接待任务。

（八）财务处

负责机关财务、国有资产、基建、政府采购的管理工作；管理民族工作经费；负责直属单位财务监督和内部审计工作。

（九）人事处

负责机关及直属单位机构编制、干部人事及劳动工资等工作；参与少数民族人才队伍建设规划的拟订和实施工作；承担联系少数民族干部的具体工作，配合有关部门做好少数民族干部的培养教育、选拔推荐工作。

云南省民族工作队

监测、分析和研究民族关系；参与调处涉及民族关系方面的突发性、群体性事件；处置民族工作中的热点、难点问题；加强民族地区经济社会发展中特殊问题的调查研究，提出决策参考和对策建议。

云南省民族工作队下设一分队、二分队、三分队、四分队4个科级机构。

机关党委

负责机关和直属单位的党群工作。

监察室

负责机关和直属单位的纪检监察和党风廉政建设工作。

离退休人员办公室

负责机关离退休人员工作，指导直属单位的离退休人员工作。

云南省人力资源和社会保障厅

（加挂云南省外国专家局牌子）

（2009年8月）

一、职责调整

（一）取消已由云南省人民政府公布取消的行政审批事项。

（二）整合划入原云南省人事厅、原云南省劳动和社会保障厅的职责。

（三）取消制定企业职工奖惩基本准则职责。

（四）将出境就业管理、境外职业介绍机构资质认定的初审和上报等职责划给云南省商务厅。

（五）将技工学校评估认定工作交给社会中介组织。

（六）加强统筹机关企事业单位人员管理职责，完善劳动收入分配制度，发挥人力资源优势。

（七）加强统筹城乡就业和社会保障政策职责，建立健全从就业到养老的服务和保障体系。

（八）加强统筹人才市场和劳动力市场整合职责，建立统一规范的人力资源市场，促进人力资源的合理流动和有效配置。

（九）加强统筹机关企事业单位基本养老保险制度，逐步提高基金统筹层次，推进基本养老保险制度改革。

（十）加强促进就业职责，健全公共就业服务体系，建立城乡劳动者平等就业制度，促进社会就业。

（十一）加强组织实施劳动监察和协调农民工工作职责，切实维护劳动者合法权益。

二、主要职责

（一）拟订人力资源和社会保障事业发展规划、政策，起草人力资源和社会保障地方性法规、政府规章草案，并负责组织实施和监督检查。

（二）拟订人力资源市场发展规划和人力资源流动政策并组织实施，建立统一规范的人力资源市场。制定人力资源服务机构的市场准入制度，指导和监督对职业中介机构的管理，负责对人力资源市场进行监督检查。

（三）负责促进就业工作，拟订统筹城乡的就业发展规划和政策并组织实施。完善公共就业服务体系，建立就业援助制度，完善职业资格制度，统筹建立城乡劳动者职业培训制度。牵头拟订高校毕业生就业政策，会同有关部门拟订高技能人才、农村实用人才培养和激励政策。

（四）统筹建立覆盖城乡的社会保障体系。拟订城乡养老、失业、医疗、工伤、生育等社会保险及其补充保险的政策、标准并组织和监督实施。统筹拟订全省范围内统一的社会保险关系转续办法和统筹办法，统筹机关、企事业单位基本养老保险政策，逐步提高基金统筹层次。会同有关部门拟订社会保险及其补充保险基金的管理和监督制度，审核、汇总社会保险基金预决算草案。制定社会保险基金收缴、支付、管理、运营的管理办法，对社会保险基金进行监督和管理。

（五）负责就业、失业和社会保险基金的预测预警和信息引导，拟订应对预案，实施预防、调节和控制，保持就业形势稳定和社会保险基金总体收支平衡。

（六）会同有关部门拟订机关、事业单位人员工资收入分配和地方性津贴、补贴政策并组织实施，拟订机关、企事业单位福利、离退休政策，建立健全机关、企事业单位人员工资正常增长和支付保障机制。

（七）会同有关部门指导事业单位人事制度改革，拟订事业单位人员和机关工勤人员管理办法并组织实施。制定专业技术人员管理政策并组织实施，负责专业技术人员继续教育工作。牵头推进深化职称制度改革工作。参与人才管理工作，负责高层次专业技术人才选拔和培养工作。

（八）会同有关部门拟订军队转业干部安置政策和安置计划并组织实施，负责军队转业干部教育培训工作。组织拟订部分企业军队转业干部解困和稳定政策。负责自主择业军队转业干部管理服务工作。

（九）负责行政机关公务员综合管理，拟订有关人员调配政策和特殊人员安置政策并组织实施，会同有关部门拟订并组织实施国家荣誉制度和政府奖励制度。

（十）会同有关部门拟订农民工工作综合性政策和规划，协调、推动农民工相关政策的落实，协调解决重点难点问题，维护农民工合法权益。

（十一）统筹拟订劳动、人事争议调解仲裁制度和劳动关系政策，完善劳动关系协调机制。制定消除非法使用童工政策和女工、未成年工的特殊劳动保护政策，组织实施劳动监察，协调劳动者维权工作，依法查处重大案件。

（十二）拟订引进外国智力规划和政策，制定引智管理办法并组织监督实施。拟订出国培训工作管理办法，负责出国（境）培训年度计划管理，负责审批、审核出国（境）培训项目，组织实施重点出国（境）培训项目。

（十三）承办云南省人民政府交办的其他事项。

三、内设机构

（一）办公室

负责机关文电、会务、机要、档案、财务、信息、政务公开、安全、保密、国有资产管理工作；负责所属事业单位财务、国有资产监管工作；承担厅机关综合协调、政务运转、督促检查和服务保障工作。

办公室下设秘书科、财务科、行政科。

（二）政策研究处

负责人力资源和社会保障政策研究工作，承担重要文稿起草工作；协助专家咨询工作；承担人力资源和社会保障新闻发布和宣传工作。

（三）法规处

组织起草人力资源和社会保障法规、政府规章草案；承担机关规范性文件的合法性审核工作；负责人大代表建议和政协委员提案的办复工作；承办有关行政复议和行政应诉工作；负责有关法律事务工作；负责人力资源和社会保障法制宣传教育工作。

（四）规划财务处

拟订人力资源和社会保障事业发展规划和年度计划；汇总审核社会保险基金预决算草案；参与拟订社会保障资金（基金）财务管理制度；承担有关信息规划和统计管理工作；负责管理省级人力资源和社会保险事业经费和国际援助、贷款项目。

（五）就业促进处

拟订就业规划和年度计划；拟订劳动者平等就业、农村劳动力转移就业和跨地区有序流动政策；指导公共就业服务体系建设和制度建设；指导和规范公共就业服务和就业服务信息管理；拟订就业与失业管理办法；参与拟订专项就业资金、扶贫公共就业服务资金使用管理办法；牵头拟订高校毕业生就业政策；拟订就业援助和特殊群体就业实施办法；拟订国（境）外人员（不含专家）入境就业实施办法；承担云南省就业和再就业工作领导小组办公室的具体工作。

（六）人力资源市场处

拟订人力资源市场发展规划和政策并组织实施；拟订人力资源服务机构市场准入管理制度，指导和监督对职业中介机构的管理；负责对人力资源市场进行监督检查；拟订人员调配政策，承办特殊需要人员调配、留学回国人员的安置调整工作，承办省级机关、省属企事业单位和中央驻昆单位接收大中专毕业生、从昆外调配人员事宜；会同有关部门组织、管理和实施挂钩扶贫干部（科技副乡镇长）选派工作。

（七）军官转业安置工作一处

（云南省军队转业干部安置工作小组办公室）

拟订军队转业干部安置政策、安置计划并组织实施；负责军队转业干部培训工作；负责省直和中央驻滇单位的军队转业干部和随调家属安置工作；承担云南省军队转业干部安置工作小组的具体工作。

（八）军官转业安置工作二处

拟订自主择业军队转业干部有关综合性政策并组织实施；负责自主择业军队转业干部的管理服务及教育培训、就业指导工作；承担自主择业军队转业干部退役金的核发、调整和预（决）算工作；协调、落实自主择业军队转业干部社会保障事宜；指导州（市）自主择业军队转业干部的管理服务工作。

（九）军官转业安置工作三处

负责中央有关企业军转干部解困政策的落实；制定全省企业军转干部解困政策；指导各地做好企业军转干部思想教育和信访工作，配合有关部门做好企业军转干部群体性上访事件的预防和处置工作；负责全省企业军转干部数据库的建设及解困资金的预算、协调工作。

（十）职业能力建设处

拟订城乡劳动者职业培训技能鉴定政策、规划并组织实施；拟订高技能人才、农村实用人才培养和激励政策；在国家教育方针政策指导下，拟订技工学校及职业培训机构发展规划和管理规则，指导技工学校招生工作、师资队伍和教材建设；拟订国家职业分类、职业技能标准和行业标准的实施办法；指导和规范职业技能鉴定和机关、企事业单位工人技术等级岗位考核（鉴定）评审工作；承担技师聘用管理工作。

（十一）专业技术人员管理处

拟订专业技术人员管理和继续教育政策并组织实施；负责专业技术人员职称综合管理工作，承办深化职称制度改革有关工作；健全和完善博士后制度；承担高层次专业技术人才规划和培养工作；负责推荐、选拔有突出贡献中青年专家、享受政府特殊津贴人员、“科技兴乡贡献奖”以及优秀拔尖人才；拟订吸引国（境）外专家、留学人员来滇工作或定居政策。

（十二）事业单位人事管理处

指导事业单位人事制度改革，指导事业单位人事管理工作；拟订事业单位工作人员和机关工勤人员管理政策；承办事业单位岗位设置方案的核准或备案事宜；指导和管理机关、事业单位除公务员（含参照公务员法管理事业单位工作人员）外的公开招聘工作人员（含特岗教师、运动员）工作；拟订事业单位招聘国（境）外人员（不含专家）政策。

（十三）农民工工作处

拟订农民工工作综合性政策、规划并组织实施，维护农民工合法权益；推动农民工有关政策的落实，协调解决重点难点问题，协调处理涉及农民工的重大事件；指导协调农民工工作信息建设；承担云南省农民工工作联席会议办公室的具体工作。

（十四）劳动关系处

拟订劳动关系政策并组织实施；拟订劳动合同和集体合同制度实施规范；拟订劳动用工登记、聘用合同备案政策，负责省直、中央驻滇单位劳动用工登记、聘用合同备案工作；拟订企业职工工资收入分配的宏观调控办法，指导、监督省属国有企业工资总额管理和企业负责人工资收入分配；承办中央驻滇、省属企业职工转移进昆备案工作；完善企业职工离退休政策；指导企业劳动定员定额工作；拟订消除非法使用童工实施办法和女工、未成年工的特殊劳动保护实施办法；承办中央驻滇、省属企业综合计算工时和不定工时工作制度的审批工作。

（十五）工资福利处

拟订机关、事业单位工作人员（含特殊贡献人员）的工资收入分配、福利和离退休政策并组织实施；拟订地方性津贴、补贴政策并组织实施；负责工资统计分析工作；负责事业单位工资总额管理工作；负责省直机关、事业单位工作人员工资调整变动日常管理工作；负责省直机关、事业单位工作人员提前和延后退休的审批、审核工作。

（十六）养老保险处

拟订机关、企事业单位基本养老保险及其补充养老保险政策；拟订城镇居民养老保险政策、规划和标准；拟订养老保险基金管理办法；拟订养老保险社会化管理服务事业发展规划；建立养老保险基金预测预警制度；审核州（市）基本养老保险费率；承担云南省企业退休人员社会化管理服务工作领导小组办公室的具体工作。

（十七）失业保险处

拟订失业保险政策、规划和标准；拟订失业保险基金管理办法；建立失业预警制度，拟订预防、调节和控制较大规模失业的政策；指导失业保险经办机构工作；牵头拟订经济结构调整中涉及职工安置权益保障的政策。

（十八）医疗生育保险处

拟订医疗保险、生育保险政策、规划和标准；拟订医疗保险、生育保险基金管理办法；拟订定点医疗机构、定点零售药店的设立条件和标准，参与拟订定点医疗机构、定点零售药店的服务管理及结算办法；拟订疾病、生育停工期间的津贴标准；拟订补充医疗保险政策和管理办法。

（十九）城镇居民医疗保险处

拟订城镇居民基本医疗保险政策、规划和标准；拟订城镇居民补充医疗保险政策和管理办法；拟订城镇居民医疗保险基金管理办法；拟订城镇居民医疗保险定点医疗机构的管理、结算办法和支付范围、支付标准；参与城镇居民医疗保险定点医疗机构的监督和管理；指导和监督城镇居民医疗保险政策的实施。

（二十）工伤保险处

拟订工伤保险政策、规划和标准；完善工伤预防、认定和康复政策；根据国家相关规定，拟订工伤伤残等级鉴定标准和定点医疗机构、药店、康复机构、残疾辅助器具安装机构资格标准的实施办法；指导工伤认定工作；承担劳动能力鉴定有关工作。

（二十一）农村社会保险处

拟订农村养老保险和被征地农民社会保障的政策、规划和标准；会同有关部门拟订农村社会保险基金管理办法和经办机构管理制度；拟订征地方案中有关被征地农民社会保障措施的审核办法。

（二十二）社会保险基金监督处

拟订社会保险及其补充保险基金监督制度；依法监督社会保险及其补充保险基金征缴、支付、管理和运营，并组织查处重大案件；负责社会保险基金及机关和所属单位的内部审计工作；参与拟订社会保障基金投资政策；承担云南省社会保障监督委员会办公室的具体工作。

（二十三）调解仲裁管理处

统筹拟订劳动、人事争议调解仲裁制度的实施规范，指导和协调劳动、人事争议调解仲裁工作；指导开展劳动、人事争议预防工作；依法组织调处重大劳动、人事争议案件；建立仲裁员资格准入制度，组织调解员、仲裁员培训。

（二十四）信访处

负责信访工作；办理人民群众来信，接待人民群众来访；综合分析、反映信访动态，开展信访工作的调查研究；督办重要来信、来访案件，协调处理有关信访事项。

（二十五）劳动保障监察局

拟订劳动保障监察工作制度；组织实施劳动保障监察，依法查处和督办重大案件；指导州（市）劳动保障监察工作；制定劳动保障监察员管理培训制度并组织实施；协调劳动者维权工作，组织处理有关突发事件；承担其他人力资源和社会保障监督检查工作。

（二十六）外国专家处（对外交流合作处）

负责外国专家管理和拟订有关管理办法，指导、协调引进国外技术、管理人才项目工作；负责聘请外国专家引进项目申报和审批工作，管理和拨付项目资助经费，并监督项目实施；负责引进国外智力成果示范推广工作；根据国家外国专家局授权，负责有关行政许可的办理和《外国专家证》核发工作；负责推荐国家“外国专家友谊奖”人选和组织云南省“外国专家彩云奖”的评审、奖励事宜；承担对外交流合作工作。

（二十七）出国培训管理处

拟订引进国外智力规划和政策，拟订出国（境）培训工作管理办法；归口管理、指导和协调机关、企事业单位人员的出国（境）培训工作；负责出国（境）培训项目计划、项目资助经费的申报工作，管理项目配套经费；审批、审核因公出国（境）培训项目。承担出国（境）培训的监督检查工作；负责出国（境）培训成果示范推广工作。

（二十八）人事处

负责机关、云南省公务员局和直属单位的人事、机构编制工作。

机关党委

负责机关、云南省公务员局和直属单位的党群工作。

离退休人员办公室

负责机关、云南省公务员局的离退休人员工作，指导直属单位的离退休人员工作。

四、其他事项

（一）管理云南省公务员局。云南省公务员局的机关党务、人事、机构编制、财务、后勤、离退休人员、对外交流合作事务，由云南省人力资源和社会保障厅管理。

（二）高校毕业生就业管理的职责分工。毕业生就业政策由云南省人力资源和社会保障厅牵头，会同教育等部门拟订；毕业生离校前的就业指导和服务工作，由云南省教育厅负责；毕业生离校后的就业指导和服务工作，由云南省人力资源和社会保障厅负责。

（三）原云南省人事厅、原云南省劳动和社会保障厅的下属事业单位，整体划由云南省人力资源和社会保障厅管理，其设置、职责和编制事项另行规定。

云南省环境保护厅

（2009年6月）

一、职责调整

（一）取消已由云南省人民政府公布取消的行政审批事项。

（二）划入原云南省环境保护局的职责。

（三）加强环境政策、规划和重大问题的统筹协调职责；加强环境治理和生态保护的指导、协调、监督职责；加强污染防治、落实减排目标和环境监管的职责。

二、主要职责

（一）负责建立健全环境保护基本制度。拟订环境保护政策、规划并组织实施，组织编制环境功能区划，拟订重点区域、流域污染防治规划和城乡饮用水水源地环境保护规划并监督实施。

（二）负责重大环境问题的统筹协调和监督管理。牵头协调重大环境污染事故和生态破坏事件的调查处理，指导、协调重大突发环境事件的应急、预警工作，协调解决有关跨区域环境污染纠纷。

（三）承担落实减排目标的责任。监督实施主要污染物排放总量控制和排污许可证制度，负责督查、督办、核查各地污染物减排任务完成情况，组织实施环境保护目标责任制和总量减排考核工作。

（四）负责提出环境保护领域固定资产投资规模和方向的建议，负责编制环境保护专项资金安排计划，配合有关部门做好组织实施、监督工作。会同有关部门编制环境保护基础设施建设计划，配合有关部门做好重点环境保护基础设施建设项目的前期工作。

（五）承担从源头上预防、控制环境污染和环境破坏的责任。受云南省人民政府委托，对重大经济和技术政策、发展规划、开发计划进行环境影响评价，对涉及环境保护的地方性法规草案、规章及规范性文件提出有关环境影响方面的意见，组织对省级有关规划环境影响评价进行审查，按照规定审批建设项目环境影响评价文件。

（六）负责环境污染防治的监督管理。监督管理大气、水体、土壤、噪声、光、恶臭、固体废物、危险废物、有毒化学品、持久性有机污染物、机动车尾气等污染防治工作。组织开展环境保护执法检查，对污染治理设施的运营管理情况实施监督。会同有关部门监督管理饮用水水源地环境保护工作，组织指导城镇和农村的环境综合整治工作。

（七）指导、协调、监督生态保护工作。拟订生态保护规划，组织评估生态环境质量状况，监督对生态环境有影响的自然资源开发利用活动、重要生态环境建设和生态破坏恢复工作。提出国家级和省级自然保护区新建和调整的审批建议，指导、协调、监督各类自然保护区、风景名胜区、森林公园的环境保护工作，协调和监督野生动植物保护、湿地环境保护、石漠化防治工作。协调指导农村生态环境保护，监督生物技术环境安全，组织协调生物多样性保护和生物物种资源保护工作。

（八）负责核安全、辐射安全、放射性废物的监督管理。拟订有关政策、规划、地方标准并组织实施。参与核事故应急处理，负责辐射环境事故应急处理工作。监督管理核设施安全、放射源安全和电磁辐射、核技术应用、伴有放射性矿产资源开发利用中的污染防治。对核材料的管制和民用核安全设备设施实施监督管理。

（九）负责环境统计、监测和信息发布。制定环境监测制度和规范并组织实施。组织建设和管理环境监测网和环境信息网。组织实施环境质量监测和污染源监督性监测，组织对环境质量状况进行调查评估、预测预警，组织编制环境质量报告书，统一发布环境综合报告和重大环境信息，定期发布重点城市和流域环境质量状况。

（十）组织环境保护科技发展、重大科学研究和技术工程示范，推动环境技术管理体系建设。指导和推动循环经济和环境保护产业发展。

（十一）负责环境保护对外合作交流，组织开展环境保护对外合作与交流工作，组织协调环境保护国际条约的履约工作，参与处理涉外的环境保护事务。

（十二）负责指导和协调环境保护宣传教育工作。制定并组织实施环境保护宣传教育方案，开展生态文明建设的有关宣传教育工作，指导绿色创建工作，推动社会公众和非政府组织参与环境保护。

（十三）承办云南省人民政府交办的其他事项。

三、内设机构

（一）办公室

负责机关日常文电、会务、机要、档案、文秘、信息、安全、保密、信访、督查、政务公开等工作。承担云南省七彩云南保护行动领导小组办公室的具体工作。

（二）规划财务处

组织编制、评估、考核环境保护规划和环境功能区划；审核环境保护专项规划和专项功能区划，组织财政专项资金的申报并提出安排意见；组织实施基本建设项目；承担机关财务、固定资产管理和机关、直属单位内部审计工作；承担各项资金使用、监督和绩效考核工作；组织实施政府采购管理工作。

（三）政策法规处（宣传教育处）

组织起草环境保护地方性法规、政府规章草案；审核规范性文件；组织开展环境战略问题和综合性环境保护政策调研；组织环境保护执法检查；承担环境保护行政处罚的事前审查、事后监督和行政复议、应诉工作；牵头调解重大环境污染纠纷；拟订并指导实施环境保护宣传、教育、培训的规划、计划；组织开展生态文明建设的宣传教育工作；承担新闻宣传审核和新闻发布工作；指导绿色创建工作；组织协调环境保护系统业务培训工作。

（四）科技与环保产业发展处

负责环境保护系统科技成果管理；组织拟订地方环境标准、技术规范并组织实施；承担重点企业强制性清洁生产审核工作；承担环境污染治理设施运营资质管理工作；参与指导和推动循环经济、清洁生产与环保产业发展。

（五）污染物排放总量控制处

（云南省节能减排工作领导小组减排工作办公室）

监督实施主要污染物排放总量控制和排污许可证制度；负责环境统计制度的落实；提出总量控制计划；负责主要污染物总量减排的督查、督办、核查及考核工作。承担云南省节能减排工作领导小组减排工作办公室的具体工作。

（六）环境影响评价处

组织协调有关政策、规划和建设项目的环境影响评价工作；负责审批省级权限范围内建设项目环境影响评价文件、建设项目竣工环境保护验收；负责监督管理环境影响评价工作机构。

（七）环境监测处

组织开展环境监测工作，负责环境质量状况的调查、评估、预测、预警工作；编制环境质量报告书，统一发布环境监测信息；负责管理环境监测网。

（八）污染防治处

监督管理大气、水体、土壤、光、恶臭、噪声、固体废物、危险废物、有毒化学品、持久性有机污染物以及机动车尾气等污染防治；拟订有关污染防治规划并组织实施，起草相关法律法规草案；监督管理饮用水水源地环境保护工作，组织指导城乡环境综合整治、污染源限期治理等工作。

（九）湖泊保护与治理处

拟订滇池、洱海、抚仙湖、阳宗海、星云湖、杞麓湖、异龙湖、程海、泸沽湖九大高原湖泊水污染综合防治规划、政府目标责任书并监督实施；指导其他湖泊和大型（水库）的水污染防治规划编制和实施；组织指导以9大高原湖泊为重点的湖泊和大型（水库）水污染保护与治理的试点示范；承担云南省9大高原湖泊水污染综合防治领导小组办公室的具体工作。

（十）自然生态保护处

组织编制生态保护规划；开展生态环境质量状况评估；监督各类自然保护区、风景名胜区、森林公园的环境保护工作；协调和监督野生动植物保护、湿地环境保护、石漠化防治工作；对生态环境有影响的自然资源开发利用活动进行监督；指导生态示范创建与生态农业建设；协调指导农村生态环境保护，监督生物技术环境安全，组织协调生物多样性保护和生物物种资源保护工作；承担滇西北生物多样性保护联席会议环保办公室的具体工作。

（十一）核安全与辐射环境管理处

负责核安全、辐射环境安全、放射性废物的监督管理工作；监督管理放射源安全、放射性废物和电磁辐射、核技术应用、伴有放射性矿产资源开发利用中的污染防治；负责辐射安全许可及放射性同位素转让审批；负责核与辐射项目、电磁辐射项目环评、环保“三同时”和竣工环保验收管理工作；负责核技术应用相关领域人员的业务培训工作；参与核事故应急处理，负责辐射环境事故应急处理工作。

（十二）对外交流合作处

负责环境保护国际合作项目的监督管理工作；组织协调环境保护国际条约在本省的履约工作；参与处理涉外环境保护事务；承担与外国政府相关机构和环境保护国际组织的联系事务；负责环境保护系统因公出国（境）人员的选派、管理及涉外教育工作。

（十三）人事处

承担机关和直属单位的机构编制、人事工作；指导环境保护管理机构的队伍建设；承担环境保护部门领导干部双重管理的有关工作；负责机关和直属单位的离退休人员工作。

机关党委

负责机关和直属单位的党群工作。

四、其他事项

（一）关于水污染防治与水资源保护的职责分工。云南省环境保护厅负责水环境质量和水污染防治，云南省水利厅负责水资源保护。加强部门间的协调与配合，建立协商机制，定期通报水污染防治与水资源保护有关情况，协商解决重大问题。云南省环境保护厅发布水环境信息，对信息的准确性、及时性负责。云南省水利厅发布水文水资源信息中涉及水环境质量的内容，应与云南省环境保护厅协商一致。

（二）云南省发展和改革委员会负责节能减排综合协调和项目申报、资金争取等工作。云南省工业和信息化委员会负责工业和信息化节能工作并组织协调有关工作。云南省环境保护厅负责污染减排工作。

（三）原云南省环境保护局下属的事业单位，整体划给云南省环境保护厅管理，其设置、职责和编制事项另行规定。

（四）受云南省环境保护厅委托，云南省环境监察总队负责组织实施环境监察，对违法行为实施行政处罚。云南省环境保护厅负责监督云南省环境监察总队组织实施行政处罚的行为，并对该行为的后果承担责任。

云南省住房和城乡建设厅

（2009年7月）

一、职责调整

（一）取消已由云南省人民政府公布取消的行政审批事项。

（二）划入原云南省建设厅的职责。

（三）将指导城市客运的职责划给云南省交通运输厅。

（四）将城市管理的具体职责交给城市人民政府，并由城市人民政府确定市政公用事业、绿化、供水、节水、排水、污水处理、城市客运、市政设施、园林、市容、环卫和建设档案等方面的管理体制。

（五）加快建立住房保障体系，完善住房保障制度。

（六）加强城乡规划建设管理，推进建筑节能。

（七）加强农村民居地震安全工程建设、抗震除险和加固改造。

二、主要职责

（一）承担规范住房和城乡建设管理秩序的责任。起草或拟订住房和城乡建设管理的地方性法规、政府规章草案和相关政策；制定住房和城乡建设管理中长期发展规划并组织实施和监督检查；

会同有关部门拟订省级城镇建设资金项目投资计划并监督实施。

（二）承担推进建筑节能、城镇减排的责任。会同有关部门拟订建筑节能和城镇减排的政策、规划并监督实施，组织实施重大节能项目。

（三）承担规范房地产市场秩序、监督管理房地产市场的责任。会同或配合有关部门拟订房地产市场监管政策并监督执行；指导城镇土地使用权有偿转让和开发利用工作；拟订房地产业的行业发展规划和产业政策；拟订房地产开发、房屋权属管理、房屋租赁、房屋面积管理、房地产估价与经纪管理、物业管理、房屋征收拆迁的规章制度并监督执行；组织推进住宅产业现代化工作。

（四）承担住房制度改革和公积金监督管理的责任。拟订住房改革政策并指导实施；会同有关部门拟订住房公积金政策、发展规划并组织实施；拟订住房公积金缴存、使用、管理的制度、方法和措施；监督住房公积金和其他住房资金的管理、使用和安全。

（五）承担城镇住房建设、保障城镇低收入家庭住房的责任。拟订城镇住房政策、住房保障政策并指导实施；拟订城镇住房、保障性住房和住房保障发展规划、年度计划并指导实施；会同有关部门申报和安排廉租住房资金并监督实施。

（六）承担城乡规划管理责任。拟订城乡规划的规章制度和政策；依法组织编制、实施和监督检查城乡规划；负责城乡规划及城市勘测、城市景观、城市测量和城市雕塑的审查报批和监督实施；会同文物主管部门负责历史文化名城（镇、村、街）的保护和监督管理工作；参与土地利用总体规划的审查。

（七）承担建立科学规范的工程建设标准体系的责任。负责工程建设标准化和造价管理工作；组织制定和发布工程建设地方标准并监督执行；拟订地方建设项目可行性研究评价方法、经济参数、建设标准和工程造价管理制度；拟订公共服务设施（不含通信设施）建设标准并监督执行；指导监督各类工程建设标准定额的实施和工程造价计价；组织发布工程造价信息。

（八）监督管理建筑市场，规范建筑市场各方主体行为。指导建筑活动；组织实施房屋和市政工程项目招投标活动的监督执法；起草施工、建设监理的地方性法规、政府规章草案并指导、监督实施；拟订规范建筑市场各方主体行为的规章制度并监督执行；组织协调建筑企业参与国际工程承包、建筑劳务合作；监督管理工程勘察设计咨询业、工程勘察设计质量和市场；起草勘察设计的地方性法规、政府规章草案并监督实施；指导城市地下空间的开发利用。

（九）拟订城市建设的政策、规划并指导监督实施；指导城市市政公用设施建设、安全运营和应急管理；指导和监督城市建设管理及综合行政执法工作。

（十）承担规范村镇建设的责任。拟订村庄和小城镇建设政策并指导实施；指导村镇规划编制、农村住房建设和安全及危房改造，指导小城镇和村庄环境治理、污水和垃圾处理设施建设；负责农村民居通用图的设计及推广；指导重点小城镇建设和旅游小镇建设。

（十一）承担建筑工程质量安全监管的责任。拟订建筑工程质量、建筑安全生产和竣工验收备案的政策、规章制度并监督执行；组织或参与工程重大质量、安全事故的应急救援、调查处理。承担住房城乡建设领域执法稽查责任。制定执法稽查的相关规章制度并指导、监督执行。

（十二）拟订风景名胜区的发展规划、政策并指导实施；负责国家级和省级风景名胜区、世界自然遗产等的审查报批和监督管理。

（十三）承担建筑工程和市政设施抗震设防监督管理的责任。负责建筑工程抗震设防专项审查；组织编制抗震防灾规划并指导实施；指导和组织震后恢复重建工作；负责震后应急抢险的相关工作；负责农村民居地震安全工程的监督管理。

（十四）承办云南省人民政府交办的其他事项。

三、内设机构

（一）办公室

负责文电、会务、机要、信息、安全、保密、政务公开和信访等工作；负责机关国有资产管理和日常财务工作；指导、监督城市建设档案工作。

（二）计划财务处

拟订住房和城乡建设行业的发展规划；参与研究住房和城乡建设领域财税价格政策；拟订住房和城乡建设资金年度计划、行业技术改造计划、利用外资计划；组织协调住房和城乡建设行业项目库的建立及管理，按照基建程序办理有关项目立项的申报工作；综合管理专项资金的分配使用；负责财务预决算、社会集团购买力的审查和报批；指导、监督所属单位的财务、国有资产工作；负责住房和城乡建设系统的综合统计工作；指导行业社会团体工作；检查、协调住房和城乡建设系统收费工作。

（三）法规科技外事处

组织制定住房和城乡建设行业的重大经济技

术政策和各项体制改革方案；编制立法规划和计划；起草地方性法规和政府规章草案，承担行政复议、行政应诉工作；指导住房和城乡建设系统的法制建设和普法工作；负责办理人大代表建议和政协委员提案；会同有关部门拟订建筑节能、城镇减排的政策和发展规划并监督实施；组织实施重大建筑节能项目；指导房屋墙体材料革新工作；组织拟订住房和城乡建设系统的科技发展规划和经济政策；组织科技项目研究开发；负责对外科技合作项目的实施及引进项目的创新工作；对太阳能热水器的安装、维修进行行业管理；指导和组织科技成果的鉴定、转化、推广、运用。负责制定外事工作规章，编制年度外事工作计划，管理对外交流与合作。

（四）房地产市场和住房公积金监管处

负责房地产业市场的监督管理；拟订房地产市场监管和稳定住房价格的政策、措施并监督执行；拟订房地产业的发展规划和产业政策；指导城镇土地使用权有偿转让和开发利用；负责房地产市场的分析、监测、预警和调控工作；规范房地产市场秩序；负责房地产开发企业、房地产中介服务企业的资质管理；负责房屋产权产籍、危房鉴定工作；起草或拟订房地产开发、房屋权属管理、房屋租赁、房屋交易管理、房屋拆迁、房地产估价与经纪机构及从业人员资格管理的地方性法规草案和政策制度，并监督执行；组织推进住宅产业现代化工作；拟订住房改革政策并指导实施，会同有关部门拟订住房公积金政策和发展规划并组织实施；制定住房公积金缴存、使用、管理和监督制度；监督住房公积金和其他住房资金的管理、使用和安全；建立、管理住房公积金信息系统。

（五）住房保障和物业管理处

拟订城镇住房建设、住房保障和物业管理的相关政策、措施、发展规划、年度计划并监督实施；指导城镇住房和保障性住房建设工作；会同有关部门申报和安排国家廉租住房资金并监督实施；负责物业服务企业资质的审查、审批、申报工作；指导并监督住房专项维修资金的归集、管理和使用。

（六）城乡规划处

起草或拟订城乡发展战略及城镇规划、历史文化名城（镇、村、街）、城镇勘测、城市地下空间开发利用、城市雕塑的地方性法规草案和政策；组织编制城镇体系规划、城市群规划、跨行政区城镇建设专项规划并监督实施；负责城镇总体规划纲要及城镇各专项规划的审查、报批；负责历史文化名城（镇、村、街）列级及其保护规划、保护详细规划的审查、报批和保护监督的相关工作；负责区域重大建设项目选址意见书的核发和城乡规划设计、城市勘测、城市雕塑设计、施工单位及个人的资质认证，以及注册城市规划师的管理工作；承担云南省人民政府交办的城市总体规划、州（市）域城镇体系规划的审查、报批及监督实施。

（七）标准定额处

组织建立工程建设地方标准体系，制定发布工程建设地方标准并监督执行；负责建筑产品质量认证工作；制定并发布建设工程通用定额和工程造价管理制度，编制并发布建设项目评价方法、经济参数、建设用地指标，审查并发布专业建设工程标准定额并监督执行。组织发布工程造价信息，鉴定工程造价计算机软件。监督管理各类工程建设标准、定额的实施和工程造价计价。负责组织建设工程投资主体和有关部门审查本级政府管理的建设工程竣工结算；负责建设工程造价纠纷的技术鉴定和行政调解；负责建设工程造价咨询单位资质认定和工程造价专业技术人员的管理工作。

（八）建筑市场监管处

拟订建筑业的发展政策和规划；拟订规范建筑市场各方主体行为、房屋和市政工程项目招标投标、施工许可、建设监理、合同管理、工程风险管理的规章制度并监督执行；拟订工程建设、建筑业的行业发展、建筑施工机械备案管理的规章制度并监督执行；负责建筑施工企业、建筑安装企业、建筑装饰装修企业、商品混凝土、建筑制品企业、建设监理单位、项目管理企业、建设工程检测机构的资质认证、审批或申报；认定从事各类工程建设项目招标代理业务的招标代理机构的资格；管理建筑业从业人员执业资格；拟订有形建筑市场管理、建筑业技术进步等规章制度并监督执行；对省外、国外入省从事建筑活动的企业进行审查、注册登记和管理；组织协调建筑企业参与国际工程承包和劳务合作。

（九）勘察设计处

综合管理建设工程勘察设计咨询业；管理和规范勘察设计咨询行业质量，负责审批省管建设项目的厂址，组织限额以上建设项目的初步设计审查，施工图审查机构资质的认定和限额以上建设项目的施工图设计审查及备案；负责建设工程节能减排的设计审查工作；管理和规范勘察设计咨询市场；负责各行业建设工程勘察设计、咨询单位和从事专项设计的各类企业的勘察、设计、工程总承包、项目管理、咨询资质等管理工作；负责勘察设计各行业专业技术人员执业资格管理；监督建设工程勘察设计招投标与合同管理；组织工程建设标准设计的编制并负责管理；指导城市地下空间的开发利用；协调重点建设工程实施阶段的有关工作。

（十）城市建设处

起草或拟订城市建设的发展战略、中长期规划、产业政策、改革措施、技术标准和地方性法规草案并指导实施；指导和监督城市市政（城市道路、桥梁、排水及污水处理、垃圾收集及处理、城市照明、城市地铁、轨道交通）公用（城市供水、燃气、热力）和园林绿化的规划、建设、运营安全及工程质量；指导和监督城镇计划用水、节约用水、市容环境、城市数字化管理、城建监察等工作；指导市政公用和园林绿化特许经营管理；负责城市供水、供气企业的经营许可管理；负责城市市政基础设施、园林绿化建设重大项目审查管理；负责市政工程勘察设计、施工、监理企业资质认证预准审核；负责园林绿化工程设计、施工和监理企业资质的审批管理；负责城市市政公用设备、设施运营安全监督和燃气器具检测认证管理；负责创建园林城市（县城）、生态园林城市、人居环境奖的审查和申报。

（十一）村镇建设处

指导镇、乡和村庄的规划、建设工作；起草或拟订小城镇和村庄建设的政策、发展战略、中长期规划和地方性法规草案并指导实施；指导县域村镇体系规划和镇、乡、村庄规划的编制并监督实施；指导农村住房建设、农村住房安全和危房改造；指导小城镇和村庄基础设施建设及环境治理；负责农村民居通用图的设计及推广；指导国家大型重点建设项目地区的村镇迁建工作；参与移民建镇、撤乡并镇、撤乡建镇建设项目的选址定点的相关工作。

（十二）工程质量安全监管处

拟订建筑工程质量、建筑安全生产和建筑工程竣工验收备案的政策、规章制度并监督执行；组织或参与工程重大质量、安全事故的应急救援、调查处理；负责建筑施工企业安全生产许可证的核发；负责工程质量、安全监管机构和人员的管理；负责推行提高工程质量、安全生产水平的工艺技术和相关政策措施。

（十三）城乡建设执法稽查处

承担住房和城乡建设领域执法稽查责任。制定执法稽查的相关规章制度并指导、监督执行；监督检查相关法律、法规、规章、政策规定的贯彻执行情况；组织对城乡建设领域的重大违法违规行为进行专案稽查并提出处理意见；建立并管理稽查举报、统计系统，受理投诉举报并定期公布稽查工作情况。

（十四）风景名胜区管理处

拟订风景名胜区的发展规划、政策并指导实施；负责世界自然遗产的审查报批和监督管理；会同文物主管部门审核世界自然与文化双重遗产的申报；负责风景名胜区内生物多样性保护工作；负责国家级风景名胜区总体规划、详细规划的组织编制和报批；负责省级风景名胜区总体规划的审查报批和详细规划的审批；负责国家级、省级风景名胜区内建设项目选址核准。

（十五）抗震防震处

拟订农村民居地震安全工程建设政策、计划措施并组织实施；制定农村民居具备抗御各地地震设防基本烈度能力的技术标准并监督执行；负责各类房屋建筑及其附属设施和市政设计、建设工程的抗震设防专项审查；组织编制抗震防灾规划并监督实施；负责对原有房屋抗震性能鉴定及抗震加固工作；负责震后应急抢险的相关工作；参与震灾调查和经济损失评估；组织实施震后恢复重建工作；负责农村民居拆除重建、加固改造、资金拨付计划的编制并组织实施。

（十六）人事处

负责机关和直属单位的机构编制、人事工作；协助有关部门组织建设工程系统专业技术职务标准的制定和专业技术人员职务的评审；组织指导行业职业技能岗位培训与职业技能鉴定工作；组织指导各类执（从）业人员资格申报审查、考前培训、证书发放、资格注册和继续教育工作；负责编制系统人才培养培训规划并组织实施；管理厅属学校；会同教育行政主管部门做好建设类中职教育改革发展工作。

机关党委

负责机关和直属单位的党群工作。

离退休人员办公室

负责机关离退休人员工作，指导直属单位的离退休人员工作。

四、其他事项

（一）城市地铁、轨道交通方面的职责分工。云南省住房和城乡建设厅负责指导城市地铁、轨道交通的规划和建设，云南省交通运输厅负责指导城市地铁、轨道交通的运营。两部门要加强协调配合，确保城市地铁、轨道交通规划与城市公共交通整体规划的有效衔接。

（二）房地产测量及房屋面积计算工作上的分

工。云南省住房和城乡建设厅负责商品房面积管理、政策制定、查处商品房面积管理中的违法行为以及对商品房面积测量机构资质的初审等工作；云南省质量技术监督局负责商品房面积测量器具的监督，查处违法使用不符合标准的测量器具的行为。

（三）工程建设地方标准由云南省人民政府标准化行政主管部门统一编号并会同云南省住房和城乡建设厅联合发布。

（四）云南省住房和城乡建设厅负责城市新建民用建筑（含地面建筑和防空地下室）的规划、设计、施工图审查、施工质量监督、竣工验收等总体工作。云南省人民防空办公室参与城市新建民用建筑防空地下室的计划和项目报建联审，并按照国家有关规定负责防空地下室防护方面的设计审查、质量监督和竣工验收质量认可。两部门要加强协调配合，确保地面建筑与防空地下室整体建设的有效衔接。

（五）云南省抗震防震指挥部办公室与抗震防震处合署办公，原核定的7名事业编制维持不变。

（六）所属事业单位的设置、职责和编制事项另行规定。

云南省交通运输厅

（2009年7月）

一、职责调整

（一）取消已由云南省人民政府公布取消的行政审批事项。

（二）整合划入原云南省交通厅的职责、原云南省建设厅指导城市客运的职责。

（三）取消公路养路费、航道养护费、公路运输管理费、公路客货运附加费、水路运输管理费、水运客货运附加费的管理职责。

（四）将组织推广公路水路行业设备新技术、协调闲置设备调剂等职责交给事业单位，将港口企业与国际港口组织联络等工作交给有关行业协会。

（五）加强综合运输体系的规划协调职责，优化交通运输布局，促进各种运输方式相互衔接，加快形成便捷、畅通、高效、安全的综合运输体系。

（六）加强统筹区域和城乡交通运输协调发展职责，优先发展公共交通，大力发展农村交通，加快推进区域和城乡交通运输一体化。

（七）继续探索和完善职能有机统一的交通运输大部门体制建设，进一步优化组织结构，完善综合运输行政运行机制。

二、主要职责

（一）承担涉及综合运输体系的规划协调工作，会同有关部门组织编制综合运输体系规划，指导交通运输枢纽规划和管理。

（二）组织拟订并监督实施交通运输发展战略、行业规划、政策和标准。组织起草有关地方性法规、规章草案，组织拟订有关法律、法规的实施意见。拟订综合运输计划并组织实施。参与拟订物流业发展战略和规划，拟订有关政策和标准并监督实施。指导公路、水路行业有关体制改革工作。

（三）承担道路、水路交通运输市场监管责任。组织制定道路、水路运输有关政策、准入制度、技术标准和运营规范的实施意见并监督实施。指导城乡客运及有关设施规划和管理工作，指导出租汽车行业管理工作。指导公共汽车、城市地铁、轨道交通的运营和汽车租赁。负责权限范围内汽车出入境运输、国际和国境河流运输及航道有关管理工作。

（四）承担公路、水路建设市场监管责任。组织拟订公路、水路工程建设相关政策、制度和技术标准及实施细则、办法并监督实施。组织协调公路、水路有关重点工程建设和工程质量、安全生产监督管理工作。负责监督交通基础设施建设资金的管理、使用。负责交通运输基础设施建设、养护、市场和收费的监督管理。负责路政管理，依法保护公路路产路权。

（五）承担权限范围内的水上交通安全监督管理责任。负责水上交通管制、船舶及相关水上设施检验、登记和防止污染、水上消防、救助打捞、通信导航、航道管理养护、船舶与港口设施保安及危险品运输监督管理工作。负责船员管理有关工作。指导本省管理水域水上交通安全事故、船舶及相关水上设施污染事故的应急处置，依法组织或参与事故调查处理工作。负责港口、码头、水运的行业管理。

（六）指导公路、水路行业安全生产和应急管理工作。按照规定组织协调重点物资和紧急客货运输，负责高速公路及重点干线公路网运行监测和协调，承担国防动员有关工作。

（七）指导交通运输信息化建设，监测分析交通运行情况，负责公路、水路交通运输行业综合统计，提供信息和咨询服务。指导交通运输行业科技开发、教育培训、环境保护和节能减排工作。指导交通行业协会、学会工作。

（八）协调中央垂直管理的海事、民航、邮政等涉及地方的有关工作，负责公路、水路对外交流与合作工作。

（九）指导交通公安工作；制定行业社会治安综合治理和维护稳定管理办法并监督实施。

（十）承办云南省人民政府交办的其他事项。

三、内设机构

（一）办公室

负责文秘、档案、信访、机要、政务信息、督办、接待和行业电子政务工作；负责组织重要会议，编写史志，起草重要报告及综合性文件；组织办理议案、提案；负责对外综合协调工作。

（二）综合规划处

组织编制综合运输体系规划，承担有关协调工作；参与拟订物流业发展战略和规划，提出有关政策和标准；承担中央投资、中央与地方联合投资以及利用外资的交通基础设施建设项目的前期工作和后期评价工作；承担公路、水路基础设施的布局规划和审查工作，行业基本建设、技术改造项目可行性研究的审查和编报工作；承担有关行业预测、信息、统计工作；承担国防动员有关工作。

（三）政策法规处

组织起草有关地方性法规、规章草案并拟订实施意见；承担机关规范性文件的合法性审核工作；负责相关法律事务、行政复议和行政应诉工作；研究提出交通运输发展政策措施；拟订公路、水路行业及直属单位体制改革与结构调整方案；指导交通行业精神文明与行风建设；负责新闻宣传工作；指导行业节能减排工作。

（四）运输管理处

承担城乡道路、水路运输市场监督管理工作；组织拟订公路、水路运输有关政策、制度、标准和运营规范的实施意见并监督实施；拟订综合运输计划并组织实施；参与制定运价政策；承担运输线路、营运车辆、枢纽、运输站场等管理工作；承担车辆维修、营运车辆综合性能检测、机动车驾驶员培训机构和机动车驾驶员培训管理工作；承担公共汽车、城市地铁和轨道交通的运营、出租汽车、汽车租赁等的指导工作；承担权限范围内汽车出入境运输、省际运输事务、国境河流运输有关管理工作；按照规定承担物流市场有关管理工作。

（五）资产财务处

拟订行业财务会计、资产和专项资金管理制度，指导行业财会改革工作；负责公路、水路基础设施建设融资、信贷、外汇、利用外资等财务管理工作；组织拟订公路、水路投融资政策，协调有关财税政策；监督交通规费资金的使用；负责公路收费权转让、质押管理工作；承担预决算、政府采购及资产管理工作；负责厅机关财务工作，监督直属单位财务工作。

（六）基本建设管理处（环境保护办公室）

承担公路、水路基本建设市场监管工作，组织拟订公路、水路基本建设政策、制度、技术标准和实施办法并监督实施；承担公路、水路建设工程设计审批、施工许可、造价管理、招投标管理、实施监督和竣工验收工作；承担公路、水路基本建设行业资质审查和管理工作；指导和监督管理公路、水路建设工程环保设计、施工和验收工作；指导农村公路建设工作。

（七）管理养护处

拟订公路、水路管理实施细则，指导、监督基础设施管理工作；负责审核公路养护年度计划，监督养护计划执行和养护质量，统筹安排和监管公路养护资金；监测和协调高速公路及重要干线路网运行；负责安排公路灾害防治和抢修任务；协调路政管理工作；负责公路养护大中型改造维修工程项目的审核；承担公路标志标线管理工作；指导农村公路养护工作。

（八）安全监督处（应急办公室）

拟订有关公路、水路安全生产政策和应急预案；监督执行有关安全生产法律、法规、政策和标准；承担有关公路、水路运输企业安全生产监督管理工作；依法组织或参与有关事故调查处理工作；组织协调重点物资运输和紧急客货运输；负责有关抗震救灾工作。

（九）科技教育处

拟订公路、水路行业科技、教育发展规划和年度计划；组织实施重大科技项目；组织科技信息交流和重要科研项目的鉴定、评审；指导交通运输行业学校工作；负责行业职工教育培训。

（十）对外合作处

负责公路、水路对外交流与合作相关事务，配合有关国际公约的履约和协定的执行工作。

（十一）人事劳动处

负责机关和直属单位机构编制、人事工作；

指导交通运输行业人才队伍建设工作；负责出国人员政审、侨务、统战、干部档案管理工作；承办行业内社会团体相关事务。

直属机关党委

负责机关和直属单位的党群工作。

离退休人员办公室

负责机关和直属单位的离退休人员工作。

四、其他事项

（一）云南省交通运输厅牵头，会同云南省发展和改革委员会、云南省工业和信息化委员会等部门建立综合运输体系协调配合机制。云南省发展和改革委员会负责综合运输体系规划与国民经济和社会发展规划的衔接平衡。云南省工业和信息化委员会配合协调综合运输计划的实施。云南省交通运输厅会同有关部门组织编制综合运输体系规划，承担涉及综合运输体系规划有关重大问题的协调工作，并负责公路、水运行业管理，编制专项规划，组织项目建设实施及运营安全管理。

（二）云南省交通运输厅指导城市地铁、轨道交通的运营；云南省住房和城乡建设厅指导城市地铁、轨道交通的规划和建设。两部门要加强协调配合，确保城市地铁、轨道交通规划与城市公共交通整体规划的有效衔接。

（三）云南省交通运输厅对河道采砂影响通航安全负责，云南省水利厅对河道采砂影响防洪安全、河势稳定和堤防安全负责，云南省国土资源厅对保障河道内砂石资源合理开发利用负责。云南省交通运输厅参与由云南省水利厅牵头的河道采砂监督管理工作，参与编制河道采砂规划和计划、河道采砂的水上执法监管。

（四）原云南省交通厅所属事业单位统一由云南省交通运输厅管理，其设置、职责和编制事项另行规定。

云南省农业厅

（加挂云南省畜牧兽医局、云南省乡镇企业局牌子）

（2009年8月）

一、职责调整

（一）取消由云南省人民政府公布取消的行政审批事项。

（二）划入原云南省经济委员会承担的乡镇企业行业管理职责。

（三）增加农业部下放的农业转基因生物生产加工许可职责。

（四）增加农业部下放的饲料生产企业设立条件审查和动物源性饲料安全卫生审查职责。

（五）加强农产品产需调控职责。

（六）加强农产品和农业生产资料的质量安全监管职责。

（七）加强对生态农业、循环农业、农业生物质产业的指导服务和监督管理职责。

二、主要职责

（一）起草或拟订有关种植业、畜牧业、渔业、农业机械化、乡镇企业等农业各产业（以下简称农业）和农村经济发展的地方性法规草案、政策和中长期规划，并负责组织实施。

（二）承担完善农村经营管理体制的责任。指导农业行政执法和执法监督，推进农业依法行政。提出深化农村经济体制改革和稳定完善农村基本经营制度的政策建议，指导农村土地承包、耕地使用权流转和承包纠纷仲裁管理。指导、监督减轻农民负担和村民筹资筹劳管理工作，指导农村集体资产和财务管理。指导、扶持农业社会化服务体系、农村合作经济组织、农民专业合作社和农产品行业协会的建设与发展。

（三）指导粮食等主要农产品生产，引导农业产业结构调整和产品品质的改善。会同有关部门指导农业标准化、规模化生产，指导农产品基地建设、农业基础设施建设和现代农业示范区建设。提出农业固定资产投资规模和方向、省级财政性资金安排的建议，按照规定权限审批、核准省级规划内和年度计划规模内农业固定资产投资项目。编报部门预算并组织执行。负责农业资源区划工作，拟订农业开发规划并监督实施。

（四）负责指导乡镇企业改革发展，组织开展乡镇企业统计、信息工作和运行情况分析。拟订农业产业化经营规划、政策，促进农业产前、产中、产后一体化发展。拟订农产品加工业发展规划、政策，指导农产品加工业结构调整、技术创新和服务体系建设。

（五）承担提升农产品质量安全水平的责任。

依法开展农产品质量安全风险评估，发布有关农产品质量安全状况信息，负责农产品和农业生产资料质量安全监测。指导农业检验检测体系建设和机构考核。依法实施符合安全标准的农产品认证和监督管理。负责农产品质量安全的监督管理。

（六）组织、协调农业生产资料和农产品市场体系建设。依法开展农作物种子（种苗）、草种、种畜禽、农药、兽药、饲料、饲料添加剂的许可及监督管理。依法负责渔船、渔机、网具的监督管理。开展兽医医疗器械和有关肥料的监督管理。指导农业机械化和农机安全监理工作。负责农业信息体系建设，监测分析农业和农村经济运行，发布农业和农村经济信息。

（七）负责农作物重大病虫害防治。指导动植物防疫和检疫体系建设。组织、监督对省内动植物的防疫检疫工作，发布疫情并组织扑灭。组织植物检疫性有害生物普查。承担境外引进农作物种子（种苗）检疫审批工作。组织兽医医政、兽药药政药检工作。负责执业兽医的管理。承担农业防灾减灾的责任。监测、发布农业灾情，组织种子等救灾物资储备和调拨，提出生产救灾资金安排建议，指导紧急救灾和灾后生产恢复。

（八）组织制定农业技术推广的规划、计划和有关政策并组织实施。负责农业科技成果管理，会同有关部门组织农业科技创新体系和现代农业产业技术体系建设。指导基层农业技术推广体系改革与建设。负责农业植物新品种保护和农业转基因生物安全监督管理。指导农业教育和农业职业技能开发工作。参与实施农村实用人才培训工程。承担农村劳动力转移就业培训工作。

（九）指导农用地、渔业水域、草原、宜农滩涂、宜农湿地以及农业生物物种资源的保护和管理，负责水生野生动植物保护工作。依法管理耕地质量，发展节水农业。会同有关部门处理重大涉外渔事纠纷，维护行政区域内水域渔业权益。负责渔船检验和渔政、渔港监督管理。

（十）拟订农业生态建设规划并组织实施。指导农村可再生能源综合开发与利用，指导农业生物质产业发展和农业农村节能减排，承担指导农业面源污染治理有关工作。指导生态农业、循环农业的发展，会同有关部门做好村容村貌整治工作。负责保护渔业水域生态环境。牵头管理外来物种。

（十一）负责农业贸易促进和农业经济、技术的对外交流与合作工作。组织实施农业援外项目；负责实施、管理农业利用外资项目。

（十二）承办云南省人民政府交办的其他事项。

三、内设机构

（一）办公室

负责文秘、文书档案、行政许可、政务信息、政务公开、督查、信访、保密、保卫、收发、重大突发事件应急综合管理、综合性会议组织等工作；负责行业安全生产；负责对外宣传、新闻发布和公共关系；组织综合问题的调研，起草部分综合性文件、报告；负责组织办理人大代表建议和政协委员提案；负责涉台的农业事务；负责机关财务、财产管理、社会保险等工作。

（二）产业政策与法规处
（云南省人民政府减轻农民负担办公室）

拟订农业产业政策，提出农业产业保护和发展的政策建议；负责农业行政执法监督和法制宣传、培训等工作，抓好农业法制体系建设；提出稳定和完善农村基本经营制度的政策建议和农民专业合作组织发展的政策措施；负责审核拟作出的行政处罚、强制等具体行政执法决定；负责规范性文件的审查、报备案、清理和汇编工作；指导农业行政执法体系建设；指导农村土地承包、耕地使用权流转、承包纠纷仲裁管理，农村集体经济组织建设、财务、资产管理和审计等工作；起草农业农村政策和法规、规章草案；承担监督减轻农民负担和村民“一事一议”筹资筹劳管理工作；承办农业行政复议、组织行政应诉工作。

（三）市场与经济信息处

提出主要农产品和重要农业生产资料的流通及价格政策建议；拟订农业和农村经济信息体系、农产品批发市场体系建设规划并组织实施；监测分析主要农产品及重要农业生产资料供求、价格情况等农业经济信息；负责农业统计有关工作；承担培育、保护和发展农产品品牌有关工作；承担农产品市场开拓工作；指导农业信息服务。

（四）计划财务处
（云南省农业资源区划办公室）

拟订农业发展中长期规划，编制年度计划；组织农业资源区划工作，引导农业结构调整；编制农业指导性计划并监督实施；提出扶持农业农村发展的财政、信贷和保险等有关政策建议；编报部门预算并组织执行；承担提出扶持农业农村发展的财政政策和项目建议，经批准后会同有关部门共同制定实施方案并指导实施；承担农业固定资产投资的有关工作；承办农业综合开发项目的有关工作；会同有关部门做好村容村貌整治工作；指导、监督财务、国有资产、政府采购管理等工作。

（五）科技教育处

拟订农业科技发展政策、规划、计划并组织实施；负责现代农业产业技术体系建设和农业技术推广体系建设；负责农业科技项目管理工作；组织重大农业科技攻关，农业新技术、新品种试验、示范及推广等工作；组织农业科技成果鉴定、评审和奖励；负责农业植物新品种保护、农业野生植物保护、农业转基因生物安全监管、外来有害生物管理等工作；承办农业生态环境及农业生物多样性保护等有关工作；指导农业职业教育等工作；负责农民科技培训、农村劳动力转移就业培训、农村实用人才培养等工作；指导生态农业、循环农业、农村节能减排、农村可再生能源开发利用等工作；负责农村能源建设管理等工作。

（六）种植业管理处

拟订种植业发展的政策、规划、计划并组织实施；指导种植业结构和布局调整及标准化生产工作；负责粮食、经济作物基地建设；组织实施种植业重大技术推广项目；承担中低产田地改造、耕地质量管理和发展节水农业的有关工作；发布农情信息；组织抗灾救灾和救灾备荒种子等生产资料的储备和调拨；承担种子（种苗）审批和肥料、农药登记及监督管理的有关工作；承办省内和进出境植物检疫的有关事宜；组织植物检疫性有害生物的普查；承办农作物重大病虫害防治事宜。

（七）农业机械化管理处

拟订农业机械化和设施农业的政策、规划、计划并组织实施；提出农业生产机械装备发展要求，引导农机新机具、新技术的示范推广和农机产品的结构调整；组织实施农业机械化的重大技术推广项目；指导农机作业安全和维修管理，组织实施农业机械安全监理和试验鉴定工作；指导农机使用人员和操作人员的培训管理工作；指导农机服务体系建设和农机服务组织的生产、经营、服务活动；组织协调重大农业机械化生产活动；指导农机抗灾救灾工作。

（八）畜牧处

拟订畜牧业发展政策、规划、计划并组织实施；负责种畜禽管理工作，核发种畜禽生产经营许可证，审核登记省管畜禽新品种；负责畜牧统计预警监测及畜牧经济信息的收集、整理，综合分析畜牧业经济运行情况和行业发展的重大问题；组织畜禽品种资源的保护、开发利用；指导畜牧业结构调整、健康养殖、标准化生产和规模化饲养；指导畜牧科技推广和科技示范，提出畜牧行业有关项目及投资建议，参与行业项目的组织实施及管理工作。

（九）兽医处

（云南省防治重大动物疫病指挥部办公室）

拟订兽医、兽药行业发展和动物疫病防控的政策、规划、计划并组织实施；负责动物防疫、检疫、医政、兽药及兽医器械管理等工作；负责审核发放非强制免疫和进口兽用生物制品经营许可证；负责官方兽医、执业兽医的监督管理工作；组织协调突发重大动物疫情应急处置工作；组织开展兽药质量监督抽检和残留监控工作；承办兽用生物制品安全管理工作；承担云南省防治重大动物疫病指挥部办公室的日常工作。

（十）草山饲料处（云南省饲料工作办公室）

拟订草原、草山保护建设和饲料业发展的政策、规划、计划并组织实施；负责饲料和草原监督管理工作；负责牧草种子经营和生产许可证、饲料和饲料添加剂生产许可证审核发放及草原征用或者使用的审核审批工作；负责饲料资源和草原资源的保护工作；组织实施草原保护建设和饲料业的重大技术推广项目；指导草原病虫鼠害防治和防火工作；指导饲料产品质量安全监督检测和生鲜乳质量安全检测体系建设。

（十一）乡镇企业处（农产品加工处）

拟订乡镇企业发展、农业产业化经营和农产品加工业发展的政策、规划、计划并组织实施；指导乡镇企业体制改革；引导乡镇企业布局和产业、产品结构调整；指导乡镇企业财务会计、内部审计工作；进行乡镇企业经济运行情况分析；研究制定县域经济发展战略、发展规划和有关配套措施；引导和鼓励各类企业在县城和重点乡镇集约发展；指导农产品加工业结构调整、技术创新和服务体系建设；指导龙头企业发展；负责乡镇企业、农产品加工流通信息统计等工作。

（十二）渔业处

（云南省渔政渔港监督管理局、云南省水生动植物自然保护区管理局）

拟订渔业发展的政策、规划、计划并组织实施；负责渔业资源、珍稀水生野生动植物资源和渔业水域环境的监督管理工作；指导渔业标准化生产、健康养殖和渔船安全监督管理等工作；指导水产品质量和水产苗种、渔用饲料、药物及渔机渔具等渔业生产资料的监督管理等工作；组织水生动植物病害防控工作；协调处理渔事纠纷；代表云南省人民政府行使渔政渔港监督管理权；承担水生动植物自然保护区管理的有关工作。

（十三）农产品质量安全监管处

拟订有关农产品质量安全的政策、规划、计

划并组织实施；组织拟订农产品地方标准并监督实施；负责农产品质量安全监测和信息发布的工作；负责农业检验检测体系建设和机构考核工作；负责组织农产品质量安全监督管理的有关工作；承担符合安全标准的农产品认证和监督管理的有关工作。

（十四）茶叶产业处（云南省茶叶产业办公室）

拟订茶产业发展的政策、规划、计划并组织实施；指导茶产业结构和布局调整及标准化生产工作；组织实施茶产业重大技术推广项目；牵头协调和管理茶产业种植、加工、流通、质量安全、科技等方面的工作；指导涉茶社团组织的工作。

（十五）人事处

负责机关和直属单位的机构编制和人事管理等工作；协调有关部门开展农村实用人才队伍建设；参与拟订农业人才队伍建设规划和有关政策。

机关党委

负责机关和直属单位的党群工作。

离退休人员办公室

负责机关离退休人员工作，指导直属单位离退休人员工作。

四、其他事项

（一）食品安全监管的职责分工。云南省卫生厅牵头建立食品安全综合协调机制，负责食品安全综合监督，承担食品安全综合协调、组织查处食品安全重大事故的责任。云南省农业厅负责农产品生产环节的监管。云南省质量技术监督局负责食品生产加工环节的安全监管。云南出入境检验检疫局负责进出口食品安全的监管。云南省工商行政管理局负责食品流通环节的监管。云南省食品药品监督管理局负责餐饮业、食堂等消费环节食品安全监管。各部门要密切协同，形成合力，共同做好食品安全监管工作。

（二）云南省农业厅会同云南省人力资源和社会保障厅做好农村劳动力的组织、培训、转移和统计工作，协助云南省人民政府扶贫开发办公室做好贫困地区农村劳动力转移培训工作。

（三）云南省渔业船舶检验工作站（云南省渔业行政执法总队）受云南省农业厅的委托，履行渔船检验、监督管理和渔政管理具体行政执法及队伍建设的职责，云南省农业厅负责监督云南省渔业船舶检验工作站（云南省渔业行政执法总队）履行委托职责的情况，并对履行职责的后果承担法律责任。

（四）原云南省经济委员会管理或联系的涉及乡镇企业工作的有关单位及离退休人员划归云南省农业厅。

（五）所属事业单位的设置、职责和编制事项另行规定。

云南省商务厅

（加挂云南省人民政府口岸办公室牌子）

（2009年7月）

一、职责调整

（一）取消已由云南省人民政府公布取消的行政审批事项。

（二）取消直接办理与企业有关的评比及品牌评定活动、编报并执行机电产品配额年度进口方案、对引进技术的再出口进行监督的职责。

（三）将贸易投资促进、有关会展活动等的具体组织工作交事业单位承办。

（四）划入原云南省劳动和社会保障厅承担的出境就业管理、境外就业职业介绍机构资格的初审和上报等职责。

（五）划入原云南省人民政府经济合作办公室承担的招商引资职责。

（六）增加由商务部下放的进出口企业经营资格备案的职责。

（七）加强内贸工作，推动内外贸融合，搞好市场运行和商品供求状况监测，深化流通体制改革，大力发展现代流通，促进统一、开放、竞争、有序的现代市场体系的建立和完善。

（八）加强多双边和区域经济合作，推进贸易和投资便利化，维护公平的对外贸易秩序，为企业开拓国际市场提供良好服务。

二、主要职责

（一）拟订国内外贸易、外商投资、对外投资和对外经济合作、口岸建设发展的政策措施并组织实施；研究经济全球化、区域经济合作、现代流通方式的发展趋势和流通体制改革并提出对策建议。

（二）负责推进流通产业结构调整，指导流通企业改革、商贸服务业和社区商业发展，提出促进商贸中小企业发展的政策建议；负责推动流通标准化和连锁经营、商业特许经营、物流配送、电子商务等现代流通方式的发展。

（三）拟订国内贸易发展规划，促进城乡市场发展；拟订引导资金投向市场体系建设的政策措施；指导大宗产品批发市场规划和城市商业网点规划、商业体系建设工作；推进农村市场体系建设，组织实施农村现代流通网络工程。

（四）承担牵头协调整顿和规范市场经济秩序工作的责任。推动商务领域信用建设，指导商业信用销售，建立市场诚信公共服务平台；按照有关规定对特殊流通行业进行监督管理。

（五）负责重要消费品储备管理和市场调控的有关工作，会同有关部门组织实施重要生产资料流通管理；负责建立健全生活必需品市场供应应急管理机制；监测分析市场运行和商品供求状况，调查分析商品价格信息，进行预测预警和信息引导，按照分工负责重要消费品储备管理和调控工作，按照有关规定对成品油流通进行监督管理。

（六）组织实施重要工业品、原材料和重要农产品进出口总量计划；会同有关部门协调大宗进出口商品，指导贸易促进活动和外贸促进体系建设。

（七）推进进出口贸易标准化工作，依法监督技术引进、设备进口、国家限制出口技术工作；负责两用物项技术（包括敏感物项和易制毒化学品等）的进出口管理。

（八）牵头拟订服务贸易发展规划并开展有关工作，会同有关部门拟订促进服务出口和服务外包发展的规划、政策并组织实施，推动服务外包平台建设。

（九）会同有关部门拟订对东盟贸易、边境贸易和经济技术合作的管理细则和措施并组织实施；参与有关东盟和南亚国家的区域性经济组织的会议和活动，负责联系驻东盟国家使馆经参处有关业务；归口管理对香港特别行政区、澳门特别行政区和台湾地区的经贸工作。

（十）承担组织协调反倾销、反补贴、保障措施及其他与进出口公平贸易有关工作的责任。建立进出口公平贸易预警机制；组织对外贸易调查和产业损害调查；指导协调产业安全应对工作及国外对云南省出口商品的反倾销、反补贴、保障措施的应诉及有关工作；组织指导和协调云南省企业在国外的反垄断应诉工作。

（十一）指导外商投资工作，分析研究外商投资情况；依法核准外商投资企业的设立及其变更事项；依法核准大型外商投资项目的合同章程及法律特别规定的重大变更事项；监督检查外商投资企业执行有关法律法规规章、合同章程的情况并协调解决有关问题；指导招商引资和投资促进工作，按照规定权限负责外商投资企业的审批和进出口工作；指导国家级经济技术开发区、国家级边境经济合作区的业务工作。

（十二）负责对外经济合作工作；负责境外就业职业介绍机构资格的初审和上报等工作；按照规定权限依法核准国内企业对外投资开办企业（金融企业除外）；负责实施对外援助项目业务；负责境外罂粟替代发展工作。

（十三）负责拟订商务涉外事务规章制度；归口审批、审核商务系统出国（境）团组人员的派赴工作和邀请外商的有关事宜；归口管理商务涉外工作；参与外国政府、国际组织商务代表团及重要外商的外事接待工作；管理多双边及国际民间组织的无偿援助和赠款（不含财政合作项下外国政府及国际金融组织的赠款）等发展合作业务。

（十四）会同有关部门编制和申报口岸、通道（边民互市点）的开放、建设规划；指导、协调口岸、通道建设，负责推进口岸“大通关”工作；推进口岸通关便利化，参加与邻国的会谈、会晤，协调处置口岸重大突发事件的工作。

（十五）承办云南省人民政府交办的其他事项。

三、内设机构

（一）办公室

处理机关日常政务，负责重要会议的组织和会议决定事项的督办；负责公文管理、秘书事务、电子政务、保密、信访、保卫、后勤服务等工作；负责人大代表建议、政协委员提案的办理工作；负责协调本厅的对口扶贫工作。

（二）政策法规处（进出口公平贸易处）

研究国内外贸易流通和管理体制改革，并就重大问题提出意见和建议；研究分析国内外贸易和对外经济合作形势，提出健全现代市场体系的综合政策建议；起草地方性法规、政府规章草案；负责组织反倾销、反补贴、保障措施及其他进出口公平贸易有关工作；组织对外贸易调查和产业损害调查；指导协调产业安全应对工作及国外对出口商品的反倾销、反补贴、保障措施的应诉及有关工作；组织指导和协调企业在国外的反垄断应诉工作；负责重要的综合性文件、厅领导讲话稿的起草工作；负责行政复议和行政诉讼事务；负责厅机关的普法工作。

（三）规划财务处

拟订国内外贸易和对外经济合作的发展战略、中长期规划和年度计划并组织实施；监测分析国内外贸易和对外经济合作宏观运行情况，针对运行中出现的重大问题提出政策建议；参与拟订与国内外贸易、对外经济合作有关的财税、信贷、价格、保险等政策；负责国内外贸易和对外经济合作统计及信息发布工作；负责本部门的预算工作，指导并管理厅直属单位的财务会计工作；管理各项国内外贸易和对外经济合作业务资金、外事经费、行政经费、基建投资等；负责机关和直属单位的内部审计工作；指导国有外经贸企业的改革工作；负责厅机关及所属单位的国有资产等工作。

（四）市场秩序处

牵头协调整顿和规范市场经济秩序的有关工作；推动商务领域信用建设，指导商业信用销售，组织开展诚信宣传活动，建立市场诚信公共服务平台，建设和管理市场秩序举报投诉服务网络；推进商贸领域行政执法，开展商务执法监督检查；负责生猪屠宰管理的有关工作；配合有关部门推动行政执法与刑事司法的衔接；参与组织打击商业欺诈、侵犯知识产权等工作。

（五）市场体系建设处

组织拟订流通业发展和市场体系建设的政策措施；推进流通标准化；牵头组织规范零售企业促销行为；负责城乡商品市场体系规划；组织实施有关市场体系建设重大投资项目；指导大宗产品批发市场的规划建设和城市商业网点规划；推进农村市场和农产品流通体系建设工作；按照有关规定对拍卖、典当、租赁、汽车流通和旧货流通等特殊行业进行监督管理。

（六）商贸服务管理处

拟订商贸服务业发展的政策措施；负责商贸服务业（批发、零售、餐饮业、住宿业、国内展览、免税商店和居民服务业等）的行业管理；推动流通体制改革和连锁经营、物流配送、特许经营、电子商务等现代流通方式的发展，指导工商企业优化供应链管理，推进流通方式的现代化；指导社区商业发展、流通领域节能降耗工作；承担内贸会展业协调和组织开拓国内市场，指导工商企业营销工作；指导、管理再生资源回收工作；按照规定对成品油流通进行监督管理，管理和审批加油站；负责商贸物流管理及国际货代管理工作；提出促进商贸中小企业发展的政策建议。

（七）市场运行调节处

监测分析市场运行、商品供求状况，调查分析商品价格信息，建立维护市场运行监测信息平台，进行预测、预警、预报和信息引导；开展产销衔接、促进市场供应稳定；承担建立健全生活必需品市场供应应急管理机制有关工作；负责重要消费品储备（肉类、食糖、边销茶、小包装食品等）管理和市场调控的有关工作，会同有关部门组织实施重要生产资料流通管理；负责酒类流通、茧丝绸协调管理工作；配合有关部门承担流通领域食品安全工作。

（八）对外贸易处

拟订并实施外经贸以质取胜战略，参与编制进出口商品中长期发展规划；申报、分配和管理出口商品配额，会同有关部门申报、管理进口商品配额；跟踪分析重点企业、重要商品进出口进度情况；办理商务部授权范围内的进出口许可证的签发工作和审核电子钥匙书面申请工作；负责办理或指导进出口企业经营资格备案登记工作；负责对外贸企业电子口岸入网资格的审查工作；负责加工贸易审批和出口加工区及监管区的业务指导；负责协调组织引导企业参加国内外展洽会；指导创名牌出口商品活动；负责指导进出口商会商品经营协调和配额招标工作；规范进出口经营秩序，协调指导外贸信用体系建设。

（九）服务贸易处

拟订服务贸易发展规划；管理和指导服务贸易工作和服务外包业务的开展；负责服务贸易统计工作；负责技术进出口管理和“云品”工程的组织和实施。

（十）机电和科技产业处

（云南省机电产品进出口办公室）

负责对机电和高新技术产品进出口情况进行统计、分析、监控，编发有关资料；负责指导、协调机电和高新技术产品进出口商品结构的调整，推动机电和高新技术产品进出口生产体系建设和产品的研发及技改；负责有关优化机电和高新技术产品进出口结构资金项目的收集、申报、实施和动态追踪工作；拟订并落实其他有关鼓励机电和高新技术产品进出口的长效措施；负责指导实施科技兴贸工作以及依靠科技促进产业提升、产品升级换代、开发高科技出口商品等工作；按照规定权限负责机电产品进口管理工作；负责机电产品国际招投标的监督、管理工作；负责协调、促进机电和高新技术出口企业的品牌建设及推广、产品认证工作；负责两用物项技术（包括敏感物项和易制毒化学品等）的进出口管理工作；指导、组织、帮助机电和高新企业开拓国际市场。

（十一）东盟贸易处

拟订与东盟国家开展对外贸易的发展政策、发展计划并组织实施；负责对东盟国家进出口商品及边境贸易进出口商品的审批和管理，申报和下达重点商品进出口配额；负责协调与东盟国家经贸合作机制，协调、解决与东盟国家对外贸易和边境贸易发展中出现的特殊情况和重大问题；负责与周边国家边境地区边民互市贸易政策协调和管理工作；负责与东盟国家有关的境内外会展项目的组织协调工作。

（十二）对外投资管理处

指导和管理对外投资、境外加工贸易和研发、境外资源开发、境外农业与加工业开发等对外经济合作业务；拟订并组织实施对外投资、劳务合作业务的发展规划；核准国内企业对外投资开办企业（金融类除外）并进行监督管理；监测、分析对外投资企业运行情况；组织实施对外直接投资统计、对外投资综合绩效评价和年检，规范对外投资经营秩序；推动建立外派劳务合作基地，管理对外劳务合作和出境就业；组织对外投资的促进工作，指导重大对外投资项目和境外经济合作区建设的实施。

（十三）对外经济合作处

管理对外承包工程、设计咨询、对外援助、边境经合等业务实施及市场开拓，并进行统计、监测、分析；拟订并组织实施对外经济合作有关规章和政策；负责对外承包工程、设计咨询、对外援助工作；负责规范对外经济合作经营秩序，指导、协调对外援助项目；负责边境工程承包的指导、审核和核准工作。

（十四）境外罂粟替代发展办公室

统筹协调境外罂粟替代发展工作，拟订和组织实施境外替代发展规划以及有关管理制度；核准企业在境外开展替代发展项目并实施监督管理，全面监测分析境外替代发展运行情况并进行绩效评价；管理禁毒境外替代种植专项资金并组织企业申报资金项目；会同有关部门制定和组织实施财政、通关、金融、税收等境外罂粟替代发展扶持政策；申报和组织实施境外罂粟替代种植返销国内农经产品进口计划指标；建立与缅甸、老挝中央政府和地方政府以及驻外使领馆等的联系和沟通渠道，建立和完善境外罂粟替代发展多双边机制，推动双方在替代发展方面的合作。

（十五）外国投资管理处

分析、研究外商投资情况，定期报送有关动态；参与拟订外商投资的发展战略、政策规章，拟订吸引外资的法规及措施；参与组织、安排、推动招商引资和投资促进工作；指导和管理外商投资项目合同、章程的核准工作；审批外商投资企业及其分支机构，转报审批限额以上、国家限制投资和进出口商品涉及配额许可证管理的外商投资企业；指导监督外商投资企业执行有关法律、法规、合同情况并协调解决有关问题；编报外商投资企业出口商品年度计划及国家限制进口商品计划并组织实施；负责管理外商投资企业补偿贸易和加工贸易；指导国家级经济技术开发区和边境经济合作区的业务工作；负责外资统计工作。

（十六）外事和国际经贸关系处

拟订商务涉外工作规章制度，协调并参与安排重要商务外事活动以及指导直属单位外事礼宾工作；根据授权，负责审核或审批商务系统出国（境）团组人员的派赴工作和邀请外商的有关事宜；研究提出调整对东盟和南亚国家经贸发展的政策建议；协调东盟、南亚各国和区域性国际组织在滇开展的有关经贸事务；推进参与澜沧江湄公河次区域经贸合作的工作；负责大湄公河次区域经济走廊合作论坛机制的有关经贸合作事宜；负责与我国驻东盟和南亚国家使领馆经参处（室）以及东盟国家驻云南省的官方、民间商务机构的日常联络工作；归口管理多双边及国际民间组织对滇无偿援助项目。

（十七）信息宣传处

拟订商务信息化建设、运用电子商务开拓国内外市场的有关政策、措施；鼓励和支持云南省企业加快运用电子商务开拓国际、国内市场；建立完善商务信息公共服务体系，管理有关网站；负责商务信息服务体系的建设，开发和利用商务信息资源的有关工作；组织商贸领域信息化的培训与交流；负责新闻宣传和新闻发布工作。

（十八）口岸规划发展处

负责编制口岸、通道（边民互市点）中长期开放发展规划；负责口岸年度建设资金计划的编制、项目审核和汇总上报；拟订口岸发展政策、规章措施并提供法律咨询服务；统筹协调推进口岸信息化工作；监测口岸、通道运行动态工作；组织开展口岸重大问题调查研究并提出分析建议。

（十九）空水港口岸处

组织协调处理航空、水港口岸工作；负责航空、水港口岸开放和关闭申报工作；会同有关部门落实航空、水港口岸查验设施建设资金；指导协调航空、水港口岸的空运、水运集疏工作；组织落实航空、水港口岸便利化工作，协调航空、水港口岸各查验单位的有关工作；协调处置航空、水港口岸重大突发事件。

（二十）陆路口岸处

组织协调陆路口岸、通道（边民互市点）工作；编制陆路口岸、通道（边民互市点）开放和关闭申报；会同有关部门落实陆路口岸建设资金；指导协调陆路口岸车辆、人员、货物集疏工作；组织落实陆路口岸便利化工作；协调陆路口岸各查验单位的有关工作；参与处置边境口岸涉外事件；参加与邻国的会谈、会晤，协调处置陆路口岸重大突发事件。

（二十一）人事处

负责机关和直属单位的机构编制、人事管理、队伍建设、培训教育等工作。

机关党委

负责机关和直属单位的党群工作。

离退休人员办公室

负责机关离退休人员工作，指导直属单位的离退休人员工作。

四、其他事项

（一）管理云南省招商合作局。

（二）云南省商务厅承担国务院反垄断执法机构依法授权的有关反垄断执法工作。

（三）云南省发展和改革委员会负责编制和组织实施现代物流业发展规划、战略、政策。云南省工业和信息化委员会负责指导和推进工业物流企业发展。云南省商务厅负责指导和推进商业物流企业发展。

（四）云南省发展和改革委员会、云南省商务厅会同有关部门建立外国投资者并购省内企业安全审查联席会议制度，共同执行需要进行外国投资者并购省内企业安全审查的战略性、敏感性行业和领域目录。云南省商务厅负责统一受理并答复外国投资者并购省内企业申请。外资并购拟建或在建项目企业，由云南省发展和改革委员会核准；外资并购已在生产或经营的企业，由云南省商务厅负责核准。

（五）云南省发展和改革委员会负责编制重要工业品、原材料和重要农产品的进出口总量计划，云南省商务厅在总量计划内组织实施。粮食、棉花等由云南省发展和改革委员会会同云南省商务厅在进出口总量计划内进行分配并协调有关政策。云南省商务厅负责办理对境外罂粟替代种植企业（项目）的核准，并将核准情况送云南省发展和改革委员会备案。

（六）所属事业单位的设置、职责和编制事项另行规定。

云南省卫生厅

（加挂云南省防治艾滋病局的牌子）

（2009年7月）

一、职责调整

（一）取消已由云南省人民政府公布取消的行政审批事项。

（二）将国产水质处理器和防护材料、与饮用水接触的新材料和化学物质的技术评估，建设项目职业病危害评价（乙级），职业病防护设施与个人职业病防护用品效果评价交给事业单位。

（三）将餐饮服务许可，餐饮业、食堂等消费环节食品安全监管和保健食品、化妆品卫生监管的职责，划给云南省食品药品监督管理局。

（四）划入云南省食品药品监督管理局承担的综合协调食品安全、组织查处食品安全重大事故的职责。

（五）增加组织起草食品安全标准，建立基本药物制度的职责。

（六）加强食品安全综合监督的职责。加强对医疗服务、公立医疗机构的监督管理。强化社区卫生服务。

（七）深化医药卫生体制改革，坚持公共医疗卫生的公益性质，坚持预防为主、以农村为重点、中西医并重的方针，坚持为人民健康服务的方向。

二、主要职责

（一）推进医药卫生体制改革。拟订卫生改革与发展战略目标、规划和方针政策，起草卫生、食品安全、药品、医疗器械相关地方性法规和政府规章草案，制定卫生、食品安全、药品、医疗器械规范性文件，依法制定有关地方标准和技术规范。

（二）负责建立基本药物制度并组织实施，组织制定基本药物目录。组织制定药物政策，拟订基本药物采购、配送、使用的政策措施，会同有关部门提出基本药物目录内药品生产的鼓励扶持政策，提出基本药物价格政策的建议。

（三）承担食品安全综合协调、组织查处食品安全重大事故的责任，组织制定食品安全标准，负责食品及有关产品的安全风险评估、预警工作，制定食品安全检验机构资质认定的条件和检验规范，统一发布重大食品安全信息。

（四）统筹规划与协调卫生资源配置，指导区域卫生规划的编制和实施，组织制定并实施农村卫生发展规划和政策措施，负责新型农村合作医疗的综合管理。

（五）制定社区卫生、妇幼保健发展规划和政策措施，规划并实施社区卫生服务工作，负责妇幼保健的综合管理和监督。

（六）负责疾病预防控制工作，制定实施重大疾病防治规划与策略，制定免疫规划及政策措施，协调有关部门对重大疾病实施防控与干预，发布法定报告传染病疫情信息。

（七）负责卫生应急工作，制定卫生应急预案和政策措施，负责突发公共卫生事件监测预警和风险评估，指导实施突发公共卫生事件预防控制与应急处置，发布突发公共卫生事件应急处置信息。

（八）起草促进中医药事业发展的地方性法规和政府规章草案，制定中医药中长期发展规划和政策，并纳入卫生事业发展总体规划和战略目标。

（九）指导规范卫生行政执法工作，按照职责分工负责职业卫生、放射卫生、环境卫生和学校卫生的监督管理，负责公共场所和饮用水的卫生安全监督管理，负责传染病防治监督。

（十）负责医疗机构（含中医院、民族医院等）医疗服务的全行业监督管理，按照规定和要求制定医疗机构医疗服务、技术、医疗质量和采供血机构管理的政策、规范、标准，组织制定医疗卫生职业道德规范，建立医疗机构医疗服务评价和监督体系。

（十一）组织制定医药卫生科技发展规划，组织实施重点医药卫生科研攻关项目，参与制定医学教育发展规划，组织开展继续医学教育和毕业后医学教育工作。

（十二）指导卫生人才队伍建设工作，组织拟订卫生人才发展规划，会同有关部门制定卫生专业技术人员资格标准并组织实施，组织指导卫生方面的对外交流合作与卫生援外有关工作。

（十三）负责云南省干部保健委员会确定的保健对象的医疗保健工作，负责省直和中央驻昆单位、部门有关干部医疗管理工作，负责重要会议和重大活动的医疗卫生保障工作。

（十四）承担云南省爱国卫生运动委员会、云南省中医药工作领导小组和云南省防治艾滋病工作委员会的具体工作。

（十五）承办云南省人民政府交办的其他事项。

三、内设机构

（一）办公室

负责文电、会务、机要、档案、安全保密、政务公开、来信来访、新闻发布等工作；承担组织指导卫生方面的政府与民间的多双边合作交流和卫生援外有关工作；组织协调与有关国际组织在医学卫生领域的交流与合作；承担与港澳台的卫生合作工作；拟订卫生信息化建设中长期规划，拟订卫生信息化建设标准并组织实施。

办公室下设秘书科、行政科。

（二）规划财务处

拟订卫生事业中长期发展规划，推动区域卫生规划工作；统筹规划与协调卫生资源配置，管理大型医用装备的配置；提出医疗服务价格、基本医疗保险费用结算等政策的建议；组织拟订卫生装备管理办法和标准；拟订药品和医疗器械采购相关规范；负责卫生统计工作；承担机关的财务、资产管理、内部审计等工作。

（三）政策法规处

起草卫生地方性法规和政府规章草案，组织拟订卫生政策和地方标准；承担机关有关规范性文件的合法性审核工作；承担行政处罚的听证、行政复议、应诉与国家赔偿工作。

（四）卫生应急办公室

（突发公共卫生事件应急指挥中心）

拟订卫生应急和紧急医学救援规划、制度、预案和措施；指导突发公共卫生事件的预防准备、监测预警、处置救援、分析评估等卫生应急活动；指导州（市）对突发公共卫生事件和其他突发事件实施预防控制和紧急医学救援；组织实施对突发急性传染病防控和应急措施；对重大灾害、恐怖、中毒事件及核事故、辐射事故等组织实施紧急医学救援；发布突发公共卫生事件应急处置信息。

（五）疾病预防控制局

（云南省爱国卫生运动委员会办公室）

拟订重大疾病防治规划、免疫规划和严重危害人民健康的公共卫生问题的干预措施并组织实施，完善重大疾病防控体系，防止和控制疾病的发生和疫情的蔓延；承担发布法定报告传染病疫情信息工作；承办云南省爱国卫生运动委员会办公室的具体工作。

（六）农村卫生管理处

（云南省新型农村合作医疗管理办公室）

承担综合管理农村基本卫生保健和新型农村合作医疗工作，拟订有关政策、规划并组织实施；规划并指导农村卫生服务体系建设和乡村医生有关管理工作；监督指导农村卫生政策的落实；统筹协调农村健康教育工作。

（七）妇幼保健与社区卫生处

拟订妇幼保健、社区卫生、健康教育的政策、规划、规范并组织实施；拟订妇幼卫生技术标准；对妇幼保健实施监督管理，牵头组织预防和减少出生缺陷与先天残疾工作。

（八）医政处

拟订医疗机构、医疗技术应用、医疗质量和服务、采供血机构管理等有关政策、规范、标准，并组织指导实施；拟订医务人员执业标准和服务规范；指导医院药事、临床重点专科建设、医院感染控制、医疗急救体系建设、临床实验室管理等有关工作；参与药品、医疗器械临床试验管理。

（九）医疗服务监管处

承担医疗机构医疗服务的监管工作，建立医疗机构医疗质量评价和监督体系，组织开展医疗质量、安全、服务、财务监督和评价等工作；建立健全以公益性为核心的公立医院监督制度，承担推进公立医院管理体制改革工作。

（十）中医处（云南省中医管理局）

拟订中医药事业发展规划，负责综合管理中医（含中西医结合和民族医，下同）的医疗、教育、科研工作；拟订中医工作的管理办法、规章制度和技术标准，指导中医医疗机构的改革；负责中医医疗机构及人员的准入和监督管理；指导其他医疗机构中医业务工作；承担中医特色优势和服务能力建设，以及中医药参与新型农村合作医疗和社区卫生服务工作；负责中医药人才的培养工作，负责实施中医类别执业医师资格考试；负责实施中医药科研计划，开展中医药科技成果和适宜技术推广；负责实施祖国医学的继承与发展；组织开展中医对外交流与合作，联系有关中医药社会团体；承办云南省中医药工作领导小组办公室的具体工作。

（十一）食品安全综合协调与卫生监督处

组织拟订食品安全标准；承担组织查处食品安全重大事故的工作；组织开展食品安全监测、风险评估和预警工作；拟订食品安全检验机构资质认定的条件和检验规范；承担重大食品安全信息发布工作；指导规范卫生行政执法工作；按照职责分工，负责职业卫生、放射卫生、环境卫生和学校卫生的监督管理；负责公共场所、饮用水等的卫生监督管理；负责传染病防治监督；整顿和规范医疗服务市场；承担行政处罚的事前审查、事后监督；督办重大医疗卫生违法案件。

（十二）药物政策与基本药物制度处

承担建立基本药物制度并组织实施的工作，组织拟订基本药物目录；组织拟订药物政策；拟订基本药物的采购、配送、使用的政策措施，会同有关方面提出基本药物目录内药品生产的鼓励扶持政策，提出基本药物价格政策的建议。

（十三）科技教育处

拟订医药卫生科技发展规划；组织实施国家和省重点医药科研攻关项目；指导医疗卫生方面的技术推广和科技普及工作；组织研究医学卫生技术标准；承担医药卫生实验室生物安全的监督管理工作；组织指导卫生专业技术岗位培训工作；承担组织开展继续医学教育和毕业后医学教育工作。

（十四）保健处

（云南省干部保健委员会办公室）

拟订并组织实施干部保健工作政策与规划；承担云南省干部保健委员会确定保健对象的医疗保健工作；承担重要会议和重大活动的医疗卫生保障工作；负责重要外宾的医疗安排。

（十五）防治艾滋病综合处

起草或拟订艾滋病防治工作相关地方性法规、政府规章草案和政策规划并组织实施；负责艾滋病防治工作的需求评估、预算编制、安排计划，下达经费使用方案，负责组织协调、督查指导、评估考核工作，联络和接待接洽有关部门、机构和组织；负责艾滋病防治工作的信息编制和发布；承办云南省防治艾滋病工作委员会办公室的具体工作。

（十六）防治艾滋病交流合作处

负责防治艾滋病的涉外事务，联系艾滋病防治有关外国政府、非政府组织及有关合作机构，接待来访，洽谈、引进有关对外合作项目并组织实施和监督管理；负责收集、整理国外有关信息，配置和整合外来资源，总结交流推广成功经验；协助办理有关艾滋病防治赴国外考察事务。

（十七）人事处

拟订卫生人才发展规划和政策并指导实施；承担机关和直属单位的机构编制、人事工作；会同有关部门拟订各类卫生专业技术人员资格标准并组织实施；组织指导卫生管理干部岗位培训工作。

机关党委

负责机关和直属单位的党群工作。

离退休人员办公室

负责机关离退休人员工作，指导直属单位离退休人员工作。

四、其他事项

（一）管理云南省食品药品监督管理局。

（二）食品安全监管的职责分工。云南省卫生厅牵头建立食品安全综合协调机制，负责食品安全综合监督，承担食品安全综合协调、组织查处食品安全重大事故的责任。云南省农业厅负责农产品生产环节的监管。云南省质量技术监督局负责食品生产加工环节的安全监管。云南出入境检验检疫局负责进出口食品安全的监管。云南省工商行政管理局负责食品流通环节的监管。云南省食品药品监督管理局负责餐饮业、食堂等消费环节食品安全监管。各部门要密切协同，形成合力，共同做好食品安全监管工作。

（三）食品生产、流通、消费环节许可工作监督管理的职责分工。云南省卫生厅负责提出食品生产、流通环节的卫生规范和条件，纳入食品生产、流通许可的条件。云南省食品药品监督管理局负责餐饮业、食堂等消费环节餐饮服务许可的监督管理。云南省质量技术监督局负责食品生产环节许可的监督管理。云南省工商行政管理局负责食品流通环节许可的监督管理。不再发放食品生产、流通环节的卫生许可证。

（四）职业卫生监管的职责分工。云南省卫生厅负责起草职业卫生法规草案，规范职业病的预防、保健、检查和救治，负责职业卫生技术服务机构资质认定和职业卫生评价及化学品毒性鉴定工作。云南省安全生产监督管理局负责工矿商贸作业场所（煤矿作业场所除外）职业卫生的监督检查工作，负责职业卫生安全许可证的颁发管理，组织查处职业危害事故和有关违法违规行为。云南煤矿安全监察局负责煤矿作业场所职业卫生的监督检查工作，负责职责范围内的职业卫生安全许可证的颁发管理，组织查处职责范围内的职业危害事故和有关违法违规行为。各部门按照职责分工，建立完善协调机制，加强配合，共同做好有关工作。

（五）云南省卫生厅卫生监督局受云南省卫生厅的委托，对涉及医疗卫生方面的违法行为实施行政处罚。云南省卫生厅负责监督云南省卫生厅卫生监督局组织实施行政处罚的行为，并对该行为的后果承担法律责任。

（六）由云南省卫生厅会同云南省食品药品监督管理局适时推进食品安全监管队伍整合。

（七）所属事业单位的设置、职责和编制事项另行规定。

云南省人民政府直属机构

机构选介

云南省人民政府研究室

（2009年8月）

一、职责调整

（一）加强起草云南省人民政府重要文件和云南省人民政府领导重要讲话的职责。

（二）加强调查研究当前经济社会发展中的重点、热点、难点问题的职责。

二、主要职责

（一）负责起草政府工作报告；起草或参与起草中共云南省委、云南省人民政府重要文件；起草或参与起草云南省人民政府领导的重要讲话和文稿。

（二）围绕中共云南省委、云南省人民政府中心工作和重大部署，对当前经济社会发展中的重点、热点、难点问题开展调查研究，及时为中共云南省委、云南省人民政府提供决策咨询意见和政策建议。

（三）承担云南省人民政府重大决策和重要课

题的研究任务；对事关全省经济社会发展的全局性、综合性、战略性、长期性问题开展超前研究和跟踪研究，并提出建议；参与研究经济体制、行政管理体制改革等问题。

（四）组织和协调云南省人民政府重大决策咨询课题研究，承担云南省人民政府决策咨询研究课题管理工作。

（五）承担云南省县域经济发展协调小组的具体工作。

（六）负责云南省人民政府经济社会发展咨询团的日常工作和净言征集、网评工作。

（七）与有关国际组织和国内研究机构开展合作与交流。

（八）承办云南省人民政府交办的其他事项。

三、内设机构

（一）办公室

负责重要会议组织、文电处理、秘书事务、信息公开、督查、财务、档案、机要、保密、文印、车辆管理、接待、保卫、后勤服务等工作。

（二）综合发展处

承担政府工作报告起草及相关工作；起草或参与起草云南省人民政府主要领导重要讲话和文稿；参与中共云南省委、云南省人民政府重要会议的前期调研和会议文件的起草工作；对全局性、综合性的经济社会发展课题开展研究。

（三）宏观经济处

起草或参与起草云南省人民政府领导重要讲话和文稿；参与中共云南省委、云南省人民政府重要会议的前期调研和会议文件的起草工作；研究宏观经济发展态势及宏观调控政策。

（四）区域发展处

研究中长期经济发展战略及其相关政策；研究区域经济发展及生产力布局问题；研究重点地区重大项目开发、建设问题；研究生态建设与环境保护问题等；负责网评相关工作；起草或参与起草相关重要文稿。

（五）城镇发展处

研究城市化、城镇和社区建设，以及城市圈、城市群发展问题；参与研究经济体制、行政管理体制改革等问题；研究国家公园建设有关问题；起草或参与起草相关重要文稿。

（六）产业发展处

研究产业发展和产业政策问题；研究新型工业化发展战略、开发区及工业园区建设、推进高新技术与传统工业改造结合、节能减排和资源综合利用、非公有制经济发展等方面的问题；起草或参与起草相关重要文稿。

（七）农村发展处

研究农业、农村的改革发展问题；研究新农村建设、农业产业化和农民增收等问题；研究扶贫开发、兴边富民、县域经济发展问题，组织协调县域经济发展相关工作；起草或参与起草相关重要文稿。

（八）财贸金融处

研究财政、金融、税收方面的问题；研究固定资产投资、投融资平台建设、消费结构、市场运行及价格监管、交通、物流等方面的问题；研究旅游产业的发展及相关政策措施；起草或参与起草相关重要文稿。

（九）对外开放处

研究对外开放、对外贸易、对外经济技术合作及利用外资问题；负责云南省人民政府经济社会发展咨询团的日常工作；组织协调云南省人民政府波恩项目相关工作；起草或参与起草相关重要文稿。

（十）社会发展处

研究教育、科技、卫生以及文化产业改革和发展等问题；研究人力资源开发、社会保障、社会稳定、禁毒防艾、民族、宗教等问题；起草或参与起草相关重要文稿。

（十一）科研管理处

承担云南省人民政府决策咨询研究课题管理相关工作，负责课题立项、研究过程监管，以及成果的评审、验收和授奖事宜；负责云南省人民政府净言征集日常工作；负责云南省人民政府研究室学术委员会日常工作；对云南省人民政府系统决策咨询研究机构进行业务指导和培训。

（十二）人事处

负责机关和直属单位的机构编制、人事管理、教育培训、劳动工资等工作。

机关党委

负责机关和直属单位的党群工作。

离退休人员办公室

负责机关和直属单位离退休人员工作。

云南省安全生产监督管理局

（2009年6月）

一、职责调整

（一）取消已由云南省人民政府公布取消的行政审批事项。

（二）划入原云南省煤炭行业管理办公室（云南省煤炭工业局）承担的煤矿安全生产监管职责。

（三）加强对安全生产工作的综合监督管理和指导协调职责。

（四）加强对有关部门和省以下各级人民政府安全生产工作的监督检查职责。

（五）加强对工矿商贸作业场所（煤矿作业场所除外）职业卫生监督检查职责。

二、主要职责

（一）负责组织起草安全生产地方性法规和政府规章草案，拟订安全生产政策和规划，指导协调安全生产工作，分析和预测安全生产形势，发布安全生产信息，协调解决安全生产中的重大问题。

（二）承担安全生产综合监督管理责任，依法行使综合监督管理职权，指导协调、监督检查云南省人民政府有关部门和各州（市）人民政府安全生产工作，监督考核并通报安全生产控制指标执行情况，指导协调和监督安全生产行政执法工作。

（三）承担工矿商贸行业安全生产监督管理责任，按分级、属地原则，依法监督检查工矿商贸生产经营单位贯彻执行安全生产法律法规情况及其安全生产条件和有关设备（特种设备除外）、材料、劳动防护用品的安全生产管理工作，负责监督管理由省管理的工矿商贸企业安全生产工作。

（四）承担非煤矿山企业和危险化学品、烟花爆竹、非药品类易制毒化学品生产经营单位安全生产准入管理责任，依法组织实施并指导监督安全生产准入制度，负责非煤矿山、危险化学品、烟花爆竹和非药品类易制毒化学品安全生产监督管理工作。

（五）承担工矿商贸作业场所（煤矿作业场所除外）职业卫生监督检查责任，负责职责范围内的职业卫生安全许可证的管理工作，组织查处职责范围内的职业危害事故和违法违规行为。

（六）负责组织实施工矿商贸行业安全生产法律、法规、规章、标准和规程，监督检查重大危险源监控和重大事故隐患排查治理工作，依法查处不具备安全生产条件的工矿商贸生产经营单位。

（七）负责组织安全生产大检查和专项督查；根据云南省人民政府的授权，牵头组织重大事故调查处理和办理结案工作，监督事故查处和责任追究落实情况；协助调查处理特别重大事故。

（八）负责安全生产应急救援体系建设，负责组织指挥和协调安全生产应急救援工作，综合管理安全生产伤亡事故和安全生产行政执法统计分析工作。

（九）负责监督检查职责范围内新建、改建、扩建工程项目（以下简称“建设项目”）的安全设施与主体工程同时设计、同时施工、同时投产使用（以下简称“三同时”）情况。

（十）指导和监督煤炭企业安全标准化、相关科技发展工作，负责依法关闭不具备安全生产条件的煤矿矿井，对重大煤炭建设项目提出意见，指导监督煤矿安全基础管理、煤矿安全隐患排查治理和瓦斯治理工作，负责煤矿安全质量标准化矿井等级认定，参与煤矿生产安全事故调查处理和煤矿建设项目的“三同时”审查，会同有关部门审核煤矿安全技术改造和瓦斯综合治理与利用项目。

（十一）负责组织指导并监督工矿商贸生产经营单位主要负责人（含煤矿矿长）、安全生产管理人员（含煤矿安全生产管理人员）的安全资格考核、发证工作，以及除《特种设备安全监察条例》规定以外的特种作业人员（含煤矿特种作业人员）的安全资格考核、发证工作；负责监督检查工矿商贸生产经营单位安全生产和职业安全培训工作。

（十二）指导协调安全生产检测检验工作，在职责范围内监督管理安全生产社会中介机构和安全评价工作，负责监督和指导注册安全工程师执业资格考试和注册管理工作。

（十三）负责组织拟订安全生产科技规划，指导协调安全生产重大科学技术研究和推广工作，组织开展安全生产工作对外交流与合作。

（十四）承担云南省安全生产委员会、云南省非煤矿山安全生产专项整治领导小组和云南省危险化学品安全管理专项整治工作领导小组的具体工作。

（十五）承办云南省人民政府交办的其他事项。

三、内设机构

（一）办公室

拟订机关各项工作规则和制度；负责有关事项督办，文电、信息、保密、档案和信访等工作；组织起草重要文件和重要报告，承担重要会议、重大活动的组织筹备工作；承担机关和直属单位财务、经费、国有资产管理和内部审计工作；组织开展对外交流与合作；承担云南省安全生产委员会办公室的综合协调工作。

（二）政策法规处

组织起草安全生产地方性法规和政府规章草案；拟订安全生产重大政策；承担安全生产执法监督、听证、行政复议、应诉与国家赔偿工作；负责机关有关规范性文件的合法性审核工作；负责人大代表建议和政协委员提案办理工作；指导安全生产法制建设和普法工作；发布安全生产信息；组织实施安全生产宣传报道和新闻发布活动；负责机关的行政审批事项统一接件、统一发证工作，综合协调机关有关处室的行政审批服务工作。

（三）规划科技处

组织拟定安全生产规划和科技规划，指导协调安全生产重大科学技术研究和推广工作；负责安全生产信息化、支撑体系和装备建设工作；承担安全生产社会中介机构、安全评价、劳动防护用品和安全标志的监督管理工作；承担安全生产专家组有关工作。

（四）安全生产应急救援办公室

指导协调安全生产应急救援工作；监督检查安全生产应急救援法规、规章、规程及标准执行情况；负责安全生产应急救援体系建设；组织指导应急救援预案编制和应急救援演练；提出安全生产控制考核指标，定期通报考核指标执行情况；综合管理生产安全事故信息统计工作；承担事故信息接报处置、应急值守工作；分析预测安全生产形势，发布预警信息。

（五）安全生产协调处

指导协调和监督检查有安全生产主管部门的公路、水运、铁路、民航、建筑、消防、工业、农业、林业、水利、电力、军工、民爆、特种设备、旅游、教育、邮政、电信、体育、气象等行业和领域安全生产监督管理工作；参与相关重大事故调查处理和应急救援工作；承担云南省安全生产委员会办公室的日常工作，负责组织云南省人民政府综合性安全生产大检查和专项督查；组织协调云南省安全生产委员会成员单位开展隐患排查治理和专项整治；联系云南省人民政府有关部门和州（市）人民政府的安全生产工作；负责安全生产责任制和安全生产控制考核指标执行情况的检查与考核。

（六）行业安全监督管理处

负责冶金、有色、建材、机械、轻工、纺织、烟草、商贸等行业生产经营单位安全生产监督管理工作；依法监督检查相关行业生产经营单位安全生产条件、设备设施安全、劳动防护用品使用和相关人员安全资格持证上岗情况；依法查处违法违规行为和不具备安全生产条件的生产经营单位；监督检查、组织实施相关建设项目的安全设施“三同时”工作；指导监督相关行业企业安全标准化工作；依法监督检查生产经营单位重大危险源监控和重大事故隐患治理情况；参与相关行业重大事故调查处理；参与应急救援工作。

（七）煤矿安全监督管理一处

负责监督检查省属国有及国有控股煤矿安全生产工作。检查指导省属煤矿安全法律、法规、规章和上级工作部署的执行和落实情况；负责组织并监督省属煤矿进行安全生产专项整治工作；依法监督检查省属煤矿安全生产条件、设备设施安全和有关人员安全资格证持证情况；负责煤矿安全质量标准化矿井等级认定工作；指导监督省属煤矿企业安全基础管理、标准化工作和煤矿安全隐患排查治理、瓦斯治理工作；依法对省属煤矿违法违规行为作出现场处理和实施行政处罚；负责依法关闭不具备安全生产条件的煤矿矿井；参与相关事故调查处理；参与煤矿新建、改建、扩建项目安全设施设计审查和竣工验收；组织协调煤矿安全事故应急救援工作；组织指导开展煤矿通风能力、劳动定员核定；监督企业开展瓦斯抽采（放）利用项目、防突专项设计、瓦斯抽放设计的审查、审批以及竣工验收工作；指导监督煤矿安全监控系统的安装建设、升级改造联网使用维护工作。

（八）煤矿安全监督管理二处

负责监督检查州（市）、县（市、区）和乡（镇）煤矿安全生产工作。检查指导相关煤矿安全法律、法规规章和上级工作部署的执行和落实情况；负责组织并监督相关煤矿进行安全生产专项整治工作；依法监督检查有关煤矿安全生产条件、设备设施安全和有关人员安全资格证持证情况；负责煤矿安全质量标准化矿井等级认定工作；指导监督有关煤矿企业安全基础管理、标准化工作和煤矿安全隐患排查治理、瓦斯治理工作；依法对相关煤矿违法违规行为作出现场处理和实施行政处罚；督促县（市、区）以上人民政府依法关闭不具备安全生产条件的煤矿矿井；参与相关事故调查处理；参与煤矿新建、改建、扩建项目安全设施设计审查和竣工验收；组织协调煤矿安全事故应急救援工作；组织指导开展煤矿通风能力、劳动定员核定；监督企业开展瓦斯抽采（放）利用项目、防突专项设计、瓦斯抽放设计的审查、审批以及竣工验收工作；指导监督煤矿安全监控系统的安装建设、升级改造联网使用维护工作。

（九）非煤矿山安全监督管理处

依法监督检查非煤矿山（含地质勘探）行业、石油和天然气开采生产经营单位贯彻执行安全生产法律法规情况及安全生产条件、设备设施安全情况；承担非煤矿山企业安全生产准入管理工作；指导监督企业开展安全标准化工作，依法关闭不具备安全生产条件的非煤矿矿井，依法查处违法违规行为和不具备安全生产条件的生产经营单位；监督检查、组织实施相关建设项目的安全设施“三同时”工作；依法监督检查相关行业生产经营单位重大危险源监控和重大事故隐患治理情况；参与相关事故调查处理；参与应急救援工作；负责非煤矿检测检验机构资质管理工作；指导和监督相关行业的安全评估工作；承担云南省非煤矿山安全生产专项整治领导小组办公室的日常工作。

（十）危险化学品安全监督管理处

依法监督检查化工（含石油化工）、医药、危险化学品、烟花爆竹和非药品类易制毒化学品生产经营单位贯彻执行安全生产法律法规情况及其安全生产条件、设备设施安全情况；承担危险化学品、烟花爆竹、非药品类易制毒化学品生产经营单位安全生产准入管理工作；依法查处违法违规行为和不具备安全生产条件的生产经营单位；承担危险化学品安全监督管理综合工作；负责职责范围内的非药品类易制毒化学品生产、经营监督管理工作；监督检查、组织实施相关建设项目的安全设施“三同时”工作；依法监督检查相关行业生产经营单位重大危险源监控和重大事故隐患的治理情况；指导和监督有关安全标准化工作；参与相关事故调查处理；参与应急救援工作；指导和监督相关行业的安全评估工作；指导危险化学品登记工作；承担云南省危险化学品安全管理专项整治工作领导小组办公室的日常工作。

（十一）职业安全健康监督管理处

依法监督检查工矿商贸作业场所（煤矿作业场所除外）职业卫生情况；负责职业卫生安全许可证的颁发管理工作；负责监督检查相关职业卫生法律法规、标准和方针政策落实情况；组织指导职业危害申报工作，综合管理职业危害信息统计工作；监督检查有关职业安全培训工作；依法查处职业卫生违法违规行为；参与相关事故调查处理；参与应急救援工作。

（十二）事故调查处

牵头组织重大事故、职业危害事故调查处理和办理结案工作，监督检查事故结案和跟踪事故查处的落实情况；监督、指导生产安全事故的查处工作；参与安全生产事故新闻发布、舆论引导等宣传工作。

（十三）人事处（安全生产监察专员办公室）

承担机关和直属单位机构编制、人事管理、队伍建设、劳动工资、离退休人员服务等工作；指导安全生产培训工作，负责安全生产培训机构资质管理工作；监督检查工矿商贸生产经营单位安全培训工作；组织指导和管理有关安全资格考核工作；监督和指导注册安全工程师执业资格考试及注册管理工作。安全生产监察专员负责组织协调或者参加事故的调查处理工作。

机关党委

负责机关和直属单位的党群工作。

监察室

负责机关和直属单位的行政监察工作。

四、其他事项

（一）职业卫生监管的职责分工。云南省安全生产监督管理局负责工矿商贸作业场所（煤矿作业场所除外）职业卫生的监督检查工作，负责职业卫生安全许可证颁发管理，组织查处职业危害事故和有关违法违规行为。云南煤矿安全监察局负责煤矿作业场所职业卫生监督检查工作，负责职责范围内的职业卫生安全许可证颁发管理，组织查处职责范围内的职业危害事故和有关违法违规行为。云南省卫生厅负责起草职业卫生法规草案，规范职业病的预防、保健、检查和救治，负责职业卫生技术服务机构资质认定和职业卫生评价及化学品毒性鉴定工作。各部门按职责分工，建立完善协调机制，加强配合，共同做好相关工作。

（二）云南省能源局负责拟订煤炭发展战略、行业规划。云南省工业和信息化委员会负责指导煤炭生产、技术改造。云南省安全生产监督管理局（云南省煤矿安全生产监督管理局）负责煤矿安全生产监督管理。

（三）建立健全煤矿安全监管、监察协调机制，云南省安全生产监督管理局（云南省煤矿安全生产监督管理局）与云南煤矿安全监察局密切配合，协调行动，不断完善联合执法机制。

（四）在对外开展工作时，可以使用云南省安全生产应急救援指挥中心的名义和印章。

云南省广播电视局

（2009年6月）

一、职责调整

（一）取消已由云南省人民政府公布取消的行政审批事项。

（二）取消指导电影制片单位年度生产计划的职责。

（三）将广播电视机构记者证初审、发放和管理的有关职责划给云南省新闻出版局。

（四）将动漫（不含影视动漫和网络视听中的动漫节目）管理职责划给云南省文化厅。

（五）划入原云南省文化厅电影发行、放映管理的职责。

（六）增加对从事广播电影电视节目制作的民办机构进行监管的职责。

（七）加强对信息网络视听节目（包括影视类音像制品的网上播放）服务和公共视听载体播放节目的业务监管职责。

二、主要职责

（一）负责广播电影电视宣传工作，指导广播电影电视机构的宣传业务，把握正确的舆论导向和创作导向。

（二）起草广播电影电视和信息网络视听节目服务的法规规章草案，拟订相关技术标准，推进广播电影电视的体制机制改革。

（三）组织推进广播电影电视的公共服务，组织实施广播电影电视重大工程，扶助“老、少、边、穷”地区广播电影电视建设和发展，指导、监管广播电影电视重点基础设施建设。

（四）拟订广播电影电视事业、产业发展规划，指导、协调广播电影电视事业、产业发展，管理全省性重大广播电影电视活动。

（五）负责广播电影电视、信息网络视听节目服务机构的设立审核、报批及业务监管工作，对从事广播电影电视节目制作经营机构实施准入、退出及监管。

（六）监管广播电影电视节目、信息网络视听节目和公共视听载体播放的视听节目，审查其内容和质量。

（七）负责广播电影电视和信息网络视听节目服务的科技工作，监管广播电影电视节目传输、监测和安全播出。

（八）管理广播电影电视对外及港澳台的交流与合作，负责本行政区域内境外影视剧引进的初审工作和其他境外电视节目引进审批和播出监管工作，监督管理广播电影电视节目的收录业务。

（九）领导云南人民广播电台、云南电视台，对其宣传、发展、传输覆盖等重大事项进行指导、协调和管理；监督管理云南少数民族语广播电影电视节目译制。

（十）承办云南省人民政府交办的其他事项。

三、内设机构

（一）办公室（法规处）

负责文电、会务、机要、档案、督查督办、信息、保密、信访、挂钩扶贫等工作；负责行政机关政务公开工作；组织起草广播电影电视事业管理法规、规章草案；承办行政许可听证、重大行政处罚听证、行政复议和行政应诉工作。

（二）宣传管理处

拟订广播电视宣传规划并组织实施；指导、监管广播电视的宣传和播出工作；具体指导云南人民广播电台、云南电视台等单位的重大宣传工作；指导、监管理论文献片、纪录片、电视动画片的制作和播出；指导、协调全省性重大广播电视宣传活动；组织审查行政区域内立项的国产电视剧及引进电视剧和对外合拍电视剧；发放和吊销行政区域内立项的国产电视剧的发行许可证；指导、监管云南少数民族语广播电影电视节目译制播出；管理广播电影电视的对外交流与合作。

（三）传媒机构管理处（电影管理处）

拟订广播电视节目播出机构、制作机构以及电影事业、产业的发展规划；负责县（市、区）级以上广播电视播出机构及频道频率的审核、报批；负责设立广播电影电视节目制作经营单位的审批；负责乡（镇）设立广播电视站和机关、部队、团体、企业、事业单位设立有线广播电视站的审批；电视剧制作许可证核发（乙种）和审核（甲种）；对广播电视播出（转播）机构的业务进行监督检查；负责行政区域内或跨省级区域经营广播电视节目传送业务管理；监管移动电视业务及广播电视视频点播业务；负责广播电视广告播放和公共视听载体广播影视节目播放的监管；负责设置和使用卫星地面接收设施许可；负责接收境外卫星电视节目的审批和监管；负责管理电影制作、发行和放映相关工作。

（四）网络视听节目管理处

拟订和完善网络视听节目管理措施办法并组织实施；负责开办信息网络视听节目服务业务的许可（备案）、撤销及其服务项目变更、调整的审核、上报工作；负责查处擅自开办信息网络视听节目服务业务以及超越许可范围开办业务工作；负责对网络传播的视听节目内容进行监管；引导信息网络视听节目服务业务从业者加强行业自律和完善社会监督措施，受理社会举报。

（五）科技处

拟订广播电影电视及视听类新媒体的科技发展规划；拟订广播影视传输覆盖网和监测监管网规划，指导其分级建设与开发；指配广播电视频率（频道），审定广播电视发射功率；负责广播电影电视的安全播出监管和技术保障；管理并指导广播电影电视系统的技术运行维护；负责广播电影电视技术质量监督，指导监测、计量检测工作；承办广播电影电视科技对外交流与合作。

（六）规划财务处

编制广播电影电视发展规划；组织规划广播电视村村通等重点工程建设；管理行政、事业经费和专项资金；管理机关及所属单位的国有资产；负责广播电视覆盖等基本建设项目和内部审计；负责广播电影电视系统的统计工作；负责机关财务工作。

（七）人事处

负责机关和直属单位的机构编制、人事管理、教育培训、劳动工资等工作；拟订并组织实施广播电影电视行业人才队伍建设规划；研究和推进有关人事制度、管理体制的改革；负责广播电影电视从业人员职业资格以及职业技能鉴定的管理和审核。

（八）保卫处

指导广播电影电视系统安全保卫工作；组织制定广播电影电视系统安全保卫的制度、规定和处置重大治安、消防突发事件的应急预案；指导、管理机关和直属单位的安全保卫工作；负责广播电视节目播出、核心机密和要害部位的安全保障。

机关党委

负责机关和直属单位的党群工作。

监察室

负责机关和直属单位的行政监察工作。

离退休人员办公室

负责局机关离退休人员工作，指导直属单位的离退休人员工作。

四、其他事项

动漫和网络游戏管理的职责分工。云南省广播电视局负责对影视动漫和网络视听中的动漫节目管理。云南省文化厅负责动漫和网络游戏相关产业规划、产业基地、项目建设、会展交易和市场监管。云南省新闻出版局负责在出版环节对动漫进行管理，对游戏出版物的网上出版发行进行前置审批。

云南省粮食局

（2009年6月）

一、职责调整

（一）取消已由云南省人民政府公布取消的行政审批事项。

（二）加强对粮食（含食用油，下同）战略性问题的研究，进一步深化粮食流通体制改革，完善粮食储备体系，健全粮食监测预警体系和应急机制，提高粮食供应保障能力。

二、主要职责

（一）拟订粮食宏观调控、总量平衡以及粮食流通产业发展规划；研究提出进出口总量计划和收储、动用省级储备粮的建议；负责粮食流通体制改革。

（二）承担粮食监测预警和应急责任；负责粮食流通宏观调控的具体工作；研究提出粮食最低收购价原则的建议，指导政策性粮食购销，协调粮食产销合作。

（三）承担省级储备粮行政管理责任，研究提出地方储备粮的规模、总体布局建议；起草或拟订粮食流通及省级储备粮管理的相关法规规章草案、政策并监督执行；监督检查粮食流通，以及省级储备粮的数量、质量和储存安全；监管粮食收购、储存环节的质量安全和原粮卫生。

（四）负责粮食流通的行业管理；制定粮食流通统计制度并组织实施；执行粮食收购市场准入标准；指导粮食流通的科技进步、技术改造和新技术推广；拟订相关地方粮食质量标准；制定粮食储存、运输的技术规范并监督执行。

（五）负责军队粮食供应管理；指导和协调灾区、库区移民、缺粮贫困地区、国家重点建设项目和以工代赈的粮食供应；指导国有粮食企业的财务管理，协调落实粮食风险基金的使用和管理。

（六）拟订粮食市场体系建设与发展规划并组织实施；编制粮食流通、仓储、加工设施建设规划，承担粮食流通设施省级投资项目的相关管理工作；负责粮食流通信息网络建设；负责云南省粮食行政首长负责制考核领导小组办公室的日常工作。

（七）承办云南省人民政府交办的其他事项。

三、内设机构

（一）办公室

负责协调机关政务工作，制定机关工作制度，负责机关文电、机要、档案、政务信息、会务、接待、信访、安全等工作。承担粮食流通信息网络建设工作。

（二）政策法规处（监督检查处）

起草或拟订粮食流通及省级储备粮管理的相关法规规章草案、政策并监督执行；研究提出粮食最低收购价预案建议并执行粮食收购市场准入标准；指导政策性粮食购销，承担粮食收购许可证核发工作；拟订相关地方粮食质量标准并组织实施，承担粮食质量监督体系建设和管理工作；按规定权限对粮食经营者从事粮食收购活动、政策性用粮购销活动等粮食流通环节，以及储备粮的数量、质量和储存安全实施相关监督检查；监管粮食收购、储存环节的质量安全和原粮卫生；承担有关行政复议、行政应诉等工作。

（三）调控处（财务处）

拟订粮食宏观调控、总量平衡的中长期规划和年度计划；提出进出口总量计划和省级储备粮总体布局、收购、动用、轮换计划以及地方储备粮最低规模的建议；组织协调省内外粮食产销合作，落实粮食进出口计划；拟订粮食流通统计制度并组织实施；指导和协调灾区、库区移民、缺粮贫困地区、国家重点建设项目和以工代赈的粮食供应；承担粮食市场价格监测和粮食应急预案的有关工作；承担粮食流通体制改革工作，指导国有粮食企业的财务管理，协调落实粮食风险基金的使用、管理和粮食信贷、税收、财务的相关政策；承担机关财务工作，负责机关和直属单位内部审计、国有资产管理；负责云南省粮食行政首长负责制考核领导小组办公室的日常工作。

（四）储备军供处

承担省级储备粮行政管理责任；组织实施省级储备粮收储、轮换和动用计划，提出省级储备粮库点的定点意见并负责资格审查；制定粮食储存、运输的技术规范并监督执行；负责中央储备粮代储资格认定的受理初审和相关管理工作；承担军队粮食供应管理任务。

（五）流通与科技发展处

拟订粮食流通的产业、科技发展规划及有关年度计划；拟订粮食市场体系建设与发展规划并组织实施；编制粮食流通、仓储、加工设施建设规划，承办粮食流通设施省级投资项目的相关管理工作；承担粮食仓储管理和安全储存的相关工作，指导粮食流通行业管理及安全生产；指导粮食流通科技进步、技术改造、新技术推广和农户科学储粮。

（六）人事处

负责机关和直属单位的机构编制、人事管理、劳动工资等工作；负责机关和直属单位干部职工的教育培训，组织指导粮食行业的职工培训和职业技能鉴定；负责云南省粮食行业协会和云南省粮食经济学会组织建设的相关工作。

机关党委

负责机关和直属单位的党群工作。

监察室

负责机关和直属单位的行政监察工作。

离退休人员办公室

负责机关和直属单位的离退休人员工作。

云南省人民政府法制办公室

（2009年6月）

一、职责调整

（一）增加对行政审批事项和云南省人民政府规范性文件的合法性审核工作。

（二）增加云南省人民政府法律顾问工作和云南省人民政府规章的翻译审查工作。

二、主要职责

（一）拟订依法行政规划，并负责组织协调和督促检查工作。

（二）承担统筹规划云南省人民政府立法工作的责任。负责拟订云南省人民政府年度立法工作计划并组织实施，承担立法后的评估工作。

（三）负责审查各部门报送云南省人民政府的

地方性法规、规章草案并承担相应责任，审查与宪法、法律、行政法规是否抵触，并根据不同情况提出处理意见。负责云南省人民政府规章报送国务院、云南省人民代表大会常务委员会的备案工作。

（四）负责起草或组织起草重要的地方性法规、规章草案。

（五）负责云南省人民政府规章的立法解释；负责云南省人民政府规章以及有关地方性法规具体应用问题的解释工作。

（六）负责制定云南省人民政府行政执法监督检查计划并组织实施；负责推行行政执法责任制和评议考核制。负责行政处罚监督工作。

（七）监督、检查、指导行政复议、行政应诉、行政赔偿、行政补偿工作。负责云南省人民政府的行政复议、行政应诉、行政赔偿案件的处理工作。

（八）承担行政审批制度改革的相关工作；负责审查云南省人民政府作为实施机关的行政审批事项；负责对行政机关作出重大决策的听证进行监督和指导。

（九）负责云南省人民政府重要规范性文件的组织起草工作；负责云南省人民政府规范性文件的合法性审核工作并承担相应责任；负责昆明市人民政府规章的备案审查工作以及州、市人民政府和云南省人民政府所属部门规范性文件的登记备案工作。

（十）负责组织清理和汇编法规、规章及规范性文件。负责云南省人民政府规章的翻译审查工作；负责审核各部门编辑的法规文件。

（十一）负责国务院法制办公室、国家有关部门和云南省人民代表大会常务委员会征求云南省人民政府意见的法律草案、法规草案、部门规章草案的办理工作。

（十二）负责开展政府法制理论、政府法制工作研究、宣传和交流。

（十三）负责云南省人民政府法律顾问工作，办理法律事务，提供法律咨询。

（十四）承办云南省人民政府交办的其他事项。

三、内设机构

（一）综合处（人事处）

拟订依法行政规划和年度执行计划；拟订云南省人民政府中长期立法规划和年度立法工作计划；指导和督促检查州、市、县（市、区）人民政府依法行政工作；承办云南省人民政府规章报送国务院、云南省人民代表大会常务委员会备案的有关事项；组织法规、规章及规范性文件的清理工作，汇编法规、规章及规范性文件正式版本；负责审核各部门编辑的法规文件汇集；承办云南省人民政府规章的翻译审查工作；承办政府法制信息工作；负责机关的文秘、会务、保密、档案、信访及有关后勤保障等工作；承办编制本办经费预算、决算和财务管理等工作；负责机构编制、组织人事、学习培训、工资福利等工作；组织开展政府法制研究工作；承办政府法制宣传工作；负责离退休人员工作。

（二）经济立法处

承办综合经济、资源环境、工交城建、农林水利、市场监管等方面的立法工作及立法后评估工作。联系发展改革、能源、物价、工业和信息化、国防科工、财政、税务、审计、统计、国有资产监管、国土资源、环境保护、交通运输、住房城乡建设、农业、林业、水利、气象、商务、工商行政、质量技术监督、安全监管、旅游、粮食、扶贫、移民、海关、检验检疫、民航、铁路、电力、烟草专卖、邮政、通信、金融、保险、证券等部门。

（三）行政立法处

承办政法、民族、社会保障、外事、侨务、教科文卫等方面的立法工作及立法后评估工作。联系公安、国家安全、司法、监狱、民政、监察、民族、宗教、人力资源社会保障、公务员、外事、侨务、教育、科技、文化、卫生、食品药品监管、体育、广播电视、新闻出版、人口计划生育、人防、地震、知识产权、档案等部门和云南省军区。

（四）执法监督处

承办涉及行政处罚、行政强制、行政收费、行政执行等事项的行政执法检查和监督工作；负责行政执法责任制和评议考核制等制度的推行工作；推进全省相对集中行政处罚权及开展综合行政执法工作；审查云南省人民政府作为实施机关的行政处罚事项；协调行政执法主体在执行法律、法规、规章中的矛盾和争议；承办行政执法主体资格审查、确认、公告工作；承办行政执法人员、法制督察人员的培训考核、资格管理和行政执法证件、法制督察证件的管理工作；承办对各州、市人民政府、云南省人民政府所属部门的行政行为的监督工作及重大具体行政行为的备案审查工作。

（五）行政复议处

承办行政复议、行政应诉、行政赔偿的监督检查和协调工作；承办云南省人民政府的行政复议、行政应诉、行政赔偿案件的处理工作；承办重大行政复议、行政赔偿、行政补偿决定的备案审查工作；承办行政复议、行政应诉、行政赔偿专职人员的资格审查和管理工作；督促行政复议申请的受理和行政复议决定的履行；办理行政复议、行政应诉案件统计和重大行政复议决定备案事项；承办行政机关与行政相对人之间出现行政争议的协调和调解工作；承办云南省人民政府行政复议办公室的具体工作。

（六）行政许可和规范性文件处

承办行政审批制度改革的相关工作；承办推进相对集中行政许可权工作；审查云南省人民政府作为实施机关的行政审批事项；负责对行政机关作出重大决策的听证进行监督和指导；承办云南省人民政府重要规范性文件的组织起草工作；承办云南省人民政府规范性文件的合法性审查工作；承办对报送云南省人民政府备案的昆明市人民政府规章的备案审查工作；承办对报送云南省人民政府备案的各州、市人民政府和云南省人民政府所属部门规范性文件的登记和备案审查工作；拟订云南省人民政府关于撤销或者改变违法规范性文件的决定；办理公民、法人和其他组织对规范性文件提出的审查建议。

（七）法律顾问处

办理云南省人民政府委托的经济社会发展方面的法律事务；联系云南省人民政府法律顾问参与行政应诉和有关民事诉讼、非诉讼法律事务的代理工作；承办以云南省人民政府名义签订的协议、备忘录、会谈纪要等法律文书和云南省人民政府对外协商、谈判重要文件的法律审核工作；承办对行政机关政府法律顾问业务的指导工作；承办云南省人民政府法律顾问室的具体工作。

四、其他事项

在对外开展工作时，可以使用云南省人民政府行政复议办公室、云南省人民政府法律顾问室的名义和印章。

云南省人民政府金融办公室

（2009年7月）

一、职责调整

（一）增加管理小额贷款公司的职责。

（二）增加协调股权投资基金管理的职责。

二、主要职责

（一）研究制定金融业发展战略、总体规划，提出服务和促进金融业发展的意见和政策建议。引导和鼓励在滇金融机构加大服务支持地方经济社会发展的力度，组织有关考核和奖励工作。

（二）组织开展政府与金融机构的合作，负责云南省人民政府与中国人民银行昆明中心支行、中国银行业监督管理委员会云南监管局、中国证券监督管理委员会云南监管局、中国保险监督管理委员会云南监管局的联系沟通工作，配合依法履行监督管理职能。

（三）牵头组织协调有关部门整顿、规范金融秩序，处置地方金融风险，维护地方金融稳定。

（四）指导全省地方金融机构改革发展，制定地方金融机构经营管理考核办法；根据云南省人民政府授权，依法对省级地方金融机构履行出资人职责，管理省级地方金融机构；组织指导地方金融人才队伍建设，按照干部管理权限推荐、考核省级地方金融机构高级管理人员。

（五）负责小额贷款公司的管理工作。

（六）推进投融资平台建设，配合有关部门指导、协调投融资主体开展业务工作。协调股权投资基金的管理工作。

（七）推进资本市场、保险市场发展。统筹、协调直接融资的有关工作，制定扶持、推动企业上市和再融资的有关政策。引导保险资金支持地方经济社会发展。

（八）承办云南省人民政府交办的其他事项。

三、内设机构

（一）综合处

承办机关文秘、督办、信访、信息、宣传、机要、档案、安全保密、财务、固定资产管理、信息化建设等工作；负责机关机构编制、人事工作，负责机关外事协调和行政后勤工作；负责地方金融人才的培训工作；负责组织省级地方金融机构高级管理人员的推荐、考核工作；负责组织联络金融专家开展咨询活动及有关工作；负责协调股权投资基金管理工作。

（二）政策法规处

负责研究分析经济形势和金融政策，协调组织调研工作，制定金融业发展战略、总体规划；建立金融系统信息互联互通的合作交流机制；负责拟订地方金融法规草案和有关金融工作的重要文件、材料，提出推动金融环境建设的措施；会同监管部门制定地方金融风险防范的政策措施，承办云南省处置非法集资部门联席会议的具体工作，协助开展打击、处置非法集资活动；汇编有关法律法规及政策文件。

（三）金融一处

承办在滇银行业金融机构方面的协调服务工作。引导在滇银行业金融机构加大服务云南经济社会发展的力度，承办有关考核和奖励工作；协调指导地方银行业金融机构的设立、改制、重组、退出等工作；承办省级地方银行业金融机构的管理工作，制定管理考核办法并组织实施，协助推荐、考核省级地方银行业金融机构高级管理人员；承办小额贷款公司的管理工作；会同监管部门推进在滇新设银行业金融机构的有关工作；协助处置省级地方银行业金融机构的风险。

（四）金融二处

承办在滇证券、保险、期货经营机构方面的协调服务工作。研究提出促进资本市场、保险市场发展的意见和建议；鼓励和引导在滇证券、保险、期货经营机构加大对云南经济社会发展的支持；承办省级地方证券、保险、期货机构的管理工作，制定管理考核办法并组织实施，协助推荐、考核省级地方证券、保险、期货机构高级管理人员；协调直接融资的有关工作，制定扶持、推动企业上市和再融资的有关政策；协助有关部门管理在滇上市公司；会同监管部门推进在滇新设证券、保险、期货等机构的有关工作；协助处置省级地方证券、保险、期货经营机构的风险。

（五）金融三处

承办金融合作方面的协调服务工作，牵头组织政府与金融机构的合作，制定合作项目资金管理办法，编制下达资金计划，建立管理台帐，审查下达贴息额度办法，协助研究制定偿债准备金办法；负责研究有关金融政策，提出融资意见建议；配合有关部门指导、协调投融资主体开展业务工作；指导各州、市人民政府与金融机构开展合作。

机关党委

负责机关党群工作。

四、其他事项

（一）配合云南省发展和改革委员会研究投融资体制改革，构建新型投融资体制；参与企业债券的发行管理工作。

（二）配合云南省人民政府国有资产监督管理委员会，指导其监管上市公司的再融资、资产重组、收购兼并、股权交易工作。

（三）与有关部门密切配合，共同做好对拟上市公司、拟公开发行非上市公司的培育工作。

云南省人民政府扶贫开发办公室

（2009年7月）

一、职责调整

（一）划入原云南省人民政府经济合作办公室承担的滇沪合作中对口帮扶的职责。

（二）加强组织、协调和指导革命老区开发建设工作的职责。

二、主要职责

（一）拟订扶贫开发战略规划和政策并组织实施。

（二）承担扶贫资金管理的责任。会同有关部门拟订扶贫资金使用分配方案，指导、检查和监督扶贫资金的使用；负责扶贫开发的统计及其监督。

（三）负责制定贫困地区和贫困群众生产生活条件改善、产业建设、素质提高、灾后扶贫、贫困乡村和片区的整体推进及综合开发、边境及民族等特殊困难群体和区域扶贫项目规划与年度项目计划，并组织实施和监督管理。

（四）负责统筹、协调信贷扶贫工作，引导、扶持扶贫龙头企业，促进贫困地区产业发展。

（五）负责易地扶贫开发工作，组织、指导财政扶贫资金安排的贫困地区劳动力转移培训。

（六）负责组织、协调和指导革命老区开发建设工作。

（七）组织、动员社会各界广泛参与扶贫开发工作，负责协调中央国家机关企事业单位定点扶贫工作，负责指导、协调和管理省级机关企事业单位、驻滇部队定点扶贫工作，促进贫困地区社会事业发展；负责联系、协调外资扶贫项目，组织开展对外交流与合作。

（八）负责统筹协调沪滇对口帮扶和经济社会合作相关工作；负责协调、指导有关州（市）、部门对口帮扶合作的有关工作。

（九）承办云南省人民政府交办的其他事项。

三、内设机构

（一）秘书行政处

负责机关文秘、会务、机要、信息、宣传、档案、信访、保密、保卫、接待、电子政务、固定资产管理等工作；负责重点工作、重大事项、重要批件和党组决定事项的督查督办工作；负责人大代表建议和政协委员提案的承办工作；负责制定和完善机关规章制度。

（二）政策法规处

起草或拟订地方性法规、政府规章草案和政策、制度措施并组织宣传；对扶贫法规的执行情况进行监督、检查；负责扶贫开发绩效管理工作；对扶贫开发重点工作进行调查研究并提出建议；负责组织扶贫工作业务培训。

（三）计划财务处

负责制定扶贫发展规划和年度扶贫项目资金计划；编制上报扶贫项目资金计划和经费预算方案；会同有关部门拟订扶贫项目资金分配方案；审核年度扶贫项目资金计划的下达；配合财政部门做好扶贫资金管理、使用及绩效评价工作；配合审计部门做好扶贫资金项目的检查和审计工作；负责扶贫开发的统计及其监督；负责机关财务管理；指导州（市）、县（市、区）计划执行、资金管理使用等工作。

（四）项目管理处

负责制定贫困地区和贫困群众生产生活条件改善、产业建设、素质提高、灾后扶贫、贫困乡村和片区的整体推进及综合开发、边境及民族等特殊困难群体和区域扶贫项目规划与年度项目计划，并组织实施和监督管理；负责协调和监督部门实施的扶贫项目；统筹建立财政扶贫资金项目库及项目实施的管理监测体系。

（五）信贷扶贫开发处

负责统筹协调信贷扶贫开发计划、统计监测；负责扶贫到户贷款的组织、协调、监督，协调安排扶贫到户贷款计划，做好政策指导和检查督促工作；负责扶贫贴息贷款项目选择推荐、项目库管理、贴息确认工作；负责扶贫龙头企业的引导、扶持、认定推荐和检查考核工作。

（六）易地扶贫开发处

负责制定财政易地扶贫及贫困地区劳动力转移培训规划及年度项目计划方案；审核易地扶贫及贫困地区劳动力转移培训项目；组织认定并管理省级贫困地区劳动力转移培训示范基地；负责项目资金管理，监督检查易地扶贫及劳动力转移培训任务的落实。

（七）革命老区开发建设处

负责组织、协调、检查、指导革命老区开发建设工作；组织、指导革命老区编制开发建设的发展规划，并监督项目实施；协调有关部门单位，对革命老区在政策、资金方面给予支持；研究制定革命老区建设管理办法和措施，加强项目和专项资金的管理；联系云南省老少边穷地区建设促进会。

（八）社会扶贫处

负责协调中央国家机关企事业单位定点扶贫的工作；负责指导、协调和管理省级机关企事业单位、驻滇部队定点扶贫的工作；负责联系、协调贫困地区社会事业发展工作；组织、动员非公企业、社会团体等社会力量参与扶贫开发；负责联系、协调外资扶贫项目，组织开展对外交流与合作；指导开展社会扶贫工作；负责接收、管理各种社会扶贫捐赠；配合有关部门做好中央定点扶贫单位赴滇挂职干部的联络、协调和服务工作，配合有关部门做好省级机关企事业单位扶贫挂职干部的选派和培训工作。

（九）沪滇合作处

负责与上海对口帮扶和经济社会合作的统筹协调工作；拟订年度沪滇帮扶合作工作计划并组织实施；负责沪滇帮扶合作项目的协调、调研、服务和监督检查；指导、协调有关州（市）、部门做好沪滇对口帮扶的相关工作；配合有关部门做好上海援滇挂职干部的联络、协调和服务工作；承担云南省沪滇对口帮扶合作领导小组办公室的日常工作。

机关党委（人事处）

负责机关和直属单位的党群工作；负责机关和直属单位的机构编制、人事、离退休人员工作。

云南省人民政府部门管理机构

机构选介

云南省能源局

（为云南省发展和改革委员会管理的部门管理机构）

（2009年8月）

一、职责调整

（一）取消已由云南省人民政府公布取消的行政审批事项。

（二）划入云南省发展和改革委员会、原云南省经济委员会承担的能源管理有关职责。

（三）划入原云南省煤炭行业管理办公室（云南省煤炭工业局）承担的煤炭发展战略、行业规划职责。

（四）划入云南省电力工作领导小组办公室的职责。

（五）加强对能源问题的前瞻性、综合性、战略性研究，拟订能源发展规划、重大政策和标准并组织实施，提高能源安全的保障能力。

二、主要职责

（一）负责煤、电、油、气等能源资源管理，拟订发展战略、规划、产业政策并组织实施；起草有关能源的地方性法规和政府规章草案，推进能源体制改革，拟订有关改革方案，协调能源发展和改革中的重大问题。

（二）负责能源的行业管理，拟订能源行业标准和准入条件，监测能源发展情况，衔接能源生产建设和供需平衡，指导协调农村能源发展工作。

（三）负责能源行业节能和资源综合利用，组织推进能源重大设备研发，指导能源科技进步、成套设备的引进消化创新，组织协调能源的重大示范工程和推广应用新产品、新技术、新设备。

（四）按照规定权限，审批、核准、审核中央和省规划内能源固定资产投资项目。

（五）负责能源预测预警，发布能源信息，参与能源运行调节和应急保障。

（六）拟订石油储备规划、政策并实施管理；监测省内外石油市场供求变化，提出石油储备、轮换和动用建议并组织实施；按照规定权限审批或审核石油储备设施项目，监督管理商业石油储备。组织协调石油的供应调度。

（七）负责开展能源对外合作。制定开展省际之间和境外能源资源的发展规划，协调省际之间和境外能源开发利用工作，按照规定权限核准或审核能源境外投资项目。

（八）参与制定与能源相关的资源、财税、环保及应对气候变化等政策，提出能源进出口总量平衡和能源产品价格调整建议。

（九）承办云南省人民政府、云南省发展和改革委员会交办的其他事项。

三、内设机构

（一）综合处

研究能源重大问题；组织起草有关能源的地方性法规和规章草案；拟订能源发展规划、年度计划和产业政策；负责能源建设项目资金安排、能源综合业务（包括投资综合）、能源体制改革、能源行业统计、预测预警工作；负责有关规范性文件的合法性审核和相关行政复议、行政应诉；负责机关日常工作的运转、督办、资产管理、政务公开、新闻发布等工作。

（二）电力处

拟订火电和电网发展规划，制定年度计划、政策并组织实施；负责省级权限范围内火电、电网固定资产投资项目的审批、核准，以及国家审批、核准项目的初审和申报；按照规定对火电和电网建设进行管理。

（三）煤炭处

拟订煤炭建设发展战略、规划，制定年度计划和产业政策；负责煤炭资源管理，参与煤炭资源整合，推进煤炭资源的合理开发和综合利用；指导大型矿区总体规划，引导煤炭行业合理布局，促进产业结构调整；负责省级权限范围内煤炭固定资产投资项目的审批、核准，以及国家审批、核准项目的初审和申报；参与煤炭矿井整顿关闭。

（四）石油天然气处

负责石油、天然气行业管理；拟订石油储备规划、政策，监测石油市场供求变化，提出石油轮换和动用建议并组织实施；监督管理石油储备工作；组织协调石油的供应调度；拟订油气开发、炼油发展规划、制定年度计划、政策并组织实施；负责省级权限范围内石油、天然气固定资产投资项目的审批、核准，以及国家审批、核准项目的初审和申报；指导石油天然气体制改革。

（五）水电和新能源处

拟订水电发展规划，制定年度计划、政策并组织实施；负责省级权限范围内水电固定资产投资项目的审批、核准和国家审批、核准项目的初审和申报；按照规范规程对水电工程建设、生产运行和防洪安全等进行管理；拟订燃料乙醇产业发展规划，配合有关部门做好燃料乙醇产业发展工作；拟订太阳能、风能和其他新能源发展规划，制定年度计划、政策并组织实施；指导协调农村能源发展工作；负责省级权限范围内太阳能、风能、生物质能和其他新能源固定资产投资项目的审批、核准，以及国家核准项目的初审和申报；按照规定对新能源建设进行管理。

（六）能源协调和科技装备处

指导能源行业节能和资源综合利用；参与能源运行调节和应急保障；承担能源科技进步和装备产业的有关工作；组织能源的重大示范工程和推广应用新产品、新技术、新设备；负责能源对外合作；按照规定权限核准或审核能源境外投资项目。

四、其他事项

（一）云南省能源局拟订的能源发展战略、重大规划、产业政策和提出的能源体制改革建议，由云南省发展和改革委员会审定或审核后报云南省人民政府或国家能源局。能源专项规划（电力、煤矿等）按照规定权限由云南省能源局审定。云南省能源局按照规定权限核准、审核能源投资项目，其中重大项目报云南省发展和改革委员会核准，或经云南省发展和改革委员会审核后报国家能源局核准。云南省能源局负责申报能源的中央财政性建设资金的投资，汇总省级能源财政性建设资金并提出安排建议，报云南省发展和改革委员会审定后下达。云南省能源局拟订的石油战略储备规划和石油战略储备设施项目，经云南省发展和改革委员会审核后，报国家能源局审批。

（二）云南省能源局提出调整能源产品价格的建议，由云南省物价局审批或审核。云南省物价局提出调整涉及能源产品的价格，应征求云南省能源局的意见。

（三）云南省能源局负责拟订燃料乙醇产业发展规划。云南省工业和信息化委员会负责燃料乙醇产业发展工作。

（四）云南省能源局负责拟订煤炭发展战略、行业规划。云南省工业和信息化委员会负责指导煤炭生产、技术改造。云南省安全生产监督管理局（云南省煤矿安全生产监督管理局）负责煤矿安全生产监督管理。

云南省物价局

（为云南省发展和改革委员会管理的部门管理机构）

（2009年8月）

一、职责调整

（一）取消已由云南省人民政府公布取消的行政审批事项。

（二）划入云南省发展和改革委员会承担的价格监管、执法检查、价格监测和成本调查等职责。

（三）将涉案财物价格鉴证职责交由事业单位承担。

二、主要职责

（一）组织起草价格和收费方面的地方性法规、政府规章草案，拟订政策措施并组织实施。

（二）组织拟订价格和收费改革调整方案以及管理范围、原则和办法并组织实施。

（三）制定实行政府定价和政府指导价的商品和服务价格；参与重要建设项目的可行性研究，提出有关价格建议。

（四）拟订价格调控和监管的政策措施；负责价格运行分析，提出价格总水平控制目标和实施价格干预措施的建议；负责监测分析价格总水平、重要商品和服务价格、专项价格，建立价格监测预警体系，实施价格预测预警和应急监测；负责价格调节基金管理。

（五）负责价格、收费的管理和监督检查；会同有关部门拟订、调整省管收费标准和项目；协调重大价格及收费争议；受理价格处罚的行政复议和申诉案件；负责对价格和收费违法案件、价格垄断行为的查处；负责明码标价和价格收费公示工作；指导价格诚信建设。

（六）负责重要农产品、重要商品和服务的成本调查及监督管理；负责政府制定价格的重要商品和服务价格的成本监审工作。

（七）负责价格鉴证监管和涉案财物价格鉴证的复核裁定；负责丙级价格评估机构的认定和乙级、甲级价格评估机构的初审；负责取得价格评估相关专业资格的价格评估人员执业资格的初审或认定；负责价格鉴证师注册的初审。

（八）承办云南省人民政府、云南省发展和改革委员会交办的其他事项。

三、内设机构

（一）综合处

综合协调机关日常工作；负责会务、宣传、文秘、信息、信访、接待等工作；负责价格收费调整审价委员会和价格违法案件审理委员会日常工作；负责起草价格政策措施；提出修订云南省定价目录、听证目录、成本监审目录的建议；拟订价格听证办法实施意见；负责丙级价格评估机构的认定和乙级、甲级价格评估机构的初审；负责价格鉴证师注册的初审。

（二）价格调控监测处

负责起草重要会议文件和业务综合性文件；负责价格鉴证监管和涉案财物价格鉴证的复核裁定；拟订价格调控和监管的政策措施；负责价格运行分析，提出价格总水平控制目标和实施价格干预措施的建议；负责监测分析价格总水平、重要商品和服务价格、专项价格，建立价格监测预警体系，实施价格预测预警和应急监测；负责价格调节基金管理。

（三）价格管理处

拟订价格改革调整方案；拟订价格管理范围、原则和办法；制定实行政府定价和政府指导价的商品和服务价格；指导商品和服务价格管理；协调重大价格争议；参与重要项目建设的可行性研究，提出有关价格建议；研究提出重要储备物资的管理费用标准、补贴和出库价格建议。

（四）收费管理处

拟订省管行政事业性收费及公益服务、公用事业、经营服务、中介服务收费政策；提出收费改革方案；提出有关收费的管理范围、原则和办法；协调重大收费纠纷；负责收费许可证发放、年度审验和收费统计工作。

（五）成本调查监审处

负责重要农产品、重要商品和服务的成本调查的监督管理；负责政府制定价格的重要商品和服务价格成本监审工作；按照国家价格成本监审目录和《云南省重要商品和服务价格成本监审目录》的规定，负责省管商品和服务的价格成本监审工作；负责成本调查和成本监审工作的培训。

（六）价格监督检查处（反价格垄断执法处）

负责价格收费监督检查工作；负责价格收费违法行为、价格垄断行为的查处，维护正常的市场价格秩序；负责全省明码标价和价格收费公示工作；组织开展价格诚信建设；负责价格收费行政处罚复议案件及应诉案件的受理；负责全省12358价格举报电话信息平台的管理和价格收费投诉举报的受理及案件查处；负责价格收费举报的督办和处理结果的反馈工作；负责价格举报信息的分析研究和重大价格举报问题的报告工作；指导全省价格监督检查和价格举报工作。

四、其他事项

云南省能源局提出调整能源产品价格的建议，由云南省物价局审批或审核。云南省物价局提出调整涉及能源产品的价格，应征求云南省能源局的意见。

云南省公务员局

（为云南省人力资源和社会保障厅管理的部门管理机构）

（2009年8月）

一、职责调整

（一）取消已由云南省人民政府公布取消的行政审批事项。

（二）划入原云南省人事厅承担的公务员事务管理职责。

（三）划入原云南省人事厅承担的政府奖励具体工作职责。

二、主要职责

（一）会同有关部门起草公务员分类、录用、任免、登记、考核、奖励、惩戒、培训、辞职辞退等方面的地方性法规、政府规章草案，并组织实施和监督检查。

（二）会同有关部门拟订公务员职位分类标准和管理办法，完善公务员职务管理、职位交流、考核和奖惩制度，拟订具体的管理办法并组织实施。

（三）会同有关部门拟订事业单位工作人员参照公务员法管理办法、聘任制公务员管理办法，并组织实施和监督检查。负责行政机关所属事业单位工作人员参照公务员法管理的审核、审批工作。

（四）拟订公务员行为规范、职业道德建设和能力建设政策并组织实施，依法对公务员实施监督。负责公务员信息统计管理工作。

（五）完善公务员考试录用制度，负责组织行政机关公务员、事业单位参照公务员法管理工作人员的考试录用工作。

（六）完善公务员申诉控告制度、聘任制公务员人事争议仲裁制度，保障公务员合法权益。

（七）负责公务员培训工作，拟订公务员培训规划、计划和标准，负责组织省级行政机关和省以下垂直管理机关公务员培训工作。

（八）会同有关部门研究拟订省级荣誉制度、政府奖励制度；审核上报国家表彰奖励和以云南省人民政府名义奖励的人选，指导和协调政府奖励工作，审核以云南省人民政府名义实施的奖励活动。

（九）承办云南省人民政府、云南省人力资源和社会保障厅交办的其他事项。

三、内设机构

（一）综合处

负责组织起草公务员管理的地方性法规、政府规章草案，拟订事业单位工作人员参照公务员法管理的制度和办法；完善公务员申诉控告制度和聘任制公务员人事争议仲裁制度；承担依法对公务员管理法律法规实施情况的监督工作；承担公务员信息统计管理、法制宣传工作；负责机关文电、会务、机要、档案、信访和政务公开工作。

（二）职位管理处

负责建立公务员分类管理制度，拟订公务员职位分类标准和管理办法；拟订聘任制公务员管理办法，建立聘任制公务员进入、管理和退出机制；完善公务员日常登记管理办法，承办省级行政机关和省以下垂直管理机关公务员登记的日常管理工作；完善公务员职务任免与升降、调任与转任、交流与回避、辞职辞退和挂职锻炼等制度；承办云南省人民政府任免工作人员事宜。

（三）考试录用处

负责完善公务员考试录用制度；组织行政机关公务员、参照公务员法管理单位工作人员的考试录用工作；拟订公务员录用考试违纪违规处理办法；拟订新录用公务员试用期管理制度和管理办法；指导和协助在滇中央直属机关公务员考试录用工作。

（四）考核奖励与监督处

负责完善公务员考核制度；拟订省级荣誉制度，完善政府奖励制度，负责上报国家奖励人选、以云南省人民政府名义奖励表彰人员的初步审核，审核以云南省人民政府名义实施的奖励表彰活动；承办省级荣誉称号授予、公务员记功审核及表彰事宜；完善公务员惩戒制度，拟订行政机关公务员处分实施意见；负责省级行政机关和省以下垂直管理机关公务员考核管理工作。

（五）培训教育处

负责完善公务员培训制度；拟订公务员培训和在职教育的政策、规划和标准；负责组织公务员对口培训和省级行政机关公务员初任培训、任职培训工作，指导和监督专门业务培训、在职培训工作；拟订公务员行为规范、职业道德建设、能力和作风建设政策并组织实施；牵头负责“省院省校合作”、“滇沪合作”培训相关工作。

四、其他事项

（一）云南省公务员局职责中涉及的公务员和参照公务员法管理单位工作人员的范围分别是：行政机关公务员、行政机关所属参照公务员法管理单位工作人员。

（二）云南省公务员局的机关党务、人事、机构编制、财务、后勤、离退休人员、对外交流合作事务，由云南省人力资源和社会保障厅管理。

云南省食品药品监督管理局

（为云南省卫生厅管理的部门管理机构）

（2009年7月）

一、职责调整

（一）取消已由云南省人民政府公布取消的行政审批事项。

（二）将药品、医疗器械等技术评审工作交给事业单位。

（三）将综合协调食品安全、组织查处食品安全重大事故的职责划给云南省卫生厅。

（四）划入云南省卫生厅承担的餐饮服务许可，餐饮业、食堂等消费环节（以下简称消费环节）食品安全监管和保健食品、化妆品卫生监督管理的职责。

二、主要职责

（一）起草或拟订药品、医疗器械、保健食品、化妆品和消费环节食品安全监督管理的有关地方性法规、政府规章草案和政策、规划，并组织实施。

（二）负责消费环节餐饮服务许可和食品安全监督管理；监督实施消费环节食品安全管理规范；依法组织、指导消费环节食品安全事故的调查处理；开展消费环节食品安全状况调查和监测工作；发布与消费环节食品安全监管有关的信息。

（三）负责保健食品、化妆品卫生许可和卫生监督管理；负责保健食品、化妆品审查和备案有关工作；组织监督实施保健食品标准、技术规范与化妆品卫生标准、技术规范，对保健食品生产企业实行规范管理；组织开展保健食品、化妆品不良反应监测和安全性评价；负责保健食品广告审查和监测。

（四）负责对新药研制、仿制药品、中药保护品种的初审和部分补充申请的审批、备案；负责中药材生产、药物非临床研究的质量管理规范认证和药物临床试验机构资格认定的初审；监督执行国家药品标准；实施处方药和非处方药分类管理制度；监测药品不良反应和医疗器械不良事件；负责药品、医疗器械再评价工作；依法核发药品生产企业、经营企业及医疗机构制剂许可证；依法监督管理特殊药品；负责组织实施中药品种保护制度。

（五）负责监督实施药品和医疗器械产品标准、研制、生产、流通、使用方面的质量管理规范。负责医疗器械注册和监督管理；负责药品、医疗器械广告的审查和监测工作。

（六）负责监督药品、医疗器械生产企业、经营企业和医疗机构的药品、医疗器械质量，发布药品、医疗器械质量安全信息。

（七）负责查处药品、医疗器械、保健食品、化妆品和消费环节食品安全的违法行为。

（八）指导州（市）药品、医疗器械、保健食品、化妆品和消费环节食品安全等方面的监督管理、应急、稽查和信息化建设。

（九）负责执业药师（含执业中药师）的注册和管理工作。会同有关部门制定药学专业技术人员资格标准并组织实施。

（十）开展与药品、医疗器械、保健食品、化妆品和消费环节食品安全监督管理相关的对外交流与合作。

（十一）承办云南省人民政府、云南省卫生厅交办的其他事项。

三、内设机构

（一）办公室

负责文电、会务、机要、档案、宣传、信息、督查督办、应急管理、信访、保密、安全保卫、统计、人大代表建议和政协委员提案办理等工作；指导信息化建设；负责对外交流与合作。

办公室下设行政科、秘书科。

（二）规划财务处

负责本单位专项经费和国家及省投资项目的申报、实施与监督管理；拟订机关和直属单位规划、财务管理制度并组织实施；承担机关和直属单位的经费和资产管理、内部审计、行政事业性收费的监督管理。

（三）政策法规处

起草药品、医疗器械、保健食品、化妆品和消费环节食品安全的监督管理地方性法规和政府规章草案；承担行政执法监督工作；承担行政处罚的事前审查、事后监督和听证、行政复议、应诉与国家赔偿工作；承担机关规范性文件的备案审查；按照规定申办、核发、变更药品执法人员执法证件；负责组织开展有关法律、法规、规章、政策的宣传教育。

（四）食品许可处

承担消费环节餐饮服务许可审批管理工作；拟订消费环节餐饮服务许可的有关规范并监督实施；负责消费环节餐饮服务许可的文书制作、数据库和审批件的档案管理、政务信息工作。

（五）食品安全监管处

承担消费环节食品安全监督管理工作，拟订消费环节食品安全管理规范并监督实施；负责消费环节食品安全评价、安全状况调查和监测工作，发布消费环节食品安全监管信息；组织消费环节食品安全事故的应急处理；承担消费环节食品从业人员的培训和健康检查的监督。

（六）保健食品化妆品监管处

制定保健食品、化妆品安全监管工作规划、政策措施、应急预案并组织实施；负责保健食品、化妆品卫生许可及监督；负责保健食品、化妆品研制、生产、流通、使用环节的监督管理；负责保健食品、化妆品生产经营规范管理；制定保健食品、化妆品质量抽验计划并组织实施；负责保健食品、化妆品不良反应监测和安全性评价工作；组织保健食品、化妆品安全突发事件的应急处理；负责保健食品广告审查和监测、化妆品广告监测工作；指导有关广告发布信息信用体系建设。

（七）药品注册处（中药民族药监管处）

负责新药申报初审、新药临床备案及监督；承担仿制药品申报初审；负责药品注册补充申请、药用辅料注册的初审及审批、药品再注册申请的审批；组织中药保护品种的初审、直接接触药品的包装材料和容器的初审及审批；负责医疗机构制剂和中药材、中药饮片的注册，制定和修订云南省地方中药饮片炮制规范；负责药物研究的监督。

（八）医疗器械监管处

监督实施医疗器械标准；负责二类医疗器械产品注册的审批和监督管理；负责医疗器械生产企业、经营企业许可及监督；监督实施国家医疗器械临床试验、生产、经营质量管理规范；制定医疗器械质量抽验计划并组织实施；组织开展医疗器械不良事件监测和再评价工作；普及医疗器械安全使用常识，发布医疗器械质量公告；负责审查、监测医疗器械广告。

（九）药品安全监管处

监督实施中药材生产和药品生产、经营以及医疗机构制剂等质量管理规范；负责药品生产、经营、医疗机构制剂等许可及监督；负责互联网药品信息服务及机构、药品委托生产的审批和监督管理；承担麻醉药品、精神药品、医疗用毒性药品、放射性药品、药品类易制毒化学品与药源性兴奋剂的监督管理工作；组织实施国家基本药物制度；组织实施处方药与非处方药分类管理制度；制定药品质量抽验计划并组织实施；组织开展药品不良反应监测、再评价工作，承担药品不良反应报告、药物滥用监测和药品安全风险评估工作；普及大众安全用药常识，发布药品质量公告；负责审批、监测药品广告；指导农村药品监督网、供应网建设工作。

（十）人事处

负责机关和直属单位的机构编制、人事工作；指导执业药师（含执业中药师）的注册和继续教育管理。

机关党委

负责机关和直属单位的党群工作。

离退休人员办公室

负责机关和直属单位离退休人员工作。

四、其他事项

（一）保健食品的监督管理由云南省食品药品监督管理局负责，法律、法规另有规定的从其规定。

（二）食品安全监管的职责分工。云南省卫生厅牵头建立食品安全综合协调机制，负责食品安全综合监督，承担食品安全综合协调、组织查处食品安全重大事故的责任。云南省农业厅负责农产品生产环节的监管。云南省质量技术监督局负责食品生产加工环节的安全监管。云南出入境检验检疫局负责进出口食品安全的监管。云南省工商行政管理局负责食品流通环节的监管。云南省食品药品监督管理局负责餐饮业、食堂等消费环节食品安全监管。各部门要密切协同，形成合力，共同做好食品安全监管工作。

（三）食品生产、流通、消费环节许可工作监督管理的职责分工。云南省卫生厅负责提出食品生产、流通环节的卫生规范和条件，纳入食品生产、流通许可的条件。云南省食品药品监督管理局负责餐饮业、食堂等消费环节餐饮服务许可的监督管理。云南省质量技术监督局负责食品生产环节许可的监督管理。云南省工商行政管理局负责食品流通环节许可的监督管理。不再发放食品生产、流通环节的卫生许可证。

（四）云南省食品药品监督管理局稽查局受云南省食品药品监督管理局的委托，对涉及药品、医疗器械、保健食品、化妆品和消费环节食品安全方面的违法行为实施行政处罚。云南省食品药品监督管理局负责监督云南省食品药品监督管理局稽查局组织实施行政处罚的行为，并对该行为的后果承担法律责任。

（五）由云南省卫生厅会同云南省食品药品监督管理局适时推进食品药品监督管理队伍整合。

行政审批事项

部分机构行政审批事项选介

云南省发展和改革委员会行政审批事项

（2009年8月）

序号	事　项	序号	事　项
一	固定资产投资项目建议书审批	十	省级预算内投资项目招标方案核准
二	固定资产投资可行性研究报告审批	十一	中央投资项目招标代理机构资格认定
三	固定资产投资项目初步设计审批	十二	内资限下项目进口设备免税确认书核发
四	固定资产投资项目申请报告核准	十三	服务业发展引导资金项目审批
五	固定资产投资项目审查	十四	粮食、棉花进口关税配额审批
六	固定资产投资项目核报和审批	十五	易地扶贫搬迁项目实施方案审批
七	项目资金申请报告审查	十六	以工代赈项目审批
八	廉租房、经济适用住房建设投资计划审批	十七	工程咨询单位资格认定
九	省级、州（市）级机关及省级行政事业单位办公楼基本建设项目核报、审批	十八	国家注册咨询工程师（投资）执业资格认定

云南省工业和信息化委员会行政审批事项

（2009年7月）

序号	事　　项	序号	事　　项
一	食盐定点生产许可	十九	财政投资为主的信息化建设项目立项前审查
二	食盐准运许可	二十	软件企业认定
三	盐资源开发、制盐企业扩大生产规模的审批	二十一	软件产品登记
四	供电营业许可	二十二	无线电频率许可
五	全省性工商领域行业协会成立审批	二十三	法定权限内无线电台（站）设置许可
六	监控化学品生产设施开工前备案及使用和用途改变审批	二十四	无线电呼号许可
七	高耗能的特种设备节能审查	二十五	无线电发射设备进口许可
八	年综合能耗2000吨标准煤以上固定资产投资项目评估审查	二十六	无线电监测许可
九	落后的耗能过高的用能产品、设备和生产工艺审查	二十七	无线电台操作人员资格许可
十	食盐批发零售许可	二十八	外籍用户设置、使用无线电台（站），携带或者运载无线电设备入境审批
十一	耗能设备操作岗位证的颁发	二十九	研制、生产无线电发射设备进行实效发射试验审批
十二	省级企业技术中心认定	三十	开办煤矿审批
十三	国家鼓励发展的内外资项目确认	三十一	煤炭生产许可证颁发
十四	云南省工艺美术大师评审认定	三十二	煤炭经营资格证颁发
十五	企业投资项目（省级）核准	三十三	煤矿建设项目设计审批
十六	资源综合利用企业（含电厂）认定	三十四	煤矿生产能力核定
十七	三、四级计算机信息系统集成企业资质审核	三十五	煤矿瓦斯等级鉴定审批
十八	信息系统工程丙级监理单位资质认证和监理工程师资格审核	三十六	煤矿矿长资格证颁发

云南省民族事务委员会行政审批事项

（2009 年 6 月）

序号	事　　项	序号	事　　项
一	清真食品生产经营许可	三	公民民族成分更改审批
二	民族民间传统文化传承人审批		

云南省人力资源和社会保障厅行政审批事项

（2009 年 8 月）

序号	事　　项	序号	事　　项
一	设立人才中介服务机构及其业务范围审批	十一	职业介绍机构资格认定
二	举办人才招聘洽谈会审批	十二	职业技能培训和鉴定机构设立审批
三	介绍外国文教专家来华工作境外组织资格认可	十三	职业资格证书核发（初、中、高级技师）
四	外国专家来华工作许可	十四	综合计算及不定时工时工作制度审批
五	中等以下教育机构聘请外国专家单位资格认可	十五	基本医疗保险定点医疗机构资格审查
六	省级高级职称评审委员会组建审批	十六	基本医疗保险定点零售药店资格审查
七	省级高级职称评审委员会评审结果审批	十七	参加基本养老保险的职工提前退休审批
八	设立技工学校审批	十八	省属、中央属驻滇企业集体合同审核
九	设立中外合资（合作）职业介绍机构审批	十九	工伤保险费率审定
十	外国人入境就业许可	二十	破产企业无法清偿的社会保险费欠费核销

云南省环境保护厅行政审批事项

（2009 年 6 月）

序号	事　　项	序号	事　　项
一	建设项目环境影响评价审批	七	环境污染限期治理项目验收
二	建设项目竣工环境保护验收	八	机动车尾气环保委托检测
三	放射性同位素转让审批	九	进入由环境保护行政主管部门管理的国家级、省级自然保护区核心区的审批
四	辐射安全许可证审批	十	外国人进入由环境保护行政主管部门管理的国家级、省级自然保护区的审批
五	排污许可证核发	十一	在由环境保护行政主管部门管理的省级自然保护区的实验区开展参观、旅游等活动的审批
六	危险废物收集经营及转移许可、医疗废弃物经营许可		

云南省住房和城乡建设厅行政审批事项

（2009 年 7 月）

序号	事 项	序号	事 项
一	房地产开发企业资质核准	二十	市政公用运营企业经营许可
二	房地产估价机构资质核准	二十一	市政公用运营企业从业人员资格核准
三	物业服务企业资质核准	二十二	建筑工程抗震设防专项审查
四	物业管理人员从业资格核准	二十三	风景名胜区建设项目选址审批
五	建筑业企业资质核准	二十四	提高住房公积金缴存比例审批
六	工程监理企业资质核准	二十五	建设工程质量检测机构审批
七	建筑业安全监督证、质量监督证核准	二十六	省级风景名胜区详细规划审批
八	建筑施工企业安全生产许可证核发	二十七	房屋建筑与市政工程初步设计、初步设计概算及其超额调整概算审批
九	注册建造师执业资格注册	二十八	建设工程施工图设计文件审查机构认定
十	施工单位主要负责人、项目负责人、专职安全生产管理人员安全任职资格审批	二十九	省通用建设工程标准定额及省专业建设工程标准定额审批
十一	房地产咨询、经纪机构设立核准	三十	工程建设地方标准审批
十二	工程造价咨询企业资质认定	三十一	房屋拆迁岗位合格证核发
十三	建设工程勘察、设计单位资质核准	三十二	2 万平方米以上绿化项目的规划、设计方案审查
十四	注册建筑师、勘察设计注册工程师执业资格注册	三十三	城市总体规划纲要审查及城市人口和建设用地规模核定
十五	工程招标代理机构资格核准	三十四	省级历史文化名城（镇、村、街区）保护详细规划审批
十六	建筑工程许可证核发	三十五	在国家级历史文化名城（镇、村）保护范围内拆除确定保护的建筑物、构筑物或者其他设施审批
十七	城乡规划编制单位资质认定	三十六	省级历史文化名城（镇、村、街区）的申报列级审查
十八	区域重大建设项目选址意见书核发	三十七	省级风景名胜区总体规划审核
十九	城市园林绿化企业资质核准		

云南省交通运输厅行政审批事项

（2009 年 7 月）

序号	事 项	序号	事 项
一	在高等级公路两侧开设平交道口审批	三	因抢险、防汛需要在大中型公路桥梁和渡口周围修筑堤坝、压缩或者拓宽河床审批
二	在高等级公路用地范围内设置公路标志以外的其他标志审批	四	已经成为城市道路的国道和省道改线工程竣工验收及产权变更移交审批

云南省农业厅行政审批事项

（2009年8月）

序号	事　项	序号	事　项
一	国家一级保护野生植物采集审核	二十九	从境外引进畜禽遗传资源审核
二	国家二级保护野生植物的采集、出售、收购审批	三十	申请家畜卵子、冷冻精液、胚胎等遗传材料生产经营许可证审核
三	农业转基因生物生产加工许可	三十一	省管种畜禽（蜂、蚕种）生产经营许可证核发
四	农业转基因生物安全评价	三十二	受保护的畜禽蜂蚕遗传资源处理审批
五	国内农业转基因生物标识审查	三十三	畜禽蚕新品种、配套系进行中间试验审批
六	外国人在中国境内野外考察国家重点保护野生植物审批	三十四	向境外输出列入保护名录的畜禽蚕遗传资源审核
七	重点保护的农作物（食用菌）天然种质资源采集（伐）审批	三十五	饲料生产企业设立条件审查
八	主要农作物品种审定	三十六	饲料生产企业审查合格证核发
九	相邻省（区、市）属同一适宜生态区域农作物引种审批	三十七	饲料添加剂、添加剂预混合饲料产品批准文号核发
十	省管主要农作物种子生产经营许可	三十八	动物源性饲料安全卫生审查
十一	农作物种子质量检验机构和检验员资格认定	三十九	动物源性饲料产品生产企业安全卫生合格证核发
十二	农作物种子（食用菌菌种）进出口审核	四十	饲料添加剂、添加剂预混料生产企业设立审核
十三	省管肥料登记证核发	四十一	饲料、饲料添加剂质量检验机构考核
十四	向省外提供云南特有的农作物种质资源审批	四十二	草原征用或者使用审批
十五	农药广告审查	四十三	研制新兽药审批
十六	在天然水域及通往湖泊的池、坝、塘、水库进行水产引种审批	四十四	兽用生物制品经营许可证核发
十七	渔业专项捕捞许可	四十五	在地方媒体发布兽药广告审批
十八	国家二级水生野生动物或者其产品的出售、收购、利用审批	四十六	兽药生产企业设立审核
十九	国家二级保护水生野生动物特许捕捉证、驯养繁殖许可证核发	四十七	省内运输高致病性病原微生物菌（毒）种或者样本审批
二十	重点保护水生野生动物或者其产品的运输、携带审批	四十八	跨省、自治区、直辖市运输或者运往国外运输高致病性病原微生物菌（毒）种或者样本审核
二十一	国际公约所限制的水生野生动物或其产品进出口审核	四十九	高致病性病原微生物或者疑似高致病性病原微生物实验活动审批
二十二	进入水生野生动物、野生植物自然保护区开展有关活动审批	五十	国外引进种子、苗木检疫审批
二十三	外国人进行与水生野生动物保护有关活动审核	五十一	非疫区研究省（区、市）规定的植物检疫对象审批
二十四	申请国家一级保护水生野生动物特许捕捉证审查	五十二	省管植物和植物产品检疫
二十五	国家一级保护水生野生动物的出售、收购、利用审查	五十三	过期农药检测（过期农药销售检测）
二十六	水产苗种进出口审批	五十四	跨省引进乳用、种用动物及其遗传材料审批
二十七	拖拉机驾驶培训许可	五十五	跨省动物及动物产品检疫
二十八	农产品质量安全检测机构资格审批		

云南省商务厅行政审批事项

（2009年7月）

序号	事　项	序号	事　项
一	缫丝绢纺企业生产经营资格核准	十	中小企业国际市场开拓资金项目（地方使用部分）资金计划备案审查
二	鲜茧收购资格认定	十一	特定行业外商投资企业合同、章程审批
三	设立旧机动车鉴定评估机构审批	十二	3000万美元以上和省级重大利用外资项目的非特定行业外商投资企业合同、章程审批
四	设立拍卖企业许可	十三	典当行及典当行分支机构设立审核
五	成品油零售经营许可	十四	机电产品自动进口许可
六	新设、增资外商投资企业鼓励类项目确认	十五	对外劳务合作经营资格审核
七	重大项目以外的自由进出口技术合同登记	十六	对外援助物资、成套项目施工任务的实施企业资质审核
八	加工贸易食糖进口合同审批	十七	单项承包工程项目金额100万美元以下或单项劳务合作项目100人以下的在毗邻国家开展承包工程和劳务合作带出物品和人员批准书审核
九	限制进出口技术许可		

云南省卫生厅行政审批事项

（2009年7月）

序号	事　项	序号	事　项
一	消毒剂类消毒产品生产企业卫生许可	十	高致病性病原微生物实验及运输审批
二	血站、单采血浆站执业许可	十一	医疗机构开展人类辅助生殖技术和设置人类精子库审批
三	医疗机构执业许可	十二	艾滋病检测实验室设置审批
四	放射诊疗许可	十三	涉及饮用水卫生安全产品的审批
五	职业病诊断医师资格审批	十四	医疗广告审查
六	职业卫生服务机构审批	十五	放射工作人员审批
七	甲级职业卫生技术服务机构评价的建设项目卫生许可	十六	医用特殊物品准出入境审批
八	医师、护士执业许可	十七	大型医用设备配置审批
九	医疗机构及其人员开展母婴保健技术服务许可		

云南省安全生产监督管理局行政审批事项

（2009 年 6 月）

序号	事　　项	序号	事　　项
一	非煤矿矿山企业安全生产许可证核发	十	非煤矿山建设项目安全生产“三同时”审查
二	危险化学品生产企业安全生产许可证核发	十一	一级经营（批发）企业烟花爆竹经营（批发）许可证核发
三	危险化学品经营许可证核发	十二	烟花爆竹安全生产许可证核发
四	乙级安全评价机构资质证书核发	十三	非煤矿山、危险化学品、烟花爆竹等生产经营单位主要负责人、安全管理人员安全资格证及特种作业人员特种作业操作证核发
五	乙级非煤矿山检测检验机构资质证书核发及增加检测检验项目审批	十四	烟花爆竹及其生产原材料定点进货、凭证购销审批
六	三级安全培训机构资质（格）认定	十五	工矿商贸作业场所（煤矿作业场所除外）职业卫生安全许可证核发
七	剧毒化学品生产、储存企业设立审批	十六	煤矿管理人员（含煤矿矿长）安全工作资格证、煤矿特种作业人员（含煤矿矿井使用的特种设备作业人员）操作资格证核发
八	第一类非药品类易制毒化学品生产、经营许可证核发	十七	煤矿安全质量标准化矿井等级认定
九	危险化学品生产、储存企业新建、改建、扩建建设项目审批	十八	煤矿安全培训机构认可

云南省广播电视局行政审批事项

（2009 年 6 月）

序号	事　　项	序号	事　　项
一	设置和使用卫星地面接收设施许可；	九	电视剧制作许可证核发（乙种）或审核（甲种）；
二	乡(镇）设立广播电视站和机关、部队、团体、企业事业单位设立有线广播电视站审批；	十	付费频道开办、终止及节目设置调整及播出区域、呼号、标识、识别号审核；
三	设立广播电影电视节目制作经营单位审批；	十一	国产电视剧片审查；
四	开办视频点播业务批准审核（甲种）或审批（乙种）；	十二	电影发行单位设立审批；
五	经营广播电视节目传送业务审核或审批；	十三	外商投资电影院从事电影放映业务审批；
六	卫星电视广播地面接收设施安装许可；	十四	香港特别行政区、澳门特别行政区和台湾地区的投资者在内地设立从事电影放映业务的企业审批；
七	设立和终止广播电台、电视台、教育电视台及其变更台名、台标、节目频道设置审核；	十五	省内电影发行放映院线审批
八	网上传播视听节目许可证审核和备案（网上传播视听节目许可证审核）；		

云南省粮食局行政审批事项

（2009 年 6 月）

粮食收购许可证核发

云南省能源局行政审批事项

（2009 年 7 月）

序号	事　　项	序号	事　　项
一	能源固定资产投资项目建议书审批	五	能源固定资产投资项目备案
二	能源固定资产投资项目可行性研究报告审批	六	能源固定资产投资项目核报国家发展和改革委员会、国家能源局审批或核准
三	能源固定资产投资项目初步设计审批	七	能源项目资金申请报告审查
四	能源固定资产投资项目申请报告核准		

云南省物价局行政审批事项

（2009 年 8 月）

序号	事　　项	序号	事　　项
一	政府定价和政府指导价的重要商品和服务价格审批	五	价格评估人员执业资格认定
二	价格临时干预措施审批	六	价格评估机构资质（甲、乙级审核，丙级认定）
三	行政事业性收费标准审批	七	价格鉴证师注册
四	行政事业性收费许可证核发		

云南省食品药品监督管理局行政审批事项

（2009年7月）

序号	事　　项	序号	事　　项
一	药品生产许可证核发	十六	药品经营质量管理规范认证
二	药品生产质量管理规范认证	十七	互联网药品信息服务及机构审批
三	第一类药品类易制毒化学品审批	十八	药品经营许可证核发
四	医疗机构制剂许可证核发	十九	药品广告审批
五	医疗机构制剂调剂使用审批	二十	药品补充注册及药品再注册
六	中药品种保护审核	二十一	药品包装材料和容器注册
七	药物 GCP 认证审核	二十二	医疗机构制剂注册
八	蛋白同化制剂、肽类激素批发、出口审批	二十三	新药、仿制药注册
九	处方药与非处方药转换评价审核	二十四	麻醉药品和精神药品审批
十	中药材 GAP 认证审核	二十五	药品委托生产审批
十一	保健食品产品注册	二十六	执业药师注册
十二	保健食品广告审查	二十七	放射性药品使用许可证核发
十三	医疗器械经营企业许可证核发	二十八	出具药品销售证明书
十四	医疗器械生产企业许可证核发	二十九	餐饮服务许可
十五	二类医疗器械注册审批	三十	化妆品生产企业卫生许可

·责任编辑·何　英

大中型企业选介

Brief Introduction of Selective Large and Medium-sized Enterprises

云铜集团

2008年云铜集团在中铝公司、云南省委省政府、省国资委的领导下，面对全球经济危机的冲击和有色金属市场价格急剧下跌的严峻局面，认真践行“严细实新恒齐”的管理理念，确立了“优化结构、突出主业、加强管理、效益优先”的发展思路，建立了“两级治理、统分结合、集中管理、分级负责”的管控模式，发展理念实现了由速度规模型向效益主导型的转变，保持了政治稳定、职工队伍稳定、生产经营稳健发展的良好局面。

【主要指标】

主要产品产量 1. 生产高纯阴极铜37.93万吨，完成计划的105.4%，同比下降10.4%。2. 锌产品6.99万吨，完成计划的99.8%，同比增长7.4%。3. 黄金11.08吨，完成计划的110.8%，同比下降8.8%。4. 白银340吨，完成计划的101.3%，同比下降37.6%。5. 硫酸88万吨，完成计划的103.7%，同比下降5.5%。6. 生产矿山铜产品9.32万吨，同比增长9.6%；自产铜精矿含铜8.95万吨，同比增长17.9%。7. 自产铁精矿96.59万吨，同比增长23.4%；钼精矿折合量1128吨，同比增长64.7%。

主要经济指标 完成销售收入290.5亿元，公司总资产371.72亿元，净资产169.79亿元，资产负债率54.3%。

安全环保指标 公司的安全生产工作形势保持持续稳定的局面，按从业人员口径统计，工亡率为0.12‰，千人负伤率0.92‰，分别低于省安委会下达的考核指标（工亡率0.15‰，千人负伤率5‰），未发生较大以上安全生产事故，未发生重大污染及重大职业危害事故。

【企业管理】 随着企业的不断发展，集团推行的“四统一、一委托、双层经营”的母子公司管理体制已经成为云铜继续发展的制约，针对影响和制约云铜发展的突出问题，集团党政班子提出了“优化结构、突出主业、加强管理、效益优先”的发展思路，引领云铜的发展观念、发展理念积极转变。从重视销售收入转向重视利润、重视效益的路子上来；从突出提高冶炼产能转向突出矿山建设、提高原料自给率，走可持续发展的路子上来；从粗放经营转向推广精细化管理，全面落实“严、细、实、新、恒、齐”管理理念的路子上来；从强调做大转向强调做强，走又好又快发展的路子上来。

结合发展思路、发展理念的转变，搭建了“两级治理、统分结合、集中管理、分级负责”的管控模式。1. 原则上只保留云铜集团及其所属二级公司这两级法人治理结构，减少管理层级，提高管理效能。2. 明确了集团与各二级单位的定位，集团为决策中心、管控中心、投资中心、党建中心和服务中心，二级单位为生产中心、成本中心、营销中心和利润中心。3. 在集团层面和股份公司层面，通过合理的制度和流程安排，实现投资、财务、人事、营销、研发和审计等业务的集中管控。4. 推行大部制，将集团机关原23个职能部门归并为13个。5. 整合营销系统，取消云铜集团营销部和进出口公司，营销职能划归云铜股份，组建了营销总公司，理顺了营销体制，云铜股份的责、权、利统一。6. 打造冶炼板块。以云铜股份公司冶炼加工总厂为中心，统一协调滇中、易门、凯通和赤峰云铜冶炼厂的原料、生产和技术管理，使冶炼形成“一盘棋”。7. 压缩管理层级，缩短管理链条，强化集团管控作用，云铜集团组织结构进一步优化。

提升营销水平 云铜股份营销总公司成立后，强化内部产、供、销、储、运的集中管理，基本实现了从原料采购、产品销售、物流运输、进出口业务到稽核、费用结算的流程再造。现行的营销体系，管理层级减少，业务流程缩短，责权进一步明确，物流速度加快，结算时间有所缩短。针对突如其来的市场危机，营销系统紧贴市场，强化市场走势分析，克服重重困难开展各项工作。优化原料组织方式，降低原料库存，减少无效库存。采用五日价和点价并行，降低市场风险。千方百计推迟进口合同的履行，减少原料进厂，减少冶炼板块的亏损。销售上，紧贴行情，积极探索市场工具为己所用。加强对各外站的管控，销售团队积极走访客户，收集信息，加强服务，确保了产品及时销售与货款回笼。

节能减排 2008年云铜集团克服了自然灾害和电力紧张等重重困难，在节能减排方面做了大量的工作。2008年18家企业除迪庆有色外（冶炼加工总厂、滇中有色、易门铜业、云铜凯通、云铜锌业、东川铝业、玉溪矿业、达亚有色、金沙矿业、楚雄矿冶、思远公司、凉山矿业、星焰公司、迪庆有色、迪庆矿业、景谷矿业、九顶山矿业、云铜科技），实现工业总产值306.3亿元，总能耗37.95万吨标准煤，万元产值能耗为123.92

公斤标准煤/万元，与上年同期111.29公斤标准煤/万元相比增加12.63公斤标准煤，上升11.35%。

安全环保体系 继续发挥以企业为安全生产责任主体的长效机制，强化基础管理，强化现场管理，完善规章制度，细化责任，一抓到底。突出重点，深入开展矿山、尾矿库专项整治，完善事故防范应急体系，作好重大防范危险源点的监控，使尾矿库的运行处于正常和受控状态。对各主要生产企业进行了3次以上的检查、抽查和督查，共检查出隐患205项，提出建议和意见113项，各单位按照隐患整改“五落实”的要求及时整改落实。加强对农民工安全管理，有2000多名农民工参加了安全知识培训。坚持不懈开展了职业病防治、一法三卡、青年安全监督岗等工作。在冶炼加工总厂和大红山铜矿分别举办了阳极炉跑铜事故和炮烟中毒事故应急演练。

财务管理 集团公司财务按照“垂直管理、分级负责”的管理体制进行了观念灌输和思想统一，同时按照“严、细、实”的要求从资金、预算、人员管理等方面进行积极推进。对公司所属企业银行账户的开立和注销进行统一管理；对全集团融资管理提出统一要求，所属企业的融资行为必须经集团公司最终审批，集团从贷款条件和资金成本等方面进行总体协调；清理现有银行账户，避免资金沉淀。

投资管理 根据中铝公司投资管控要求和当前投资环境的变化，集团多次慎重研究、清理投资项目，强化投资决策程序管理，强化投入产出分析，强化投资能力分析，强化突出主业，对现有投资项目有保有压。对效益差、风险大的项目，果断停建；对周期长、见效慢的项目缓建；对效益好、前景好、事关企业战略发展的主业项目有序推进。全年完成固定资产及重点项目投资31.89亿元，年度计划完成率94.72%。凉山矿业“含铜废石6000吨/日选厂项目”投产，金沙公司3座尾矿库主体工程基本完成，玉溪矿业“大红山铜矿低品位铜铁资源综合利用项目”、星焰公司“郝家河铜矿深部资源开发项目”、楚雄矿冶“刀把四期持续接替工程”、羊拉铜矿井下填平补齐项目等按计划有序推进。凉山矿业“10万吨/年阳极铜冶炼项目”、广东清远“10万吨/年铜冶炼项目”、云铜锌业“50万吨/年硫铁矿尾矿资源综合利用工程”、文山“10万吨电锌冶炼项目”受金融危机影响，建设步伐放缓。

企业信息化建设 管理网络化、办公自动化进入新阶段是云铜2008年信息化建设的特点。集团总部视频会议系统与中铝公司总部连通，玉溪矿业、金沙公司、迪庆矿业、楚雄矿冶、凉山矿业、赤峰云铜等分会场建设基本完成。集团内外网站建设成效明显，信息量和更新时间大有进步，集团与主要生产单位的内网基本实现互联互通。OA系统全面推广应用，云铜股份ERP建设项目启动，报表数据报送系统开发、实施短信系统与邮件、OA、RTX等系统的一体化应用集成在积极推进。

【企业改革】 2002年~2008年，云铜集团经历了两轮深化国企改革。经过6年的不懈努力，改革工作取得了重大突破，实现了既定的目标。在2008年12月24日省委、省政府在昆明胜利堂召开“全省进一步深化国有企业改革工作总结表彰大会”上，云铜集团玉溪矿业等单位被授予“云南省企业关闭破产工作先进单位”称号，云铜集团党委书记等被授予“国企改革先进个人”称号。

【资源战略】 2008年集团公司在矿产资源考察论证、新老区资源勘探、地质找矿、矿产资源整合、矿权申办等方面都取得了较好效果。

矿产资源考察论证 2008年，围绕公司资源战略总体目标，开展了广泛的矿产资源考察与论证，收到了较好效果。共进行了65个国内外矿点考察，其中国内52个，国外13个，共提交考察报告15份。

新老区资源勘探、地质找矿 公司所属各矿山企业对老矿区深部和周边地质找矿高度重视，各企业资源部及相关部门紧密结合矿山生产，加强地质综合研究，积极预测找矿靶区，运用多种地质找矿方法手段，在矿山开采中段、深部、矿区周边及外围开展地质找矿工作。

新区勘查重点围绕楚雄矿冶的开远妈达、绿春；迪庆矿业的羊拉；迪庆有色的普朗；云铜锌业的砚山旧城、镇源九甲小街；凉山矿业的维西大宝山、会东淌塘、木里普尔地；楚雄思远的普洱大箐；景谷矿业的宋家坡外延；云铜勘查公司的南涧新安、丘北陆独、猛海西定、河口箐脚、老挝丰沙里新寨、老挝乌多姆赛；磨憨光明采选厂铁匠寨等项目开展工作。

全公司共完成坑探工程量4.4万米，钻探工程量10.4万米，投入地质找矿资金1.7亿元，其中，老区完成：坑探2.4万米，占年计划的86.5%；钻探5.7万米，占年计划的92.9%；投资7860万元，占年计划的74.7%。新区完成：坑探2万米，占年计划的65.9%；钻探4.7万米，占年计划37.5%；投资9120万元，占年计划的

29.3%。新老区新增"333"以上铜资源量35万吨，新增铅锌资源量3.5万吨。

矿产资源及矿权整合 2008年，通过对国内外多个矿产资源进行考察和分析论证，提出了客观的书面考察报告和建议，推动了集团公司多个矿产资源整合及勘查、开发项目的实施。云南铜业鑫联矿业公司收购西迈公司在云南的6个探矿权、收购新疆4个探矿权；云南铜业矿产资源勘查开发有限公司与丘北县政府合作取得云南省丘北县陆独铜矿探矿权。

矿权申办 2008年，公司共发出探矿权申请文件13份，新申请探矿权21个，已取得州（市）、县批复10个，新取得探矿权3个。

【科技兴企】

年度科技计划项目 2008年集团开始实施年度科技计划，全年共设立科技计划项目有"因民铜矿综合地质研究及找矿预测"、"大红山铜矿深部和外围找矿勘查新技术研究"、"六苴矿床深部中厚矿体安全高效开采研究"、"大红山铜矿铜铁合采可行性研究"、"立爪装碴机出矿阶段自然崩落采矿法应用研究"、"羊拉铜矿难采难处理资源综合利用工程化研究"、"高级压铸锌合金技术的引进与产业化研究"、"会理红土矿湿法冶金提镍工艺研究及工业化生产"、"铜烟尘浸出渣综合回收利用"、"高效节能电动机用铸铜转子产业化关键技术"、"矿冶及材料新技术应用前期研究"、"矿山开发工程技术研究中心建设"、"冶炼污酸处理技术应用"共13项，拨付项目经费1500万元。各个项目集中投入人力物力，实施科技攻关，取得了较好的效果。

政府资助项目 2008年争取各级政府立项支持项目有"80kt/a锌合金生产线工程"、"微电子封装用铜键合丝工程化关键技术研究"、"低温电子浆料用镀银铜粉制备技术研究"共3项。完成8个项目验收结题，政府资助经费到位1541万元。

科技成果 2008年集团有7项科技成果获得省、部级奖励，其中：中国有色金属工业科学技术奖5项（一等奖3项、二等奖2项）；获得云南省科学技术奖2项（一等奖1项、三等奖1项）。

（张劲锋　黄绕生）

云南冶金集团股份有限公司

【综　述】 2008年，面对诸多自然灾害和国际金融危机等困难和压力，经过集团上下共同努力，集团有色金属和铁合金产量同比仍有增长，在全行业都陷入困境的情况下仍保持盈利。集团全年生产有色金属70.95万吨，同比增长0.8%，其中电解铝39.67万吨、电锌20.44万吨、电铅10.85万吨，同比分别增长－1.07%、4.13%、1.68%。生产铁合金13.32万吨，同比增长15.08%。其他产品中，生产锰粉8121吨，高锰酸钾3565吨；工业硅3316吨，微硅粉1.06万吨；黄金108.95公斤，白银130.31吨，锗产品含锗15.32吨，铋产品23吨；硫酸32.71万吨。2008年末，形成有色金属采矿108万吨、选矿107万吨、冶炼71万吨、深加工30万吨，铁合金18万吨，工业硅5万吨的年生产能力。全年实现营业收入145.07亿元，工业增加值37.86亿元，进出口总额3.16亿美元，利税12.62亿元，其中利润3.01亿元。2008年末，资产总额为228.31亿元，所有者权益91.12亿元，其中归属于母公司所有者权益53.65亿元，同比分别增长34.49%、15.28%和9.74%。

【生产经营管理】 2008年，云南驰宏锌锗股份有限公司通过开展管理和技术攻关，主要经济技术指标有了新的提高，粗铅、电锌、高纯二氧化锗产量均超过设计产能。云南铝业股份有限公司着力挖潜增效，同比节约成本3亿多元，根据市场情况及时调整产品结构和销售策略，效果明显。云南文山斗南锰业股份有限公司合理组织生产和销售，产品产量和经济效益再创新高。云南澜沧铅矿有限公司加强生产管理，铅锌选矿回收率有了新的提高。云南永昌铅锌股份有限公司通过提高原料自给率和达产达标攻关，在一定程度上消化了市场因素带来的不利影响。9月份以后，各生产企业还根据市场情况及时采取了减产、停产检修和暂缓项目投产等措施，尽最大努力减少金融危机的冲击和影响。此外，云南冶金集团进出口有限公司针对传统业务全面下滑的不利局面，积极开展硅铁长单出口、棕榈油代理进口和期现套利等业务，努力规避经营风险；云南证券交易股份有限公司积极控制投资风险，保证了整体资产的安全。

【节能减排工作】 2008年，集团修订完善了节能减排指标体系和考核办法，开展对标管理工作，全年纳入考核的10项资源利用指标稳定提高9项，12项消耗指标稳定下降10项。云南驰宏锌锗股份有限公司会泽矿山膏体充填技术被授予"国家重点环境保护实用技术示范工程"，"深井矿山清洁生产成套技术及装备研究”获中国有色金属工业协会科技进步一等奖。云南铝业股份有限公司荣获“云南省清洁生产先进企业”和“云南省职业卫生示范企业”称号。云南澜沧铅矿有限公司进一步加大对老厂尾矿库治理力度，积极开展了尾矿的回收利用工作。云南永昌铅锌股份有限公司2项成果获“全国节能减排活动月”优秀合理化建议奖。集团荣获“云南省节能工作优秀奖”，1人被评为“云南省节能先进个人”；云南驰宏锌锗股份有限公司、云南铝业股份有限公司、云南永昌铅锌股份有限公司被评为“全国绿化模范单位”，1人被授予“全国绿化奖章”。

【安全生产】 2008年，集团各企业认真贯彻落实“安全隐患治理年”活动要求，扎实推进各项工作，集团全年未发生工亡和重伤事故，为近年来最好水平。云南驰宏锌锗股份有限公司昭通铅锌矿投入1200万元，对地表塌陷、崩塌等地质灾害进行了治理。云南文山斗南锰业股份有限公司投入870多万元改造矿山安全生产设施，进一步提高了作业安全性。云南澜沧铅矿有限公司投入250多万元，完成了尾矿库一期治理工程。云南驰宏锌锗股份有限公司、云南文山斗南锰业股份有限公司、云南永昌铅锌股份有限公司通过了“国家二级矿山安全质量标准化企业”验收。

【改制和融资工作】 集团和企业改革取得重大突破。经省政府批准，2008年12月31日，国有独资的集团总公司成功重组改制为混合经济所有制的云南冶金集团股份有限公司，总股本为81.41亿元，其中省国资委占70%，云南省投资控股集团有限公司、汕头百联兴业投资有限公司各占15%，标志着集团层面改革取得重大突破，进入了新的发展时期。昆明有色冶金设计研究院整体改制为云南华昆工程技术股份公司。云南文山斗南锰业股份有限公司积极开展了上市相关的尽职调查、券商辅导等工作。云南新立有色金属有限公司通过引入境内外战略投资者，变更为中外合资企业。云南冶金汽车修配厂破产工作基本完成。集团再次被省政府评为“云南省新一轮深化国企改革先进单位”，云南驰宏锌锗股份有限公司股权分置改革和实施资源战略构建产业平台2个项目获省深化国企改革创新项目一等奖。

资本运作成效显著。集团全年通过股权融资近40亿元，获准发行短期融资债券30亿元，是近年来集团融资力度最大、成效最显著的一年。通过融资集团保持了合理的债务结构，保证了资金链的安全。云南铝业股份有限公司和云南驰宏锌锗股份有限公司还开展了申请发行分离交易可转债工作。为加快集团产业发展，对昆明冶研新材料股份有限公司、云南新立有色金属有限公司、云南永昌铅锌股份有限公司、大兴安岭云冶矿业开发有限公司等实施了增资扩股工作，集团出资2亿元参股云南省工业投资控股集团有限责任公司，出资1400万元参股云南北方奥雷德光电科技有限公司。

此外，昆明冶金高等专科学校被列为国家示范性建设高职院校，组建了云南冶金矿业职业教育集团，安宁新校区已奠基。云南冶金技工学校和云南冶金医院等单位在改革发展上也迈出了新步伐。

【五大产业项目建设】 2008年，集团“十一五”重点建设的五大产业项目已全部开工建设，全年完成投资33.4亿元。

铝产业方面：云南铝业股份有限公司4万吨/年铝合金圆杆项目已基本具备试生产条件，8万吨/年铝板带项目进入主厂房建设和设备采购阶段；云南文山铝业有限公司80万吨/年氧化铝项目土建工程进展顺利，已签订主体设备合同；云南云铝润鑫铝业有限公司10万吨/年电解铝项目一期5万吨/年已具备投产条件；云南源鑫炭素有限公司60万吨/年炭素项目、云南云铝涌鑫金属加工有限公司铝加工资源项目建设工作已启动。

铅锌产业方面：云南驰宏锌锗股份有限公司会泽16万吨/年铅锌及渣综合利用工程正在开展环评和项目设计、三通一平等工作；30吨/年锗项目被国家发改委列为“循环经济和资源节约重大示范项目”，并已启动建设；昭通铅锌矿2000吨/日选厂进入设备安装调试阶段。呼伦贝尔驰宏矿业有限公司20万吨/年铅锌冶炼项目基本完成总图布置，正在开展场地平整工作；大兴安岭云冶矿业开发有限公司2万吨/年电锌工程进展良好，采选系统土建工程基本完成。云南澜沧铅矿有限公司粗铅系统技改工程获省科技厅立项，初步设计基本完成。

钛产业方面：云南新立有色金属有限公司8万吨/年高钛渣项目基本具备试生产条件，配套的选厂和4个矿山项目建设同步推进，其中1个矿山已投入试生产；6万吨/年钛白粉项目已完成用地报批手续；1万吨/年海绵钛项目开展了基本设计审查、用地报批、安全预评价等工作，场地平整已完成。

硅产业方面：昆明冶研新材料股份有限公司

3000吨/年多晶硅项目三通一平、厂区仓库、办公楼等相关配套设施已完成，进口主体设备陆续到场。云南永昌铅锌股份有限公司5万吨/年工业硅项目已建成投产。

锰产业方面：云南文山斗南锰业股份有限公司建水20万吨/年锰系合金节能减排技改工程已开工建设，10万吨/年铁合金新技术节能技改工程通过竣工验收。

此外，集团积极探索产业集群发展模式，建水产业集群基地于12月18日奠基；与德宏州、昭通市签署了战略合作协议，开展了水电铝一体化产业发展前期工作；与满洲里市就发展煤电铝一体化产业进行了合作洽谈。

【资源整合和找探矿工作】 云南驰宏锌锗股份有限公司组建成立资源勘查公司，加强地质找探矿工作，在会泽、昭通和四川宁南取得了新的进展；呼伦贝尔驰宏矿业有限公司新取得了23个探矿权。云南新立有色金属有限公司在楚雄州境内钛矿资源整合取得积极进展，正在申办6个探矿权，控制钛矿资源约320万吨，并与昆明市五华区签订了厂口乡钛产业开发合作协议。云南文山铝业有限公司完成3个矿区的勘探工作，并向省国土厅申办其中2个矿区采矿权。云南澜沧铅矿有限公司继续推进老厂矿山接替资源勘查项目，并实施了2个矿山找探矿项目和1个煤炭资源开发合作项目。云南永昌铅锌股份有限公司完成了6万吨/年资源接替工程。大兴安岭云冶矿业开发有限公司加大与大兴安岭林业集团和齐齐哈尔勘查总院合作力度，矿权整合取得积极进展。鹤庆溢鑫铝业有限公司已完成2个区块野外地质工作，启动了其他3个区块的探矿工程。四川鼎鑫矿业有限公司获得2个铅锌矿探矿权，并完成物探工作。此外，集团进一步加快了在国外的资源整合开发力度，完成了对澳大利亚YMG贸易公司的增资扩股并更名为驰宏国际矿业公司；集团拟入股20%参与发起组建的越南林同氧化铝公司已获越南政府原则批准，集团包销氧化铝产品原则协议已签订，公司组建筹备工作正在积极推进；对南非和澳大利亚的锰矿资源进行了调研，开展了相关合作前期工作。

【科技创新】 1. 进一步加强集团创新体系建设，制定完善了《科技项目管理办法》、《自主创新综合试点方案》、《科学技术成果奖励办法》和《专利申请、专利获奖和实施奖励办法》等制度，云南冶金集团技术中心试验研究基地项目正在开展前期工作，云南驰宏锌锗股份有限公司铅锌锗技术研发基地建设进展顺利。2. 产业项目重大技术研发工作进展良好，其中，曲面节能型电解槽新技术通过了专家鉴定；漩涡柱粗铅闪速熔炼研发项目正在申报美国专利和国家发改委2009年重大节能专项计划；低成本太阳能用多晶硅生产新技术开发中试生产线已建成，进入全流程工艺研究，已申请发明专利1项；高锰酸钾制备新工艺研究项目建成了日处理锰粉500公斤～1000公斤全流程半工业实验装置。3. 全年申报各级科技计划项目15项，有6项获准立项，申报国家科技进步奖1项；获省科技成果一等奖2项、二等奖1项、三等奖4项；获国家咨询设计一、二等奖各1项。申请专利52项，获授权专利21项；1项发明专利获"第十届中国专利奖"优秀奖；1项技术被列入国家重点节能技术推广目录。云南冶金集团技术中心全年签订对外工程设计和技术开发合同40项；昆明有色冶金设计研究院签订咨询设计合同128项，其中总承包2项。

【管理创新】 结合集团层面的改革，聘请世纪纵横（北京）管理咨询公司对集团管控方案、集团本部组织架构和人力资源体系建设、集团企业文化建设等方面开展管理诊断和咨询，进一步明确了集团管控模式和集团功能定位，并对集团本部组织机构进行了调整，将原20个处室调整为11个大部门，明晰了部门和岗位职责，建立并推行了新的薪酬体系和绩效管理体系；进一步加强了集团的企业文化建设，形成了集团企业文化手册和员工手册，为构建职责明确、架构合理、运转高效的集团管理体系奠定了较好的基础。云南驰宏锌锗股份有限公司模拟市场核算探索建立了新的费用、成本、利润分级管理和考评体系。云南永昌铅锌股份有限公司在公司层面、硅业和铅锌系统分别建立管理手册，进一步规范了两级管理体系。昆明有色冶金设计研究院结合办公楼搬迁新建了信息网络系统，利用信息化手段提高工作效率。云南冶金集团进出口有限公司通过了海关验证稽查，成为第一批获得适用海关总署AA类管理的企业，可享受先放后税等各项通关便利。由于工作突出，集团被中国企业联合会评为2008年度优秀诚信企业，被中国有色金属工业协会评定为AAA级信用企业，被省国资委评为管理创新和科技创新优秀企业。

【和谐企业建设】 1. 加强企业文化建设，创办了集团报纸《云南冶金集团》和杂志《云南冶金之窗》，举办了“落实科学发展观和加强企业文化建设”主题演讲比赛、征文等系列活动。2. 加强职工教育培训工作，着力提高职工技能和素质，全年完成职业技能培训2749人，其中高技能人才培训2344人。各级工会和共青团组织围绕职工技能和素质的提升，开展了丰富多彩的主题实践和竞赛活动，取得了良好效果。3. 建立健全了集团总公司职代会制度，坚持为职工做好事、办实事、解难事，继续努力改善职工生产生活条件。集团工会被命名为“全国模范职工之家”，云南驰宏锌锗股份有限公司会泽采选厂被授予“全国模范职工小家”。4. 积极履行社会责任，集团与联合国开发计划署、中国国际经济技术交流中心建立了长期合作伙伴关系，文山州绿色扶贫示范项目已启动；“5·12”汶川大地震发生后，集团共向灾区捐款1420多万元；捐赠1200万元帮助怒江州兰坪县建设1所5000学生规模的民族中学，大力支持地方教育事业。集团被民政部授予2008年度“中华慈善奖”，云南永昌铅锌股份有限公司电锌厂氧压浸出车间获全国五一劳动奖状，云南驰宏锌锗股份有限公司、云南文山斗南锰业股份有限公司、云南建水锰矿有限公司被命名为云南省劳动关系和谐企业，另外，还涌现出全国五一劳动奖章1名,全国商务系统劳模1名，省劳模6名，省优秀工业企业家3名。

（应　霞）

云南商业集团有限公司

【综　述】　2008年，云南商业集团有限公司国企改革改制工作进入收尾阶段，集团整体转制为云南省流通行业协会工作全面启动，集团在全力抓好国企改革的各项工作、维护企业和社会稳定的同时，努力探索开展协会工作的方法和路子。1. 边学边干，努力开创工作新局面。以南华县为突破口开展餐饮业专题调研工作，以省烹协为依托举办“云南省第三届烹饪技能大赛”。2. 加强对国有资产的管理工作。收回了东方糖酒公司及瑞丽江大酒店的股权投资，完成了金马碧鸡公司的股份评估抵债工作，确保了国有资产的保值和增值。3. 加强党建工作。对已改制的企业采取加强党委班子建设和重新组建党组机构等措施，加强基层党建工作；加强机关人事管理工作，在进一步完善人事管理制度的同时积极组织学习培训活动，全年共举办考核培训11次，90余人次参加学习培训；做好工会工作，增强党群关系，维护队伍稳定，做好扶贫、新农村建设和爱心捐赠工作。2008年，集团继续做好对麻栗坡县八布乡的挂钩扶贫工作。认真选派新农村建设指导员到八布乡参加扶贫工作；在协调有关企业到八布乡开发、销售农特产品的同时，每年扶持该乡扩种咖啡300亩，切实帮助农民增收致富；组织乡村干部到昆明学习考察农作物栽培技术，为提高乡村干部的素质服务；继续开展帮学救助活动，对麻栗坡县的高考状元每人奖励3000元，对八布乡考取大学的学生每人奖励2000元。2008年集团还向八布乡扶贫捐赠各种款项及物资8.1万元。此外，“5·12”汶川大地震发生后，集团积极组织开展爱心捐赠活动，机关全体干部职工、下属企业及离退休人员，共计向灾区捐款31.37万元，116名党员另外缴纳特殊党费3.97万元，为灾区建设作出了积极贡献。

【企业改革】　通过前几年的改革改制工作，虽然集团遗留下来的改革任务有所减少，但改革的收尾工作仍然面临困难多、遗留问题多的复杂局面。2008年集团在省委、省政府的领导下，集中力量，规范程序，以人为本地推进国企改革工作。1. 顺利完成新一轮国企改革考核验收工作。按照省委、省政府国企改革的总体部署，在新一轮改革期间，集团下属的大部分企业都完成了改革改制工作，仅剩省汽车公司等少数改制难度较大的企业。对此，省企改办、省国资委专门对集团所属企业3年改革进行考核验收。在接受验收过程中，集团领导高度重视，工作思路清晰，措施到位，有关部室和相关工作人员齐心协力、努力工作，使企业改革考核验收工作顺利通过，并受到省国资委、省企改办的好评。集团领导和经管部负责人还分别被评为省级企业改革先进工作者和企业破产工作先进个人。2. 稳步推进2户企业的改制工作。汽车公司的破产工作进展顺利。省汽车工业总公司于2007年12月依法列入破产企业，集团作为破产管理人牵头单位，具体接管了公司的相关工作，抽调专人，加强领导，全面进入法定程序，依法开展工作。从拟定破产管理人工作的各种材料、文件、工作职责入手，认真开展了对债权、债务、股权投资等的清理和调查，以及破产审计、评估等工作，积极做好政策的宣传解释工作，使破产工作得以顺利推进。加快农机公司系统改革改制。按照省政府国企改革的统一安排和部署，省农机公司系统的改革工作，主要涉及地县农机公司的下划和省农机公司总部的改革改制2个方面。2008年集团以科学发展观为指导，加大工作力度，反复与地州及省级有关部门联系协商，使下划工作取得突破性进展，全面完成了全省地县农机公司的下划工作任务。结合省农机总公司的实际，集团领导反复调查研究，提出了省农机公司总部改革方案的拟定与面上的改革同步进行的思路，推动了企业的改革改制工作。

【稳定工作】　集团领导高度重视稳定工作，多次对重点单位和重点人的情况进行分析排查，亲自接待上访人员，督促有关部室做好信访接待工作，联络协调政府有关部门解决上访问题。工作中比较注重：1. 耐心细致地做好思想工作，稳定职工情绪。2. 积极请示省国资委、信访局、老干局等部门，尽可能地解决上访人员提出的合理问题。3. 进一步做好企业改革改制有关政策的宣传、解释工作，争取得到职工的理解和支持。4. 健全完善信访接待工作，正确对待职工反映的问题，确保企业改革改制的顺利进行。目前为止，原储运公司 183 名职工群体上访问题得到了初步解决，57 名企业离休干部移交省委老干局管理，企业及有关方面都比较满意。

【存在的问题】　1. 改革配套专项资金缺口大，省农机公司下划及省汽车公司破产费用拨付困难，这些因素影响了改革工作的整体推进。2. 离退休人员及应交社会化管理人员移交困难。由于相关政策不配套、不衔接，改制过程中因费用测算的时间和标准变化，致使有的企业人员移交困难，突出的是社保和医保问题。3. 集团转为协会的遗留问题。省政府虽然决定集团公司整体转为云南省流通行业协会，但协会的性质、职能、内设机构、人员工资待遇等问题仍未得到妥善解决，协会编制人数与集团机关现有在职人员人数相差较大，许多同志由过去的公务员转体变为企业人员，现在又面临无法安置的实际问题。

（王　昕）

云南物流产业集团有限公司

【综　述】　面对国内遭受重大自然灾害、国际金融危机、宏观经济形势变化影响经营业务开展等诸多不利因素，在实体经济普遍衰退的情况下，2008 年云南物流产业集团经营业绩创历史最好水平，保持了又好又快的发展势头。据快报统计，2008 年实现营业收入 24.02 亿元，同比增长 56.58%；物流总额 211 亿元，同比增长 22.67%；上缴税金 8427 万元，同比增长 138.52%；实现利润总额 4.34 万元，同比增长 391%；利税总额 1.28 亿元，人均实现利税 10.88 万元，超额完成了省国资委下达的考核目标任务。

【资产财务状况】　截止 2008 年底，云南物流产业集团资产总额为 16.15 亿元，比 2008 年初增加 6003 万元，增幅 3.86%，比 2005 年底增长 40%（不含历史债务的处理）；负债总额为 11.64 亿元，比 2008 年初增加 6461 万元，增幅 5.88%；所有者权益为 4.51 亿元，比 2005 年底翻了一番；流动比率 0.89，比 2008 年初上升了 0.1，速动比率 0.72，比 2008 年初上升 0.03。通过实施银企合作战略，2008 年，集团在银行的综合授信额度达到了 5.8 亿元，向各成员企业调剂资金 3.71 亿元。通过实施增资扩股，集团所属成员企业已实现增资扩股 5125 万元，加之新源再生公司吸引的近亿元资金的投入，集团投资主体多元化、股权多样化的经营格局已具雏形。

【物流网络】　2008 年，在巩固提升已构建的 13 个专业物流平台的基础上，积极引入现代物流的经营理念，大力发展物流配送、连锁经营、代理制等现代物流经营模式，积极吸引战略合作伙伴，实施低成本扩张，构建延伸物流网络和服务链。云燃公司引入云南九天工贸公司和云南工投集团动力配煤股份有限公司共同组建了“云南宣威凤凰煤炭物流有限公司”；鑫盛公司引入战略投资者，在贵州兴义设立云钢物流中心分中心，实现了与钢材大经销商的紧密合作；机电公司 2008 年新增了奇瑞 A3、江淮同悦、神钢挖机、中联重工吊车等 4 个品牌线，在开远、曲靖、大理和玉溪新设了 4 个分公司，建立了覆盖全省 16 个州（市）的汽车营销网络；新源公司的旧机动车交易网络已覆盖全省；新储公司为全省主要白糖厂家和经销商提供物流代理服务，并在全国主要食糖消费地和中转枢纽建立物流配送网络，可以实现白糖网上交易后当天异地提货；东方物流公司为昆明的家乐福、沃尔玛、苏宁电器、五星电器等卖场提供专业家电物流服务，一直保持昆明市家电物流 25% 的市场份额。截至目前，集团已在全省 16 个州（市）以及攀枝花、兴义、武汉、郑州、西安、石家庄等地设立经营网点 111 个，经营场所面积 93 万平方米，专业物流平台已达 16 个；拥有云南物流产业集团网、云南二手车交易网、云南钢材物流中心网、云南典当网、云南拍卖网、云南报废物资回收网、云南物流采购网等11个专业信息网络平台。覆盖全省的物流、营销、配送网络体系已初步形成。

【物流项目建设】 被列为全省30个重大建设项目的东盟家电物流中心项目，已完成地质灾害评估、使用林地可行性报告及林地采伐设计等前期工作；安宁国际物流园一期项目（工程机械交易物流中心）已开工建设；新源公司昭通新源废旧物资交易中心项目已经相关部门备案；新储公司凉亭大宗生活资料（农产品）物流配送中心项目已通过省发改委组织的专家评审；危险化学品物流中心、茧丝绸物流中心、建材总公司建物流市场等拟新建项目正在抓紧前期工作。

【内部改革】 在新一轮深化国企改革工作取得阶段性成果的基础上，集团继续推动企业产权制度改革，建立科学的法人治理结构，转换企业经营机制，使企业的体制、机制、资源配置更加合理，有效促进了企业的发展。在省国资委的帮助和指导下，集团公司法人治理结构得到充实健全和完善，制定了新的《公司章程》和《董事会议事规则》，形成了“权责统一、运转协调、有效制衡”的内部运行机制。完成了物贸中心划转和托管，进一步理顺了产权关系，强化了经营管理；金属公司完成公司制改造，组建了“云南鑫盛物流有限公司”，完善了法人治理结构，建立了现代企业制度；集团公司帮助轻工供销公司归还工商银行贷款本金3670万元及利息100万元后，工行免除其余全部欠息约2300万元，妥善解决了工行历史债务问题，原抵押市值近亿元的资产可全面盘活，为下一步集团内部资源整合、寻求新发展奠定了基础。

【企业管理】 2008年，集团新出台和修改完善了《财务总监和会计机构负责人委派管理试行办法》、《集团业务招待费管理办法》、《资产租赁经营管理办法》等25项规章制度，进一步加强了内部管理、控制和监督，规范了企业行为。在标准化建设方面，新储公司顺利通过了ISO9001：2000质量管理体系认证和国家4A级仓储型物流企业评估，成为云南首家4A级仓储型物流企业。目前，集团已拥有4A级物流企业1个，3A级物流企业1个,2A级物流企业2个。

【企业文化建设和品牌建设】 集团通过深入开展以“做物流人，创物流品牌”为主题的企业文化建设系列活动，构建集团精神文化、物质文化、行为文化的基本雏形。集团开展了企业文化专题知识讲座、参观学习、读书活动、职工文艺汇演、职工运动会等“九个一”专题活动，以统一印制集团员工手册、统一规范集团服务用语、统一手机音乐彩铃、统一制作集团宣传专题片（VCD）、完善集团公司简介、统一企业外观标识为主要内容的“六统一”专项工作，营造企业文化建设的浓厚氛围，提高了全体员工对企业文化的归属感、认同感、自豪感。

2008年，集团连续3年跻身中国服务业企业500强，中国物流、仓储、运输、配送服务业50强，荣列云南省百强企业第42位，并被中国物流与采购联合会授予“中国生产资料流通改革开放30年杰出企业”荣誉称号。2008年11月6日，由人民日报社、中国改革报社、经济日报、中国企业报等多家媒体主办的中国改革30周年成就巡礼暨改革之星推选活动中，集团周少方董事长荣获“影响中国（行业）改革10大创新人物”称号。由于集团在云南物流业的带动力和影响力日益增强，集团被选举为中国物资储运协会副会长单位，周少方董事长受聘担任了云南财经大学硕士研究生导师、云南师范大学董事会董事和中国物资储运协会副会长，集团社会影响力和品牌知名度不断提升。2008年集团向国家工商总局递交了集团名称和标识的商标注册申请。

【物流团队建设】 2008年集团举办了物流基础知识与发展趋势、提高执行力、整合资源、企业文化、企业管理、领导方法与领导艺术、财税知识、合同法、效能监察等内容的专题知识讲座，并选派企业领导干部参加省国资委组织的清华大学、中国人民大学、省财经大学等短期脱产培训。2008年集团组织参加各类学习考察和教育培训近2600人次，集团公司管理人员参加培训率达100%，一般员工参加培训率达90%。全集团具备各类专业技术职称227人，具有物流师职业资格134人，约占在职职工总数的10%。2008年集团和云南财经大学的“校企合作培养高层次物流管理人才基地建设”项目作为云南省唯一的校企合作项目，荣获省政府表彰的云南省教学成果二等奖。2008年，由省政府分管领导和集团主要领导先后带队到省外考察学习3次，重点考察了深圳和上海的现代物流业发展，全国具有典型性和代表性的浙江传化物流基地、中储股份无锡物流有限公司和浙江物产集团，赴广东物资集团、中山市物资集团、广西物资集团进行钢材、汽车、家电3大业务板块的对接。

【集团发展规划】　根据集团目前发展的良好态势，集团对2008年~2010年发展规划进行了滚动调整，将集团2010年的营业收入目标从30亿元提高到50亿元，物流总额从240亿元提高到300亿元，利润从4000万元提高到5000万元。

（周少方）

中国太平洋人寿保险股份有限公司云南分公司

【业务快速发展】　2008年中国太平洋人寿保险股份有限公司云南分公司按照年初工作会议既定方针，坚持以队伍建设为核心，以业务发展为重点，加大业务结构调整力度，加快核心业务发展，加强集中化管理和集约化经营，统一目标，形成合力，协同发展，寿险专业化经营管理水平得到不断提升，机构建设卓有成效，规模保费、核心业务、标准保费实现了跨越式增长，全面达成各项计划目标，规模保费突破15亿，同比增长94.6%，业务发展、业务结构呈现历史最好水平。

分公司把业务发展、业务结构优化作为重点工作，认真部署、落实督导与追踪、细化业务发展举措，不断开拓新的业务领域，总体业务规模、业务结构都取了最好的成绩，实现了跨越式发展。

个险渠道按照“夯实基础管理，用专业赢得挑战；提升销售能力，以产能实现价值”的指导思想，以组织发展和技能提升为工作重点，进一步夯实营销团队基础，紧紧围绕“五大核心政策”，个险新保标准保费首次突破4亿元大关。个险渠道关键评价指标均有大幅度增长，为今后发展奠定了基础。直销渠道依托乘意险业务电子化出单系统和安贷宝电子出单系统在全辖的全面上线推广，实现了渠道业务的快速增长。2008年4月中旬的“云南省高危行业从业人员意外伤害保险”招标活动中，和其他3家保险公司共同中标，为意外险业务实现重大突破奠定了基础。在总公司、分公司和中心支公司的共同努力下，红塔团体寿险业务继2003年、2005年之后又成功签署了近1.6亿元的大额保单，企业年金基金规模实现2.03亿元，账户数1.5万户，为公司业务发展作出了突出贡献。银行保险渠道按照“五个坚持不动摇”的工作方针，以网点建设为重点，加强基础管理，加大非万能险业务的培训力度和追踪力度，以全面实行业务持续增长为经营策略，实现了超常规、跨越式发展，确保了云南分公司银保在云南银保市场的领头地位。续期业务坚持以保单价值维护为核心开展客户资源开发的工作思路，在业务发展、队伍建设、内部管理等方面较以往有了较好的提升和发展。

【推进集中管理】　2008年，“三集中”管理，即人力资源集中管理、财务集中管理、营运集中管理进一步推进。财务集中管理在太平洋寿险云南分公司全面预算管理委员会领导下，以年度预算为目标，建立了“责任明晰、流程规范、执行严格、考核到位”的全过程预算管理模式，并实现了分公司对下辖机构财务人员的垂直管理，实现全辖13家中心支公司会计核算的物理集中；人力资源集中管理以“定岗、定责、定薪”工作为重点，全辖薪酬实现了集中化管理，其中各中心支公司总经理室成员、分公司职能管理部门负责人实行了年薪制管理，全辖后援内勤人员参照总公司的薪点薪级的薪酬管理制度，实行了薪点工资制，为下一步人力资源的全面集中管理打下基础；营运的集中管理实现了契约、保全、档案管理以及95500电话的向上集中和55个县级机构人管、契约、单证、续期、理赔、保全、财务7项功能（模块）的全部上线。

【加强机构建设】　按照总公司基础建设投入要求，云南分公司各中心支公司客户服务大厅和58家营销服务部列入总公司投入范畴。其中装修投入已完成10家中心支公司客户服务大厅以及45家县级机构的装修改造工作（含门头司牌改造）；由总公司集中采购的设备已全部配发到县级机构。同时，公司顺利完成了德宏、昭通、文山3家营销服务部升格为中心支公司以及禄丰等10家县级机构升格为支公司的各项工作。7月29日，中国太平洋人寿保险股份有限公司西双版纳中心支公司在当地举行隆重的开业庆典，标志着分公司新一轮的网点建设与机构投入已取得阶段性的成绩。

【提高干部专业化经营水平】　一直以来，干部队伍、骨干力量的培养和专业化建设是公司两项重点工作，在科学评价2007年各机构经营成果的基础上，太平洋寿险云南分公司在年初调整、充实了一大批领导干部，突出了重点机构重点扶持的“差异化管理战略”，如对玉溪、大理、文山、昭通、保山机构的领导班子进行了调整，通过干部力量的合理调配和充实加强，为业务发展提供了必要的保证。为学习兄弟公司好的经验和做法，公司先后组织个、团、银业务渠道到兄弟公司学习先进的业务发展和管理经验。2008 年 8 月份，公司组织机构领导到河北、河南分公司进行“三集中”管理的学习考察。通过考察，系统学习了兄弟公司在集中管理方面的成功的经验。

【依法合规经营】 2008 年，太平洋寿险云南分公司加强了合规管理力量，进一步完善了合规管理组织架构，加强了合规管理队伍建设，使公司合规管理能力得到进一步提高。公司严格按照保险监管部门、集团公司和总公司关于合规管理、风险管理和审计的要求，认真落实合规责任人制度与管理办法，加强对经营管理中特殊和重点控制环节的现场或非现场检查与指导，加强对存在问题整改情况的督促与追踪，加强了对全员的合规教育，开展了对各级机构的内控评价，进一步在全司范围内营造出“合规人人有责、合规创造价值”的合规文化氛围，让各级领导干部、员工在思想上牢固树立没有合规、就没有发展的依法合规经营意识。

【提升保险服务品质】 太平洋寿险云南分公司弘扬“诚信天下，稳健一生，追求卓越”的企业核心价值观，结合公司诚信文化，以“内抓服务品质，外树公司形象”为抓手，进一步提升专业化服务水平，努力打造公司的服务品牌。以“我诚信，我承诺”为活动主题，深入开展“理赔服务年”活动，以服务创“星”活动为契机，进一步规范作业流程，提高业务技能，提升服务水准，强化服务意识，提高服务时效，提升理赔服务质量。继续开展“3 + N”的系列服务活动，即“自主明白消费——3·15 消费者维权活动”、“第三届太平洋未来之星总动员”系列比赛活动、“援建民工子弟小学（希望小学）大队部”等 3 大主题活动和各分支机构的多个服务专题活动，让客户感受到实实在在的优质服务。服务品质和公司综合实力的提升也赢来了一项项殊荣，中国太平洋保险获“中国保险业杰出品牌建设奖”和“2008 年度最佳投资者关系上市公司”奖，中国太平洋寿险获“2008 年度最受信赖寿险公司”。在本届中国财经风云榜评选中，中国太平洋保险是唯一一家同时获得 3 大奖项的公司。

【保险人抗震救灾】 2008 年，从抗击南方冰雪灾害和汶川大地震到成功举办北京奥运会、残奥会，成功完成神舟七号载人航天飞行任务，沉着应对国际金融危机冲击，太保寿险云南分公司用自已的行动为保险人所承载的爱的责任作出了最好的诠释。2 月 15 日太平洋寿险云南分公司向云南省雪凌灾区捐款 4.99 万元，捐物 881 件。5 月 14 日，云南省卫生厅组成了 164 人的医疗队及救护车队，太平洋寿险云南分公司向医疗救援队每人赠送 20 万元的意外伤害保险，共计 3280 万元，为他们在救援支持期间提供安全保障。5 月 19 日，太平洋寿险云南分公司举行捐款仪式，全体干部员工和营销员共捐款 21.2 万元。5 月 27 日，分公司全辖党员交纳了 3 万余元特殊党费。中国太平洋保险以 2008 年抗击冰雪灾害、抗震救灾、关注环保、爱心助学、服务社会等方面的杰出表现，继上年首次获奖之后，再次获得“2008 年人民社会责任奖”大奖。

【企业文化建设】 公司紧紧围绕“诚信天下、稳健一生、追求卓越”的企业核心价值观，加强企业文化建设。4 月，太平洋保险云南分公司召开第二届群英会，90 名群英代表参会。9 月，第七届世界华人保险大会暨 2008 国际龙奖 IDA 年会在新加坡召开，云南代表团 33 人参会。

（彭 怡）

中国太平洋财产保险股份有限公司云南分公司

【综述】 2008 年太保产险云南分公司经过艰苦努力，实现了业务的快速增长，各项经营指标优于行业，市场地位进一步得到巩固，公司品牌和实力得到加强。太保产险云南分公司通过认真贯彻全国保险工作会议、集团公司、总公司年度工作会议精神，深入学习党的十七大精神，深入学习《国务院关于保险业改革发展的若干意见》、《云南省人民政府关于落实国务院保险改革发展文件的实施意见》，全面开展学习实践科学发展观活动，认真全面分析全省经济形势、保险发展趋势，深刻分析公司发展的内在潜力，克服市场无序竞争带来的困难，抓住一切发展的契机，实现了全司业务稳步发展，实现了太保集团、总公司提出的可持续价值增长的目标，取得了较好的经营业绩。

2008 年全司完成保险费收入 6.33 亿元，较 2007 年同期净增 1.27 亿元，同比增长 25.17%，其中，财产险保费同比增长 5.18%；家财险保费同比下降 21.49%；机动车保费同比增长 32.45%，意外险保费同比增长 13.32%；责任险保费同比增长42.61%；建安工程险保费等其他险种保费456万元，同比增长6.33%。

2008年支付保险赔款2.93亿元，较上年增加8685万元，结案13.96万件，未结赔案2.54万件，未结估损2.28亿元，综合结案率84.59%，综合赔付率46.28%，与上年同比上升5.52个百分点。应收保费控制在上级公司规定的范围内，各项准备金的提取充足，各项经营指标全面完成了年初预算目标。

【明确发展目标】 太保产险云南分公司党委、总经理室坚持科学发展观，深入学习贯彻《国务院关于保险业改革发展的若干意见》，通过全省工作会、季度例会等形势，贯彻落实全国保险工作会，太保集团总公司工作会精神，结合各地经济发展和公司实际制定业务发展目标，完善激励考核机制，提出促进公司业务发展的措施、意见和要求。同时邀请云南经济研究院院长段钢博士作“云南宏观经济分析”、云南行政学院蒋玉林教授作“如何提升领导力”、云南师范大学教授赵建新作“领导干部心理调整”报告。以会代训的学习，公司各级干部员工对云南经济的总体发展状况有了清晰认识，对各级领导提升领导能力和释放工作压力有很大帮助。对公司2008年的发展明确了指导思想，达成了共识。

【业务发展格局】 太保产险云南分公司2008年保费收入增长25.17%，高于行业保费增速8.5个百分点。公司在云南产险市场的份额较2007年同期提高0.72百分点，在云南财险市场仍居第三。从业务结构来看，非车险业务增速超过了车险业务增速，非车险业务增幅同比提高10.90个百分点，扭转了近年来非车险业务发展较慢的局面。从业务质量来看，效益较好的意外险、货运险、责任险保费增长高于其他非车业务的增长（建工险除外），实现了核心业务增速高于非车险业务增速的目标。从经营效益来看，由于受到全省保险市场因素的影响，盈利水平较往年有所下降，但横向来看，公司的成本控制能力在行业中仍然处于较好水平，综合成本率同口径比较低于行业平均水平。

除一批集团性业务和有影响的项目外，太保产险在招标项目上突破较大，特别在建安工程险，货运险方面有大的发展。

公司加强了多渠道业务拓展的力度，一是加强了与工商银行、建设银行、农业银行、交通银行、农业发展银行等省级分行的联系，根据有关合作协议，及时落实2008年的合作事宜，全面促进银保合作；二是加强与汽车经销、专（兼）业代理公司的合作，中介业务稳步进入了一个新的发展时期。

【加强分类指导】 2008年分类指导最大亮点是深入基层工作组的务实高效。分公司总经理室领导分别带队，率公司业管中心、客服中心、计财部、稽核部、信息技术部组成的业务指导小组，到11个中心支公司、6个支公司及分公司业务部门进行业务指导，认真落实差异化发展战略，有针对性地落实分类指导政策，支持不同区域的分支机构根据实际情况采取不同的发展策略，树立不同的市场目标，做到统筹兼顾，全司一盘棋。

工作组根据公司经营精算数据、财务经营指标和总公司业务发展指导意见，在业务发展的不同时期，对不同地区实施不同业务政策和费用，支持业务发展，特别是最大限度的支持核心业务的发展。

【风险防范工作】

1. 公司根据可能产生隐患的环节，重点抓住应收保费、理赔、单证管理、承保、财务管理等要点工作，开展全面的自查自纠。例如，对应收保费增量过大，压缩不力的机构、部门、代理机构，分公司分别采取了不同措施，有效抑制应收保费的增长，使应收保费的风险始终控制在公司掌控之内。

2. 2008年9月1日昆明地区实施了车险业务“见费出单”，分公司积极支持，组织各部门及春城、盘龙、官渡、安宁、晋宁、宜良及代理网点业务人员的培训，印发操作手则，安装POS机181台，从根本上杜绝了新的机动车险可能的保费风险。

3. 通过业管、理赔培训，有效地提高业管、理赔内外勤人员的业务素质和初审水平，降低承保风险、避免理赔水分，有效抑制假赔案。

4. 规范财务流程，开源节流，努力降低公司运作成本。分公司修订完善了有关财务操作流程，减少财务操作不规范导致违规行为发生和风险的产生，财务管理进一步规范，增收节支意识进一步加强。

5. 认真贯彻太保总公司《合规政策实施细则》，在全司开展内控自评活动，巩固风险达标的成果，风险防范进一步加强。

【优质服务】 2008年全司客户服务工作又上新

台阶。一是加强对基层公司和本部理赔人员的业务培训；二是加大对客户服务的硬件投入；三是重大理赔案件聘请公估公司介入，保证理赔案件的公证性；四是通过实践，进一步使客户服务岗位员工具备不惧辛苦、爱岗敬业的精神；五是理赔质量提高，客户投诉、诉讼案件明显减少；六是太保95500呼叫中心实现了全省集中，为更好地实施业务咨询、理赔调度奠定了硬件基础。

2008年是考验公司理赔服务的一年，2月，全国南方大部分省市发生了冰冻灾害，5月12日四川汶川发生8级大地震。灾情发生后，太保产险云南分公司立即启动“重大案件应急预案”，成立灾害应急领导小组。冰雪灾害中太保承保的云南电网、云南联通的财产不同程度受到了损坏，公司及时处理，在道路尚未完全畅通的情况下，前往受灾最重的昭通地区进行实地查勘灾情，了解受灾情况，为理赔工作收集第一手资料。汶川地震后1小时，公司立即做出反映，一是向与四川接壤的曲靖、丽江中心支公司询问受灾情况，二是及时与四川分公司联系，三是成立应急分队，向总公司请战，赴四川支援抗震救灾。

【机构建设】

1. 根据2008年公司机构建设与发展战略，分公司制定完善了县级各项管理规章制度，进一步规范县级机构的组织架构、人事计财管理、业务管理、客户服务管理、中介管理、企业形象管理等工作。

2. 稳步推进机构建设，扩大业务服务面。2008年6月19日文山中心支公司开业，2008年4月德宏中心支公司获总公司批准，进入筹建。此外，7个县级支公司也获总公司批准，进入筹建。

【提高综合素质】

1. 党委中心学习组按照上级党委的部署开展理论、时事政治、法律法规、集团公司领导的讲话的学习，全面开展学习实践科学发展观活动。全辖各级党组织和134名党员响应党中央和上级公司党委的号召，积极缴纳“特殊党费”6.03万元。

2. 各级机构高度重视员工队伍建设，加强员工的政治、法律、业务教育和培训，全司员工队伍不断扩大，人心稳定，人均产能逐年提高。

3. 针对2007年业务发展和管理中存在的问题，分公司业务管理中心、服务客户中心、计财部、人力资源部举办了不同层次的业务培训，其中又针对中心支公司副总、分公司部门副职、县级公司经理的培训班，进一步提高了一线指挥员综合业务分析和解决问题能力，员工的展业攻关和处理问题的能力，培训采取听、课间交流、结业测试的方法，有效地提高了培训的效果。全年全辖500余人次参加了培训，卓有成效地促进了业务的推进。

4. 12月19日，太保产险云南分公司在昆明举行了云南分公司建司15周年纪念活动，回顾公司发展的历程，增强公司的凝聚力、战斗力，让员工坚定克服困难的信心和决心，为建设和谐公司，努力实现公司富强、员工富裕的目标而勤奋工作。

5. 通过换届选举，新一届工会班子产生。在2月南方冰冻灾害，5月12日四川汶川发生的8级大地震后，工会向全省员工发出“伸出援助之手，献上我们的爱心”的倡议，筹款21.48万元支援灾区。

6. 改进工作作风，提高工作效率，做好保险服务。公司强调一切服务于一线，服务于业务发展，服务于基层，相关职能部门创新工作方式，改善工作作风，保证了基层公司和业务一线业务发展需要。

【存在的问题】

1. 由于市场因素，财务费用面临巨大压力，公司营运成本上升较快。

2. 基层单位工作预见性差，思想观念、发展方式、机制制度和队伍素质还有一些不适应之处。

（冷少萍）

·责任编辑·杨利华

附　录

Attachment

2008年云南省二十个重大建设项目

项目	主要内容	细化内容
1. 滇中调水工程项目	(1)进一步调整完善调水工程规划。	
	(2)完成金沙江龙头水库方案比选。	
2. 滇池污染治理项目	(1)推进滇池补水方案(外流域引水)实施。	完成项目建议书,可研报告审批工作,力争开工建设牛栏江引水工程。
	(2)滇池北岸水环境综合治理。	完成管道铺设9公里,第三污水处理厂改扩建完成70%,第五、第七污水处理厂基础处理工程完成50%。
	(3)6条入湖主要河道整治。	完成盘龙江综合整治1年行动计划中的所有内容,完成玉带河—篆塘河、新运粮河、老运粮河、金汁河和洛龙河等5条入湖河道整治的征地拆迁,并启动截污管网建设。
	(4)滇池底泥疏挖及利用。	完成底泥疏挖二期工程方案调整及有关报批手续,年内开工。做好底泥综合利用(建材及发电实验和推广)。
	(5)加大环湖公路建设力度。	完成环湖东路城区段工程建设;3月前启动环湖东路下段工程;结合湿地建设开展环湖步道建设;开展环湖南路前期工作。
	(6)严格控制面源污染,推进湖边生态修复。	实施2座大中型沼气工程建设,完成1000口小型沼气池建设;开展农田测土配方施肥8万亩;完成50个以垃圾、污水处置为主的农村生态示范村建设。完成5000亩湖滨生态湿地建设。
3. 润滇工程项目	(1)水库建设项目。	力争完成20座中型水库建设,加快2007年新开工11件中型水库建设,加快推进19件重点小㈠型水库建设;优选一批中型水库和重点小㈠型水库项目,争取2008年尽快开工建设。
	(2)病险水库除险加固工程。	完成在建23件中型、30件重点小㈠型病险水库除险加固,争取中央支持,开展19件大中型、100件以上重点小㈠型病险水库除险加固工程。
	(3)干支渠建设。	继续开展1000公里的干支渠防渗工程建设,抓好12个大型、55个中型灌区续建配套与节水改造工程建设。
	(4)兴建20万件山区"五小水利"工程。	改革产权制度,增加资金投入,以"民办公补"为主要形式,引导兴建20万件山区"五小水利"工程。
4. 重大工业建设项目	继续推进20个重大工业建设项目。	云南中烟工业公司下属烟厂搬迁技改,云南铜业(集团)有限公司10万吨特色铜基新材料加工,武钢集团昆明钢铁股份有限公司淘汰落后结构调整技术改造工程、大红山800万吨铁矿扩产,云南冶金集团总公司(云南文山铝业有限公司)文山铝土矿资源开发、(昆明冶研新材料股份公司)3000吨/年多晶硅、(云南新立有色金属有限公司)6万吨/年氯化法钛白粉生产、(云南驰宏锌锗股份有限公司)会泽片区老电锌系统环保节能综合利用技改工程、(云南新立有色金属有限公司)1万吨/年海绵钛建设,云天化集团有限责任公司水富大化肥、磷矿建设、50万吨/年MDCP(835),云南煤化集团有限公司煤制油(MTG),昆明云内动力股份有限公司云内动力工业建设,沈阳机床(集团)昆明有限公司数控机床工业园,云南白药集团股份有限公司整体搬迁,昆明中铁大型养路机械集团有限公司国家大型铁路养护设备昆明产业基地建设,云南锡业集团(控股)有限责任公司年产10万吨铜建设工程,昆明北方红外科技集团有限公司光电子二期项目(5个),云南南磷集团股份有限公司氯碱工业建设项目。

续　表

项目	主要内容	细化内容
5. 煤炭基地建设项目	推进恩洪、老厂、小龙潭、先锋、昭通5大煤炭基地建设。	恩洪矿区：完成矿区总体规划；由曲靖市加大整合力度，完成资源整合工作，减少矿井数量，适度提高矿井规模；2008年力争产量突破1100万吨。
		老厂矿区：年底前完成规划修编工作；实施资源整合，将优势资源向优势、骨干企业适度集中，力争2009年上半年完成资源整合工作。
		小龙潭矿区：全面实施矿区移民搬迁工程，力争在年底提前实现"十一五"规划1200万吨的生产目标。
		先锋矿区：完成矿区总体开发规划；由昆明市完成矿区资源整合工作。
		昭通矿区：由昭通市政府加紧协调开展技术工作，明确昭通盆地褐煤利用方向。
6. 机场建设项目	(1)全面展开昆明新机场建设。	全场土石方工程完成40%；场道区填方工程达到填筑标高的50%；航站楼桩基工程、混凝土结构浇筑争取封顶、彩带钢结构主体开始吊装；基本完成征地拆迁工作；全场区道路、排水工程基本完工。
	(2)建设完成腾冲机场。	上半年，完成飞行区土石方工程、航站区主体工程及总平工程；年底前完成航站楼装修及设备安装工程、道面工程、通信导航、助航灯光工程等。确保年底基本完成建设任务，2009年春节前试航。
	(3)推进6个机场的改扩建。	昆明巫家坝机场增容改造：完成新建航站楼施工并完成相关工作，确保项目年内完成并进行验收。
		丽江机场改扩建：工程以2009年全面竣工为目标，2008年1季度完成飞行区地基处理和100万土方工程；2季度完成220万立方土方填筑；7月前完成跑道盖被，新建3～4个停机位场坪；2季度开工航站楼土建工程；4季度开工航站区附属工程、总图工程，并建成导航台站土建工程。
		香格里拉机场改扩建：7月底完成飞行区场道工程、助航灯光工程、场内外排水工程；航站区总图工程、附属设施工程、绿化等工程2季度前开工；12月份完成航站楼工程。力争工程年内全面竣工。
		西双版纳机场扩建：完成飞行区跑道加铺工程，扩建征地拆迁前期工作。下半年扩建工程动工。
		大理机场改扩建：工程以2008年全面竣工为目标，12月份完成飞行区、航站楼工程，并投入运营。
		芒市机场航站区扩建：年内工程竣工验收，并投入运营。
	(4)做好泸沽湖、红河、怒江机场前期工作。	泸沽湖机场：完成项目可研阶段的报批工作。包括与成都军区空军签订相关协议；争取项目纳入国家"十一五"建设规划；完成机场选址报告的申报和审批；完成预可研阶段所需的各专项报告的编制和报批工作；争取外部配套水、电、路项目立项建设。
		红河机场：完成机场选址、可研报告编制工作。包括与成都军区签订相关协议；完成机场选址报告申报和审批；开展预可研阶段所需的各专项报告的编制和报批工作。
		怒江机场：结合选址工作和建设条件可行性分析，进行科学论证。
7. 公路建设项目	(1)确保国道主干线在建项目年初竣工实现通车。	
	(2)推进西部开发省际通道、国家和省高速公路网部分路段建设。	抓好永仁—武定、小勐养—磨憨等在建项目收尾工作，实现通车；抓好保山—腾冲、石屏—元江、磨黑—思茅、石林—锁龙寺、锁龙寺—蒙自高速公路项目建设；推进昆明绕城公路和武定—昆明、大理—丽江、普立—宣威(滇黔界)、龙陵—瑞丽、昆明—嵩明高速公路等项目前期工作。
	(3)启动沿边高等级干线公路建设。	积极争取国家支持，启动云南省沿边干线公路建设。2008年重点抓好金厂岭—六库二级公路，富宁—砚山高速公路、丙中洛—六库等项目建设。
	(4)新建、改建农村公路2.5万公里。	积极争取国家支持，重点抓好2.5万公里农村公路的新建和改建工作。

续 表

项目	主要内容	细化内容
8. 铁路建设项目	(1)加快5个已开工项目的建设。	加快大丽、玉蒙、沾六复线、昆广复线、大瑞铁路等5个已开工项目的建设,争取大丽铁路在2008年底全线铺通、2009年建成投入营运。2008年确保铁路建设投资完成50亿元。
	(2)积极推进蒙自至河口等铁路项目的前期工作,争取启动中老泰国际通道玉溪至磨憨铁路的前期工作。	积极推进蒙自—河口、广通—大理双线、丽江—香格里拉、南宁—昆明双线、昆明南环线等铁路项目的前期工作,争取一些项目开工建设。争取启动中老泰国际通道玉溪至磨憨铁路的前期工作。
9. “三江”水电开发项目	(1)加快小湾、景洪、溪洛渡、向家坝等在建项目的建设。	小湾电站:大坝混凝土5月底浇筑至EL.1118m,接缝灌浆至EL.1097m。左、右岸坝肩抗力体6月底前全部完工。各机组发电机层以下混凝土及埋件10月底前完成。11月导流洞封堵门下闸。计划完成投资50亿元。
		景洪水电站:3月底具备下闸蓄水条件,5号、4号、3号机组分别在5月底、8月底、11月底前投产发电。计划完成投资12亿元。
		溪洛渡电站:完成大坝基坑开挖,计划投资18亿元。
		向家坝电站:进行大江截流,计划完成投资28亿元。
	(2)完成糯扎渡、金安桥等水电站的核准工作。	糯扎渡水电站:右岸3号、4号导流洞工程在5月底前具备过水条件。上、下游围堰在2009年汛前分别填筑到EL.656.0m和EL.625.0m设计高程。堆石坝填筑完成131万m^3以上。主副厂房第六层开挖、支护完成。计划完成投资35亿元。
		金安桥电站:2008年争取得到国家核准,正式开工建设。2008年计划完成投资20亿元。
	(3)全面开展功果桥、橄榄坝、龙开口、梨园、阿海、鲁地拉、观音岩、乌东德、白鹤滩、六库10个电站的前期工作。	功果桥水电站:11月导流洞过水,实现大江截流。计划完成投资8亿元。
		橄榄坝电站:完成选址工作。2008年计划完成投资1亿元。
		龙开口电站:计划完成移民、环保等相关支持性文件。计划投资12亿元。
		梨园水电站:按照2008年3月取得“封库令”,12月完成可研报告技术审查,2009年底大江截流的目标,开展可行性研究勘测设计,开展施工辅助工程、对外交通等建筑工程建设和相关环保工程等工作。完成施工区移民搬迁安置工作,办理完成施工区土地、林地征占用手续。逐步启动库区移民安置工作。计划完成投资5亿元。
		阿海电站:全面开展筹建工作,为截流后主体工程的施工创造条件;启动库区移民安置并开展维护库区稳定等工作。2008年实现大江截流,计划投资7亿元。
		鲁地拉水电站:2月完成可研报告和移民规划审查,力争3月前、确保6月前上报核准申请报告,年内核准;确保11月大江截流。2008年计划投资10亿元。
		观音岩水电站:2008年计划投资10亿元,围绕导流明渠和左右岸坝肩开挖完成施工准备工作。
		乌东德水电站:争取完成预可研报告、可研阶段正常蓄水和坝址选比工作,完成施工总布置规划和库、坝区征地红线审查,申请下达“封库令”,开展工程建设区、库区实物指标调查和相应移民安置规划设计工作,完成对外交通施工设计。
		白鹤滩水电站:完成坝线选择、枢纽布置、装机容量选择等工作和工程地质勘查、施工方案等专题研究,开展各主体建筑物可研设计。申请下达“封库令”,开展工程建设区和库区实物指标调查。完成工程建设区移民安置规划大纲、规划报告编制与审查工作,完成对外交通施工设计。
		六库电站:尽快组织开展核准和前期筹建工作,6月底前完成核准文件并争取核准,开始现场筹建。
	(4)做好移民搬迁安置工作。	加大怒江水电开发工作力度,推动“一库四级”规划,开展专题研究和前期工作,6月底前完成“一库四级”开发涉及的“三江并流”遗产地保护及对下游国家的影响专题研究,继续推进马吉、亚碧罗、赛格电站前期准备工作。配合完善开发方案。

续　表

项目	主要内容	细化内容
10.电网建设项目	(1)抓紧做好新开工项目的核准工作。	
	(2)搞好西电东送、云电外送、输电主网架和骨干电源送出工程的建设。特别是500kV砚山、德宏、博尚输变电工程以及景洪电站、小湾电站、金安桥电站送出工程的建设。	2008年,建成500kV红河至文山至大新西电东送南通道,满足送电4600兆瓦的需要;根据与越南签订的协议,保证送电电量完成。
	(3)做好重大规划项目的前期工作。特别是500kV昭通、蒙自、华宁、嵩明输变电工程以及糯扎渡电站、溪洛渡电站送出工程的前期工作。	
11.高校搬迁建设项目	(1)加快推进呈贡新校区10所高校11个建设项目,实现开工建设面积200万平方米,竣工面积120万平方米,完成投资30亿元。加快教职工住宅建设,争取在2008年上半年开工。	云南民大、云南中医学院3月开始入住学生;云南师大、云南民大、云南中医学院9月基本建成;昆明理工大、昆明医学院9月开始入住学生,年底基本建成;加快推进云南大学、云南艺术学院、云南电大、云南交通职业学院、昆明学院的新校区建设,在完善规划设计的基础上陆续启动校园基础设施建设,力争2009年9月基本建成新校区。
	(2)启动老校区资产处置。	力争上半年完成规划调整、用地性质变更、用地收储工作以及土地"招拍挂"的有关准备工作。积极启动后续老校区资产处置工作。
12.省级医疗机构建设项目	以昆医附一院呈贡新区医院建设项目为重点,全面推进省直医疗机构工程项目建设。	全面推进昆医附一院呈贡新区医院、昆医附二院、省一院、省二院、省肿瘤医院、省中医院、省妇幼保健院等7个工程项目建设。
13.农村民居地震安全工程项目	完成10万户以上农村民居拆除重建和加固改造。	
14.中缅油气管道及炼化基地建设项目	(1)落实与中石油签署的合作协议。	
	(2)配合做好项目建设相关工作,争取开工建设。	
	(3)抓紧开展下游产品开发利用的前期工作。	

续 表

项目	主要内容	细化内容
15.生物产业项目	(1)优质农产品基地建设。	重点建设优质畜产品、茶叶、甘蔗、橡胶、蔬菜、马铃薯、水果等50个优质农产品生产基地,力争种植面积和出栏规模增长6%、产品产量增长8%,单位产品节本增效率提高10%。
	(2)小桐子生物柴油产业化关键技术研究与示范。	从品种繁育、种植示范到生物柴油加工生产和应用,开展系列产业化关键技术研究和示范,继续在4个膏桐良种繁育基地开展优良品种选育工作;全省完成50万亩膏桐生物质能原料基地建设。
	(3)燃料乙醇项目。	开展行业整合,推进燃料乙醇产业化。争取国家的支持,开展燃料乙醇添加前期工作。争取国家将云南省纳入燃料乙醇试点省。
	(4)建设国际标准化灵长类实验动物与动物实验基地。	
16.重大战略合作项目	(1)推进铝业深加工合作项目。	
	(2)推进与拉法基合作项目	
	(3)推进林浆纸开发合作项目。	完成前期工作,促成与玖龙纸业合作框架协议的签订,制订项目推进工作方案,完成临沧市30万吨/年化学木浆项目前期准备工作,力争早日开工建设。积极推进金光集团、云景林纸、勐象竹业浆纸项目前期工作,加快落实原料林基地。力争天巍竹业公司20万吨/年竹浆项目获得国家核准并开工建设。加快推进临沧南华纸业9.5万吨/年蔗渣浆汁等项目建设步伐,争取早日建成投产。
	(4)培育20户重点上市企业。	重点培育20户省非公、中小企业上市企业,力争2008年有4户企业实现成功上市。
17.重大标志性文化设施建设项目	启动新省博物馆、云南文化艺术中心、艺术家园区、亚广传媒中心建设。	
18.工业园区建设项目	加快重点工业园区(含电力装备产业基地)、特色产业园区、出口加工区、云南(昆明)深圳工业园建设。	重点工业园区:继续推进基础设施建设和招商引资工作,协调解决土地征用、身份、融资等方面困难和问题,推进园区建设。尽快研究出台全省工业园区"十一五"发展规划纲要和加快工业园区发展的意见。年内召开30个重点工业园区现场会。
		电力装备产业基地:加快项目前期工作进度,积极开展招商引资,协调解决供水、供电、道路交通、土地征用等方面的困难和问题,确保项目建设顺利推进。
		特色产业园区:继续推进园区基础设施建设和招商引资工作,协调解决土地征用、身份、融资等方面的困难和问题,推进园区建设。
		昆明出口加工区:加快前期工作进度,协调解决土地报批、资金筹措等方面困难和问题,推进加工区建设。
		云南(昆明)深圳工业园:加快前期工作进度,协调解决土地报批、资金筹措等方面的困难和问题,推进园区建设。

续 表

项目	主要内容	细化内容
19.物流设施建设项目	(1)推进30个省级物流中心建设。	计划总投资164亿元,规划物流总量5.3亿吨。上半年,完成或基本完成30个物流中心的规划、布局工作,完成昆钢物流中心、水富、云铜3个物流中心以及昆明铁路局马龙、宣威、昆明南、金马村物流中心的建设试点启动工作。下半年,完成姐告、磨憨、景洪工业园、玉溪研和工业园区物流中心的建设启动工作。
	(2)扶持20户现代物流龙头企业和物流信息平台。	争取20户物流企业全部享受国家税收优惠(2007年已有7户享受国家税收优惠);跟踪问效20户企业的生产经营状况,建立与20户企业的联系制度。2008年首先启动云南公路货物运输信息平台建设,用6~8个月时间基本完成并投入使用。用3~5年时间,完成物流综合公共信息平台搭建工作。
20.旅游开发项目	(1)推进与香港瑞安公司等旅游开发合作项目。	做好与瑞安集团的工作对接,进一步加深了解,扩大合作领域。
	(2)继续抓好60个旅游小镇建设。	按照"政府引导,企业参与,市场运作,群众受益"的原则,继续抓好60个旅游小镇建设。

2008年云南省重点督查的二十项重要工作

项目	主要内容	细化内容
1. 加强新农村基础设施建设	(1)建设高稳产农田和基本农田各100万亩。	省发展改革委安排实施20万亩;省发展改革委、农业厅安排实施高稳产农田和基本农田各5万亩;省国土厅安排实施5万亩和15万亩;省水利厅安排实施30万亩和15万亩;省农发办安排实施15万亩和20万亩;省扶贫办安排实施10万亩;省烟草公司安排实施45万亩和15万亩。由省水利厅牵头组织实施。
	(2)新建沼气池20万户、农村改灶10万户。	争取中央国债资金支持,整合有关资金,新建沼气池20万户、农村改灶10万户。由省农业厅、林业厅组织实施。
	(3)解决农村120万人饮水安全。	整合中央和地方有关资金,解决农村120万人饮水安全。由省水利厅牵头组织实施。
	(4)完成500个村村容村貌整治。	省级扶持完成500个村,力争带动全省1000个村容村貌整治。由省农业厅、建设厅组织实施。
	(5)抓好现代烟草农业,实施烟水工程及附属综合配套设施建设,完成13.9亿元的投资任务,使受益面积达到140万亩。	综合配套建设烟水工程13万件,受益面积达到140万亩,总投资13.9亿元,其中烟草行业补贴资金10.4亿元。由省烟草公司牵头组织实施。
	(6)继续开展"一企一村结对、共建新农村"活动。	全省企业与村(组)结队数达到1500户,结队村平均每户1人以上实现非农就业,结队村平均每户1人以上参与技能培训1次,结队村平均农民年人均工资性收入同比增加100元。由省经委组织实施。
	(7)建设通乡油路7000公里。	国家按40万元/公里标准补助资金29.08亿元,在2007年建设2000公里的基础上,2008年新增5000公里,共建设通乡油路7000公里。由省交通厅组织实施。

续 表

项目	主要内容	细化内容
2. 着力推进农业产业化	(1)建设70个核桃产业基地县,完成600万亩特色经济林种植。	省级财政安排专项资金,并通过整合中央有关资金、林业部门基金,建设70个核桃基地县,发展特色经济林种植600万亩。由省林业厅、农业厅组织实施。
	(2)重点扶持100户龙头企业、100个农民专业合作组织。	争取农业部扶持2户以上国家级龙头企业,使省级以上重点龙头企业由162家增加到200家以上。整合有关资金,同时积极争取中央资金支持,力争使全省农民专业合作组织达到3500个。由省农业厅组织实施。
	(3)实施优势农业产业提升行动。	实施优势农业产业提升行动,加大对蔬菜、马铃薯、水果、花卉、药材、蚕桑等新兴产业的培植力度。由省农业厅组织实施。
	(4)确保粮食、肉类、蔬菜等主要农产品稳定增长。	力争全省粮食种植面积稳定在6350万亩以上,确保全省粮食总产达到1550万吨,力争达到1560万吨;力争肉类总产达到360万吨。由省农业厅组织实施。
3. 加大扶贫开发力度	(1)实施9000个贫困自然村整村推进。	省扶贫办负责5000个村;省发展改革委负责1000个村;省民委负责350个村;利用上海对口帮扶投入实施200个村;其余州(市)自筹资金实施。由省扶贫办牵头组织实施。
	(2)做好3万贫困人口易地搬迁。	按照人均投入5000元标准,安排中央和省级扶贫资金1.5亿元,重点搬迁基本丧失生存条件地区贫困人口3万人。由省扶贫办组织实施。
	(3)解决50万农村贫困人口温饱问题。	全省筹集财政扶贫资金19亿元,引导信贷扶贫资金14亿元,确保全省解决和巩固50万贫困人口温饱问题。由省扶贫办、民政厅组织实施。
	(4)完成人口较少民族聚居自然村整村推进400个。改善67个人口较少民族聚居行政村基础设施条件。	安排扶贫整村推进项目时向人口较少民族聚居区倾斜,400个村整村推进中,省民委负责300个村,省扶贫办负责100个村。争取国家发展改革委资金支持,改善67个行政村基础设施。由省民委牵头组织实施。
	(5)培训农村劳动力100万名,新增转移50万人,农民人均工资性收入达到650元。	争取中央“阳光工程”资金支持,整合有关资金,培训农村劳动力100万名,新增转移50万人。由省农业厅、扶贫办、劳动保障厅组织实施。
	(6)贫困农村茅草房改造。	安排中央财政扶贫资金5000万元,并结合整村推进、易地搬迁、农村民居地震安全工程等形式,实施特困农户破烂茅草房改造。由省扶贫办牵头组织实施。
	(7)加强革命老区建设。	安排财政扶贫资金1000万元,解决革命老区特殊困难问题。并在安排整村推进项目时向革命老区倾斜,在47个革命老区县中,实施1900个村整村推进,其中省扶贫办负责1600个村、省发展改革委负责300个村;实施易地搬迁贫困人口1万人,其中省扶贫办负责7000人、省发展改革委负责3000人;实施劳动力培训转移7万人。由省扶贫办牵头组织实施。

续　表

项目	主要内容	细化内容
4. 建立健全城乡社会保障体系	(1)扩大就业,控制失业,确保"零就业"家庭动态清零。	城镇新增就业22万人,下岗失业再就业8万人,解决5万就业困难人员就业问题,城镇登记失业率控制在4.5%以内,确保"零就业"家庭至少有1人就业。由省劳动保障厅组织实施。
	(2)实施培训、就业、监察一体化的劳务输出。	农民工技能培训17万人,实现农村劳动力转移就业120万人。由省劳动保障厅组织实施。
	(3)城镇养老、医疗参保人数稳步扩大。	城镇基本养老保险参保人数扩大到280万人;在2007年昆明、红河、楚雄3个州(市)试点的基础上,力争把曲靖、玉溪、大理、德宏、怒江、迪庆、普洱7个州(市)纳入试点范围,城镇居民基本医疗保险试点扩大到10个州(市),参保人数达到250万人。由省劳动保障厅组织实施。
	(4)将全省农村300万绝对贫困人口纳入最低生活保障。	按每人每月30元标准,对全省农村最低生活保障对象实行应保尽保、按标施保。由省民政厅组织实施。
	(5)对全省低保对象和五保对象个人缴纳的新农合参合资金给予全额补助。提高城市低保对象补助标准。	按每人10元参合标准,对全省低保对象和五保对象个人缴纳的参合资金给予全额补助。在临时性补贴每人每月30元基础上,适当提高城市居民最低生活保障标准。由省民政厅组织实施。
	(6)继续推进农村敬老院建设,增加特困老人和五保对象集中供养2万人,使集中供养率达到9%。	继续实施农村敬老院建设五年规划,推进农村敬老院建设。由省民政厅组织实施。
5. 提高企业自主创新能力	(1)国家级、省级技术中心所在企业、大型企业和中小型企业,研发投入占销售收入的比例分别达到4%、3%、1.2%和0.8%。	由省经委组织实施。
	(2)重点组织研发、推广应用20项关键共性技术,重点推进20项重大装备生产。组织认定20家省级企业技术中心,争取2家企业获得国家级技术中心认定,企业专利申请量增长20%。	由省经委组织实施。
6. 抓好公共文化设施及文化精品建设	(1)实施好38个全国文化信息资源共享工程县级支中心建设。	争取中央资金2067万元落实到位,由省文化厅组织实施。
	(2)继续实施"两馆一站"文化设施建设,完成74个乡镇综合文化站建设项目。	74个乡镇综合文化站建设项目中,2007年国家发展改革委、文化部安排了26个,2008年计划安排48个。争取中央资金尽快落实到位,由省文化厅组织实施。
	(3)继续实施广播电视"村村通"工程。	实施20户以上3.71万个自然村广播电视村村通工程(含2007年1.32万个村),确保6月前完成农村中央广播电视节目无线覆盖工程。由省广播电视局组织实施。

续 表

项目	主要内容	细化内容
7. 推进重点领域改革	(1)继续深化农村集体林权制度改革,完成主体改革工作。	9个省级试点县全面转入配套改革试点;其他120个县确权率达90%以上,发证率达50%以上,林权纠纷调处率达90%以上(其中协议调处率达60%以上),基本完成主体改革县(市、区)适时开展配套改革。由省林业厅组织实施。
	(2)实施13个华侨农(林)场和6个农垦单位改革。	由省侨办、省农垦集团公司组织实施。其中,华侨农(林)场改革由省侨办负责实施,农垦单位改革由农垦集团公司负责实施。
	(3)实行一元制户籍登记管理。	继续实施网上迁移户口试点工作并逐步推行,统一行使户口审批权,开展集体户口清理整顿,完成第二代居民身份证集中换发工作,改革迁移落户的准入条件和学生等相关人员的落户办法,在全省建立起城乡统一户籍登记管理模式。由省公安厅组织实施。
	(4)推进医疗卫生体制改革。	完善新型农村合作医疗制度;建立健全公共卫生服务体系,完善农村三级医疗卫生服务网络,开展城市社区卫生服务机构标准化建设;督促落实全面推开"药品统一竞价采购、统一配送"的"宣威模式";实施卫生骨干队伍培训计划;研究制定云南省深化医疗卫生体制改革3年行动计划;开展公立医疗机构综合改革试点,探索省级医疗机构发展多种模式,试行全省病历"一本通";制定与公立医疗机构同等优惠政策,大力支持民营医疗机构发展;制订省医改实施方案及配套政策,建立云南省医疗卫生服务基本用药制度、基本医疗服务项目、单病种收费制度。由省卫生厅组织实施。
	(5)深化金融体制改革。筹备组建云南省农村合作银行。开展放宽农村地区银行业金融机构准入政策试点工作。	积极争取中国银监会支持,推进省农村合作银行组建工作。重点审核参与设立农村地区银行业金融机构的企业资质,加强业务监管、指导和扶持。由省政府金融办、云南银监局牵头组织实施。
	(6)深化投融资体制改革。组建工业投资公司,力争在建立产业基金方面取得突破。做大做强省投资控股集团有限责任公司等国有投资公司,搞好国有投资公司的资本运作工作。	加强前期准备工作,择机组建以能源、有色金属为主要投资方向的产业投资公司或者产业基金管理公司。加强项目储备,充分发挥国有投资公司融资平台作用,搞好国有投资公司的资本运作,为项目筹集更多的建设资金。由省政府金融办、省投资控股集团有限公司组织实施。
8. 整合优势矿产资源	(1)全面推进矿产资源开发整合总体方案的实施,促进优势矿产资源向大企业大集团集中,争取矿业权数量减少10%以上,矿产资源开发利用率提高5%以上。	全面推进矿产资源开发整合,严格审查重点整合矿区实施方案,对已完成资源整合的重点矿区开展实地检查,确保完成整合目标。严格审查矿产资源开发利用方案,加强矿山开采"三率"指标的监管,切实提高矿产资源综合开发利用水平。由省国土资源厅牵头组织实施。
	(2)整合煤炭资源,完成全省煤炭资源整合方案审批工作,力争进入全面实施阶段。	实行责任状考核,落实资源整合补偿资金。借鉴"个旧经验",年内完成煤炭资源整合方案审批,力争年底进入全面实施阶段。由省煤炭工业局、发展改革委组织实施。
	(3)整合磷矿资源,加快实施全省磷矿资源的优势企业集中方案,确保6月底前取得实质性突破。	尽快组织对全省磷矿资源状况进行调研,提出加快磷矿资源的优势企业集中方案,确保6月底前取得实质性突破。由省经委牵头组织实施。
	(4)上半年前完成云南省地质调查局组建工作。加强地质勘探调查工作。	在6月底前完成省地质调查局组建工作;加强地质勘探,重点开展基础性、公益性地质调查工作。由省国土资源厅组织实施。
9. 继续抓好城乡市场体系建设	(1)加快发展专业合作社、综合服务社和农产品流通协会("两社一会")。	全省新发展"两社一会"2000个,其中,综合服务社1000个,专业合作社900个,农产品流通协会100个。由省供销合作社联合社组织实施。
	(2)继续实施"万村千乡市场工程",建设乡村农家店3500个和农村商品配送中心50个。	在2007年完成建设乡村农家店3500个、配送中心40个目标任务的基础上,建设乡村农家店3500个、农村商品配送中心50个,由省商务厅负责组织实施。

续 表

项目	主要内容	细化内容
10. 落实边疆解"五难"惠民工程	(1)解决"读书难"问题。	实现西盟、沧源2县"普九";加快改善28个边境和藏区县办学条件,重点解决龙陵、江城、马关、盈江、河口5县农村初中基础配套设施不足问题;加快中小学校舍危房改造;在免除农村义务教育阶段在校学生学杂费基础上,向义务教育阶段全部学生提供免费教科书,向40万名学生发放寄宿学生生活费补助;加强教师队伍建设,教师"特设岗位"优先安排28县。由省教育厅组织实施。
	(2)解决"看病难"问题。	争取完成农村卫生服务体系国债项目36个,建设4.44万平方米。实施2226个村卫生室的乡村医生在岗培训。对28县疾病预防控制给予经费补助。由省卫生厅组织实施。
	(3)解决"看电视听广播难"问题。	完成云南台第一套广播、第一套电视节目在28个县无线覆盖工作,确保28个县人口相对集中的农村群众无偿收听收看。由省广播电视局组织实施。
	(4)解决"看戏难"问题。	继续组织开展"送戏下乡"活动,省级安排资金300万元,采取以奖代补方式补助村民文化活动以及免费赠送3刊(《半月谈》、《云南日报》、《云南科技报》),优先对28个县农村放电影场次进行补贴。由省文化厅组织实施。
	(5)解决"学科技难"问题。	组织实施29个项目,推进"六个一"工作(每个乡镇1名科技特派员,每个行政村1名科技辅导员、1个科技活动室,培训每个成年农民掌握1门以上实用技术,每个乡镇安排1个特色产业项目、培育壮大1个经营型具有科技含量农村科技合作组织)。由省科技厅组织实施。
11. 抓好基础教育及职业教育工作	(1)新增4个县"普九"。	整合相关教育专项资金,确保西盟、沧源、永善、彝良4县"普九"。由省教育厅组织实施。
	(2)扫除10万名青壮年文盲,全省青壮年文盲率控制在5%以下。	由省教育厅组织实施。
	(3)继续排除中小学危房80万平方米。	指令性资金计划安排4.56亿元,中央和省级资金按1∶1配套;州市筹集1.90亿元,安排指导性计划,共计6.46亿元,排除D级危房80万平方米。由省教育厅组织实施。
	(4)继续加大对中等职业教育发展的支持力度,对在校学习学生给予生活补助。	省级安排职业教育专项资金1.5亿元,力争全省中职学校招生人数突破20万人,其中,普通中专7.5万人,职业高中9.5万人,技工学校3万人。由省教育厅组织实施。
	(5)继续完善农村义务教育保障机制,在免去农村学生学杂费的同时免去城市学生学杂费;免教科书由农村困难学生扩大到全省农村和县镇义务教育阶段全部在校学生;提高农村中小学寄宿制学生生活补助标准;增加学校公用经费。	扩大"两免一补"范围,在免除农村义务教育阶段学生学杂费同时,国务院决定从2008年春季学期起试行免除城市义务教育学杂费,秋季学期正式执行。从春季学期开始,免费教科书覆盖全省农村和县镇义务教育阶段全部在校学生,其中国家课程免费教科书资金由中央财政足额承担,省级财政安排资金实施地方课程免费教科书。由省教育厅组织实施。
	(6)启动乡村教师周转房建设。	结合廉租房建设,启动乡村教师周转房建设,各县开设财政特设专户,中央和省专项资金直接拨付到县。由省教育厅、建设厅组织实施。
	(7)继续实施好"特岗教师"计划。	中央补助教师"特设岗位"计划人员专项经费,按每师每年1.90万元补助。由省教育厅组织实施。
	(8)继续健全普通本科高校、高等职业学校家庭经济困难学生资助政策体系。	提高标准设立省政府奖学金、励志奖学金。同时省级财政安排国家助学贷款体系资金和风险补偿金,继续组织实施国家助学贷款。由省教育厅组织实施。

续 表

项目	主要内容	细化内容
12. 建立健全公共医疗卫生服务体系	(1)提高新农合参合覆盖面和筹资水平,参合标准由2007年每人50元提高到90元,其中财政补助标准由每人40元提高到80元。	参合标准由2007年每人50元提高到90元,其中财政补助标准由每人40元提高到80元;对全省低保对象、五保对象和残疾人个人缴纳的新农合参合资金给予全额补助。由省卫生厅、财政厅组织实施。
	(2)推进城市社区卫生服务体系建设,争取新建社区卫生服务中心100个,改造社区卫生服务站100个。	省级安排财政资金3938万元,用于城市社区公共服务经费补助,争取新建社区卫生服务中心100个,改造社区卫生服务站100个。由省卫生厅组织实施。
	(3)继续实施城乡特困群众大病救助制度。	继续实施农村特困群众医疗救助制度,全面启动城市医疗救助工作,城镇特困群众大病医疗救助范围覆盖全省各县(市、区)。由省民政厅组织实施。
13. 实施新一轮"兴边富民工程"三年行动计划	全面启动6大工程,做好30件实事。	待行动计划、投资规模等正式确定后,由省发展改革委负责牵头组织实施。
14. 实施好旅游"二次创业"	(1)启动旅游业发展改革综合试点。	力争启动腾冲等旅游业发展改革综合试点工作,由省旅游局负责组织实施。
	(2)总结和推广国家公园模式,建设一批国家公园、度假康体基地,继续建设200个特色旅游村。	省级财政投入5500万元,并积极争取国家旅游发展基金不低于1500万元。由省旅游局组织实施。
15. 继续推进七彩云南保护行动	(1)搞好生物多样性保护,启动滇西北生物多样性保护工作。	由省林业厅组织实施。
	(2)继续推进七彩云南保护环境法治、环境治理、环境阳光、生态保护、绿色创建、绿色传播、节能减排7大行动。	2007年,七彩云南保护行动全面启动。2008年继续推进7大保护行动。由省环保局牵头组织实施。
	(3)在11月底前,确保完成云南省主体功能区规划编制工作。	由省发展改革委组织实施。
	(4)切实加强森林防火和开展多种形式的营造林。	由省林业厅组织实施。
16. 加强节能减排工作	(1)确保完成单位GDP能耗降低4%以上,二氧化硫、化学需氧量在2007年基础上都削减2%。	全省2008年计划完成单位GDP能耗降低4.2%;力争SO_2、COD较2007年削减3%、2.5%。由省经委、环保局组织实施。
	(2)组织实施80个产能削减项目,淘汰149条落后生产线(生产装置),实施20个强制性清洁生产审核项目。	由省经委、环保局负责组织实施。
	(3)加强县城以上城镇污水处理和垃圾处理设施建设工作,城镇污水处理率达到42%,无害化垃圾处理率达到35%。	由省发展改革委牵头组织研究全省加快推进县城建设工作。由省建设厅组织实施项目建设。
	(4)在重点行业推广应用10项节能减排技术,抓好首批20个循环经济试点。	由省经委、环保局组织实施。

续 表

项目	主要内容	细化内容
17. 巩固和提高禁毒防艾人民战争成果	巩固提高禁毒防艾三年人民战争成果，研究提出相关政策措施，开展新三年人民战争，推动禁毒防艾工作深入开展。	禁毒人民战争：巩固提高禁毒三年（2004 年～2007 年）人民战争成果，继续开展新三年人民战争。积极推进境外替代发展，力争实现新增境外替代种植面积 40 万亩；力争境外向我大宗贩毒明显减少；吸毒人员管控率达到 90%，强制戒毒在所人数保持在 3 万人以上，戒断 3 年巩固率保持在 11% 以上。由省公安厅组织实施。
		艾滋病防治人民战争：巩固提高防治艾滋病三年（2004 年～2007 年）人民战争成果，继续开展新三年人民战争。启动防治艾滋病工作 10 项行动计划；提高艾滋病病毒感染者实际管理率达 80%；公共娱乐场所行为干预每 2 月不少于 1 次；全面开展婚姻登记人群和孕妇艾滋病检测；60% 以上贫困艾滋病病毒感染者及家庭得到救助；力争初步建成全省艾滋病防治信息系统。增加梁河、双江和屏边 3 县，组织实施新一轮“兴边富民”艾滋病防治工作。由省卫生厅组织实施。
18. 提高对外开放水平	（1）与商务部及联办各方共同办好昆交会。	由省商务厅负责组织实施。
	（2）协助办好 2008 年国际人类学与民族学联合会第 16 届世界大会。	2008 年 7 月 15 日～23 日，国际人类学与民族学联合会第 16 届世界大会在昆明举行。由省民委负责组织实施。
	（3）做好通路、通商、通电、通关等基础设施建设。	“通路”：力争实现昆明—曼谷、昆明—河内高速公路国内段通车，加快昆明—仰光、昆明—吉大港国际公路前期工作，提高澜沧江—湄公河国际航运能力。加快通往各边境口岸公路建设进度，实现国家一类、二类口岸通二级以上公路。由省发展改革委牵头组织实施。
		“通商”：加快形成与东南亚、南亚间的物流、人流和信息流大通道；扩大省内和国内短缺资源性产品进口，开辟持续稳定的周边资源供应渠道。力争实现进出口额 100 亿美元。由省商务厅组织实施。
		“通电”：加快省内骨干电网和出省出境电力通道建设。力争对越南出口规模达到 30 亿千瓦时，出口金额 1.35 亿美元；力争实现对老挝送电零的突破。由省发展改革委组织实施。
		“通关”：实施“通关工程”，推进“一站式”服务；力争丽江机场批准为国家一类口岸；全省口岸货物、人员和交通工具通关量增长 10% 以上。由省商务厅组织实施。
	（4）继续参与和推进多边、双边国际区域合作和泛珠三角区域合作。组织好 4 月赴香港举办的大型投资贸易合作洽谈会及文化旅游展示活动。	做好赴区域内重点省区的专题招商推介活动和洽谈会期间招商引资推介活动的组织、落实工作，力争引进到位资金同比增长 15%。进一步巩固和加强云南与香港的交流和合作，提高滇、港两地在 CEPA 和泛珠机制下的合作成效，力争在工业制造、生物资源开发、服务贸易、旅游文化等多个领域签订一批较大的合作项目。由省经合办、商务厅、外办组织实施。
19. 推进城镇化、搞好廉租房建设	（1）加快新昆明建设，完成年度目标任务。	重点推进道路交通、新城基础设施、市政公用设施、环境保护、城镇居民住房保障和旧城改造、农村基础设施、社会公益基础设施、产业基础设施等 8 大重点基础设施工程建设。由昆明市政府组织实施。
	（2）努力提高城镇化水平。	加强城市规划修编，开展滇中、滇西城市群规划和铁路公路交通走廊及跨境区域规划；完成 20 个城市（镇）总体规划编制；建立省—州（市）二级城市规划信息网；城市控制性详细规划覆盖率达到 80%。推动新昆明，滇中、滇东、滇西、滇南 4 个区域中心城市，州（市）所在地和设市城市，重点县城，边境口岸城镇，小城镇等 6 个层次城镇体系建设。力争城镇化水平达到 32.7%，同比增长 1.1%。由省建设厅组织实施。
	（3）加快推进经济适用住房建设，完成 80 万平方米廉租房建设（包括教师周转房）。	2008 年全省共有 11.2 万户低保家庭需要通过实物分配和廉租补贴方式纳入住房保障，所需资金由中央、省级和州市共同筹措。其中每平方米国家发展改革委补助 300 元，省级补助 200 元，其余部分地方自筹。由省建设厅组织实施。
20. 加强物价监管	继续抓好“菜篮子”工程，落实粮食行政首长负责制。确保居民消费价格总水平涨幅低于上年实际涨幅。	由省发展改革委负责牵头组织实施，力争完成防止价格由结构性上涨演变为明显通货膨胀任务。

2008年云南省政府工作的十项重点

1. 加大投入支农惠农

要把“三农”作为重中之重，力争实现农业总产值1600亿元、增加值920元。“三农”工作要大幅度增加投入；切实提高综合生产能力；努力改善发展条件；继续深化农村综合改革。要完善支农惠农政策，确保全省财政支农投入的增量、政府固定资产投资用于农村的增量、政府土地出让收入用于农村建设的增量明显高于2007年。

2. 工业发展提升水平

要按照走新型工业化道路的要求，促进信息化和工业化相融合，提升工业素质和发展水平。启动新一轮工业发展倍增计划。力争工业投入1200亿元，工业增加值达到2000亿元。要优化工业结构；提高工业产业集中度。如，烟草产业要优化产品结构，力争利税达660亿元以上；矿业要加快资源整合重组，延伸产业链；生物产业要突出绿色医药等重点，实现特色发展、规模发展等。

3. 出台政策扶持三产

抓紧制定云南省现代服务业总体发展规划、专项规划，出台扶持政策，引导服务业建康发展，力争第三产业增加值达到2000亿元。启动旅游业改革发展综合试点；加快发展现代物流业，鼓励发展高端服务业。

4. 注重创新培养人才

要搭建科技创新平台，通过增加政府投入，推进科技园区建设，支持基础科研和重大攻关，鼓励发明革新，还要提高企业创新能力，建设创新型人才队伍。报告提出，重点组织研发、推广应用20项关键共性技术，重点推进20项重大装备生产；遴选省中青年学术带头人和技术创新人才培养对象各50名等工作任务。

5. 节能减排重点治污

2008年环保工作要打好节能减排攻坚战、持久战，要把节能减排目标完成情况作为领导干部政绩考核的重要内容。同时，深入开展“七彩云南保护行动”，以水、大气、土壤等为重点抓好污染防治，改善人居环境。

6. 扶贫济困有效保障

千方百计解决民生问题，要广开就业门路；加强社会保障工作；持续抓好扶贫开发；有效保障群众基本生活；完善社会基层管理。报告提出，新增城镇就业22万人，下岗失业人员再就业8万人；力争将城镇居民基本医疗保险试点扩大到10个州(市)；实施9000个贫困自然村整村推进；启动“兴边富民”新三年行动计划；完成80万平方米廉租房建设等任务。

7. 社会事业加快发展

对于社会事业，要协调发展各类教育，加快发展医疗卫生事业，创新发展文化体育。要继续完善农村义务教育经费保障机制，提高中小学校公用经费标准，全面免除农村学生教科书费和学杂费，提高寄宿制学生生活费补助标准，免去城市学生的学杂费；要稳步提高新型农村合作医疗参合面和筹资水平，参合标准由2007年每人50元提高到90元；推进省博物馆、云南民族艺术中心重点项目建设等工作。

8. 重点项目加快建设

要多方筹措资金，保持投资力度，力争完成全社会固定资产投资3200亿元。要抓好重点项目建设，如，兴建20万件山区“五小水利”工程；推进“三江”水电开发；加快大丽、大瑞、玉蒙、沾六二线和昆广复线铁路建设，力争开工建设蒙河铁路，推进昆明新机场和腾冲机场建设等。同时要抓好责任管理、筹融资、项目用地等项目前期工作。

9. 区域合作深入推进

深化国资监督、国有企业股份制改革等各项改革。扩大对外开放，进一步加强国内和国际间区域合作。其中提出，支持特色农产品、机电产品和高技术产品出口；扩大先进技术、关键设备及零部件和重要资源、原材料进口，力争全年进出口贸易额达100亿美元；着力培育云南的跨国公司和国际知名品牌等。

10. 推进民主维护稳定

构建社会主义核心价值体系，以增强诚信意识为重点，加强社会公德、职业道德、家庭美德、个人品德建设。大力推进社会主义民主，切实维护社会稳定。要打好新一轮禁毒防艾人民战争。

2008年云南十大科技进展

1. 云南启动实施建设创新型云南行动计划

云南省委、云南省人民政府通过了《关于实施建设创新型云南行动计划的决定》，“建设创新型云南行动计划”决定通过5年的重点攻关，实施8大工程，进步水平和区域创新能力达到全国中等水平，进入西部先进行列，科技进步对经济增长的贡献率达到60%以上。这是云南科技发展史上的一个重要里程碑。

2. 国家自然科学基金委与云南省设立联合基金

国家自然科学基金委员会于与云南省人民政府签订协议，建立联合基金。云南省成为全国仅有的两个设立联合基金的省份之一，联合基金的设立，将充分发挥国家自然科学基金的导向作用，提升在滇高等院校和科研院所的创新能力，促进云南省经济和社会可持续发展。

3. 云南特色造纸法再造烟叶技术及设备取得新突破

特色造纸法再造烟叶是将烟草种植或加工过程中的低次烟叶、烟末等以工艺手段加工制备成人工再造烟叶的一种重组烟草。特色造纸法再造烟叶技术形成了一系列具有自主知识产权的核心技术和成套设备，并综合开发出特色造纸法再造烟叶产品，产品可用性和经济性优于国外引进的同类产品。

4. 云南自主知识产权花卉新品种数量全国第一

至2008年，云南获得自主知识产权的花卉新品种达36个，有30多个新品种已进入审批审查阶段。云南拥有自主知识产权花卉新品种数量居全国第一。2008年花卉产业的总产值176亿元，鲜切花产量连续15年居全国第一。

5. 清洁湿法提锌技术应用国内领先

该技术的实施在国内首先实现了溶剂萃取技术在锌冶炼上的应用，拓展了电锌生产原料，提高了资源利用率，实现了废弃资源综合利用的目的。采用该成果直接冶炼可以节约能耗74.2%，同时减少排放大量CO、CO_2、氮氧化物、二恶英等有害物质，是锌冶炼技术的重大创新。

6. 国际标准化灵长类实验动物与动物实验基地在昆建成投入运行

“国际标准化灵长类实验动物与动物实验基地”正式投入运行。实验基地投入运行，标志着云南省建成了具有国际一流水平的药物药效、安全性评价和实验灵长类科研平台，将为云南以及国内外制药企业临床前研究提供高水平服务，促进云南生物医药领域自主创新能力的明显提升。

7. 中国西南野生生物种质资源库种子保存设施正式投入使用

种质资源库的种子保存设施（干燥间和冷库）经过试运行阶段后正式投入使用，约4000种20000

份野生植物种子开始入库保存，并备份保存了来自英国皇家植物园丘园千年种子库的204份种子。中国西南野生生物种质资源库已成为世界上除挪威诺亚方舟种子库和英国皇家植物园之外的第三个保存世界重要树种种质资源的机构。

8. 云南普洱茶质量标准颁布实施

云南已制定了普洱茶规范的加工技术及产品质量标准，并正式颁布实施，对规范普洱茶市场，保证产品质量，促进品牌建设，起到了良好的推动作用。通过对普洱茶化学成分及质量标准的研究，阐明普洱茶风味品质形成的特征性成分以及生理活性成分，解决了普洱茶加工工艺、微生物化学成分与品质相关性的关键科学问题，为促进普洱茶产业的健康持续发展发挥了积极的作用。

9. 云南科学大讲坛成功举办

由省科技厅、省委宣传部主办的“云南科学大讲坛”成功举办，邀请来了杨振宁、袁隆平、丘成桐等名家大师。“云南科学大讲坛”用一流科学家的影响力营造了一个尊重科学、尊重知识、尊重人才的自主创新文化环境，成为云南创新文化建设的名片，具备了高规格大型公益性、常设性科学讲坛的品牌效应，具有一定的全国性影响力。

10. 国内最大的2.4米光学天文望远镜在云南投入使用

位于丽江的2.4米望远镜是东亚地区最大口径的通用光学天文望远镜，其综合性能在同级望远镜中处于国际先进水平。投入使用后每年能容纳数十项具有先进水平的天体物理课题开展观测和研究工作。

云南改革开放三十周年十大风云事件

1

1999年，第22届世界园艺博览会在昆明举行——云南举办的第一个世界级博览会。

2

1993年，首届昆明出口商品交易会举行——云南第一个定期举办的大型区域性商品交易会。

3

1993年，云南白药股份有限公司发行股票——云南省第一支股票上市。

4

1999年12月省委六届九次全会提出把云南建成“绿色经济强省”、“民族文化大省”、“连接东南亚南亚的国际大通道”——云南在一个相当长时期里的发展目标。

5

1991年，云南边境贸易兴起——云南省对外开放的先声。8月，省政府确定在省边境地区建立12个省级口岸。

6

2004年12月，省委、省政府决定在25个边境县（市）实施“兴边富民”工程——加快边境地区经济社会发展步伐，为全面建设小康社会奠定良好基础。省委、省政府决定在8个州（市）的25个边境县（市）实施“兴边富民工程”。用3年左右时间（2005年~2007年），筹集资金200亿元，加大对边境地区的投入扶持，改善边境地区的基础设施条件，加快经济社会发展步伐，为全面建设小康社会奠定良好基础。

7

三次解放思想大讨论——进一步解放思想，促进云南经济社会快速发展。第一次,1978 年开展的真理标准讨论,启动了当代中国的一次思想解放运动。第二次解放思想大讨论于省委第六次党代会之后不久的 1995 年 10 月提出,历时 3 年多。新一轮解放思想大讨论于 2008 年上半年开始,主题是"解放思想,深化改革,扩大开放,科学发展。"着力解决思想观念不适应中国特色社会主义理论体系的问题,坚决破除阻碍科学发展的体制机制障碍。

8

三轮国企改革——国有资产的运行质量和效益明显提升。第一轮:1978 年 ~ 1998 年,在国企经营层面进行探索和改革;第二轮:2002 年 ~ 2004 年,推进国有企业产权制度改革,调整国有经济布局和结构;第三轮:2004 年 ~ 2008 年,推进建立现代企业制度的改革,加快国有企业战略性重组。

9

2006 年,省委省政府启动林权制度改革,让经营者有管理权,用特色产业帮助农民致富——解决山区农民脱贫问题的创造性思路。

10

2007 年 2 月,七彩云南保护行动正式启动——落实科学发展观、构建和谐云南的重要举措。"七彩云南保护行动计划"包括:从源头上遏制破坏生态和污染环境行为的发生,加大环境治理力度,严格环境执法监督和加大舆论宣传力度,推进节能降耗和清洁生产,加快循环经济发展,促进全社会环保意识的增强。

云南改革开放三十周年最具影响力十大企业

1. 红塔烟草(集团)有限责任公司

中国民族工业的一面旗帜,创建于 1956 年,成立之初是一个卷烟复烤厂。十一届三中全会后,由一个名不见经传的小厂,一跃成为亚洲第一、世界前列的现代化大型烟草企业。

2. 云天化集团有限责任公司

自 2005 年以来,集团公司名列中国石油化工行业销售收入和综合效益 10 强企业前列,2008 年名列中国 500 强企业 219 位。

3. 云南铜业(集团)有限公司

中国铜业第 3,世界铜业第 8,中国企业 500 强第 115 位,中国企业效益 102 位。

4. 红云红河烟草(集团)有限责任公司

简称红云红河集团,成立于 2008 年 11 月 8 日,由原红云烟草(集团)有限责任公司和红河烟草(集团)有限责任公司合并组建,成为全国第一大烟草集团。

5. 云南电网公司

从事关系国计民生的公益性、基础性产业,是省委、省政府培育的电力支柱产业,实施西电东送和云电外送的主导企业。

6. 昆明钢铁集团有限责任公司

以钢铁冶金为主,集矿产开发、煤焦化工、水泥建材、房地产开发、装备制造等产业为一体的特大型工业企业。

7. 云南锡业集团(控股)有限责任公司

世界锡行业领军企业,2005 年成为世界最大的锡生产和加工企业,连续 3 年领跑世界锡业发展。

8. 云南驰宏锌锗股份有限公司

云南驰宏锌锗股份有限公司成立于 2000 年 7 月 18 日,于 2004 年 4 月 20 日成为中国证券市场上的 A 股上市公司;是中国百家最大的有色金属冶炼企业之一;云南省第1家被列为国家首批循环经济试点单位的企业。

9. 云南煤化工集团有限公司

云南第5家销售收入超百亿元的大型企业集团,中国大企业集团竞争力500强企业,2008年位列中国制造业企业225位。

10. 云南白药集团股份有限公司

是云南省医药工贸结合的大型综合性企业。“云南白药是金字招牌”,“云南白药是中国的国宝”。这是国家主席胡锦涛和吴邦国委员长在视察云南白药集团时给予云南白药的高度评价。

云南改革开放三十周年十大关键词

1. 边境贸易

具有云南特点的首创性边境小额贸易。

2. 禁毒防艾

查禁毒品,防治艾滋病。

3. 滇池治理

治理滇池水污染。

4. 科教兴滇

1991年,省委、省政府召开全省首次科学技术大会,就加快实施科教兴滇战略进行研究部署。

5. 云岭先锋

2003年底,云南省委通过了《关于实施“云岭先锋”工程,大力推进党的基层组织建设的决定》,确定用5年时间实现“云岭先锋”工程的总目标:使全省基层党组织和党员做到“五好五带头”,即基层党组织做到领导班子好、队伍素质好、制度建设好、工作业绩好、群众反映好;党员做到带头学习讲政治、带头干事谋发展、带头创新建佳绩、带头服务比奉献、带头自律树形象。

6. 红嘴鸥

自1985以来,每年冬季,有数万只来自西伯利亚的红嘴鸥到昆明越冬。

7. 原生态

云南首创,从文化领域到经济领域,指纯自然的、未经人为加工的。

8. 七彩云南

指丰富多彩的自然、人文现象,对云南的概括性描述,已经成为云南的品牌概念。

9. 兴边富民

省委、省政府实施的一项工程,主要内容包括加大对边境地区的投入扶持,改善边境地区的基础设施条件,加快经济社会发展步伐,为全面建设小康社会奠定良好基础。

10. 三江并流

“三江并流”自然景观位于青藏高原南延部分的横断山脉纵谷地区,由怒江、澜沧江、金沙江及其流域内的山脉组成,整个区域达4.1万平方公里。它地处东亚、南亚和青藏高原3大地理区域的交汇处,是世界上罕见的高山地貌及其演化的代表地区,也是世界上生物物种最丰富的地区之一。同时,该地区还是16个民族的聚居地,是世界上罕见的多民族、多语言、多种宗教信仰和风俗习惯并存的地区。

云南省改革开放三十周年最具魅力十大文化品牌

1. 小河淌水

由一首歌而延伸为一个文化品牌。

2. 云南映象

成为第一个跨出国门，让世界为之惊叹的一部原生态民族歌舞精品。

3. 阿诗玛

20世纪中国文艺经典。

4. 香格里拉

极富创造性的文化创意，诞生了巨大的社会效益。

5. 丽江古城

多元文化并存，人与自然和谐相处的典范。

6. 石林

自然奇观与民族风情的完美结合，收益巨大的旅游产业。

7. 昆明世界园艺博览会

20世纪世界园艺精品。

8. 云南民族村

对云南民族优秀文化、民族风情的有效发掘，是展示云南各民族文化风情的窗口。

9. 和顺镇

著名侨乡，旅游二次创业的典范。

10. 普洱茶

云南地方特色产品，潜力巨大。

·责任编辑·王　兢

主题索引

说　明

1. 索引采用主题索引法，是按照书籍的内容依次分类，通过它直接查找到书籍的有关内容及论点，由标引词（主题词、标题）、页码参照项所组成。索引范围包括全书的篇目、类目、分目、条目。

2. 索引按主题词首字汉语拼音字母顺序排例，同音字按声调顺序排列，首字相同者按第二字音序排列，以此类推。主题词后面的数字表示内容所在的页码，数字后面的字母（a、b）表示栏别（即版面的1、2栏）。

3. 篇目、类目、分目名称直接作主题词时以黑体字标明，其余用宋体字排印。

4. 同一主题的内容在文中多处出现的，在其款目后用不同的页码标明。

笔画检字表

说　明

1. 本表收入主题词索引中主题词首字，供按笔画查字之用。

2. 单字后的字母表示汉语拼音的声母首字母，便如“电 D”表示首字为“电”的主题词在声母首字母为“D”内查找。

一　画

一Y

二　画

儿E　人R　十S

三　画

大D　干G　个G　工G　广G　口K　三S　上S　土T　卫W　义Y

四　画

从C　反F　公G　互H　户H　化H　计J　开K　历L　木M　内N　牛N　气Q　区Q　日R　少S　书S　双S　水S　太T　天T　文W　无W　五W　支Z　中Z　专Z

五　画

白B　边B　出C　存C　打D　电D　对D　发F　加J　纠J　旧J　乐L　民M　生S　失S　石S　市S　司S　外W　未W　永Y　幼Y　玉Y

汉语拼音主题索引

非音序排列

A

B

C

D

K

L

M

T

W

X

Y

Z

表格索引

各行业发展概况

改革开放三十年专题

规划·行动计划

国民经济统计资料

表彰·奖励

彩页索引

云南省行政区划表

（资料截至时间：2008 年 12 月 31 日）

市、州	所辖县、市、区	129 县市区
昆明市	盘龙区 五华区 官渡区 西山区 东川区 安宁市 呈贡县 晋宁县 富民县 宜良县 嵩明县 石林彝族自治县 禄劝彝族苗族自治县 寻甸回族彝族自治县	5 区 8 县 1 市
曲靖市	麒麟区 宣威市 马龙县 陆良县 师宗县 罗平县 富源县 会泽县 沾益县	1 区 7 县 1 市
玉溪市	红塔区 江川县 澄江县 通海县 华宁县 易门县 峨山彝族自治县 新平彝族傣族自治县 元江哈尼族彝族傣族自治县	1 区 8 县
保山市	隆阳区 施甸县 腾冲县 龙陵县 昌宁县	1 区 4 县
昭通市	昭阳区 鲁甸县 巧家县 盐津县 大关县 永善县 绥江县 镇雄县 彝良县 威信县 水富县	1 区 10 县
丽江市	古城区 永胜县 华坪县 玉龙纳西族自治县 宁蒗彝族自治县	1 区 4 县
普洱市	思茅区 宁洱哈尼族彝族自治县 墨江哈尼族自治县 景东彝族自治县 景谷傣族彝族自治县 镇沅彝族哈尼族拉祜族自治县 江城哈尼族彝族自治县 孟连傣族拉祜族佤族自治县 澜沧拉祜族自治县 西盟佤族自治县	1 区 9 县
临沧市	临翔区 凤庆县 云县 永德县 镇康县 双江拉祜族佤族布朗族傣族自治县 耿马傣族佤族自治县 沧源佤族自治县	1 区 7 县
楚雄彝族自治州	楚雄市 双柏县 牟定县 南华县 姚安县 大姚县 永仁县 元谋县 武定县 禄丰县	9 县 1 市
红河哈尼族彝族自治州	蒙自县 个旧市 开远市 建水县 石屏县 弥勒县 泸西县 元阳县 红河县 绿春县 屏边苗族自治县 金平苗族瑶族傣族自治县 河口瑶族自治县	11 县 2 市
文山壮族苗族自治州	文山县 砚山县 西畴县 麻栗坡县 马关县 丘北县 广南县 富宁县	8 县
西双版纳傣族自治州	景洪市 勐海县 勐腊县	2 县 1 市
大理白族自治州	大理市 祥云县 宾川县 弥渡县 永平县 云龙县 洱源县 剑川县 鹤庆县 漾濞彝族自治县 南涧彝族自治县 巍山彝族回族自治县	11 县 1 市
德宏傣族景颇族自治州	潞西市 瑞丽市 梁河县 盈江县 陇川县	3 县 2 市
怒江傈僳族自治州	泸水县 福贡县 贡山独龙族怒族自治县 兰坪白族普米族自治县	4 县
迪庆藏族自治州	香格里拉县 德钦县 维西傈僳族自治县	3 县